Karl H. Tempelhof · Von einem Paradies ins andere

Karl H. Tempelhof

Von einem Paradies ins andere

Roman

dr. ziethen verlag
Oschersleben

Inhalt: Von einem Paradies ins andere

Bibliografische Information der Deutschen Nationalbibliothek:
Die Deutsche Nationalbibliothek verzeichnet diese Publikation
in der Deutschen Nationalbibliografie; detaillierte bibliografische Daten
sind im Internet über http://dnb.d-nb.de abrufbar.

Friedrichstraße 15a, 39387 Oschersleben
Telefon 03949.4396, Fax 03949.500100
www.dr-ziethen-verlag.de, e-Mail info@dr-ziethen-verlag.de
2018

Umschlaggestaltung Andreas Tempelhof
Satz & Layout dr. ziethen verlag
Satz mit QuarkXPress auf Macintosh
Schrift GillSans
Druck Halberstädter Druckhaus GmbH

ISBN 978-3-86289-128-3

PROLOG

Im dritten, dem obersten Geschoss des schmalen, pastellgelb gestrichenen Rektoratsgebäudes befindet sich das Sitzungszimmer der UPL, der Universitätsparteileitung. Die Partei, die in dem Raum ihre gewichtigen Beschlüsse zur Entwicklung der Technischen Universität (TU) und zu den Personalien und Lebensläufen ihrer Hochschullehrer, Mitarbeiter und Studenten fasste, die Sozialistische Einheitspartei Deutschlands, existiert nicht mehr. Ihr Vorrecht auf das Sitzungszimmer ist verwirkt. So kann hier an diesem trüben Februartag 1992 die Evaluierungskommission der TU ihrer verantwortungsvollen Tätigkeit nachgehen. Seit mehr als einer Woche tut sie das schon – an jedem Werktag von morgens bis abends. Sie ist dafür von der kürzlich gebildeten Landesregierung autorisiert worden. Sie überprüft, ob die schon zur DDR-Zeit tätig gewesenen Hochschullehrer und Mitarbeiter der TU solche Persönlichkeitsmerkmale aufweisen, dass sie auch nach dem Beitritt der DDR zur Bundesrepublik Deutschland an der TU weiterbeschäftigt werden können.

Der zu 12.30 Uhr bestellte Gesprächskandidat verharrt kurz im Erdgeschoss des Gebäudes. Hier hat er vor zwanzig Jahren Arbeitszimmer für sich, seine Sekretärin und seinen wissenschaftlichen Sekretär genutzt. Er war fünf Jahre lang der 1. Prorektor, also der Vize-Rektor, dieser hohen Bildungseinrichtung des Landes. Danach kehrte er – sehr zum Erstaunen der Hochschul-Öffentlichkeit und der übergeordneten Instanzen – als Hochschullehrer und Forscher in seine Sektion zurück. Eine höhere Funktion als die eines Wissenschaftsbereichsleiters hat er dort nie bekleidet.

Die seitlich angebrachte Eingangstür schnarrt und quietscht leise. 'Es kommt jemand.' Er will sich nicht überraschen lassen, wie er, in Erinnerungen an seine Prorektorentätigkeit verfallend, dasteht. Er steigt die Haustreppe hinan – zweites Geschoss: Diensträume für den Rektor, seine Bürofachfrauen und seinen wissenschaftlichen Sekretär, dann das oberste Geschoss: Sekretariat und großes Sitzungszimmer der ehemaligen UPL.

Hinter ihm keucht jemand her. Die Person und er gelangen zu gleicher Zeit an die Sekretariatstür. Eine Blondine, Mitte der Dreißig, mit glimmender Zigarette im Mundwinkel, bläst ihm Tabakqualm unter die Nase. Er kennt sich gut aus in der Universität, aber diese Frau hat er noch nie gesehen. Er drückt die Türklinke nieder.

„'s ist zu", sagt die Blondine japsend und paffend. Sie hebt einen Schlüssel in die Höhe.

Er sagt: „Ich bin zu 12 Uhr 30 bestellt."

„Das mag sein. Ich bin hier nur die Schreibkraft." Sie weist auf drei in dem kleinen Korridor aufgestellte Stühle. „Schlecht gesessen ist besser als gut gestanden."

Er hängt seinen Mantel und seinen Hut an einen der übervollen Kleiderhaken.

Die Blondine schließt die Tür des Sekretariats auf. „Von denen da drinnen" – sie macht eine Kopfbewegung zum Sitzungszimmer hin – „ruft Sie zu gegebener Zeit jemand hinein."

Es geschieht so, wie sie sagte.

Im Sitzungszimmer steht immer noch der lange, breite Eichentisch aus UPL-Zeiten. An jeder Längsseite sitzen fünf Personen. An der dem Fenster zugewandten Stirnseite haben der Kommissionsvorsitzende, seine Stellvertreterin und eine Protokollantin ihren Platz. Dem Vorgeladenen wird ein Stuhl an der Stirnseite nahe der Zimmertür zugewiesen. Vor jedem Kommissionsmitglied ist ein gefaltetes Blatt Papier in der Größe einer Postkarte aufgestellt. Darauf steht der Name des Betreffenden geschrieben. Die Schriftzüge auf den Blättchen sind vom Platz des Vorgeladenen – aus Entfernungsgründen – nicht alle lesbar. Er kennt von den Anwesenden nur die beiden Vertreter seiner Sektion – einen Forschungsstudenten aus dem Wissenschaftsbereich Arbeitsgestaltung und den Oberassistenten für Abtrenntechnik aus dem von ihm geleiteten Wissenschaftsbereich – und, von Angesicht bei den täglichen Gängen in die Mensa, die stellvertretende Vorsitzende.

Auf dem Platz, den er während seiner Mitgliedschaft in der UPL innehatte, sitzt, wie er auf die Schnelle zu buchstabieren vermag, der Propst der städtischen Domgemeinde.

Der Vorsitzende erhebt sich und schiebt seinen Stuhl mit durchgedrückten Knien gegen den unter dem Fensterbrett angebrachten Zentralheizungskörper. „Ich bin Mathias Holbach, habe an der hiesigen Technischen Hochschule studiert und diplomiert. Ich bin Mitglied des Landtages und mit der Leitung dieser Evaluierungskommission" – er weist mit einer Handbewegung auf die Anwesenden – „beauftragt."

Die Kommissionsmitglieder stellt er nicht einzeln vor. 'Der Delinquent kann sich an Hand der Namenszettel kundig machen', denkt er und sagt: „Sie gestatten, dass ich mich setze." Und da sitzt er auch schon. „Herr … ", – er redet den Vorgeladenen mit dem Zunamen, nicht mit dem Professorentitel an – „gegen Sie und Ihre Tätigkeit werden schwere Vorwürfe erhoben. Sie haben die wissenschaftliche Arbeit und den beruflichen Werdegang mehrerer Hochschul- beziehungsweise Universitätsangehöriger arg behindert. Uns liegt eine Beschwerde des Herrn Professor Siegmund Bökemeyer, Ordinarius für Chemische Verfahrenstechnik, vor. Professor Bökemeyer hatte sich 1974 mit Zustimmung der damaligen Hochschulleitung, der Sie angehörten, für einen internationalen wissenschaftlichen Kongress angemeldet. Er hatte einen Fachvortrag vorbereitet und das Vortragsmanuskript beim Vorbereitungskomitee des Kongresses eingereicht. Der Vortrag wurde in das Kongressprogramm aufgenommen. Kurz vor Beginn des Kongresses haben Sie, als

1. Prorektor, Herrn Professor Bökemeyer zu sich geladen und ihm eröffnet, er könne an dem Kongress nicht teilnehmen, und er solle seine Absage mit einer vorgetäuschten Erkrankung begründen. Wollen Sie sich dazu äußern?"

„Ja, unbedingt. Was Sie mir vorwerfen, kann ich als Hochschullehrer und als Kollege von Herrn Bökemeyer nicht hinnehmen." Er beugt sich hinab. Neben den Stuhl, auf dem er sitzt, hat er seine Kollegtasche gestellt. Ihr entnimmt er eine DIN A4-formatige Klemmmappe. Sie enthält Listen mit Namen und Dissertationsthemen aller Promoventen, die er fachwissenschaftlich betreut hat, Listen mit Namen von Wissenschaftlern und Industriepraktikern, für deren Arbeiten er Gutachten angefertigt hat, und Lehrkonzeptionen für alle von ihm gehaltenen Vorlesungen. „Hier", – er klappt die Klemmmappe auf und hält sie dem Vorsitzenden hin – „wenn Sie nachschauen möchten, hier habe ich notiert, wen ich mit welchem wissenschaftlichen Ergebnis gefördert habe."

Der Vorsitzende schüttelt den Kopf. „Ich und die Mitglieder der Evaluierungskommission haben jetzt keine Zeit, Ihre Ausarbeitungen oder schriftlichen Zusammenstellungen durchzusehen. Es geht um die Beschwerde von Professor Bökemeyer. Wenn Sie dazu nichts Konkretes ..."

„Doch", unterbricht der zu Evaluierende den Vorsitzenden, „ich kann dazu etwas Konkretes sagen. Die Sache liegt zwar achtzehn Jahre zurück, aber ich kann mich gut an sie erinnern: Der Leiter der Abteilung Ausland des DDR-Ministeriums für Hoch- und Fachschulwesen teilte der ehemaligen Direktorin für Internationale Beziehungen unserer TH kurzfristig mit, die Valutamittel für Professor Bökemeyers Kongressreise ins westliche Ausland könnten nicht bereitgestellt werden. Als diese Nachricht eintraf, saß der besagte Herr Kollege schon, wie man so sagt, auf gepackten Koffern. Wegen der Brisanz der Angelegenheit wurde ich als zu jener Zeit amtierender Rektor gebeten, mit Professor Bökemeyer zu sprechen und ihm den unumgänglichen Verzicht auf die Kongressteilnahme nahezulegen. Dem Kongressveranstalter sollte, um das internationale Ansehen der DDR nicht zu beeinträchtigen, der wahre Grund für die Absage verschwiegen werden. Zuvor versuchte ich telefonisch ..."

Der Vorsitzende unterbrach ihn: „Schieben Sie die Verantwortung nicht aufs Ministerium! Sie, sagten Sie eben, amtierten als Rektor. Wollen Sie uns weismachen, Sie hätten nicht anders entscheiden können, als Professor Bökemeyer die Kongressteilnahme zu verwehren?"

„Ich möchte niemandem etwas zuschieben – auch dem seinerzeitigen Ministerium nicht. Aber in jener Zeit war die Verfahrensweise im Hochschulwesen so, über die Finanzierung der Reisen von Wissenschaftlern ins nichtsozialistische Wirtschaftsgebiet wurde letztendlich im Ministerium entschieden. Die Universitäten und Hochschulen verfügten über keinen Fonds an Valutamitteln, aus dem sie eigenverantwortlich hätten Reisen wie die von Herrn Bökemeyer finanzieren können."

„Das haben Sie widerspruchslos hingenommen."

„Nein. Sie hatten mich vorhin unterbrochen. Vor dem damaligen Gespräch mit Herrn Bökemeyer war mir zu Ohren gekommen, er wäre aufs höchste erbost. Deshalb habe ich den Abteilungsleiter des Ministeriums gebeten, seinen Entscheid zurückzunehmen – leider erfolglos, wegen Devisenmangels." Er spricht zunächst nicht weiter. Nach und nach erinnert er sich an Einzelheiten des Telefonats. Der Abteilungsleiter hatte ihn damals ausgelacht und gesagt: „Reden wir Klartext miteinander, Genosse Prorektor! Im Bereich Chemie der Berliner Humboldt-Universität droht gerade der Abschluss eines Staatsplan-Forschungsthemas zu platzen, weil einige Chemikalien aus West-Importen fehlen. Große Aufregung an der Uni und in unserem Hause! Der Genosse Minister hat angewiesen, ein zuverlässiger Mitarbeiter der Uni solle nach West-Berlin fahren und dort für das Reise- und Tagegeld eures Professors Bökemeyer die fehlenden Chemikalien einkaufen, anders sei deren Beschaffung nicht zu finanzieren. In einer Aktentasche hat der Mann das Zeugs herbeigeschafft. So. Nun weißt du, in welcher prekären Devisen-Lage wir uns momentan befinden. Rede mit eurem Professor! Wäge ab, ob er die Wahrheit politisch verkraftet! Lass dir etwas einfallen!" Soll er das den Kommissionsmitgliedern, die er nicht mal alle kennt, offenbaren?

Der Kommissionsvorsitzende sagt: „Sie waren erfolglos, weil Sie sich für Professor Bökemeyer als parteilosen Hochschullehrer nicht energisch genug eingesetzt haben."

„Diese Anschuldigung weise ich zurück. Mir ist es anderthalb Jahre später ähnlich ergangen wie Kollegen Bökemeyer: Ich konnte auch nicht zur PROLAMAT-Konferenz in Stirling/Schottland fahren, weil ..."

„Das interessiert uns nicht. Fakt ist, für Professor Bökemeyers Fachkollegen von der TH für Chemie in Leuna-Merseburg und für einen Wissenschaftler der Akademie der Wissenschaften standen Devisen zur Verfügung. Die beiden haben, wie wir ermitteln konnten, an der Konferenz teilgenommen. Die Erklärung, die Sie uns in dieser Sache gegeben haben, ist also mehr als vage. – Zu einem anderen Fall."

Der Vorgeladene will etwas erwidern.

Der Vorsitzende schüttelt den Kopf. „Ich meine, die Kommissionsmitglieder haben einen Eindruck von Ihrem Verhalten in der Sache Bökemeyer bekommen. – Zu einem anderen Fall aus der jüngeren Vergangenheit: Herr Dr. Wottig ist im Frühjahr 1989 von einer Dienstreise in die BRD nicht in die DDR zurückgekehrt. Im vergangenen Jahr wandte er sich an den Dekan der Fakultät für Technische Wissenschaften der TU, ihm die noch ausstehende Urkunde über die Verleihung der Facultas docendi an seine neue Adresse in der BRD nachzusenden.

Der Dekan stellte Dr. Wottigs Antrag in der Fakultätsratssitzung zur Diskussion und Abstimmung. Sie als Fakultätsratsmitglied stimmten für die Ablehnung des Antrages. Warum?"

„Die Sektion, in der Dr. Wottig gearbeitet und die ihn aus Dresden an unsere TU gerufen hat, betraute ihn mit der Einrichtung eines neuen Lehr- und Forschungsgebietes. Dieses Gebiet sollte das zukunftsorientierte Profil der Sektion mitprägen. Wie im Fakultätsrat dargelegt wurde, war das Berufungsverfahren für Dr. Wottigs Hochschuldozentur im Frühjahr 1989 eingeleitet worden. Das war Doktor Wottig bekannt. Er wusste, welche hohen Erwartungen die Sektion und letztlich die TU an seine Person und an seine Tätigkeit knüpften. Er hat diese Erwartungen nicht erfüllt. Mehr noch: Er hat sich dem gesamten Hochschulwesen der DDR ohne Vorankündigung, ohne Erklärung oder gar Einverständnis entzogen. Wegen einer solchen Persönlichkeitshaltung hat der Fakultätsrat gegen die Verleihung der Facultas docendi seitens unserer TU gestimmt."

„Nicht der ganze Fakultätsrat, wie das von uns eingesehene Protokoll der betreffenden Sitzung ausweist."

„Ich kenne das Protokoll nicht. Aber ich erinnere mich, einige Fakultätsratsmitglieder haben aus verschiedensten Gründen gefehlt."

„Man hätte ihre Unterschrift nachträglich einholen können."

„Sicherlich. Ich weiß nicht, ob oder weshalb dies verabsäumt wurde."

„Vielleicht wollten einige nicht unterschreiben? Vielleicht gab es Gegenstimmen?"

„Das ist Spekulation."

„War Ihnen bei der Abstimmung bewusst, dass Sie Herrn Dr. Wottigs weiteren beruflichen Werdegang mit der Ablehnung seines Antrages beeinträchtigen würden?"

„Bedacht habe ich das. Ich war mir sicher, Dr. Wottig würde sich in seinem neuen Wirkungsfeld in der BRD behaupten und würde sich auf die Urkunde von unserer TU nicht angewiesen fühlen."

„Das mutmaßten Sie vor zirka zwei Jahren. Sehen Sie das auch heute noch so?"

„Lassen Sie mich mit einem Vergleich antworten. Den hat ein Kollege in der von Ihnen erwähnten Fakultätsratssitzung angestellt, als es zur Abstimmung kam. Er sagte sinngemäß: Stellen wir uns vor, ein westdeutscher Gymnasiallehrer käme besuchsweise in die DDR, schaut sich alles an, spricht mit den Leuten, entschließt sich, für ständig in der DDR zu verbleiben, ohne dies mit seinem Schuldirektor oder den zuständigen bundesdeutschen Behörden zu vereinbaren. Könnte dieser Lehrer erwarten, dass ihm der von ihm erstrebte Titel 'Studienrat' von der bundesdeutschen Behörde verliehen und dass ihm die entsprechende Urkunde auf dem Postwege zugesandt würde?"

„Der Vergleich ist an den Haaren herbeigezogen."

„Na ja, jeder Vergleich hinkt."

„Schlimmer noch! Dass Sie ihn hier anstellen, belegt, Sie beurteilen die Angelegenheit des Herrn Dr. Wottig – auch heute noch – politisch."

„Wieso 'politisch'? Eher moralisch. Für mich war und ist die Persönlichkeitshaltung von Dr. Wottig maßgebend. Warum ist der Herr nach der Wende nicht zu uns in eine Fakultätsratssitzung gekommen, warum hat er sich nicht im freimütigen Disput erklärt? Vielleicht hätte er die Fakultätsratsmitglieder umgestimmt, und der zuvor vom Rat gefaßte Beschluss wäre revidiert worden?"

„Ich meine, wir können die Debatte zu diesem Punkt beenden. Die Kommissionsmitglieder haben einen nachhaltigen Eindruck von Ihrem Denken und Ihrer Haltung in solch einer Frage bekommen."

Die Stellvertreterin, eine junge, hübsche Frau, neigt den Kopf zum Vorsitzenden. Der nickt. Sie sagt zu dem Vorgeladenen: „Sie haben mit dem Staatssicherheitsdienst der DDR zusammengearbeitet. Bleiben Sie in Anbetracht dessen bei Ihren Aussagen zu den eben besprochenen Fällen?"

„Ich habe nicht mit der STASI zusammengearbeitet. Ich kann auch keinen Zusammenhang zwischen der STASI und meinem Verhalten zu den Angelegenheiten der Herren Bökemeyer und Wottig herstellen."

„Die Informationen, die wir über Sie erhalten haben, belegen eindeutig, Sie hatten Kontakte zur STASI."

„Von wem haben Sie solche Informationen?"

„Das tut nichts zur Sache."

„Ich bitte Sie! Sie unterstellen mir Zusammenarbeit mit der STASI. Da tut es schon etwas zur Sache zu erfahren, worauf sich Ihre Behauptung gründet. Also bitte!"

Der Vorsitzende mischt sich ein. Seine Stimme klingt ärgerlich.

„Wir stellen hier die Fragen. Antworten Sie also, wenn Sie gefragt werden! Hatten Sie Kontakte?"

„Ja, Kontakte hatte ich – wie mehr oder weniger alle Funktionäre in der ersten Leitungsebene der TU, also Rektor, Prorektoren, Fachbereichsdirektoren. Es gab auch solche Kontakte seitens der Sektionsdirektoren und von Einzelpersonen, sofern sie an bedeutsamen Forschungsaufträgen arbeiteten. Ich besitze dazu keinen Überblick. Den werden Sie sich, nehme ich an, mit Ihren Evaluierungsgesprächen verschaffen. Jedenfalls sind meines Erachtens 'Kontakte' etwas anderes als 'Zusammenarbeit'. Es war doch so: An unserer Hochschuleinrichtung wurde mit Arbeitspapieren, Berichten und Dokumentationen gearbeitet, die mit einem unterschiedlichen Vertraulichkeitsgrad belegt waren: 'Nur für den Dienstgebrauch', 'Vertrauliche Dienstsache', 'Vertrauliche Verschlusssache' und – in der zentralen Hochschulleitung – 'Geheime Verschlusssache'. Für die Aufbewahrung, die Nutzung, die Weitergabe und den Transport solcher Materialien gab es detaillierte Richtlinien. Deren strikte Befolgung wurde regelmäßig in sogenannten VD-Kontrollen überprüft: das Vorhandensein, die sichere Verwahrung und der streng dienstliche Gebrauch der Unterlagen. Solche Kontrollen führten alle Leiter bei ihren Mitarbeitern durch. Stichprobenartig beteiligten sich daran – außerhalb der Dienstzeit – Mitarbeiter des Ministeriums für Staatssicherheit, des MfS, genannt STASI. Das geschah schwerpunktmäßig bei VD-Kontrollen zu volkswirtschaftlich bedeutsamen Forschungsvorhaben."

„Das ist uns bekannt." Die Stellvertreterin blickt gelangweilt zur Zimmerdecke. „Fassen Sie sich kürzer, kommen Sie zur Sache!"

„Ich bin bei der Sache. Die Kontrollen wurden in allen Leitungsebenen ausgewertet. Dazu gaben die MfS-Mitarbeiter den Leitern erforderlichenfalls Hinweise."

„Sie waren fünf Jahre lang als 1. Prorektor tätig. Sie waren in herausragendem Maße zuständig für die *Einhaltung von Ordnung, Sicherheit und Geheimnisschutz* an der Hochschule. Wollen Sie uns wirklich glauben machen, Sie hätten mit MfS-Mitarbeitern nicht mehr zu tun gehabt, als Sie uns soeben dargelegt haben?"

„Ich habe mich, was mich betrifft, an die Tatsachen gehalten."

„Aber nicht an alle."

„Das ist eine Unterstellung, die ich zurückweise."

Die Stellvertreterin zieht die Mundwinkel herab und rümpft die Nase. Dabei sieht sie gar nicht mehr so hübsch aus wie zu Beginn der Befragung. Sie sagt halblaut zum Vorsitzenden: „Wir halten uns an die uns vorliegenden Informationen." Mit einer waagerechten Handbewegung zeigt sie an, sie wolle keine weiteren Fragen stellen.

Der Vorsitzende wendet sich an alle Anwesenden: „Wer wünscht noch das Wort?"

Der Forschungsstudent der Arbeitsgestaltung fragt den Delinquenten, bei dem er Vorlesungen gehört und eine fachwissenschaftliche Prüfung abgelegt hat: „Glauben Sie, dass man echte wissenschaftliche Leistungen erbringen kann, wenn man in seiner beruflichen Tätigkeit als Professor so politisiert und sich dermaßen in Politik verstrickt wie Sie?"

Der Befragte klappt seine DIN A4-formatige Klemmmappe auf und schiebt sie über den Tisch, zu dem Forschungsstudenten hin. „Werfen Sie einen Blick auf meine Promoventen-Übersicht – 35 Doktoren –, auf die Liste meiner fachwissenschaftlichen Publikationen – 126 an der Zahl –, auf meine neuerlich überarbeiteten Lehr-Konzeptionen! Ich bin seit nahezu 23 Jahren an dieser Hochschuleinrichtung als Professor tätig. Ich habe Hunderte Studenten der von mir geleiteten Fachrichtung zum Diplom geführt. Sie leisten alle – das darf ich Ihnen zu Ihrer Frage mit Stolz sagen – eine anerkannt gute Ingenieurarbeit in der Praxis. Sie selbst haben bei mir Vorlesungen zu einem bedeutsamen Gebiet der Ingenieurwissenschaften gehört und eine Prüfung abgelegt. Ich gehe davon aus, das wird Ihnen für Ihr Forschungsstudium und erst recht für Ihren späteren Einsatz in der industriellen Praxis von Nutzen sein; ich habe jedenfalls das Meine dafür getan. Daran hat mich nicht gehindert, dass ich mich gesellschaftlich engagiert habe."

„In der SED."

„Ich habe in der SED keine Funktionen bekleidet. Mein gesellschaftliches Engagement in der Kammer der Technik" – der Ingenieurorganisation in der DDR – „und in der URANIA hat meine wissenschaftliche Arbeit nicht beeinträchtigt."

Der Forschungsstudent nickt dem Kommissionsvorsitzenden zu. Er tut dem Professor nicht den Gefallen, in der Klemmmappe zu blättern und zu lesen, er schiebt sie auf dem Tisch weit von sich.

Der Propst der Domgemeinde erhält das Wort. „Ihrer Personalakte ist zu entnehmen, Sie waren Mitglied der FDJ. Warum sind Sie der FDJ beigetreten?"

Diese Frage verwirrt den Professor. Unschlüssig, ob er sie beantworten soll, schaut er zum Vorsitzenden. Der fragt: „Wollen Sie sich dazu nicht äußern?"

„Doch. Ich dachte nur, wir reden heute über näherliegende Dinge meiner beruflichen Tätigkeit anstatt über meine FDJ-Mitgliedschaft in meinen Jugendjahren."

„Wir reden über alle uns interessierenden Dinge. – Also bitte!"

„Wenn Sie es so wollen ... Ich wurde als vierzehnjähriger Schuljunge FDJ-Mitglied. Das war in den ersten Nachkriegsjahren. Viele deutsche Städte lagen in Trümmern. Es gab nicht genug zu essen. Die Besatzungssoldaten in der Sowjetischen Besatzungszone verteilten, anders als die Besatzer in den Westzonen, keine Schokolade und Kaugummis an die deutsche Bevölkerung. Es gab kein Heizmaterial. In dem strengen Winter 1946/47 sind Deutsche, vor allem Alte und Kinder, in ihren Unterkünften erfroren. Die Leute hatten nichts Ordentliches anzuziehen. Die hungrigen Schulkinder froren in ihren überbelegten Klassenzimmern und verfügten weder über Schreibhefte und -stifte noch über Schulbücher. Die Väter kehrten aus dem verbrecherischen Weltkrieg entweder überhaupt nicht oder als körperliche oder geistige Krüppel heim. Lassen Sie mich meine Aufzählung abkürzen! Die Nachkriegszeit war fast genauso schlimm wie die Kriegsjahre. Die Erwachsenen sagten: 'Nie wieder Krieg!' und 'Die Hand des Deutschen, die je wieder eine Waffe ergreift, möge verdorren!' Und die Organisatoren der FDJ sagten: 'Was in der Nazizeit in Deutschland geschehen ist, darf sich nie wiederholen. Wir müssen ein neues Deutschland aufbauen. Wir, die freie deutsche Jugend, müssen mit anpacken.' Das fand ich richtig und notwendig. Deshalb bin ich der FDJ beigetreten."

Der Propst grinst. „Sie machen mir als Prediger Konkurrenz."

„Sie haben mich etwas gefragt, und ich habe Ihnen darauf geantwortet."

„Der zweite Teil Ihrer Antwort fehlt aber noch. Mich und diesen Gesprächskreis interessiert, warum haben Sie sich zur FDJ bekannt, als diese Organisation zur sogenannten *Kampfreserve der Partei*, der SED, und zu fähnchenschwenkenden Aufmarschkolonnen bei DDR-Staatsfeierlichkeiten mutiert ist? Warum haben Sie – als Professor einer Technischen Universität – die FDJ da immer noch unterstützt?"

Der Befragte zögert ein Weilchen, ehe er sagt: „Die Antwort auf diese Frage geben Sie sich bitte selbst! Sie käme wohl in etwa der gleich, die Sie mir gäben, wenn ich Sie fragen würde, weshalb Sie hier, in dieser Kommission, Gerichtstag über die politische Gesinnung von Universitätsprofessoren halten, statt in Ihrer Kirche Gottes Wort zu predigen."

Da springt der Kommissionsvorsitzende von seinem Stuhl auf. „Das genügt!", ruft er laut. „Dieses Evaluierungsgespräch ist beendet."

Der Professor hebt seine Klemmmappe mit den Statistik-Listen in die Höhe. „Wir haben aber hierüber noch gar nicht gesprochen."

„Ich sagte deutlich: Unser Gespräch ist beendet." Mit einem Handzeichen zur Tür des Sitzungszimmers hin: „Sie können gehen."

Der Professor klemmt sich seine Mappe unter den einen und seine Kollegtasche unter den anderen Arm und verlässt grußlos den Raum. Draußen, in dem kleinen Korridor, nimmt er seinen Mantel vom Kleiderhaken. Er steigt bedächtig die Haustreppe hinab und denkt: 'Das soll's gewesen sein?' Erst auf der Straße zieht er seinen Mantel an und steckt die Klemmmappe in die Kollegtasche. Er läuft, leicht torkelnd, in die Richtung zu seinem Institutsgebäude. Die ihm begegnen, beäugen ihn wie das wandelnde Musterexemplar eines zerstreuten Professors. Ihm wird von dem Februarwind, der über die Straße weht, kalt am Kopf. „Hach! Mein Hut!" Er hat seine Kopfbedeckung am Kleiderhakenbrett vor dem UPL-Sitzungszimmer hängen lassen.

Er kehrt um, steigt nochmals die Treppe im Rektoratsgebäude hinan, hinauf bis ins dritte Geschoss. Dort stehen die Mitglieder der Evaluierungskommission dicht gedrängt in dem kleinen Korridor. Sie gönnen sich die erste Nachmittagspause. Die meisten von ihnen rauchen. Nahe dem Kleiderhaken, an dem der vermisste Hut hängt, gewahrt der Professor den Forschungsstudenten und den Oberassistenten aus seiner Sektion. Sie kehren ihm den Rücken zu.

„Er hat nicht ein bisschen kleinbeigegeben", sagt der Forschungsstudent. „Er trat so selbstsicher auf wie in seinen Vorlesungen – fast überheblich für mein Empfinden."

Der Oberassistent nickt. „Hoffentlich wundert er sich nicht über das Gutachten, das unsere Kommission über ihn abgeben wird."

Der evaluierte Professor nimmt seinen Hut. Er wendet sich den beiden nicht zu, er geht, ohne etwas zu sagen, davon.

Erster Teil

Mühen der Ebene

I

Der Buchstabe F, also „das F", symbolisierte im VEB Elektrodyn Dresden (EDD) den Betriebsbereich „Fertigung". „Der F" war der Leiter dieses Betriebsbereiches: der Produktionsleiter.

Seit fünf Jahren bekleidete Dr.-Ing. Heinz Neuenhof diesen Posten. Wegen der akademischen Meriten, die er sich an der Technischen Universität (TU) Dresden 1964 erworben hatte, wurde er im EDD von allen „der Doktor" genannt. Er war der einzige promovierte Betriebsangehörige. Mehr Ehre als ihm wurde nur Rudolf Bockhardt, dem Werkdirektor, gezollt. Das war verständlich. „Der Rudi", der an der Technischen Universität Dresden Elektromaschinenbau studiert hatte, war „Direktor" – eben Werkdirektor; „der F" war nur „Leiter". „Der Rudi" war Träger des DDR-Nationalpreises III. Klasse für Wissenschaft und Technik. „Der Doktor" war in all seinen 34 Lebensjahren nur einmal als „Aktivist der sozialistischen Arbeit" ausgezeichnet worden. Dem Werkdirektor hatte der Generaldirektor der zuständigen VVB einen sogenannten Einzelvertrag zuerkannt. Solch ein Vertrag war bei DDR-Intelligenzlern – Medizinern, Künstlern, Ingenieuren – sehr begehrt. Er sicherte einem Betroffenen ein Sondergehalt und zahlreiche Vergünstigungen bezüglich Wohnraumbereitstellung, kurzfristiger Belieferung mit Möbeln, Automobilen und diversen anderen Industriewaren, Schul- und Universitätsbesuch der Kinder etc. zu. Der Produktionsleiter Neuenhof besaß solch einen Vertrag nicht. Er war durch einen vom „Rudi" unterzeichneten DIN A5-formatigen Arbeitsvertrag an den Betrieb gebunden. In dem Vertrag wurden „dem F" 21 Urlaubstage pro Jahr, eine dreimonatige Kündigungsfrist und eine Vergütung nach Tarifgruppe V garantiert. Den „Doktor" erfüllte mit Stolz, es nach vielen Jahren Hochschulstudium und Assistententätigkeit an der Technischen Universität so weit gebracht zu haben.

1.550 Mark der DDR als monatliches Brutto-Gehalt plus variable Jahresendprämie – so viel hatte Heinz Neuenhof noch nie in seinem Leben verdient. Das, was „der Rudi" vorweisen konnte, war natürlich mehr. Und das Entscheidende: Der Werkdirektor war dem Produktionsleiter vorgesetzt. Darauf, dass dies allen 460 Betriebsangehörigen des EDD stets bewusst war, achtete „der Rudi" sehr.

Im VEB Elektrodyn Dresden wurden – als Hauptaufgabe des Betriebes – neue elektrische Maschinen entwickelt, konstruiert, gebaut und erprobt. Wenn deren Fertigungsreife erreicht war, übernahmen volkseigene Betriebe der VVB Elektromaschinen ihre fabrikmäßige Herstellung – in Einzelstücken oder auch in Serien. Hinsichtlich der Beschäftigten- und Ausrüstungsstruktur wich EDD von den Strukturen anderer Betriebe ab. Nahezu die Hälfte der Belegschaft war im Bereich Entwicklung, Konstruktion und Versuchsfeld tätig. Der VEB Elektrodyn verfügte über vielfältige Möglichkeiten der spanenden und zerteiltechnischen Fertigung, des Werkzeugbaus, der Farbgebung für Industriegüter und der Verarbeitung von Plastwerkstoffen. Diese Vielfalt sicherte dem Betrieb eine hochgradige Autarkie bei der Erfüllung seiner Hauptaufgabe. Deshalb wurde er in der Nomenklatur der DDR-Betriebe als „wissenschaftlicher Industrie-Betrieb" geführt.

Durch die Hauptaufgabe allein ließen sich die vielfältigen und teils beträchtlichen betrieblichen Fertigungskapazitäten jedoch nicht in allen Phasen eines Planjahres vollständig auslasten. Deshalb hatte die übergeordnete Instanz – die VVB Elektromaschinen – den VEB Elektrodyn auch mit industrieller Warenproduktion beaufschlagt.

Die musste nach dem Reglement der sozialistischen Planwirtschaft erbracht werden. Der von der VVB bestätigte Plan des Betriebes galt als Gesetz. Wurde er nicht erfüllt, hatte dies für den Betrieb nachteilige ökonomische Folgen – spürbar bis zum Inhalt der Lohntüten von Arbeitern und Angestellten. Zu den EDD-Produkten der industriellen Warenproduktion zählten elektromotorische Antriebe in Einzelfertigung, Gleichstrom-Tachomaschinen und Stellmotore für Werkzeugmaschinen in kleinen Serien, Schneidwerkzeuge, Formwerkzeuge, Bordgeräte für Flugzeuge der sowjetischen Typenreihe „Iljuschin" und – als sogenannte Bevölkerungsbedarfs-Produktion – Tischventilatoren. Solch eine reichhaltige Produktpalette wurde in Fachkreisen als „Apothekenprogramm" bezeichnet und galt – sowohl in der Theorie als auch unter Betriebspraktikern – als fertigungsorganisatorisch aufwendig und nur schwer beherrschbar. Die industrielle Warenproduktion des EDD, die also zu planen war und sich planen ließ und die bei bestätigtem Jahresplan Gesetzeskraft hatte, konkurrierte mit der dem Betrieb zugeordneten Hauptaufgabe – der Konstruktion und dem objektiv nicht planbaren Musterbau neuer elektrischer Maschinen. Warenproduktion und betriebliche Hauptaufgabe standen in einem nichtantagonistischen Widerspruch.

Nach einem halben Jahr Tätigkeit im VEB Elektrodyn hatte Dr.-Ing. Neuenhof das zuvor an der TU Dresden in der Fachliteratur angelesene „Dilemma der Ablaufplanung" in seiner Vertracktheit und EDD-spezifischen Dominanz in praxi kennenlernen und zu meistern versuchen müssen. Er hatte rasch begriffen, was Werkdirektor Bockhardt bei Neuenhofs Einstellungsgespräch im Sinn gehabt hatte mit der Äußerung: „Im F-Bereich unseres Betriebes gibt's ein paar Probleme. Da haben wir – im Leitungskollektiv – gedacht, wir versuchen's bei der Besetzung des Produktionsleiter-Postens mal mit einem Promovierten…"

Die meisten Beschäftigten des EDD arbeiteten im Fertigungsbereich F. Dessen Untergliederung in Bereiche und Abteilungen war Anfang der 1950er Jahre, als EDD ein SAG-Betrieb gewesen war, von Dr. Neuenhofs Vorgänger entwickelt und eingeführt worden. Sie hatte sich bewährt. „Der Doktor" war klug beraten gewesen, sie – bis auf geringfügige Anpassungen an neue Erfordernisse – zu übernehmen. Die Fertigungsbereiche Motorenbau (FM), Tischventilatoren-Produktion (FBB), Teilefertigung und Werkzeugbau (FTW) wurden von Meistern geleitet. Diese Bereichsleiter waren hochgewachsene seriöse Herren um die 60 Jahre herum – mit stark ausgeprägten individuellen Persönlichkeitsmerkmalen und von ihrer fachlichen Kompetenz her Koryphäen auf fertigungstechnischem Gebiet. Sie waren – alle drei – in der Zeit des faschistischen Welteroberungskrieges u.k. gestellt gewesen, hatten in der SAG-Zeit des Betriebes die von sowjetischen technischen Offizieren und Produktabnahme-Ingenieuren auferlegten harten Bandagen gut überstanden und wirkten nun unter der Leitung „des Doktors" an der „Schaffung der Grundlagen für den Aufbau des Sozialismus in der DDR" aktiv mit. Sie und „der Doktor" hatten sich in den fünf Jahren ihrer Zusammenarbeit – wie man so sagt – zusammengerauft.

Anfangs hatten die drei Meister befürchtet, nun – mit einem Doktor-Ingenieur an der Spitze – würden im F-Bereich alle Leitungspositionen mit Ingenieuren und Diplom-Ingenieuren besetzt werden, und das Ende ihrer Dienstzeit wäre nahe. In dieser Phase hatten sie im Kegel- und im Skatklub des Betriebes gemeinsam mit den alteingesessenen Herren aus den Konstruktionsabteilungen (Bereich K) und dem Versuchsfeld Politik der Alten gegen die Jungen gemacht. Das hatte ihnen aber nichts eingebracht. Neuenhof hatte sich mehr und mehr als integre Persönlichkeit erwiesen. Die meisten Interna aus dem F-Bereich, die die drei Meister bei den Kegel- oder Skat-Abenden ausgeplaudert hatten, waren von einigen Koryphäen aus dem K-Bereich bloß zu eigenem Vorteil ausgenutzt worden; die Mitteilsamkeit der drei war spürbar in Nachteile für sie selbst umgeschlagen.

Noch ein Weiteres war hinzugekommen.

Der Ökonomische Leiter des EDD, „der Ö", hatte sein Fernstudium an der Hochschule für Ökonomie in Berlin-Karlshorst mit einer Diplomarbeit zu einem

betriebsspezifischen Thema – Materialbevorratung und -bereitstellung im EDD – abgeschlossen. Hierzu hatte der Mann konkrete Untersuchungen auch im F-Bereich durchzuführen gehabt. Zur Erleichterung seiner Arbeit hatte ihm „der F" dafür freien Zugang zu den Fertigungsbereichen ohne An- und Abmeldepflicht bei den zuständigen Leitern zugebilligt. Daraus hatte der Ökonomische nach Abschluss seiner Diplomarbeit ein Gewohnheitsrecht werden lassen wollen. Es war gekommen, wie es hatte kommen müssen: Er hatte im F-Bereich regelrecht herumspioniert und hineindirigiert, und es hatte Krach zwischen ihm und den Bereichsleitern

FM und FTW gegeben. Er hatte den beiden mangelhaftes Management und ungenügende fertigungsorganisatorische Qualifikation vorgeworfen – öffentlich im Werkstattbereich und in einer Belegschaftsversammlung des Betriebes, aber auch in einer Dienstberatung beim Werkdirektor. Da war Dr. Neuenhof gefordert gewesen. „Genossen", hatte er sich in der besagten Dienstberatung ereifert, „so viel Flexibilität in der beruflichen Tätigkeit wie 'meine Männer' wollen wir jüngeren Kader, die wir an Hoch- oder Fachschulen unserer Republik studieren durften, erst mal entwickeln und unter Beweis stellen! Danach können wir über Management und organisatorisches Geschick unserer Alten debattieren." Durch eine Verfügung des Werkdirektors war dann geregelt worden, dass „der Ö" künftig den F-Bereich nur mit Zustimmung oder in Begleitung von Dr. Neuenhof inspizieren durfte. Spätestens seit jenem Zeitpunkt wussten die drei Bereichsleiter, was sie an „ihrem Doktor" hatten und welche Themen sie besser mit ihm als mit Sportfreunden im betrieblichen Kegelklub erörtern sollten.

„Der Doktor" hatte geglaubt, mit der öffentlichen Parteinahme für seine Bereichsleiter hätte er fortan deren volles Vertrauen erworben und ihre Bereitschaft zu kollegialer Zusammenarbeit mit ihm in allen dienstlichen Belangen und unter allen denkbaren Bedingungen geweckt. Aber in einem betrieblichen Reproduktionsprozess verläuft manches, trotz sorgfältigster Vorausplanung, sporadisch und ohne Kenntnis aller derjenigen, die von einem Ereignis oder von einer Entscheidung hätten informiert werden müssen – sei es, dass die Zeit drängt, sei es, dass man bei dem einen oder anderen Betroffenen mit Widerstand rechnet, dem man von vornherein auszuweichen trachtet, oder sei es, dass man eine Angelegenheit fälschlicherweise als Bagatelle ansieht, mit der man bestimmte Personen, insbesondere solche in leitenden Positionen, gar nicht erst behelligen möchte. Wie auch immer:

Zwei Tage vor einem Monatsletzten hatte Dr. Neuenhof befürchtet, der Monatsplan der Warenproduktion würde nicht erfüllt werden. Ein nicht erfüllter Monatsplan hätte für alle Mitarbeiter des F-Bereiches den Verlust von Prämienpunkten bedeutet. Prämienpunkte wurden Monat für Monat vergeben, bis zum Jahresende gesammelt und zu Beginn des folgenden Planjahres materiell vergütet. Also hatte „der F" seinen Bereichsleiter FM, Erich Wendland, angewiesen, die Montage eines Loses Gleichstrom-Tachomaschinen, die für den Folgemonat vorgesehen gewesen war, terminlich vorzuziehen. Mit der Auslieferung des zusätzlichen Loses hätte der gefährdete Monatsplan erfüllt werden können.

„Alle Einzelteile für das Los liegen fertig bearbeitet im Bereitstellungslager.", hatte „der Doktor" zu Wendland gesagt. „Ihr könnt also 'ranklotzen."

Der FM-Meister hatte eine süß-saure Miene aufgesetzt. „Das schaffen die Kleinmotorenbauer nicht."

„Dann setzen Sie die Gruppe der Großmotorenbauer mit ein!"

Wendlands Miene war noch verdrießlicher geworden. „Geht nicht. Die Männer montieren die neukonstruierte Maschine für das Dresdener Transformatoren- und Röntgenwerk. Die soll kurzfristig in unserem Versuchsfeld erprobt werden. Kollege Grünberg drängt..."

Grünberg, der Leiter der Abteilung „Konstruktion elektromotorischer Antriebe" im K-Bereich des Betriebes, hatte förmlich darauf gebrannt zu erfahren, ob die neukonstruierte Maschine die projektierten Leistungsdaten wohl erbringen würde. Deshalb war ihm ein kurzfristiger Testlauf im EDD-Versuchsfeld äußerst wichtig gewesen.

Wendland hatte der Anweisung „des F" zunächst Folge geleistet. Darob war Grünberg in Wut geraten und spornstreichs mit einer Beschwerde zum Werkdirektor Bockhardt gelaufen. „Der Rudi", selbst ein Maschinen-Konstrukteur, hatte Wendland telefonisch angewiesen, die Großmotorenbauer von der Tachomaschinen-Montage abzuziehen, die neue Maschine unverzüglich fertigzustellen und ans Versuchsfeld zu liefern.

Wendland hatte zu Bockhardt gestammelt: „Aber 'der Doktor' hat festgelegt..."

„Der Rudi" hatte ihn unterbrochen: „Dessen Anweisung ist hiermit aufgehoben."

Wendland hatte sich gefügt und darauf verlassen, der Werkdirektor würde Neuenhof von seiner Entscheidung unterrichten. Das hatte „der Rudi" aber verabsäumt.

Als Neuenhof am Nachmittag vor dem Monatsletzten den Bereich Motorenbau inspiziert hatte, waren nur die Kleinmotorenbauer emsig am Werken gewesen. „Unsere anderen Kollegen", hatten sie dem verdutzten Doktor erklärt, „mussten die neue Großmaschine nach deren Probelauf demontieren und den Läufer im Elbtalwerk nachwuchten." EDD verfügte über keine Auswuchtmaschine. „Das Auswuchten dauerte bis in die Nacht. Deshalb bummeln die Kollegen die geleisteten Überstunden heute ab." Und mit Sarkasmus: „Für die Planerfüllung sind ja wir Kleinmotorenbauer gut genug ..."

Heinz Neuenhof war völlig perplex gewesen. In seiner ersten Gefühlsaufwallung hatte er sich gefragt, ob er für den Posten eines Produktionsleiters der rechte Mann am rechten Ort sei. Aber er hatte nicht lange gegrübelt. Er hatte Meister Wendland in die Montageabteilung rufen lassen. Er hatte ihn beauflagt, bei der Tachomaschinen-Montage selbst Hand anzulegen. Am nächsten Tag würden die Maschinen durch die Endkontrolle gehen und ausgeliefert werden müssen. Wendland hatte ihm sagen müssen, welche Hilfe er – Neuenhof – im Interesse der Planerfüllung noch organisieren sollte. Dann war „der F" zu Bockhardt gestürmt. Er hatte dem Direktor Partisanentum vorgeworfen und das Studium kürzlich erschienener Fachbücher über sozialistische Leitungstätigkeit angeraten. Als Bockhardt ihn hatte des Zimmers verweisen wollen, hatte er gefordert: „Ich muss darauf bestehen, dass ich, so ich im Betrieb anwesend bin, alle Anweisungen im F-Bereich erteile. Wenn der Werkdirektor Änderungen vorgenommen haben will, möchte er das – bitte schön – über meine Person tun. Andernfalls bin ich im Betrieb überflüssig und kann meiner Wege gehen."

Bockhardt hatte tief Luft geholt und war dabei – wohl aus Zorn – rot angelaufen. Plötzlich war er auf Neuenhof zugegangen und hatte ihm die Hand hingestreckt. „Richtig. Ich hätte dich informieren sollen. Gut, das passiert nächstes Mal." Dann hatte er unvermittelt gegrinst und gefragt: „Aber der Monatsplan wird doch erfüllt. Oder?"

Es hätte damit bewendet sein können. Aber „der Doktor" hatte keine Ruhe gegeben. Er hatte den Vorfall in der nächstfolgenden Dienstberatung beim Werkdirektor zur Sprache gebracht. Er hatte eine generelle Klarstellung und Regelung herbeiführen wollen. Deshalb hatte er die gleiche Forderung wie im Gespräch mit Bockhardt nun an alle Leitungsmitglieder gestellt. Dabei hatte er, in geschickten Formulierungen verpackt, das Verhalten des Abteilungsleiters Grünberg als unkollegial, plangefährdend und schuljungenmäßig: „Hallo, Herr Lehrer, ich weiß, was" kritisiert. Prompt war Grünberg beleidigt gewesen. In provozierendem Ton hatte er gefragt: „Kollege Bockhardt, ist das neuerdings der Stil, in dem unsere Dienstberatungen durchgeführt werden?"

Da hatte „der Rudi" mit der flachen Hand schallend auf den Sitzungstisch geschlagen und wütend zu Neuenhof gesagt: „Ich dachte, wir hätten in unserem Vier-Augen-Gespräch alle Unklarheiten beseitigt. Nun fängst du wieder an." Bockhardt und „der F" duzten sich. Beide waren Mitglieder der SED. „Aber das nutzt dir nichts. Wenn im Bereich F der Informationsfluss zwischen dir und deinen Leitungskadern nicht klappt, musst du dafür die Schuld nicht bei anderen suchen. Du selbst, Genosse Doktor, hast damit offensichtlich ein Problem. Das löse gefälligst selbst! So. Nun Schluss mit den subjektivistischen Mätzchen!" Und der Werkdirektor war zum nächsten Tagesordnungspunkt übergegangen.

In einem Betrieb von der Größe des EDD blieb kaum etwas geheim. So war es auch damals gewesen. „Mit unserem 'Doktor' hat es Krach in der Dienstberatung beim 'Rudi' gegeben", war an allen Ecken und Enden des F-Bereiches gewispert worden. Darüber, worum es bei dem Knatsch gegangen sein sollte, kursierten die wildesten Gerüchte.

Der Fertigungslenker (FL) im F-Bereich, Werner Müller, war – dank des außerdienstlichen Informationsaustausches im betrieblichen Kegelklub – genau informiert gewesen. Er hatte „den Doktor" in einer stillen Viertelstunde abgepasst. „Darf ich Ihnen einen guten Rat geben?"

Heinz Neuenhof war nicht so überheblich gewesen anzunehmen, er würde guten Rat nicht brauchen, und hatte Müller zugenickt. Der hatte gesagt: „Doktor, Sie sollten die Sache mit den Motorenbauern, mit Erich Wendland und mit dem Kollegen Grünberg auf sich beruhen lassen. Für unseren Werkdirektor – so wie ich ihn kenne – ist die Sache ohnehin erledigt. Wenn Sie immer weiter zanken, geht das zu Lasten Ihres Renommees. Bitte, verstehen Sie mich nicht falsch! Ich will mich nicht in Ihre Angelegenheiten mischen, aber..."

„Der F" hatte seinem FL die Hand gereicht. „Vielen Dank! Es ist ein Ratschlag – so werte ich unser Gespräch –, keine Einmischung." Und nach kurzem Besinnen: „Ich heiße Heinz. Du kannst 'du' zu mir sagen."

Müller war puterrot geworden. „Es ist nicht meine Absicht..."

Neuenhof hatte ihn durch eine Handbewegung unterbrochen. „Ich will mich nicht verrennen."

Der andere hatte tief aufgeatmet. „Eben. Darum geht's. Es ist nicht meine Absicht, jemanden zu verpfeifen. Aber du solltest deine Bereichsleiter kürzer an die Leine nehmen. Was mit der Tachomaschinen-Montage hinter deinem Rücken geschangelt wurde, hast du zufällig aufgedeckt – 'zufällig' sage ich. Was meinst du, was im F-Bereich alles ausbaldowert wird und abläuft, wovon du nichts weißt – geschweige, dass du als zuständiger Leiter vorher darum befragt wirst..."

Da hatte „der Doktor" einen gewaltigen Schreck gekriegt.

„Ich will dich jetzt nicht mit Einzelheiten behelligen. Du musst künftig selber mehr..."

Neuenhof hatte Werner Müller richtig verstanden. Er hatte nun auch die Bemerkung des Werkdirektors zu deuten gewußt, er – „der F" – hätte in seinem eigenen Bereich ein Problem, das er gefälligst selbst lösen sollte.

So war zustande gekommen, dass Dr.-Ing. Heinz Neuenhof fortan an jedem seiner Arbeitstage im VEB Elektrodyn Dresden einen zirka einstündigen Inspektionsgang in mindestens einem seiner drei Fertigungsbereiche unternahm. Er wollte künftig nicht bloß auf die Informationen aus dem F-Bereich angewiesen sein, die ihm seine Meister und Abteilungsleiter in der wöchentlichen „Dienstberatung bei F" übermitteln würden – und das womöglich je nach deren Gutdünken.

2

Mitte April 1969 begab sich „der Doktor", wie üblich pünktlich zu Beginn der Normalschicht um 6 Uhr 30, in die große Fertigungshalle des Bereiches F. Bückert, Meister in FTW, sah ihn von seinem Schreibtischplatz hinter dem großen Fenster der Meisterstube sofort kommen – die hochgewachsene, schlanke Gestalt, eingehüllt in einen verwaschenen blauen Kittel –, und er wusste: In der einen großen Kitteltasche würde Neuenhof ein DIN A6-formatiges Notizbuch in Klemmdeckel-Ausführung zu stecken haben, in der anderen Seitentasche einen gleichformatigen Schreibblock, aus dem er im erforderlichen Fall beschriebene Zettel herausriss und in sein Notizbuch klemmte, und in der Kitteltasche über der Brust Schreibstifte und einen Rechenstab. Bückert rückte die Brille auf seiner Nase zurecht und guckte noch einmal genau hin – auf Neuenhofs schwarze Baskenmütze mit dem abgegriffenen Rand, auf die ausgebeulten Hosentaschen, in denen „der F" sein dickes Schlüsselbund und Putzlappen spazierentrug. An den Lappen pflegte sich Neuenhof die Hände abzuwischen, wenn er an der einen oder anderen Werkzeugmaschine teilweise oder fertig bearbeitete Werkstücke in die Hand genommen und kritisch betrachtet hatte.

'Na', dachte Bückert und zog sorgenvoll seine Stirn kraus, 'heute bin wohl ich an der Reihe.' Der Besuch seines Chefs kam ihm ungelegen. Bückert wollte sich auf die 9 Uhr 15 beginnende turnusmäßige Dienstberatung bei F vorbereiten und vorher noch die von seinen Werkern eingereichten Lohnscheine vom Vortage und von der Spätschicht gegenzeichnen.

„Der Doktor" steckte den Kopf zur Meisterstube herein. „'n Morgen, Meister! Alles klar?" Bückert brummelte etwas.

Neuenhof sagte: „Na gut. Bis nachher, zur Sitzung!" Er drückte die Tür ins Schloss und verließ die Halle.

Bückert atmete erleichtert auf. 'Manchmal muss der Mensch Glück haben', dachte er und machte sich über die vor ihm aufgestapelten Lohnscheine her. Die sollten noch an diesem Vormittag zur Verrechnung an den Ö-Bereich weitergereicht werden.

Neuenhof überquerte den Schrottplatz. Auf dem türmten sich ausgeschlachtete Versuchsmuster und alte elektrische Maschinen. 'Schrott müsste mal wieder abgefahren werden', dachte er und schrieb etwas in sein Notizbuch. Seine Inspektion heute galt der Lackiererei. Die war in einer kleinen, ziegelgemauerten Bude mit Holzdach untergebracht. Von außen sah sie wie rohbaufertig aus. Aber der Schein trog. In der Bude wurden elektrische Maschinen, für die der VEB Elektrodyn das höchste Gütezeichen der DDR zuerkannt bekommen hatte, lackiert und getrocknet. In einer Ecke des Werkraums war die Wand nahe der Decke durchbrochen. In der Öffnung war ein großer, runder Ventilator installiert worden. Er war eingeschaltet. Sein lautes Brummen wurde öfter von einem blechernen Scheppern unterbrochen. Andere technische Entlüftungseinrichtungen waren in dem Raum nicht eingebaut worden.

Das war die Arbeitsstätte des Lackierers Bogdan Kusnetzky – eine Ein-Mann-Abteilung. Sie war betriebsorganisatorisch dem Motorenbau (FM) zugeordnet; leitungsmäßig unterstand sie Meister Erich Wendland.

Bogdan Kusnetzky warf einen Blick durch das mit unzähligen Lackspritzern besprenkelte Fenster. Er sah „den Doktor" kommen. Er ging zur Tür der Bude und öffnete sie sperrangelweit. „Na, Genosse Neuenhof, du hast dich wohl verlaufen, wie?", fragte er. Kusnetzky war SED-Mitglied. Wenn er mit „dem F" allein war, nannte er ihn beim Namen. Im Beisein anderer redete er ihn mit „Genosse Doktor" an.

Neuenhof reichte dem Lackierer zur Begrüßung die Hand. „Nicht verlaufen. Heute gilt mein Inspektionsgang dir."

„Dann 'rein in meine gute Stube!"

Als „der F" ins Innere der Bude trat, verschlug es ihm den Atem. Es war sehr heiß im Raum und roch stechend nach Lackfarben.

„Du kommst ein bisschen zu zeitig", sagte Kusnetzky. „Ich hatte während der Nacht die provisorische Trocknungsanlage laufen lassen und sie eben erst ausgeschaltet." Er wies auf mehrere Reihen grasgrün lackierter Motorengehäuse. „Du kannst sie betasten. Sie sind jetzt trocken. Also kann ich meine Bude nun durchlüften, ohne dass von außen eindringende Schmutzpartikel auf den Werkstücken kleben bleiben." Er kippte ein kleines Fenster an und ließ die Budentür weit offenstehen.

Heinz Neuenhof sah sich um und schüttelte unwillig den Kopf. Er dachte: 'Gewertet an der baulichen Substanz, am technologischen Niveau und an den Arbeitsbedingungen, ist der Sozialismus an der Lackiererei unseres Betriebes bisher ohne sichtbare Spuren vorübergegangen.' Er blickte Kusnetzky ins verschwitzte Gesicht, sah, dass dessen Kopf bis unter die Haarwurzeln tiefrot angelaufen war und schämte sich. 'Was habe ich in bisher fünfjähriger Tätigkeit als Produktionsleiter zustande gebracht, dass hier menschenwürdig gearbeitet werden könnte?', fragte er sich. Er dachte an seine Mutter, sie hatte sich in der Lackiererei der Burkitzer Küchenmöbelfabrik kaputtgerackert. Nun war sie seit Jahren eine Invalidenrentnerin.

„Was bringst'n?", fragte Kusnetzky unumwunden, wie es seine Art war, und stapelte die frisch lackierten Motorengehäuse zum Abtransport auf eine Palette. Dabei polterten und klirrten die Gussteile – so grob und rauhbeinig hantierte der Mann mit den Werkstücken. Dabei schniefte und piechte er, als habe er mit jedem Teil Zentnergewichte zu stemmen. Wer ihm je beim Arbeiten zugesehen hatte, sagte hinterher: „Kusnetzky ist ein Bullerkopp."

„Ich weiß nicht – hat dir Meister Wendland die Neuigkeit, unsere Lackiererei betreffend, schon verraten?"

„Wendland? Pah!" Kusnetzky lachte höhnisch. „Ich kann gar nicht sagen, wann ich meinen Meister das letzte Mal gesprochen habe – geschweige, dass er sich hier, bei mir, hätte blicken lassen." Es waren derartige Kritteleien und zynische Bemerkungen, deretwegen der Lackierer bei vielen Arbeitskollegen unbeliebt war. Dazu seine Aussprache mit leicht polnischem Akzent …

Alice Neuwohner, die gut 40 Jahre alte Super-Montiererin in der Tischventilatoren-Produktion, eine Walküre von Wuchs, werksbekannt für ihr blondgefärbtes Wallehaar, für ihre Redseligkeit und für ihr Schandmaul, „Alitze", wie sie von allen genannt wurde, wohnte in Kleinzschachwitz in Nachbarschaft zu Kusnetzky. „Ich könnte euch Geschichten erzählen, weiß Gott!", pflegte sie zu sagen, wenn es um ihren Nachbarn ging. „Aber wen wundert's? Schon aus seinem Namen errät jedes Schulkind, selbst wenn es noch so unaufmerksam dem Russischunterricht folgt: 'Bogdan Kusnetzky stammt aus dem kalten Gebiet.' Und die von dorther kommen … na, dazu sage ich nichts weiter aus Höflichkeit."

Kusnetzky hatte bei den Parteiwahlen vor zwei Jahren für die SED-Betriebsparteileitung (BPL) kandidiert. Kurz vor der Wahl war er von der Kandidaten-Liste gestrichen worden. „Der betriebliche Buschfunk" hatte nicht herausbekommen, warum. Es war gemunkelt worden, „der Ö" – mit Wissen vom „Rudi" – habe die Streichung betrieben. Diejenigen, die den Lackierer für die BPL vorgeschlagen hatten, hatten sodann seine Wahl in die ABI-Gruppe (Arbeiter- und Bauern-Inspektion) des Betriebes durchgesetzt. In diesem Gremium engagierte sich Kusnetzky vehement. Die Inspektionen – etwas zu untersuchen, Mängel aufzudecken und die dafür Verantwortlichen zu kritisieren – kamen seinem Naturell sehr entgegen. Als ABI-Mitarbeiter lehrte Bogdan sogar den Werkdirektor und „den Ö" das Fürchten.

Vor einem Jahr hatte Kusnetzky gegenüber „dem F" seine Macht erproben wollen. „Eine der nächsten ABI-Inspektionen im EDD wird die Untersuchung der kritikwürdigen, unhaltbaren Zustände in unserer Lackiererei sein. Dafür werde ich sorgen", hatte der emsige ABI-Mann mit proletarischer Entschlossenheit angedroht.

„Der Doktor" hatte, äußerlich ruhig und gelassen, entgegnet: „Eine solche Inspektion würde ich begrüßen – umso mehr, wenn du sie mit durchführtest."

Der Lackierer hatte hämisch gegrinst. „Na, na!"

„Wirklich! Wer sollte fundiertere Vorschläge zur Verbesserung der Lage unterbreiten können als du, der du dich tagtäglich in dieser Stinkbude schinden musst? Deine Vorschläge – davon bin ich überzeugt – werden unweigerlich in den Abschlussbericht der Inspektion einfließen. Sowie mir der Bericht vorliegt, werde ich die in ihm enthaltenen Verbesserungsvorschläge leitend umsetzen. Die entscheidenden Aktivitäten werden dabei die Beschäftigten der Lackiererei zu entwickeln haben. Da in unserem Betrieb nur ein Lackierer tätig ist – nämlich du –, wirst du der Hauptakteur bei der Verbesserung unserer Lackiererei sein. Also richte dich darauf ein!"

Kusnetzky hatte protestiert: „Ich bin der Schütze Arsch im letzten Glied, und mich willst du …? Ich soll am Ende der Prügelknabe sein?"

„Es geht nicht darum", hatte ihn Neuenhof belehrt, „dass geprügelt wird. Es geht um unsere Lackiererei und um dich. Selbstverständlich unterstütze ich dich nach besten Kräften und mit allen Mitteln, über die ich als Produktionsleiter verfüge. Mein Wort darauf."

Das hatte dem revolutionären Lackierer denn doch – wie man so sagt – die Sprache verschlagen. „Also gehen wir die Sache in allernächster Zeit gemeinsam an?", hatte er, nicht mehr grinsend und um Fassung ringend, nach einer Weile gefragt.

Neuenhof hatte bekräftigt: „Gemeinsam – wie ich es gesagt habe. Anders kommt für dich und für die Sache nichts Vernünftiges heraus."

Daraufhin war von der ABI-Gruppe des EDD bis zum heutigen Tag keine Inspektion der Lackiererei des Betriebes durchgeführt worden. – An diesem Mittwochmorgen im April sagte „der Doktor" zu Kusnetzky: „Wir kommen ein Stückchen weiter. Die VVB hat unserem Invest-Antrag für einen neuen, leistungsfähigen Industrieofen stattgegeben. Wir haben die Bilanz und die finanziellen Mittel zugesprochen bekommen. Wir kaufen das neue Aggregat beim VEB Industrieofenbau Egeln. Wie ich informiert wurde, hast du die von uns besorgten Prospekte und technischen Unterlagen in unserer kaufmännischen Abteilung bereits eingesehen."

Kusnetzky horchte auf. „Ist das verboten?", fragte er aggressiv.

„Quatsch!"

„Hätte ich sie mir nicht angucken sollen?"

„Im Gegenteil! Ich hätte dich jetzt bitten müssen, es unverzüglich zu tun. Der Werkdirektor hat festgelegt, der kaufmännische Leiter, ich und ein von mir zu benennender Experte aus dem F-Bereich sollen in Kürze nach Egeln fahren. Wir

sollen uns das Aggregat vorführen lassen und alle Fragen, die wir haben, vor Ort klären, ehe der Kaufvertrag abgeschlossen wird. Als dritten Mann habe ich dich vorgeschlagen."

Da hörte Kusnetzky auf, frischlackierte Motorengehäuse geräuschvoll auf eine Palette zu stapeln – so überrascht war der Mann. Er richtete sich auf, zog seine schweinsledernen Fausthandschuhe aus und warf sie auf einen Metallschemel in der Ecke; er wischte sich mit der flachen Hand den Schweiß von der Stirn und trat, schniefend, dicht an Neuenhof heran. „Sag' das alles noch mal, ganz langsam!"

„Der Doktor" lachte. „Du hast mich recht verstanden, mein Lieber: Prospekt-Studium und Egeln-Fahrt. Das eine hast du schon erledigt. Das andere steht dir und mir noch bevor."

Der Lackierer wischte sich die Hände an einem Putzlappen ab. „Ich glaube nicht daran."

„Warum zweifelst du?"

„'Der Rudi' lässt mich nicht fahren."

„Wer sagt das? Ich habe die Dienstreise-Formulare für uns drei schon beantragt."

„'Der Rudi' hat was gegen mich."

„Genosse Kusnetzky", sagte Neuenhof förmlich, „hier geht's nicht um gegenseitige Sympathien."

„Kennst du nicht die Geschichte, wie man mich von der Kandidaten-Liste für die BPL gewippt hat?"

„Das ist Geschichte."

„Na, na! Ich habe im EDD schon manches erlebt. Wie sagt man? Manchmal kotzen die Pferde vor der Apotheke."

„Ich werde deinen und meinen von Bockhardt genehmigten Dienstreise-Auftrag aus dem Direktionssekretariat persönlich abholen. Du bekommst dein Exemplar von mir ausgehändigt – nicht, dass auf dem Dienstweg irgendetwas gemauschelt werden kann."

„Na, Genosse Doktor," – Kusnetzky grinste wieder –, „dann drück' mal dein Kreuz durch!"

„Mach' ich. Und du, Genosse, bereitest dich auf den Besuch in Egeln gründlich vor. Berate dich mit Meister Wendland! Ich beauftrage ihn in meiner Dienstberatung, dich zu unterstützen und den Kleinmotorenschlosser, der dich in der Urlaubszeit oder bei Krankheit vertritt, an dem Tag unserer Dienstreise in die Lackiererei zu beordern. Weise den Mann rechtzeitig und ordnungsgemäß ein! Und überlass ihm für unseren Reisetag nicht die kompliziertesten Brocken! Bedenke: Er ist dein Vertreter und kein fachkundiger Lackierer wie du."

„Für was hältst du mich?" Kusnetzky lief zu seinem Spind. Er zog einen Schubkasten auf und entnahm ihm ein DIN A4-formatiges Blatt. Das reichte er „dem Doktor". „Guck' dir's in Ruhe an! Nicht, dass du denkst, du hast mir heute erst sagen müssen, ich solle mir Gedanken machen, wie diese Bude hier zu einer richtigen Lackiererei umgestaltet werden könnte."

Neuenhof betrachtete das Blatt. Darauf war mit Bleistift und Lineal, nicht maßstabsgerecht, die nach Kusnetzkys Vorstellungen umgestaltete Lackiererei skizziert. Es war sogar der neue Trocknungsofen eingezeichnet, der erst noch von dem Egelner Industrieofenbau gekauft werden sollte. 'Er ist doch nicht bloß ein Bullerkopp, wie ihn die andern nennen', dachte „der Doktor" anerkennend. Er sagte: „Du schlägst auch einige bauliche Änderungen vor. Ob die unsere beiden Betriebs-Maurer zuwege bringen..."

„Pah!", Kusnetzky winkte mit der Hand ab. „Den beiden leg' mal ein bisschen Feuer unter den Stuhl! Unsere Instandhaltungsbrigade untersteht dir doch. Lass dir vom Brigadier nichts vormachen! Unser FI wiegelt aus Prinzip sowieso erst mal alles ab. Erst wenn man dem Mann Druck macht ..."

„Na, na!", versuchte Neuenhof zu beschwichtigen. „Nicht gleich so toll mit den jungen Pferden!"

„Doktor", – Kusnetzky neigte den Kopf an Neuenhofs Ohr –, „ich habe – intern, versteht sich – mit den Maurern über meinen Plan gesprochen. Die Männer sagten, sie hätten damit überhaupt keine Probleme. Also!"

„Der F" wippte mit dem Skizzenblatt in seiner Hand. „Hast du auch eine textliche Beschreibung des Projektes abgefasst?"

Kusnetzky bekam einen feuerroten Kopf – wie vorhin, als er sich körperlich übermäßig angestrengt hatte. „Texte schreiben, weißt du", sagte er verschämt, „das ist nicht so mein Ding. Dafür solltest du einen deiner schreibgewandten Technologen ansetzen. Die Burschen können für unser Vorhaben auch einen Finger krümmen."

Draußen rief die Schreibkraft aus dem Bückertschen Meisterbereich mehrmals: „Herr Doktor! Herr Doktor? Sind Sie in der Lackiererei?"

Neuenhof trat vor die Lackierbude.

Die Frau kam über den Schrottplatz gelaufen. „Herr Doktor, Sie werden gesucht. Sie haben Frau Spessart" – Neuenhofs Sekretärin – „nicht Bescheid gesagt, wo man Sie finden kann."

„Der Doktor" schüttelte unwillig den Kopf. „Wo brennt's denn?"

„Wichtiger Anruf von der Technischen Hochschule Magdeburg ... ein Professor – für Sie persönlich."

Darauf konnte sich Neuenhof keinen Reim machen.

„Außerdem", japste die Frau, „Kollege Kraushaar ... Er wartet mit drei Herren aus einem Thüringer Betrieb schon eine Viertelstunde in Ihrem Büro auf Sie." Kraushaar war der Leiter der Abteilung „Betriebsmittelkonstruktion" im K-Bereich. „Die Herren haben es eilig."

Neuenhof lachte. „Nun verschnaufen Sie erst mal!" An Kusnetzky gewandt: „Die alltägliche Jagd beginnt, merkst du's? Aber wir haben uns verständigt, denk' ich." Er nahm die Schreibkraft beim Arm. „Gehen wir, damit Sie erlöst sind!"

Erika Spessart, eine rüstige Mittfünfzigerin, hatte im EDD schon manche hektische Periode erlebt. Sie empfing ihren Chef im F-Sekretariat ruhig. „'n Morgen, Herr Doktor! Sie haben ja heute Ihren Betriebsrundgang begonnen, noch ehe ich an meinem Arbeitsplatz war." Ihre Stimme klang nicht vorwurfsvoll, als sie sagte: „Interne Abmachung zwischen uns: Im Wiederholfall schreiben Sie auf einen kleinen Zettel, welchen Bereich oder welche Abteilung Sie aufsuchen wollen. Das Zettelchen legen Sie unter meine Schreibunterlage, damit ihn nicht jeder einsehen kann. Ich weiß dann aber, wenn ich komme, Bescheid. Das erspart lange Sucherei nach Ihnen."

„Einverstanden."

„Es gibt – wie heute früh – Situationen, in denen Sie dringend gebraucht werden. Als da sind: Anruf aus Magdeburg von einem Professor Reinzel ..."

„Kainzow", unterbrach Neuenhof die Frau, „Professor Kainzow von der Technischen Hochschule – oder?"

„Kann sein. Die Telefonverbindung war schlecht. Ich konnte den Herrn kaum verstehen."

„Was wollte er?"

„Sie persönlich sprechen. Es sei sehr wichtig und dringlich, sagte er."

„Kein Stichwort?"

„Nein. Sie sollen zurückrufen, heute – aber erst nach 20 Uhr. Er müsse dienstlich nach Berlin fahren, ins Ministerium. Ich weiß nicht mehr, in welches. Zum Abend würde er auf alle Fälle in Magdeburg zu erreichen sein."

Professor Dr.-Ing. Wolfgang Kainzow – Ordinarius für Fertigungstechnik an der Technischen Hochschule „Otto von Guericke" Magdeburg – war zweiter Gutachter in Neuenhofs Promotionsverfahren vor fünf Jahren gewesen. Neuenhof kannte ihn aus seiner Studien- und seiner Assistentenzeit an der Technischen Universität Dresden. Seinerzeit fungierte Kainzow als Oberassistent für Planung und Organisation an dem von Professor Wichtler geleiteten Institut für Fertigungstechnik. Nach Neuenhofs Promotion hatten beide Männer nur lose Kontakte gepflegt. 'Was mag er von mir wollen?', fragte sich „der F" des EDD und hatte bezüglich Kainzows Anliegen überhaupt keine Idee oder irgendeinen Verdacht. „Gut", sagte er, „ich rufe ihn heute abend von zu Hause aus an."

Erika Spessart übergab ihrem Chef einen kleinen Zettel. „Hier ist seine Telefonnummer."

Neuenhof lief zur Verbindungstür zwischen seinem Dienstzimmer und dem F-Sekretariat.

Die Frau verstellte ihm den Weg. Sie sagte mit gedämpfter Stimme: „Warten Sie! Nebenan sitzen einige Herren aus Thüringen und unser Kollege Kraushaar. Sie warten ungeduldig auf Sie. Um sie zu beschwichtigen, habe ich Kollegen Werner Müller, als er zufällig ins Sekretariat kam, zu ihnen hineingeschickt. Ich dachte, er könnte für Sie vorsondieren, worum es den Vieren geht."

„Gut gemacht." Neuenhof griff nach der Türklinke.

„Nein, noch nicht! Ein Letztes in aller Eile: Kollege Wendland war heute schon ein paarmal im Sekretariat. Er ist in heller Aufregung. Er hat, soviel mir Werner Müller zugeflüstert hat, Trödel mit unserem Versuchsfeldleiter. Na, das ist nichts Besonderes. Kollege Barthmann sorgt immer für Hektik und Ärger; dafür ist er im Betrieb bekannt. Aber diesmal scheint es besonders schlimm zu sein. – So. Nun wissen Sie Bescheid. Übrigens: Die Aktenmappe mit den Unterlagen für Ihre Dienstbesprechung um viertel zehn liegt auf Ihrem Schreibtisch."

Sie nahm „dem Doktor" den ausgeblichenen blauen Kittel ab und hängte ihn in den Sekretariatskleiderschrank. „Ihr Notizbuch bringe ich Ihnen gleich 'rein." Sie öffnete die Verbindungstür und schob Neuenhof in dessen Dienstzimmer.

„Ah, Herr Doktor!" Die Männer am Konferenztisch erhoben sich zur Begrüßung von ihren Plätzen und taten erfreut, dass der Produktionsleiter des EDD endlich erschien.

Werner Müller sagte in einem Tonfall, als wollte er sich beim „Doktor" entschuldigen: „Um unsere Zeit nicht sinnlos zu versitzen, haben wir schon mal angefangen. Unsere Gäste wurden vom Kollegen Keutel zu uns geschickt." Keutel war der Leiter der Abteilung Auftragsklärung im Bereich Ö des EDD. „Die Kollegen wollen …"

„Fangen wir doch lieber von vorn an", unterbrach ihn Kraushaar. „Wir haben im Sommer vergangenen Jahres, als einige meiner Mitarbeiter arbeitsmäßig nicht voll ausgelastet waren, für die Thüringer Kollegen dieses Werkzeug für die Fertigung von Kabelschuhen konstruiert" – er tippte auf die vor ihm auf dem Tisch liegenden Zeichnungen –, „einen 4-Stufen-Folgeschnitt in Säulenführungs-Bauart …"

'Er hätte richtig sagen müssen 4-Stufen-Folge-Säulenführungsschneidwerkzeug', dachte Neuenhof, 'Schneidwerkzeug heißt das jetzt, nicht Schnitt.' Aber er sagte das nicht. Er wollte sich vor solch einem gewieften Fachmann wie Kraushaar nicht als naseweis aufführen.

„Sehen Sie hier, Doktor" – Kraushaar schob Neuenhof ein Zeichnungsblatt zu –, „das ist der zu fertigende Kabelschuh. Und das hier ist unsere Konstruktion." Er wischte mit seiner Rechten über mehrere DIN A1-formatige Blätter. „Eine fabelhafte Lösung, glauben Sie mir! Ich hatte mich im vergangenen Jahr persönlich in die Konstruktionsarbeiten eingetaktet." Er geriet ins Schwärmen. „Solch eine Konstruktionsaufgabe bekommt man in seinem Berufsleben nicht häufig gestellt."

„Und warum ausgeführt als Säulenführungsschneidwerkzeug?", fragte „der Doktor".

Kraushaar sah ihn erstaunt an. „Wegen der Dicke der Bleche, aus denen die Teile ausgestanzt werden sollen." Er baute „dem Doktor" eine sogenannte „Eselsbrücke". „Sie wissen doch: Für die Verarbeitung dünner Bleche sind Plattenführungsschnitte weniger geeignet. Deshalb …"

„Wir müssen zu dem Anliegen der Kollegen kommen.", drängte Werner Müller. „In einer halben Stunde muss mein Chef seine turnusmäßige Dienstberatung beginnen."

Kraushaar sah Müller mit strafendem Blick an. „Rede ich von etwas anderem als von der Sache, um die es geht?"

Die Tür zum F-Sekretariat wurde von außen geöffnet. Bereichsleiter Wendland steckte seinen Kopf durch den Türspalt. „Doktor, ich müsste Sie vor der Dienstberatung unbedingt …"

Hinter dem Meister hörte man Erika Spessart schimpfen. „Ich habe mich doch wohl klar und deutlich genug ausgedrückt: Sie können jetzt nicht 'rein!" Die Frau zerrte den beleibten Mann ins Sekretariat zurück und stieß mit einem Fuß die Verbindungstür zu.

„Ich merke, Sie stehen unter Zeitdruck.", sagte einer der Thüringer Männer zu Neuenhof. „Wir übrigens auch. Wir brauchen das Werkzeug dringend. Leider verfügen wir in unserem Betrieb nur über zwei Werkzeugschlosser. Als wir denen die Konstruktionszeichnungen für diesen Mehrstufen-Folge-Schnitt vorlegten, rissen sie abwehrend ihre Arme hoch: 'So 'was können wir in unserem Betrieb nicht bauen, versteht ihr?' Seitdem reisen wir wie Odysseus durch die Welt – durch die ganze DDR – und suchen einen Betrieb, der uns das Werkzeug baut. Nun wenden wir uns – als unsere letzte Hoffnung – an Sie, Doktor Neuenhof, ob Sie nicht … Kollege Kraushaar ermutigte uns …"

Kraushaar hob abwehrend die Hände. „Ich habe nichts versprochen."

„Versprochen nicht, das stimmt. Aber …"

Kraushaar rechtfertigte sich. „Ich habe Ihnen gesagt, vom Potential her – fachkräfte- und maschinenmäßig – könnten wir das Werkzeug im EDD fertigen. Aber ob sich das kurzfristig in unseren Produktionsplan einschieben lässt – habe ich gesagt –, muss 'der Doktor' entscheiden."

Die Thüringer nickten. „So hat sich auch Ihr Kollege Keutel von der Auftragsklärung geäußert: Sie, Doktor, müssen entscheiden. Kollege Keutel meinte, in die EDD-Monatspläne für April und Mai dürfte ein entsprechender Betriebsauftrag durchaus noch hineinpassen."

„Und", ergänzte Kraushaar, „es wäre für uns Konstrukteure und für die versiertesten Werkzeugmacher im Bereich Bückert geradezu eine berufliche Erfüllung, das Werkzeug zu bauen."

Werner Müller sagte: „Ich empfehle, dass die dafür maßgeblichen Leute unseres Bereiches die Konstruktionsunterlagen sorgfältig studieren und die realen Möglichkeiten für die Übernahme eines solchen Betriebsauftrages abschätzen." Er blinkerte „dem Doktor" zu und tippte mit einem Zeigefinger auf seine Armbanduhr.

Heinz Neuenhof blinkerte zurück und sagte: „So, wie vom Kollegen Müller vorgeschlagen, verfahren wir."

„Aber Ihr Entscheid muss heute fallen", forderten die Thüringer. „Ohne ihn brauchen wir uns bei unserem Werkdirektor nicht blicken zu lassen."

Neuenhof sagte: „In zwanzig Minuten beginnt meine turnusmäßige Dienstbesprechung. Die kann ich Ihretwegen nicht absetzen. Haben Sie, bitte, Verständnis dafür! Mein Vorschlag: Wir treffen uns 15 Uhr an gleicher Stelle und im gleichen Kreise wieder."

Müller ergänzte: „In diesem Kreis und zusätzlich Meister Bückert und Ralf Haustein von der Fertigungsvorbereitung."

'Er hat recht', dachte Neuenhof und sagte: „Ja, das wird zweckmäßig sein."

Alle Anwesenden waren einverstanden.

Die Thüringer und Kraushaar hatten Neuenhofs Dienstzimmer kaum verlassen, da drängte Erich Wendland hinkend in den Raum. „Doktor, ich brauche noch vor unserer Dienstbesprechung eine Entscheidung von Ihnen." Und an Müller gewandt: „Gut, Werner, dass auch du hier bist. Du musst mit beraten."

Der Doktor wollte – wie man so sagt – „einen Blick" in seine Beratungsmappe werfen. Dabei, hoffte er, könnte er seine Frühstücksschnitte verzehren. Die hatte ihm Karin, seine Frau, am frühen Morgen um fünf zurechtgemacht und sorgfältig eingewickelt, währenddes er – wie an jedem Tag – einen Teller Milchsuppe gelöffelt hatte.

5 Uhr 38 fuhr die Straßenbahn, Linie 14, ab Haltestelle Postplatz. Die musste er nehmen, wollte er pünktlich im EDD sein. 'Außer der Milchplempe habe ich heute noch nichts in den Magen bekommen', dachte er und blickte kopfschüttelnd auf die Uhr: Kurz vor neun. Gleich nach der Frühstückspause, also 9 Uhr 15, würde er die Dienstberatung bei F beginnen. Vorher hätte er gern seinen Hunger gestillt.

„Mensch, Erich, was ist dir denn passiert?" Werner Müller blickte auf die Füße des Bereichsleiters Wendland. Die steckten – ohne Socken oder Strümpfe – in Sandalen. Die rechte Mittelzehe war mit einem schmalen Läppchen umwickelt. „Ist dir das nicht zu kalt – barfuß, bei den paar Plus-Graden draußen?"

„Ach ..." Wendland winkte ab. „Ich bin vorgestern, kurz vor Feierabend, an einer dämlichen, irgendwo herumstehenden Werkzeugkiste mit dem Fuß hängengeblieben. Ich glaube, dabei habe ich mir den Mittelzeh gebrochen."

„Was sagt'n der Arzt?"

„Ich geh' zu keinem Arzt."

„Nun höre mal! Wenn du vermutest, die Zehe ist gebrochen, musst du doch ..."

„Muss ich nicht. Ich habe den Zeh mit einem Streifen Aluminiumblech geschient. Das reicht. Da wächst alles wieder ordentlich zusammen."

Müller schüttelte fassungslos den Kopf.

„Der Doktor" holte sein Frühstückspäckchen hervor, wickelte es aus. 'Purer Selbsterhaltungstrieb', dachte er und biss ungeniert in die Schnitte.

„Der Arzt hätte mich krankgeschrieben. Das könnte ich mir nicht leisten – bei dem Arbeitsdruck in meinem Bereich." Wendland raunzte Müller an: „Lenk' nicht ab von den wichtigen Dingen!"

„Was treibt Sie denn um, Meister?", fragte „der Doktor" kauend.

„Unser Versuchsfeldleiter. Der Mann traktiert mich. Er macht mich fertig. Er will eine Maschine, die getestet wurde, sofort in meinen Bereich transportiert und demontiert haben. Voraussichtlich müssen einige Maschinenteile nachgearbeitet werden. Da müsste Bückert sofort 'ran! Beulen und Lackabplatzungen am Gehäuse! Wenn die Bogdan Kusnetzky zu sehen kriegt! Ich kann mir nicht vorstellen, was am Gehäuse auszuprobieren gewesen war, dass es dermaßen ramponiert aussieht."

Werner Müller, der Fertigungslenker, sagte: „Ich war vorhin bei deinen Motorenschlossern. Sie stecken bis über beide Ohren in anderen Aufträgen. Die Arbeiten können nicht unterbrochen werden, wenn der Monatsplan der Warenproduktion erfüllt werden soll."

„Das ist ja auch meine Meinung", sagte Wendland in kummervollem Ton.

„Was barmst'n dann hier herum? Hast du so viel Schiss vor Barthmann?"

Wendland winkte ab. „'s geht nicht um mich; ich habe ein breites Kreuz. Aber wenn Barthmann in Rage gerät, zu Bockhardt läuft und den ganzen F-Bereich anschwärzt …"

9 Uhr 15. Die anderen Beratungsteilnehmer betraten Neuenhofs Dienstzimmer: Hannes Schöntal, der die betriebliche Kooperation (FK) betrieb und die Eintretenden mit dem neuesten Volkspolizei-Witz zum Lachen brachte, Ralf Haustein, der Leiter der Abteilung „Technologische Fertigungsvorbereitung" (FV), die – abweichend von der in volkseigenen Betrieben der DDR üblichen Struktur – im EDD dem Produktionsleiter (F) unterstand, Hubert Kraeglich, der in Personal-Union als Sicherheitsinspektor des EDD und als Leiter der „dem F" unterstehenden Abteilung „Instandhaltung" (FI) fungierte, und die Fertigungsbereichsleiter Bückert (FTW) und Palmbach (FBB).

Palmbach wurde von den Anwesenden mit „Hallo" begrüßt. Er erschien in Shorts und halbärmeligem Hemd mit offenem Kragen. „Macht nicht solch ein Gewese!", wies er seine Kollegen zurecht. „Ihr wisst doch alle: Mitte April beginnt für mich der Frühling." Und deshalb trug er an diesem Tage Mitte April Shorts und ein kragenoffenes, halbärmeliges Hemd. In seinem Bereich, einer „reinen Frauen-Abteilung", zog er einen dunkelblauen Arbeitskittel darüber. Unter dem wirkten seine behaarten O-Beine noch säbeliger. Heute, zur Dienstbesprechung beim „F", trug er den Kittel lässig über dem Arm – wie ein Sommerfrischler, der mit Trenchcoat eine Urlaubsreise antrat.

„Na, Meister, ist Ihnen das heute morgen nicht noch zu frisch?", fragte Neuenhof. „Holen Sie sich keinen Schnupfen! Fallen Sie mir nicht aus! Sie werden für die Monatsplanerfüllung gebraucht."

Bückert sagte sarkastisch: „Palmbach kriegt seinen Schnupfen in der Hose. Deswegen gibt's bei ihm keinen Arbeitsausfall." Er spielte darauf an, dass zur Sommerzeit im Saal der Tischventilatoren-Montage mitunter 35 °C und mehr herrschten – trotz eingeschalteter Flügel-Ventilatoren an der Saaldecke. Dann saßen die Montiererinnen in ärmellosen Blusen und kurz über den Knien abschließenden Röcken auf ihren Drehstühlen am Montageband, und ihr Bereichsleiter trug unter seinem dunkelblauen Kittel nur ein pludriges Satinhöschen. Das wussten die Montiererinnen. Ihr Habitus und der ihres Meisters waren also nicht ohne amouröse Reize.

„Schandmaul!", sagte Palmbach zu Bückert.

Hubert Kraeglich mischte sich ein. „Mal im Ernst! Ich – aus meiner Sicht als Sicherheitsinspektor des Betriebes – meine: Bei der heutigen Witterung so herumzulaufen, widerspricht den Bestimmungen des Gesundheitsschutzes, und von Vorbildwirkung des Bereichsleiters auf seine Mitarbeiterinnen kann gleich gar keine Rede sein."

„Dein Senf musste noch dazukommen, klar!", sagte Palmbach bissig zu Kraeglich. Widerwillig zog er seinen blauen Kittel an. „Damit du im Arbeitsschutz-Buch vermerken kannst, dass du mich mit Erfolg belehrt hast." Er spielte darauf an, dass Schulungen und Belehrungen in einem speziellen Kontrollbuch, das in jeder Abteilung und in jedem Bereich geführt werden musste, zu dokumentieren waren.

Dem „Doktor" ging es nicht vordergründig um Palmbachs Gesundheitsschutz. Mehr sorgte er sich um etwas anderes. Im vergangenen Sommer hatte es Palmbachs wegen großen Knatsch im Betrieb gegeben. Neuenhof fragte sich, ob der Mann daraus noch immer nicht die notwendigen und richtigen Schlussfolgerungen gezogen hatte. „Schon wie dieser Bereichsleiter im Betrieb herumläuft!", hatte Werkdirektor Bockhardt im vergangenen Jahr moniert. „Das darfst du als 'F' nicht dulden!" Was war passiert?

An einigen heißen Sommertagen hatten sich Palmbach und seine Star-Montiererin, „Alitze" Neuwohner, nach dem Feierabend der Normalschicht in Palmbachs Meisterstube zusammengesetzt. Sie hatten – ihren späteren Aussagen zufolge – über die monatliche Verteilung von Prämienpunkten an die Kolleginnen des Fertigungsbereiches FBB beraten. Immerhin war „Alitze" die Gewerkschaftsgruppen-Vertrauensfrau dieses Bereiches, und Meister Palmbach respektierte, wie es von ihm erwartet wurde, ihr gewerkschaftliches Mitspracherecht. Aber einigen Skeptikern aus der Spätschicht war fragwürdig und letztlich verdächtig erschienen, dass die beiden „der paar Prämienpunkte wegen" an mehreren Feierabenden hintereinander hatten zusammenkommen müssen. An einem schwülen Sommerabend hatten sich einige Spätschichtler in ihrer Pause heimlich, still und leise an die Palmbachsche Meisterstube herangeschlichen und geluchst. Am nächsten Tag war EDD-Gesprächsthema Nummer 1 gewesen, „Alitze" habe sich ihr Arbeitsröckchen bis zum Bauchnabel hochschieben lassen, dann habe sie ihrem Bereichsleiter den dunkelblauen Arbeitskittel aufgeknöpft und ...

„ ... so dass sich niemand zu wundern braucht", war gehechelt worden, „wieso die Neuwohner an jedem Jahresende die höchste Punktzahl auf ihrer Prämienkarte nachweisen kann."

Werkdirektor Bockhardt hatte seinen Produktionsleiter beauftragt: „Sorge dafür, dass im F-Bereich anständige sittlich-moralische Verhältnisse herrschen!"

Derlei Dinge waren zu DDR-Zeiten durch „persönliche Aussprachen" ins Reine zu bringen. Neuenhof hatte sein Bestes versucht, und Palmbach hatte am Ende beteuert: „Doktor, Sie sind ein verständnisvoller Mensch, und ich bin ein Demokrat. Etwas anderes als streng Dienstliches wird zwischen Kollegin Neuwohner und mir keine Rolle spielen."

Tatsächlich hatten sich Palmbach und „Alitze" hernach nicht wieder beim Techtelmechteln erwischen lassen. Aber – wie heute demonstriert – ab Mitte April in kurzen Hosen und in halbärmeligem Hemd durch den Betrieb zu laufen, hatte Neuenhof, der studierte und promovierte „F", seinem Meister der Tischventilatoren-Produktion des EDD trotz gutgemeinter Ratschläge nicht abgewöhnen können.

Palmbach sah „den Doktor" mit unschuldsvoller Miene an. „Soll ich noch mal in die Garderobe gehen und mich umziehen?"

Neuenhof tat, als habe er die Frage überhört.

Bückert zischelte Palmbach zu: „Setz' dich hin, du Quatschkopp! Wir haben zu tun und wollen anfangen."

„Aber behalt' deinen Kittel an!", ergänzte Kraeglich.

Wendland sagte in begütigendem Ton: „Wir sollten großzügig zueinander sein. Alle haben wir unsere persönlichen Angewohnheiten."

„Wie wahr!", sagte Neuenhof. „Wenn ich bedenke, auf welche höchst individuelle Art Sie Ihre gebrochene Zehe mit einem Aluminium-Blechstreifen geschient haben ..." Einige lachten. Bückert sagte: „Erich hatte schon immer, solange ich ihn kenne, Angst vor Doktoren." Mit Blick auf Neuenhof: „Sie sind die einzige mir bekannte Ausnahme."

Kraeglich – mit der gewichtigen Miene des Sicherheitsinspektors: „Eigentlich gehört der Kollege nicht an unseren Beratungstisch, sondern ins Betriebsambulatorium." Die medizinische Betreuung der EDD-Belegschaft wurde vom Ambulatorium des VEB Sachsenwerk Dresden-Niedersedlitz wahrgenommen.

„Dahin bringen mich keine zehn Pferde", protestierte Wendland. „Außerdem habe ich heute noch dringende und wichtige Dinge zu erledigen."

Und „der Doktor" folgte der Empfehlung des Sicherheitsinspektors nicht.

Viele aus dem F-Bereich verübelten Hubert Kraeglich den belehrenden Ton, in dem er auf Bestimmungen zum Gesundheits-, Arbeits- und Brandschutz hinwies. Aber jeder der Beratungsteilnehmer beim „F" gestand sich insgeheim ein: Was Palmbachs Frühlingskluft anbetraf, hatte der Sicherheitsinspektor recht – nicht nur wegen des von Bückert befürchteten Schnupfens in Palmbachs Hose.

Auch zu Palmbach verhielt sich „der Doktor" an diesem Vormittag liberal. Wenn er Palmbach spontan in die Umkleideräume schickte und die Debatte ohne den FBB-Leiter weiterführte, würde er den Mann womöglich verprellen. Darauf wollte er es nicht ankommen lassen. Ohne Palmbachs agiles Wirken im Fertigungsbereich FBB und ohne das intakte Zusammenspiel des Meisters mit der Star-Montiererin „Alitze" wurden manchmal die Monatspläne der Tischventilatoren-Produktion des EDD nicht erfüllt. Dafür hatte es in der Vergangenheit Beispiele gegeben. Da war toll etwas los gewesen im Betrieb! So etwas musste auch ein promovierter Produktionsleiter wie Heinz Neuenhof wissen und beachten.

Also ging er zur Tagesordnung über. Er schob das knisternde Butterbrotpapier seiner Frühstücksstulle in einen Schreibtischkasten, klappte die von Erika Spessart vorbereitete Sitzungsmappe auf, blätterte hastig darin, um sich einen Überblick zu verschaffen, und eröffnete die allwöchentlich stattfindende „Dienstberatung bei F".

Die Beratung lief ab, als hätte sich der sie leitende Produktionsleiter den ganzen vorhergehenden Tag gründlich auf sie vorbereitet. Sogar die aktuellen Probleme des F-Bereiches – die Rekonstruktion der Lackiererei und die ungenügende Beschäftigungslage der höchstqualifizierten Werkzeugschlosser – handelte er zügig ab. Er übergab Ralf Haustein, der wie üblich das Protokoll führte, die von Bogdan Kusnetzky angefertigte Skizze und beauftragte FV, die aktualisierte Konzeption für die Rekonstruktion der Lackiererei in der übernächsten Dienstbesprechung vorzulegen. In die entsprechenden Arbeiten sollten der Meister Wendland und der Lackierer Kusnetzky einbezogen werden.

„Immer FV!", maulte Haustein. „Als ob wir nicht mit anderen Aufträgen schon mehr als genug zu tun hätten."

„Der Doktor" winkte ab. „Gott sei Dank!, habt ihr reichlich zu tun. Aber die Konzeption kann ich doch nicht von unseren Betriebspförtnern erarbeiten lassen."

Natürlich sah das Haustein genauso. Aber er wollte – wie an jedem Mittwoch, wegen welchen Problems oder wegen welcher Kleinigkeit auch immer – seinen permanenten Groll los werden. Der richtete sich gegen das Leitungskollektiv des EDD, wie es vor Neuenhofs Betriebszugehörigkeit zusammengesetzt gewesen war, und vor allem gegen Werkdirektor Rudolf Bockhardt. Sie hatten gegen ihn, den ehrgeizigen Fachschul-Ingenieur, entschieden: er wäre für den Posten des Produktionsleiters nicht genügend fachlich qualifiziert, und sein Umgang mit Mitarbeitern und Vorgesetzten wäre, wie er selbst wohl am besten wüsste, einige Male mehr als kritikwürdig gewesen. Neuenhof gegenüber verhielt sich Haustein loyal. „Der Doktor" war als Fremder in den Betrieb geholt und ihm vor die Nase gesetzt worden; der hatte sich nicht nach vorn gedrängt. Aber seine Loyalität hatte Grenzen. Würde es in der Dienstausübung des „F" irgendeine Unregelmäßigkeit größeren Ausmaßes geben, wollte Haustein „dem Rudi" und den übrigen Leitungsmitgliedern ohne jedes Zögern signalisieren, mit ihm könnten sie nach wie vor rechnen. Solange die Fertigungsbereichsleiter des Betriebes lediglich Meister-Qualifikation nachzuweisen brauchten, dürfte er – ein Ingenieur – sich, wie er meinte, echte Chancen für einen höheren Posten ausrechnen – auch ohne Diplom oder Promotion.

An diesem Mittwoch kam zu Hausteins üblichem Groll weiterer Frust hinzu. „Ich finde die Entscheidung falsch, Bogdan Kusnetzky einen Freifahrschein nach Egeln zuzuschieben. Meines Erachtens sollte bei der beabsichtigten Dienstreise ein qualifizierter Technologe als dritter Mann zum Egelner Industrieofenbau fahren." Dabei dachte er an seine eigene Person. „FV soll, wie festgelegt wurde, zwar die Konzeption ausarbeiten, aber auf Dienstreise gehen andere."

„Der Doktor" sagte: „Eigentlich halte ich mich für einen genügend qualifizierten Technologen. Bestehen daran Zweifel?" Insgeheim ärgerte er sich über Hausteins Wortwahl: Kusnetzky „einen Freifahrschein zuschieben". Er – Neuenhof – wollte niemandem etwas „zuschieben". Vielmehr entsprach der Entscheid für Kusnetzky seinen Vorstellungen über das demokratische Mitspracherecht von Arbeitern und Angestellten in einem volkseigenen Betrieb.

Haustein grinste ironisch und schüttelte den Kopf. Daraus konnten alle Anwesenden ersehen, er hatte zu dieser Sache andere Vorstellungen als sein Vorgesetzter. Aber die Beratungsteilnehmer stimmten den Festlegungen zu. Damit konnte dieser außerplanmäßige Tagesordnungspunkt abgeschlossen werden.

Zu dem Problem der unbefriedigenden Auftragslage für die höchstqualifizierten Werkzeugschlosser beraumte Neuenhof – mit Betracht auf das komplizierte Schneidwerkzeug für den Thüringer Betrieb – eine Sondersitzung für den gleichen Tag an, Beginn: 13 Uhr. Deren Teilnehmerkreis legte er nach den von Werner Müller gegebenen Empfehlungen fest.

Mithin verblieb nur noch der Tagesordnungspunkt „Verschiedenes". In dem musikliebenden Heinz Neuenhof tönte bereits – wie er das nannte – seine „persönliche Nationalhymne": das Auftrittslied des Barinkay aus Johann Strauß' Operette „Der Zigeunerbaron". Dieses Lied wies, wie Neuenhof fand, eine seine heutige Dienstberatung und auch andere, vorangegangene Situationen trefflich charakterisierende Textstelle auf:

„... ich bin ein Zaubrer von Bedeutung, und alles ohne Vorbereitung!
Ja, ja, das alles – auf Ehr' –, das kann ich und noch mehr ..."

Da wurde die Tür des Produktionsleiterzimmers ungestüm aufgerissen. Allen Protesten von Erika Spessart zum Trotz stürmte der Versuchsfeldleiter, Diplom-Physiker Barthmann, ins Zimmer. „Das habe ich befürchtet!", schimpfte er los. „Unsereiner weiß nicht, wo ihm vor Arbeit und Sorgen der Kopf steht. Und hier sitzen die Herren der Fertigung gemütlich beim Plausch, statt dass der Transport und die Demontage der neuen Maschine und notwendige Nacharbeiten organisiert werden. Meine Männer müssen Däumchen drehen, ha!"

„Na, hören Sie mal", sagte „der Doktor" entrüstet. „Ich führe meine allwöchentliche Dienstberatung durch und keinen Plausch. Sie können nicht einfach ..."

„Doch, ich kann", unterbrach ihn Barthmann. Im gleichen Atemzuge herrschte er Erich Wendland an: „Ihnen habe ich idiotensicher und eindringlich erklärt, worum es bei der Sache geht. Aber Ihre Motorenschlosser beteuerten mir vorhin, sie hätten von Ihnen für Arbeiten an der neuen Maschine keinen Arbeitsauftrag erteilt bekommen."

Werner Müller rief aufgebracht: „Das konnte Kollege Wendland nicht. Ohne Arbeitspapiere werden in unserem Betrieb keine Arbeiten angewiesen, falls Sie das noch nicht wissen sollten. Und im Moment habe nicht mal ich als der Fertigungslenker im F-Bereich Arbeitspapiere von FV erhalten."

„Mein für den Großmotorenbau zuständiger Mitarbeiter beschäftigt sich mit der Angelegenheit", verteidigte sich Ralf Haustein.

„Reden Sie sich doch nicht alle mit den Arbeitspapieren heraus!", schimpfte Barthmann. „Wenn die wirklich so wichtig sind und wenn von denen das Arbeitstempo bei F abhängt – warum sitzen Sie dann hier herum?"

Werner Müller, die Meister Wendland und Bückert, Ralf Haustein – sie sahen „ihren Doktor" mit großen Augen an.

'Jetzt müsste er auf den Tisch hauen und den wildgewordenen Versuchsfeldleiter in die Schranken weisen', dachte Bückert.

Wendland neigte sich an Müllers Ohr und flüsterte: „Sein Vorgänger würde jetzt aufspringen und losbrüllen, dass bei Rudi Bockhardt die Fensterscheiben klirren würden."

Müller flüsterte zurück. „Sein Vorgänger hatte nicht umsonst den Spitznamen 'der Löwe'." Insgeheim fragte er sich: 'Warum trumpft „der Doktor" nicht auf? Warum verteidigt er sich und uns nicht? Wir sitzen hier doch nicht bloß herum.'

Heinz Neuenhof war fassungslos. So etwas wie dieser Auftritt des Versuchsfeldleiters war ihm im EDD noch nicht passiert. „Kollege Barthmann", sagte er endlich, „Sie vergreifen sich im Ton und sabotieren meine Dienstberatung." Aber er äußerte das leise, in einem Ton, als bäte er den Unruhestifter um gütliche Einigung und Frieden.

Der Versuchsfeldleiter schniefte: „Wer hier wen und was sabotiert, bleibt noch abzuklären."

Müller blickte Dr. Neuenhof enttäuscht an. 'Kann er dem Kerl nicht Paroli bieten? Als Doktor?'

Meister Palmbach rief laut: „Kollege Barthmann, ich möchte nicht erleben, was Sie täten, wenn unser Produktionsleiter in solcher Weise wie Sie in eine Ihrer Dienstbesprechungen hineinplatzen würde ..."

Da sagte Neuenhof ganz ruhig: „Bitte, Herr Barthmann, verlassen Sie unverzüglich mein Dienstzimmer!"

'Endlich!' frohlockte Palmbach insgeheim. Er wollte Heinz Neuenhof helfen, weil der ihm leid tat. Er sprang auf, stieß seinen Stuhl ungestüm nach hinten, dass er beinahe umgekippt wäre, lief zur Zimmertür und öffnete sie weit.

Neuenhof wiederholte zu Barthmann: „Bitte gehen Sie!"

Palmbach an der Zimmertür vollführte mit beiden Händen und Armen hinauskomplimentierende Bewegungen. Sehr respektgebietend sah er dabei nicht aus – mit seinen säbeligen, behaarten nackten Beinen, die aus dem grauen Arbeitskittel hervorstachen. Zu Barthmanns Verdruss sagte Palmbach in ironisierendem Ton: „Seien Sie versichert, wir bleiben auch weiterhin um die Lösung Ihrer Probleme bemüht."

„Ha! Sie Tischventilatoren-Akrobat helfen mir doch am wenigsten!", fauchte ihn der Versuchsfeldleiter an. Aber Palmbachs Gehabe verdatterte ihn. Er blickte unstet in die Runde. „Ist das ein Rausschmiss?" Und an Dr. Neuenhof gewandt: „Werden neuerdings in unserem Betrieb Probleme so gelöst, dass Kollegen, die auf sie hinweisen, davongejagt werden? Interessant!" Nun hatte er sich wieder in der Gewalt. „Gut, ich gehe." Er dachte: 'Dem linkischen Neuenhof und seiner Clique werde ich eines 'reinbrocken.' Er erachtete Neuenhofs von Verlegenheit und Unsicherheit geprägtes Verhalten als arrogantes Manövrieren. „Gut, ich gehe", wiederholte er und drohte: „Sie werden sich denken können – oder auch nicht –, wohin ich mich wende."

Bückert raunte seinem Chef zu: „Rufen Sie 'den Rudi' an – jetzt gleich!"

Noch während Barthmann sich zum Gehen anschickte, sprach Neuenhof laut in die Telefonmuschel: „Verbinden Sie mich sofort mit dem Genossen Werkdirektor! Es gibt eine Havarie."

„Wo? Was?", fragte Bockhardt schon nach wenigen Augenblicken.

„In der Kommunikation des Versuchsfeldes mit dem F-Bereich."

„Und warum redest du so förmlich mit mir?"

„Kollege Barthmann wird in wenigen Minuten bei dir sein und sich bei dir über mich und meine Mitarbeiter beschweren, nachdem er gerade eben meine Dienstberatung sabotiert hat."

Barthmann verließ mit wehenden Kittelschößen Neuenhofs Zimmer und warf die Tür krachend hinter sich zu.

„Kommst du wieder mal nicht damit zurecht, dass EDD in erster Linie ein Entwicklungs- und Konstruktionsbetrieb ist?", fragte Bockhardt bissig.

„Doch. Ich bin ja lernfähig", verteidigte sich „der Doktor". „Das Problem ist, unser Versuchsfeldleiter scheint nicht damit zurechtzukommen, dass meine Motorenschlosser mehr und manches andere zu tun haben, als auf einen Pfiff von ihm und seinen Mitarbeitern zu warten und nach ihrem Gepfeife zu tanzen."

„Ich gehe gleich hinunter zu meinen Schlossern", brummelte Erich Wendland vor sich hin. „Meinetwegen soll es keinen Streit geben."

Neuenhof schüttelte den Kopf.

„Ich komme zu euch", tönte Bockhardts Stimme aus dem Telefonhörer.

„Barthmann ..."

„Den fange ich unterwegs ab und bringe ihn mit."

„Ich behandle noch den letzten Tagesordnungspunkt ..." Neuenhof sagte, mit einer Hand die Telefonmuschel zuhaltend, zu den Anwesenden: „Der Werkleiter will in ein paar Minuten bei uns sein."

„Halt' deine Bereichsleiter zurück!", forderte „der Rudi". „Wir klären das Problem unkompliziert bei dir am Tisch."

Wendland war – trotz des energischen Kopfschüttelns „des Doktors" – aufgeregt aus dem Beratungszimmer gehumpelt. „Bloß keinen Skandal", hatte er gemurmelt, „noch dazu wegen unseres überreizten Versuchsfeldleiters!" Gemeinsam mit Bockhardt und Barthmann kehrte er nach einer Weile in den Beratungsraum zurück.

„Wir haben auf dem Weg hierher schon alles geklärt", verkündete der Werkdirektor freudestrahlend.

„Das müssen wir 'dem Doktor' erläutern", meinte Erich Wendland verlegen.

Bockhardt lachte. „Tun Sie das, Meister!"

Und während Wendland darlegte, was er soeben in seinem Bereich veranlasst hatte, mussten sich Neuenhof und Barthmann auf Verlangen des Werkdirektors gegenseitig die Hand geben. Barthmann murmelte dabei: „Warum nicht gleich so?"

Sie saßen nach der Mittagspause beim „ F" zusammen: der Bereichsleiter für die Teilefertigung und den Werkzeugbau Bückert, der Leiter der Abteilung „Technologische Fertigungsvorbereitung" Ralf Haustein und der Fertigungslenker Werner

Müller. Auf dem großen Beratungstisch lagen die Zusammenstellungszeichnung für das Thüringer 4-Stufen-Folge-Säulenführungsschneidwerkzeug und einige dazugehörige Einzelteilzeichnungen. Die Männer beugten sich mal über die Zeichnungen, mal guckten sie sich an und nickten dabei bedeutungsvoll.

„'n tolles Ding", sagte Bückert und schürzte zu seinem Kopfnicken die Lippen.

„Können wir's fertigen? Wollen wir den Auftrag übernehmen?", fragte „der Doktor".

„Freilich können wir das Ding bauen", behauptete Bückert. „Wir haben die notwendigen Maschinen und die qualifizierten Leute dafür."

„Aber haben wir auch die erforderliche Fertigungskapazität frei?", fragte Haustein.

Müller fuhr ihn an: „Das musst du nicht uns fragen. Die Antwort muss uns dein Kapazitätsplaner geben."

Der Meinung war Neuenhof auch. Er beauftragte Haustein: „Geh' und sag' dem Mann, er soll mit den einschlägigen Planungsunterlagen zu mir kommen!"

Bückert – als kämen ihm doch einige Zweifel – schlug vor: „Wir sollten, ehe wir entscheiden, einen unserer Spitzen-Werkzeugschlosser hören. Ich empfehle Egon Handke."

„Der Doktor" sah Werner Müller an. Der nickte ihm zu. „Guter Vorschlag!"

Egon Handke war einer der beiden Werkzeugschlosser im EDD, die nach der Lohngruppe 10 – der höchstmöglichen in der Lohn- und Gehaltstabelle – vergütet wurden. War die Auftragslage für den Werkzeugbau gut und kamen zu den regulären monatlichen Arbeitsstunden ein paar bezahlte Überstunden hinzu, erzielte Handke ein höheres monatliches Salär als sein Bereichsleiter Bückert oder der auf seinen Ingenieurschul-Abschluss stolze Abteilungsleiter FV Ralf Haustein. Egon Handke war fachlich ein Könner. Man sagte ihm nach, er habe zwei goldene Hände. Was er baute, gelang auf Anhieb und hatte Qualität. Ihn hatte sich Werkdirektor Bockhardt als Vertrauensmann und Informanten herangezogen. Bei jedem seiner Kontrollgänge durch den F-Bereich suchte „der Rudi" Egon Handke auf. Bockhardt war es vor einigen Jahren gelungen, Handke als Kandidaten und späteres Mitglied der SED zu werben. Seitdem spielten Handkes Ansichten und Vorschläge auch in der Betriebsparteiorganisation des EDD eine gewichtige Rolle. Handke war für den Werkdirektor das Gegengewicht zu Bogdan Kusnetzky.

Diesen Star der siegreichen Arbeiterklasse beorderte Neuenhof telefonisch zu sich in die Beratung.

Es ergab sich folgendes:

Die meisten Maschinen- und Handarbeit-Arbeitsplatzgruppen waren kapazitätsmäßig nur so weit ausgelastet, dass das Thüringer Säulenführungsschneidwerkzeug in das Fertigungsprogramm des EDD hätte aufgenommen werden können.

„… wenn nichts dazwischenkommt", betonte der Kapazitätsplaner.

„In unserem Betrieb kommt immer etwas dazwischen", monierte Haustein.

„Für den Fall hätten wir keine Reserve."

Dr. Neuenhof dachte an die Auseinandersetzung mit dem Versuchsfeldleiter am Vormittag. Kurzfristige Anforderungen, die der Motorenbau bei Neuentwicklungen immer wieder stellte, waren nicht vorherzusehen und schon gar nicht exakt im voraus zu kalkulieren.

Wieder Blickkontakt zwischen Neuenhof und Müller. „Ich glaube, wir denken im Moment das gleiche.", sagte der Fertigungslenker.

Handke beugte sich tief über die Zeichnungen auf dem Beratungstisch und sagte laut: „Doktor, heute ist für mich der schönste Tag seit Weihnachten. Solch einen Schnitt wie den hier zu bauen" – er tippte mit beiden Zeigefingern auf die Zeichnungen –, „wünsche ich mir seit langem. Meinen Kollegen im Werkzeugbau geht's sicherlich genauso. Ich dachte schon, im EDD werden nur noch Druckgießformen für E-Motorenläufer und Plaste-Spritzgießformen gebaut. Die habe ich langsam über. Ich habe manchmal mit dem Gedanken gespielt, den Betrieb zu wechseln."

Der Kapazitätsplaner von FV hakte ein: „Aber Druckgießformen und Plaste-Spritzgießformen haben wir für die nächsten Wochen und Monate fest im Plan. Daran ist nichts zu ändern. Und ehe wir für die Werkzeugbauer überhaupt keine Arbeit hätten, bauen wir doch lieber die."

„Pah!" Handke richtete sich zu voller Körpergröße auf. „Die Gießformen taugen doch vor allem dazu, unsere Schweizer Erodiermaschine von AGIE auszulasten. Wir Werkzeugschlosser …"

„Die AGIE reicht gar nicht aus", unterbrach ihn Haustein. „Um alle eingeplanten Aufträge erfüllen zu können, müssen wir zusätzlich alle verfügbaren Universal-Werkzeugfräs- und Schleifmaschinen einsetzen …"

„… und da liegt der Hase im Pfeffer", murmelte Bückert. „Wenn wir uns auf diesen Folgeschnitt einlassen, müssen wir unsere Flachschleifer für das Einpassen der Stempel einsetzen und nicht für den Bau von Druckgieß- und Plaste-Spritzgießformen."

„Völlig richtig!", bestätigte Handke.

„Eines geht aber bloß", warnte der Kapazitätsplaner.

„Na ja … Wenn's wirklich eng werden sollte, ließe sich durch Überstunden einiges abfangen", meinte der Schlosser.

„Vorausgesetzt, 'der Rudi' genehmigt uns die Überstunden."

Da schlug Handke mit der flachen Hand auf den Tisch. „Doktor, jetzt heißt's: Kreuz durchdrücken und Entschlossenheit beweisen! Ich rate: Wir bauen den Thüringern das Werkzeug. Ich verbürge mich dafür, es hinzukriegen. Und wenn ich ein

Wörtchen mit 'dem Rudi' rede, unterstützt er uns, falls das erforderlich werden sollte. Mein Wort darauf!"

Neuenhof wurde sich bewusst, er hatte am späten Vormittag, als Bockhardt zu ihm gekommen war und den Streit mit Barthmann geschlichtet hatte, eine Chance vertan. Er hätte den Werkdirektor um dessen Meinung zu der Auftragsübernahme befragen können. Vor wenigen Stunden noch war ihm das nicht notwendig erschienen. 'Ich muss ja irgendeine Sache auch mal allein beurteilen und entscheiden können', hatte er gedacht und seinen Stolz gepflegt. Aber die Fertigung des Thüringer Schneidwerkzeuges war nicht „irgendeine Sache". Spätestens bei Kapazitätsengpässen in irgendeiner Arbeitsplatzgruppe würde er den Werkdirektor um Unterstützung bitten müssen – sei es, dass Bockhardt die Ableistung von Überstunden zu genehmigen oder aus einem nur ihm zur Verfügung stehenden Fonds Geldmittel für Sonder-Leistungen im F-Bereich bereitzustellen hätte. Allen im Betrieb war bekannt: Elektrodyn verfügte über keine Auswuchtmaschine. Der VEB Elbtalwerk Heidenau hatte eine. Er leistete dem EDD sogenannte sozialistische Hilfe. Die sah so aus: Sonnabendnachts, wenn die Elbtalwerk-Maschine nicht genutzt wurde, konnten zwei Großmotorenschlosser des EDD-Fertigungsbereiches FM Läufer für eigenproduzierte große Elektromotoren auswuchten. Am darauffolgenden Montag zahlte „der Rudi" den beiden Schlossern für jede in der Sonnabendnacht geleistete Arbeitsstunde – zusätzlich zu ihrem Arbeitslohn – 8 Mark der Deutschen Demokratischen Republik bar auf die Hand. Da kam pro Einsatz für jeden Schlosser mal rasch ein Hundertmarkschein zusammen. Den verdienten sie sich gern. 'Solch ein Fonds würde auch mir nützlich sein', dachte „der Doktor".

„Ich habe Bedenken", gestand Ralf Haustein.

Meister Bückert sagte: „Wenn wir den Auftrag übernehmen, darf uns nichts dazwischenkommen, sonst ergeht's uns schlecht – 'der Rudi' würde uns rundmachen."

Neuenhof blickte, Rat suchend, seinen Fertigungslenker an. Der zuckte mit den Achseln. „Du bist der Produktionsleiter, du musst entscheiden."

Egon Handke schob seinen Stuhl zurück und stand auf. „Ich muss 'runter in die Werkstatt, muss noch 'was tun fürs Geld. Also, Doktor: Was wird?"

Heinz Neuenhof entschied: „Wir bauen das Werkzeug. Ende der Beratung."

„Das ist doch ein Wort", sagte Handke befriedigt. Die anderen verließen wortlos den Raum.

Die für 15 Uhr vereinbarte Zusammenkunft des Produktionsleiters mit den drei Thüringern, mit Bückert, Müller und dem Konstruktionsleiter Kraushaar dauerte nicht mal eine halbe Stunde.

Neuenhof verkündete seinen Entschluss.

Kraushaar sagte: „Donnerwetter!"

Die Thüringer Kollegen waren freudig erregt und bedankten sich überschwänglich.

Der „F" schickte sie zum Auftragsklärer im Ö-Bereich. „Ich habe Kollegen Keutel telefonisch bereits vorinformiert."

Bei der Verabschiedung der Beratungsteilnehmer hielt sich einer der Thüringer etwas zurück. Als er mit Neuenhof allein im Raum war, übergab er „dem Doktor" einen verschlossenen Briefumschlag. „Damit alles wie geschmiert laufen kann", erklärte er und lief dann den anderen eilig hinterdrein.

Als folgte er einer unerklärbaren Eingebung, stürmte Neuenhof auf den Gang hinaus und rief seinen Bereichsleiter FTW und den Fertigungslenker Müller in sein Dienstzimmer zurück. „Ich brauche noch euren Handschlag auf die soeben eingefädelte Sache", sagte er. „An uns dreien und an Handke wird es liegen, ob alles gut geht oder nicht." Den Handschlag der beiden Männer bekam er – wenn auch, wie er empfand, etwas zögerlich. „Noch etwas!" Er wippte ein paarmal mit dem verschlossenen unbeschrifteten Kuvert und riss es ahnungslos auf. 800 Mark in 50-Mark-Scheinen flatterten auf den Beratungstisch. „Hat mir der Wortführer der Thüringer beim Auf-Wiedersehen-Sagen zugesteckt", stammelte „der Doktor".

Bückert sagte mit strahlendem Gesicht: „Damit kann der Produktionsleiter so manche Sonder-Schicht unserer Flachschleifer und Werkzeugschlosser vergüten."

Müller stellte seine beiden Hände senkrecht. „Geld stinkt nicht." Heinz Neuenhof schob die Geldscheine in den Briefumschlag zurück und verschloss ihn unter den Blicken von Bückert und Müller in dem in seinem Zimmer aufgestellten Stahlschrank, in dem neben wichtigen Dokumenten auch das Gold für die Fertigung der Flugzeugbordgeräte verwahrt wurde. „Ihr beide seid meine Zeugen."

Gegen 17 Uhr 30 machte Dr. Neuenhof Feierabend. Da hatte er einen 11-Stunden-Arbeitstag hinter sich. Er lief den Trampelpfad entlang, der zwischen Kleingärten und schmalen Feldern vom VEB Elektrodyn nach Dresden-Leuben, zur Straßenbahn-Haltestelle der Linie 14, führte. Das war, wenn man munter fürbass schritt, ein viertelstündiger Fußmarsch.

An der Haltestelle musste er nicht lange warten. Eine „14" rumpelte heran. Sie beförderte ihn bis zum Postplatz im Stadtzentrum. Dort, unweit des Dresdener Zwingers, lebte er mit seiner Familie in einer Neubauwohnung.

Während der Straßenbahnfahrt versuchte er, an etwas anderes zu denken als an Elektrodyn, an seine heutige Arbeit dort und an die Entscheidungen, die er im Laufe des Tages getroffen hatte. Aber es gelang ihm nicht. Nun, im Nachhinein, wurde ihm bewusst, wie sehr ihn Versuchsfeldleiter Barthmanns provozierendes Auftreten in der vormittäglichen Dienstberatung kompromittiert hatte. Hatte sich Neuenhof sonst schon des öfteren gefragt: „Habe ich alles gut und richig gemacht? Bin ich meiner Funktion als Produktionsleiter gerecht geworden?" – heute kamen noch andere Fragen hinzu: „Warum habe ich zugelassen, dass sich Barthmann dermaßen aufspielen konnte? Warum habe ich ihn nicht gleich lautstark zusammengedonnert? Oder die konziliantere Variante: Warum habe ich ihn und Wendland und FL-Müller nicht hinausgeschickt, auf den Gang, mit dem bündigen Auftrag: 'Klärt die Sache!'?" Er meinte, heute hatte sein Image Schaden genommen. Werner Müller war deutlich anzumerken gewesen, dass er von Heinz Neuenhof ein couragierteres Handeln erwartet hatte. Dass da erst 'der Rudi' als friedensstiftender Werkdirektor hatte einschreiten müssen …

Zu Hause angelangt, stürmten seine beiden kleinen Söhne zur Begrüßung auf ihn zu. Dann küsste er Karin, seine Frau, auf die Wange. Als sie ihn fragte: „Na, wie war's heute bei dir?", antwortete er: „Ich weiß nicht, wieviel Jahre lang ein normal konstituierter Mensch solche Arbeitstage wie meinen heutigen durchsteht, ohne einen Herzinfarkt oder andere gesundheitliche Beeinträchtigungen zu erleiden …"

3

Professor Dr.-Ing. Wolfgang Kainzow legte den Weg vom Haus des Ministerrates der DDR in der Berliner Klosterstraße bis zum Ministerium für das Hoch- und Fachschulwesen am Werderschen Markt zu Fuß zurück. So hatte er es mit Harry Nachtigall vereinbart. Harry war der Fahrer des personengebundenen PKW des Rektors der Technischen Hochschule „Otto von Guericke" Magdeburg, an der Kainzow als Ordinarius für Fertigungstechnik/Spanende Formung lehrte und forschte. Für die heutige Dienstreise nach Berlin hatte Kainzow den Rektor-PKW mitsamt Fahrer zur Verfügung gestellt bekommen – für so bedeutungsvoll hatte Magnifizenz diese Dienstreise erachtet.

Mit dem Fahrer hatte sich der Professor für den Nachmittag, 17 Uhr, auf dem Parkplatz nahe dem Gebäudekomplex des Zentralkomitees der SED verabredet. Nachtigall sollte an dem Tage genügend Zeit für Erledigungen dienstlicher und privater Art verbleiben. Das Private betraf nicht nur ihn selbst, sondern auch den Rektor, die Sekretärin des Rektors, den Leiter des Hochschul-Fuhrparks und andere. Nachtigall hatte am Vortage eine lange Liste zugesteckt bekommen: Rote Beete und Gewürzgurken aus dem polnischen Spezialitätenladen in der Karl-Marx-Allee einkaufen, Südfrüchte – so sie im Angebot waren – in der Markthalle am Alexanderplatz ergattern, Unterlagen für die private Auslands-Ferienreise des Rektors in die Zentrale des Deutschen Reisebüros der DDR in der Karl-Liebknecht-Straße bringen, Kfz-Ersatzteile aus dem HO-Fahrzeughaus in der Littenstraße besorgen ... Die Versorgung der Hauptstadt mit derlei Dingen war entschieden besser als die in den Provinzstädten der DDR – selbst wenn die, wie Magdeburg, den Status einer Bezirkshauptstadt hatten.

Prof. Kainzow hatte sich während der III. DDR-Hochschulreform und im Bezirk Magdeburg in der Prognosearbeit hervorgetan – so sehr, dass man auch „in Berlin", bei den übergeordneten Staatsorganen, auf ihn aufmerksam geworden war. Eine von ihm erbrachte Ausarbeitung für die SED-Bezirksleitung, die an das ZK der SED weitergeleitet worden war, hatte den Ausschlag gegeben. 1968 war er als ordentliches Mitglied in die Zentrale Prognosegruppe beim Ministerrat der DDR berufen worden. Das war eine hohe Ehre, ja: eine Auszeichnung für den Wissenschaftler selbst und für die gesamte Technische Hochschule Magdeburg gewesen. Deshalb die großzügige Geste des Rektors: Bereitstellung seines Dienstwagens für Kainzows heutige Dienstreise.

Kainzows Berufung in das Gremium hatte auch prinzipielle Bedeutung.

Die zentralen wissenschaftsberatenden und -leitenden Gremien der DDR waren in den ersten Jahren des Bestehens der Republik von Vertretern der Grundlagenwissenschaften dominiert worden – von Mathematikern und Naturwissenschaftlern, und bei den letztgenannten insbesondere von Physikern, allen voran die Professoren Dr. Robert Rompe und Dr. Max Steenbeck. Einige der Herren, so wurde gehechelt, hätten „einen heißen Draht" direkt zu dem wissenschaftsgläubigen Staatsratsvorsitzenden Walter Ulbricht gehabt. Diese – wie sie sich fühlten: „wahren" – Wissenschaftler hatten geglaubt, nicht nur ihr eigentliches engeres Fachgebiet abdecken, sondern die Parteiführung und Regierung auch zu deren technischer Politik beraten zu können. Konstruktions-Ingenieure waren nach ihrer Auffassung fachschul- oder hochschulmäßig ausgebildete technische Zeichner, und Fertigungs-Ingenieure mit Hochschulabschluss, meinten sie, hätten das Format von Diplom-Klempnern; den einen wie den anderen käme die Prognose und anspruchsvolle

Ausprägung von Leitlinien der wissenschaftlichen und technischen Entwicklung im Lande nicht zu. Man musste schon ein bewährter Kampfgefährte maßgeblicher Genossen des SED-Politbüros sein wie beispielsweise der fleißige Bücherschreiber Prof. Dr. Jürgen Kuczynski, um als Nicht-Naturwissenschaftler die Phalanx der Grandseigneurs der DDR-Wissenschaften durchbrechen zu können.

Seit 1968 jedoch wirkte ein Mann wie Dr.-Ing. Wolfgang Kainzow – nach dem Verständnis mancher Physiker ein promovierter Diplom-Klempner – als ordentliches Mitglied in der zentralen Prognosegruppe mit.

Kainzow schmunzelte auf seinem Fußmarsch vor sich hin. 'Es gibt ja doch Fortschritte!', dachte er und meinte damit, es sei gut, dass jüngst in die wissenschaftskonzeptionelle und in die perspektivplanerische Arbeit der zentralen Staatsorgane mehr Technikwissenschaftler, Betriebswirtschaftler und Ökonomen einbezogen wurden. Es hatte seines Dafürhaltens damit angefangen, dass Dr. Erich Apel und Dr. Günter Mittag zu Beginn der 1960er Jahre das NÖSPUL kreiert hatten – das neue ökonomische System der Planung und Leitung der Volkswirtschaft der DDR. Dieses neue System würde, wie dessen geistige Väter betont hatten, die konsequente Durchsetzung des Produktionsprinzips erfordern. Dieses Prinzip besagte, jeder Leiter eines Wirtschaftsbereiches oder Betriebes trage die volle Verantwortung für den gesamten Reproduktionsprozess in seinem Bereich auf der Grundlage des verbindlichen staatlichen Plans bei gleichzeitiger materieller Interessiertheit aller in den Reproduktionsprozess einbegriffenen Wirtschaftsfunktionäre und Werktätigen. Damit war klargestellt worden, mit der Beratschlagung durch Mathematiker, Physiker und Chemiker allein ließ sich das Produktionsprinzip in der Volkswirtschaft und deren einzelnen Wirtschaftseinheiten nicht durchsetzen.

Von dem Zweigestirn Apel/Mittag leuchtete seit 1963 nur noch Günter Mittag in der Führungsspitze der SED und der DDR. Erich Apel hatte zuvor von seiner Schusswaffe Gebrauch gemacht. Die hatte er auf sich selbst gerichtet und abgedrückt. Da sie mit scharfer Munition geladen gewesen war, war der wirtschaftsleitende Hoffnungsträger Apel auf der Stelle tot gewesen. Seitdem rackerte Mittag – Jahrgang 1926, ein Mann in den besten Jahren, Dr. rer. oec. – für mindestens zwei: Sekretär des Zentralkomitees der SED seit 1962 und Mitglied des SED-Politbüros seit 1966, zusätzlich seit 1963 Abgeordneter der DDR-Volkskammer und Vorsitzender ihres Ausschusses für Industrie, Bauwesen und Verkehr. Die Arbeitsfähigkeit des Mannes schien nahezu unbegrenzt zu sein; seine Durchsetzungskraft und Führungsfähigkeit waren außerordentlich. Sie grenzten mitunter ans Über- und Unmenschliche. Ihm wurde nachgesagt, er würde jeden westeuropäischen oder us-amerikanischen Konzern – egal, in welcher wirtschaftlichen Bedrängnis der sich befand – binnen kürzester Frist zu Maximalprofit führen können.

Auf der Grundlage einer von ihm an der Parteihochschule „Karl Marx" gehaltenen Lektion hatte Dr. Mittag 1963 die Broschüre „Fragen des neuen ökonomischen Systems der Planung und Leitung der Volkswirtschaft" veröffentlicht. Darin hatte er das NÖSPUL propagiert und dessen Umsetzung in die volkswirtschaftliche Praxis zur Leitlinie der ökonomischen Politik der SED und der DDR erhoben. Er war zum starken Mann der DDR-Wirtschaft avanciert. In den Parteiversammlungen und im Parteilehrjahr aller Grundorganisationen der SED und in den Beratungsgremien der zentralen und örtlichen Staatsorgane war seine Publikation wie ein Evangelium studiert und gepriesen worden. Mit dem, was einige wissenschaftliche oder ökonomische Beiräte dabei geleistet und an Neuem eingebracht hatten, war Günter Mittag nicht zufrieden gewesen. „In unserem Staat sind noch zu viele Gremien reine Quasselbuden", sollte er geäußert haben. „Wenn man den darin vereinten Herren nicht Einhalt gebietet, debattieren sie drei Tage und länger darüber, warum eine Banane krumm ist. So kann der Sozialismus in hundert Jahren nicht siegen."

Es war nicht verwunderlich gewesen, dass Mittags ZK-Sekretariat auf eine solche personelle Besetzung der Zentralen Prognosegruppe gedrängt hatte, wie sie für die weitere theoretische Ausgestaltung des NÖSPUL förderlich und notwendig erschienen war und wie sie dem wissenschaftlichen Verständnis und den persönlichen Ambitionen eines Wolfgang Kainzow und seinesgleichen voll entsprochen hatte.

An den Beratungen der Prognosegruppe nahm regelmäßig ein wissenschaftlicher Mitarbeiter aus Mittags Sekretariatsbereich teil. Dieser Genosse hatte die Gruppe im Herbst 1968 davon in Kenntnis gesetzt, ein Autorenkollektiv unter der Leitung des ZK-Sekretärs Mittag würde am Manuskript für ein Lehrbuch „Politische Ökonomie des Sozialismus und ihre Anwendung in der DDR" arbeiten, und das Buch würde 1969 im Dietz Verlag Berlin erscheinen. In ihm würden die anfänglichen praktischen Erfahrungen mit dem NÖSPUL ausgewertet und Grundlagen für ein NÖS – ein neues ökonomisches System des Sozialismus – dargelegt werden. Zu den Grundlagen des NÖS zählte Mittag – Wirtschaftsfachmann, der er war – auch die theoretisch fundierte Prognose künftiger wissenschaftlicher, technischer und sozial-ökonomischer Trends und Entwicklungen. Folgerichtig hatte er für den dritten Hauptabschnitt des Buches ein Kapitel „Die Rolle der Prognose für die Analyse der Anforderungen der ökonomischen Gesetze des Sozialismus auf Grund der Dynamik der Produktivkräfte" vorgesehen. Über seinen wissenschaftlichen Mitarbeiter hatte er die Zentrale Prognosegruppe beauftragt, ihm für dieses Kapitel eine Zuarbeit zu leisten. Dem waren die Mitglieder der Gruppe bereitwillig nachgekommen – auch Professor Wolfgang Kainzow. Es galt bei Experten aus Theorie und Praxis, bei wissenschaftlichen Mitarbeitern in staatlichen Organen und bei Funktionären der SED als Ehre, ohne Honorar Ausarbeitungen für führende Genossen der SED zu verfertigen. Die „Zuarbeiter" waren stolz, wenn sich – quasi als Lohn für ihre Mühen – einige von ihnen entwickelte Gedanken und Vorschläge oder gar von ihnen verfasste Textpassagen in Referaten und Publikationen von Walter Ulbricht oder überhaupt von Mitgliedern des Politbüros oder Zentralkomitees der SED wiederfanden. Kainzow hatte sich mit seinem Beitrag tüchtig abgemüht. Nun war er auf das Erscheinen des Mittagschen Buches gespannt – zum einen aus wissenschaftlichem Interesse, zum anderen aus Neugier, welche Passagen seiner Zuarbeit in welchem Umfang in das besagte Werk übernommen werden würden. Auch er – Kainzow – zählte zu denen, die die fremde Vereinnahmung ihrer Ergüsse nicht als Diebstahl geistiger Arbeit, sondern als Akt demokratischer Mitwirkung bei der Gestaltung der „Politik von Partei und Regierung" bewertete.

Im Frühjahr 1969 hatte sich Prof. Kainzow in der Zentralen Prognosegruppe wiederum sehr engagiert. Er war einer der geistigen Väter der Idee gewesen, für die perspektivische Entwicklung der Wissenschaften und Technik der DDR sogenannte „Durchbruchstellen in den 1990er Jahren" zu definieren und aufzudecken. Der Terminus „Durchbruchstelle" sollte ausdrücken, an dieser „Stelle" würde die DDR mit ihren Leistungen in Wissenschaft und Technik unter Berücksichtigung nationaler Ressourcen und internationaler Entwicklungstendenzen „zum Weltniveau durchbrechen", also den Welthöchststand mitbestimmen. Kainzow hatte seine Vorstellungen an Beispielen für den Maschinen- und Gerätebau verdeutlicht. Er hatte prognostiziert: Der hohe prozentuale Anteil der spanenden Teilefertigung im besagten Wirtschaftsbereich müsste und würde durch die Kombination einer urform-, umform- oder zerteiltechnischen Rohteilerzeugung mit anschließender und zugleich abschließender Feinbearbeitung spürbar herabgesetzt werden. Er hatte den Slogan geprägt: „Wir wollen in unseren Betrieben nicht viele Späne, sondern qualitativ hochwertige Einzelteile und weltmarktfähige Erzeugnisse produzieren." Der an der Sitzung teilnehmende Mitarbeiter aus dem Sekretariat Mittag war begeistert gewesen. „Weniger Späne, bessere Materialausnutzung, weniger Materialimporte aus der Sowjetunion – die Linie stimmt", hatte er Kainzow beigepflichtet. Der hatte euphorisch weitere „Durchbruchstellen" aufgezeigt und in dem gelahrten Gremium diskutieren lassen: Zunehmende Automatisierung ganzer Produktionssysteme, verstärkte Anwendung neu- oder weiterzuentwickelnder Plast- und Verbundwerkstoffe, Nutzung der elektronischen Datenverarbeitung in allen Bereichen betrieblicher Produktionsprozesse, Miniaturisierung der Erzeugnisse und ihrer Bauteile, rasche Entwicklung der Mikroelektronik und der mikroelektronischen Durchdringung aller industriell gefertigten Produkte …

„Das war ein schwierig zu bestellender Acker", seufzte Kainzow in Erinnerung an die Plackerei in den letzten Wochen. 'Aber es gibt ja doch Fortschritte', begütigte er sich selber. In der heutigen Sitzung war er auf „Empfehlung aus dem Sekretariat Dr. Mittag" zum Beauftragten für den Themenkomplex „Maschinen-, Anlagen-, wissenschaftlicher Gerätebau und Elektrotechnik/Elektronik" ernannt und gleichzeitig – mit Überreichung einer Urkunde – zum stellvertretenden Leiter der Zentralen Prognosegruppe beim Ministerrat der DDR berufen worden.

Im Volksmund heißt es: „Groß' Ehr' – viel Arbeit." Bei Prof. Kainzow kamen zu der ihm erwiesenen großen Ehre und vielen Arbeit ernste Sorgen hinzu. Die betrafen seine Tätigkeit an der Technischen Hochschule „Otto von Guericke" Magdeburg. Er vermochte den in Magdeburg übernommenen Verpflichtungen auf bisher praktizierte Weise nicht mehr nachzukommen. Hierzu wollte er sich mit Harry Petras beraten.

Dipl.-Ing. Petras leitete die Abteilung Technik im Ministerium für das Hoch- und Fachschulwesen (MHF) der DDR. Er hatte zuvor an der Technischen Hochschule Dresden die Fachrichtung Kraftfahrzeugtechnik absolviert. Er und Kainzow kannten sich aus ihrer gemeinsamen Studienzeit, vor allem von den Versammlungen und Aktivitäten in der Fakultäts-Parteiorganisation Maschinenbau, der sie vor Jahren angehört hatten. 1968 – in der Schlussphase der in der DDR durchgeführten III. Hochschulreform – hatten sie ihre Kontakte erneuert und vertieft. Wie einst, als revolutionäre Studenten, duzten sie sich.

Die TH Magdeburg und die TH Karl-Marx-Stadt waren zu Avantgardisten bei der Erneuerung der Strukturen im Technik-Bereich des Hochschulwesens der DDR avanciert. An der TH Magdeburg war dafür Professor Kainzow der treibende Motor. Er hatte aus mehreren Hochschulinstituten des Maschineningenieurwesens eine sogenannte Sektion – die Sektion Technologie der metallverarbeitenden Industrie (Tmvl) – konstituiert. Es war die erste Sektion an der Technischen Hochschule Magdeburg gewesen. Von deren neugeschaffenem Beratungsgremium, dem Sektionsrat, war Kainzow im Dezember 1968 einstimmig zum Sektionsdirektor gewählt worden. All diese Erneuerungen hatte Petras kraft seines Amtes wirkungsvoll unterstützt.

Nun, Mitte April 1969, saßen die beiden Männer im MHF-Dienstzimmer von Harry Petras beisammen. Um das Gespräch hatte Wolfgang Kainzow nachgesucht.

„Na, Genosse Professor", begann Petras mit spöttischem Unterton formell-höflich, „was gibt 's Neues an deiner TH? Wie läuft's in der Sektion?"

„Es gibt eine Unmenge Arbeit, und manches, das man schon bewältigt zu haben glaubte, entfaltet ungeahnte Tücken."

„Und umgekehrt. Vieles, hoffe ich, läuft besser, als es bei den vielen Unkenrufen im vergangenen Jahr zu vermuten gewesen wäre. Aber der glatten Fälle wegen bist du heute nicht zu mir gekommen, denke ich."

„Du sagst es." Kainzow holte tief Luft. 'Keine Umschweife!', nahm er sich vor und sagte: „Ich habe Kaderprobleme. Unser vormaliger Prorektor für Studienangelegenheiten ist an den Busen der Wissenschaft zurückgekehrt. Ihr habt ihn im vergangenen Jahr zum ordentlichen Professor für Betriebsprojektierung berufen."

„Du redest von Professor Wusel?"

Kopfnicken.

„Der ist doch in deine Sektion integriert."

„Stimmt. Von der Integration seines ehemaligen Instituts in die Sektion hatte er sich persönlich mehr versprochen."

„Wollte er Sektionsdirektor werden – als Dr. rer. oec., der er ist?"

„Nicht nur das …"

„Das kann er sich abschminken", unterbrach Petras den Magdeburger. „Direktor einer technischen Sektion – das Amt kann und muss ein Techniker, ein Doktor-Ingenieur, bekleiden. Dafür konnten wir keinen Ökonomen einsetzen. Der Genosse Wusel soll sich nicht zu viel einbilden. Die Herren Ökonomen glauben im Moment ohnehin, sie vermögen alles." Petras schüttelte den Kopf.

„Genau das ist der Punkt. Wusel will – fachlich gesehen – nicht nur Werkstätten und Betriebe, sondern auch die darin ablaufenden Fertigungsprozesse projektieren. 'Fertigungsprojektierung' will er das nennen. Dafür will er einen seiner langjährigen Assistenten, der kurz vor der Promotion steht, zum Professor berufen lassen. Das ist ein Mann aus dem dritten Absolventenjahrgang der TH, Genosse ist er …"

„… also ein Mann aus der angestammten Garde, ein Magdeburger Eigengewächs."

„…und er hat in Wusels Institut treu gedient, hat – wie man so sagt – den Laden geschmissen, als Günter Wusel seinen Prorektorpflichten nachkam."

„Professur für treue Dienste bei Abwesenheit des Hausherrn?"

Wolfgang Kainzow grinste. So deutlich hatte er es nicht sagen wollen. „Günter Wusel predigt die Einheit von Werkstatt und darin ablaufendem Prozess. Er arbeitet auf eine Umwandlung, genauer gesagt: auf eine Erweiterung seines Berufungsgebietes hin: Betriebs- und Fertigungsprojektierung."

„Deine Meinung dazu?"

„Integration von Gebieten ist objektiv notwendig – in der Wissenschaft wie in der Wirtschaft. Für die technische Weiterentwicklung unserer Industrie hat schon der VII. Parteitag vor Jahr und Tag die Modernisierung ganzer Produktionssysteme auf höchstem wissenschaftlich-technischen Niveau und die sogenannte Systemautomatisierung gefordert. Für unseren diskutierten Fall leite ich daraus ab, nicht die Betriebsprojektierung, sondern die Fertigungstechnik komplex weiterzuentwickeln. Ich habe das in meinem Sektionsrat diskutieren lassen. Dort sprach man sich für die Einheit von Fertigungsverfahrensentwicklung, Fertigungsprozessgestaltung, Fertigungsmittelentwicklung und Fertigungsmesstechnik/Qualitätssicherung aus. Wir haben uns dafür auf den Oberbegriff 'Fertigungsgestaltung' geeinigt. Wir wollen das Gebiet 'Fertigungsprozessgestaltung' nicht, wie von Günter Wusel vorgesehen, 'Fertigungsprojektierung' nennen. Das Wort 'Projektierung' assoziiert zu sehr Methoden aus dem Bauwesen und das Erarbeiten von Problemlösungen mit Hilfe fertiger Bausteine, wie es in der Betriebs- und Werkstättenprojektierung praktiziert wird."

„Dann bezeichnet doch die fertigungstechnischen Gebiete so, wie du es soeben dargelegt hast. Ihr seid die Wissenschaftler. Ihr müsst für eure Arbeitsgebiete die treffenden Begriffe prägen. Wir Apparatschiks schließen uns euren Vorschlägen an, wenn sie nicht zu abnorm oder gar unsinnig sind. Also: Darin sehe ich kein Problem."

Kainzow nickte zustimmend. „Das Problem liegt ja auch woanders. Das Gebiet 'Fertigungsprozessgestaltung' ist als einzige der an unserer Sektion vertretenen Disziplinen mit keinem Berufungskader besetzt. Solch einen Fachmann benötigen wir aber unbedingt. Fertigungsprozesse werden in den Betrieben der führenden Industrieländer mehr und mehr mit Rechnerunterstützung ausgearbeitet. Numerisch gesteuerte Werkzeugmaschinen halten in hohem Tempo Einzug in die Fertigungswerkstätten. Sie müssen rationell – mit Computer-Unterstützung – programmiert werden. Damit soll sich der zusätzliche Mann bei mir befassen."

„Kann der von Wusel favorisierte Mann das?"

„I wo. Aber Wusel meint, sein Kandidat sei fähig genug, sich 'das bisschen Fertigungstechnik', das ihm fehlt, schnell anzueignen."

„Und hat noch nicht mal promoviert?"

„Nein."

„Und war nach seinem Hochschulstudium noch nie ingenieurmäßig in einem Betrieb tätig?"

Kopfschütteln.

„Also können wir den Mann für dein Anliegen vergessen."

„Hm, ganz meine Meinung. Ich habe einen besseren Vorschlag."

„Sprich!" Petras langte nach der Zigarettenschachtel auf seinem Schreibtisch und hielt sie Kainzow hin. Der bewegte abwehrend beide Hände. „Aber mir gestattest du doch ..." Er nahm sich eine Zigarette, Marke „Juwel", zündete sie an und rauchte gierig. Er drückte auf den Summer seines Telefons. Die Sekretärin kam. Petras sagte zu ihr: „Genosse Gerbach möchte bitte unverzüglich zu mir kommen." Dem Professor aus Magdeburg erklärte er: „Es scheint mir geraten, dass der für Maschinenbau/Technologie zuständige wissenschaftliche Mitarbeiter meiner Abteilung an unserem weiteren Gespräch teilnimmt. Dann weiß er gleich über alles Bescheid."

Kainzow hatte nichts dagegen einzuwenden. Er kannte Hans-Georg Gerbach von einigen Dienstreisen, die der Ministeriumsmitarbeiter an die Technische Hochschule Magdeburg unternommen hatte. Von der TH/TU Dresden war er ihm nicht bekannt. Gerbach war jüngeren Studienjahrganges als er und war, wie sein Abteilungsleiter, Absolvent der Fachrichtung Kraftfahrzeugtechnik, also ein Konstruktionsingenieur. Allerdings hatte sich Gerbach an Diskussionen, in denen ihn Kainzow erlebt hatte, an technologischen Sachverhalten und Problemen interessiert und dazu auch informiert gezeigt.

Harry Petras sagte zum Professor: „Erkläre noch mal, wie du in Magdeburg die Fertigungstechnik ..."

„... Fertigungsgestaltung", verbesserte Kainzow.

„... also gut: Sag, ihm, wie du bei euch die Fertigungsgestaltung zur Großmacht zu entwickeln gedenkst!"

Sich wiederholen zu müssen, war dem Professor nicht recht. Aber Petras nickte ihm aufmunternd zu und rauchte genüsslich; außerdem kam er – Kainzow – als Bittsteller. Also tat er, wie ihm geheißen. Nach der Aufzählung der Wissensgebiete der Fertigungsgestaltung unterbrach ihn Gerbach: „Und die Fertigungssteuerung, wollt ihr die außen vor lassen?"

Wolfgang Kainzow sah Gerbach erstaunt an. Der hatte ihn ertappt. Nach seiner eigenen innersten Überzeugung gehörte die Fertigungssteuerung zu dem von ihm charakterisierten Gesamtkomplex. Aber um im Disput mit Prof. Günter Wusel einen Kompromiss finden zu können, hatte er, als Sektionsdirektor, seinem Widerpart zugestanden, die Fertigungssteuerung im Rahmen „Betriebsprojektierung" wissenschaftlich vertreten zu dürfen. Dafür hatte Wusel ihm die Fertigungsprozessgestaltung überlassen. Dass es dabei wie bei einem Tausch unter Händlern zugegangen war, brauchten die MHF-Männer nach Kainzows Dafürhalten nicht zu wissen. Er sagte schroff: „Die Fertigungssteuerung ist in meiner Sektion personell besetzt. Was fehlt, ist ein Mann für die Fertigungsprozessgestaltung."

„Genauer!", forderte Petras.

„Ein Professor."

„Hast du noch eine Professorenstelle frei in der Sektion?"

Das war der Knackpunkt. „Nur eine Planstelle für einen Dozenten."

„Dann besetz' die!"

„Eine Dozentur ist zu wenig. Ich habe euch ja erklärt: Der neu zu gewinnende Mann muss im Rahmen seines Gebietes die NC-Programmierung und den Rechnereinsatz in der Fertigungsvorbereitung übernehmen. Leute, die das beherrschen, sind jetzt schon Könige in ihren Betrieben und wechseln nicht wegen einer Dozentur an eine Hochschule."

„Na, na! So wenig wert ist eine Dozentur wohl nicht."

„Ich brauche den Mann rasch – zum Semesterbeginn im September ..."

„... dieses Jahres? Das geht sowieso nicht. Die Liste für die diesjährigen Professoren-Berufungen im September ist abgeschlossen. Die Hochschulen und Unis haben ihre diesjährigen Berufungsanträge im Februar bei uns eingereicht. Sie durchlaufen bereits die zuständigen Industrieministerien und Abteilungen im Zentralkomitee zwecks Abstimmung. Deinen Fall als Sonder-Antrag durchzubringen, dürfte schwierig – um nicht zu sagen: aussichtslos sein."

Gerbach fragte: „Wie wurde denn das Gebiet bisher bei euch wahrgenommen – vor allem bei der Ausbildung der Studenten?"

„Bisher habe ich mich darum gekümmert. Ich habe Übungen eingeführt. In denen unterstützen ich und einer meiner Assistenten die Studenten konsultativ bei der Ausarbeitung eines ausführlichen Fertigungsplans für ein konkretes Einzelteil. Aber das reicht nicht aus. An der TU Dresden liest Professor Wichtler schon seit zehn Jahren zu den Übungen eine Vorlesung. Seit geraumer Zeit werden dort auch studentische Praktika für das Programmieren numerisch gesteuerter Werkzeugmaschinen durchgeführt. Das ist richtig und notwendig. Dahin müssen wir an allen Hochschulen unseres Landes kommen. Aber ich und mein Assistent – wir allein schaffen das in Magdeburg nicht … bei meinen vielen anderen Aufgaben …"

Petras fragte, ironisch lächelnd: „Da frisst die Arbeit in der Zentralen Prognosegruppe zu viel Zeit weg, wie? Wenn man auch noch Themenkomplexleiter geworden ist …" Er blies Kainzow eine dicke Wolke Zigarettenrauch ins Gesicht.

Kainzow war überrascht. „Woher weißt du …?"

Petras und Gerbach lachten sich an. „Der Informationsdienst zwischen den Abteilungen des ZK möchte schon klappen, weißt du? Wäre das nicht so – was sollten wir dann von den nachgeordneten Institutionen und Betrieben erwarten oder fordern können?" Gerbach sagte in sachlichem Ton: „Unser Partner – die Abteilung Wissenschaften – ist über deine anerkennenswerte Arbeit in der Prognosegruppe bestens informiert. Wir sind dies also auch."

Wolfgang Kainzow schluckte ein paarmal.

Harry Petras fragte: „Hast du denn für dein Berufungsvorhaben einen geeigneten Kandidaten?" Kainzow nickte.

„Ein Eigengewächs aus eurer Hochschule?"

„Nein. Es ist ein Mann aus Dresden."

„TU?"

„Früher mal. Hat an der TU studiert und promoviert. Ich kenne ihn von seiner Assistententätigkeit her. Jetzt – seit fünf Jahren – arbeitet er als Produktionsleiter in einem Dresdener Betrieb des Elektromaschinenbaus."

„Das lässt sich hören. Und der Mann ist sich für eine Dozentur bei dir nicht zu schade? Er wird aus dem schönen Elbflorenz nach Magdeburg umziehen? Ich frage dich das, weil viele unserer Herren Nachwuchswissenschaftler ein meines Erachtens seltsames Beharrungsvermögen in ihrer wissenschaftlichen Brutstätte entwickeln."

„Über alle diese Dinge habe ich mit Genossen Dr. Neuenhof noch nicht gesprochen. Ich wollte mich zuvor mit euch beraten und abstimmen."

Petras nickte beifällig. „Das hast du richtig gemacht."

„Neuenhof?", fragte Hans-Georg Gerbach verwundert und reckte seinen Kopf in die Höhe. „Habe ich richtig gehört?"

„Ja, Neuenhof. Kennst du ihn?"

Und ob Hans-Georg Gerbach den Genannten kannte! Er und Neuenhof waren Studienfreunde. Allerdings hatten sich ihre Kontakte in den letzten Jahren merklich gelockert. Die beiden hatten sich sehr unterschiedlichen Tätigkeitsfeldern zugewandt. Sie hatten darein ihre ganze Kraft gesteckt und viel Zeit. Dann die räumliche Distanz zwischen Berlin und Dresden … Auch als junge Familienväter waren sie an vielfältige Pflichten gebunden. Gerbach sagte leichthin: „Ich kenne Neuenhof. Wir haben in der gleichen Matrikel Maschinenbau studiert und als Betreuer koreanischer Studenten im gleichen Wohnheim – in der Reichsstraße – gewohnt."

„Wie klein doch die Welt ist", sagte Kainzow kopfschüttelnd.

Gerbach bedauerte, dass er sich bezüglich der Errichtung der von Kainzow vorgeschlagnen Professur für Ferigungsprozessgestaltung an der TH Magdeburg so engherzig gegeben hatte. ‘Wie kriege ich die Kurve, ohne in den Verdacht zu geraten, Neuenhof begünstigen zu wollen?’, grübelte er. Nach einer Weile, als sein Schweigen schon auffiel, empfahl er seinem Abteilungsleiter: „Wir sollten erstens die in Magdeburg freie Dozentur für Fertigungsprozessgestaltung zum 1. September dieses Jahres besetzen. Dann hat die vom Genossen Professor Kainzow beschriebene Interimslösung ein Ende, und er gewinnt Zeit für seine gewichtigen Aufgaben …"

„… aber nicht nur für die Prognosearbeit", warf Harry Petras in gar nicht mehr frozzelndem Tonfall ein.

„… Wir sollten zweitens nach der ausgesprochenen Berufung – sagen wir: in einem Jahr – die Dozentur in eine Professur umwandeln, falls sich Genosse Neuenhof bei seiner Arbeit in Magdeburg bewährt. In der Dresdener Sektion Fertigungstechnik und Werkzeugmaschinen ist das analoge Fachgebiet seit Jahr und Tag mit einem Ordinarius besetzt. Es ist nicht einzusehen, dass der TH Magdeburg nicht recht sein soll, was der TU Dresden bereits lange billig ist."

Professor Kainzow nickte Gerbach anerkennend zu. So große Unterstützung hatte er von dem Ministeriumsmitarbeiter nicht erwartet. ‘Noch ein auf technologischem Gebiet halbgebildeter Konstrukteur mehr im übergeordneten Staatsorgan’, hatte er bislang gedacht, wenn er Hans-Georg Gerbach begegnet war oder mit ihm zu tun gehabt hatte.

„Aber den Antrag auf Umwandlung in eine Professur reicht ihr gleich mit den Berufungsunterlagen für euren neuen Dozenten bei uns ein. Mach’ das mit deinem Rektor klar!", forderte Petras.

„Kein Problem."

„Umso besser. Wir werden ausloten, wie sich die Sache einrichten lässt – nicht wahr, Genosse Gerbach? Wir brauchen dafür jedoch ein bisschen Zeit. Klar?"

Kopfnicken.

„Noch etwas. In unserem Hause ist kadermäßig einiges im Gange."

„Ich hab' schon davon gehört", warf Kainzow ein.

„So?" Petras zog die Augenbrauen hoch. „Schwappen unsere hausinternen Probleme bis in die Provinz über?"

„Nein, das nicht." Wolfgang Kainzow lachte. „Aber: Ich verschließ' mir nicht die Ohren, wenn ich in der Klosterstraße zu tun habe."

Nun lachte auch Harry Petras. „Du Informationseintreiber! Betreibst also als Prognosespezialist nicht bloß Zukunftsforschung? Interessant." Er zündete sich eine neue Zigarette an. „Scherz beiseite! Ich brauche für meine Abteilung einen weiteren wissenschaftlichen Mitarbeiter." Er blinkerte Gerbach zu. Der lächelte verständnisinnig – genauer gesagt: es war ein wissendes Lächeln. Petras war im Ministerium im Gespräch für einen höheren Posten. Bekäme Petras den, würde er – Gerbach – auf der Karriereleiter nach oben nachrücken. Also musste für ihn ein Nachfolger als wissenschaftlicher Mitarbeiter gewonnen werden. Aber diesen Zusammenhang brauchte der Professor aus Magdeburg an diesem Tage nicht durchschauen zu können. Ein gewisser Unterschied im Kenntnisstand derartiger Dinge musste zwischen Hauptstadt und Provinz schon noch bestehen bleiben; darin waren sich Gerbach und sein Vorgesetzter ohne vorherige Absprache einig.

Petras blies Zigarettenwölkchen in die Luft. „Weißt du", sagte er zu Kainzow, „mit Maschinenbau-Konstrukteuren sind wir in unserem Hause ausreichend besetzt. Wir brauchen einen Technologen. Am liebsten wäre mir ein Mann aus deinem Stall, ein Fertigungstechniker, nicht irgendein Möchtegern – beispielsweise ein Windmacher von deines Genossen Wusels Gnaden. Mach' mir mal kurzfristig ein paar Vorschläge. Deine Asse können ja nicht alle Dozenten oder Professoren oder Betriebsdirektoren werden wollen. Oder?"

„Diplomiert? Promoviert?"

„Egal – eines von beidem. Aber patent muss er sein, er soll sich im Hochschulwesen auskennen und mit unseren Wissenschaftlern umzugehen verstehen. Klar, was ich meine?"

„Auftrag verstanden!", sagte Kainzow spöttelnd im Kasernenhofton. Dann ernst: „Du hörst demnächst von mir."

„Gut. Das wär's."

Die drei Männer erhoben sich von ihren Plätzen und verabschiedeten sich. Petras sagte: „Aus dem Sekretariat Doktor Mittag hört man lobende Worte über eure Prognosegruppe und speziell über deine Arbeit. Einen guten Rat für den Heimweg: Lass dich von der Truppe nicht vereinnahmen! Bedenke – bei allem Engagement und Ehrgeiz – immer, wer dir jeden Monat pünktlich dein Brötchengeld aufs Gehaltskonto überweist!"

Als Prof. Kainzow am Abend dieses Mittwochs Mitte April 1969 erschöpft im häuslichen Klubsessel vor dem Fernsehgerät saß und die Nachrichten der „Aktuellen Kamera" verfolgte, rief ihn Dr. Heinz Neuenhof aus Dresden telefonisch an. Kainzow unterbreitete dem Anrufer das Angebot, sich zum 1. September des laufenden Jahres als Hochschuldozent für Fertigungstechnik an die TH Magdeburg berufen zu lassen. „Du musst dich kurzfristig entscheiden. Das Beste wäre, du kämst am Wochenende zu mir nach Magdeburg. Wir könnten bei mir zu Hause in Ruhe über alle Einzelheiten deiner künftigen Tätigkeit und über deinen Bewerbungsantrag an das Ministerium für Hoch- und Fachschulwesen sprechen." Am anderen Ende der Leitung hörte er nur ein schweres Atmen. „Hat's dir die Sprache verschlagen?"

Heinz Neuenhof antwortete stockend: „Ich nehme am Sonntagmorgen den ersten Schnellzug nach Magdeburg und komme zu dir."

Sie tauschten ihre Adressen aus.

Was Prof. Kainzow mit seiner Offerte an diesem Abend in der Familie Neuenhof auslöste, konnte er von seinem Klubsessel aus weder hören noch sehen.

4

Letztendlich hatten Karin Enders und Heinz Neuenhof einander doch geheiratet. Im Saal des Gorzecker Gasthofs „Zur Burg" war eine zünftige Hochzeit mit fast allen Verwandten gefeiert worden. Gerald, der Erstgeborene des jungen Paares, hatte bereits das Laufen gelernt und vor den begeisterten Hochzeitsgästen eine Geradeaustour auf krakeligen Beinen durch den Gasthofsaal gewagt. Dabei war es zu jener Zeit – Anfang der 1960er Jahre – Sitte gewesen, junge Leute würden erst heiraten und dann Kinder in die Welt setzen. Das Abweichen von der Regel lässt vermuten, in Karin Enders' Brautzeit könnte es sehr dynamisch und dramatisch zugegangen sein. Tatsächlich war es so gewesen.

Karin und Heinz hatten sich zu Weihnachten 1959 – fast zeitgleich mit der Hochzeit ihrer Dresdner Freunde Hans-Georg Gerbach und Isolde Steitz – in Gorzeck verlobt. Im engsten Familien- und Verwandtenkreis war man zusammengekommen. Alles war einvernehmlich, wenngleich bescheiden, abgelaufen. Charlotte und Willy Enders hatten nicht mehr so aus dem Vollen schöpfen können wie zu Lebzeiten von Charlottes Vater, dem im Ort und ganzen Umkreis hochgeschätzten Dentisten. Was alle Vorstellungen dennoch weit übertroffen hatte, waren die vielen Verlobungsgeschenke für die Brautleute und Alma Knarrs ausufernde Freude darüber gewesen, dass ihre ehemalige Pensionsschülerin Karin und ihr Neffe Heinz sich als glückliches Paar gefunden hatten.

Und dann der herbe Rückschlag für alle ein Jahr nach der Verlobung!

Heinz Neuenhof hatte seine in Burkitz lebende Mutter besucht. Bei einem Stadtgang war er zufällig seiner Jugendliebe Birgit begegnet. Die beiden hatten miteinander gesprochen, sich ausgesöhnt und festgestellt, ihre Liebe zueinander war immer noch nicht erloschen gewesen. Danach hatte Birgit den wissenschaftlichen Assistenten Neuenhof spornstreichs in Dresden besucht und mehrere amouröse Ferientage mit ihm in seinem möblierten Zimmer in Dresden-Blasewitz verbracht. Daraufhin hatte Karin Enders, ohne zu zögern, die Verlobung mit Neuenhof gelöst, obgleich sie zu jenem Zeitpunkt schon schwanger gewesen war. Das hatte sie Heinz jedoch nicht wissen lassen. Er sollte sie – so ihr Wille – nicht der Schwangerschaft wegen, sondern aus Liebe und gegenseitiger Achtung ehelichen. So stolz war sie gewesen und standhaft. Charlotte und Willy Enders hatten sich nach Burkitz begeben wollen, um bei Neuenhofs, wie man so sagt, reinen Tisch zu machen. Karin hatte das mit aller Entschiedenheit verhindert. Sie hatte weder ein Gespräch mit Heinz' Mutter noch mit deren Schwester Alma Knarr gesucht. Sie war sich nicht bewusst gewesen, wie hoch sie in der Gunst ihrer ehemaligen Pensionsmutter stand und wie sehr Alma das Auseinandergehen des Verlobungspaares seelisch schmerzte.

Heinz Neuenhofs Liaison mit Birgit war wie ein rauschendes, aber kurzes Intermezzo gewesen.

Birgits Lebensauffassungen und ihre Vorstellungen, wie von ihnen gemeinsam die Zukunft gemeistert werden könnte, hatten sich von denen Karins sehr unterschieden. Heinz hatte alsbald festgestellt, er und Karin hatten in solchen Fragen besser übereingestimmt, und mit Birgit hatte er sich seit Beendigung ihrer jugendlichen Partnerschaftsbeziehung auseinandergelebt.

Hinzugekommen waren gravierende Unterschiede im Verhalten der Eltern der Partnerinnen.

Bei Enders' war Heinz aufgenommen und behandelt worden wie ein willkommener Schwiegersohn, und Willy Enders hatte sich um ihn bemüht wie ein wahrer Vater. Das war Heinz wichtig gewesen. Sein leiblicher Vater hatte sich in den Wirren des Kriegsendes im Frühjahr 1945 mit deutschen Wehrmachtseinheiten – wie man das damals nannte – „in den Westen abgesetzt". Karl Neuenhof hatte „vom Russen" nicht „nach Sibirien verschleppt" werden wollen. Dieses Syndrom hatte so tief in ihm gewirkt, dass er Paula und seine Kinder Heinz und Annedore „im Osten hatte sitzen lassen".

Bei Birgits Eltern war es Heinz anders als in Gorzeck ergangen. Wenn er zu Besuch bei Birgit erschienen war, hatte Birgits Vater die Wohnung spontan verlassen und war in der HO-Gaststätte „Zur goldenen Kugel" eingekehrt. Von dort hatte ihn seine Frau um Mitternacht betrunken nach Hause holen müssen. Ehe sich die Geplagte auf diesen letzten beschwerlichen Weg des Tages gemacht hatte, war sie linkisch zu Heinz gewesen und hatte sich unsicher gefühlt: Hätte sie sich freundlich oder zurückhaltend zu dem Freier ihrer Tochter verhalten sollen? Sie hatte gewusst, ihr Edgar war nach dem Zerwürfnis mit Paula Neuenhof, das es Jahre zuvor gegeben hatte, gegen die Verbindung seiner Tochter mit Heinz eingestellt.

Und dann die Reaktion der Verwandten und Bekannten von Neuenhofs! Sie hatten die Köpfe geschüttelt. „Wir haben Heinz bisher für einen ernstzunehmenden, verlässlichen jungen Mann gehalten. Nun seine Entlobung und die Affäre mit einem Liebchen wie Birgit ..."

Paula Neuenhof war deutlicher geworden. „Weißt du, mein Junge, ich fühle mich mit meinen rund 60 Jahren noch ganz gut bei Verstand. Aber ich muss dir sagen, ich verstehe dich und dein Verhalten nicht mehr." Und aus tiefster Enttäuschung hatte sie hinzugefügt: „Halte mich aus deinem Getue und Gemache mit Birgit und ihren Eltern heraus! Ich kenne sie allesamt sehr gut und habe meine abgebundene Meinung über sie. Du brauchst mir Birgit nicht ins Haus zu bringen."

Annedore, seine Schwester, hatte ihm gesagt: „Du bist mein großer Bruder." Er war sechseinhalb Jahre älter als sie. „Ich respektiere im allgemeinen deine Entscheidungen. Aber was du jetzt tust mit Karin und Birgit, gefällt mir nicht."

Das hatten ihm beide Frauen in der Vorweihnachtszeit 1961 eröffnet. Sie hatten ihn damit tief getroffen – dies umso mehr, als Birgit zuvor auf einen sogenannten Wiedereinzugsbesuch bei Neuenhofs gedrängt hatte. Heinz war zu feige gewesen, Birgit zu sagen, sie sei für Paula und Annedore eine unerwünschte Person. Er hatte drumherum und sich herausgeredet. Sie hatte das gemerkt und geschmollt und mit ihm gestritten. Er hatte sich keinen Rat mehr gewusst. So war er auf die Idee gekommen, zwischen Weihnachten und Neujahr Alma Knarr, seine Tante in der Burkitzer Puschkinstraße, zu besuchen.

Alma und er waren rasch auf seine Sorgen und Nöte zu sprechen gekommen. Sie hatte sehr eindringlich und lange auf ihn eingeredet. Alles, was in ihm selbst an Zweifeln aufgekommen war, hatte sie offen angesprochen. Sie hatte ihn gedrängt, Vergleiche anzustellen. Sie hatte ihn darauf hingewiesen, in welche Situationen er beruflich geraten könnte und welche Entscheidungen ihm dabei abverlangt würden und wer da wohl besser bestehen und ihm eine treue, zuverlässige Gefährtin sein könnte – Karin oder Birgit? Sie hatte ihn gefragt, wen er aus seiner Sicht als Mann liebreizender fände. Dabei hatte sie, primitive Hechelei vermeidend, ihre Antipathie gegen Birgit nicht gezeigt. Aber Heinz hatte zuvor von seiner Mutter gesteckt bekommen, Alma hatte Karin als viel attraktiver bezeichnet. Paula hatte ihre Schwester der Voreingenommenheit bezichtigt und gesagt: „Aber Karin ist fast einen Kopf kleiner als Heinz." Alma hatte erwidert: „Na und? Das ist besser, als wenn sie einen Kopf größer wäre."

Sie hatten gemeinsam Abendbrot gegessen und danach weiterdebattiert – bis kurz vor Mitternacht. Da hatte Heinz die Müdigkeit übermannt. Alma hatte das bemerkt und ihre Ehebetten aufgedeckt. Heinz hatte kaum noch die Augen offenhalten können. Alma hatte immer weitergeredet, hatte geredet, geredet, bis er schlaftrunken gelallt hatte: „Was nutzt unsere Diskussion? Das mit Karin ist passiert, ist vorbei. Selbst wenn ich jetzt etwas korrigieren und wiedergutmachen wollte, würde sie mich abweisen." Auf diese oder eine ähnliche Aussage von ihm hatte sie das Gespräch hinführen wollen. „Willst du denn etwas korrigieren und wiedergutmachen bei ihr?", hatte sie lauernd gefragt.

Nach einigem Zögern hatte er geantwortet: „Schon. Ich denke, ich habe einen großen Fehler gemacht."

„Das hast du. Aber wer macht in seinem Leben keine Fehler?" Sie hatte ihm geraten: „Schreib ihr doch! Verabredet euch! Sprecht euch aus und vertragt euch!"

In seiner Eitelkeit hatte er gesagt: „Ich mag es nicht, wenn mir jemand bei gutgemeinter Absicht einen Korb gibt."

Alma hatte erwidert: „Sie wird dir keinen Korb geben.", und sie hatte dem noch vieles hinzugefügt, weil sie sich ihrer Meinung sichergewesen war.

Sie war einige Wochen zuvor zum Geburtstag ihrer alleinlebenden Tante nach Magdeburg gereist. Sie hatte die Fahrt auch dazu genutzt, Karin Enders in der „Alten Apotheke" in Sudenburg aufzusuchen. Dort hatte Karin – übrigens bis zu ihrer Niederkunft – gearbeitet. Karin war völlig überrascht und verwirrt gewesen, als Alma Knarr unerwartet und unangemeldet in der Offizin vor ihr gestanden hatte. Alma hatte nicht lange herumgeredet. Sie hatte auf Karins Leib geschaut, der sich unter dem weißen Apothekerkittel weit vorgewölbt hatte. „Was soll's denn werden – ein kleiner Heinz?"

Karin hatte mit den Schultern gezuckt und ganz rote Wangen bekommen.

„Weiß es der große Heinz?" Wieder Karins Schulterzucken. „Ich werd's ihm stecken."

„Ach", hatte Karin gesagt, „es interessiert ihn nicht."

„Und wenn doch? Wenn er zu dir käme?"

Darauf hatte Karin erst nicht antworten können, vielleicht hatte sie es auch nicht gewollt. „Na?" Karin hatte gestanden: „Das wäre wie in einer traumhaften Geschichte." Da hatte Alma Knarr gewusst, was sie zu tun hatte.

Und an diesem späten Abend zwischen Weihnachten und Neujahr 1961 hatte sie es getan. Ihr Neffe hatte zwar in Knarrs zweitem Ehebett in tiefem Schlaf gepustet und geschnarcht, als sie ihm hatte zu verstehen geben wollen, worauf sich ihre Zuversicht gründete. Sie hatte dennoch ihr Ziel erreicht.

Heinz hatte gleich nach Neujahr seine Beziehungen zu Birgit Klotzek genauso unvermittelt abgebrochen, wie er sie zuvor wieder aufgenommen hatte. Er hatte

Karin einen Brief geschrieben. Sie hatte darauf geantwortet. Er war zu ihr nach Gorzeck gefahren, wo sie seit Geralds Geburt im Hause ihrer Eltern lebte.

Enders' hatten den flüchtig gewesenen Bräutigam ihrer Tochter wieder aufgenommen, ohne ihm Vorhaltungen zu machen und ihm – zumindest äußerlich sichtbar – etwas nachzutragen.

Im Mai desselben Jahres hatten Karin Enders und Heinz Neuenhof in Gorzeck Hochzeit gefeiert, und der kleine Gerald hatte seinen Papi.

Solch eine Vorgeschichte kann eine junge Ehe haben.

1969, nun schon sieben Jahre nach der Hochzeit, lebte Karin Neuenhof – zusammen mit ihrem Mann und mit ihren Söhnen Gerald und Martin – in Dresden in einer AWG-Neubauwohnung im Stadtzentrum: Wohnzimmer mit Parkettfußboden, Schlafzimmer, Kinderzimmer, Korridor, Küche, Bad, alles fernbeheizt. Die Wohnung war im vierten Geschoss eines aus Großbauplatten errichteten fünfgeschossigen Wohnblocks in der Grünen Straße gelegen. Mit drei anderen Häusern gleicher Bauart bildete der Block ein Karree, innerhalb dessen sich ein Kinderspielplatz, Grünflächen und ein Selbstbedienungs-Service-Center mit Waschautomaten, Bügelzimmer und Nähstation – „zur Entlastung werktätiger Frauen" – befanden. In östlicher Richtung erreichte man zu Fuß in fünf Minuten den Postplatz – einen der Dresdener Verkehrsknotenpunkte – oder das Große Haus der Dresdener Staatstheater und den weltberühmten Zwinger, ein Stückchen weiter die Brühlsche Terrasse und die Anlegestelle der Dresdener Weißen Flotte. In westlicher Richtung schauten Neuenhofs auf das Braunkohlekraftwerk Dresden-Mitte mit seinen ständig schmauchenden dicken Schloten und zu ihren Füßen auf eine Flachbautenzeile mit Lebensmittel- und Dienstleistungsgeschäften: Obst- und Gemüsehandlung, Backwarengeschäft, Laden für Molkereiprodukte, Konsum-Filiale, Schusterwerkstatt und Dienstleistungs-„Stützpunkt" der Städtischen Wäscherei. Wenn sich Karin Neuenhof dies in einem stillen Augenblick ihres Tagesablaufs vergegenwärtigte, wähnte sie zu träumen – bei der Vorgeschichte ihrer Ehe mit Heinz und bei dem wenig verheißungsvollen Beginn ihres Ehelebens. Dann versank sie immer rasch in Erinnerungen.

Sie war mit Gerald nach der Hochzeitsfeier in Gorzeck bei ihren Eltern wohnen geblieben. Karin hatte eine für damalige Verhältnisse gutbezahlte Anstellung als Apotheken-Facharbeiterin in der Gorzecker „Linden-Apotheke" gefunden. Mehr als die Hälfte ihres monatlichen Einkommens hatte sie als Kostgeld für sich und Gerald an ihre Eltern entrichten müssen. Willy Enders' Gehalt bei der Gorzecker Sparkassen-Filiale hatte für das Auskommen der größer gewordenen Familie und für Willys Ansprüche und die seiner Frau – rauchen, teuren HO-Bohnenkaffee trinken, an jedem Wochenende eine feucht-fröhliche Zusammenkunft mit befreundeten Ehepaaren –

nicht ausgereicht. Zudem war Charlotte Enders noch nie in ihrem Leben einer Erwerbstätigkeit nachgegangen. Das hatte sie als wohlsituierte Zahnarzt-Tochter nicht nötig gehabt. Dies dem jungen Ehepaar mit Kind zuliebe zu ändern, war ihr nach der ihres Erachtens standesgemäßen Verheiratung ihrer einzigen Tochter mit einem Diplom-Ingenieur erst recht nicht in den Sinn gekommen. Sie hatte den Haushalt zu führen und Klein-Gerald zu betreuen gehabt. Das hatte sie lieber getan, als in die Gorzecker Konservenfabrik oder in eine der ortsansässigen Töpfereien arbeiten zu gehen. Bei ihren Familienmitgliedern hatte sie dennoch regelmäßig ihre starke Belastung herausgestrichen. Sie hatte damit vor allem Karin herausfordern wollen, sich ihren Eltern, vor allem ihrer Mutter, gegenüber dankbar zu erweisen.

Karin hatte so getan, als durchschaue sie die Taktik der Mutter nicht – wie manche jungen Leute das tun sollten, wenn sie ihre Beine unter den elterlichen Tisch strecken. Sie hatte sich als wohlerzogene, gehorsame Tochter benommen und den von der Mutter erwarteten Obulus entrichtet, ohne zu murren. Die finanzielle Einbuße hatte sie durch fleißiges Handarbeiten auszugleichen getrachtet. Alle Pullover, Söckchen und Jäckchen, Schals und Fausthandschuhe für Gerald, aber auch die dicken Winterpullover für sich und Heinz hatte sie in allabendlicher Freizeitbeschäftigung selber von Hand gestrickt.

Nicht genug damit. Ihr Lebensbund mit Heinz Neuenhof hatte als „Fern-Ehe" begonnen. Ihr Mann war als nicht gerade üppig besoldeter wissenschaftlicher Assistent am Institut für Fertigungstechnik der TU Dresden tätig gewesen. Gewohnt hatte der Nachwuchswissenschaftler in dem möblierten Zimmer in Dresden-Blasewitz, in dem er und Karin schon als junge Verliebte zusammengewesen waren und Pläne für ihre Verlobung geschmiedet hatten. Was der Dentisten-Enkelin in Gorzeck das feierabendliche Handarbeiten bedeutet hatte, waren für Heinz Neuenhof zu jeder Freizeitstunde Arbeitseinsätze auf Baustellen der Arbeiter-Wohnungsbau-Genossenschaft (AWG) „Glückauf-Süd" Dresden gewesen. Anstatt an den ohnehin knappen Wochenenden nach Gorzeck zu Frau und Söhnchen zu fahren – Anfang der 1960er Jahre währte eine Arbeitswoche von Montagfrüh bis Samstagmittag –, hatte er Sand und Schutt gekarrt, Rasenplätze hinter AWG-Neubauten angelegt, Wäschepfosten gesetzt, Sandkästen für die Kleinen mit Kies gefüllt und alles solche Arbeiten verrichtet, um die 700 Stunden Eigenleistungen zu erbringen, die seinerzeit von einem AWG-Anwärter für eine 3-Zimmer-Wohnung gefordert worden waren.

In Gorzeck hatten Enders' Bekannte sich zugetuschelt: „Na, 'ne große Liebe zwischen den Jungvermählten scheint das aber nicht zu sein – so selten, wie sich Karins Mann in Gorzeck blicken lässt ..." – Bewertung einer „Fern-Ehe" eben.

Eines schönen Samstagabends, ein halbes Jahr nach seiner Hochzeit mit Karin, war Heinz Neuenhof wie ein strahlender Sieger nach Gorzeck gekommen. Kaum, dass er Frau und Kind geherzt und geküsst und die Schwiegereltern begrüßt hatte, hatte er ein ausgefülltes Formular freudig hin- und hergeschwenkt. Es war die vom AWG-Vorstand bestätigte Zuweisung für eine Neubauwohnung in der Dresdner Grünen Straße gewesen. Enders', auch Karin, hatten das gar nicht glauben wollen – so begehrt, so viel wert und scheinbar so unerreichbar war zu jener Zeit eine fernbeheizte Neubauwohnung in dem bombenzerstörten Dresden gewesen.

„Wie bist du denn zu dem Glück gekommen – nach knapp vierjähriger Mitgliedschaft in eurer AWG?", hatte Vater Willy verwundert gefragt.

„Das ist eine tolle Geschichte."

Die Arbeiter-Wohnungsbau-Genossenschaft „Glückauf-Süd" Dresden, der Heinz kurz vor seiner Verlobung beigetreten war, hatte 1962 einen schlechten „Erfüllungsstand" gehabt: Von ihren über 1.100 Mitgliedern hatten nur erst knapp 300 eine Wohnung zugewiesen bekommen. Dabei hatte unter den übrigen 800 mehr als die Hälfte sechs Jahre und länger auf eine Zuweisung gewartet. Nicht in allen AWGen Dresdens war die Versorgung der Mitglieder so unbefriedigend gewesen.

Heinz hatte erzählt: „Unser AWG-Vorstand begründete den miserablen Erfüllungsstand damit, die AWG 'Glückauf-Süd' bekäme vom Rat der Stadt ungünstige Bauplätze zugewiesen mit der Auflage, Baulücken in den Außenbezirken Dresdens zu schließen. Dies könne aber nur in monolithischer Bauweise geschehen; der Einsatz moderner Baugeräte wäre kaum möglich, und eine Produktivität wie an den Fließstrecken im innerstädtischen Wohnungsbau unter Verwendung von Großbauplatten wäre nicht im entferntesten zu erreichen. Das waren keine unsinnigen Argumente. Die meisten Mitglieder akzeptierten sie dennoch nicht. Woanders ging es doch schneller – auch in Dresden! In einer AWG-Vollversammlung wurde unser AWG-Vorstand als duckmäuserisch und unfähig beschimpft. Einige zogen in ihren Diskussionsbeiträgen sogar die Erfolgsaussichten und die Sinnfälligkeit des genossenschaftlichen Wohnungsbaus unter DDR-Bedingungen generell in Zweifel. Die Situation drohte zu eskalieren. Da wurde die Vollversammlung unterbrochen. Die Parteigruppe der SED trat zusammen und beriet sich. Ergebnis: Es wurde vorgeschlagen, sich mit einer Eingabe an den Staatsratsvorsitzenden Walter Ulbricht zu wenden und ihn – den Spitzenkandidaten der Stadt Dresden bei den anstehenden Kommunalwahlen – um Unterstützung zu bitten. Die Kritiker unter den AWG-Mitgliedern lachten. Aber sie ließen sich durch den Vorschlag beschwichtigen: 'Es ist Spinnerei und Augenauswischerei. Aber versucht's mal! So lange, bis ihr eine Antwort bekommen habt, warten wir noch. Dann aber ...!"

Tatsächlich hat Ulbricht – getreu dem von ihm in Kraft gesetzten 'Erlass für die Bearbeitung von Bevölkerungs-Eingaben' – kurzfristig veranlasst, dass unserer AWG Wohnblocks aus dem staatlichen Neubaublock-Aufkommen in der Dresdener Stadtmitte, zwischen Postplatz und Kraftwerk Mitte, zugewiesen wurden. Diese Neubaublocks waren bezugsfertig. Die Wohnungen wurden in der vergangenen Woche in einer AWG-Vollversammlung verteilt. Nun stellt euch vor: Viele, die von der Wartezeit und auf Grund erbrachter Arbeits- und Geldleistungen an der Reihe gewesen waren, wollten in der verrauchten und rußigen Gegend keine Wohnung haben. Das Kraftwerk Mitte ist eine wahre Dreckschleuder: Qualm und Flugasche winters wie sommers, Tag und Nacht. 'Dafür haben wir uns nicht jahrelang gequält', tuschelten sie, und als sie zur Entgegennahme einer Wohnungszuweisung nach vorn, an den Präsidiumstisch, gerufen wurden, verkündeten sie von ihrem Sitzplatz im Saal aus: 'Ich trete zurück bis zur nächsten Verteilung.' Was soll ich euch sagen? Die Rücktritte häuften sich, und plötzlich war ich an der Reihe. Da habe ich an Fritz Scheffels gepfefferten Spruch-Beutel gedacht

'Die gelegenheyt grüßt manchen und beut jhm die handt,
wil er nit,
so weist sie jhm den hintern.'

und habe zugepackt. Hier ..." Wieder hatte Heinz den Wohnungs-Zuweisungsschein freudig hin- und hergeschwenkt.

An diesem Abend hatten die alten Enders mit ihrer Tochter und ihrem Schwiegersohn lange zusammengesessen und manch Gläschen selbstgekelterten Obstweins getrunken.

In der darauffolgenden Woche hatte Karin die Aufhebung ihres Arbeitsverhältnisses in der Gorzecker „Linden-Apotheke" beantragt und ihren anteiligen Jahresurlaub angetreten. Sie war Heinz Neuenhof nach Dresden nachgereist – ohne Gerald, ihn hatte „Omi" Enders in ihre Obhut genommen. Das junge Ehepaar hatte, unbelastet durch Kleinkind-Versorgung, die als AWG-Eigenleistung fällige Feinsäuberung und die Einrichtung der neuen Wohnung zum Ferienvergnügen gemacht. Damit hatte ihr eigentliches Eheleben begonnen.

An die Aushändigung des Wohnungs-Zuweisungsscheins war die Bedingung geknüpft gewesen, dass alle Genossenschaftsanteile bezahlt sein würden – sieben an der Zahl á 300 Mark für eine 3-Zimmer-Wohnung wie die in der Dresdener Grünen Straße. Heinz' Ersparnisse hatten gerade ausgereicht, um dieser Forderung vollends nachzukommen. Karin war durch die Geburt ihres Kindes und durch Charlotte Enders' Forderung nach Kostgeld auch nicht zu Reichtümern gelangt. Somit hatten sich die ersten gemeinsamen Anschaffungen des jungen Paares auf eine Liege, eine Luftmatratze, einen ausziehbaren und in der Höhe verstellbaren Tisch aus den Hellerauer Möbelwerkstätten, auf zwei Cocktail-Sessel und eine Wohnzimmerlampe beschränken müssen. Karin hatte auf der Liege genächtigt, Heinz auf der Luftmatratze. Wenn sie sich abends ausgekleidet und zum Schlafen niedergelegt hatten, hatten sie zuvor das Licht ausknipsen müssen, weil sie noch keine Gardinen wenigstens vor einem Fenster zu hängen hatten. Zu ihrem Glück war die Küche mit Einbauschränken und einem funktionierenden Gasherd ausgestattet und somit benutzungsfähig. Damit Wäsche und Kleidung nicht ständig hatten in Koffern verwahrt oder auf den Cocktail-Sesseln abgelegt werden müssen, hatte die Invalidenrentnerin Paula Neuenhof ihren Kleiderschrank von einem Nachbarn auseinandernehmen und zum Burkitzer Bahnhof transportieren lassen. Von dort war er als Expressgut von der Deutschen Reichsbahn nach Dresden befördert worden. Paula hatte gemeint, mit ihren paar Sachen könnte sie sich ohne Kleiderschrank besser behelfen als die jungen Leute.

So hatte es – nicht gerade üppig – bei Neuenhofs in der Grünen Straße angefangen, und beseeligt wie im Paradies hatten sie ihre soziale Lage nicht empfunden. Dennoch hatten sie der weiteren Ausstattung der neuen Wohnung zuversichtlich entgegengesehen. Karin war davon überzeugt gewesen, von dem erklecklichen Nachlass ihres Großvaters, vor allem von dessen Barschaften, würde ihr der ihr vom Großvater zugedachte Anteil nach der Vermählung mit Heinz zur Verfügung gestellt werden. Deshalb hatten sie und Heinz unmittelbar nach der Hochzeit zahlreiche und zu jener Zeit hochmodische Einrichtungsgegenstände für ihr Wohn- und ihr Kinderzimmer bei den Deutschen Werkstätten Hellerau vorbestellt. Deren sofortige Auslieferung war nicht zu erwirken gewesen. Nach mehreren Monaten endlich hatte die Postkarte mit dem Anlieferungstermin für die Möbel im Briefkasten gesteckt. Die Rechnung hatte unverzüglich beglichen werden sollen. Das junge Paar hatte aber das erforderliche Geld nicht verfügbar gehabt.

Karin war nach Gorzeck gereist. Sie hatte die Mutter gebeten, ihr die vermeintliche großväterliche Erbschaft als Geldbetrag auszuhändigen. Charlotte Enders hatte zu diesem Ansinnen knapp, aber deutlich erklärt: „Eure Möbel müsst ihr selber bezahlen. Wenn ihr das Geld dafür nicht habt, hättet ihr keine großspurige Bestellung bei Hellerau aufgeben dürfen." Des Großvaters Hinterlassenschaft hatten Charlotte und Willy Enders zwischenzeitlich versilbert und für sich selber verbraucht.

Möbelkäufe auf Kredit waren bei den Deutschen Werkstätten Hellerau nicht möglich gewesen. Und die Stadtsparkasse Dresden hatte den Neuenhofs keinen Kredit gewährt – wie damals in der DDR üblich. Da hatte das junge Ehepaar verzweifeln wollen. Letztlich hatte Annedore Neuenhof in geschwisterlicher Solidarität finanziell ausgeholfen. Das hatte zweierlei zur Folge gehabt: Annedore hatte mit ihrer großherzigen Tat bei Heinz und Karin, wie man zu sagen pflegt, „gefestigten Familienanschluss" hergestellt, und der kleine Gerald hatte zu seinen Eltern nach Dresden geholt und fortan unter besten Wohnbedingungen und liebevollster Betreuung unbeschwerte Kindheitsjahre in der Elbestadt verleben können.

5

Karin Neuenhof hastete von der Dresdner Schanzen-Apotheke zur Haltestelle der Straßenbahn-Linie 20. Die Bahn viertel nach zwölf musste sie erreichen. Um die Mittagszeit war die Zugfolge nicht so dicht wie frühmorgens und zur Feierabendzeit, die Bahnen verkehrten im 20-Minuten-Rhythmus. Mit der Bahn fünf nach halb käme sie zu spät in den Kindergarten. Bis spätestens 13 Uhr musste sie den fünfjährigen Martin von dort abgeholt haben. Andernfalls würde sie die anderen Kinder in der Mittagsruhe stören. Ihr Martin legte sich mit den Kindern seiner Gruppe nicht zum Schlafen nieder. Vom Beginn seines Kindergartenbesuchs an war er dazu nicht zu bewegen gewesen. Der Junge ließ sich überhaupt nur in den Kindergarten bringen, wenn ihm seine „Mami" morgens versprach, ihn vor dem obligatorischen Mittagsschlaf der Kinder seiner Gruppe wieder abzuholen. Als dieses Versprechen im Winter, nach heftigem Schneefall und unregelmäßigem Straßenbahnverkehr, nicht einzuhalten gewesen war, hatte der kleine Kerl gezetert und geschrien, mit den Beinen getrampelt und mit den Armen gefuchtelt, er wolle nach Hause, seine „Mami" solle sofort kommen, und er würde sich nie wieder in den Kindergarten bringen lassen ... Es war schlimm gewesen. Die einhellige Meinung aller Kindergärtnerinnen der Einrichtung war: „Martin Neuenhof ist kein Kindergarten-Kind, und er wird nie eines werden."

Karin hörte hinter sich die Bahn durch die engen Passagen von Dresden-Cotta quietschen. Vor ihr bog die Straße scharf nach links ab. Hinter der Kurve befand sich die Haltestelle. Bis dort war es noch ein gehöriges Stück Wegs. Da rannte die Frau los – wie als Schulmädchen beim Treibball-Spielen. Als die Bahn neben ihr herorgelte, winkte Karin dem Fahrer zu. Der wartete an der Haltestelle auf sie, bis sie auf das Trittbrett des letzten Wagens gesprungen war. An der Kreuzung Dresden-Mitte musste sie in eine der Linien umsteigen, die zum Hauptbahnhof verkehrten. Am Bahnhof angelangt, lief die junge Frau zwischen neuerbauten fünfgeschossigen Wohnblocks in Richtung Sternplatz. Im Erdgeschoss eines Blocks war der Kindergarten „Käthe Duncker" eingerichtet worden. Direkt dorthin verkehrte keine Straßenbahn, kein Bus. Einen Privat-PKW besaßen Neuenhofs nicht. Der war beim IFA-PKW-Handel zwar bestellt; gleich nach ihrer Hochzeit hatten die jungen Leute das getan. Aber die Lieferfrist für einen PKW betrug zu jener Zeit acht Jahre. Diese Frist war noch nicht um. Da hatte es mit dem Autofahren bei Neuenhofs noch Zeit.

Die Tischchen und Stühlchen in dem Aufenthaltsraum des Kindergartens wurden, nachdem die Kinder ihre Mittagsmahlzeit eingenommen hatten, beiseite geräumt. Klappbetten wurden aufgestellt. Darauf ruhten die Kinder mittags aus. Zur Verdunkelung des Raumes wurden schwere, dunkle Vorhänge vor die Fenster gezogen. Hinter solch einem Vorhang wurde Martin Neuenhof auf das Fensterbrett gestellt. Von dort aus, unbemerkt von den anderen Kindern, konnte er die Straße, die zum Hauptbahnhof führte, überblicken. Wenn seine „Mami" auf dieser Straße daherkam, bemerkte er sie schon von weitem und winkte ihr hinter der Fensterscheibe zu. Dieses Zuwinken zelebrierte er auf ganz eigene Weise: er presste eine Hand gegen die Fensterscheibe, ballte sie zur Faust und öffnete sie wieder, alles in schnellem Wechsel. Nähergekommen, winkte Karin Neuenhof zurück.

Vier Minuten vor Eins betrat sie den Vorraum des Kindergartens. Dort wurden die Kinder an- und ausgekleidet.

„Na, wieder mal gerade so geschafft, Frau Neuenhof?", fragte die Kindergärtnerin, die Martin vom Fensterbrett gehoben hatte und ihn nun der Mutter zuschob. Dabei blickte sie auffällig zu der elektrischen Wanduhr über der Eingangstür.

„Es ging nicht schneller.", sagte Karin entschuldigend. „Noch kurz vor Feierabend hat mich mein Chef aufgehalten … wie das manchmal die Männer mit einer berufstätigen Mutti so machen." Dass sie auf den Apotheker hatte warten müssen, weil der ihr für den bevorstehenden Sonnabend einen Urlaubstag genehmigen sollte, verriet sie der Kindergärtnerin nicht. Die sagte: „Ja, ja", und gab Martin die Hand. „Auf Wiedersehen bis morgen."

„Wielasehn." Der Junge reckte sein rechtes Händchen zur Frau hin, aber sein Gesicht und seine Brustseite hatte er bereits der Ausgangstür zugekehrt. Er konnte gar nicht rasch genug vom Kindergarten wegkommen.

Karin ging mit dem Jungen zu Fuß durch das Wohnblock-Viertel, das sich hinter dem Elsa-Fenske-Altenheim und dem Kraftwerk Dresden-Mitte entlang der Schweriner Straße bis zum Queckbrunnen und zur Grünen Straße erstreckte. Der Weg bis zum Hauptbahnhof, um von dort mit einer Straßenbahn bis Dresden-Mitte fahren zu können, wäre genauso weit gewesen.

Zu Hause angekommen, war sie darauf bedacht, Martin rasch in sein Kinderbettchen zu bringen. Der Junge brauchte noch seinen Mittagsschlaf. Morgens um halb sechs musste Karin ihn und Gerald wecken, um pünktlich um sieben Uhr zum Dienst in der Apotheke sein zu können.

Martin, der Fünfjährige, hatte gelernt, sich allein an- und auszukleiden. Allerdings benötigte er dafür viel Zeit – vor allem dann, wenn er seinen nörgeligen Tag hatte und gneeste, er wolle abends nicht so früh ins Bett und müsse mittags überhaupt nicht mehr schlafen, weil er doch in einem Jahr ein Schuljunge wie sein zweieinhalb Jahre älterer Bruder sein würde. Dann musste Karin noch rascher als gewöhnlich das Schnapprollo am Kinderzimmerfenster herunterlassen, das Deckbett aufschlagen, das Kopfkissen aufschütteln und dem Jungen beim Auskleiden helfen. Dabei erzählte sie ihm eine Geschichte – vielleicht die vom „Bootsmann auf der Scholle", wie sie Benno

Pludra aufgeschrieben hatte – und bettete seinen Plüschtier-Elefanten auffällig in einer Bettecke mit dem Hinweis, sein Freund, der Elefant, würde ihn dort schon sehnsüchtig erwarten. Karin musste erfinderisch sein. Martin ungeduldig zur Eile anzutreiben oder ihn gar auszuschimpfen, hätte ihn erregt, und an einen Mittagsschlaf wäre nicht zu denken gewesen. So etwas hatte Karin schon hinter sich. Mit guten Worten und zärtlicher Zuwendung kam sie bei dem Jungen am weitesten.

Sie ließ ihn in sein mit Seitengittern versehenes Kinderbett klettern, ließ ihn sich selbst niederlegen und deckte ihn bis zum Bauch zu. Er presste den Plüsch-Elefanten mit beiden Händen an seine Brust. Kaum, dass er ruhig lag, begann er, seinen Kopf auf dem Kissen hin- und herzubewegen und sich in den Schlaf zu säuseln. Nun konnte die Frau das Kinderzimmer auf Zehenspitzen verlassen. Sie durfte aber die Zimmertür nur anlehnen. Anderenfalls hätte der Junge laut nach ihr geschrien.

Karins weiterer Tagesablauf, der 4 Uhr 30 mit dem Milchsuppe-Kochen für „ihre drei Männer" begonnen hatte, war Routine für die junge Frau. Sie schlich in die Küche. Sie hatte seit dem gemeinsamen Frühstück mit den anderen Apothekenangestellten nichts gegessen. Wenn die anderen zum Mittagstisch aufbrachen, eilte sie zum Kindergarten. Sie bereitete sich zu Hause eine Mittagsmahlzeit. Martin war im Kindergarten versorgt worden. Gerald nahm an der Schulspeisung teil. Ihr Mann hatte sein Mittagessen in der Kantine des EDD. Meistens begnügte sie sich mit einem Schnellgericht – Makkaroni mit Tomatensauce, ein paar Pellkartoffeln mit Rührei oder, zu Wochenbeginn, Reste vom Sonntagsessen. Wenn Martins Säuseln in ein lautes „Äääh" überging und durch den Kinderzimmer-Türspalt bis in die Küche zu hören war, wie er seinen Kopf auf dem Kissen heftig hin- und herwarf, wusste sie, jetzt war er am Einschlafen, und sie konnte, einige Bissen hastig hinunterschluckend, zum Kinderzimmer schleichen und dessen Tür leise ins Schloss ziehen. Das war zugleich das Ende ihrer Mittagsmahlzeit.

Sie zog ihre Kittelschürze aus und hängte sie in den Küchenschrank, schnappte sich ihr Portemonnaie, ihr Schlüsselbund und ihre Einkaufstasche und machte sich auf den Weg zu den Geschäften unweit des Neuenhofschen Wohnblocks. Sie kaufte ein, was die Familie an Grundnahrungsmitteln benötigte. „Extras", speziell im Obst- und Gemüseladen, waren meistens am Vormittag zwischen zehn und halb elf verkauft worden: Tomaten, frische grüne Gurken und manchmal Bananen. Selten kamen solche Dinge – wie man sagte: „für werktätige Frauen" – auch nachmittags auf den Ladentisch. Die Vorräte waren denkbar gering. Man musste schon darauf zukommen, um etwas zu ergattern. Den Zeitpunkt des nachmittäglichen Verkaufs wählten der Verkaufsstellen-Leiter und seine Angestellten jedes Mal anders. So sollten lange Schlangen anstehender Kaufinteressenten vermieden werden. Karin Neuenhof war bei der Jagd nach solchen Produkten meistens glück- und erfolglos.

Mit gefüllter Einkaufstasche begab sie sich um 15 Uhr zum Schulgebäude am Ende der Grünen Straße. Sie holte Gerald aus dem Schulhort ab. Der Junge war im September des Vorjahres eingeschult worden. Er war ein eifriger und aufgeweckter Schüler. Seine Klassenlehrerin hatte ihn mehrmals wegen seiner schulischen Leistungen gelobt. Auch an diesem Tage hatte er nach dem Unterrichtsschluss und der Schulspeisung seine Schulaufgaben im Hort sorgfältig und zügig erledigt. Bei Karins Ankunft saßen Gerald und die Hortnerin beieinander und bastelten mit Schere, Lineal, Schreibstiften und Büroleim eine Pittiplatsch-Figur aus Pappe und Buntpapier. Pittiplatsch war Geralds Lieblingsfigur aus der Kinder-Fernsehsendung „Sandmännchen". Vor Eifer bemerkte der Junge das Kommen seiner Mutter nicht.

„Er ist voll bei der Sache", raunte die Hortnerin Karin zu. „Dabei erzählt er, Sie haben zu Hause gar kein Fernsehen?"

Karin errötete. „So ist es." Für ein Fernsehgerät hatte das Einkommen der jungen Neuenhofs noch nicht gereicht.

„Ich mach' das noch fertig", sagte der Junge.

„Nein, Gerald. Wir müssen gleich gehen. Martin wird aufgewacht sein aus dem Mittagsschlaf. Er ist allein zu Hause."

„Dann geh' du schon voraus! Ich komme nach."

Die Hortnerin schaltete sich ein. „Ich hole einen großen Briefumschlag. Dahinein stecken wir die Einzelteile deiner Figur. Du bastelst sie mit der Mutti zu Hause fertig. Jetzt gehst du mit ihr. Pack' alles ein! Zieh' dir im Vorraum deine Schuhe und deine Jacke an." Die Frauen blinzelten einander zu.

Gerald gehorchte. Unterwegs, auf dem Weg nach Hause, klagte er: „Du rennst aber heute." Tatsächlich war Karin unruhig. „Es ist schon halb vier durch. Wenn Martin ausgeschlafen hat und aufsteht und wir sind nicht zu Hause – was meinst du, was dann los ist?!"

Sie hasteten die Stufen des Treppenhauses hinan. In der Neuenhofschen Wohnung war es still. Sie schlichen auf Zehenspitzen zur Kinderzimmertür. Karin öffnete sie behutsam. „Martin, Langschläfer, aufstehen."

Der Fünfjährige räkelte sich und gähnte.

„Draußen scheint die liebe Frau Sonne und lacht uns aus, wenn wir nicht kommen!", rief ihm Karin zu. Sie ließ das Schnapprollo hoch und lief dann in die Küche. Sie packte die eingekauften Lebensmittel aus und verstaute sie in dem Einbauschrank unter dem Küchenfenster.

„Ich will nicht, bin noch müde."

Das war nicht verwunderlich. Morgens, kurz vor halb sechs, wenn Heinz, der Familienvater, aus dem Haus ging, holte sie die Jungen aus dem Bett. Gerald war beim Waschen und Frühstücken schon selbstständig, aber sehr betulich und langsam. Martin ließ sich von seiner „Mami" waschen und zum Milchsuppe-Löffeln und Vom-Filinchen-Abbeißen nötigen. Kurz nach sechs machten sich die drei auf den Weg. Gerald wurde dem Frühdienst des Schulhorts anvertraut. Martin wurde per Fußmarsch in den Kindergarten gebracht. Wenn der Kleine einen schlechten Tag hatte und ihm der Besuch der Kindereinrichtung überhaupt nicht zupass kam, musste Karin häufig zur Straßenbahn ab Hauptbahnhof spurten, um pünktlich zum Dienstbeginn in der Apotheke sein zu können. 'Andererseits', sagte sie sich und zählte die Stunden von morgens halb sechs bis zum Mittagsschlaf des Jungen ab halb zwei zusammen, 'hat das fünf Jahre alte Kerlchen quasi einen vollen Arbeitstag hinter sich. Danach braucht er verständlicherweise seine eine bis zwei Stunden Ruhe.' Sie lockte: „Komm, steh' auf! Wir wollen zum Zwingerteich."

„Zu den Karpfen?"

„Wenn du möchtest ..."

Das mochte er gern, es brachte ihn sogleich auf die Beine.

„Zieh' dir deine Sachen von heute früh an! Ich kontrolliere nur noch Geralds Schularbeiten. Dann gehen wir los. Du, Gerald, pack' ein paar Spielsachen in deinen kleinen Campingbeutel ..."

„Welche denn?"

„Na, womit du Lust hast zu spielen – eure neuen Plaste-Rennautos, meinetwegen ein paar Schiffchen, die ihr im Zwinger-Springbrunnenbecken schwimmen lassen könnt ..."

„... und Brot für die Karpfen", forderte Martin.

Es war ein Ritual. Wenn Karin und ihre Söhne die paar hundert Meter bis zur Grimau-Allee zurückgelegt und die Holzbrücke erreicht hatten, die über den Zwingergraben zum Kronentor führte, fütterten Martin und Gerald Neuenhof erstmal – von der Brücke herunter – die im Wasser herumplatschenden, speckrückigen Karpfen. Diese Prozedur währte, bis der letzte Brotbrocken aus Geralds Campingbeutel den Fischen zugute gekommen war. Dann zogen die drei in den Zwingerhof. Die Jungen annektierten möglichst das Springbrunnen-Bassin, an dem die dort aufgestellten Sitzbänke von nur wenigen Leuten besetzt waren. Auf der gemauerten Brunneneinfassung wurden Spielzeugauto-Rennen ausgetragen. Dabei rannten die Knaben mit lautem Gebrumm und mit schrillen Quietschtönen so rasch und wild um den Springbrunnen, wie ihre Spielzeugautos um den Beckenrand schnarpsten. Wenn die Autos der Jungen zusammenstießen, wenn es Streit gab, wer Sieger sei, oder wenn einer der beiden Rennfahrer stolperte und hinzustürzen drohte, sagte Karin begütigend: „Nicht so toll! Lasst auch mal eure Schiffchen fahren!"

Zum Abendessen um viertel sieben saß die Familie Neuenhof am Tisch im Wohnzimmer. Wenn Gerald gar zu langsam an seiner belegten Brotschnitte mummelte oder wenn er herumzualbern begann, sagte Karin: „Lass das, mein Junge! Oder du darfst nachher nicht zum Fernsehen gehen." Das half.

Karin und Heinz Neuenhof hatten es noch nicht zu einem eigenen Fernsehgerät gebracht. Die 1.250 Mark, die solch ein Gerät im HO-Fachgeschäft „Radio und Fernsehen" kostete, waren für Möbel, Wäsche, Gardinen, Geschirr ausgegeben oder für Kindersachen gebraucht worden – wie das so ist, wenn man sich – jung verheiratet – gleich zwei kleine Kinder leistet. Aber Heinz Neuenhofs Schwester Annedore besaß ein Fernsehgerät. Bei ihr durften die Knaben, wenn sie „lieb gewesen" waren, die Kindersendung „Das Sandmännchen" anschauen.

Annedore Neuenhof wohnte ebenfalls in der Dresdner Grünen Straße, unweit von Geralds Schule. Das Wohnungsamt des Stadtbezirkes Dresden-Mitte hatte ihr ein möbliertes Zimmer bei einer siebzigjährigen Witwe zugewiesen. Annedore hatte am Pädagogischen Institut Erfurt ein Lehrerstudium absolviert. Nach dem Studienabschluss war sie jedoch nicht an eine Schule in der Stadt Dresden, sondern in Groß-Sedlitz – nahe Pirna – vermittelt worden. Alle Bemühungen um einen Einsatz in Dresden waren vergeblich gewesen. Man hatte der Jung-Lehrerin auf der Behörde gesagt, sie könne froh sein, in Dresden wohnen zu dürfen; eigentlich seien Groß-Sedlitz, bestenfalls die Stadt Pirna für ihre Unterbringung zuständig. Annedore Neuenhof beschied sich in ihr Schicksal und nahm zeitaufwändige Fahrten mit der Deutschen Reichsbahn zu und von ihrem Arbeitsplatz in Kauf. Sie war also, wie von der Behördenangestellten angeraten, „froh", und ihr Bruder und ihre Schwägerin Karin waren es auch. Die junge, unverheiratete und an keinen Partner fest gebundene Lehrerin bewertete es als Vorteil, immer und ganz in der Nähe familiären Anschluss zu haben. Das junge Ehepaar wiederum verfügte im Bedarfsfalle, von Annedores Unterrichtszeit abgesehen, über eine rasch erreichbare, fürsorgliche „Kindertante". Die im fernen Burkitz lebende Invalidenrentnerin Paula Neuenhof schließlich, die sich sehr um ihre Kinder in Dresden sorgte, freute sich über die Vorteile sowohl der einen als auch der anderen Partei und über die Eintracht, die zwischen ihnen herrschte.

Auch am Donnerstagabend Mitte April 1969, pünktlich um dreiviertel sieben, standen die beiden Neuenhof-Knaben auf der Straßenseite gegenüber dem Hauseingang, der zu Annedores möbliertem Zimmer führte. „Tantä Annä!", riefen sie abwechselnd. „Tantä Annä!"

Nach dreimaligem Rufen wurde im gegenüberliegenden ersten Stockwerk ein Fenster geöffnet. Die in Groß-Sedlitz bis zum späten Nachmittag tätig gewesene Lehrerin schaute heraus.

„Tantä Annä, dürfen wir feernseh'n?"

Annedore blickte mehrmals nach links und nach rechts. Nein, es kam kein Fahrzeug auf der Straße daher. „Kommt rasch herüber! Ich lasse euch ‘rein.”

Sie ließ die Kinder „Das Sandmännchen” gucken. Zehn Minuten – bis 19 Uhr – dauerte die Sendung. Währenddes aß die „Tantä” mit Heißhunger eine Jagdwurst-Schnitte. Sie war mittags nicht zum Essen gekommen. Es hatte beim Schulleiter eine Auseinandersetzung über eine Stundenplan-Änderung mitten im Schul-Halbjahr gegeben. Eine Kollegin, die als Gewerkschaftsvorsitzende der Schule fungierte, war vom FDGB-Kreisvorstand kurzfristig für eine mehrtägige überregionale Schulung nominiert worden. Um ihren Dienstausfall kompensieren zu können, hatte der Schulleiter den gesamten Stundenplan umstellen müssen. So groß war das Lehrer-Kollegium der Groß-Sedlitzer Grundschule nicht, dass sich diese Umstellung hätte vermeiden lassen. Außerdem hatte Annedore an diesem Tag Post von der Mutter aus Burkitz erhalten. Paula schrieb, sie habe – ganz überraschend – Schmerzen im Unterleib bekommen. Ihr Hausarzt habe sie sofort zu einer gründlichen Untersuchung an das Gustav-Ricker-Krankenhaus in Magdeburg überwiesen. Das sei sicherlich eine übertriebene Vorsichtsmaßnahme des Doktors gewesen. Annedore solle sich man keine Sorgen machen. Aber immerhin – Aufwand bereite die Untersuchung dennoch, und sie käme der Mutter ungelegen …

Annedore erschrak sehr, als sie das las. Mitte der fünfziger Jahre war bei der Mutter in eben jenem Magdeburger Krankenhaus eine krebsartige Geschwulst im Unterleib mit einem Radium-Stift bestrahlt worden. ‘Es wird hoffentlich nicht wieder …’, sorgte sie sich.

Nach dem Schlusslied der Kindersendung schaltete sie das Fernsehgerät aus. „Das Sandmännchen hat Sand in eure Augen gestreut. Nun müsst ihr ins Bett”, sagte sie. „Ich bringe euch ‘rüber, zu euch nach Hause.” Sie wollte mit ihrem Bruder und mit Karin über den Brief der Mutter reden.

Als die Kinder schlafengelegt worden waren, saßen Karin, Heinz und Annedore am Wohnzimmertisch beisammen. Karin trug für ihre Schwägerin einen Imbiss auf.

„Ich habe schon etwas gegessen”, wehrte Annedore ab. „Mehr Kummer als mein Hunger bereitet mir Muttis Brief, den ich heute erhalten habe.” Sie reichte ihn Heinz. Der las ihn laut vor. Dabei aß sich Annedore nun richtig satt. „Ich mache mir so meine Gedanken”, murmelte sie, mit vollen Backen kauend. „Es müsste einer zu ihr fahren.” Das war das Stichwort.

„Ich fahre am Wochenende nach Magdeburg”, sagte Heinz, „zu Professor Kainzow von der TH. Gestern Abend hatte ich ein Telefonat mit ihm.” Er neigte den Kopf zu seiner Schwester hin. „Stell’ dir vor: Er hat mir eine Dozentur an seinem Institut – jetzt heißt es ‘Sektion’ – angeboten, für mein Fachgebiet, für so etwas, was ich derzeit tagtäglich bei Elektrodyn zu tun habe: Fertigungsprozessgestaltung.”

Annedore schlug die Hände zusammen. „Heute erlebe ich eine Überraschung nach der anderen. Will dich Kainzow also zum Hochschullehrer machen? Haupt- oder nebenamtlich?"

„Nebenamtlich ist von Dresden aus kaum durchzustehen, ist zu aufwändig. Ich denke, er meint: hauptberuflich."

„Und bei Elektrodyn machst du Schluss, und ihr alle zieht nach Magdeburg, oder wie?"

„Das weiß ich noch nicht. Darüber wird übermorgen oder am Sonntag in Magdeburg zu sprechen sein. Na ja, und mit der Reise verbinde ich einen Besuch bei Mutti."

Annedore stützte beide Arme auf den Tisch und barg ihr Gesicht in beiden Händen. „Zu wann wollen sie dich haben in Magdeburg?"

„Gleich – will sagen: zu Beginn des neuen Studienjahres im September."

„Ach herrjeh! Auch noch der Schreck!" Nach einer Pause fragte Annedore: „Wirst du's machen? Traust du dir eine Dozententätigkeit zu?"

„Ich meine: ja." Heinz beschrieb seiner Schwester den Ablauf einiger seiner Arbeitstage bei Elektrodyn. „Bis zu meinem Rentenalter halte ich das nicht durch. Außerdem verspreche ich mir an der TH eine abwechslungsreichere Tätigkeit: Lehre für Studenten, Forschung, Weiterbildung von Praxiskadern, Zusammenarbeit mit Industriebetrieben. Verglichen mit solchen Aufgaben und Möglichkeiten ist das, was ich bei Elektrodyn zu arbeiten habe, schon heute meist reine Routine."

„Du hast bei EDD einen sicheren Posten. Du bist eingearbeitet. Du kennst die Leute und Probleme im Betrieb, hast dich auf sie eingestellt. Wenn dir kein Malheur passiert, wenn du nicht leichtsinnig wirst und dich nicht zu gewagten Aktionen hinreißen lässt und wenn du haushälterisch mit deinen Kräften und deiner Gesundheit umgehst, ist dein Berufsweg bis zur Rente überschaubar und zu meistern. Man kann doch sagen: Du hast es geschafft, deine Sache ist für jetzt und eine lange Zeit gelaufen."

„Das stimmt. Und dennoch reizt mich das Angebot aus Magdeburg."

Annedore nickte ein paarmal bedächtig. Sie malte sich aus, was sie empfinden und sich wünschen würde, wenn sie noch einige Jahre mehr als bis jetzt den schulischen Routinebetrieb – noch dazu in einer solchen Einrichtung wie der Groß-Sedlitzer Grundschule – durchgestanden haben würde. „Und du?", fragte sie Karin.

Die zuckte mit den Schultern. „Für mich ist alles noch zu neu. Es kommt zu überraschend. Ich habe, wie du es Heinz zu bedenken gegeben hast, eine gute und feste Anstellung in der Schanzen-Apotheke. Seitdem Martin das Kindergartenalter erreicht hat und wir auch einen Modus gefunden haben, dass er sich überhaupt in einen Kindergarten bringen lässt, habe ich meinen geregelten Tagesablauf und komme mit meinem Tun und mit meinen familiären Verpflichtungen zurecht. Manchmal wünsche ich mir insgeheim ein bisschen mehr Bequemlichkeit und mal am Tag ein

Stündchen zum Verschnaufen. Aber ich bin noch jung, die Kinder wachsen heran. In späteren Jahren lässt sich wahrscheinlich das eine und andere günstiger regeln als heute …" Sie sah ihren Mann von der Seite an. Würde er verstehen, wie sie das eben gemeint hatte? Sie sagte: „Im Prinzip wäre ich nicht gegen einen Wechsel nach Magdeburg. Ich habe dort gelernt. Dort leben Freunde meiner Eltern. Zu denen pflegte ich schon zu meiner Lehrzeit enge Kontakte. Magdeburg gefällt mir auch als Stadt. Außerdem sind die Entfernungen zu unseren Verwandten nicht so groß wie jetzt, von Dresden aus. Kurzum: Wenn das Angebot der TH für Heinz akzeptabel ist – ich würde mit ihm gehen."

„Wegziehen aus Dresden? Die hier mühsam erarbeitete und eingerichtete Wohnung aufgeben, wo ihr mal gerade ein paar Jährchen alles fertig habt? In Magdeburg wieder von vorn anfangen?"

„Die Wohnung ließe sich von unserer Dresdener AWG zu einer AWG in Magdeburg tauschen, denke ich. Aber, Annedore, so weit ist es noch nicht – nein, bei weitem nicht. Erst muss Heinz am bevorstehenden Wochenende mit Professor Kainzow die Anforderungen an seine Dozententätigkeit besprechen. Er muss abwägen, ob er bewältigen kann, was da auf ihn zukommt. Danach müssen wir drei alles beraten und entscheiden." Heinz nickte seiner Frau zu. Annedore fragte kleinlaut: „Und wenn sich alles zu euren Gunsten regeln lässt – was wird dann aus mir?"

„Tja …" Heinz erinnerte sich der Ermahnungen seiner Mutter. „Johnnychen", hatte Paula zu ihm gesagt, als sie bei Karins Niederkunft in Dresden gewesen war und zu jener Zeit den Neuenhofschen Haushalt geführt hatte, „ich wünsche dir und deiner Karin von Herzen, dass ihr mit euren beiden Kindern ein glückliches und harmonisches Eheleben führt. Aber vergesst mir die Annedore nicht!" Daran hatten er und Karin sich in den zurückliegenden Jahren gehalten – zu Annedores und auch zu ihrem eigenen Vorteil. „Wir bleiben zusammen", sagte er.

„Wie denn das?"

„Angenommen, es wird etwas mit Heinz' Dozentur bei Kainzow, und wir ziehen nach Magdeburg um" – Karin ereiferte sich –, „dann ziehst du mit uns. In Magdeburg oder vielleicht gar in Burkitz wird sich doch eine Lehrerstelle finden lassen. Und Mutti Paula wird froh sein, alle ihre Kinder in der Nähe zu haben." Die Bemühungen von Heinz, Annedore und Karin, die Mutter nach Dresden zu holen, waren vergeblich gewesen. Die Dresdner Behörden hatten der Invalidenrentnerin keine Zuzugsgenehmigung erteilt; Rentnerinnen, Invaliden und Beamtenwitwen gab es in Dresden genug. Wohnraum war in der 1945 in Schutt und Asche bombardierten Stadt knapp, und das bisschen Vorhandene und Wiederaufgebaute, das frei verfügbar war, wurde an wichtigere und für die Stadt nützlichere Persönlichkeiten als eine Paula Neuenhof vergeben.

„Die Schulbehörde wird mich nicht freistellen", sagte Annedore resignierend. „Kündige ich von mir aus, bekomme ich in Magdeburg oder Burkitz an keiner Schule eine Anstellung."

„Male nicht schwarz!"

„Ha! Ihr kennt die Spielregeln in der DDR-Volksbildung nicht. An die hält man sich über Bezirksgrenzen hinweg ganz akkurat."

Karin schlug vor: „Macht euch doch am bevorstehenden Wochenende beide auf die Reise! Ich komme mit den Kindern allein zurecht. Ich habe mir von meinem Chef für übermorgen einen Urlaubstag erbeten. Du, Heinz, hast diesmal einen arbeitsfreien Sonnabend." In den Betrieben, Verwaltungen und Sozial-Einrichtungen der DDR wurde zu jener Zeit solch ein arbeitsfreier Wochenendtag aller zwei Wochen gewährt. Im Bildungswesen des Landes gab es diese Regelung nicht. Folglich mussten Annedore und Gerald auch sonnabends in die Schule gehen. Aber die Kindergärten waren an dem Tage geschlossen. Also musste der kleine Martin zu Hause betreut werden. Da war es ein Glücksumstand, dass Heinz und Karin Neuenhof ihren arbeitsfreien Sonnabend nicht zeitgleich, sondern um eine Woche versetzt gewährt bekamen.

„Ich habe am Sonnabend einen vollen Unterrichtstag", sagte Annedore und blickte ratlos drein.

„Dann versuch' doch, an dem Tag den Mittags-Schnellzug Dresden-Rostock zu erreichen! Dann bist du am Abend auf alle Fälle bei Mutti in Burkitz."

„Hm, ein Vorschlag ... Die letzte Unterrichtsstunde müsste jemand für mich übernehmen", sinnierte Annedore. „Mal sehen. Vielleicht findet sich meine Kollegin Ingrid, mit der ich mich angefreundet habe, dazu bereit. 's kommt für sie zweifelsohne sehr kurzfristig, aber wenn ich ihr alles erkläre ..."

„Versuch' es!"

„Und ich rufe jetzt Professor Kainzow an und verabrede mich mit ihm zum Sonnabendmittag. Dann ..."

„So spät noch?", unterbrach ihn Karin. „Das kannst du nicht machen."

„Ih! Wenn ich jetzt anrufe, erreiche ich ihn wenigstens zu Hause. Allzu viel früher macht er doch, wie ich ihn kenne, keinen Feierabend."

Karin entrüstete sich. „So spät anzurufen, gehört sich nicht."

Aber Heinz drehte schon an der Wählscheibe des Telefons. Tatsächlich erreichte er den Professor. Dem kam Heinz' Termin-Vorschlag zupass. Er bestellte Neuenhof ins Geschäftszimmer der Sektion, die er leitete. Er versprach, seinem Besucher die Arbeitsräume und das Versuchsfeld im Gebäude K – der voraussichtlichen neuen Wirkungsstätte von Neuenhof – zu zeigen und ihm alles notwendig Wissenswerte darzulegen und zu erläutern.

„Und abends bin auch ich bei Mutti", sagte Heinz nach dem Telefonat zu Annedore. „Dann können wir mit ihr alles beschwatzen, meinetwegen bis in die Puppen oder bis Sonntagmittag, wenn wir uns aus Burkitz verabschieden und nach Dresden zurückfahren müssen." Er dachte: 'Nun dürfte alles geklärt sein.'

Da fragte ihn Annedore: „Was meinst du: Lassen dich deine Leute von Elektrodyn ohne weiteres weggehen?"

Heinz zuckte mit den Schultern. Zu der Frage hatte er sich noch keine Gedanken gemacht. „Ich werde zum denkbar spätesten Zeitpunkt im Betrieb über das Angebot aus Magdeburg reden. Ich reize die in meinem Arbeitsvertrag vereinbarte Frist für die Aufhebung meines Arbeitsverhältnisses voll aus. Andernfalls mache ich womöglich zu früh die Pferde scheu. Letztlich hängt mein Entscheid davon ab, was mir Professor Kainzow am Sonnabend zu bieten hat." Insgeheim glaubte er, wenn für ihn ein Wechsel vom VEB Elektrodyn Dresden an die TH „Otto von Guericke" Magdeburg in Frage käme, dann würde sich der nicht schwieriger vollziehen lassen als vor Jahren sein Übergang von der wissenschaftlichen Assistenz an der TU Dresden zur Produktionsleiter-Tätigkeit im EDD.

Heinz Neuenhof beachtete einen Unterschied nicht: Eine Tätigkeit als wissenschaftlicher Assistent an einer Hochschule oder Universität der DDR war in jener Zeit vom Gesetzgeber generell auf vier Jahre begrenzt worden. Als diese Zeitspanne für Neuenhof verstrichen gewesen und von ihm mit der erfolgreichen Promotion abgeschlossen worden war, konnte ihn sein damaliger Institutsdirektor, Professor Dr. Ing. habil. Alfred Wichtler, nicht länger als Assistenten beschäftigen; Neuenhof – wie man das auszudrücken pflegte – „musste gehen". Diesmal, wenn er auf eigenen Wunsch zur Technischen Hochschule Magdeburg wechseln würde, „wollte er gehen". Das war aus der Sicht der Vorgesetzten ein bedeutender Unterschied. Für sie war „Kündigungs- und Wiedereinstellungstourismus" von Arbeitern und Angestellten verpönt; sie hatten ihn bei dem in der DDR herrschenden Arbeitskräftemangel von Amts wegen sogar zu unterbinden. Unter Berücksichtigung dieser Sachlage wollte Neuenhof nicht um jeden Preis – womöglich durch eine von ihm eingereichte Kündigung –, sondern einvernehmlich, durch Abschluss eines Aufhebungsvertrages, im EDD ausscheiden. Würde ihm das gelingen? Würden ihm Werkdirektor Rudolf Bockhardt, die Betriebsparteileitung der SED und der Kaderdirektor der VVB Elektromaschinen einen Aufhebungsvertrag zugestehen?

Karin Neuenhof bekleidete in der Dresdner Schanzen-Apotheke keine leitende Stellung. Deshalb sah sie ihren Arbeitsplatzwechsel von Dresden nach Magdeburg als nicht problematisch an. Ihr wurde bei dem Gespräch an diesem Abend etwas anderes nicht bewusst: Mit diesem Wechsel würde das in den zurückliegenden zwei, drei Jahren gewonnene Gleichmaß im Ablauf des Neuenhofschen Familienlebens verlorengehen. Ihr Ehemann würde sich an einer für ihn neuen, unbekannten Wirkungsstätte zu beweisen haben – dies umso mehr, als er in Magdeburg, so sich die Möglichkeit böte, nach mehr als nach einer Dozentur streben würde. Sie, Karin, würde ihn nach besten Kräften zu unterstützen haben. Sie würde den Großteil familiärer Belastungen auf sich nehmen und ihre beruflichen Ambitionen an ihres Ehemannes Bemühen um Aufstiegschancen anpassen müssen. Das würde für sie, einfach und unumwunden gesagt, bedeuten, sich seinem Bestreben unterzuordnen und zugleich ein Mehr an Arbeit und Verantwortung zu übernehmen. Das alles war allerdings mit dem derzeitigen Milchsuppe-Kochen für „ihre drei Männer" morgens, 4 Uhr 30, und mit all ihrem anderen Tun in Dresden nicht zu vergleichen, obwohl schon das nicht sehr bequem und nicht mit lockerer Hand zu realisieren gewesen war.

6

„Rate mal, über welche Person wir heute bei Harry Petras debattiert haben", sagte Hans-Georg Gerbach zu seiner Frau.

Isolde stand in der Küche am Abwaschbecken und klapperte mit Tellern, Gläsern und Bestecken. „Verschone mich mit Rätselsport! Ich hatte heute in meiner Abteilung einen schweren Tag." Sie arbeitete als Sektorenleiterin im Ministerium für Post- und Fernmeldewesen.

„Du kennst die Person – sehr gut sogar kennst du sie."

Isolde türmte Schälchen und Schüsseln auf das bereits abgewaschene Geschirr. „Trockne schneller ab, sonst geht hier noch einiges zu Bruch."

Gerbachs Sohn Bernd, neun Jahre alt, öffnete die Küchentür einen Spalt weit. „Ich habe meine Schulsachen für morgen vorbereitet. Meine Schuhe sind geputzt. Darf ich nun fernsehen?"

„Was gibt's denn?"

„'nen französischen Film – mit Ives Montand."

„Schalte schon ein!", sagte Hans-Georg in väterlich gönnerhaftem Ton. „Mutter und ich – wir kommen nach."

„Er kann dir beim Abtrocknen helfen. Du bist heute ein bisschen langsam."

Aber der Junge hatte die Küchentür längst zugeklinkt und war ins Wohnzimmer gehuscht. Küchenarbeiten behagten ihm nicht. Isolde sagte zu ihrem Mann: „Du bist zu großzügig zu ihm. Morgen Abend jedenfalls hilft er beim Abwasch. Dafür sorge ich."

„Das machst du recht. Morgen habe ich eine Dienstreise nach Magdeburg. Ich komme erst mit dem Abendzug zurück."

Isolde schniefte. „Also muss ich dir, wenn wir hier fertig sind, noch ein dickes Stullenpaket zurechtmachen. Mann o Mann, an manchen Tagen gibt's überhaupt kein Ende."

„Bleib' ruhig, Mädel! Ich schmiere mir meine Schnitten morgen früh selber."

„Dann stellst du wieder zu um halb fünf den Wecker, wie ich dich kenne."

„Escha! Du weißt doch: Ich bin von der schnellen Truppe – mal von heute abgesehen, wie du sagst. Mein Zug fährt kurz nach acht ab Oberschweineöde." Er meinte den S-Bahnhof Berlin-Oberschöneweide. Nach der Teilung Berlins ließ die Deutsche Reichsbahn auch von diesem Bahnhof Fernzüge abfahren. „Ich kriege zeitlich alles in den Griff. – Übrigens hängt mein morgiger Besuch der TH Magdeburg mit der Person, die du erraten sollst, zusammen."

Isolde Gerbach zog den Stöpsel aus dem Abwaschbecken. Das Wasser gluckste in den Abfluss. Die Frau wischte mit einem Schwamm die Beckenränder sauber. „Spann' mich nicht länger auf die Folter! Sag' schon: Um wen geht's?"

„Um unseren langjährigen Freund Heinz Neuenhof."

„Nein!" Isolde ließ den Schwamm ins Becken fallen. Sie wandte sich ihrem Manne zu und stemmte ihre nassen Hände in die Hüften. „Gibt's von der treulosen Tomate endlich ein Lebenszeichen?"

„Nicht direkt. Professor Kainzow von der TH Magdeburg will unseren alten Mitstreiter an seine Sektion holen …"

„Ach."

„… als Dozenten, noch in diesem Herbst. Ich soll die Angelegenheit morgen in Magdeburg vorklären."

„Wie klein doch die Welt ist", wunderte sich Isolde. „Wo hat sich denn das Heinzelmännchen verkrochen?"

Hans-Georg erzählte, was er über Neuenhofs Aufenthalt und derzeitige Tätigkeit wusste.

„Irgendwann kommen sie alle auf unsere Spielwiese zurück – der eine früher, der andere später", sagte Isolde, „und du sollst dann immer helfen, dass sie gut starten können."

„Tja, Mädel, so ist das eben, wenn man sich für seine Jungs, wann auch immer und was auch kommt, verantwortlich fühlt." Gerbach hatte schon als Student an der TH Dresden seinen Ehrgeiz darein gesetzt, begabte, arbeitsame deutsche wie ausländische Kommilitonen zu sich heranzuziehen und zu hohen Leistungen auf fachlichem Gebiet und in der sogenannten gesellschaftlichen Arbeit anzuspornen. „Meine Jungs entwickeln" hatte er das genannt. Als nunmehriger Hauptreferent im Ministerium für das Hoch- und Fachschulwesen der DDR fühlte er sich dem wissenschaftlichen Nachwuchs des Landes in ähnlicher Weise verpflichtet wie Jahre zuvor jungen Studenten. Isolde kannte ihren Mann, seine Eigenheiten und sein Bestreben gut.

Manchmal – so auch heute, meinte sie – musste sie ihn zur Mäßigung ermahnen. „Lehne dich, was Heinz anbelangt, nicht gleich zu weit aus dem Fenster!"

„Escha!"

„Wenn er deiner Fürsprache oder gar deiner Hilfe bedarf, wird er sich schon melden."

„Darum geht es nicht. Ich werde …"

Isolde unterbrach ihn. „Er vergräbt sich im Dresden-Niedersedlitzer Elektromaschinenbau, lässt nichts von sich hören – wo wir so eng miteinander befreundet waren …" Sie schüttelte enttäuscht den Kopf.

„Er wird sein Tun haben dort. Du glaubst nicht, was Günter Mittag im Zentralkomitee und in den Ministerien für Druck macht: wissenschaftlich-technischer Fortschritt, größere Planzahlen, höhere Arbeitsproduktivität, sinkende Selbstkosten … Den Druck leiten die Genossen in den Führungsebenen postwendend an die Betriebe weiter, das kannst du dir denken. Und die armen Würstchen an der Basis sind die Letzten in der Kette. Sie können nicht weiterdelegieren. Von ihnen werden nur Vollzugsmeldungen erwartet. Etwas anderes haben sie nicht zu wollen."

„Agitier' mich nicht an!" Isolde gab sich nicht zufrieden. „Heinz und Karin hätten uns – bei all ihrer vielen Arbeit, die sie haben mögen – zu ihrer Hochzeit einladen können. Wir haben sie an unserer sozialistischen Eheschließung an der Dresdener TU und an der anschließenden Feier teilnehmen lassen, als gehörten sie zu unserer Familie. Wir haben ihnen vorgemacht, wie das gehen kann."

Hans-Georg schwang sich das Geschirrtrockentuch über eine Schulter und umarmte seine Frau. „Sei nicht nachtragend! Es wird Gründe gegeben haben, dass wir beide bei ihrer Hochzeitsfeier zu viele gewesen wären."

„Ach, hör auf. Für alles und für jeden findest du eine Entschuldigung." Sie schmiegte sich an ihn. „Aber so bist du halt. Ich kann dir das nicht abgewöhnen."

„Irgendwann, denke ich, werden wir mit ihnen zusammentreffen. Dann werden sie es uns erklären. Vielleicht sollten wir sie mal zu uns einladen …"

„Auch das noch!"

Gerbachs wohnten in einem zehngeschossigen Neubaublock in der Berliner Singerstraße, unweit vom Strausberger Platz. Dieses Domizil hatten sie gegen ihre Dresdener AWG-Wohnung eingetauscht. Vor fünf Jahren war das gewesen, als Hans-Georg mit Partei-Auftrag von der TU Dresden ins Staatssekretariat – das jetzige Ministerium – für das Hoch- und Fachschulwesen nach Berlin delegiert worden war.

„Wie ich Heinz kenne", sagte Gerbach, „kommt er sich, was unser etwas abgekühltes Verhältnis anbelangt, ein bisschen komisch – um nicht zu sagen: schuldig vor. Wir sollten ihm und seiner Karin auf die Sprünge helfen."

„Ja, ja." Isolde winkte mit der Hand ab. 'Es ist wie immer bei uns', dachte sie.

„Jedenfalls verspreche ich dir: Ich gehe morgen, in Magdeburg, ganz objektiv an die Sache heran."

Isolde sagte lachend: „Darauf bin ich gespannt." Sie nahm ihm das Geschirrtuch von der Schulter. „Geh jetzt zu unserem Jungen ins Wohnzimmer und guck mit ihm den Ives Montand-Film an!"

Im Jahre 1961 war der 1953 gegründeten Hochschule für Schwermaschinenbau in Magdeburg der Status einer Technischen Hochschule mit dem Ehrennamen „Otto von Guericke" zuerkannt worden. Damit sollte der einstige Bürgermeister der Stadt und geachtete Physiker geehrt werden. Zugleich wurde der Anspruch erhoben, die neue hohe technische Schule am Elbestrom würde ebenso bekannt und berühmt werden wie ihr Namenspatron mit seinem Halbkugel-Versuch und der Erfindung der Luftpumpe.

Seit Anfang der 1960er Jahre fungierte Harri Meister an dieser Hochschule als 1. Sekretär der SED-Grundorganisation. Von den Professoren, Dozenten und Mitarbeitern wurde er „der HPL-Sekretär" genannt. Diesen Mann suchte Dipl.-Ing. Hans-Georg Gerbach bei seiner Magdeburg-Dienstreise im April 1969 als ersten auf. So bei „Dienstreisen an die Einrichtungen" vorzugehen, hatte Gerbachs oberster Dienstherr für alle seine Mitarbeiter festgelegt. „Das entspricht dem politischen Auftrag, den wir mit unserer Arbeit im Staatsapparat zu erfüllen haben", hatte der Minister begründet. Die „führende Rolle der Partei" wurde also nicht nur in dick gedruckten Überschriften auf der Titelseite des SED-Zentralorgans „Neues Deutschland" betont, sie wurde auch in vielfältiger Weise praktiziert.

„Na, Brüderchen, wieder mal im Lande?", begrüßte Meister seinen Besucher.

Hans-Georg mochte die Anrede „Brüderchen" nicht. Er wusste, der Parteisekretär war einige Jahre älter als er. Dennoch brauchte der andere ihn nicht wie einen kleinen politischen Nachkömmling anzureden. Schließlich war er im Staatsapparat kein grüner Junge mehr. Eben deshalb beachtete er, im MHF wurde Meister als „etwas grobschlächtig und geradezu" eingeschätzt, aber in der Abteilung Wissenschaften des Zentralkomitees galt er als „langjährig erfahrener Führungskader mit großem Überblick und mit Durchsetzungsvermögen an der Basis". Der Mann hatte also „oben", in Berlin, einen guten Stand. Deshalb sagte Hans-Georg zu der seines Erachtens unpassenden Anrede zunächst nichts.

„Was gibt's Neues von der Staatsmacht?", wollte Meister wissen.

Gerbach informierte den HPL-Sekretär über dieses und jenes. „Zur Zeit arbeiten wir im Bereich Technik unseres Hauses intensiv an weiterführenden konzeptionellen Überlegungen und Vorschlägen für die Intensivierung der Forschung. Schwerpunktmäßig geschieht dies für die Gebiete Maschinenbau, Technologie und Elektrotechnik/Elektronik. Die Parteiführung hat uns beauftragt, optimale Bedingungen für die Rationalisierung und Intensivierung der Forschungsarbeit an den Universitäten und Hochschulen zu schaffen …"

Harri Meister grinste. Was ihm Gerbach vortrug, wusste er bereits von der kürzlich stattgefundenen Anleitung der Universtäts- und Hochschul-Parteisekretäre in der Abteilung Wissenschaften des ZK.

„Die Parteiführung und der Ministerrat haben zugleich eingeräumt, die Personaldecke für ausgewählte Wissensgebiete des Maschinenbaus und der Elektrotechnik um progressive, leistungsfähige Nachwuchswissenschaftler zu verstärken. Und um eben diesen Punkt geht es bei meinem heutigen Besuch bei euch."

„Das heißt", – Meister grinste immer noch – „du willst uns heute vorinformieren, dass unserer Hochschule überplanmäßige Dozenten- und Professoren-Planstellen zugewiesen werden …"

Hans-Georg machte eine abwehrende Handbewegung. „Das habe ich nicht gesagt."

„Aber das zu sagen beabsichtigst du hoffentlich."

„Jein."

„Jein? Nicht Fisch noch Fleisch? Na, Brüderchen, was hast du denn dann auf dem Herzen?"

'Schon wieder dieses Brüderchen', dachte Gerbach und schluckte ein paarmal. Er sagte: „Genosse Professor Kainzow plant für eure Sektion Technologie einige interessante Neuerungen …"

Meister nickte mit zufriedenem Lächeln. „Was in der Zentralen Prognosegruppe als Trends herausgearbeitet wird, setzt Kainzow für uns und den Magdeburger Schwermaschinenbau schnurstracks um. Das gefällt uns. Seine Mitarbeit in der Gruppe zahlt sich für uns aus. Es ist nur zu befürchten, dass er sich dabei kräftemäßig übernimmt."

„Du sagst es. Auch wir haben ihm das zu bedenken gegeben. Kainzow meinte dazu, er brauche rasch personelle Unterstützung, und euere Hochschule würde bei uns, zusätzlich zur schon verabschiedeten Berufungsliste, für September dieses Jahres die Berufung eines Dozenten für das Fachgebiet Fertigungsprozessgestaltung beantragen. Dabei – erläuterte er uns – gehe es weniger um die Entlastung seiner Person als vielmehr darum, die fachlich enge Betrachtung der Fertigungsverfahren hin zu einer prozessorientierten technologischen Lehre und Forschung auszuweiten. Wir vom MHF würden einem solchen Eilantrag von euch zustimmen. Wir denken, die Abteilung Wissenschaften …"

„Lass dich unterbrechen! Du brauchst keine Eulen nach Athen zu tragen. Wolfgang Kainzow hat mir zwar noch nicht über das Gespräch in euerem Hause berichtet. Aber über die Berufung eines weiteren Dozenten für das von dir genannte Gebiet haben wir in der zentralen Kaderkommission des Rektors und in der HPL bereits beraten. Die Sache, die du ansprichst, ist bei uns in Sack und Tüten. Unseren zusätzlichen Berufungsantrag habt ihr in den nächsten Tagen auf dem Tisch."

Das verwunderte Hans-Georg. Am Vortage hatte Kainzow versichert, bei seinem Gespräch mit Petras und ihm, Gerbach, handle es sich um eine Vorklärung.

Meister lächelte den Ministeriumsmitarbeiter überlegen an. „Wir Magdeburger sind von der schnellen Truppe, weißt du? Wenn bei uns die Linie klar ist, bewegen sich unsere Parteisoldaten im Eilmarsch auf das vorgegebene Ziel zu."

Gerbach sagte: „Das ist sehr zu loben. Aber erkläre mir das mal genauer!"

„Tja, Brüderchen, Genosse Professor Wusel hat den entsprechenden Berufungsantrag vorbereitet und in der zuständigen Fakultät eingebracht. Übrigens, um korrekt zu sein: Das Berufungsgebiet heißt 'Fertigungsprojektierung' und wird Wusels Lehrstuhl angegliedert sein. Einen Kader, um das Gebiet zu besetzen, haben wir auch. Es handelt sich um Günter Wusels Oberassistenten – einen gestandenen, strebsamen und verdienstvollen Genossen. Wir brauchen …"

Nun unterbrach Gerbach den Sekretär. „Hat denn der Sektionsrat Technologie einer solchen Version des Vorhabens zugestimmt?"

„Dazu, Brüderchen, wollte ich gerade etwas sagen, nämlich: Die Zustimmung des Sektionsrates steht noch aus. Kainzow, der Ratsvorsitzende, war ein paar Tage nicht im Hause. Ohne ihn sollte die Ratssitzung nicht stattfinden. Aber in allernächster Zeit geschieht dies. Mal unter uns Glaubensbrüdern gesagt: Die Zustimmung zu dem Vorhaben ist bloß noch eine reine Formsache."

Gerbach reckte sich auf seinem Stuhl hoch auf. „Das ist sie nicht."

Der HPL-Sekretär nestelte erstaunt an seiner Brille herum. Gerbach, mit gewichtiger Miene: „Wir in der Abteilung Technik des MHF sind der Meinung, ihr solltet für das Gebiet einen geeigneten Kader aus der Praxis berufen. Gedacht ist an einen Mann aus dem Dresdener Elektromaschinenbau."

„Was du nicht sagst. Wieder einer aus Dresden? Wer hat sich denn das ausgedacht?"

„Nicht wir. Der Vorschlag stammt …"

Meister winkte ab und ereiferte sich. „Unsere TH ist kein Auffang-Becken für berufungslüsterne Dresdner Nachwuchsleute, die an ihrer TH keine freie Stelle finden. Im Lehrkörper unserer Hochschule ist die Fraktion ehemaliger Dresdner wahrlich groß genug. Inzwischen, sechzehn Jahre nach Gründung der Hochschule, haben wir eigene Kader entwickelt – Kader, wie wir sie für unsere Erfordernisse brauchen, verstehst du, Brüderchen?"

„Ihr habt doch aber mit den bei euch berufenen Dresdnern keinen schlechten Fang gemacht – wenn ich beispielsweise an Professor Kainzow denke. Nach deiner

Einschätzung bringt dieser Genosse eure TH tüchtig voran, und er poliert euer Image im Land, wie ich aus MHF-Sicht hinzufügen kann, gehörig auf. Was willst du dagegen …"

Wieder unterbrach Meister seinen Berliner Besucher. „Du brauchst mir kein Loblied auf Kainzow zu singen. Ich weiß sehr wohl, was wir an ihm haben." Damit übertrieb er nicht. In letzter Zeit hatte er den Professor wiederholt zu sich gebeten und sich von ihm zur wissenschaftlichen Profilierung der TH und zur perspektivischen Entwicklung ihrer Struktureinheiten beraten lassen. Er, Meister, war ein Gesellschaftswissenschaftler, hatte in einem Fernstudium diplomiert. Solche allgemein-politischen und pädagogisch-erzieherischen Diskussionsbeiträge, wie er sie bisher in den Dienstberatungen des Rektors mit den Sektionsdirektoren, den Fachbereichsdirektoren und den Vertretern der gesellschaftlichen Organisationen einzubringen vermocht hatte, genügten den Anforderungen der Zeit nicht mehr. Da war ihm die von Kainzow feinfühlig erwiesene Hilfe recht gewesen und sehr viel wert. Entsprechend schätzte er den Ordinarius für Fertigungstechnik auch persönlich. Aber Gerbach, den Mann aus dem Ministerium, fragte er: „Oder, Brüderchen, handelt es sich bei dem von euch avisierten Kader um einen Freund eures Hauses, der an unserer TH untergebracht werden soll?"

'Das ist eine Provokation', dachte Hans-Georg. Er brauste auf. „Eine derartige Unterstellung weise ich auf das entschiedenste zurück." Dann sagte er scharf akzentuiert: „Ich muss mich über dich wundern. Die Linie unserer Partei in der Berufungspolitik an den Universitäten und Hochschulen ist, die Kader-Inzucht, zu der es in den zurückliegenden Jahren an einigen Einrichtungen gekommen ist, rasch zu überwinden. Meinst du nicht, dass Genossen Wusels Bestrebungen der Parteilinie geradezu widersprechen? Willst du dich zum Anwalt derer machen, die Berufungskandidaten von außerhalb, noch dazu solche aus der sozialistischen Praxis, von vornherein ablehnen?"

Da hatte Hans-Georg beim HPL-Sekretär die richtige Stelle getroffen. Meister blickte, nachdenklich nickend, zu Boden und nestelte wieder nervös an seiner Brille. 'Jetzt reite ich volle Attacke', dachte der Berliner und sagte: „Als dein Brüderchen glaube ich, wir können unsere Debatte zu diesem Punkt beenden. Apropos 'Brüderchen' – ich kann mir nicht erklären, was du mit solch einer Titulierung meiner Person bezweckst … 'Brüderchen' … Ich sage ja zu dir, weil du offensichtlich einige Jahre älter bist als ich, auch nicht 'Väterchen' oder gar 'Großväterchen'."

Der HPL-Sekretär zog die Mundwinkel herunter und funkelte seinen Gegenüber mit bösem Blick an. Plötzlich lachte er und schlug ein paarmal mit der flachen Hand auf den Schreibtisch, hinter dem er saß. „Brüderchen, du gefällst mir." Er reichte Gerbach die Hand. „Nichts für ungut. Meinetwegen kannst du 'Väterchen' zu mir sagen. In der Jugendbewegung, in der ich mir meine politischen Sporen verdiente, haben wir oft von unserem 'Väterchen' gesprochen, wenn wir Genossen Stalin gemeint haben. Weißt du, ich lese gerne Romane der klassischen russischen Literatur – Lew Tolstoi, Lermontow, Gogol … Du kennst sie so gut wie ich. Erinnere dich, wie sich da die einfachen Leute anreden. Und ich sehe mir auch gern sowjetische Filme an – 'Zirkus', 'Die Kraniche ziehen' und solche Streifen. Wenn sich im 'Jungen vom Sklavenschiff' der eine Matrose des kleinen Maximka annimmt und ihn 'Brüderchen' nennt, geht mir das richtig zu Herzen. Manchmal, Brüderchen, gewöhnt man sich gewisse Redeweisen an. Deretwegen sollte niemand beleidigt sein; wir beide sind Proletarier und keine Fürsten oder Kulaken. Im übrigen: Einige Herren unseres Lehrkörpers nenne ich prinzipiell nicht 'Brüderchen', wenn du verstehst, was ich damit sagen will."

'Das wäre ja auch ein Ding!', dachte Gerbach und schluckte hinunter, was er dem HPL-Sekretär aus Protest hatte entgegnen wollen.

In versöhnlichem Ton sagte Meister: „Damit du erkennst, wie sehr ich als Parteisekretär die Arbeit unserer Staatsorgane und speziell die des MHF unterstütze, versichere ich dir: Gleich nach Beendigung unseres Gesprächs rufe ich den Sektionsparteisekretär der Technologie an, er soll Genossen Wusel mitsamt seiner Antragstellung bei der Fakultät zurückpfeifen."

Hans-Georg war verblüfft ob des jähen Sinneswandels des HPL-Sekretärs. „Weißt du, ich glaube, das Beste wird sein", stammelte er, „du sprichst …" Und dann kurz entschlossen: „Berate dich mit Genossen Professor Kainzow."

Meister fragte verwundert: „Wieso mit ihm? Wie kommst du darauf?"

„Man sagt, Kainzow und du – ihr spinnt einen guten Faden."

„Wer ist 'man'?"

„Na, die Angehörigen eurer TH."

„Und das weißt du?"

Gerbach sagte, überlegen lächelnd: „Denkst du, ich halte mir die Ohren zu, wenn ich durch die Hochschule gehe?"

'Ein Pfiffikus!', dachte Meister. Er sagte: „Tatsächlich, Brüderchen: Ich werde deinen Rat befolgen. So. Nun verrate mir noch: Wie heißt der Knabe, den ihr für die Dozentur offeriert? Wie kann man ihn erreichen? Welche Kontakte wurden zu ihm bereits geknüpft? Sind ihm gar Versprechungen gemacht worden?"

Gerbach gab die gewünschten Auskünfte. Dann informierte er den anderen über sein weiteres Besuchsprogramm an der TH. Meister nahm dies, beifällig nickend, zur Kenntnis. „Ansonsten", sagte er abschließend, „läuft in unserem Laden alles planmäßig. Du kannst in deinem Bericht vermerken, Brüderchen: An der TH Magdeburg keine besonderen Vorkommnisse."

Den Rektor konnte Hans-Georg Gerbach an diesem Tag nicht erreichen. Er instruierte deshalb den 1. Prorektor über die Vorstellungen des Ministeriums bezüglich der personellen Besetzung der Dozentur „Fertigungsprozessgestaltung". Seine Erledigungen in den Fachbereichsdirektoraten für Forschung und Weiterbildung hielten ihn nicht lange auf. Das kam ihm gelegen. Er wollte genügend Zeit für das Gespräch mit Professor Kainzow zur Verfügung haben.

In Kainzows Sekretariat im Gebäude K der Hochschule wurde ihm bedeutet, er habe für seine Visite einen ungünstigen Tag gewählt, der Professor würde den ganzen Tag lang Vorlesungen halten – doppelstündige, vier an der Zahl, vor 18 Uhr würde er in der Sektion nicht zurückerwartet, Kainzow konzentriere seine Vorlesungen immer auf einen Tag oder auf höchstens zwei Tage in der Woche. „Auf diese Weise", erläuterte der wissenschaftliche Sekretär der Sektion, „schießt er sich die übrigen Wochentage frei. Die nutzt er dann für seine Leitungstätigkeit als Sektionsdirektor und für die Prognosearbeit in Berlin."

„Ich muss den Professor heute unbedingt sprechen, und sei es nur für fünf Minuten." Gerbach ärgerte sich, dass er zuvor mit Kainzow keinen verbindlichen Besuchstermin vereinbart hatte.

Der Sekretär sagte: „Dann, Genosse, musst du zu ihm in die Vorlesung gehen. Vielleicht kommst du in einer Vorlesungspause an ihn heran." Er schaute auf dem Stundenplan nach, der neben vielen Notizzetteln unter einer Glasplatte auf Kainzows Schreibtisch lag. „Jetzt liest er im Hörsaal I – drüben, am Krökentor."

Hans-Georg kannte sich im Gelände der TH Magdeburg aus. Er suchte den bezeichneten Hörsaal auf, schlich sich hinein und setzte sich in die letzte Reihe des Gestühls. Vorn, auf dem Podest, dozierte Professor Wolfgang Kainzow über die Bildung von Aufbauschneiden beim Gegenlauf- und Gleichlauffräsen von Stahlwerkstoffen. Das Thema interessierte Hans-Georg nicht sonderlich. Aber die Studierenden – unter ihnen auffallend viele weibliche – folgten den Ausführungen des Professors aufmerksam.

Hans-Georg lehnte sich auf seinem Klappsitz zurück und musterte den Raum. Der sogenannte Hörsaal I war eben wie eine Scheunentenne und renovierungsbedürftig. Er gehörte eigentlich – wie das ganze Gebäude, in dem er sich befand – der Ingenieurschule für Maschinenbau und Elektrotechnik Magdeburg. In den Jahren vor dem Zweiten Weltkrieg hatte er als Aula für festliche Veranstaltungen gedient. Im Jahre 1953 musste ihn die Ingenieurschule auf zentrales Geheiss der neu gegründeten Hochschule für Schwermaschinenbau zur Nutzung überlassen, bis die über genügend eigene Hörsaalkapazität verfügen würde. Die Hochschule bestand mittlerweile sechzehn Jahre, sie hatte sogar den Status einer Technischen Hochschule erlangt. Aber auf den Hörsaal I am Krökentor verzichtete sie immer noch nicht. Das bereitete dem

Direktor und dem Dozentenkollegium der Ingenieurschule Verdruss. Plänkeleien, heimliche und offen ausgetragene, blieben nicht aus. 'Eigentlich müsste es zu diesem Problem bald eine endgültige Lösung geben', dachte Gerbach. Beide Bildungseinrichtungen unterstanden der von Harry Petras geleiteten Abteilung des MHF.

Mit dem Klingelzeichen beendete Kainzow seine Vorlesung. Er packte hastig seine Manuskriptblätter und Diapositive ein, warf sich seinen Mantel über und war schon im Begriff zu gehen, als ihn Gerbach erreichte und begrüßte. „Auf ein Wort!"

„Du bringst mich in Verlegenheit", sagte der Professor. „Ich muss hinüber ins S-Gebäude, in die Große Steinernetischstraße. Dort beginnt in einer Viertelstunde meine nächste Vorlesung."

„Ich weiß."

„Na bitte! Komm gegen 18 Uhr in mein Dienstzimmer in der Sektion! Da können wir in Ruhe miteinander reden." Kainzow sprang wie in einer Sportübung vom Podest, verließ den Hörsaal. Hans Georg folgte ihm auf dem Fuße. „Um 18 Uhr geht es nicht mehr. Ich muss den Abendzug nach Berlin nehmen. Morgen früh habe ich in unserem Hause eine wichtige Beratung."

Kainzow knurrte unzufrieden. „Melde deinen Besuch beim nächsten Mal vorher an! Heute kommst du ausgesprochen ungelegen, wie du merkst."

Sie betraten die Straße, hasteten zum S-Gebäude der TH. Gerbach sagte japsend: „Es geht um die Dozentur Fertigungsprozessgestaltung und um deren Besetzung mit Dr. Heinz Neuenhof. Ich musste das heute erledigen. An den nächsten Tagen bin ich in Berlin unabkömmlich. Pass auf: Ich habe euren HPL-Sekretär über unsere Absichten unterrichtet …"

„Ach, bist du mir zuvorgekommen."

„Das macht nichts. Ich bin mit ihm so verblieben, dass ihr beide euch kurzfristig zu der Sache verständigt."

„Gut. Ich hatte mir das sowieso für morgen vorgenommen. Am Sonnabend sucht mich Neuenhof in der Sektion auf. Da muss ich Klartext reden können."

„Gewiss. Zuvor solltest du noch mit Professor Wusel Klartext reden!"

„Ihn greife ich mir demnächst auch noch."

„Nicht 'demnächst' – morgen! Wusel hat unter Umgehung deines Sektionsrates bei der Fakultät einen Berufungsantrag für seinen Kandidaten eingebracht."

„Wer sagt denn das?"

„Harri Meister. Der dürfte es wohl wissen."

„Wahrlich!" Kainzow wurde zornig. „Dieser Wusel! Und diese Hinterfötzigkeit! Da bin ich ein paar Tage aus dem Haus, weil ich in der Prognosegruppe in Berlin zu tun habe – schon tanzen die Mäuse auf dem Tisch. Na warte, Freundchen, so lass ich die Sache nicht laufen! Ich …"

„Reg dich jetzt nicht auf!", unterbrach ihn Hans-Georg. „Denk an deine Vorlesung! Mich entschuldige bitte! Aber die Information an dich musste ich noch vor meiner Rückfahrt nach Berlin loswerden, nicht wahr?"

„Keine Frage. Ich danke dir."

Sie verabschiedeten sich vor der Eingangstür des S-Gebäudes voneinander.

„Sei gewiss", sagte Kainzow, „noch heute Abend rufe ich bei Harri Meister an und verständige mich mit ihm."

Gerbach sagte: „Informiere uns nächste Woche, ob und wie die Berufungsangelegenheit Neuenhof bei euch laufen wird!"

Der Professor nickte zustimmend. Aber das registrierte der in Richtung Hauptbahnhof davoneilende Hauptreferent Gerbach nicht mehr.

7

Heinz Neuenhof glaubte, er kenne Magdeburg ganz gut.

Im Sommer 1948, als Dreizehnjähriger, war er im Altstädtischen Krankenhaus am rechten Knie operiert worden. Das Knie hatte er sich auf einer Trittbrettfahrt mit der Eisenbahn schwer verletzt. Paula Neuenhof hatte ihren Sohn auf eine Dienstreise nach Klostermansfeld mitgenommen. Da war das Malheur passiert. Der Verletzte war auf dem Fahrrad eines Kriegsversehrten vom Magdeburger Hauptbahnhof ins Krankenhaus transportiert worden. Dessen Gebäudekomplex – erinnerte sich Neuenhof – hatte wie ein zufällig übriggebliebener Ziegelklotz aus der Trümmerwüste des 1945 zerbombten Stadtzentrums herausgeragt.

In seiner Schulzeit hatte der Burkitzer mehrere Klassenfahrten nach Magdeburg mitgemacht. Einmal hatten er und seine Mitschüler die wieder instandgesetzten Grusonschen Gewächshäuser in Magdeburg-Buckau besichtigt. Ein anderes Mal, im Januar 1952, hatten sie im Rahmen der Magdeburger Jugend-Theatertage das Gorkische Schauspiel „Die Letzten" im neuerbauten Maxim-Gorki-Theater am Boleslaw-Bierut-Platz besucht. Darüber hatte er in einem mehrspaltigen Artikel in der „Volksstimme", der Zeitung für Magdeburg und Umgebung, berichtet. Es war seine erste Publikation überhaupt gewesen. Sie hatte ihn und seine Mutter mit Stolz erfüllt, und zehn Mark für Neuenhofs schmale Haushaltskasse hatte sie auch eingebracht. In jenem Jahr war am Breiten Weg mit dem Wiederaufbau des kriegszerstörten Magdeburger Stadtzentrums begonnen worden.

Während seiner Studienzeit in den 1950er Jahren hatten sich Neuenhofs Heimfahrten von Dresden nach Burkitz, wo seine Mutter und seine Schwester wohnten, zu Reisen durch die halbe Republik gestaltet. Der dampflokbetriebene Schnellzug war von Dresden über Leipzig, Magdeburg und Schwerin bis Rostock oder Stralsund verkehrt. Heinz hatte den Zug bis Magdeburg benutzt. Von dort aus war er mit einem Personenzug nach Burkitz weitergereist. Und umgekehrt. Immer war Magdeburg die Umsteigestation gewesen.

Seine Freundschaft und spätere Verlobung mit Karin hatte ihn noch enger als zuvor mit Magdeburg verbunden. Karin war dort in mehreren Apotheken berufstätig gewesen. Sie waren, wenn sie sich in der Elbestadt getroffen hatten, im Stadtpark Rotehorn oder am Elbufer spazieren gegangen, hatten Opernaufführungen im Maxim-Gorki-Theater besucht oder sich auf Tanzveranstaltungen in der Großgaststätte „Stadt Prag" vergnügt.

Heinz Neuenhof hatte also sehr vielfältige Beziehungen zu Magdeburg gepflegt und glaubte, durch eigenes Erleben geprägte umfassende Kenntnisse über die Stadt am Elbestrom zu besitzen. Vor seiner wochenendlichen Privatreise zu Prof. Dr. Kainzow an die Technischen Hochschule „Otto von Guericke" Magdeburg hatte er sich zudem von der Abteilung Informations- und Öffentlichkeitsarbeit der TH ein „Personal- und Vorlesungsverzeichnis" der Hochschule zusenden lassen. Darin war als Adresse der Hochschule angegeben: „Boleslaw-Bierut-Platz 5".

'Mich dorthin und zu Professor Kainzow zu finden, wird mir ein Leichtes sein', dachte er, 'an diesem Platz befindet sich doch das Theater. Dort habe ich von Burkitz und Dresden aus manche Vorstellung besucht.' Er erinnerte sich der Bahnfahrten nach Magdeburg und der Fußmärsche vom Hauptbahnhof zum Musentempel. Wenn er damals seinen Weg durch die Erzbergerstraße genommen hatte, war er an einem fast turmhohen Berg aus Bauschutt und aus Trümmern geborgenen Ziegeln vorübergekommen. Daraus sollten, Presseberichten zufolge, Baustoffe aufbereitet und Bauelemente für den Wiederaufbau Magdeburgs hergestellt werden.

Den wenig erheiternden Anblick des Schutt- und Ziegelberges wollte sich Neuenhof an diesem Aprilsamstag ersparen. Auf eine Straßenbahnfahrt bis zum Bierut-Platz verzichtend, lief er, vom Hauptbahnhof kommend, die Wilhelm-Pieck-Allee entlang bis zum Restaurant „Stadt Prag". Dort kreuzte der Breite Weg, nunmehrige Karl-Marx-Straße, die Allee. Und dort überraschte ihn die Stadt in sehr positiver

Weise mit dem neubebauten Nord-Abschnitt ihrer einst berühmten Hauptstraße: Zehngeschossige Häuserblocks in Großplattenbauweise, jedoch mit abwechslungsreich gestalteten Fassaden, säumten als imposante Gebäudezeilen beide Straßenseiten von der Wilhelm-Pieck-Allee bis zum Theater. In den bis ans erste Stockwerk heranreichenden Vorbauten waren Geschäfte eingerichtet für Möbel, Schuhwaren, Haushaltsartikel, ein Selbstbedienungsladen für Lebensmittel, eine große Buchhandlung. Die Zugänge zu den – da im Stadtzentrum gelegenen – begehrenswerten Wohnungen befanden sich an der Rückseite der Häuserblocks. Noch vor wenigen

Jahren ragte nur ein Kirchturm, der die Magdeburger Bombennacht am 16. Januar 1945 überstanden hatte, aus dem beräumten, öden Trümmerfeld des Nord-Abschnitts in den Himmel empor. An seiner Statt dominierte nun ein turmartiges Hochhaus, das „Haus des Lehrers", alle anderen Gebäude des Straßenzuges. Ihm gegenüber war in zwei Etagen eine Gaststätte eingerichtet worden, ein „Wildbret-stübl". Übriggeblieben war von dem, was Heinz aus früheren Jahren kannte, das alte Konsum-Kaufhaus, das sich unmittelbar an das Maxim-Gorki-Theater anschloss. Der ganze Nord-Abschnitt war als attraktive Fußgänger-Zone gestaltet worden. Nur zwei Straßenbahnstränge durchschnitten ihn. Straßenbahnzüge alter und neuer Bauart orgelten mitten über den Boulevard, aber der Verkehr von Motorfahrzeugen war hier ausgenommen. Entlang den Häuserblockzeilen waren Pflanzkübel aufgestellt. In einigen von ihnen grünten niedrig wachsende Ziergehölze. Andere leuchteten im hellen Gelb und Blau frischgepflanzter Stiefmütterchen.

Fast am Ende des Nord-Abschnitts angelangt, blieb Neuenhof stehen. Er wendete sich ein wenig und erfasste mit seinem Blick den gesamten neubebauten Straßenzug. Die moderne städtebauliche Architektur gefiel ihm besser als das seines Erachtens etwas pomadig wirkende Baukonzept der Dresdner Ernst-Thälmann-Straße.

Die meisten Geschäfte waren geöffnet.

Neuenhof beeindruckte, wie viel Leute auf denn Boulevard unterwegs waren. Einige hasteten in die Geschäfte, tätigten letzte Wochenend-Einkäufe. Andere schlenderten dahin wie bei einem ziellosen Bummeln, verharrten vor den Schaufenstern der Geschäfte und ergötzten sich am Anblick ausgestellter Waren.

Zwei Pärchen mittleren Alters kamen ihm langsamen Schrittes entgegen, blieben hin und wieder stehen, betrachteten mal das eine, mal ein anderes Gebäude auf der von ihnen gewählten oder auf der gegenüberliegenden Straßenseite. Einer der Herren deutete mit ausgestrecktem Arm hinüber und erläuterte etwas in echt Magdeburgischer Mundart: „... der Kirchturm, der dort drüben bis vor kurzem stand, wurde gesprengt, um Baufreiheit für das 'Haus des Lehrers' zu schaffen."

„Solch eine Vorgehensweise wäre bei uns, in Köln, undenkbar."

'Aha', dachte Neuenhof, '„Leute von uns drüben" besichtigen und kommentieren den Wiederaufbau Magdeburgs.'

Der Einheimische überhörte den Einwurf seines Begleiters. „Am Ende des Nord-Abschnitts, fast bis an die Wilhelm-Pieck-Allee heran, wird demnächst ein großes modernes Warenhaus errichtet werden."

„Eine Art Ost-Karstadt?", fragte eine der Frauen und lachte meckernd.

„Karstadt ..." Der Magdeburger wehrte ab. „Es wird wohl so gebaut und eingerichtet werden wie das große Kaufhaus am Berliner Alexanderplatz. Bei uns heißen solche Einkaufstempel 'CENTRUM-Warenhaus'." Die vier gingen weiter.

Neuenhof dachte: 'Schade, dass ich Karin unserer Kinder wegen nicht auf diese Reise mitnehmen konnte. Ihr würde gewiss gefallen, wie sich Magdeburgs bombardiertes Stadtzentrum, speziell der Breite Weg, seit ihrer Apotheken-Zeit verändert hat.' Das könnte sie geneigt machen – so, wie er in diesem Moment bereit war –, von einem Paradies an der Elbe, Dresden, ins andere, Magdeburg, umzuziehen, wenn ... ja: Wenn sich ihr und ihm attraktive Möglichkeiten und Bedingungen für ihre berufliche Tätigkeit böten. „Das Entscheidende", hatte ihm Karin am Morgen, vor seiner Abreise, gesagt, „wird sein, dass du in Magdeburg arbeitsmäßig weiterkommen kannst als bei Elektrodyn und dass für unsere Familie wenigstens ein bisschen mehr herausspringt, als wir hier, in Dresden, aufgeben müssen."

Nun stand er am Magdeburger Boleslaw-Bierut-Platz und blickte hinüber zum Komplex der Technischen Hochschule. Es war nicht überwältigend, was sich ihm darbot: eine Straße mit regem Straßenbahn- und Autoverkehr, dahinter ein mit tiefgrauem Schotter bestreuter Platz, der an der einen Seite von einem mehrgeschossigen Altbau mit schlecht verputzter Giebelseite begrenzt wurde und an der anderen Seite von einem langgestreckten fünfgeschossigen Plattenneubau, von dem sich einige Plast-Bauelemente der Fassadenverkleidung gelöst hatten und im leichten Aprilwind hin- und herpendelten; erst ein ganzes Stück dahinter duckten sich neuerrichtete Institutsgebäude in Flachbauweise.

'Nun geh erst mal an alles näher heran', redete er sich selber zu und dachte: 'Nicht voreingenommen sein, Freundchen. Und sich nicht vom ersten Eindruck täuschen lassen.' Für den Fußmarsch vom Bahnhof zur Hochschule hatte sich Heinz Neuenhof eine halbe Stunde Zeit genommen. Er wollte nicht zu spät zu dem Treff mit Professor Kainzow erscheinen. Deshalb unterließ er es, das gesamte Gelände der Technischen Hochschule zu inspizieren.

Das Gebäude K, der von Kainzow angegebene Ort des Treffens, war unweit vom Boleslaw-Bierut-Platz gelegen. Es war ein dreigeschossiger dunkelbraun gestrichener Neubau mit U-förmigem Grundriss, großen Fenstern und zwei Eingangstüren an der Vorderseite. Über einem Eingang prangte in Metall-Lettern, die im Mauerwerk verankert waren, der Schriftzug ANTRIEBSTECHNIK. Über dem anderen

stand FERTIGUNGSTECHNIK geschrieben. Die Fläche zwischen den U-Schenkeln des Grundrisses wurde von einer Glaswand begrenzt, mit einem Glasdach darüber.

Im zweiten Geschoss des Gebäudes befanden sich das Dienstzimmer des Direktors der Sektion Technologie der metallverarbeitenden Industrie (mvI), der Arbeitsraum des wissenschaftlichen Sekretärs der Sektion und dazwischen, durch Zwischentüren erreichbar, das Sekretariat. Dessen unumschränkte Beherrscherin war Hilde Müller, eine kleine, kräftig gebaute, wieselflinke Endvierzigerin. Sie empfing den Besucher aus Dresden. „Der Chef erwartet Sie schon seit einer Stunde."

„Das will aber nichts bedeuten", rief der wissenschaftliche Sekretär aus seinem Zimmer und eilte herbei. Er gab Heinz die Hand. „Ich heiße Horst Bürgel" – und mit Blick auf das Parteiabzeichen an Neuenhofs Jackettaufschlag – „und bin in derselben Partei wie du."

„Der Sektionsdirektor führt ein Gespräch mit mehreren Assistenten", sagte die Sekretärin. „Ich gehe hinein zu ihm und melde Sie an."

Horst Bürgel lachte. „Tun Sie das!" Zu Neuenhof sagte er: „Gespräch ist übertrieben ausgedrückt. Eigentlich hatte der Chef die Männer zu einem kurzen Rapport bestellt. Nun sitzen sie schon eine geschlagene Stunde bei ihm."

Hilde Müller öffnete die Tür zu Kainzows Zimmer einen Spalt weit. „Ihr Besuch aus Dresden ist eingetroffen."

„Soll' reinkommen!", erscholl es von drinnen. Hilde Müller nickte dem Ankömmling zu. Der zwängte sich an ihr vorbei. Er wurde von Professor Kainzow mit der flüchtigen Gebärde eines stark beschäftigten Mannes begrüßt. „Das sind zwei meiner dienstjüngsten Mitarbeiter", sagte der Professor, „die Herren Kästner und Berghausen. Macht euch bekannt!" Händeschütteln. „Wir brüten hier über einem PAP für die Werkzeugauswahl beim Drehen." Der besagte Programmablaufplan für ein EDV-Programm, PAP genannt, bedeckte den großen Konferenztisch in des Sektionsdirektors Zimmer fast vollständig. „Du" – Neuenhof war gemeint – „kannst gleich mal mit draufschauen. Wir drei", er nickte seinen Assistenten zu, „haben uns festgefahren. Bei diesem Programmschritt" – er tippte mit seinem schlecht angespitzten Rotstift auf den vor ihm liegenden großformatigen Plan – „stimmt der NEIN-Ausgang nicht – ich will sagen: Er führt zu einer falschen Lösung." Kainzow zog mit dem Rotstift dicke Striche. Er kreuzte Felder durch, die nach seiner Meinung zu der unrichtigen Lösung führten. Er schrieb etwas kaum Leserliches daneben.

'Das ist genauso hingeschmiert wie Kainzows Korrekturanmerkungen in meiner vor Jahren angefertigten Dissertation', dachte Neuenhof. Er fühlte sich an alte Zeiten erinnert. Schon damals, an der TU Dresden, war Kainzow berühmt-berüchtigt für seine Angewohnheit gewesen, in anderer Leute Ausarbeitungen mit schlecht angespitzten Schreibstiften herumzukritzeln.

„Was meinst du zu meinem Vorschlag?" Kainzow sah Neuenhof eindringlich an und tippte wiederum wie mechanisch mit dem Rotstift auf den PAP.

„Na ja", sagte Neuenhof zögerlich. Er hatte sich bei Elektrodyn Dresden bislang nicht mit Programmablaufplänen beschäftigen müssen. Wohl nahm er Sonnabendnachmittags vor dem Fernsehapparat seiner Schwester an der seit kurzem vom DDR-Fernsehen gesendeten „Fernseh-Akademie Elektronische Datenverarbeitung" teil, und hatte geflissentlich die dazu editierten Begleithefte käuflich erworben. Die Begriffe „input" und „output", „Programmablaufplan" (PAP), „JA-Ausgang", „NEIN-Ausgang" usw. waren ihm nicht unbekannt. Aber was der hemdärmelige Professor Kainzow zu dem großformatigen Plan auf dem Konferenztisch von ihm abforderte, war reichlich mehr, als die bisherigen Fernseh-Sendungen an Wissen und Können vermittelt hatten.

Aber die Fernsehsendungen und die von ihm studierte Fachliteratur hatten in Neuenhof Verständnis für die EDV geweckt, und ein einfallsloser Mensch war er auch nicht. Er entnahm der Schreibschale auf des Professors Schreibtisch einen Bleistift. Er skizzierte auf dem Rand des PAP ein wellenförmiges Maschinenbauteil mit mehreren Absätzen und unterschiedlichen Formelementen darin: Passfedernuten, Einstiche, Fasen. Er deutete schematisch Werkzeuge an, mit denen sich die aufgezeichneten Formelemente erzeugen ließen. „Man sollte bei der Erarbeitung des PAP von solch einem grundlegenden Modell ausgehen", sagte er und tippte mit dem Bleistift nachdrücklich auf seine Skizze. „Ein PAP an sich taugt nichts."

Professor Kainzow nickte. Manfred Berghausen sah den EDD-Mann erstaunt an. Werner Kästner verzog die Mundwinkel und meinte: „Na ja, aber als PAP muss die Problemlösung wohl dargestellt werden, das liegt im Zuge der Zeit."

Da rollte Kainzow den vor ihm liegenden Transparentbogen zusammen und übergab Kästner die Papierrolle. „Einverstanden. Verfertigt ein Modell, davon abgeleitet einen PAP, der stimmt!"

„Kapiert: am Montag alles noch einmal von vorn?"

Der Professor schüttelte den Kopf. „Nicht am Montag – sofort, heute Nachmittag! Am Montag will ich den PAP von den Zeichnerinnen mit Tusche zeichnen lassen. Am Mittwoch erwartet die Hausdruckerei das tuschegezeichnete Original. Liefere ich es später, können sie mir die Umdruckblätter für die Studenten nicht rechtzeitig zu meiner Vorlesung in der übernächsten Woche drucken, sagen sie. Also, Männer, sputet euch! Ich schaue nachher zu euch herein, gucke, was ihr zustandegebracht habt. So. Jetzt ist mein Gast aus Dresden an der Reihe."

Die Assistenten verließen mit hängenden Köpfen das Direktionszimmer.

Professor Kainzow zog sich sein Jackett an, das er lässig über seinen Schreibtisch-

sessel gehängt hatte. „Ehe wir des langen und breiten palavern, zeige ich dir erst mal das Herzstück unserer Sektion." Er meinte damit das K-Gebäude.

Sie liefen den langen Gang entlang, der das Gebäude durchmaß. Links befanden sich Arbeitszimmer für Hochschullehrer und Assistenten. Rechter Hand konnte man durch eine bis ins Erdgeschoss reichende Glaswand ins Versuchsfeld schauen.

„Uns Fertigungstechnikern wurde mit der Sektionsgründung im vergangenen Jahr die gesamte Halle zugesprochen", erläuterte Kainzow. „In einem Drittel haben wir die Umformmaschinen aufgestellt ..."

„Einen Lasco-Hammer habt ihr auch", unterbrach ihn Neuenhof erstaunt. Er erinnerte sich an seine Assistentenzeit in Dresden. Mit wieviel Mühe und Aufregung waren damals die Bilanzzuweisung und die Finanzmittel in Valuta zu erwirken gewesen! „Und auf einem Schwingfundament steht der Hammer, wie erforderlich."

„Was denkst du?", entgegnete der Professor stolz. „Was die Dresdner zustande bringen, können wir auch. So. Weiter!" Den Großteil der Halle füllten spanende Werkzeugmaschinen.

„Sogar eine 1.000er Hochleistungsdrehmaschine habt ihr – wie Wichtler in Dresden."

„'Wie Wichtler' sagst du. Aber wir äffen nicht nach. Mein Vorgänger am hiesigen Institut hatte, ob du's glaubst oder nicht, an einen Assistenten das Dissertationsthema 'Zerspankräfte beim Drehen mit niedrigen Schnittgeschwindigkeiten' vergeben. Überleg mal! In der metallverarbeitenden Industrie der DDR wird seit den fünfziger Jahren um die Einführung und technologische Beherrschung der Schnellzerspanung und der Schneidkeramik-Werkzeuge gerungen. Eigens Pawel Bykow reiste aus der SU zum Erfahrungsaustausch mit unseren Schnelldrehern an. In unseren Betrieben beschäftigen sich Arbeiter-Forscher und 'Zirkel zum Studium der Erfahrungen sowjetischer Neuerer' mit diesem Problem – und an der TH Magdeburg wurden Diplomarbeiten und sogar eine Dissertation angesetzt, um das Metallzerspanen bei niedrigen Schnittgeschwindigkeiten zu erforschen. Da musste ich – schon als frisch berufener Dozent – rigoros einschreiten, das kannst du dir denken. Übrigens: Die große Drehmaschine dort unten habe ich herbeiorganisiert."

„Habt ihr dafür eine Bilanz zugesprochen gekriegt? Habt ihr solch einen guten Stand beim Ministerium?"

Kainzow lachte. „Unser Ministerium ... Wenn das für eine beantragte Werkzeugmaschinenlieferung eine Bilanz erhält, hat es kein Geld. Und umgekehrt: Verfügt es über die erforderlichen Finanzmittel, rutscht unser Minister in der zentralen Bilanzierungsrunde über die Tischkante. Nein, mein Lieber: Hier konnte uns nur die Industrie helfen – speziell die großen Magdeburger Maschinenbaubetriebe. Vor allem die Kombinate als quasi eigenständige Wirtschaftseinheiten vermögen alles, das wird ja bei euch im Elektromaschinenbau nicht anders sein. Sie verfügen über Finanzen und Bilanzen, über Maschinen und Gerätetechnik, wenn man mal was braucht. Das SKET hat die Spezial-Drehmaschine für unsere Sektion besorgt." Dr. Neuenhof wusste nicht, was das bedeutete: SKET. Und der Professor erläuterte ihm, wie ein Lehrer seinem Schüler etwas erklärt: SKET war die Abkürzung für „VEB Schwermaschinenbau-Kombinat 'Ernst Thälmann' Magdeburg", war das Kürzel für einen Verbund von zunächst fünf Großbetrieben des Schwermaschinen- und Anlagenbaus zur Entwicklung, Erprobung und Fertigung kompletter Industrieanlagen. Die Angliederung weiterer Betriebe der Branche an das Kombinat war ab 1. Januar 1970 und für die Folgejahre vorgesehen. Als Stammbetrieb war zum 1. Januar 1969 der VEB Schwermaschinenbau „Ernst Thälmann" Magdeburg bestimmt worden – ein traditionsreicher Betrieb, dessen Anfänge bis ins 19. Jahrhundert zurückreichten, als der Magdeburger Ingenieur und Unternehmer Hermann August Gruson am 1. Juni 1855 in der Elbestadt – nahe der Einmündung des Flüsschens Sülze in die Elbe – eine Schiffswerft mit angeschlossener kleiner Maschinenfabrik und Eisengießerei eröffnet hatte. „Aha." Neuenhof nickte. „Der Name 'Gruson' sagt mir etwas. Grusons Gewächshäuser haben wir vor Jahren bei einem Schulausflug nach Magdeburg besichtigt."

Kainzow lächelte nachsichtig. „Grusonsche Gewächshäuser – pah." Und in überlegenem Tonfall: „Der Betriebsname 'Friedrich Krupp Grusonwerk Magdeburg' sagt dir nichts? Die Panzerschmiede des Dritten Reiches?"

Neuenhof blickte den Professor verstört an. Der fragte: „Ist dir der Panzer IV der ehemaligen deutschen Wehrmacht kein Begriff? Hast du von den Magdeburger Sturmgeschützen IV nichts gehört? Nichts davon erfahren, dass das Krupp-Grusonwerk noch im März 1945 38 Stück dieser Kampfwagen ausgeliefert hat?"

Heinz bekam einen hochroten Kopf. „Bis hin zu solchen Einzelheiten bin ich in der Magdeburger Industriegeschichte nicht bewandert. Im übrigen …"

„… im übrigen kannst du es nachholen, wenn du demnächst bei uns arbeiten wirst."

Wieder, wie schon mal an diesem Tage, sah sich Neuenhof in seiner Überzeugung erschüttert, sich in Magdeburg auszukennen und über diese Stadt gut Bescheid zu wissen. Kainzow deutete die Nachdenklichkeit seines Dresdner Besuchers auf seine Weise. „Ich habe in meinem Panzerschrank sehr aufschlussreiches Material über die Leistungen der Magdeburger Industrie in den letzten Kriegswochen zu liegen. Das leihe ich dir mal aus. Dann kannst du nachlesen, was mich so fasziniert. Stell dir vor: Das letzte Sturmgeschütz IV verließ wahrscheinlich am 8. April 1945, auf eigener Achse, das Grusonwerk. Nach den ab August '44 verstärkten Bombardements des Werkes wurden diverse Arbeiten unter freiem Himmel ausgeführt. Erst ab 11. April stand die Panzerproduktion still. Am 18. April '45 besetzte der Ami die Stadt und das Grusonwerk. Hier war also etwas los, mein Lieber. Aber Geschichte hin und Geschichte her: Es ist gut für uns alle, wenn wir aus dem Grusonwerk, das unter dem Namen von 'Friedrich Krupp' Panzer und Sturmgeschütze für Hitlers vermaledeiten Weltkrieg produzierte, das demnächst größte Maschinenbauunternehmen der DDR entwickeln, das unter dem Namen von 'Ernst Thälman' Walzwerke, Zementanlagen, Drahtseil- und Kabelwerke, Anlagen für die Speiseöl- und Proteingewinnung, Krane, Brech- und Klassieranlagen und Ausrüstungen zur Entstaubung für den Umweltschutz herstellt und in alle Welt liefert. Ich denke, hierin sind wir einer Meinung."

„Worauf du dich verlassen kannst." Neuenhof pustete. Er konnte all das, was der Professor in hoher Geschwindigkeit aufzählte, gar nicht so schnell erfassen.

„Also: Das SKET ist der wichtigste Industriepartner unserer Sektion. Sowie du bei uns sein wirst, knüpfst du für dein Fachgebiet schnellstmöglich enge fachliche Kontakte zu diesem Partner. Ich kenne einige Leute aus der Hauptabteilung Technologie des SKET. Mit denen mache ich dich bekannt." Das klang wie eine Festlegung.

'Ich bin noch gar kein Mitarbeiter der Hochschule', dachte Neuenhof, 'und da redet Kainzow bereits, als ob ... Er soll mir erst mal die Voraussetzungen und Bedingungen für meine eventuelle Dozentur nennen.'

Aber damit ließ sich Professor Kainzow Zeit. Er hastete mit seinem Gast durch alle Etagen des K-Gebäudes. Er riss, ohne anzuklopfen, Zimmertüren auf, ließ sie sperrangelweit offenstehen und befragte Mitarbeiter nach dem Erfüllungsstand ihnen erteilter Aufträge. Heinz Neuenhof folgte ihm, stand bei den Rapporten dabei und brauchte nichts zu sagen. Grußlos lief Kainzow aus dem Raum, ohne die Tür zuzuklinken. Weiter – ins nächste Zimmer! Nur als sie die beiden im Hause eingerichteten Professoren-Zimmer betraten, wurde Heinz Neuenhof als promovierter Produktionsleiter des VEB Elektrodyn Dresden vorgestellt. „Der Doktor" lernte die Hochschullehrer Volker Weichtel, Ordinarius für Fertigungsmesstechnik und Gütesicherung, und Herbert Wilberg, berufen für Werkzeugmaschinen- und Vorrichtungskonstruktion, kennen. Beide Herren lächelten den EDD-Mann freundlich an – wie einen Bekannten, der sich nach langer Zeit wieder mal sehen ließ.

„Die beiden wurden im September vorigen Jahres als Professoren berufen", sagte Kainzow draußen, auf dem Gang. „Ich habe sie darauf eingestimmt, dass du zu uns kommst."

Wieder staunte Neuenhof. Daran, dass er vom EDD an die TH Magdeburg wechseln würde, schien Kainzow nicht den geringsten Zweifel zu hegen.

Die Besichtigung der Sektionswerkstatt und des Versuchsfeldes war eine reine Hatz. Einige Ausrüstungen wie der Lasco-Hammer und die Hochleistungs-Schnelldrehmaschine wichen von dem an Technischen Hochschulen üblichen Standard ab. Auffällig war für Heinz auch die relativ große Zahl von Werkzeugmaschinen für das Wälzfräsen und Zahnflankenschleifen von Zahnrädern.

„Darüber musst du dich nicht wundern", sagte Kainzow. „Ein Schwerpunkt in unserer wissenschaftlichen Arbeit sind die Erforschung der Verzahnverfahren und die theoretische Fundierung der Verzahnungsmesstechnik. Diese Richtung in unserer Arbeit ist der Kooperation mit der GuK geschuldet."

GuK – ließ sich Neuenhof erläutern – war das Kürzel für den DDR-Industriezweig 'Getriebe und Kupplungen'. Mit der GuK hatte Kainzows Sektion einen Fünfjahresvertrag für wissenschaftlich-technische Zusammenarbeit abgeschlossen.

„Verantwortlicher Bearbeiter ist Professor Weichtel, den du eben kennengelernt hast." Weitere Informationen wollte Kainzow nicht geben. „Verschaff' dir selbst ein Bild!", riet er. „Wir gucken uns Weichtels Reich gleich mal an."

Sie stiegen ins Kellergeschoss. Dort befanden sich die Laborräume für die Messtechnik und Qualitätssicherung. Einige von ihnen waren klimatisiert.

„Weichtel und seine Männer spinnen mit der GuK einen guten Faden", sagte Kainzow und machte seinen Besucher auf neueste Geräte von Hommel, Honeywell und Leitz/Wetzlar aufmerksam.

„Sogar West-Importe?", staunte Heinz.

Kainzow lachte. „Importe – ja, aber der Importeur ist die GuK. Wir armen Hochschul-Teufel verfügen nicht über die erforderlichen Valutamittel. Aber das habe ich dir ja schon erklärt."

„Hm. Aber: kann euch die GuK denn solche Geschenke machen?"

„Frag' nicht so naiv! Die GuK hat nichts zu verschenken, sie leiht uns die Geräte. Die nutzen wir für unsere Forschung und bilden daran auch unsere Studenten aus – vor allem die besten. Die sind dann nach ihrer Diplomverteidigung top-fit. Davon haben die GuK-Betriebe ihren Nutzen. Würden wir bei den heutigen Anforderungen an solchen alten Klamotten ausbilden, wie du sie aus deiner Studentenzeit in Dresden kennst, wäre für die Absolventen eine zu lange Einarbeitungszeit im Betrieb erforderlich. Die kann sich unsere Industrie aber nicht leisten."

Sie liefen zurück ins Arbeitszimmer des Sektionsdirektors. Heinz Neuenhof blickte zufällig hinunter ins Versuchsfeld. An der 1.000er Hochleistungsdrehmaschine hatte sich eine Vierergruppe Studenten versammelt. Ein wissenschaftlicher Assistent unterwies sie. Die jungen Leute, zwei Studentinnen darunter, begannen, eifrig und arbeitsteilig aufeinander abgestimmt zu arbeiten.

Die große elektrische Uhr an einer Stirnwand der Halle zeigte an, es war kurz vor halb fünf. Um den letzten Nachmittagszug nach Burkitz erreichen zu können, hätte Neuenhof jetzt zum Bahnhof gehen müssen. Aber über alle ihn interessierenden Einzelheiten zu seiner Berufung hatte Kainzow mit ihm noch nicht gesprochen. 'Gut', tröstete er sich, 'dann nehme ich den ersten Abendzug. Das hat den Vorteil, dass ich Annedore auf dem Magdeburger Hauptbahnhof abpassen kann, wenn sie aus Dresden eintrifft.' Sie kämen dann zeitgleich zu Hause, bei ihrer Mutter, an; das würde Paula freuen. Er fragte den Professor: „Ist bei euch sonnabends nicht zur Mittagszeit, wie allgemein üblich, Feierabend?" Er deutete auf die Leute, die sich im Versuchsfeld emsig zu schaffen machten.

Kainzow verhielt den Schritt und legte seinem Besucher eine Hand auf die Schulter. „In unserer Sektion machen die Hochschullehrer, Mitarbeiter und Studenten dann Feierabend, wenn sie ihre Arbeit geschafft haben. Solche Unsitte, dass sonnabends nach der Frühstückspause nur noch Skat gespielt und viel Bier getrunken wird, habe ich vor Jahren abgeschafft." Dann stürmte er weiter, riss wieder eine Zimmertür auf und stellte sich, wie Napoleon vor einer Schlacht, breitbeinig vor Werner Kästners und Manfred Berghausens Schreibtischen hin. „Na, ihr Jünger der Wissenschaften, ist der Programmablaufplan fertig?" Er war es noch nicht. „Beeilt euch! Zu Hause warten eure Familien auf euch."

Dann saßen der Professor und Neuenhof endlich an einem kleinen runden Tisch im Direktorenzimmer beisammen.

Hilde Müller, die Sekretärin, steckte den Kopf zur Tür herein und sagte: „Ich koche jedem von Ihnen eine schöne Tasse Kaffee. Dann würde ich gern nach Hause gehen wollen, oder werde ich noch gebraucht?"

Professor Kainzow zog sein Jackett aus und hängte es über eine Stuhllehne. „Ich habe Ihnen schon ein paarmal gesagt, Sie werden immer gebraucht." Er lachte. „Aber heute und jetzt können Sie heimgehen. Dr. Bürgel ist noch da, falls ich etwas brauche?"

„Immer zu Diensten!", rief dieser aus dem Nebenzimmer.

„Schön, schön!" Der Professor versprach: „Lange brauche ich mit meinem Gast nicht mehr. Ich habe ihm alles Wichtige gezeigt."

Heinz war verblüfft. Seines Erachtens sollte es noch richtig zur Sache gehen. Kainzow sah ihm seine Verwunderung an. „Wirklich", sagte er, „im Gesetzblatt/Teil II der DDR ist die Hochschullehrer-Berufungsverordnung abgedruckt. Darin kannst du alles darüber nachlesen, wie du zum Hochschuldozenten berufen werden wirst, welche Voraussetzungen du dafür zu erfüllen und welche Aufgaben du als Dozent zu erledigen hast, welches Gehalt du beziehen wirst – kurzum: alles, was dich interessieren wird. Dir das alles vorzubeten, kann ich uns ersparen."

Hilde Müller brachte auf einem Tablett zwei Tassen Kaffee, ein kleines Milchkännchen und eine Zuckerdose. „Viel Milch ist nicht mehr drin, aber ich hoffe, sie reicht." Sie verabschiedete sich.

„Horst!", rief Kainzow durch die offene Tür hinaus. „Horst, bring' uns doch mal das Gesetzblatt mit der HBVO. Unser Gast soll einen Blick hineinwerfen können."

„Ich such's 'raus", tönte es von draußen.

Neuenhof nahm all seinen Mut zusammen. „Ich kenne das einschlägige Gesetzblatt leider noch nicht …"

„Das ist schade. Es ist im vergangenen Jahr herausgekommen."

„… aber alles Magdeburg-Spezifische wird darin wohl nicht festgelegt worden sein. Ich möchte, ehe ich mich für die mir angebotene Dozentur entscheide, Genaueres über meine künftige Tätigkeit bei euch erfahren."

Der Professor blies ein paarmal aus prallen Backen die Luft aus und schüttelte den Kopf. Dann besann er sich. „Na gut", sagte er, „pass auf: Unsere Sektion ist in sogenannte Lehr- und Forschungsgruppen untergliedert, für jedes an unserer Sektion vertretene Wissenschaftsgebiet gibt es eine. Dir wird mit dem Tag deiner Berufung die Lehr- und Forschungsgruppe Fertigungsprojektierung anvertraut. Deren Bezeichnung gefällt mir nicht. Aber sie ist so erst einmal durch alle übergeordneten Gremien der Hochschule gelaufen und bestätigt worden. Später werden wir sie in 'Fertigungsprozessgestaltung' ändern. Dafür sorge ich. Dieses 'später' wird dann sein, wenn deine Dozentur in eine Professur umgewandelt werden wird – ein Jahr, maximal zwei Jahre nach deiner Berufung zum Dozenten. Um das also klar und unmissverständlich zum Ausdruck zu bringen: Wenn du 'ja' zu unserem Angebot sagst, hast du von der Sache, vom objektiven Erfordernis und von meinem persönlichen Bemühen her die Chance, bei uns zum Professor berufen zu werden. Weiter: Die ersten Mitarbeiter, die deiner Lehr- und Forschungsgruppe ab 1. September dieses Jahres zugeordnet werden, sind an unserer Sektion bereits tätig. Der Zufall wollte es, du hast sie heute Nachmittag kennengelernt."

„Etwa …?"

„Genau sie: Werner Kästner und Manfred Berghausen. Zum 1. September werden noch einige Forschungsstudenten hinzukommen. Die werbe ich für dich. Die entsprechenden Kandidaten muss ich dem Prorektor für Ausbildung und Erziehung spätestens im nächsten Monat zur Bestätigung vorschlagen. So lange, bis du bei uns arbeitest, können wir mit der Antragstellung nicht warten. Daraus ersiehst du, dir wird von Anfang an eine arbeitsfähige Gruppe unterstehen. – Was guckst'n so?"

Heinz Neuenhof hatte zehn Jahre zuvor ein Hochschulstudium des Maschinenbaus an der TH Dresden absolviert. Er war danach vier Jahre als wissenschaftlicher Assistent am dortigen Institut für Fertigungstechnik tätig gewesen und hatte mit „Magna cum laude" promoviert. Aber was ein Forschungsstudium sein sollte – das wusste er nicht, und er konnte sich das auch nicht erklären.

„Bist doch schon einige Jährchen aus dem Hochschulgeschäft heraus, wie?" Kainzow nickte mehrmals nachdenklich. „Und Kontakte zu unserem ehemaligen Institut hast du auch nicht gepflegt – gib's zu!"

„Ich bin Produktionsleiter in einem wissenschaftlichen Industriebetrieb", verteidigte sich Neuenhof. „Bei mir geht's vom frühen Morgen bis weit nach Feierabend um neue elektrische Maschinen und um die tägliche und monatliche Planerfüllung. Da verbleibt mir keine Zeit, um an TH-Instituten herumzukalfaktern …"

„… setzt dich ein für deinen Betrieb. Ist ja gut." In einer Aufwallung von Mitleid und Überlegenheitsgefühl erläuterte der Professor seinem Gast den Begriff, den Sinn und das Ziel eines Forschungsstudiums. „Es ist eine Ausbildung der fachlich engagiertesten und in der theoretischen Arbeit begabtesten Studierenden über das Diplom hinaus. Es ist für sie eine Auszeichnung. Wir wählen sie in ihrem vorletzten

Studienjahr aus. Das letzte Studienjahr laut Plan erlassen wir ihnen. Sie überspringen die Diplomphase. Sie werden nach eigenem Wunsch einem der Forschungsschwerpunkte der Sektion, der von einer bestimmten Lehr- und Forschungsgruppe bearbeitet wird, zugeordnet. Sie werden somit in die Forschungsarbeit fest integriert und vervollkommnen ihr Wissen durch unmittelbare wissenschaftliche Zusammenarbeit mit Hochschullehrern und Assistenten, begleitet von einem zielgerichteten Selbststudium neuester Fachliteratur und Forschungsberichte. Sie werden mit einer vom Rektor zertifizierten Urkunde in das Forschungsstudium aufgenommen und schließen es nach drei Jahren, also nach einer Gesamtstudiendauer von sieben Jahren, mit der Promotion zum Doktor-Ingenieur ab. Unsere Forschungsthemen, folglich auch die daraus hergeleiteten Dissertationsthemen sind industrieorientiert. Wir werden also mit der Vermittlung der jungen Doktoren in die Praxis keine Schwierigkeiten haben. Die kürzlich gegründeten und die in nächster Zeit entstehenden Kombinate haben gemäß Minister-Auflage die Leistungsfähigkeit ihrer Abteilungen für die Industrie-Forschung – sprich: für die Produktentwicklung und für die Verfahrens- und Prozessforschung – spürbar zu erhöhen. Einige, wie beispielsweise unser Praxispartner GuK, betreiben sogar ein WTZ, ein wissenschaftlich-technisches Zentrum. Du kannst dir denken, sie nehmen uns unsere Absolventen des Forschungsstudiums mit Kusshand ab – erst recht, wenn die mit ihrer Dissertation ein oder vielleicht gar mehrere wissenschaftlich-technische Probleme der Betriebe gelöst haben. Aus Hochschulsicht sage ich: Besser und preiswerter als mit Forschungsstudenten können wir die Forschungskapazität der Hochschule nicht erhöhen, und erzielte Forschungsergebnisse lassen sich nicht rationeller in die betriebliche Praxis überführen. Du siehst ..." Nun erst bemerkte Professor Kainzow, dass sein Sekretär Horst Bürgel ins Zimmer getreten und, devot schweigend, an der geöffneten Tür stehengeblieben war. Er hatte seinen Sektionsdirektor in dessen Redefluss nicht stören wollen. „Was gibt's?", fragte der Professor. „Bringst du uns das Gesetzblatt über die neue HBVO?"

„Tut mir leid." Bürgel sah bekümmert drein. „Unser Exemplar ist ausgeliehen."

„Wieso das?" Kainzow wurde ungehalten. „Das Sektionssekretariat ist keine Leihbibliothek. Wer hat's?"

„Professor Wusel hatte es sich am vergangenen Wochenende ausgeliehen. Ich hatte dem Mitarbeiter, der es von uns abgeholt hat, gesagt, am Montag müsste ich es zurückbekommen."

„Aber am Montag kam niemand, stimmt's?"

„Stimmt – trotz Mahnung nicht."

„Ruf in Wusels Sekretariat an! Sag, ich brauche das Gesetzblatt binnen 10 Minuten."

"Ich habe bereits angerufen. Bei den Betriebsprojektierern hört niemand mehr."

„Sind alle schon zu Hause. Sitzen bei ihrer Mutti im Sessel und schlenkern mit den Filzpantoffeln. Herrjeh, nein, wie gut es manche Leute haben!" Kainzow sprang auf, ging an den Schreibtisch, ruckelte mehrmals am Schreibtischsessel, als befände der sich nicht am rechten Ort, und sagte barsch zu Bürgel „Dann bring' für unseren Gast ein Exemplar des Sonderheftes der 'ASUG-Mitteilungen', damit er auf der Heimfahrt etwas Sinnvolles zu lesen hat und ihn nicht die Langeweile plagt. Anschließend kannst du nach Hause gehen. Doktor Neuenhof und ich, wir sind fertig."

„Ich warte, bis du gehst."

„Mach schon! Es ist spät genug. Deine Frau wartet auf dich."

„Kann sein." Bürgel grinste. „Aber sie ist einiges von uns hier gewöhnt."

Kainzow zog sich sein Jackett an. Er holte hinter dem Schreibtisch eine Kollegtasche hervor und verstaute darin Papiere, Broschüren und Kästchen mit Dia-Positiven, die wahllos auf dem Schreibtisch gelegen hatten. Bürgel verabschiedete sich mit Handschlag. „Und bitte nicht vergessen, die Tür deines Panzerschranks und die Sekretariatstür zu versiegeln, sonst bekommen wir Ärger mit dem KONSUM." Er lachte und ging.

Heinz Neuenhof erinnerte sich, die Konsum-Verkaufsstelle der TH befand sich unweit vom K-Gebäude. Was der Konsum mit dem Versiegeln von Panzerschrank- und Sekretariatstüren zu tun haben sollte, konnte er sich nicht erklären. Er führte das auf die Anstrengungen seiner Reise und die vielen auf ihn einstürmenden Neuigkeiten zurück. 'Ich bin ganz schön kaputt', dachte er. 'Es wird Zeit, dass ich zu Mutti nach Burkitz fahren kann.' Er hätte bei seinem Gastgeber nachfragen sollen. Dann hätte er feststellen können, alles, was er an diesem Tage in Magdeburg gesehen und gehört hatte, war für ihn gar nicht so neu, wie es ihn in diesem Moment dünkte. Der KONSUM, den Kainzows wissenschaftlicher Sekretär erwähnt hatte, wurde in Neuenhofs Betrieb und anderswo „VEB HORCH & Guck" genannt, und KONSUM wie VEB HORCH & GUCK bezeichneten die jeweilige Bezirksbehörde des Ministeriums für Staatssicherheit (MfS) der DDR. Deren Mitarbeiter interessierten sich für die neuesten Forschungsergebnisse der TH Magdeburg ebenso wie für die höchste Qualität und Zuverlässigkeit der im EDD gefertigten Bordgeräte für Iljuschin-Flugzeuge.

Beim Einpacken seiner Utensilien gab Professor Kainzow weitere gute Ratschläge. „Folgendes ist ganz wichtig: Du musst vor deinem Berufungstermin, also spätestens im Sommer dieses Jahres, die Facultas docendi erwerben."

„Facultas … was?", fragte Neuenhof verwirrt. Er hatte auf seine Armbanduhr geschaut. Ihm verblieb noch eine gute halbe Stunde bis zur Abfahrt des ersten Abendzuges in Richtung Burkitz-Havelstadt. Wenn er den erreichen wollte, müsste er sich jetzt von Kainzow verabschieden und auf den Weg zum Bahnhof machen.

Diesen Zug würde auch Annedore benutzen, und er wollte nicht später als sie bei der Mutter eintreffen.

„Facultas docendi – Nachweis der Lehrbefähigung", sagte Kainzow.

„Nie gehört."

„Findest du alles im Gesetzblatt/Teil II erläutert. Besorg' dir das aus eurer Betriebsbibliothek!"

„Gibt's nicht."

„Dann geh zum Justitiar eurer VVB und lies dort alles nach! Du kannst die Facultas an jeder Hochschule erwerben. Aber ich empfehle dir, richte deinen Antrag an den Vorsitzenden des Wissenschaftlichen Rates unserer Hochschule. Das wäre meines Erachtens am vorteilhaftesten. Schließlich willst du ..." Er bemerkte, wie unruhig Neuenhof war. „Was ist'n?"

„Mein Zug fährt in einer halben Stunde ab."

„Warum hast du mir das nicht früher gesagt? Aber 's macht nichts." Er ergriff seine Kollegtasche. „Ich habe die sieben Sachen für meine Sonntagsbeschäftigung beisammen. Wir haben alles Wichtige besprochen. Nun möchte auch ich Feierabend machen. Gehen wir!" Er schob seinen Besucher zur Tür hinaus. „Unten, vor dem K-Gebäude, habe ich meinen 'Wartburg' geparkt. Ich nehme dich bis zum Hauptbahnhof mit. Dann erreichst du deinen Abendzug bequem."

Unterwegs fragte Neuenhof endlich: „Worüber wir überhaupt nicht gesprochen haben: Welches Monatsgehalt kann ich als Hochschuldozent erwarten?"

Professor Kainzow schniefte. „Steht alles im Gesetzblatt. Warte mal ...!" Er musste sich mit seinem Fahrzeug in den Kreisverkehr am Boleslaw-Bierut-Platz einordnen. „Alles aus dem Kopf", zeterte er vor sich hin. „Dass Unterlagen, wenn man sie braucht, immer ausgeliehen sein müssen ...!" Nach einer Weile: „Wenn ich mich recht entsinne, beginnt die Gehaltstabelle für Dozenten bei 1.550 Mark. Möglich sind dann aller zwei Jahre – bei guten Arbeitsleistungen – Steigerungen um 50 Mark. Ein schönes Geld, nicht wahr?"

„Na ja, wie man's nimmt. So viel bekomme ich derzeit bei Elektrodyn auch."

Kainzow pfiff Luft durch die Zähne. „Ihr Elektromaschinenbauer lebt wohl schon im vollendeten Sozialismus, wie?"

„Ich weiß nicht, ob das auf alle Elektromaschinenbauer zutrifft. Ich jedenfalls bin zufrieden. Ich arbeite ja aber in unserem Betrieb nicht als Spänekärrner." Und er dachte: 'Das große Geld werde ich als Dozent an der TH Magdeburg nicht verdienen.'

Als erriete er die Gedanken des anderen, sagte Kainzow: „Finanziell lohnen wird sich dein Einstieg bei uns dann, wenn du zum Professor berufen wirst. Das kann aber aus unterschiedlichsten Gründen erst nach ein- oder zweijähriger Dozententätigkeit geschehen, und natürlich hängt das maßgeblich von den Leistungen ab, die du an unserer TH erbringst. Ich versichere dir jedoch, du hast gute Chancen: Ich selbst brauche dringend einen Mann für die Prozessstrecke; ferner ist günstig, dass du aus der betrieblichen Praxis heraus berufen wirst, und hinzu kommt, unser Minister hat etwas gegen akademische Inzucht. Kurzum: Habe Mut und Vertrauen!"

Sie erreichten das Bahnhofsgelände. Kainzow fuhr sein Auto auf den Platz der Volkssolidarität und hielt vor dem dortigen Bahnhofseingang an. Er ließ den Motor seines PKW laufen. Die Männer verabschiedeten sich kurz. Der Professor sagte: „Bis spätestens Mitte Mai musst du dich entscheiden und im JA-Falle alle Unterlagen für eine Berufung an mich liefern. Mach's gut!"

Heinz Neuenhof erreichte den Personenzug in Richtung Burkitz-Havelstadt mit Mühe und Not. Seine Schwester Annedore, die denselben Zug benutzte, traf er erst auf dem Bahnsteig des Burkitzer Bahnhofs.

8

Die Burkitzer Invalidenrentnerin Paula Neuenhof war sehr aufgeregt. „Meine Kinder kommen!"

Seit ihres Sohnes Studienbeginn an der TH Dresden im Jahre 1953 hatte es sie in besonderem Maße angetrieben, wenn das Kommen eines ihrer Kinder angekündigt war. Dann hatte sich die Frau für nichts anderes Zeit genommen, als Vorkehrungen für den Besuch von Heinz und – einige Jahre später – Annedore zu treffen. Sie hatte in der HO-Verkaufsstelle vis-à-vis vom Schlachthof mehr Lebensmittel eingekauft, als ihrem von einer kärglichen Invalidenrente gespeisten Haushalts-Budget zuträglich gewesen war. Sie hatte gekocht und gebacken, geputzt und gescheuert. Sie hatte, wenn es herbstlich kühl oder winterlich kalt gewesen war draußen, den bis an die Decke reichenden Kachelofen in ihrem viel zu großen Wohnzimmer den ganzen Ankunftstag lang beheizt; sie hatte mit ihren beiden Lieben in der Couchecke unter den hohen Fenstern gemütlich sitzen wollen. „Paula, du übertreibst es", hatte ihre Schwester, die Lehrerwitwe Alma Knarr, bei ihren Überraschungsvisiten wiederholt moniert. Paula hatte auf Almas Gerede nichts gegeben. Kommentare solcher Art waren bei ihr schon immer zu einem Ohr hinein- und zum anderen gleich wieder hinausgegangen. Paula sagte sich: 'Alma kann mein Befinden nicht nachfühlen. Sie hat nie ein leibliches Kind gehabt.'

Die vielen Jahre von ihrer ersten Mutterschaft an hatte Paula zuallererst und mit all ihren Kräften für ihre Kinder gesorgt. Das war ihr nicht immer leichtgefallen, und das Schicksal hatte es ihr auch nicht leichtgemacht.

Im Frühjahr 1945 hatte sich Karl, ihr Ehemann, aus „Furcht vor den Russen" nach West-Deutschland abgesetzt. Im Oktober 1945 war er noch einmal klammheimlich in Küssow bei seiner Familie aufgetaucht. Er hatte seine Frau gedrängt, mit ihm nach West-Deutschland zu ziehen und die Kinder in der Obhut der Küssower Tiows zu belassen, bis er und Paula sich „drüben eine neue Existenz" aufgebaut hätten. Damals hatte sie sich gegen ihren Mann und für ihre Kinder entschieden.

Zu jener Zeit war Franz Klotzek in ihr Leben getreten – ein Frühheimkehrer aus sowjetischer Kriegsgefangenschaft, der aus Danzig-Westpreußen stammte. Klotzek hatte wegen der seinerzeitigen politischen Verhältnisse in Deutschlands Ostgebieten nicht zu seiner Familie zurückkehren können. Er war als landwirtschaftlicher Gehilfe in Küssow hängengeblieben. Franz war ganz anders geartet als Karl Neuenhof. Paula war rasch von einer tiefen Zuneigung zu dem Mann erfasst worden. Hinzu war gekommen, dass sie – damals 39-jährig – einen Neubeginn in ihrem fraulichen Leben gesucht hatte. So hatten sie und Franz eine außereheliche Lebensgemeinschaft begründet. Paula war wegen dieser „wilden Ehe" von ihren Verwandten sehr gescholten worden. Sie hatte sich, um klare Verhältnisse bemüht, 1948 von Karl Neuenhof scheiden lassen. Ihr war das Sorgerecht für Heinz und Annedore gerichtlich zugesprochen worden. Dieser Gerichtsentscheid und die Grenze zwischen der sowjetischen und den westlichen Besatzungszonen in Deutschland waren Karl Neuenhof hinreichende Veranlassung gewesen, für seine beiden Kinder keine Unterhaltsgelder zu zahlen. Hatten ihn westdeutsche Behörden ausfindig gemacht und zu Zahlungen veranlassen wollen, war er, wie man landläufig sagt, einfach abgetaucht – und das mehrmals. An seinen Vater, den Bergwerksinvaliden im Staßfurtischen, hatte er geschrieben: „Sie hat die Scheidung und die Kinder gewollt. Soll sie doch zusehen, wie sie damit allein zurechtkommt!" Der alte Andreas Neuenhof hatte dies seine Schwiegertochter wissen lassen. Paula hatte daraufhin geschworen: „Warte, Freundchen! Ich werde es dir und allen anderen beweisen."

Es war dann das eingetreten, was bei alleinstehenden Frauen mit Kindern häufig geschieht und was Paulas Eltern und übrigen Verwandten so zu kommentieren pflegten: „Seitdem Paula und Karl auseinander sind, hängt sie alles an ihre Kinder."

An Paulas mütterlichem Sinnen und emsigem Bemühen um ihre Kinder hatte die Liaison mit Franz Klotzek nichts geändert. Franz hatte sich, solange er mit Paula und deren Kindern zusammenlebte, nicht dazu entschließen können, sich von seiner Ehefrau scheiden zu lassen. Immer hatte er argumentiert, er würde mit seiner Arbeit in Küssow und später in Burkitz nicht genug Geld verdienen, um die nach einer Ehescheidung fälligen Unterhaltszahlungen für seine vier Kinder leisten zu können. „... und solch ein Rabenvater wie dein geschiedener Ehemann möchte ich meinen Kindern nicht sein." Das war die beste Begründung gewesen, die er in seinen Debatten mit Paula hatte vorbringen können. Verständnisinnig nickend, hatte Paula am Ende wieder und wieder betont: „Das werde ich nicht von dir verlangen." Sie hatte Franz geglaubt und ihm vertraut – jahrelang, seit dem Beginn ihrer intimen Beziehung gleich nach Kriegsende.

Nach ihrer schwierigen Unterleibsoperation jedoch, durch die sie invalid geworden war, hatte Klotzek, ohne sich mit Paula abzusprechen, die Ausreise seiner Familie aus dem nunmehr polnischen Danzig-Westpreußen in die DDR betrieben. „Hinter meinem Rücken!" Paula war, als sie Franz' Heimlichtuerei aufgedeckt hatte, maßlos enttäuscht gewesen. „Hattest du das nötig?" Sie hatte, wie es ihre Art war, ohne zu zögern eine Entscheidung getroffen und Franz den Laufpass gegeben. Aber sie hatte sich nicht im Bösen von ihm getrennt. Zu oft hatte er ihr in den schwierigen Nachkriegsjahren mit Rat und Tat geholfen. Verständnisvoll, ja geradezu väterlich war er mit ihren Kindern umgegangen. Zu innig waren Paula und Franz, in der Blüte ihres Lebens stehend, auch körperlich vereint gewesen. Zu nachhaltig hatte der eine wie der andere das Glück ihrer Partnerschaft in Liebe, Vertrauen, gegenseitiger Achtung und Verlässlichkeit genossen. „So etwas wischt man nicht mit einer Handbewegung einfach weg", hatte sie zu ihm gesagt, als er seine paar Sachen in einem abgeschabten Vulkanfiber-Koffer verstaut hatte und aus ihrer Wohnung ausgezogen war. „Deshalb: Du kannst mich besuchen – wenn du möchtest. Ich wasche dir, bis deine Familie eintrifft, weiterhin deine Hemden und deine Wäsche und stopfe dir auch deine Socken – wenn du möchtest." Er hatte von ihrem Angebot Gebrauch gemacht und ihr für ihre Arbeit ein bisschen Geld gegeben. Sie hatte es angenommen, wie sie sich von anderen Leuten hatte bezahlen lassen, für die sie an langen Winterabenden Strickjacken, Schals und Pullover gehandarbeitet hatte. Sie – mit ihren spärlichen Rentenbezügen – war darauf angewiesen.

Dann war seine Familie in Burkitz eingetroffen, und von da an hatte er Paula nicht mehr aufgesucht. Zu etwa dem gleichen Zeitpunkt war ihre Tochter Annedore für ein Lehrerstudium an dem Pädagogischen Institut, der späteren Pädagogischen Hochschule Erfurt immatrikuliert worden.

Seit jenem Zeitpunkt lebte sie allein in Burkitz in ihrer großräumigen Zwei-Zimmer-Wohnung mit Wohnküche, Kammer und Bad-Mitbenutzung. „Viel zu aufwändig für mich als Einzelperson", empfand sie selbst. Aber eine andere Wohnung für sie war in Burkitz zu jener Zeit nicht zu haben. Alle Bemühungen ihrer Kinder, für die Mutter eine Zuzugsgenehmigung nach Dresden zu erwirken, waren bislang erfolglos geblieben. Dies stachelte Paula noch mehr an, mit all ihrem Streben und Wirken, mit ihrem Bangen und Hoffen nur für ihre Kinder da zu sein. Darin sah sie seit ihrem völligen Alleinsein ihre einzige Lebensaufgabe. Alles, was sie leistete und was sie in ihrem Leben an Entbehrungen und Enttäuschungen hatte hinnehmen müssen, wurde von ihr daran gemessen und bewertet, ob sie und in welchem Grade sie ihrer Lebensaufgabe gerecht wurde. Sie glaubte, wenn sie ihre Sache gut machte, würden ihre Kinder gern zu ihr – nach Hause – kommen und sich in allen Belangen vertrauensvoll an sie wenden. Für solchen Lohn mühte sie sich. Deshalb fühlte sie sich in ihrem Anspruch und Recht bestärkt: „Ich gestalte jeden Besuch meiner Kinder zu einem Fest." Da sollte ihr niemand von Übertreibungen reden.

Am Sonnabend Mitte April 1969, abends kurz vor halb acht, langten ihre beiden Kinder einträchtig zu Hause an. Sie schloss sie unter Tränen in die Arme und stammelte: „Endlich! Es erscheint einem, wenn man allein ist, immer wie eine Ewigkeit seit dem letzten Wiedersehen." Sie wollte Annedore und Heinz gar nicht loslassen. 'Wer weiß, wie oft ich sie noch wie heute Abend umarmen kann?' Sie dachte an die bevorstehende ärztliche Untersuchung in der Magdeburger Medizinischen Akademie. Sie hatte ein ungutes Gefühl. Manchmal, bei bestimmten Körperdrehungen, hatte sie in jüngster Zeit ein schmerzliches Ziehen im Unterleib verspürt. Die Leute, die sie in der Nachbarschaft oder beim Einkaufen getroffen hatte, hatten ihr von zunehmend um sich greifenden Krebserkrankungen – meist mit schlimmem Ausgang – erzählt. Solch ein Gerede setzte ihr psychisch zu. Sie war nach ihrer schweren Operation vor fünfzehn Jahren im wahrsten Sinne des Wortes ein gebranntes Menschenkind. 'Da wird sich doch bei mir nicht etwa wieder …?', befürchtete sie.

„Lass nur", sagte Heinz, noch während er die Mutter umarmte, „dein Alleinsein wird bald ein Ende haben."

„Wie das?" Heinz' Bemerkung weckte in Paula Hoffnungen, die sie insbesondere nach dem Bruch mit Franz Klotzek immer wieder, manchmal mit größter Mühe, verdrängt hatte. „Hängt das mit deiner heutigen Dienstreise zusammen?"

„Kann man wohl sagen."

Annedore forderte: „Ehe wir ins lange Erzählen kommen, möchte ich gern etwas essen. Ich bin heute direkt aus dem Unterricht zum Bahnhof gerannt. Ich habe mir kein Mittagessen geleistet und in Dresden und in Magdeburg mit Ach und Krach den jeweiligen Anschlusszug erreicht. Mir knurrt der Magen."

„Dacht' ich mir's doch", sagte Paula kopfnickend. „Da müssen wir sofort Abhilfe schaffen." Sie schob die hungrigen Ankömmlinge in die Wohnküche. Dort hatte sie den Tisch gedeckt. Aus einem großen Kochtopf auf dem Gasherd stieg der verlockende Duft von Nudelsuppe auf, gekocht an Hühnerfleisch und Gemüse.

Annedore lüpfte den Kochtopfdeckel. „Ist ja noch randvoll", sagte sie erstaunt. „Hast du nicht schon zu Mittag davon essen wollen?"

„Wie sollte ich?" Paula Stimme klang entrüstet. „Ihr kommt abends ausgehungert nach Hause, und ich mache mich schon vorher allein über alles her? Das wäre wohl noch schöner."

Als die drei ihre Suppe löffelten, berichtete Heinz über das Befinden seiner Familie und dann über seine Visite an der Magdeburger TH. Ausführlich beschrieb er den Institutsbau und dessen Einrichtungen. Er verglich das Magdeburger mit dem ihm gut bekannten Dresdner Institut für Fertigungstechnik. „In Magdeburg wirkt alles neu und mehr auf die aktuellen Bedürfnisse der Industrie ausgerichtet", meinte er und sah dies in der Persönlichkeit und im Leitungsstil von Professor Kainzow begründet. Im weiteren erläuterte er den Frauen die mit der III. Hochschulreform der DDR erneuerte Struktur der Hochschule. „... und das Magdeburger Institut für Fertigungstechnik bildet das Kernstück einer Sektion. Die heißt" – er nannte den Namen –, „'Institut' sagt man nicht mehr."

„Aha." Paula füllte auf Heinz' und Annedores Teller Suppe nach. „Gibt es solchen neumodischen Kram auch an der Dresdner TU?"

„Sag nicht 'neumodischer Kram'! Auch in Dresden, wie an allen Universitäten und Hochschulen, sind Sektionen gebildet worden. Die Dresdner sind nur nicht so schnell wie die Magdeburger."

„Leg' meine Worte nicht auf die Goldwaage! Ich verstehe nichts von der Sache", sagte Paula. „Ich meine bloß, du warst immer so stolz darauf, in Dresden ausgebildet worden zu sein, weil dort alles solide und international anerkannt gewesen sei. Jetzt auf einmal sind die Magdeburger pfiffiger und fixer."

Paula dachte: 'Vielleicht waren die Magdeburger schon vor Jahren nicht schlechter als die Dresdner. Warum ist Heinz dann nicht von Dresden nach Magdeburg gewechselt?' Sie hätte ihn – und selbstverständlich auch ihre Tochter – gern in ihrer Nähe gehabt. Es gab in und um Magdeburg vielfältige Arbeitsmöglichkeiten – und keine schlechteren als anderswo. Mussten ihre Kinder nach Studienabschluss wirklich so weit entfernt von Burkitz arbeiten? Die 25 Kilometer von Burkitz bis Magdeburg legte ein bummeliger Personenzug in 35 Minuten zurück. Von Burkitz bis Dresden oder Erfurt war es jeweils eine dreiviertel Tagesreise – von den viel höheren Fahrtkosten ganz zu schweigen. Warum mussten es ihre Kinder ihr und sich selbst so schwermachen? Mit solchen Grübeleien und Gedanken hatte sich die 63-Jährige an langen Tagen der Einsamkeit und in vielen schlaflosen Nächten geplagt. Aber nie hatte sie mit ihren Kindern darüber gesprochen. 'Sie legen mir das womöglich als Gejammer oder gar als Egoismus aus', hatte sie befürchtet.

An diesem Wochenende im April wollte sie offen über alles reden – nicht, weil sie ihren Kindern Vorhaltungen machen wollte wegen der Entscheidungen, die sie getroffen hatten. Nein: Sie machte sich Sorgen um ihren eigenen Gesundheitszustand. Sie hatte neuerdings permanente Schmerzen im Leib. Der Burkitzer Arzt hatte sie nicht ohne Grund zur weiteren Behandlung an die Medizinische Akademie in Magdeburg überwiesen; sie hatte sein sorgenvolles Gesicht noch immer vor ihrem geistigen

Auge. „Ist es etwas Ernstliches, Herr Doktor?" Der Arzt hatte geantwortet: „Das müssen Sie selber fühlen." Und sie fühlte sich schlecht, hatte Angst. 'Ich muss den Kindern reinen Wein einschenken. Ich muss mit ihnen alles Nötige für den möglichen Ernstfall besprechen.' Dafür wollte sie an diesem Abend den geeigneten Zeitpunkt abpassen. Im Moment schien ihr der noch nicht gekommen zu sein. Ihr Sohn meditierte über die Neubebauung des Magdeburger Stadtzentrums und darüber, dass die TH von ihrer zentralen Lage in der Stadt und von der florierenden Magdeburger Maschinenbau-Industrie sichtbar profitierte. „Überhaupt", gab er zu, „bin ich überrascht, was sich in jüngster Zeit in Magdeburg alles getan hat. Es ist …"

Annedore unterbrach ihn. „ … es ist Zeit, nun, da wir fertig sind mit dem Essen, über die Ergebnisse deines Gesprächs mit dem Professor zu reden. Was ist denn dabei Konkretes herausgekommen?"

„Tja, wie soll ich anfangen …?"

„Warte noch!", mischte sich Paula ein. Sie räumte das benutzte Geschirr in die Spüle und sagte: „Lasst uns in die Wohnstube gehen. Dort sitzt sich's gemütlicher." Da hatte sie wohl recht. Heinz hatte für die Mutter eine Schachtel Konfekt mitgebracht. Die öffnete Paula und stellte sie auf den Couchtisch. „Für alle. Bedient euch!" Annedore knipste die neben der Couch aufgestellte Stehlampe an. Die Gesichter der Neuenhofs und die Gegenstände im Zimmer wurden in ein trauliches Licht getaucht.

Heinz sagte: „Professor Kainzow hat mir angeboten, ich kann im September dieses Jahres zum Hochschuldozenten an seiner Sektion berufen werden."

„Sicher?"

„Er sagte, alles Erforderliche sei bereits in die Wege geleitet worden – bis ins zuständige Ministerium hinauf."

„Hast du zugesagt?"

„Noch nicht."

„Wie kann er ohne deine Zusage …?"

„Wenn ich das Angebot nicht annehme, lassen sie einen anderen Kandidaten berufen."

„Gibt's denn den?"

„Soviel ich herausgehört habe: ja."

„Wie seid ihr miteinander verblieben?"

„Ich habe um Bedenkzeit gebeten."

„Bis wann musst du dich entschieden haben?"

„Spätestens bis Mitte Mai. Dann will der Professor aber nicht nur mein 'JA' oder 'NEIN' hören, sondern will im JA-Falle auch alle Unterlagen für den Berufungsantrag von mir ausgehändigt bekommen."

Paula schüttelte den Kopf. „Das verstehe ich nicht. Du hast gesagt, für die Berufung sei bereits alles in die Wege geleitet worden. Was soll denn noch …?"

Annedore seufzte.

Heinz sagte: „Mutti! Wenn ich die Dozentur in Magdeburg übernehmen will, muss ich mich in aller Form darum bewerben. Ich muss ein entsprechendes Schreiben aufsetzen, einen Lebenslauf verfassen, einen Personalbogen ausfüllen, ich muss schriftlich begründen, wieso ich mich für die Dozentur als geeignet halte, ich muss eine Beurteilung über meine Tätigkeit bei Elektrodyn, muss Passbilder und Zeugnisabschriften beibringen, ich muss …"

„Hör auf!", unterbrach ihn Annedore. „Komm zum Wesentlichen!"

Heinz blickte seine Schwester ärgerlich an. „Was ich aufzähle, ist wesentlich. Es erfordert viel Zeit. Ich muss alles nebenbei, zusätzlich zu meiner Arbeit im EDD, bewältigen. Außerdem hat Mutti danach gefragt. Folglich antworte ich ihr."

Annedore blieb hartnäckig. „Du sagtest, du habest noch nicht zugesagt. Wie wirst du dich entscheiden?"

„Das weiß ich heute nicht. Wir drei fangen gerade an, über die Sache zu beratschlagen. Mit Karin muss ich auch noch in aller Ruhe …"

„Schieb es nicht auf Karin und auf uns! Wir können dir nicht vorschreiben, ob du zu- oder absagen sollst. Wir können nur Offenheit und Ehrlichkeit von dir verlangen. Alles andere …"

Paula sagte: „Ereifert euch nicht! Ich möchte dich, Heinz, so fragen: Würdest du gern als Dozent in Magdeburg arbeiten?"

Diese Frage bejahte Neuenhof. „Wisst ihr, ich mache meine Arbeit im Betrieb nicht schlecht, wie ich meine. Ich komme mit den Arbeitern, Angestellten und Meistern meines Bereiches gut zurecht. Ich stehe auch mit dem Werkdirektor und mit den übrigen Bereichsleitern nicht auf Kriegsfuß. Ich bekomme jeden Monat pünktlich mein Gehalt und an jedem Jahresende eine Prämie – beides in passabler Höhe. Ich kann mit meiner Familie gut davon leben und dir, liebe Mutti, ab und zu ein Geldscheinchen zustecken …"

Annedore ergänzte: „… und seitdem ihr für Martin einen Kindergartenplatz zugewiesen bekommen habt und Gerald in die Schule und in den Schulhort geht, konnte Karin ihre Arbeit in der Schanzen-Apotheke wieder aufnehmen. Dort verdient sie ein Sümmchen für euer Haushalt-Budget hinzu. So habt ihr mir vor einiger Zeit schon das Darlehen zurückzahlen können, das ich euch für die Einrichtung eurer AWG-Wohnung gewährt habe. Apropos Wohnung: Neubau, fernbeheizt, Parkettfußboden im Wohnzimmer, Balkon, niedrige Miete, da Genossenschaftswohnung … Heinz, Heinz, da kommt einiges zusammen. Das verschaff' dir und deiner Familie erst mal woanders!"

Paula atmete ein paarmal tief ein und aus. „Tatsächlich, Johnnychen", sie sagte „Johnnychen" wie einst, als Heinz Neuenhof ein Schuljunge gewesen war, „du lebst mit deiner Familie im Paradies. Was fehlt euch denn, außer einem Auto?"

„Mutti hat recht", bekräftigte Annedore.

„Und trotzdem ..." Heinz sah sinnend vor sich hin. „... ich würde das in Magdeburg gern machen wollen. Hier ist mittlerweile alles Routine. Ich kenne die Abläufe in den Werkstätten. An denen wird sich über Jahre hinweg wenig ändern – zumindest so lange nicht, wie im EDD elektrische Maschinen, Werkzeuge, Bordgeräte und Tischventilatoren produziert werden. Ich kenne die Leute, die im Betrieb beschäftigt sind, ihre Stärken und Schwächen, ihre Einstellung zu mir und zueinander. Es bleibt sich alles im Wesentlichen gleich – über Jahre hinweg, bis zu meinem Rentenalter in dreißig Jahren."

„Mehr Sicherheit kann man sich für sein Leben nicht wünschen", sagte Paula. „Keine Kriege, keine Not der Nachkriegsjahre, keine Krisen, gesicherte Arbeit, langfristige Verträge ... Ich sagte bereits: wie im Paradies. Was willst du noch?"

„Ich möchte als Hochschullehrer arbeiten: möchte Vorlesungen und Seminare halten, mit Studenten zusammenarbeiten, in jedem Jahr – nach der Neuimmatrikulation – mit anderen, ich möchte forschen wie bei der Anfertigung meiner Doktor-Arbeit, möchte zu technologischen Aufgabenstellungen mit Magdeburger Betrieben zusammenarbeiten, möchte Lehrbücher schreiben ... alles so 'was. Das reizt mich. Das würde mich, glaube ich, bis ins hohe Alter ausfüllen."

Paula sah ihren Sohn an und dachte: 'Er kommt nicht zur Ruhe.' Als er diplomierte, hatte sie geglaubt, nun wäre es geschafft, er würde fortan wie die meisten anderen Ingenieure in einem Betrieb tätig werden – mit gesichertem, stetig wachsendem Gehalt und geregelter Arbeitszeit, wie es nach ihrer Meinung Intelligenzlern zukam. Aber nein: Heinz hatte sich nach Abschluss seines Hochschulstudiums zu einer wissenschaftlichen Assistenz bei Professor Wichtler an der TU Dresden überreden lassen für weniger Geld, als er in einem Industriebetrieb hätte verdienen können –, und alles mütterliche Zittern und Bangen, ob der Junge sein Ziel wohl erreichen würde, hatte von neuem begonnen. Dann hatte er seine Dissertation mit „Magna cum laude" verteidigt, und wieder hatte sie angenommen, nun wäre es geschafft. Tatsächlich hatte er anschließend als „der Doktor" im EDD zu arbeiten angefangen – aber eben beim VEB Elektrodyn Dresden und nicht bei einer Firma in ihrer Nähe. 'Was will er noch alles?', dachte sie und schluckte ein paarmal, ehe sie ihn fragte: „Traust du dir das überhaupt zu?"

„Ich habe doch Erfahrung von meiner Assistentenzeit her", antwortete Heinz. „Ich kann mit Studenten umgehen. Vorträge habe ich auch schon gehalten in meinem Leben. Was mir an Vortragskünsten noch fehlt, werde ich mir aneignen. Ich werde üben. Die Texte für meine Vorlesungen werde ich schriftlich ausarbeiten und mir einbimsen. Dann blamiere ich mich nicht vor den Studenten. In Magdeburg wird mir die Leitung einer Lehr- und Forschungsgruppe übertragen. Auch vor dieser Aufgabe habe ich keine Bange. Bei Elektrodyn in Dresden muss ich mit einem viel größeren Kollektiv, als es eine Lehr- und Forschungsgruppe darstellt, zurechtkommen. Zugegeben: Bei meinem Besuch heute, in Professor Kainzows Sektion, ist mir bewusst geworden, in Magdeburg läuft einiges anders, als ich es von meiner Assistententätigkeit in Dresden gewöhnt bin. Aber auch damit werde ich fertigwerden."

„Außerdem", ergänzte Annedore, „kennen wir unseren Heinz. Wenn ihm etwas erstrebenswert erscheint und wenn er vermeint, es mit seinen Kräften erreichen zu können, dann packt er die Sache an. Ich sage klipp und klar: Heinz kann uns heute Abend noch so viel erzählen von Bedenkzeit-erbeten und Sich-mit-uns-und-Karin-beraten-wollen – in seinem Innersten hat er sich längst für das Magdeburger Angebot entschieden." Paula erschrak. Heinz protestierte. Annedore sagte: „Wir sollten unsere Zeit sinnvoll nutzen und darüber reden, wie geht es mit uns weiter?"

Heinz sagte mit Blick auf Annedore: „'s ist ja man gut, dass einer von uns schon jetzt genau weiß, wie ich mich entscheiden und was ich tun werde."

Paula sah ihren Sohn missbilligend an. „Spöttele nicht herum!"

Heinz nickte. „Hast recht. Also nun ohne Spöttelei: Ich tausche meine Dresdner AWG-Wohnung gegen eine in Magdeburg und ziehe mit meiner Familie um. Annedore gibt ihre Anstellung in Großsedlitz auf und bewirbt sich um eine Lehrerstelle in Burkitz oder in der Burkitzer Umgebung. Sie zieht zu dir, Mutti, in die Wohnung. So kommen wir alle – endlich wieder – zusammen. 'Erweiterte Familienzusammenführung' könnte man das nennen. Wäre das nicht wunderbar, Mutti? Übrigens, Annedore, hatten wir das vorgestern in Dresden so besprochen."

Annedore schüttelte den Kopf. „Und da sagte ich bereits, mein Wechsel ist ein Wunschdenken von dir. Ich werde vom Rat des Kreises Pirna nicht freigestellt."

„Willst du es nicht wenigstens versuchen?" Familienzusammenführung – die sagte Paula sehr zu. 'Wenn sich bei meiner Untersuchung in der Medizinischen Akademie etwas Schlimmes herausstellen sollte und ich nicht Nutznießer von Heinz' Pläne sein könnte', dachte sie, 'dann wäre es gut, meine Kinder wären beieinander.' Auf die Eintracht von Heinz, Annedore und Karin war sie sehr bedacht.

Annedore sagte resignierend: „Bei uns ist es so, einer bleibt immer außen vor. Als ich ein Schulmädchen war – in Küssow und in Burkitz –, waren wir beide zusammen, Mutti; Heinz besuchte in Burkitz die Oberschule, anschließend studierte er in Dresden. Seitdem Heinz und ich nach unserem Studium fast Haus an Haus in Dresden wohnen, gehöre ich quasi zu seiner Familie; du, Mutti, bist jedoch hier, wie verlassen, in Burkitz. Nun treten wir in eine neue Phase ein: Heinz wird an die TH Magdeburg berufen, er und seine Familie ziehen um, in deine Nähe, Mutti, und ich dummes Huhn bleibe mutterseelenallein im schönen Sachsenlande hocken. Sagt selber: Ist das nicht fast tragisch mit uns?" Sie begann zu schluchzen.

Heinz versuchte, sie zu trösten. „Sieh nicht so schwarz und weine nicht! Es ist noch nichts endgültig entschieden."

„Ach", Annedore winkte ab, „du hast dich vorhin deutlich genug geäußert."

Paula erhob sich aus ihrem Sessel und setzte sich zu ihrer Tochter auf die Couch. Sie legte einen Arm um Annedores Schultern. „Er hat recht. Beruhige dich. Wir haben alle drei in den nächsten Tagen und Wochen noch manches zu klären. Beginnen wir mit unserem Dozenten in spe: Heinz muss seine Karin von der Vorteilhaftigkeit des Magdeburger Vorhabens überzeugen. Das wird ..."

Annedore unterbrach die Mutter: „... das wird kein Problem sein. Karin hat in Magdeburg ihren Beruf erlernt, kennt sich dort aus. Sie hatte dort eine gute Freundin, Bekannte ihrer Eltern wohnen dort, die Entfernung bis zu dir ist nicht der Rede wert. Sie wird ohne Zögern einwilligen."

„... das wird sich zeigen", setzte Paula fort. „Karin ist eine kluge junge Frau. Sie hat in Dresden, was sie sich wünschen kann: eine fernbeheizte Neubau-Wohnung, einen Arbeitsplatz in ihrem Beruf, einen Kindergartenplatz für Martin, die Schule, in die Gerald geht, ist in der gleichen Straße gelegen, in der ihr allesamt wohnt, sie hat dich, Annedore, als stets verfügbare Kindertante und unseren Heinz als hoffentlich stets treuen Ehemann. Ich sagte bereits vorhin: paradiesische Lebensbedingungen – für eine junge Familie wie euch! Was Karin von alledem in Magdeburg geboten wird, weiß sie nicht." Und mit Blick auf Heinz: „Du, mein Sohn, kannst beim jetzigen Stand der Dinge nichts garantieren. Du wirst dich in nächster Zeit – wie bei einem Neuanfang – um alles, was ihr jetzt schon habt, wieder kümmern müssen. Denn du hast eine Familie. Für die musst du sorgen. Da ist es mit dem Vorlesungenhalten längst nicht getan."

Heinz nickte. „Ist mir klar."

„Nun zu dir, Annedore! Ich habe immer meinen Ehrgeiz darein gelegt ..."

Wieder unterbrach Annedore sie: „Ich bin in dieser Runde die unmaßgeblichste Person. Reden wir erst mal von dir, Mutti!"

„I wo!" Paula winkte mit der Hand ab. „Was soll ich alte Frau für eine Rolle spielen?"

„Der Brief, den du mir kürzlich geschrieben hast, hat mir Sorgen bereitet."

„Mir auch", ergänzte Heinz.

„Und dass du in die Medizinische Akademie zur Untersuchung geschickt wirst, ist ja wohl kein Spaß. Oder wie?"

'Jetzt gilt's!', dachte Paula. Sie entschied ganz rasch – wie immer – und verwarf ihren Vorsatz, mit ihren Kindern über den von ihr befürchteten Ernstfall zu reden.

„Ich bin eine alte Frau geworden, nicht wahr? An manchen Tagen fühle ich mich pudelwohl, da möchte ich mit einem Ruck den ganzen Garten vorm Haus umgraben. Ein andermal fühle ich mich elend und verlassen, und wenn ich mir dann Gedanken mache und sehnsuchtsvoll einen Brief an euch schreibe, kommt nichts Gescheites dabei heraus. So ist das eben bei alten Leuten."

„Nun rede nicht wie eine 75- oder 80-Jährige.", sagte Annedore und hörte auf zu schluchzen.

„Warum sollte ich nicht? Manche 75- oder 80-Jährige ist leichter durchs Leben gegangen als ich und kann sich mit mir nicht vergleichen. Kurzum: Macht euch um mich keine Sorgen!" In ihrem Leib begann, wie schon öfter in letzter Zeit, ein schmerzhaftes Ziehen. Paula stand auf, lief – leicht gekrümmt – ein paar Schritte und setzte sich wieder in ihren Sessel. „Ich habe im zurückliegenden Jahr meine ärztlichen Kontrolluntersuchungen verschusselt. Ihr wisst doch: die war halbjährlich Pflicht nach meiner OP. Es ist also nur recht, dass mich der Doktor schleunigst nach Magdeburg schickt." Sie räkelte sich in ihrem Sessel hin und her, bis ihre Schmerzen nachließen. „Ich war immer ehrgeizig bemüht, euch zu einem unzertrennlichen Geschwisterpaar zu erziehen. Ich war glücklich, dass ihr in den letzten Jahren in Dresden zusammen wart – auch nach deiner Hochzeit, Heinz. Ihr wohnt in derselben Straße: der eine in der Hausnummer 11, die andere in der 32. So etwas ist heutzutage nicht allen vergönnt. Mich hat das beruhigt und zufrieden gemacht. Bei allem, was in nächster Zeit entschieden und geschehen wird: Haltet beide weiterhin fest zusammen, bezieht Karin in eueren Bund mit ein! Das ist mein Herzenswunsch. Karin wird es oftmals nicht leicht haben mit den Kindern, mit euch und mit all ihrer Arbeit. Sie ist als Einzelkind aufgewachsen und erzogen worden. Das bedenkt! Du, Johnnychen, trägst für alle die Verantwortung. Ich habe dir immer vertraut, dich in alle Angelegenheiten der Familie einbezogen. Halte du es mit den dir Anvertrauten einschließlich Annedore genauso! Ich …"

Heinz Neuenhof erschienen diese Ansprache und das Hin- und Hergerutsche der Mutter in ihrem Sessel verdächtig. „Lass dich unterbrechen. Ist dir nicht gut? Tut dir etwas weh? Und: Wozu deine prinzipiellen Appelle?"

„Ach …" Paula dachte: 'Ich muss aufpassen, dass ich mich nicht verrate.' Sie log: „Mir tut nichts weh. Es ist bloß so, wenn ich ein Weilchen auf der Couch gesessen habe, schläft mir manchmal mein rechtes Bein ein. Das gibt sich aber wieder, ist nicht der Rede wert. – Was ich dich noch fragen möchte, Heinz: Lohnt sich der Wechsel von Dresden nach Magdeburg für dich auch in finanzieller Hinsicht?"

Heinz wurde verlegen. „Wie man's nimmt. Zunächst – als Dozent – bekomme ich genau soviel wie derzeit bei Elektrodyn. Professor Kainzow sagte …"

„Ach du Schreck!" Paula schüttelte den Kopf. „Auch das noch: nicht mal mehr Geld! Und da siehst du in Magdeburg dein neues Paradies? Willst mit Sack und Pack dorthin ziehen – VON EINEM PARADIES INS ungewisse ANDERE?"

„... Professor Kainzow sagte, es sei vorgesehen, die mir angebotene Dozentur demnächst in eine Professur umzuwandeln; dafür sei alles durchgestellt, ich hätte die Chance, diese Professur zu bekommen. Dann ..."

„Heinz, Junge: 'demnächst' – wann ist das? Und: Wie hoch willst du noch hinaus?"

„... dann – als Professor – würde sich mein Monatsgehalt um cirka tausend Mark erhöhen. Im Hinblick darauf lohnt sich ein Wechsel."

Die beiden Frauen sahen Heinz skeptisch an.

„Ich muss auf diese Perspektive setzen. Professor Kainzow vertraue ich. Er macht keine leeren Versprechungen."

„Finanziell lohnt es sich zunächst also gar nicht", sagte Paula leise, wie für sich.

„Aber es ist doch ein Ziel. Ich habe bisher immer ein größeres Ziel angestrebt."

„Stimmt. Die vielen Jahre mag ich gar nicht zählen, in denen Annedore und ich um dich gezittert und dir die Daumen gedrückt haben." Sie dachte: 'Er bleibt sich immer gleich. Ich werde wohl nicht mehr erleben, dass er mal sagt: Paulchen, jetzt habe und bin ich alles, nun ist Schluss.'

Annedore fragte: „Garantiert dir Kainzow, dass du nach ein, zwei Jahren zum Professor berufen wirst?"

Heinz seufzte. „Ein Versprechen gibt mir niemand. Letztlich hängt die Höherberufung von meinen Leistungen als Dozent ab. Es ist bloß so: Wenn ich's nicht versuche, nicht das Wagnis eingehe – von selbst, will sagen: wenn ich einfach so weitermache wie bisher, kommt's nicht."

Paula sagte: „Gott erhalte dir deinen Idealismus!" Und als Annedore wieder zu weinen anfing: „Tja, mein Mädchen, erkundige dich bei den zuständigen Behörden, ob du in unsere Gegend wechseln kannst! Ansonsten vertrau' auf deinen großen Bruder! Ich habe es vorhin deutlich gesagt – als meinen Herzenswunsch –, er steht nicht nur bei seiner Familie, sondern auch dir gegenüber in der Pflicht." Das war er der „Kleinen", die sechseinhalb Jahre jünger als ihr Bruder, aber mittlerweile 27 Jahre alt war, nach ihrer Meinung schuldig.

9

Der Versammlungsleiter sagte: „Nun erteile ich dem Genossen Minister das Wort zu seiner selbstkritischen Stellungnahme."

Das war schon etwas Besonderes in dieser Gesamt-Mitgliederversammlung der SED-Grundorganisation des Ministeriums für das Hoch- und Fachschulwesen: Der Minister, der in den zurückliegenden Monaten und Jahren stets „die grundlegende Linie der Hochschulpolitik der DDR" vorgetragen, erläutert und als Parteiauftrag an jeden politischen Mitarbeiter „seines Hauses" interpretiert hatte, trat, die schmalen Schultern nach vorn gezogen, wie gramgebeugt, ans Rednerpult und erklärte: „Genossinnen und Genossen. Ich erkenne die an mir geübte Kritik an. Jawohl, ich habe als verheirateter, obzwar von meiner Frau getrennt lebender Ehemann ein persönliches Verhältnis mit meiner in diesem Hause tätigen und in Scheidung lebenden Stellvertreterin begonnen, und ich stehe nach wie vor zu dieser Beziehung. Ich erkenne nach den mit mir geführten kritischen Aussprachen an, dass ich mit meinem Verhalten gegen die von unserer Partei vertretenen Grundregeln der sozialistischen Ethik und Moral verstoßen habe. Ich habe daraus zwei Schlussfolgerungen gezogen. Erstens: Vor einigen Tagen habe ich meine Ehescheidung beantragt. Zweitens habe ich – in Absprache mit unserer Parteiführung – den Vorsitzenden des Ministerrates gebeten, mich von der Funktion des Ministers für das Hoch- und Fachschulwesen zu entbinden und mir das Vertrauen zu erweisen, an einer der Universitäten oder Hochschulen unseres Landes wieder als Professor für Experimentalphysik tätig sein zu dürfen."

Nach diesem Beitrag wurde in der Versammlung nicht weiter diskutiert. Den Teilnehmern war bewusst, nun würde es „im Hause" einen neuen Herrn und in der Besetzung der Funktionen im Ministerium einen sogenannten Paternoster-Effekt geben – die einen würde es hinaufheben, die anderen absenken. Der Leiter der Abteilung Wissenschaften des Zentralkomitees hatte, einleitend zu diesem Tagesordnungspunkt, die Auffassung der Parteiführung dargelegt. „Aber", hatte er gesagt, „es wird heute Abend nicht bekanntgegeben und darüber diskutiert werden, welche Personen auf welche Positionen nachrücken oder umgesetzt werden." Genau dies hätte jedoch die Versammlungsteilnehmer am meisten interessiert – sowohl diejenigen, die glaubten, von derartigen Veränderungen betroffen zu werden, als auch jene, die ihrem Reden nach überhaupt nicht neugierig waren, die bloß immer alles gern wissen wollten. So konnte die nach Dienstschluss um fünf begonnene Gesamt-Mitgliederversammlung zwei Stunden vor Mitternacht beendet werden.

Zum internationalen Kampf- und Feiertag der Werktätigen, also zum 1. Mai, wurde der neue Minister – ein großgewachsener, fülliger Mann, ein Diplom-Gesellschaftswissenschaftler – in sein Amt eingeführt. Er hatte zuvor an der Karl-Marx-Universität Leipzig mehrere Parteifunktionen bekleidet. In seiner Antrittsrede sagte er: „Es entspricht den Zielsetzungen unseres Staates und der Politik unserer Partei, dass das Hoch- und Fachschulwesen der DDR durch Lehre auf höchstem fachlichen Niveau, durch sozialistische Erziehung des wissenschaftlich ausgebildeten Nachwuchses zum Klassenstandpunkt und durch effektive Forschungsarbeit in den Kategorien theoretische Grundlagen-Forschung, angewandte Forschung und Industrie-Unterstützung einen signifikanten und messbaren Beitrag zur Stärkung der DDR leistet. Dabei sind die Einheit von Lehre und Forschung und die Einheit von Theorie und Praxis konsequent zu realisieren. Das setzt für das Wirken unseres Hauses höhere Maßstäbe. Die gelten sowohl für mich als Minister als auch für jeden politischen Mitarbeiter. Dementsprechend werde ich das Ministerium so strukturieren und leiten und so personell besetzen, dass es seiner Rolle als leitendes Staatsorgan und in seiner Effizienz den Prinzipien der sozialistischen Wirtschaftsführung besser als bisher gerecht wird."

Die Teilnehmer an der Einführungsveranstaltung horchten auf. „Der Neue" redete nicht schlechthin einige Artigkeiten daher wie „... es ist eine große Ehre für mich" und „... ich danke der Partei- und Staatsführung für das in mich gesetzte Vertrauen" oder „... ich werde meine ganze Kraft dafür einsetzen, dass ..." – hier verkündete jemand ein ganzes Programm vielfältiger Veränderungen.

Harry Petras und Hans-Georg Gerbach, die beide an der Veranstaltung teilnahmen – der eine in der Funktion eines Abteilungsleiters und der andere als einer der „Parteiaktivisten" des Ministeriums – steckten die Köpfe zusammen.

„Nun wird es in unserem Hause vorbei sein mit den bisherigen quasiakademischen Spielchen", raunte Petras. Gerbach erwiderte halblaut, alle in der Nähe Sitzenden konnten es hören: „Es wurde wohl auch Zeit." Sie hatten beide recht.

Der neuernannte Minister strukturierte „sein Haus" sehr zügig und ohne Erprobungsphase um. Dass er dies nicht in die Länge zog, fanden seine Untergebenen gut. Dass er die neue Struktur nicht vorher mit allen bisherigen Minister-Stellvertretern, Abteilungs- und Sektorleitern beriet, rief Unverständnis und Missfallen hervor. Kritik äußerten vor allem der Leiter und die Mitarbeiter des von den Veränderungen am stärksten betroffenen Stellvertreter-Bereiches Mathematik/Naturwissenschaften/Technik. Wortführer waren dabei Harry Petras und Hans-Georg Gerbach. Sie akzeptierten zwar die Aufsplittung dieses Bereiches; der war – auch nach ihrer Meinung – hinsichtlich der in ihm vertretenen Fachgebiete zu komplex angelegt und deshalb leitungsmäßig nur schwer zu beherrschen. Sie monierten jedoch die beabsichtigte Aufhebung der Bereichs-Substruktur. Die hatte sich ihres Dafürhaltens bewährt. Bisher war der Bereich in zwei Abteilungen und jede Abteilung in mehrere Sektoren untergliedert gewesen. Harry Petras als Leiter der Abteilung Technik unterstanden drei Sektoren: Sektor Technik I für Bergbau, Hütten- und Verkehrswesen, Sektor Technik II für Maschinen- und Gerätebau (Konstruktion und Technologie) und Elektrotechnik/Elektronik und Sektor Technik III für Architektur, Wasserwirtschaft, Bau- und Vermessungswesen. Den Sektor Technik II leitete neuerdings Dipl.-Ing. Gerbach.

Das Konzept des neuen Ministers sah Bereiche für die großen Wissenschaftsgebiete – wie Mathematik/Naturwissenschaften, Geisteswissenschaften, Ökonomie und Technikwissenschaften – vor. Sie sollten wie bisher von stellvertretenden Ministern geleitet, aber nicht in kleinere Struktureinheiten untergliedert werden. Ihre Mitarbeiter sollten, aufgabenbezogen, variabel und flexibel zu Arbeitsgruppen zusammengefasst werden können. Ergänzend hierzu war vorgesehen, übergreifend über die neuen Stellvertreter-Bereiche sogenannte Querschnittsabteilungen für die Hauptprozesse einzurichten. Als Hauptprozesse wurden die Erziehung, Aus- und Weiterbildung und die Forschung deklariert.

Die Kritiker sahen als Mangel dieses Konzeptes an, dass die leitungsmäßig festgelegte Bindung einzelner Ministeriumsmitarbeiter an gleichartige Sektionen verschiedener Hochschuleinrichtungen und damit der authentische Kenntnisstand über die Situation an der Basis sukzessive verlorengehen würden. Solche Befürchtungen hielt der neue Minister für unbegründet. Er wollte dennoch sein Konzept von Unvoreingenommenen objektiv begutachten lassen. Mit dieser löblichen Absicht wandte er sich an einige maßgebliche Geisteswissenschaftler und Ökonomen „seines Hauses". Ausgerechnet an sie!

Die befragten Geisteswissenschaftler waren mehr mit dem Problem des schlechten sprachlichen Ausdrucks einiger Stellvertreter und Abteilungsleiter und mit der ihres Erachtens zu geringen Zumessung von Valutamitteln für Auslands-Dienstreisen von Germanisten, Anglisten und Romanisten beschäftigt denn mit der Leitungsstruktur ihres Ministeriums. Und die Ökonomen hatten vom Büro Dr. Günter Mittag den Auftrag erhalten, Grundsätze für ein sozialistisches Pendant zu den in kapitalistischen Industrieländern intensiv betriebenen Operations Research auszuarbeiten. Dieses Pendant sollte schon in allernächster Zeit unter der Bezeichnung „Marxistisch-leninistische Organisationswissenschaft" (MLO) an Universitäten und Hochschulen gelehrt und in großangelegten Weiterbildungsveranstaltungen an führende Wirtschaftskader vermittelt werden. Da hatten die Spezialisten der Ökonomie aus Zeitgründen keine prinzipielle Position zu der Frage entwickeln können, ob für das Hoch- und Fachschul-Ministerium eine horizontale oder eine vertikale Strukturierung der Leitungsebenen sinnvoll wäre. Letztlich stimmten die einen wie die anderen dem Konzept des neuen Ministers zu.

Der Minister beraumte in demokratischer Manier eine außerordentliche Dienstberatung aller Mitarbeiter des bisherigen Bereiches Mathematik/Naturwissenschaften/Technik an und verkündete dort die rasche Umsetzung seines Konzeptes. Der Bereichsleiter – von Profession ein Mathematiklehrer – sah darin eine unberechtigte Kritik an seiner Arbeit. Er protestierte. Das war sein demokratisches Recht. Aber seine sonst so diskutierfreudigen Abteilungs- und Sektorleiter unterstützten ihn in dem Disput mit dem neuen Hausherrn nicht. Sie beschäftigte zu jenem Zeitpunkt mehr die Frage, was aus ihnen werden und wie sich die anstehende Umgestaltung des Ministeriums auf die Höhe ihres Gehalts auswirken würde. Da beging der Minister-Stellvertreter in seinem Drange, recht zu behalten, einen schweren taktischen Fehler. Nach der Dienstberatung erbat er eine persönliche Rücksprache mit leitenden Genossen der Abteilung Wissenschaften des SED-Zentralkomitees. Die wurde ihm gewährt, und er verstieg sich dabei zu der Behauptung: „Mit dem Konzept meines Ministers wird in unserem Hause und im gesamten Hochschulwesen nichts verbessert. Die Hauptsache scheint zu sein, es wird alles anders als zuvor." Von dieser Auffassung seines Stellvertreters erfuhr der neue Minister durch eine Polit-Information auf kurzem Wege. Auf solche Weise herausgefordert und zum Handeln gezwungen, setzte „der Neue" den Personal-Paternoster in Bewegung. Der aufmüpfige Stellvertreter wurde kurzfristig ins Ministerium für Gesundheitswesen versetzt. Zum Leiter des neuen Bereiches Technische Wissenschaften des Hoch- und Fachschulministeriums und gleichzeitigen Stellvertreter des Ministers wurde Dipl.-Ing. Harry Petras berufen. Er veranlasste, dass Hans-Georg Gerbach als Gruppenleiter in diesem Bereich bestallt wurde.

„Wir beide sind lange genug im Geschäft", sagte Petras unter vier Augen zu Hans-Georg, „uns wird etwas Respektables einfallen, womit du dich ohne die ausgegliederten Hauptprozesse als Gruppenleiter zu beschäftigen hast."

Die gläubigen Christen sind überzeugt davon, dass GOTTES Wege wunderbar sind. Wundersam sind oftmals auch die Bewegungen des Personal-Paternosters in einem Staatsapparat.

10

Die nach Egeln gereisten Männer des VEB Elektrodyn Dresden verließen den unverputzten Ziegelbau, in dem die Betriebsleitung und Verwaltung des VEB Industrieofenbau Egeln untergebracht waren, mit strahlenden Mienen. Sie strebten munteren Schrittes dem Betriebsparkplatz zu. Dort hatte Rudolf Bockhardts Fahrer den personengebundenen „Wolga" des EDD-Betriebsdirektors abgestellt. „Der Rudi" hatte die Dienstreise seiner drei Mitarbeiter zu dem Egelner Betrieb für so wichtig erachtet, dass er an diesem Tage auf seinen Dienstwagen verzichtet hatte und mit seinem Privat-PKW ins EDD gefahren war.

Es war später Nachmittag, Anfang Mai, schönes Wetter.

„Wenn wir uns beeilen und alles gut läuft, sind wir zur 'Aktuellen Kamera' zu Hause", sagte der Fahrer.

Dr. Heinz Neuenhof fragte den Abteilungsleiter ÖM des Ö-Bereiches, der die Anschaffung der Ofenanlage fürs EDD kaufmännisch abzuwickeln hatte: „Wie denken Sie – können wir zufrieden sein?"

Der Gefragte hob die Schultern. „Was fragen Sie mich? Finanziell geht alles in Ordnung. Wichtig ist jedoch, dass wir mit dem heute vereinbarten Kauf unserem Betrieb in technologischer Hinsicht etwas Gutes antun. Das müssten allerdings Sie und" – mit ironischem Unterton und mit Blick auf Bogdan Kusnetzky – „Ihr Technik-Experte beurteilen."

„Der Doktor" sagte „So." und klopfte dem mitgereisten EDD-Lackierer vertraulich auf die Schulter. „Und wie lautet das Urteil des Experten?"

Kusnetzky ging auf diese Frage gar nicht ein. Vielmehr schob er umständlich seinen linken Jackettärmel hoch, lugte auf seine Armbanduhr und sagte: „Wir liegen gut in der Zeit. Genosse Doktor, ich möchte, dass wir rasch zum hiesigen Bahnhof fahren. Dann habe ich günstigen Zuganschluss nach Magdeburg."

„Wie bitte?" Neunhof glaubte, nicht richtig gehört zu haben.

Kusnetzky druckste herum. „Na ja ... Mein Cousin in Magdeburg feiert seinen vierzigsten Geburtstag. Er hat mich eingeladen. Ich habe mein Kommen nicht fest

zugesagt, konnte ja nicht wissen, dass das hier für uns so günstig abläuft."

Neuenhof wunderte sich. „Von einer Fahrt nach Magdeburg – heute – war nie die Rede. Nun auf einmal ... Ich dachte, wir werten unsere Verhandlung mit den Egelnern auf unserer Rückfahrt aus. Wir müssen uns vor der Abfassung unseres Dienstreise-Berichtes vorher untereinander verständigt haben."

„Das müssen wir auf übermorgen verschieben. Für morgen habe ich bei meinem Meister einen Urlaubstag beantragt – sicherheitshalber."

„Und das erfahre ich erst jetzt?"

„Wie gesagt: ich wusste ja nicht …"

Der Fahrer mischte sich ein. „Wann fährt denn der Zug?"

„Kann ich aus dem Kopf nicht genau sagen – so etwa in einer halben Stunde."

„Na, Doktor", sagte der Fahrer, „dann entscheiden Sie mal ganz schnell!"

Neuenhof fühlte sich von dem Lackierer überrumpelt. „Morgen früh muss ich 'dem Rudi' einen mündlichen Sofortbericht erstatten. Auf der Rückfahrt – dachte ich – sprechen wir dafür die Schwerpunkte ab, und ich mache mir dazu ein paar Notizen."

„Das kannst du doch", sagte Kusnetzky leichthin.

„Kann ich, meinst du, und du scherst aus." Neuenhof höhnte: „Bloß gut, dass ich dich auf diese Dienstreise mitgenommen habe."

Der Lackierer zuckte mit den Achseln. „Übermorgen stehe ich wieder zur Verfügung."

„Hoffentlich erzählst du dann in der ABI-Gruppe nicht das Gegenteil von dem, was ich morgen früh dem Werkdirektor berichten werde."

Bogdan Kusnetzky wurde ärgerlich. „Genosse Doktor …!"

Der Fahrer drängte zur Eile. „Kommt zu Potte! Wohin soll nun die Fahrt gehen?" Er öffnete die Türen seines PKW sperrangelweit.

„Na los!" Neuenhof entschied: „Wir fahren zum Egelner Bahnhof, setzen dort den Geburtstagsgast ab. Und dann auf kürzestem Wege nach Hause."

Die Tätigkeit eines Produktionsleiters in einem volkseigenen Betrieb war interessant und abwechslungsreich, mitunter auch sehr aufregend. Das erfuhr Dr. Heinz Neuenhof unmittelbar nach seiner Rückkehr aus Egeln aufs neue.

Zwei der Werkzeugschlosser aus dem Bereich FTW waren in der zweiten April-Hälfte ausgefallen. Sie hatten sich krankgemeldet. Böse Zungen im Betrieb behaupteten allerdings, die beiden seien gar nicht krank gewesen; sie hätten in ihren Gärten viel zu tun gehabt, und das wären gar keine Gärten, sondern eher Gärtnerei-Anlagen mit beheizbaren Gewächshäusern und allem Drum und Dran. Darin würden sie Tomaten, Kopfsalat und Gurken aufziehen und zu jahreszeitlich frühem Zeitpunkt auf dem freien Markt verkaufen. Das brächte ihnen mindestens noch einmal so viel ein wie ihr gewiss nicht niedriger Jahreslohn bei Elektrodyn. „Der Doktor" solle nicht neidisch sein, aber über sein Gehalt würden die beiden nur müde lächeln.

'Sei es drum!', dachte „der Doktor" und war nicht neidisch. Ihm bereitete der Kapazitäts-Engpass in der Flachschleiferei Sorgen. Den hatten die beiden Tomaten-, Kopfsalat- und Gurkenzüchter verursacht. Mit ihren Arbeiten an den Folgeschneidwerkzeugen für die Ständer- und Läuferbleche einer neuentwickelten Maschine waren sie in Verzug geraten. Später, als im Kapazitäts-Belegungsplan für die Flachschleiferei vorgesehen gewesen war, wollten sie nun die Stempel in die Schneidwerkzeuge einpassen. Dieses Einpassen erforderte – so war es gang und gäbe – ein mehrmals zu wiederholendes wechselseitiges Arbeiten von Werkzeugschlossern und Flachschleifern.

Egon Handke, der Star-Werkzeugschlosser des Betriebes, war ein fleißig und zielstrebig arbeitender Mann. Er hatte sich Mitte April mit Feuereifer an die Arbeiten für das 4-Stufen-Folge-Säulenführungsschneidwerkzeug des Thüringer Auftraggebers gemacht. Der für ihn zuständige Bereichsleiter Bückert hatte ihn bis auf weiteres von anderen Betriebsaufträgen entbunden. „Beim Bau eines solch komplizierten Werkzeuges ist es am besten", hatte Bückert zum „Doktor" gesagt, „wenn alle Arbeiten in einer Hand bleiben, und Egon ist der bestgeeignete Mann dafür." Bückert hatte recht. Und mit seinen Arbeiten exakt im Plan liegend, beanspruchte Handke – allerdings zeitgleich mit seinen beiden in Verzug geratenen Kollegen – Flachschleifkapazität für das Einpassen der Stempel in das Thüringer Kabelschuh-Werkzeug.

Zuerst stritten sich die Werkzeugschlosser untereinander.

„Ihr seid die Bummelanten!", ereiferte sich Handke. „Ihr könnt dann an die Flachschleifmaschinen, wenn eine Kapazitätslücke entsteht."

„Das denkst du dir so", entgegneten die Gartenfreunde. „Unser Werkdirektor sieht das anders. Bei seinem nächsten Betriebsrundgang kannst du ihm deine Meinung sagen, oder wir werden ihm stecken, was hier los ist. Dann wirst du dich wundern, was er dir antwortet." Sie reflektierten darauf, Bockhardt, selber ein Maschinen-Konstrukteur, würde, so wie immer, dem Betriebsauftrag zum Bau der neuentwickelten Maschine an allen Arbeitsplatzgruppen des Betriebes die Priorität einräumen.

„Ihr vergesst: Ich bin von uns dreien derjenige, der zum 'Rudi' den heißen Draht hat." Dessen war sich Egon sicher.

„Und wenn schon."

Den Flachschleifern wurde das Hin- und Hergerede der Werkzeugschlosser zu viel. „Holt Bückert herbei! Er soll entscheiden."

Aber Bückert nahm an einer Abstimmungsberatung beim Konstruktionsleiter KM teil und war nicht sogleich abkömmlich. Erst in der Mittagspause, als Handke in der Kantine eine Portion Erbsensuppe mit Bockwurst verzehrte, entschied der Bereichsleiter FTW zugunsten der krankgemeldet gewesenen Schlosser. Mit „dem Rudi" wollte er sich nicht anlegen.

„Was denn nun?", schimpfte Handke anschließend in der Bückertschen Meisterstube. „Soll ich an meiner Werkbank stehen und Däumchen drehen? Oder schickst du mich vorzeitig nach Hause zum Rasenmähen?" Bückert rechtfertigte sich. „Fänse nicht herum! Ich habe weder gewollt noch geplant, dass deine beiden Kollegen erst jetzt die Stempel in ihre Werkzeuge einpassen."

„Das mag sein. Aber ich liege im Plan, sie haben sich an ihre Vorgaben nicht gehalten."

„Konnten sie doch nicht."

Handke lachte höhnisch. „Glaubst neuerdings an Märchen, wie?"

„Nö. Aber wenn ich die beiden nicht vor dir an die Flachschleifmaschinen heranlasse, werden ihre Werkzeuge noch später als ohnehin fertig. Dann kann ich die Bleche für die neue Maschine nicht stanzen lassen, und Wendland kann die Maschine nicht montieren und zur Erprobung ans Versuchsfeld liefern. Bei so viel Terminverzug würde uns 'der Rudi' zur Schnecke machen, verstehst du?"

„Wenn ihr alle solchen Schiss vorm Werkdirektor habt, dann werde ich zu ihm gehen und ihm darlegen, wie das im Bereich FTW zur Zeit läuft – oder genauer gesagt: nicht läuft. 'Dem Rudi' sind seine besten Werkzeugschlosser", damit meinte Handke sich selbst, „nicht einerlei. Er schafft Abhilfe, darauf kannst du Gift nehmen."

Bückert erschrak. „Das tust du nicht!", forderte er drohend.

„Denkst du, ich trau' mich nicht?"

„Das nicht. Ich kenne dich lange genug und weiß, was du für ein resoluter Kerl bist." Der Bereichsleiter überlegte blitzschnell. 'Ich muss Egon auf die kameradschaftliche Tour beikommen, sonst provoziert er einen mächtigen Skandal.' Er legte dem Star-Schlosser eine Hand auf die Schulter und sagte versöhnlich: „Geh nicht zum 'Rudi'! Tätest du's, würdest du 'den Doktor' in die Pfanne hauen. Der hätte das jedoch nicht verdient. Er hat – auch auf deinen Rat hin – den Kabelschuh-Schnitt in unser Fertigungsprogramm aufgenommen. Leute wie du sollten eine anständige Arbeit bekommen, die euch Spaß macht und euer ganzes Können herausfordert. Du warst dabei, als Neuenhof entschieden hat: 'Wir bauen den Thüringern das Werkzeug, wenngleich wir dann keine Kapatitätsreserven haben.' Hätte er zuvor 'den Rudi' befragt, hätte der bestimmt von dem Auftrag abgeraten. Bockhardt geht's doch in erster Linie um den raschen Bau neuentwickelter elektrischer Maschinen. Deshalb …"

„Das weiß ich doch alles", unterbrach Handke seinen Bereichsleiter, „aber es nutzt mir nichts. Ich will arbeiten. Und bei den Flachschleifern bin jetzt ich an der Reihe und nicht die beiden Gemüsegärtner."

Bückert kratzte sich den Kopf. Nach einer Weile sagte er: „Ich werde mit 'dem Doktor' besprechen, wie wir aus der Kalamität herauskommen."

„Wann?"

„Noch heute."

„Unser Arbeitstag ist noch lang. An meiner Werkbank herumstehen und warten will ich nicht. Ruf 'den Doktor' gleich an!"

Bückert schlug mit der flachen Hand auf seinen Schreibtisch. „Himmelherrgott nochmal, Egon!"

„Ruf ihn an!", forderte Handke nochmals.

Bückert gehorchte. „Du sollst mitkommen", sagte er nach dem Telefonat mit Neuenhof.

Zu dritt kamen sie überein, Egon Handke würde den ganzen bevorstehenden arbeitsfreien Sonnabend lang im Betrieb an dem Kabelschuh-Schneidwerkzeug arbeiten, und Bückert würde den Flachschleifer, mit dem Handke bisher kooperiert hatte, ebenfalls für den Wochenend-Einsatz zu gewinnen versuchen.

„Und was ist hiermit?" Der Star-Werkzeugschlosser rieb den Daumen am Zeige- und Mittelfinger seiner Rechten.

Bückert blinzelte „dem Doktor" zu und machte eine Kopfbewegung zum Stahlschrank in des Produktionsleiters Zimmer hin.

Dr. Neuenhof nickte. „8 Mark auf die Hand für jede am Samstag geleistete Arbeitsstunde." Er würde das Geld aus dem Briefumschlag entnehmen, den ihm einer der Thüringer Auftraggeber vor einigen Wochen zugesteckt hatte.

„Mehr bin ich euch nicht wert?", fragte Handke pikiert.

„Der F" war verblüfft. '8 Mark pro Stunde zusätzlich zum regulären Lohn reichen ihm nicht?', dachte er.

Bückert sagte: „Du bist uns viel wert."

„Anscheinend nicht. 8 Mark pro Stunde kriegen auch die Motorenschlosser, wenn sie in einer Wochenend-Schicht im Elbtalwerk Läufer für unsere Maschinen auswuchten."

„Genauso ist es", sagte „der Doktor". „Und der Flachschleifer, den wir für kommenden Samstag für's Stempeleinpassen gewinnen wollen, bekommt ebenfalls 8 Mark pro Stunde auf die Hand gezahlt."

„Gleichmacherei", maulte Handke.

„Mitnichten. Der Flachschleifer und die Motorenschlosser arbeiten bei uns in der Lohngruppe 7. Du, Genosse Handke, wirst nach der Lohngruppe 10 bezahlt."

Bückert grinste. „Ich sagte bereits: Du bist uns viel wert."

Handke wollte aufbrausen, aber Neuenhof sagte rasch: „Damit wir das Kind beim richtigen Namen nennen: Die 8 Mark pro Stunde auf die Hand sind quasi eine Sonderprämie, und eine solche Prämie kann für eine unserer Stanzerinnen an der Kurbelpresse genauso hoch sein wie für einen hochqualifizierten Werkzeugschlosser wie dich, Genosse Handke – es zählen die hohe Einsatzbereitschaft und die zusätzlich erbrachte Leistung. Das ist im Sozialismus so, und das brauche ich dir als einem Genossen unserer Partei wohl nicht ausführlicher zu erklären."

Egon Handke saß mit gesenktem Blick da, druckste vor sich hin. Nach einer Weile sagte er: „Ich habe das Werkzeug für die Thüringer bauen wollen, ja – an diesem Tisch habe ich mich dafür entschieden. Wer A sagt, muss auch B sagen, das heißt:

Ich fahre am Sonnabend die Sonderschicht zu den eben von euch genannten Bedingungen." Aber so richtig glücklich war er bei diesem Entscheid nicht. Insgeheim nahm er sich vor: Bei einem der nächsten Kontrollgänge des Werkdirektors durch den Betrieb würde er mit „dem Rudi" darüber debattieren, ob die Stundensätze bei freiwilligen Zusatz-Einsätzen gerechterweise nicht doch je nach Qualifikation der beteiligten Arbeiter differenziert werden müssten.

Der Bereichsleiter FTW und sein bester Werkzeugschlosser begaben sich in die Fertigungshalle. Ihr Chef, „der F", dachte: 'Wenn der Flachschleifer „TOP" sagt, ist das Problem gelöst und ist wieder mal ein Engpass überwunden.' Aber die Freude darüber war ihm nicht vergönnt.

Nach einer halben Stunde suchte Bückert „den Doktor" erneut auf. „Der Flachschleifer, auf den sich Egon eingespielt hat, hat am bevorstehenden Sonnabend eine große Familienfeier. Er kann bestenfalls bis halb zwölf oder zwölf kommen."

„Und die anderen?"

„Die haben gar keine Zeit."

„Was sagt Handke dazu?"

„Ihm würde die Halbtagesschicht des Schleifers genügen. Er käme am Samstagnachmittag mit seinen Arbeiten allein weiter."

„Na ja – mit seinen Arbeiten." Neuenhof bedachte: Die Bestimmungen des betrieblichen Gesundheits-, Arbeits- und Brandschutzes (GABS) schrieben vor, in einem Werkstattbereich durfte niemals eine einzelne Person allein arbeiten. Immer musste auch ein zweiter Mann zugegen sein, der im Falle einer Havarie oder eines Unfalls hätte erste Hilfe leisten oder Hilfe herbeirufen können.

„Sind am bevorstehenden Sonnabend keine Motorenschlosser im Betrieb?", fragte Bückert.

„Nicht, dass ich wüsste." Aber Neuenhof wollte sich Gewissheit verschaffen und rief Meister Wendland an. „Keine Aktion geplant", tönte es aus dem Telefonhörer.

„Dann weiß ich mir keinen Rat", sagte Bückert kleinlaut.

„Nun, Meister", Neuenhof sog tief die Luft ein, „dann müssen Sie am Samstagnachmittag wohl oder übel selber 'ran."

Da wurde der Bereichsleiter FTW quicklebendig. „Ich? Ich kann nicht. Wir wollen über Land, sind eingeladen. Der ganze Verwandtschafts- und Freundeskreis trifft sich. Wenn ich da absage, lässt sich meine Frau von mir scheiden. Dass das passiert, Doktor, können Sie nicht wollen. Nein, nein! Aber wen können wir denn man bloß noch fragen ...?"

In Heinz Neuenhof stieg Bitterkeit auf. Er wollte nicht herumbetteln. Er entschloss sich, selbst die Samstagnachmittagsschicht mit Egon Handke zu fahren. Karin, seine Frau, musste an dem besagten Sonnabend zwar in der Apotheke arbeiten, und er würde, wie Karin und er es nannten, „Kinderdienst haben". Aber er wollte am Abend dieses Tages mit seiner Frau alles besprechen. Er war überzeugt davon, sie würden eine Lösung finden, wie am Sonnabend alles ablaufen sollte. Sehr förmlich sagte er zu Bückert: „Ich regle das. Gehen Sie wieder an Ihre Arbeit!"

Karin Neuenhof ärgerte sich über das Samstagnachmittagsprogramm ihres Ehemannes maßlos. „Was fällt dir für dein Elektrodyn noch alles ein?", schimpfte sie. „Hat von den 450 Betriebsangehörigen keiner außer dir Zeit?"

Der Gescholtene blieb ruhig. Er erläuterte und erklärte und agitierte …

Karins Augenlider röteten sich. „Ich war froh, dass wir für die Betreuung unserer Kinder an Sonnabenden einen Modus gefunden hatten. Nun scherst du aus."

1969 hatten die Werktätigen der DDR an jedem zweiten Samstag arbeitsfrei. Bei Karin und Heinz Neuenhof war dies zeitlich versetzt der Fall. Schulunterricht wurde an jedem Sonnabend durchgeführt. Also war Heinz Neuenhofs Schwester samstagvormittags als „Kindertante" nicht verfügbar, und Sohn Gerald musste früh zur Schule gebracht werden. Die staatlichen Kindergärten blieben samstags geschlossen. Also musste Sohn Andreas Martin von dem Ehepartner, der „Kinderdienst" hatte, betreut und versorgt werden. Der Ehepartner, der sonnabends seiner Arbeit nachzugehen hatte, konnte vor 13 Uhr nicht zu Hause sein.

„Es wird immer schlimmer bei uns." Karin weinte.

„Lass uns in Ruhe überlegen, wie wir am Wochenende die Dinge unter einen Hut kriegen!" bat Heinz.

Sie ging auf seine Aufforderung nicht ein. „Mach' bloß bald deine Bewerbungsunterlagen für die TH Magdeburg fertig und schicke sie ab! Ich möchte weg von hier. Solch eine Hatz wie in deinem Betrieb kann deine Dozententätigkeit an der Hochschule nie und nimmer werden, hoffe ich."

„Am Sonntag tüte ich die Unterlagen für Magdeburg ein. Am Montag bringe ich sie zur Post. Aber jetzt lass uns über den bevorstehenden Sonnabend reden! Ich denke mir den Ablauf so: Früh …"

„Hast schon wieder einen Plan fertig, wie?", unterbrach ihn Karin. Sie wischte sich die Tränen ab und sagte gereizt: „Trag ihn vor! Dann brauchen wir nicht länger zu debattieren."

„Früh bringen wir, Martin und ich, unseren Großen zur Schule. Danach unternehme ich mit dem Kleinen eine Fahrradtour. Ich überlege mir noch, wohin wir fahren. Gegen elf esse ich mit ihm Mittagbrot. Anschließend bringe ich ihn zu unserer Flurnachbarin. Sie soll ihn in der anderthalben Stunde, bis du aus der Apotheke nach Hause kommst, betreuen. Sprich mit der Frau, dass sie das macht! Martin spielt mit ihrer Tochter wunderschön unten, im Sandkasten. Da werden sie sich auch am

Sonnabend vertragen, hoffe ich. Ich hole Gerald von der Schule ab und fahre mit ihm spornstreichs zum Betrieb. Dort beschäftige ich mich mit ihm, zeige ihm unsere Maschinen; die werden ihn interessieren, und an den langen Bohr-Wendelspänen wird er seine helle Freude haben ..."

Karin schüttelte konsterniert den Kopf. „Meine Güte! Hast du mit ihm allen Ernstes so etwas vor? Bedenke: Er ist noch ein kleiner Junge."

„Mach dir keine Sorgen! Ich werde ihn immer in meiner Nähe haben. Ich passe auf ihn auf." Und als sie noch etwas einwenden wollte: „Ich nehme ihm etwas zu essen mit."

Karin war nicht zufrieden. „Das nimmt bei uns Ausmaße an ..." Aber sie wusste keinen besseren Vorschlag einzubringen. Deshalb gab sie klein bei und versprach, am nächsten Tag die notwendigen Vereinbarungen mit der Flurnachbarin zu treffen.

Auf diese Weise wurde die Sonderschicht zur Fertigung des Kabelschuh-Schneidwerkzeuges im VEB Elektrodyn für den ganzen Sonnabend personell gesichert.

Am frühen Freitagnachmittag gönnte sich Werkdirektor Rudolf Bockhardt eine Verschnaufpause. „Das war wieder eine tolle Arbeitswoche, hm?", sagte er zu seiner Sekretärin. Er bat sie, „seinen" Fahrer herbeizurufen. „Ich möchte mit ihm den Tourenplan für die nächste Woche besprechen. Kochen Sie für jeden von uns eine schöne Tasse Kaffee!"

Solche Absprachen hatte der Direktor bislang während irgendeiner Dienstfahrt getroffen. Die Sekretärin fragte sich verwundert: „Wird der Chef amtsmüde?"

Die beiden Männer saßen wie nach getaner schwerer Arbeit beisammen. Beim Kaffeeschlürfen glitten Bockhardts Gedanken ins Nicht-Dienstliche ab. „Was könnte man mit seiner Familie am bevorstehenden Wochenende unternehmen?"

Der Fahrer war um eine Antwort nicht verlegen. „Fahren Sie doch nach Grillenburg! Von dort aus wandern Sie durch den Tharandter Wald. Da ist es zu dieser Jahreszeit, im Mai, wunderschön." In seine beinahe poetische Naturbeschreibung hinein klingelte das Telefon.

„Die VVB", rief die Sekretärin aufgeregt, „Sekretariat des Generaldirektors!"

‚Am Freitagnachmittag? Das verheißt nichts Gutes.' Bockhardt hatte eine böse Vorahnung. Tatsächlich lud der Generaldirektor zum gleichen Tag, 18 Uhr, also kurzfristig, zu einer Dringlichkeitssitzung ein.

„Da haben wir's", sagte Bockhardt.

In der Sitzung ging es um die Umwandlung der VVB Elektromaschinen in ein volkseigenes Kombinat und um konzeptionelle Vorstellungen für die Bildung eines Forschungszentrums (FZ) in dem neuen Kombinat. Es waren die Werkdirektoren und Technischen Direktoren aller Betriebe der VVB zusammengerufen worden.

„Am kommenden Montag wird im Auftrag des Sekretariats Dr. Günter Mittag über diese Problematik beraten", sagte der Generaldirektor. „Ich möchte nicht nach Berlin fahren, ohne mich zuvor in aller gebotenen Eile mit euch, liebe Genossinnen und Genossen, abgestimmt zu haben."

Ein frischpromovierter Ökonom aus der VVB-Leitung trug „erste Gedanken für Möglichkeiten zur Lösung der Problematik" vor. Seine Darlegungen lösten heftige Reaktionen und Proteste aus.

Als „Leitbild für das Forschungszentrum des Industriezweiges" beispielsweise sollte das Forschungszentrum des Werkzeugmaschinenbaus im VEB Werkzeugmaschinenkombinat „Fritz Heckert" Karl-Marx-Stadt (FZW) dienen. Das FZW – so wurde mitgeteilt – sollte gar zu einem Großforschungszentrum (GFZ) ausgeweitet werden. Ähnlich wie das FZW aus dem ehemaligen Industrie-Institut für Technologie und Organisation (ITO) hervorgegangen war, sollte das FZ des Elektromaschinenbaus kurzfristig aus den beiden Elektrodyn-Betrieben des Industriezweiges – der eine in Dresden, der andere in Berlin ansässig – konstituiert werden. „Für den Anfang" sollte jedem der beiden Betriebe der Status einer Hauptabteilung des Industriezweig-Forschungszentrums zuerkannt werden.

Bockhardt und sein Berliner Amtskollege wurden von solch einem Plan völlig überrascht. Sie hatten sich nicht abstimmen können. Aber sie meldeten in seltener Einmütigkeit ernste Bedenken gegen den Plan an. Es sei nichts damit zu gewinnen, argumentierten sie, einfach nur den Status der Betriebe anders zu benennen und den Firmennamen zu wechseln. Es müsste vielmehr auch festgelegt werden, in welche Betriebe der VVB sollte die industrielle Warenproduktion verlagert werden, mit denen die Elektrodyn-Betriebe derzeit beauftragt waren. Außerdem wurde bislang in Dresden ein im Rahmen der VVB autarkes Institut für Elektromaschinen betrieben. Wie und wann sollte dieses Institut sinnvollerweise in das künftige Forschungszentrum integriert werden?

In der Beratung wurde bis in den späten Abend hinein debattiert und gefachsimpelt, es wurden Vorschläge unterbreitet und wieder verworfen. Es gab Fragen über Fragen und kaum befriedigende Antworten darauf. Klar wurde aber eines: Die Elektrodyn-Betriebe der VVB standen vor einem tiefgreifenden Umbruch.

Am Ende wurden die Notizen, die sich die Beratungsteilnehmer gemacht hatten, mit einem VD-Stempel und der darin einzutragenden Signatur versehen. Diese **V**ertrauliche **D**ienstsache war selbstverständlich nach den geltenden Bestimmungen für die Wahrung der Sicherheit und des Geheimnisschutzes zu verwahren und zu benutzen.

Rudolf Bockhardt hatte die spätabendliche Sitzung sehr erregt. Der seines Erachtens unausgereifte Vorschlag, wie ein Forschungszentrum des Elektromaschinenbaus der DDR zu konstituieren und zu leiten sei, ärgerte ihn. Ihn erfüllte mit Sorge, was aus dem von ihm geleiteten Betrieb werden würde. Welchen Einfluss vermochte er auf dessen künftige Entwicklung auszuüben? In dieser Stimmungslage ließ er sich nach Hause fahren – nicht in den Betrieb, wie es die Dienstvorschriften verlangten. Es wäre seine Pflicht gewesen, die an diesem Abend angefertigten und als VD gekennzeichneten Notizen unverzüglich im Stahlschrank seines Dienstzimmers zu verschließen. „Das erledige ich gleich morgen früh", sagte er sich. „Niemand wird etwas von dem Lapsus mitbekommen."

So fuhr er denn am Samstagmorgen in seinem Privat-PKW, Typ Wartburg 353, mit Ehefrau und Tochter nicht auf kürzestem Wege nach Grillenburg, sondern erst mal in den Betrieb. Dort lagerte er vorschriftsmäßig die am Vorabend kreierte VD ein. Er verließ den Gebäudetrakt, in dem sich sein Büro und die Konstruktionsabteilungen befanden, mit dem beruhigenden Gefühl, das von getreuer Pflichterfüllung ausgelöst wird.

Er hatte fast das Pförtnerhäuschen am Betriebseingang erreicht, da stutzte er. Tatsächlich – an der Rampe, auf der die Spediteure an anderen Tagen die im EDD gefertigten Erzeugnisse verluden, war ein Moped abgestellt, und die Tür zur Fertigungshalle stand sperrangelweit offen. „Der Rudi" wunderte sich. 'Arbeitsfreier Sonnabend – und in der Halle arbeitet jemand? Das ist doch gar nicht mit mir abgesprochen worden.' Er kehrte um, betrat die Halle. Zunächst bemerkte er niemanden. Er näherte sich der verglasten Bretterwand, die die Schleifmaschinen von den übrigen Arbeitsplätzen der Fertigungshalle abschirmte. Da vernahm er Stimmen. Er traf auf Egon Handke und „dessen" Flachschleifer. „Ihr seid ja fleißig!", lobte er die Männer. „Welcher Betriebsauftrag hat euch denn an diesem schönen Maienmorgen aus den Betten getrieben?"

Handke wies auf das Kabelschuh-Schneidwerkzeug für den Thüringer Auftraggeber und berichtete, die Brust stolz vorwölbend, über den in den letzten Tagen erreichten Arbeitsfortschritt.

Handkes Begeisterung übertrug sich auf „den Rudi" nicht. „Und ich dachte, ihr fahrt die Sonderschicht zugunsten der Werkzeuge für unsere neuentwickelte Maschine", sagte der Werkdirektor enttäuscht.

„Aber Rudi ..." Egon Handke schüttelte verwundert den Kopf. „Du wirst doch wohl wissen, wofür du die Sonderprämie für Hubert" – Kopfnicken zum Schleifmaschinenbediener hin – „und mich ausschüttest."

„Ich? Sonderprämie?"

„Na ja, 'der Doktor' hat uns die 8 Mark, die du pro Stunde gewöhnlich zahlst, fest zugesagt."

„8 Mark pro Stunde? An euch? Für heute?"

Hubert, der Flachschleifer, wurde stutzig und schaltete seine Maschine aus. „Nun tu nicht so!" Handke lachte gezwungen auf. Er blickte auf Hubert, seinen Spannemann. 'Nein, in dessen Beisein werde ich mit 'dem Rudi' nicht über den Stundensatz von 8 Mark diskutieren', dachte er, 'das ist ein Thema für ein Vier-Augen-Gespräch.'

„Und 'der Doktor' hat euch solch eine Zusatzvergütung versprochen?"

„Hm – wie wir annehmen: in Abstimmung mit dir."

„Ich weiß von nichts."

„Ho, Genosse Direktor, mach' keine üblen Scherze! Wir wollen heute richtig arbeiten und etwas schaffen."

Der Flachschleifer trat dicht an Handke heran. „Du hast mir gesagt, du seiest dabeigewesen, als mit 'dem F' alles vereinbart wurde …" Mit skeptischem Blick auf Bockhardt: „Wird hier ein abgekartetes Spiel gespielt? Dann schere ich mich auf der Stelle nach Hause. Meine Frau hat mich heute sowieso nur ungern in den Betrieb laufen lassen."

Bockhardt wurde sich mit dem Gespür eines „gestandenen Leitungskaders" bewusst, hier drohte etwas schiefzugehen. Außerdem warteten draußen, in dem vor dem Werkseingang geparkten Auto, seine Frau und seine Tochter darauf, von ihrem Familienvater in den Tharandter Wald kutschiert zu werden, weil sie dort ein bisschen wandern wollten. Da ließ sich der Direktor an diesem Morgen auf kein langes Gespräch mit den beiden Arbeitern ein. Er zwang sich zu lächeln und legte dem Flachschleifer eine Hand auf den Arm. „Es sollte ein Scherz sein – aber natürlich kein übler. Wie käme ich dazu? Wo ihr so eifrig für die Planerfüllung arbeitet …"

„Du hast recht", sagte Handke. „Da Hubert und ich auch heute, in unserer Freizeit, für's EDD schuften, können die Salat- und Radieschengärtner in meiner Brigade die Folgeschnitte für die neue Maschine, ohne von mir unterbrochen zu werden, fertigstellen. Damit dürften dann alle anderen Termine gesichert sein."

„Das hört sich gut an", sagte „der Rudi". Danach, was es mit den „Salat- und Radieschengärtnern" auf sich hatte, wollte er sich ein andermal erkundigen.

„Und, Herr Direktor", der Flachschleifer war noch nicht zufrieden, „was haben Sie zu Ihrem Scherz noch zu sagen?"

„Der Rudi" verstand und nickte. „Selbstverständlich bekommt ihr für euren heutigen Einsatz das versprochene zusätzliche Geld – bar auf die Hand." Und während er dies zusicherte, nahm er sich vor: 'Der Neuenhof kann sich auf eine gehörige Abreibung gefasst machen.'

Schon eine Viertelstunde nach Dienstantritt, vom gerade begonnenen Dienstrundgang durch die Fertigungshalle weg, wurde Dr. Heinz Neuenhof am Montagmorgen zum Werkdirektor gerufen. „Unverzüglich!", hatte Bockhardts Sekretärin per Telefon übermittelt. „Der F" kam der Aufforderung, ohne sich umzuziehen, nach: im verwaschenen blauen Kittel, mit Notizbuch, Putzlappen und dickem Schlüsselbund in den Kitteltaschen und mit seiner abgegriffenen Baskenmütze auf dem Kopf. „Dem Rudi" wollte er demonstrieren, dass er durch die Vorladung mitten aus einer der wichtigsten Arbeitshandlungen eines Produktionsleiters gerissen wurde. Auf dem Weg zum Direktor sinnierte er, was Bockhardt derart Dringliches und Wichtiges mit ihm vorhaben könnte. Hatte es gar eine offizielle Anfrage der TH Magdeburg an den Werkdirektor oder an den Kaderleiter des Betriebes gegeben, Neuenhofs künftige Dozententätigkeit betreffend? Erfuhr Bockhardt auf diese Weise von den bisher geheim gehaltenen Plänen seines „F"? „Dem Doktor" wurde bewusst, er musste seinen Werkdirektor schleunigst über seine Absichten unterrichten. Er musste ihn in den nächsten Tagen in aller Form, also schriftlich, um einen Aufhebungsvertrag zum 31. August bitten, wenn er, was sein Wunsch war, zum 1. September 1969 als Hochschuldozent an die TH Magdeburg berufen werden wollte. Immerhin war in seinem Arbeitsvertrag mit dem EDD in beiderseitigem Einvernehmen eine dreimonatige Kündigungsfrist vereinbart worden.

Neuenhof betrat – gespannt darauf, was ihn erwartete – das Direktionssekretariat. Die Sekretärin lächelte ihn höhnisch an. 'In solch einem Habitus wagen sich nur die einfachsten Produktionsarbeiter wie beispielsweise Bogdan Kusnetzky zu meinem Chef', dachte die Frau. Von den Leitern und Mitarbeitern der Konstruktionsabteilungen war sie etwas anderes gewöhnt. 'Es fehlt bloß noch, dass er seine speckige Baskenmütze aufbehält.' Aber die nahm „der F" zum Glück ab und knurkelte sie in eine seiner ausgebeulten Kitteltaschen. „Sie werden erwartet. Sie können gleich hineingehen", sagte die Sekretärin.

Bockhardt saß hinter und „der Ö" saß vor dem wuchtigen Schreibtisch des Direktors. „Der Rudi" reichte seinem Produktionsleiter, ohne aufzustehen, die Hand. „Der Ö" grinste. Er schob dabei seinen Unterkiefer vor, wie er es immer tat, wenn jemandem ein Missgeschick widerfahren war und ihm dafür die Leviten gelesen werden sollten.

„Setz dich!", sagte Bockhardt. „Wir beide haben ein Hühnchen miteinander zu rupfen. Aber zuvor räume ich dir – fair, wie ich nun mal bin – die Möglichkeit ein, deinen Antrag an mich im Nachhinein einzubringen – fairerweise, wie gesagt, und ausnahmsweise zusammen mit dem Versprechen, es wird keinen Wiederholfall geben."

„Ich verstehe nicht, was du meinst", sagte Neuenhof. Und er log nicht dabei.

„Komm, tu' nicht ahnungslos!" „Der Rudi" wurde ungehalten. „Wir haben keine Zeit für Spielchen. Du ahnst nicht, was am Wochenende los war." Er dachte an die Beratung beim Generaldirektor der VVB.

„Ach so. Meinst du den Sondereinsatz am Sonnabend im Werkzeugbau?"

„Den meine ich auch, ja. Fangen wir damit an. Ich bin nicht damit einverstanden, dass du – ohne Rücksprache mit mir finanzielle Versprechen abgibst – wie beispielsweise an Egon Handke und seinen Flachschleifer. Über die Sonderfonds des Betriebes verfüge noch immer ich und kein anderer."

Handke hatte „den Doktor" am Samstagnachmittag informiert, morgens sei „der Rudi" im Betrieb gewesen. Neuenhof hatte das keine Sorgen bereitet. Sollte der Werkdirektor sich ruhig selber davon überzeugen, wie im Bereich F um die Erfüllung aller Planaufgaben gerungen wurde.

„Du hast den Männern für jede Stunde ihres Sondereinsatzes 8 Mark versprochen."

„Stimmt. Den üblichen Satz, der von dir beispielsweise den Motorenschlossern zugebilligt wird."

„Ach. Und das Geld für Handke und Co. hebst du von deinem privaten Sparbuch ab?"

„Nein, genauso wenig, wie du von deinen persönlichen Ersparnissen die Sonderschichten der Motorenschlosser vergütest."

„Und wenn ich mich heute nicht bereitfinde, das Zusatzgeld an die Männer zu zahlen?"

„Dann macht das überhaupt nichts. Ich habe dich nicht um Prämienmittel gebeten. Ich tue das auch jetzt nicht. Die Männer erhalten das ihnen versprochene Geld dennoch. Ich entnehme es einem Fonds, den ich vor einiger Zeit für Sonderleistungen im F-Bereich gebildet habe."

„Dem Rudi" verschlug es – wie man zu sagen pflegt – die Sprache.

Der „Ö" blies Luft durch die Zähne, schob seinen Unterkiefer weit vor und hörte auf zu grinsen. „Ich spielte vor einigen Augenblicken mit dem Gedanken, euch allein zu lassen. Ich dachte, ihr könntet den Streit, wer unseren Arbeitern Prämien zusichern darf, ohne mich austragen. Aber was ich jetzt zu hören bekomme – separater, sagen wir noch treffender: privater Prämien-Fonds bei F auf Kosten unseres Betriebes –, das ist doch recht interessant für mich. Mehr noch: Hier wird, scheint mir, in meinen Kompetenz- und Verantwortungsbereich eingegriffen. Da muss ich verständlicherweise …"

Bockhardt unterbrach den Ökonomie-Direktor. „Es hat dich niemand weggeschickt. Ich möchte, dass du hierbleibst." An Neuenhof gewandt und in scharfem Ton: „Doktor, leg' bitte die Karten offen auf den Tisch! Keine Winkelzüge, bitte!"

Heinz Neuenhof hatte nicht vor, etwas bemänteln oder gar verheimlichen zu wollen. Er war des guten Glaubens, etwas Nützliches für seine Werkzeugschlosser und letztlich für den ganzen Betrieb unternommen zu haben. Er sagte ruhig und gelassen: „Bei der Auftragsübernahme für das Kabelschuh-Schneidwerkzeug eines

Thüringer Kunden hat mir einer der Betriebsvertreter, die uns vor einigen Wochen aufgesucht haben, 800 Mark überreicht. Mit diesem Geld ..."

„800 Mark in bar?", staunte „der Rudi"

„In bar, in einem verschlossenen Briefumschlag. Den habe ich, nichtsahnend, erst geöffnet, als die Kollegen sich bereits auf den Heimweg begeben hatten. Mit diesem Geld ..." „Der Rudi" unterbrach seinen „F" erneut: „Wo ist denn das Geld jetzt?"

„In meinem Stahlschrank – in dem Original-Briefumschlag."

Bockhardt schüttelte fassungslos den Kopf.

„Mit dem Inhalt des Briefumschlages könne ich, wenn nötig, Sonderschichten organisieren, sagte der Thüringer Kollege bei der Verabschiedung flüchtig."

„Und aus dieser Quelle, vermeinst du, kannst du für Egon Handke und seinen Spannmann schöpfen?"

„Genau."

Bockhardt und „der Ö" sahen sich eine Weile wortlos an. Dann sagte der Direktor zu Neuenhof: „Du bist doch wohl des Teufels, Mann! Was du gemacht hast, verstößt gegen Recht und Ordnung in einem volkseigenen Betrieb. Bist du dir dessen nicht bewusst?"

„Der Doktor" schüttelte den Kopf.

„Der Ö" holte tief Luft. „Rudi, so miserabel, wie uns Heinz Neuenhof hier und heute glauben machen will, kann die Ausbildung in Politischer Ökonomie und Sozialistischer Betriebswirtschaftslehre an der TU Dresden nicht gewesen sein. Heinz ist in seiner Fachrichtung in beiden Fächern ausgebildet worden. Stimmt's?"

Neuenhof, noch immer nichts befürchtend, nickte.

„Deshalb, Rudi, haben wir es im vorliegenden Fall nicht mit Unwissenheit oder Fahrlässigkeit zu tun. Ich meine, hier liegt vorsätzlicher Betrug mit der Tendenz zu persönlicher Bereicherung vor." „Der Ö" dachte an die ihm widerfahrene Demütigung betreffs seiner kontrollierenden Rundgänge im F-Bereich. Noch in diesem Moment machte ihn zornig, dass er Visiten im F-Bereich erbitten musste wie ein Schuljunge, der sich beim Lehrer abzumelden hatte, wenn er sein Pipichen machen wollte. Er geriet in Hochform. „Der Fall hier und heute deutet darauf hin, dass es im F-Bereich im geschäftlichen Umgang mit Kunden und in der Handhabung von Finanzmitteln diverse Ungereimtheiten gibt. Die sollte eine vom Werkdirektor kurzfristig eingesetzte Kommission – meinethalben unter meiner Leitung – gründlich untersuchen. Ob über das Vorkommnis eine Sofort-Meldung an die VVB-Leitung erforderlich ist, solltest du, Rudi, entscheiden. An dir ist es auch, unsere Belegschaft zu informieren – über den Sachverhalt und über die disziplinarischen Maßnahmen, die du gegen den Produktionsleiter als den Verantwortlichen einleiten wirst. Ich denke an eine Rüge oder einen strengen Verweis."

Rudolf Bockhardt sah „den Ö" nachdenklich an und dachte: 'Ich glaubte, meinen Ökonomischen Leiter aus jahrelanger enger Zusammenarbeit gut zu kennen. Heute jedoch hat er mir am Beispiel des Heinz Neuenhof etwas demonstriert, das mir fremd – um nicht zu sagen: zuwider – ist, nämlich: es jemandem bei passender Gelegenheit heimzuzahlen, dass er einen mal kritisiert oder in die Schranken verwiesen hat.' Einen solchen Charakterzug hatten „dem Ö" schon einige Belegschaftsangehörige nachgesagt. Bockhardt hatte solche Nachrede als übel und verleumderisch abgetan. 'Manche Leute sind einander nicht sympathisch', hatte er gedacht. 'Deshalb kommt es rasch zu derartigen Giftereien. Aber diese Standpauke eben ...' Der Direktor sagte zum „Ö": „Ich danke dir für deine Ratschläge. Ich werde sie bedenken." Neuenhof fragte er: „Wer außer uns dreien weiß von der Sache?"

„Meister Bückert und Werner Müller. Ich habe sie beim Öffnen des besagten Briefumschlages hinzugezogen und mit ihnen gemeinsam das Geld durchgezählt."

„Sind die 800 Mark noch vorhanden?"

„Vollständig."

'Also entfällt der Vorwurf der persönlichen Bereicherung', dachte der Direktor. Er entschied: „F zahlt heute, gleich nach der Frühstückspause, die ominösen 800 Mark bei unserer Betriebskasse ein. Ö klärt zuvor mit dem Hauptbuchhalter, auf welchem unverfänglichen Konto die Kolleginnen der Kasse den Geldeingang zu verbuchen haben. Über das, was sich Genosse Neuenhof geleistet hat, bewahrt jeder von uns dreien Stillschweigen gegenüber jedermann. Bückert und Müller nehme ich mir persönlich vor. F verweist Genossen Handke und den Flachschleifer wegen Auszahlung der versprochenen Prämie an mich. Für jeden Betriebsangehörigen muss klar ersichtlich bleiben, derartige Geldgeschäfte und entsprechende Abmachungen laufen prinzipiell und ausschließlich über meinen Tisch. So viel hierzu. Eine andere Sache ist die Beratung vorvorgestern in der VVB. Ich beginne mit deren Auswertung heute nach Dienstschluss. Als Personenkreis habe ich T, Ö, F, den BPO-Sekretär und natürlich mich vorgesehen." An Heinz Neuenhof gewandt: „Als wir vorhin auf dich warteten, habe ich Ö vorinformiert. Es geht um die Überführung unserer VVB in ein Kombinat und um die Konstituierung eines Forschungszentrums für den Elektromaschinenbau der DDR. Macht euch bis zu unserem Zusammentreffen schon mal ein paar Gedanken zu dieser Problematik!"

„Der Ö" warf einen scheelen Blick auf Neuenhof. „Ist in dieser ersten Phase unserer Positionsfindung die Teilnahme von F sinnvoll? Ich meine, wir sollten besser ..."

Bockhardt ließ „den Ö" nicht ausreden. „Was meinst du", fragte er in scharfem Ton, „warum ich mich vor Jahr und Tag für die Gewinnung eines promovierten und in der technologischen Forschungsarbeit erfahrenen Fertigungstechnikers als Produktionsleiter unseres Betriebes starkgemacht habe?"

'Na', dachte „der Ö", 'das hört sich nicht gerade danach an, als würde unser Direktor 'dem F' tüchtig eines 'reinwürgen.' Nach dem flüchtigen Verabschieden stürmte der Mann sogleich davon.

Beim Hinausgehen sagte Neuenhof zum „Rudi": „Ich habe bisher gedacht, neben der Neuentwicklung elektrischer Maschinen betreiben wir in unserem Betrieb auch Warenproduktion – Herstellung von Produkten für den in- und ausländischen Markt."

„Durchaus richtig, aber eben sozialistische Warenproduktion."

„So. Und bei Günter Mittag habe ich gelesen, im NÖS gelte es, das Prinzip der materiellen Interessiertheit aller Werktätigen durchzusetzen."

„Auch richtig", sagte Bockhardt. „Aber die Durchsetzung dieses Prinzips wie überhaupt des ganzen NÖS bedeutet nicht, dass jeder Bereichsleiter in einem volkseigenen Betrieb wie dem unsrigen wie ein kapitalistischer Privatunternehmer agieren und für seinen Bereich geheime Privatkassen anlegen darf. Da hast du, muss ich dir leider sagen, den Genossen Dr. Mittag missverstanden."

– Heinz Neuenhof rief seine Ehefrau am Vormittag, noch während sie in der Schanzen-Apotheke tätig war, an. „Heute wird es mit meinem Heimkommen etwas später werden. Bei uns im Betrieb ist toll 'was los. Mehr dazu, wenn ich heute Abend zu Hause bin. Eine Bitte an dich: Bring bitte den Umschlag mit meinen Bewerbungsunterlagen für Magdeburg zur Post! Wenn ich heute Feierabend haben werde, hat das Postamt längst geschlossen."

„Der Doktor" wollte nicht abwarten, welche Aufgaben ihm beim Konzipieren und Betreiben des künftigen Forschungszentrums des Elektromaschinenbaus eventuell zugedacht werden würden. 'Das wird in erster Linie ein Hauen und Stechen um Funktionen, Pöstchen und höhere Gehälter werden. Da bin ich an der TH Magdeburg künftig wohl besser aufgehoben', mutmaßte er. 'Also: Auf denn', – wie es Paula Neuenhof einige Wochen zuvor ausgedrückt hatte – 'ins andere Paradies!'

Dr.-Ing. Heinz Neuenhof hatte sich entschieden.

Vier Tage nach dem für Neuenhof denkwürdigen Montag im Mai hatte sich noch jemand entschieden. „Der F" wurde zum Kaderleiter gerufen.

'Jetzt passiert es wirklich.' Neuenhof befürchtete, eine Instanz der TH habe sich, kurzfristig auf sein Bewerbungsschreiben reagierend, an den Kaderleiter des EDD gewandt – vielleicht hatte die TH Neuenhofs Personalakte zur Einsichtnahme abgefordert? Vielleicht ging es auch um etwas anderes. Das war egal. Nicht egal war „dem Doktor" bei seinem Gang in den anderen Gebäudetrakt, dass er immer noch nicht offiziell um einen Aufhebungsvertrag zum 31. August des laufenden Jahres nachgesucht hatte und dass es peinlich sein würde, wenn seine Dozenturambitionen als Heimlichtuerei öffentlich gemacht werden würden. Er schalt sich selber als töricht, ein Vier-Augen-Gespräch mit dem Werkdirektor auf die lange Bank geschoben zu haben. Andererseits sagte er sich: 'Hätte „der Rudi" bei der Gelddebatte Montagfrüh von meinem Magdeburger Vorhaben gewusst, wäre ich wohl nicht ohne Rüge oder ohne einen Verweis davongekommen.' Mittlerweile hatte Rudolf Bockhardt zu erkennen gegeben, diesmal wolle er bezüglich Neuenhofs Lapsus Gnade vor Recht ergehen lassen. „Im Wiederholfall raucht's im Karton", hatte er gedroht.

Wieder mal in seinem Leben hatte Neuenhof Glück gehabt.

Und nun trat er mit ungutem Gefühl dem Kaderleiter gegenüber.

„Stell dir vor, Genosse Doktor", der Kaderleiter war fassungslos, „Bogdan Kusnetzky, unser Lackierer, hat zum 30. Juni gekündigt. 'Ich wollte schon Ende Mai gehen', sagte mir der Genosse vorhin, 'aber ich gebe euch noch vier Wochen Zeit, einen Nachfolger für mich zu finden.' Was sagst du dazu, Genosse Doktor? Als ob qualifizierte Lackierer arbeitslos auf der Straße herumlaufen würden – in einem Industrie-Ballungsgebiet wie bei uns, im Oberen Elbtal!' Der Kaderleiter wirkte sehr hilflos.

„Ich rede mit Genossen Kusnetzky", versprach „der F". „Vielleicht kann ich etwas retten." Zu retten vermochte er in der Sache nichts.

Kusnetzky sagte: „Ich gehe nicht deinetwegen weg, Genosse Neuenhof. Es ist wegen der anderen, die im EDD das Sagen haben, und wegen der ganzen Verhältnisse in unserem Betrieb. Wir können bei der Tischventilatoren-'Alitze' anfangen und bei der Betriebsparteileitung aufhören. Nimm 'Alitze': Sie ist meine Nachbarin im Wohngebiet. Hast du schon mal gehört, wie sie über mich redet? Da bleibt kein sauberer Faden an mir. Oder nimm unsere BPL: 'Der Rudi' ist Mitglied. Mich, einen einfachen Arbeiter, hat man bereits vor der BPL-Wahl von der Kandidatenliste gestrichen; ich hätte ja in der Parteileitung den Mund aufmachen und etwas gegen 'Rudis' Meinung einwenden können. Die jetzt in der Leitung sitzen, kuschen alle vor dem Werkdirektor. Ach, was rege ich mich auf!?"

„Du brauchst dich nicht aufzuregen. Du brauchst aber auch nicht wehleidig herumzufänsen. Die meisten Betriebsangehörigen halten dich für einen wackeren Kämpfer der siegreichen Arbeiterklasse – ich übrigens auch. Über deinen Frust wegen der BPL-Wahl musst du bald mal hinwegkommen. Nicht alle SED-Mitglieder des EDD können Mitglieder der Betriebsparteileitung sein. Ich dachte, du hast das begriffen, nachdem du dich in der ABI-Kommission tüchtig engagiert hast. Mann, vor dir erzittern einige Leute bei uns! Und trotzdem willst du in den Sack hauen?"

Der Lackierer schüttelte, als sei er missverstanden worden, unwillig den Kopf. „Doktor, erspar' dir an mir eine politisch-moralische Seelenmassage! Ich weiß, was ich wert bin. Ich bin einfach nicht mehr willens, mich im EDD länger unter Wert zu verkaufen."

„Wo, denkst du, wird es dir besser als bei uns ergehen? Wo treibt's dich hin?"

„Nach Magdeburg, ins Thälmann-Werk."

Neuenhof zuckte zusammen. Hatte er richtig gehört: Kusnetzky nach Magdeburg? Auch er dorthin?

„Mein Cousin arbeitet in dem Betrieb, also im Stammwerk des Kombinats SKET. Was er mir über seine Arbeitsbedingungen, über seinen Lohn und von Prämienzahlungen erzählt hat, wollte ich erst nicht glauben. Dann hat er mich in den Betrieb mitgenommen. Ich habe mir alles angeschaut und erklären lassen. Doktor, wo die in Magdeburg bereits sind, wollen wir im EDD und im ganzen Elektromaschinenbau erst hin. Einen wie mich brauchen sie dringend. Da habe ich TOP gesagt."

„Und mir hast du in Egeln weisgemacht, dein Cousin feiere seinen vierzigsten Geburtstag, und deshalb wolltest du ihn besuchen."

„Stimmt ja auch. Ich hatte in Egeln keine Hintergedanken, das kannst du mir glauben. Aber wie das so ist, wenn man nach längerer Zeit mit Verwandten von weit und breit zusammenkommt: man erzählt, man tauscht sich aus, wie's so geht und steht. Und da sagte mein Cousin auf einmal zu mir: 'Bogdan', sagte er, 'wenn alles stimmt, was du hier zum Besten gibst, dann bist du ein Idiot, wenn du noch länger wie ein Arbeiter im vorigen Jahrhundert im Dresdner EDD schuftest.'"

„Wie kommt er darauf, so etwas zu sagen? Ist in seinem Betrieb alles paradiesisch?"

„Das nicht. Aber weißt du, Genosse Neuenhof, mein Cousin ist kein Dummkopf. Er vertritt den Standpunkt: Treue zum Betrieb ist löblich, aber wenn einem woanders eine Arbeit angeboten wird, bei der man sich nicht so schinden muss, für die mehr Lohn gezahlt und wo einem eine Neubauwohnung zugesichert wird – eine Arbeit, die auch den eigenen Interessen besser entspricht, dann muss man zupacken. Dann muss man sein Ränzchen schnüren und dahin ziehen, wo es solche Arbeit gibt. Ich habe kurz überlegt und fand, mein Cousin hat recht. Deshalb habe ich zum 30. Juni den Möbelwagen bei einer Spedition bestellt und ziehe mit Sack und Pack und mit Kind und Kegel nach Magdeburg um. So, Genosse Neuenhof, jetzt kannst du über mich enttäuscht sein oder nicht, du kannst mich anagitieren oder nicht, ich würde auch nicht daran sterben, wenn du mich ausschimpfen würdest – wie auch immer. Aber vielleicht verstehst du mich?"

Heinz Neuenhof verstand den Mann. „Wenn ich nur wüsste", sagte er, „wie ich ohne dich in der Lackiererei über diesen Sommer komme …"

11

Mit Hoffen und Bangen hatte Paula Neuenhof Ende April 1969 die Medizinische Akademie Magdeburg aufgesucht. Paula war für sie ungewohnt langsam zum Burkitzer Bahnhof gelaufen, hatte den Personenzug kurz nach 9 Uhr genommen und war mit der Straßenbahn, Linie 3, bis vor den Haupteingang der Akademie gefahren. Die ganze Reise hatte sie ohne fremde Hilfe bewältigt. Allerdings hatten ihr das Ein- und Aussteigen beim Benutzen der Bahnen und die Schienenstöße beim Überfahren von Weichen Schmerzen im Unterleib bereitet. Es war das gleiche Ziehen und Stechen gewesen, das sie plagte, wenn sie sich bückte oder wenn sie den Körper jäh drehte.

Paulas Hoffen hatte sich darauf gegründet, dass ihr vor fünfzehn Jahren in der Frauenklinik der Akademie geholfen worden war. Damals hatte der Klinikdirektor, Professor Dr. Bauereisen, Paulas Unterleibstumor mit einer Radiumbestrahlung behandelt. Das war seinerzeit etwas Besonderes gewesen. Der Professor hatte vor dem medizinischen Eingriff auf zahlreiche Risiken und Nebenwirkungen hingewiesen. Paula hatte keine Alternative gesehen und in die Spezialbehandlung eingewilligt. So waren ihr dank der Entschlossenheit und des Forscherdranges des Gynäkologen fünfzehn weitere Lebensjahre bei relativem Wohlbefinden geschenkt worden. Diese Jahre hatte sie mit allen ihr verbliebenen Kräften für das Fortkommen ihrer beiden Kinder genutzt. Darauf war sie stolz, und über den Professor und seine Mitarbeiter war sie des Lobes voll gewesen. 'Vielleicht', hatte sie deshalb vor Antritt ihrer neuerlichen, für sie bedeutungsvollen Reise gehofft, 'lässt sich das Wunder aus den 1950er Jahren wiederholen.'

Ihr Bangen vor dem Klinik-Besuch war nicht unbegründet. Sie hatte, weil sie sich wohlgefühlt hatte, die Termine für regelmäßige Nachkontrollen mehrmals verschusselt. Dabei hatte ihr der Professor vor fünfzehn Jahren geraten: „Lassen Sie sich aller halbe Jahre bei uns untersuchen! Je frühzeitiger wir bei Ihnen etwas entdecken, desto größer sind unsere Chancen, Ihnen helfen zu können. Wenn Sie mit spürbaren dauernden Schmerzen zu uns kommen, kann es zu spät sein." Im April 1969 war es so weit gewesen: sie hatte es zu Hause vor Schmerzen nicht mehr ausgehalten.

Hoffen und Bangen hatten Paula Neuenhofs Seele erfüllt, als nach tagesfüllenden gründlichen Untersuchungen der Oberarzt der Frauenklinik zur Bekanntgabe der Ergebnisse aufgefordert hatte. Aber alles Wünschen war wie ein kurzzeitiger Hauch verflogen. „Ihr Tumor", hatte der Oberarzt gesagt, „hat sich neugebildet. Wir müssen für Sie einen Aufenthalt in unserer Klinik vorsehen. In zehn Tagen haben wir ein Bett für Sie frei, und wir erwarten Sie hier. Bis dahin haben wir herausgefunden, ob Ihr Tumor gut- oder bösartig ist. Davon hängt ab, ob wir Sie operieren können oder nicht. In der verbleibenden Zeit werden Sie daheim noch einiges zu regeln haben. Tun Sie es!"

An den nachfolgenden Tagen hatte sie über den Hinweis des Oberarztes oft und lange gegrübelt: Wie war er gemeint gewesen? Ganz unverfänglich? Denn freilich hatte eine alleinstehende Frau mit zwei Kindern daheim immer etwas zu regeln. Oder war er eine versteckte Andeutung, sie sollte für ihre bevorstehende letzte Stunde alles Erforderliche in die Wege leiten?

Zehn Tage nach der Untersuchung in der Magdeburger Frauenklinik bestieg sie einen gelb angestrichenen und mit einem roten Kreuz gekennzeichneten Kleintransporter vom Typ Barkas B 1000. Das Fahrzeug hatte sie zuvor bei der Burkitzer Geschäftsstelle der Sozialversicherungskasse (SVK) angefordert. Eine Eisenbahn- und Straßenbahnfahrt wie vor zehn Tagen traute sie sich wegen ihres sehr verschlechterten gesundheitlichen Befindens nicht mehr zu. Für eine raschere und komfortablere Taxifahrt fehlte ihr das Geld. Sie hatte in eine aus grobem Stoff gefertigte Reisetasche ihren Morgenrock, etwas Nacht- und Unterwäsche und Waschzeug gepackt. Die Tasche schleppte sie mit großer Mühe und Not von ihrer Wohnung durch den Vorgarten bis zur Straße, wo der Krankenwagen geparkt war.

Der Krankenfahrer ging ihr nicht entgegen, um ihr das Gepäckstück abzunehmen. Er stand am Fahrzeug und rauchte. Als er Paulas Tasche verstaute, sagte er muffelig: „Wir müssen uns beeilen. Ich habe noch mehr Patienten aus verschiedenen Ortschaften abzuholen und nach Magdeburg zu bringen." Den Beifahrersitz ließ er frei. Er wies Paula an, auf der schmalen, nicht abgefederten Sitzbank dicht hinter der Liege für den Transport Schwerkranker Platz zu nehmen.

Die Fahrt ging über schlecht asphaltierte Landstraßen und im wahrsten Sinne des Wortes „über die Dörfer". Anfangs biss Paula die Zähne zusammen, wenn das Fahrzeug durch tiefe Schlaglöcher rumste und sie es vor Schmerzen im Leib kaum aushielt. Als der Barkas über eine ramponierte kopfsteingepflasterte Dorfstraße holperte, war es Paula, als boxte sie jemand unentwegt in ihren schmerzenden Leib. Sie verkrampfte sich an dem Gestell der Liege, barg den Kopf darauf und stöhnte.

„Ist es so schlimm?", fragte eine der mitreisenden Patientinnen.

„Ich halte es vor Schmerzen nicht mehr aus", sagte Paula. „Und dann noch dieses Gestuckere über die Dorfstraßen ..."

„Wollen Sie auch in die Medizinische Akademie?"

Paula nickte.

Die andere Frau hangelte sich zum Fahrer vor. „Wir müssen auf kürzestem Wege zur Akademie fahren!", rief sie in das Dröhnen und Heulen des Zweitakt-Motors hinein.

„'Auf kürzestem Wege' geht nicht. Einen muss ich noch abholen."

„Die eine Patientin macht hier einen Abgang."

„Ich habe meinen vorgeschriebenen Tourenplan. Den darf ich nicht ändern." Eine Verbindung zur Krankenfahrzeug-Einsatzzentrale herzustellen, war ihm nicht möglich. Es gab an Bord kein Telefon. Also ging die stuckerige Fahrt weiter.

Endlich war die Klinik erreicht. Der Fahrer steuerte die Notaufnahme an. Dort wurde die fast ohnmächtige Paula Neuenhof sofort versorgt. Nach einigen Stunden wurde sie in ein 3-Bett-Zimmer der Frauenklinik verlegt. Ihr wurden mehrere Spritzen zur Schmerzlinderung verabfolgt. Was mit ihr sonst noch geschah, bekam sie nicht mit.

Am späten Vormittag des nächsten Tages erwachte sie. „Ich bin Schwester Ingeborg", begrüßte sie eine mittelgroße, gut gebaute und freundliche junge Frau Mitte der 20 oder ein, zwei Jahre älter. „Sie haben sich richtig ausgeschlafen. Geht's Ihnen wieder besser?"

Paula blickte die Krankenschwester an. 'Ich glaube', dachte sie, 'so habe ich auch ausgesehen, als ich so alt war wie sie: kernig, nicht weibisch weich, aber kein Mannweib, braune, Vertrauen erweckende Augen, ein ovales hübsches Gesicht … Nur hatte und habe ich eine größere Nase als sie. Über die hatte Karls Vater, der alte Andreas Neuenhof, öfter, als mir lieb war, gespottet …' Und so etwas beobachtete Paula in ihrer miserablen gesundheitlichen Lage und sinnierte darüber …!

„Sie müssen sich frischmachen. Das muss schnell gehen. Gleich kommt der Oberarzt zur Visite", sagte Schwester Ingeborg. „Heute helfe ich Ihnen. Morgen probieren Sie es allein. Ich denke, Sie schaffen das." Sie holte Waschzeug und Handtücher herbei. Sie stellte den Kopfteil des Krankenbettes hoch und drückte Paula das Kopfkissen in den Rücken. „So geht's, nicht wahr?"

'Sie packt geschickt und fest zu, aber sie ist nicht grob dabei', dachte Paula.

Die Krankenschwester wusch die Patientin vom Kopf bis zum Leib.

'Hätte ich den Schwesternberuf erlernen können', dachte Paula, 'ich würde wie sie zu Werke gehen.' Ingeborg war ihr sympathisch. Vom fraulichen Typ her hatte sie sich solch eine Schwiegertochter gewünscht. Ihres Sohnes Karin war auch couragiert, aber weicher und sensibel – eben nicht so zupackend, wie Paula Neuenhof geborene Tiow auf dem elterlichen Bauernhof in Küssow hatte sein müssen, um vor ihren Eltern und Geschwistern bestehen – wie sie es nannte: „ihren Strang ziehen" – zu können.

Die Waschung dauerte nicht lange. Schwester Ingeborg schüttelte die Bettdecke und das Kopfkissen auf, strich das Laken glatt, klappte den Kopfteil des Bettes fast in die Horizontale und lief mit dem Waschzeug dienstbeflissen davon. Zu Recht hatte sie sich beeilt. Schon bald schwebte sie herein, die sogenannte weiße Wolke:

der Oberarzt, den Paula von den Untersuchungen vor elf Tagen kannte, der Stationsarzt, ein Assistenzarzt und Ingeborg. Die Schwester hielt eine Papp-Schreibunterlage bereit. Auf der hatte sie mehrere Protokollblätter mit einer großen Büroklammer befestigt. Ingeborg war die Protokollantin.

Als erste war die Patientin gleich neben der Krankenzimmertür, eine alte Rentnerin, an der Reihe. „Sie schläft fast ununterbrochen", sagte die Krankenschwester zu den Ärzten.

„Wecken Sie sie!", forderte der Oberarzt. Er begann, auf die alte Frau einzureden. Die brummelte vor sich hin, gab nur unartikulierte Laute von sich. Fragen, die ihr der Oberarzt stellte, beantwortete Ingeborg. Der Oberarzt herrschte die Krankenschwester an. „Ich möchte, dass mir die Patientin antwortet."

„Sie ist noch zu verschlafen."

„Dann bereiten Sie sie auf die nächste Visite gefälligst besser vor!" Der Oberarzt verordnete andere Medikamente.

Ingeborg errötete, beugte den Kopf tief über die Protokollblätter und schrieb.

Die Frau neben Paula, cirka 50, sah jünger aus, als sie war, antwortete auf die Fragen des Oberarztes in gepflegtem Hochdeutsch und gab sich sehr gebildet. Paula wendete den Kopf zu ihr und war beeindruckt. Auf dem rollbaren Nachttisch ihrer Nachbarin lagen dicke Bücher, Romane. Paula buchstabierte: Walter Scott „Ivanhoe" und Selma Lagerlöf „Gösta Berling".

„Sie sind, wie wir vorgesehen hatten, ein paarmal aufgestanden?"

Kopfnicken.

„Wie geht's mit dem Laufen?"

Seufzen. „So lala."

„Sie sind operiert worden. Danach können Sie nicht wie ein junges Rehlein herumspringen wollen."

Die Dame lächelte den Oberarzt maliziös an. „Habe ich gesagt oder hat jemand anderer behauptet, dass ich das will?"

Der Oberarzt schien die Frage zu überhören. „Sie üben fleißig weiter. Morgen untersuchen wir Sie nochmals." Ingeborg notierte das. „Ich bin optimistisch: In ein paar Tagen können wir Sie entlassen."

Dann traten die Ärzte an Paula Neuenhofs Bett. „Da haben wir Sie also bei uns", sagte der Oberarzt. „Zu regelmäßigen Kontrolluntersuchungen sind Sie nicht gekommen. Statt dessen quartieren Sie sich in unserer Klinik ein – womöglich für lange Zeit, was?"

„Ich hoffe: nicht für lange.", erwiderte Paula.

„Die Hoffnung ist kein leerer Wahn, hat Schiller gedichtet. Wie fühlen Sie sich?"

„Momentan geht's mit den Schmerzen."

„Frau Neuenhof lag bis kurz vor der Visite in einem Tiefschlaf", ergänzte Schwester Ingeborg.

„Wir hatten ja tüchtig nachgeholfen. Die Injektionen setzen wir aber ab. Wir verabfolgen der Patientin …", der Oberarzt nannte der Protokollantin mehrere Medikamente, aber Ingeborg notierte sie nicht. „Sollten wir die Injektionen nicht besser schrittweise herunterfahren und dann erst den Medikamentenwechsel vollziehen?", fragte sie.

Der Oberarzt fauchte sie an. „Sind Sie der behandelnde Oberarzt oder ich?"

Die Schwester bekam wieder einen roten Kopf, beugte sich über die Protokollblätter und schrieb.

„Wann werden Sie mich operieren?", fragte Paula.

„Wann?" Achselzucken. „Erst mal sehen, ob überhaupt."

„Was haben …" Paula wollte nach den Ergebnissen ihrer Untersuchung vor elf Tagen fragen. Aber der Oberarzt wandte sich brüsk von ihr ab und sagte zu seinen Kollegen: „Wir werden nichts überstürzen. Wir schauen uns alles noch einmal gründlich an und entscheiden dann endgültig."

Die „weiße Wolke" verließ das Krankenzimmer. Schwester Ingeborg ging als Letzte. Ehe sie die Zimmertür ins Schloss zog, nickte sie den Patientinnen aufmunternd zu.

'Das muss man können', dachte Paula bewundernd, 'vom Oberarzt abgekanzelt werden, aber wenige Minuten später die Patienten freundlich anlächeln …' Sie hätte keine Krankenschwester sein wollen – in dieser Klinik und als Mitarbeiterin dieses Oberarztes. Sie fragte ihre Bettnachbarin: „Ist der Oberarzt immer so grantig, oder hat er heute einen besonders schlechten Tag?"

Die Frau drehte sich zu Paula um und sagte: „Der Oberarzt ist ein anerkannter Spezialist. Ich habe mich vor Wochen sehr darum bemüht, in diese Klinik eingewiesen und von ihm operiert zu werden. Sie haben ja gehört, ich kann voraussichtlich in einigen Tagen als geheilt – oder sagen wir: als wiederhergestellt entlassen werden. Davon habe ich vor einigen Wochen nicht zu träumen gewagt."

„Das ist erfreulich für Sie." Kleinlaut sagte Paula: „Ich dachte immer, Ärzte müssten nicht nur Fachmänner sein und auf ihrem Gebiet ihr Handwerk beherrschen, sondern sich in gewissem Umfang auch als Seelenmasseure betätigen. Wenn man hier mit einem körperlichen Gebrechen liegt, erkrankt einem doch auch die Seele. Die will auch behandelt werden." Sie schwieg eine Weile. Dann sagte sie: „Wie er Schwester Ingeborg angeraunzt hat … Ich weiß nicht, ob ein leitender Arzt so mit dem ihm untergeordneten Personal umgehen sollte."

Paulas Bettnachbarin blickte sinnend vor sich hin. Dann, sich auf ihre Ellenbogen stützend, richtete sie sich an. Sie sah hinüber zu dem Bett neben der Krankenzimmertür. Die alte Rentnerin lag da mit geschlossenen Augen, schniefte in gleichmäßigem Rhythmus; sie schlief bereits wieder. Davon hatte sich Paulas Nachbarin überzeugen wollen. Sie sagte: „Sie brauchen Schwester Ingeborg nicht zu bemitleiden. Sie kommt mit ihrem Schicksal und mit den Ärzten gut zurecht. Ich weiß nach der heutigen Visite nicht, was man mit Ihnen vorhat, aber eines sollten Sie …" Sie sprach den Satz wissentlich nicht zu Ende.

„Ich weiß es, ehrlich gesagt, auch nicht. Ich fühle mich regelrecht niedergeschlagen. Die missverständlichen Andeutungen des Oberarztes. Vielleicht sind die aber gar nicht missverständlich, und ich bin bloß zu töricht oder zu dumm, sie zu deuten."

„Zermartern Sie sich nicht den Kopf!" Paula tat der Frau, die „Ivanhoe" und „Gösta Berling" im Krankenbett las, leid. „Vertrauen Sie auf den Oberarzt! Er wird auch bei Ihnen, wie bei mir, alles in Ordnung bringen." Ihr Gesichtsausdruck strahlte Glauben und Zuversicht aus.

Paula sagte: „Ich passe mal eine günstige Gelegenheit ab, mit Schwester Ingeborg zu sprechen." Zu ihr hatte Paula Vertrauen. „Vielleicht kann sie meine Sorgen zerstreuen." Die Nachbarin blickte nicht mehr freundlich. Sie verzog ihre Mundwinkel. „Wenn Sie meinen …"

„Raten Sie mir ab?"

„Ich würde es nicht tun. Bedenken Sie: Arzt ist Arzt. Um Sie bekümmert sich sogar der Oberarzt. Ingeborg ist eine Krankenschwester, ein ganz kleines Rädchen im Getriebe der Klinik. Außerdem …" Sie verstummte. 'Ich verplappere mich', wurde ihr bewusst.

„Außerdem …?", Paula ließ nicht locker. „Außerdem …?"

Die andere sagte sehr förmlich: „Außerdem kann und muss jeder seine eigenen Erfahrungen machen."

„Sicherlich." Paula mutmaßte, die andere hatte zuvor etwas ganz anderes sagen wollen. „Oftmals sind aber Hinweise von anderen, die gleiche oder ähnliche Erfahrungen sammeln konnten, sehr nützlich – insbesondere wenn man sie bekommt ehe man in eine dumme Sache hineintappt."

Das ermunterte die Nachbarin. Ihre Augen strahlten wieder. „Wenn Sie die Sache so sehen, möchte ich Ihnen einen Hinweis geben. Neulich, nach einer meiner ersten Laufübungen nach der OP, kam ich nachts nicht zur Ruhe. 'Steh doch auf!', sagte ich mir. 'Spazier' ein bisschen auf dem Gang hin und her! Vielleicht wirst du davon müde.' Gedacht – getan. Als ich am Dienstzimmer unserer Station vorüberkam, dessen Tür nur angelehnt war, sah ich den Oberarzt und Schwester Ingeborg – wie soll ich es ausdrücken? – sehr einträchtig beieinander."

„Na, das ist doch besser, als wenn er die Schwester so herunterputzt wie heute bei der Visite."

Die Bettnachbarin verzog spöttisch den Mund. 'Sie ist wohl ein einfacher Mensch', sie meinte Paula, 'bekommt die Feinheiten des Lebens nicht so recht mit.'

Paula hatte das Mienenspiel der anderen beobachtet. „Meinen Sie, die beiden haben ein Verhältnis miteinander?" Da schwieg die andere verlegen. „Sie müssen nicht glauben, ich will, kaum dass ich in diese Klinik eingeliefert worden bin, über die Ärzte und Schwestern herumtratschen."

Die andere sagte nach einer Weile: „Zunächst wollte ich meine Beobachtung nicht überbewerten. Aber andere Patientinnen gaben mir zu verstehen, besagtes Techtelmechtel ist in Kreisen des Klinikpersonals ein offenes Geheimnis."

„Und warum dann das Geraunze vorhin bei der Visite?"

„Ich denke, das soll eine Abwehrhaltung des Oberarztes sein. Der Mann ist verheiratet, hat Kinder. Dennoch macht sich ein spätes Mädchen wie die besagte Krankenschwester an ihn heran, hofft, sie kriegt ihn herum, dass er seiner Familie davonläuft. So etwas hat es schon öfter gegeben, Krankenschwestern angeln sich einen gutsituierten Arzt und sind dann bis an ihr Lebensende gut versorgt."

„Sie meinen, Schwester Ingeborg …"

„Bitte keine Namen nennen!"

„… besagte Person gehört zu solch einem Menschenschlag?"

„Auf jeden Fall halte ich IHN nicht für einen Casanova-Typ. IHR traue ich allerlei zu. ER hat sich, denke ich, in einem schwachen Moment umgarnen lassen. SIE nutzt das zu ihren Gunsten aus."

'Sie steht auf SEINER Seite', dachte Paula von ihrer Bettnachbarin. 'So, wie sie die Sache sieht, ist der bemitleidenswert verführte Oberarzt das Opfer, und die Krankenschwester, ein spätes Mädchen, ist das Luder. Mein Gott! Da liest die Frau Bücher von Walter Scott und Selma Lagerlöf, aber in ihrem Kopf hat sie Geschichten wie aus Romanen von Hedwig Courths-Mahler.'

„Beobachten Sie die beiden mal!", riet die andere. Wie zum Zeichen, dass sie dieses Gespräch als beendet betrachtete, griff sie nach einem ihrer Bücher, blätterte und las darin.

Paula grübelte. '„Arzt ist Arzt" hat die belesene Frau von nebenan gesagt, und Ingeborg ist nur eine einfache Krankenschwester – ein spätes Mädchen noch dazu, das auf seinen Vorteil bedacht sei. Na klar, ihr, der Patientin, war vom Herrn Oberarzt medizinisch geholfen worden, und die Schwester hatte mit ihren Betreuungsleistungen nur ihre Pflicht getan. Also ist die Dame von dem Arzt eingenommen, und dessen rüden Umgangston zur Schwester bewertet sie gar als Abwehrhaltung. Wie aber', überlegte Paula, 'wenn die Haltung des Oberarztes nichts anderes ist als Getue, als Theaterspiel, damit nicht jede simple Patientin sofort bemerkt, wozu Schwester Ingeborg dem Herrn Doktor auch gut genug ist?' Das abfällige Urteil der Frau über „das späte Mädchen" Ingeborg lenkte Paulas Gedanken auf Tochter Annedore. 'Mein Kind ist mit seinen 27 Jahren auch ein spätes Mädchen. Was wäre, wenn Annedore unter den Lehrerkollegen ihrer Schule den Mann ihres Lebens entdeckte? Womöglich einen Verheirateten mit Familie? Wie würden da die Kolleginnen und Kollegen hecheln? Und die Mitglieder des Elternbeirates? Selbst diejenigen aus der Elternschaft, die sich um die schulischen Angelegenheiten ihrer Kinder nur an Tagen der Schulzeugnis-Ausgabe kümmerten? Sie würden, ähnlich wie meine Bettnachbarin, ein Tratschthema haben.' Paula drehte sich zu ihrem Nachttisch herum, zog den Schubkasten heraus und kramte darin. Endlich fand sie den Brief von Annedore. Den hatte sie einen Tag vor ihrer Einlieferung in die Frauenklinik erhalten. Annedore hatte ihr mitgeteilt, sie habe sich mit einer etwa gleichaltrigen Kollegin aus ihrer Schule angefreundet; mit ihr sei sie neulich in Pirna zum Tanzen gegangen, da habe sie die Bekanntschaft eines netten jungen Mannes gemacht. „Davon demnächst mündlich mehr!", hieß es in dem Brief. Paula las alles noch einmal von Anfang bis Ende durch. Dann ließ sie den Briefbogen auf die Bettdecke sinken und starrte sinnend zur Zimmerdecke empor. 'Meine Annedore wird mich in Kürze besuchen. Ich werde ihr auf den Zahn fühlen', nahm sie sich vor. Paula hatte 1933, 27-jährig, den Automechaniker Karl Neuenhof geheiratet. Zu alt gefühlt für eine Ehe hatte sie sich damals nicht. Sie und Karl hatten in ihren ersten Ehejahren mit unternehmerischem Elan ein Fahrrad-, Nähmaschinen- und Kraftfahrzeuggeschäft im Staßfurtischen geführt. Dass das Geschäft wenige Jahre nach ihrer Hochzeit Pleite gegangen war, hatte nicht an ihrem Lebensalter gelegen, sondern hatte andere Gründe gehabt: Paula war auch jetzt, nach Jahrzehnten noch, davon überzeugt, sie und Karl hatten für solch ein geschäftliches Unternehmen eine zu geringe Schulbildung gehabt. Also – schlussfolgerte sie – zu spät für die Ehe wäre es für ihre „auf Schule gewesene" Tochter nicht. Aber Annedore sollte mit Partnerschaftsplänkeleien – mal einen Freund hier, mal einen Bekannten dort – Schluss machen. Sie wollte ihrem Mädel offen und unmissverständlich sagen: „Für derlei Flüchtigkeiten, meine Liebe, ist deine Zeit abgelaufen. Also: Was ist das nun mit dem netten jungen Manne aus Pirna? Kann daraus mehr werden als die Bekanntschaft von einem Tanzvergnügen?"

An den folgenden Tagen verschlechterte sich Paula Neuenhofs gesundheitliches Befinden mehr und mehr.

An dem ersten Sonntag nach ihrer Einlieferung in die Klinik vermochte sie zwar aufzustehen, bis zum Waschbecken im Krankenzimmer zu schutschen und sich frischzumachen, aber für einen Spaziergang – wenigstens auf dem Korridor der Station – reichten ihre Kräfte nicht, und die Schmerzen in ihrem Leib wurden unerträglich. Dabei erwartete sie doch an diesem Tage ihre beiden Kinder. Sie konnten wegen ihrer Berufstätigkeit nur sonntags anreisen. Zudem waren in jener Zeit in den Krankenhäusern der DDR einheitlich feste Besucherzeiten angesetzt: mittwochs und sonntags, jeweils von 14 bis 16 Uhr. 'Die lange kostspielige Bahnfahrt von Dresden nach Magdeburg wegen zwei Stunden Besuchszeit!', sinnierte die Frau. Aber sie hatte doch so viel auf dem Herzen …

Annedore und Heinz waren am Samstagnachmittag nach Burkitz gereist. Sie hatten in der Wohnung ihrer Mutter übernachtet. Am Sonntagvormittag hatte sich Annedore mit dem Aufwischen der Zimmerfußböden und mit Paulas Wäsche zu schaffen gemacht. Heinz hatte im Keller aufgeräumt: er hatte Altpapier gebündelt und leere Flaschen und Weckgläser in Obststiegen verstaut, eine Handwagenladung voll war zusammengekommen. „Das müsste ich zur Sero-Annahmestelle bringen", hatte er zu seiner Schwester gesagt. „Egal, wie Mutti nach ihrem Krankenhaus-Aufenthalt wiederhergestellt sein wird – diese Arbeit muss ich ihr abnehmen."

„Dann kannst du auch einen Sack voll alter Jacken und Hosen von dir und allerlei Lumpen mitnehmen", hatte Annedore ergänzt. „Ich habe im Kleiderschrank und hinter dem Vorhang in der Kammer genug altes Zeug gefunden."

„Ich muss dafür an ein paar Werktagen Urlaub nehmen. Sonntags lässt sich so etwas nicht erledigen." Annedore hatte gedacht: 'Will er schon den Kehraus vorbereiten?' Sie hatte gesagt: „Lass uns erst mal in die Klinik fahren und gucken, was uns dort erwartet!" Trotzdem hatten sie sich mit derlei Arbeiten so sehr beschäftigt, dass ihnen zur Mittagsstunde nur ein bisschen Zeit für den Verzehr der von Karin Neuenhof als Reiseproviant mitgegebenen Butterstullen verblieb.

Nun saßen die Geschwister in der Frauenklinik am Krankenbett ihrer Mutter und erschraken. Dass es so schlecht um die Kranke stand, hatten sie nicht erwartet. Annedore unterdrückte nur mit Mühe die Tränen. Auch Heinz hatte, wenn er sprach, das Gefühl, ihm säße ein Frosch im Hals.

„Dabei habe ich mich einen Tag nach meiner Einlieferung schon viel besser gefühlt", sagte Paula mit leiser Stimme. „Anfangs bekam ich Spritzen. Die hat der behandelnde Oberarzt aber rasch abgesetzt. Ich weiß nicht, warum. Jedenfalls haben die mir geholfen. Die Tabletten, die ich jetzt einnehmen muss, bringen nichts zuwege." Es war Paula anzumerken, dass das Reden ihr große Mühe und Anstrengung bereitete. Oft hielt sie mitten im Satz inne, als müsste sie für das Weiterreden neue Kraft schöpfen. „Es kommt noch etwas anderes hinzu, das mir Sorgen bereitet und mich beunruhigt. Der Oberarzt machte bei einer Visite komische Andeutungen, was meine sicherlich unumgängliche Operation anbelangt. Ich habe die Kraft nicht mehr, da energisch nachzuforschen. Ich liege hier herum, mehrere Tage schon, und meine Schmerzen lassen kaum nach, aber einen OP-Termin nennt mir niemand. Überhaupt … mit mir ist nichts mehr los." Es war ein Wehklagen, wie es die Neuenhof-Kinder von ihrer Mutter nicht kannten.

Heinz blinkerte seiner Schwester zu. Annedore nickte. Sie erhoben sich. „Wir gucken mal, ob wir auf der Station einen Arzt antreffen. Der soll sich um dich kümmern." Paula stimmte zu, indem sie die Augenlider ein paarmal schloss und wieder öffnete. Als Annedore sich anschickte, mit ihrem Bruder zu gehen, hielt Paula sie am Arm zurück. „Setz dich! Du sollst mir etwas erzählen von deinem neuen Freund."

Heinz suchte das Dienstzimmer der auf der Station tätigen Krankenschwestern auf. Er traf Schwester Ingeborg an. „Ich möchte den Stationsarzt sprechen."

„Tut mir leid. Er ist erst ab 20 Uhr wieder verfügbar."

Heinz sagte unwirsch: „Dann ist die Besuchszeit längst zu Ende. Soll ich so lange irgendwo spazieren gehen? Wenn ich mich als Klinik-Besucher an eine vorgeschriebene und relativ gering bemessene Zeit zu halten habe, dann kann ich wohl erwarten, dass ein Arzt …"

Ingeborg ging einige Schritte auf den sich ereifernden EDD-Produktionsleiter zu. Sie war nur eine Handbreite kleiner als er, war von stattlichem Wuchs. Auf ihrem ovalen ebenmäßigen Antlitz lag ein feines, herausforderndes Lächeln. In ihren Augenwinkeln kräuselten sich kleine Fältchen. Ihr brünettes Haar hatte sie im Nacken hochgesteckt. Ihre braunen Augen strahlten ihn an.

'Potztausend!', dachte er. 'Sie sieht aus wie eine Zwillingsschwester von Elke Lahnert.' Im Sommer nach seinem achten Studiensemester war er mit einer kleinen Studentengruppe der TH Dresden in Mecklenburg, in der LPG „Florian Geyer" in Katelbogen, im Ernteeinsatz gewesen. In Elke Lahnert, Studentin an der Fakultät für Architektur und Bauwesen, im gleichen Studienjahr wie er, hatte er sich sterblich verliebt. Sie hatte sich ihm geneigt gezeigt. Einige Wochen nach dem Ernteeinsatz, Anfang September, hatte sie Geburtstag gehabt. Er hatte einen großen Strauß roter Rosen gekauft und war zum Gratulieren zu ihr gefahren. Sie hatte in einem Mehrfamilienhaus in der Dresdner Dornblüthstraße ein möbliertes Zimmer bewohnt. Sein Besuch hatte sie überrascht. Sie hatte nicht Heinz, sondern ihren Verehrer aus ihrer Seminargruppe erwartet. Der war dann auch gekommen, gerade als sich Neuenhof dem Geburtstagskind hatte erklären wollen. Elkes Freund hatte sich betont lässig und selbstbewusst gegeben und hatte Elke immerfort mit „my darling" angeredet. Von dem linkisch dreinschauenden Maschinenbau-Studenten Neuenhof hatte er kaum Notiz genommen. Heinz hatte das als Demonstration langzeitigen Besitzanspruchs an Elke gewertet und hatte sich rasch verabschiedet. Dabei hatte ihn Elke mit dem gleichen Gesichtsausdruck angeblickt wie die Krankenschwester jetzt, im Schwesternzimmer der Frauenklinik, und sie hatte auch so fein und herausfordernd gelächelt. Heinz Neuenhof hatte am Ende des Ernteeinsatzes gemeint. Elke Lahnert sei seine Traumfrau. Aber nach dem geburtstäglichen Zusammentreffen hatte er um Elke nicht gekämpft. Nun war er mit Karin Enders verheiratet und hatte zwei Söhne. Einer der Knaben war schon schulpflichtig. Aber diese junge Frau im Krankenschwester-Habitus erinnerte ihn an seinen Jugendtraum, als wäre seine letzte Begegnung mit der Architektur-Studentin nicht elf Jahre, sondern erst elf Tage her.

„Schalten Sie mal einen Gang 'runter!", sagte Schwester Ingeborg und lächelte dabei immer noch wie zuvor. „Mit einer Audienz beim Stationsarzt wird's vor 20 Uhr nichts. Womit kann ich Ihnen sonst helfen?"

'Wie Elke!', dachte Neuenhof unentwegt.

„Wenn Sie mir freundlicherweise sagen würden, um wen und um was es geht ..."

Heinz nannte den Namen seiner Mutter. „Ich bin der Sohn."

„Ach so." Die Lachfältchen in den Augenwinkeln der Krankenschwester verschwanden. „Da haben Sie Glück. Unser Oberarzt ist im Dienst. Er hat sich Ihrer Mutter persönlich angenommen. Ich bringe Sie zu ihm."

Dem Oberarzt stellte sich Heinz mit Namen und Titel vor. 'Der Mediziner soll von Anfang an wissen, dass er's nicht mit Hänschen Müller aus irgendeinem Betriebs-Konsum zu tun hat', dachte er.

Der Oberarzt nahm die Herausforderung an. „Unter uns promovierten Männern kann ich es ohne Umschweife und ohne Beschönigungen aussprechen: Ihre Mutter ist in einem sehr kritischen Zustand bei uns eingeliefert worden. Ihr Unterleibskrebs wuchert stark. Wie weit er metastasiert, wissen wir nicht. Wann und ob wir überhaupt operieren, kann ich Ihnen heute nicht sagen."

„Bestehen Erfolgsaussichten?" Achselzucken. „Warum haben Sie die Injektionen abgesetzt, nach denen sich meine Mutter besser gefühlt hat als heute und an den letzten Tagen?"

Der Oberarzt fühlte sich nicht besserwisserisch belehrt oder provoziert. „Als Ihre Mutter mit unsäglichen Schmerzen eingeliefert wurde, haben wir sie mit einem Morphium-Präparat ruhiggestellt. Das möchten wir nicht jetzt schon permanent einsetzen. Es ist ein Mittel für die letzte Phase ..."

„... letzte Phase?" Heinz Neuenhof erschrak.

„... für die letzte Phase krebserkrankter Patienten."

„Wie schlimm ...?", stammelte Neuenhof.

„Ihre Mutter hat Ihnen erzählt – und ich habe es Ihnen soeben bestätigt –, wir haben die Morphium-Injektionen abgesetzt. Aber rechnen müssen Sie mit dem Äußersten. Das aber nur als Information für Sie, nur für Sie. Lassen Sie gegenüber der Patientin nichts Derartiges verlauten!"

„Sollten wir besser ...?", fragte Ingeborg.

Der Oberarzt verstand, was sie meinte, ohne dass sie die Frage zu Ende sprach. „Sind Sie allein zu Besuch bei der Patientin?"

Heinz antwortete: „Meine jüngere Schwester ist jetzt bei unserer Mutter. Vielleicht kommt noch meine Tante." Er meinte Paulas Schwester Alma Knarr, die Lehrerwitwe aus der Burkitzer Puschkinstraße.

„Gehen Sie mit nach hinten!", forderte der Oberarzt die Krankenschwester auf. „Wir einigen uns darauf, die Patientin muss zunächst ruhiggestellt werden, danach können wir sie gründlich untersuchen und hinsichtlich einer Operation fundiert entscheiden." Er reichte Heinz die Hand. „Was ich Ihnen in gebotener Offenheit mitgeteilt habe, auch die Bedenken unsererseits, bleibt unter uns dreien. Verstehen Sie mich?" Heinz nickte. „Auch keine Mitteilungen an Ihre Verwandten, bitte, selbst an Ihre Schwester nicht!"

Da wusste Neuenhof, es stand nicht gut um die Heilungschancen seiner Mutter.

In der Zwischenzeit saß Annedore auf Paulas Geheiß auf der Kante des Krankenbetts der Mutter, den Kopf dicht ans Gesicht der Bettlägerigen geneigt, und berichtete, wie ihr Leben in Dresden und an der Schule ablief.

„Komm näher an mich heran!", bat Paula, beinahe flüsternd. „Ich fühle mich so hinfällig, dass mich sogar das Zuhören und Sprechen anstrengt." Wegen Paulas Bettnachbarin hätten die beiden nicht leise zu reden brauchen; die andere Frau hatte mit ihren Besuchern Plätze in einer der auf dem Stationsgang eingerichteten Sitznischen gefunden. „Nun erzähl' was von deinem neuen Freund!", wisperte Paula ungeduldig.

„Ach, Mutti ..."

„Zier dich nicht! Ehe Heinz zurückkommt ... du hast es mir im Brief versprochen."

'Wenn ich ihr damit etwas Gutes tue ...', dachte Annedore, 'und überhaupt: Zu wem soll ich Vertrauen haben, wenn nicht zu Mutti?' So überwand sie sich. „Er heißt Alfons, Alfons Richter, ist Instandhaltungsschlosser im Elbtalwerk Heidenau. Er wohnt aber in Pirna, bei seiner Mutter. Sie ist, wie du, eine alleinstehende Frau mit zwei Kindern. Alfons hat eine Schwester. Sie ist zwei Jahre älter als er, ist verheiratet und lebt in Dresden-Pillnitz. Richters Familiengeschichte ähnelt sehr der unseren: der Vater hat sich nach der Trennung von Alfons' Mutter nicht um seine Kinder gekümmert. Solch Verhalten war nach dem vermaledeiten Weltkrieg, scheint mir, nicht die Ausnahme. Und dabei dachte ich, bei uns ..."

„Arbeitet die Frau?"

„Ja, im Pirnaer KONSUM, in der Kurzwaren-Abteilung."

„Und – wie stehen die Kinder zu ihr?"

„Was ich bis jetzt weiß, vom Erzählen, ist es bei ihnen so wie bei uns. Vielleicht haben wir uns, Alfons und ich, deshalb sogleich gut verstanden."

„Denkst du, es ist nicht bloß eine Bekanntschaft – mal so, nach einem Tanzvergnügen?"

„Das, Mutti, kann ich noch nicht beurteilen. Fast möchte ich sagen: 'Ja, es könnte mehr werden.' Aber mein 'Ja' ist ein bisschen vage. Alfons hat mich zum übernächsten Wochenende zu sich nach Hause eingeladen. Da werde ich seine Mutter, vielleicht auch seine Schwester kennenlernen. Nach dem Besuch kann ich dir Genaueres berichten."

„Ist er dein Typ?"

„Voll und ganz."

„Und in seinem Leben spielt keine andere Freundin, womöglich eine feste Beziehung, eine Rolle?"

„Er sagt: nein."

„Prüf das! Versteh' mal: Du mit deinen 27 Jahren findest einen, der dir gefällt und der noch zu haben ist – so etwas findet man selten. Wie alt ist denn der junge Mann?"

Annedore errötete. „Na ja … Weißt du … Das Alter …" Sie druckste herum. Dann: „Er ist fünf Jahre jünger als ich."

Paula schluckte ein paarmal. 'Fast habe ich so etwas geahnt', dachte sie.

Annedore sagte: „Ich meine, dass er jünger ist als ich, ist nicht das Ausschlaggebende. Man sagt zwar allgemein, es sei besser, ein Mann ist älter als seine Partnerin. Aber …"

Paula ließ sich weder Skepsis noch Zweifel anmerken. „Du bist ein attraktives, ordentliches Mädchen mit einem anständigen Beruf. Welcher Mann will daran etwas auszusetzen haben?"

„Und fünf Jahre sind meines Erachtens ein geringer Altersunterschied."

Der Meinung war Paula nicht. Aber sie widersprach ihrer Tochter nicht. Sie sann ein Weilchen nach und sagte: „Wahrscheinlich liegt's daran, wie ich dich und deinen Bruder erzogen habe. Du freundest dich mit einem fünf Jahre jüngeren Mann an. Heinz hatte sich vor elf Jahren in die zwei Jahre ältere Architektur-Studentin, in diese Elke Lahnert, verguckt und unter mächtigem Liebeskummer gelitten …"

„Ich dachte bisher, Birgit Klotzek sei meines Bruders große Liebe gewesen …"

„Die auch." Paula machte eine müde Handbewegung. „Aber … Du wirst mitbekommen haben, mit Birgit und Heinz ging es hin und her. Ich habe meinen Jungen damals kaum noch verstanden. Immer war er fleißig und zielstrebig gewesen und hatte zu allem und jedem eine feste und vernünftige Meinung. Aber in puncto Mädchen und Freundinnen …" Sie schwieg, wie vor Erschöpfung.

Annedores Neugier war geweckt. „Es hieß doch immer, Heinz und Elke hätten sich kennengelernt, als beide ihr achtes Semester abgeschlossen hatten. Wieso …?"

„Das stimmt. Aber das Mädchen hat nach ihrem Abitur einen Beruf erlernt, im Baugewerbe, glaube ich. Erst danach hat sie ihr Hochschulstudium begonnen. Unser Heinz hat doch gleich nach dem Abi …"

„Verstehe." Das mit dem Altersunterschied zwischen den beiden hatte Annedore nicht gewusst. 'Vielleicht', dachte sie, 'habe ich dem damals, als kleines dummes Mädchen, keine Bedeutung beigemessen.'

„Das ist Geschichte." Paula schwieg und atmete schwer. „Wie läuft's denn aus deiner Sicht bei der jungen Familie Neuenhof in Dresden?"

Im ersten Moment war Annedore von Paulas Frage überrascht. Aber nach einer Weile begriff sie, die Mutter sorgte sich nicht nur um ihr Nesthäkchen. Sie sagte: „Zu Heinz und seiner Familie lässt sich viel erzählen. Um es jedoch kurz und knapp zu sagen: Die vier" – sie meinte Heinz und Karin und die beiden Jungen – „machen ihre Sache." Sie betonte das Wort „machen".

Paula vermeinte herauszuhören, die vier würden i h r e Sache machen. Argwöhnisch fragte sie: „Kümmern sie sich auch um dich?"

Annedore zuckte mit den Schultern. „Was heißt 'kümmern'? Sie beziehen mich in ihr Familienleben ein – beim Mittagessen und bei Ausflügen an den Wochenenden, die Jungen kommen mehrmals in der Woche am Abend zum Sandmännchen-Gucken …"

„Bist du dabei, wenn es um Heinz' Wechsel von Dresden an die TH Magdeburg geht?"

„Von Anfang an. Darum brauchst du dir keine Sorgen zu machen."

„Ziehst du mit ihnen um? In meine Wohnung in Burkitz?"

Annedore wiegte den Kopf hin und her. „Die Messe ist noch nicht gesungen."

Paula seufzte. Aber sie kaschierte den Seufzer, indem sie sich im Bett mühsam in eine andere Körperlage drehte. Sie dachte: 'Mein Mädchen setzt doch wohl nicht schon Hoffnungen in ihren neuen Pirnaer Freund?'

Annedore drängte auf ein Urteil der Mutter. „Sag mir offen deine Meinung zu meiner neuen Bekanntschaft!"

Paula schloss die Augen. Sie wollte Zeit gewinnen, sie stöhnte mehrmals.

Annedore wurde unruhig. „Geht's dir nicht gut?"

Die Mutter winkte ab. Zögerlich sagte sie: „Noch einen Moment, dann ist es vorbei." Nach einer kleinen Pause: „Ich vertraue dir. Du wirst das Richtige tun. Besuch' die Familie! Bilde dir ein Urteil! Zieh aber rechtzeitig eine Schlussfolgerung: Taugt der Mann für mehr als für eine oder für ein paar Tanzveranstaltungen? Wenn ja, dann halte dich an ihn! Wenn nein, lass ihn laufen und such dir jemand anderen! Bedenke, wie alt du bist, was von dir erwartet wird und dass du keine Zeit mehr hast fürs bloßes Herumtingeln!" Sie drehte ihren Kopf auf die andere Seite und stöhnte wie schon einige Zeit zuvor. Sie vermied es zu sagen: 'Denke auch an mich! Sieh, in welcher Lage ich mich befinde! Vielleicht verbleibt für unsere Gemeinsamkeit nicht mehr viel Zeit.'

Kinder, die sich mit ihrer Mutter eng verbunden fühlen, erspüren und erfassen auch das Unausgesprochene. Annedores Augenlider röteten sich.

„Nicht doch, Mädchen, vor den anderen!", wisperte Paula. Denn Schwester Ingeborg und Heinz betraten das Krankenzimmer. „Ich muss doch mal schauen, wie Sie Ihren Besuch verkraften.", sagte die Schwester.

Paula wandte sich den Ankömmlingen zu und zwang sich zu einer weitausladenden Armbewegung, als wollte sie einen Gruß entbieten. „Die beiden" – sie nickte Heinz und Annedore zu – „sind meine Goldfasane."

„So? Na", sagte Ingeborg mit dem für sie typischen feinen, herausfordernden Lächeln, „mit dem einen Ihrer Fasane habe ich mich eben beim Oberarzt bekanntgemacht." Und an Annedore gewandt, aber so laut, dass Paula gut mithören konnte, sagte sie: „Wir tun für Ihre Mutter unser Möglichstes. Ehe wir ihr wirksam helfen können, müssen wir sie ruhigstellen, ihr kleines Herz bumbert uns zu toll, und einiges andere funktioniert auch nicht normal. Wir bekommen das hin. Es erfordert jedoch etwas Zeit. Wir dürfen alle miteinander nicht ungeduldig sein."

Etwas anderes teilte Heinz Neuenhof seiner Schwester auf der Heimfahrt nach Dresden und seiner Ehefrau bei der Berichterstattung über den Krankenbesuch auch nicht mit. So hatte es der Oberarzt von ihm erbeten.

12

Der neuernannte Minister für das Hoch- und Fachschulwesen der DDR beriet mit seinen Bereichsleitern, die im Range stellvertretender Minister fungierten, mit den Leitern der sogenannten Querschnittsabteilungen, mit dem Leiter der Hauptinspektion, mit dem SED-Parteisekretär und mit dem Vorsitzenden der Gewerkschaftsorganisation (FDGB) „des Hauses", also seines Ministeriums, wöchentlich die Aufgaben und Probleme, die „in Umsetzung der Beschlüsse von Partei und Regierung" an den Universitäten, Hoch- und Fachschulen des Landes zu lösen waren.

Als Querschnittsabteilungen des MHF galten die für Aus- und Weiterbildung, für Forschung, für Kader und Qualifizierung und für Auslandsbeziehungen. Die Hauptinspektion war eine aus MHF-Mitarbeitern zusammengesetzte operative Kontrolltruppe und unterstand dem Minister persönlich. Sie überwachte die Einhaltung zentraler Festlegungen und Beschlüsse an den Einrichtungen des Hoch- und Fachschulwesens, sie erarbeitete Vorschläge, dass und wie Mängel, die sie bei ihren Inspektionen aufdeckte, behoben werden konnten.

Einmal in jedem Monat wurde der Beratungskreis des Ministers um die Rektoren der Universitäten und Hochschulen und um gesondert eingeladene Berichterstatter zu speziellen Themen der Agenda erweitert. Diese Zusammenkunft wurde als große Dienstberatung beim Minister bezeichnet.

An der großen Dienstberatung im Mai 1969 nahmen je ein Sektionsdirektor der Technischen Hochschulen Karl-Marx-Stadt, Leuna-Merseburg und Magdeburg als Gäste teil. Sie sollten – gut ein Jahr nach der in der DDR durchgeführten III. Hochschulreform – über die Arbeit in der von ihnen geleiteten Struktureinheit berichten. Der Minister erwartete Aussagen zu folgenden Fragen:

Hatte es sich bewährt, die ehemaligen Universitäts- und Hochschulinstitute aufzulösen und die hohen Bildungseinrichtungen des Landes in Sektionen und die Sektionen wiederum in Lehr- und Forschungsgruppen zu strukturieren? Hatte die neue Struktur eine effektivere Leitungstätigkeit des Sektionsdirektors und ein zielgerichtetes Einwirken auf die Qualität der Lehre und Forschung ermöglicht? Welche Schwierigkeiten und Probleme waren bei der Durchsetzung der Reform aufgetreten, und welche verallgemeinerungsfähigen Lösungen zu ihrer Bewältigung waren gefunden worden?

Zusätzlich sollte jeder der drei Sektionsdirektoren einen vom Minister vorgegebenen Aspekt der Arbeit in der Sektion erörtern. Für den Direktor der Sektion Fertigungsprozess und -mittel der TH Karl-Marx-Stadt, Prof. Dr.-Ing. Rudolf Thümmel, war dies die Zusammenarbeit der Sektion mit den volkseigenen Betrieben des Territoriums auf dem Gebiet der Forschung und der Industrie-Unterstützung. Der Direktor der Leuna-Merseburger Sektion Organische Chemie sollte darlegen, wie die hervorragende materiell-technische Basis der Chemie-Betriebe und -Kombinate des Leuna-Bitterfelder Raums stärker und effektiver als bisher für die Hauptprozesse der Sektion – also für die Aus- und Weiterbildung und für die Forschung – zu nutzen wäre. In dem Bericht des Direktors der Sektion Technologie der metallverarbeitenden Industrie (mvI) der TH „Otto von Guericke" Magdeburg, Prof. Dr.-Ing. Wolfgang Kainzow, sollten die Rationalisierung und Automatisierung – bezogen einerseits auf die Hauptprozesse an der Sektion und andererseits auf die technische Vorbereitung der Produktion in den Magdeburger Betrieben und Kombinaten des Schwermaschinen- und Anlagenbaus – den Schwerpunkt bilden.

Professor Thümmel ging von den Beschlüssen des VII. Parteitages der SED aus. Denen zufolge sollte in der Industrie der DDR in denkbar kurzer Zeit die System-Automatisierung vollzogen werden. Die müsse, sagte der Redner, die Ganzheit von Produktionsvorbereitung, Fertigung und Produkt-Realisierung auf dem nationalen und internationalen Markt umfassen. Dementsprechend sei der Gesamtprozess – im Maschinenbau speziell der Fertigungsprozess – programmatisch zum Ausgangspunkt für die Bezeichnung der von ihm geleiteten Sektion gemacht worden. Außerdem habe man in Karl-Marx-Stadt einen Schlussstrich unter die seit zehn Jahren intensiv geführte Debatte gezogen, was unter dem Terminus „Wissenschaft Technologie" zu verstehen sei. Man habe sich in Karl-Marx-Stadt auf das Hauptwerk des Namensgebers für die Stadt, „Das Kapital", und auf die darin gegebene Definition bezogen. Technologie, überhaupt die Lehre und Forschung zum Fertigungsprozess seien mehr als die vormals an deutschen Hoch- und Fachschulen vermittelte Verfahrens- und Maschinenkunde und mehr als die wissenschaftliche Durchdringung einzelner Fertigungsverfahren. In solcher Betrachtungsweise werde an „seiner" Sektion in vielfältigen Formen und im Rahmen verbindlicher Kooperationsverträge die wissenschaftliche Zusammenarbeit insbesondere mit dem VEB Werkzeugmaschinenkombinat „Fritz Heckert" und mit dem Forschungszentrum des Werkzeugmaschinenbaus in Karl-Marx-Stadt betrieben. Thümmel statuierte dafür Beispiele. Er belegte sie mit Diapositiven, die er dem Beratungsgremium vorführte.

Der Karl-Marx-Städter Professor berichtete exzellent, charismatisch, in freier Rede und überzeugte mit dem Inhalt seiner Darlegungen. Der Minister neigte sich, zufrieden schmunzelnd, dem neben ihm sitzenden Harry Petras, einem seiner Stellvertreter, zu. „Die Karl-Marx-Städter sind tüchtige Leute. Es gefällt mir, wenn Technikwissenschaftler Marx' 'Kapital' studieren und daraus Erkenntnisse für ihr Wissenschaftsgebiet gewinnen." – 'Wer will ihm verdenken, dass ihm das gefällt?', dachte Harry Petras, 'unser neuer Minister ist eben ein studierter Gesellschaftswissenschaftler …' Selbst die gelahrten Rektoren der altehrwürdigen Universitäten zollten Rudolf Thümmel Beifall. Dabei verstanden die meisten dieser Herren nicht mehr von der Sache, als sie sich aus dem SED-Zentralorgan „Neues Deutschland" angelesen hatten.

Der zur Berichterstattung gebetene Sektionsdirektor der TH für Chemie Leuna-Merseburg mochte ein anerkannter Fachmann für das Analyse-Kochen sein – als ein talentierter und geschickt taktierender Verfechter der Interessen „seiner" Sektion produzierte er sich in der großen Dienstberatung beim Minister nicht. Er konstatierte, „seine" Sektion habe zwar Industrieverbindungen, aber eine Nutzung der chemischen Großanlagen und der Laborausstattungen in den Chemiebetrieben Mitteldeutschlands für die Forschung und für die Qualifizierung wissenschaftlicher Kader „seiner" Sektion – im Sinne einer engen Verflechtung der Arbeiten an der Sektion mit denen in der Industrie und umgekehrt – gebe es nicht. Sie sei wohl auch nicht möglich. In den Betrieben werde kurzfristig und auftraggeber-, das heißt marktorientiert, an „seiner" Sektion dagegen langfristig und auf die Schaffung wissenschaftlicher Grundlagen gerichtet gearbeitet. Deshalb sei es unabänderlich, dass das MHF die materiell-technische Ausstattung zumindest für die an „seiner" Sektion betriebene Grundlagen-Forschung sicherstelle und dass der Minister für das Hoch- und Fachschulwesen im Ministerrat die Bereitstellung der erforderlichen Bilanzen und finanziellen Mittel erwirke. Um den Minister dafür geneigt zu stimmen, berichtete er über Erfolge mehrerer FDJ-Gruppen „seiner" Sektion im sozialistischen Studenten-Wettstreit, speziell auf den „Messen der Meister von Morgen" (MMM).

Der Minister lobte die Initiativen und Leistungen der Leuna-Merseburger Studenten und jungen Wissenschaftler. „Aber was den Hauptteil des Berichtes betrifft", sagte er, und Zornesröte überzog sein Gesicht, „der ist durchsetzt von Forderungsideologie aus der Anfangszeit des Hochschulwesens der DDR." An den Sektionsdirektor gewandt: "Ich danke Ihnen dafür, dass Sie sich die Mühe gemacht haben, uns heute etwas vorzutragen. Aber Ihren Bericht weise ich zurück." Er schalt den Rektor: „Ich bin nicht einverstanden damit, dass die Leitung – an ihrer Spitze Sie, Magnifizenz – solch einen Bericht hat durchgehen lassen. Ich erwarte eine Neufassung, die mir bis 10. Juni zuzureichen ist. Ich vermeine, nicht betonen zu müssen, dass die Neufassung dem Zeitgeist und den zukunftsorientierten Leitlinien der Wissenschaftspolitik von Partei und Regierung Rechnung zu tragen hat." Der Rektor wollte etwas erwidern. Aber der Minister erteilte ihm nicht das Wort. Er fragte nur: „Gibt's Probleme bezüglich des von mir vorgegebenen Termins?"

Der Rektor sagte kleinlaut: „Am Termin 10. Juni liegt es nicht. Vielmehr..."

Der Minister winkte mit der Hand ab. „Also erledigt. Keine weitere Diskussion an dieser Stelle! Wir hören jetzt den Bericht aus Magdeburg."

Professor Kainzow war ein anerkannter Experte in allen Belangen des Hochschulwesens: wissenschaftlich hatte er sich an der TU Dresden mit einer mit „Summa cum laude" bewerteten Dissertation und an der TH Magdeburg mit bereits 50 wissenschaftlichen Publikationen in Fachzeitschriften und Berichtsbänden von Fachtagungen ausgewiesen; wissenschaftsorganisatorisch hatte er an der TU Dresden als Oberassistent für Organisation und Planung an dem von Prof. Dr.-Ing. habil. Wichtler geleiteten Institut für Fertigungstechnik und an der TH Magdeburg bei der Einführung der neuen Hochschulstruktur und bei der Forschungskooperation der TH mit Magdeburger Betrieben und Kombinaten Hervorragendes geleistet; wissenschaftspolitisch hatte er verantwortungsvolle Aufgaben in der Zentralen Prognosegruppe beim Ministerrat der DDR übernommen; als Hochschulpädagoge genoss er bei den Studenten wegen seiner niveauvollen, praxisorientierten Vorlesungen, wegen seiner immensen Arbeitsfähigkeit und wegen seiner Aufgeschlossenheit für alle studentischen Anliegen hohes Ansehen – seine Maxime war: „Studenten haben, wenn ich im Hause bin und wenn sie etwas Wichtiges mit mir besprechen wollen, bei mir immer Zutritt"; wegen dieser Maxime wurde seine

Sekretärin von ihren Kolleginnen aus anderen Sektionen nicht beneidet. – Und dieser Mann war auf der Mai-Dienstberatung des Ministers, zu der er als Gast geladen worden war, sehr aufgeregt. Das hatte drei Gründe.

Erstens erkannte Kainzow, der neue Minister pflegte einen anderen Beratungsstil und ging mit den Beratungsteilnehmern – ob mit Mitarbeitern des MHF oder mit angesehenen Wissenschaftlern in akademischen Ämtern – anders um als sein Vorgänger, der vom Fach ein Physiker war. Der Vorgänger liebte es zu ironisieren, und mitunter hatte man bei ihm nicht gewusst, frozzelte er, oder meinte er es ernst. 'Der Neue leitet wie ein Industrie-Kapitän – knallhart', gestand sich Kainzow ein. 'Den Leuna-Merseburger hat er eben regelrecht abgebürstet.' Auf diesen Stil wollte sich Kainzow einstellen.

Zweitens hatte ihm der Karl-Marx-Städter Sektionsdirektor einige Pointen vorweggenommen – insbesondere die mit der Technologie-Definition und die Ganzheitsbetrachtung in der Lehre und Forschung auf technologischem Gebiet.

Drittens hatte ihm Harry Petras, den er aus der gemeinsamen Studienzeit an der TH Dresden gut kannte und dessen Vertrauen er genoss, vor dem Beginn der Beratung zugeraunt: „Der Vorgänger unseres Ministers hat auf seine bekannte Art einige witzig sein sollende Bemerkungen über die Qualitäten und die Eignung seines Nachfolgers gemacht. Darüber hat sich der Minister wahnsinnig geärgert. Da sein Vorgänger vor seinem Amtsantritt Physik-Professor an eurer Hochschule war, ist nicht auszuschließen, dass der Minister seine Ressentiments auf eure ganze Hochschule überträgt." Petras hatte verschwiegen, dass sein Vorgesetzter erst nach längerem Zureden mit Kainzows Wahl zum Berichterstatter einverstanden gewesen war. Stattdessen hatte Petras von seinem ehemaligen Kommilitonen gefordert: „Streng dich an und mach deine Sache gut!"

Kainzow blickte den Minister abwartend an. Der runzelte die Stirn und sagte – fast klang es unwillig: „Bitte, Genosse Kainzow, das Wort zu nehmen!"

'Nun gilt's!', dachte der Magdeburger und referierte: An der Sektion Technologie der mvl – wie an der Technischen Hochschule „Otto von Guericke" insgesamt – werde das Schwergewicht der Arbeit in kontinuierlicher Verwirklichung der III. Hochschulreform darauf gerichtet, die Qualität der Aus- und Weiterbildung hinsichtlich ihres wissenschaftlichen Gehalts, ihrer hochschulpädagogischen Durchdringung, ihrer Praxisorientiertheit und ihres gesellschaftspolitischen Anspruchs zu erhöhen. Die Leitmotive seien dabei die Einheit von Theorie und Praxis und die Einheit von Lehre und Forschung. Unter solcher Maßgabe werde an der Magdeburger Sektion Technologie die Rationalisierung des Lehr- und Lernprozesses betrieben und die Automatisierung der Produktion und ihrer technischen Vorbereitung in den Maschinenbau-Betrieben Magdeburgs unterstützt.

Im einzelnen: In den Lehrveranstaltungen würden neben den üblichen Diapositiven zunehmend Lehrfilme gezeigt und gedruckte Kompendien mit Schaubildern, Formelzusammenstellungen und Definitionen an die Studenten kostenlos verteilt. Auf diese Weise vom ununterbrochenen Mitschreiben entlastet, könnten die Studenten den Darlegungen des Hochschullehrers in den Vorlesungen ihre volle Aufmerksamkeit widmen. Aktiv seien Hochschullehrer und wissenschaftliche Assistenten an der Einführung des Hochschulfernsehens an der TH beteiligt – sie bereiteten derzeit einzelne Vorlesungskomplexe für die Einspielung mittels Fernsehen in reguläre Lehrveranstaltungen vor. Das Selbststudium der Studenten werde durch den Einsatz von Lehr- und Lernmaschinen und von Dia-Ton-Vorträgen intensiviert. Die genannten Maschinen würden vor allem für die Vorbereitung der Studenten auf Prüfungen und auf Versuchsfeld-Praktika genutzt; die Dia-Ton-Vorträge würden den Wissenserwerb zu einzelnen Kapiteln der Lehrveranstaltungen unterstützen und vertiefen.

Erste Programme seien erarbeitet und erfolgreich getestet worden; ein Großteil dieser Arbeit – sagte der Redner – sei von den Hochschullehrern und von den wissenschaftlichen Mitarbeitern aber noch zu leisten. Bewährt habe sich zweierlei: Die Ausarbeitung entsprechender Programme werde von Mitarbeitern der Sektion Technologie zugeordneten Lehr- und Forschungsgruppe Berufspädagogik hochschulpädagogisch unterstützt, und die erforderliche Gerätetechnik sei in einem speziellen Lehr- und Lernkabinett der Sektion konzentriert worden, was die Anleitung zum Gebrauch der Geräte und Programme erleichtere und deren ständige Pflege und Wartung gewährleiste.

Hinsichtlich der AUtomatisierung der TEchnischen VOrbereitung (AUTEVO) der Produktion im Maschinen- und Gerätebau beteilige sich die von ihm, Kainzow, geleitete Sektion mit einem angemessenen Teil ihrer Forschungskapazität an dem in der Regie des VEB Carl Zeiss Jena betriebenen Forschungs-Großvorhabens AUTEVO, speziell an dessen Teilprojekten AUTOPROJEKT (AUTOmatisierung der PROJEKTierung von Werkstätten und Betrieben des Maschinen- und Gerätebaus) und AUTOTECH (AUTOmatisierte Ausarbeitung TECHnologischer Fertigungsunterlagen). Speziell für AUTOTECH habe die Sektion die Federführung für den Themenkomplex „Eingabekodierung" übernommen. Das Großvorhaben AUTEVO ziele darauf ab, die Produktivität und Qualität der Fertigungsvorbereitung und -steuerung durch Methoden und Geräte der Elektronischen DatenVerarbeitung (EDV) zu erhöhen. Mit diesen Arbeiten solle ein Beitrag dazu geleistet werden, dass die DDR – nach der Veröffentlichung erster Ergebnisse in dem Heft 9/Jahrgang 1967 der Zeitschrift „Rechentechnik/Datenverarbeitung" – auf diesem Gebiet einen der vorderen Plätze im Weltmaßstab behaupten könne. Hier werde zugleich die enge Verflechtung von Forschung und Lehre deutlich. Die Lehre müsse von den neuesten

Forschungsergebnissen auf diesem Gebiet durchdrungen werden. Dafür müssten sich Hochschullehrer und wissenschaftliche Mitarbeiter Kenntnisse und Fertigkeiten zur elektronischen Datenverarbeitung aneignen. Er, Kainzow, habe deshalb ihre Teilnahme an dem an der TH Magdeburg durchgeführten mehrmonatigen Weiterbildungs-Lehrgang „Grundlagen der elektronischen Datenverarbeitung" verfügt.

Inhaltlich setze man in der technologischen Lehre und Forschung an der TH Magdeburg auch auf die Ganzheitsbetrachtung von Produktionsvorbereitung, Fertigung und Produkt-Realisierung, über die Genosse Thümmel bereits gesprochen habe und die an der TH Karl-Marx-Stadt durch seine Professur zweifelsohne gebührend durchgesetzt werde. An „seiner", Kainzows Sektion seien die derzeitigen Möglichkeiten in personeller Hinsicht bescheidener; zum 1. September solle ein Kader aus der Industrie als Hochschuldozent für diesen Wissenschaftskomplex an die Sektion Technologie der mvI berufen werden. Dabei wäre dafür – wie Kainzow hervorhob – auch an der TH Magdeburg eine Professur angemessen – um nicht zu sagen: unabdingbar.

Rationalisierung der Fertigungsvorbereitung und -steuerung sei in den Betrieben – nicht zuletzt wegen personeller und materieller Ressourcen entsprechend der Betriebsgröße – in unterschiedlichen Niveaustufen möglich. An „seiner" Sektion sei deshalb eine Mechanisierungs-Version der Ausarbeitung technologischer Fertigungsunterlagen durch den Einsatz von Schreib- und Organisationsautomaten erarbeitet und mit gutem Erfolg in die Praxis übergeführt worden.

Alles dies erfordere die rasche Heranbildung hochqualifizierter Ingenieure. An der TH Magdeburg sei deshalb ein Grundgedanke aus den „Thesen zur Neugestaltung des Studiums in den Fachrichtungen der Ingenieurwissenschaften" aufgegriffen worden, die das ehemalige Staatssekretariat für das Hoch- und Fachschulwesen schon 1962 veröffentlicht habe, nämlich: Studenten technischer Fachrichtungen in kurzer Frist zur Promotion zu führen. Er, Kainzow, persönlich habe vor kurzem leistungsstarke Studenten der Fachrichtung Technologie der metallverarbeitenden Industrie für die Aufnahme eines Forschungsstudiums geworben.

„Mit dem Forschungsstudium wollen wir zweierlei erreichen: Zum einen erhöhen wir die Forschungskapazität der Sektion – und es sind hochmotivierte, inge-

nieurwissenschaftlich ausgebildete, dynamische junge Frauen und Männer, die wir mit den aktuellsten Forschungsaufgaben betrauen. Zum anderen erreichen wir, dass diese Nachwuchskräfte mit 25 oder 26 Jahren, also in wesentlich geringerem Lebensalter als bisher üblich, zum Doktor-Ingenieur promoviert haben werden. Dies ist für den wissenschaftlich-technischen Fortschritt in unseren Betrieben und Kombinaten außerordentlich bedeutungsvoll. Ich brauche in diesem profunden Kreis nicht weiter zu erläutern, die Automatisierung der Fertigung und Fertigungsvorbereitung im Maschinen- und Gerätebau bis hin zur automatisierten Fabrik der

Zukunft kann und wird nicht eine Fabrik ohne den Menschen, ohne den hochqualifizierten, variabel einsetzbaren und engagiert tätigen Ingenieur, sondern immer eine Fabrik für und mit dem Menschen sein. Alles andere wäre volkswirtschaftlicher, bildungsökonomischer und sozialpolitischer Unfug."

Professor Wolfgang Kainzow hatte, wie der Karl-Marx-Städter Sektionsdirektor, in freier Rede vorgetragen. Er hatte sich auf der morgendlichen Reise nach Berlin einige Stichpunkte – quasi einen Leitfaden für seinen Vortrag – notiert. Dafür, alles wörtlich auszuarbeiten, hatte ihm die Zeit gefehlt. Außerdem hatte er gemeint, den Beratungsteilnehmern könnte allein seine Rede genügen. Diapositive oder anderes Anschauungsmaterial hatte er nicht vorbereitet. In dieser Hinsicht hatte ihm Rudolf Thümmel in der heutigen Beratung etwas vorgemacht.

Als Kainzow geendigt hatte, blieb es im Beratungszimmer ein Weilchen ganz still. In diese Stille hinein vollführte der Rektor der TU Dresden, wie schon zuvor ein paarmal, eine weitausladende Armbewegung, durch die sich der linke Ärmel seines Jacketts hochschob. Die Magnifizenz blickte auffällig auf die große Armbanduhr an seinem Handgelenk und zog missbilligend die Mundwinkel nach unten. Einige Universitätsrektoren nickten dazu beifällig und grinsten.

Der Minister sagte in ruhigem Tonfall: „Danke, Genosse Kainzow. Sie sollten uns einen Bericht über Ihre Arbeit an der Sektion Technologie geben. Was Sie uns geboten haben, war fast ein Grundsatz-Referat; das war nicht vereinbart. Außerdem haben Sie die Ihnen vorgegebene Zeit überzogen. Machen Sie das mit Ihren Studenten auch so? Lassen die sich das gefallen? Aber sei's drum! Ich fand Ihre Darlegungen sehr informativ und anregend. Deshalb habe ich Sie nicht unterbrochen oder gar zu einem raschen Ende gedrängt. Was Sie in Magdeburg anpacken, dürfte für jeden der hier Anwesenden interessant gewesen sein und wird von mir zur Nachahmung empfohlen." Plötzlich, wie bei einem Zornesausbruch, wurde er laut, und sein Gesicht überzog – wie nach dem Vortrag des Leuna-Merseburger Sektionsdirektors – eine tiefe Röte. „Ihnen, meine Herren von der TH für Chemie, wird klargeworden sein, was für einen Bericht ich zum 10. Juni von Ihnen erwarte. – Die Herren Rektoren der Berliner Humboldt-Universität und der Karl-Marx-Universität Leipzig, die während des Kainzowschen Vortrages konsterniert die Köpfe zusammensteckten, berichten bitte auf meiner nächsten großen Dienstberatung, wie für Nachwuchswissenschaftler der Sektionen Physik und Chemie ihrer Einrichtungen schnellstmöglich die übermäßig langen Zeiten bis zur Promotion ihrer Doktoranden verkürzt werden. Es ist doch ein Unding, dass in der Berliner Sektion Chemie eine wissenschaftliche Assistentin, die im Kaderentwicklungsplan der Universität für eine Laufbahn als Hochschullehrerin vorgesehen ist, von der Themenfindung bis zur Verteidigung ihrer Dissertation – objektiv bedingt, wie von ihrem wissenschaftlichen Betreuer behauptet wird – sieben volle Jahre benötigt. Müssen für die Habilitation dieser Kandidatin auch noch mal sieben Jahre angesetzt werden? Ich habe nichts gegen die Berufung lebenserfahrener, hochqualifizierter Kandidaten in gereiftem Alter einzuwenden. Aber Großmütter möchte ich nach Möglichkeit nicht zu Professorinnen für Chemie berufen müssen. Wenn Ihnen das zu ironisch klingt, sage ich's in der Formulierung unserer Partei- und Staatsführung: So, meine Herren, stellen wir uns die Frauenförderung an den wissenschaftlichen Einrichtungen unseres Landes nicht vor! In Magdeburg wird es vorgemacht: Forschungsstudium – Promotion nach drei Jahren! Dafür bedarf es aber nicht nur geeigneter Kandidaten, sondern auch engagiert betreuender Hochschullehrer."

Der Minister wandte sich an den Rektor der TH Magdeburg: „Wenn Professor Kainzow uns vorgetragen hat, für das neue Forschungs-Großvorhaben AUTEVO und für die wissenschaftliche Betreuung von Forschungsstudenten soll an 'seine' Sektion zum 1. September dieses Jahres ein Hochschuldozent berufen werden, aber ein Professor werde gebraucht, was mir einleuchtet, dann frage ich Sie, Magnifizenz: Was hindert Sie, einen entsprechenden Antrag beim MHF einzureichen? – Und Sie, Magnifizenz Liebhals", – der Minister sprach den Rektor der TU Dresden an – „Sie sind uns allen als Verfechter einer strengen Zeitökonomie bekannt. Auch nach dem Vortrag des Magdeburger Kollegen warfen Sie demonstrativ Blicke auf Ihre sicherlich präzis arbeitende Armbanduhr. Sie beauftrage ich in aller Form mit folgendem: Bringen Sie Ordnung in die Leitung der Sektion 14 Ihrer Technischen Universität! Die tragenden Struktureinheiten dieser Sektion sind das ehemalige Institut für Fertigungstechnik und das für Werkzeugmaschinen. Mir wurde berichtet, keiner der beiden einstigen Institutsdirektoren ist bereit, sich dem anderen im Rahmen der Sektionsarbeit unterzuordnen. Einer von beiden muss aber die Leitung der Sektion übernehmen und die Lösung solcher Aufgaben und Probleme organisieren, wie sie uns in den heute vorgetragenen Berichten aus Karl-Marx-Stadt und Magdeburg verdeutlicht wurden, und der andere Herr muss sich einordnen. Statt dessen verschleißen diese Herren – beide sind gutbesoldete Professoren mit Lehrstuhl – ihre geistigen Potenzen in unzeitgemäßen taktischen Spielchen und in Intrigenspinnerei und verunsichern damit auch ihre Mitarbeiter. Bei aller Wertschätzung Ihrer kostbaren Zeit, Magnifizenz – nehmen Sie sich die Zeit und bringen Sie die Streithähne auf Linie. Sollte das aus subjektiven Gründen nicht möglich sein, erwarte ich Ihren Antrag, wer von beiden an eine andere Hochschuleinrichtung umzuberufen oder in die sozialistische Praxis umzusetzen ist. – So viel von mir als Ergänzung zu den Berichten der drei Herren Sektionsdirektoren. Die Diskussion ist eröffnet."

Die Diskussion war heftig. Die Rektoren der Universitäten – allen voran die aus Berlin und Leipzig – argumentierten, an ihren Bildungseinrichtungen seien die Probleme viel komplexer, die Situation viel komplizierter und die Möglichkeiten für abrupte Neuerungen viel begrenzter als an solchen vergleichsweise kleinen Hochschulen wie in Karl-Marx-Stadt, Leuna-Merseburg oder Magdeburg. Der korpulente Minister stand – nicht nur durch seine wuchtige Statur bedingt – quasi wie ein Fels in der Brandung. Seine Stellvertreter sekundierten ihm. Am sachkundigsten und deshalb am wirkungsvollsten tat dies Harry Petras, der studierte Kraftfahrzeugtechniker, Absolvent des Immatrikulationsjahrganges 1952 der TH Dresden.

Als die Diskussion sozusagen ins Uferlose abzugleiten drohte, schloss sie der Minister ab. Er bedankte sich bei den drei Berichterstattern und wünschte ihnen eine gute Heimfahrt. Für die anderen Beratungsteilnehmer wurde eine 20-minütige Pause eingelegt. Der Persönliche Referent des Ministers hatte einen Imbiss organisiert. Der bestand aus einer Bockwurst mit Mostrich und einer Scheibe Weißbrot. Dafür waren von jedem Beratungsteilnehmer 85 Pfennige pro Portion in eine im Beratungszimmer aufgestellte Kasse des Vertrauens einzuzahlen. Der Minister spendierte aus seinem „Reptilienfonds" jedem der Anwesenden eine Tasse Bohnenkaffee, Sorte Rondo, produziert im VEB Röstfein Magdeburg.

Professor Wolfgang Kainzow suchte nach Pausenbeginn Hans-Georg Gerbach, Gruppenleiter im Stellvertreterbereich Technikwissenschaften des MHF, auf.

„Na, alles gut gelaufen?", fragte Gerbach.

„Ich glaube: ja."

„Und? Gab's Feuerwerk?"

„Mächtig."

„Aber nicht gegen unsere Pläne – oder?"

„Nein, nicht. Im Gegenteil: Ich habe unsere Magdeburger Absicht verkündet, zum 1. September einen Hochschuldozenten für Fertigungsprozessgestaltung zu berufen. Ich habe angedeutet, der Mann müsse sich vom ersten Tag seines Dienstantritts an um mehrere von mir angeworbene Forschungsstudenten bekümmern und voll in die AUTOTECH-Forschung im Rahmen von AUTEVO einsteigen. Dieses Aufgabenspektrum, sagte ich, mache eigentlich eine ordentliche Professur aus."

„Und?"

„Der Minister hat auf meinen Hinweis scharf nachgewaschen. Er hat den Rektor unserer TH aufgefordert, kurzfristig eine solche Professur beim MHF zu beantragen."

Gerbach grinste. Den Spickzettel für eine solche Reaktion des Ministers hatte er vorbereitet.

„Ich habe anschließend im Büro des Ministerrates einiges in Sachen 'Zentrale Prognosegruppe' zu erledigen. Nach Abschluss der Beratung hier im Hause holt mich mein Rektor von der Klosterstraße ab und nimmt mich in seinem Wolga mit nach Magdeburg. Während der Fahrt bespreche ich mit ihm alles noch Erforderliche."

„Recht so! Die Gelegenheit ist günstig. Ist in personeller Hinsicht alles klar?"

„Wir denken, wie schon vor einiger Zeit mit euch abgestimmt, an die Berufung des Genossen Dr. Heinz Neuenhof aus Dresden."

Gerbach nickte. „So haben wir's auch mit der Abteilung Wissenschaften des ZK der SED vorberaten."

Die Männer reichten sich die Hände und gingen ihrer Beschäftigung nach.

Im „Lied von der Glocke" hat Friedrich Schiller gedichtet:
„... mit des Geschickes Mächten
ist kein ew'ger Bund zu flechten ..."

Dr. Heinz Neuenhofs Geschick im Frühsommer 1969 hatte Menschengestalt. Des Geschickes Name lautete Wolfgang Kainzow. Es übte seine Macht über die MHF-Mitarbeiter Harry Petras und Hans-Georg Gerbach aus. Diese beiden Herren verkörperten für Neuenhofs Berufungsangelegenheit, im Sprachgebrauch jener Zeit ausgedrückt, die Staatsmacht.

Professor Kainzow wähnte nach seiner Berichterstattung und seinen Gesprächen im Ministerium für das Hoch- und Fachschulwesen, mehr, als von ihm geleistet, könne man für ein Berufungsvorhaben für Neuenhof in dem kleinen Land DDR nicht tun. Der Betroffene hatte sich, dem Wink seines Geschickes folgend, zu einem Bund mit den Mächten bereiterklärt. Inwieweit es ein ewiger Bund werden würde oder sein könnte, vermochte er nicht zu beurteilen; Heinz Neuenhof plagten zu jener Zeit profane irdische Sorgen.

13

„Das hier meinst du nicht im Ernst!", sagte Werkdirektor Rudolf Bockhardt, genannt „der Rudi", erbost zu seinem Produktionsleiter. Er wippte einen DIN A4-Bogen ein paarmal abwägend in der Hand. Dann ließ er das Papier auf die Schreibunterlage seines Schreibtisches sinken und schob es missmutig seinem „F" zu. Es war Dr.-Ing. Heinz Neuenhofs handschriftlich ausgefertigter Antrag auf Beendigung seines Arbeitsrechtsverhältnisses mit dem VEB Elektrodyn Dresden zum 31. August 1969 im gegenseitigen Einvernehmen, also mit der Bitte um einen sogenannten Aufhebungsvertrag. „Ich nehme den Wisch nicht an. Das Leitungskollektiv unseres Betriebes hat in den nächsten Wochen und Monaten – zusätzlich zur Planerfüllung – schwerwiegende konzeptionelle Arbeit zu leisten; das weißt du. Du gehörst dem Leitungskollektiv an. Also hast du dich auf solche Arbeit einzustellen, hast darauf deine geistige Kraft zu richten und nicht auf Träumereien von einer Hochschuldozentur."

„Was heißt 'Träumereien'?", widersprach Neuenhof. „Die TH Magdeburg hegt ernsthafte Absichten, mich zum 1. September berufen zu lassen. Was soll ..."

„Daraus wird nichts, kannst du den Magdeburgern sagen. Du bist hier unabkömmlich. Hast du verstanden?"

„Verstanden schon, aber ich bin nicht deiner Meinung."

„Das ist dein Problem. Hier, nimm dein Papier! Denk noch einmal gründlich nach! Überschlaf die Sache!" Bockhardt betätigte den Summer seines Telefons. Die Sekretärin betrat das Zimmer. „Mit Stenoblock, bitte! Wir machen da weiter, wo wir vorhin unterbrochen wurden." Er reichte Neuenhof die Hand. „Geh an deine Arbeit!"

Die Sekretärin kam mit dem Steno-Block. Sie hielt dem Doktor die Tür auf, er konnte gehen.

Auf einen Zornesausbruch des Direktors und auf allerlei Argumente gegen Neuenhofs Berufungsvorhaben war der Hochschullehrer-Kandidat gefasst gewesen. In Stunden der Besinnung hatte er sich Gegenargumente ausgedacht; er hatte sich gedanklich geradezu in Wortgefechte mit seinem Werkdirektor hineingesteigert. Nun hatte ihm das alles nichts genutzt: Bockhardt hatte ihn ohne Diskussion aus seinem Dienstzimmer gewiesen und den nach reiflichem Erwägen abgefassten Antrag nicht mal abgenommen.

Neuenhof stand wie ein zur Ordnung und Arbeit ermahnter Schuljunge im Treppenhaus des Direktions- und Verwaltungsgebäudes des EDD und schaute ratlos aus dem großen Fenster, hinüber zum Schrottplatz und zur kärglichen Lackiererei des Betriebes. 'Draußen liegt Schrott', dachte er, 'und mein Antrag ist anscheinend auch welcher ...' Ihm fiel ein, er hatte vor einiger Zeit mit Meister Wendland eine Subbotnik-Aktion verabredet gehabt. Wendland sollte aus den Brigaden der Motorenschlosser Freiwillige gewinnen. Die sollten an einem arbeitsfreien Sonnabend – ohne zusätzliche Bezahlung – Kupferwicklungen aus schrottreifen Elektromotoren ausbauen. Kupfer, also Buntmetallschrott, würde dem Betrieb einen guten Erlös erbringen. Der ließe sich positiv auf die Planerfüllung anrechnen. Aber Wendland war dem ihm erteilten Auftrag bislang nicht nachgekommen. 'Dass man auf den Mann immer erst Druck ausüben muss', ärgerte sich Neuenhof. Dabei hatte auch er wegen anderer betrieblicher Obliegenheiten und wegen seiner privaten Sorgen nicht mehr an die Schrottaktion gedacht. Ausgerechnet jetzt, beim Blick durchs Treppenhausfenster, kam ihm das bisher verschusselte Vorhaben wieder in den Sinn. Und als hätte es einer solchen gedanklichen Ablenkung bedurft, leuchtete ihm ein, wie mit seinem Antrag weiter zu verfahren sei. Er legte das Papier aufs Fensterbrett, zückte seinen Füllfederhalter aus der obersten Kitteltasche und schrieb neben den Adressaten – „Werkdirektor Dipl.-Ing. Bockhardt"– die Bemerkung „Über den Kaderleiter, Genossen Drohlich".

Im Treppenhaus flitzte, zwei Stufen auf einmal nehmend, ein Konstrukteur an ihm vorüber. „Na, Herr Doktor, hat man Sie aus Ihrem Büro ausgewiesen?"

„Zur Zeit noch nicht", rief ihm „der F" hinterher.

Neuenhof suchte, ohne sich vorher angemeldet zu haben, den Kaderleiter auf. Der telefonierte gerade. Beim Eintreten hörte ihn „der Doktor" sagen: „Ist gut, Rudi. Da weiß ich Bescheid. In Kürze Ausführlicheres. Im Moment bekomme ich Besuch."

Heinz überreichte seinen Antrag. „Mit der Bitte um Weiterleitung an L und um eure gemeinsame Entscheidung."

Der Kaderleiter las. Dann wollte er dem anderen das Papier zurückgeben. „Ich bin erstaunt – um nicht zu sagen: schockiert. Besprich das mal mit dem Werkdirektor!"

„Ist bereits geschehen." Heinz nahm das Papier nicht an. „Mein Entschluss steht fest. Wir brauchen nicht lange zu diskutieren. Ich möchte meine dreimonatige Kündigungsfrist einhalten. Bitte bearbeitet meinen Antrag dementsprechend."

„Genosse Doktor, so kurz angebunden kenne ich dich gar nicht. Aber wie du willst … Bloß: Stell dir die Sache nicht so einfach vor! Der Schritt, den du vorhast, ist von großer Tragweite für unseren Betrieb, dessen bist du dir sicherlich bewusst. Und weil das so ist, wird es mit einem Federstrich vom Werkdirektor und einem von mir nicht getan sein. Dein Ansinnen wird in der Betriebsparteileitung und im Leitungskollektiv des Betriebes zu beraten sein. Wir müssen die VVB-Leitung in Kenntnis setzen und um Zustimmung bitten. In deinem Bereich muss alles offengelegt, und es muss eine Lösung gefunden werden, wie es dort künftig weitergehen kann. Das wird, wie gesagt, nicht einfach sein – in Anbetracht der Umstrukturierungsphase, in der sich unsere VVB und unser Betrieb befinden. Es ist vieles zu bedenken und zu regeln. Das ist nicht übers Knie zu brechen, es erfordert Zeit. Somit erscheint mir dein Kündigungstermin 31. August illusorisch."

Heinz sagte: „Auf diesen Termin muss ich bestehen."

„Es ist nichts vorbereitet. Dein Antrag kommt für mich völlig überraschend. Dem Werkdirektor wird es nicht anders ergehen."

„Aber wenn ich am 31. August vom EDD nicht freigestellt werde, kann ich nicht zum 1. September nach Magdeburg berufen werden."

'Ach, so ist das', dachte Drohlich, 'er steht unter Termindruck. Da können ja 'der Rudi' und ich die Bedingungen für sein Ausscheiden bestimmen.' Er sagte: „Wenn du auf deinem Weggang bestehen solltest, könnte der nur unter Wahrung der Interessen aller beteiligten Seiten vollzogen werden."

„Das ist mein Bestreben. Ich wünsche mir eine einvernehmliche Lösung."

„Schön. Dann ist dir klar, das Interesse unseres Betriebes steht an erster Stelle. Kollektive Interessen haben den Vorrang vor individuellen Wünschen."

Neuenhof wurde ungeduldig. „In meinem Fall lässt sich beides mühelos in Einklang bringen."

„'Mühelos' möchte ich nicht sagen. Wir können keinem x-beliebigen Mann die Funktion des Produktionsleiters unseres Betriebes übertragen – noch dazu so kurzfristig, wie das dein Antrag erfordert. Du solltest dich innerlich auf eine längere Bearbeitungsdauer der Angelegenheit einstellen ..."

„Ich wiederhole: Die Berufungen zu Hochschuldozenten werden zum 1. September ausgesprochen."

„Gewiss. Aber damit ist, was dich betrifft, nicht gesagt, in welchem Jahr zum 1. September."

„Ach so..." Neuenhof war perplex. „Verstehe ich recht: Meine Freistellung soll hinausgezögert werden – womöglich um ein volles Jahr?"

„Ich will nichts hinauszögern. Der Werkdirektor wird das auch nicht wollen. Aber wir – du eingeschlossen – müssen Realpolitiker sein." Heinz seufzte. „Um dir entgegenzukommen, behalte ich deinen Antrag hier. Ich werde darüber mit dem Genossen Bockhardt beraten."

Neuenhof sagte sarkastisch: „Das hast du doch schon. Als ich dein Zimmer betrat, habt ihr miteinander telefoniert."

„Na und? Der Werkdirektor hat mich vorinformiert. Hast du dagegen etwas einzuwenden?"

„Nein, nein. Nur: Tu nicht so, als ob..."

„Ich tue überhaupt nicht nur so", unterbrach ihn Drohlich. „Ich habe eine Information erhalten – jawohl. Und eben sagte ich dir, der Werkdirektor und ich werden über deinen Antrag b e r a t e n. Sich gegenseitig kurz zu informieren oder gründlich miteinander zu beraten, ist nach meinem Verständnis zweierlei. Ich hoffe, du siehst das ebenso."

Heinz Neuenhof begriff, an diesem Tage konnte er sein Vorhaben beim Kaderleiter Drohlich nicht voranbringen. „Wie geht es weiter?"

„Du hörst von uns." Drohlich meinte sich und „den Rudi".

„Der F" begab sich an seinen Arbeitsplatz. Er nahm sich vor, die Mitarbeiter des Bereiches F erst dann von seinem Vorhaben in Kenntnis zu setzen, wenn er in seiner Sache etwas Verbindliches vom Werkdirektor oder vom Kaderleiter „gehört" haben würde. Er hielt das für fair gegenüber dem Leitungskollektiv des Betriebes. Er meinte auch, je später seine Absichten im ganzen Betrieb bekannt würden, desto weniger Zeit verbliebe den Werksangehörigen für Mutmaßungen, Gerüchte und wilde Spekulationen. Somit überließ er „dem Rudi" und dem Kaderleiter die Initiative, in welcher Weise und in welchem Tempo im EDD und in der VVB über seinen Antrag befunden werden würde. Über die Folgen dessen war er sich nicht im klaren.

Auf Drängen und im Beisein des Kaderleiters führte der Werkdirektor in der ersten Junihälfte mehrere Kadergespräche mit Dr. Heinz Neuenhof. Anfangs redete er seinem Produktionsleiter zu, von dem Berufungsvorhaben in Magdeburg abzulassen. Neuenhof beharrte auf seinem Ansinnen. „Der Rudi" ermahnte ihn, nicht „fahnenflüchtig" zu werden. „Ausgerechnet in der jetzigen Situation!", sagte er. „Ich bin froh, für unseren Betrieb ein eingespieltes, leistungsfähiges Leitungskollektiv zusammengeschweißt zu haben, und nun kommst du uns mit deinem Magdeburger Kram!"

Die Argumente, die der Kaderleiter in seinem ersten Gespräch mit „dem F" vorgebracht hatte, wurden wiederholt.

Neuenhof entgegnete: „Legt mir bitte keine Steine in den Weg!"

„Der Rudi" fragte: „Gibt es objektive Gründe, unseren Betrieb zu verlassen?"

„Der Doktor" verneinte. „Ich möchte nur gern an einer Hochschule arbeiten – Vorlesungen halten, mit Studenten an technischen Problemen knobeln, wissenschaftliche Veröffentlichungen über erzielte Forschungsergebnisse herausbringen, Tagungen und Kongresse besuchen ..."

„Das kannst du doch auch als Produktionsleiter, als leitender Angehöriger unseres Betriebes – erst recht, wenn wir, wie von der VVB-Leitung beabsichtigt, in den Rang eines Forschungszentrums des Elektromaschinenbaus aufgestiegen sind", meinte Bockhardt.

Neuenhof schüttelte zweifelnd den Kopf. „Dagegen sprechen alle Erfahrungen, die ich während meiner sechsjährigen Betriebszugehörigkeit gesammelt habe."

„Du musst nicht gucken, was war. Du musst nach vorn denken! Mach' dir Gedanken über dein Aufgabenfeld und deine Kompetenzen im künftigen Forschungszentrum des Industriezweiges! Darin bettest du deine Vorstellungen für eine nebenamtliche Lehrtätigkeit an einer Technischen Hochschule ein. Wir unterstützen dich bei deinen Bemühungen um einen entsprechenden Lehrauftrag – beispielsweise an der TU Dresden. Dann hast du alles an einem Ort, Theorie und Praxis liegen bei dir in einer Hand. Von der praxisverbundenen Lehre würden die Studenten der TU profitieren, und wenn du Diplomanden im EDD einsetzt, hätte von deren Ideen und Neuerervorschlägen auch unser Betrieb einen Nutzen."

Neuenhof sagte: „Ich habe die Kontakte zur TU in letzter Zeit nicht gepflegt. Ich weiß nicht, ob sie an mir als Lehrbeauftragten interessiert sind."

Bockhardt winkte mit der Hand ab. „Das wird sich doch wohl leicht feststellen lassen. Im übrigen: Auch an der TU muss es mit dem Sozialismus weitergehen. Wenn die nicht von selber darauf kommen, einen Mann wie dich für ihre Prozesse einzusetzen, dann müssen wir ein wenig nachhelfen, nicht wahr?" Er nickte Drohlich zu: „Dein Kontakt zum Kaderdirektor unserer VVB ist nicht schlecht, sagt man. Notfalls müssen wir von der VVB aus bei der TU nachhelfen."

Drohlich nickte, er hatte Bockhardt verstanden. „Im gewünschten Fall werde ich mein Möglichstes versuchen."

Das klang verlockend. Neuenhof wurde nachdenklich. 'Muss es die TH Magdeburg sein? Hier, in Dresden, haben wir, Karin und ich und die Kinder, uns eingelebt. Alles ist bestens geregelt. Wenn noch ein Lehrauftrag dazukäme, womit Bockhardt einverstanden zu sein scheint – muss es anstatt dessen eine Dozentur sein? mit Umzug nach Magdeburg? mit Suche einer Arbeitsstelle für Karin und mit Umschulung beider Söhne?'

Bockhardt merkte, sein Angebot an „den Doktor" hatte Wirkung erzielt.

Da dachte Neuenhof an seine Mutter. 'Was wird aus ihr? Wozu wird sie ohne Hilfe nach ihrem Krankenhausaufenthalt in der Lage sein? Daran muss ich zuerst denken, nicht an die Bequemlichkeit für mich und meine Familie. So verlockend die Perspektive ist, die Bockhardt ausmalt – ich muss nach Magdeburg!" Er wollte das Ansinnen des Werkdirektors zurückweisen.

Aber „der Rudi" ließ ihn nicht zu Wort kommen. „Sag' jetzt nichts weiter! Bedenke meinen Vorschlag! Besprich ihn mit deiner Frau – falls nötig, auch mit deinen Verwandten! In zwei, drei Tagen sagst du uns, wozu du dich entschlossen hast!" Er vollführte einige winkende Handbewegungen. Die bedeuteten, Neuenhof sollte gehen.

Als der Werkdirektor mit Drohlich allein im Zimmer war, sagte er: „Du kannst jetzt deine Klasse beweisen, mein Lieber. Will sagen: Wir unternehmen einen letzten Versuch. Du veranlasst, dass der Kaderdirektor der VVB sich mit der TU ins Benehmen setzt, die soll 'dem Doktor' ein Angebot unterbreiten – aber kurzfristig, verstehst du? Sonst entwischt uns der Neuenhof über alle Berge."

„Hm, ich will sehen, was sich machen läßt."

„Das ist mir nicht genug", sagte der Werkdirektor ungehalten. „Ich brauche den Doktor. Also ..."

„Aber wenn er sich querstellt ... Letztlich ist jeder ersetzbar, auch ein Neuenhof. Wir müssen bloß Zeit gewinnen."

„Du hast mich immer noch nicht verstanden." Bockhardt schlug mit der Hand auf seinen Schreibtisch. „Ich will Neuenhof nicht ersetzen, ich möchte, dass er in unserem Betrieb verbleibt. Dafür tu', was deines Amtes ist! Klar?"

Kurz nach 19 Uhr brachte Annedore Neuenhof ihre Neffen Gerald und Martin nach Hause. Die Knaben hatten zügig und ohne Streit ihr Abendessen verzehrt. Zur Belohnung hatten sie bei ihrer Tante das „Sandmännchen" gucken dürfen. Das war für sie der Abschluss des Tages. Karin brachte sie ins Kinderzimmer der Neuenhofschen Wohnung und ließ sie sich entkleiden. Jeder Junge durfte sich aus einer Pappschachtel mit dem Firmenaufdruck „Zetti" einen „Bettsteiger" auswählen. Das waren in Silberpapier eingewickelte Schokoladenstücke in der Form von Verkehrszeichen. Bis zu seiner Einschulung hatte Gerald sie als „Zinal" bezeichnet; das Wort „Signal" hatte er sich nicht einprägen können. Nach dem Zähneputzen war dann Nachtruhe für die Kinder angesagt.

An diesem Abend wurde keine „Gute-Nacht-Geschichte" vorgelesen. „Wir Erwachsenen haben mit Tante Annedore etwas Wichtiges zu besprechen", sagte Karin. „Seid artig! Tante Anne bekommt sonst einen schlechten Eindruck von euch und lässt euch nicht mehr fernsehen."

Die Kinder versprachen, nicht herumzualbern und gleich zu schlafen. Im Wohnzimmer nebenan blieb das Radio ausgeschaltet. Die Erwachsenen unterhielten sich halblaut.

Am Wochenende zuvor war Annedore allein nach Magdeburg gefahren, um die Mutter zu besuchen. Heinz und seine Schwester hatten sich aus Kostengründen darauf geeinigt, dass nunmehr nur einer von ihnen, und dies im wöchentlichen Wechsel, die Reise auf sich nahm.

„Muttis Zustand hat sich gebessert", berichtete Annedore. „Sie drängt die Ärzte und Krankenschwestern, dass sie möglichst bald operiert wird. Schwester Ingeborg hat mir vertraulich mitgeteilt, der Oberarzt zögere noch, er wäre sich nicht sicher, ob die OP einen Erfolg bringen werde. Das hat mich stutzig gemacht. Aber Ingeborg forderte, wir sollten zuversichtlich sein. Du, Heinz, wirst ja am kommenden Wochenende erfahren, welchen Fortgang Muttis Behandlung nehmen wird."

Heinz informierte die Frauen über den Verlauf und das Ergebnis seiner Gespräche mit Werkdirektor Bockhardt und dem Kaderleiter des EDD. Er verhehlte nicht, Bockhardts Vorschlag, einen Lehrauftrag an der TU Dresden anzunehmen, stimme ihn nachdenklich.

Annedore kam besagter Vorschlag recht. Sie fürchtete sich vor dem Verlassensein, wenn ihr Bruder und dessen Familie nach Magdeburg umzögen. Sie fragte: „Dann hätte ich mir den Gang zur Magdeburger Wohnungs-Tauschzentrale am Hasselbachplatz wohl ersparen können?" Sie hatte sich, nachdem sie die Mutter in der Klinik besucht haben würde, kundig machen sollen, wie Heinz und Karin den Tausch ihrer Dresdner AWG-Wohnung gegen eine Genossenschaftswohnung in Magdeburg in die Wege zu leiten hätten. Die Tauschzentrale hatte aber an Wochenenden nicht geöffnet. Mehr, als dass sie die Öffnungszeiten und die Telefonnummer der Zentrale auf einem Zettelchen notieren konnte, hatte Annedore nicht auszurichten vermocht. Nun, nach des Bruders Bericht über seine Kadergespräche im EDD, hoffte sie: „Bleibt ihr doch hier, in Dresden?"

Karin vermeinte, ihr Mann und ihre Schwägerin fingen an zu lavieren. „Ich verstehe euer Gerede nicht. Du, Heinz, hast viele Feierabende lang an deinen Bewerbungsunterlagen für Magdeburg herumgetüftelt. Nach meinem Verständnis der Dinge hast du Professor Kainzow zugesichert, du würdest nach Magdeburg kommen. Der Mann hat sicherlich seine Pläne mit dir und baut auf dich. Dein Werkdirektor hat für dein Vorhaben kein Ohr, geschweige Verständnis gehabt. Nun, wo du Ernst machst mit deinem Weggang, unterbreitet er dir Vorschläge, die alles, was wir uns vorgenommen haben, über den Haufen werfen sollen. Kommt dir sein Sinneswandel nicht verdächtig vor? Wann ist bei uns endlich klar, was werden wird?"

„Karin, ereifere dich nicht!"

„Was heißt ereifern? Mir gefällt dein Wankelmut nicht. Wie soll ich da nicht ..."

Heinz unterbrach sie. „Es ist eine neue Variante ins Spiel gebracht worden. Über die müssen wir doch nachdenken."

„Wohl nicht." Karin blieb hartnäckig. „Nicht mehr jetzt. Ich habe meinem Chef bereits offeriert, ich werde Ende August in der Schanzen-Apotheke aufhören zu arbeiten. Er hat dies bedauert, aber er hat Verständnis für meinen Weggang gezeigt. Er wird mir einen Aufhebungsvertrag geben und wird, wie er mir versichert hat, meine Leistungen in der Schanzen-Apotheke positiv beurteilen. Ich käme mir töricht vor, wenn ich vor ihn hintreten und sagen müsste: 'April! April! Es war alles nur blinder Alarm. Ich bleibe in Dresden und in Ihrer Apotheke.'"

„So etwas, Karin, verlangt niemand von dir", sagte Annedore begütigend.

„Wozu dann unser Gerede über Bockhardts Vorschlag? Es war ausgemacht, in zwei Monaten ziehen wir um. So. Es ist noch kein Spediteur bestellt. Wir haben noch nicht mal einen Tauschpartner für die Wohnung. Wann soll das endlich passieren? Wenn Heinz zum 1. September berufen wird, muss er von jenem Tag an seinen Dienst in Magdeburg ausüben. Wie wir ihn kennen, wird er das mit vollem Einsatz tun, mit all seinen Kräften. Dann stehe ich mit den beiden Kindern und mit dem Sachenpacken und mit all der Umzugsplackerei allein da. Überlegt bloß mal! Das muss nicht sein."

„Du wirst nicht allein dastehen", versprach Annedore.

„Ich meine es nicht wörtlich. Du wirst mir helfen – wie immer. Aber ich wiederhole: Das muss nicht so ablaufen. Heinz muss ..."

Neuenhofs Telefon klingelte. Es stand in der Hellerau-Regalwand, die als Raumteiler im Wohnzimmer aufgestellt war und hinter der sich Heinz Neuenhof einen Arbeitsplatz eingerichtet hatte. Heinz sprang zum Apparat.

„Das reißt nun auch als neue Mode bei uns ein", sagte Karin, noch immer ungehalten, zu Annedore. „Wenn unsere Kinder abends zu Bett gebracht worden und am Einschlafen sind, ruft jemand an. Meistens ist es der Magdeburger Professor."

Prompt klappste die Wohnzimmertür. Martin stand im Türrahmen und rieb sich verschlafen die Augen. „Es hat geklingelt."

Karin sprang auf. „Habe ich's nicht prophezeit?", fragte sie die Schwägerin und brachte den Jungen, beschwichtigend auf ihn einredend, ins Kinderzimmer zurück.

Tatsächlich war Wolfgang Kainzow der späte Anrufer. „Ich habe kürzlich in der Dienstbesprechung des Ministers über die Arbeit und die weiteren Vorhaben unserer Sektion berichtet. Ich habe vom Minister und seinen Leuten volle Zustimmung erfahren. Es wird Zeit, dass du zu uns kommst. Ich habe dafür sowohl in Berlin als auch an unserer Hochschule weitere Weichen gestellt. Von deiner Seite bleibt jedoch noch einiges zu tun. Dass du zum Berufungstermin von deinem Betrieb loskommst, ist das wenigste. Du musst in den nächsten Wochen …"

Neuenhof unterbrach den Professor. „Mit meiner Delegierung seitens des Betriebes gibt es Schwierigkeiten."

„Ach was, Delegierung. Dein Werkdirektor soll dir einen Aufhebungsvertrag geben – das reicht, meine ich. Den entsprechenden Antrag hast du doch gestellt, nicht wahr?"

„Das schon. Aber …"

„Dann läuft doch die Sache. – Was ich dir noch sagen wollte: du musst in allernächster Zeit die Facultas docendi erwerben. Die wird neuerdings für jede Neuberufung eines Hochschullehrers gefordert."

„Die Facultas …" Neuenhof hatte sich noch nicht um ihren Erwerb gekümmert.

Kainzow am anderen Ende der Leitung sagte unwirsch: „Du scheinst die Hochschullehrer-Berufungsverordnung immer noch nicht gründlich durchgelesen zu haben. Besorge dir den Text schleunigst! Er ist im vergangenen Jahr im Gesetzblatt, Teil II, veröffentlicht worden." Und mit ironischem Unterton: „Das Gesetzblatt wird doch irgendwo in Dresden aufzutreiben sein, oder?" Kainzow schniefte. „Du musst die Facultas docendi beim Dekan unserer Fakultät Maschinenbau beantragen – aber schleunigst. Falls du vor der Fakultät einen Probevortrag halten musst, was ich vermute, ruf' mich an! Wir stimmen uns wegen des Vortragsthemas miteinander ab. So, das war das eine. Es gibt noch etwas anderes, um das du dich, solange du noch in Dresden bist, bekümmern musst. Ich bin mit meiner Sektion in die AUTEVO-Forschung eingestiegen. Für den Teilkomplex AUTOPROJEKT engagiert sich

unser Professor Wusel. Das genügt mir aber nicht. Unsere Sektion, letztlich unsere Hochschule, muss bei Zeiss Jena, dem Thementräger, mehr Präsenz zeigen. Deshalb wirst du unsere Arbeiten zum Teilkomplex AUTOTECH ausweiten und leiten."

Neuenhof summte es in den Ohren. Mit AUTOTECH hatte er sich im EDD nur durchs Studium der Fachzeitschriften beschäftigt.

Kainzow ließ dem EDD-„F" keine Denkpause. „Bei Carl Zeiss Jena ist Horst Nedlich in die AUTOTECH-Arbeiten voll eingebunden. Den müsstest du von deiner Assistentenzeit an der TU her kennen."

„Gewiss. Nedlich wohnt nur einige Häuserblocks entfernt von mir."

„Das ist günstig. Setz' dich in Verbindung mit ihm! Lass dich von ihm informieren, mit welchen AUTOTECH-Themen sich die Zeissianer gegenwärtig und künftig beschäftigen und welchen Bearbeitungsstand sie erreicht haben! Fordere dazu schriftliches Material von ihm ab! Studiere das gründlich und mach dir Notizen! So. Das wär's erst mal. Halt, noch etwas: Wann ist euer Umzugstermin?"

'Peinliche Frage!', dachte Neuenhof. Er sagte kleinlaut: „Steht noch nicht fest."

„Hast ja auch noch ein bisschen Zeit. Ich meine bloß, wenn beim Umzug in eure Magdeburger Wohnung Hilfe vonnöten ist – Möbel aufstellen, Gardinenbretter anbringen und dergleichen –, dann melde dich. Schlagbohrmaschine, Plastedübel und was man noch so alles braucht – das ist in unserer Werkstatt vorhanden. Im Bedarfsfall schicke ich euch einen versierten Mann unseres Werkstattpersonals. In diesem Sinne – mach's gut! Grüß deine Frau!" In der Telefonleitung knackte es. Dann tutete das Freizeichen.

Heinz kehrte an den Wohnzimmertisch zurück, an dem Karin und Annedore saßen. Karin sah ihn mit großen Augen an. „Und?", fragten die Frauen erwartungsvoll.

Er sagte: „Ab morgen leite ich bei Elektrodyn meinen Abgesang ein. Beim Werkdirektor beginne ich damit."

Da wusste Annedore Neuenhof, spätestens ab September dieses Jahres würde sie ihr Geschick gänzlich in die eigenen Hände nehmen müssen.

Karin nickte. Sie hatte sich innerlich längst auf ein Weiterleben in Magdeburg eingestellt. „Endlich eine klare und hoffentlich endgültige Entscheidung!"

An den Tagen darauf fand „der F" des EDD keine Zeit für ein erneutes Kadergespräch mit seinem Werkdirektor.

In seinem Bereich Teilefertigung und Werkzeugbau (FTW) wurde das komplizierte und arbeitsaufwändige 4-Stufen-Folge-Säulenführungsschneidwerkzeug für den Thüringer Auftraggeber fertiggestellt, dessen Vertreter ihm als Vorschuss-Prämie 800 Mark im Briefumschlag überreicht hatten. Dafür hatte sich Egon Handke, der Star-Werkzeugschlosser des EDD, sogar mit Sonderschichten sehr engagiert.

Nun sollte das Werkzeug unter Betriebsbedingungen im VEB Sachsenwerk Dresden-Niedersedlitz erprobt werden. An diesem Ereignis nahm der gesamte F-Bereich regen Anteil. Der Werkdirektor ließ Neuenhof ausrichten: „Bitte nach der Erprobung eine Sofort-Information über das Ergebnis an mich und an den Ö!"

Dr. Neuenhof, FTW-Leiter Bückert, Werner Müller und Konstruktionsleiter Kraushaar wohnten der in der Regie von Egon Handke stattfindenden Erprobung bei. Sie erbrachte einen vollen Erfolg. Den schrieb Kraushaar zu großem Teil sich zu. „Ich habe schon im Vorfeld betont: Dieses Werkzeug ist die Krönung meiner Laufbahn als Betriebsmittel-Konstrukteur." „Der Doktor" schüttelte ihm lange und kräftig die Hand, dabei relativierte er jedoch: „Dieses sofort funktionstüchtige und betriebsbereite Werkzeug legt Zeugnis ab von der handwerklichen Meisterschaft und von den goldenen Händen unseres Kollegen Egon Handke." Und an den Schlosser gewandt: „Herzlichen Dank, Kollege, für die geleistete tolle Arbeit!"

Handke erwiderte mit stolzgeschwellter Brust: „Genosse Doktor, ich habe im April dazu geraten, den Auftrag von den Thüringern zu übernehmen, und ich habe versprochen, ich baue das Werkzeug. Bei meiner Berufsehre – ich habe mein Versprechen gehalten."

Ins EDD zurückgekehrt, informierte „der F" den Werkdirektor.

„Hast Glück gehabt", sagte Bockhardt, „und hast gute Leute. Ein zweites Ding dieses Kalibers holst du uns aber nicht über den Hals, sonst bekommst du riesigen Ärger mit mir. Haben wir uns verstanden?"

Im Fertigungsbereich FTW wurde noch über Egon Handkes großen Erfolg gejubelt, da erreichte EDD ein vom VEB Industrieofenbau Egeln abgesandtes Fernschreiben: „Anlieferung des von Ihnen bestellten Industrieofens in zwei Tagen per DEUTRANS". Nun geriet der F-Bereich Motorenbau (FM), dem die Lackiererei des EDD zugeordnet war, in hektische Betriebsamkeit. Meister Wendland, der Bereichsleiter, vermochte keinen vollständigen Satz mehr zu formulieren. „Ich wirbele nur noch herum", war sein stereotyper Ausspruch.

Dr. Neuenhof war froh über den Anlieferungszeitpunkt. Noch war Bogdan Kusnetzky Betriebsangehöriger des EDD. Kusnetzky hatte sich in der jüngsten Vergangenheit intensiv mit der Bedienanleitung und den Installierungsvorschriften für den Ofen beschäftigt. Außerdem pflegte er zu den Betriebshandwerkern der Abteilung Instandhaltung (FI) gute Kontakte – man konnte sogar sagen: ein kameradschaftliches Verhältnis. Er konnte durchaus kritische Worte riskieren, wenn die Instandhaltungsschlosser ihre Arbeiten nicht zufriedenstellend ausführten. Wenn deren Abteilungsleiter Hubert Kraeglich Mängel monierte, vergriff er sich oftmals im Ton. Dann fühlten sich seine Schlosser gekränkt und liefen beschwerdeführend zur Betriebsgewerkschaftsleitung oder zu ihrem Vertrauensmann in der ABI-Kommission. Dies war Bogdan, der Lackierer. Kusnetzky erschöpfte sich also nicht darin, den Einzelteilen elektrischer Maschinen vor Rost schützende Farbschichten aufzutragen, er war auch Neuenhofs wichtigster Mann bei den Vorbereitungsarbeiten für das Aufstellen des neuen Industrieofens. Das kam „dem Doktor" zupass, weil Hubert Kraeglich ausgerechnet zu diesem Zeitpunkt an einer außerhalb Dresdens stattfindenden zehntägigen Schulung aller Sicherheitsinspektoren des Industriezweiges Elektromaschinen teilzunehmen hatte. 'Kusnetzky steht wie ein Fels in der Brandung', dachte Neuenhof und sagte zu dem Lackierer: „Schade, Genosse, dass du dich nach Magdeburg absetzt. Mit dem neuen Ofen könntest du in unserem Betrieb endlich richtig arbeiten."

„Werd' nicht melancholisch, Genosse Doktor!", erwiderte Kusnetzky. „Trotz des neuen Ofens mache ich in diesem Betrieb Schluss. Meine Arbeit wird im EDD nicht geschätzt."

„So etwas sagst du ausgerechnet mir?", empörte sich Neuenhof. „Ich habe dich immer ..."

Kusnetzky unterbrach ihn. „Stimmt. Du hast mich immer für voll genommen – als einziger vom ganzen Leitungskollektiv. Deshalb, verstehst du, hänge ich mich in die Sache mit dem neuen Ofen voll hinein, bis das Ding akkurat läuft und seine Leistungsparameter erbringt. Der anderen Armleuchter wegen würde ich ... Na, wie sagt man?, da schweigt der Sänger aus Höflichkeit."

Als der neue Industrieofen installiert war und das erste Mal, probeweise, angefahren werden sollte, versammelten sich Betriebsangehörige aus den verschiedensten Bereichen und Abteilungen – Leitungsmitglieder und Angestellte, Arbeiter, Konstrukteure und Technologen – vor der Lackiererei. Sogar Werkdirektor Bockhardt kam in Begleitung „des Ö" daher und rief schon von weitem, halb scherzend, halb im Ernst: „He, ihr! Habt ihr alle nichts zu tun?" In der Lackiererei beäugte er die neue Errungenschaft des Betriebes interessiert von allen Seiten. Er erwartete, Neuenhof würde ihm die Anlage erklären und zur Feier des Tages eine kleine Ansprache halten. Aber „der Doktor" sagte: „Ehre, wem Ehre gebührt. Unser Kollege Kusnetzky hat sich um die rasche Inbetriebnahme des neuen Aggregats sehr verdient und mit dessen Funktionsweise bestens vertraut gemacht." Kusnetzky hatte sich abseits an einem Rosten-Werktisch aufgestellt, auf dem frisch gespritzte Motorengehäuse für den probeweisen Trocknungsprozess im neuen Ofen bereitstanden. Neuenhof trat an den Lackierer heran und schob ihn bis dicht an den Ofen. „Das ist jetzt deine große Stunde", raunte er dem Arbeiter ins Ohr. Kusnetzkys Gesicht überzog eine dunkle Röte. „Zier dich nicht wie eine Jungfrau!", ergänzte „der F" leise. Dass er so in den Mittelpunkt gerückt wurde, hatte sich der Lackierer zwar insgeheim gewünscht, aber er hatte nicht damit gerechnet.

Bockhardt sagte missbilligend zu seinem Produktionsleiter – einige der Umstehenden konnten es hören: „Du hast dich wohl mit unserer Neuinvestition nicht genügend beschäftigt, dass du den fahnenflüchtigen Lackierer in die Bresche schiebst, wie?"

Neuenhof wiederholte: „Ehre, wem Ehre gebührt."

Kusnetzky beschickte den neuen Ofen mit den bereitgestellten Motorengehäusen. Werkdirektor Bockhardt setzte das Aggregat durch Knopfdruck in Betrieb. Die Zuschauer in der Lackiererei und draußen klatschten Beifall.

Ehe sich Bockhardt den anderen zuwandte, ging Neuenhof auf ihn zu und sagte leise: „In meiner persönlichen Angelegenheit folgende Information für dich: Ich habe mich endgültig entschieden. Ich werde …"

Aber Bockhardt ließ ihn nicht ausreden, drängte ihn beiseite. „Doch nicht hier, zwischen Tür und Angel, mein Lieber! Lass dir einen Gesprächstermin von meiner Sekretärin geben! Bei ihr liegt übrigens ein an dich gerichtetes Einladungsschreiben von der TU Dresden. Hast du 'ne Ahnung, worum es da geht?"

„Der Doktor" war überrascht und schüttelte den Kopf.

Bockhardt sagte: „Du scheinst wirklich ein gefragter Mann zu sein – alles, was recht ist. Gib mir bei passender Gelegenheit einen kurzen Bericht!" Er weidete sich an Neuenhofs Verdutztheit. Von dem „Spiel hinter den Kulissen", das er und – in seinem Auftrag – Kaderleiter Drohlich betrieben hatten, verriet er nichts.

Kurz vor Feierabend holte Neuenhof den TU-Brief von der Chef-Sekretärin ab. Seine Sekretärin hatte er nicht schicken wollen. Er hielt Erika Spessart zwar für eine patente Frau. Aber er war sich nicht sicher, ob sie nicht ein Gerede angefangen hätte, wenn sie den Brief hätte lesen können. Außerdem hoffte er, „den Rudi" anzutreffen.

„Der Werkdirektor ist schon außer Haus", sagte die Sekretärin.

„Kann ich für morgen einen Termin bei ihm haben?"

Die Sekretärin schüttelte den Kopf. „Morgen und übermorgen ist VVB-Beratung mit den Werkdirektoren in Wernigerode." Daran schloss sich ein arbeitsfreier Samstag an.

„Dann gleich zu Beginn der nächsten Woche."

„Geht nicht. Ab Montag ist Kollege Bockhardt im Urlaub auf dem Darß. Der Ö vertritt ihn. Am Wochenende machen die beiden die Amtsübergabe. Soll ich für Sie ein Gespräch mit dem Ö vorsehen?"

„Nein, danke." Dem Ö wollte sich Neuenhof nicht anvertrauen. Er wollte sich etwas anderes einfallen lassen. Er glaubte, dafür nach Feierabend genügend Bedenkzeit zu haben. Aber er irrte sich.

Karin Neuenhof hatte nach des kleinen Martins Mittagsschlaf gedacht: 'Wenn wir wirklich bis Anfang September nach Magdeburg übergesiedelt sein wollen, müssen wir die Vorbereitungen dafür beschleunigen. Heinz hat noch zu sehr seine betrieblichen Angelegenheiten im Kopf und denkt, mit seinen Telefonaten mit Professor Kainzow gehe alles seinen geordneten Gang.' Gerald, der Thälmann-Pionier, hatte nach Unterrichtsschluss Pionier-Nachmittag; dort war Bastelstunde angesagt, dafür begeisterte sich der Junge. Anschließend, so war verabredet worden, würde er auf kürzestem Wege zu seiner Tante Annedore gehen. 'Das ist eine günstige Gelegenheit für mich', glaubte Karin. Und tatsächlich: Sie hatte, mit Martin an der Hand, die Dresdner Wohnungs-Tauschzentrale aufgesucht und war dort fündig geworden.

„Stell dir vor", berichtete sie ihrem Ehemann nach dem Abendessen, „ein Magdeburger mit einer 3 1/2 Zimmer-AWG-Wohnung, allerdings ofenbeheizt, sucht eine möglichst gleich große fernbeheizte AWG-Wohnung in zentraler Lage in Dresden. Ich habe seine Adresse und seine Telefonnummer notiert. Wir müssen sofort anrufen." Gesagt – getan. Der potentielle Tauschpartner aus Magdeburg – Mitarbeiter des Amtes für Standardisierung, Messwesen und Warenprüfung (ASMW) – war im Frühjahr dienstlich von Magdeburg nach Dresden versetzt worden. Seine Familie drängte auf einen kurzfristigen Wohnungstausch. Seine schulpflichtigen Kinder sollten das im September beginnende neue Schuljahr in Dresden beginnen können. Karin und Heinz verabredeten mit dem Mann, er sollte Neuenhofs Wohnung bereits am Freitag der laufenden Woche besichtigen und seine Vorschläge für die Modalitäten des Wohnungstausches unterbreiten; am Wochenende, wenn er heimführe, könnte er mit seiner Frau alles besprechen. Neuenhofs würden in der darauffolgenden, spätestens in der übernächsten Woche mit dem gleichen Anliegen nach Magdeburg reisen.

„Es ist wie eine göttliche Fügung", sagte Karin, erleichtert aufatmend, nach dem Telefonat mit dem voraussichtlichen Tauschpartner.

„Nun werd' nicht fromm! Lass uns erst mal gucken, was der Mann in Magdeburg zu bieten hat!", entgegnete Heinz. Aber Karin war zuversichtlich.

Der Mann vom ASMW hielt Wort. Er besichtigte freitagnachmittags Neuenhofs Wohnung. Sie gefiel ihm. Allerdings, sagte er, sei seine Wohnung ein halbes Zimmer größer; der Tausch könnte dennoch zustande kommen, wenn Heinz und Karin ihn und seine Familie für die erlittene Einbuße finanziell entschädigen würden. Dazu erklärten sich beide Neuenhofs bereit. „Wir halten alles in einem ordnungsgemäßen Vertrag fest", sagte der Mann. Dass seine Wohnung den Neuenhofs gefallen würde, schien für ihn außer Zweifel zu stehen. Er schlug vor, den Umzug Anfang August zu vollziehen.

„Das geht nicht", wandte Heinz ein. „Mein Arbeitsvertrag und der meiner Frau, hier in Dresden, laufen am 31. August aus. Wir nehmen an den Tagen zuvor unseren anteiligen Jahresurlaub. Eher als zu Beginn der dritten August-Dekade wird es nichts."

„Na gut – im Interesse einer Einigung", sagte der ASMW-Mann. „Und: Jeder Partner klärt im vorhinein mit seiner AWG alles Notwendige für den Wechsel der Mitgliedschaft. Ihren Besichtigungstermin vereinbaren wir telefonisch, wenn ich mich mit meiner Frau beraten habe." Und dann ging er. Er wollte noch am Abend dieses Tages mit dem Schnellzug nach Magdeburg fahren.

Heinz sagte zu Karin: „Der Herr strotzte ja vor Selbstsicherheit. Er tat so, als böte er die beste Wohnung in ganz Magdeburg zum Tausch an."

Karin lachte. „Lass ihn doch! Wichtig ist, dass es mit uns und mit denen 'was wird."

14

Paula Neuenhof schrieb an ihre Kinder einen langen Brief – fein säuberlich, in Sütterlinschrift.

„Magdeburg, Medizinische Akademie
im Juni 1969

Meine lieben Kinder groß und klein!

Morgen steht mir der schwere Gang bevor, dessentwegen ich hier bin. Ich weiß nicht, wie alles kommt. Vielleicht wird es mein letzter Gang werden. Weil das durchaus möglich ist, schreibe ich Euch diese Zeilen. Ihr sollt wissen, dass meine Gedanken auch in diesen für mich schweren Stunden bei Euch sind – so, wie sie Euch auf Eurem ganzen Lebensweg stets begleitet haben.

Vor Tagen habe ich den Oberarzt gedrängt, mich schnellstmöglich zu operieren; hier in der Klinik einfach so herumzuliegen, war mir unerträglich geworden. Ich fühlte mich nicht nur besser als zum Zeitpunkt meiner Einlieferung, ich wollte auch Gewissheit haben: Wird es noch etwas mit mir, und bleiben mir noch ein paar Jährchen vergönnt? Oder ist meine Lebensuhr abgelaufen? Heute früh war ich ganz kleinmütig, fast apathisch. Da hat mir der Oberarzt Mut gemacht. Sonst wirkte er auf mich immer so distanziert. Als ich ihm sagte, mir sei alles egal, ob er mich operiere oder nicht, bliebe sich wohl gleich – es hat alles keinen Zweck mehr für mich – da fand er ganz persönliche, aufmunternde Worte für mich. So etwas hatte ich ihm gar nicht zugetraut.

In diesen Stunden vor der OP denke ich über mich und mein Leben mit Euch viel nach.

Nach dem verdammten Weltkrieg, als uns Euer Vater, Heinz und Annedore, verlassen hat, stand ich mit Euch hilflos da. In der Havelstadt hatte sich alles gegen uns gekehrt. Ich war froh, mit Euch bei Bruno Tiows in Küssow Unterschlupf zu finden. Die Not war groß damals in Deutschland. Viele hatten nicht satt zu essen und kein Dach über dem Kopf, hatten keine warme Stube und nichts anzuziehen. Für das alles konnte ich dank meiner Arbeit auf dem elterlichen Hof für uns sorgen, und hin und wieder steckte mir Mutter Emma heimlich einen Geldschein zu. Dessen, was ich geleistet habe, brauche ich mich nicht zu schämen; ich hatte bis zu meiner Hochzeit mit Eurem Vater nichts anderes gelernt, als für den Hermann Tiowschen Hof zu arbeiten. Heute weiß ich: Auch in jenen Nachkriegsjahren hätten sich Möglichkeiten für noch mehr finden lassen – beispielsweise für eine, wenn auch späte, Berufsausbildung in Burkitz oder in Wemthin. Aber ich habe sie nicht genutzt. Ich dachte, das, was ich schaffte, würde reichen. Erst später, als ich mich im Brandsleber Kinderheim 'Hanno

Günter' für ein paar 10- Mark-Scheine pro Monat als Wasch- und Flickfrau abgerackert und bei sich bietender Gelegenheit die Erzieherinnen bei ihrer Arbeit beobachtet habe, wurde mir bewusst: Solch einen Beruf und solch eine Tätigkeit hätte ich auch ausgefüllt – vielleicht sogar besser als manche der im Heim fest Angestellten.

Ich habe mich auch nicht zu einem solchen Weg entschließen können, wie ihn beispielsweise die Euch bekannte Fanny Beck in Küssow gegangen ist. Erinnert Euch: Fanny ist 1945 von den Russen mehrmals vergewaltigt und danach von Fritz Ebel schamlos ausgenutzt worden. Als sie ihr uneheliches Kind bekam, haben die Leute in Küssow über sie getratscht und gehechelt. Aber sie hat sich nicht unterkriegen lassen. Sie hat sich auf Knake-Schröder, den Küssower Bürgermeister, eingestellt, hat sich zur Bürofachfrau qualifiziert und hat den Knaken geheiratet. Den Knaken, müsst Ihr wissen, hätte auch ich haben können. Ehe er sich mit Fanny zusammengetan hat, hatte er mir einen Antrag gemacht. Ich habe ihn abgewiesen. Um ehrlich zu sein: Der Knake war mir zu politisch. Mir hat gereicht, was ich der Politik wegen mit Karl Neuenhof erlebt habe: erst NSDAP-Mitglied und strammer NSKK-Mann, und nach dem Krieg dann die Hosen gestrichen voll.

Nicht nur in Deutschland, auch in meinem Leben sollte nach dem Zusammenbruch 1945 alles anders werden. Und mit diesem Vorsatz habe ich mein Verhältnis mit Franz Klotzek gehabt, der wegen der seinerzeitigen politischen Umstände nicht zu seiner Ehefrau und seinen vier Kindern nach Danzig-Westpreußen zurückkehren konnte. Ihr, meine Kinder, wisst, wir haben mit diesem Mann jahrelang wie eine Familie gelebt, aber am Ende – bis zu diesem vielleicht letzten Tag meines Lebens – ist es mit ihm und mir nichts geworden. So seid allein Ihr mir geblieben, Ihr wart und seid mein Ein und Alles.

Gearbeitet habe ich immer in meinem Leben – bis zu meiner Invalidität, die der Quälerei als Hilfsarbeiterin in der Burkitzer Küchenmöbelfabrik zuzuschreiben ist. Gearbeitet – ja, aber immer als Frau ohne erlernten Beruf. Das ist, kann man sagen, ein Makel meines ganzen Lebens. Deshalb wollte ich Euch, Annedore und Heinz, eine gute Ausbildung ermöglichen. Ihr habt mir die Freude gemacht, mein Bestreben zu unterstützen und die Euch gebotenen Chancen zu Eurem Besten zu nutzen. Darauf bin ich sehr stolz. Ich bin mir gewiss, Ihr kommt gut durchs Leben, wenn Ihr fleißig, ausdauernd und bescheiden bleibt und nicht selbstgefällig oder gar überheblich und leichtsinnig werdet. Erkennt bei allem Streben aber auch Euere Grenzen! Diesen Rat möchte ich insbesondere Dir geben, lieber Heinz. Du lebst mit Deiner Familie in Dresden, wie ich es beurteile, in paradiesischen Verhältnissen. Nun, nachdem ich viele Jahre vergeblich darauf gewartet habe, willst du nach Magdeburg ziehen. Du glaubst, dort noch mehr Deine innere Erfüllung zu finden; Du fühlst Dich zu Höherem berufen. VON EINEM PARADIES INS ANDERE – wo soll, wo wird

Dein Weg enden? Überlege alles reiflich! Denk auch an das Wohl und an die Zufriedenheit Deiner Familie – und unserer Annedore!

In der heutigen gründlichen Voruntersuchung für die OP wurde bei mir eine neuerliche Herzschwäche festgestellt. Sie ist organischer Natur. Was Euch drei Erwachsene und meine beiden Enkelsöhne Gerald und Martin anbetrifft, wird Euch aber immer mein Mutterherz bewahrt bleiben, auch wenn der Muskel unter meiner linken Brust nicht mehr zuckt.

Haltet fest zusammen, auch wenn ich nicht mehr da sein sollte!

Eure Euch innig liebende Mutti und Oma"

Am Tage vor der Operation der Briefschreiberin wurde Paulas Bettnachbarin entlassen. Die lesehungrige Frau hatte schon längst zu Hause sein wollen. Die Befunde über ihren Zustand nach der Operation waren jedoch unbefriedigend, und eine stationäre Nachbehandlung war unumgänglich gewesen. Das hatte die Patientin psychisch sehr belastet. Dagegen hatten die literarischen Ergüsse von Sir Walter Scott und Selma Lagerlöf wenig geholfen. Am Vormittag dieses Tages war dann doch bei ihr alles für gut befunden worden, sie hatte es geschafft. Für den Rest des Tages und die kommende Nacht blieb ihr Bett unbelegt. In dem Bett gleich neben der Tür des Krankenzimmers schniefte die alte Rentnerin, die kein Wort sprach und die auch nicht reagierte, wenn man mit ihr redete. So war Paula allein mit ihren Gedanken und konnte den langen Brief an ihre Kinder wieder und wieder lesen und nachbessern.

Am Abend kam Schwester Ingeborg zu Paula ins Zimmer. Sie verabfolgte ihr Medikamente und erteilte Verhaltensmaßregeln für die am nächsten Tag vorgesehene Operation. „Und noch mal schön schlafen!", forderte sie. „Nicht in der ganzen Nacht nur grübeln!"

„Das Grübeln habe ich schon hinter mir", sagte Paula. Sie überreichte der Krankenschwester die Blätter, die sie an diesem Tage beschrieben hatte. „Ein Brief an meine Kinder – vielleicht der letzte ..."

„Nana! Keine Schwarzmalerei!"

„... dabei habe ich nicht mal ein Kuvert und eine Briefmarke, dass ihn die Post befördern könnte. Tun Sie mir, bitte, den Gefallen und ..." Sie wandte sich ächzend dem Nachtschrank neben ihrem Bett zu, zog einen Schubkasten auf und wühlte mit einer Hand darin herum. „Mein Portemonnaie ..." – sie fand es nicht sogleich – „Geld fürs Porto ..."

Schwester Ingeborg fächerte die eng beschriebenen Briefbögen wie Spielkarten bei einem Skatturnier. „Da sind Sie aber heute fleißig gewesen."

„Ach, wenn man befürchten muss, es kommt zum Letzten, dann hat man seinen Kindern viel zu sagen. Sie haben ja meinen Heinz und meine Annedore kennengelernt. Mein Mädchen ist zwar so alt wie Sie, hat aber noch keinen festen Partner. Was wird mit ihr werden, wenn ich nicht mehr da sein werde?"

Ingeborg schüttelte unwillig den Kopf. „Ich muss weiter." Sie faltete die Papierbögen auf Briefumschlaggröße zusammen und steckte sie in ihre Kitteltasche.

„Zu Ihnen habe ich Vertrauen. Sie können alles lesen", sagte Paula.

„'s ist alles eine Zeitfrage", rief ihr die Krankenschwester von der geöffneten Zimmertür her zu.

Kurz nach 22 Uhr kam die Nachtschwester. Sie bettete die Burkitzerin, fragte sie nach ihren Wünschen, sagte ihr ein paar Artigkeiten. „Es wird schon werden – morgen. Decken Sie sich zu! Ich lüfte noch einmal kurz." Nach wenigen Minuten schloss sie das Fenster und zog die Vorhänge zu. Sie knipste das Licht aus – „Versuchen Sie zu schlafen!" – und ging.

Paula fand trotz der eingenommenen Medikamente keine innere Ruhe. Durch einen Spalt im Fenstervorhang drang ein Lichtschimmer vom beleuchteten Eingangsbreich des gegenüberliegenden Klinikgebäudes. Er bildete seltsame Figuren an der Decke des Krankenzimmers ab. Sie rührten von der Forsythie her, die vor dem Fenster stand. Wenn ein Windhauch durch den Strauch strich, tanzten die Figuren an der Decke hin und her. Draußen, im Klinikgebäude, wurde es still. Nun erst vernahm Paula, wie fernab die Straßenbahnen die Leipziger Straße hinauf- und hinunterorgelten, und auf dem Gang der Krankenstation waren ab und an die leisen und eiligen Schritte der Nachtschwester zu hören.

In dieses Lichterspiel, in diese gedämpfte Geräuschkulisse hinein kam jemand in Paulas Krankenzimmer gehuscht, knipste kein Licht an, setzte sich auf Paulas Krankenbett und sagte fast im Flüsterton: „Sie haben auf keinen Ihrer Briefbögen eine Adresse geschrieben. Gesagt haben Sie vorhin auch nicht, wohin ich Ihren Brief schicken soll."

Paula erkannte Schwester Ingeborg an der Stimme. „Da können Sie mal sehen, wo ich mit meinen Gedanken bin."

„Eben nicht." Ingeborg lachte leise. Sie trat ans Fenster, schob den Vorhang ein wenig beiseite und notierte im Halbdunkel Heinz Neuenhofs Wohnanschrift. Dann setzte sie sich auf das Bett der am Morgen entlassenen Romanleserin. „Ich muss beichten. Ich habe Ihren Brief, obwohl ich das anfangs nicht wollte, von Anfang bis Ende gelesen. 'Brief' sage ich – es ist eine Lebensbeichte. Warum machen Sie es sich kurz vor Ihrer Operation so schwer?"

„Sie sagen 'schwermachen'. Mein Leben war und ist das einer alleinstehenden Frau mit zwei Kindern, das i s t schwer. Daran will ich meine Kinder mit diesem Brief erinnern: wie wir drei gelebt haben, warum alles so geworden ist, wie es ist. Vielleicht können sie daraus für sich selbst einen Nutzen ziehen."

Schwester Ingeborg hatte am Nachmittag dieses Tages den Telefonanruf eines Herrn aus Burkitz entgegengenommen. Der Mann hatte sich nach Paulas Befinden erkundigt. Sein Name war ihr rasch entfallen. In Paulas Niederschrift hatte sie ihn wiederentdeckt. Nun war sie im Zweifel: 'Ist das jetzt, wenige Stunden vor der OP, der richtige Zeitpunkt, darüber mit der Patientin zu sprechen?' Ingeborg sagte: „So ganz allein sind Sie und Ihre Kinder in den letzten Jahren aber nicht gewesen. Sie hatten einen Partner."

„Gewiss. Aber wissen Sie, das ist ein Kapitel für sich."

Die Krankenschwester deutete Paulas Bemerkung so, dass sie über ihre Partnerschaften nicht reden wollte. „Dann lassen wir dieses Kapitel heute Abend beiseite."

„Nein, nein! Mir ist das Herze davon so voll. Wenn man allein ist mit seinen Gedanken – vor einer Operation –, scheint die Zeit überhaupt nicht zu vergehen. Haben Sie etwas Zeit für mich?"

Ingeborgs Spätschicht war seit einer Viertelstunde zu Ende. Die Schwester sehnte sich nach einem bisschen Feierabend. Aber sie sagte: „Für Patientinnen, die vor einer nicht leichten OP stehen, habe ich immer Zeit."

„Es tut mir gut, das zu hören – gerade von Ihnen, Schwester Ingeborg. Sie erinnern mich sehr an meine Tochter, die ich jetzt gern bei mir hätte. Sie haben im Wesen viel Gemeinsames. Das trifft wohl auch auf die Einstellung zu Partnerschaften zu. Deshalb ..."

Schwester Ingeborg unterbrach sie: „Wie kommen Sie denn darauf?"

„Ach, ich dachte nur ..."

„Wird über mich getratscht?"

„Die Tratsche ist schon übern Berg."

Ingeborg dachte: 'Für solch ein Gerede brauche ich mich an meinem späten Feierabend nicht hierher zu setzen.'

Paula sagte: „Ich wollte Ihnen nicht zu nahetreten. Entschuldigen Sie bitte! Es geht mir um meine Tochter. Wenn bei meiner morgigen OP etwas schiefläuft, könnten Sie ihr, wenn Ihnen das möglich ist, von diesem abendlichen Gespräch berichten. – Sie sagten vorhin, ich hätte wohl einen Partner gehabt. Jawohl, ich hatte einen: einen verheirateten Mann mit vier Kindern, der, den Zeitläufen geschuldet, von seiner Familie getrennt lebte. Wir haben uns geliebt. Ich habe mich 1948 von meinem Ehemann scheiden lassen, weil er mich mit meinen beiden Kindern hat sitzen lassen und sich um uns nicht gekümmert hat. Insgeheim hatte ich mir gewünscht, mein neuer Partner würde sich von seiner Frau trennen. Er zögerte eine solche Entscheidung hinaus. Ich billigte das. Ich glaubte, wenn ich ihn dazu drängte, würde ich mich und meine Kinder zwischen ihn und seine Kinder zwängen, und er würde sich dann zu seinen Kindern so verhalten wie mein geschiedener Mann zu meinen Kindern. Meine Skrupel habe ich ihm in unseren vertraulichen Gesprächen offengelegt. Er hat mir dafür großen Respekt gezollt. Aber er hat nichts dafür getan, meine Skrupel zu zerstreuen. Er hat sie vielmehr als Ermunterung und letztlich als Bestätigung für seine labile Haltung genutzt. Am Ende ist an meinen Gewissensbissen unsere ganze Beziehung gescheitert."

„Wie?"

„Er hat heimlich, hinter meinem Rücken, die Ausreise seiner Familie aus Polen betrieben. Nun leben die fünf hier, bei uns."

„Und er? Für wen hat er sich entschieden – für Sie oder für seine Frau?"

„‚Für meine Kinder', sagt er."

„Nicht doch! Um seine Kinder könnte er sich immer kümmern – noch dazu, wenn sie nun in unserem Lande leben. Nein, Frau Neuenhof, mich interessiert, ist er bei Ihnen geblieben?"

„Nein."

„Obwohl Sie einander geliebt haben, wie Sie sagten?"

„Ja, trotzdem."

Die Krankenschwester seufzte.

Paula sagte: „Das ist der Preis, den ich zahlen musste, weil ich von ihm nicht meinen Teil eingefordert habe. Vor lauter Verständnis für seine Situation habe ich ihn unser intimes Verhältnis kaputtmachen lassen. So etwas darf man als liebender Partner nicht zulassen. Als Liebende muss man für den Partner in allen Dingen volles Verständnis aufbringen, jawohl, aber das eigene Handeln sollte bis zu einem gewissen Grade auch egoistisch sein. In einer intimen Beziehung zwischen zwei Menschen sollte jeder Partner Wünsche und Ansprüche haben dürfen und erfüllt bekommen. Wenn ein Partner völlig verzichtet und entsagt, dann ist das keine echte Liebesbeziehung, sondern Askese, und eben dieser Partner vertut seine Zeit und letztlich sein ganzes Leben. In dieser seelischen Verfassung erleben Sie mich heute Abend – dazu dann auch noch als körperliches Wrack."

Ingeborg hatte, als sie sich über das Getratsche erboste, aufbrechen, nach Hause gehen wollen. Ihr Arbeitstag war lang und anstrengend genug gewesen. Nun saß sie unbeweglich auf dem Bett der am Morgen entlassenen Patientin und fragte sich: ‚Warum erzählt mir diese Frau das alles?' Fast wider ihren Willen, wie aus einem inneren Zwang heraus, sagte sie: „Mir ergeht es mit meinem Partner nicht viel anders als Ihnen. Der Unterschied besteht darin, Ihr Partner war bereits verheiratet, als Sie sich mit ihm zusammentaten, mein Partner war zu Beginn unserer Beziehung ledig gewesen. – Ralf hat bis zum Physikum an der Berliner Humboldt-Universität Medizin studiert. Dann wechselte er an die Medizinische Akademie Magdeburg. Er war für den ersten Studienjahrgang dieser Hochschule immatrikuliert. Wegen der begrenzten Unterbringungsmöglichkeiten im Studentenwohnheim mietete er sich in der Wohnung meiner Eltern ein möbliertes Zimmer. Unsere Wohnung war für meine Mutti und mich zu groß. Mein Vati war Soldat an der Ostfront gewesen und kehrte nach Kriegsende nicht nach Hause zurück. Mutti hielt aber an unserer zu großen Wohnung fest – 'in Erinnerung an Vati', sagte sie zur Begründung. Die Erinnerung hält sie noch heute wach, sie will keinen anderen Partner haben. Die Vermietung eines Zimmers an Ralf bewahrte uns davor, dass uns das städtische Wohnungsamt zusätzliche Mieter – womöglich ein junges Ehepaar mit Nachwuchs – zuwies. Der Medizinstudent Ralf war meiner Mutti sehr recht. Er stammte, wie Mutti es ausdrückte, 'aus gutem Hause'. Seine Eltern führten im altmärkischen Osterburg eine Apotheke. Ralf fand bei uns rasch Familienanschluss. Mutti organisierte alles so, dass wir drei zumindest beim täglichen Abendessen zusammensaßen und uns über alle Dinge unseres Lebens freimütig unterhielten. Als Ralf bei uns einzog, war ich noch ein Schulmädchen – mehr als zehn Jahre jünger als er. Ich war sofort verschossen in ihn. Als Backfisch verliebte ich mich in ihn. Mit 17 war ich seine Geliebte. Mutti duldete das. Auf Ralfs Betreiben erlernte ich den Beruf einer Krankenschwester. Mutti meinte, das passte gut zusammen: er – ein Arzt, ich – eine Krankenschwester; bei einem Liebes- und späteren Ehepaar mit solcher Profession würde ein Partner für den anderen stets und in allen Dingen volles Verständnis aufbringen können. Ralf und ich, wir glaubten das auch. Aber dann, in Ralfs letztem Studienjahr, gab es ein großes Malheur: Die Medizinische Akademie hatte einen neuen FDJ-Sekretär zugewiesen bekommen, einen Hauptamtlichen. Der war zuvor irgendwo im Bezirk Magdeburg 1. Sekretär einer FDJ-Kreisleitung gewesen. In jener Funktion war er – ich weiß nicht, warum – nicht mehr haltbar gewesen. Dieser Mann produzierte sich im FDJ-Schuljahr als Zirkelleiter in Ralfs Matrikel, also vor angehenden Ärzten. Das war 1958. Damals waren bei uns, in der DDR, die Lebensmittelkarten abgeschafft worden. Danach entstanden in der Versorgung der Bevölkerung einige Engpässe – Sie erinnern sich, nicht wahr? Im West-Rundfunk und West-Fernsehen war das Gespött darüber groß. In der BRD wussten die Leute seit mehreren Jahren nicht mehr, was Lebensmittelkarten sind, und sie konnten alles in beliebigen Mengen kaufen: Fleisch, Butter, Südfrüchte, modische Textilien, schicke Schuhe … Darüber wurde in Ralfs Gruppe kritisch diskutiert. Dabei hat der Sekretär, wie uns Ralf erzählte, wie mit einem Holzhammer argumentiert und niemanden überzeugen können. Im unmittelbaren Anschluss an die Debatte sagte ein Kommilitone von Ralf: 'Unser neuer Sekretär ist solch ein Blödmann, dass man ihn rechts und links ohrfeigen und ihm damit seine Blödheit austreiben müsste.' Und ein anderer ergänzte: 'Zusätzlich müsste man ihm eine Injektion verpassen – egal, mit welchem Serum.' Der dumme Zufall wollte es, der Zirkelleiter, also der Betroffene, wurde Ohrenzeuge dieser Bemerkungen. Er hatte sogar mitbekommen, wer sie geäußert hatte. Diesen 'Vorfall' hängte er an die große Glocke. Die Hochschulleitung wurde informiert. Von 'subversiven Kräften unter den Studenten' war die Rede. Mit den Teilnehmern jenes Zirkelnachmittages wurden 'persönliche Aussprachen' geführt. Die Hochschulleitung debattierte über Relegationen. Die Staatssicherheit wurde aktiv. Da setzten sich die beiden, die sich so provokatorisch geäußert hatten, in den Westen ab. Diejenigen, die die Äußerungen angehört hatten, wurden zur Bewährung in die sozialistische Praxis geschickt. Mit einem Jahr Verzug konnte Ralf sein Studium abschließen."

„Das ist ja 'ne tolle Geschichte", staunte Paula Neuenhof. Ihr Sohn Heinz hatte ihr von dergleichen Begebenheiten an der TH Dresden nichts erzählt.

„Ralf promovierte mit sehr gutem Ergebnis."

„Hier? In Magdeburg?"

„An der hiesigen Medizinische Akademie, jawohl. Er wurde Assistenzarzt. Dann kam der 13. August 1961. Die Grenzen der DDR zur westlichen Welt wurden dichtgemacht. Ralf bekam zu spüren, dass ihm die Sache aus dem Jahre 1958 immer noch anhing."

„Wie das?" Paula verstand nicht, was die andere meinte.

„Na, in der Kaderakte – bis vor kurzem war das noch so."

„Meinen Sie wirklich?"

„Ralf sagt es. Ich glaube es auch. Ralf bekommt beispielsweise keine Erlaubnis für eine Auslandsreise. Einen Kongress im kapitalistischen Ausland besuchen zu können, ist für ihn utopisch. Er begann zu bereuen, dass er nicht gemeinsam mit den beiden Sekretärskritikern nach drüben abgehauen war. 'Nach dem Mauerbau in Berlin sitze ich hier fest und komme beruflich nicht weiter', wehklagte er und wurde immer defätistischer. Das belastete auch unser Verhältnis. Anfangs versuchte ich, ihn mit viel Liebe und gutem Zureden aufzumuntern. Erfolglos! Dann begannen wir, uns wegen seiner permanent niederdrückenden Stimmung zu streiten. Meine Mutti mischte sich ein. Das war wohl das Unangebrachteste. Ralf suchte sich eine andere Unterkunft, er zog bei uns aus. Ich war fassungslos und dachte: 'So also geht unsere Beziehung zu Ende.' Und da geschah das zweite große Malheur: Ralf besuchte ein Ehemaligen-Treffen der Oberschüler seiner Heimatstadt. Er ließ sich auf eine Turtelei mit seiner einstigen Tanzstunden-Dame ein. Sie war die Tochter des ortsansässigen und – wie man sagte – wohlhabenden Optikermeisters. Nach der Wertungsskala meiner Mutti war sie ein 'Mädchen aus gutem Hause'. Dieses junge Weib eröffnete meinem Ralf zehn Wochen nach dem Oberschul-Ball, sie sei von ihm schwanger. Er hat sie daraufhin geehelicht. Er ist noch immer mit ihr verheiratet. Sein Junge wird im September eingeschult. Seine Tochter ist drei. Ralf und seine Familie bewohnen das Obergeschoss der Optikermeister-Villa. Die Frau arbeitet im Geschäft ihrer Eltern.

Das wird sie später mal übernehmen. Ralf bekam mittlerweile eine Ein-Raum-Wohnung in Magdeburg zugewiesen. Ich lebe bei ihm. An den Wochenenden fährt er nach Hause, ich verbringe sie bei meiner Mutti oder hier, in der Klinik. Ralf und ich lieben uns mehr denn je. Gespräche über seine Familie und darüber, ob das, was wir machen, eine Dauerlösung sein kann, führen wir nicht. Wir scheuen uns, irgendetwas zu verändern. So sind wir glücklich." Die Krankenschwester schwieg.

Paula hörte sie tief ein- und ausatmen. 'Ich habe es von Anfang an gefühlt', dachte sie, 'Ingeborg ist kein leichtes Mädchen. Meine heute entlassene Bettnachbarin hatte Unrecht mit ihrer Behauptung, die Schwester würde sich ihres Vorteils wegen an den Oberarzt heranmachen.' Nach einer Weile sagte Paula: „Nicht wahr, Ralf – das ist der Oberarzt der Station, auf der ich liege?"

„Erraten."

„Was sagt Ihre Mutti zu Ihrem Verhältnis?"

„Sie schimpft mit mir."

„Das hat meine Mutter auch getan. Ob ich kein schlechtes Gewissen vor der Ehefrau und den Kindern meines Partners hätte, hat sie mich gefragt. Aber, wissen Sie, wenn man verliebt ist, fruchten solche Debatten wenig."

„Sie sagen es. Meine Mutti wirft mir sogar vor, ich wolle Ralfs Ehe kaputtmachen."

„Und – hat sie recht?"

Nach einigem Zögern sagte Ingeborg: „Vielleicht. Manchmal denke ich, ich habe ein gewichtiges und langzeitigeres Anrecht auf Ralf als die Frau in Osterburg. Ich bestreite mit ihr einen Fernkampf, solange Ralf zu mir steht. Ich bin sehr ausdauernd. Irgendwann gibt die andere auf."

„Weiß sie von Ihrem Verhältnis?"

„Ich denke: ja. Aber das ist mir egal."

Das glaubte ihr Paula nicht und sagte bloß: „Na …"

„Ralf arbeitet derzeit an seiner Habilitation. Ich unterstütze ihn dabei. Sein Ziel ist, zum Dozenten, vielleicht auch zu Höherem berufen zu werden. Die Verhältnisse in unserem Land haben sich stabilisiert. Mal muss die Sache von 1958, an der Ralf nicht beteiligt, sondern nur Ohrenzeuge gewesen ist, in seiner Kaderakte gestrichen werden. Dann – so denken wir – könnten seine beruflichen Pläne Wirklichkeit werden."

„Sicher." Paula wünschte es den beiden. „Und Sie? Was wird aus Ihnen?"

Ingeborg stutzte. 'Fängt sie jetzt wie Mutti an zu fragen?' Sie sagte leichthin: „Ich wiederhole: Ich bin glücklich mit ihm."

„Und an den Wochenenden?"

„Ich sagte Ihnen bereits: Manchmal verbringe ich sie bei meiner Mutti. Aber oftmals übernehme ich den Wochenend-Stationsdienst. Die verheirateten Muttis unserer Klinik sind froh darüber."

„Sie sagten, Sie seien eine ausdauernde Fernkämpferin. Aber bedenken Sie: Ihnen läuft die Zeit davon. Ich meine: Sie leben jetzt Ihre besten Jahre. Denken Sie dabei auch daran, was danach kommt?"

„Jetzt reden Sie doch wie meine Mutti", sagte die Krankenschwester unwillig. „Soll ich ..."

Paula unterbrach sie . „Das scheint Ihnen nur so. Ich habe das, was Sie erzählten, so verstanden: Ihre Mutti lebt, was eine Partnerschaft anbelangt, in Erinnerungen an Ihren Vater. Ich dagegen habe nach dem Scheitern meiner Ehe eine neue Partnerschaft versucht – mit einem verheirateten Mann. Ich verstehe Sie folglich sehr gut, ich kann Ihnen aus eigener Erfahrung alles nachfühlen. Man muss das alles selber durchmachen oder durchgemacht haben – so wie ich. Andernfalls erschöpft man sich rasch in Allgemeinplätzen und in Appellen an die Moral."

„Das habe ich so verspürt", sagte Ingeborg leise, „sonst würde ich nicht immer noch bei Ihnen sitzen."

„Gut. Also entnehmen Sie meiner Geschichte, man muss als Frau ein Minimum für sich fordern, auch wenn der Partner mit einer anderen verheiratet ist."

„Ich befürchte, es würde alles aus sein, wenn ich Ralf unter Druck setzte."

„Dann liebt er Sie nicht wirklich, dann verdient er nicht, dass Sie sich in Ihren besten Jahren für ihn aufopfern."

„Wenn man alles verkompliziert ..."

„Nicht doch. Ihr Verhältnis ist schon kompliziert genug. Was wollen Sie da noch steigern? Lassen Sie mich folgendes in aller Offenheit sagen: Ihrem Partner gefällt die derzeitige Situation. Was er bei der einen Frau nicht findet, bietet ihm die andere. Er sieht für sich keinen Vorteil in einer Veränderung. Er braucht sich nur um seine Patienten und um seine Habilitation zu kümmern und darum zu sorgen, ob er denn zum Hochschullehrer berufen wird oder nicht. Alles andere erledigen für ihn seine Frauen. Nach dieser Fasson kann das bis ultimo so ablaufen – bis er, ja, bis er eine der beiden Frauen nicht mehr braucht. Und diese eine könnten Sie sein. Die andere hat ihre amtlich bestätigten Rechte als Ehefrau und hat zwei Kinder großgezogen, deren Vater er ist. Das hat Gewicht. Unterschätzen Sie das nicht!"

Auf dem Gang draußen wurden Schritte hörbar. Schwester Ingeborg erhob sich spontan und stellte sich ans Fußende von Paulas Krankenbett. Die Nachtschwester öffnete die Zimmertür. Ein heller Lichtschein fiel auf die beiden Frauen, die so lange miteinander geredet hatten. „Sie noch hier?", wunderte sich die Nachtschwester.

Ingeborg sagte sehr förmlich: „Ich habe noch mal nach Frau Neuenhof geschaut. Die Patientin kommt nicht zur Ruhe. Bringen Sie ihr noch eine Tablette!" Und an Paula gewandt, auch sehr förmlich: „Es wird morgen alles gutgehen mit Ihnen. Alle, die Ihnen nahestehen, denken an Sie. Heute hat sich Herr Klotzek telefonisch nach

Ihrem Befinden erkundigt. Ich habe ihm gesagt, er soll übermorgen noch einmal anrufen. Dann wissen wir etwas Genaures. – Für morgen: toi! toi! toi! Gute Nacht!"

Auf dem Heimweg dachte Schwester Ingeborg: 'Was ist das für eine Frau, diese Paula Neuenhof? Sie steht, wenn ihre OP unglücklich verläuft, vor ihrem Ende. Aber sie macht sich Gedanken über andere und gibt gute Ratschläge. Ich wünschte mir, ich könnte mit meiner Mutti so reden wie mit dieser Frau.'

Die Nachtschwester brachte Paula ein beruhigendes Medikament. Sie überwachte dessen Einnahme. „Und jetzt nicht mehr so viel grübeln! Sie müssen morgen gut drauf sein", sagte sie im Davongehen.

Paula starrte in die Lichterspiele an der Zimmerdecke. Im Dahindösen dachte sie: 'Bis vor wenigen Stunden war mir das Herz schwer in Sorge um meine Annedore. Aber nach dem Gespräch mit Ingeborg bin ich erleichtert. So, wie sich die Krankenschwester ohne eigene Ansprüche und fast ohne Aussicht auf Erfolg aufopfert, wird Annedore wohl nicht die besten Jahre ihres Lebens vertun. Das wird sie hoffentlich von mir gelernt haben.' Allmählich fiel sie in einen sogenannten bleiernen Schlaf.

15

Das an Dr. Heinz Neuenhof gerichtete Einladungsschreiben zu einem Gespräch an der Technischen Universität Dresden hatte Professor Liedel absichtlich an den VEB Elektrodyn und nicht an Neuenhofs Privatadresse gesandt. Werkdirektor Rudolf Bockhardt sollte von dieser Einladung Kenntnis erlangen.

Neuenhof kannte den Professor persönlich. Dr.-Ing. Herbert Liedel war der Prüfende in dem Rigorosum gewesen, das Neuenhof in seinem Promotionsverfahren 1964 an der TU Dresden zu absolvieren gehabt hatte.

Herbert Liedel war Anfang der 1960er Jahre zum Professor mit Lehrauftrag für das Fachgebiet „Industrielle Fertigung und Automatisierung" an das Institut für Fertigungstechnik der TU berufen worden. Mit dessen Direktor, Prof. Dr.-Ing. habil. Alfred

Wichtler, hatte er einvernehmlich das Konzept eines fertigungstechnischen Groß-Instituts an der Fakultät für Technologie durchgesetzt. Zu diesem Groß-Institut waren das 1954 gegründete Institut für Fertigungstechnik und die Lehrstühle für Triebwerksfertigung und für Sondergebiete der Fertigungstechnik der ehemaligen Fakultät für Luftfahrtwesen der TU Dresden vereinigt worden. Wichtler und Liedel waren damit dem in der DDR verfolgten Trend zu großen Struktureinheiten gefolgt: eigenständige bäuerliche Betriebe wurden zu immer größeren Landwirtschaftlichen Produktionsgenossenschaften (LPG), einzelne Volkseigene Betriebe (VEB) zu Kombinaten und separate Forschungseinrichtungen zu Forschungszentren oder eben, wie von den Fertigungstechnikern gedacht, zu einem Groß-Institut zusammengefasst. Liedel war 1967 zum Dekan der Fakultät für Technologie gewählt worden. In dieser Funktion und dank seiner Mitgliedschaft in der SED hatte er vermocht, die Fakultätsparteileitung Technologie der SED für das Wichtler-Liedelsche Konzept einzunehmen und die Fusionierung des Wichtlerschen Instituts mit den anderen fertigungstechnischen Lehrstühlen administrativ zu fördern. Die Universitätsleitung hatte dem Groß-Institut – seinen Hochschullehrern, Mitarbeitern und Hilfskräften – zwei Etagen des Zeunerbaus und das in den 1920er Jahren im gleichen Gebäudekomplex eingerichtete Werkzeugmaschinen-Versuchsfeld zugesprochen.

Mit diesem Kenntnisstand suchte Neuenhof seinen ehemaligen Examinator an einem sonnenbeschienenen Junitag, den Werkdirektor Bockhardt an der Ostsee verlebte, auf. Noch auf dem Stückchen Wegs durch die Hettner-Straße bis zum Zeunerbau wähnte er sich in trauten Gefilden. Aber sein Eindruck änderte sich jäh, nachdem er den Zeunerbau betreten und dessen Gänge in der ersten und zweiten Etage – wie einst in seiner Studien- und Assistentenzeit – durchschritten hatte. Das Direktoren- und das Geschäftszimmer des Groß-Instituts für Fertigungstechnik gab es nicht mehr. An den Zimmertüren waren Plasteschilder mit den Namen diplomierter wissenschaftlicher Mitarbeiter angebracht, die Neuenhof nicht kannte. In den Schaukästen prangte in Großbuchstaben, getuscht auf Zeichenkarton, die Bezeichnung „Sektion Fertigungstechnik und Werkzeugmaschinen", darunter waren Prospekte neuzeitlicher Werkzeugmaschinen angebracht. In jedem der Kästen war rechts unten ein Zettelchen angezweckt mit dem Hinweis, das Sektionssekretariat befände sich im Kutzbach-Bau, Zimmer 17.

Am Ende eines der Gänge im zweiten Geschoss, neben dem einstigen Zeichensaal für Studenten des Maschineningenieurwesens, befand sich das Arbeitszimmer von Professor Liedel. Es war ein 15 m^2 -Raum, ein sogenannter Einachser, ohne Sekretariatsnebengelass, sehr einfach eingerichtet. Er wirkte sehr aufgeräumt, als stünde sein Nutzer kurz vor dem Umzug.

„Sie haben das gleich bemerkt, wie?", sagte Professor Liedel lachend, nachdem er und Dr. Neuenhof die üblichen Begrüßungsfloskeln ausgetauscht hatten. „In der Tat: Bei uns ist alles im Umbruch ..."

Heinz nickte. „Sektionsbildung ... Ich habe den klangvollen Namen Ihrer Sektion in allen Schaukästen gelesen."

„Alles im Umbruch", wiederholte Liedel. „Der klangvolle Sektionsname ist noch das Beste und Erträglichste von allem, was im Zuge der III. Hochschulreform aus unseren Fakultäten Maschinenwesen und Technologie gemacht worden ist." Er wischte sich mit der Hand über die Stirn, als wollte er unliebsame Gedanken und

Erinnerungen verscheuchen. „Die Fakultät für Technologie gibt es nicht mehr – das wissen Sie, ja?"

„Vom Hörensagen."

„Ich hatte das zweifelhafte Vergnügen, die Fakultät, vierzehn Jahre nach ihrer Gründung, im Herbst letzten Jahres zu beerdigen – pardon: aufzulösen. Ich – als ihr letzter Dekan – war in meinem Amt gerade richtig warm geworden, da war schon alles vorbei." Er lachte gezwungen auf. „Aber das macht nichts. Wir haben ja jetzt die neue große Struktureinheit: die Sektion. Und in der Sektion bin ich ein einfacher Professor mit Lehrauftrag – ach nein, diese Berufungsstufe gibt's nicht mehr, also: ein ganz normaler Professor für Industrielle Fertigung. Als solcher führe ich auf Anraten geschätzter Fachkollegen das heutige Gespräch mit Ihnen."

Heinz Neuenhof dachte bei der Erwähnung „geschätzter Fachkollegen" an seinen Doktorvater. „Professor Wichtler?"

Liedel schüttelte den Kopf. Seine Miene verfinsterte sich. „Professor Wichtler ...", sagte er zögerlich. „Ich wollte eigentlich gleich zur Sache kommen, deretwegen ich Sie hergebeten habe. Aber wenn Sie Wichtlers Namen erwähnen ... Um es kurz zu machen: Unserem Späne-Alfred wurde übel mitgespielt." „Späne-Alfred" war Wichtlers Spitzname. Er rührte vom Thema der Wichtlerschen Habilitationsschrift her.

„Durch die Hochschulreform?", fragte Neuenhof zweifelnd.

„Nicht direkt, aber die Hochschulreform wurde für die vorläufige Beilegung eines langjährigen Zwistes genutzt. Sie wissen doch von Ihrer Assistentenzeit her, es gab seit der Wiedereröffnung der TH nach dem Zweiten Weltkrieg Konkurrenz, einen Wettlauf zwischen Wichtler und seinem einstigen Assistentenkollegen von der Werkzeugmaschinenkonstruktion. 1954, mit Wichtlers Berufung und der Gründung des Instituts für Fertigungstechnik, hat Späne-Alfred den Wettlauf gewonnen. In diesem Jahr hat der andere gesiegt" – er blickte wie beunruhigt zur Zimmertür – „ich will keinen Namen nennen."

„Ich verstehe, wen Sie meinen."

„Der diesmalige Sieger ist unser Sektionsdirektor."

„Alle Wetter!", staunte Neuenhof.

„Damit er für diesen Posten bestätigt werden würde, trat er sogar – auf seine alten Tage – in die SED ein. Die Bildungs- und Hochschulpolitik, die in der DDR betrieben werde, habe ihn von der Notwendigkeit seines Parteibeitritts überzeugt, erklärte er in der Mitgliederversammlung der Parteiorganisation, als sein Aufnahmeantrag debattiert wurde." Er lachte höhnisch. „Auf solch einen Quantensprung bei Alfred Wichtler können wir beide bis an unser Lebensende vergeblich warten." Und wieder lachte Liedel.

Dieses Lachen empfand Heinz Neuenhof als unangenehm – und unangebracht. Aber das ließ er sich nicht anmerken. Er fragte: „Und nun?"

„Nun ist Wichtler aller Ämter enthoben. Er hat oben, im dritten Stock des Zeunerbaus, ein Arbeitszimmer, das dem hier gleicht, zugewiesen bekommen – ohne Vorzimmer, ohne Sekretärin und bis auf weiteres auch ohne ihm direkt zugeordnete Assistenten oder Hilfskräfte. Er wurde, wie man so sagt, kaltgestellt."

Das konnte sich Neuenhof nicht vorstellen: ein gestandener Hochschullehrer wie Professor Wichtler, 1957 ausgezeichnet als „Verdienter Techniker des Volkes", ohne Mitarbeiter? ohne Einfluss auf sein Wirkungsfeld? „Meine Güte!" sagte er kopfschüttelnd.

„Tja, das hat ihn erst mal auf die Bretter geworfen. Er ist seit Monaten krankheitshalber außer Dienst. Sollten Sie ihn heute besuchen wollen – den Weg in den dritten Stock können Sie sich sparen."

Neuenhof dachte an seinen Vater, der nach dem Ende des Zweiten Weltkrieges – aus Angst vor den „Roten" – in die westlichen Besatzungszonen Deutschlands gezogen und in den Folgejahren mit seinem Leben nicht wieder zurechtgekommen war. Er dachte auch an seinen Onkel, den Lehrer und späteren Oberzahlmeister Hans Knarr aus Burkitz, der gemeint hatte, für das, was er zu Hitlers Zeiten getan hatte, kein schlechtes Gewissen haben zu müssen, und der trotzdem 1945 abgeführt worden und ein halbes Jahr später in einem Internierungslager nahe Smolensk kläglich ums Leben gekommen war. Nun, im Hinblick auf Professor Alfred Wichtler, fand er bestätigt: Bei gesellschaftlichen Umbrüchen bleiben immer welche auf der Strecke. Es trifft diejenigen, die sich zu einem bestimmten Zeitpunkt nicht an einem für sie geeigneten günstigen Ort befinden. Neuenhof fragte: „Und Sie, Genosse Professor – wie geht es bei Ihnen weiter?"

Professor Liedel zuckte mit den Achseln. „Mal sehen. Ich hatte mich, wie ich bereits sagte, für unser Groß-Institut eingesetzt. Meines Dafürhaltens wäre es im vergangenen Jahr ein Leichtes gewesen, das Institut für Werkzeugmaschinenkonstruktion in unser Groß-Institut einzugliedern, und wir hätten ohne viel Umorganisation, ohne Unruhe unter den Mitarbeitern und ohne viel bürokratischen Kram eine stabile und sinnvoll strukturierte Sektion Fertigungstechnik und Werkzeugmaschinen haben können. Ich brachte das in den Debatten der Hochschulleitung und der Parteiorganisation so zum Ausdruck. Aber es wurde mir als persönlich motivierte Parteinahme für Alfred Wichtler und als Voreingenommenheit gegenüber dem Sektionsdirektor-Kandidaten ausgelegt, und – lassen Sie mich das knapp und ungeschönt sagen – Wichtler war als Direktor der neu zu bildenden Sektion nicht erwünscht. Sie kennen ja den Herrn. Impulsiv, wie Wichtler ist, hat er in den Diskussionen tüchtig geblubbert und herumgepoltert. Teils hatte er recht, teils hätte er einige Male besser seinen Mund halten sollen. Jedenfalls sollte er weg – oder treffender gesagt: nicht wieder an die Spitze gelangen – und wurde außer Gefecht gesetzt. So ist das, Genosse Neuenhof."

Heinz wiederholte: „Und Sie?"

„Ich behalte meine Professur und vertrete weiterhin mein Fachgebiet. Hier, aus diesem Zimmer, muss ich aber 'raus. Wo ich untergebracht werde, weiß ich nicht – das sagt mir im Moment niemand offiziell – vielleicht im Kutzbach-Bau, vielleicht aber auch" – mit Sarkasmus in der Stimme – „in Nachbarschaft zu Alfred Wichtler in einem Einachser im dritten Stock des Zeunerbaus ..." Er machte eine Pause und sah Neuenhof abschätzend an. „Ich bin über die 60. Ich baue mir, schon seit einiger Zeit, einen Nachfolger auf – Genossen Dr. Nedlich. Sie kennen ihn, nicht wahr?" Kopfnicken. „Nedlich ist ein tüchtiger Mann. Als an unserer Universität die Hatz der III. Hochschulreform begann, ist er auf mein Anraten in die sozialistische Praxis gegangen. Ohne Praxiserfahrung hat er keine Chance, zum Professor berufen zu werden. Er arbeitet derzeit bei Carl Zeiss Jena an einem für mein und sein künftiges Berufungsgebiet wichtigen Vorhaben."

„AUTOTECH – ich weiß." Professor Kainzow hatte Heinz kürzlich telefonisch darüber informiert. „So?" Liedel staunte und strich sich über die Stirn. „Natürlich! Sie kennen sich von Ihrer gemeinsamen Assistentenzeit her. Umso besser! Da vermögen Sie gut einzuordnen, was ich Ihnen heute offerieren möchte – nämlich: Im Rahmen der Professur 'Industrielle Fertigung und Automatisierung' möchten wir zur Abrundung des Fachgebietes den Komplex 'Montageprozessgestaltung' bearbeiten lassen – beginnend mit der Lehre, später eventuell auch in der Forschung. Meine Vorstellungen, die ich mit dem Sektionsdirektor abgestimmt habe, gehen in folgende Richtung: Ein versierter Praxiskader übernimmt nebenamtlich einen Lehrauftrag für Direktstudenten unserer Sektion und anderer interessierter Fachrichtungen. Wenn der Mann fachlich und hochschulpädagogisch gut einschlägt, ist die Ausweitung des Lehrauftrages zu einer Dozentur denkbar. Mehr als eine Dozentur im Rahmen meiner – und später Nedlichs – Professur ist allerdings nicht vorgesehen. Das ist ja auch nicht nötig. Eine Hochschuldozentur ist gemäß den Festlegungen in der Hochschullehrer-Berufungsverordnung ... Kennen Sie die HBVO?" Wieder Kopfnicken. „Gut, dann wissen Sie: Eine Hochschuldozentur ist ein eigenständiger Berufungsstatus für Hochschullehrer. Sie bietet gute und langfristig gesicherte berufliche Entwicklungsmöglichkeiten. So. Nach umfangreichen Recherchen unsererseits und auf Grund zweckdienlicher Hinweise geschätzter Fachkollegen haben wir Sie als einen der Kandidaten für unser Vorhaben ausgewählt. Das ist interessant für Sie, nicht wahr?"

Neuenhof sagte: „Ja, gewiss!", und tat überrascht. Insgeheim gestand er sich ein, er hatte von diesem Gespräch etwas anderes erwartet. 'Erteilung eines Lehrauftrages', grübelte er, 'und der Lehrauftrag kann günstigenfalls zu einer Dozentur ausgeweitet werden, dazu Liedels Einschränkung, mehr als eine Dozentur sei nicht vorgesehen ...' In Gedanken verglich er Liedels Angebot mit dem des Magdeburger Professors Kainzow. Währenddes redete Liedel immer weiter: „Ich gehe davon aus, Ihr Betrieb hat einen Montagebereich. Da wird ..."

„Mehrere Montagebereiche", warf Neuenhof ein. Er dachte an die ihm unterstehenden Fertigungsbereiche Motorenbau, Tischventilatoren-Produktion und Werkzeugbau.

„... Da wird es für Sie ein leichtes sein, die Arbeitsplanung für Montageprozesse an Beispielen aus der Betriebspraxis zu lehren. Wir legen Wert darauf, dass dies für konventionelle wie auch für automatisierte Montageprozesse geschieht."

„Eine automatisierte Montage realisieren wir in unserem Betrieb allerdings nicht", gab Neuenhof zu bedenken.

„Das macht doch nichts." Professor Liedel winkte beschwichtigend ab. „Was Sie für Ihre Vorlesungen nicht im eigenen Betrieb vorfinden, bieten Ihnen gewiss andere, in Serienfertigung produzierende Betriebe Ihres Industriezweiges, beispielsweise ELMO Wernigerode oder ELMO Thurm" – er lachte – „oder gar, quasi vor Ihrer Haustür, die Standardmotorenfabrik im Sachsenwerk Niedersedlitz."

Nun lachte auch Dr. Neuenhof. „Zweifellos fände ich Beispiele, bloß ..."

„Sie sind ein kontaktfreudiger Mensch, Sie haben promoviert. Das spielen Sie aus, da halten doch die wenigsten Produktionsdirektoren des Elektromaschinenbaus mit Ihnen mit."

„Zweifellos, bloß ... Für Sie zur Kenntnis: Die Standardmotorenfabrik gibt es im Sachsenwerk nicht mehr."

„So? Wie das?"

„Die Fabrik wurde gemäß RGW-Beschluss komplett an die Volksrepublik Bulgarien übergeben – mit allen Maschinen, Transporteinrichtungen und Zubehör, mit den kompletten Konstruktions- und Berechnungsunterlagen und auch noch, wenngleich zeitlich befristet, mit Leuten von uns, die das bulgarische Personal anlernen und einarbeiten sollen."

„Das ist doch eine moderne Fabrik gewesen. Wieso gibt die DDR so etwas ab?"

„Man sagt, dem Ganzen liegt eine Vereinbarung auf höchster staatlicher Ebene zugrunde. Bulgarien drängt darauf, sich von einem Agrarland zu einem Agrar-Industrie-Staat zu entwickeln. Es wird noch andere Produktionen von der DDR übernehmen. Die DDR, also auch unser Industriezweig, soll sich auf die Entwicklung und Fertigung von Spezialmaschinen konzentrieren, für die in Bulgarien – wie übrigens in einigen anderen Volksdemokratien auch – gut ausgebildete Facharbeiter und Spezialisten fehlen."

„Hoffentlich reduzieren unsere volksdemokratischen Freunde dafür ihre Obst- und Gemüseproduktion nicht zu sehr, damit wir bei uns wenigstens in den Erntezeiten ein paar Tomaten, Pfirsiche und Weintrauben zu kaufen bekommen."

'Soll er sich über etwa zu erwartende Versorgungslücken Gedanken machen,' dachte Neuenhof. Er wollte sich zu etwas anderem vergewissern. „Sie sagten, ich sei als ein Kandidat für Ihr Vorhaben ausgewählt worden. Ist das so gemeint, ich sei der einzige Kandidat?"

Liedel schüttelte den Kopf. „Wir sind gehalten, für jede Neuberufung zum Hochschullehrer mehrere Kandidaten – mindestens zwei, besser drei – vorzuschlagen. Sie sind allerdings der erste von mehreren ins Auge gefassten Herren, mit dem eine solche Aussprache wie die heutige geführt wird."

„Aha."

„Aber sagen Sie mal: Ich hörte, man interessiert sich an der TH Magdeburg für Sie?"

'Woher weiß er das?', fragte sich Neuenhof. Er nickte. „Für Prozessgestaltung."

„Da haben Sie die Qual der Wahl, wie?"

„Wie man's nimmt."

„Überlegen Sie in Ruhe!", sagte Professor Liedel in väterlichem Ton. „Wägen Sie ab! Hier, in Dresden, haben Sie familiär alles geordnet; Sie können sich voll auf Ihre Arbeit im Betrieb und bei uns, an der TU, konzentrieren. In Magdeburg müssen Sie quasi von vorn anfangen. Man sagt nicht umsonst: Zweimal umziehen ist wie einmal völlig abbrennen. Außerdem: Die TU Dresden ist eine altehrwürdige, renommierte Lehr- und Forschungsstätte. Ich brauche Sie als ehemaligen Studenten und Mitarbeiter unserer Technischen Universität nicht zu agitieren. Die TH Magdeburg will das – bei allen Verdiensten, die man der jungen Hochschule nachsagt – künftig erst erreichen. Noch so viel: Der Lehrauftrag müsste im kommenden Frühjahrssemester von Ihnen übernommen werden. Begrüßenswert wäre, wenn Sie bereits in diesem Herbst einige Seminare zur Montageprozessgestaltung durchführen könnten. Deshalb bitte ich Sie: Geben Sie mir bis Anfang Juli Bescheid, wie Sie sich entscheiden! Wollen Sie sich heute bei uns noch etwas ansehen – im Versuchsfeld oder wo auch immer? Kann ich Ihnen dabei behilflich sein?"

Dr. Neuenhof lehnte dankend ab. „Ich habe im Betrieb noch einiges zu erledigen. Ich muss mich sogar beeilen. Vielen Dank für Ihr freundliches Angebot."

Die Männer verabschiedeten sich.

Es war an jedem Abend so: Heinz Neuenhof, aus dem Betrieb heimkehrend, hatte kaum die Korridortür seiner AWG-Wohnung zugeklinkt, da stürmten seine Söhne aus ihrem Zimmer, auf ihn zu, sprangen an ihm hoch und fingen an, ihrem „Papi" von ihren Tageserlebnissen zu berichten. Manchmal rüttelten sie den Produktionsleiter des EDD dermaßen durch, dass dessen Sorgen und Ärgernisse aus dem betrieblichen Geschehen von ihm abfielen wie reife Früchte von einem Obstbaum, wenn er heftig geschüttelt wird. Zum Feierabend dieses Tages war es anders. Heinz hatte seine Ehefrau informiert, dass er ein Gespräch mit Professor Liedel haben würde. Nun wollte er ihr ohne Verzug darüber berichten. „Jungs", begann er, „heute müsst ihr..."

Karin kam ihm zu Hilfe. „Wir haben einen Brief von deiner Mutter aus dem Krankenhaus bekommen." Sie nahm ihm die beiden Knaben aus den Armen. „Papi will rasch den Brief von der Burkitzer Omi lesen. Wir drei fangen schon mal an, Abendbrot zu essen. Was soll ich euch zurechtmachen?" Die Jungen äußerten ihre Wünsche. Beim Schnittenzurechtmachen sagte Karin zu Heinz: „Ich habe den Brief gelesen – gleich, nachdem ich ihn aus dem Briefkasten genommen hatte."

„Hm", brummte er, „ist in Ordnung."

„Dann bin ich mit ihm spornstreichs zu Annedore gelaufen. Sie hatte beim Lesen Tränen in den Augen. Sie und wir wollen besprechen, wie es weitergehen soll. Am liebsten hätte sie bei uns auf dich gewartet. Aber sie musste noch einmal los, in ihre Schule. Ihr Direktor hat einen Elternabend angesetzt. Sie muss als Klassenlehrerin dabeisein. Ich habe gesagt, sie soll nachher noch zu uns kommen – egal, wie spät es dann ist. Wir bleiben auf und warten auf sie."

„Gut gemacht." Er hatte den Brief der Mutter überflogen und setzte sich zu den Seinen an den Abendbrottisch. „Ich lese den Brief nachher in aller Ruhe durch."

Das tat er. Karin brachte derweilen die Kinder zu Bett. Die Jungen entkleideten sich selbstständig. Sie legten ihre Sachen sorgfältig auf ihren „Stühlchen" ab. Sie waren überhaupt sehr folgsam an diesem Abend. Karin hatte ihnen erzählt, die Burkitzer Omi sei im Magdeburger Krankenhaus der Bauch aufgeschnitten worden, damit sie wieder richtig gesund werden könne. Das hatte die Knaben seelisch sehr bewegt. Martin fing gar zu schluchzen an. Da steckte Karin jedem rasch einen „Bettsteiger" aus der Zetti-Schachtel zu und las aus dem Büchlein „Beenschäfer" von Kurt David vor – die Geschichte von einem alten Mann und einem Jungen, der Peter hieß. Nach einer Weile kam Heinz ins Kinderzimmer und wünschte seinen Söhnen eine gute Nacht. Karin sagte zu ihnen: „Das war's für heute. Morgen lese ich weiter. Mal sehen, ob Peter und der alte Mann Freunde werden."

In Neuenhofs Kinderzimmer wurde es rasch still.

„Mir geht es wie unseren Kindern", sagte Karin leise. „Wenn ich an deine Mutti denke, möchte auch ich mich am liebsten ins Bett legen und gar nichts mehr hören und sehen und reden."

„Du hast Annedore aber doch versprochen, dass wir ..."

„Ja, ja. Das machen wir so", unterbrach ihn Karin. „Ich wollte nur zum Ausdruck bringen, wie mir zumute ist."

„Ihr Brief ist wie ein Abschiednehmen."

Karin schluckte ein paarmal. Dann schlug sie vor, noch an diesem Abend in der Medizinischen Akademie in Magdeburg anzurufen. „Telefonisch werden keine Auskünfte über das Befinden von Patienten erteilt. Das weiß ich. Das ist in allen Krankenhäusern so. Aber wenn du der Person am Telefon erklärst, du rufest aus Dresden an – vielleicht sagt sie dir dann wenigstens, ob Mutti die OP überhaupt überstanden hat. Wir wollen nicht das Schlimmste annehmen. Aber wenn wir Gewissheit hätten ..."

Paula Neuenhof hatte ihre Unterleibsoperation überstanden. Ihr Befinden sei den Umständen entsprechend, sagte der Arzt am Telefon, in ein paar Tagen könne die Patientin Besucher empfangen. Heinz und Karin atmeten erleichtert auf.

„Nach bisherigem Ritus bist du an der Reihe, Mutti zu besuchen", sagte Karin. „Wegen der Operation wird Annedore mitfahren wollen. Ich werde sie jedoch nachher bitten, dass ich dich am Sonntag begleiten kann. Ich bin deiner Mutter den Besuch schuldig. Gerade jetzt, in ihrer schwierigen Situation, wird sie auch mich erwarten, nicht nur immer dich und Annedore. Sie soll sich meinetwegen keine Gedanken machen müssen."

Heinz stand auf und umarmte seine Frau. „Mutti wird sich freuen, wenn wir beide kommen. Aber was machen wir mit unseren Jungen? Nehmen wir sie mit?"

Karin schüttelte den Kopf. „Das wird eine zu große Belastung für sie: Hin- und Rückfahrt, Krankenbesuch, von morgens vor Tau und Tag bis in die Nacht – das steht Martin nicht durch."

„Und wenn nach dem Klinik-Besuch einer von uns mit den Kindern nach Burkitz ausweicht, in Muttis Wohnung übernachtet und am Montag, halbwegs ausgeruht, nach Dresden zurückreist?"

„Das geht nicht. Wir alle sind hier ab Montagmorgen fest eingebunden. Nein, ich denke mir das so: Wir bitten deine Schwester, unsere Kinder am Sonntag zu behüten – vom Morgen bis zu unserer Rückkehr am späten Abend. Annedore kennt sich in unserer Wohnung aus. Du und ich, wir haben keine Geheimnisse vor ihr. Wir übergeben ihr unsere Wohungsschlüssel. Mittagessen für die drei bereite ich am Samstag so weit vor, dass es Annedore am nächsten Tag nur noch warmzumachen braucht. Annedore kommt mit den Kindern gut zurecht und umgekehrt – unsere Kinder mögen sie. Ich werde sie nachher herzlich bitten, dass wir so verfahren können."

„Und wenn sich in der Klinik etwas Außergewöhnliches herausstellt?"

„Dann erfährt Annedore das bei unserer Rückkehr, und wir schmieden gemeinsam mit ihr und für sie einen neuen Plan."

„Mal hören, was Anne dazu meint."

„Nicht 'mal hören', wir müssen unsere Bitte mit einigem Nachdruck vortragen – ich und du auch. Außerdem ..." Karin druckste herum.

„Sag schon!"

„Außerdem möchte ich mir am Sonntagvormittag oder -mittag – je nachdem, wann wir in Magdeburg ankommen – unsere Tauschwohnung anschauen und die Ehefrau unseres Tauschpartners kennenlernen. Diese Besichtigung kann ich auf niemanden delegieren. Die Katze im Sack möchte ich nicht eintauschen. Verstehst du mich?"

Er nickte. „Für solch ein umfangreiches Programm können wir Gerald und Martin tatsächlich nicht gebrauchen. Da gibt es nur den Ausweg, Annedore muss helfen."

Heinz war mitten im Bericht über seine Unterredung mit Professor Liedel, als jemand leise an Neuenhofs Korridortür pochte – ein verabredetes Zeichen: Annedore kehrte von der Elternversammlung an der Großsedlitzer Schule zurück. Sie hatte den frühen Abendzug von Pirna nach Dresden erreicht.

Innere Unruhe hatte sie getrieben. Sie hatte sich auf die Versammlung nur mit Mühe konzentrieren können. Immerzu hatte sie an Paulas Brief denken müssen, und sie hatte die Frage nicht verdrängen können: Hatte die Mutter die Unterleibsoperation gut überstanden? Sie hatte sich vor der Elternversammlung telefonisch nach Paulas Befinden erkundigen wollen. Aber die Krankenschwester am Ende der Leitung hatte ihr keine Auskunft erteilt. Deshalb war sie froh gewesen, dass die Versammlung nicht so lange gedauert hatte, und war Hals über Kopf davongelaufen.

Am Eingang der Schule hatte Alfons Richter, ihr Freund aus Pirna, auf sie gewartet. „Du hier?", hatte sie gefragt. „Wir sind doch gar nicht miteinander verabredet."

„Schadet das 'was?", hatte er geantwortet. „Ich wollte dich überraschen."

„Aber die Versammlung hätte länger dauern können. Dann hättest du hier sinnlos herumgestanden."

„Nicht 'sinnlos'. Ich genieße den linden Sommerabend. Den lieben Tag lang habe ich im Betrieb den Gestank von verbrauchtem Maschinenöl einatmen müssen. Nun tut mir frische Abendluft richtig gut." Alfons hatte mit Annedore ein Stückchen Wegs laufen oder bis zur Abfahrt des späten Abendzuges im Großsedlitzer Park spazieren gehen und plaudern wollen.

Sie war – in seiner Begleitung – spornstreichs auf den Großsedlitzer Bahnhof zugesteuert. Dabei hatte sie ihm vom Brief und von der Operation der Mutter erzählt. „Sei mir nicht böse, ich muss noch heute Abend mit meinem Bruder und mit meiner Schwägerin Kriegsrat halten."

„Aufgeschoben ist nicht aufgehoben. Unseren Abendspaziergang oder auch einen Sonntagsspaziergang holen wir nach, wenn es dir passt."

Sie war ihm für sein Verständnis dankbar gewesen. „Ich schlage dir demnächst einen Termin vor. Versprochen!"

Er hatte hinzugefügt: „Und am Ende gehen wir zu meiner Mutter Abendbrot essen oder zum Nachmittagskaffee – je nachdem."

„Danke! Ich komme auf deine Einladung zurück."

Nun stand sie vor Neuenhofs Korridortür. Karin hatte ihr vor geraumer Zeit einen Schlüssel für die Hauseingangstür ausgehändigt. Annedore sollte bei abendlichen Besuchen nicht die Kinder aus dem Schlaf klingeln. Leise klopfte sie noch einmal das verabredete Zeichen. Karin ließ sie ein. „Und?", tuschelte Annedore. „Wisst ihr schon Näheres?"

„Mutti hat die OP überstanden", flüsterte Karin.

Die Frauen umarmten sich. Annedore seufzte: „Gott sei Dank!"

„Geh zu Heinz in die Wohnstube! Du hast heute noch kein Abendbrot gegessen, stimmt 's?"

„Stimmt. Aber das ist unwichtig. Wenn nur Mutti …"

Karin holte aus der Küche Brot, Butter und Aufschnitt. Ein Gedeck für den Ankömmling stand auf dem Wohnzimmertisch bereit.

„Nun erzählt mal!" Annedore bereitete sich eine Brotschnitte zu. Aber mehr, als ihr Karin im Korridor zugeflüstert hatte, vermochten ihr die Schwägerin und der Bruder zum Zustand der Mutter nicht zu sagen.

„Genaueres erfahren wir, wenn wir Mutti besuchen." Und damit war der heikle Punkt des abendlichen Treffens der drei angesprochen. Heinz wusste nicht, wie er seine und Karins Absicht mitteilen sollte. Er wollte Annedore nicht enttäuschen; in ihr sollte nicht das Gefühl entstehen, zurückgesetzt zu werden.

Karin dachte: 'Jedes Ereignis und jede Situation weiß mein lieber Ehemann wortreich zu kommentieren. Aber jetzt scheint ihm die Puste auszugehen.' Sie stand auf und setzte sich auf den freien Stuhl neben Annedore. „Paula liegt bereits seit mehreren Wochen in der Magdeburger Klinik. Sie wird sich fragen, warum ich sie noch nicht besucht habe. Mit solchen Gedanken soll sie sich nicht quälen müssen. Deshalb möchte ich sie am kommenden Sonntag gemeinsam mit Heinz besuchen."

Annedore legte ihr Besteck auf den Tisch und hörte auf zu kauen. „Geht das? Ich meine: Wollt ihr eure Jungen mitnehmen?"

Heinz druckste herum. „Das ist die Frage …"

Karin legte einen Arm um den Nacken der Schwägerin. „Wir bitten dich, sie für diesen Tag in deine Obhut zu nehmen."

Annedore schluckte ein paarmal. „Ist euch bewusst, was ihr da von mir verlangt?"

„Verlangen können wir es nicht", sagte Karin. „Es ist eine Bitte. Vor allem ich bitte dich." Das war nicht bloß so dahergeredet. Karin hatte ihre Eltern in Gorzeck bereits im April brieflich über Paulas Krankenhausaufenthalt unterrichtet. Aber weder die Mutter noch der Vater oder gar beide hatten die Kranke bislang besucht.

„Die Reise von Gorzeck nach Magdeburg ist so umständlich", hatte Mutter Charlotte, die für das Ehepaar Enders die Privatpost erledigte, geantwortet. Anfang Juni hatte Karin den Eltern geschrieben, Schwiegermutter Paula würde operiert werden müssen, und es würde eine schwere Operation werden. Sie hatte ihre Mutter aufgefordert – behutsam, wie es einer folgsamen Tochter geziemte –, den Krankenbesuch nicht weiter aufzuschieben. Charlotte hatte Karins Hinweis als Kritik empfunden. So resolut und selbstbewusst sie war und so deutliche, manchmal sogar grobe Worte sie anderen zu sagen vermochte – Ermahnungen oder gar Kritik von anderen an ihrer Person vertrug sie nicht; da machte sie bei ihrer Tochter keine Ausnahme. So war der Antwortbrief, den sie den jungen Neuenhofs geschrieben hatte, kurz und knapp gewesen: Sie hätten in Gorzeck ihre eigenen Sorgen, mit Karins Vater Willy gäbe es „Probleme in der Sparkasse", in der er arbeitete. Darüber würde sie in einem späteren Brief Ausführlicheres berichten. Eingedenk alles dessen sagte Karin: „Ihr müsst nicht annehmen, dass die Notlage eurer Mutti mich und meine Verwandtschaft nicht innerlich stark berührt. Ich möchte das Paula mit meinem Besuch beweisen. In der Situation, in der sie sich befindet, wird sie auch mich mal erwarten – nicht immer bloß euch." Sie nahm den Arm von Annedores Schulter. „Iss doch weiter!", forderte sie.

„Ach ... Der Appetit ist mir ..." Annedore vollendete den Satz nicht.

„Danach geht's nicht", beharrte Karin. „Weißt du, es kommt jetzt vieles auf einmal zusammen. Meine Absicht ließe sich ja auch so in die Tat umsetzen, dass wir beide – du, Annedore, und ich – uns am Sonntag auf die Reise begäben. Heinz müsste dann hier, zu Hause, das Kindermädchen spielen. Er würde mit der Rolle zurecht kommen. Das hat er mehrfach bewiesen. Aber offen gestanden, diesmal brauche ich ihn in Magdeburg an meiner Seite. Wir wollen vor dem Krankenbesuch die Wohnung unseres Tauschpartners besichtigen. Den Entscheid, ob sie für uns in Frage kommt, möchte nicht ich allein treffen. Verstehst du mich?"

„Durchaus." Annedore kaute langsam weiter. Einerseits hatte sie Verständnis für das Anliegen der Schwägerin. Sie gestand sich sogar ein, es war höchste Zeit für Karins Besuch bei Paula. 'Mutti hat mit ihrer Schwiegertochter sicherlich einiges zu bereden, hat ihr etwas mit auf den Weg zu geben. Wer weiß, wie es mit Mutti weitergehen wird ...' Andererseits missfiel ihr, dass sie, weil sie ein Einsehen hatte, auf einen kurzfristigen Krankenbesuch verzichten sollte.

Die drei schwiegen eine Weile. Karin und Heinz blickten sich an – abwartend, gespannt auf Annedores Entscheidung. Annedore, im Widerstreit mit ihren Gefühlen, schaute auf den vor ihr stehenden Abendbrotteller und klapperte mit dem Besteck. Endlich sagte sie: „Ich mach es." Und mit Blick auf Heinz: „Solch ein Geschwisterpaar wie uns findet man nicht in jeder Sippschaft, meinst du nicht auch?"

„Annedore, das werden wir dir niemals vergessen. Und überhaupt: Wenn du …” Heinz suchte nach weiteren Dankesworten.

„Lass gut sein!” Annedore winkte mit einem Gabelbissen in der Hand ab. „Wenn ihr von eurer Reise zurück seid und mir über Muttis Befinden berichtet habt, hole ich meine Magdeburg-Fahrt nach. Erklärt aber Mutti, weshalb ich nicht sofort zu ihr komme! Und grüßt sie lieb von mir!” Ihre Augenlider röteten sich. Sie winkte, wie um sich selbst ein Zeichen zu geben, nochmals mit dem Gabelbissen in der Hand ab. „Nun aber zu euch! Ihr stellt euch offensichtlich auf Magdeburg ein. Dein heutiges Gespräch in der TU, Heinz, hat daran also nichts geändert, scheint mir. Erzähl' trotzdem: Wie war's?”

Heinz sagte: „Kurz bevor du kamst, hatte ich mit meinem Bericht darüber gerade angefangen. Ich will es kurz machen: Professor Liedel, den ich von meiner TU-Zeit her gut kenne, bot mir in Abstimmung mit seinem Sektionsdirektor einen Lehrauftrag für 'Montageprozessgestaltung' an, der sich irgendwann eventuell zu einer Dozentur ausbauen ließe. Verglichen damit muss ich von den Magdeburgern sagen: Sie haben alles Notwendige in die Wege geleitet, dass ich im September dieses Jahres zum Dozenten für 'Fertigungsprozessgestaltung', also für das komplexe Wissenschaftsgebiet, berufen werde, und diese Dozentur soll, wie ich aus meinem Gespräch mit Professor Kainzow herausgehört habe, in eine Professur umgewandelt werden. Versteht ihr? Was die Dresdner mir als Ziel im Perspektivzeitraum anbieten, erreiche ich in Magdeburg schon in einigen Wochen. Und eine Professur wird mir hier, an der TU Dresden, überhaupt nicht in Aussicht gestellt. Für sie ist jemand anderer vorgesehen – Dr. Nedlich.”

„Dein ehemaliger Assistentenkollege aus unserer Nachbarschaft?”, fragte Karin.

„Genau er. Ihm würde ich nach Professor Liedels Emeritierung unterstellt sein. Na ja, im Prinzip hätte ich nichts dagegen. Aber ich muss euch sagen: Mein Gesprächspartner heute erschien mir, verglichen mit seinem Auftreten in früheren Jahren, etwas jammerig – so, als hangele er sich für den Rest seiner Dienstzeit über die Runden, und dieser Rest scheint mir gekennzeichnet durch ein Hauen und Stechen um die Führungsposten in der Sektion.”

„Es wird wohl jemand gesucht, der dabei die Kastanien für diesen oder jenen Kandidaten aus dem Feuer holt?”, fragte Annedore. „Und dieser jemand sollst du sein?”

„So ungefähr. Aber so eindeutig hat das Liedel natürlich nicht geäußert. Stattdessen hat er darauf verwiesen, wie ehrenvoll es ist, als Lehrbeauftragter und eventueller Kandidat für eine Hochschuldozentur an der TU Dresden tätig sein zu dürfen.”

„De facto”, sagte Karin, „bliebe Elektrodyn deine Arbeitsstelle, und deine Aufgaben für die TU erledigtest du nebenbei …” Zögernd fügte sie hinzu: „… auf Kosten unseres Familienlebens.”

„Sieh nicht gleich schwarz! Aber du hast richtig verstanden: Lehrauftrag als Nebentätigkeit. Und der Professor verriet, sein Angebot an mich gründe sich auf Empfehlungen geschätzter Fachkollegen."

Annedore fragte: „Hat er gesagt, wer die geschätzten Fachkollegen sind?"

„Nein. Ich brachte den Namen Professor Wichtler ins Spiel. Aber von meinem ehemaligen Fachrichtungsleiter, Institutsdirektor und Doktorvater stamme der Hinweis auf meine Person nicht, versicherte Liedel."

„Hinter dem Vorschlag steckt dein Betriebsdirektor", mutmaßte Karin. „Er will dich ans EDD binden. Damit du deine akademischen Ambitionen abreagieren kannst, darfst du dank seiner Gnade per Lehrauftrag ein paar Seminare oder Vorlesungen an der TU halten. Wenn er meint, betrieblich ist Holland in Not, stimmt er der Lehrbeauftragung nicht zu. Du sitzt dann da mit einem dicken Kopf und gerätst den TU-Leuten gegenüber in Erklärungsnöte."

„Außerdem, mein Bruderherz", sagte Annedore, „in deinem bisherigen Leben hast du immer nur eine Sache zu machen brauchen – gut, du hast sie auch gewissenhaft und zuverlässig erledigt. Aber bedenke: In deiner Studienzeit hast du nur studiert, du bekamst ein ausreichendes Stipendium vom Staat, das du nicht zurückzuzahlen brauchtest, du hast nicht noch irgendwo nebenbei arbeiten müssen ..."

„Ich habe mich auch immer angestrengt", unterbrach er sie. „Andernfalls hätte man mir zusätzlich zu meinem Grundstipendium kein Leistungsstipendium zuerkannt, und ich hätte Mutti und dir nicht so manches Mal per Postanweisung einen 50-Mark-Schein zukommen lassen können."

„Ereifere dich nicht, als müsstest du dich rechtfertigen!" Annedore fühlte sich missverstanden.

'Zu rechtfertigen brauche ich mich wirklich nicht', dachte er und erinnerte sich an die 1950er Jahre. Jawohl, sein Stipendium hatte für Lehrbücher, Schreib- und Zeichenutensilien, aber auch für Unterkunft und Verpflegung ausgereicht. Bis fast zu seinem Studienende gab es in der DDR Lebensmittelkarten. Darauf konnten Fett, Fleisch und Wurstwaren zu wesentlich niedrigeren Preisen als im freien Handel – in der sogenannten Handelsorganisation (HO) – bezogen werden. Die preisreduzierten Mengen reichten zwar für die normale Beköstigung eines ausgewachsenen jungen Mannes nicht aus, aber wer wie er mit dem Geld sparsam umgehen musste und sich nur ab und an in HO-Geschäften Butter, Wurst oder Schinken dazuzukaufen vermochte, konnte auf die billige Tafel-Margarine „Vita", auf markenfreie preiswerte Fischpasten und auf Schmalzfleisch-Importe „Große Mauer" aus der Volksrepublik China ausweichen. Paula Neuenhof pflegte in Gesprächen mit ihrer Schwester Alma Knarr oder mit ihren Verwandten in Küssow zu sagen: „Mein Heinz hat sich in seiner Studienzeit nichts gegönnt." Tatsächlich war er in der ersten mündlichen Prüfung, die er im Januar

1955 an der TH Dresden im Fach „Experimental-Chemie" hatte ablegen müssen, in dem gleichen Dress erschienen, in dem er in den Monaten zuvor diszipliniert alle Vorlesungen, Seminare und Übungen besucht hatte: im dunkelblauen Skianzug und karierten Oberhemd, die seine Mutter vor seinem Studienbeginn von einer Bekannten in der Nachbarschaft hatte schneidern lassen. Den ersten Anzug hatte er sich als Maschinenbau-Student des 6. Semesters zu seinem 21. Geburtstag gekauft. Am Ende desselben Semesters hatte er das Vordiplom mit dem Prädikat „Gut" erworben, und aus diesem Anlass einige Konzerte der seinerzeit im Steinsaal des Deutschen Hygiene-Museums musizierenden Dresdner Philharmoniker besucht. Das war alles gewesen, womit er seiner leidenschaftlichen Neigung zu klassischer Musik gefrönt hatte. In Erinnerung daran murmelte er: „Ich besaß nicht mal ein kleines Radio. Mutti hatte mich gewarnt: 'Lass die Finger von solch einem Gerät! Wenn das deine Musik dudelt, horchst du nur angespannt zu und kannst nicht konzentriert studieren …'"

„Womit sie völlig recht hatte." Annedore wandte sich ihrer Schwägerin zu. „Du hättest erleben sollen, was bei uns zu Hause los war, wenn Heinz zu Feiertagen oder in den Semesterferien zu Besuch kam! Heinz und ich, wir hatten nach Großvater Andreas' Tod ein bisschen Geld geerbt. Davon haben wir ein neues Radio kaufen können – ein Erfurt IV."

„Hat 900 Mark gekostet. Hatte einen wundervollen Klang."

„Mutti hatte eine Rundfunkzeitung abonniert. Die hat Heinz gleich nach seiner Ankunft durchgearbeitet – so nannte er das: Die Programmhinweise auf ihn interessierende Musiksendungen wurden angekreuzt und anschließend in der zeitlichen Abfolge durchnummeriert. Von morgens bis spätabends leistete dann unser Erfurt IV Schwerstarbeit – und nicht nur bei Brucknerschen Fortissimo-Passagen. Entspannung gab es für Mutti und mich günstigstenfalls bei Operettenmelodien; die ließ der große Maschinenbauer aus Dresden durchgehen – Johann Strauß, Franz von Suppé und Jacques Offenbach wurden akzeptiert."

„Nun übertreibst du aber!", wehrte sich Heinz.

„Mitnichten."

„Zu den Mahlzeiten oder wenn wir Schafskopf spielen wollten, habe ich mich gezügelt."

„Richtig! Das waren die Ausnahmen." Annedore schwelgte in Erinnerungen. „Fürs Kartenspiel musstest du die Hände freihalten. Aber ansonsten …" Sie neigte sich Karin zu. „Mutti hat in der Abstellkammer einen alten Küchenschrank zu stehen – ich weiß nicht, woher sie den hat. In einem der Schubkästen bewahrte sie alte Gardinenstangen auf. Ein völlig verbogenes Exemplar benutzte Heinz als Taktstock. Ich kann mich nicht erinnern, dass bei Heinz' Anwesenheit in unserem Radio eine Beethoven-Symphonie erklungen wäre, die mein Bruder mit der krummen Gardinenstange nicht mitdirigiert hätte."

Karin fing an zu kichern. „Von den Dirigaten mit der Gardinenstange hat mir eure Mutti schon mal etwas erzählt, als sie mich auf Eigenheiten und Gewohnheiten von Heinz hinwies." Paula hatte zu Karin gesagt: „Du hast einen herzensguten und fleißigen Mann geheiratet. Ich bin stolz auf ihn. Aber du musst damit fertigwerden, dass er einige Marotten hat – vor allem in puncto Musik."

„Ihr redet recht verständnislos daher", ereiferte sich Heinz. „Wenn ich aus Dresden nach Hause kam, war ich geradezu ausgehungert nach Musik." Als junger Mann hatte er sich gewünscht, Musik studieren zu dürfen – Dirigieren und Musikgeschichte. Aber seine Mutter hatte ihn gebeten, „einen ordentlichen Beruf" zu erlernen. „Musik kannst du immer hören – sogar beim Einschlafen", hatte sie gemeint. Und diesen gutgemeinten Rat befolgend, hatte er sich für ein Maschinenbau-Studium entschieden. „Wisst ihr", sagte er, „Musik ist für mich eine großartige Sache. Wenn ich Musik höre, kann ich gar nicht anders, als herauszufinden, welches Instrument führt den Cantus firmus? Welches Thema werfen sich die verschiedenen Instrumentengruppen eines Orchesters wechselseitig zu? Welche rhythmischen Besonderheiten oder harmonischen Verschiebungen hat ein Komponist für sein Werk eingesetzt? Hat er die Kontrapunktik beherrscht? Auf solche Weise Musik zu hören, läuft in mir quasi von selbst so ab, ich muss mich nicht dazu zwingen. Ich bin dann geistig voll beschäftigt. Da kann ich nebenbei nicht lesen oder schreiben oder mich mehr oder weniger geistvoll unterhalten. Als bloße Geräuschkulisse ist mir Musik zu schade."

„Und auf diese Eigenheiten von dir wollte ich hinaus", sagte Annedore. „Ich wollte nicht in Zweifel ziehen, dass du dein Maschinenbau-Studium ernsthaft betrieben und dass du als Stipendiat Mutti und mich finanziell unterstützt hast. Ich wollte dich auch nicht als komischen Kauz hinstellen, der mit einer Gardinenstange in der einen und mit einer Studienpartitur der Edition Peters in der anderen Hand Beethoven dirigierte. Ich möchte so verstanden werden: Alles, was du unternimmst, tust du so wie Musikhören. Das ist dein Charakter. Mutti hat das erkannt. Auch ich kenne dich gut, und in Muttis Sinne rate ich dir als deine Schwester: Wenn du meinst, in der Lehre und Forschung an einer Hochschule mehr Befriedigung zu finden als in deiner Quasi-Dirigententätigkeit in den Fertigungsstätten des VEB Elektrodyn, dann werde Hochschullehrer – aber nicht nebenbei, das kannst du nicht! Wechsle die Arbeitsstelle!"

Karin wollte sich vergewissern. „Du meinst, er sollte nach Magdeburg gehen?"

„Aber ja doch." Annedore fuhr sich mit gespreizten Fingern mehrmals durch ihren blonden Bubikopf. „In gewissem Sinne säge ich mir selber den Ast ab, auf dem ich sitze: Ihr habt mich in eure Familie aufgenommen, ich fühle mich euch zugehörig, aber in acht Wochen werdet ihr nicht mehr in Dresden sein, mich lasst ihr zurück."

„Das ist noch nicht entschieden!", protestierte Neuenhof.

„Ach, Heinz, machen wir uns nichts vor! Ich komme von meiner Schule nicht so schnell weg wie du von deinem Betrieb. Ich muss mich neu orientieren – wie, das hängt davon ab, was mit unserer Mutti werden wird."

„Annedore, du wirst uns fehlen." Karin schluchzte und umarmte ihre Schwägerin.

„Ihr mir auch."

Kurz vor Mitternacht sagte Karin: „Lasst uns Schluss machen! Morgen müssen wir wieder zeitig aus den Federn."

Die drei dachten beim Auseinandergehen nicht nur an die berufliche Arbeit am nächsten Tag, jeder von ihnen hatte auch einen festen Vorsatz:

Karin würde noch vor ihrer Reise nach Magdeburg einen Brief an ihre Eltern schreiben. Darin würde sie nochmals dazu auffordern, Paula Neuenhof in der Klinik zu besuchen. Diesmal würde sie deutlicher werden als in ihren Briefen zuvor: Charlotte und Willy Enders sollten ihre nunmehr verehelichte einzige Tochter nicht in Erklärungsnöte oder gar in eine peinliche Situation gegenüber der Neuenhofschen Verwandtschaft bringen. Desweiteren würde sie um Aufklärung bitten, welche 'Probleme in der Sparkasse' den Vater belasteten; solchen Vertrauens, wollte sie schreiben, würde sie als Tochter doch wohl würdig sein.

Heinz wollte am nächsten Tag die Zuerkennung der Facultas docendi bei der Fakultät für Maschinenbau der TH Magdeburg beantragen. In dem kürzlich geführten Telefonat hatte Professor Kainzow darauf hingewiesen, für Neuenhofs Berufung zum 1. September müsse dessen Facultas docendi dem Ministerium für das Hoch- und Fachschulwesen schleunigst nachgereicht werden. Und Professor Liedel würde er telefonisch eine Absage erteilen.

Annedore Neuenhof wollte in den nächsten Tagen einen Treff mit Alfons Richter vereinbaren. Sie war entschlossen, seine Einladung zu einem Besuch der Mutter ihres Freundes anzunehmen – zur Kaffee- oder zur Abendbrotzeit, ganz wie es sich ergeben würde. Annedore wollte damit einen Ratschlag ihrer Mutter beherzigen: „Lass dich nicht von den schönen Worten und dem liebevollen Getue eines jungen Mannes täuschen, der um dich wirbt und den du sympathisch findest. An dem Verhalten zu seiner Mutter kannst du ermessen, was für ein Kerl er ist."

16

ZWISCHEN DEN ZEITEN – vom Ende des Zweiten Weltkrieges 1945 bis zur Gründung zweier deutscher Staaten 1949 – hatte das Schicksal der Lehrersfrau Alma Knarr geborene Tiow arg mitgespielt. Unglück und Ungemach hatten das Teuerste in Almas Leben betroffen: ihren Ehemann Hans und ihr Einfamilienhaus in der Burkitzer Hindenburg-, der nunmehrigen Puschkinstraße.

Der Lehrer Hans Knarr hatte in den dreißiger Jahren als Kreissportführer fungiert und während des Krieges auf dem ostelbischen Truppenübungsplatz Altenfelde als Oberzahlmeister gedient. Bekanntlich unterlaufen jedem tätigen Menschen Fehler. Nicht aus jedem Fehler erwachsen menschliche Katastrophen. Hans Knarr hatte im April 1945 den Fehler begangen, sich nicht mit seinen Altenfelder Offizierskameraden in den Westen abzusetzen. Er hatte sich – gemeinsam mit seinem Freund, dem Altenfelder Militärarzt Dr. Werner Dörbusch – in Zivil nach Burkitz, beider Herren Wohnsitz, durchgeschlagen. Dieser Fehler war für Knarr tödlich gewesen. Mitbürger seines Wohnortes hatten ihn gleich nach dem Einmarsch der Roten Armee als Nazi bei der sowjetischen Stadtkommandantur angezeigt. Er wurde – vom Dachboden seines Einfamilienhauses weg – vom KGB abgeholt und in einem sowjetischen Lager für Nazi- und Kriegsverbrecher interniert. Das hatte er nicht überlebt. Alma Knarr hatte nach langem Bemühen – und letztlich auf inoffiziellem Wege – erfahren, dass ihr Ehemann im Januar 1946 in einem sowjetischen Internierungslager nahe Smolensk an Wassersucht gestorben war. Und als hätte die Frau mit ihrem Geschick in besonderer Weise hadern sollen, hatten mehrere ehemalige Kameraden ihres Mannes an Knarrs Adresse in Burkitz Postkarten und Hochglanz-Ansichtskarten aus dem Schwarzwald und von der Saarschleife, aus dem Teutoburger Wald, vom Deutschen Eck in Koblenz und von anderen schönen deutschen Flecken geschickt. Sie hatten mitgeteilt, sie hätten die amerikanische, britische oder französische Besetzung West-Deutschlands wohlbehalten überlebt und bezögen seit der Gründung der Bundesrepublik Deutschland als freie, demokratische Bürger eine auskömmliche Rente. Wie es denn Hans ginge, hatten sie wissen wollen. Diese Post hatte Alma Knarr in einem kleinen Schuhkarton gesammelt. In dem hatte sie auch die Erinnerungsfotos ihrer Hochzeitsreise nach Tirol verwahrt.

1934 hatten Hans und Alma ihr Einfamilienhaus in der Burkitzer Hindenburgstraße erbauen lassen. Um dieses Bauvorhaben finanzieren zu können, hatten sich die beiden kein Kind angeschafft und auf vieles andere verzichtet, das das Leben angenehm und lebenswert macht. Sie hatten zwar ihre Nichte Cordula an Kindesstatt angenommen, aber ihr ganzer Stolz war ihre neuerbaute Villa gewesen. Dieses Haus war 1945 von der sowjetischen Besatzungsbehörde unter Sequester gestellt worden. Alma Knarr war seinerzeit in einem möblierten Zimmer bei einem Rentnerehepaar untergekommen. Das Ehepaar hatte gemäß Verfügung der städtischen Wohnraumverwaltung „abvermieten müssen", Wohnraum war kriegsbedingt sehr knapp gewesen in der Stadt und wurde bewirtschaftet. Nach geraumer Zeit war dem Eigentümer des Knarrschen Grundstücks eine Urkunde von der für Burkitz zuständigen Provinz-Kommission zur Durchführung der Befehle 124/126 der sowjetischen Militär-Administration zugestellt worden. Diese Kommission hatte entschieden, dem Hauseigentümer Hans Knarr, wie im Burkitzer Grundbuch verzeichnet, sein Vermögen zurückzugeben. Die Witwe Alma Knarr hatte sich finanziell nicht in der Lage gesehen, die Erbauseinandersetzung mit den Geschwistern ihres Ehemanns zu führen, die auf dem Grundstück liegenden Hypotheken restlos zu tilgen und eine Grundbuch-Bereinigung zu ihren Gunsten vornehmen zu lassen. Darüber bewahrte sie Zeit ihres Lebens Stillschweigen – auch und insbesondere gegenüber ihren Verwandten, Freundinnen und guten Bekannten. Sie wohnte als nicht Miete zahlende Mieterin, von vielen Burkitzern beneidet, im schönsten Einfamilienhaus der Stadt, von dem ihr als Eigentum nicht mehr als die Hausschlüssel, das Interieur und die in den Schränken aufbewahrte Wäsche gehörten. Aber immer demonstrierte sie vor den Leuten die hochzuachtende Lehrerswitwe und Hausbesitzerin. Und alle, die sie kannten, dachten: 'Das Gedenken an ihren Hans und Almas Haus sind ihr ein und alles.'

So kann's gehen im Leben, und so werden menschliche Charaktere – wie der von Alma Knarr – nicht nur von Genen bestimmt, sondern auch durch das Leben geprägt.

Alma unterschied sich charakterlich in vielerlei Hinsicht von ihrer fünf Jahre jüngeren Schwester Paula und von ihren Brüdern Hermann und Willi, den Tiow-Landwirten im Dörfchen Küssow. Alma hatte Hans Knarr, einen Lehrer – wie die Küssower sagten: einen Kantor – geehelicht und hielt sich zugute, dass sie den Aufstieg in die sogenannten besseren Kreise versucht und auch geschafft hatte. Nach ihrem Urteil waren Paula, Hermann und Willi geblieben, was sie von Kind auf gewesen waren: „Dorfjacken". Das größte Missbehagen hatte ihr Paula bereitet. Die hatte sich schon vor ihrer Ehescheidung von Karl Neuenhof mit dem „hergelaufenen Landarbeiter"

Franz Klotzek liiert, der nach ihrer Meinung keine Ordnung in seine Familienverhältnisse zu bringen vermochte. „Solch einen Mann", hatte Alma zu ihrer Schwester gesagt, „bestelle ich mir bestenfalls zum Holzhacken."

Aber in dreierlei Hinsicht stimmten die Tiow-Geschwister stets überein: Sie waren tüchtig, sie waren sparsam, und sie traten ohne Wenn und Aber füreinander ein, wenn einer von ihnen in arge Not geriet. Ihre Eltern – Mutter Emma und der alte Hermann Tiow, die nun schon über zehn Jahre auf dem Küssower Gottesacker ruhten – hatten daran ihre Freude gehabt.

Alma hatte den OP-Termin ihrer Schwester bei einem Krankenbesuch als erste erfahren. Nur mit Mühe hatte sie ihre Sorge um Paula verdrängen können. Am späten Nachmittag des Tages, an dem Paula dem Wissen und den Handwerkskünsten Magdeburger Mediziner anheimgestellt war, hatte Alma die Burkitzer Arztpraxis von Dr. Werner Dörbusch aufgesucht. Dörbusch war zwar nach der Auflösung des Altenfelder Truppenübungsplatzes und der heimlichen Rückkehr zu seiner Familie ebenfalls – wie sein Freund Hans Knarr – von den Russen abgeholt worden. Aber ihn hatten die Besatzungstruppen in einem sowjetischen Militärkrankenhaus eingesetzt. Dort hatte Ärztemangel bestanden; die letzten Kämpfe 1945 im ostelbischen, elbnahen Raum waren für die sowjetischen Truppen verlustreich gewesen. Dörbusch hatte bis zur physischen und psychischen Erschöpfung arbeiten müssen. Er war wochenlang nicht nach Hause gekommen. Erna, seine Frau, hatte befürchtet, sie hätten ihn – wie Hans Knarr – in die UdSSR deportiert, weil sie von sowjetischer Seite keine Nachricht erhalten hatte. Plötzlich war er wieder dagewesen. Nach seiner Freisetzung aus dem Lazarettdienst war er rasch entnazifiziert worden und hatte sich als Kassenarzt in einer eigenen Praxis niederlassen dürfen. Seine rührige Ehefrau hatte ihn seitdem als engagierte und leutselige Sprechstundenhilfe in seiner Tätigkeit unterstützt.

Nicht nur Dörbusch und Hans Knarr in der Altenfelder Zeit – auch ihre Frauen hatten sich angefreundet. Sie hatten – trotz aller objektiven Einschränkungen – sogar in den Kriegsjahren manchen schönen Nachmittag und geselligen Abend miteinander verbracht. Das machte sich Alma Knarr zunutze. In Dörbuschs Arztpraxis angelangt, sagte sie: „Erna, ihr müsst helfen! Meine Schwester ist heute operiert worden. Bitte ruft in der Magdeburger Klinik an! Werner soll erfragen, wie die Operation verlaufen ist." Alma hatte seit dem Einmarsch der Roten Armee in Burkitz kein Telefon. Außerdem hätte das Klinik-Personal ihr als Privatperson keine Auskunft erteilt.

„Wir kümmern uns darum", sagte Erna Dörbusch jovial.

„Ob Werner nicht gleich mal ...?"

Erna zögerte und wies auf das vollbesetzte Wartezimmer. „Ich weiß nicht ..."

„Geh! Bitte Werner! Ich bin so gespannt, ich bin vor Aufregung fix und fertig."

Die Dörbusch ging ins Behandlungszimmer und kam mit roten Ohren wieder heraus. „Im Moment ist es ungünstig", sagte sie kleinlaut.

Kurze Zeit später stürmte der Doktor aus seinem Sprechzimmer, auf Alma zu. „Was denkst du dir?", herrschte er die Lehrerswitwe an. „Hast du dich mal umgeguckt, was hier los ist?"

Aus dem Behandlungszimmer kam eine alte Frau hinter dem Arzt hergeschutscht. „Herr Doktor! Herr Doktor, was soll ich denn machen?"

„Das sagt Ihnen die Schwester."

„Werner", flehte Erna Dörbusch und drehte an der Wählscheibe des Telefons, „Wernerchen, ich stelle gleich durch."

„Los, komm!" Der Doktor packte Alma an den Schultern und schob sie in sein Sprechzimmer. Das Telefon klingelte. Er nahm den Hörer ab und erfuhr: Bei Paula Neuenhof hatte eine Totaloperation am Leib vorgenommen werden müssen. Sie hatte die OP überstanden. Die Schnittwunde hatte sich nicht zufriedenstellend schließen lassen. Die Patientin durfte am bevorstehenden Sonntag Besuch empfangen.

„Und?", fragte Alma ungeduldig.

Der Doktor sagte nur: „Sie ist übern Berg."

„Kannst du mir nichts Genaueres mitteilen"

„Doch. Ruf' deine Verwandten zusammen! Am Sonntag könnt ihr eueren Lazarus besuchen."

Alma erschrak. „Müssen wir das? Steht es so schlimm?"

'Das werde ich dir nicht verraten', dachte Dörbusch. Er fand bedenklich, dass sich Paula Neuenhofs Wunde nach der Operation nicht hatte zufriedenstellend schließen lassen. Um Alma nicht zu beunruhigen, sagte er: „Es war keine leichte OP, weißt du. Sprecht deiner Schwester guten Mut zu! Den hat sie nötig. Nun, Alma, hab' Verständnis für meine Lage! Ich muss weitermachen. Draußen sitzt die Bude voller Patienten."

Zufriedengestellt fühlte sich Alma mit Dörbuschs Auskunft nicht. Sie verdächtigte den Doktor, er verheimlichte ihr etwas. Aber sie kannte Werner Dörbusch gut genug. Wenn sie jetzt weiter auf ihn einredete, würde er unbeherrscht losbrüllen. So etwas hatten andere Leute mehrmals erlebt. „Da kommt bei ihm immer mal wieder der Militärarzt durch", hieß es. Also bedankte sie sich artig beim Doktor und seiner Frau und ging. Sie wollte schnellstens das sonntägliche Geschwistertreffen in Magdeburg organisieren, zu dem Dörbusch geraten hatte.

Alma sandte eine Postkarte an Hermann Tiows in Küssow: „Wir Geschwister müssen Paula am kommenden Sonntag unbedingt in der Magdeburger Klinik besuchen, 14 Uhr beginnt die Besuchszeit. Hermann, sag Willi Bescheid! Gewiss fährt Euch Ralf mit seinem neuen Auto. Holt mich in Burkitz ab und nehmt mich mit! Herzliche Grüße an alle! Alma"

'Wenn mich die Küssower mitnehmen', dachte die Postkartenschreiberin, 'brauche ich nicht mit dem Zug und mit der Straßenbahn zu fahren. Ich spare die 2 Mark 80 für die Sonntagsrückfahrkarte und 30 Pfennige Straßenbahngeld, macht zusammen 3 Mark 10.' Mit solchen Beträgen zu rechnen, war Alma gewohnt. Als Oberzahlmeisterswitwe und nicht berufstätig gewesene Hausfrau bezog sie eine monatliche Rente von 123 Mark. Das erklärte alles. 'Ein paar Blümchen für Paula finde ich in meinem kleinen Garten hinter dem Haus', dachte die sparsame Frau.

Über das neue Personenauto auf dem Tiowschen Hof wusste sie allerdings nicht richtig Bescheid. Es handelte sich um einen Gebrauchtwagen, Typ Trabant 500. Das Fahrzeug war so alt, wie der Umsiedlersohn Ralf mit Elsbeth, Marta und Hermann Tiows einziger Tochter, verheiratet war: neun Jahre. Tiows hatten seit langem auf der Warteliste des staatlichen PKW-Handels gestanden. Sie hatten aber auf absehbare Zeit nicht mit einer Belieferung rechnen können. Da hatte der junge Hermann Tiow zwei Läuferschweine geopfert, seine Frau Marta hatte – trotz anfänglichen Zeter-Mordio-Geschreis – 15.000 Mark von den von ihr verwalteten Sparbüchern abgehoben und dem Altauto-Verkäufer in bar in die Hand gedrückt, und auf diese Weise konnte Ralf in Erfüllung seines Herzenswunsches den Zweitakt-Motor unter der Plastehaube des PKW knattern lassen, dass die Hühner und Gänse flügelschlagend von Tiows Hof in den Garten retirierten. Der Kaufpreis, so wurde beschlossen, sollte streng gehütetes Geheimnis des alten und des jungen Ehepaares bleiben. Die Leute im Dorf und anderswo sollten über Tiows Autokauf nichts zu reden haben. Denn ein fabrikneuer PKW dieses Typs in der moderneren Version Trabant 501 S wurde – so man gemäß Warteliste an der Reihe war – offiziell zu einem Ladenpreis von 8.200 Mark gehandelt.

Als Heinz und Karin am frühen Sonntagnachmittag das Krankenzimmer ihrer Mutter betraten, war der Raum mit Besuchern für Paula und die anderen Patientinnen dicht gefüllt. Die vorhandenen Stühle reichten nicht aus, dass sich alle Besucher hätten hinsetzen können. Paulas Bett war von Alma Knarr und den Küssower Verwandten umlagert. Damit hatten die jungen Neuenhofs nicht gerechnet.

Nach anfänglicher Überraschung fragte Paula enttäuscht: „Und Annedore?" Sie vermisste ihre Tochter.

Heinz hatte eine Papiertüte voller Familienfotos mitgebracht. Rasch suchte er ein Bild heraus. Es zeigte Annedore – an der einen Hand Gerald, an der anderen Martin – bei einem Sonntagsspaziergang durch die Dresdener Heide. Dieses Foto gab er der Mutter, und die drückte es an ihre Lippen. Heinz sagte: „Annedore ist heute unser Kindermädchen. Sie besucht dich sobald wie möglich."

Paula nickte. „Natürlich, es geht nicht anders." Und dann war die Wiedersehensfreude bei ihr und allen anderen umso größer. Über die krank Darniederliegende kam es wie ein Rausch. Mit großem Interesse nahm sie auf, was ihr ihre Besucher berichteten. Sie stellte Zwischenfragen, wenn ihr etwas nicht plausibel dargelegt erschien. Manches für sie im Moment gar nicht Bedeutsames hinterfragte sie bis ins Detail.

„Na, Hermann, wie und wo wird denn im September dein siebzigster Geburtstag gefeiert? Schafft Marta die Vorbereitungsarbeiten allein?"

Alma antwortete, obgleich die Frage gar nicht an sie gerichtet war: „Wenn Marta es möchte und Ralf mich mit dem Auto nach Küssow holt, backe ich die Torten und dekoriere sie ansprechend." Alma hielt sich zugute, die exquisitesten Buttercreme-Torten zubereiten zu können.

Willi Tiow, Almas jüngerer Bruder, dachte: 'Als ob die Torten das Wichtigste für die Geburtstagsfeier wären.' Er winkte ab. „Elsbeth ist doch auch noch da. Sie wird ihrer Mutter sicherlich helfen."

„Aber die Torten!?", beharrte Alma und dachte: 'Typisch Willi! Hat von solchen Sachen keine Ahnung, aber tut so, als ob …' Sie hielt Willi seit seinen jungen Jahren für einen Ruck-Zuck-Menschen. 'Ein Sinn fürs Feine geht ihm noch immer ab', meinte sie. 'So gesehen passt er besser zu Paula als zu mir. Dabei habe ich seine Tochter seit ihrem dritten Lebensjahr großgezogen – selbst nach dem Krieg und ohne anderer Leute Hilfe.'

Willi Tiows Frau, Paulas beste Freundin aus den Jungmädchenjahren, war 1938 bei der Entbindung ihres zweiten Kindes unter den Händen einer Kurpfuscherin verstorben. Gleich zu Kriegsbeginn war Willi zur Wehrmacht eingezogen worden. Er war bei allen Feldzügen an der deutschen Westfront dabeigewesen. Nach der Ardennenoffensive hatte er als vermisst gegolten, aber Ende der vierziger Jahre war er aus britischer Kriegsgefangenschaft heimgekehrt nach Küssow. Er sagte, direkt an Paula gewandt: „Was denkst du, was jetzt bei uns im Dorf los ist."

Der Wechsel des Gesprächsthemas war dem jungen Hermann sehr recht. „Wir gehen jetzt alle in die LPG Typ III – Florestan Habicht oder so ähnlich."

Ralf lachte. „Florian Geyer. Das war ein Anführer im deutschen Bauernkrieg."

„Ist mir doch egal!", herrschte ihn sein Schwiegervater ärgerlich an. „Der Anführer im Bauernkrieg unseres Dorfes heißt Paul Klettenburg und ist zu allem Übel unser Nachbar. Er heißt nicht Geier, aber er benimmt sich wie solch ein Raubvogel."

„Reg' dich nicht auf!", versuchte Willi, den Bruder zu beschwichtigen. „Paul war beim Russen in einem politischen Umerziehungslager. Da muss er uns alle in die richtige Kolchose bringen – ob wir wollen oder nicht."

Paula sagte: „Was ihr mir erzählt, versteh' ich nicht. Ihr seid doch schon seit Jahren Mitglieder einer LPG. Wozu denn nun …?"

Ralf wollte beweisen, dass er nicht nur zum Trabant-Fahrer taugte, sondern dass er als junger LPG-Bauer auch etwas von moderner Landwirtschaft verstand. „Übergang in die qualitativ höhere Organisationsform unserer Produktion", sagte er. „Deshalb wird unsere LPG 'Einigkeit' vom Typ I aufgelöst, und deren bisherige Mitglieder werden in die LPG 'Florian Geyer' eingegliedert."

„Quatsch mit Soße – höhere Organisationsform", sagte Willi erbost zu dem Jung-Bauern.

Hermann gab sich ironisierend als Agitator. „Damit ihr Städter hier in der Runde Bescheid wisst, wie von nun an eure Agrarprodukte erzeugt werden, hört zu: Alle Bauern unseres Dorfes werden künftig, sinnbildlich ausgedrückt, unter einem Dach vereint sein. Das Ziel: Alle im Dorf sollen noch effektiver produzieren. 'Produzieren' nennt man heutzutage unsere Arbeit – nicht 'ackern' oder 'heuen' oder 'Schweine füttern'." Er fügte grimmig hinzu: „Wir vom Typ I, die wir bisher gut zurechtgekommen sind und durch Freie-Spitzen-Ablieferungen etwas Geld eingenommen haben, werden mit Kröpel-Wirtschaften und Beinahe-Bankrotteuren der bisherigen LPG Typ III zusammengeworfen." Er meinte damit, im ganzen Dorf würden in einem einzigen genossenschaftlichen Großbetrieb Ackerbau und Viehzucht betrieben werden, und die darin Beschäftigten würden, theoretisch ausgedrückt, den Übergang von privaten Einzelbauern zu werktätigen LPG-Bauern vollziehen. „Nun wird es in Küssow so werden, wie es unser Vater befürchtet hat, als 1945 die Russen in unser Dorf einmarschiert sind und nicht die Amerikaner oder Tommys."

„Meine Güte!", Paula dachte: 'Was wundern sich die Küssower? In den volkseigenen Betrieben der Städte wird seit zwanzig Jahren so gearbeitet.' Sie dachte an die Burkitzer Küchenmöbelfabrik, in der sie sich zur Invalidin geschunden hatte. In Gedanken daran begann ihre Wunde heftig zu schmerzen, und Paula stöhnte.

Der junge Hermann deutete das Stöhnen auf seine Weise. 'Paula ist eine von uns. Sie versteht unsere Lage und leidet wie wir. Und er sagte: „Da staunst du, was?"

Alma fragte ihre Brüder: „Lasst ihr euch das gefallen?"

„Phhh!", machte Willi. Er verzog spöttisch den Mund. „Du bist naiv."

Paula sog tief die Luft ein. Sie dachte: 'Bauern und Bäckern geht es, ihrem Reden nach, schlecht, als seien sie am Verhungern – in guten wie in schlechten Zeiten.' Die Schmerzen, die sie plagten, wurden heftiger. Sie vermochte sie nicht zu unterdrücken. Sie wollte doch aber zu gern erfahren, wie es um den Umzug ihrer Kinder nach Magdeburg bestellt war. „Heinz, Karin – nun erzählt ihr mal: Was gibt's Neues bei euch?"

„Mutti, freu dich! Wir", Heinz meinte sich und seine Familie, „kehren wirklich und wahrhaftig schon im August in die heimatlichen Gefilde zurück." Er und seine Frau berichteten wechselweise von der Wohnungsbesichtigung beim Magdeburger Tauschpartner.

„Es ist eine 3 1/2-Zimmer-Wohnung", sagte Karin, „eine Genossenschaftswohnung wie unsere in Dresden, aber sie hat ein halbes Zimmer mehr."

„Dafür müssen wir dem Partner Genossenschaftsanteile in bar zurückerstatten, die er vor Jahren an seine AWG zu leisten hatte."

„Es ist eine Erdgeschoss-Wohnung in einem fünfgeschossigen Neubaublock ..."

„... ein Wohnblock gleichen Typs wie der, in dem wir in Dresden wohnen ..."

„… in der Neuen Neustadt, unweit vom Bahnhof Magdeburg-Neustadt, ganz in der Nähe der Technischen Hochschule gelegen, wo ich ab September arbeiten werde."

„Waaas?", staunte Willi. „Wirst du Professor?"

„Nicht gleich", sagte Neuenhof verschämt, „erst mal Dozent – Hochschuldozent."

„Lohnt sich das?", fragte der junge Hermann.

Heinz dachte: 'Das ist eine Gewissensfrage.' Karin kam ihm zu Hilfe. „Wir meinen: ja – beruflich für Heinz auf jeden Fall. Aber wir denken auch an Mutti. Wenn sie aus dem Krankenhaus entlassen wird, nehmen wir sie fürs erste zu uns und pflegen sie, bis sie wieder richtig auf die Beine gekommen ist. Uns steht, wie gesagt, in Magdeburg ein kleines Zimmer mehr zur Verfügung als in Dresden. Das kannst du, Mutti, beziehen. Von dort aus gelangst du viel einfacher zu den Nachuntersuchungen in der Klinik als von Burkitz aus. So etwas haben wir alles bedacht."

Paula ergriff Karins Rechte und drückte sie. Was die Schwiegertochter eben gesagt hatte, tat ihr gut. Was erzählten manche Leute ihres Alters manchmal für unsägliche Geschichten über ihre Schwiegertochter oder ihren Schwiegersohn!

„Der Tag unseres Umzuges wird der 21. August sein", sagte Heinz.

Paula wisperte: „Und Annedore?"

Ihre Frage blieb unbeantwortet, weil der junge Hermann frohlockte: „Da seid ihr rechtzeitig zu meinem Geburtstag im Lande." Er nickte allen Verwandten in der Runde zu. „Ich lade euch hiermit nach Küssow ein."

Paula verzerrte vor Schmerzen das Gesicht. „Ohne mich", stöhnte sie, „alles zu spät." Sie versuchte, den Körper zu bewegen. Es gelang nicht. „Oooh!"

„Lauf! Hol die Schwester!", tuschelte Alma ihrem Neffen zu. Der rannte los.

Willi gab seinem Bruder durch Augenzwinkern ein Zeichen. „Ich muss mal 'raus." Er ging. Hermann folgte ihm wenige Minuten später.

Eine Krankenschwester eilte herbei – es war nicht Ingeborg. „Schwester, helfen Sie mir!", flehte Paula. „Mein ganzes Inneres kehrt sich durch die offene Wunde nach außen." Die Schwester verwies alle Besucher des Krankenzimmers.

Auf dem Flur trafen Willi und Hermann, von der Toilette kommend, ihre Verwandten. „Wer hat euch denn davongejagt?" Sie brauchten keine Antwort abzuwarten. Ein Arzt flitzte mit wehenden Kittelschößen an ihnen vorüber; die Schwester in Paulas Zimmer hatte ihn mittels Notrufklingel alarmiert.

„Rennt er zu Paula?", fragten die Männer.

Alma nickte seufzend. „Offenbar steht's mit unserer Schwester nicht zum Besten." Willi puffte den jungen Hermann in die Seite. „Wie denkst du?" Hermann verstand sofort, was gemeint war. Er wandte sich Heinz und Karin zu. „Auf euch und Annedore kommt in nächster Zeit einiges zu. Damit ihr Bescheid wisst: Mit der

Unterstützung von uns Küssowern könnt ihr rechnen. Natürlich müsst ihr euch melden, wenn etwas fehlt."

Alma ergänzte: „Und mich schließt dabei nicht aus! Ich bin für euch immer zu erreichen." Sie dachte: 'Das bin ja wohl ich gewesen, die zu dem heutigen Krankenbesuch alle zusammengebracht hat.'

Erst nach einer Weile kamen der Arzt und die Schwester aus Paula Neuenhofs Krankenzimmer. Der Doktor sagte zu den Wartenden: „Eine der Patientinnen hat sich nicht gut gefühlt. Wir haben sie medizinisch versorgt. Mit Rücksicht auf ihren Zustand bitte ich Sie alle, Ihren Krankenbesuch für heute zu beenden. Sie können noch einmal hineingehen, um sich zu verabschieden. Bitte haben Sie Verständnis! Am nächsten Besuchstag sieht alles hoffentlich viel besser aus."

Paulas Angehörige und Verwandte umstanden das Krankenbett der leidenden Frau. Die lag wie gelähmt da, den Kopf zur Seite geneigt, die Wangen so bleich wie der Bezug des Kopfkissens, die Augen hatte sie halb geschlossen. Heinz trat an seine Mutter heran. Er nahm ihre Hände und streichelte sie. „Mutti, wir müssen uns für heute verabschieden." Die Kranke machte „Haaa ..." – leise, langgezogen. Heinz drückte seine Lippen auf ihre Wangen. Als er sich aufrichtete und sich abwenden wollte, um den anderen Platz zu machen, drehte Paula ruckartig den Kopf, hob ihn etwas an und rief laut – im Küssower Dialekt: „Hoalt mi na Huse – balle! Hoalt mi na Huse!"

Heinz sagte begütigend: „Aber ja, Mutti! Sicherlich bald! Wir sagten dir doch: Wir werden in unserer Magdeburger Wohnung ein Zimmer für dich haben." Er hatte nicht verstanden – er wollte nicht verstehen –, was die Mutter meinte. Die Leidende sah an ihm vorbei. Sie blickte auf ihre Brüder. Der junge Hermann versicherte: „Vorlott di drup: Wi hoaln di!" Es hörte sich an, als habe er einen Kloß im Halse.

Willi bekräftigte: „Du kömmst na Huse!"

Auf dem Parkplatz vor der Klinik verabschiedeten sich Heinz und Karin von ihren Verwandten. Willi sagte zu Neuenhof: „Geh deinen Weg, Junge! Pass auf, wenn dir einer ein Bein stellen will! Was das eben Erlebte anbelangt: Wir wissen, was wir unserer Schwester schuldig sind. Meldet euch rechtzeitig! Ihr wisst, wo ihr uns finden könnt." Dem hatten Alma und der junge Hermann nichts hinzuzufügen.

Im Schnellzug von Magdeburg nach Dresden saßen Heinz und Karin dicht beieinander. Sie sagte: „Ich bin froh, dass ich dich auf der heutigen Reise begleitet habe und dass mir Annedore das ermöglicht hat. Ich werde sie drängen, sich mit ihrem Besuch bei Mutti zu beeilen."

Er verstand, was sie meinte. Er nahm ihre Hand, drückte sie, ließ sie nicht los. In das Rattern der Wagenräder auf den Schienenstößen hinein dachte Karin mit Wehmut: 'Und von meinen Eltern hat es keiner für nötig befunden ...' Sie schämte sich im nachhinein vor ihres Mannes Verwandten.

17

Wie gewohnt, hatte Werkdirektor Rudolf Bockhardts Sekretärin die während dessen Ostseeurlaubs am Darß unerledigt gebliebene Post und die von seinem Urlaubsvertreter nicht bearbeiteten Akten und Geschäftsvorgänge in einer gesonderten Mappe gesammelt. Darin hatte „der Rudi" nach seiner Rückkehr ein an ihn gerichtetes, vom Juni 1969 datiertes Schreiben seines Produktionsleiters vorgefunden. Dr. Neuenhof hielt seinen Antrag auf Aufhebung seines Arbeitsvertrages mit dem VEB Elektrodyn Dresden zum 31. August des gleichen Jahres aufrecht. Er versicherte, er habe alle ihm zwischenzeitlich unterbreiteten anderweitigen Vorschläge geprüft und gründlich bedacht; sie würden aus verschiedenen Gründen an seinem Entschluss nichts ändern. Kaderleiter Drohlich hatte Neuenhofs Schreiben entgegengenommen. Er hatte darauf vermerkt: „In persönlicher Rücksprache hat F das Angebot der TU Dresden abgelehnt. Erbitte Rücksprache zwecks endgültiger Entscheidungsfindung".

Über dieses Schreiben und noch mehr über dessen Verfasser ärgerte sich „der Rudi" sehr. 'Er will also unbedingt weggehen', dachte er voller Ingrimm. 'Na, dann soll er! Des Menschen Wille ist sein Himmelreich. Aber bei mir ist Schluss mit Brüderlichkeit.' Kaderleiter Drohlich riet ihm: „Wir müssen aufpassen, dass von nun an nicht alle im F-Bereich die Zügel schleifen lassen."

'Also muss ich handeln', dachte Bockhardt. Als erstes suchte er den Sekretär der SED-Betriebsparteiorganisation auf. Ihn informierte er offiziell über Neuenhofs Ansinnen. Der Sekretär empfahl das gleiche wie Drohlich und versprach, „die Angelegenheit" auf die Tagesordnung der nächsten BPL-Beratung zu setzen. Als zweites unternahm der Werkdirektor ab sofort – das war ab Juli – tägliche Inspektionsgänge durch die Fertigungsbereiche. Dazu meldete er sich beim Produktionsleiter Neuenhof nicht an, was fair gewesen wäre. Mehr noch: Im Betrieb war bekannt, dass „der F" frühmorgens, gleich nach Arbeitsbeginn der Normalschicht, eine oder mehrere Fertigungsabteilungen aufsuchte, dass er Sachfragen vor Ort klärte und dass er in Gesprächen mit Arbeiterinnen und Arbeitern Anregungen und Kritiken entgegennahm. Bekannt war auch, dass Neuenhof nach der im Betrieb einheitlich um 9 Uhr beginnenden Frühstückspause die „Dienstbesprechung bei F" oder andere Beratungen durchführte. Ausgerechnet diese Zeit, in der „der Doktor" also, von Ausnahmen abgesehen, an sein Büro gebunden war, wählte Bockhardt für seine nun täglichen Inspektionen. Er kam sich dabei nicht unkollegial oder gar hinterhältig vor. Er wollte sichergehen, dass in der Fertigung alles lief und dass am Monatsende die Planerfüllung gesichert sein würde. Er wollte Unregelmäßigkeiten oder gar Mängel im Fertigungsablauf, in der Fertigungsvorbereitung oder bei der Sicherung der

Qualität im EDD gefertigter Erzeugnisse aufdecken. Er setzte mit seinen Visiten auf das Überraschungsmoment; Verursachern von Unplanmäßigkeiten oder Arbeitsausschuss sollte keine Zeit verbleiben, solche Mängel vor ihm zu verdecken oder zu vertuschen. Vor allem wollte er den ihn ärgernden „F" ertappen, wenn der seinen Aufgaben wegen seiner Magdeburger Ambitionen nicht ordnungsgemäß nachkommen würde.

So tauchte denn Werkdirektor Bockhardt unverhofft in der Tischventilatoren-Produktion auf. Er diskutierte, ohne den zuständigen Bereichsleiter Palmbach hinzuzuziehen, mit den Montiererinnen über rationelle Verfahren der Paarung von Läuferwellen mit Lagerkalotten und über neuerliche Möglichkeiten der Geräuschdämmung beim Lauf der Tischventilatoren. Mit „Alitze" Neuwohner, dem „Star" der Ventilatoren-Montage und, wie bekannt, auch „persönlicher Star" des Bereichsleiters, geriet er in eine hitzige Debatte. „Sagen Sie, Kollegin Neuwohner, gibt es eine von der Abteilung FV ausgearbeitete Handlungsvorschrift für die Paarung von Tischventi-Wellen mit Lagerkalotten?", fragte er.

„Aber ja!", antwortete „Alitze" und versuchte, ihren gewohnheitsgemäß zu kurzen Arbeitskittel über die Kniescheiben zu ziehen.

„Zeigen Sie sie mir mal!"

„Herr Bockhardt, glauben Sie mir nicht?" Sie sah den Werkdirektor mit Kulleraugen an. „Die Montage-Anweisung von FV liegt da hinten, in meinem Spind."

„Aber Sie müssen sich doch an die Vorschrift halten. Was nutzt die Ihnen, wenn Sie sie in Ihrem Spind verwahren?"

„Herr Bockhardt!", wiederholte die Neuwohner. Sie dachte: 'Er fragt mich mit einem kritischen Unterton. Denkt er, ich mache meine Arbeit nicht richtig?' Sie errötete. „Wie soll ich Ihnen das erklären …?" Alice Neuwohner war gemeinhin nie um eine Antwort verlegen. Auch diesmal verließ sie ihr Redetalent nicht. Der Werkdirektor hatte von der Paarung der Wellen mit den Lagerkalotten gesprochen. „Paarung" – das war das Stichwort. In vollem Ernst und mit unschuldsvoller Miene sagte Sie: „Passen Sie auf: Herauszufinden, welche Wellen zu welchen Lagerkalotten am besten passen, das ist, wie wenn …, also stellen Sie sich vor … wie wenn Mann und Frau zusammen sind. Wissen Sie, einer richtigen Frau ist eigentlich egal, ob da beim Mann etwas lang oder kurz, dick oder dünn ist. Wichtig ist, dass sie etwas fühlt. Verstehen Sie, was ich meine? Man muss als Montiererin fühlen, was zusammenpasst und sich paaren lässt und was nicht. Mir jedenfalls geht es so. Da braucht mir kein Technologe unseres Betriebes 'ne Vorschrift auszuarbeiten."

Die Montiererinnen am Montageband lächelten verschämt und blickten angestrengt auf ihre Hände. 'Alitze traut sich was', dachten sie. Aber sie nickten zustimmend. Und der Werkdirektor hatte etwas dazugelernt. Er wusste nun, auf welchem praxisorientierten gedanklichen Fundament Alice Neuwohner die niedrigste Ausschussquote bei der Ventilatorenfertigung erreichte. Außerdem hatte er, wie Palmbach, mit der Wortführerin der FBB-Produktion sein Amüsement gehabt – er theoretisch, Palmbach hatte sich als Praktiker erwiesen. Dergleichen hatte Bockhardt zu Beginn seiner täglichen Kontrollgänge gar nicht erwartet.

Meister Palmbach saß währenddes in seiner Meisterstube und signierte Lohnscheine. 'Gleich wird „der Rudi", wie üblich, seinen Kopf zur Tür hereinstecken und fragen, was es Neues gibt', dachte er. Aber er irrte sich. „Der Rudi" kam nicht zu ihm, und als der sich nach der Debatte mit Alice Neuwohner zum Gehen anschickte, sprang Palmbach auf, lief zum Montageband, dem Werkdirektor hinterdrein. „Ist 'was, Kollege Bockhardt?" Der Gefragte winkte ab – „Machen Sie Ihre Arbeit! Ich habe bloß mal 'reingucken wollen" – und ging.

Palmbach wunderte sich. 'Schon der zweite Besuch von ihm in dieser Woche. Was steckt dahinter?' Er suchte seinen unmittelbaren Vorgesetzten, „den Doktor", auf, dessen Dienstzimmer sich in demselben Gebäude befand. „Können Sie mir erklären, warum 'der Rudi' …?"

Dr. Neuenhof konnte es nicht. „Bei mir war der Werkdirektor nicht."

Da wunderte sich Palmbach noch mehr und kehrte kopfschüttelnd in seine Meisterstube zurück.

Wenige Stunden später erschien Meister Wendland, sich mehrmals linkisch entschuldigend, in Dr. Neuenhofs Dienstzimmer. „Herr Doktor, unter vier Augen: 'Der Rudi' inspiziert neuerdings beinahe täglich die Motorenmontage. Er verwickelt die Schlosser in lange Debatten. Manchmal sind meine Männer und er unterschiedlicher Meinung und werden laut dabei. Dann ruft 'der Rudi' den FL, unseren Werner, zu sich, der solle alles wieder in Einklang bringen. Offenbar gelingt dem das auch. Mich jedoch ziehen sie meistens nicht hinzu. Aber ich bin doch der Bereichsleiter! Wenn ich meine Männer zur Rede stellen will, kommen mir einige geradezu dumm: 'Meister, werden Sie nicht ulkig! Es ist doch so: Über den Bearbeitungsstand der Betriebsaufträge weiß Werner Müller besser Bescheid als Sie.' Ich habe gefragt: 'Wie denn – reicht für fachliche Auskünfte der Fertigungslenker? Kann ich nach Hause gehen?' Antwortet Schößler, der freche Kerl, mir doch prompt: 'Unseretwegen: ja. Aber das müssen Sie mit dem Doktor und dem Werkdirektor persönlich ausmachen.'" Wendland schniefte vor Zorn. „Doktor, was sagen Sie dazu?"

Neuenhof war ratlos und schwieg eine Weile. Dann sagte er: „Meister, ich kläre das."

Wendland sah ihn skeptisch an und dachte: 'Merkt er nichts?' Er, Erich Wendland, verfügte über eine jahrzehntelange Berufserfahrung, er war seit SAG-Zeiten als Bereichsleiter bei Elektrodyn tätig, er kannte die meisten Belegschaftsmitglieder –

das sogenannte Stammpersonal – aus vieljähriger Zusammenarbeit, er duzte sie und nannte sie beim Vornamen, und für sie war er der fachlich versierte, aber als Bereichsleiter „der viel zu gutmütige Erich". Da hatte sich im Laufe seiner langen Berufstätigkeit ein Gespür für herannahende besondere, meistens kritische Situationen herausgebildet. Er mochte nicht an ein Komplott gegen sich oder gegen „den Doktor" oder gegen sie beide glauben. Aber doch fragte er sich in letzter Zeit: 'Merkt der Neuenhof nichts?'

„Ich danke Ihnen für Ihren Hinweis", sagte „der F".

„Da wir gerade beieinander sind ..." Wendland rang nach Worten. „Ich komme mit der termingerechten Montage der für diesen Monat geplanten Tachomaschinen in Teufels Küche. Sie haben mir den versiertesten Motorenschlosser für die Lackiererei abgezogen."

„Aber Meister! Bogdan Kusnetzky hat unseren Betrieb Ende Juni verlassen. Ich kann die Lackiererei nicht unbesetzt lassen. Unsere Lackiererei ist eine Ein-Mann-Werkstatt. Darin besteht unser Dilemma. Übrigens: Der Kollege aus der Motorenschlosser-Brigade, von dem Sie sprechen, hat den Lackierer in Krankheitsfällen oder in der Urlaubszeit seit eh und je vertreten, und er hat seine Sache gut gemacht."

„Das stelle ich nicht in Abrede. Worum es geht: Mir fehlt der Mann in der Motorenmontage. Üben Sie Druck auf den Kaderleiter aus! Drohlich soll so rasch wie möglich einen neuen Lackierer einstellen."

Heinz Neuenhof machte „Phhh" und zuckte mit den Achseln. „Jeden zweiten Tag fordere ich das von Drohlich. Aber Sie wissen selbst: Wir dürfen nicht annoncieren, Abwerbungen aus anderen Betrieben sind uns von der VVB-Leitung untersagt. In der ganzen DDR soll die Arbeitskräftefluktuation eingegrenzt und das bisher übliche Hochschaukeln der Stundenlöhne beim Wechseln der Arbeiter von einem Betrieb zum anderen unterbunden werden. Einfach gesagt: In der DDR fehlen Arbeitskräfte."

„Das weiß ich. Aber das zu wissen, nutzt mir nichts. Ich muss Sie bitten ..."

„Ich versuche mein Möglichstes", versprach „der Doktor".

Einige Tage später erhielt Produktionsleiter Neuenhof eine Hausmitteilung vom ökonomischen Leiter des Betriebes. „Der Ö" führte Klage darüber, dass die „dem F" unterstehende Abteilung „Technologische Fertigungsvorbereitung" (FV) für gleichartige Betriebsaufträge ungerechtfertigterweise unterschiedliche Fertigungszeiten vorgeben würde und dass bei einigen Betriebsaufträgen die vorkalkulierten Fertigungszeiten vom Werkstattpersonal weit überschritten worden seien. Dadurch sei es zu Selbstkostenerhöhungen und letztlich zu einer Schmälerung des betrieblichen Gewinns gekommen. Das könne er, „der Ö", im Interesse des Betriebes nicht hinnehmen. Der Produktionsleiter sei in persönlichen Gesprächen auf

Mängel der genannten Art hingewiesen worden, habe Verbesserungen versprochen, aber sei seinen Verpflichtungen nicht nachgekommen. Deshalb leite er, „der Ö", eine Durchschrift der Hausmitteilung dem Werkdirektor zu mit der Bitte um Kenntnisnahme und um Auswertung in der Dienstberatung des Werkdirektors mit dem Leitungskollektiv.

In einer Anlage zu dieser Hausmitteilung wurden mehrere bereits abgeschlossene Betriebsaufträge benannt, bei denen die vom „Ö" beklagten Differenzen durch ökonomische Nachkalkulationen im Ö-Bereich aufgedeckt worden waren. Sie betrafen vor allem die Werkzeugproduktion, also den vom Meister Bückert geleiteten Bereich FTW.

Neuenhof empörte die Formulierung, er sei seinen Verpflichtungen nicht nachgekommen. 'Ist es so weit gekommen, dass der Ö meine Arbeit im Betrieb zu bewerten hat?', fragte er sich. In seiner Zornaufwallung bestellte er Ralf Haustein, den Leiter der Abteilung FV, zu sich. „Da! Lies bitte!" Er reichte dem Gerufenen die Hausmitteilung. Als der fertiggelesen hatte und das Ärger bereitende Blatt sinken ließ, schimpfte Neuenhof: „Ich habe immer gefordert, FV muss eine Datenbank für auftragsbezogen vorgegebene Fertigungszeiten einrichten."

„Das ist geschehen."

„Ja, aber für den Motorenbau, und auch nur für in Serien laufende Aufträge."

„Stimmt nicht. Wir erweitern die Datenbank auch um Daten für Einzelmaschinen."

„In der Mitteilung vom 'Ö' geht es aber um Abweichungen der Ist-Zeiten von den Vorgabezeiten für Aufträge der Werkzeugproduktion."

„Da sind wir dran."

„Was heißt, ihr seid dran?"

„Wir haben angefangen, die Datenbank zu füttern. Mehr als ein Anfang ist im Moment nicht zu schaffen. Mir fehlen seit Jahr und Tag zwei Fertigungstechnologen für den Werkzeugbau. Ich habe die Planstellen. Aber der Kaderleiter führt mir keine geeigneten Leute zu, mit denen ich die offenen Planstellen besetzen könnte. Das ist dir ebenso bekannt wie dem gesamten Leitungskollektiv. Da soll sich der Ö' nicht aufspielen."

„Was heißt 'sich aufspielen'? Der Ö hat recht."

„Wenn du meinst ... Bleibt aber immer noch die Frage: Warum zeichnen unsere Bereichsleiter Lohnscheine ab, wenn die von FV kalkulierten Fertigungszeiten – wie es in der Hausmitteilung heißt: weit – überschritten werden? Sie wollen doch qualifizierte Meister sein. Ihnen müssten solche Abweichungen auffallen. Warum ziehen sie die zuständigen Technologen von FV nicht hinzu, ehe sie die Lohnscheine zur Verrechnung an Ö weiterleiten?"

„So kommen wir nicht weiter. Ich muss dem Ö antworten. Ich kann ihm nicht schreiben, schuld an den von ihm aufgezeigten Mängeln seien der Kaderleiter und die Bereichs-Meister, womöglich das gesamte Leitungskollektiv des Betriebes. Ich sehe die Sache so: FV ist gefordert, die Fertigungszeiten treffsicher zu kalkulieren. Der Ö hat recht, wenn er darauf verweist" – Neuenhof nahm die Hausmitteilung zur Hand und zitierte – „‘nur auf der Grundlage fundierter Zeitvorgaben von FV kann die Kostenkalkulation des betrieblichen Reproduktionsprozesses im EDD auf ein qualitativ höheres Niveau gehoben werden’. Anstatt die Kräfte in Schuldzuweisungen zu verschleißen, muss FV mit dem Ö-Bereich zusammenarbeiten und die dort angestellten ökonomischen Nachkalkulationen für die Aktualisierung der bei FV gespeicherten Daten nutzen. ‘Datenpflege’ nennt man das. Für jeden Fall ungerechtfertigter Überschreitungen der Vorgabezeiten in diesem oder in jenem Fertigungsbereich muss FV ein Auswertungsprotokoll erarbeiten. Das ist von dem betroffenen Technologen mit den verursachenden Werkern und ihrem Bereichs-Meister auszuwerten. Erforderlichenfalls muss ich als ‘F’ mit eingeschaltet werden. Aber hierzu bin ich nur nach entsprechender Vorarbeit von FV bereit. FV muss …"

„Immer FV!", unterbrach Haustein seinen Vorgesetzten. „FV muss dies, FV muss das. Klappt oder stimmt etwas nicht – schuld ist FV. So schwadronieren beinahe alle im Betrieb. Nun auch noch die heutige Standpauke von dir!" Haustein nutzte die Gelegenheit, seinem Groll auf das Leitungskollektiv des EDD und auf alle, die ihn und die von ihm geleitete Abteilung kritisierten, Luft zu machen.

‘Es ist immer dasselbe mit ihm’, dachte Neuenhof.

Der Debatte zu zweit müde, sagte er: „In der Hausmitteilung geht es um fehlkalkulierte Fertigungszeiten für unsere Werkzeugproduktion. Das betrifft den Bereich FTW. Komm, wir klären die Sache vor Ort! Hol die erforderlichen Unterlagen aus deiner Abteilung! Hier hast du einen Zettel und einen Stift. Ich diktiere dir die Betriebsauftrags-Nummern." Die las er seinem Abteilungsleiter aus der Hausmitteilung des Ö vor. „Ich erwarte dich in wenigen Minuten. Dann gehen wir mit den Unterlagen zu Bückert."

Haustein zögerte. „Jetzt in die Werkstatt zu gehen, passt mir nicht. Ich habe mit einigen meiner Technologen eine Beratung angesetzt. Vielleicht könnten wir …"

„Danach, was dir und mir passt, geht es nicht", unterbrach ihn Neuenhof. „Setz' die Beratung ab! Mit deinen Technologen findest du auch einen anderen Termin."

„Wir haben vom Konstruktionsbereich eine Sache auf den Tisch geschoben bekommen, zu der wir kurzfristig Stellung nehmen sollen."

Neuenhof wurde ungeduldig. „Ihr werdet immer etwas zu tun haben. Wenn ich das berücksichtigen sollte, bliebe die Postille des Ö an mir allein hängen. Nein, nein, mein Lieber, so wird die Messe nicht gesungen. Mach, was ich dir gesagt habe! Beeile dich!"

Haustein ärgerte sich. 'Nun spielt sich der Doktor wie ein Werkdirektor auf. Als ob er der Kerl dafür wäre!' Bisher hatte er sich zu Neuenhof loyal verhalten. Er hatte ihn als Vorgesetzten hingenommen mit dem Hintergedanken, er hätte einem Schlimmeren als ihm unterstellt werden können. Insgeheim hatte er sich über all die Jahre, in denen Neuenhof Betriebsangehöriger des EDD war, sowieso für den geeigneteren „F" gehalten. Letztlich war es Hausteins Ehefrau zuzuschreiben, dass er seine Aversionen gegenüber Neuenhof verdrängt hatte. „Sei nicht ungeduldig!", hatte seine Frau gesagt. „Dein jetziger unmittelbarer Vorgesetzter ist Doktor. Der bleibt nicht ewig im EDD hängen. Du bist Ingenieur. Wenn der Doktor geht, ist deine Zeit gekommen." An diesen Hinweis musste Haustein denken, als Neuenhof ihn jetzt drängte: „Beeil' dich! Bis zur Mittagspause will ich die Sache geklärt haben." Widerwillig befolgte er dessen Anweisung.

Im Fertigungsbereich FTW angelangt, suchten die beiden den zuständigen Bereichsleiter eine ganze Weile vergeblich. Endlich fanden sie ihn am Arbeitsplatz von Egon Handke, dem „Star-Werkzeugschlosser" des EDD. Bückert stand dort zusammen mit Werkdirektor Bockhardt. Die beiden ließen sich von Handke die Wirkungsweise eines in Arbeit befindlichen neuen Mehrstufen-Folgeschneidwerkzeuges und die derzeitigen Schwierigkeiten bei dessen Fertigung erklären.

„Ah, schaut an!", sagte Bockhardt, als Neuenhof und Haustein an die Dreiergruppe herantraten. „Jetzt sind die Experten erschienen, die deine Probleme, Egon, auf Anhieb lösen." Bückert sagte, wie mit einer Vorahnung: „Wenn die beiden kommen, bringen sie uns mehr Probleme mit, als dass sie welche lösen."

„Wenn das so ist, dann wünsche ich euch gutes Durchstehvermögen", sagte der Werkdirektor. „Aber dafür seid ihr selber Manns genug – wie ich euch kenne – und braucht mich im Moment nicht."

Er winkelte seinen rechten Arm an und vollführte, gleichsam zur Verabschiedung, mit der flachen Hand einige winkende Bewegungen. Die Umstehenden grinsten. Sie wussten von Kinobesuchen und vom dort gezeigten „Augenzeugen": so, wie Bockhardt jetzt, grüßte der Staatsratsvorsitzende die den Straßenrand säumenden DDR-Bürger, wenn er mit hochrangigen sowjetischen Gästen im offenen Personenwagen durch die Berliner Karl-Marx-Allee fuhr. Als habe er sich besonnen, wandte sich „der Rudi" ihnen nochmals zu. „Übrigens hat die VVB-Leitung der Mitarbeit unseres Genossen Haustein in der VVB-zentralen Arbeitsgruppe 'Profilierung eines Forschungszentrums des Elektromaschinenbaus' zugestimmt." Mit einem Kopfnicken zu Haustein hin: „Gratuliere."

Haustein wusste von nichts und fragte verblüfft: „Ich? Wieso denn das?"

„Wir hatten dich als Vertreter unseres Betriebes vorgeschlagen", erläuterte „der Rudi". Wer die „wir" waren, verriet er nicht. Das brauchte er auch nicht. Seine

Gesprächspartner waren allesamt – wie er – Mitglieder der SED. Da war ihnen auf Grund ihrer Parteierfahrung klar, wie Hausteins Nominierung zustande gekommen war: „Der Rudi" und der Kaderleiter hatten sich den FV-Leiter „ausgeguckt"; ihren Vorschlag hatten sie mit dem Betriebsparteisekretär abgestimmt und von der VVB-Leitung bestätigen lassen.

„Und der Doktor?", fragte Egon Handke verwundert.

„Tja, Genossen, unser Doktor ..." Bockhardt zögerte, ehe er mit ernster Miene sagte: „... unser Doktor übernimmt schon ab übernächsten Monat andere Aufgaben."

„Wird er von der VVB in einen anderen Betrieb abkommandiert?", fragte Meister Bückert.

„Mitnichten. Er sagt dem Elektromaschinenbau 'Valet'. Er will Dozent an der Hochschule in Magdeburg werden."

Handke tatschte dem Werkdirektor vertraulich mit der flachen Hand auf die Schulter. „He, Rudi, du willst uns hoppnehmen, wie?"

„Warum sollte ich?" Bockhardt sah Neuenhof unverwandt an. „Vielleicht sagt und erläutert euch unser Produktionsleiter endlich selbst, was er vorhat."

Bückert blähte die Backen, pustete die Luft aus und sagte: „Das schlägt ein wie eine Bombe."

„Nicht wahr?" Bockhardt nickte zustimmend.

Ralf Haustein dachte: 'Was hab' ich für eine kluge Ehefrau! Was nun im EDD folgen wird, hat sie mir vor langem vorausgesagt.' Er staunte, wie rasch sich die Biografien von Menschen ändern konnten.

Heinz Neuenhof wusste vor Überraschung nichts zu sagen. Er stand, wie hilflos, da mit der Erkenntnis: So, wie ihm jetzt, kann es jedem ergehen, der die Initiative bei der Regelung und Bekanntgabe seiner höchstpersönlichen wichtigen Angelegenheiten anderen Leuten überlässt.

Bockhardts Mitteilung über die Absichten des Doktors ging im F-Bereich und im Betrieb um wie ein Lauffeuer. Erst zwei Tage nach dem Gespräch an Handkes Werkbank wurde Neuenhofs Weggang in den Dienstberatungen beim Werkdirektor und beim „F" offiziell bekanntgegeben.

Die Reaktion der Betriebsangehörigen auf die Neuigkeit aus dem F-Bereich fiel sehr unterschiedlich aus.

Bockhardt verkündete sie in der Dienstberatung kurz und sachlich. „Nachdem ich in dieser Sache mehrere persönliche Gespräche mit unserem Produktionsleiter geführt habe, ohne ihn umstimmen zu können, brauchen wir darüber nicht mehr zu diskutieren."

Der Ö meldete sich dennoch zu Wort. „Das subjektiv begründete Ausscheiden des Genossen Neuenhof aus unserem Betrieb trifft uns unvorbereitet und zu einem denkbar ungünstigen Zeitpunkt; es liegt nicht im Interesse unseres Betriebskollektivs. Ich will nicht deutlicher werden und spreche deshalb nicht von purem Egoismus."

Der Leiter der Abteilung „Konstruktion elektromotorischer Antriebe", Grünberg, und der Gütekontrollleiter nickten zustimmend. Andere in der Beratungsrunde senkten die Köpfe und blätterten in ihren Notizbüchern. Einige guckten aus dem Fenster. Dr. Neuenhof wollte dem Ö etwas entgegnen. Aber der Werkdirektor ließ ihn nicht zu Wort kommen und ging zum nächsten Tagesordnungspunkt über.

In der Dienstberatung beim „F" erging sich Ralf Haustein in einer Lobpreisung des Neuenhofschen Vorhabens. „Ich kann mir unseren Doktor als pädagogisch befähigten Dozenten gut vorstellen. Seine jahrelange Betriebspraxis im EDD wird ihm nutzen, und die Praxisbezogenheit der Lehre an der Hochschule wird verbessert werden."

Werner Müller, der Fertigungslenker, sah den Abteilungsleiter FV mit großen Augen an und dachte: 'Wie der Ralf daherredet ... Wahrscheinlich rechnet er sich bei der Neubesetzung des F-Leiter-Postens etwas aus.' Er hielt sich mit einer Meinungsäußerung zurück.

Meister Bückert gab sich enttäuscht. „Ich hatte nicht gedacht, dass ich mich in dem anderthalben Jahr bis zur Rente noch auf einen neuen Vorgesetzten einstellen muss."

Erich Wendland, linkisch nach Worten suchend, sagte: „Doktor, ich verstehe Sie. Aber ich bedaure, dass Sie weggehen. Wenn ich mit Ihnen 'was zu bereden hatte, haben Sie nicht, wie Ihr Vorgänger oder wie manch anderer in unserem Betrieb, gleich losgeschnauzt. Das hat mir gefallen."

„Mir auch", ergänzte Meister Palmbach.

Im Werkstattbereich waren es vor allem Arbeiterinnen und Arbeiter an den Werkzeugmaschinen, die offen bekundeten: „Schade, Doktor, dass Sie uns verlassen." Einige Schlosser des Werkzeug- und Motorenbaus dagegen bezichtigten Neuenhof hinter vorgehaltener Hand oder hinter dem Rücken – aber so laut, dass „der F" es hören konnte – der „Fahnenflucht". Egon Handke, der Intimus des Werkdirektors, redete seit dem Vierergespräch an seinem Arbeitsplatz nicht mehr mit Neuenhof – so enttäuscht war er von ihm.

In der Folgezeit sammelte der Doktor weitere persönlichkeitsprägende Erfahrungen.

Werkdirektor Bockhardt führte seit Jahren wöchentlich betriebliche Kontrollberatungen zur Entwicklung und zum Musterbau neuer elektrischer Maschinen durch. Daran nahmen „der F" und die Leiter der Konstruktionsabteilungen, der Gütekontrolle und des Versuchsfeldes teil. Sie informierten sich gegenseitig über

Neuheiten und verhandelten mit „dem F" und mit Versuchsfeldleiter Barthmann über kürzestmögliche Fristen für den Bau und die Erprobung von Versuchs- und Fertigungsmustern. Es ging ihnen darum, die Konstruktions-, Entwicklungs- und Erprobungszeiten und letztlich den Zeitraum für die Überführung neuer Maschinen in die produzierenden Betriebe der VVB Elektromaschinen zu minimieren und sich mit den neuen Produkten günstig auf dem Weltmarkt positionieren zu können. Für den Produktionsleiter und für die Planungsingenieure des F-Bereiches bedeutete dies, die für die Neuentwicklungen erforderlichen Werkstattarbeiten in den staatlich verbindlichen Jahresplan der Warenproduktion des EDD so einfügen zu müssen, dass dessen Erfüllung hinsichtlich Positionen, Menge, Qualität und Kosten unter allen Umständen gewährleistet werden konnte. Die gesetzliche Verbindlichkeit des Jahresplans gestattete es oftmals nicht, den Terminwünschen der Konstrukteure und des Versuchsfeldleiters zu entsprechen. In solchen Fällen war es in den Kontrollberatungen beim Werkdirektor meistens hoch hergegangen. An einem heißen Julitag 1969 war es wieder so.

„Der Rudi" informierte über Vorarbeiten der VVB für die Gründung eines Forschungszentrums für den Elektromaschinenbau der DDR. Der Generaldirektor hatte eine VVB-zentrale Arbeitsgruppe konstituiert. Sie sollte binnen acht Wochen eine Konzeption für die Aufgaben, die personelle Besetzung, die materielle Ausstattung, den Standort des Forschungszentrums und für das Zusammenwirken dieses Zentrums mit den produzierenden Betrieben der VVB und mit anderen wissenschaftlichen Einrichtungen der DDR ausarbeiten. Dieser Konzeption sollte ein Plan für notwendig einzuleitende Maßnahmen im Industriezweig beigefügt werden. Die Konzeption und der Maßnahmeplan sollten die Erfordernisse und Randbedingungen berücksichtigen, die sich aus der bevorstehenden Umstrukturierung der VVB zu einem volkseigenen Kombinat ergaben. „Der Rudi" gab bekannt, der Vertreter des EDD in der Arbeitsgruppe werde Ralf Haustein aus dem F-Bereich sein, und er – Bockhardt – und der Werkdirektor des VEB Elektrodyn Berlin (EDB) seien vom Generaldirektor als ständige Konsultanten der Arbeitsgruppe nominiert worden.

Kraushaar und Barthmann tuschelten sich zu: „Ist Haustein dafür der richtige Mann? Besitzt er den notwendigen Überblick und die Fähigkeiten für solche konzeptionellen Arbeiten?" Sie blickten auf Heinz Neuenhof und schüttelten die Köpfe. Der Gütekontrollleiter nickte ihnen zu; er konnte Ralf Haustein nicht leiden. „Diese Zweifel sind berechtigt", flüsterte er.

Bockhardt klopfte ein paarmal auf die Tischplatte. „Kollegen, wir führen hier keine Tuschel-Diskussion. Weiter: Ich habe in der Dienstberatung mit dem Leitungskollektiv bekanntgegeben, dass Dr. Neuenhof unseren Betrieb in Kürze verlassen wird. Damit ist unser Vorschlag für die Mitwirkung in der zentralen Arbeitsgruppe alternativlos. Ende der Ansage." Und er erteilte dem Abteilungsleiter Grünberg das Wort zum nächsten Tagesordnungspunkt.

Grünberg hob die hervorragenden Leistungen der Mitarbeiter seiner Abteilung bei der Bearbeitung des Forschungs- und Entwicklungsthemas (F/E-Thema) „Bahnmotoren für den Schienenfahrzeugbau" und den Zeitgewinn hervor, der dank der hohen Einsatzbereitschaft der Konstrukteure erreicht worden sei. Überhaupt könnte – so behauptete er – das F/E-Thema zu Ehren des 20. Jahrestages der Gründung der DDR vorfristig abgeschlossen werden, wenn sich nicht, wie schon öfter in der Vergangenheit, der F-Bereich als Bremser bei der zügigen Themen-Bearbeitung erweisen würde. Er, Grünberg, müsse in scharfer Form dagegen protestieren, dass „F" die für diese Woche zugesicherten Zerspanungsarbeiten an Bauteilen des neuen Versuchsmusters zugunsten eines Auftrages der industriellen Warenproduktion abgesetzt habe – ohne Rücksprache mit ihm oder mit dem themenverantwortlichen Konstrukteur.

Dr. Neuenhof widersprach: „Bei meinem Kontrollgang durch den Bereich FTW heute früh, gleich nach Arbeitsbeginn, habe ich mich persönlich davon überzeugt, dass die für die Montage in FM noch ausstehenden Bauteile bearbeitet und noch heute an die Gütekontrolle weitergegeben werden. Wenn die Kontrollen zügig vorgenommen werden, worum ich den Gütekontrollleiter bitte, dann können die Motorenschlosser schon morgen den Zusammenbau der neuen Maschine fortsetzen. So sind die Arbeiten bei F geplant, und so entsprechen sie auch den an diesem Tisch getroffenen Vereinbarungen. Deshalb verstehe ich nicht, Kollege Grünberg, was Sie hier ..."

„Was Sie sagen, stimmt nicht", unterbrach ihn Grünberg. „Mein Mitarbeiter hat mich, bevor ich dieses Sitzungszimmer betreten habe, über den aktuellen Stand informiert, und der ist folgender: Die Bauteile des Versuchsmusters lagern an der Drehbank des Kollegen Kornberg, aber der Kollege bearbeitet auf seiner Maschine B-Lagerschilde für Tachomaschinen."

„Die B-Lagerschilde für Tachomaschinen, die in diesem Monat planmäßig auszuliefern sind, wurden bereits gestern, fertig bearbeitet, an die Gütekontrolle übergeben. Wieso sollten wir ..."

Der Gütekontrollleiter sagte: „Von dem Los mussten wir drei Stück verwerfen. Sie wiesen unakzeptabel große Lunker in den Hauptbohrungen auf."

Das war „dem F" nicht bekannt.

„Da sehen Sie mal!" Grünberg wandte sich an den Werkdirektor: „Wollen wir den Themenbearbeiter meiner Abteilung hierher bitten?"

Der Werkdirektor schüttelte mehr aus Unentschlossenheit denn aus Ablehnung den Kopf und dachte: 'Wieso sollte ich mir die Bereichs- und Abteilungsleiter an den Tisch holen, wenn über die zu erörternden Dinge nicht sie, sondern letztendlich ihre Mitarbeiter Bescheid wissen?'

Grünberg fühlte sich durch Bockhardts Kopfschütteln angestachelt. 'Jetzt gehe ich in die Offensive! Neuenhof hat bei mir noch ein paar Rechnungen offen.' In mehreren vorangegangenen Dienst- und Kontrollberatungen beim Werkdirektor hatte es zwischen ihm und dem Doktor Kontroversen gegeben. Die wurden vom „Rudi" meistens zugunsten „des F" beigelegt. 'Heute zahle ich es ihm heim!', nahm sich Grünberg vor. 'Er hat den Ast, auf dem er bisher sicher saß, selbst angesägt. Wenn er nun abstürzt, hat allein er sich das zuzuschreiben. Vielleicht nehmen sie ihn – als gefallenen Mann – in Magdeburg dennoch.' Er sagte: „Mir will scheinen, unser derzeitiger 'F' hat über seinen Bereich nicht mehr den notwendigen Überblick."

Der Gütekontrollleiter lachte höhnisch und ergänzte: „Mit solchen Lunkern hätten uns die B-Lagerschilde, die ich zu Ausschuss erklären musste, gar nicht erst angeliefert werden dürfen. So viel Berufsehrgefühl und Qualitätsbewusstsein bei den zuständigen Leitern des F-Bereiches hatten wir früher schon mal in unserem Betrieb entwickelt. Das scheint derzeit abhanden gekommen zu sein."

Das genügte dem Werkdirektor. Er beorderte den Fertigungslenker Werner Müller in den Sitzungsraum.

Müller sagte aus: „Ja, nach der Frühstückspause haben wir die Bauteile für das neue Versuchsmuster von der Drehmaschine des Kollegen Kornberg heruntergenommen. Wir lassen stattdessen drei B-Lagerschilde für Tachomaschinen als Ersatz für drei Ausschussstücke neu bearbeiten. Die Kleinmotorenschlosser warten auf die drei Lagerschilde. Sie drehen im Moment Däumchen. Die Tachomaschinen müssen für die Erfüllung des Monatsplans unbedingt ausgeliefert werden können."

„Wer hat das angeordnet?"

„Die Entscheidung haben Bereichsleiter Bückert und ich getroffen. Der Doktor war nicht erreichbar; er sitzt hier in der Beratung. Die Zeit drängte."

„Und warum bleiben die Versuchsmusterteile bei Kornberg liegen?"

„Weil wir die geforderten feinen Toleranzen für den einen wie für den anderen Auftrag nur auf Kornbergs Drehmaschine und dank der außerordentlichen handwerklichen Geschicklichkeit dieses Kollegen erreichen können."

Grünberg wölbte seine Lippen vor. „Ich glaube nicht, dass das Problem, über das wir hier streiten, im Ausstattungsgrad unseres Betriebes begründet liegt. Sollte nicht vielmehr 'F' …"

„'F' sollte und hat getan, was Abhilfe hätte schaffen können", unterbrach ihn Müller. „Der Doktor, der Abteilungsleiter FV und meine Wenigkeit sind in der Werkzeugmaschinenfabrik Berggießhübel gewesen. Wir haben uns die dort produzierte Feindrehmaschine, die unser Betrieb dringend braucht, vorführen lassen. Wir haben für den Kauf einer solchen Maschine alle erforderlichen Unterlagen beschafft und Antragsformulare ausgefüllt und Begründungen ausgearbeitet. Aber bei der Bilanzierung – ich weiß nicht, ob schon in der VVB-Leitung oder erst im Ministerium oder sonstwo – ist unser Betrieb immer herausgefallen. Da liegt der Hase im Pfeffer und deshalb ist nicht nötig, dass Mitarbeiter der Abteilung KM in den Fertigungsbereichen des EDD herumschnüffeln und dass anschließend Horrorszenarien beim Werkdirektor aufgezogen werden."

Grünberg wurde puterrot im Gesicht. „Herr Bockhardt, verbieten Sie solche Redeweise: herumschnüffeln! KM, also meine Mitarbeiter und ich – wir schnüffeln nicht herum, wir lösen mit all unserer Kraft und mit aller Konsequenz eine Verpflichtung zu Ehren des 20. Jahrestages der DDR ein. Da muss ich mir jetzt nicht anhören ..."

Wieder unterbrach ihn FL-Müller. „Kommen Sie jetzt nicht mit dem DDR-Jahrestag! Ich und 'der F' sind Mitglieder der Partei. Uns liegt dieser Jahrestag mehr am Herzen als solchen fortschrittlichen Parteilosen wie ..."

Da stoppte „der Rudi" Müllers Redefluss. „Genug!" Bockhardt klopfte auf den Tisch. „Genug!, sag ich. Genosse Müller, setz dich zu uns." Er dachte: 'Ein Teufelskerl, der FL! Wenn so „der F" die Sache verteidigt hätte ..., der sitzt da, als könne er nicht bis drei zählen.' Er fragte: „Wann sind die Teile für das Versuchsmuster fertig bearbeitet?"

Müller, der Heinz Neuenhof gegenüber Platz genommen hatte, flüsterte seinem Vis-a-vis etwas zu. Der antwortete dem Direktor: „Morgen am Ende der Normalschicht."

„Reicht das?", fragte Bockhardt den Abteilungsleiter Grünberg.

„Es würde reichen, aber ich habe meine Zweifel, dass 'F' ..."

„Zweifeln kann jeder, woran er will. Ich frage Sie rein sachbezogen: Reicht als Fertigbearbeitungstermin – nach Ihrer Meinung – der morgige Nachmittag?"

Grünberg brummelte: „Wenn anschließend die Motorenschlosser sofort ..."

„Dann können wir diesen Tagesordnungspunkt abschließen", sagte Bockhardt. „Dazu treffe ich noch folgende Festlegung: Kollege Werner Müller nimmt als FL künftig als ständiges Mitglied an unseren Kontrollberatungen teil – zusätzlich zum Produktionsleiter."

Als die Kontrollberatung beendet war und sich Neuenhof vom Werkdirektor verabschiedete, sagte der zu ihm: „Wenn ich vor einigen Wochen gewusst hätte, dass es mit dir so kommt, wie ich es jetzt erlebe, hätte ich dich wegen deines Alleinganges mit den 800 Mark Prämienmitteln für das Thüringer Schneidwerkzeug nicht 'rausgehauen."

Am Abend dieses Tages saßen Neuenhof und seine Frau lange beieinander.

Karin wünschte sich insgeheim, sie würden Einzelheiten des Umzuges nach Magdeburg besprechen. Bis zum verabredeten Termin verblieb knapp ein Monat – eigentlich genügend Zeit, um die Habseligkeiten der Familie zu ordnen, Unnützes auszusortieren und Dinge, die bis zum 21. August nicht benutzt zu werden brauchten, beiseitezulegen oder provisorisch zu verpacken. Aber sie und ihr Mann standen voll im Arbeitsprozess. Ihre beiden Jungen waren zu betreuen. Das kam Karin zu. Gerald hatte Schulferien und nahm an Ferienspielen seiner Schulklasse teil. Aber die lasteten ihn zeitlich und geistig nicht so aus wie der Schulunterricht. Also musste Karin sich mit ihm beschäftigen. Martin war nach wie vor „ein schwieriges Kindergartenkind". Andere Eltern hatten es mit ihren Zöglingen, denen es im Kindergarten Spaß machte, leichter. Hinzu kam, ihr Mann schien mit seinen Problemen im Betrieb nicht fertig zu werden, das spürte Karin.

Heinz berichtete ihr, was sich in den letzten Tagen seinetwegen zugetragen und wie man ihm zugesetzt hatte. „Bisher", sagte er, „habe ich mich bei allen objektiven Schwierigkeiten, aber auch bei Auseinandersetzungen und bei Kritiken – an meiner Arbeit oder an der meines Leitungsbereiches – wie durch einen Schutzmantel behütet gefühlt. Seitdem im Betrieb publik geworden ist, dass ich an die TH Magdeburg wechseln möchte, ist mir, als habe mir jemand den Schutzmantel abgenommen, und alles Ungemach treffe mich nun unmittelbar. Ich werde zu wichtigen Vorhaben nicht mehr hinzugezogen – wie beispielsweise zur Vorbereitung des Industriezweig-Forschungszentrums. Mir werden Leute, sogar aus meinem Mitarbeiterstab, vor die Nase gesetzt – wie beispielsweise in der heutigen Kontrollberatung bei Bockhardt. Ich verspüre eine abwartende Haltung bei den Bereichsleitern und bei anderen Mitarbeitern ...!"

Karin fragte: „Hast du etwas anderes erwartet?"

Sie verblüffte ihn. „Hältst du so etwas für fair?"

„Fair ..." Sie zuckte mit den Achseln. „Fair ist es nach deinem Empfinden wohl nicht, aber es ist aus der Sicht deiner Kollegen verständlich. Dein Werkdirektor hätte, glaube ich, lieber dich in die Arbeitsgruppe der VVB delegiert; formulieren kannst du – das weiß er. Aber was würde ihm eine schön formulierte Konzeption nutzen, die er ohne dich, mit anderen Leuten, praktisch umsetzen muss? Da nominiert er lieber gleich jemand anderen auch fürs Konzepte-Schreiben nach der Devise: Wer kluge Ideen aufschreibt, soll sie auch verwirklichen. Und dass er Leute aus deinem Bereich an den Beratungstisch holt, wenn du nicht richtig Bescheid weißt ... ich weiß nicht, vielleicht hätte ich an Bockhardts Stelle ebenso gehandelt wie er."

„Aber Bockhardt hätte nicht zulassen dürfen, dass ein Abteilungsleiter wie Grünberg mir öffentlich vorwerfen kann, ich hätte nicht mehr den notwendigen Überblick über meinen Bereich. Das zu bewerten, steht einem Herrn Grünberg nicht zu."

„Hast du dich denn gewehrt? Hast du auf den Tisch gehauen und dir Grünbergs Anmaßung verbeten?"

Nein, das hatte er nicht getan. Er hatte sich, wie schon bei anderer Gelegenheit, nicht zu verteidigen gewusst. „Grünberg hat mich überrumpelt. Ich war nicht darauf gefasst, dass er mich so persönlich angreift."

„Und was hast du dem Werkdirektor gesagt, als er dir wegen der Geschichte mit der Thüringer Prämie androhte, im Wiederholfall wird er dir – wie sagt man? – einen 'reinwürgen?"

Er hatte Bockhardt nichts entgegnet. Er hatte nur den Kopf geschüttelt, hatte sich konsterniert abgewandt und war dann grußlos davongegangen.

„Na bitte! Mit solcher Art von Protest wirst du allerdings die Betriebsparteileitung von der hochschulpolitischen Notwendigkeit deines Wechsels nach Magdeburg nicht überzeugen. Zu wann bist du denn vorgeladen worden?"

„Zu Montag, nach Feierabend. Meine Angelegenheit wird als erster Tagesordnungspunkt behandelt werden."

„Dann kommst du wenigstens nicht so spät nach Hause."

Er sah sie abschätzend an. „Wie nüchtern du mit mir debattierst … ohne Mitgefühl. Dabei hoffte ich, du würdest Verständnis für meine Situation aufbringen."

„Tu ich das nicht? Sollten wir uns gegenseitig die Händchen halten und wehklagen, wie böse alle zu dir sind?"

„Am liebsten würde ich dich in die nächste Aussprache schicken."

„Das fehlte noch." Nun ergriff sie doch seine Hand. „Heinz, mein Lieber, deine Sache erledige selber! Was sollte ich – beispielsweise bei eurer Parteileitung – ausrichten können? Ich bin nicht in der Partei. Ich kenne die Spielregeln nicht …"

„… das Statut."

„… gut, das Statut, das kenne ich auch nicht. Aber ich kenne dich, und ich bin überzeugt davon, du wirst die letzten paar Wochen deiner Produktionsleiter-Rolle meistern. Du müsstest bloß aus dir 'rausgehen, müsstest in die Offensive gehen. Nehmen wir die Anhörung am kommenden Montag als Beispiel: Halte doch deinen Genossen einen Vortrag – einen Vortrag über die III. Hochschulreform. Von der Reform standen im vergangenen Jahr die Zeitungen voll. Wir haben das 'Neue Deutschland' abonniert. Du hast die Artikel an vielen Feierabenden studiert. Wie ich dich kenne, hast du sie aufgehoben. Such sie dir 'raus und reime dir etwas zusammen. Das trägst du ihnen vor. Reden kannst du; in einem Vierteljahr stehst du in Magdeburg vor Hunderten Studenten in einem Hörsaal, da musst du es können."

„Gewiss. Aber die BPL-Mitglieder, denen ich am Montag Rede und Antwort stehen soll, interessiert, wie ihre Probleme gelöst werden können; sie interessieren sich nicht für die III. Hochschulreform."

„Eben. Dagegen musst du dich wenden. Sag' ihnen, auch die III. Hochschulreform ist Parteipolitik – nicht nur die allmonatliche Planerfüllung bei Elektrodyn! Fordere von ihnen, sie sollen auch mal über ihr Werktor hinweggucken – so, wie du das tust! Sag' ihnen, dass du aus solcher Sicht auf die Dinge nach Magdeburg gehen wirst! Das meinte ich vorhin, als ich dich aufforderte, in die Offensive zu gehen. Gib ihnen weder Zeit noch Anlass, auf dir herumzuhacken – wegen ihrer Probleme und der Aufgaben, die sie zu lösen haben …"

In der Sitzung der Betriebsparteileitung verfuhr Dr. Neuenhof so, wie es ihm seine Ehefrau geraten hatte. Er zelebrierte den Genossen den von Karin empfohlenen Vortrag und legte ausführlich dar, welche Aufgaben und welche Position ihm an der vor einem dreiviertel Jahr gegründeten Sektion Technologie der metallverarbeitenden Industrie der TH Magdeburg bereits ab September des laufenden Jahres zugemessen werden würden.

Der BPL-Sekretär tippte nach zwanzig Minuten Redezeit mit dem Finger auf seine Armbanduhr. „Genosse Doktor, komm mit deinen Ausführungen zum Schluss!"

Erster Sprecher in der Diskussion war Werkdirektor Bockhardt. Er monierte die konzeptionelle Anlage des Neuenhofschen Vortrages. Die Parteibeschlüsse hätten die anwesenden BPL-Mitglieder bereits im „Neuen Deutschland" gelesen. Außerdem würden sie Vorhaben an der Sektion Technologie der TH Magdeburg weniger interessieren als vielmehr die perspektivische Entwicklung des EDD und der VVB Elektromaschinen. Aber gerade zu letzterem sei in dem Vortrag überhaupt nichts ausgesagt worden.

„Darüber in diesem Kreis zu sprechen, war mir nicht vorgegeben worden", warf Neuenhof ein. Das wäre ein Thema, zu dem der Werkdirektor sich äußern müsste.

„Disziplin, Genossen!", forderte der Sekretär.

Bockhardt bezichtigte Neuenhof des vorschnellen Handelns und der Unkollegialität aus egoistischen Beweggründen. Er habe nichts dagegen einzuwenden, sagte er, dass der Doktor – akademisch qualifiziert, wie er nun mal sei – nach ausreichend langer betriebspraktischer Tätigkeit zum Hochschullehrer berufen werde. Aber dies müsse planmäßig und unter Wahrung der Interessen aller beteiligten Partner vonstatten gehen. Im Falle des Genossen Neuenhof sei diese Einvernehmlichkeit nicht gegeben. – Bockhardt wollte noch mehr sagen. Er wurde jedoch von seiner Sekretärin hinausgerufen: „Wichtiger Telefonanruf!"

„Das geht jetzt nicht. Ich bin in der Sitzung der Betriebsparteileitung."

„Der Generaldirektor persönlich."

Da ging Bockhardt. 'Der Generaldirektor – das ist höhere Gewalt', dachte er und knirschte mit den Zähnen.

Neuenhof blickte in die Runde. Am Tisch saßen außer dem Parteisekretär Arbeiter, auch eine Maschinenbedienerin, aus seinem, dem F-Bereich, Angestellte aus der Gütekontrolle und aus der kaufmännischen Abteilung. Er kannte sie alle aus Versammlungen und persönlichen Gesprächen. Er wusste, welche privaten Nöte einige von ihnen belasteten. Ihnen offenbarte er seine Sorge um die Gesundheit seiner Mutter und um deren nicht gesicherte Pflege nach dem Krankenhausaufenthalt. Er sprach über seine und Annedores erfolglose Bemühungen, für die Mutter eine Zuzugsgenehmigung nach Dresden zu erlangen. Nun, sagte er, böte sich die Möglichkeit, eine ihm attraktiv erscheinende berufliche Entwicklung mit der zu erwartenden Pflegebedürftigkeit der Mutter in Einklang bringen zu können. Er sehe dies nicht – wie der Genosse Werkdirektor – als einen egoistischen Beweggrund, sondern als eine soziale Verpflichtung an, der er sich stellen müsse und wolle.

Mit dieser Erklärung beeindruckte Heinz Neuenhof die Mehrzahl der BPL-Mitglieder. „Bring' die Sache zu Ende! Lass abstimmen!", sagte die Maschinenbedienerin aus dem F-Bereich zum BPL-Sekretär. Dem war dieser Antrag recht. Er dachte: 'In der heutigen Sitzung ist sonnenklar geworden, der Doktor wird aus dem EDD ausscheiden; er will in Magdeburg etwas Neues beginnen. Soll er doch – auch wenn sich der Werkdirektor darüber ärgert, dass er nicht zuvor um seinen Segen gebeten worden ist! Wenn Neuenhof zugleich einige familiäre Probleme lösen kann – umso besser! Auch bei uns wird sich wegen der Kombinatsgründung und der Einrichtung eines Forschungszentrums manches ändern. Da wird mancher von uns nicht wie gewohnt weiterarbeiten können und womöglich auch neu anfangen müssen.' Und so fragte er: „Genossinnen und Genossen, wer dafür ist, dass wir als BPL die beabsichtigte Berufung des Genossen Doktor Neuenhof an die TH Magdeburg unterstützen, den bitte ich ums Handzeichen."

Der Genosse aus der kaufmännischen Abteilung enthielt sich der Stimme. Die anderen BPL-Mitglieder hoben zustimmend die Hand.

In diesem Augenblick kehrte der Werkdirektor ins Sitzungszimmer zurück. Er hatte am Beratungstisch noch nicht Platz genommen, da rief er schon: „Wie – habe ich richtig gehört: die BPL unterstützt Neuenhofs Weggang? Das soll wohl ein Witz sein!"

Der Sekretär sagte ruhig: „Die BPL unterstützt mit Mehrheitsbeschluss sein Berufungsvorhaben."

Bockhardt rief: „Meint ihr gar, er solle von unserem Betrieb nach Magdeburg delegiert werden? Dagegen bin ich strikt."

„Von einer Delegierung ist keine Rede gewesen. Ich habe dir den Wortlaut des Beschlusses unserer BPL wiederholt. Der Mehrheitsbeschluss der BPL ist auch für dich bindend." Der Sekretär ging zum nächsten Tagesordnungspunkt über und entließ den Produktionsleiter des EDD in den Feierabend.

„Na, wie ist es in der Parteileitungssitzung für dich gelaufen?", fragte Karin Neuenhof ihren Mann.

„Die BPL hat mir ihren Segen erteilt." Heinz räkelte sich auf dem Polsterstuhl, auf dem er saß. „Kleiner Etappensieg. Als Belohnung könnten wir uns heute Abend eine schöne Radiosendung anhören – vielleicht ein Hörspiel oder ein Operettenkonzert."

„Wart's ab! Hier, eine Überraschung für dich!" Karin reichte ihm einen Brief von der TH Magdeburg.

„Hast du ihn schon gelesen?"

Karin nickte. „Ich war so neugierig."

Er las: Die Fakultät Maschinenbau der TH würde am bevorstehenden Samstag ein wissenschaftliches Kolloquium veranstalten. Als Referenten seien Nachwuchswissenschaftler vorgesehen, die von der Fakultät die Facultas docendi zuerkannt bekommen wollten. Für jeden Kandidaten seien dreißig Minuten Redezeit plus fünfzehn Minuten für die Diskussion vorgesehen. Dr. Neuenhof wurde gebeten, dem Dekanat kurzfristig – telegraphisch oder per Fernschreiben – das Thema seines Vortrages mitzuteilen. Mit Rücksicht darauf, dass die Praxiskader unter den Vortragenden wegen ihrer dienstlichen Verpflichtungen wochentags unabkömmlich seien, habe man das Kolloquium auf einen Samstag gelegt. Spezielle Wünsche der Vortragenden nehme das Dekanat entgegen. Dafür wurde in dem Schreiben eine Telefonnummer angegeben.

„Puhh!", machte Neuenhof. „Das ist ja eine schöne Überraschung. Zum Glück haben die Magdeburger einen Sonnabend gewählt, der für mich arbeitsfrei ist." Er pustete nochmals die Luft aus. „Kannst du mir sagen, was ich dort vortragen soll?"

Karin schüttelte den Kopf. „Du stellst Fragen ..." Sie dachte: 'Was soll ich noch alles wissen?'

Er begann zu wehklagen: Wie sollte er zeitlich bewältigen, was der Magdeburger Dekan bis Samstag von ihm erwartete? Von seiner betrieblichen Tätigkeit konnte er sich in den verbleibenden fünf Tagen nicht beurlauben lassen, dazu befand er sich derzeit in einer zu ungünstigen Position.

„Du hast zu viel Zeit für deinen Vortrag vor der Parteileitung aufgewendet", rügte ihn Karin. „Für die wichtige Sache in Magdeburg musst du nun Barinkay spielen."

Ihre Vorhaltungen ärgerten ihn. 'Barinkay spielen', dachte er, 'warum frotzelt sie mich wegen meiner Begeisterung für Straußens „Zigeunerbaron"? Bin ich denn ein Zauberer von Bedeutung, und alles ohne Vorbereitung?' Aber nach einer Weile, mit dem Gedanken an Sandor Barinkay, fand er einen Ausweg.

Heinz Neuenhof hatte im Frühherbst des Vorjahres an einem mehrwöchigen Grundlehrgang zur Weiterbildung leitender Kader der Elektroindustrie an der Zentralschule Crostau des Ministeriums für Elektrotechnik und Elektronik teilgenommen. Diesen Lehrgang hatte er mit einer Arbeit zum Thema „Modell für die

Maschinenbelegung bei stark differenziertem Produktionsprogramm unter Wahrung der Priorität von Forschungs- und Entwicklungsaufgaben" abgeschlossen. Die Arbeit hatte er in seinem Betrieb öffentlich verteidigt. Das Vortragsmanuskript hatte er gut verwahrt. Nun würde er es für das Kolloquium in Magdeburg nutzen. Bei der Verteidigung im Vorjahr war moniert worden, dass er zur Veranschaulichung seiner Darlegungen keine Diapositive verwendet hatte. Diesen Vorwurf sollte man ihm in Magdeburg nicht machen können. 'Ein paar Dias zu entwerfen und anfertigen zu lassen – das ist in der verbleibenden Zeit zu schaffen', dachte er.

Am nächsten Tag übermittelte er das Crostauer Thema telegraphisch an das Dekanat der Fakultät Maschinenbau.

Am Samstag reiste er in aller Frühe nach Magdeburg. Unterwegs las er wieder und wieder den Vortragstext durch. Einige Passagen lernte er auswendig; er wollte sie in freier Rede wiedergeben können. Das gelang ihm auch.

Sein Vortrag auf dem Kolloquium, bereichert durch aussagekräftige Diapositive, wirkte locker und wies ihn als talentierten Redner aus. Die Zuhörer zollten ihm Beifall. Aber in der anschließenden Diskussion ereiferte sich Prof. Dr. Wusel: Maschinenbelegungsplanung sei ein Teil des von ihm vertretenen Wissensgebietes „Betriebsprojektierung". Der Kandidat wolle die Facultas docendi jedoch für das Wissensgebiet „Fertigungsprojektierung" zuerkannt bekommen. „Anliegen und Thema des Vortrages verfehlt!", war sein Urteil. Sympathisanten des Professors pflichteten ihm bei.

Eine gegenteilige Meinung vertrat Prof. Kainzow. Neuenhof habe in seinen Darlegungen die Wechselwirkung zwischen fertigungstechnisch begründetem Fertigungsablauf und fertigungsorganisatorisch orientierter Maschinenbelegung sehr überzeugend aufgezeigt und an betriebspraktischen Beispielen demonstriert. Nach Kainzows Erachten werde es die zunehmende Bedeutung erlangende elektronische Datenverarbeitung (EDV) gestatten, diese Wechselwirkung bei der Fertigungsprojektierung wie bei der Betriebsprojektierung planerisch besser als gegenwärtig zu beherrschen. Dementsprechend müssten die Vertreter beider Wissensgebiete einvernehmlich zusammenarbeiten und nicht darauf bedacht sein, sich gegenseitig abzugrenzen und sich über die Zuerkennung dieses oder jenes Teilkomplexes leistungsfähiger und effektiver Fertigungsprozesse im Maschinenbau zum eigenen Berufungsgebiet zu streiten. Er als Direktor der Sektion Technologie der metallverarbeitenden Industrie werde in seiner wissenschaftsleitenden Tätigkeit auf solch eine einvernehmliche gedeihliche Zusammenarbeit bestehen, und er werde die Leistungen der Wissenschaftler seiner Sektion auch daran messen, ob und inwieweit sie solche Zusammenarbeit zu entwickeln vermögen. Diesen Wink seines Vorgesetzten verstand Professor Wusel sofort. „Unter diesem vom Herrn Kollegen

Kainzow aufgezeigten perspektivischen Aspekt und auf Grund der ansprechenden Vortragsweise des Kandidaten könnten wir der Erteilung der Facultas docendi an Doktor-Ingenieur Neuenhof zustimmen."

Diese Wendung der Debatte war dem Rektor und dem Dekan der Fakultät recht. Der Rektor war vom Ministerium für das Hoch- und Fachschulwesen gemahnt worden, die noch ausstehende Urkunde im bereits laufenden Berufungsverfahren kurzfristig nachzureichen. Der Dekan war vor Jahren als Oberassistent am Institut für Getriebetechnik der TH Dresden tätig gewesen und auf eine Professur nach Magdeburg berufen worden; er fand es angemessen und gut, dass ein weiterer Kollege, der aus dem Schoß der Alma mater dresdensis hervorgegangen war, – gleich ihm und dem Sektionsdirektor Kainzow – die junge TH Magdeburg voranbringen würde. Dem Reglement entsprechend, würden beide Herren die Urkunde für Neuenhof zu unterschreiben haben, wenn die Fakultät in ihrer in Kürze stattfindenden letzten Sitzung im laufenden Studienjahr der Erteilung der Facultas docendi zustimmen würde.

Als sich Heinz Neuenhof nach Abschluss des Kolloquiums von den Herren der Hochschulleitung verabschiedete, sagte der Dekan leise und augenzwinkernd zu ihm: „Die Sache ist für Sie gelaufen." Professor Kainzow dagegen raunzte den Doktor an, als sie etwas abseits von den anderen standen: „Wir hatten telefonisch vereinbart, wir würden uns wegen deines Vortragsthemas rechtzeitig miteinander abstimmen. Daran hast du dich nicht gehalten. Statt dessen ergingst du dich heute in Maschinenbelegungsplanung. Wie konntest du bloß auf solche Idee kommen?"

„Ich war in Zeitnot. Ich musste auf etwas zurückgreifen, was ich bereits ausgearbeitet hatte."

„Komm' mir nicht mit dem Argument 'Zeitnot'! Wir stehen lange genug wegen deiner Berufung in Verbindung."

„Ich habe Schwierigkeiten, einvernehmlich von meinem Betrieb loszukommen. Ich muss aufpassen und viel Zeit darauf verwenden, dass mir wegen meines Wechsels vom EDD zu euch nicht etwas Negatives angehängt wird."

„Trotzdem … Ich bestehe jedenfalls darauf, dass du dich künftig an unsere Abmachungen hältst. Andernfalls läufst du an dieser TH ins offene Messer. Das wäre schon heute passiert, wenn ich an dem Kolloquium nicht hätte teilnehmen können."

'Das stimmt allerdings', dachte Neuenhof. Er hatte geglaubt, er müsse nur im EDD alle Debatten um sein Ausscheiden gut überstehen und achtgeben, dass ihm im Produktionsablauf keine Versäumnisse oder Fehler unterliefen, dann würde alles gutgehen. Nun, am heutigen Tage, hatte er erfahren müssen, nicht alle Angehörigen der TH Magdeburg würden sein Kommen und seine Tätigkeit als Hochschuldozent der TH mit wehenden Fahnen begrüßen.

18

Mitte August 1969 läuteten in Küssow am späten Vormittag volltönend und lange die Glocken der Kirche. Der Glockenklang kündete weithin: Eine aus dem Dorfe, die fast alle kannten, war für immer heimgekehrt. Sie war nicht wie in ihren ersten Ehejahren mit dem Personenzug von der Havelstadt bis Güskau gereist und von dort durch den Hohendeesener Wald nach Küssow geradelt. Sie hatte auch nicht, wie ZWISCHEN DEN ZEITEN, für einige Jahre wieder Hüsung in ihrem Heimatdorf genommen. Diesmal war sie als ein Häufchen Asche in einer schwarzlackierten Urne per Post nach Hause gekommen. Sie hatte den Kampf gegen ihre heimtückische Krankheit, den Unterleibskrebs, verloren. Als ihre Brüder Hermann und Willi Tiow sie zuvor in der Frauenklinik der Medizinischen Akademie Magdeburg besucht hatten, hatte sie in Todesahnung darum gebeten: „Hoalt mi na Huse!" Ihren letzten Wunsch zu erfüllen, war ihren Brüdern eine heilige Pflicht gewesen. Nun läuteten in Küssow die Kirchenglocken für Paula Neuenhofs Heimgang in die Ewigkeit.

Die Andacht in der vollbesetzten Kirche war zu Ende. Die Trauergäste erhoben sich von ihren Plätzen und bildeten im Mittelgang der Kirche ein Spalier. Das durchschritten Heinz Neuenhof nebst Ehefrau, die schluchzende und von ihrer Tante Alma Knarr gestützte Annedore und die Tiow-Familien gemessen und würdevoll, ihnen voran der Pfarrer und der Träger der Urne. Die anderen Kirchenbesucher folgten ihnen.

Charlotte und Willi Enders, Karins Eltern, waren zu dem Trauerzeremoniell nicht angereist. Dabei hatte Karin ihnen den Beisetzungstermin rechtzeitig mitgeteilt. Karin hatte in einem ausführlichen Brief darum gebeten, dass wenigstens ein Elternteil nach Küssow kommen sollte, wie dumm stünde sie andernfalls vor ihrem Ehemann und vor dessen Verwandten da. Enders' hatten darauf nur mit einer knapp formulierten Beileidsbekundung auf einer vorgedruckten Klappkarte geantwortet.

Auf dem Kirchenvorplatz standen viele Leute dichtgedrängt. Sie wollten der Dahingeschiedenen die letzte Ehre erweisen. Sie wollten aber auch den trauernden Angehörigen aus nächster Nähe ins Gesicht schauen. Es würde an den nächsten Tagen das Gesprächsthema im Dorfe sein: Wie hatten Paulas Verwandten ihre Trauer zum Ausdruck gebracht? Marta Tiow raunte im Dahinschreiten: „Solch eine große Anteilnahme! Gewiss von jedem Gehöft mindestens eine Person!" 58 Gehöfte gab es in Küssow. In vielen lebten außer den Eigentümern auch ehemalige Umsiedler aus Pommern, Schlesien und dem Sudetengebiet, die in den jüngst vergangenen Jahren eingemeindet worden waren. Nicht alle von ihnen hatten Paula persönlich gekannt, aber sie hatten von ihr und ihrem Schicksal gehört und wollten bei der Urnenbeisetzung dabeisein.

Einer aus ehemals deutschem Gebiet im Osten, ein gereifter Mann in den Fünfzigern, lief fast am Ende des Trauerzuges. Er hatte mit der Dahingeschiedenen nahezu zwanzig Jahre zusammengelebt. Dabei war er mit einer anderen Frau verheiratet gewesen. Die hatte ihm vier Kinder geboren, und deshalb hatte er sie nebst Kindern nach beinahe zwanzig Jahren der Trennung von Danzig-Westpreußen nach Burkitz übersiedeln lassen. Dieser Mann, Franz Klotzek, hatte Paula in der Magdeburger Frauenklinik besucht. „Paula, ich habe einen Fehler gemacht", hatte er ihr gebeichtet. „Ich war bloß noch auf dem Papier mit meiner Frau verheiratet. Wir haben uns dieser Tage scheiden lassen." Paula hatte zum Zeitpunkt seines Besuches gewusst, sie war dem Tode geweiht. Ihre Augen hatten sich mit Tränen gefüllt. Sie hatte seine rechte Hand ergriffen und kräftig gedrückt. „Zu spät, Franz. Zu spät!"

Heinz und Annedore Neuenhof war der Tod der Mutter telegraphisch von der Verwaltung der Medizinischen Akademie mitgeteilt worden. Obgleich sie bei Krankenbesuchen hatten feststellen müssen, dass sich Paulas Befinden zusehends verschlechterte, hatte die Todesnachricht sie sehr schockiert und mit Trauer erfüllt. Sie und auch Karin waren hilflos gewesen. Noch nie in ihrem Leben hatten sie die Formalitäten eines Sterbefalls erledigen müssen. Erschwerend war hinzugekommen, dass die Medizinische Akademie den Leichnam zu obduzieren beabsichtigte und dementsprechend für die Verstorbene keine Erd-, sondern eine Feuerbestattung vorzunehmen war. Aber weder die Akademie noch das Krematorium waren zu verbindlichen Terminzusagen zu veranlassen gewesen. In ihrer Hilflosigkeit hatten die Geschwister die Erledigung aller Formalitäten – einschließlich Einäscherung des Leichnams – der Abteilung Friedhofs- und Bestattungswesen beim Rat der Stadt Magdeburg übertragen. Wegen nichtmöglicher exakter Terminfestlegungen hatten sie zugestimmt, dass die Urne mit den sterblichen Überresten der Mutter auf dem Postwege an Hermann Tiows in Küssow gesandt werden würde; ein anderer Service für die Überführung der Urne war dem Magdeburger Bestattungswesen nicht möglich gewesen.

Bei so viel Seelenschmerz und Verwirrung der Neuenhofs hatte sich Marta Tiow als erfahrene und entschlussfreudige Helferin erwiesen. Sie hatte Annedore, Karin und die Neuenhof-Söhne, um die Wartezeit zu überbrücken, zu einem Sommer-Aufenthalt auf dem Tiow-Hof eingeladen. Annedore und die Kinder hatten Schulferien gehabt; ihnen war die Einladung zupass gekommen. Karin hatte sich von dem Leiter ihrer Apotheke unbezahlten Urlaub gewähren lassen. Für Martin, für Elsbeth Hirschfelds gleichaltrigen Sohn Harald und für Gerald waren es erlebnisreiche, unvergessliche Tage gewesen: Hühner-, Schweine- und Entenfüttern mit Marta Tiow, Streifzüge und Pfifferlingesuchen in den nahegelegenen Wäldern – gemeinsam mit Karin und Annedore –, Mitfahren auf dem Traktor der LPG oder auf dem pferdebespannten, von Ralf Hirschfeld gelenkten Erntewagen, Herummoddern in dem kleinen Wassergraben, der zwischen Tiows Garten hinter der Scheune und Briesows Koppeln dahinplätscherte … So schön hatten die Neuenhof-Söhne noch nie in Dresden spielen können.

An jenen Tagen hatte Marta den Kontakt zu dem jungen Pastor im Dorf besonders gepflegt. Das war nicht nur ihrer Erziehung und Lebenseinstellung geschuldet gewesen, Pastor, Kantor und Bürgermeister seien die maßgebenden Respektspersonen im Dorfe. Sie hatte auch gemeint, von allen trauernden Familienmitgliedern und Verwandten würde sie am besten mit dem Pfarrer Absprache halten und die würdevolle Beisetzungsfeierlichkeit für Paula vorbereiten können. In dieser Auffassung hatte sie nicht zuletzt Heinz' und Annedores Entscheidung bestärkt, dass das Magdeburger Krematorium Paulas Urne per Post nach Küssow hatte schicken dürfen. Marta war empört gewesen. 'Was haben sich Paulas Kinder bloß dabei gedacht? Eine kurze Nachricht an uns hätte genügt, und wir hätten Ralf mit dem Trabi die Urne von Magdeburg nach Küssow holen lassen.' Um in Martas Empfinden das Maß an Pietätlosigkeit vollzumachen, hatte ihr Hulda Vete, „der Dorf-Kurier", hinterbracht, was Klärchen und Albert Wilsleben beim Laden ihrer Getreidefuhre auf dem Seethener Feld hatten beobachten können.

Als letzte Etappe der postalischen Urnenüberführung hatte der in Küssow ansässige Postbote Erich Faber die in einem Pappkarton verpackte Urne vom Zustellamt im Nachbardorf Seethen abzuholen und gemäß Adressaufkleber zu Hermann Tiows in Küssow zu befördern gehabt. Dafür hatte Faber, wie üblich bei seinen Postgängen, das Dienstfahrrad benutzt. Wegen des Kartons war er mit dem Amtsleiter ins Plaudern und dadurch in Zeitverzug geraten. Die Sonne hatte an dem heißen Augusttag hoch am Himmel gestanden, als er endlich den Karton für Tiows und nicht, wie sonst, seine schwere Postbotentasche auf den Gepäckträger seines Fahrrades geklemmt und sich die Tasche umgehängt hatte. Dann war er losgefahren. Die Tasche hatte an einer Seite hin und her gebaumelt. Sie war dem im Postdienst tätigen Radfahrer wieder und wieder gegen den Oberschenkel geprallt. Ach, was hatte dem Manne da für eine unbequeme Fahrt bevorgestanden! In Bekümmernis darüber und weil er durstig geworden war, hatte er am Seethener „Lindenkrug" noch einmal angehalten und sich von dem freundlichen Wirt einige Gläser kühlen, schäumenden Biers zapfen lassen. Das hatte ihn zunächst erfrischt, aber für die Weiterfahrt seine Fahrtüchtigkeit nicht gefördert. Auf dem schmalen, grasnarbenbewachsenen Pastorsteig quer durch die Seethener Feldmark war es dann passiert. Wilslebens hatten beobachtet, wie der bierselige Postbote mit seinem Fahrrad ins Schlenkern geraten, dann von der Spur abgekommen und schließlich mitsamt Fahrrad und Urnen-Paket in einen wogenden Weizenschlag gesunken war. Was dabei mit dem Inhalt der Urne geschehen war, hatten Wilslebens nicht feststellen können. Was der Küssower Pfarrer beim Öffnen des Kartons in der Sakristei vorgefunden hatte, blieb für alle – außer für GOTT und seinen Seelenhirten – ein Geheimnis.

Auf Paula Neuenhofs letztem Gang jedenfalls war die Urne heil und zugedeckelt. Sie wurde dem langen Trauerzug vorangetragen. Der Pfarrer, der Urnenträger und die trauernden Hinterbliebenen an der Spitze des Zuges durchmaßen andächtig den halben Kirchhof. An den Gräbern der alten Tiows unweit der Friedhofsmauer verhielten sie den Schritt. Hier, wo sich das tiefhängende Geäst dickstämmiger Linden mit dichtem Blätterwerk über die Gräber und den Trauerzug wölbte, sollte Paula Neuenhof ihre ewige Ruhe finden. So hatten es Hermann, Willi und Marta Tiow festgelegt. Die drei waren übereingekommen, sie würden vom Steinmetz in Ziesel eine Grabplatte für Paula anfertigen lassen. Die Platte würde zwischen den Gräbern von Mutter Emma und Vater Tiow gegen den gemeinsamen Grabstein der Alten gelehnt werden. Als abschließende Inschrift auf der Platte hatte der Pfarrer bei der Vorabsprache die Worte „DER HERR IST MEIN FRIEDE" empfohlen. Dieser Spruch hatte Marta sehr gefallen. Er erschien ihr für das Leben und Schicksal ihrer Schwägerin überaus sinnfällig.

Ein lauer Sommerwind wehte über die Gräber und die Trauernden. Er trocknete die Tränen in den rotgeweinten Augen der Frauen nicht. Aber er nahm das Schluchzen der Neuenhofs mit sich fort, und er strich durch die Wipfel der alten Linden, dass es leise rauschte, als führe die Verstorbene so zum Himmel empor.

Der Pfarrer wartete hinter Emma und Hermann Tiows Grabstein, bis sich die Trauernden im Kreis um die Gräber aufgestellt hatten. Dann trat er hervor. Er betete. Er nahm dem Träger die Urne aus den Händen und senkte sie behutsam in ein henkeleimerchentiefes Loch am Kopfende des Emma Tiowschen Grabes. „Holt mich nach Hause!", hatte die Verstorbene von ihren Brüdern erbeten. Nun war sie bei ihrer Mutter gebettet. Wann, wo und bei wem kann sich der Mensch mehr zu Hause fühlen als bei der Mutter? Der Pfarrer nahm mehrmals mit drei Fingerspitzen Sand aus einer neben den Gräbern aufgestellten Metallschale und warf ihn auf die Urne. „… von Erde bist du genommen, zu Erde wirst du werden …" Er bekreuzigte und verneigte sich.

Die Trauernden durften herzutreten und Abschied nehmen – die Geschwister Neuenhof als erste. Alle anderen verharrten derweil still. Sie blickten auf Heinz. Sie erwarteten von ihm als Paulas Erstgeborenem eine zu Herzen gehende kleine Rede. Sie wussten um sein inniges und vertrauensvolles Verhältnis zur Mutter. Sie bedachten gerade zu dieser Stunde, wie sich die Verstorbene für ihre beiden Kinder geradezu aufgeopfert hatte, damit sie es beruflich zu etwas bringen konnten und damit es ihnen im Leben besser ergehen würde als ihr. Heinz hatte sich vor der Beisetzungsfeierlichkeit keinen Redetext überlegt. Er hatte gemeint, das habe er nicht nötig – bei so viel Dankbarkeit für die Liebe und Leistung der Mutter und bei so tiefer Trauer über ihren qualvollen Tod. 'Sind dreiundsechzig Jahre und vier Monate genug Lebenszeit für einen solchen Menschen, wie Mutti einer war?', fragte er im Stillen. 'Warum hat sie, was sie gefreut und ihr Genugtuung verschafft hätte, meinen Erfolg als berufener Hochschuldozent an der TH Magdeburg, nicht erleben dürfen?' Er verlor sich in Grübelei und bemerkte nicht, dass einige im Umkreis verwundert die Köpfe schüttelten. Annedore raunte ihm zu: „Um des Himmels willen – sag' was!" Und er, wie jäh erwachend, halblaut, ohne jeglichen theatralischen Effekt: „Wir danken dir, liebe Mutti, für alles, was du für uns getan hast. Wir werden dich nie vergessen." Mehr nicht. Er blickte gesenkten Hauptes auf die Urne.

Paula Neuenhof war für immer zu Hause, und ihr Sohn, ohne dass er sich dessen bewusst wurde, kehrte an diesem Tag des ewigen Abschieds zu den Wurzeln der Neuenhofschen Familie zurück.

Zweiter Teil

Theorie und Praxis

I

Diplomingenieur Helmut Sabisch hatte in den 1950er Jahren an der Technischen Hochschule (TH) Dresden Fertigungstechnik studiert. Sein im Herbst 1958 bei Professor Dr.-Ing. habil. Alfred Wichtler eingereichter Großer Beleg war mit „Sehr gut" beurteilt worden. Das hatte Sabisch als ausreichende Bestätigung seines künftigen beruflichen Aufstiegs gewertet. Demzufolge hatte er sich mit seiner langjährigen Freundin Christa Siedler zu Weihnachten 1958 verlobt. Christa hatte seinerzeit im VEB Elektromotorenwerk (ELMO) Wernigerode als technische Zeichnerin gearbeitet. Gemäß Frauenförderungsplan des Betriebes hatte sie sich zur Technikerin qualifizieren sollen. Damit schien ihre berufliche Perspektive bei ELMO gesichert und ihr Privatleben für lange Zeit auf Wernigerode, die bunte Stadt am Harz, fixiert zu sein. Ihr Verlobter hatte sich deshalb bei der Absolventenvermittlung seines Immatrikulationsjahrganges bemüht, in einen Wernigeröder Betrieb vermittelt zu werden. Sabisch hatte Glück gehabt. Im staatlichen Plan 1959 für die Vermittlung der Maschinenbau-Absolventen der TH Dresden war eine Stelle für die VVB Elektromaschinen vorgesehen gewesen. Die hatte Sabisch beansprucht. Sie war ihm im Vermittlungsgespräch, das der Fachrichtungsleiter Prof. Wichtler von Amts wegen geführt hatte, auch zugesprochen worden. Denn Sabisch hatte während seiner gesamten Studienzeit gute fachliche Leistungen erbracht und in der sogenannten gesellschaftlichen Arbeit als vom Prorektorat für Studienangelegenheiten eingesetzter Seminargruppen-Sekretär (Sem.-Sek.) fungiert. Er war der Sem.-Sek. jener Studentengruppe gewesen, der auch Heinz Neuenhof aus Burkitz angehört hatte. Wichtler und sein Oberassistent für Planung und Organisation – seinerzeit Dipl.-Ing. Wolfgang Kainzow – hatten gemeinsam mit dem zuständigen Referenten im Prorektorat für Studienangelegenheiten erwirkt, dass die VVB Elektromaschinen den ihr zugeordneten Absolventen dem VEB Elmo Wernigerode zugewiesen hatte. Damit hatte sich Sabischs Wunsch erfüllen lassen. Er und seine Verlobte hatten in einem und demselben Betrieb Arbeit gefunden, und 1959 hatten sie in dem Glauben, nun ständig vereint sein zu können, geheiratet.

Der Kaderleiter des Betriebes und die Vorsitzende des Frauenausschusses hatten es mit der Weiterqualifizierung der jungverheirateten Christa Sabisch recht eilig gehabt. Auf ihr Betreiben war die Frau zum 1. September 1959 zu einem Direktstudium an die Ingenieurschule für Maschinenbau und Elektrotechnik Magdeburg delegiert worden. Da hatte der eine Partner nach planmäßigem 5 1/2-jährigen Studium in Dresden endlich in seine Heimatstadt zurückkehren können, dafür hatte nun die sogenannte bessere Ehehälfte in Magdeburg die Schulbank drücken müssen – Wochenend-Ehe als junges Eheglück. Über die Dezimierung des Honigmondes hatte wenig hinweggeholfen, dass Sabischs Eltern und Schwiegereltern – alteingesessene Wernigeröder – das neuerliche Junggesellenleben des jungen Ehemanns so angenehm wie möglich zu gestalten bemüht gewesen waren. Nach vier Semestern – in dem Sommer, in dem die DDR-Regierung am 13. August die Grenzen des kleineren deutschen Staates zu West-Berlin durch eine 45,1 Kilometer lange Mauer hatte sichern lassen – hatte Christa ihr Studium beendet. Sie war nach Wernigerode zurückgekehrt und hatte ihre Arbeit bei Elmo auf der vormaligen Planstelle wieder aufgenommen. Nur hatte sie sich fortan Teilkonstrukteurin – statt technische Zeichnerin – nennen dürfen, und ihr Monatsgehalt war ein paar Zehn-Mark-Scheine höher gewesen als vor dem Studium.

Ihr Mann war nach seinem Studienabschluss 1959 als Betriebsmittelkonstrukteur bei Elmo beschäftigt worden. Vier Jahre später hatte sich an seinem Tätigkeitsfeld immer noch nichts geändert. Es hatte ihn aber zu Höherem gedrängt. Was hatte sich ihm geboten? Der Posten des Haupttechnologen war mit einem fähigen Absolventen der TH Dresden, einem Mann im besten Alter besetzt gewesen. Als Produktionsleiter hatte die Werkleitung einen jungen draufgängerischen und, wie Sabisch empfand, kaltschnäuzigen Fachschul-Ingenieur eingesetzt.

„Ein Sensibelchen taugt für diese Funktion nicht", hatte der Kaderleiter erklärt. „Ach", hatte Sabisch ihn gefragt, „ihr haltet mich für solch einen Typ? Wenn ihr meint, ich arbeite bei Elmo bis zu meinem Rentenalter als Vorrichtungskonstrukteur, dann täuscht ihr euch." Sein Aufbegehren hatte – wenn auch geringe – Wirkung erzielt: Er war in den Status eines Gruppenleiters für Betriebsmittel erhoben worden. Die Arbeit, die er fürderhin zu verrichten gehabt hatte, war die gleiche wie zuvor geblieben.

Letztlich war es das prekäre Wohnungsproblem in der Stadt gewesen, das die jungen Sabischs zu Veränderungen in ihrer beruflichen Tätigkeit veranlasst hatte. Ihre Aussichten, in Wernigerode eine eigene Wohnung zugewiesen zu bekommen, waren denkbar gering gewesen, wenngleich mit dem Neubau von Wohnblocks am Stadtrand in den ersten sechziger Jahren begonnen worden war. Was da gebaut worden war und noch gebaut werden sollte, hatte die Nachfrage nur zu einem geringen Teil befriedigen können. Wernigerode hatte schon damals als exponierter Urlaubsort in Mitteldeutschland gegolten. Für ihn waren – nach Meinung der zuständigen Behörden und des FDGB-Feriendienstes – vorrangig Unterkünfte für Feriengäste bereitzustellen gewesen, damit sich fleißige Werktätige winters wie sommers würden erholen können.

Christa Sabisch hatte sich an Gespräche mit ehemaligen Kommilitonen erinnert, die vom VEB Schwermaschinenbau „Ernst Thälmann" Magdeburg zum Studium an die Ingenieurschule delegiert worden waren.

Dieser Betrieb hatte seinen Studenten nach erfolgreich abgeschlossener Weiterqualifizierung lukrative Zusagen bezüglich Tätigkeit im Betrieb, Gehalt und Bereitstellung von Wohnraum gemacht – vertraglich fixiert. Christa hatte die Kontakte zu jenen Kommilitonen erneuert. Die hatten sich in ihrer Kaderdirektion kundig gemacht und den Sabischs Offerten zugehen lassen. So war es dazu gekommen, dass Helmut und Christa Mitte der sechziger Jahre auf eigenen Wunsch vom VEB Elmo Wernigerode zu dem führenden Schwermaschinenbau-Betrieb Magdeburgs gewechselt waren. Seitdem arbeitete Christa dort als Teilkonstrukteurin und Helmut zunächst als Operativ-Technologe, knapp ein Jahr später als wissenschaftlicher Assistent und dann als Stellvertreter des Betriebsleiters im Walzwerksbau. Sie waren noch nicht lange im Thälmannwerk beschäftigt gewesen, da war ihnen eine fernbeheizte 3-Zimmer-Neubauwohnung in der Magdeburger Beims-Siedlung zugewiesen worden. „Gut, dass wir nach Magdeburg gewechselt sind", hatten sich die jungen Leute gegenseitig bestätigt. „In Wernigerode säßen wir unseren Eltern immer noch auf der Pelle."

Bei so viel Zufriedenheit hatte der Betriebsleiter Walzwerksbau bei Helmut, seinem Stellvertreter, leichtes Spiel gehabt. „Kollege Sabisch, Sie leisten eine gute Arbeit. Das hat sich für Sie ausgezahlt. Ich und die Genossen des Walzwerksbaus haben Vertrauen zu Ihnen. Unser Betrieb, ein Schwerpunkt-Betrieb des DDR-Maschinenbaus, hat eine gesicherte Perspektive. Die Schlupflöcher und Abflusskanäle nach West-Berlin sind dichtgemacht. Jetzt machen wir in unserer Republik richtig Musik." Mit diesen Worten hatte er dem überraschten Sabisch einen Aufnahme-Antrag für die SED überreicht. Sabisch hatte den Antrag – trotz einiger Vorbehalte seiner Frau – unverzüglich ausgefüllt und abgegeben. In der Mitgliederversammlung der Abteilungsparteiorganisation war er einstimmig als Kandidat der Partei aufgenommen worden. Seitdem zählte der Diplomingenieur zum Stamm der qualifizierten Entwicklungskader des gesamten Thälmannwerkes.

Das „richtig Musik-Machen" hatte Sabischs Vorgesetzter nicht musikalisch gemeint. Vielmehr sagte er im Frühjahr 1969, wenige Monate nach der Gründung des Kombinates SKET: „Weißt du, Helmut," – er und sein Stellvertreter duzten sich jetzt, sie waren ja Genossen derselben Partei – „unsere Außenhändler haben sich neulich in der Leitungsberatung beim Generaldirektor bitter beklagt, wir würden unsere Walzwerksanlagen mit zu hohen Selbstkosten produzieren. Im RGW-Bereich, vor allem in der SU, kämen wir noch zurecht. Da sind wir Marktführer, und in Kriwoi Rog wurden und werden Anlagen installiert, an denen fast ausschließlich 'ETW' und neuerdings 'SKET' dransteht. Aber auf dem NSW-Markt ist der Druck der Konkurrenz nahezu übermächtig. Der kaufmännische Direktor hat in der Beratung über einen algerischen Auftraggeber berichtet. In Algerien, einem Schwellenland, soll ein neues Walzwerk errichtet werden. Die Algerier fanden unsere Offerte rein technisch-technologisch und hinsichtlich der Leistungsausbringung interessant. Aber über unseren Lieferpreis wurde gefeilscht wie auf einem arabischen Markt. Als unsere Männer zu bedenken gaben, das untere Ende des Dumpingpreises sei erreicht, wurde die Verhandlung unterbrochen, sie sollte am nächsten Tag fortgesetzt werden. Unsere Leute wurden höflich hinauskomplimentiert und machten dabei große Augen; denn im Vorzimmer saßen bereits die Handelsvertreter von Mannesmann. Die haben den von uns genannten Lieferpreis prompt unterboten. Am folgenden Tag sind unsere Männer mit dem Preis noch weiter heruntergegangen – um ehrlich zu sein: unter die Gestehungskosten –, um den Auftragszuschlag zu erhalten. Wir mussten die Devisen für die DDR einbringen."

Sabisch schürzte die Lippen und nickte. „Die DDR lässt sich ihre diplomatische Anerkennung seitens der nichtsozialistischen Länder mächtig viel Geld kosten."

„Sag es gerechterweise so: Der Alleinvertretungsanspruch der BRD bedeutet für uns tatsächlich einen teuren Wettstreit. Nichtsdestotrotz: Das Geschäft mit Algerien machen wir, nicht Mannesmann."

„Von 'Geschäft' zu reden, scheint mir unangebracht."

„Na gut. Sagen wir also: Wir machen den Handel. Aber du verstehst nun, worauf ich hinauswill: Wir müssen die Fertigungskosten für unsere Walzwerksanlagen senken. Wir wollen vorankommen im Staat und nicht ökonomisch kaputtgehen. Welche Möglichkeiten siehst du?"

Darüber hatte Sabisch seit längerer Zeit nachgedacht. „Wir müssen die Großteile für unsere Anlagen, vor allem die Walzgerüste, produktiver und effektiver fertigen. Die Flächenbearbeitung dieser Teile erfolgt bei uns zu einem hohen Prozentsatz auf alten Langhobelmaschinen aus der Aschersleber Werkzeugmaschinenfabrik. Messerkopffräsen ist produktiver als Hobeln. Dafür müssten …"

„Lass dich unterbrechen! Ich habe mir schon gedacht, du würdest einige Ideen haben. Eigentlich müssten die von unserer Hauptabteilung Technologie kommen. Na – was nicht ist, kann noch werden. Aber darauf können wir nicht warten. In der Leitungssitzung beim Generaldirektor habe ich deshalb vorgeschlagen, eine sozialistische Arbeitsgemeinschaft aus Kollegen der Bereiche anzusetzen, die zur Lösung unseres Problems beitragen können – besser gesagt: beitragen müssten. Du – so ist die einhellige Meinung – sollst diese Arbeitsgemeinschaft leiten. Der General wird dich schriftlich mit dieser Aufgabe betrauen. Unsere Parteiorganisation nimmt das Vorhaben unter Parteikontrolle. Für dich bedeutet das so viel wie einen Parteiauftrag. Unser Sekretär hat darauf gedrungen, dass die Arbeitsgemeinschaft die einschlägigen Erfahrungen sowjetischer Neuerer und Rationalisatoren auswertet und den im Betrieb bestehenden Zirkel zur Auswertung der 'Presse der Sowjetunion' in ihre Tätigkeit einbezieht. Das sei für alle Beteiligten nützlich, meint er, vor allem aber für die Zirkelmitglieder. Die würden seines Erachtens im eigenen Saft schmoren, und aus der ganzen Zirkelarbeit sei bisher wenig praktisch Verwertbares herausgekommen."

Sabisch pfiff durch die Zähne. „Da kommt ja etwas Tolles auf mich zu. Wann soll es losgehen?"

„Der Generaldirektor persönlich wird dich und die übrigen Kandidaten für die Arbeitsgemeinschaft in den nächsten Tagen zu sich bitten und euch die Beauftragungsschreiben überreichen."

„So hoch ist die Sache angebunden?"

Kopfnicken. „Ich habe es dir am Beispiel des Algerien-Geschäftes unseres Betriebes zu erklären versucht."

„Hast du dir das alles ausgedacht?"

„Was dich und die Leitung der Arbeitsgemeinschaft anbelangt – ja. Aber unser Problem – die effektivere Großteile-Bearbeitung – ist nicht das einzige, für dessen Lösung die Kombinatsleitung Sondermaßnahmen eingeleitet hat, beziehungsweise noch beschließen wird. Lass es mich so sagen: Es gibt einen Prikas von oberster Stelle, dass sich unser Kombinat in kürzester Zeit fest im NSW-Geschäft verankert. SKET bekommt knallharte Vorgaben, wie viel Valuta-Mittel pro Planjahr zu erwirtschaften und wie viel davon an den Staatshaushalt abzuführen sind. 's ist klar, ohne solche Mittel können unser Kombinat und die gesamte DDR bestimmte Importe aus dem NSW nicht tätigen, und ohne solche Importe erreichen wir allesamt nicht unsere hochgesteckten ökonomischen und sozialen Ziele. Die DDR ist ein rohstoffarmes Land. Verstehst du?"

„Verstehe. An wen muss ich mich wegen der personellen Zusammensetzung der Arbeitsgemeinschaft wenden?"

„An niemanden. Es ist schon alles in Sack und Tüten."

„Wie …? Ich werde gar nicht gefragt, ob ich und wen ich …?"

„Bleib ruhig! Pack die Sache erst mal an! Korrekturen sind später, im Verlauf eurer Arbeit, immer noch möglich."

Zwei Wochen später steckte die von Helmut Sabisch geleitete sozialistische Arbeitsgemeinschaft „Effektive Großteile-Bearbeitung" mitten in der Arbeit. Wie vom Parteisekretär beantragt, wurde darin der betriebliche Zirkel zum Studium der regelmäßig erscheinenden Publikation „Die Presse der Sowjetunion" einbezogen. Aber schon nach den ersten Arbeitstreffen stellte Sabisch fest, mit diesem Zirkel war ihm, wie man zu sagen pflegt, ein Kuckucksei ins Nest gelegt worden.

Die Zirkelmitglieder waren es gewohnt, Berichte sowjetischer Neuerer und Rationalisatoren in gemeinsamen Lesestunden gründlich zu studieren, sich deren Inhalt gegenseitig zu erläutern und die politische Bedeutung der Neuerungen für den Sieg des Sozialismus/Kommunismus im Weltmaßstab herauszuarbeiten. Sabisch wollte jedoch technisch-technologische Neuerungen vorschlagen und begründen, die – beginnend im Walzwerksbau – die Arbeitsproduktivität steigern und die Qualität der zu bearbeitenden Großteile verbessern würden. Zu solchem Ziel vermochten ihm die meisten Zirkelmitglieder nicht zu folgen. Die Diskrepanzen führten zu gegenseitigen Anschuldigungen. In einer der Debatten verlor Sabisch die Beherrschung und beschimpfte die Zirkelmitglieder als politisch verbrämten Quatsch-Klub. Darüber beschwerten sich die dem Zirkel angehörenden SED-Mitglieder beim Parteisekretär: Sabisch sei ein rechthaberischer Technik-Fetischist, dem es völlig an politischem Durchblick mangele. Der Parteisekretär reagierte sofort. Für politischen Durchblick aller Werktätigen des Betriebes zu sorgen, war seines Amtes. Enttäuscht über Sabischs verbale Entgleisung, wandte er sich an den Generaldirektor: „Verfügt der junge Genosse, dieser Sabisch, überhaupt über die notwendigen Leiterqualitäten, um Kollektive progressiv eingestellter Werktätiger des Betriebes bei der Erfüllung neuartiger und bedeutungsvoller Aufgaben der sozialistischen Rationalisierung und Systemautomatisierung entsprechend den grundlegenden Beschlüssen unserer Partei erfolgreich führen und leiten zu können?"

Für Kombinate von der Größe und der volkswirtschaftlichen Bedeutung des VEB SKET Magdeburg hatte die Parteiführung der SED sogenannte Beauftragte des Zentralkomitees eingesetzt. Sie fungierten quasi als SED-Parteisekretäre für das Kombinat als Ganzes. Der ZK-Beauftragte des SKET hatte – wie die gesamte Kombinatsleitung – seinen Sitz im Direktionsgebäude des Kombinats-Stammwerkes in Magdeburg.

Der Generaldirektor – ein hochgewachsener, sportlich und drahtig wirkender Mann an die Fünfzig, mit schmalem Gesicht und Brille war ein erfahrener und entschlussfreudiger Betriebsleiter, und genügend Parteierfahrung besaß er auch. Er ließ den ZK-Beauftragten zu sich rufen. „Trag dein Anliegen noch einmal vor!", forderte er den vor ihm sitzenden Parteisekretär des Walzwerksbaus auf. Die drei berieten. Der Generaldirektor erwartete von Sabischs Arbeitsgemeinschaft eine in technischer und in ökonomischer Hinsicht qualifizierte Konzeption für die Rationalisierung der Walzwerksfertigung. Die Parteisekretäre wollten verhindern, dass bei den vom Generaldirektor berufenen Arbeitsgruppen-Mitgliedern politisches Porzellan zerschlagen wurde. „Der Delinquent soll sofort herkommen! Er braucht offenbar ein bisschen Rotlicht-Bestrahlung."

Sabisch kam – ahnungslos, neugierig, was der General denn von ihm wolle. Er war verblüfft, die Spitzen der Parteiorganisation am Beratungstisch sitzen zu sehen.

„Genosse Sabisch, leg uns in wenigen Sätzen dar, wie die Arbeit in der von dir geleiteten sozialistischen Arbeitsgemeinschaft angelaufen ist und wie du mit den Mitgliedern der Gruppe zusammenarbeitest, welches Verhältnis sich zwischen euch herausgebildet hat!"

Sabisch redete über die ihm erteilte Aufgabenstellung – „Das ist uns bekannt!" –, er grenzte das Untersuchungsfeld ein – „Das hatten wir dir so vorgegeben" –, er berichtete, er habe Problemkomplexe definiert und wolle sie arbeitsteilig von den Mitgliedern der Arbeitsgemeinschaft untersuchen lassen mit dem Ziel, Lösungsvorschläge zu unterbreiten.

„Darum geht's", sagte der Generaldirektor. „Wie erfüllen die Genossen und Kollegen die Aufgaben, die du ihnen zugewiesen hast?"

„Das ist unterschiedlich zu bewerten." Sabisch fragte sich: 'Soll ich den dreien sagen, dass einige Gruppenmitglieder für das, was mir vorschwebt, fehl am Platze sind?'

Als erriete der ZK-Beauftragte Sabischs Gedanken, forderte er: „Sag uns offen und ehrlich deine Meinung!"

Dem Parteisekretär aus dem Walzwerksbau war das zu viel Drumherum-Gerede. „Bei mir sind Klagen eingegangen, Genosse Sabisch, du würdest manche Kollegen und auch Genossen diffamieren."

„Ich diffamiere niemanden."

„Den Zirkel zum Studium der 'Presse der Sowjetunion' hast du als politisch verbrämten Quatsch-Klub bezeichnet. Stimmt das?"

Achselzucken. „Kann sein, dass mir das in einer Debatte herausgerutscht ist."

„So. Ist das deine persönliche Position zum Studium der Sowjet-Presse?"

Sabisch blickte erschrocken die anderen Gesprächspartner an: „Natürlich nicht. Ich habe schon vor elf Jahren, bei der Anfertigung meines Großen Beleges an der TH Dresden, sowjetische Fachliteratur ausgewertet. Einige Fachartikel habe ich im russischen Original gelesen."

„Warum dann deine Arroganz? Deine beleidigenden und politisch unreifen Äußerungen?"

'Politisch unreif hat er gesagt', dachte Sabisch. 'Jetzt wird's politisch, jetzt geht's um die Wurst.' Er sagte: „Einige Mitglieder des Zirkels nutzen mir – will sagen: nutzen dem Anliegen der Arbeitsgemeinschaft nichts. Sie reden vom 'System der fehlerfreien Arbeit', von der zunehmenden Bedeutung der Qualitäts-Selbstkontrolle der Werker an den Werkzeugmaschinen. Ein Zirkelmitglied erinnerte an Pawel Bykows Schnelldreh-Methoden und an Bykows Besuch in Magdeburg. Genossen, das ist fünfzehn, ja beinahe zwanzig Jahre her. Ich gönne den Genossen und Kollegen ihre schönen Erinnerungen an Zeiten des Wiederaufbaus. Aber in unserer Arbeitsgemeinschaft geht es um neueste progressive technologische Lösungen für die Bearbeitung großer Werkstücke. Politik machen wir montags in den Parteiversammlungen ..."

„Halt! Halt, mein Lieber! Jetzt vergalopier' dich nicht!", warnte der Generaldirektor.

Der Parteisekretär sagte in strengem Ton: „Ich bin richtig informiert worden: jawohl, Genosse Sabisch, du bist ein Technik-Fetischist. Politik willst du nur montags betreiben. Interessant. Aber solche Denkart und Praxis entspricht nicht den Prinzipien und dem revolutionären Auftrag unserer Partei. So viel als erstes. Zweitens: Du bist überheblich – ein junger Genosse, und so arrogant! Die älteren Genossen im Zirkel zum Studium der 'Presse der Sowjetunion' sind nicht altmodisch, wie du hier den Anschein erwecken willst. Sie haben vor Jahren – jawohl: manche vor fünfzehn oder zwanzig Jahren – Bauteile von zwei, drei bombengeschädigten Werkzeugmaschinen aus den Trümmern geklaubt und zu einer produktionsfähigen Maschine zusammengebaut ..."

'Aber nicht mehr vor fünfzehn und auch nicht vor zwanzig Jahren', dachte Sabisch, da war unser Werk schon SAG-Betrieb.'

„... Sie haben damals mit Hunger im Bauch schwer geschuftet, damit wir Deutschen unsere Kriegsschuld bei der Sowjetunion tilgen konnten. Und sie haben sich zusammengefunden, haben fortschrittliche Parteilose hinzugezogen, um in Zirkeln, die du jetzt als Quatsch-Klubs verunglimpfst, die Erkenntnisse, Erfahrungen und Neuerungen unserer sowjetischen Genossen und Freunde zu studieren. Kannst du dir überhaupt vorstellen, was das damals bedeutet hat, als wir sagten: 'Von der Sowjetunion lernen, heißt siegen lernen'? und als viele unserer Werker ebenso wie viele Leute in der Sowjetischen Besatzungszone, sogar noch in der jungen DDR, uns entgegenhielten: 'Was sollen wir von den Iwänern lernen? Die schleppen bloß aus

Deutschland 'raus und nichts 'rein'?"

„Ich stelle das alles nicht in Abrede", sagte Sabisch leise.

Der ZK-Beauftragte hatte Mitleid mit dem Gescholtenen. Er hatte vor seinem Besuch der Parteihochschule „Karl Marx" ein Maschinenbau-Studium an der Ingenieurschule in Berlin-Lichtenberg absolviert. Er war in seinen jungen Jahren in ähnliche Debatten verwickelt gewesen wie Helmut Sabisch jetzt. Er sagte zu Sabisch: „Wir Genossen der Sozialistischen Einheitspartei sind in unserem Arbeiter- und Bauern-Staat zum Glück in einer solchen Phase der gesellschaftlichen Entwicklung angelangt, dass wir nicht jeden Tag auf die Barrikaden steigen und zum bewaffneten Kampf gegen unsere Unterdrücker und Feinde aufrufen müssen, das können wir uns – bei gebührendem Respekt vor unseren älteren Genossen und in Anerkennung dessen, was sie zuwege gebracht haben – leisten. Aber versteh' mal: Respekt und Anerkennung zollen – das hat etwas damit zu tun, was man im privaten Miteinander der Menschen als Herzensbildung bezeichnet. Klar?" Kopfnicken. „Prima. Am besten wird sein, du entschuldigst dich für deine kritikwürdigen Äußerungen sowohl in der Arbeitsgemeinschaft als auch öffentlich in eurer nächsten APO-Versammlung. – Hat jemand einen besseren Vorschlag?" Die andren schweigen. „Nicht. Also gut. Damit wir die Sache endgültig als erledigt betrachten können, Genosse Sabisch, sag uns – in groben Zügen –, was du in der Konzeption vorschlagen willst und was dich hindert, das mit der Arbeitsgemeinschaft in ihrer derzeitigen Zusammensetzung umzusetzen."

Sabisch sah den Generaldirektor an. Der nickte ihm zu: „Wir hören."

'Und wenn sie mich hinterher ablösen – ich schenke ihnen reinen Wein ein', dachte Sabisch. Er sagte: „Ich habe bei den Zusammenkünften der Arbeitsgemeinschaft eine Menge Leute am Tisch zu sitzen. Einige von ihnen brauche ich nicht für das, was mir vorschwebt. Andere, die für die Ausarbeitung einer fundierten und für SKET realisierbaren Konzeption wichtig wären, fehlen mir."

„Werde konkreter! Welche Experten können dich bei der Ausarbeitung unterstützen?"

„Ich möchte für die Bearbeitung unserer Großteile neue Waagerecht-Bohr- und Fräsmaschinen aus der ČSSR – Bohrwerke, wie die Walzwerksbauer sie nennen – einsetzen. Auf diesen Maschinen können wir die erforderliche Flächen- und Bohrungsbearbeitung an den Werkstücken in einer Werkstückaufspannung vollziehen. Wir würden vom Hobeln übergehen können zum Fräsen. Fräsen ist produktiver als Hobeln. Gegenwärtig realisieren wir die Flächenbearbeitung der Werkstücke überwiegend auf alten Langhobelmaschinen. Geht mal hinunter in die Halle und schaut euch an, wie arbeitskraft- und arbeitszeitaufwändig dort die Bearbeitungsprozesse ablaufen! Da muss ..."

„Beantworte meine Frage! Welche Experten fehlen dir?"

„Ich brauche für meine Gruppe einen Zerspanungsfachmann und einen Experten für Investitionen. Der Technologe, den die Hauptabteilung Technologie für die Mitarbeit bei mir bereitgestellt hat, ist ein Spezialist für Typenprozesse. Für die Fertigung unserer Walzgerüste kommen aber Typenprozesse nicht in Frage. Und der Invest-Fachmann soll Offerten einholen, ob und wann und zu welchen Preisen wir Bohrwerke aus der ČSSR beziehen können. Dann brauche ich einen Planer. Der muss ermitteln, wie viel neue Maschinen angeschafft und installiert werden sollten;

er muss etwas von Kapazitätsplanung verstehen und muss Zugriff auf aktuelle Informationen aus der Abteilung Auftragsklärung unseres Kombinates haben, damit die von unserer Arbeitsgemeinschaft empfohlenen Neuinvestitionen – wie wir es in Fachkreisen nennen – auf der Basis einer gesicherten Fertigungsperspektive getätigt werden können. So, denke ich, werden wir ..."

Der Generaldirektor unterbrach ihn, spöttisch lachend: „So werdet ihr womöglich den ganzen Betrieb des Walzwerksbaus umkrempeln, wie?"

Sabisch antwortete ernsthaft: „Das ist nicht auszuschließen. Wir werden vor einigen der neuen Bohrwerke Schächte anzulegen haben, in denen wir die Werkstücke mit den größten Abmessungen aufspannen ..."

Der Parteisekretär grinste und winkte mit der Hand ab. „Er ist ein Technik-Fetischist, haben mir die Genossen aus dem Zirkel gesagt. Sie haben recht."

„Mag sein", sagte der ZK-Beauftragte. Er lachte oder grinste nicht.

Sabisch sah ihn an. „Mich hat mein Betriebsleiter eingeweiht – ganz im Vertrauen, aber in diesem Personenkreis muss ich das beichten –, mit welchem Gewinn in Anführungszeichen wir manchmal NSW-Exporte tätigen müssen, um ..."

„Die Klatschbase!", schimpfte der Generaldirektor.

„Ich befürchte", setzte Sabisch unbeirrt fort, „wenn wir so wie jetzt weiterproduzieren, wird es uns über kurz oder lang mit unseren sowjetischen Auftraggebern ähnlich ergehen wie kürzlich mit den Algeriern."

Nun grinste der Parteisekretär nicht mehr. „Genosse, du scheinst ein gestörtes Verhältnis zur Sowjetunion, dem besten Freund der DDR, zu haben. Erst ..."

„Den Vorwurf weise ich zurück!", unterbrach ihn Sabisch.

„Erst diffamierst du die Genossen, die die Sowjet-Presse auswerten. Jetzt ziehst du die Stabilität der Handelspartnerschaft mit unseren sowjetischen Freunden in Zweifel. Da frage ich mich ernstlich, wer gibt dir so etwas ein?"

An Sabischs Statt antwortete der ZK-Beauftragte: „Der ökonomische Wettstreit der beiden Weltsysteme."

Dem Parteisekretär blieb der Mund offenstehen.

Der ZK-Beauftragte sagte: „Auch der große Freund der DDR steht im ökonomischen Wettstreit und muss die Selbstkosten seiner Produktion minimieren. Und wenn ihm Mannesmann oder sonst wer neue Walzwerksausrüstungen kostengünstiger anbietet als SKET, dann kann es passieren ..."

„Wir haben verstanden", sagte der Generaldirektor. Er hatte blitzschnell überlegt. Sein unternehmerisches Gespür und seine langjährigen Erfahrungen bei der Leitung großer Maschinenbau-Betriebe hatten ihn begreifen lassen, so, wie es diesem Sabisch vorschwebte, musste er als General die technische Entwicklung im Stammwerk und im ganzen Kombinat in kürzester Zeit voranbringen, letztlich lag darin und in der dafür notwendigen Bündelung der Kräfte der Sinn der Kombinatsbildung. In lockerem Ton sagte er: „Aber die jetzigen Mitglieder der sozialistischen Arbeitsgemeinschaft berufe ich nicht gleich wieder ab. Ich habe sie nach gründlicher Beratung mit meinen Fachbereichsdirektoren nominiert. Zum Lolly mache ich mich nicht."

„Das brauchst du auch nicht", sagte der ZK-Beauftragte. „Berufe die Experten, die nach Genossen Sabischs Vorstellungen fehlen, kurzerhand nach! Dann ist die Truppe komplett."

„Dann ist sie aber noch schwerfälliger als jetzt – so viele Leute! Solch ein organisatorischer Aufwand vor und nach dem Zusammenkünften!", wehklagte Sabisch.

Der ZK-Beauftragte lächelte. „Stell dein Licht nicht unter den Scheffel! Du hast vorhin gesagt, du habest Aufgabenkomplexe definiert, die du von dafür geeigneten Gruppenmitgliedern bearbeiten lassen willst." Kopfnicken. „Mit denen führst du deine Arbeitssitzungen durch. Die ganze Arbeitsgemeinschaft rufst du nur dann zusammen, wenn ihr Grundsatzfragen zu entscheiden habt oder wenn einzelne Abschnitte eurer Konzeption endgültig zu bestätigen sind. Andernfalls – da gebe ich dir recht – mutiert auch eure sozialistische Arbeitsgemeinschaft zu einem Quatsch-Klub."

Sabisch sagte: „Ich beabsichtige des weiteren, Experten aus dem Hochschulwesen in unsere Arbeit einzubeziehen. Konkret denke ich dabei an die TH Dresden, an der ich vor Jahren studiert habe und von der mir geeignete Leute persönlich bekannt sind."

Der Generaldirektor wiegte den Kopf hin und her. „Interessant, die Wissenschaftler nicht bloß theoretisieren zu lassen."

Der ZK-Beauftragte zitierte aus Goethes Vierzeiler „Erinnerung": „Warum in die Ferne schweifen? Sieh, das Gute liegt so nah!" Wieder lächelte er. „Magdeburg hat eine TH am Ort. Der Direktor der Sektion Technologie der TH, Genosse Professor Kainzow, ist meines Wissens Zerspanungsfachmann. Er hat sich in der Prognosearbeit beim Ministerrat hervorgetan und genießt im Sekretariat Dr. Mittag einen guten Ruf. Er ist der richtige Berater für eure Konzeption. An ihn wendet euch!"

Sabisch dachte: 'Ist das der Kainzow, den ich von meiner Studienzeit in Dresden her kenne? Dann müsste ich doch tatsächlich …' Er sagte: „Ich nehme die Verbindung zu dem Genossen Professor auf."

Der General machte eine abwehrende Handbewegung. „Die Sache schieben wir anders an. Ich werde den Professor zu einer Tasse Kaffee zu mir einladen. Wenn der Mann solch ein tüchtiger Experte ist, dann weiß ich mit ihm über mehr zu reden als bloß über unsere Arbeitsgemeinschaft 'Großteile-Bearbeitung'." An Sabisch gewandt: „Wenn ich den Mann bei mir am Tisch zu sitzen habe, rufe ich dich hinzu."

„Gute Idee." Der ZK-Beauftragte fragte: „Schafft ihr das alles bis zum 20. Jahrestag?"

Sabisch sagte: „Die Konzeption – ja. Alles Weitere …"

Der Generaldirektor setzte fort: „Alles Weitere werde ich mit meinen Fachbereichsdirektoren leitungsmäßig umsetzen." Ihm war während dieses Vierer-Gesprächs bewusst geworden, es ging um mehr als um eine unter Sabischs Leitung auszuarbeitende Konzeption; es ging um ein millionenschweres Rekonstruktions-Projekt für den Walzwerksbau seines Kombinates, des SKET, vielleicht der ganzen DDR. Der ZK-Beauftragte sah ihn fragend an. Der General blinkerte ihm zu. „Alles klar. Ich weiß, was auf das Kombinat zukommt und was ich zu tun habe."

„Dann werde ich Genossen Dr. Mittag beim nächsten Rapport berichten, welche Vorhaben das SKET – im Schrittmaß der führenden Kombinate unseres Landes – zu Ehren des 20. Jahrestages der DDR angehen wird."

„Tu das!" Die Stimme des Generaldirektors vibrierte.

„Und du, Genosse Sekretär, erteilst allen Genossen, die von Technik-Fetischismus faseln, wenn es um solche Dinge geht, über die wir heute beraten haben, einen Parteiauftrag", sagte der ZK-Beauftragte. „Du verpflichtest sie, die Werke von Wladimir Iljitsch Lenin gründlicher als bisher zu studieren. Lenin lehrt uns: Letztlich entscheidend für den Sieg der neuen, der sozialistischen Gesellschaftsordnung über die alte, die kapitalistische Ordnung ist das Erreichen einer höheren Arbeitsproduktivität."

Damit war die Unterredung beim Generaldirektor beendet.

2

An der Technischen Hochschule „Otto von Guericke" Magdeburg (THM) begann die Arbeitszeit für das wissenschaftliche und das sogenannte nichtwissenschaftliche Personal an jedem Werktag 7 Uhr morgens. Für die Arbeiter und Angestellten in den Sektionswerkstätten und -büros endete der Arbeitstag 16.15 Uhr. Von den Professoren, wissenschaftlichen Assistenten und Aspiranten wurde – insbesondere nach der III. Hochschulreform in der DDR – erwartet, dass sie ihren Arbeitstag über den regulären Feierabendbeginn hinaus freiwillig ausdehnten. Dies läge, wurde

argumentiert, im Interesse ihrer Forschungsarbeit, ihrer wissenschaftlichen Qualifizierung und ihrer Lehrtätigkeit; zugleich würde dies der optimalen Auslastung der an der THM verfügbaren personellen und materiellen Kapazitäten dienen. Ausgenommen von diesem Arbeitszeitregime waren die Arbeiter des Heizkraftwerkes und die Pförtner, die sogenannten Angestellten des Wachpersonals, sie arbeiteten acht Stunden pro Tag im Drei-Schicht-Betrieb.

Einer der Sektionsdirektoren, die besonders streng auf das Einhalten der regulären Arbeitszeit an der THM drangen, war Prof. Dr.-Ing. Wolfgang Kainzow. Er war strenge Disziplin aus seiner mehrjährigen leitenden Tätigkeit im VEB Turbinenwerke Dresden gewöhnt. Nach seiner Auffassung war die volle Nutzung der Arbeitszeit eine der wesentlichen Voraussetzungen für Innovationen und für bestmögliche Ergebnisse in der Lehre und Forschung. In diesem Sinne hatte er vom ersten Tag seiner Berufung an das Institut für Fertigungstechnik und betriebliches Messwesen gewirkt. Seit dem Spätherbst 1968, als Gründungsdirektor der Sektion Technologie der metallverarbeitenden Industrie, strebte er mit „seiner" Sektion eine Spitzenposition an der THM und im Wettstreit mit gleichartigen Sektionen anderer Hochschuleinrichtungen an. Welche Maßnahmen und Neuerungen er in der Lehre, Forschung und Wissenschaftsorganisation plante, hatte er sogar in der Dienstberatung beim Minister für das Hoch- und Fachschulwesen in Berlin vorgetragen und viel Lob dafür gezollt bekommen. Und nun drohten seine hehren Absichten von dem lapidaren Problem durchkreuzt zu werden, dass einige Sektionsangehörige gegen die Arbeitsordnung der THM verstießen.

An einigen der vormaligen, nun in der Sektion Technologie der mvl aufgegangenen Institute hatte sich in den 1960er Jahren ein gewisser Schlendrian eingeschlichen. Professoren und Dozenten, sogar manche Oberassistenten hatten vorgegeben, in den frühen Morgenstunden nicht kreativ sein und überhaupt nur zu Hause ungestört und wissenschaftlich produktiv arbeiten zu können. Dabei hatte jedem von ihnen schon wenige Jahre nach der Gründung der Hochschule (1953) ein fester Arbeitsplatz in einem mit maximal drei Personen besetzten Institutszimmer, den Professoren sogar ein Einzelzimmer zugewiesen werden können. Dennoch hatten sie ihre Anwesenheit in der Hochschule meistens darauf beschränkt, ihre Lehrverpflichtungen wahrzunehmen, an ihnen wichtig erscheinenden Sitzungen und Beratungen teilzunehmen, ihre Dienstpost zu erledigen und ihren Mitarbeitern kurze, belehrende und kontrollierende Visiten abzustatten.

Wie der Herre, so's Gescherre. Auch die Mitarbeiter hatten sich nach und nach ihnen nicht zustehende Freizügigkeiten herausgenommen. Sie hatten – während der Arbeitszeit – Behördengänge erledigt oder ihre täglichen Wareneinkäufe in HO- oder Konsum-Geschäften getätigt. Sie waren – während der Arbeitszeit – auf der Jagd nach Schnäppchen oder Mangelwaren unterwegs gewesen. Wegen des unzureichenden Angebots an Dienstleistungen hatten sie – während der Arbeitszeit – Termine beim Friseur oder im Kosmetiksalon wahrgenommen. Sie hatten aus Institutsbeständen, ohne dafür etwas zu bezahlen, Materialien entnommen und motorbetriebene Werkzeuge benutzt, um daraus Bauteile oder Einrichtungsgegenstände für die heimische Gartenlaube oder für den in der waldreichen Umgebung errichteten Bungalow anzufertigen. An Sonnabenden, manchmal gar mittwochnachmittags, wenn der Institutsdirektor an einer Fakultätsratssitzung teilnahm oder eine

Dienstreise durchführte, waren – während der Arbeitszeit – Skatspiele veranstaltet worden, die mehrmals im Studienjahr den Charakter von Instituts-Turnieren angenommen hatten.

Da waren 1968, bei der III. Hochschulreform, an der jungen Technischen Hochschule nicht nur veraltete akademische Zöpfe abzuschneiden gewesen. Prof. Kainzow hatte einige Angehörige der neugegründeten Sektion nachdrücklich auf geltendes Hochschulrecht und auf die Arbeitsordnung der THM verweisen und sie belehren müssen, bei welchen Eigenmächtigkeiten akademische Freiheit aufhörte und unakzeptable Disziplinlosigkeit begann. Er beließ es nicht bei mündlichen Appellen. Er besann sich auf Regelungen, die in Industriebetrieben üblich, um nicht zu sagen: selbstverständlich waren. Wer seinen Arbeitsplatz zu privaten Zwecken verließ, hatte dafür die Zustimmung seines Vorgesetzten einzuholen. Weiter: Die wöchentlichen Dienstberatungen der Sektionsleitung fanden montagmorgens von 7 bis 8.45 Uhr in Kainzows Dienstzimmer statt. Zur Sektionsleitung zählten der Sektionsdirektor, sein Stellvertreter für Ausbildung und Erziehung, der stellvertretende Sektionsdirektor für Forschung, der Leiter der sektionszentralen Abteilung Ökonomie, der Werkstattleiter und die Sekretäre der Sektionsorganisationen der SED, des Jugendverbandes (FDJ) und der Gewerkschaft (FDGB). In der am gleichen Tag um 9 Uhr beginnenden, etwa zweistündigen Beratung mit den Lehr- und Forschungsgruppenleitern der Sektion setzte Prof. Kainzow die Weisungen und Beschlüsse des Rektors und seiner eigenen Beratungen leitungsmäßig um.

Lehr- und Forschungsgruppen waren die kleinste Struktureinheit der Hochschule. An der Sektion Technologie der mvl gab es ihrer zehn. Sie waren entsprechend den an der Sektion vertretenen Wissenschaftsgebieten konstituiert worden. In jeder dieser Gruppen waren Hochschullehrer, wissenschaftliche Assistenten und Aspiranten sowie Forschungsstudenten vereinigt worden. Jeder Gruppe stand ein Hochschullehrer – Professor oder Hochschuldozent – vor, in Ausnahmefällen auch ein Oberassistent. Er hatte die Lehr- und Forschungsarbeit auf dem der Gruppe zugeordneten Wissenschaftsgebiet wissenschaftlich und organisatorisch zu leiten. In eingegrenztem Umfang unterstanden ihm seine Gruppenmitglieder auch disziplinarisch. Das betraf die Kontrolle der Anwesenheit am Arbeitsplatz, die Urlaubsplanung, die Ableistung freiwilliger Arbeitseinsätze bei Umdispositionen in den Versuchsfeldern der Sektion, bei der Verschönerung des Umfeldes der Sektionsgebäude und bei der Schneeberäumung im Winter. Weisungsbefugt in allen die Gruppenmitglieder betreffenden Fragen der Gehaltszahlung, der Zuerkennung von Prämien oder Auszeichnungen und der Neueinstellung oder Entlassung war der Sektionsdirektor in Abstimmung mit der Hochschulleitung. Der Lehr- und Forschungsgruppenleiter war zu solchen Fragen lediglich vorschlagsberechtigt.

Im Ergebnis der III. Hochschulreform hatte das Ministerium für das Hoch- und Fachschulwesen der DDR – nach der Abschaffung der Institutsstruktur an den Hochschuleinrichtungen – bestimmt, die Sektionen seien fürderhin die das Universitäts- und Hochschulleben tragenden Struktureinheiten und die Sektionsleitungen die unterste Ebene, die Basis-Ebene in der Leitungs- und Verwaltungshierarchie einer Hochschuleinrichtung. Dies erklärt die rechtliche Stellung und die Befugnisse des Sektionsdirektors gegenüber den Lehr- und Forschungsgruppenleitern – und umgekehrt. Entsprechend der ministeriellen Festlegung wurden zudem ökonomische, studien- und forschungsorganisatorische Belange, soweit sie für die gesamte Sektion relevant waren, von je einer gesonderten Abteilung zentral verwaltet und geregelt. Zentralisiert worden waren auch das Werkstattpersonal und der Maschinenpark zur Anfertigung von Lehr- und Lernhilfen, von Spezialgeräten und von Ausrüstungen für die Versuchsfelder und Forschungslaboratorien. Lediglich das Personal und die Geräte und Hilfsmittel für das schweißtechnische, das werkstoffkundliche und das werkstoffprüftechnische Spezial-Labor waren den entsprechenden Lehr- und Forschungsgruppen zugeordnet geblieben. Die Abteilungen Studienorganisation, Ökonomie und Forschungsorganisation und die Zentralwerkstatt der Sektion Technologie der mvl waren im Gebäude K der Technischen Hochschule Magdeburg untergebracht. In diesem Gebäude befanden sich auch zwei kleine Hörsäle und das Dienst- und Beratungszimmer des Sektionsdirektors. Damit war das Gebäude K quasi die Zentrale der großen Sektion.

Der 1. September 1969, ein Montag, war Dr.-Ing. Heinz Neuenhofs erster Arbeitstag an der TH Magdeburg.

Zehn Minuten vor 7 Uhr geleitete ihn Hilde Müller, die Leiterin des Sektionssekretariats, in das Dienstzimmer des Sektionsdirektors. Prof. Dr. Kainzow stand ohne Jackett hinter seinem Schreibtisch, die Hemdsärmel hochgekrempelt, den obersten Hemdenknopf geöffnet, den gelockerten Schlipsknoten in Brustwarzenhöhe. Vor ihm lag aufgeklappt eine Unterschriftenmappe. In darin enthaltenen Papieren blätterte Kainzow hastig. Neben ihm stand Dr. Bürgel, sein wissenschaftlicher Sekretär. Der gab seinem Vorgesetzten Kommentare zu einzelnen Papieren. Kainzow blickte kurz auf und gewahrte Dr. Neuenhof. Er streckte dem Neuling seine Rechte entgegen – „Wir warten noch 'nen Moment, bis alle da sind"– und debattierte weiter mit Bürgel.

Hilde Müller warf einen Blick auf die Sektionsleitungsmitglieder, die am Beratungstisch Platz genommen hatten. „Es fehlt nur noch Professor Weichtel", tuschelte sie Heinz zu. „Er hat noch drei Minuten Zeit bis zum Sitzungsbeginn. Er wird draußen auf dem Gang stehen und seine Pfeife zu Ende rauchen." Sie lächelte verschmitzt und dachte: 'Vielleicht ist der pfeiferauchende Professor noch gar nicht im Hause.' Sie wusste, Weichtel gehörte zu jenem Personenkreis, den Prof. Kainzow in der jüngst zurückliegenden Zeit zu einem pünktlichen Arbeitsbeginn am Morgen hatte bekehren müssen.

Heinz Neuenhof wusste das noch nicht. Er stand unschlüssig da. Ein untersetzt gebauter Mann in seinem Alter verließ behend seinen Platz am Beratungstisch und kam mit ausgestreckter Rechten auf den Neuen zu. „Willkommen in unserer Sektion! Ich bin Professor Graßhauer, stellvertretender Sektionsdirektor für Ausbildung und Erziehung. Mein Kollege Scholl von der TU Dresden hat mir von Ihnen erzählt."

'Scholl?', dachte Neuenhof. Ihn kannte er von seiner Studien- und Assistentenzeit her. Scholl war damals als promovierter Oberassistent am Institut für Werkstoffkunde der TU Dresden tätig gewesen.

Graßhauer schüttelte Heinz die Hand. „Ich freue mich auf unsere Zusammenarbeit.' Neuenhof nickte. Graßhauer setzte sich wieder.

Inzwischen war es 7 Uhr geworden. Kainzow stellte sich hinter seinen Schreibtischsessel und zog seinen Schlips fest, dessen Knoten nun schief zwischen den Hemdkragenecken saß. Er wollte die Sitzung eröffnen. Da stürmte Prof. Dr.-Ing. Volker Weichtel, Ordinarius für betriebliches Messwesen und stellvertretender Sektionsdirektor für Forschung, ins Zimmer. Er klopfte mit den Knöcheln seiner geballten Rechten ein paarmal auf den Beratungstisch, winkte dem Sektionsdirektor und den anderen Versammelten jovial zu und setzte sich auf den freigebliebenen Stuhl unmittelbar vor Kainzows Schreibtisch, vis-á-vis von Graßhauer. Das war sein Stammplatz.

Graßhauer grinste und dachte: 'Da hat es Weichtel gerade mal wieder geschafft.' Er selber pflegte stets mindestens fünf Minuten vor einem verabredeten Zeitpunkt zur Stelle zu sein.

Prof. Kainzow winkte Neuenhof zu sich heran. Er gebot mit einer Handbewegung Ruhe. „Heute beginnt Hochschuldozent Dr. Heinz Neuenhof an unserer Sektion – hier, im K-Gebäude, Zimmer 214 – zu arbeiten. Er leitet, wie von uns beschlossen, die Lehr- und Forschungsgruppe Fertigungsprojektierung." Er sagte ein paar Sätze zu Neuenhofs bisheriger Tätigkeit und zu den Anstrengungen, deren es bedurft hatte, um den erfolgreichen Produktionsleiter des VEB Elektrodyn Dresden von der VVB Elektromaschinen freigestellt zu bekommen. Er wünschte dem Neuling an der Sektion viel Erfolg und gute Zusammenarbeit mit allen Mitarbeitern. Neuenhofs Vorstellung dauerte etwa fünf Minuten. Kainzow schüttelte Heinz die Hand. „9 Uhr beginnt hier bei mir die Beratung der Lehr- und Forschungsgruppenleiter. Daran nimmst du teil. Anschließend stelle ich dich deinen Gruppenmitgliedern vor. Das wär's."

Neuenhof verließ das Direktionszimmer. Dr. Bürgel folgte ihm ins Sekretariat. „Es wäre zweckmäßig, die Zeit für einen Gang zur Kaderleitung zu nutzen und dort die notwendigen Formalitäten deiner Einstellung an der THM zu erledigen."

Dr. Neuenhof befolgte den Ratschlag. Der Kaderleiter empfing ihn mit gewichtiger Miene. Er hielt dem Neueinzustellenden einen Vortrag über die Rolle der Technischen Hochschule im Magdeburger Territorium und im Hochschulwesen der DDR. Was er darlegte, war Neuenhof bekannt; deshalb hatte er sich ja für eine Tätigkeit in Magdeburg entschieden. Eine Mitarbeiterin, zuständig für das wissenschaftliche Personal der THM, gesellte sich zu ihnen. Sie blätterte in Neuenhofs Kaderakte und legte dar, welche Formulare und Erklärungen zu ergänzen oder neu abzufassen seien. Sie überreichte dem Neuling mehrere Vordruckblätter und den sogenannten Laufzettel, auf dem vermerkt war, bei welchen Abteilungen und Organisationen Heinz vorzusprechen oder sich anzumelden hatte. Die Auflistung war lang – von der Hochschulbibliothek bis zur Gewerkschaftsleitung war alles aufgeführt. „Und jede Position bitte abzeichnen lassen!", forderte die Mitarbeiterin. Neuenhof staunte. Der Kaderleiter lächelte ermutigend. „Mit einem bisschen Glück, Genosse, hast du die Sache in zwei Tagen erledigt. Dann bringst du uns den Laufzettel zurück, und wir händigen dir dafür deinen Dienstausweis aus."

Neuenhof sagte zu der Mitarbeiterin fürs wissenschaftliche Personal: „Wenn Sie gerade beim Blättern in meiner Kaderakte sind – dürfte ich mal meine Abschlussbeurteilung vom Betrieb lesen?"

„Ist dir die bei deinem Ausscheiden aus dem Betrieb nicht zur Kenntnis gegeben worden?", fragte der Kaderleiter erstaunt. Nein, das hatten Bockhardt und Drohlich in ihrer Verärgerung über Neuenhof unterlassen. „Dann lass ihn lesen!"

Bockhardt hatte die Beurteilung engzeilig, mit Schreibmaschine, auf einem Kopfbogen schreiben lassen. Mehr als einen mittelfingerlangen Text hatte er sich nicht abgerungen – und vom Inhalt her so etwas: Dr. Neuenhof habe bei seinem Tätigkeitsbeginn im EDD eine halbjährige Einarbeitungszeit zugemessen bekommen gehabt, die für seinen Nachfolger trotz gewachsener Aufgaben des Betriebes wegen Neuenhofs Ausscheidens nicht zur Verfügung stehe. Neuenhof seien von Anfang an gute Chancen geboten worden, als Produktionsleiter sechs Jahre lang für die Erfüllung des Betriebsplans Monat für Monat Sorge tragen zu können. 1968 habe er sogar an einem Lehrgang zur Weiterbildung leitender Kader der Elektroindustrie an der Zentralschule Crostau des Ministeriums für Elektrotechnik und Elektronik teilnehmen dürfen, um bei der Konstituierung des Kombinates Elektromaschinen und eines Forschungs- und Entwicklungszentrums des Kombinates effektiv mitwirken zu können. Aber diesen Aufgaben habe er sich durch den Wechsel an die TH Magdeburg entzogen. Obwohl eine weitere Tätigkeit des Dr. Neuenhof im EDD für seine Persönlichkeitsentwicklung und für den Betrieb zweckmäßig gewesen wäre, sei der Genannte für eine Dozententätigkeit an der TH aus betrieblicher Sicht geeignet …

Neuenhof machte „Pffft". Der EDD-Kopfbogen mit diesem von Bockhardt verfassten Text war nicht das, was sich Neuenhof, einer volkstümlichen Redensart folgend, mit Wohlgefallen hätte hinter den Spiegel stecken können.

Der in solcher Weise Beurteilte erinnerte sich seiner letzten Arbeitstage bei Elektrodyn. Er hatte sich von Rudolf Bockhardt quasi in die Enge getrieben gefühlt, hatte keine Chance für einen Aufhebungsvertrag gesehen und deshalb zum 31. August 1969 schriftlich gekündigt.

An seinem vorletzten Arbeitstag im EDD wusste ihm der Fertigungslenker des F-Bereiches, Werner Müller, über folgende Begebenheit zu berichten: Direktor Bockhardt hatte dem F-Bereich FTW von Meister Bückert eine seiner unangemeldeten Visiten abgestattet und mit den Werkzeugschlossern über die Zukunft des Betriebes und über all die zu erwartenden Veränderungen und Neuerungen debattiert. Dabei war die Rede auch auf „den fahnenflüchtigen F" gekommen. Der hochangesehene Star-Werkzeugschlosser Egon Handke – eben der Mann, der „den F" zuletzt keines Wortes gewürdigt hatte – hatte zu seinem Werkdirektor gesagt: „Rudi, mit gefällt der Weggang des Doktors überhaupt nicht, aber lass ihn nicht wie einen geprügelten Hund aus dem EDD scheiden! Mach mit ihm einen Aufhebungsvertrag und schreib ihm eine ordentliche Beurteilung!" Eine ähnliche Orientierung für Bockhardt sollte es auch, wie im EDD erzählt wurde, vom Direktor für Kader und Bildung der zuständigen VVB gegeben haben.

„So kompliziert", würde Neuenhof seiner Mutter sagen, wenn sie noch lebte, „und so aufwändig kann es beim Wechsel von einem Paradies ins andere zugehen."

In der 9 Uhr-Beratung des Sektionsdirektors an diesem Montag wurde Dr. Neuenhof als Leiter der neuen Lehr- und Forschungsgruppe Fertigungsprojektierung nochmals willkommen geheißen. Prof. Kainzow fasste sich dabei noch kürzer als zwei Stunden zuvor vor dem Leitungskollektiv der Sektion. Er hatte eine umfangreiche Tagesordnung abzuarbeiten und wollte die Beratung pünktlich 11 Uhr beenden. „Anschließend führe ich dich in deine Gruppe ein", versprach er Neuenhof erneut. Der hatte bei seinem Magdeburg-Besuch im April erfahren, ihm seien zwei wissenschaftliche Assistenten – Kästner und Berghausen – zugeordnet worden. 'Was gibt es da noch

einzuführen?', fragte er sich. Er wusste nicht, welche Überraschung ihm bevorstand.

Dipl.-Ing. Werner Kästner hatte seit dem Frühjahr regelmäßig an den Beratungen der Lehr- und Forschungsgruppenleiter teilgenommen. Er war auch an diesem Morgen erschienen. Er und Neuenhof begrüßten sich.

Ehe Kainzow mit dem ersten Tagesordnungspunkt begann, sagte er zu Kästner: „Werner, deine weitere Teilnahme an der Beratung erübrigt sich. Dr. Neuenhof sitzt hier am Tisch. Du kannst an deine Arbeit gehen. Zu um viertel zwölf rufst du eure Gruppe zusammen – sagen wir: in K 211. Ich komme zu euch."

„Kurz vor halb zwölf gehen unsere Leute gewöhnlich in die Mensa zum Mittagessen", wandte Kästner ein.

„Sie sollen heute etwas später essen gehen. Ich möchte nachher jeden eurer Männer sehen. Wenn auch nur einer fehlt, werde ich ärgerlich. Sag ihnen das!"

Kästner verließ den Raum.

Den Schwerpunkt der Beratung bildete die Rationalisierung der Lehre. Prof. Kainzow erteilte jeder Lehr- und Forschungsgruppe einen konkreten Auftrag. Die Gruppe Abspantechnik/Abtragtechnik sollte programmiertes Lehrmaterial erarbeiten, das gedruckt und den Studenten in den Vorlesungen ausgehändigt werden und in den Übungen die Repetition und Vertiefung des Lehrstoffs erleichtern würde. Die Gruppe Betriebliches Messwesen wurde – wie Kainzow hervorhob: erneut – beauflagt, die an die Studenten auszugebenden Umdruckblätter generell zu aktualisieren. Von der Gruppe Umform- und Zerteiltechnik forderte er, für jeden der von ihr betreuten Versuchsstände im K-Versuchsfeld eine dem neuesten wissenschaftlich-technischen Stand gemäße Versuchs-Anleitung für Studenten auszuarbeiten. Die Gruppen Betriebsprojektierung und Arbeitsgestaltung sollten für die von der Sektion angeschaffte und in deren audio-visuellem Kabinett installierte Lernmaschine Programme mit Wiederholungs- und Prüfungsfragen entwickeln. Auch die Gruppe Fertigungsprojektierung bedachte der Sektionsdirektor. Sie sollte federführend für die Sektion Dia-Ton-Vorträge zu Schwerpunkt-Themen der Gestaltung von Fertigungsprozessen für maschinenbautypische Einzelteile entwickeln, erproben und im Frühjahrssemester 1970 im praktischen Lehrbetrieb nutzen. Der Gruppe Ingenieurpädagogik übertrug Kainzow die Aufgabe, die Vorhaben der anderen Lehr- und Forschungsgruppen methodisch-didaktisch zu unterstützen und ihren Mitarbeiter Dipl.-Gewerbelehrer Mennecke für die Betreuung des audio-visuellen Kabinetts der Sektion freizustellen. Mennecke sollte künftig das gesamte wissenschaftliche Personal der Sektion in die Einsatzmöglichkeiten und den Gebrauch der im Kabinett konzentrierten Geräte und Lernmaschinen einweisen, die Nutzung des Kabinetts durch die Studenten zeitlich koordinieren und die Wartung der technischen Einrichtungen gewährleisten. Die übrigen Mitglieder der Gruppe Ingenieurpädagogik sollten als Selbstverpflichtung die bisherigen dienstlichen Verpflichtungen von Mennecke freiwillig übernehmen. Mit diesen Vorhaben wollte Prof. Kainzow die von ihm einige Monate zuvor in der Dienstbesprechung des Ministers für das Hoch- und Fachschulwesen abgegebenen Versprechen zur Rationalisierung und Intensivierung der Lehre an „seiner" Sektion einlösen.

Dr. Neuenhof hatte bislang keinen Dia-Ton-Vortrag gehört, geschweige ausgearbeitet. Am liebsten hätte er Kainzow und Mennecke sofort nach Einzelheiten, Möglichkeiten und Terminen befragt. Aber er hatte Bedenken: Eben noch als neuer Lehr-

und Forschungsgruppenleiter Fertigungsprojektierung und als Experte mit umfangreicher Praxiserfahrung vorgestellt, wollte er vor den anderen nicht durch simple Fragen als unbedarft erscheinen, so viel Ehrgeiz hatte er. Jedenfalls überraschte ihn Kainzow mit dem ihm und seiner Gruppe erteilten Auftrag. Aber er sagte sich: 'Überraschungen habe ich bei Elektrodyn genug erlebt und bin mit allen zurechtgekommen. Warum soll mir das hier nicht gelingen?' Und er schwieg.

Zu besonderen Anlässen oder zu Tagesordnungspunkten, die ihren Funktionsbereich betrafen, nahmen auch Mitglieder der Sektionsleitung an der Beratung des Sektionsdirektors mit den Lehr- und Forschungsgruppenleitern teil. An diesem 1. September taten dies Prof. Graßhauer und der Vorsitzende der Sektionsgewerkschaftsorganisation, Dozent Dr. paed. Rudi Hütlein, tätig in der Lehr- und Forschungsgruppe Ingenieurpädagogik.

Graßhauer legte dar, welche Vorhaben zur Rationalisierung der Lehre auf werkstoffkundlichem und auf werkstoffprüftechnischem Gebiet von ihm und seinen Mitarbeitern verfolgt würden, dass sie daran schon seit geraumer Zeit arbeiteten und dabei größten Wert auf die Abstimmung und Zusammenarbeit mit Partner-Instituten an anderen Universitäten und Hochschulen legten. Dann wies er die anwesenden Gruppenleiter darauf hin, er werde die Erfüllung der Auflagen, die der Sektionsdirektor den Lehrgruppen erteilt habe, unter persönliche Kontrolle nehmen.

Dem schloss sich Dozent Hütlein an. Er werde die Gewerkschaftsgruppen Vertrauensleute der Sektion in den nächsten Tagen dahingehend anleiten, dass die Kampfprogramme der Gruppen um die heute vom Sektionsdirektor dargelegten Aufgaben zu ergänzen beziehungsweise zu präzisieren seien. Dabei sollten die Lehr- und Forschungsgruppenleiter – so Hütleins Bitte – eng und von gleichem Interesse getragen mit den Vertrauensleuten zusammenarbeiten. Das wäre ein konkreter Beitrag im Wettbewerb zu Ehren des 20. Jahrestages der DDR. Er wollte die präzisierten Kampfprogramme zum 12. September vorgelegt bekommen.

Einige Lehr- und Forschungsgruppenleiter schnieften.

Prof. Kainzow sagte: „Unterlasst eure Geräusche! Der Jahrestag ist am siebenten Oktober. Da müssen wir schnell werden, wenn wir als Sektion Technologie im Wettbewerb aller Sektionen der Hochschule weiterhin vornweg marschieren wollen."

Heinz Neuenhof atmete schwer. Er kannte noch nicht mal den für sein Grüppchen zuständigen Gewerkschaftsgruppen-Vertrauensmann. Und nun dieser Termin für ein präzisiertes Kampfprogramm! Aber er war in der DDR aufgewachsen und mittlerweile auch parteierfahren genug. Alles im Staate war Kampf. Die DDR kämpfte gemeinsam mit den sozialistischen Bruderstaaten – mit der siegreichen Sowjetunion an der Spitze – für den Sozialismus und den Frieden in der Welt. Die Arbeiter der DDR kämpften für höhere Leistungen in der Produktion und die Bauern für höhere Erträge in der Landwirtschaft. Die Künstler kämpften für die Durchsetzung des sozialistischen Realismus in der Kunst. Die Jungen Pioniere, die Jung-FDJ'ler und ihre Lehrer in den Schulen kämpften für beste Lernergebnisse. Sie alle arbeiteten nicht schlechthin oder mühten sich gar – sie kämpften, und bis auf wenige Ausnahmen taten alle mit. Da verstand es sich beinahe von selbst, dass die Studenten an den Universitäten und Hochschulen um die Ehrentitel „Sozialistisches Studentenkollektiv" und „Kollektiv der deutsch-sowjetischen Freundschaft" kämpften und dass auch die Gewerkschaftler der Lehr- und Forschungsgruppen in der Sektion Technologie der mvl ohne Kampfprogramme nicht auskamen.

Zum Tagesordnungspunkt „Verschiedenes" erhielt der wissenschaftliche Sekretär der Sektion das Wort. Dr. Bürgel verteilte DIN A4-Blätter mit Text, der mittels ORMIG-Verfahren vervielfältigt worden war. Der Text beinhaltete Stichworte und Fragen zur politischen und allgemein-gesellschaftlichen Situation in den Studenten- und in den Lehr- und Forschungsgruppen. Dazu hatten die Leiter der Gruppen zu vorgegebenen Terminen schriftliche Kurzberichte an den Sekretär zu liefern. Bürgel würde die Kurzberichte zu dem allmonatlich fälligen schriftlichen Bericht der Sektion an die Hochschulleitung, dem sogenannten IFO-Bericht, verdichten. – Sodann forderte Dr. Bürgel – wie er betonte: namens des Sektionsdirektors –, die Formblätter für den Tätigkeitsnachweis der Hochschullehrer und wissenschaftlichen Mitarbeiter sehr sorgfältig auszufüllen. Die Lehr- und Forschungsgruppenleiter sollten ihren Gruppenmitgliedern erläutern, die Nachweise dienten nicht der Überwachung der Sektionsangehörigen, sondern sollten Echtzeiten für tatsächlich verrichtete Arbeiten erbringen. An solchen Echtzeiten seien vor allem die Fachbereichsdirektoren für Forschung, für Ausbildung und Erziehung und für Planung und Ökonomie interessiert. Sie wollten an Hand des Zahlenmaterials aus den Sektionen den an der Hochschule geführten Streit beilegen, zu wieviel Prozent ihres Arbeitspensums die Hochschullehrer und wissenschaftlichen Mitarbeiter für die Hauptprozesse Ausbildung, Erziehung, Weiterbildung und Forschung tätig waren und zu wieviel Prozent ihr Arbeitszeitfonds von Organisation und Bürokratie in Anspruch genommen wurde.

„Es muss in diesem Kreis deutlich gesagt werden". Dr. Bürgel lächelte Heinz Neuenhof maliziös an, „so, wie die Fertigungsprojektierer die Nachweisbögen ausfüllen, genügen sie dem beabsichtigten Zweck nicht. Einfach die Zeitwerte einzutragen, die der Direktor für Ausbildung und Erziehung in einem Artikel in der Hochschulzeitung für sein Fachgebiet fordert, entspricht nicht den Erwartungen der Sektionsleitung." Bürgel lächelte noch immer. „Der neue Lehr- und Forschungsgruppenleiter der Fertigungsprojektierung wird hier sicherlich Ordnung schaffen, davon sind wir überzeugt. Mein Appell richtet sich allerdings an alle Anwesenden. Bewerten Sie das

Ausfüllen der Nachweisblätter nicht als einen lästigen bürokratischen Kram, sondern als das Bemühen, verwertbare Planungsdaten für die Sektion und für die gesamte Hochschule zu gewinnen!"

Pünktlich 11 Uhr beendete Prof. Kainzow die Beratung. Unverzüglich sprangen einige der Anwesenden von ihren Plätzen auf und liefen zum Sektionsdirektor, um mit ihm gruppenspezifische Anliegen zu besprechen oder um auf kurzem Dienstwege Unterschriften unter Briefe oder Dienstreise-Aufträge einzuholen.

Kainzow wies auf die Armbanduhr an seinem linken Handgelenk. „Ich habe viertel zwölf den nächsten Termin. Kommen Sie ab 17 Uhr zu mir! Dann stehe ich zu Ihrer Verfügung." Dem abseits wartenden Dr. Neuenhof rief er zu: „Komm! Wir wollen pünktlich sein." Er steckte sein Schlüsselbund in die Hosentasche und stürmte, im Laufen sein Jackett anziehend, aus dem Zimmer. Neuenhof folgte ihm. Sie hasteten den Gang in der oberen Etage entlang. Als sie am Zimmer 214 anlangten, sagte Kainzow: „Dein Zimmer. Fürs erste teilst du es dir mit Kästner. Er soll dich in alles einführen, was wir vor deinem Kommen in puncto Fertigungsprojektierung bereits gemacht oder zumindest angeschoben haben." Er tatschte auf die Türklinke. Die Tür war abgeschlossen. „Hm, klar, sie haben sich in K 211 versammelt." So war es.

In K 211 drängten sich neun Menschen. „Deine Gruppe", sagte Kainzow zu Neuenhof. Und an alle gewandt: „Jetzt bringe ich euch euren neuen Chef." Er sagte ein paar Sätze zu Heinz Neuenhofs fachlichem Werdegang und zu dem, was er, der Sektionsdirektor, von der Lehr- und Forschungsgruppe Fertigungsprojektierung erwartete. Dann forderte er die Versammelten auf, sich miteinander bekanntzumachen. „Das könnt ihr ohne mich. Ich habe noch etwas Wichtiges zu tun heute. Schummelt nicht! Jeder sage dem Doktor, welchen Themenkomplex er von mir zur Bearbeitung zugewiesen bekommen hat!" Halblaut zu Neuenhof: „Damit ich's nicht vergesse, ich habe dich zur Teilnahme am nächsten EDV-Lehrgang für leitende Kader angemeldet. Den Lehrgang führt die Sektion Rechentechnik/Datenverarbeitung an unserer Hochschule durch. Er beginnt jetzt, im September – ich weiß nicht mehr, an welchem Tag. Kümmere dich um die Einzelheiten!" Er wünschte allen Versammelten gute Zusammenarbeit und eilte davon, die Zimmertür ließ er weit offenstehen.

Werner Kästner zuckte mit den Schultern und lächelte nachsichtig. „Unser Sektionsdirektor entwickelt immer ein hohes Tempo." Er schloss die Zimmertür. „Wir machen uns erst mal in Ruhe miteinander bekannt."

„Aber nur so ruhig, dass wir noch vor zwölf in die Mensa zum Essen kommen!"

„Ja, ja", sagte Kästner, „mit eueren Fressgelüsten bin ich vorhin schon beim Sektionsdirektor angeeckt. Also, bitte, das Klagelied nicht noch einmal! Jetzt stellt sich jeder namentlich vor und nennt sein Arbeitsgebiet, damit unser neuer Chef einen Überblick bekommt. Einzelheiten besprechen wir heute, 14 Uhr, im Hörsaal K 125."

Dr.-Ing. Heinz Neuenhof lernte – nach der Begrüßung seines Assistenten Manfred Berghausen – sieben junge Männer kennen. Sie waren seit diesem Tage, 7 Uhr, „seine" Forschungsstudenten. Sie hatten im Sommer ihr achtes Studiensemester abgeschlossen und alle bis dato fälligen Prüfungen abgelegt. Nun sollten sie binnen drei Jahren promovieren. „Sie sind unser Doktorvater", verkündeten sie dem verdutzten Neuenhof. „Das hat uns Professor Kainzow versichert, als er uns im Mai für das Forschungsstudium geworben hat."

Neuenhof hatte vor Jahren, als wissenschaftlicher Assistent an der TU Dresden, Diplomanden, aber noch nie einen Doktoranden wissenschaftlich betreut. An diesem späten Vormittag des 1. September, seines ersten Arbeitstages in Magdeburg, streckten ihm gleich sieben Kandidaten die Hand hin, er solle sie zu hohen wissenschaftlichen Ehren führen. Vor seinen Augen flimmerte es. An seinen Ohren rauschten Namen und Themen zur Fertigungsprozessgestaltung vorüber – Bohr- und Bohrungsbearbeitung an schwermaschinenbau-typischen Werkstücken, Hindernis-Umgehung beim Programmieren numerisch gesteuerter Werkzeugmaschinen (NCM), technologisch und ökonomisch begründete Zuordnung von Werkstücken zur Bearbeitung auf NCM, Einsatzplanung und rationelle Fertigungsvorbereitung für das Schraubwälzschleifen und das Wälzfräsen… –' dazu Händeschütteln, das Ganze siebenmal.

„Sieben auf einen Streich", versuchte Neuenhof zu witzeln, um seine Verblüffung zu kaschieren.

Berghausen widersprach: „Nicht siebenmal, sondern neunmal. Werner Kästner und ich wollen auch promovieren. Mit dem tapferen Schneiderlein und einer Märchenstunde wird es bei uns nichts."

Kästner sagte lachend: „Nun schockiert unseren Chef nicht gleich am ersten Tag! Wir alle haben ja drei Jahre Zeit."

Neuenhof beendete die Vorstellungszeremonie. „Heute, 14 Uhr, in K 125 – alles noch einmal! Dann mache ich mir Notizen. Jetzt gehen Sie erst mal in die Mensa!"

„Genosse Neuenhof, kommst du nicht mit?", fragte Kästner leise.

Heinz schüttelte den Kopf. „Ich habe mich zu Hause zum Mittagessen angesagt. Ich wusste nicht, wie hier heute alles ablaufen würde. Nach Hause habe ich es bequem; ich brauche nur vier Haltestellen mit der Straßenbahn zu fahren."

„Günstig", sagte Kästner. „Ich esse schnell etwas und bin dann in unserem Zimmer – für dich auf jeden Fall erreichbar." Und laut: „So, Leute, das war's erst mal. Wir treffen uns 14 Uhr wieder. Mahlzeit!"

3

Am ersten Mittwochabend im September 1969 nahmen sich Heinz und Karin Neuenhof – nach all dem Trubel an den Tagen zuvor – ein bisschen Zeit für einander. Sie gönnten sich je ein Fläschchen VIPA, eine Weißwein-Schorle.

Am Nachmittag hatte der 1. Prorektor der Technischen Hochschule, Professor Weindorf, die erste Sitzung des Senats im neuen Studienjahr durchgeführt. Vor der eigentlichen Tagesordnung, gewissermaßen als Punkt Null, hatte er die Berufungsurkunden an die neu an die Hochschule berufenen Hochschuldozenten überreicht. Weindorf, ein Mann im besten Alter und von stattlicher Statur, hatte die Übergabe sehr feierlich zelebriert. Die Senatsmitglieder hatten mit ihren Fingerknöcheln lang anhaltenden Beifall geklopft.

Heinz reichte seiner Frau eine blutrote, gepolsterte Kunststoffmappe. In deren Vorderseite war golden und in der Form eines ovalen Medaillons das Bildnis des Physikers und einstigen Magdeburger Bürgermeisters Otto von Guericke geprägt.

Karin klappte die Mappe auf und betrachtete die darin befindliche Urkunde. „Bist du nun glücklich und zufrieden?"

Heinz nickte. „Heute: ja. Am Montag dachte ich allerdings: 'He, Kerl, worauf hast du dich eingelassen? Bist du etwa vom EDD-Regen in die THM-Traufe geraten?' Mir schien nämlich, sie kämen von allen Seiten auf mich zu, um mich mit Aufgaben und Verpflichtungen förmlich zuzuschütten. Aber heute und hiermit" – er wies auf die rote Mappe – „geht's mir besser. Mich beruhigt, dass ich nicht schon im laufenden Herbstsemester meine neue Vorlesung zur Fertigungsprozessgestaltung halten muss. Ich habe im Studienplan nachgeschaut. Dort ist sie mit einer Wochenstunde für das Frühjahrssemester angezeigt.

Ich habe mich bei Professor Kainzow rückversichert. 'Ja, das stimmt so', hat er gesagt. 'Sicherlich wird die Stundenplanung deinen Auftritt auf je eine Doppelstunde aller vierzehn Tage zusammenziehen. Du hast also genügend Zeit, deine Vorlesung sorgfältig und in aller Ruhe vorzubereiten.' Na, von 'aller Ruhe' möchte ich nicht sprechen. Meine sieben Forschungsstudenten werden mich in den nächsten Wochen und

Monaten hinreichend beschäftigen. Außerdem hat mich Kainzow für einen EDV-Lehrgang angemeldet. Der wird vom 29. September bis 7. November an unserer Hochschule durchgeführt und wird mich zusätzlich belasten. Nach Karl-Marx-Stadt, zu Professor Thümmel, müsste ich unbedingt und baldmöglichst fahren, meint Wolfgang Kainzow; ich solle mich informieren, wie Thümmel seine Vorlesungen zur Fertigungsprozessgestaltung inhaltlich und methodisch-didaktisch gestaltet und welche Übungen und Seminare er für das Lehrgebiet vorgesehen hat. 'Erfahrungsaustausch ist die billigste Investition', sagt Kainzow. Er hat wohl recht. Du siehst ..."

„… ja, ich sehe", unterbrach Karin den Redefluss ihres Ehemanns, „es geht bei uns auch hier, in Magdeburg, so weiter, wie ich es seit dem ersten Tag unserer Ehe von dir gewöhnt bin: Du hast mit deiner Arbeit schrecklich viel zu tun. Für den unwissenschaftlichen häuslichen Kram wirst du so viel wie gar keine Zeit haben; der bleibt an mir hängen."

Heinz legte einen Arm um ihre Schultern, mit dem anderen vollführte er abwehrende Bewegungen. „Na, na, so ist es nicht. Schau, wir haben all unsere Möbel aufgestellt, haben – bis auf die Kartons mit meinen Büchern – alle Kisten und Koffer ausgepackt und unsere Utensilien verstaut, unseren Jungs haben wir ein schönes großes Zimmer eingerichtet, Gerald hat einen kombinierten Schreib-Bücherschrank bekommen, daran kann er wie ein kleiner Chef seine Schularbeiten machen, für Martin haben wir auch einen Arbeitsplatz eingerichtet, obwohl er erst im September nächsten Jahres eingeschult wird, und ausreichender Platz zum Spielen ist für beide auch verblieben; im Wohnzimmer und Schlafzimmer habe ich die Gardinenkästen angedübelt, die Gardinen hängen schon …"

„… aber in der Küche hängt die Gardine noch nicht."

„Das Gardinenbrett dort bringe ich an diesem Wochenende an."

„Und für unser Wohnzimmer wollen wir uns, so ist es abgemacht, eine Couch mit umklappbarer Lehne zulegen – als Übernachtungsmöglichkeit, wenn mal Besuch kommt –, und davor soll ein größerer Couchtisch aufgestellt werden."

„Da müssen wir mal ins Möbel-Kaufhaus in der Otto-von-Guericke-Straße gehen und uns etwas Passendes aussuchen."

„Was heißt 'mal'? In ein paar Wochen wird Winter. Vorher müssen wir alles beieinander und aufgestellt haben. Du weißt doch, wie's bei uns im Lande ist: Es kann passieren, dass das, was wir haben möchten, nicht am Lager ist und dass wir uns auf eine längere Lieferfrist einstellen müssen."

„Werde nicht ungeduldig! Male nicht schwarz! Wir machen das."

„Hoffentlich! Für so etwas muss nämlich auch mal Zeit sein, auch deinerseits, trotz all deiner Hochschulverpflichtungen."

„Wir gehen das an. Versprochen. Aber bedenke: Wir fangen hier, in Magdeburg, fast wieder von vorn an. Man sagt nicht umsonst: 'Zweimal umgezogen ist wie einmal abgebrannt.' Alles auf einmal bewerkstelligen zu wollen – das schaffen wir nicht. Jetzt ist erst einmal der Anfang gemacht." Neuenhof dachte dabei auch an folgendes: Er hatte alle Stationen, die auf dem vom Kaderleiter übergebenen Laufzettel verzeichnet gewesen waren, aufgesucht. Seit dem heutigen Tage besaß er einen Dienstausweis, einen Leser-Ausweis für die Hochschulbibliothek, einen Schlüssel für sein Dienstzimmer K 214, eine Monatskarte für die Straßenbahn der Magdeburger Verkehrsbetriebe, und er hatte kurz vor Feierabend auch die Ausweis-Karten für die Sozialversicherung seiner Frau und seiner beiden Söhne aus der Abteilung Arbeit abholen dürfen. Die SV-Karten legte er auf den Tisch, schob sie seiner Frau zu. „Verwahre du sie! Du wirst sie am ehesten brauchen – wenn etwas mit den Kindern sein sollte, meine ich. – Aber nun erzähle du deine Erlebnisse!"

„Interessiert dich mein häuslicher Kram?"

„Aber Karin!" Er umarmte sie erneut. „Wenn ich dir so ausführlich über meine Hochschulangelegenheiten berichtet habe, dann tat ich das in dem Glauben, auch du hältst für wichtig, dass mir der Einstieg in die TH gut gelingt. Genauso interessiert mich, wie du mit unseren neuen Verhältnissen zurechtkommst. Daran musst du nicht zweifeln."

Karin zögerte. Er ließ ihr ein Weilchen Zeit. Dann sagte sie: „Ich weiß nicht recht, womit ich beginnen soll ..."

„Am besten mit unseren Jungs ..."

„Gut, ja – also: Ich habe Gerald in der Grundschule in der Nachtweide angemeldet. Er geht dort in die Klasse 2a. Ich habe seinen Klassenlehrer, Herrn Herzberg, kennengelernt – ein sympathischer Mann Anfang vierzig. Gerald hat bei ihm Mathematik-Unterricht und ist heute, wie ich herausgekriegt habe, positiv aufgefallen. Rechnen und Zahlenspiele liegen unserem Jungen."

„Das hatte sich schon im ersten Schuljahr gezeigt."

„Und jetzt verstärkt sich das. Gerald findet seinen Klassenlehrer prima. Überhaupt gefällt es ihm in der Schule gut – soweit sich das nach ein paar Tagen beurteilen lässt. Ich hatte mir vor unserem Umzug Sorgen gemacht, ob der Junge den Schulwechsel gut verkraftet. Aber er kommt besser zurecht als vermutet. Ich bringe ihn morgens zur Schule und hole ihn nach Unterrichtsschluss ab – wegen des Autoverkehrs in der Nachtweide, verstehst du? Heute wollte er schon allein gehen. Ein Mitschüler wohnt in der Morgenstraße. Mit ihm hat sich Gerald bekanntgemacht; morgen will er sich uns auf dem Schulweg anschließen. Ich werde darauf achten, ob die beiden vernünftig sind. Wenn ja, brauche ich wohl in ein paar Tagen nicht mehr mitzugehen."

„Und Martin?"

„Hm, was mit ihm wird, hängt von mir ab. Werde ich wieder arbeiten müssen? Wenn ja, muss Martin in einen Kindergarten gehen. Aber das möchte er nicht. 'Ich komme doch bald in die Schule', argumentiert er, 'da lohnt sich für mich kein Kindergarten.' Um es offen zu sagen: Er ist richtig glücklich, bei mir zu Hause sein zu dürfen, mir zu helfen – in der Küche, beim Einräumen unserer restlichen Sachen, beim Saubermachen – und mit mir in der Kaufhalle und beim Bäcker und wo sonst noch einzukaufen. Er ist ein lieber, artiger Junge. Streit zwischen den Jungs gab's in den letzten Tagen so gut wie gar nicht. Gerald beschäftigt sich intensiv mit seinen

Schularbeiten. Ich glaube, ihm bekommt unser Ortswechsel gut, seine neue Umgebung spornt ihn an. Bei Martin bin ich mir diesbezüglich nicht sicher."

„Und du?"

„Ich habe in der Rats-Apotheke nach einer Arbeitsstelle für mich nachgefragt: Es ist nichts frei. Den neuen Chef dort und die MTA's kenne ich nicht. Es ist ja zehn Jahre her, dass ich dort gearbeitet habe, was will ich da erwarten? Und in einer Apotheke in Westerhüsen oder Sudenburg möchte ich nicht arbeiten müssen. Stell dir die lange Straßenbahnfahrt von unserer Wohnung in der Neuen Neustadt bis dorthin vor! Ich bezweifle, dass ich alles schaffen könnte: Martin in den Kindergarten bringen und von dort nach Arbeitsschluss abholen, hier den Haushalt in Ordnung halten, einkaufen gehen, Mittagessen kochen für die ganze Familie – also dich einbegriffen – und jeder kommt mittags zu einer anderen Zeit nach Hause, Gerald allein in die Schule gehen lassen – als Schlüsselkind, und, was wir nicht außer Acht lassen wollen: es geht auf den Winter zu, wir haben in dieser Wohnung keine Fernheizung, in mehreren Zimmern, außer im Schlafzimmer und in der Küche, sind Kachelöfen installiert, die müssen mindestens einmal, bei strengem Frost mehrmals am Tag beheizt werden. Ich weiß nicht, wie das alles zusammengehen soll. Wir haben keine Hilfe, keine Oma in der Nähe, keine Tante Annedore wie in Dresden."

Karin und Heinz blickten bekümmert drein. Sie streckte ihm ihre Rechte hin und rieb den Daumen am Zeige- und Mittelfinger. „Sind wir so klamm, dass ich unbedingt arbeiten gehen muss?"

„Wenn du so fragst, sage ich dir: Wenn wir uns, wie vorhin besprochen, sofort eine neue Sitz-Couch und, dazu passend, einen Couch-Tisch kaufen, sind wir finanziell am Ende. Unser Umzug von Dresden nach hier, Muttis Beisetzung in Küssow, vorher die vielen Bahnfahrten von Dresden nach Magdeburg und zurück, zum vollen Fahrpreis, um Mutti in der Medizinischen Akademie zu besuchen …"

„Du brauchst nicht alles aufzuzählen."

„Dabei haben wir noch nicht mal Feuerholz und Kohlen im Keller, und – du hast es richtig gesagt – der Winter steht vor der Tür."

„Also muss ich?"

Er schüttelte den Kopf. „Du hast nicht übertrieben, was alles auf dich zukommt. Da kannst du nicht auch noch arbeiten gehen. Wir müssen mit dem Dozenten-Gehalt, das mir die Hochschule zahlt, auskommen."

„Bekommst du denn wenigstens so viel wie bei Elektrodyn?"

„Nicht ganz. Sie haben mir die Anfangsstufe der Dozenten-Vergütung zuerkannt."

„Kannst du da nicht nachfordern? Ich meine, mit weniger, als sie dir im Betrieb gezahlt haben, solltest du dich nicht zufriedengeben."

„Sie sind von meiner EDD-Gehaltsstufe ausgegangen."

„Aber im Betrieb hast du, weil ihr immer den Plan erfüllt habt, eine Jahresend-Prämie erhalten. Die müsste dir, auf die Monate eines Jahres verteilt, für dein Gehalt von der TH angerechnet werden, finde ich."

Er sah sie nachdenklich an und überlegte. „Du hast recht. Ich melde mich zu einem Gespräch beim Rektor an und trage ihm die Sache vor."

„Versteh' mich recht: Ich bin nicht geldgierig, ich bin auch nicht arbeitsscheu. Aber da wir mit unserem Geld haushalten müssen, können wir auf solch einen Posten nicht großzügig verzichten."

Er nickte. „Und du bleibst – zumindest für ein Jahr, bis zu Martins Einschulung – zu Hause. Wir benötigen alle erst mal eine Eingewöhnungszeit. Wenn die vorüber ist, sehen wir weiter."

Karin sagte: „So wird 's das Beste sein."

Mit Vorgesetzten – das weiß jeder Beschäftigte – ist es so eine Sache.

Manchmal interpretieren sie Gesetze, Durchführungsbestimmungen, Verordnungen, Richtlinien und Erlasse penibler und vieldeutiger, als es der Gesetzgeber beabsichtigt hat, und, was noch schlimmer ist, sie wenden die Vorschriften nach ihrer subjektiven Auslegung kompromisslos an. Dergleichen erlebt man oft bei neu in ein Amt versetzten Männern und Frauen. Es ist, als glaubten solche Amtsträger, nachhaltig beweisen zu müssen, dass sie zu Recht auf ihren Posten gehoben worden seien.

Man kann aber auch Glück haben und auf einen Vorgesetzten treffen, der an dem Tage, an dem man sich mit einem persönlichen Anliegen an ihn wendet, – um es volkstümlich auszudrücken – ein großes Herz hat oder gar in Spendierlaune ist. Das große Herz ist nicht als anatomische Gegebenheit zu deuten und die Spendierlaune nicht als individueller Charakterzug oder als Ausdruck gegenseitiger Sympathie. Die Großherzigkeit und Spendierlaune können auch aus einer gewissen Amtsmüdigkeit oder daraus resultieren, dass der Vorgesetzte, an den man sich mit einem Anliegen wendet, in absehbarer Zeit seines Postens enthoben wird und dass ein Nachfolger schon benannt ist und für die Beerbung des derzeitigen Amtsträgers bereitsteht.

Wenn man bei dem letztgenannten Fall von Glück reden will, dann war dem

Hochschuldozenten Neuenhof dieses Glück bei seiner Audienz beim Rektor der THM hold. Er traf auf einen Mann Anfang der Sechzig, den ein schweres Rückenleiden plagte und der zum Ende des Jahres seinen Posten an den derzeitigen 1. Prorektor, Prof. Weindorf, übertragen und dann selbst als Ordinarius für Schweißtechnik in die Sektion Technologie der mvl zurückkehren würde.

Heinz Neuenhof hatte aus seiner Zusammenarbeit mit dem Werkdirektor des VEB Elektrodyn Dresden Lehren gezogen. Vor seinem Gang zum Rektor hatte er Sektionsdirektor Kainzow über das Anliegen seiner Visite informiert. 'Chefs wollen immer im Vorhinein Bescheid wissen', hatte er gedacht. Und er war damit nicht fehlgegangen. Wolfgang Kainzow hatte zwar heftig geschnieft. Aber letztlich hatte er gesagt: „Geh hin!"

Neuenhof hatte die Tür des Kainzowschen Dienstzimmers kaum von außen zugeklinkt gehabt, da hatte Kainzow den Rektor telefonisch um einen positiven Entscheid zu Neuenhofs Anliegen gebeten. Die Magnifizenz hatte wohlwollende Prüfung in der Kaderkommission versprochen. Die Kaderkommission fand sich einmal im Monat am Rektortisch zusammen. Dieses Prozedere war Kainzow für Neuenhofs Anliegen zu umständlich und langwierig erschienen. „Magnifizenz, treffen Sie eine persönliche Sofort-Entscheidung!" Die Magnifizenz hatte blitzschnell kombiniert: 'Ich tue dem Sektionsdirektor den Gefallen. Nach meiner Rückkehr in die Sektion ergibt sich vielleicht die Situation, dass Sektionsdirektor Kainzow mir einen Gefallen erweisen sollte.' Der Rektor hatte diesbezüglich bereits konkrete Vorstellungen. So zu denken und zu handeln, würden Leute wie Bogdan Kusnetzky oder „Alitze" Neuwohner aus dem EDD Dresden mit dem Sinnspruch „Eine Hand wäscht die andere" charakterisieren.

Dr. Neuenhof wurde vom Rektor freundlich empfangen. Ihm wurde sogar eine Tasse Kaffee aus Röstfein-Bohne serviert. Er rechnete vor: Seine Arbeit im EDD war nach Tarifgruppe IV vergütet worden. Jahr für Jahr hatte Elektrodyn – nicht zuletzt dank Neuenhofs Einsatz – seinen Betriebsplan erfüllt. Das hatte dem Produktionsleiter eine Jahresend-Prämie in Höhe eines dreizehnten Monatsgehalts eingebracht.

„Wieviel in Mark und Pfennig?", fragte der Rektor.

„Etwa 1.200", antwortete Heinz, „manchmal auch etwas mehr."

Magnifizenz rechnete und sagte nach einem Weilchen: „Wir schlagen 100 Mark pro Monat auf das Grundgehalt eines Hochschuldozenten drauf. Einverstanden?"

„Na ja, dann hätte ich an der TH erst mal so viel wie im Betrieb."

„Darum geht's: Keine Gehalts-Einbuße durch den Wechsel an unsere Hochschule. Eine Höherstufung ist, bei guter fachlicher Arbeit, in einem Jahr möglich. Sind wir uns einig?"

Neuenhof war verdattert. Er hatte sich innerlich auf eine lange Debatte eingestellt. Und nun hatte er noch nicht mal seine Tasse Kaffee ausgetrunken, da reichte ihm die Magnifizenz bereits zur Verabschiedung die Hand. „Ich weise die Kaderdirektion sofort an. Schon mit der Gehaltszahlung für den laufenden Monat kommt unsere Übereinkunft zum Tragen. Ich wünsche gute Erfolge an unserer TH."

Am Sonntagvormittag stand Heinz Neuenhof am Küchenfenster seiner Wohnung auf einer Trittleiter. Am Vortage hatte er mittels Dübeleisen und Hammer mehrere

Löcher in den Fenstersturz eingebracht und Dübel eingegipst. Dabei hatte er sich sehr gequält. Der Wohnblock, in dem sich Neuenhofs Erdgeschosswohnung befand, war Anfang der 1960er Jahre aus industriell vorgefertigten Großplatten errichtet worden. Neuenhof hatte unterschätzt, wie hart die Platten infolge üppiger Zementbeimischungen waren. Von seinem Gehämmer hatten sich am Ende des Dübeleisens nicht nur ein Grat, sondern eine dicke Metallwulst, und an seinen Handinnenflächen große Blasen gebildet.

„Hättest dir man in eurer Werkstatt eine Bohrmaschine ausleihen sollen", hatte Karin gemeint, als er zur Abendbrotzeit immer noch gehämmert hatte.

„Hätte, hätte ...", hatte er gemault und darob aufgehört zu arbeiten. „Die Dübel sitzen nun tief genug."

Karin hatte ergänzt: „Die Übergardine für das kleine Küchenfenster wiegt ja nicht ein paar Zentner."

Nun also, an dem sonnigen Septembervormittag, war das Gardinenbrett festgeschraubt. Heinz knipste die Übergardine an. Karin stand am Gasherd und klapperte mit Kochtopfdeckeln. „Noch ein Viertelstündchen, dann sind die Kartoffeln gar. Wirst du bis dahin fertig?"

Er würde es schaffen. Sie rief in den Korridor hinaus – so laut, dass Gerald und Martin es im Kinderzimmer hören konnten: „Jungs, geht euch die Hände waschen! In ein paar Minuten gibt s Mittagbrot."

Da fuhr draußen, auf der Straße, ein PKW vor, ein Trabant 500. Er hielt vor Neuenhofs Hauseingang. Heinz blickte mal auf die letzten Gardinenhaken, die er anzuknipsen hatte, mal auf die Straße und den dort haltenden Trabi. „Karin!", rief er und stieg hastig von der Leiter, „Karin, wir kriegen Besuch." Er klappte die Leiter zusammen und brachte sie rasch in den Keller. Dann empfing er an der Haustür die Ankömmlinge: seinen Onkel, den jungen Hermann Tiow aus Küssow, der in zwei Wochen siebzig Jahre alt sein würde, seine Tante Alma Knarr aus Burkitz, und Ralf Hirschfeld, Hermanns Schwiegersohn.

„Euer Kommen ist ja eine tolle Überraschung!", rief Heinz aus.

Hermann lachte. „Da staunst du, was?" Er trug vorsichtig eine weiß emaillierte Blechschüssel vor sich her. Sie war randvoll mit Brombeeren gefüllt. „Ich habe sie gestern früh gepflückt – an einer geheimen Stelle in der Wellenlache. Kannst du dich noch an die Wellenlache erinnern?"

Freilich konnte Heinz das. Die Erlebnisse Anfang Mai 1945, als die Tiow-Frauen mit ihren Kindern vor den marodierenden Sowjetsoldaten in den Wald – eben in die Wellenlache – geflüchtet waren und als der junge Hermann sie nach Deutschlands bedingungsloser Kapitulation mit einer sowjetischen Militäreskorte heim, nach Küssow, geholt hatte, würden unauslöschlich in seinem Gedächtnis verhaftet bleiben.

„Das ist noch nicht alles!", rief Ralf. Er stand am Heck des Autos, hatte die Kofferraumklappe geöffnet und jonglierte einen Kartoffelkorb voller Pilze – Pfifferlinge und Maronen – durch die schmale Kofferraumöffnung des kleinen Autos. „Wer will, kann mir mal helfen."

Heinz half. Zu gleicher Zeit begrüßte er seine Tante. Alma hatte einen Blumenstrauß mitgebracht – „… zur Einweihung eurer neuen Wohnung", erklärte sie. „Solche Blumen bekommt man in keinem Laden zu kaufen." Alma bot immer etwas Besonderes aus ihren Beständen – diesmal hatte sie das Mitbringsel in dem kleinen Garten hinter ihrem Haus gepflückt.

Karin hatte die gargekochten Kartoffeln rasch abgegossen. Sie sollten längere Zeit warm bleiben; irgendwann würde die Familie Neuenhof ihr Mittagessen einnehmen können. Karin lief mit dem Kochtopf ins Schlafzimmer, umwickelte ihn mehrfach mit einem dicken Frottierhandtuch und verstaute ihn unter der Federdecke ihres Ehebettes. Heinz führte die Gäste ins Wohnzimmer. Karin und die beiden Neuenhof-Jungen kamen hinzu. Nun gab es das fällige Begrüßungszeremoniell mit Umarmungen, mit erstaunten Ausrufen – „Da habt ihr aber ein schönes großes Wohnzimmer, aber mit Kachelofenbeheizung, wie?" und mit Fragen – „Ach, ihr habt noch nicht gegessen?" und „Wo kommt ihr denn jetzt her?"

Alma sagte: „Ehe wir uns hinsetzen und ins Erzählen kommen, zeigt uns erst mal euer neues Reich!" Karin und Heinz zeigten den Gästen die ganze Wohnung.

„Habt ihr euch gegenüber Dresden verbessert?", fragte der junge Hermann.

Heinz antwortete: „Ja und nein. Ich habe nun ein Arbeitszimmer. Aber dafür haben wir keine Fernheizung mehr."

„Man kann nicht alles haben wollen", meinte Hermann nachdenklich.

Dann gingen alle ins Wohnzimmer und setzten sich an den großen Tisch. Karin räumte die Teller und Bestecke beiseite. Dafür stellte sie Gläser und Kaffeegeschirr auf den Tisch. Heinz holte Erfrischungsgetränke aus der Küche. „Oder lieber eine Tasse Kaffee?", fragte Karin.

Alma nickte. „Dazu sag' ich nicht Nein."

Hermann dachte: 'Wenn sie gefragt wird, wie's ihr geht, klagt sie über zu hohen Blutdruck. Aber Kaffee trinkt sie.'

Ralf richtete den Neuenhofs schöne Grüße von Elsbeth und von seiner Schwiegermutter aus. „Am liebsten wären sie mitgekommen. Aber so viele Personen hätten in mein Auto nicht hineingepasst."

„Ihr müsst wissen", ergänzte Hermann, „zu unserer Fahrgemeinschaft hat auch Annedore gehört. Wir haben sie zum Magdeburger Hauptbahnhof gebracht. Eigentlich sind wir so zeitig in Küssow losgefahren, dass sie vor Abgang ihres Zuges auch hierher hätte kommen können. Aber wir mussten Alma in Burkitz abholen …"

„Ihr musstet gar nicht", protestierte Alma. „Ich hatte euch höflich gebeten, dass ihr mich …"

„Nun lass doch man! Also: Wir haben Alma in Burkitz zusteigen lassen. Da war Ralfs Auto voll. Statt die Autobahn zu nehmen, sind wir auf der Chaussee gefahren …" Hermann winkte ab.

Ralf wertete Hermanns Worte und Handbewegung als Vorwurf. „Wer konnte vorher wissen", verteidigte er sich, „dass wir so lange am Bahnübergang in Heyrothsberge warten mussten und dass es – zu allem Pech – an dem großen Straßenabzweig in Heyrothsberge einen Verkehrsunfall gab?"

Hermann schüttelte den Kopf. „Ist ja noch alles gut gegangen. Annedore hat ihren Zug rechtzeitig erreicht. Sie hätte eben bloß gern hier mit 'reingeschaut."

Karin kam mit frisch gebrühtem Kaffee ins Zimmer. Für jeden der Knaben brachte sie ein Kompottschälchen Brombeeren mit. „Diesmal gibt's das Kompott vorweg", sagte sie zu Gerald und Martin.

Alma schlürfte genussvoll Kaffee. Zwischen den einzelnen Schlucken berichtete sie: „Annedore war mit Alfons in der letzten August-Woche in Burkitz. Sie hatte zwischen der Lehrerkonferenz an ihrer Schule und dem Beginn des neuen Schuljahres noch ein paar Tage frei, und Alfons hatte Urlaub genommen. Die beiden haben die Möbel aus Paulas Wohnung geräumt. Du, Heinz, hast ihr, wie sie mir sagte, freie Hand gelassen."

„Wir hatten mit unserem Umzug und mit dem Einrichten unserer Wohnung mehr als genug zu tun."

„Wie auch immer. Einige Stücke hat Annedore wohl im Möbel-An- und Verkaufsladen zu Geld machen können. Wieviel sie dafür bekommen hat, weiß ich nicht."

„Das meiste", mischte sich Ralf ein, „ist in den Altstoff gegangen. Ich habe die Fuhre mit dem LPG-Trecker und einem großen HW 80-Hänger zur Müllkippe transportiert. Wir haben für uns nur Paulas ausziehbaren Eichen-Esstisch mit vier dazu passenden Stühlen übernommen."

„Die Stühle mit den lederbezogenen Sitzflächen?", fragte Alma lauernd.

Kopfnicken.

„Interessant. Ich habe nichts genommen. Mir war wichtig, dass mir Annedore ihren neuen Freund aus Pirna vorgestellt hat."

„Du – eine alleinstehende Person – hast ja auch genug Kram in deinem Haus", brummelte der junge Hermann.

Alma tat so, als überhöre sie die bissige Bemerkung ihres Bruders. „Ein patenter junger Mann, dieser Alfons. Er hat mir gleich mein windschiefes Kellerregal für das Eingemachte zurechtgerückt und abgestützt." Sie sah Heinz an. „Alfons ist wohl nun 'was Festes?"

Neuenhof, achselzuckend, war gedanklich damit beschäftigt, weshalb Annedore die Wohnung der Mutter – wie er empfand – Hals über Kopf aufgelöst hatte. Annedore stand seines Erachtens und von Amts wegen noch Wohnrecht in Burkitz zu. Aber darüber wollte er mit den Verwandten nicht reden. Das war, meinte er, eine Sache zwischen ihm und seiner Schwester.

„Was hat denn Annedore noch zu erledigen gehabt?", fragte Karin.

„Sie war am späten Freitagabend angereist", sagte der junge Hermann. „Am Sonnabend hat sie den ganzen Tag lang Paulas und ihr übriggebliebenes Zeug gebündelt oder in Kopfkissen und Bettbezüge gestopft. Ralf hat mit einem Fahrzeug unserer LPG die Bündel und Annedore nach Küssow geholt. Annedore hat das Zeug im Ort verteilt ..."

„Einfach so weggegeben?", fragte Alma.

„... ja, verschenkt – an Vetes, an Kunkows, unsere Nachbarsleute ..."

Alma schüttelte missbilligend den Kopf. 'Meine Nichte muss es ja dicke haben', dachte sie. Aber sie sagte nichts.

„Paulas Wohnungsschlüssel hat sie dem Hausverwalter übergeben. Im Hausbuch hat sie sich ausgetragen. Der Hausverwalter wird Annedores Abmeldung in der kommenden Woche polizeilich bestätigen lassen. Mit Paulas Wohnung ist nun alles erledigt. Annedore wollte sie nicht übernehmen. 'Es hängen zu viele Erinnerungen daran', sagte sie. Sie wird sich dienstlich nicht versetzen lassen – nun, wo sie einen Freund in Pirna hat. Was mir noch einfällt", Hermann neigte den Kopf zu seinem Neffen hin, „mit Paulas Grabstelle ist auch alles erledigt. Übernächste Woche stellt der Zieseler Steinmetz Paulas Grabplatte auf. Alles, was dafür zu veranlassen und zu regeln ist, betrachten mein Bruder Willi und ich als unsere Angelegenheit. Ihr Umzügler" – er blinzelte Karin zu – „habt genug andere Dinge am Halse."

'Wie wahr!', dachte Heinz Neuenhof. Er reichte jedem der Besucher die Hand. „Habt herzlichen Dank für all eure Hilfe!"

Nach zwei Stunden begann Alma, die Stores und Übergardinen in den Zimmern zu besichtigen und zu begutachten und gab – in der Manier einer Lehrerswitwe, die sie ja war – Hinweise, was Karin anders – und aus Almas Sicht besser – hätte machen sollen: Die tiefblaue Übergardine für das große Wohnzimmerfenster mit Ausstieg zum Balkon sei zu dunkel; im Verein mit dem grauen Bouclé-Teppich mache sie das ganze nicht sehr breite, aber langgestreckte Zimmer ausgesprochen düster.

'Herrjeh', dachte Karin, 'zu dem hellen Parkettfußboden im Wohnzimmer der Dresdner Wohnung hat die Übergardine gut gepasst.'

Alma lockte: „Ich wüsste jemanden, der euch eine neue Gardine akkurat nähen würde."

Heinz wollte sagen: 'Wir haben in nächster Zeit finanziell etwas anderes geplant', aber Ralf Hirschfeld kam ihm zuvor. „Wir müssen wieder los. Versteht mich nicht falsch! Unsere Frauen warten. Sie sollen nicht denken, uns sei unterwegs etwas passiert." Er gab seinem Schwiegervater ein Zeichen. Das verstand der junge Hermann: Mit ihrer Gardinenpredigt hatte Alma ein nachmittag-, wenn nicht gar tagesfüllendes Thema angeschnitten, das die beiden Männer nicht sonderlich interessierte. Ralf war an diesem Tag für die Gäste der maßgebende Mann: er war der Fahrer. Deshalb sagte der junge Hermann: „Ralf hat recht. Wir wüssten noch viel zu erzählen. Dafür ist in vierzehn Tagen, an meinem Geburtstag, Gelegenheit. Ich lade euch alle zu meiner Geburtstagsfeier nach Küssow ein. Ralf holt euch mit dem Auto aus Burkitz ab."

Die Gäste wurden herzlich verabschiedet. Mit knatterndem Trabant-Motor und deutlich sichtbarer bläulicher Abgasfahne begaben sie sich auf den Heimweg.

Neuenhofs aßen an diesem Sonntag zur Vesperzeit Mittagbrot. Die von Karin gekochten Kartoffeln waren – trotz der Umwicklung des Kochtopfs und dessen Aufbewahrung im Ehebett – kalt geworden. Karin tat Fett in eine große Bratpfanne und briet darin die Kartoffeln knusprig. „Heute gibt s Schwenkkartoffeln", erklärte sie den Neuenhof-Söhnen. Martin rief begeistert: „Au ja! Sonntags immer die Kartoffeln schwenken!"

4

Der Haupttechnologe des SKET-Stammwerkes, Martin Fuchs, hatte Ärger bekommen wegen der Rationalisierungskonzeption, die er für den Aufgabenkomplex Technologie beim Technischen Direktor (TD) eingereicht hatte; seine Ausarbeitung wurde in der Dienstberatung beim TD nicht bestätigt. Nach Meinung der Beratungsteilnehmer waren die vorgeschlagenen Maßnahmen zur personellen und materiellen Stärkung des betrieblichen Rationalisierungsmittelbaus unzureichend, und die durch Mechanisierung und sozialistische Rationalisierung angestrebten Einsparungen an Arbeitszeit (AZE) wurden, gemessen an den hohen Zielsetzungen des Kombinates, als zu niedrig angesetzt beurteilt.

Es war das erste Mal in seiner vieljährigen Betriebspraxis, dass der Haupttechnologe mit einer umfangreichen Beschlussvorlage – wie man es im Betrieb auszudrücken pflegte – „aus der Dienstberatung rausflog". Schon dass das überhaupt passieren konnte, verletzte den Mann in seinem Ehrgeiz, für den er werksbekannt war. Alles ihm Aufgetragene hatte er bislang akkurat und termingerecht erledigt. An ihm hatten sich andere stets ein Beispiel nehmen können. Noch mehr als der Fakt an sich wurmte ihn, dass ihm der Misserfolg mit einem Dokument widerfuhr, das, unter seiner Leitung erarbeitet, der Ausgangspunkt für grundlegende Entscheide in der betrieblichen Planung sein sollte.

Der Technische Direktor suchte ihn zu beschwichtigen: „Nimm es nicht tragisch! Nimm es vor allem nicht persönlich! Wir sind bei der Erfüllung der Parteitagsbeschlüsse allesamt Suchende."

Der Haupttechnologe sagte nichts dazu; er nickte bloß, als danke er für den Trost, den ihm der TD spendete. Insgeheim schlussfolgerte er jedoch, er müsse an seinem Leitungsstil und an der Arbeitsweise der von ihm geleiteten Hauptabteilung einiges ändern. Für diese Notwendigkeit – wähnte er – war sein Scheitern mit der Rationalisierungskonzeption nur ein Indiz. Er würde seine Mitarbeiter künftig strenger herannehmen, er würde mehr von ihnen fordern – mehr Einsatzbereitschaft, höhere Leistungen und bessere Qualität in der Arbeit, persönliche fachliche Weiterqualifizierung, und das alles verknüpft mit einem eindeutigen gesellschaftspolitischen Bekenntnis zur DDR und mit Engagement für den Aufbau des Sozialismus. „Die von uns zu bewältigenden Aufgaben", würde er in den bei ihm stattfindenden Arbeitsberatungen sagen, „lassen sich nicht beim abendlichen Spazierengehen erfüllen."

Einige seiner Mitarbeiter verdächtigte er, sie nähmen ihre Arbeit zu leicht. Andere schienen ihm zu alt geworden und nicht mehr dynamisch genug zu sein. Er unterstellte ihnen, sie würden mehr an ihr Rentnerdasein und ihren Schrebergarten denken, denn an die Revolutionierung aller technologischen Arbeitsprozesse im Kombinat. Da mussten seines Erachtens Konsequenzen gezogen werden – selbst wenn dies mit vielen Diskussionen in der Gewerkschaft und mit Unannehmlichkeiten verbunden sein sollte. Beginnen wollte er mit seinen Abteilungsleitern.

Seinem Arbeitsstil entsprechend, hatte er die Beratungen der zeitweiligen Arbeitsgruppe, die er für das Erarbeiten der Rationalisierungskonzeption/Teil Technologie konstituiert hatte, persönlich geleitet. Er hatte maßgeblichen Einfluss auf den Inhalt der Ausarbeitung genommen, hatte zu deren Schwerpunkten notwendig zu lösende Aufgaben formuliert und Lösungsvorschläge unterbreitet. Aber das Formulieren der Endfassung des Dokuments und die Schlussredaktion hatte er dem Leiter der Abteilung Fertigungsplanung überlassen. Er war auf Grund bisheriger Erfahrungen des treuen Glaubens gewesen, der Mann wäre fachlich und von seiner Einsatzbereitschaft her zur Lösung einer solchen Aufgabe fähig. Die Schlussfolgerung, dass ihm selbst die Endredaktion zugekommen wäre, lag außerhalb seines Verständnisses von sozialistischer Leitungstätigkeit. Der Abteilungsleiter Fertigungsplanung hatte versagt, nicht er. Mit ihm würde er sich demnächst – wie man dergleichen bezeichnete – kritisch auseinandersetzen, und den Leiter der Abteilung Operativtechnologie würde er hinzuziehen. Dessen Mitarbeiter genossen im Stammwerk keinen guten Ruf; in jüngster Zeit hatten sich die Klagen über sie gehäuft.

„Der Einsatz unserer Operativtechnologen ähnelt mehr dem von Feuerwehrleuten als dem von systematisch arbeitenden Ingenieuren", hieß es. „Ihr hauptsächliches Tun besteht darin, operativ zu helfen, wenn es in den Montagebereichen des Werkes brennt." In den Montageabteilungen brannten zum Glück keine Feuer. Gemeint war, die Montageschlosser gerieten mit ihren Arbeiten in Zeitnot, wenn die für die Montageprozesse benötigten Bauteile aus den Werksabteilungen der Teilefertigung nicht termingerecht angeliefert wurden. Traten solche Fälle ein, geriet nicht selten der Auslieferungstermin für komplette Erzeugnisse in Gefahr.

Wenn fertigmontierte Erzeugnisse nicht pünktlich den Versandbereich des Werkes verließen, wurde, sofern nicht Sondermaßnahmen eingeleitet wurden, der Betriebsplan nicht erfüllt. Das war das Schlimmste, das unter den Bedingungen sozialistischer Planwirtschaft in einem volkseigenen Betrieb – neuerdings gar in der Dimension eines volkseigenen Kombinates – passieren konnte. Erzeugnisse des SKET, beispielsweise Walzwerks- und Zementanlagen, metallurgische Krane und Schnellverseilmaschinen, waren Millionen-Objekte. Wenn die vom Kombinat nicht planmäßig ausgeliefert werden konnten, aus welchen Gründen auch immer, gefährdete dies die Planerfüllung sowohl des Ministeriumsbereiches Schwermaschinen- und Anlagenbau als auch des gesamten Bezirkes Magdeburg. Noch mehr spitzte sich die Lage zu, wenn es sich bei den Planverstößen um Exportgut für die Sowjetunion handelte. Dann mussten der zuständige Minister in Berlin und der Sekretär für Wirtschaft, in schwerwiegenden Fällen der 1. Sekretär der SED-Bezirksleitung informiert werden, und beim Generaldirektor und beim ZK-Beauftragten des Kombinates klappten die Dienstzimmertüren nahezu ununterbrochen von den zum Rapport bestellten Betriebsleitern, Fachdirektoren und Parteisekretären. Von Spezialisten, je nach Sachlage gar von überbetrieblichen Kontrollgruppen wurde untersucht, ob nicht Agenten und Saboteure – die Arbeiter in den Werkstätten nannten sie Sabogenten – im Auftrag des imperialistischen Klassenfeindes ihre Hände im Spiel hatten – also Sabotage!? Davor fürchteten sich in den Betrieben alle. Dazu wollten es Amts- und Funktionsträger nicht kommen lassen.

In jüngster Zeit war noch etwas hinzugekommen, das den Unmut des Haupttech-

nologen anstachelte: das war die von Helmut Sabisch geleitete sozialistische Arbeitsgemeinschaft „Effektive Großteile-Bearbeitung". Anfangs hatte Fuchs gedacht: 'Eine Quassel-Truppe mehr im Stammwerk. Was soll's?' Mit einem Lächeln und mehr aus Arbeitsdisziplin denn aus innerer Überzeugung hatte er einen Mitarbeiter aus seiner Technologenschar für die Arbeitsgemeinschaft benannt – nicht einen seiner leistungsstärksten; die hatte er für die Erarbeitung seiner Rationalisierungskonzeption zurückbehalten wollen. Er hatte auch deshalb väterlich-mild gelächelt, weil er sich an die ersten Jahre seiner beruflichen Tätigkeit in dem traditionsreichen Magdeburger Maschinenbau-Betrieb erinnert hatte. 'Der Sabisch, ein junger Ingenieur, will sich fachlich profilieren. Meinetwegen!" Er wollte das dem Sabisch nicht verdenken. Er, Martin Fuchs – hatte es vor Jahren genauso gemacht – und hatte es zu etwas gebracht.

Aber die neuesten Informationen über die Vorschläge und die Arbeitsweise der Sabischschen Arbeitsgemeinschaft ließen Martin Fuchs, den „alten Hasen", erkennen: Sabisch und diejenigen, die der Mann um sich zu scharen verstand, gingen Probleme an, deren Bearbeitung, von der Sache her, ihm und seiner Hauptabteilung zustand, die also auf seinen Tisch, auf den Tisch des Haupttechnologen, gehörten. Ihn versetzte in innere Unruhe, dass Sabisch dem Vernehmen nach Lösungen anstrebte, die er, Martin Fuchs, in den letzten Jahren nicht zu offerieren gewagt hatte. „Herr Fuchs, Sie verlangen Investitionen in unseren Werkzeugmaschinenpark – in Größenordnungen", hatten ihm die Direktionsmitglieder vorgehalten. „Über die dafür erforderlichen Finanzmittel und Bilanzen verfügen wir nicht."

Er hatte das hingenommen. 'Ich bin mit der Zeit zu liberal geworden', gestand er sich ein. Nun würde er das Projekt, das Sabisch und dessen Arbeitsgemeinschaft bearbeiteten, am liebsten sich auf den Tisch ziehen. Um das zu erreichen, hatte er nicht den geeigneten Mann in die Arbeitsgemeinschaft delegiert. 'Oskar hat nicht das notwendige Format – weder als Fachmann noch als Persönlichkeit', wurde er sich bewusst. 'Ich selbst müsste ...' So war es: Er hatte seiner Mitverantwortung für die gesicherte Planerfüllung des SKET durch von ihm initiierte technologische Projekte gerecht zu werden.

Martin Fuchs war kein junger Wilder mehr, sondern ein gestandener Mann, ein berufserfahrener Ingenieur. Er war im Werk dafür bekannt, dass er Problemen, die die von ihm geleitete Hauptabteilung betrafen, nicht auswich, sondern sie unverzüglich und ohne langes Herumgerede zu lösen trachtete. Das war bei ihm nicht nur charakterbedingt. Er hatte gelernt: In Gesprächen, in Verhandlungen, in schwierigen Situationen gelangte man dann am raschesten und sichersten ans Ziel, wenn man sich mit der Angelegenheit, um die es ging, gründlich und möglichst im Vorhinein beschäftigte, wenn man Informationen einholte und Leute konsultierte, die in der Sache involviert waren, wenn man über Lösungsvarianten und eventuell einzugehende Kompromisse nachdachte und wenn man sich die Zeit nahm, die Konsequenzen aus notwendig erscheinenden Entscheiden sorgfältig abzuschätzen. Ein solcher Arbeitsstil hatte den Haupttechnologen viel Zeit gekostet.

Die hatte er sich verschafft, indem er sich auf grundlegende Probleme und auf Schwerpunktaufgaben konzentriert hatte. „Für kleine Dinge werde ich nicht bezahlt. Für den Graupelputz habe ich meine Abteilungsleiter und Mitarbeiter", war seine Devise gewesen. Damit war er schon in den ersten Nachkriegsjahren, als das Werk noch halb in Trümmern gelegen hatte, erfolgreich gewesen. Der sowjetische Offizier, der seinerzeit als „glawnyi inshener" fungiert hatte, war rasch auf ihn aufmerksam geworden. Er hatte ihm das Kompliment gemacht: „Wy rabotajetje kak marschal Shukow." Dann hatte er gefragt: „A Wy kommunist?" Die beiden Wörtchen „Da, towarischtsch" hatten den Deutschen auf der Stelle zum Haupttechnologen avancieren lassen. Auf ähnliche Weise gelangten damals zwar auch Scharlatane zu Einfluss und Pöstchen. Den Haupttechnologen Martin Fuchs zeichnete jedoch aus, dass er seine Funktion noch heutigentags wegen seiner guten Arbeitsleistungen ausübte.

Umso erstaunter waren Mitarbeiter, Vorgesetzte, Partei- und Gewerkschaftsfunktionäre, wie Fuchs auf die Kritik an seinem Beitrag für die Rationalisierungskonzeption des Werkes und auf die von der Arbeitsgemeinsschaft „Effektive Großteile-Bearbeitung" erbrachten Zwischenergebnisse reagierte. Er trieb seine Mitarbeiter im Befehlston an. Vorschläge zur Verbesserung bereits erarbeiteter Lösungen verwarf er, ohne sie gründlich zu prüfen. Einwände gegen von ihm getroffene Entscheide wies er barsch zurück. Zwanglose Problemdiskussionen mehrerer Mitarbeiter verschiedener Abteilungen seines Verantwortungsbereiches löste er auf mit solchen Bemerkungen wie: „Wir sind hier im Werk, um zu arbeiten, und nicht dazu da, die Arbeitszeit mit Quasseleien totzuschlagen." Noch wenige Monate zuvor hatte er propagiert: „Erfahrungsaustausch ist die billigste Investition. Setzen Sie sich auch über Abteilungsgrenzen hinweg zusammen!"

Als ihn eine Mitarbeiterin darum bat, vorzeitig den Betrieb verlassen zu dürfen, weil eines ihrer Kinder erkrankt war und unverzüglich aus dem Kindergarten abgeholt werden musste, schnauzte er die Frau an: „Telefonieren Sie mit Ihrem Mann! Er soll das Kind abholen. Sie sind hier und heute unabkömmlich." Als die Frau einwandte, ihr Mann leiste zur Zeit seinen Ehrendienst in der NVA ab, entgegnete er ihr: „Dafür kann ich nichts. Ich habe ihn nicht in die Uniform gesteckt."

In Arbeitsbesprechungen mit den Abteilungsleitern, mit dem APO- und dem FDJ-Sekretär und mit dem Vorsitzenden der Abteilungsgewerkschaftsorganisation (AGO) beriet er nicht mehr regelmäßig. Eines Montags beraumte der APO-Sekretär für 16.15 Uhr eine Parteiversammlung an. Fuchs ließ den Sekretär zu sich kommen und maßregelte ihn: „Bis 16 Uhr 15 haben die Mitarbeiter meiner Hauptabteilung, auch die Genossen der SED, zu arbeiten. Um die Zeit können sie nicht schon in irgendeiner Versammlung sitzen. Arbeitszeit ist Leistungszeit und ist nicht gedacht fürs Herumpalavern." Mit dieser Äußerung und Meinung war Fuchs – wie man zu sagen pflegt – an den Falschen geraten.

Der APO-Sekretär beschwerte sich beim übergeordneten Sekretär. Er führte Aussprachen mit den Abteilungsleitern durch, die Fuchs unterstellt waren. Die beklagten sich über ihren Vorgesetzten. „Unser Martin ist wie verwandelt." Der

Technische Direktor (TD) erfuhr von den Unstimmigkeiten in der Fuchsschen Hauptabteilung. Er informierte den Generaldirektor. Der dachte einen halben Tag nach und beriet sich mit dem ZK-Beauftragten des Kombinates. Dann bestellte er Martin Fuchs, Helmut Sabisch, den TD und den Kaderdirektor zu sich und sagte: „Martin, wir arbeiten seit mehr als zwanzig Jahren zusammen. Ich brauche vor diesem Personenkreis keine Rede zu halten, wie wir vor Jahren haben rackern und mit welchen Schwierigkeiten wir haben fertigwerden müssen. Dich, Genosse Martin Fuchs, schätzen wir wegen deiner Arbeitsleistungen und deiner Persönlichkeitshaltung damals und in all den Jahren danach außerordentlich. Neuerdings hast du in deiner Hauptabteilung einige Schwierigkeiten. Mit der Art, wie du denen beizukommen suchst, verprellst du einige deiner getreuesten Mitarbeiterinnen und Mitarbeiter, sogar Genossen, und du isolierst dich. Setz dich eine Stunde, meinetwegen auch länger, hin und denke nach, welche Personen das betreffen könnte. Bei ihnen entschuldigst du dich. Bestelle sie nicht wie zum Rapport zu dir, sondern geh zu ihnen, an ihren Arbeitsplatz! Diese Aufforderung an dich ist eine Festlegung. Klar?"

Fuchs wollte etwas sagen. Aber der Generaldirektor ließ ihn nicht zu Wort kommen. „Haben wir uns verstanden, Martin?" Fuchs nickte zögerlich.

„Zweitens: Mit sofortiger Wirkung wird Genosse Helmut Sabisch vom Betrieb Walzwerksbau für ständig in die Hauptabteilung Technologie des Stammwerkes umgesetzt. Er wird dem Haupttechnologen, Genossen Martin Fuchs, als ständiger Stellvertreter ohne gesonderte Struktureinheit beigeordnet. Schwerpunktmäßig obliegen ihm die von der Hauptabteilung zu leistenden wissenschaftlich-konzeptionellen Arbeiten. Als erstes in diese Richtung gehende Vorhaben hat er an der Überarbeitung der Rationalisierungskonzeption/Teil Technologie maßgeblich mitzuwirken, wobei er die relevanten Vorschläge der sozialistischen Arbeitsgemeinschaft 'Effektive Großteile-Bearbeitung' in die Konzeption einzuarbeiten hat. Genosse Martin Fuchs verbleibt in der Funktion des Haupttechnologen bis zu seinem in einigen Jahren zu erwartenden Ausscheiden aus Altersgründen. Er leitet die Hauptabteilung schwerpunktmäßig operativ, strukturell und kadermäßig. Er knüpft dabei an die von ihm bis vor kurzem praktizierten Arbeitsprinzipien und gezeigten Qualitäten einer gestandenen sozialistischen Leiterpersönlichkeit an. – Gibt's gegen diese Festlegungen Einwände?"

Fuchs und Sabisch, die nebeneinander saßen, blickten zu Boden. Sie schwiegen – wie die anderen.

„Hat es euch die Sprache verschlagen?", fragte der Generaldirektor.

Da hob Martin Fuchs den Kopf. Er reichte Sabisch die Hand und sagte: „Wir werden es gemeinsam packen."

„Das erwarte ich von euch", sagte der Generaldirektor, stand auf und nickte den beiden Technologen zu, „und dass mir keine Klagen über euch kommen!"

5

Nach dem Besuch ihrer Küssower Verwandtschaft in Magdeburg kam es zwischen Karin und Heinz Neuenhof zu Unstimmigkeiten.

Karin sagte: „Seit unserem Umzug von Dresden nach Magdeburg sind fast drei Wochen vergangen. Die Küssower und Tante Alma haben uns ihre Aufwartung gemacht. Es wird Zeit, dass wir meine Eltern besuchen."

„Sie können zu uns kommen", erwiderte Heinz. „Was meinen Verwandten recht war, kann ihnen billig sein."

„Sie haben – im Gegensatz zu den Küssowern – kein Auto."

„Es verkehren aber Züge – auch von Gorzeck nach hier."

„Mutti hat im Brief geschrieben, eine Bahnreise sei zu umständlich."

„Damit redet sie sich immer 'raus – selbst zur Urnenbeisetzung von Mutti Paula in Küssow. Alle meine Verwandten waren bei der Beisetzung zugegen. Von jedem Küssower Gehöft war jemand gekommen und hat sich in den Trauerzug eingereiht. Nur deine Eltern haben gefehlt. Wenn wenigstens deine Mutter dabeigewesen wäre – wenn nicht meiner Mutter zu Ehren, dann wenigstens mir zuliebe. Sie weiß doch, welch ein inniges Verhältnis ich zu Mutti gehabt habe und welch großen Wert für mich ihre Anteilnahme gehabt hätte. Sie ist fünfundfünfzig Jahre alt, ist gesundheitlich fit und bei Kräften. Wenn sie dennoch von der Bahnstation in Galchau nicht hätte nach Küssow laufen wollen, hätte sie Ralf mit dem TRABI abgeholt. Ralf war uns in letzter Zeit oft gefällig. Die Fahrt mit deiner Mutter hätte er auch noch auf sich genommen."

„Mach mir, bitte, keine Vorwürfe! Ich habe meinen Eltern mehrmals geschrieben. Im letzten Brief war ich sehr deutlich geworden, was wir von ihnen erwarteten. Ich habe mein Möglichstes versucht. Vielleicht ist bei ihnen mehr aus dem Lot geraten, als meine Mutti uns in ihren kurzgefassten Briefen mitgeteilt hat."

„Nimm sie nicht in Schutz!"

„Außerdem hat Mutti am Zwanzigsten dieses Monats Geburtstag."

„Da schreibst du ihr eine liebe Karte."

Karin schüttelte den Kopf. „Wir müssen hinfahren."

„Ich muss nicht. Was soll ich in Gorzeck? Deine Mutti wegen ihres lieblosen und provokanten Verhaltens herzen und küssen – nur, weil sie Geburtstag hat? Nein, meine Liebe! Oder soll ich deine Eltern zur Rede stellen, weil sie uns vor den Küssowern blamiert und weil sie Annedore und mich über alle Maßen gekränkt haben?"

„Ich habe auch dumm dagestanden. Ich bin überhaupt nicht einverstanden mit ihrem Verhalten. Trotzdem …"

Heinz zuckte mit den Achseln. „Trotzdem, sagst du. Wenn du unbedingt hinfahren willst, tu es!"

„Nicht bloß ich. Meine Eltern wollen auch ihre Enkelkinder sehen. Bedenke, seit unserem letzten Zusammentreffen sind anderthalb Jahre vergangen!"

„Dann nimm die Kinder mit!"

„Soll ich mit ihnen allein reisen?"

„Wenn du meinst, unbedingt hinfahren und unsere Kinder vorführen zu müssen, dann bitte!"

Da weinte Karin. Unter Tränen sagte sie: „Du redest jetzt Stuss. Um per Bahn von Magdeburg nach Gorzeck zu gelangen, muss man in Güskau und in Ziesel umsteigen – zweimal umsteigen, mit zwei Kindern und mit großer Reisetasche und mit Geburtstagsblumen. Wie soll ich das bewältigen?"

Nach einer Weile fragte sie: „Meinst du, die Burkitzer Mutti hat etwas davon, wenn du jetzt oder bis in alle Ewigkeit Rache übst? Und kannst du mir raten, wie ich mich verhalten soll? Soll ich wegen der dir und mir angetanen Kränkung Zeit meines Lebens mit meinem Elternhaus brechen?"

Karins Worte stimmten ihn nachdenklich. Er nahm seine Frau in die Arme. „Bisher hat es mir widerstrebt, Schlechtes mit Schlechtem zu vergelten. Vielleicht sollten wir tatsächlich erst mal schauen, was bei deinen Eltern los ist, und dann urteilen."

Sie küsste ihn auf die Wange. „Es ist im Großen wie im Kleinen so: Wenn zwischen Streitenden kein gerechter Frieden möglich ist, gibt es immer die Chance für einen Waffenstillstand."

Er drückte sie fest an sich. „Ich komme mit – aber nur, weil ich dich sehr lieb habe."

Einen Tag nach Charlotte Enders' Geburtstag, an einem strahlendschönen Sonntagmorgen im September, fuhren die Neuenhofs mit der Eisenbahn von Magdeburg nach Gorzeck. Gerald und Martin waren begeistert. Sie hatten die Reise von Dresden nach Magdeburg – anlässlich des Umzuges der Familie – noch in guter Erinnerung.

„Nun verreisen wir jeden Monat. Das gefällt mir", gestand Gerald. Obwohl er, ein Achtjähriger, sich viel zu groß dafür vorkam, trug er wie sein Bruder einen Campingbeutel aus der Dresdner Kindergartenzeit auf dem Rücken. Auf Karins Geheiß hatten die Knaben in dem Beutel Spiele, Bilderbücher und Spielzeug verstaut. Damit sollten sie sich beschäftigen können, wenn es ihnen auf der Bahnfahrt oder in Gorzeck langweilig werden würde. Karin hielt an einer Hand den kleinen Martin. Ihre Handtasche hatte sie sich über den anderen Arm gehängt. Heinz trug die große Reisetasche, an derem Henkel Gerald anfassen musste, und den in viel Papier eingewickelten Geburtstagsblumenstrauß für Charlotte.

In der großen Halle des Magdeburger Hauptbahnhofs drängten sich schon zu dieser frühen Stunde viele Menschen. Vielen war anzusehen, es waren Sonntagsausflügler. An den Fahrkartenschaltern standen die Leute in langen Schlangen. Heinz reihte sich ein. Karin sagte vorwurfsvoll: „Siehst du? Das haben wir davon. Ich hatte dir gestern Nachmittag geraten: 'Fahr zum Bahnhof und löse Sonntag-Rückfahrkarten!' Gestern Nachmittag hättest du sie zu kaufen gekriegt. Aber nein … Nun stehen wir hier herum."

'Sie hat recht', dachte Heinz. Mit so vielen Reisewütigen am frühen Morgen hatte er nicht gerechnet. Er sagte zu ihr: „Lauf mit den Jungs schon zum Bahnsteig 8! Der Zug nach Güskau und Wemthin wird in Magdeburg eingesetzt, der steht dort bestimmt schon. Such für uns alle einen schönen Platz! Gerald, geh zu Mami! Es genügt, wenn ich mir hier die Beine in den Leib stehe. Im Zug werde ich euch finden."

Karin murrte: „Das ist Hektik, die nicht hätte zu sein brauchen. Aber wozu ärgere ich mich? Die heutige Reise passt dir sowieso nicht in den Kram."

„Keine Debatte jetzt!", raunzte er.

Sie zog mit beiden Knaben los.

Acht Minuten vor Abfahrt des Zuges stand er am Fenster des Fahrkartenschalters. „Sonntag-Rückfahrkarten nach Gorzeck kann ich Ihnen nicht verkaufen", sagte die Bahnbeamtin. „Sonntag-Rückfahrkarten gibt's nur für Strecken ohne Umsteigen. Nach Gorzeck müssen Sie den vollen Fahrpreis zahlen."

Das wollte er nicht.

„Dann lösen Sie bis Güskau, wo Sie das erste Mal umsteigen! In Güskau müssen Sie dann allerdings für den nächsten Streckenabschnitt nachlösen. In Ziesel passiert Ihnen nochmals das gleiche."

In ihr September-Budget hatten die Neuenhofs für die Reise nach Gorzeck Sonntag-Rückfahrkarten eingeplant. Die waren 30 % billiger als Fahrkarten zum Normal-Preis. Heinz hielt sich an die Planvorgabe.

Die Reichsbahnerin sagte: „Wie Sie wollen."

Dann rannte der junge Familienvater wie ein Schuljunge durch die Untertunnelung des Bahnhofsgebäudes – bis an deren Ende. Von dort führte eine Treppe zum Bahnsteig 8 hinan. Er nahm zwei Stufen auf einmal. Der Zug – Doppelstock-Wagen mit einer kleinen Diesel-Lok davor – stand abfahrbereit. Die Zugbegleiterin patrouillierte an den Wageneinheiten entlang. „Wollen Sie noch mit?", rief sie. „Dann steigen Sie rasch ein!"

Aus der ersten Wageneinheit winkte ihm Karin zu. Er winkte mit dem Blumenstrauß zurück. „Ich komme!"

Die Zugbegleiterin wurde ungeduldig. „Die Türen schließen! Vorsicht am Zuge!" Sie hatte die Trillerpfeife für das Abfahrtssignal schon an den Lippen.

Heinz stieg ein. Er hatte die Wagentür noch nicht ganz zugeschoben, da zuckelte der Zug los. Auf dem Einstiegsperron der ersten Wageneinheit warteten die Seinen auf ihn – alle drei in heller Aufregung, Karin zitternd.

Gerald ergriff einen Henkel der großen Reisetasche und hielt sich daran fest. „Papi, wir dachten, du schaffst es nicht."

Karin schüttelte missbilligend den Kopf. „Zu unserer Attacke heute morgen sage ich nichts mehr." Sie wollte jetzt keinen Streit. Den, befürchtete sie, würde es mit ihren Eltern ohnehin geben.

„Du hattest recht", gab Heinz zu, „ich hätte gestern Nachmittag..."

Sie winkte ab. Er versprach: „Ich werde mir künftig Mühe geben, so etwas kommt nicht wieder vor."

Auf Heinz' Vorschlag stiegen sie ins Obergeschoss eines Doppelstock-Waggons. Oben fanden sie an beiden Seiten des Wagens Fensterplätze. „Da können wir, wenn wir über die große Elbbrücke fahren, gut auf den Fluss hinunterschauen. Wenn wir die Elbbrücke passiert haben", versprach er den Knaben, „unternehmen wir drei Männer einen Erkundungsgang. Dann erlebt ihr, wie man während der Fahrt des Zuges vom ersten bis zum letzten Waggon und zurück laufen kann – wie in einem D-Zug." Er erklärte ihnen, warum man im Deutschen einen Schnellzug auch als D-Zug bezeichnete. „Setzt euere Campingbeutel ab! All unser Gepäck lassen wir bei Mami. Sie passt darauf auf. So, und nun los!"

„Au ja!" Die Jungen vergaßen rasch die Aufregung von vorhin. Ihr „Papi" wies auf die Hauptverkehrsstraße 1, die ein ganzes Stück neben der Bahnlinie verlief. „Die Straße führt von Aachen über Polen bis Königsberg. Guckt mal! Einige Autos machen Wettfahrt mit uns."

Vor Burkitz rauschte der Zug durch einen Wald hochstämmiger Kiefern. „Hier habe ich, als ich in Burkitz zur Schule ging, mit meinem Freund, den wir Dick nannten, viele Fahrradtouren unternommen – abends, vor dem Dunkelwerden, und nur, wenn wir unsere Schularbeiten gemacht hatten." Die Flachbauten des Burkitzer Walzwerkes huschten vorüber. Die Bremsen des Zuges scharrten. Bahnhof Burkitz. Auf einem Rangiergleis standen mehrere Plattenwagen bereit. Darauf verluden Rotarmisten aus der sowjetischen Garnison in Burkitz Panzer. Deren Motoren heulten laut auf und bliesen dichte blaue Wolken hinter sich, wenn die Fahrzeuge – eingewiesen von einem Sowjetsoldaten mit Signalfähnchen – von der Verladerampe auf je einen Plattenwagen krochen.

Martin presste seine Nase an ein Wagenfenster. „Wenn ich größer bin, werde ich auch Verkehrspolizist für Panzer."

Gerald sagte nachdenklich: „Wenn da mal einer 'runterrutscht ..."

Der Zug hielt nicht lange in Burkitz.

„Jetzt müssen wir aufpassen." Heinz starrte ebenso angestrengt aus dem Wagenfenster wie seine Söhne. Der Zug kreuzte eine Straße. Die Bahnschranken waren heruntergelassen. „Guckt – ein Wohnblock! Gleich dahinter, die graue Villa – dort hat die Burkitzer Omi gewohnt, ehe sie nach Magdeburg ins Krankenhaus gekommen ist."

„So dicht an der Eisenbahn?"

„So dicht. Als die Burkitzer Omi mit Tante Annedore und mir in das Haus eingezogen war, konnten wir zunächst nachts kaum schlafen – so laut sind die Züge über die Gleise gerattert, manchmal gedonnert. – So, nun ist der Erkundungsgang in diesem Zug beendet. Wir gehen zurück zur Mami. Sie wartet bestimmt schon auf uns. An der nächsten Station müssen wir umsteigen in einen Triebwagen."

„Und dann sind wir in Gorzeck", vermutete Martin.

„Nein. Wir fahren bis Ziesel. Dort steigen wir nochmals um – in einen anderen Triebwagen."

„Aber dann …"

„Ja, dann …"

Kurz nach 11 Uhr traf der Triebwagen aus Ziesel auf dem kleinen Gorzecker Bahnhof – der Endstation dieser Bahnlinie – ein. Willy Enders stand auf dem Bahnsteig und trat die Zigarette aus, die er nur halb aufgeraucht hatte. Er holte die Besucher aus Magdeburg ab. „Opi! Opi!", jeder der Neuenhof-Knaben ergriff eine Hand des 57-Jährigen. Der fragte: „Na, seid ihr 'ran?" Die Tochter und den Schwiegersohn begrüßte er mit einem Kopfnicken und streckte ihnen dabei einen Ellenbogen hin.

Karin sah ihrem Vater ins Gesicht. 'Meine Güte, ist er gealtert!', dachte sie. 'Und wie krummbuckelig er dasteht …' Willy Enders war nie ein Hüne von Gestalt gewesen, aber jetzt … wie ein Hutzelmännchen.

Auf dem Weg vom Bahnhof zum Endersschen Wohnhaus in der Gorzecker Chausseestraße ließ sich Opi Willy von Gerald darlegen, wie der Junge in der Magdeburger Schule zurechtkäme und ob es ihm dort gefiele. Auf den Bericht seines zweiten Enkelsohns, wie der auf seinem Liliput das neue Wohngebiet der Neuenhofs erkundete, hörte er kaum hin. Das war seines Erachtens Kleinkinderkram. So etwas hatte ihn nur interessiert, als Karin und Gerald – nach Neuenhofs Hochzeit bis zur Übersiedelung nach Dresden – bei Enders' untergekommen waren.

„Weißt du denn, was ein Liliput ist?", fragte Karin ihren Vater.

Der wollte sich in seinem Gespräch mit Gerald nicht unterbrechen lassen und fragte kurz angebunden: „Habt ihr für den Kleinen noch ein teures, ferngesteuertes Spielauto kaufen müssen?" Er zündete sich eine Zigarette an.

Karin belehrte ihn: „Es ist ein Dreirad, mit Gummireifen …"

„Ein Dreirad – in Martins Alter noch ein Dreirad?"

„… eines mit zwei Rädern vorn und mit einem Lenkrad, keiner Lenkstange, und mit Pedalen zum Treten wie bei einem Fahrrad …" Karin bemerkte, er hörte auch ihr gar nicht mehr zu, und Martin tat ihr leid. Der Junge hatte sich das Dreirad so sehr gewünscht – im Frühjahr, als sie und Heinz für Gerald ein Fahrrad mit 26 Zoll-Felgen, ein neues Kinderfahrrad, gekauft hatten, weil Gerald doch Neuenhofs „Großer" war und als Schuljunge nicht mit einem kleinen Holzroller durch die Gegend stupsen sollte. Gerald hatte unbedingt „ein richtiges Fahrrad" haben wollen. Wer Kinder hat, weiß, jedes Kind einer Familie hat Wünsche. Und obwohl Karin und Heinz Neuenhof etwas „knapp bei Kasse" gewesen waren, hatte der Osterhase die Wünsche ihrer Söhne erfüllt. 'Andere Großeltern hätten ihren Enkeln solche Fahrzeuge geschenkt', dachte Karin. 'Zumindest hätten sie sich an deren Kauf finanziell beteiligt. Aber meine Eltern … Na ja.' Sie verdrängte weitere Gedanken dieser Art. 'In den nächsten Stunden werde ich wohl mit ganz anderen Dingen fertigwerden müssen. Hoffentlich hält Heinz zu mir.'

Als sich Willy Enders eine halbe Stunde zuvor auf den Weg zum Bahnhof gemacht hatte, war Tante Lieschen zu Besuch gekommen. Lieschens Ehemann, Gustav, war Charlotte Enders' Onkel; er war der jüngste Bruder ihres vor fünfzehn Jahren verstorbenen Vaters. Lieschen war angeheiratete Verwandtschaft. Sie stammte aus dem Nachbarort und hatte dort in jungen Jahren als Mamsell gearbeitet. Wegen ihres umstritten gewesenen Rufs hatten Gustavs Eltern sie nicht als Schwiegertochter haben wollen. Aber Gustavs Liebe war stärker gewesen, und sie war dauerhaft. Gustav hatte den Beruf eines Herrenfriseurs erlernt. Bis zu seiner Verheiratung war er seinem Gewerbe durch Hausbesuche nachgegangen. Lieschen hatte frühzeitig erkannt, das brachte zu wenig ein. Sie war gleich nach den Flitterwochen nach Berlin-Zehlendorf gegangen und hatte sich dort in erstaunlich kurzer Zeit zur Damenfriseuse ausbilden lassen. Nach ihrer Rückkehr nach Gorzeck hatten sie und ihr Ehemann in dem von Gustav übernommenen elterlichen Wohnhaus einen Friseur-Salon für Damen und Herren eröffnet. Die Verwunderung der Gorzecker war groß gewesen, woher Lieschen das Geld dafür gehabt hatte. Denn Gustav, da waren sich alle einig gewesen, hatte die erforderlichen Rücklagen für die Geschäftseröffnung nicht besessen. Lieschen war eben eine tüchtige und, was noch hinzu kam und im Friseurgewerbe keine unerhebliche Rolle spielt, eine stattliche, ansehnliche und zu Männern ausgesprochen freundliche Frau. Das hatte sie während der Kriegs- und Nachkriegsjahre nachdrücklich unter Beweis gestellt. Lieschens und Gustavs Salon florierte bis auf den heutigen Tag. Zu einem Kind hatten es die beiden nicht gebracht, wohl aber zu Geld – zu viel Geld, wie von den Leuten im Ort vermutet wurde. Und so ergötzte sich die Frau nach getaner Arbeit an Liebes- und Abenteuerromanen und an einem Schoppen Wein oder einem Likörchen. Gustav spielte ihr dazu auf der Geige Opernmelodien oder Schlager aus den goldenen zwanziger Jahren. Sie kannte die Melodien alle und summte sie beim Lesen mit. Er versenkte sich in Gedanken in die vergangene Zeit, als er als Stehgeiger der Gorzecker Tanzkapelle das adrette und lebenslustige Lieschen auf dem Tanzboden bewundert und nach kurzer Zeit gefreit hatte.

„Tante Lieschen", sagte Charlotte Enders zu der nicht erwarteten Besucherin, „es tut mir leid, ich muss jetzt in die Küche. Die Kinder kommen zu Besuch. Willy holt sie vom Bahnhof ab."

„Was …? Kommt Karin etwa?"

„Mit ihrer Familie. Ich will dich nicht 'rauswerfen, aber …"

„Nee, das tu man nicht! Bringen sie die kleinen Jungs mit?" Kopfnicken. „Na, da bleib' ich doch noch ein bisschen. Euren Schwiegersohn habe ich seit Karins Hochzeit nicht gesehen. Und die kleinen Mätze – sie sind wohl schon groß, was?"

„Gerald geht in die Schule, in die zweite Klasse."

„Guck an! Nee, ich denke, du hast nichts dagegen …" Sie setzte sich in einen der beiden Sessel, die in Enders' Wohnzimmer am Kachelofen standen. „Mach du deinen Kram in der Küche! Ich warte hier." Und leise, als ginge es um ein Geheimnis: „Hast du nicht ein Schnäpschen für mich?"

„Tante Lieschen!", rief Charlotte empört aus.

„Ist ja gut. Ich dachte, weil du gestern Geburtstag hattest." Sie blickte auffällig zum Wohnzimmertisch. Dort prangte in einer großen Vase ein üppiger Blumenstrauß. An einem der Blumenstengel war mit einem Draht die kleine Figur eines Schornsteinfegers, eines Glücksbringers, befestigt. In die Sprossen seiner Leiter war ein Glückwunschkärtchen geklemmt: „… Deine Tante Lieschen und Onkel Gustav".

„Wenn wir alle versammelt sind, stoßen wir an – natürlich!" Charlotte lief kopfschüttelnd in die Küche.

Die Haustür klappte. Ein an der Tür angebrachter Metallstab brachte ein Glöckchen zum Erklingen. Die Ankömmlinge betraten das Wohnzimmer. Tante Lieschen sprang vom Sessel auf, umarmte und herzte jeden, nur Willy Enders nicht. Ihn sah sie öfter im Ort. Außerdem störte sie die Zigarette in seinem Mund. 'Mein Gustav ist – Gott sei Dank! Nichtraucher', dachte sie.

„Bist du jetzt unsere Omi?", fragte der fünfjährige Martin verwundert.

„Aber nein, mein Kleiner!"

Die richtige Omi kam aus der Küche herbeigelaufen und ließ sich nachträglich zum Geburtstag beglückwünschen. „Onkel Gustav und ich – wir hatten gestern so viel Kundschaft. Da bin ich erst heute dazu gekommen, Charlotte zu gratulieren", sagte Lieschen. „Ist ja aber bloß gut so. Da habe ich euch nach langer Zeit wiedergesehen."

Charlotte deckte den Wohnzimmertisch fürs Mittagessen, klapperte auffällig mit Tellern und Schüsseln.

Tante Lieschen deutete Charlottes Emsigkeit richtig. „Dann will ich mal gehen. Mein Gustav wird auf mich warten."

Gläser klirrten. „Willy, schenk mal allen einen ein!", forderte Charlotte. „Für die Kinder habe ich in der Küche ein paar Flaschen mit grüner und roter Brause bereitgestellt." Heinz ging seinem Schwiegervater an die Hand. Dann wurde angestoßen. Omi Charlotte sollte hochleben. Zugleich war es für die Neuenhofs ein Willkommenstrunk.

„Nun geh' ich aber wirklich." Beim Verabschieden raunte Tante Lieschen den Neuenhofs zu: „Kommt doch nachher mal zu uns! Onkel Gustav wird sich freuen, euch zu sehen. Außerdem hat er ein Problem mit seiner Geige. Vielleicht, Heinz, kannst du ihm helfen. Na, tschüss denn!"

Das Haustürglöckchen bimmelte, die Tür kläppte, Tante Lieschen begab sich auf den Heimweg.

Willy Enders sagte grantig: „Ich dachte schon, sie setzt sich noch zu uns an den Mittagstisch." Charlotte schüttelte unwillig den Kopf: Ihr Mann sollte nicht so daherreden. Der aber grummelte weiter: „Sie sollte ihrem Mann wenigstens zum Sonntag etwas Ordentliches kochen."

„Dem geht's nicht so gut wie dir", sagte Charlotte. „Aber immerhin: Heute kam sie und hat mir zum Geburtstag gratuliert."

„Dein Geburtstag war gestern."

'Meine Güte', dachte Karin, 'Vati hat heute aber eine schlechte Laune!'

Es wurde, wie bei Enders' üblich, im Wohnzimmer zu Mittag gegessen. Karin und ihre Mutter trugen das in der Küche zubereitete Essen in Schüsseln und auf einer großen Bratenplatte auf. Gerald durfte neben seiner Mutter auf der Couch sitzen, vor der der Esstisch stand. Der Junge saß auf mehreren Sofakissen hoch genug, um mit Messer und Gabel hantieren zu können.

Während des Essens blieben das Radio und das Fernsehgerät ausgeschaltet. Heinz erwartete, Charlotte und Willy würden ein ernsthaftes Gespräch beginnen – über ihre derzeitigen Schwierigkeiten oder gar über die Unstimmigkeiten zwischen ihnen, ihrer Tochter und ihrem Schwiegersohn. Um solch ein Gespräch in Gang zu bringen, sagte Heinz zu seinem Schwiegervater: „Erzähl' mal, wie's dir geht – mit der Sparkasse und so!"

Charlotte sagte in barschem Ton: „Aber nicht beim Essen!"

Daraufhin blickte Karin ihren Mann flehentlich an, blinkerte mit den Augenlidern als Zeichen, er solle jetzt essen und zu einem späteren Zeitpunkt noch einmal nachfragen.

Charlotte verhielt sich so, als würden „die Magdeburger" aller vierzehn Tage in Gorzeck zu Besuch weilen und bei Enders' ihre sonntägliche Mittagsmahlzeit einnehmen. Willy richtete seine ganze Aufmerksamkeit auf Gerald. Er legte dem Jungen mehrmals eine Scheibe Schweinebraten nach: „Iss nicht so viel Kartoffeln! Iss mehr Fleisch! Fleisch macht stark." Er erweckte damit den Eindruck, er müsse sich um den Jungen in besonderer Weise bemühen, weil der nicht mehr so gutgenährt-pummelig aussah wie als Kleinkind. Karin sagte: „Lass das doch, Vati! Gerald kann sich selber von allem etwas nehmen, wenn er noch Hunger hat."

Vater Willy entgegnete ihr ungehalten: „Der Junge sieht elend aus." Das klang wie ein Vorwurf an Karin und Heinz. 'So kann man von unliebsamen Gesprächsthemen ablenken', dachte Heinz Neuenhof. Und seine Frau dachte gekränkt: 'Als ob ich mich nun, wo ich nicht in eine Apotheke arbeiten gehe, nicht mehr denn je um meine Kinder kümmern würde!' Das Argument, dass die mehrstündige Bahnfahrt mit dem mehrmaligen Umsteigen von einem Zug in den anderen die Kinder angestrengt habe und dass Gerald vielleicht deshalb abgespannt aussähe, gebrauchten aus Rücksichtnahme auf die Befindlichkeit der Eltern weder Karin noch Heinz.

So bestritten denn die beiden Neuenhof-Knaben das Gespräch an der Endersschen Mittagstafel. Gerald berichtete seiner Omi, wie gut er mit seinem Klassenlehrer an der Magdeburger Schule in der Nachtweide auskomme, und Martin wiederholte mehrmals, wie sehr er sich – spätestens vom Weihnachtsmann – ein Meerschweinchen und den dazu passenden Käfig wünsche.

Nach dem Essen stellten Charlotte und Karin das Geschirr und die Bestecke zusammen und brachten sie zum Abwaschen in die Küche. „Schaltet euch den Fernseher an, dann habt ihr Unterhaltung!", empfahl Charlotte, ehe sie, mit der Bratenplatte in den Händen, das Wohnzimmer verließ.

„Au ja!", frohlockten Gerald und Martin. Die Magdeburger Neuenhofs besaßen noch immer kein solches Gerät. Für die Knaben war Fernsehen etwas Besonderes.

Willy Enders kam der Aufforderung unverzüglich nach. Der am vorherigen Abend gewählte Sender – ARD – blieb eingestellt. Er brachte das sonntagmittägliche Rundtisch-Gespräch. Den Jungen war das egal, Fernsehen war Fernsehen. Heinz wollte

sich mit seinem Schwiegervater unterhalten. „Lass sie doch gucken!", sagte Willy. Er setzte sich in seinen Plüschsessel in der Ofenecke und zündete sich eine Zigarette an – „… die Verdauungszigarette", erklärte er. Der andere am Kachelofen aufgestellte Sessel war Charlottes Stammplatz nach getaner Arbeit. Das wusste Heinz. Deshalb rückte er einen Stuhl in Willys Nähe. „Beim Mittagessen hat es nicht gepasst, meinte Mutti, also dann jetzt meine Frage: Was ist mit deiner Arbeit?"

„Da ist nicht viel zu erzählen", sagte Willy mürrisch. Er hätte jetzt, nach dem Mittagessen und nach der „Verdauungszigarette", lieber ein Nickerchen gemacht – wie an jedem Sonntagmittag – das Gerede und Gedudel im Fernsehgerät hätte ihn dabei nicht gestört, das war er gewöhnt. Wenn Charlotte vom Mittagsabwasch aus der Küche ins Wohnzimmer kam, schaltete sie immer gleich das Gerät ein, ob er schlief oder nicht, und wenn er schnarchte, brummelte sie: „Es stimmt: Der Fernsehschlaf ist für den modernen Menschen der gesündeste Schlaf." Heute überwand sich Willy – seinem Schwiegersohn zuliebe. „Aus der Gorzecker Sparkasse", deren Filialleiter er viele Jahre gewesen war, „bin ich 'raus. Ich arbeite seit vorigem Ersten im Büro des hiesigen Steinzeugwerkes als Lohnbuchhalter. Ich habe das gegen mich gerichtete Kesseltreiben meiner beiden Sparkassenmitarbeiterinnen nicht mehr ertragen." Er nestelte eine Zigarettenschachtel aus seiner Jacketttasche, entnahm ihr eine Zigarette. Es war die letzte. Er zündete sie an. Die leere Schachtel zerknüllte er und warf sie auf das Tischchen, das zwischen seinem und Charlottes Sessel stand. „Eine der beiden Frauen – Hilde Schwenke – wollte unbedingt Filialleiterin werden. Nun ist sie's geworden und wird hoffentlich zufrieden sein."

„Aber wieso …?"

„Was weiß ich? Die Schwenke ist in Karins Alter, also Anfang dreißig. In dem Alter denken manche Frauen, sie müssten sofort etwas werden, sonst liefe ihnen die Zeit davon."

„Frauenalter hin und Schwenke-Wunsch her – dafür, dass du tatsächlich gegangen bist, muss es doch einen objektiven Grund geben."

Willy winkte müde mit der Zigarette in der Hand ab. „Ein Grund findet sich immer. Den Ausschlag hat gegeben, dass die Schwenke behauptet hat, die von mir vorgenommenen Monats- und Quartalsabrechnungen wären in letzter Zeit meistens fehlerhaft gewesen, und sie als gewissenhafte Mitarbeiterin habe die Fehler in unbezahlten Überstunden beheben müssen, damit unsere Filiale keinen Ärger mit der Sparkassen-Kreisstelle bekäme. 'Wenn ich die Arbeit des Filialleiters übernehmen muss', hatte sie argumentiert, 'dann kann man mir diesen Posten auch offiziell übertragen.' So ist's dann geschehen. Ach!" Er zog den auf dem Tischchen abgestellten Aschenbecher dicht zu sich heran und tippte mit dem Zeigefinger die Asche von seiner Zigarette.

„Hast du dich nicht gewehrt?"

„Wozu?"

Heinz war verblüfft und schüttelte den Kopf. „Ich meine, so einfach klein beizugeben …"

„Guck mal: Wir haben in unserer Filiale zu dritt gearbeitet. Ich war der Leiter. Mein Wort hat etwas gegolten. Ich habe in den langen Jahren meiner Tätigkeit manchen Fehler in der Arbeit meiner Mitarbeiterinnen aufgedeckt. Darüber habe ich offen mit den Frauen geredet. Der Fehler wurde ausgemerzt. Damit war solch ein Fall erledigt gewesen. Nun wollte Hilde Schwenke in meiner Arbeit etwas gefunden haben. Sie wertete das aber nicht auf die gleiche Weise aus, wie ich das oftmals praktiziert habe. Sie hat das sogleich bei meinem Vorgesetzten in der Kreissparkasse an die große Glocke gehängt. Daraus ist zu ersehen, ihr ging es nicht darum, ein Versehen von mir auszubügeln – nein, sie wollte mich in der oberen Etage anschwärzen, damit man ihr meinen Posten überträgt. Ihren ersten Versuch dieser Art habe ich abgewehrt. Ich bin lange genug im Geschäft und habe in der Sparkassendirektion einen Namen …"

„Nicht nur dort."

„Siehst du. Aber Hilde Schwenke versuchte es aufs neue. Die Direktion wurde stutzig. Ich habe gefordert, die Denunziantin 'rauszuschmeißen – vergeblich. Schlimmer noch! Ich musste mich vor der Parteigruppe verantworten, und es wurde eine Inspektionsgruppe in unsere Filiale geschickt. Bei so viel Misstrauen mir gegenüber habe ich mir einen Aufhebungsvertrag geben lassen. Ich bin im Steinzeugwerk sofort untergekommen. Die haben mich mit Kusshand genommen." Er lehnte seinen Kopf weit zurück gegen die Sessellehne und schloss die Augen. Er atmete ein paarmal tief ein und aus.

„Gefällt dir die Arbeit im Steinzeugwerk?"

Willy antwortete nicht gleich, als müsste er nach der zuvor abgegebenen Erklärung verschnaufen. „Ich muss mich erst noch einarbeiten. Ich bin gelernter Bankkaufmann und nicht mehr der Jüngste." Er sog mehrmals an seiner Zigarette und blies blaue Wölkchen ins Zimmer. Heinz erwartete, sein Schwiegervater würde sich weiter erklären. Aber nein – Willy langte mit geschlossenen Augen zum Aschenbecher und drückte die Zigarette aus. Er ließ die Hand neben dem Aschenbecher ruhen und verharrte regungslos. Nach einer Weile sackte sein Kinn herab. Leise Schnarchtöne bezeugten, Charlottes Schweinebraten und Heinz' Gespräch hatten eine Ruhepause für Willy Enders unumgänglich gemacht.

Heinz erhob sich vorsichtig von seinem Stuhl. Er legte einen Zeigefinger auf seine Lippen. „Pssst! Seid leise!", sagte er zu seinen Söhnen. „Opi schläft. Ich gehe zu Omi und Mami in die Küche. Mal sehen – vielleicht gehen wir ein Stückchen spazieren, bis zur Eisdiele."

Die Jungen nickten lebhaft und flüsterten: „Eis essen – da kommen wir mit."

Im Zwischenzimmer, durch das die Küche vom Wohnzimmer aus zu erreichen war, hörte Heinz durch die nur angelehnte Küchentür Charlotte in aufgebrachtem Tone sagen: „Mach mir keine Vorschriften! Deine Schwiegermutter hat ihren ewigen Frieden. Wir dagegen – dein Vater und ich – haben zur Zeit einige Probleme zu lösen. Damit sind wir noch nicht durch."

Heinz verhielt den Schritt. Karin sagte etwas. Heinz konnte es nicht verstehen. Karin sprach leiser als ihre Mutter, und beide Frauen klapperten beim Abwaschen und Abtrocknen mit Tellern und Töpfen. Charlotte sagte: „Im vorigen Herbst waren Heinz' Mutter und ihre Schwester" – gemeint waren Paula und Alma Knarr aus Burkitz – „bei uns zu Besuch. Wir haben über alles gesprochen. Deine und deines Mannes Sorge, Paula hätte mir an ihrem Krankenbett in der Magdeburger Klinik noch etwas mit auf den Weg geben wollen, ist unbegründet. Fangt also bei eurem heutigen Besuch keine Debatte über dieses Thema an!"

Karin entgegnete etwas. Wieder konnte es Heinz nicht verstehen.

„Es ist alles gesagt!", behauptete Charlotte laut und barsch. „Also Schluss jetzt!"

Da tat Heinz im Zwischenzimmer geräuschvoll einige Schritte und stieß mit Schwung die Küchentür auf. „Na, ihr fleißigen Frauen, muss ich euch helfen?"

„Jetzt, wo wir fertig sind, kommst du", sagte Charlotte.

„Ich habe einen Riecher für erledigte Arbeiten."

Dem Vorschlag, mit den Kindern die Kalitzsche Eisdiele aufzusuchen, stimmten die Frauen zu. „Ich gehe aber nicht mit euch", sagte Charlotte. „Mir könnt ihr eine Protion in einer Eistüte mitbringen. Bis ihr wiederkommt, setze ich mich in meinen Fernseh-Sessel und ruhe mich ein bisschen aus."

„Mach das!", sagte Heinz. „Aber sei leise! Opi schläft."

Auf dem Weg zur Eisdiele ließ Neuenhof seine Jungen ein Stückchen vorauslaufen und henkelte sich bei Karin ein. Er informierte sie über sein Gespräch mit dem Schwiegervater und machte kein Hehl aus seiner Enttäuschung. „Dein Vater ist kaum wiederzuerkennen. Er wirkt schlaff, willenlos, hat sich bei seinen Mitarbeiterinnen in der Sparkasse nicht durchgesetzt und wirft alles hin, was er sich in vielen Berufsjahren erarbeitet hat. Ich weiß nicht, ob seine Entscheidung gründlich bedacht ist." Und nach einer Pause: „Er und deine Mutter hätten das vorher mit uns beraten können."

Karin lachte. „Das hat es bei meinen Eltern nie gegeben – mich in eine Entscheidungsfindung einzubeziehen. Das war bei dir und deiner Mutter und Annedore, wie ich weiß, anders. Aber ich war für meine Eltern nur immer die kleine Karin." Sie dachte: 'Hoffentlich hat Vati kein krummes Ding gedreht, dass er deshalb gehen musste.' Dass er seine Tätigkeit in der Sparkasse überhaupt und so kurz entschlossen aufgeben würde, hatte sie nie für möglich gehalten –, so wenige Jahre vor dem Erreichen des Rentenalters.' Sie sagte: „Ich habe mich schon heute Vormittag, als er uns vom Bahnhof abholte, über sein Aussehen erschrocken. Richtig fit scheint er nicht zu sein."

„Den Eindruck hatte ich bei meinem Gespräch mit ihm auch. Mein Gott, bin ich denn solch ein langweiliger Heini, dass man, wenn man sich mit mir unterhält, einschlafen muss?"

Karin sagte: „Es liegt nicht an dir."

„Und dann sein Gequarze ... Er ist ja ein Kettenraucher."

„Schon immer gewesen."

„Wenn ihm das guttut …"

Gerald und Martin tollten vor ihnen her. „Hier ist der Milchladen", rief Gerald. „Als ich ein kleiner Junge war, ist Omi an jedem Morgen mit mir hierher gegangen. Die Milchverkäuferin hat mir dann immer einen Loliball-Lutscher geschenkt." Er wies auf die andere Straßenseite. „Da ist die Eisdiele."

„Halt!", rief Karin. „Über die Straße gehen wir gemeinsam."

„Es kommt gar kein Auto."

„Gemeinsam, habe ich gesagt."

Ehe sie die Kinder erreichten, fragte Heinz: „Worüber hast du mit Mutti in der Küche gesprochen?"

„Über allgemeinen Kram: über die Fußbeschwerden von Muttis Freundin Else Lippert, über Böhlerts florierende Fleischerei, darüber, dass Böhlerts in den Nachbarorten Filialen aufgemacht und dass sie sich privat eine große Limousine, einen Polski Fiat, zugelegt haben, über die Nachbarsleute und deren Töchter, von denen sich die Große von ihrem Mann hat scheiden lassen und sich mit ihren beiden Kindern bei den Eltern eingenistet hat …"

„Und über die Beisetzung in Küssow? Hast du deine Mutter zur Rede gestellt?"

Karin blieb die Antwort schuldig. Sie nahm Martin an die Hand und überquerte mit ihm die Straße. „Du fass' Papi an!", rief sie Gerald zu.

In der kleinen Eisdiele, entstanden aus Kalitz' ehemaligem Wohnzimmer, drängten sich viele Leute. Frau Kalitz erkannte Karin sofort. Sie unterbrach ihren Eistütenverkauf, trat hinter dem Ladentisch hervor, ging auf Neuenhofs zu. „Aah! Enders' haben Besuch. Ist das deine Familie, Karin? Sieh an! Und so schöne Jungs!" Sie nahm von dem einzigen noch freien Tischchen ein „Reserviert"-Schild. „Platz für unerwartete Gäste. Was darf 's sein? Für jeden ein Eisbecher mit Früchten?" Das Angebot wurde angenommen.

Beim Eis- und Früchtelöffeln sagte Heinz zu seinen Kindern: „Das Eis schmeckt lecker, wie?", Karin raunte er zu: „Ich bin nicht wegen des Eisessens nach Gorzeck gereist. Wir müssen mit deinen Eltern Klartext reden. Dazu müssen wir uns abstimmen."

„Ja. Aber nicht hier – vor allen Leuten und den Kindern." Karin sah ihrem Manne an, er war unzufrieden. Nach einer Weile sagte sie: „Wenn wir aufgegessen haben, bringen wir die Jungen zu meinen Eltern. Sie können mit ihnen fernsehen. Wir beide besuchen Tante Lieschen und Onkel Gustav. Auf dem Weg zu ihnen legen wir uns einen Schlachtplan für die anschließende Debatte mit meinen Eltern zurecht."

„Einverstanden."

Sie blieben auf der untersten Trittstufe zu Enders' Hauseingang stehen. Karin drückte Gerald die Eistüte für die Omi in die Hand. „Sei vorsichtig!" Dann schickten sie die Kinder allein ins Haus. Das Glöckchen über der Tür bimmelte. Charlotte kam aus dem Wohnzimmer.

„Heinz und ich – wir gehen noch in die Untertorstraße", erklärte Karin.

Charlotte ärgerte sich darüber. „Nun seid ihr mal einen Tag bei uns zu Besuch – einen knappen Tag. Müsst ihr da auch noch zu denen laufen?" „Die" – damit meinte sie ihren Onkel und ihre Tante.

Karin wollte etwas erwidern. Aber Heinz hopste von der Haustrittstufe und zog seine Frau mit sich fort. Unterwegs debattierten sie, wie Karin es vorgeschlagen hatte. Heinz wollte, dass ihm noch an diesem Tage Genugtuung wegen seiner verletzten Gefühle widerfahre. Karin hatte Verständnis dafür. Aber sie kannte ihre Mutter länger und besser als er. Sie bezweifelte, dass Charlotte zu einer Erklärung oder gar zu einer Entschuldigung zu bewegen sein würde. Sie seufzte: „Versuchen wir's!"

Tante Lieschen und Onkel Gustav freuten sich sehr über das Kommen der jungen Eheleute. „Dass ihr das so prompt wahrmacht", sagte Lieschen begeistert. „Darauf müssen wir einen Kleinen trinken. – Gustav, hol' uns die Likörflasche aus der Speisekammer! Und wenn du dann schon mal draußen bist, setz den Pfeifkessel auf dem Herd auf! Wir gönnen uns einen richtigen Kaffee – West-Bohne, wenn ihr versteht, was ich meine."

Nach einer Weile kehrte Gustav ins Wohnzimmer zurück. Unter jeden Arm hatte er sich einen Geigenkasten geklemmt. In einer Hand trug er die Likörflasche, in der anderen ein Tablett mit kleinen Gläsern.

„Brav, mein Gustav!", sagte Lieschen. „Aber einschenken tu' ich."

Die Vier prosteten sich mehrmals zu.

Als Lieschen in die Küche ging, um Kaffee zu brühen und zu filtern, öffnete Gustav einen Geigenkasten und nahm das Instrument heraus. Der Hals der Geige hatte sich vom Instrumentenkörper gelöst. „Seht ihr das? Es ist meine gute Geige – Baujahr 1723. Die müsste man doch in Magdeburg reparieren lassen können …"

'Sicherlich', dachte Heinz, 'aber wo? Bei wem?'

Karin wusste Rat. „Torsten Voss – der Mann des Ehepaares, bei dem ich während meiner Berufsausbildung in Magdeburg-Cracau gewohnt habe – ist gelernter Instrumentenbauer. Derzeit ist er zwar berufsfremd im Erich-Weinert-Werk tätig. Aber in seiner Freizeit arbeitet er Instrumente auf."

„Auch Geigen?"

„Aber ja. Für Geigen hat er eine Vorliebe. Wir werden ihn aufsuchen und fragen, ob er …"

„Nehmt doch meine Geige, wenn ihr nach Hause fahrt, gleich mit!", schlug Gustav vor. „Der Mann kann sich den Schaden anschauen und so am sichersten beurteilen, ob er mir helfen kann."

Karin und Heinz dachten: 'Gleich mitnehmen – das geht nicht. Wir haben beide Kinder dabei und Handgepäck, wir müssen mehrmals umsteigen, bei der Rückreise am späten Abend werden die Jungen müde sein, sie hatten keinen Mittagsschlaf, wir werden unsere Mühe mit ihnen haben …'

Lieschen stellte eine große Kaffeekanne auf den Tisch. Der Duft frischgebrühten Bohnenkaffees wölkte durchs Wohnzimmer. Sie klapperte mit Tassen und Tellern ihres Kaffeeservices. „Sei nicht ungeduldig, Gustav!", mahnte sie. „Lass Karin und Heinz die Sache vorklären! Sie können die Geige bei ihrem nächsten Besuch in Gorzeck mitnehmen. Du hast ja noch dein zweites Instrument."

„Das strapazierte Ding!", murrte Gustav. „Das hat manchen Sturm erlebt, wenn wir auf den Tanzböden aufgespielt haben."

„Aber für eine Übergangszeit genügt es." Lieschen schenkte Kaffee ein und füllte auch die Likörgläser. Sie raunte Heinz zu: „Zusammen mit einem Schnäpschen schmeckt der Kaffee besser." Und an Gustav gewandt: „Spiel' uns einen, mein Lieber: 'Schenkt man sich Rosen in Tirol' oder irgendetwas anderes Unterhaltsames!"

Und der brave Gustav holte Notenhefte herbei, packte die „strapazierte" Geige aus, stimmte sie und geigte los. 'Tatsächlich', dachte Heinz, 'einen schönen Klang hat die Fiedel nicht mehr.' Aber er nickte dem musizierenden Dorfbarbier aufmunternd zu. Lieschen zwinkerte und sagte: „Prost!". Sie tranken und waren guter Dinge.

Als sich Karin und Heinz verabschiedeten, sagte Gustav: „Was ihr mir bei euerem nächsten Besuch unbedingt mitbringen müsst, sind eine neue e- und eine neue a-Saite." Und Lieschen umarmte die Besucher, hatte tränenfeuchte Augen und wisperte: „Das war seit langem mal wieder ein schöner Nachmittag."

So bewertete Charlotte Enders diesen Sonntagnachmittag nicht. Sie war übelgelaunt, als Karin und Heinz von dem Friseur-Ehepaar zurückkehrten. „Ich verstehe euch nicht", sagte sie mit vorwurfsvoller Stimme. „Zu der Visite in der Untertorstraße habt ihr euch doch nicht verpflichtet zu fühlen brauchen. Und dann: so lange wegzubleiben. War es denn so schön?"

Karin begann zu berichten. Onkel und Tante hätten sich gefreut über ihr Kommen. Onkel Gustav habe zur Unterhaltung auf seiner Geige gespielt …

Charlotte unterbrach sie: „Sicherlich gab's auch ein Likörchen, wie? Oder gleich ein paar, denke ich?"

„Na ja …"

„Habt ihr nicht gemerkt, dass Lieschen alkoholabhängig ist? Onkel Gustav muss vor der alten Schnapsdrossel alle alkoholischen Getränke im Haus verstecken und verschließen."

'Ach so', dachte Karin, 'deshalb hatte er die Likörflasche aus der Speisekammer holen müssen.'

„Im ganzen Ort redet man darüber und amüsiert sich." Charlotte empörte sich, als würde ihre Ehre durch Lieschens Trunksucht befleckt.

„Aber Onkel Gustav hat nichts gesagt, er hat sich nichts anmerken lassen", sagte Karin. Charlotte winkte mit der Hand ab. „Du kennst ihn doch. Onkel ist wie ein Pudel. Er schüttelt sich, und schon ist ein Problem, egal welches, für ihn erledigt."

Heinz fand, seine Schwiegermutter übertrieb. Er blinkerte Karin zu. Sie wusste, worauf er hinauswollte, und folgte seinem Wink. Allerdings bezweifelte sie, dass bei Charlottes Übellaunigkeit der richtige Zeitpunkt für die von Heinz gewünschte Debatte gekommen sei. Dennoch sagte sie, allen Mut zusammennehmend: „Mal etwas anderes: Ihr, Vati und du, Mutti, wart bei der Trauerfeier für Mutti Paula nicht dabei. Offen gestanden, leuchtet sowohl Heinz als auch mir nicht ein, wieso nicht wenigstens einer von euch hätte nach Küssow fahren können. Wir mit unseren kleinen Kindern haben es doch auch zuwege gebracht. Bei der Urnenbeisetzung ..."

Charlotte, kreidebleich im Gesicht, ließ ihre Tochter nicht weiterreden. „Nun fängst du noch mal damit an! Ich habe dir schon heute Mittag beim Abwaschen erklärt: Wir konnten nicht hinfahren – weder Vati noch ich. Wir waren Vatis wegen verhindert. Mein Gott, könnt ihr nicht nachempfinden, was eurem Vater von den Sparkassenfrauen angetan worden ist? Dazu die Verleumdungen, die Suche nach einer neuen Arbeit, die Einarbeitung im Steinzeugwerk, die Ungewissheit, ob alles wieder ins rechte Lot kommt ..." Sie hätte noch mehr aufzählen können, es wäre nicht mal etwas Unwichtiges gewesen. Die Leitung der Kreissparkasse, zu deren Verband die Gorzecker Sparkassenfiliale gehörte, hatte Regressforderungen an Willy Enders gestellt. Denen hatten die Enders' nicht entsprechen können. Charlotte und Willy hatten wegen ihrer Lebensansprüche und bei ihren Gepflogenheiten haushälterischen Wirtschaftens keine finanziellen Rücklagen gebildet gehabt. Sie hatten sich, um die Ansprüche der Kreissparkasse befriedigen zu können, Geld borgen müssen. 'Karin würde staunen, von wem', dachte Charlotte. Aber darüber wollte sie jetzt nicht reden – nicht aus Rücksicht auf ihre Tochter, sondern aus Stolz. 'Diese Interna gehen die jungen Leute nichts an', meinte sie.

Karin ahnte von alledem nichts.

Auch Heinz durchschaute die Lage nicht, in der sich seine Schwiegereltern befanden. Innerlich immer noch aufs tiefste verletzt, sagte er: „Ich empfinde es als herzlos, dass ihr meine Mutter nicht einmal im Krankenhaus besucht habt. Sie hat drei Monate in der Klinik gelegen. Irgendwann in diesem Zeitraum hättet ihr wohl doch nach Magdeburg fahren können. Vielleicht hatte meine Mutter einen Wunsch an euch ..."

Willy Enders, der bislang still in seinem Sessel hinterm Kachelofen gesessen und lediglich ab und an seiner Frau zustimmend oder aufmunternd zugenickt hatte, wollte aufbrausen.

Charlotte kam ihm zuvor. Nicht bleich, sondern bräunlich-blass im Gesicht, sagte sie mit gedämpfter, vor Zorn bebender Stimme: „Das hat heute gerade noch gefehlt, dass du uns Vorwürfe machst. Nimm zur Kenntnis: Deine Mutter und ihre Schwester, Alma Knarr, haben uns wenige Wochen vor Paulas Einlieferung ins Krankenhaus besucht."

„Hier? In Gorzeck?"

Kopfnicken. „Ich habe das Karin vorhin schon in der Küche alles erklärt. Du kannst also beruhigt sein, lieber Schwiegersohn. Und damit du ganz genau Bescheid weißt: Die beiden Damen haben bei ihrem Besuch mit klugen Ratschlägen und anmaßenden Bemerkungen nicht gegeizt. Die haben uns gereicht, nicht wahr, Willy?" Willy nickte artig. „Da hat es keiner Ergänzungen anlässlich eines Krankenbesuchs in Magdeburg bedurft. Wir, Willy und ich, sind mittlerweile aus dem Teenager-Alter heraus. Wir wissen selbst, was wir zu tun und zu lassen haben."

'Nun ist mir alles klar', dachte Karin. 'Zwischen Mutti und Vati und den beiden Besucherinnen hat es Kontroversen gegeben, durch die sich meine Eltern beleidigt fühlten – so sehr, dass sie sich nicht mal zu einem Anstandsbesuch in der Klinik oder zur Teilnahme an der Urnenbeisetzung entschließen konnten.' Sie versuchte zu retten, was an Einvernehmen mit ihren Eltern noch zu retten war. „Vielleicht solltet ihr die Grabstelle von Heinz' Mutter in Küssow aufsuchen und der Verstorbenen im Nachhinein die Ehre erweisen."

„Vielleicht …", Charlotte zuckte mit den Achseln, „… irgendwann."

Heinz sagte nichts mehr.

Am Abend wurden die Neuenhofs von Charlotte und Willy förmlich verabschiedet. Auf dem Weg zum Gorzecker Bahnhof wurden sie von den Eltern nicht begleitet. Schon im Triebwagen von Gorzeck nach Ziesel schliefen die Knaben übermüdet ein, Martin auf Heinz' Schoß sitzend und Gerald den Kopf an Karins Oberarm gelehnt.

„Es wird schwerhalten", sagte Karin unterwegs, „die Jungs morgen früh, wenn sie wieder los müssen, aus dem Bett zu kriegen." Sie dachte: 'Nach dem Besuch heute muss ich künftig alles allein schaffen. Für mich und meine Familie gibt's keine Oma, die der jungen Frau mal aushilft – wobei auch immer –, wie das in vielen anderen Familien gang und gäbe ist.'

Heinz rekapitulierte in Gedanken das Gespräch mit seinen Schwiegereltern. „Das kannst du wissen", sagte er leise zu Karin, „nach Gorzeck bringen mich in absehbarer Zeit keine zehn Pferde."

6

„Erkunde mal, wann Genosse Professor Kainzow in Berlin etwas zu tun hat", sagte der stellvertretende Minister Harry Petras zu seinem Mitarbeiter Hans-Georg Gerbach. Es ergab sich, der Professor würde schon an einem der nächsten Tage im Haus des Ministerrates die nächste Arbeitssitzung der Zentralen Prognosegruppe der DDR-Regierung vorbereiten helfen. „Dann soll er, nachdem er seine Angelegenheit in der Klosterstraße erledigt haben wird, für ein Gespräch mit uns beiden – Dauer cirka eine Stunde – zu mir kommen."

So saßen die drei Männer in Harry Petras' Dienstzimmer im Ministerium für das Hoch- und Fachschulwesen beisammen. Kainzow sagte: „Ihr bringt mich mit diesem Gesprächstermin ganz schön in Trab." – „ Wir dürfen das." Petras grinste den Professor an. „Letztlich sind wir es, von denen du allmonatlich pünktlich dein Brötchengeld beziehst." Kainzow lachte. „ Habe verstanden, Genosse Minister. Na, dann schieß mal los!"

Gerbach schlug sein Diarium auf und zückte einen Schreibstift. „Klapp dein schlaues Buch wieder zu", forderte Petras. „Wir drei wollen in der kommenden Stunde nichts protokollieren, wollen keine Beschlüsse formulieren oder Anweisungen verfassen. Wir wollen zu einigen Sachverhalten und Erfordernissen laut denken oder nachdenken. Ich fange mal so an: Im Kollegium des Ministers bin ich der einzige Techniker. Dagegen, dass unser Minister ein Gesellschaftswissenschaftler ist, habe ich – vom Prinzip her – nichts einzuwenden. Der Genosse bemüht sich nach Kräften um einen effektiven Leitungsstil und will alles besser machen als sein Vorgänger, der ein Physiker war. Dabei schießt er mitunter übers Ziel hinaus. Er strebt danach, die *Hauptprozesse an den Universitäten und Hochschulen* nahezu industriemäßig zu leiten. Das reden ihm einige Kollegiumsmitglieder ein – Ökonomen und Sozialistische Betriebswirtschaftler. Sie verweisen auf ihr Vorzeigemodell – die HOPLA." Petras meinte die Hochschule für Ökonomie und Planung in Berlin-Karlshorst. „Die dort entwickelten und realisierten Leitungsstrukturen und neuartigen Formen der Zusammenarbeit mit der sozialistischen Industrie hätten die Qualität der studentischen Ausbildung und der Forschung nachweisbar verbessert und den Investitions- und Finanzbedarf für die materiell-technische Absicherung der Hauptprozesse spürbar verringert, behaupten sie. Die Ökonomen und Gesellschaftswissenschaftler im Kollegium reden unserem Minister ein, wir würden an unseren Hochschulen zu viele Ingenieure und zu wenige Spezialisten ihrer Fachgebiete ausbilden. Sie berufen sich auf Genossen Dr. Mittag. Bei dessen derzeitiger Position und Gewichtigkeit in der Partei- und Staatsführung verfehlt der Hinweis auf ihn seine Wirkung auf unseren Minister nicht. Das macht die Sache für uns schwierig."

„Wieso?", unterbrach ihn Kainzow. „Enge Industrieverbindungen pflegen wir Maschinenbauer – und die Technologen im besonderen – seit Jahren und sehr erfolgreich. Schon Professor Alfred Wichtler an der TH Dresden hat …"

Petras winkte ab. „Geschenkt. Auch mein Fachrichtungsleiter an der Dresdner TH hat – schon zu unserer Studienzeit in den fünfziger Jahren – mit einem Bein im TH-Institut und mit dem anderen im Automobilwerk Zwickau gestanden. Aber das wissen einige maßgebliche Genossen in unserem Hause nicht, und andere wollen es nicht glauben, selbst wenn ich mir den Mund fusselig rede. ‚Ja',sagen sie, ‚ihr habt damals vielleicht etwas in Ansätzen versucht. Aber jetzt muss die Einheit von Theorie und Praxis, das Zusammenwirken von Hochschuleinrichtungen und Industrie in neuen Formen und Leitungsstrukturen und mit stärkerer partnerschaftlicher und vertraglicher Verbindlichkeit gestaltet werden.' Auch das beeindruckt unseren Minister. Sein Credo ist:, Die Entwicklung und Vervollkommnung der sozialistischen Leitungstätigkeit an allen Hochschuleinrichtungen erreichen wir nur durch hohes Engagement und persönliche Verantwortung der staatlichen Leiter und durch die Entfaltung der sozialistischen Demokratie in den an den Universitäten und Hochschulen geschaffenen wissenschaftlichen und gesellschaftlichen Räten.' Und das, Genossen, ist der zweite Punkt, zu dem wir drei uns heute einige Gedanken machen sollten."

Gerbach sagte: „ Der erste Punkt braucht uns keine Sorgen zu bereiten, meine ich. Die lieben Kollegen von der gesellschaftswissenschaftlichen Fakultät wollen zu Lasten der Ingenieurausbildung die Immatrikulationszahlen und damit einhergehend die Zahl der Planstellen für Hochschullehrer und wissenschaftliches Personal und womöglich auch die Invest-Mittel für ihre Fachgebiete in die Höhe treiben. Aber daraus wird nichts. Die Planzahlen unseres Ministeriums für auszubildende Ingenieure fußen auf einem vor Jahren gefassten Ministerratsbeschluss. An dem kommt niemand vorbei – auch wenn er sich auf Genossen Günter Mittag beruft."

„Siehst du, mein Lieber, hier irrst du." Petras hielt Kainzow und Gerbach seine Zigarettenschachtel hin. Die beiden lehnten ab. „ Dann rauche ich meine JUWEL alleine." Er paffte einige blaue Wolken ins Zimmer.

Gerbach blickte ihn verständnislos an. „Ich – mich irren?"

„Zumindest wiegst du dich zu sehr in Sicherheit. Hört gut zu: In der Dienstbesprechung gab der Minister bekannt, einige Ministerien würden sich weigern, die von uns für sie ausgebildeten Absolventen des Maschinenbaus in der ursprünglich geplanten Zahl in den ihnen unterstehenden Betrieben einzustellen. Begründung: Die Kürzung ergebe sich zwangsläufig aus der Aktualisierung der Arbeitskräftepläne der Betriebe und Kombinate."

„Unmöglich", rief Hans-Georg. „Noch betreiben wir in unserer Republik Planwirtschaft."

„Und", ergänzte Professor Kainzow, „die Ausbildung von Ingenieuren und Diplom-Ingenieuren an unseren Fach- und Hochschulen ist kein Zweig der Leichtindustrie, in dem man kurzfristig auf Schwankungen des Marktes hinsichtlich Angebot und Nachfrage reagieren kann. Außerdem: Wer soll die in Ingenieur-Abschluss- und in Diplom-Arbeiten entwickelten Ideen und Neuerungen in der betrieblichen Praxis umsetzen, wenn nicht unsere Absolventen?"

Harry Petras rauchte wie ein Schlot. „Ich habe unserem Minister versichert, ich nehme jeden Absolventen eines Ingenieurstudiums, den man in irgendeinem Ministeriumsbereich nicht einstellen will, persönlich an die Hand und übergebe ihn dem zuständigen Minister. ‚Genosse Minister', werde ich sagen, ‚hiermit überantworte ich Ihnen persönlich ein weiteres Objekt unserer planmäßigen Produktion gemäß Ihrer vor Jahren im Ministerratsbeschluss festgeschriebenen Anforderung.'"

Kainzow lächelte. „So etwas traue ich dir zu. Aber ich glaube, sehr erpicht auf eine solche Aktion bist du nicht. Wie ich dich kenne, suchst du einen besseren Ausweg."

„Erraten", sagte Harry Petras grinsend. Und an Gerbach gewandt: „Es ist gut, mit Leuten zusammenzuarbeiten, die man lange kennt: Sie verstehen einen, wenn man ein Anliegen hat, auf Anhieb." Er spielte auf seine gemeinsame Studienzeit mit Kainzow an der TH Dresden an. „ Mein Vorschlag zur Lösung des Problems: Drei Technische Hochschulen im Lande werden zu Leuchttürmen einer modernen Ingenieurausbildung, enger vertraglich geregelter Industrieverbindungen und effektiver neuartiger Leitungstätigkeit entwickelt – die TH Karl-Marx-Stadt im Zusammenwirken mit dem Werkzeumaschinenbau, die TH Magdeburg gemeinsam mit dem Schwermaschinen- und Anlagenbau und die TH Leuna-Merseburg im Zusammenwirken mit der chemischen Industrie. Was haltet ihr davon?"

Gerbach und Kainzow waren verblüfft. „Unterstützen wir demnächst den Seenot-Rettungsdienst – mit Leuchttürmen?"

„Quatsch Ich habe mich des Jargons mancher ‚ND'-Artikel bedient. Manche Journalisten schreiben gern über Leuchttürme in der sozialistischen Industrie und Landwirtschaft."

„Also sollen die genannten drei Hochschulen zu Muster-Einrichtungen entwickelt werden?"

„Genau – zu Muster-Einrichtungen mit Leitfunktion."

„Und die altehrwürdige TU Dresden?"

„Die lassen wir zunächst außen vor. Sie ist zu groß und wegen ihrer vielen Fachgebiete zu heterogen. Mit ihr kommen wir nicht rasch genug ans Ziel – nämlich, bildlich gesprochen, Wegmarken für den Maschinenbau, die Elektrotechnik und den Chemieanlagenbau zu setzen. Im Wettbewerb mit den genannten drei TH's ziehen die Dresdner zum rechten Zeitpunkt von ganz allein mit."

„Und warum die TH für Chemie in Leuna-Merseburg? So toll sind die …"
„Stopp! Kein Werturteil jetzt Die Leuna-Merseburger werden aus taktischen Erwägungen zu einer Leiteinrichtung entwickelt." Gerbach durchschaute die taktischen Erwägungen seines Vorgesetzten nicht und schüttelte den Kopf. Professor Kainzow grinste. „Die Leuna-Merseburger haben einen redegewandten Rektor. Er wird Harrys Vorschlag in der Dienstbesprechung des Ministers mit den Rektoren wortreich und überzeugend unterstützen." Er kannte den Rektor von dessen Auftritten in der Zentralen Prognosegruppe. Petras sagte: „Manche Leute – und nicht mal unmaßgebliche – träumen noch immer von den lichten Höhen, zu denen uns das vor zehn Jahren beschlossene Chemie-Programm der DDR führen wird." Er legte eine Hand auf Gerbachs Schulter. „Ich will in der Dienst-Beratung unseres Ministers nicht als Einzelkämpfer den Heldentod sterben, verstehst du? Außerdem: Der Genosse Horst Sindermann als Sekretär der Bezirksleitung Halle ist vor zwei Jahren Mitglied des Politbüros unserer Partei geworden, seit fünf Jahren wird Halle-Neustadt als sozialistische Musterstadt für die Werktätigen von Schkopau und Leuna aufgebaut – durch maßgebliches Betreiben des Genossen Sindermann. Wir wären doch Anfänger im Geschäft – um nicht zu sagen: Toren –, wenn wir die im Chemie-Bezirk eingerichtete und unter der Ägide dieses Genossen stehende TH in unserem Plan nicht berücksichtigen würden. Mal' dir mal aus, Hans-Georg: Unser Minister stellt im Ministerrat unser Konzept vor, und Horst Sindermann stimmt dem in der anschließenden Diskussion warmherzig zu – befände sich unser Minister da nicht in einer komfortablen Lage?"
„Habe begriffen", sagte Gerbach.
„Keine weiteren Fragen? Gut." Petras zündete sich wieder eine Zigarette an. „Dann kommen wir zum praktischen Teil: Was sollte jeder von uns in allernächster Zeit tun? Ich werde mit den Hochschul-Rektoren in Merseburg und Karl-Marx-Stadt beraten. In Karl-Marx-Stadt kann mich der Sektionsdirektor Prof. Rudolf Thümmel unterstützen. Er hat in der Dienstbesprechung des Ministers neulich eine gute Figur gemacht. Was er dort vorgetragen hat, hatte er gewiss zuvor mit seinem Rektor abgestimmt. Nun kann er, bevor ich nach Karl-MarxStadt reise, seinem Rektor nochmals offerieren, was er uns in seinen Ausführungen für Versprechungen gemacht hat. – Du, Hans-Georg, nutzt bitte deine guten Kontakte zu Conny Dörfling und stimmst ihn auf unsere Linie ein." Dörfling war Sektorleiter in der Abteilung Wissenschaften des Zentralkomitees der SED. Er war vor Jahren als Hans-Georg Gerbachs „Betreuer" für dessen Auftritt auf dem V. SED-Parteitag in Berlin eingesetzt gewesen. Hans-Georg hatte als jüngster Redner auf jenem Forum einen stark beachteten und mit viel Beifall bedachten Diskussionsbeitrag gehalten, mit dem, wie Conny Dörfling es auf die für ihn typische Art ausdrückte, „an den Uni-

versitäten und Hochschulen unserer Republik der sozialistische Studenten-Wettstreit eingeläutet" worden war. Dörfling hatte hinterher den Ruhm eines brillanten Regisseurs geerntet. Dabei hatte er nie ein Hehl aus seiner Wertschätzung des ehemaligen „FDJ-Studenten" Gerbach und dessen Leistung auf dem Parteitag gemacht: „Aus der Schar fachlicher Pfeifen und Schwadronierer im Ministerium für das Hoch- und Fachschulwesen ragen Harry Petras und sein Eleve Hans-Georg Gerbach wie zwei Leuchttürme heraus." Nun sollten – so Petras' Konzept – Gerbach und Dörfling in der Abteilung Wissenschaften den Boden bereiten für drei weitere Leuchttürme – diesmal Leuchttürme von der Dimension ganzer Technischer Hochschulen.

„Ich mach' das", versprach Gerbach.

„Und nun zu dir, Genosse Professor", Petras' förmliche Anrede seines Gastes sollte die Gesprächsatmosphäre auflockern.

„Ach," Kainzow tat verwundert, „ich kriege auch etwas ab?"

Petras sagte: „Meinst du, ich habe dich als *Mann von der Basis* nur hergebeten, um unserem Gespräch einen Hauch praktizierter sozialistischer Demokratie zu verleihen?" Kainzow lachte. „So naiv, das zu denken, bin ich nicht."

„Im Ernst, Wolfgang: Dich bitte ich um zweierlei. Zum einen möchte ich, dass du deine Position und deinen Einfluss in der Zentralen Prognosegruppe dafür nutzt, unser Konzept der drei Leit-Hochschulen publik zu machen. Meinethalben kannst du sogar so tun, als käme die Idee aus euerem Kreis. Ich als der eigentliche Ideenspender würde deswegen nicht an Herzdrücken zu Tode kommen. Mir geht es um die Sache: um die Sicherung und Weiterentwicklung unserer Ingenieurausbildung. Dem euerem erlauchten Kreis angehörenden Mitarbeiter des Sekretariats Dr. Mittag solltest du intern ein Handblatt mit einer Kurzcharakteristik unseres Konzepts zureichen. Der Mann wird, wie es sich gehört, Genossen Mittag gewissenhaft Bericht erstatten. Auf diese Weise erfährt die für uns und für unsere Gesellschaftswissenschaftler und Ökonomen wichtige Person in der Parteiführung auf kürzestem Wege von unserem Vorhaben. Nach Hans-Georgs Gespräch mit Conny Dörfling informiere ich den Leiter der Abteilung Wissenschaften."

Gerbach und Kainzow nickten. „ So wird Politik gemacht."

„Nun zum anderen. Wolfgang, es geht um die richtige Weichenstellung an eurer
Hochschule. Ich will die Sache nicht komplizierter machen als sie ist. Aber ich fühle mich etwas verunsichert. Bei euch finden in den nächsten Wochen und Monaten Wahlen für den Wissenschaftlichen Rat, für einen neuen Rektor und parallel dazu auch noch Parteiwahlen statt. Ich will mich vor einem persönlichen Gespräch mit euerem derzeitigen Rektor nicht drücken – was mir für Karl-Marx-Stadt und Merseburg recht ist, soll mir für Magdeburg billig sein. Ich frage mich jedoch: Bringt ein solches Gespräch unser Vorhaben voran?"

Gerbach sagte: „Du kannst den Genossen nicht desavouieren."

Kainzow überlegte eine Weile und schlug dann vor: „Zieh doch den Nachfolge-Kandidaten zu dem Gespräch hinzu."

„Euren amtierenden Ersten Prorektor?"

„Genau ihn. Für ihn ist alles durchgestellt – bei der Bezirksleitung der Partei, in der Abteilung Kader eures Ministeriums …"

„Du meinst, man kann einen Dr. rer. nat. wie euren Ersten Prorektor gar nicht früh genug auf seine künftigen Aufgaben vorbereiten?"

„Der Mann ist ein Techniker, ein Elektrotechniker. Er hat in leitender Position im ZIS gute Arbeit geleistet." Professor Kainzow meinte das Zentralinstitut für Schweißtechnik in Halle an der Saale. „Er hat dort seine Dissertation angefertigt. Die hat er an der Halleschen Martin-Luther-Universität verteidigt." Diese Universität besaß nicht das Recht, den Titel „ Doktor-Ingenieur" (Dr.-Ing.) zu verleihen.

„Na gut, denken wir positiv. Dann interessiert mich, ob Professor Weindorf als Rektor das Format haben wird, eure TH zu einer der drei Leit-Hochschulen zu entwickeln?"

„Das ist eine Gewissensfrage. Ich glaube, er wird darum bemüht sein. Leute, die im ZIS gearbeitet haben, sind ehrgeizig und erfolgshungrig. Das hat ihnen der ZIS-Direktor während ihrer Dienstjahre eingeimpft. Der ist dafür DDR-weit bekannt." Der Professor zögerte, weiterzusprechen. „Aber …?", drängte Petras. „Was und wieviel Weindorf erreichen kann, hängt auch von seinem Umfeld, vom neuen Leitungskollektiv unserer Hochschule ab …"

„Freilich. Das ist überall so."

„…und was das betrifft, ist die Welt, auch bei uns in zwei Lager geteilt."

„Rede bitte Klartext!"

Kainzow blickte seine Gesprächspartner an. „Ohne Protokoll …" Petras wurde ungeduldig. „Aber ja Ich habe zu Beginn unseres Gesprächs gesagt, wir sitzen beisammen und denken laut, und Hans-Georg hält sein Diarium zugeklappt."

„Also gut – damit ihr im weiteren die richtige Taktik wählt: Weindorf wünscht sich als Vize, also als Nachfolger für seinen derzeitigen Posten als Erster Prorektor, einen Techniker. Einige Genossen in der Hochschulparteileitung, ich glaube, auch der HPL-Sekretär, favorisieren den bisherigen Direktor für Erziehung und Ausbildung der TH. Der Mann ist von Hause aus Fachschul-Ingenieur des Maschinenbaus und hat an unserer Hochschule erfolgreich ein Maschinenbau-Fernstudium absolviert. Er ist also ein Techniker. Aber er hat nur ganz kurze Zeit als Ingenieur in einem Betrieb gearbeitet, hat die meiste Zeit Funktionen an der Magdeburger Hochschule bekleidet. Deshalb gibt es Vorbehalte zu seiner Kandidatur als Erster Prorektor."

„Was meinst du dazu?"

Prof. Kainzow druckste herum. „Er ist ein einsatzbereiter, fleißiger Genosse. Ich bin mit ihm, als er noch A/E-Direktor war, gut ausgekommen. Aber an den Vorbehalten partei- und berufserfahrener Genossen ist schon etwas dran."

„Was macht der Mann derzeit?"

„Er ist Mitarbeiter in ursprünglich seinem Direktorat. Er leitet dort eine Mini-Gruppe wissenschaftlicher und nichtwissenschaftlicher Mitarbeiter. Sie beschäftigt sich mit der Methodik der Erarbeitung und des Einsatzes moderner Lehr- und Lernmittel für das Hochschulstudium. Meines Wissens will er zu dieser Problematik an der Pädagogischen Hochschule Magdeburg promovieren."

Der stellvertretende Minister paffte Zigarettenwölkchen vor sich hin und sagte: „Mir scheint, Wolfgang, du bist dir in dieser Frage – wie ihr alle an eurer TH – noch nicht schlüssig, wer bei euch neuer Prorektor werden sollte."

Kainzow nickte. „Ich hatte in letzter Zeit viele andere Dinge um die Ohren ..."

Petras sah seinen Mitarbeiter Gerbach an. „Du musst schnellstmöglich nach Magdeburg fahren, musst dort den neuesten Stand der Dinge auskundschaften und einiges vorklären, besser gesagt: einiges deutlich machen, ehe ich dort ein Gespräch mit dem Rektor führe. Den seines Amtes enthobenen Direktor für Ausbildung und Erziehung zum Ersten Prorektor zu berufen, gefällt mir nicht." An Prof. Kainzow gewandt: „Das kannst du bei Gelegenheit eurem Rektor und eurem HPL-Sekretär vorab schon mal stecken."

Gerbach sagte scherzhaft: „ Das Beste wäre, Genossen Prof. Kainzow zum Ersten Prorektor zu berufen."

Kainzow zog seinen Mund breit. „ Warum nicht gleich zum Rektor?"

Petras ging auf Gerbachs Scherz ein. „Das wäre gut für die TH Magdeburg. Aber, Wolfgang, 'nen Rektor-Kandidaten habt ihr ja. Für Prof. Weindorf sei alles durchgestellt, hast du vorhin behauptet."

Kainzow sagte mit ernstem Gesichtsausdruck: „Ihr wisst, in welcher Nomenklatur ich drinhänge." Der stellvertretende Minister Harry Petras wusste sogar noch mehr: Zum Zeitpunkt des Dreier-Gesprächs wurde geprüft, ob Professor Kainzow im kommenden Jahr die Gesamtleitung der Zentralen Prognosegruppe beim Ministerrat übertragen werden sollte. Diese Tätigkeit wäre hauptamtlich auszuführen. Kainzow würde dann nicht mehr an der TH Magdeburg lehren und forschen und die große Sektion Technologie der metallverarbeitenden Industrie leiten können. Zu alledem, was an diesem Tage an Petras' Tisch erwogen und besprochen worden war, käme die Nominierung und Einsetzung eines Kainzow-Nachfolgers für das Amt des Sektionsdirektors hinzu. Am liebsten hätte Petras gefragt: „Sag, Wolfgang, gibt es an der THM einen Genossen deines Formats, der als neuer Sektionsdirektor eingesetzt werden könnte? Wenn nein: Wüsstest du andernorts einen geeigneten Kandidaten?"

Petras kniff die Lippen zusammen. Er war zu Stillschweigen verpflichtet worden. Spätestens zum Jahresende, so hatte der Ministerrat festgelegt, sollte über die Personalie des Leiters der Prognosegruppe entschieden werden. Hierüber war nicht mal der davon betroffene Professor Dr.-Ing. Wolfgang Kainzow informiert.

7

Der Direktor der Sektion Technologie der mvl, Prof. Kainzow, sagte zum Hochschuldozenten Heinz Neuenhof: „Im laufenden Herbstsemester 1969/70 brauchst du deine neue Vorlesung zur 'Fertigungsprojektierung' noch nicht zu halten. Das habe ich dir zugesichert, dazu stehe ich, und so ist es im gültigen Studienplan verankert. Ich erwarte von dir, dass du sie gewissenhaft vorbereitest. Du hast genug Zeit dafür. Solche idealen Bedingungen werden nicht jedem geschaffen." Er erinnerte sich an seinen Arbeitsbeginn an der TH Magdeburg. Er musste vom Berufungstag an in den Hörsaal laufen und ans Katheder treten. Ihm war keine Vorbereitungszeit eingeräumt worden. Ihm hatte damals in Magdeburg nicht sofort eine geeignete Wohnung für seine Familie zugewiesen werden können. So hatte er eine Zeitlang zwischen Dresden und Magdeburg pendeln müssen – per Bahn. Einen PKW Wartburg hatte er erst einige Jahre später beim IFA-Vertrieb Magdeburg erwerben können. In der Anfangszeit hatte er noch montagsfrüh – auf einem beengten Sitzplatz 2. Klasse im D-Zug nach Magdeburg, einen Schreibblock auf den Knien – an dem sonntags ausgearbeiteten Manuskript für seine Vorlesung gearbeitet. Beim Rattern der Waggonräder auf den Gleisen hatte er geändert, ergänzt, verbessert. So etwas, hatte er seinerzeit geschworen, wollte er seinen Kollegen und Mitarbeitern möglichst ersparen. Bei dem ihm lange bekannten und von ihm geschätzten Heinz Neuenhof hielt er sich an seinen Schwur. „Haben dir deine Männer", er meinte die wissenschaftlichen Assistenten Kästner und Berghausen, „alles zur Verfügung gestellt, was ich in Vorbereitung auf dein Kommen habe erarbeiten lassen?"

Neuenhof nickte. Prof. Kainzow fungierte als Leiter der Fachrichtung Fertigungstechnik an der THM. In dieser Fachrichtung wurden Studenten im Direkt- und im Fernstudium ausgebildet. Die Fernstudenten hatten zum Abschluss ihrer fertigungstechnischen Ausbildung, kurz vor der Diplomphase, eine umfangreiche Beleg-Arbeit anzufertigen. Für jeden Fernstudenten des Diplom-Jahrganges 1970 hatte Prof. Kainzow ein spezielles Thema vorgegeben, das den neuesten wissenschaftlich-technischen Stand in der industriellen Fertigung und ihrer technischen Vorbereitung betraf: Gruppen-Technologie, Typung von Fertigungsprozessen, Einsatzvorbereitung und Programmierung numerisch gesteuerter Werkzeugmaschinen, Mechanisierung der technologischen Fertigungsvorbereitung durch Einsatz von Schreib- und Organisationsautomaten, das System AUTEVO (AUtomatisierung der TEchnischen VOrbereitung der Produktion im Maschinenbau) u.ä. Solche Themen hatte Kainzow mit Bedacht von Fernstudenten bearbeiten lassen. „Die Männer stehen in der betrieblichen Praxis", hatte er gemeint, „sie werden von den Leitern ihrer Betriebe unterstützt und pflegen Kontakte über ihren Betrieb und Industriezweig hinaus." Insgeheim hatte er gehofft, „seine" Fernstudenten würden, über welche Kanäle auch immer, Informationen einholen, die aus aktuellen Buch- und Zeitschriften-Veröffentlichungen noch nicht oder überhaupt nicht zu gewinnen waren. Nunmehr lagen die von den Fernstudenten verfertigten Ausarbeitungen vor. „Sie sind, wie nicht anders zu erwarten, von unterschiedlicher Qualität", sagte Kainzow zu Neuenhof. „Du musst sie trotzdem alle sorgfältig studieren und bewerten. Bis spätestens Weihnachten muss jeder dieser Fernstudenten seine Ausarbeitung bei uns oder in seinem Delegierungsbetrieb in einem Kolloquium verteidigen. Organisiere das!"

„Ich habe noch nicht alle Belege durchgearbeitet. Seit voriger Woche läuft an der Sektion Rechentechnik/Datenverarbeitung der EDV-Kurs für leitende Kader, an dem ich auf deine Empfehlung teilnehme. Die entsprechenden Vorlesungen und Übungen binden mich jeden Tag voll und ganz. In meiner Lehr- und Forschungsgruppe habe ich eine Menge Organisatorisches zu erledigen. Die mir zugewiesenen Forschungsstudenten erwarten von mir ..."

„Warum zählst du mir das alles auf?"

„Mir wird die Zeit knapp. Bis Weihnachten ..."

„Bis Weihnachten dauert dein EDV-Lehrgang nicht."

„Aber bis 7. November. Die paar Wochen ..."

„Hör zu! Damit wir uns von Anfang an recht verstehen: Jeder Tag hat 24 Stunden. Ein Wissenschaftler benötigt pro Tag sechs, gut, sagen wir sieben Stunden Schlaf. Eine Stunde pro Tag reichen ihm fürs Essen und Trinken. Macht in der Summe sieben oder acht Stunden. Nun rechne aus, wieviel Stunden am Tag ihm für das wissenschaftliche Arbeiten verbleiben." Neuenhof guckte den Professor verdutzt an. 'Hat er keine Familie? Keine Kinder? Nicht irgendein kulturelles Bedürfnis?' Kainzow klopfte dem Verdutzten auf die Schulter. „Meine Großmutter pflegte zu sagen: 'Wer nicht rührt, kriegt keinen Rührkuchen.' Also: Mach dich an die Arbeit." Er wendete sich ab und ging davon.

Neuenhof hatte noch Anfang September geglaubt, er würde das Manuskript für seine neue Vorlesung mit der von ihm angestrebten Gründlichkeit und Gewissenhaftigkeit erarbeiten und den Inhalt mit Hochschullehrern angrenzender Fachgebiete abstimmen können. Statt dessen hatte er sich, als Kainzow zu ihm gekommen war, mit dem Aufstellen von Programmablaufplänen (PAP) und mit FORTRAN IV beschäftigt. Der Direktor der Sektion Rechentechnik/Datenverarbeitung höchst persönlich unterwies die Lehrgangsteilnehmer im Aufbau und der Nutzung dieser Programmiersprache. Er stellte Zwischenfragen. Bei deren Beantwortung wollte sich Neuenhof nicht blamieren. Den PAP zur Lösung einer mathematischen Aufgabe musste er in einer Übung am nächsten Tag vorweisen. Im Entwerfen solcher Pläne war er nicht geübt. Bei Elektrodyn Dresden hatten sich die Konstrukteure und Berechnungsingenieure mit derlei Arbeiten beschäftigt. 'Was sich der Mensch oftmals für idealisierte Vorstellungen macht, was und wie er alles zu schaffen vermag', dachte Heinz Neuenhof verwundert. Aber er tröstete sich: 'Ich habe bei Elektrodyn ausgiebig trainiert, mit Arbeitsfülle und Stress fertigzuwerden und mich für die Erfüllung der Monats- und Jahrespläne jahrelang erfolgreich eingesetzt. Da werde ich mich doch an der TH Magdeburg durch nichts umwerfen lassen.'

Auch am ersten Montag im Oktober, zwei Tage vor dem 20. Jahrestag der DDR, der überall in der Republik feierlich begangen werden sollte, führte Prof. Kainzow vormittags die Sitzung der Sektionsleitung und anschließend die Arbeitsbesprechung mit den Lehr- und Forschungsgruppenleitern der Sektion durch. Erst kurz nach 12 Uhr konnte Heinz Neuenhof in sein Arbeitszimmer zurückkehren. Seine Mitarbeiter, die Assistenten Kästner und Berghausen, waren mittlerweile mit anderen im K-Gebäude tätigen wissenschaftlichen Assistenten und einem Tross von Forschungsstudenten in die Mensa zum Mittagessen gegangen. Neuenhof schloss sich ihnen nicht an. Er hatte für die laufende Woche keine Essenmarken gekauft. Er wollte wenigstens in der Zeit, die im Ablaufplan des Intensiv-Lehrganges ELEKTRONISCHE DATENVERARBEITUNG für Mittagspausen vorgesehen war, im K-Gebäude anwesend und für die Mitglieder der Lehr- und Forschungsgruppe Fertigungsprojektierung (FP), der er vorstand, verfügbar sein. Er setzte sich an seinen Schreibtisch und entnahm seiner Kollegtasche ein Päckchen. Aus dem wickelte er belegte Schnitten aus. Seine Frau hatte sie ihm am Morgen zurecht gemacht und mitgegeben. „Als Frühstück und Mittagessen", hatte er Karin gebeichtet. Sie hatte protestiert: „Mittags nichts Warmes – so geht das auf die Dauer nicht." – „Du bereitest mir abends eine warme Mahlzeit", hatte er erwidert. – „Es kann bei uns aber nicht ständig Eintopf geben, von dem ich dir zum Abend etwas aufhebe. Und zweimal am Tag etwas kochen? Da werde ich in der Küche überhaupt nicht fertig." – „Koch' mittags ein paar Kartoffeln mehr, Abends gibt's dann für mich Bratkartoffeln mit Spiegelei." Karin hatte etwas vor sich hin gebrummelt. Heinz hatte es nicht verstanden. Er hatte sie dennoch beruhigen wollen. „Am siebenten November ist mein Lehrgang zu Ende. Dann schaffe ich geregelte Verhältnisse."

Neben sein Stullenpaket legte er einen Stapel Berichtsbögen. Das waren DIN A 4-formatige Vordrucke. Sie waren in der Hausdruckerei der Technischen Hochschule hergestellt worden. Jeder Hochschulangehörige, der zum wissenschaftlichen Personal zählte, hatte pro Monat in solch einen Berichtsbogen die Art und die Dauer der ausgeführten Tätigkeiten einzutragen. So wollte die Hochschulleitung Daten zum tatsächlichen Arbeitszeitaufwand der Hochschullehrer und wissenschaftlichen Mitarbeiter für die Komplexe Aus- und Weiterbildung, Forschung und Wissenschaftsorganisation erlangen. Damit wollte sie fundierte Grundlagen für künftige Planungen schaffen. Wie das im sogenannten Leitungsgefüge meistens geschieht, war auch in diesem Fall „von oben etwas durchgestellt" worden, das letztlich „unten", in der letzten Hierarchieebene, also in den Lehr- und Forschungsgruppen der TH, ausgeführt werden musste. Der Leiter jeder Gruppe hatte die Eintragungen seiner Mitarbeiter auf Vollständigkeit, Wahrheitsgehalt und Sinnfälligkeit der Relationen zwischen den Arbeitszeitaufwänden zu überprüfen und mit seiner Unterschrift zu bestätigen. Also kaute Dozent Dr. Neuenhof, was seine Ernährung anbelangte, an den von Ehefrau Karin mitgegebenen Frühstücksstullen und, was seine geistige Beschäftigung betraf, an den Berichtsbögen seiner Gruppenmitglieder für den Monat September.

Als er in doppeltem Sinne sattzuwerden begann, wurde die Zimmertür heftig aufgestoßen. Sie blieb sperrangelweit geöffnet. Professor Kainzow, hemdsärmelig, mit unter den Bauchnabel herabgerutschter Hose, trat ins Zimmer. „Gut, dass du nicht in der Mensa herumsitzt", sagte er schniefend. „Vierzehn Uhr haben wir beide eine Audienz beim Generaldirektor des SKET. Es geht unter anderem um ein gemeinsames Jugendobjekt SKET/THM im Rahmen der MMM-Bewegung. Dafür brauche ich dich."

„Welches Jugendobjekt?"

„Frag mich nicht Denk dir etwas aus." Neuenhof sah den Sektionsdirektor hilflos an. „Leg deine Berichtsbögen beiseite. Bring ein paar Gedanken zu Papier, beispielsweise zum Einsatz und zur Programmierung numerisch gesteuerter Werkzeugmaschinen. Bloß Stichpunkte. In einer halben Stunde holst du mich aus meinem Dienstzimmer ab. Wir fahren mit meinem Wartburg in die Marienstraße."

„Ab dreizehn Uhr läuft der EDV-Kurs weiter."

„Ruf im Sektionssekretariat Rechentechnik/Datenverarbeitung an, entschuldige dich. Sag, du hast von mir kurzfristig einen SonderAuftrag erhalten."

„Der Termin für die Abgabe der Berichtsbögen ist heute ..."

„Gib mir die Dinger 'rein, ehe du heute abend nach Hause gehst."

Noch ehe Neuenhof seinen Sektionsdirektor weiter befragen konnte, hörte er dessen eilig sich entfernenden Schritte vom Flur her. Der frischgebackene Hochschuldozent wickelte seine Schnitten wieder ein. Das Päckchen steckte er in seine Kollegtasche zurück. 'Von wegen, zu Mittag wenigstens eine Stulle essen ...', dachte er bekümmert. Kainzows Forderung erinnerte ihn sehr an Situationen, in denen er sich manchmal im VEB Elektrodyn befunden und die er getreu dem Leitspruch des Barinkay aus dem „Zigeunerbaron" von Johann Strauß gemeistert hatte: „... ich bin ein Zauberer von Bedeutung und alles ohne Vorbereitung ..."

Seines Erachtens war ihm noch gar nichts Verwertbares eingefallen, da saß er schon neben Kainzow im WARTBURG. Der Fahrstil des Professors ähnelte sehr dem Auftritt des Sektionsdirektors kurz zuvor in Neuenhofs Dienstzimmer: ungestüm, spontan, ein bisschen lodderig, mit den Gedanken weit voraus bei einer anderen Sache. Neuenhof fragte sich: 'Warum lässt er den Motor immer so aufheulen, ehe er einen Gang hochschaltet?' Zugegeben: Der Wartburg wurde von einem Zweitakt-Motor angetrieben. Der brummte eben anders als das Triebwerk einer Mercedes-Limousine. Aber warum musste das Getriebe beim Schalten immer knarksen und krachen? Der Dozent hätte klüger daran getan, an das Jugendobjekt zu denken, das dem SKET-Generaldirektor offeriert werden sollte. Denn kaum war Kainzow ins Schleinufer, die Magdeburger Elbufer-Straße, eingebogen, da forderte er seinen Beifahrer auf: „Trag mal deine Stichpunkte vor!" Neuenhof hatte Glück. Sie gerieten in dichten Straßenverkehr. Der Professor musste sich voll auf das Fahren konzentrieren. „Was ist denn heute bloß los hier?", brummelte er ärgerlich.

„Vorbereitungen zum Tag der Republik."

„Heute schon?"

„Ich habe heute morgen gesehen: In der Innenstadt sind ganze Hauptstraßen-Abschnitte gesperrt." Kainzow begriff: „ Deshalb wird der Verkehr übers Schleinufer umgeleitet."

„Sicherlich. In der Wilhelm-Pieck-Allee wird eine große Tribüne aufgebaut. An den öffentlichen Gebäuden werden Transparente angebracht. Die Straßenlaternen und die Masten für die Stromleitungen der Straßenbahn werden mit Fähnchen geschmückt. Überall werden die Bürgersteige und Fahrbahnen gefegt."

„Unsere Sektion wird morgen herausgeputzt. Das besorgen die Werkstattleute."

Im Stop and Go erreichten sie die vom Industriellen Hermann Gruson gestifteten Städtischen Gewächshäuser. Ein Verkehrspolizist mit weißer Mütze sperrte den Verkehr ab. Ein Spielmannszug der FDJ formierte sich vor dem nahegelegenen „Haus der Jugend". Nach mehreren Trommelwirbeln setzte er sich langsam zu einem Probemarsch in Richtung Stadtzentrum in Bewegung. Kainzow wurde unruhig. „Wenn die nicht ein bisschen schneller marschieren, kommen wir zu spät zu unserem Treff." Aber da hob der Polizist seinen schwarz-weiß-gescheckten Stab und gab die Weiterfahrt frei.

Zwei Minuten vor zwei stiegen sie die Freitreppe des Backsteingebäudes hinan, in dem die Leitung des Kombinates SKET residierte. Auf dem obersten Treppenabsatz erwartete sie der Persönliche Referent des Generaldirektors. Er führte die Ankömmlinge auf kürzestem Wege ins Vorzimmer des Direktors. Die Sekretärin drückte auf den Summer ihres Telefons. „Die Genossen von der Technischen Hochschule sind da." Der Generaldirektor kam herbei. Er führte die Gäste in sein Dienstzimmer. Das war geräumig, es war zweckmäßig, nicht mondän möbliert und mit Spannteppich ausgelegt. Die spätmittägliche Oktober-Sonne ließ das Tiefbraun des Mobiliars und das Dunkelrot, Orange und Rapsgelb der gestreiften Tapeten aufleuchten. Als einziger Schmuck zierte ein großes Bild mit dem Porträt des Arbeiterführers Ernst Thälmann den Raum. „Nehmt Platz, Genossen Wir machen es uns in der Sitzecke bequem." Der Generaldirektor wies in eine Zimmerecke. Dort waren ein lederbezogenes Sitzsofa, zwei dazu passende Sessel und in der Mitte ein rundes Tischchen aufgestelt. Die Gäste setzten sich auf das Sofa. Der Herr des Hauses ließ sich in einen Sessel sinken. „Ich habe für unser Gespräch maximal eine Stunde Zeit eingeplant. Ist das in Ordnung?" Professor Kainzow nickte. „Ich hatte meinen wissenschaftlichen Sekretär beauftragt, die Themen für unser Gespräch durchzusagen."

„Die Information ist angekommen. Es gibt meinerseits nur einen Zusatz: die Perspektivplanung für den Schwermaschinen- und Anlagenbau. Dazu hätte ich etwas für die Zentrale Prognosegruppe beizutragen. Ich weiß, Genosse Professor", der Generaldirektor lächelte verschmitzt, „du spielst da eine nicht ganz unbedeutende Rolle ..."

Kainzow dachte: 'Aha' und lächelte zurück. „Ehe wir zur Sache kommen, ein paar Worte zu meinem Begleiter: Genosse Dr. Neuenhof ist einer meiner frischberufenen jungen Dozenten. Kommt aus dem Elektromaschinenbau. Rackerte dort mehr als eine Handvoll Jahre als Produktionsleiter. Ist von mir vorgesehen für die wissenschaftliche Leitung des von euch und uns aus der Taufe zu hebenden gemeinsamen Jugendobjektes im Rahmen der MMM-Bewegung." Der Generaldirektor musterte Heinz Neuenhof auffällig. „Holst dir junge Leute aus der Praxis in die Sektion, Genosse Professor? Das gefällt mir. Wie alt?" – „34." – „Und promoviert und mehrjährige Praxis in einem volkseigenen Industriebetrieb? Betriebsplan immer erfüllt?" Kopfnicken. „Und was soll in dem Jugendobjekt passieren – konkret?" Nun sah auch Professor Kainzow den Neuberufenen neugierig an. Aus seinem Blick glaubte Neuenhof herauszulesen: 'Heraus mit der Sprache, hattest genug Zeit zum Überlegen.' Heinz sagte spontan: „NC-Programmierung für ausgewählte Werkstücke aus dem Sortiment des SKET-Stammwerkes. Erarbeitet von FP-Studenten der THM und von jungen Technologen und NC-Maschinen-Bedienern des SKET."

„Angeleitet und kontrolliert von wissenschaftlichen Assistenten der TH und von erfahrenen Technologen des SKET", ergänzte Kainzow.

„Also, was Konkretes." Der Generaldirektor nickte. „Habt ihr schon 'was Schriftliches aufgesetzt?" Neuenhof schwieg verlegen. Kainzow sagte: „Noch nicht. Wir wollten erst deine prinzipielle Meinung hören."

„Prinzipiell bin ich einverstanden. Aber der Teufel steckt im Detail. Also müssen wir den Teufel bei den Hörnern packen." Der Generaldirektor rief seine Sekretärin herbei. Sie kam aus der kleinen Kaffeeküche geeilt, die durch eine schmale Tür zwischen Einbauschränken vom Direktorenzimmer aus zu erreichen war. „Rufen Sie bitte Genossen Sabisch zu mir. Er soll sich beeilen."

Heinz Neuenhof horchte auf. 'Sabisch?' Der Name erinnerte ihn an sein Maschinenbau-Studium an der TH Dresden. Der „General" erklärte: „Ich habe dem Haupttechnologen des Stammwerkes einen jungen Mann an die Seite gestellt, einen Hochschulabsolventen. Er hat, schon vom Alter her, einen engeren Bezug zur MMM-Bewegung als unser in Ehren ergrauter Genosse Martin Fuchs."

Die Sekretärin brachte drei Tassen Kaffee mit Zucker und Milch und servierte sie auf dem runden Tischchen, an dem die Männer saßen. Im selben Augenblick wurde die Zimmertür geöffnet. Ein Mann, Mitte dreißig, in blauem Arbeitskittel, blieb im Türrahmen stehen. „Ist es gestattet?"

„Frag nicht so", brummelte der Generaldirektor. „Ich habe dich rufen lassen. Also tritt näher. Mach dich mit den Genossen der TH bekannt."

'Er ist es!' Neuenhof mochte es kaum glauben. Der Ankömmling war sein ehemaliger Seminargruppen-Sekretär. Sie hatten beide Fertigungstechnik bei Prof. Dr.-Ing. habil. Alfred Wichtler studiert. Händeschütteln. „Wir kennen uns." Sabisch nickte. Der Generaldirektor lächelte. „Umso besser. Das vereinfacht die Sache. Pass auf, Genosse Sabisch: Die Technologen der TH wollen mit uns ein Jugendobjekt starten. Thema: Programmierung von NC-Maschinen. Ist das 'was für uns?"

Sabisch sagte: „Prima und aktuelle Sache. Wenn man sie mit einem praktischen Nutzeffekt für uns durchzöge ..."

„Richtig. Darum geht's letzten Endes. Das müsste von vornherein vereinbart werden. Darum habe ich dich rufen lassen. Die Genossen von der TH haben kein schriftliches Konzept mitgebracht. Das brauchen wir aber, wenn wir – am besten gleich heute – Nägel mit Köpfen machen wollen. Was, Genosse Professor, hältst du von folgendem Vorschlag: Wir schicken die jungen Männer in die Klausur, sagen wir, für eine halbe Stunde. Mehr Zeit werden die beiden nicht brauchen, sie kennen sich aus früheren Zeiten." Er blickte sich im Zimmer um, als suche er etwas. „Wir wollen uns nicht gegenseitig ablenken oder gar stören. Frau Schütze", rief er laut, „sind Sie in der Kaffeeküche fertig?"

„Ich müsste noch einen Kaffee für Kollegen Sabisch zubereiten.".

„Fällt aus", entschied der Generaldirektor. „Der Kollege trinkt heute in seinem Dienstzimmer Kaffee. – So, Genossen", wandte er sich an Sabisch und Neuenhof, „das Kabüffchen steht euch zur Verfügung. Es ist ein bisschen eng. Aber ihr sollt dort ja nicht den Tag der Republik verleben, sondern euch etwas einfallen lassen und aufschreiben. Dafür reicht der Platz. Also 'ran an die Arbeit! In einer halben Stunde lassen wir euch wieder 'raus. Solltet ihr eher fertigwerden, klopft an die Tür. Dann wissen der Genosse Professor und ich Bescheid."

Als Kaffeeküche diente ein kleiner, schmaler Raum, etwa fünf Quadratmeter Grundfläche. „Für unser Wiedersehen hätte ich mir eine gastlichere Stätte gewünscht", sagte Sabisch und ließ die Tür hinter sich ins Schloss klicken. „Na ja. Auf der Welt wurden schon viele tolle Ideen unter miserableren räumlichen Bedingungen entwickelt. Vielleicht können wir heute daran anknüpfen. Später treffen wir uns mal woanders."

In dem „Kabüffchen" hing eine betäubende Duftwolke frisch gebrühten Kaffees. „Hier kann man kaum atmen." Neuenhof trat an das kleine Fenster, das sich an einer Stirnseite des Raums befand. Er kippte es an. „Ein bisschen frische Luft." Sabisch nickte zustimmend. Heinz sagte: „Du hattest dich doch nach Abschluss unseres Studiums nach Wernigerode vermitteln lassen, zu Elmo, wenn ich mich recht erinnere."

„Stimmt. Ich bin auch erst wenige Jahre hier, bei SKET."

„Und ich habe auf Grund unserer damaligen Gespräche geglaubt, wenn du erst wieder in Wernigerode bist, kriegt dich niemand weg aus der *bunten Stadt am Harz*."

„Damals habe ich das selber geglaubt. Aber wie's im Leben manchmal so geht … Du selber bist auch weggegangen aus dem schönen *Elbflorenz* und bist offenbar, wie ich, in Magdeburg gelandet, als ob's hier am schönsten wäre."

Die beiden erzählten einander, wie es zu dem Wandel ihrer An- und Einsichten und zu dem Wechsel ihrer Wohnsitze gekommen war. Nach einer Viertelstunde guckte Sabisch auf seine Armbanduhr. „Wir müssen zur Sache kommen und etwas aufs Papier bringen. Der General holt uns nach der uns gesetzten Frist hier 'raus. Wenn wir dann nichts vorlegen können, wird er fuchsteufelswild." Neuenhof erbot sich als Schriftführer. Unter dem Spülbecken der Kaffeeküche entdeckte er einen Hocker. Den zog er zu sich heran, setzte sich darauf. Den Schreibblock auf den Knien, notierte er schon nach kurzer Diskussion mit Sabisch:

– Themenstellung für das Jugendobjekt: Programmierung numerisch gesteuerter Werkzeugmaschinen (NCM)

– Aufgabenstellung: Erarbeitung und Erprobung von NC-Programmen für die Fräsbearbeitung von Werkstücken aus dem Teilesortiment des SKET-Stammwerkes

– Bearbeiter: Direkt- und Forschungsstudenten der TH „ O. v. Guericke" Magdeburg und junge Technologen des VEB SKET Magdeburg,

– wissenschaftliche Betreuer: Hochschuldozent Dr.-Ing. Heinz Neuenhof und wissenschaftlicher Mitarbeiter des SKET-Haupttechnologen, Dipl.-Ing. Helmut Sabisch, Laufzeit des Projektes: drei Jahre,

– Beginn der Bearbeitung: Initiativverpflichtung zu Ehren des XX. Jahrestages der Gründung der DDR

„Feinheiten müssen wir später einarbeiten", sagte Sabisch. „Unsere Chefs wollen sicherlich noch einiges ergänzen. Die Chance geben wir ihnen."

Die vereinbarte halbe Stunde war um. „Los, gehen wir." Sie verließen den Raum. Mitten im Zimmer des Generaldirektors verharrten sie. „Die DDR muss solch ein Drama wie mit dem Flugzeugbau in Dresden-Klotzsche nicht noch mal erleben", hörten sie den Generaldirektor sagen. „Damals wurde lauthals propagiert, der Flugzeugbau sei für die Volkswirtschaft der DDR viel sinnfälliger als beispielsweise der Schwermaschinen- und Anlagenbau. Ein Kilogramm Flugzeug sei materialökonomisch und auf Grund der Intelligenzintensität günstiger als ein Kilogramm Walzwerk. Einige hätten unseren Industriezweig schon damals am liebsten dichtgemacht. Wenn der große Freund", er meinte die Sowjetunion, „nicht sein Veto eingelegt und uns volle Auftragsbücher beschert hätte, würden wir heutzutage nicht mehr existieren. Deshalb, Wolfgang, pass auf die Eiferer in der Zentralen Prognosegruppe gut auf, damit nicht ein paar Schlaumeier die DDR kaputtrationalisieren."

Prof. Kainzow nickte. „Ich werde die Ökonomen und anderen Besserwisser in der Gruppe bremsen." Er gab seinem Gesprächspartner ein Zeichen durch Augenblinkern. „Ernst, unsere Atlanten sind pünktlich fertiggeworden."

Der Generaldirektor drehte sich auffällig um. „Tatsächlich. Los, tretet näher. Setzt euch. Lasst hören!" Neuenhof dachte, als er sich wie zuvor neben Kainzow setzte: 'Die beiden sind sich nähergekommen. Vorhin noch 'Genosse Professor' und 'Genosse Generaldirektor', nun reden sie sich mit ihren Vornamen an.' Persönliche Kontakte sind allenthalben und allerorts wichtig, begriff er und war froh, auf Helmut Sabisch gestoßen zu sein. Er begann, das auf seinem Schreibblock Notierte vorzulesen. Der Generaldirektor nahm ihm den Block aus den Händen. „Ich lese lieber, als dass ich mir 'was vorlesen lasse." Schon nach wenigen Minuten reichte er Prof. Kainzow den Block. „ Alles noch ein bisschen grob, wie?" Kopfnicken. „Die Zahl der Aufgaben-Bearbeiter muss festgelegt werden. Sagen wir: zehn je Partner? Wünschenswert aus Hochschul-Sicht wäre, die von den Studenten erarbeiteten NC-Programme bei uns, im Versuchsfeld unserer Sektion, testen zu können. Leider steht uns an der ganzen Hochschule keine numerisch gesteuerte Fräsmaschine zur Verfügung. In dem Jugendobjekt-Vertrag müsste deshalb …" Der Generaldirektor unterbrach den Professor lachend. „Sollen wir euch – aus unseren Invest-Mitteln bezahlt – gar ein großes Bohr- und Fräswerk in die Versuchsfeld-Halle stellen?" Kainzow dachte: 'Jetzt glaubt der General, er habe einen guten Scherz gemacht. Aber damit kommt er mir nicht davon.' Er sagte in ernsthaftem Ton: „Wenn die Aufgabenstellung es erfordert, übernehmen wir von euch auch ein Bohr- und Fräswerk. Genügend Platz, es zu installieren, haben wir."

Der Generaldirektor winkte ab. „Ich dachte, du verstehst einen Spaß, Wolfgang."

„Ich habe dir ja auch bloß im Spaß geantwortet, Ernst."

'Der Mann ist richtig', dachte der Generaldirektor, "s ist keiner von den akademischen Sesselforzern aus Halle oder Dresden, auch von der TH Magdeburg, die mir schon die Klinken geputzt und mich angebettelt haben.' Er wandte sich an Sabisch und Neuenhof: „Schreibt in das Feinkonzept für das Jugendobjekt hinein: Die erarbeiteten NC-Programme werden unter Produktionsbedingungen auf Werkzeugmaschinen des SKET-Stammwerkes erprobt. Als Perspektive wird erwogen, der Sektion Technologie der THM Maschinentechnik leihweise zur Verfügung zu stellen, damit erste Tests der Programme unter Versuchsfeld-Bedingungen durchgeführt werden können." An Prof. Kainzow gewandt: „Ist das so in Ordnung?"

„Es ist noch keine konkrete Zusage, aber ich werte es als ein prinzipielles Versprechen ..."

„... das ihr, die Mitarbeiter und Studenten der TH, durch gute Leistungen selber einlösen müsst. Anfangs kommen die Studenten in unser Werk. Ich veranlasse, dass jedem von ihnen ein befristet gültiger Betriebsausweis ausgestellt wird. Über Kosten brauchen wir nicht zu diskutieren. Eine Straßenbahnfahrt mit der Möglichkeit, einmal umzusteigen, kostet in Magdeburg 15 Pfennige. So viel wird jeder Student von seinem monatlichen Stipendium zunächst verauslagen können. Zum Jahresende fangen wir diese Ausgaben mit einer kleinen Weihnachtsgratifikation ab. Noch Fragen?"

Der Generaldirektor des SKET und der Direktor der THM-Sektion Technologie der mvl legten fest, Sabisch und Neuenhof hatten den Vertrag bis 15. Oktober detailliert auszuarbeiten und zur Unterschrift vorzulegen. Parallel zu ihrer konzeptionellen Arbeit sollten sie das Bearbeiter-Kollektiv aus TH-Studenten und aus Mitarbeitern des SKET und der THM formieren.

Die Hochschulleitung und die SED-Parteileitung der TH Magdeburg hatten in Abstimmung mit den Leitungen der Massenorganisationen beschlossen, die Feierstunde zum XX. Jahrestag der Gründung der DDR und die feierliche Immatrikulation der Studenten-Matrikel 1969 zu kombinieren. Die Bezirksleitung der SED hatte darauf orientiert, die Veranstaltung „in besonders würdigem Rahmen" stattfinden zu lassen. Ein solcher „Rahmen" war nach Auffassung der Hochschulleitung nur im großen Saal der im Magdeburger Rotehornpark gelegenen Stadthalle zu schaffen. Deren Direktion wollte der Hochschule den Saal am Vorabend des Jahrestages zunächst nicht zur Verfügung stellen. Der Oberbürgermeister und die Sekretäre der SED-Stadt- und SED-Bezirksleitung hatten den Saal für die zentrale Feierstunde der Stadt und des Bezirkes Magdeburg vorbestellt, und dem Verlangen dieser Gremien hatte die Stadthallen-Direktion Priorität eingeräumt. „Jetzt musst du beweisen, dass du in ein paar Monaten zu Recht unser neuer Rektor sein wirst", sagte Harri Meister, der HPL-Sekretär, zu Prof. Hans-Eberhard Weindorf, dem derzeitigen I. Prorektor. 'Viel Ehr', viel unliebsame Arbeit ' , dachte Weindorf. Er erreichte, dass am 6. Oktober beide Großveranstaltungen in der Stadthalle durchgeführt werden konnten: am Vormittag, 10 Uhr beginnend, die der Technischen Hochschule und am Nachmittag, ab 16 Uhr, die zentrale Festveranstaltung der Stadt und des Bezirkes. Die Direktion der Stadthalle bedingte sich aus, spätestens 13 Uhr sollte der letzte Teilnehmer an der TH-Feier die Stadthalle verlassen haben, damit genügend Zeit für die Vorbereitung der nächsten Veranstaltung verbliebe. Prof. Weindorf versprach, für die Einhaltung dieser Bedingung persönlich zu sorgen. Er verhandelte auch mit dem Direktor des VEB Magdeburger Verkehrsbetriebe erfolgreich: Die Abteilung „Innerstädtischer Kraftverkehr" würde morgens und mittags einige Omnibusse zwischen dem Alten Markt unweit der Hochschule und der Stadthalle pendeln lassen. Mithin mussten nicht alle Veranstaltungsbesucher lange Fußmärsche für den Hin- und Rückweg auf sich nehmen.

Für die zum I. September 1969 berufenen Professoren und Hochschuldozenten wurde die fünfte Reihe im Saal reserviert. Dr. Heinz Neuenhof fand einen Sitzplatz unmittelbar an dem breiten Mittelgang, der zwischen den Stuhlreihen im Saal belassen worden war. Er konnte ungehindert zur Bühne schauen. Dort war über die volle Breite und Höhe des Hintergrundes ein dunkelrotes Tuch gespannt. Darauf prangten, auf Längsleisten befestigt, große weiße Pappbuchstaben: 20 JAHRE DEUTSCHE DEMOKRATISCHE REPUBLIK – GARANT FÜR FRIEDEN, VÖLKERVERSTÄNDIGUNG UND WOHLSTAND. Vor der Bühne hatten Musiker des Städtischen Opernhauses Platz genommen. Das Orchester in kleiner Besetzung sollte die Veranstaltung „kulturell umrahmen". Wenn Neuenhof den Kopf nach links drehte, vermochte er, den breiten Mittelgang bis zur doppelflügeligen Saaleingangstür zu überblicken. Die wurde pünktlich 10 Uhr von außen geöffnet. Das Städtische Orchester intonierte eine Intrade. Die Anwesenden im Saal erhoben sich von ihren Plätzen. Den Mittelgang durchschritten, festlich gekleidet, die Hochschulleitung, der Rektor mit schwerer Amtskette und die Prorektoren, die Ehrengäste – allen voran der I. Sekretär der SED-Bezirksleitung Magdeburg, Alois Pilsberg, und der Beauftragte des Ministeriums für Hoch- und Fachschulwesen Berlin (MHF) –, der Senat der TH, die Direktoren der neun Hochschul-Sektionen und, am Ende des Zuges, acht Studierende im Blauhemd der FDJ. Dies waren Neuimmatrikulierte und Vertreter ihrer Kommilitonen in den acht immatrikulierenden Sektionen der Hochschule. Im Auftrag des Hochschulministers, der – ebenso wie seine Stellvertreter – an der Festveranstaltung je einer bedeutenden Universität des Landes teilnahm, gehörte dem Ehrenzug der TH Magdeburg der MHF-Abteilungsleiter Dipl.-Ing. Hans-Georg Gerbach an. Er und Neuenhof erkannten einander sofort. Sie nickten sich zu. Gerbach lächelte dabei. Er hatte gewusst, er würde seinen langjährigen Studienfreund Neuenhof an diesem Tage in Magdeburg treffen. Er wollte die Kontakte aus den fünfziger und frühen sechziger Jahren wiederbeleben. Neuenhof dagegen überraschte das Wiedersehen. 'Ich bin stolz', dachte er, 'zum Hochschuldozenten an die THM berufen worden zu sein, aber Hans Georg marschiert zu der Festveranstaltung eben dieser Hochschule an der Spitze der Honoratioren ein.' In ihm entstand das Gefühl, Hans-Georg sei ihm – wie während ihrer Studenten- und Assistentenzeit an der TH Dresden – immer ein Stück voraus. Das machte ihn benommen.

Die Teilnehmer des festlichen Einzuges verteilten sich auf die Sitzplatzreihen Eins bis Vier. Sie blieben vor ihren Stühlen stehen. Als der Letzte von ihnen seinen Platz erreicht hatte, gab der unauffällig vor der Bühne postierte Wissenschaftliche Sekretär des Rektors ein Zeichen an den Orchesterdirigenten. Der brach die Intrade-Musik jäh ab und dirigierte die Hymne „Auferstanden aus Ruinen und der Zukunft zugewandt …"

Heinz Neuenhof war erwartungsvoll zu der Festveranstaltung gekommen. Nun ertappte er sich dabei, dass seine Gedanken abschweiften, bei den Grußbotschaften des SED-Bezirkssekretärs und des Oberbürgermeisters der Stadt ebenso wie bei der anderthalbstündigen Festansprache des I. Prorektors, Prof. Dr. Weindorf. Er erinnerte sich an seine gemeinsame Studienzeit mit Gerbach in Dresden. Im zweiten Semester ihres Studiums hatten sie sich kennengelernt. Das war im Frühjahr 1954 gewesen. Die Innenstadt Dresdens hatte in Trümmern gelegen. Die meisten Studenten der TH waren in stillgelegten und zu einem Wohnheimkomplex umgestalteten Fabrikgebäuden der Jasmatzi-Zigarettenfabrik, die übrigen als Untermieter bei Dresdner Bürgern am Rande der Stadt untergebracht worden. Ihre Versorgung auf der Basis von Lebensmittelkarten war kärglich gewesen. Für üppige Lebensmittelzukäufe in HO-Geschäften hatte das staatliche Stipendium nicht ausgereicht. Dafür war es wohl auch nicht gedacht gewesen. Werktags war in der Mensa als warmes Mittagessen – ohne Lebensmittelmarkenabgabe – ein für studentischen Massenbetrieb zubereiteter vitamin- und kalorienarmer Magenfüller verabreicht worden.

Heinz erinnerte sich: Ein Absolventenjahrgang jener Zeit war nach Abschluss seiner Lehrveranstaltungen mit Transparenten durch die Technische Hochschule gezogen: „Ein Studium lang Mensafraß – und immer noch nicht impotent." Aber der Studienbetrieb war gelaufen Und die Studenten in Neuenhofs Seminargruppe, wie in der ganzen Matrikel, waren emsig gewesen. 924 waren 1953 allein für die Fachrichtungen des Maschinenbaus an der TH Dresden immatrikuliert worden, darunter nur 12 Mädchen. Jeder der Studierenden war stolz gewesen, dazuzugehören. Mit Hingabe und Ausdauer wurden, wie ein damaliger Slogan lautete, „die Gipfel der Wissenschaften erstürmt". Neuenhofs Seminargruppe hatten 25 Studenten angehört. Der Älteste von ihnen, Mitglied der SED, verheiratet, Vater zweier Kinder, hatte sein Hochschul-Direktstudium als 34-Jähriger aufgenommen. Er war ein bisschen spät dran gewesen, weil er nach Kriegsende mehrere Jahre in britischer Kriegsgefangenschaft hatte zubringen müssen. Aber der Senior war in der Gruppe nie altväterlich oder als Besserwisser aufgetreten. Das hatte er nicht nötig gehabt. Wenn er in Gruppenversammlungen von seinen Erlebnissen im Krieg und in der Gefangenschaft berichtet hatte, waren sich seine Kommilitonen wie junge unerfahrene Hüpfer und wegen ihrer Immatrikulation an der TH Dresden wie Glückspilze vorgekommen. Dieser Mann und sein *enger Kampfgefährte* in der Seminargruppe, der zu Studienbeginn 19 Jahre alte *FDJ-Aktivist* Hans-Georg Gerbach, hatten außer ihrem Bemühen um einen engen Zusammenhalt der Gruppenmitglieder auch, wie sie es zu nennen pflegten, *die gesellschaftliche Arbeit der Gruppe „angekurbelt"*. Diese Arbeit praktisch zu organisieren, war für den vom Prorektorat für Studienangelegenheiten eingesetzten Seminargruppen-Sekretär, den „Sem.-Sek." Helmut Sabisch, ein Leichtes gewesen. Weder Heinz Neuenhof noch der kirchlich gebundene Manfred Heinitz aus Leipzig hatten sich davon ausgeschlossen. Dabei war Heinitz als einziger in der Gruppe nicht mal Mitglied der FDJ gewesen, „wegen meines christlichen Glaubens", hatte er begründet. „Das verstehe, wer will", hatten die anderen gesagt. Denn Heinitz hatte gemeinsam mit ihnen wie ein FDJ'ler in freiwilligen Arbeitseinsätzen Trümmer in der Stadt weggeräumt, Semester-Bälle besucht, Spenden-Marken für den Wiederaufbau des Dresdner Zwingers vertrieben und zur Winterzeit festgefrorene Rohbraunkohle aus Eisenbahnwaggons gehackt und auf LKW verladen, damit das Heizkraftwerk Dresden-Mitte die innerstädtische Wärmeversorgung hatte aufrechterhalten können.

Einmal hatte ein Duo aus der Gruppe protestiert: „Wir sind nicht an die TH gekommen, um in Dresden Schutt oder Kohlen zu schippen." Das war eine Ausnahme gewesen. Der Senior der Gruppe und Gerbach hatten geantwortet: „Meckert nicht, packt mit an, ringsumher ist genug kaputt." Mehr hatten sie nicht sagen müssen. Am Ende des zweiten Semesters hatte Gerbach Mitglieder für die SED geworben. Sabisch hatte von vornherein rundweg abgelehnt. Bei Neuenhof war Gerbach behutsam vorgegangen. „Meine Eltern sind beide Lehrer", hatte er argumentiert. „Mich als

Intelligenzler-Kind haben sie in der Partei gar nicht so gern haben wollen. Aber du, Heinz, kommst aus der Arbeiterklasse. Mich wundert, wieso du nicht schon längst SED-Mitglied bist." Nach solchen Debatten war Neuenhof nachdenklich geworden. Er hatte dennoch eine Entscheidung hinausgezögert: „Sollte ich, der Sohn einer alleinerziehenden Hilfsarbeiterin und jetzigen Invalidenrentnerin, dank der materiellen Unterstützung durch den Staat DDR an der renommiertesten technischen Bildungseinrichtung Mitteleuropas, der TH Dresden, planmäßig studieren können und erfolgreich diplomieren, werde ich Mitglied dieser Partei."

„Ich nehme dich beim Wort", hatte Gerbach gesagt. „Der Sozialismus schreitet schnell voran, und jeder in unserem Land sollte sich darauf einstellen. Aber erforderlichenfalls können wir Genossen wegen subjektiver Befindlichkeiten auch mal warten." Dann waren Gerbach und Neuenhof, wie das damals genannt worden war, als *Betreuer-Studenten* für Kommilitonen aus der Koreanischen Volksdemokratischen Republik freiwillig tätig geworden. Sie hatten mit zwei Koreanern mehrere Jahre in einem Zimmer in dem neuerbauten TH-Studentenwohnheim in der Dresdner Reichsstraße gelebt. Die vier hatten gemeinsam Vorlesungen und Übungen besucht und sich auf Prüfungen vorbereitet. Sie hatten mindestens einmal in der Woche auf koreanische Art gekocht, waren zu viert ins Kino am Hauptbahnhof und anschließend in den „Saal Pirna" des Bahnhofsgebäudes tschechisches Bier, „Staropramen", trinken gegangen, hatten keinen Film mit Gina Lolobrigida, Sophia Loren und Vittorio de Sica ausgelassen. Sie hatten beim Anfertigen ihrer Großen Belege und Diplomarbeiten ihre Künste im schriftlichen Formulieren vervollkommnet, hatten über den Korea-Krieg 1950 bis 1953 und über die Suez-Krise und den Ungarn-Aufstand 1956 debattiert und waren im Sommer 1959, zum planmäßigen Abschluss ihres fünfeinhalbjährigen Studiums des Maschinenbaus, als „Freunde für immer" auseinandergegangen.

Kurz vor ihrem Abschied hatte Gerbach von seinem Freund Heinz Neuenhof gefordert, er solle sein im Sommer 1954 gegebenes Versprechen einlösen. So hatte dann Neuenhof im November 1959, vier Wochen vor seiner mündlichen Diplomprüfung, um Aufnahme in die SED gebeten. Seinem Antrag war stattgegeben worden, und Hans-Georg Gerbach war beim Aufnahmeverfahren Neuenhofs erster Bürge gewesen.

'Du liebe Güte', dachte Neuenhof, 'zehn Jahre ist das her.' Und noch während er sich wunderte, wie rasch die Zeit nach seinem Studienabschluss verstrichen war, beendete der I. Prorektor Weindorf unter Applaus seine Festrede. Nach ihm stieg Hans-Georg Gerbach auf die Bühne, trat ans Rednerpult, überbrachte die Grüße des Ministers und hielt sodann eine Laudatio für den Professor der Baumaschinentechnik an der THM. Er bat den Professor auf die Bühne und zeichnete ihn im Auftrag des Ministers als „Verdienten Aktivisten der sozialistischen Arbeit" aus. 'Hans-

Georg ist also nicht nur nach Magdeburg gekommen, um als Ehrengast mit gewichtiger Amtsmiene im breiten Mittelgang des Festsaals dahinzuschreiten', sinnierte Neuenhof, 'nein: er vollbringt selbst bei einer solchen Veranstaltung wie der heutigen etwas Konkretes.' So hatte ihn Heinz Neuenhof vor Jahren kennen und schätzen gelernt. Er bestaunte den Studienfreund. 'Hans-Georg war sich gleich geblieben.'

Neuenhof verfolgte das Verlesen weiterer Grußadressen und die Verpflichtungserklärungen der neuimmatrikulierten Studenten unaufmerksam. Die Songs der kürzlich gegründeten FDJ-Singegruppe der THM rauschten an seinen Ohren vorüber. Am Ende der Veranstaltung standen alle auf. Die Staatshymne wurde intoniert. Danach trat Stille ein. Die Veranstaltungsteilnehmer ab Reihe fünf blieben stehen. Vor der Bühne formierten sich die Hochschulleitung, der Wissenschaftiche Rat und die Ehrengäste zu einer Dreierreihe und defilierten dann, wie zu Veranstaltungsbeginn, aber diesmal zu den Klängen einer Pavane, durch den breiten Mittelgang. Als Hans-Georg Gerbach dicht an Neuenhof vorüberschritt, machte er mit Blick auf Heinz mehrere auffällige Kopfbewegungen nach vorn, zu der geöffneten doppelflügeligen Saaltür hin. Neuenhof wusste das Zeichen nicht gleich zu deuten.

Als der Ehrenzug den Saal verlassen hatte, strömten auch die übrigen Veranstaltungsteilnehmer dem Ausgang zu. Es war ein dichtes Gedränge und ungeduldiges Geschiebe. Neuenhof erreichte das Vestibül. In der Nähe der Garderoben standen Gerbach, der I. Prorektor, Harri Meister und einige Sektionsdirektoren beieinander und debattierten. Meister klopfte dem I. Prorektor auf die Schulter. Der senkte den Kopf und lachte verschämt. 'Vielleicht ist er wegen seines Festvortrages gelobt worden', dachte Neuenhof und verhielt den Schritt. Er getraute sich nicht, auf Gerbach wie auf einen guten Bekannten zuzugehen. Der aber löste sich, sobald er Neuenhof erblickte, aus der Gesprächsrunde, sprang auf den Freund zu und umarmte ihn. „Hast dich rar gemacht in den letzten Jahren, mein Lieber", tadelte er und schob Neuenhof zu den Gesprächspartnern von vorhin. Die blickten die beiden Freunde erstaunt an. „Ihr kennt euch?", fragte Meister. „Sehr gut sogar", antwortete Gerbach.

Neuenhof schüttelte Hände. Prof. Wusel humpelte heran. Er stützte sich auf seinem Krückstock ab und ächzte. Der Stumpf seines im Zweiten Weltkrieg zerschossenen und amputierten linken Beins schmerzte an diesem Tag besonders heftig. „Und dann das lange Sitzen …" Gerbach sagte: „Ich habe Genossen Neuenhof in den letzten Jahren zwar selten zu sehen gekriegt. Aber ich kenne ihn gut seit unserer gemeinsamen Studienzeit. Die TH Magdeburg kann ich zu solch einem hervorragenden Nachwuchswissenschaftler nur beglückwünschen."

Prof. Wusel räusperte sich und sagte bissig: „ Wir leisten an unserer Hochschule eine sehr gute und zielgerichtete Kaderarbeit und können daher noch ganz andersformatige Leute als einen Neuenhof präsentieren – eigenen Nachwuchs."

Hans-Georg erinnerte sich an das Gespräch, das in seinem Beisein Harry Petras mit dem Sektionsdirektor Prof. Kainzow über die Besetzung der Dozentur „Fertigungsprojektierung" und über Wusels Vorschläge in dieser Sache geführt hatte. Er sagte zu Wusel: „Über die sehr gute und zielgerichtete Kaderarbeit eurer Hochschule haben wir, ehe du kamst, Genosse Professor, debattiert. Was meinst du: Ist es nicht sinnvoll, zum Rektor einer T e c h n i s c h e n Hochschule einen Ingenieur- oder Naturwissenschaftler zu wählen?"

„Durchaus. Das wurde an unserer Hochschule seit ihrer Gründung so gehalten."

„Und sollte der Erste Prorektor der Hochschule, also der ständige erste Stellvertreter des Rektors, nicht auch ein Technik- oder Naturwissenschaftler sein – an Stelle eines Ökonomen oder Pädagogen?"

‚Aha, darauf willst du hinaus' dachte Wusel, ‚eine Fangfrage stellst du mir.' Er sagte, des Glaubens, sehr diplomatisch zu antworten: „Das entscheidet die Kaderkommission unserer Hochschule."

„Kaderkommission?" Gerbach lachte. „Lass das nicht unseren Minister hören! Der hat mit solchen Kommissionen nichts im Sinn."

„Gestatte mal, Brüderchen", Harri Meister war empört. „Wer soll denn nach deiner Meinung zentrale Kaderfragen der Einrichtung klären und entscheiden?"

„Der Rektor. Der Rektor nach Abstimmung mit dem Sekretär der Hochschulparteileitung und mit dem Leiter der Struktureinheit, die die Kaderangelegenheit betrifft."

„Also der Rektor und beispielsweise ich?", versicherte sich der Direktor der Sektion Mathematik/Physik. Er war, obwohl Mitglied der SED, aber hochschulbekannt als „ Querkopf", noch nie vor die Kaderkommission geladen worden, wenn es um eine seine Sektion betreffende Kaderangelegenheit gegangen war. Der Mann dachte: ‚Dann wäre Schluss damit, dass die Kaderkommission wie eine überirdische Macht Entscheidungen fällt.'

Harri Meister sah Gerbach abweisend an. Er war ohnehin unzufrieden, weil kein höherrangiger Vertreter des MHF zur Festveranstaltung der THM erschienen war. Gereizt fragte er: „Der Kaderdirektor der Hochschule hat wohl zu solchen Dingen künftig nichts mehr zu sagen, wie?"

„Doch. Er bereitet die Entscheidungsfindung durch den Rektor vor, und er ist auch für die Umsetzung der vom Rektor getroffenen Entscheidungen zuständig."

„Was du soeben vorgetragen hast, Brüderchen, verstößt gegen die Regeln sozialistischer Demokratie. An unserer Hochschule jedenfalls …"

Gerbach ärgerte, wie schon bei anderer Gelegenheit, die Anrede „Brüderchen". Er unterbrach den Parteisekretär. „Ich vertrete hier die Linie des Ministers für das Hoch- und Fachschulwesen. Diese Linie ist von der Abteilung Wissenschaften des

ZK abgesegnet, ja geradezu gefordert worden. Sie wird euch Sekretären bei der nächsten Anleitung der Hochschul- und Universitätsparteisekretäre eingehend erläutert werden. Also, Genossen, wie wär's, einen jungen Hochschullehrer kurzfristig auf die Übernahme der Prorektoren-Funktion vorzubereiten?"

Der I. Prorektor mischte sich ein. „Genossen, so interessant unsere Debatte ist – wir müssen zu Ende kommen." Er blickte in die Runde. Bis auf einige wenige hatten die Veranstaltungsteilnehmer das Vestibül verlassen. Draußen vor der Stadthalle hielt einer der vorbestellten Sonder-Busse. Hochschulangehörige drängten in ihn hinein. Geschubse und Gezeter. PKW's brummten im Schritttempo an dem Bus vorbei.

Prof. Weindorf entschuldigte sich. „Ich habe der Stadthallenleitung zugesagt, spätestens dreizehn Uhr haben alle das Gebäude verlassen. Es ist gleich so weit." Er wandte sich an Hans-Georg Gerbach: „Ich nehme dich in meinem Wagen mit in die Hochschule. Ich habe ein paar dienstliche Dinge mit dir zu besprechen."

Gerbach bedankte sich für das Angebot. „Einen Moment noch." Er legte freundschaftlich einen Arm um Neuenhofs Schulter und geleitete Heinz zum Haupteinund -ausgang der Stadthalle. „Grüß deine Familie von mir. Meldet euch. Besucht uns, Isolde würde sich freuen. Wir wohnen in der Nähe des Straußberger Platzes, Singerstraße 26."

Prof. Hans-Eberhard Weindorf beobachtete das Verabschiedungszeremoniell der beiden aufmerksam. Er dachte: 'Der Neuenhof hat Rückhalt im Ministerium. Vielleicht sollten wir einen Mann wie ihn zum I. Prorektor der THM zu entwickeln ...?' Im nachfolgenden Gespräch mit Gerbach wollte er sich Gewissheit verschaffen. Er, wäre er erst mal Rektor, würde sich einen jungen, talentierten, neu an die Hochschule verpflichteten Hochschullehrer, einen Technik-Wissenschaftler, als ständigen Stellvertreter, eben als Nachfolger in seinem derzeitigen Prorektoren-Amt, wünschen. Solch ein Mann an seiner Seite käme ihm sowohl vom fachlichen Profil als auch von dessen akademischer Unverbrauchtheit sehr zupass. „Ich als Rektor allein will bestimmen und entscheiden, und der Minister erwartet offenbar, dass ich so verfahre." Gerbachs Äußerungen deutete er so.

Der Hausmeister der Stadthalle kam herbei. Er rasselte mit einem großen

Schlüsselbund. „Sie sind die Letzten."

„Und im Saal?" fragte Weindorf.

„Ist niemand mehr. Die Musiker haben den Hinterausgang der Bühne benutzt."

„Wir können", rief Gerbach vom Haupteingang her.

„Dann fahren wir", antwortete der Prorektor. Er reichte dem Hausmeister die Hand. „Schönen Gruß an Ihren Chef." Er lief eiligen Schrittes zu dem auf ihn wartenden Ministeriumsmitarbeiter. 'Es ist erstaunlich', dachte er, 'welche Überlegungen ein scheinbar am Rande geführtes Vestibül-Gespräch auszulösen vermag!"

8

Alfons Richter aus Pirna lud seine Freundin zu einer Ballettvorstellung ins Große Haus der Staatstheater Dresden ein. Das wunderbare Werk „Romeo und Julia" von Sergej Prokofjew stand auf dem Programm. 'Die Liebesgeschichte von Romeo und Julia', dachte Alfons, 'passt gut zu meinen Gefühlen zu Annedore. Außerdem ist das Große Haus nahe gelegen zu Annedores Unterkunft in der Grünen Straße.' Er rechnete sich etwas aus: Vielleicht nahm ihn seine Freundin nach dem Theaterbesuch mit auf ihr möbliertes Zimmer. Er wollte gern mit ihr eine Nacht verbringen und ihr beweisen, was er für sie empfand.

Annedore Neuenhof zögerte zunächst, die Einladung anzunehmen. „Meine Mutti ist vor knapp einem Vierteljahr in Küssow bestattet worden. Da kann ich mich jetzt noch nicht verlustieren." Alfons nahm ihr das Zögern nicht übel. „Du hattest ein sehr inniges Verhältnis zu deiner Mutter, das weiß ich." Aber vorschnell seinen Plan aufgeben wollte er auch nicht. „Verlustieren ist nicht der richtige Ausdruck. Ich will mit dir nicht ins Kabarett oder zu irgendeiner Tanzveranstaltung gehen; 'Romeo und Julia' – das ist doch etwas ganz anderes." Er hatte am Mittwoch jener Woche 2 1/2 Stunden an der Vorverkaufskasse des Großen Hauses angestanden, um zwei Eintrittskarten für die Abendveranstaltung am bevorstehenden Sonnabend zu ergattern. Die Nachfrage war sehr groß gewesen, und die Warteschlange der Ballettfreunde hatte sich fast um das ganze Theatergebäude geschlungen. Er hatte es fast für aussichtslos gehalten, überhaupt Karten zu bekommen. Aber er hatte sich in die Warteschlange eingereiht, war Schritt für Schritt immer näher an die Theaterkasse herangerückt. Seine Hartnäckigkeit, angenagt von Zweifeln, war mit zwei Billetts fürs Parkett, 7. Reihe, belohnt worden. Diesen Erfolg wollte er mit Annedore auskosten.

Die junge Lehrerin erinnerte sich ihrer Jahre in Burkitz, ihres einvernehmlichen Zusammenseins mit Mutter Paula und mit ihrem musikbesessenen Bruder Heinz. Paula würde sagen: „Mädel, du bist jung. Du bist kein Hallodri." Das würde sie sich ob der Erziehung ihrer Kinder zugute halten. „ Ich ruhe auf dem Küssower Kirchhof in ewigem Frieden und werde weiter meinen Frieden haben, wenn du in Alfons einen zu dir passenden Partner gefunden hättest." Und Bruder Heinz würde eine ausgediente Gardinenstange oder ein langes Lineal aus Annedores Federetui in die Hand nehmen und zu dirigieren anfangen und dabei mit sonorer Bassstimme irgendeine Passage aus Prokofjews Ballettmusik intonieren. „Dir das Ballett anzuschauen und die Musik dazu anzuhören, darfst du nicht auslassen", würde er sagen.

Es kam noch etwas hinzu: Nach dem Wegzug ihres Bruders und seiner Familie aus Dresden fühlte sich Annedore allein gelassen. Ihr geheimer Wunsch war, Alfons Richter möge sich als ein nicht nur ansehnlicher, sondern auch als ein mitfühlender und verlässlicher Partner für sie erweisen. Sie wollte wieder jemanden ganz in ihrer Nähe wissen – jemanden, der auch ihre Nähe suchte, dem sie sich anvertrauen und an den sie sich, wie man zu sagen pflegt, seelisch anlehnen könnte. Annedore dachte: 'Mutti, du Liebe, ich denke in jeder freien Minute in Trauer und Wehmut an dich. Du fehlst mir sehr.' und entschied sich: Sie nahm Alfons Richters Einladung an.

Die Aufführung des Balletts gefiel beiden ausnehmend gut: hervorragende Tänzer in sujetgerechten Kostümen, ein stimmungsvolles Bühnenbild, insgesamt eine gelungene Inszenierung, dazu Prokofjews Musik, dargeboten von Richard Wagners Wunderharfe, der Staatskapelle Dresden. „Es ist wunderschön", sagte Annedore und drückte Alfons' Arm.

Nach der Vorstellung schlenderten sie über den Zwinger-Hof, über den Theaterplatz, am Fürstenzug entlang. Sie überquerten den Neumarkt, verharrten kurze Zeit an der Ruine der Dresdner Frauenkirche, erreichten die Ernst-Thälmann-Straße und den Altmarkt. Ihre Blicke glitten über den Platz und die hell beleuchtete Prager Straße mit ihren Neubauten bis hin zum Hauptbahnhof, von dem Alfons – so war es bisher gewesen, wenn er die Freundin in Dresden besucht hatte – mit dem vorletzten oder gar letzten an diesem Tag nach Pirna abgehenden Zug nach Hause fahren würde. Annedore, die sich bei ihm eingehenkelt hatte, zog ihn in Richtung Postplatz. An diesem Verkehrsknotenpunkt fuhren Straßenbahnen in alle Richtungen. Hier hätten sie auf eine Bahn zum Hauptbahnhof warten und sich voneinander verabschieden können. Sie gingen jedoch, ohne den Schritt zu verhalten, auf der Schweriner Straße weiter. Unweit ragten die qualmenden Schlote des Heizkraftwerkes Dresden-Mitte wie drohend erhobene dicke Finger in den spätabendlichen Oktoberhimmel.

„Keine attraktive Flaniermeile", sagte Alfons, „oder?"

Annedore antwortete ihm nicht. Ihr war im Moment egal, ob sie in einer attraktiven Flaniermeile wohnte oder nicht. Sie musste entscheiden: 'Bin ich zu gutgläubig oder zu leichtfertig, wenn ich ihn heute zu mir nähme?' Sie stiegen, Alfons einen Schritt hinter ihr, die wenigen Stufen zu Annedores Hauseingang hinan. Sie schloss die Haustür auf, trat in den Flur, betätigte den beleuchteten Einschaltknopf für das Treppenlicht. Alfons folgte ihr, ohne etwas zu sagen oder zu fragen. Sie schloss die Haustür wieder zu und ging mit ihm auf ihr Zimmer. Sie legte einen Zeigefinger auf ihre Lippen: „Psst! Meine Wirtin schläft schon. Wir wollen sie nicht stören." Sie schlich auf Zehenspitzen in die Küche der Wohnung und brühte ein Kännchen Kräutertee auf. Den servierte sie in einem Service für zwei Personen. Einem Schränkchen am Fußende der Chaiselongue, die sie als einziges Möbelstück aus der Erbmasse ihrer Mutter übernommen hatte, entnahm sie eine Tüte Waffelgebäck-Mischung. Sie saßen auf der Chaiselongue nebeneinander und rührten verlegen mit ihren Teelöffeln in den Tassen herum, obwohl sich der Würfelzucker in dem heißen Getränk längst aufgelöst hatte.

Es war nach Paulas Tod das erste Mal, dass Annedore ihren Freund wieder zu sich nahm. Nach dem Theaterbesuch an diesem Abend wollte sie herausfinden, was ihn bewogen hatte, mit ihr die Aufführung eines solchen Stücks wie Prokofjews „Romeo und Julia" zu besuchen.

Alfons blickte angestrengt in seine Teetasse. Er marterte sich: Gern würde er über seine nächsten Pläne mit Annedore reden, aber er fand für den Anfang nicht die passenden Worte. Die Arbeitskollegen in seinem Betrieb hatten ihm bei Betriebsfeiern oder gemeinsam besuchten Tanzveranstaltungen öfter als einmal geraten: „Du musst dir eine flotte Schnecke ausgucken und musst sie vollquatschen. Wenn du sie dann beim Tanzen zum Schwitzen bringst, kriegst du sie garantiert 'rum." Genau das hatte er nie vermocht und wurde deshalb mitleidsvoll belächelt. ‚Annedore will ich erst recht nicht 'rumkriegen', dachte er. Er war sich bewusst: Zwischen Annedore und ihm war etwas, das er bisher bei Mädchen, mit denen er befreundet gewesen war, vermisst hatte.

Unvermittelt und ohne Umschweife, in das Teetassenklappern hinein, erzählte Annedore ihm die Geschichte ihrer Familie. Das war vor allem die Lebensgeschichte ihrer Mutter Paula, ein Bericht über das Streben und Mühen, über die Glückssuche, Freuden und Enttäuschungen einer einfachen Frau, deren Leben mit gut 60 Jahren zu Ende gegangen war und deren Wunsch nach einer sogenannten idealen Partnerschaft sich während all der Jahrzehnte ihres Frau-Seins nicht hatte erfüllen lassen. Alfons bemerkte, und er dachte sich dabei seinen Teil, dass Annedore in ihr Erzählen eigene Erwartungen an die Zweisamkeit mit einem Mann mischte, wobei sie vermied, über ihre bisherigen Partnerschaften zu reden. Für solche Art Beichte war der Zeitpunkt noch nicht gekommen.

Er rückte näher an Annedore heran und legte einen Arm um ihre Schultern. „Wir sind zwei Gleiche. Mein Vater hat meine Muttl, meine Schwester und mich ebenso im Stich gelassen, wie dein Vater es mit euch getan hat. Er hat uns drei, kurz bevor Breslau zur Festung erklärt und auf die sinnlose Verteidigung vorbereitet wurde, mit einem der letzten in Richtung Westen abgehenden Eisenbahnzüge evakuieren lassen. Erst war er in der Fabrik, in der er gearbeitet hat, als unabkömmlich eingestuft worden, und zuletzt hatte er als Volkssturmmann die Festung Breslau nicht mehr verlassen dürfen. Der Zug brachte uns drei nach Sachsen, nach Pirna, Muttl allein mit zwei Kleinkindern, die gerade das Laufen gelernt hatten, älter waren meine Schwester und ich damals nicht, und mit einem Rucksack mit Papieren und dem Nötigsten, das auf einer tagelangen Bahnfahrt für zwei Kleinkinder gebraucht wurde. Erst später, Muttl sagt: 1946, nachdem wir von einer Notunterkunft in die andere geschubst worden waren, erfuhr Muttl vom Suchdienst des Deutschen Roten Kreuzes, mein Vater hatte die Breslauer Festungszeit und den Zusammenbruch Deutschlands 1945 überlebt. Er hatte sich in eine der westlichen Besatzungszonen entlassen lassen, obwohl er wusste, dass seine Familie in der sowjetischen Zone lebte. Er war dann in West-Deutschland geblieben. 'Irgendwann', hat Muttl uns Kindern erzählt, 'wenn sich die Verhältnisse gebessert haben, hole ich euch zu mir', soll mein Vater versprochen haben. Dieses Irgendwann ist bis auf den heutigen Tag nicht eingetreten. Muttl hat erfahren, Vater hat sich drüben mit einer anderen Frau zusammengetan. Seitdem ist er für uns drei Pirnaer Richters quasi gestorben. Ich bin seit der Flucht aus Breslau ohne Vater aufgewachsen."

'Er hat recht', dachte Annedore, 'wir sind zwei Gleiche – nicht nur deswegen, weil er und ich wegen meines Trauerjahrs lieber ins Theater anstatt zu einer Bums-Veranstaltung ins Volkshaus Laubegast gegangen sind.'

Alfons sagte: „Bisher habe ich geglaubt, so etwas wie in unserer Familie mit einem stiftengegangenen Ehemann und Vater gäbe es nur bei uns. Nun erfahre ich fast das Gleiche von euch Neuenhofs …"

Sie bettete ihren Kopf an seiner Brust. Er strich liebevoll über ihr dichtes dunkelblondes Haar, sie sollte sich bei ihm geborgen fühlen. Er spürte, es tat ihr gut.

Als draußen längst dunkle Nacht über der Stadt lag, sagte Alfons: „Morgen – oder ist es schon heute? Wie auch immer: Am Vormittag fahren wir zu mir nach Hause, nicht zu spät, damit sich meine Muttl mit dem Mittagessen auf drei statt auf zwei Personen einrichten kann."

Am Mittag des nächsten Tages stand Ida Richter am Herd ihrer kleinen Küche, als Alfons und Annedore, aus Dresden kommend, bei ihr anlangten. „Seid willkommen," rief die kleine Frau und drehte nur kurz den Kopf zu den Ankömmlingen hin. „Setzt euch ins Wohnzimmer! Ich komme gleich zu euch." Sie rückte mehrere Kochtöpfe auf dem Gasherd zurecht, guckte in jeden Topf hinein und schnupperte. „Ich kann jetzt hier nicht weg, muss aufpassen, dass das Wasser auf den Kartoffeln nicht überkocht, wie vorhin. Da war ich für einen Augenblick an die Korridortür geeilt. Die Nachbarin hatte geklingelt. Sie hatte mal wieder kein Salz im Haus. Als ich in die Küche zurück kam, roch es nach Gas. Das überkochende Wasser hatte die Gasflamme gelöscht. Was soll ich euch sagen, so rasch wie heute habe ich noch nie das Küchenfenster aufgerissen."

Alfons führte seine Freundin in Richters Wohnzimmer. „Das ist unser Reich." Der Raum war nicht groß, aber hoch. 'Die Lampe an der Decke kann Alfons bestimmt nur mit einer großen Trittleiter erreichen', dachte Annedore, 'aber alles wirkt irgendwie heimelig.'

„Unser Gebäude und die in der Nachbarschaft wurden als Kasernen errichtet. Nach dem Krieg wurden sie, ehe das Neubaugebiet in Pirna-Copitz entstand, zu Wohnhäusern umgebaut, weil die Wohnungsnot so groß war. Im Laufe der Jahre haben wir uns hier eingewöhnt. 'ne Chance, eine Neubauwohnung mit Fernheizung und fließend kaltem und warmem Wasser zugewiesen zu bekommen, haben Leute wie unsereiner in Pirna nicht."

‘Warum dieser Pessimismus?’, dachte Annedore.

In der Küche hörte das Klappern mit den Kochtopfdeckeln auf. Ida Richter kam ins Wohnzimmer. „So, ihr beiden. Ich habe geahnt, dass ihr zu zweit kommt.” Sie packte, durch ihre Brillengläser blinzelnd, die junge Lehrerin mit beiden Händen an den Schultern und drückte sie an sich. Annedore musste sich hinabbeugen, damit die beiden Frauen ihre Wangen aneinanderschmiegen konnten. „Ihr müsst mir nachher ausführlich erzählen: War es schön gestern abend?”

Annedore nickte. Sie überreichte der Frau eine kleine Schachtel ROTSTERN-Konfekt. Die hatte sie kurz vor der Zugabfahrt an einem Kiosk auf dem Dresdner Hauptbahnhof gekauft. Sie hatte diesen Besuch bei Alfons’ Mutter nicht ohne ein kleines Mitbringsel antreten wollen.

„Muttl”, staunte Alfons, „ du hast ja den Esstisch schon für uns alle gedeckt. Wir hatten doch vorher gar nicht …” Tatsächlich war für das Mittagessen zu dritt alles vorbereitet. Sogar das Kompott, Süßkirschen aus einem Weckglas, war in drei Glasschälchen gefüllt. Annedore fand bestätigt, auch sie war von der Frau erwartet worden.

Ida Richter lächelte. „Meine Lieben, eine Mutter hat für ihre Kinder immer ein besonderes Gespür. Du, Alfons, bist die ganze Nacht weggeblieben. Das geschieht sonst nur, wenn du im Betrieb zur Nachtschicht oder zu einem Sondereinsatz eingeteilt wurdest.” Sie hatte am Morgen in Alfons’ kleine Kammer geschaut, sie hatte den Sohn wecken und zum gemeinsamen Frühstück rufen wollen. Sein Bett war unberührt gewesen. Da hatte sie Bescheid gewusst.

„Weißt du, Muttl, die Theatervorstellung hat länger gedauert, als auf dem Vorschau-Plakat angekündigt worden war. Der letzte Zug nach Pirna …” Die Mutter winkte ab. „Du brauchst dich nicht zu entschuldigen. Ihr seid keine kleinen Schulkinder mehr.” Und sie lächelte, zeigte dabei ihre blendend weißen Zahnreihen. Sie lächelte meistens. Ihr Lächeln wirkte nicht gekünstelt oder erzwungen, sondern eher ein bisschen verschämt, selbst wenn für Scham kein Grund vorlag. Ihr Gesicht strahlte dabei etwas Gewinnendes, etwas für die Frau Einnehmendes aus, trotz der Brille mit dem klobigen Gestell aus Horn.

‘Man sieht ihr nicht an, was sie in ihrem bisherigen Leben hat durchmachen müssen’, dachte Annedore und fühlte sich durch Ida Richters Art an ihre eigene Mutter erinnert.

„Ich muss in die Küche. Ich habe heute mehr Kartoffeln im Topf als sonst. Mit dem Schweinebraten für heute mittag bin ich ein bisschen knapp dran. Ich weiß nicht, wo ich beim Fleischeinkauf am Wochenende meine Gedanken gehabt habe. Wenn ihr richtig satt werden wollt, müsst ihr ein paar Kartoffeln mehr essen. Ich habe genug im Kochtopf.” Sie huschte hinaus, in die Küche. Die Zimmer- und die Küchentür ließ sie weit geöffnet.

Alfons sagte leise zu seiner Freundin: „Sie befürchtet immer, es reicht nicht."

Annedore schmunzelte und tuschelte: „Das kenne ich von meiner Mutti."

Vom Küchenherd her berichtete Alfons' Mutter: „Rosel war heute in aller Herrgottsfrühe bei mir." Rosel war Alfons' zwei Jahre ältere Schwester. Sie war mit Dirk Fehse, einem gelernten Schlosser, verheiratet. Der hatte sich selbstständig gemacht, Haus- und Schlüsseldienst, und lebte mit seiner Frau und einem zwölfjährigen Sohn aus erster Ehe in einer Villa in Dresden-Pillnitz. „Rosel wollte eigentlich zu dir, Alfons. Sie habe etwas auf dem Herzen, braucht deinen Rat, sagte sie. Aber frag' mich nicht, um was es ihr ging. Mir Alten hat sie sich nicht anvertrauen wollen. Na ja ..."

„Ich fahre zu ihr 'rüber", versprach Alfons. Von Richters Wohnung betrachtet, lag Pillnitz auf der anderen Elbseite. Alfons besaß seit etwa einem Jahr einen Motorroller, Typ „Berlin". Das Fahrzeug war blau lackiert. Deshalb nannte es sein Besitzer „Blue Bird". Seit dem zeitigen Frühjahr bis jetzt, wo es herbstelte, war er auf den schnee- und eisfreien Straßen und Chausseen mit dem Blue Bird zur Arbeit ins Elbtalwerk gefahren und hatte auch Privattouren in Pirna, Heidenau und Dresden sämtlichst mit dem Motorroller unternommen.

„Schieb' den Besuch nicht auf die lange Bank! Mir schien, es geht um etwas Dringliches."

Alfons blickte aus dem Fenster. Draußen schien die Sonne, der wolkenlose blaue Himmel strahlte wie blank geputzt, ein goldener Oktobersonntag. „Wenn es so dringlich ist, erledige ich die Sache heute nach dem Mittagessen. Ich nehme Annedore mit 'rüber."

Das erschien Muttl Ida etwas hastig. „Euch gleich wieder loszuwerden, war nicht meine Absicht. Mach, wie du denkst! Bloß: Zur Kaffeezeit müsst ihr zurück sein. Ich habe vor ein paar Tagen im Gemüse-HO Äpfel erstanden. Davon habe ich uns eine Torte gebacken. Schlagsahne habe ich auch gekauft. Mit alledem dürft ihr mich nicht sitzen lassen."

Annedore plagten wegen der Motorroller-Tour andere Sorgen. „Ich war noch nie zu Gast bei Rosel und Dirk. Wenn ich da einfach hineinplatze ..."

„Siehst du, 's wird Zeit, sie kennenzulernen."

„Ich weiß nicht, ob ihnen das recht ist, wenn voraussichtlich etwas Vertrauliches zu besprechen ist."

„Ach was! Wenn du meinen Schwager in seinem Domizil erlebst, wird dir klar, deine Bedenken sind völlig unbegründet."

„Richtig angezogen bin ich auch nicht, nur Rock und Bluse und eine leichte Jacke, keine Hose, und dann auf dem Roller ..."

„Kein Problem. Kriegst eine lange Hose von mir. Wichtig ist ein Sturzhelm für dich, damit uns unterwegs nicht die weißen Mäuse anhalten und dich absteigen lassen. Einen Helm für dich habe ich da, von meiner Erstausrüstung. Muttl rügt mich zwar öfters: 'Alles hebst du auf, jeden alten Kram hortest du in unserem Keller. Ich kann dort kaum noch zutreten.' Aber nun, Muttl", Alfons war aufgestanden und in die Küche gegangen, er legte einen Arm um Idas Schultern, „nun erlebst du: Alles hat seinen Zweck und Nutzen, selbst ein alter Motorradhelm."

„Ja, ja, mich kannst du beschwatzen, das gelingt dir immer."

Annedore zauderte. „Ich mache auf deine Schwester keinen guten Eindruck, wenn ich bei ihr in einer Hose von dir erscheine."

'Hoffentlich habe ich sie mit meinem Vorschlag nicht beleidigt', dachte Alfons. Er sagte kleinlaut. „Ich suche mein bestes Stück für dich 'raus. Das probierst du an. Wenn es nicht geht …" Dann würde er an einem anderen Tag allein nach Pillnitz fahren.

Muttl Richter riet: „Nehmt euch doch einen Campingbeutel Darin packt ihr Annedores Sachen sorgfältig ein und nehmt sie mit. In Fehses Bad kann sich Annedore umziehen, das ist sicherlich kein Problem …"

Jedenfalls kam Annedore Neuenhof an diesem sonnigen Oktobertag unverhofft zu einer Motorrollerfahrt von Pirna nach Dresden-Pillnitz und zurück. Die von ihr gebackene Apfeltorte wollte Ida Richter, wie sie mehrmals betonte, zur Kaffeezeit aber keinesfalls allein verspeisen. Alfons versprach pünktliche Rückkehr.

Rosel und Dirk Fehse empfingen ihren Besuch aus Pirna überaus freundlich. „Das nenne ich prompt", sagte Rosel, die einen Kopf kleiner war als ihr Ehemann. Und Dirk, ein großer, ranker und schlanker Mann mit einer blonden Mähne im Haarschnitt der Beatles, die er verehrte, lächelte übers ganze Gesicht. „Flott seht ihr aus." Er betrachtete Annedore mit sichtlichem Wohlgefallen. Er tatschte Alfons auf den Rücken. „Mit solch einem Benzinhäschen macht das Motorrollerfahren doppelten Spaß, wie?" Er lachte lauthals.

'Der Mann ist nicht zimperlich', dachte Annedore. Aber sie fand Dirk Fehse, wie man sagt: auf den ersten Blick, nicht unsympathisch.

Alfons sagte zu seiner Schwester: „Führe Annedore mal in euer Badezimmer! Sie möchte sich umziehen." Er reichte ihr den Campingbeutel mit Annedores Rock und guter Bluse.

„Wirklich?" Rosel musterte Alfons' Freundin von Kopf bis Fuß. „ Unseretwegen braucht sie keine Umstände zu machen."

„Wir haben doch gesehen, dass ihr mit 'nem Motorroller und nicht mit einem Tschaika" – einer Oberklassenlimousine sowjetischer Produktion – „vorgefahren seid." Dirk lachte schallend. Er musterte Annedore ungeniert und blinzelte listig mit seinen blauen Äuglein. „Sie sehen richtig sportlich aus."

Rosel sah ihren Mann kopfschüttelnd an. „Nach allem, was uns Muttl über die beiden erzählt hat, sollten wir nicht so förmlich zueinander sein." An Annedore gewandt: „Ich bin Rosel. Kannst mich duzen."

„Sehr einverstanden." Alfons' Schwager nannte lachend seinen Vornamen. „Schwiegermutter meint, ihr beide versteht euch gut und seid euch, im Grunde genommen, einig. Was sollen dann irgendwelche förmlichen Verrenkungen ...?"

„Du fällst gleich wieder mit der Tür ins Haus", rügte ihn Rosel.

Annedore errötete. 'Was setzt Muttl Richter da für Dinge in die Welt?'

Rosel schlug vor: „Ehe wir uns setzen und debattieren, unternehmen wir gemeinsam einen Rundgang durchs Haus und unseren Garten. Annedore kennt das alles noch nicht. Wenn man alles gesehen hat, wird unser Anliegen, dessentwegen ich heute früh bei Muttl war, verständlicher."

Annedore begann, sich zu entschuldigen, weil sie sich zu den Fehses quasi selbst eingeladen hatte. „Papperlapapp," wehrte Dirk ab. Und Rosel sagte: „Ein Ratgeber mehr ist uns lieber als einer zu wenig."

„Außerdem habe i c h sie überredet mitzukommen", bekannte Alfons, „wenn etwas nicht passt, bin ich schuld."

Fehses bewohnten das Erdgeschoss und einen Raum im Obergeschoss der Villa. Sie zeigten ihr großes Wohnzimmer, das durch eine verglaste Schiebetür geteilt werden konnte, die Küche, eine kleine Toilette und einen Wintergarten im Erdgeschoss. Den ihnen zugebilligten Raum im Obergeschoss hatten sie als ihr Schlafzimmer eingerichtet. Fehses Sohn nächtigte unten, in dem durch die Schiebetür abgeteilten kleinen Bereich des Wohnzimmers. Dort war eine Schlafcouch mit Bettkasten aufgestellt. „Zwei Zimmer im Obergeschoss sind von der Besitzerin der Villa belegt", erläuterte Dirk, „eine 83 Jahre alte Dame, nicht mehr gut im Schuss, hahaha, Witwe, kinderlos, hat nur entfernte Verwandte. Sie will uns ..."

„Warte damit noch," unterbrach ihn Rosel.

„Sie ist doch nicht da", verteidigte sich Dirk, „sie ist zu ihren Freundinnen, zum Kaffeekränzchen, gegangen. Da hört sie nicht, was ich sage."

„Wir zeigen Alfons und Annedore erst mal alles, ehe wir über unsere Pläne und unser Anliegen reden. Also: Hier oben ist das Bad", Rosel öffnete eine Tür und ließ ihre Gäste in den Raum hineingucken, „das benutzen wir gemeinsam, die alte Frau und wir. Wir fangen morgens an, unsere Wirtin kann sich anschließend in aller Ruhe waschen und kämmen." Sie stiegen die breite Treppe hinab ins Erdgeschoss und gelangten durch den Wintergarten in den sich hinter dem Haus befindlichen Garten. „Fünfhundert Quadratmeter", sagte Fehse, „bis auf zwei Blumenbeete für die Hauswirtin bewirtschaften alles wir, die Apfel- und Pflaumenbäume, die Stachelbeer- und Johannisbeersträucher und so weiter, hahaha."

Annedore sah die reifenden Äpfel an den Bäumen. Sie sagte zu Rosel: „ Wenn bei euch alles so gut wächst und gedeiht, hast du aber mit dem Einwecken und Marmeladekochen dein Tun."

Rosel lachte. „Das walte Hugo! Und alles nebenbei, ich meine: zusätzlich zu meiner Arbeit in der ‚Kunstseide'." Die „Kunstseide" war die in Pirna und Umgebung übliche Bezeichnung für den VEB Kunstseidenwerk „Siegfried Rädel" in Pirna. Im Bereich Ökonomie dieses Großbetriebes der Chemiefaserproduktion war Rosel Fehse seit Jahren als geschätzte Fachkraft vollbeschäftigt.

In der hintersten Gartenecke stand eine baufällig aussehende, aber an mehreren Stellen mit hellen Brettern ausgebesserte Holzbude. „Das war vor Jahren die Gartenlaube der Hausbesitzerin, haha-ha," sagte Dirk. „Ich bin mit den Instandsetzungsarbeiten noch nicht fertig. Aber das Dach ist schon regen- und schneesicher. Diese Bude", Fehse reckte seine Rechte empor wie der Sieger bei einem sportlichen Wettkampf, „ist meine Werkstatt, mit großem Fenster, wie ihr seht. Das haben mir gute Freunde bei der BHG in Bad Schandau besorgt, hahaha, ein Fenster mit Plasterahmen, der erspart mir die jährliche Pinselei mit Fensterlack."

Alfons nickte anerkennend. Annedore dachte: 'Freunde in Bad Schandau besorgen ihm Fenster…'

„Das alles ist erst mal ein Provisorium, irgendwo muss ich ja arbeiten können. Die Endlösung sieht anders aus. Es wird ein Ziegelbau werden, beheizbar, ausgestattet mit einer Mechaniker-Drehbank, mit einer kleinen Säulenbohrmaschine und …"

Rosel unterbrach ihn. Sie sagte zu Annedore: „Er gerät öfter ins Schwärmen. Dann ist er kaum zu bremsen. Kommt mal! Wir gehen wieder 'rein."

Im Wohnzimmer saßen sie auf einer Sitzcouch und zwei Plüschsesseln beisammen. Rosel holte Weingläser aus einem Glasschrank. Dirk schenkte bulgarischen Weißwein, „Dimiat", ein. Alfons wehrte mit beiden Händen ab. „Für mich etwas Alkoholfreies", bat er. „ Ich möchte meinen Blue Bird nicht nach Hause schieben müssen." Ihm wurde „VitaCola" serviert.

„Es ist nämlich so", sagte Rosel, „Dirk möchte, dass ich in der 'Kunstseide' aufhöre zu arbeiten. Ich soll für sein Privat-Unternehmen den Ökonomie- und ganzen Schriftkram erledigen."

„Ich kann mich vor Aufträgen kaum retten", ergänzte Dirk.

„Bist du dann hier, zu Hause, ausgelastet?" fragte Alfons seine Schwester.

„Hahaha! Du bist ein Wibo" – ein Witzbold. Dirk klatschte sich belustigt auf die Schenkel. „Ich könnte auch dich sofort bei mir einstellen, so viele Aufträge habe ich."

„Was hältst du von der Idee?" fragte Rosel ihren Bruder. Alfons druckste herum. „Ich habe keine Erfahrung mit privatwirtschaftlichen Unternehmen, ich meine jetzt nicht: als Kunde, sondern als Betreiber, als Chef, und ob sich das lohnt … bei den

Verhältnissen in unserem Staat …" Ähnliche Bedenken hatte auch Annedore. 'In der DDR läuft alles hinaus auf Verstaatlichung und auf Vergenossenschaftlichung', dachte sie, 'im Handwerk, in der Landwirtschaft, von kleinen privaten Produktionsbetrieben gar nicht zu reden …'

Dirk Fehse lachte nicht mehr. „Du fragst, Schwagerherz, ob sich das lohnt. Hast den Kern der Sache erfasst, mein Lieber. Ja, es lohnt sich. Es würde sich noch mehr lohnen, wenn ich nicht zusätzlich zu meiner eigentlichen Arbeit den ganzen Schreib- und Bürokram am Halse hätte. Den soll mir Rosel, so unsere Idee, über kurz oder lang abnehmen. Davon versteht sie etwas. Im Bereich Ökonomie der ‚Kunstseide' kommen sie auch ohne Rosel zurecht, da braucht sie ihre Kräfte nicht zu verplempern. Die für meine Firma fälligen Gänge zu Behörden, wo die Sesselfurzer den Amtsschimmel wiehern lassen, kann Rosel erledigen. Nur die wichtigen geschäftlichen Wege und Dinge bleiben selbstverständlich in meiner Hand."

„Soll Rosel auf all die Vorteile verzichten, die sie jetzt in der ‚Kunstseide', einem volkseigenen Großbetrieb, genießt?"

Dirk konnte wieder lachen. „Hahaha!" Er lehnte sich in seinem Sessel weit zurück. „Vorteile … Welche Vorteile?"

„Na, zum Beispiel: FDGB-Ferienplätze …"

„Dass ich mich nicht totlache! Wenn Rosel und ich genug Geld haben, bekommen wir Ferienplätze, wo wir sie haben wollen, ohne dass Rosel x-mal in Gewerkschaftsversammlungen darum betteln und nachweisen muss, dass sie in ihrem Arbeitskollektiv mit einer Ferienplatz-Zuweisung an der Reihe ist."

„… Jahresend-Prämien …"

„Solche Prämien kann ich ihr in meiner Firma an jedem Monatsende zahlen, nicht nur einmal im Jahr, wie in der ‚Kunstseide' üblich."

„… gesicherter Arbeitsplatz, Kündigungsschutz, festes und pünktlich gezahltes monatliches Einkommen …"

„Solchen Schutz biete ich ihr."

„Auch bei einer geschäftlichen Flaute?"

„Tja, Schwagerherz, faul auf dem Sack liegen dürfen wir natürlich nicht."

Rolf, Dirks zwölfjähriger Sohn aus erster Ehe, betrat das Zimmer. Er begrüßte die Gäste artig. „Hast du das zusätzliche Regal in unserer Werkstatt schon zu hängen?" Der Junge schüttelte den Kopf. „Schaff' ich nicht alleine. Ist 'ne Sache für zwei Mann."

Dirk lachte. „'s geht eben nicht ohne mich, wie?" Er erklärte: „Rolf bastelt gern, hantiert geschickt mit Werkzeugen. Ich kann ihn gut gebrauchen."

Rosel erhob sich. „Ich koche uns Kaffee. Vom vielen Reden wird einem der Mund trocken." Alfons hielt sie zurück. „Bitte keine Umstände! Zum Kaffeetrinken erwartet uns Muttl. Sie hat eigens für uns eine Apfeltorte gebacken."

„Oooh," machte Rosel.

„Wir haben versprochen, sie damit nicht sitzen zu lassen. Setz' dich wieder hin!"

Dirk sagte zu seinem Sohn: „Geh noch mal 'raus! Wasch' die Pinsel gründlich aus, mit denen wir heute vormittag gemalert haben!" An Annedore gewandt, als Rolf das Zimmer verlassen hatte: „Wie ist deine Meinung?"

Annedore wurde verlegen und errötete. Ohne Weiteres und mit großer Selbstverständlichkeit in die Debatte einbezogen zu werden, hatte sie überrascht. „Es muss alles gründlich bedacht und gegeneinander abgewogen werden", sagte sie.

„Da sind wir dabei." Dirk hatte sich eine konkrete Antwort gewünscht. Annedore merkte ihm das an. „Ich bin heute bei euch hereingeschneit, und, gelinde gesagt, euer Anliegen überrumpelt mich. Ich meine aber, es sollte euch bei eueren Überlegungen nicht bloß ums Geld gehen …"

„Doch, meine Guteste, ums Geld geht's immer auf dieser Welt." Auf Dirks Gesicht lag nicht die Spur eines Lächelns. „Ich wollte vorhin, vor unserer Hausbesichtigung, darauf zu sprechen kommen, aber Rosel hat mich zurückgehalten: Wir sind mit unserer Wirtin übereingekommen, dass wir nach ihrem Tode diese Villa übernehmen und dass wir die Verwandten der Wirtin, die dann als Erben auftreten, finanziell abfinden. Um uns darauf einstellen zu können, haben wir uns von der Wirtin den Einheitswert des Hauses und Grundstücks sagen lassen."

„Das ist geschmeichelt ausgedrückt", unterbrach Rosel ihren Mann. „Die alte Frau verwahrt ihre wichtigen Dokumente in einer Handkassette – so im Format eines DIN A4-Schreibblocks. Die Kassette hält sie irgendwo versteckt. Ist ja auch egal. In der Kassette jedenfalls lagen die Papiere wie Kraut und Rüben durcheinander. Ich habe da erst mal Ordnung schaffen müssen. Die Dame des Hauses hat's mit den Augen, kann schlecht gucken."

„Gut, dass Rosel da Hand angelegt hat", sagte Dirk. „ Auf diese Weise fanden wir heraus, dass zu den künftigen Erben auch West-Verwandtschaft gehört. Also habe ich einen dafür behördlich zugelassenen Taxator bemüht, den Zeitwert für Haus und Grundstück zu ermitteln. Ich kann euch sagen, da ist ein hübsches Sümmchen herausgekommen. So viel Geld haben wir im Moment noch nicht, und Kredite für Immobilienkäufe, so viel wisst ihr wahrscheinlich, werden in der DDR an Privatpersonen nicht ausgereicht. Somit wünschen wir vom lieben Gott, dass er unserer Wirtin noch einige Lebensjährchen schenkt, damit uns genug Zeit fürs Geldeinsammeln verbleibt."

Alfons staunte. „Da habt ihr euch ja 'was vorgenommen. Muss denn das sein?"

Nun lachte Dirk Fehse wieder, diesmal war es ein überlegenes – Annedore fand: ein überhebliches – Lachen. „Schwagerherz, du stellst komische Fragen. Klar, es muss sein. Drüben, im Westen, haben sich alle Leute, die es sich leisten können und etwas auf sich halten, längst eine Immobilie, ein schickes Einfamilienhäuschen oder ‘was Ähnliches angeschafft. Für die ist der Zweite Weltkrieg lange zurückliegende Vergangenheit. Denen geht es um Wohlstand, und zum Wohlstand gehört eine eigene Immobilie. Das ist für Rosel und mich der Maßstab, nicht das, wie man bei uns im Osten, von offizieller Seite, zu dieser Frage steht.”

Alfons begriff: Seine Schwester und ihr Mann trachteten nach anderen Werten als er, nach Besitz und materiellem Wohlstand. ‘Ich wäre froh’, dachte er, ‘wenn es für Muttl und für mich, wenn ich eine eigene Familie gegründet haben werde, eine Neubauwohnung mit Fernheizung, gekacheltem Bad und fließend kaltem und warmem Wasser geben würde, und das alles für eine möglichst geringe monatliche Miete. Da würde ich auf eine eigene Immobilie großmütig verzichten. Ich bin eben ein einfacher Betriebsschlosser, ein armer Schlucker.’ Und Annedore dachte: ‘Für Fehses ist der Westen der Maßstab, aber ihre Geschäfte, ihren Reibach, wollen sie in der DDR machen.’

Rosel merkte, ihre Gäste waren nachdenklich geworden. Nur wusste sie deren Nachdenklichkeit nicht recht zu deuten. „Wir haben euch mit unseren Plänen überrascht, nicht wahr?” Sie wollte sichergehen. „Noch größer wird die Überraschung für unser Muttl sein. Aber sagt ihr nichts von unseren Absichten. Zu einem geeigneten Zeitpunkt informieren wir sie, Dirk und ich.”

„Das wäre mir sehr recht”, sagte Alfons erleichtert. Und Annedore fügte hinzu: „Ich bin – wie soll ich’s sagen? – überwältigt, dass ihr in meiner Gegenwart so offen und vertrauensvoll über eure Pläne sprecht, wo ich doch eigentlich eine Fremde …”

„Ach Quatsch,” unterbrach sie Rosel. „Wenn Alfons dich heute zu uns mitgebracht hat, bist du keine Fremde, und Muttl hat mir, was euch anbetrifft, auch gesagt, ihr beide …”

„Nun hör aber auf!”, protestierte Alfons und blickte auf Fehses Wanduhr. Es war dreiviertel vier. „Wir müssen wieder los. Wir haben Muttl versprochen …”

„… ja, ja, ihre Apfeltorte.” Rosel lachte. Dirk sagte: „Da ihr’s eilig habt, will ich mich zu einer anderen Sache kurz fassen. Unser ganz persönliches Anliegen an dich, Schwagerherz, ist folgendes: Du bist doch im Elbtalwerk Heidenau in der Instandhaltungsabteilung tätig. Dieser Abteilung ist eine eigenständige Werkstatt zugeordnet. Richtig?” Alfons nickte. „Diese Werkstatt ist mit Werkzeugmaschinen ausgestattet, wie sie für Instandhaltungs- und Reparaturarbeiten benötigt werden. Stimmt?” – „Stimmt.” – „Dann lassen sich darauf bestimmt Einzelteile fertigen, die ich in meiner provisorischen Werkstatt nicht herstellen oder in einem unserer miesen Baumärkte kaufen kann.” – „Das ist denkbar.” – „Übernimmst du solche Teileherstellung für mich, für meine Firma? Ich würde mich erkenntlich zeigen.”

Dieses Ansinnen überraschte Alfons Richter mehr als Fehses beabsichtigter Immobilienkauf. „Wie stellst du dir das vor?”

Dirk lachte. „Ich?" Schulterzucken. „Wie du das anstellst, überlasse ich deinem Einfallsreichtum. Ich kenne die Möglichkeiten nicht, die in eurem Betrieb für derlei private Arbeiten, beispielsweise nach Feierabend, bestehen."

„Private Arbeiten meinerseits?"

„Ja, dachte ich."

„Warum wendest du dich nicht an die kaufmännische Abteilung des Elbtalwerkes und schließt einen Kooperationsvertrag mit dem Betrieb ab?"

Rosel sagte aufgebracht: „Weil das für uns zu teuer werden würde. Auf der Basis eines solchen Vertrages kommt zu den eigentlichen Fertigungskosten ungefähr das Doppelte an Gemeinkosten hinzu, das kann ich als eingefuchste Sachbearbeiterin im Ökonomie-Bereich der 'Kunstseide' versichern." Dirk ergänzte: „Wenn wir auf diese Weise die Aufträge meiner Firma erledigen müssten, würden wir kaum etwas verdienen."

Annedore dachte: 'Dann rückt der Kauf der Villa in weite Ferne.'

Alfons druckste herum. „Ich kann solche Arbeiten nicht allein übernehmen, selbst wenn ich es wollte. Bei Werkstattarbeiten muss aus Gründen des Arbeits- und Gesundheitsschutzes mindestens eine weitere Person zugegen sein, auch und erst recht bei Arbeiten nach Feierabend. Das zu missachten, allein drauflos zu arbeiten und die gefertigten Teile in meiner Aktentasche heimlich an der Pförtnerloge vorbei aus dem Betrieb zu schmuggeln, könnt ihr von mir nicht erwarten."

Dirk zog eine Grimasse und winkte ab. „Erwarten … Wir verlangen nichts Ungebührliches von dir. Wir haben dir einen Vorschlag, ein Angebot unterbreitet, haben gedacht, ein paar Mark zusätzlich zu deinem Lohn könntest du gebrauchen." Er dachte: 'Mein Schwagerherz mag ein tüchtiger Betriebsschlosser sein, aber geschäftstüchtig ist er nicht, er ist ein simpler Prolet.'

Alfons bemerkte, Dirk und Rosel waren enttäuscht von ihm. Deshalb sagte er in versöhnlichem Ton: „Ich überdenke die Sache noch mal. Wir brauchen heute nachmittag nichts übers Knie zu brechen." Er drängte auf raschen Aufbruch. „Muttl wartet auf uns."

Auf Alfons' und Annedores Rückfahrt nach Pirna auf dem Blue Bird hielt Alfons mitten in dem kleinen Ort Graupa an. Er stellte den Motor ab, hieß Annedore abzusteigen und parkte den Motorroller. „Kurze Pause," sagte er und setzte seinen Motorradhelm ab. „Mach's dir auch bequem!"

„Ist dafür Zeit?", wunderte sich Annedore.

„Eigentlich nicht, Muttl erwartet uns schon längst. Aber ich habe hier nicht angehalten, um Richard Wagner zu ehren, der während seiner Dresdner Zeit in Graupa gewohnt hat, sondern ich möchte mit dir unter vier Augen Folgendes verabreden:

Wenn Muttl fragt, was es denn bei Fehses so Wichtiges zu bereden gab, möchte ich ihr antworten, ich soll, wenn möglich, im Elbtalwerk etwas für Dirk besorgen. Von allem anderen, was wir erfahren haben, erzählen wir meinem Muttl nichts. Nicht, dass du denkst, ich habe vor Muttl Geheimnisse. Aber wenn sie von dem geplanten Villenkauf erfährt, wird sie sorgenvoll fragen: 'Wie soll das gehen? Dafür haben die Kinder gar nicht genug Geld, und ich arme Kirchenmaus kann sie nicht unterstützen.' Und gleich kämen bei ihr Angst und Sorgen hinzu: 'Dirk sinnt hoffentlich nicht auf wagehalsige Geschäfte und reißt unsere Rosel mit hinein.' Und mit Rosels Ausstieg aus dem Kunstseidenwerk würde Muttl innerlich auch nicht fertig werden: 'Ist das denn reiflich bedacht? Was wird sein, wenn Rosel krank wird? Welche Ansprüche hat sie später, im Rentenalter?' Du siehst …" Er beendete den Satz nicht.

Annedore sagte: „Solche Sorgen sind, meine ich, nicht unbegründet." Er nickte und sah sie an. „Meinst du, die Pillnitzer stapeln zu hoch?" Sie zögerte mit der Antwort, sie wollte ihn nicht kränken oder gar ihre Freundschaft gefährden. Aber dann sagte sie: „Ich frage mich, in welcher Republik leben die beiden eigentlich?"

Er atmete auf. „Ich habe für mein Leben andere Pläne als Dirk und Rosel. Ich habe im Elbtalwerk meinen festen Arbeitsplatz, habe meinen Blue Bird und bei Muttl meine heimelige Bleibe. Wenn ich später eine schöne Neubauwohnung hier, in Pirna, am Eingang zur Sächsischen Schweiz, für mich und meine künftige Familie zugewiesen bekäme, in ganz weiter Zukunft sogar einen Trabant und eine Garage, würde ich ein zufriedener, glücklicher Mensch sein." Er legte einen Arm um Annedores Schultern. „Wunschträume eines einfachen Arbeiters, hast du auch solche Träume? Oder müsste für dich …" Sie blickte ihm in die Augen, antwortete nicht sogleich. „Solch einer wie Dirk ist natürlich ein ganz anderer Typ als ich", sagte Alfons, als wollte er sich dafür entschuldigen, was er für ein Typ sei. „Ein zupackender Typ …"

Sie küsste ihn. „Du bist mir lieber. Einen Dirk würde ich bestenfalls als angeheirateten Schwager akzeptieren." Er stülpte ihr den Sturzhelm aus seiner Fahrzeug-Erstausstattung auf den Kopf. „Ein Glück, dass wir in Graupa angehalten haben." So zufrieden war er.

Am frühen Abend brachte er seine Freundin mit dem Blue Bird zum Pirnaer Bahnhof, zum Zug nach Dresden. Er fuhr nicht mit ihr. „Morgen beginnt wieder eine harte Arbeitswoche."

„Für mich auch", sagte sie. „Ich habe morgen gleich in der ersten Stunde Unterricht." Als der Zug aus Bad Schandau einlief, küssten sie sich. „Es war ein schöner Sonntag für mich", sagte sie beim Einsteigen, „schön und interessant."

„Auch für uns", sagte er, „sonst hätte dir Muttl heute nicht das 'Du' angeboten."

Wenn sie sonst erst abends, nach Zensuren- oder allgemeinen Lehrerkonferenzen, nach Elternbesuchen oder nach Festveranstaltungen zu gesellschaftlichen

Höhepunkten, mit dem Zug von Groß-Sedlitz nach Hause nach Dresden gefahren war, hatten sie die Waggonräder, kaum dass sie sich in eine Sitzbankecke gekuschelt hatte, in einen nicht zu unterdrückenden Schlummer gerattert. Meistens war sie beim Zug-Halt in Dresden-Niedersedlitz oder Dresden-Reick aufgeschreckt. Manchmal jedoch hatte sie ein Mitreisender an der Schulter berühren müssen. „Aufwachen! Nächste Station Dresden-Hauptbahnhof!" Dort endete der Zug.

Bei dieser abendlichen Fahrt von Pirna nach Dresden erging es Annedore anders als sonst. Sie sann über die Leute nach, die sie besucht hatte, und über deren Wünsche und Pläne. Das erregte sie innerlich dermaßen, dass sie diesmal nicht eindrusselte. Denn sie fühlte sich darin bestärkt, sie könnte in Alfons Richter einen nach Herkunft, Lebensumständen und Denkart Gleichartigen gefunden haben, jemanden, der ihr auch von seinem äußeren Erscheinungsbild und von der Art gefiel, wie er sich ihr und seinen Verwandten gegenüber gab. Besonders angetan war sie von seinem Verhalten zu seinem Muttl. Mutti Paula hatte ihr bei einem der Krankenbesuche in Magdeburg mit auf den Weg gegeben: „Achte darauf, wie sich dein Partner zu seiner Mutter verhält Daran kannst du ermessen, was du von ihm erwarten kannst und was nicht." – 'Tja, Paula', dachte Annedore, 'du hattest wohl recht', und sie meinte, ihre Mutter würde, wenn sie es noch erleben könnte, mit Alfons einverstanden und zufrieden sein. Der Zug hatte noch nicht die Endstation erreicht, da gelangte Annedore zu dem Schluss: Sie war, ohne Zeremoniell oder umständliches Getue, an diesem Sonntag in die Familie und nahe Verwandtschaft der Ida Richter integriert worden.

9

Die Palette der Erzeugnisse, die in den vorwiegend 1969 gegründeten Kombinaten des Schwermaschinen- und Anlagenbaus in Magdeburg produziert wurden, umfasste Walzwerke, Schnellverseilmaschinen und metallurgische Krane (VEB SKET), Armaturen (VEB MAW), Dieselmotoren und Chemieanlagen (VEB SKL), Getriebe und Kupplungen (VEB GuK) und darüber hinaus Messgeräte, Tagebau-Ausrüstungen u.a. Solche Erzeugnisse waren für die inhaltliche Ausrichtung und den Praxisbezug der wissenschaftlichen Arbeit in allen technischen Sektionen der Technischen Hochschule „Otto von Guericke" Magdeburg bedeutsam, für einige Sektionen sogar profilbestimmend. Deshalb waren zwischen der Hochschule und den Magdeburger Kombinaten und Betrieben langfristige Kooperations- und in engerem Sinne Forschungsverträge zu kombinatsrelevanten wissenschaftlich-technischen Problemstellungen abgeschlossen worden. Diese Verträge waren von den

Sektionen, deren Profil entsprechend, in Teilverträge der sogenannten auftragsgebundenen Forschung zu untersetzen. Die damit einhergehenden forschungsorganisatorischen, koordinierenden und abrechnungstechnischen Aktivitäten der THM oblagen, hochschulzentral geleitet von dem Prorektor für Wissenschaft und einem ihm beigeordneten Fachbereichsdirektor, dem Direktorat für Forschung der Hochschule.

Die Hauptpartner der Sektion Technologie der metallverarbeitenden Industrie (mvl) waren die Kombinate SKET und GuK. Dies war, was das SKET anbelangt, der Größe und Wirtschaftskraft dieses Kombinates geschuldet – 12.500 Beschäftigte allein im Stammwerk in Magdeburg-Buckau Mit der Bindung der Sektion an das Kombinat GuK hatte es eine andere Bewandtnis. Von Anfang an, seit Gründung der Hochschule im Jahre 1953, war die wissenschaftliche Arbeit des einstigen Instituts für Fertigungstechnik und betriebliches Messwesen auf die Fertigung und Gütesicherung von Verzahnungen an Einzelteilen des Maschinen- und Gerätebaus, vornehmlich Zahnräder, ausgerichtet.

An jenem Hochschul-Institut war Dr.-Ing. Volker Weichtel, Absolvent der TH Dresden, als Oberassistent für betriebliches Messwesen tätig gewesen. Wenige Monate vor der III. Hochschulreform in der DDR 1967/1968 und der Gründung der Sektion Technologie der mvl an der THM waren Volker Weichtel und der damalige Dozent Dr.-Ing. Wolfgang Kainzow zu ordentlichen Professoren an diese Hochschule berufen worden. Kainzow erwies sich als vehementer Verfechter der III. Hochschulreform, und Weichtel unterstützte ihn: Kainzow war zum Gründungsdirektor der Sektion und Weichtel zu seinem Stellvertreter für Forschung avanciert. Beider Devise war: „Bisher existierten Hochschul-Institute wie kleine Fürstentümer im mittelalterlichen Deutschland, und dementsprechend wurden sie von den Institutsdirektoren regiert. Damit ist jetzt Schluss."

Kainzow und Weichtel erarbeiteten Schemata für die Struktur der neugegründeten Sektion und Konzepte für die inhaltliche Neugestaltung der Lehre und Forschung. Sie sahen vor, die Forschung auf einige wenige „zentrierende Objekte" zu konzentrieren. Zu solch einem „zentrierenden Objekt" wurden für den K-Bereich der Sektion die Fertigung von Verzahnungen und Getrieben und das dazugehörige betriebliche Messwesen (Projekt GETRIEBE) bestimmt. Auf dieses „zentrierende Objekt" war ein beachtlicher Teil der Forschungskapazität jeder Lehr- und Forschungsgruppe des K-Bereiches, also auch der von Dr.-Ing. Heinz Neuenhof geleiteten Gruppe, anzusetzen. Aufgaben der auftragsgebundenen Forschung für Industriepartner mit einem Produktionsprofil, das das „zentrierende Objekt" nur mittelbar betraf, sollten nach vorheriger Abstimmmung mit der Sektionsleitung nur mit einem geringen Teil der Kapazität einer Lehr- und Forschungsgruppe bearbeitet werden.

Jedes Mitglied einer Lehr- und Forschungsgruppe der Sektion, personaltechnisch und betriebswirtschaftlich als Vollbeschäftigten-Einheit (VBE) bewertet, hatte zu einem von der Hochschulleitung festgelegten Prozentsatz Forschungsleistungen zu erbringen. Die daraus errechnete Forschungskapazität wurde um VBE-Anteile erhöht, die sich aus der Anzahl der von der Lehr- und Forschungsgruppe betreuten Diplomanden ergab. Ausgerichtet auf die Haupt-Praxispartner der Sektion, auf die mit ihnen abgeschlossenen Rahmen-Verträge und auf die von der Sektionsleitung bestimmten „zentrierenden Objekte" waren von den Leitern der Lehr- und Forschungsgruppen sogenannte Pflichtenhefte auszuarbeiten. In solch einem Pflichtenheft wurden Teilaufgaben von Forschungsprojekten formuliert und dafür einzusetzende personelle und materielle Kapazitäten, zu erreichende Leistungen und Leistungstermine angegeben. An Hand solcher Pflichtenhefte wurde die Grundlagen- und die auftragsgebundene Forschung vom Direktorat für Forschung im Maßstab der gesamten Hochschule geplant und abgerechnet und vom jeweiligen Auftraggeber finanziert.

Bei der Forschungsplanung für das Jahr 1970 wies Dr. Neuenhof drei seiner sieben Forschungsstudenten dem Projekt GETRIEBE zu. Diese drei Jünger der Wissenschaften sollten interdisziplinär mit den am gleichen „zentrierenden Objekt" tätigen Bearbeitern der Lehr- und Forschungsgruppen Spanende Formung und Messtechnik zusammenarbeiten. Für eine solche Zusammenarbeit lagen im K-Bereich kaum Erfahrungen vor; sie musste von den zuständigen Gruppenleitern organisiert werden. Dies sollte im Prozess der Themenbearbeitung geschehen.

Einen großen Teil der Forschungskapazität seiner Lehr- und Forschungsgruppe setzte Neuenhof für Schwerpunktthemen des VEB Schwermaschinenbau-Kombinat „Ernst Thälmann" Magdeburg ein: Rationalisierung der technologischen Fertigungsvorbereitung durch Typung von Fertigungsprozessen, Gruppentechnologien, Mechanisierung mit Hilfe von Schreib- und Organisationsautomaten und Automatisierung mit Hilfe von Computern (AUTOTECH-Lösungen); Einsatzvorbereitung und Programmierung numerisch gesteuerter Werkzeugmaschinen; rationelle Bearbeitung schwermaschinenbau-typischer Einzelteile.

Das erstgenannte Thema wurde von dem Assistenten Manfred Berghausen und ihm beigegebenen Diplomanden bearbeitet, das zweitgenannte von dem Assistenten Werner Kästner und den Forschungsstudenten Reinhard Klembach und Detlef Grundmann. Das dritte Schwerpunktthema hatte Neuenhof den Forschungsstudenten Jakob, genannt „ Jäcki", Meber und Dietmar Stolzeck zugeordnet. Jeden der Themenbearbeiter seiner Gruppe hatte Neuenhof beauftragt, aus seinem Schwerpunktthema Teilaufgaben herzuleiten, die im Planjahr 1970 von ihm und von den ihn unterstützenden Diplomanden gelöst werden sollten. Zuvor hatten sich die Bearbeiter mit analog beauflagten Mitarbeitern des Forschungs-Auftraggebers hinsichtlich Inhalt, Termine und Kapazitätsansetzungen abzustimmen. Die Zuarbeiten der Mitarbeiter und Forschungsstudenten wollte Neuenhof kritisch sichten, erforderlichenfalls nachbessern und letztlich zum Pflichtenheft 1970 zusammenfassen.

Mit den Pflichtenheft-Vorschlägen von Berghausen, Kästner, Grundmann und Klembach war Neuenhof einverstanden. Die Zuarbeiten von „Jäcki" Meber und Stolzeck beanstandete er; die darin formulierten Teilaufgaben für 1970 waren seines Erachtens nicht treffsicher und nicht präzise genug formuliert worden. Durch Zufall hatte er zudem erfahren, dass sie mit Themenbearbeitern im SKET nur flüchtig abgestimmt waren. In der Beratung der Lehr- und Forschungsgruppe zum Forschungsplan 1970 kritisierte er Meber und Stolzeck vor versammeltem Kollektiv. Es kam zum ersten heftigen Meinungsstreit seit Neuenhofs Dienstantritt an der TH Magdeburg.

Stolzeck, ein Berliner und gelernter Zerspanungsfacharbeiter, verteidigte sich: „Mir ist bewusst, ich bin nach Abschluss meiner Berufsausbildung mit Abitur sogleich an der TH Magdeburg immatrikuliert worden und verfüge nicht über so vieljährige betriebspraktische Erfahrungen wie beispielsweise mein Zimmerkollege Karl-Ernst Elmhorst. Andererseits bin ich so weit Fachmann als Zerspanungsfacharbeiter, dass ich mich frage, was an dem Thema 'Schwermaschinenbautypische Teile hobeln oder fräsen?' promotionswürdig sein soll. Etwas Promotionswürdiges muss ich doch aber erarbeiten; dafür habe ich ein Forschungsstudium aufgenommen. Ich will Doktor-Ingenieur werden und nicht billiger Bearbeiter von SKET-Problemen."

Dr. Neuenhof belehrte ihn. „Dass Sie Ihr Ausbildungsziel erreichen, liegt auch in meinem Interesse. Sie dürfen meiner Unterstützung gewiss sein. Aber ich gebe Ihnen weder das konkrete Thema noch jeden einzelnen Arbeitschritt bei der Abfassung Ihrer Dissertation vor. Die notwendigen Arbeitsschritte herzuleiten und auszuführen, muss Ihre schöpferische Leistung sein, das fängt bei der Themenfindung für Ihre Promotionsschrift an. Was Sie am Anfang von mir erwarten können, ist, dass ich Ihnen ein Problemfeld vorgebe, aus dem Sie Ihr Dissertationsthema und die Arbeitsschritte bei der Themenbearbeitung herleiten können. Das unterscheidet Sie als Forschungsstudenten und künftigen Doktor-Ingenieur von den Kommilitonen Ihres Immatrikulationsjahrganges, die ihr Studium, ich sage mal: lediglich, mit dem Diplom abschließen. Mein prinzipieller Standpunkt gilt auch für Sie, Genosse Meber, wie für alle Promovenden unserer Lehr- und Forschungsgruppe."

„Jäcki" Meber war, wie Kästner und Neuenhof, Mitglied der SED. Er unterhielt, seinem Naturell entsprechend, Kontakte zu Studenten, Forschungsstudenten und Aspiranten der Sektion Technologie und anderer Sektionen der Hochschule. Er war sportlich, leidenschaftlicher Fußballer, und wenn die von der Abteilung Studentensport zusammengestellte studentische Mannschaft gegen die Auswahlmannschaft des Lehrkörpers und der Assistentenschaft spielte, schoss er die meisten Tore. So war es nicht verwunderlich, dass er aktiv in der Leitung der Hochschulsportgemeinschaft der THM mitwirkte. Unter den Forschungsstudenten und Aspiranten der THM galt „Jäcki" als *ein Mann, der in der Hochschule herumkam und Bescheid wusste*. Er gefiel sich in dieser Rolle. Er bemühte sich, dieses Ansehen, das er genoss, stetig zu erhöhen. Und „Jäcki" Meber, dieser smarte Sportsmann, jung verheiratet mit einer blondhaarigen Studentin der Pädagogischen Hochschule Magdeburg, Vater eines einjährigen Töchterchens, begehrte in der Lehrgruppenbesprechung gegen Heinz Neuenhof und dessen Anforderungen an die Promovenden der Fertigungsprojektierung auf. „Wir Forschungsstudenten wissen um unsere Verpflichtungen in den nächsten Jahren, um zum Doktor-Titel zu gelangen. Die wissenschaftlichen Betreuer in diesem Hause sind sich, soweit es sich um Professoren handelt, ihrer Rolle und Aufgaben bei der Qualifizierung der Forschungsstudenten ebenfalls bewusst. Bei frisch berufenen Hochschuldozenten", er blickte Neuenhof provozierend an, „scheint mir das anders zu sein."

Neuenhof war überrascht. Werner Kästner sagte: „Jäcki, werde deutlicher!"

„Gern. Bei den Messtechnikern beispielsweise wählt Professor Weichtel aus einem Problemfeld Teilkomplexe aus und ordnet jedem Forschungsstudenten einen inhaltlich festumrissenen Teilkomplex mitsamt Thema zu. Bei Professor Weichtel suchen Forschungsstudenten also nicht lange nach einem Dissertationsthema herum, sie bekommen ein Thema vorgegeben. Mit dessen Bearbeitung können sie unverzüglich beginnen. Das ist nach meiner, und nicht nur meiner, Auffassung nicht nur rationell, sondern sogar notwendig, um das Forschungsstudium wie gefordert in drei Jahren erfolgreich abschließen zu können."

Assistent Berghausen entgegnete: „Die Messtechniker wollen, soweit ich erfahren habe, mehrere Forschungsstudenten gleichzeitig für einen Themenkomplex ansetzen. Da muss sinnvollerweise das Arbeitsfeld jedes einzelnen von Anfang an konkreter umrissen sein als allgemein üblich, sonst gibt es Überschneidungen."

Meber lächelte überlegen. „Völlig richtig. Und was ist mit Dietmar Stolzeck und mir bei der Großteilebearbeitung?"

Berghausen sagte: „Nun tu' nicht so unbedarft, Jäcki, Dietmar beschäftigt sich mit der Bearbeitung ebener Flächen, dein Arbeitsfeld ist die Bearbeitung von Bohrungen. Das haben wir doch in der vorigen Arbeitsbesprechung ausdiskutiert und festgelegt." Dr. Neuenhof nickte. „Jäcki" Mebert war dennoch nicht zufrieden. „Ich habe erfahren, in der Lehrgruppe Spanende Formung wird ähnlich vorgegangen wie bei den Messtechnikern. Bei denen forciert kein Geringerer als unser Sektionsdirektor, Professor Kainzow, die Sache."

„Woher weißt du das?", fragte Kästner.

„Über meine Verbindungen." Meber tat geheimnisvoll. Nach einer Weile: „Professor Kainzows Oberassistent entwickelt und koordiniert Themenkomplexe für die Forschungsstudenten der 'Spanenden Former'."

„Also Doktor Täuscher", raunte Kästner seinem Lehr- und Forschungsgruppenleiter Neuenhof ins Ohr. Neuenhof dachte: 'Mit Täuscher muss ich ins Gespräch kommen.' Er entschied: „Ich vereinbare mit dem stellvertretenden Haupttechnologen des SKET zum kürzestmöglichen Termin ein Gespräch, eine Problemdiskussion. Daran nehmen bitte teil: Dipl.-Ing. Berghausen und die Herren Stolzeck, Meber und Klembach. Wir fahren am besten gemeinsam nach Buckau", dem Standort des SKET.

Nach der Lehrgruppen-Besprechung arrangierte Werner Kästner ein Vier-Augen-Gespräch mit Neuenhof. „Genosse Doktor, damit du die heutige Debatte richtig einordnen kannst, musst du folgendes wissen: Jäcki Meber sitzt in seinem Verschlag dicht an dicht mit dem 'dienstältesten' Forschungsstudenten der 'Spanenden Former' zusammen." Mit dem Terminus „Verschlag" wurden im K-Gebäude kleine Räume bezeichnet, die im Obergeschoss geschaffen worden waren, indem fensterseitig ein Teilstück des jeweiligen Etagenganges mittels einer verglasten Bretterwand abgezweigt worden war. „Im Vertrauen gesagt", Kästner grinste, „Mebers Zimmerkumpan, ein Sonderling unter den 'Spanenden Formern', gilt als der schlimmste Querulant im ganzen K-Bereich. Weshalb Professor Kainzow den Mann ins Forschungsstudium übernommen hat, versteht hier im Hause kein Mensch."

„Ach so? Und ..."

„... und der Mann hält sich für den belesensten Literaten in der Sektion. Seine Idole sind B. Traven und Ernest Hemingway. Derzeit schult er unseren Jäcki zu Hemingways 'Der alte Mann und das Meer'. Du musst darauf achten, dass Jäcki außer Hemingway auch die einschlägige Fachliteratur zu seinem Forschungskomplex studiert. Lass dich nicht durch seine populistischen Diskussionsbeiträge in die Enge treiben Er versucht es mit taktischen Scheingefechten."

Neuenhof sagte: „Ich danke dir. Und Stolzeck?"

Kästner lachte. „Das ist eine andere Geschichte. Stolzeck ist Tanzmusik-Enthusiast. In den letzten Jahren seiner Schulzeit hat er in der Schul-Combo Saxophon geblasen. Ich weiß nicht, inwieweit er seinem Hobby jetzt noch frönt. Du musst ihn mal befragen." Stolzeck war auf der gleichen Etage wie Meber, aber in einem anderen Verschlag untergebracht, zusammen mit dem Fachschul-Ingenieur Elmhorst. Kästner erläuterte: „Karl-Ernst Elmhorst ist ein Einzelkämpfer, nicht nur im K-Bereich, sondern in der ganzen Sektion. Professor Kainzow hat ihn aus dem SKET an die Hochschule geholt. Er hat ihn damit betraut, die zentrale Fertigung ausgewählter Maschinen-Bauteile aus dem Sortiment Magdeburger Schwermaschinenbau-Betriebe technologisch zu betreuen. Solche zentralen Fertigungen sollten beispielsweise für Wellen, Buchsen, Flansche, Deckel und Ähnliches eingerichtet werden, um die Serienmäßigkeit der Fertigung zu erhöhen. Das ist, präziser gesagt: das war, eine Idee der in Magdeburg etablierten Koordinierungsstelle des Ministeriums für Schwermaschinen- und Anlagenbau. Deren Leiter hat den Sekretär für Wirtschaft der SED-Bezirksleitung Magdeburg für diese Idee begeistert. Man hat sich von der Einrichtung zentraler Fertigungen große Rationalisierungseffekte versprochen, aber …" Kästner winkte ab.

„Aber was?"

„Das Ganze hat sich wegen betriebs- und transportorganisatorischer Probleme zerschlagen. Mit Beginn dieses Jahres kam die Gründung von Kombinaten hinzu, und die Kombinate regeln die Zentralisierung und Rationalisierung ihrer Teilefertigungen über die Grenzen einzelner Kombinatsbetriebe hinweg in Eigenregie. Dafür benötigen sie keinen Koordinator mehr, der, wie Karl-Ernst Elmhorst, in einem Sieben-Quadratmeter-Verschlag an der TH, gewissermaßen weg vom Schuss, mit irgendetwas seinen achtstündigen Arbeitstag ausfüllt, abgesehen davon, dass er in diesem Jahr ein Fernstudium an unserer Hochschule aufgenommen hat."

„Also hängt Elmhorst, wie man zu sagen pflegt, tätigkeitsmäßig in der Luft?"

„So ist es. Elmhorst ist ein erfahrener Fertigungstechnologe. Aber derzeit fehlt ihm eine Arbeitsplatz-Perspektive. Das drückt aufs Gemüt, wie du dir denken kannst. Wenn Dietmar Stolzeck anfängt zu jammern, er sähe für sein Forschungsstudium kein Land, dann jammert sein Zimmerkumpan, der sich in einer ähnlichen Situation wähnt, gleich mit."

Neuenhof dachte: 'Dann habe ich richtig entschieden, mit Berghausen und den drei Forschungsstudenten eine Problemberatung im SKET anzuberaumen.' Seine berufliche Erfahrung war, bei schwierigen oder scheinbar kaum lösbaren technologischen Problemen sollte ein Ingenieur unbedingt in die Betriebspraxis eintauchen und sich von dort tätigen Fachleuten beraten lassen, anstatt grüblerisch an seinem Schreibtisch im Büro zu sitzen und ratlos am Schreibstift herumzukauen. Dieses Wissen wollte Neuenhof allen seinen Mitarbeitern so rasch wie möglich vermitteln.

„Sprich mal mit unserem Sektionsdirektor über Elmhorst!", riet Kästner. „Der Mann ist vom Fach und wäre bei uns Fertigungsprojektierern gut aufgehoben."

„Ich denke über deinen Ratschlag nach", versprach Neuenhof.

Mochte der Himmel noch so grau sein und die Lande mit Sprühregen überziehen, mochten die Herbstwinde pfeifen und die Thermometer an den Außenfassaden der Gebäude nur wenige Plusgrade auf der Celsius-Skala anzeigen, in der kleineren der beiden deutschen Republiken war der November eines jeden Jahres ein

Monat höchster Anspannung und größter Anstrengung in allen Bereichen des gesellschaftlichen Lebens. Ob bei der Gewinnung und dem Abtransport von Rohbraunkohle in den Tagebauen, ob bei der Aufzucht von Rindern, Schweinen und Geflügel und bei der Milch„produktion", ob bei der Warenbereitstellung des Großhandels für die vorweihnachtlichen Einkäufe im folgenden Monat oder bei der Ausbildung von Studierenden im zu Ende gehenden Herbstsemester an den Universitäten und Hochschulen und beim Jahresabschluss planmäßig zu erbringender Forschungsleistungen, für alle und alles war der Monat November entscheidend dafür, ob die Planziele zum Jahresende erreicht oder überboten werden konnten oder nicht. Entsprechend betriebsam, hektisch und reizbar gingen die Leute allenthalben zu Werke. Nach einer wahren Flut gesellschaftlicher Auszeichnungen im Oktober, *zum 20. Jahrestag der Republik*, strebten sie nun nach stattlichen Jahresend-Prämien. Störenfriede jeglicher Art waren unerwünscht und wurden abweisend, wenn nicht gar ruppig, behandelt, da verstanden die siegreichen Werktätigen, die um die „Erfüllung ihrer Verpflichtungen anlässlich des 20. Jahrestages der Republik" gerungen hatten, keinen Spaß.

Der größte Störenfried, nicht nur für die Deutsche Reichsbahn und das gesamte Transportwesen im Lande, konnte „Fräulein Schneeflocke" sein. Profan: Winterliche Witterung war in Kürze zu erwarten. Niemand vermochte vorherzusagen, wie heftig und wie lange sie es mit den Menschen treiben würde. Das war etwas, das in das Konzept der im Lande praktizierten Planwirtschaft überhaupt nicht hineinpasste. Dr. Heinz Neuenhof war diesbezüglich, aus seiner Zeit im VEB Elektrodyn Dresden, einiges gewöhnt. Das Gehaste und unwirsche Gezeter vieler Magdeburger Hochschulangehöriger unterschiedlichster Beschäftigungskategorien hielt er allerdings für übertrieben, „Schaumschlägerei" nannte er das. Aber so wie er urteilten nicht alle in der Sektion Technologie und an der Technischen Hochschule.

Am späten Vormittag suchte Neuenhof das Sekretariat des Sektionsdirektors auf. Dort war ein Hängeregal mit Postfächern, für jede Lehr- und Forschungsgruppe eines, angebracht. Neuenhof entnahm die für seine Gruppe bestimmten Postsachen. Die hatte er, wenn er sich über deren Inhalt informiert hatte, an seine Mitaarbeiter und Forschungsstudenten zu verteilen. Er vermisste den von ihm auf einem Formular beantragten und vom Sektionsdirektor durch dessen Unterschrift zu genehmigenden Dienstreiseauftrag für eine Fahrt nach Karl-Marx-Stadt am nächsten Tag. „Frau Müller", wandte er sich an die Sekretärin, „in meiner Post fehlt noch …"

„Moment!" Hilde Müller winkte mit der Hand ab. Sie stritt sich mit dem wissenschaftlichen Sekretär. „Als der Chef um zehn aus seiner Vorlesung kam, hat er von mir verlangt, dass ich bis zum Mittag niemanden zu ihm hineinlasse. Daran halte ich mich."

„Welche gewichtigen Böcke hat denn der Sektionsdirektor zu melken?", fragte Dr. Bürgel. „Hat er den Rektor bei sich im Zimmer?" Kopfschütteln. „Oder den Hochschul-Parteisekretär?"

„Weder noch", antwortete Hilde Müller. „Er habe wichtige Dinge mit seiner Lehrgruppe zu besprechen, sagte er mir. Er habe einige Termine platzen lassen müssen, nun müsse er endlich …"

„Die ‚Spanenden Former', pah", sagte Dr. Bürgel verächtlich. „Hier", er wedelte mit einem Stoß Papier, „das ist der überarbeitete Bericht zur Erfüllung unserer Wettbewerbsverpflichtungen zum zwanzigsten Jahrestag der DDR. Wenn der nicht, vom Sektionsdirektor unterschrieben, bis Punkt zwölf im Rektorat vorliegt, macht der Rektor ein Fass auf. Ich habe dem Rektoratsleiter in die Hand versprochen, ich werde den Termin einhalten. Nun brauche ich also Professor Kainzows Unterschrift, sofort."

Der Bericht in seiner ursprünglichen Fassung war an die Leitung der Sektion Technologie zwecks Überarbeitung zurückgegeben worden. Der Direktor für Forschung der Hochschule hatte moniert, der in der Industrie erzielbare Nutzeffekt sei für die in dem Bericht aufgelisteten Maßnahmen „nicht konkret genug herausgearbeitet" worden. Um seiner Kritik Nachdruck zu verleihen, hatte der Forschungsdirektor den ursprünglichen Bericht nicht auf kurzem Postweg an Kainzow zurückgesandt, sondern über den Rektor an die Sektion zur Überarbeitung verwiesen.

„Ihr Dienstreise-Auftrag ist noch nicht unterschrieben", sagte Hilde Müller zu Neuenhof. „Er liegt seit heute früh in der Unterschriftenmappe beim Chef."

„Ich will aber morgen mit dem Frühzug nach Karl-Marx-Stadt fahren", sagte Neuenhof.

„Holen Sie sich den Auftrag heute nachmittag ab!"

„Da bin ich mit mehreren Forschungsstudenten im SKET. Wir sind dort verabredet."

Die Sekretärin sah Neuenhof strafend an. „Reichen Sie mir Sachen, die Sie unterschrieben haben möchten, künftig nicht auf den letzten Drücker zu!"

'Sie kanzelt den Dozenten wie einen säumigen Schuljungen ab', dachte Dr. Bürgel. Er neigte den Kopf dicht an Neuenhofs Ohr. „Los!", tuschelte er. „ Komm mit!" Und ehe ihn die Chef-Sekretärin daran zu hindern vermochte, öffnete Bürgel die Tür zu Professor Kainzows Arbeitszimmer, stürmte zu Kainzow hinein und rief ohne Rücksicht auf die dort versammelten Beratungsteilnehmer: „Bitte um Entschuldigung! Komme als Eilkurier vom Rektor. Bitte hier", er legte dem Sektionsdirektor einen Papierpacken auf die Schreibunterlage, „schnell eine Unterschrift Die Hochschulleitung kann sonst nicht planmäßig weiterarbeiten."

Das war natürlich übertrieben formuliert. Einige der am Beratungstisch Sitzenden kicherten. Kainzow sprang auf. Wütend schimpfte er: „Ich habe angeordnet, dass ich nicht gestört zu werden wünsche. Ausgerechnet mein wissenschaftlicher Sekretär ..."

Bürgel tippte auf den Papierstapel. „Bitte hier, die Unterschrift." Dann klappte er die auf dem Schreibtisch liegende Unterschriftenmappe auf und zog Neuenhofs Dienstreise-Auftrag heraus. „Und hier noch einmal, bitte!"

„Was denn noch?", schniefte Kainzow.

„Ich habe gestern meinen EDV-Lehrgang abgeschlossen", sagte Neuenhof.

„Da kannst du mal sehen, welche vorzüglichen Arbeitsmöglichkeiten dir bei uns eingeräumt werden", raunzte Kainzow mit Blick auf Neuenhof.

„Und morgen früh fahre ich zu Professor Thümmel nach Karl-MarxStadt."

„Wird höchste Zeit! Guck, was die Karl-Marx-Städter zum Thema AUTOTECH betreiben!" Kainzow unterschrieb. „Schönen Gruß an Thümmel – und nun, raus mit euch! Untersteht euch nicht noch einmal ..."

Als Bürgel und Neuenhof in das Sektionssekretariat zurückkehrten, herrschte dort reger Betrieb. Das Telefon klingelte fast immerzu. Hilde Müller klemmte sich den Hörer zwischen die rechte Schulter und die Kinnlade. Mal sagte sie: „... nein, der Sektionsdirektor ist in einer wichtigen Beratung. Herr Professor, Sie können ihn erst ab Mittag sprechen." Einem anderen Anrufer teilte sie mit, dass Professor Kainzow an den folgenden zwei Tagen nicht im Hause sei. Ein dritter wollte wissen, ob Kainzow am nächsten Tag nach Berlin führe und ob er ihn im Dienstwagen mitnehmen könne. „Das müssen Sie mit der Fahrbereitschaft klären" – sie meinte: mit dem Leiter des zentralen Fuhrparks der Hochschule.

Mitten im Raum stand der Obermeister des Werkstattpersonals der Sektion. Er hielt Hilde Müller mehrere mit Büroklammern zusammengeheftete Formblätter hin. In eine Telefongesprächspause der Sekretärin hinein sagte er: „Hier, die Materialbestelliste für das zweite Halbjahr kommenden Jahres. Ich habe ..."

„Was bringen Sie mir die Liste?", unterbrach ihn Hilde Müller. „Dafür ist die ökonomische Leiterin unserer Sektion zuständig."

„Im Prinzip: ja. Aber beim Maschineschreiben sind Eintragungen an falscher Stelle vorgenommen worden. Das habe ich korrigieren müssen."

„Dann hat sich die Schreibkraft in Ihrem Manuskript nicht zurechtfinden können, wie?" Schreibarbeiten nichtvertraulichen Inhalts wurden in begrenztem und von der Abteilung Arbeit der Hochschule genehmigten Umfang an Heim-Arbeitskräfte vergeben. Die Koordination solcher Arbeiten für die Sektion Technologie oblag Hilde Müller. Der Obermeister regte sich auf. „Schieben Sie nicht mir den Schlamassel in die Schuhe. Übertragen Sie solche Schreibarbeiten nicht irgendeiner Amateurin!"

Das Telefon klingelte. Hilde Müller redete mit dem Anrufer. Gleichzeitig nahm sie dem Obermeister die beanstandeten Formblätter aus der Hand und nickte; das musste dem Mann genügen. Dr. Bürgel schob den Obermeister beiseite, grinste und sagte in spöttischem Ton: „Hier wird nicht vorgedrängelt."

„Halt bloß die Luft an! Du als Sekretär sitzt an der Quelle. Du brauchst nicht um ein paar Schreibarbeiten zu betteln."

Die beiden Männer tatschten sich gegenseitig fast freundschaftlich auf die Schulter und lachten. Vom Regal mit den Postfächern rief der Forschungsbeauftragte der Lehr- und Forschungsgruppe Betriebliches Messwesen: „Ich vermisse meine Stellungnahme für die GuK. Ist sie immer noch nicht geschrieben?"

„Das Kind unserer Schreibkraft war krank und deshalb eine Zeitlang nicht kindergartentauglich. Frau Schäfer musste sich um ihr Kind kümmern und konnte nicht so viel schaffen, wie sie sollte."

„Hat unsere Sektion bloß die eine Schreibkraft?", maulte der Forschungsbeauftragte.

„Sie bekommen Ihre Sache spätestens übermorgen."

Dr. Bürgel mischte sich ein. „Übermorgen, Hans-Peter." Er ironisierte. „Sollten alle Stricke reißen, setze ich den Sektionsdirektor an, dass er deine Sache morgen nach Feierabend auf der Schreibmaschine abtippt."

„Spinner!" Die beiden konnten so miteinander umgehen. Sie hatten in der gleichen Fachrichtung an der Hochschule für Schwermaschinenbau, der Vorläufereinrichtung der Technischen Hochschule „Otto von Guericke" Magdeburg, studiert. Vor seiner Tätigkeit als wissenschaftlicher Sekretär des Sektionsdirektors hatte Dr. Bürgel in derselben Lehr- und Forschungsgruppe wie sein Gesprächspartner als wissenschaftlicher Assistent gearbeitet und promoviert.

Bürgel legte Neuenhofs Dienstreise-Auftrag auf den Schreibtisch der Sekretärin. „Gute Reise morgen!" und verschwand in seinem Dienstzimmer. Hilde Müller rief ihm hinterher: „Seien Sie sich bewusst, wegen Ihrer Aktion beim Chef werde ich nachher einen tüchtigen Rüffel einstecken müssen." Aus seinem Zimmer heraus antwortete Bürgel: „Verehrte Kollegin Müller, niemand möge behaupten, unser Leben sei leicht."

Hilde Müller händigte Neuenhof das nunmehr unterschriebene und von ihr gestempelte Formblatt aus und sagte leise: „So etwas wie eben lässt unser Chef nur bei Dr. Bürgel durchgehen. Ich warne Sie vor einer Nachahmung."

Dr. Neuenhof verließ nachdenklich das Sekretariat. 'Ein Sekretariat für das ganze K-Gebäude – soll das optimal und ein Dauerzustand sein?' Ihm erschienen die Arbeitsmöglichkeiten und Belastung seiner ehemaligen Sekretärin im EDD Dresden, Erika Spessart, wie Bedingungen auf einem anderen Stern voller Glückseliger.

Zu 14 Uhr waren Dr. Neuenhof und vier seiner Mannen mit Dipl.-Ing. Helmut Sabisch im SKET verabredet. Manfred Berghausen fuhr mit seinem Motorrad, einer ES 250, zum Stammwerk des Kombinates in der Magdeburger Marienstraße. „Die Beratung bei Sabisch kann lange dauern", sagte er zu Neuenhof. „Gleich nach Feierabend haben meine Frau und ich einen Behörden-Termin. Das schaffe ich nur mit meiner Maschine." Die anderen benutzten für die Fahrt nach Magdeburg-Buckau die Straßenbahn, für 15 Pfennige je Person, inklusive Umsteigemöglichkeit am Hasselbachplatz.

Berghausen erwartete sie an der Passierscheinloge nahe dem Haupteingang. Er kannte sich auf dem weitläufigen Werksgelände gut aus und führte seine Kollegen zu einem alten, unverputzten Ziegelbau. Dort waren die Mitarbeiter der Hauptabteilung Technologie untergebracht. Der Haupttechnologe und sein Stellvertreter, Helmut Sabisch, hatten jeder ein Einzelzimmer zur Verfügung und zwischen beiden Zimmern ein gemeinsames Sekretariat. Im Sekretariat wurden die Ankömmlinge von einer äußerst aufgeregten Sekretärin empfangen. „Ich habe bei Ihnen angerufen vorhin. Ich habe Sie aber nicht mehr erreicht, Sie waren schon auf dem Weg hierher. Tja, so leid es mir tut, Kollege Sabisch kann den Termin für ein Gespräch mit Ihnen heute nicht wahrnehmen. Er rief mich aus Dessau an, er würde erst gegen Abend nach Magdeburg zurückkehren. Er ist kurzfristig mit einigen Experten des Stammwerkes zu unserem Kombinatsbetrieb in Dessau beordert worden. Dort ist, im Vertrauen gesagt, die Erfüllung des Jahresplans gefährdet. Sie können sich denken, was das, wenige Wochen vor Jahresende, für unser Kombinat bedeutet. Haben Sie also bitte Verständnis."

'Da stehe ich mit meinen vier Leuten da wie Butter an der Sonne.' Heinz Neuenhof war ratlos. Berghausen sah ihm das an. Er wollte seinem Lehrgruppenleiter helfen. „Ist der Kollege Pfeifer im Hause, dass er sich unserer annimmt und wir uns den Weg hierher nicht umsonst gemacht haben?" Schulterzucken der Sekretärin. „Würden Sie ihn bitte anrufen und herbestellen?"

Ingenieur Pfeifer war Berghausens betrieblicher Partner bei der Erarbeitung von Typenprozessen für SKET-typische Maschinen-Bauteile. Pfeifer kam ins Haupttechnologen-Sekretariat. „Oh, welche ehrenvolle Delegation!", spöttelte er. Die Männer kamen überein, Pfeifer würde die kleine THM-Gruppe in den Walzwerksbau führen und dem dortigen Schichtleiter überantworten. Der sollte Meber und Stolzeck an den Maschinen-Arbeitsplätzen unterweisen, an denen die Forschungsstudenten Untersuchungen für ihr Forschungs- und Dissertationsthema anstellen könnten; die dort tätigen Werker sollte er beauflagen, die Studenten zu unterstützen. Wenn das veranlasst sein würde, wollten sich Pfeifer und Berghausen aus dem Walzwerksbau zurückziehen und über ihr gemeinsames Thema separat beraten.

Pfeifer geleitete die Gäste von der THM in die große Betriebshalle des Walzwerksbaus. Der Leiter dieses Werksbereiches nahm an einer Beratung beim Kombinatsdirektor teil. Der Schichtleiter saß in seinem Dienstraum mit mehreren Männern, heftig diskutierend, zusammen. „Ich kann mich jetzt nicht um euch kümmern", sagte er unwirsch zu Pfeifer. „Ihr seht ja ..." Er vollführte eine Armbewegung zu den anderen am Tisch Sitzenden hin. „Es geht bloß um ein paar Worte von Ihnen zu den Werkern an einem Bohrwerk und an einer Langhobelmaschine", bat Pfeifer.

„Mann", der Schichtleiter schüttelte den Kopf. „Ich kann jetzt hier nicht weg. Sprechen Sie mit den Werkern! Sagen Sie ihnen, Sie hätten sich mit mir abgestimmt So, und nun seien Sie so gut und ..." Er machte eine Kopfbewegung zur Tür hin.

Pfeifer war mit dem Vorschlag und dem Verhalten des Schichtleiters nicht einverstanden, aber er protestierte nicht im Beisein von Betriebsfremden. Die führte er an eine große Waagerecht-Bohr- und Fräsmaschine, ein Bohrwerk, wie die Werker sie nannten. Dort hing an der Pratze eines Brückenkrans ein zu bearbeitender Walzenständer über dem Maschinentisch, und ein Kran, der auf Schienen entlang den Hallenwänden bewegt werden und dessen Laufkatze die gesamte Hallenbreite bestreichen konnte, schwebte darüber. Die Kranführerin beugte sich weit aus dem Fenster der Fahrerkabine des Krans heraus. Sie rief dem Bohrwerker zu: „Hol' noch einen Mann herbei, damit ich dieses Teil bald absetzen kann! Du arbeitest hier nicht alleine. Auf mich warten noch andere."

Pfeifer ging zu dem Bohrwerker. „Ich habe hier einige Kollegen von der Technischen Hochschule. Die wollen ..." Der Bohrwerker beachtete den Technologen nicht. Er gab der Kranführerin Zeichen, redete mit ihr, schimpfte. Als Pfeifer nochmals anhub: „Kollege, wir möchten ...", unterbrach ihn der Werker, ohne Pfeifer anzublicken: „Sehen Sie nicht, dass ich angestrengt zu tun habe? Da kann ich von der Sorte der Zugucker keinen gebrauchen." Er ließ Pfeifer wie einen dummen Jungen stehen.

Pfeifer sagte linkisch zu Neuenhof: „Es geht um die Planerfüllung zum Jahresende. Da sind manche unserer Kollegen ein bisschen gereizt." Sie gingen zu den Langhobelmaschinen. Zwischen zwei Zweiständermaschinen saß ein Werker, den Rücken an sein Werkzeugspind gelehnt, auf einem Metallhocker. Der Mann hatte einen zweiten Hocker an seine Sitzposition gerückt. Darauf hatte er beide Beine ausgestreckt. Er rauchte eine Zigarette. Dabei beobachtete er mal die eine, mal die andere Maschine, auf denen lange leistenförmige Werkstücke bearbeitet wurden. Dr. Neuenhof fiel auf, dass an beiden Maschinen nur jeweils einer der auf dem Querbett angebrachten Hobelsupporte mit einem Hobelmeißel bestückt war, und er dachte: 'Nicht sehr produktiv das Ganze.'

Pfeifer sagte halblaut zu den THM-Leuten: „Mehrmaschinen-Bedienung" und zu dem Werker: „Die Kollegen von der TH wollen sich mit dem Bearbeitungsprozess an den Maschinen bekannt machen." Der Werker nickte. „Nichts dagegen." Er schien von der Hektik um die Planerfüllung an den anderen Maschinen unberührt.

Er nahm umständlich ein Bein vom Hocker und trat die Zigarettenkippe auf dem Fußboden aus. „Ein paar erläuternde Worte…", bat Pfeifer versöhnlich. Schulterzucken. „Was hier abläuft, kann man alles sehen. Wozu dazu noch reden?"

Pfeifer dachte: 'Das ist heute nicht mein Tag.' Er fragte: „Dürfen wir mal in die Arbeitspapiere gucken?"

Der Werker stellte den Daumen einer Hand aufrecht und wies, über seine Schulter hinweg, hinter sich, auf das Werkzeugspind. Pfeifer und seine Gäste blätterten in den Papieren. Nach einer Weile sagte Berghausen: „Kollege Pfeifer, ich habe mit meiner Frau einen Behörden-Termin. Ich muss los. Könnten wir vorher in Ihrem Arbeitszimmer schnell ein paar Dinge zum Forschungsbericht für 1969 besprechen?" Diese Absprache schien dem SKET-Mann wichtiger zu sein, als der Spanabnahme an den Langhobelmaschinen zuzuschauen. „ Wir könnten alle gehen", meinte Stolzeck und blickte deprimiert drein. Meber grinste.

Auf halbem Weg zum Haupteingang verabschiedeten sich Pfeifer und Berghausen, nachdem Pfeifer zuvor die Passierscheine der THM-Leute signiert hatte. Neuenhof und die Forschungsstudenten gingen, am Bahnhof Magdburg-Buckau vorüber, zur Straßenbahn-Haltestelle. Jäcki Meber sagte hemmungslos laut zu Stolzeck: „Das war ja wohl 'ne Luftnummer heute nachmittag."

Neuenhof dachte: 'So ein Frechdachs!' Nach einer Weile sagte er: „Sie kennen nun Ihr Untersuchungsfeld. Ich werde den stellvertretenden Haupttechnologen anrufen. Er soll bei der Betriebsleitung des Walzwerksbaus veranlassen, dass Sie bei Ihren Untersuchungen in den nächsten Wochen und Monaten wirksamer unterstützt werden als bei unserem heutigen Werksbesuch. Sie allerdings erscheinen dann hier in Arbeitskleidung, zumindest in blauem Kittel, und verfertigen Arbeitstag-Analysen an den für Ihren Themenkomplex relevanten Werkzeugmaschinen."

„Stiften Sie uns genügend Zigaretten", fragte Meber, „damit wir den Werkern welche anbieten und sie bei Laune halten können? Dann reden sie vielleicht mit uns und lassen uns zugucken."

„Bloß zugucken – wie nennen Sie das? – ist eine Luftnummer", sagte Neuenhof. „Ihnen muss für die Bohr- und Bohrungsbearbeitung an Großteilen mehr einfallen, als Zigaretten zu rauchen und zu verschenken. Ich denke an Mehrwerkzeugeinsatz, Verfahrwegoptimierung, Einsatz von Bohrköpfen und dergleichen. Was ich Ihnen stiften werde, ist ein positives Gutachten in Ihrem Promotionsverfahren, wenn Sie mir eine hoffentlich ordentliche Dissertationsschrift vorgelegt haben werden."

Bis zum frühen Abend sortierte und verpackte Neuenhof in seinem Dienstzimmer Konzepte und Pläne in Vorbereitung auf seine Dienstreise nach Karl-Marx-Stadt. Zur Sandmännchen-Zeit wollte er nach Hause fahren, um seinen Söhnen noch vor dem Einschlafen „Gute Nacht" sagen zu können. Da klingelte das Telefon.

Helmut Sabisch rief an, entschuldigte sich für seine Abwesenheit am Nachmittag. „War ein schwerer Brocken in Dessau. Aber du hattest es heute auch nicht leicht, wie? Pfeifer, völlig zerknirscht, hat mir berichtet. Hör' zu: So, wie heute geschehen, können Besichtigungen und Praktika in unserem Werk nicht durchgeführt werden. Was sollen deine Forschungsstudenten von uns denken? Deshalb: Künftig laufen solche Dinge nur mit meiner Person ab, und du rufst mich zirka eine Stunde, bevor du dich allein oder mit Anhang auf den Weg machst, an, ob ich zu deiner Verfügung stehe oder verhindert bin. Im letzteren Falle vereinbaren wir für unser Treffen einen neuen Termin. Abgemacht?" Kurze Gesprächspause. „Schönen Feierabend!"

Karl-Marx-Stadt, das vormalige Chemnitz, war schon im 19. Jahrhundert eine bedeutende deutsche Industrie-Stadt gewesen. Sie war, wie man es bildhaft ausdrückt, eine der Wiegen des Maschinenbaus, vor allem des Automobil- und Werkzeugmaschinenbaus, in Deutschland. Dieser Tradition folgend, wurden Karl-Marx-Städter Betriebe zum Herzstück des Werkzeugmaschinen- und Textilmaschinenbaus in der DDR entwickelt. Mit der industriellen Entwicklung einher gingen die Gründung der Chemnitzer Gewerbeschule 1836 bis 1848/49 und deren Erhebung zur Höheren Gewerbeschule, zur Gewerbe-Akademie und letztlich, bis 1945, zur Staatlichen Akademie für Technik. Mit der Gründung der Hochschule für Maschinenbau 1953 und der Zuerkennung des Status einer Technischen Hochschule im Jahre 1963 wurde zu DDR-Zeiten auch die Chemnitzer Tradition der Ausbildung hochqualifizierter technischer Fachleute fortgesetzt. „Die Karl-Marx-Städter Hochschule und unsere TH wetteifern miteinander vor allem in den wirtschaftlich bedeutenden Disziplinen des Maschinenbaus", hatte Prof. Kainzow zu Dr. Neuenhof gesagt, „in friedlichem Wettstreit" , bei dieser Hinzufügung hatte Kainzow gelacht, „manchmal auch mit Haken und Ösen. Fahr' hin! Mach' dir ein Bild! Schöpfe ab, was wir in Magdeburg noch nicht können oder noch nicht wissen!"

Mit hohen Erwartungen trat Heinz Neuenof seine Dienstreise nach Karl-Marx-Stadt zu Prof. Thümmel an, per Eisenbahn; denn einen Privat-PKW besaß er noch nicht, und ein Fahrzeug aus dem Fuhrpark der Hochschule, das ihn hätte mitnehmen können, war an jenem Novembertag 1969 nicht nach Karl-Marx-Stadt unterwegs. Es wurde eine beschwerliche Reise. Morgens kurz nach vier Uhr klingelte der Wecker. Während Heinz sich reisefertig machte, sorgte Ehefrau Karin für einen frühmorgendlichen Imbiss. Sie ließ weder ihren Mann noch die beiden Söhne, ohne dass die drei etwas gegessen hätten, aus dem Haus gehen. Neuenhof löffelte Milchsuppe und verzehrte dazu eine Marmeladenschnitte. Karin bereitete derweilen einen Reiseproviant zu, damit es ihm unterwegs nicht schlecht erginge: Sie belegte zwei Klappstullen mit am Abend zuvor gebratenen Spiegeleiern, sie schnitt ihm einen Apfel auf, aus dem sie das Kerngehäuse heraustrennte, und wickelte alles in Alu-Folie ein, damit es auf der Reise frisch bliebe. Die Abfahrtszeit des Schnellzuges nach Leipzig war 5 Uhr 20 ab Magdeburg. Assistent Kästner, der über alles gut Informierte, hatte empfohlen: „Noch ehe der Zug einläuft, sollte man auf dem Bahnsteig sein. Es ist der erste Früh-D-Zug nach Leipzig. Er wird voll. Man muss um einen Sitzplatz kämpfen."

Heinz Neuenhof befolgte Kästners Ratschlag. So reiste er in einem Nichtraucher-Kupee 2. Klasse inmitten schlafender und schnarchender Mitreisender von Magdeburg bis zum letzten Haltesignal vor dem Leipziger Hauptbahnhof. An diesem Signal hielt der Schnellzug, und er stand und stand. Neuenhofs Armbanduhr ließ mit zuverlässigem Ticken ihre Zeiger auf den magischen Zeitpunkt 7 Uhr 25 vorrücken, das war die Abfahrtszeit des Eilzuges von Leipzig nach Cranzahl über Karl-Marx-Stadt, den Neuenhof erreichen musste. 7 Uhr, 7 Uhr 5, 7 Uhr 10 ... Nahe dem Gleis, auf dem der Schnellzug hielt und auf freie Fahrt in den Bahnhof wartete, zog sich eine lange, unverputzte Ziegelmauer hin. Der Fahrgast auf dem Platz neben Neuenhof stand beunruhigt auf, zog seinen Mantel an, holte seine große Reisetasche aus dem Gepäcknetz und brummelte ärgerlich vor sich hin: „ An dieser Klagemauer ist es mit dem Früh-Schnellzug immer das Gleiche." Er verließ das Kupee, und Neuenhof hörte ihn mit den Reisenden im Waggongang diskutieren: „ Ich muss an die Tür. Ich verpasse sonst meinen Anschlusszug."

Dies befürchtete Neuenhof auch: Erreichte er den Eilzug 7 Uhr 25 nicht, käme er erst gegen 10 Uhr ab Leipzig weiter, und zur Mittagszeit würde er in Karl-Marx-Stadt anlangen. Wahrscheinlich würde Prof. Thümmel dann gar keine Zeit mehr für ihn haben. Also zog auch er sich rasch an, nahm sein Gepäckstück und zwängte sich, an den im Gang wartenden und protestierenden Reisenden vorbei, fast bis an die Waggontür, die sein Sitznachbar im Kupee fest im Griff hatte. 'Klagemauer', dachte er, 'wirklich ...' Endlich zuckelte der Zug weiter. Er fuhr in den Bahnsteig 10 des Leipziger Hauptbahnhofs ein. Er hielt noch nicht, da sprangen schon Fahrgäste, auch Neuenhof, auf den Perron und liefen los. An einem beleuchteten Aufsteller mit den Ankunfts- und Abfahrzeiten der Züge hielt Neuenhof kurz inne: Cranzahl über Karl-Marx-Stadt, Bahnsteig 26. Also Sprint bis ans Ende des Bahnhof-Kopfteils, Frühsport stählte von jeher den Leistungswillen der Menschen. Neuenhofs Eilzug stand abfahrbereit. Neuenhof spurtete bis zum vorletzten Waggon. „Bleiben Sie zurück!", brüllte der Zugbegleiter. 'Mitnichten! Im Sozialismus bleibt niemand zurück', dachte der japsende Reisende aus Magdeburg und hangelte sich in den Wagen. Als er dessen Tür zuschob, fuhr der Zug schon.

Bis Leipzig-Engelsdorf brauchte Neuenhof, um wieder gleichmäßig atmen zu können und sich nicht dauernd den Schweiß aus dem Gesicht wischen zu müssen. Danach konnte er die nahezu zwei Stunden dauernde Bahnfahrt bis Karl-Marx-

Stadt ohne Hektik und ohne Furcht vor überhöhter Fahrgeschwindigkeit des Zuges genießen. Der wurde zwar im Fahrplan als zuschlagpflichtiger Eilzug geführt, aber er eilte nicht, wegen des sanierungsbedürftigen Gleisbettes. Dafür hielt er nicht an allen UnterwegsBahnhöfen.

Am Zielort angekommen, verließ Neuenhof den Karl-Marx-Städter Bahnhof, den meisten Mitreisenden folgend, durch einen Nebenausgang. Er fragte nach dem Weg zur Hochschule. „Sie sind richtig", sagte ihm ein junger Mann, wahrscheinlich ein Student, „gehen Sie die Straße hier hinunter, biegen Sie dort unten links um die Ecke, dann stehen Sie direkt vor dem Hauptgebäude der Hochschule."

Und so geschah es. Neuenhof dachte: 'Ende gut, alles gut.' Er ahnte nicht, dass die Hinfahrt seiner Dienstreise noch längst nicht zu Ende war.

Das Hauptgebäude der ehemaligen Chemnitzer Staatlichen Akademie für Technik hatte nicht nur das Bombardement anglo-amerikanischer Fliegerverbände im März 1945 halbwegs überstanden, es passte, nach Neuenhofs Empfinden, auch in das Bild der Straße der Nationen, der Magistrale des neuerrichteten Stadtzentrums von Karl-Marx-Stadt. 'Im Vergleich hierzu', dachte der Neu-Magdeburger, 'ist das Rektoratsgebäude unserer TH in der Falkenbergstraße das Gegenteil von üppig.' Ihn tröstete, das Rektoratsgebäude der altehrwürdigen Technischen Universität Dresden machte auch keinen repräsentativeren Eindruck als das der TH Magdeburg. Und doch war er stolz darauf, dass er in den 1950er Jahren in Dresden hatte auf Staatskosten studieren können und dass er nunmehr in Magdeburg als Hochschuldozent tätig sein durfte. Dabei war er sich bewusst, viele Leute im Land plagten sowohl in den 50ern als auch derzeit ganz andere Sorgen, als dass es in ihrer Republik noch unrepräsentative Rektoratsgebäude in Hochschuleinrichtungen und überhaupt zu wenige gut ausgebildete Diplom- und Doktor-Ingenieure gäbe.

Im Hochschul-Gebäude in der Straße der Nationen waren das Rektorat, einige Direktorate und andere Verwaltungsstellen und die Sekretariate der SED und diverser gesellschaftlicher Organisationen untergebracht. Eine junge Frau im Vorzimmer des Rektors, die als echte Karl-Marx-Städterin jedes „a" wie „o" aussprach, belehrte den Hilfesuchenden aus Magdeburg: „Professor Thümmel und die Sektion Fertigungsprozess und -mittel finden Sie in unserem neuen Hochschulkomplex in der Reichenhainer Straße. Da hinaus müssen Sie den Bus nehmen. Am besten, Sie gehen vom Bahnhofsvorplatz ein Stückel die Straße hinunter, bis zur Bus-Haltestelle. Von dort ist es ein knappes halbes Stündchen Fahrt. Fragen Sie unterwegs noch mal!"

Es war später Vormittag, als Neuenhof dem Sektionsdirektor Thümmel in dessen Dienstzimmer gegenübersaß. „Du kommst spät, Genosse", sagte der Professor. „In einer dreiviertel Stunde muss ich in die Vorlesung. Anschließend habe ich Senatssitzung, Jahresendabrechnung. Der Tagesordnungspunkt läuft ohne mich nicht."

Dr. Neuenhof war ehrlich – man könnte auch sagen: naiv – genug, seinem Gastgeber zu gestehen, dass er ihn in der Straße der Nationen hatte aufsuchen wollen.

„Tja, mein Lieber", sagte Thümmel ein bisschen schulmeisterlich, „solche Irrtümer und dadurch entstehenden Zeitverlust vermeidet man durch gute Vorbereitung einer Dienstreise; ein Telefonanruf genügt dafür mitunter. – Aber nun zur Sache: Was gibt es Neues in Magdeburg?"

Neuenhof teilte mit, was er aus Dienstbesprechungen des Sektionsdirektors mit den Lehr- und Forschungsgruppenleitern wusste. Auf Thümmels Zwischenfragen antwortete er dem „Genossen Professor" artig und siezte ihn. Thümmel redete seinen Gast mit dessen Zunamen und mit „du" und „Genosse" an; so war er es vom Umgang mit seinen Assistenten und Dozenten offenbar gewohnt. Besonders interessierte er sich für die Magdeburger Varianten eines neuen Studienplans für die Grundstudienrichtung Maschineningenieurwesen. Da war Neuenhof froh, dass ihn Professor Kainzow in einige bis in die Abendstunden währende Debatten zu diesem Thema einbezogen hatte und dass er nun Auskunft geben konnte. „Unser Rektor fordert einen Studienplan-Entwurf für ein 4-Jahres-Studium, vier Jahre inclusive Diplomarbeit."

Prof. Thümmel lachte. „Euer Rektor … Er will sich wohl zum Ende seiner Amtszeit lieb Kind beim Minister machen, hm?" Das wusste Heinz Neuenhof nicht zu beurteilen. Ihm war bis zu diesem Gespräch nicht bekannt gewesen, dass die Amtszeit des Magdeburger Rektors zu Ende ging. Thümmel sagte: „Vier Jahre inclusive Diplomarbeit, pah! Unsere Technischen Hochschulen sind keine Schnellbesohl-Anstalten. Wir Karl-Marx-Städter Maschinenbauer plädieren für ein 4-Jahres-Studium plus ein Semester für Großen Beleg und sich anschließende Diplomphase. Sag das Wolfgang Kainzow Er und ich, wir sollten in der nächsten Beratungsrunde beim Minister mit einer Stimme sprechen, sonst bekämen die Phantasten einer Studiendauer von vier Jahren insgesamt oder die etwas Hinterher-Hinkenden von der TU Dresden mit ihrem Beharren auf fünf Jahre Ausbildungszeit Oberwasser." Nicht ohne Stolz ergänzte er: „Wir und ihr sind an den Hochschulen im Land die Schrittmacher auf dem Gebiet des Maschinenbaus – dessen sollten wir uns bewusst sein."

Neuenhof nickte. „Als sektionsinterne Variante hat Professor Kainzow im engsten Kreis von Hochschullehrern einen 4-1/2-Jahres-Studienplan entworfen."

„Na also. – Ein anderes Thema: Was habt ihr vor zu AUTOTECH?"

Neuenhof druckste herum: Prof. Kainzow habe schon vor Neuenhofs Berufung eine gewisse, sicherlich sehr geringe, Mitarbeiter-Kapazität an den VEB Carl Zeiss Jena gebunden, aber für einen längeren Zeitraum tragfähig sei die Kooperation wohl nicht. Thümmel lächelte. Heinz Neuenhof empfand, es war ein zufriedenes Lächeln. „Sie wird auch künftig nicht tragfähig sein. Im Vertrauen, aber vielleicht weißt du es schon, Wolfgang Kainzow sitzt ja in Berlin an der Quelle: Die Koordinierung der gesamten AUTEVO-Forschung, also auch der zu AUTOTECH, kommt in allernächster Zeit nach Karl-Marx-Stadt, ans FZW." Er meinte das Forschungszentrum des Werkzeugmaschinenbaus, das aus dem ehemaligen Institut für Technologie und Organisation Karl-Marx-Stadt hervorgegangen war. „Die Zeissianer klammern sich zwar an das Projekt. Sie sagen, sie hätten AUTEVO und AUTOTECH erfunden und im Heft 9/1967 der Zeitschrift 'Rechentechnik/Datenverarbeitung' publik gemacht. Das stimmt zwar, aber es nutzt ihnen nichts. AUTEVO für den Maschinenbau hat bei ihnen nichts zu suchen, Carl Zeiss Jena hat andere volkswirtschaftliche Aufgaben zu erfüllen. Das Ministerium für allgemeinen Maschinen- und Fahrzeugbau will und wird durchsetzen, dass das FZW als künftiges GFZ (Großforschungszentrum) die Führungsrolle für dieses Forschungsgebiet übernimmt. Es ist daran gedacht, dass die Hochschulen mit einem gewichtigen Teil ihrer Forschungskapazität mitwirken. Unsere Hochschule wird das realisieren. Und ihr? Es ist wohl klar: Auch in euren Schwermaschinenbau-Betrieben werden die NC-Werkzeugmaschinen maschinell, also mit Computer-Hilfe, programmiert werden müssen, und zwar ganz sicherlich mit dem in der DDR entwickelten Programmiersystem SYMAP und nicht etwa mit EXAPT aus Westdeutschland, für dessen Nutzung auch euere Betriebe keine harten Devisen ausgeben wollen, denke ich. Ihr müsst euch überlegen, wie und mit welcher Forschungskapazität ihr, auch was die kontinuierliche Vervollkommnung von SYMAP anbelangt, mit dem FZW zusammenarbeiten werdet."

Thümmels Sekretärin kam behutsamen Schrittes ins Zimmer. „Herr Professor, in einer Viertelstunde beginnt Ihre Vorlesung." Der Professor schaute auf seine Armbanduhr. „ Tatsächlich." Er fragte Neuenhof: „Haben wir uns verplauscht?" Neuenhof sagte: „Ich hätte gern noch mit Ihnen über den Inhalt und Umfang Ihrer Lehrveranstaltungen zur Fertigungsprojektierung ..."

Prof. Thümmel stöhnte auf. „Sag nicht Fertigungsprojektierung! Wir projektieren nichts, wie beispielsweise die Betriebsprojektierer, 'projektieren' hört sich an, als würden für die Lösung eines technologischen Problems nur fertige Bausteine aneinander gefügt. Das ist jedoch bei uns nicht der Fall, wir 'gestalten'. Deshalb nennen wir Karl-Marx-Städter unsere Disziplin konsequent 'Fertigungsprozessgestaltung'."

Thümmel ging zu einem Wandschrank. Er entnahm ihm einen Ordner, der enthielt das Vorlesungsmanuskript, und ein Kästchen mit Diapositiven. „Kommst du mit in meine Vorlesung, hospitieren? Der Hörsaal befindet sich in diesem Gebäude."

Neuenhof lehnte dankend ab. Er müsse den Eilzug 14 Uhr 30 nach Leipzig erreichen. Andernfalls würde er erst gegen Mitternacht wieder in Magdeburg sein können. „Also nicht." Thümmel ließ seinen Oberassistenten, Dr.-Ing. Hans Schmidt, herbeirufen. Ihn beauftragte er, Heinz Neuenhof die Gliederung und die Umdruckblätter zu den von ihm gehaltenen Lehrveranstaltungen auszuhändigen und Neuenhof über Karl-Marx-Städter Forschungsthemen zu AUTOTECH und SYMAP zu informieren. „Hat mich gefreut, dass wir uns kennengelernt haben", sagte Thümmel. „Grüß Wolfgang Kainzow Er soll mich ruhig mal wieder anrufen." Er reichte Heinz Neuenhof zur Verabschiedung die Hand und stürmte mitsamt Vorlesungs-Ordner und Dia-Kästchen davon.

Im Vorzimmer des Professors debattierte eine ganze Schar von Hochschullehrern und wissenschaftlichen Assistenten mit Thümmels Sekretärin. Sie alle hatten ein dringendes und wichtiges Anliegen, dessentwegen sie den Sektionsdirektor hatten sprechen wollen. Im Davoneilen rief ihnen der Professor zu: „Heute nachmittag nach fünf bin ich für euch alle da." Die Sekretärin hatte die Herren zuvor zurückgehalten: „Professor Thümmel hat Besuch aus Magdeburg und wünscht, nicht gestört zu werden."

Als Neuenhof, von Dr. Schmidt komplimentiert, aus Thümmels Dienstzimmer trat, staunten ihn die im Sekretariat Versammelten verwundert an und standen fast stramm, wie für ein Spalier. Ihrem Gesichtsausdruck war aber anzusehen, dass sie sich fragten: 'Und dieses Mannes wegen hat der Sektionsdirektor kurz vor dem Ende des Planjahres für unsere wichtigen Dinge keine Zeit gehabt?'

Dr. Hans Schmidt führte den Besucher aus Magdeburg in sein Arbeitszimmer. Das teilte er sich mit einem Assistenten. „Der Kollege hält ein Seminar. Wir sind ungestört." Schmidt war freundlich zu Neuenhof und mitteilsam. Aber er war auch neugierig: Beinahe bei jedem Umdruckblatt zu Prof. Thümmels Vorlesungen, das er Neuenhof aushändigte, wollte er wissen, was und wie denn die Magdeburger dieses und jenes machen und darbieten würden. Das amüsierte Neuenhof insgeheim. Aber er gab Auskünfte, nicht so ausführlich wie gegenüber Schmidts Sektionsdirektor, aber doch in einer solchen Weise, dass zwischen beiden Männern, nicht nur wegen ihrer Mitgliedschaft in der SED, ein auf gegenseitigem Verständnis und Respekt basierender persönlicher Kontakt entstand. Und um zu bekräftigen, dass dieses Einvernehmen zwischen Gleichwertigen zustande komme und dass es zukünftig Bestand haben solle, verriet Schmidt bei der Verabschiedung seines Gastes: „Ich stehe in unserer Sektion auf der Berufungsliste für eine Hochschuldozentur. Mir

fehlt nur noch ein halbjähriges Zusatzstudium in der Sowjetunion. Wo warst denn du? Was kannst du mir empfehlen?" Darauf musste Neuenhof antworten, dass er als *langjährig leitender Kader in der betrieblichen Praxis* ohne solch ein Zusatzstudium an die TH Magdeburg berufen worden war.

„Da kann ich nicht mithalten", gestand Hans Schmidt ein.

14 Uhr 30 ab Karl-Marx-Stadt trat Dr. Neuenhof seine Heimreise an. Sie endete gegen 20 Uhr an der Haustür zu Neuenhofs AWG-Wohnung in der Magdeburger Schmidtstraße. Vor der Haustür stand er zunächst ratlos. Er hatte vor der Abreise

am Morgen sein Schlüsselbund nicht eingesteckt, vergessen. Dabei hatte Karin gebeten, nicht zu klingeln und die Kinder zu wecken, wenn er von der Dienstreise spät zurückkehrte. Nach einer Weile lief er um den Wohnblock herum bis zum Balkon der Neuenhofschen Erdgeschoss-Wohnung. Er schaffte es nicht, sich an der Balkonbrüstung emporzuhangeln. Deshalb klopfte er an die Plaste-Balkonverkleidung. Karin hörte das Klopfen. Sie ließ ihn zum Kellereingang ins Haus ein. „Ich hatte dich gebeten, nimm dein Schlüsselbund mit. Die Kinder …"

„Ja ja." Die Eheleute schlichen auf Zehenspitzen die paar Treppenstufen zu ihrer Wohnung hinan. Sie öffneten leise die Korridortür. Die Tür quietschte oder knarrte nicht. Dennoch, kaum dass sie bewegt wurde, tönte es leise aus dem Kinderzimmer: „Papi? Papi, bist du jetzt da?" Karin flüsterte: „Das ist Martin. Er wartet auf dich. Er wollte sich nicht zu Bett bringen lassen. Du habest ihm versprochen, ehe er schlafen gehen muss, wärest du wieder zu Hause."

'Unser Martin', dachte Heinz Neuenhof.

„Und deine Versprechen", sagte Karin vorwurfsvoll.

„Und nun?"

„Geh hinein!" Sie nahm ihm Hut und Mantel und seine Reisetasche ab.

Martin war hellwach. Auch Gerald schlief noch nicht. Der „Papi" umarmte beide Söhne. „Papi, hast du uns etwas mitgebracht?" Da war guter Rat teuer. Neuenhof dachte: 'Wie hätte man das machen können, seinen Kindern etwas mitzubringen, wenn man stundenlang in Zügen herumsitzt und auf Umsteige-Bahnhöfen wie ein Verfolgter von einem Zug zum nächsten hastet?' Er wusste sich zu helfen. „Ich habe euch ein schönes, kleines Geschichtenbuch ausgesucht. Daraus lese ich euch morgen abend etwas vor. Heute ist es schon zu spät. Ihr müsst morgen zeitig aufstehen."

„Solch ein kleines TROMPETER-Buch?", fragte Gerald. Aus dieser Buchreihe des Berliner Kinderbuchverlages standen bereits einige Exemplare im Spielschrank der Neuenhof-Söhne.

„Genau solch eines", versprach Neuenhof. „die Geschichte von 'Lothar und Bäuchel'." Das Büchlein hatte er vor einigen Tagen in der Auslage des Zeitungskioskes in der Lüneburger Straße entdeckt. Das würde er am nächsten Tag kaufen und sein den Söhnen gegebenes Versprechen einlösen. An diesem Abend jedoch erstattete er seiner Ehefrau einen ausführlichen Reisebericht. „Und früher konntest du nicht nach Hause kommen?",fragte Karin. „Es war das äußerst Mögliche. Netto waren mir knapp drei Stunden für mein eigentliches Anliegen verblieben, drei Stunden ohne Mittagspause. Deine Klappstullen habe ich während der Bahnfahrt verzehrt."

„Bist du wenigstens zufrieden mit dem, was du erreicht hast?"

„Im Wesentlichen ja." Dr. Hans Schmidt hatte ihm Materialien für die Karl-Marx-Städter Vorlesung übergeben, ähnlich der, die Neuenhof im kommenden Frühjahrssemester erstmalig an der TH Magdeburg halten sollte. Die Materialien würden ihm für die Ausarbeitung seines Vorlesungsmanuskripts nützlich sein. „Sorgen bereitet mir etwas anderes: Um eine enge Zusammenarbeit mit den Karl-Marx-Städtern komme ich, von der Sache her, künftig nicht herum, und das unter den Bedingungen der zeitaufwändigen, umständlichen Reiserei wie am heutigen Tage. Wenn ich das bedenke, muss ich immer tief durchatmen." Karin lächelte ihn an. „Ich bin fix und fertig", gestand er ihr. Sie tätschelte liebevoll seine Wange. „Ruh' dich erst mal aus!" Er lachte leise. „Bis morgen früh, halb sechs. Pünktlich um sieben geht's in der Hochschule weiter." Und er dachte mit Ingrimm an die hektische Betriebsamkeit der Leute wegen des nahenden Endes des Planjahres.

10

Wilhelm Pollner, ein rüstiger, untersetzt gewachsener Mann Anfang dreißig, war ein Sozialdemokrat wie sein Vater, der alte Wilhelm. Um Vater und Sohn unterscheiden zu können, hatten die Leute in Niesleben den Vornamen des jungen Pollner in „Willi" umgewandelt. Dem alten Wilhelm, Gott hatte ihn seit Jahren selig, hatte das nicht gefallen. Er war Zeit seines Lebens stolz auf seinen Vornamen „Wilhelm" gewesen. Er hatte dabei weniger an Wilhelm Bracke gedacht, den 1869er Mitbegründer und Führer der Sozialdemokratischen Arbeiterpartei Deutschlands. Sein Idol war Wilhelm Liebknecht gewesen, und deshalb hatte der junge Pollner kurz nach seiner Geburt auf den Vornamen „Wilhelm" getauft werden müssen, entgegen dem Wunsch und Protest der Mutter; sie hatte sich für den Stammhalter der Pollners einen christlichen Namen gewünscht: Joseph oder Johannes oder Lukas oder Ähnliches. Letztlich hatte sie wenigstens durchsetzen können, dass über der Tür des Pollnerschen Kinderzimmers ein christliches Kruzifix angebracht worden war. Die Frau hatte gemeint, ein bisschen ausgleichende Gerechtigkeit müsste in jeder Ehe und in jeder Familie obwalten. Mit dem Kruzifix über der Zimmertür war zugleich ein Zeichen gesetzt für die Lebensphilosophie der Pollners: Wenn es in guten

wie in schlechten Zeiten nichts nützte, sich auf die alten Barden der deutschen Arbeiterbewegung zu besinnen und zu berufen, dann half vielleicht der liebe Gott.

Nach dem Abschluss seiner achtjährigen Grundschulzeit erlernte Willi, auf seines Vaters Wunsch und Geheiß, den Beruf eines Schlossers und arbeitete danach als Geselle in des Vaters Schlosserwerkstatt in Niesleben, einem 450-Seelen-Dorf, fünf Kilometer entfernt von der Kreisstadt Burkitz. Dem alten Wilhelm hatte vorgeschwebt, wenn er in die Jahre käme und sein letztes Stündlein schlüge, würde sein Sohn den väterlichen Schlosserbetrieb weiterführen. Die fachliche und wirtschaftliche Perspektive dafür hatte er als gesichert angesehen. Der Schmiedemeister im Ort, der Wilhelm Pollners Konkurrent hätte sein können, verstand sich zwar gut auf alles, was mit Pferden zusammenhing: das Beschlagen der Hufe, das Auskurieren von Koliken, die Beihilfe beim Fohlen der Stuten. Außerdem gelang ihm gerade noch das Nachschärfen der Pflugschare am handbetriebenen Schleifstein. Aber wenn ihm jemand aufwändige, weil komplizierte Schlosserarbeiten abverlangte, verwies er den Betreffenden an Pollner: „Geh mal zum alten Wilhelm! Der macht so 'was." Und dann, Mitte der 1950er Jahre, kurz nach Willis achtzehntem Geburtstag, starb der alte Wilhelm an Darmkrebs, und Willi, der Junior, hielt innere Einkehr. Er fragte sich: Wünschte er wirklich, sein Leben als Schlosser in Niesleben zu fristen? ohne Meisterbrief die väterliche Werkstatt zu übernehmen? ohne eine Garantie dafür zu haben, dass die zwischen dem Vater und dem Dorfschmied vereinbarte Arbeitsteilung auch für die Zukunft Bestand haben würde, wo doch der Schmied auch nicht mehr zu den Jüngsten der Niesleber Einwohner zu rechnen war? Beim Ringen um Antworten auf solche Fragen kamen ihm, unerwartet, die Sachwalter zweier Institutionen zu Hilfe.

Der eine war der Vorsitzende der Kreis-Handwerkerinnung. Er forderte, Willi sollte unverzüglich Qualifizierungskurse zum Erwerb des Meisterbriefes belegen. Andernfalls würde die Pollnersche Schlosserei geschlossen werden müssen. „Sie sind jung. Qualifizieren Sie sich!" *Qualifizierung der Jugendlichen und Werktätigen* spielte in der DDR von ihrer Gründung an eine große Rolle.

Willi Pollner dachte: 'Wenn schon qualifizieren, dann richtig!' Es kam ihm ein, er wollte Ingenieur werden, ein Maschinenbauer. Zu einem Studium musste er delegiert werden. Der zweite Sachwalter war der Niesleber Ortsbürgermeister. Er wollte sich auf Pollners Wunsch dafür verwenden, dass Willi von der Handwerkerinnung und von der in Magdeburg ansässigen Handwerkskammer zu einem dreijährigen Ingenieur-Direktstudium delegiert werden würde. Willi formulierte das entsprechende Antrags- und Empfehlungsschreiben selbst; denn wohl war der Bürgermeister ein überzeugter und beredsamer Genosse der SED, aber das Abfassen von Schriftstücken lag ihm nicht sonderlich. Der Genosse dachte: 'Bei der in unserer Republik eingeleiteten sozialistischen Entwicklung der Landwirtschaftsbetriebe ist ein Ingenieur für die Einsatzplanung und Wartung der modernen Landtechnik besser als bloß ein Meister. Das gilt auch für Niesleben. Aber alles hat seinen Preis, auch für Willi Pollner.' Er erinnerte sich gut an den Frühsommer 1946. Damals hatte der Sozialdemokrat Wilhelm Pollner senior die automatische Übernahme in die SED mit der Begründung abgelehnt: „Ich war und bleibe ein 'reiner' Sozialdemokrat." Nun sollte der Junge, nach des Bürgermeisters Intuition, dem *Vortrupp der siegreichen Arbeiterklasse der DDR* beitreten. „Du trägst sozialdemokratisches Erbgut in dir", sagte der Bürgermeister.

'Sicherlich', dachte Willi, 'sozialdemokratisches wohl, aber kein SEDistisches.' Trotzdem ließ er sich einen Aufnahmeantrag für die SED geben. Den füllte er auch aus. Aber er gab ihn nicht ab, weder beim Niesleber Bürgermeister noch in der SED-Kreisleitung in Burkitz. Dennoch wurde er an der Ingenieurschule für Maschinenbau und Elektrotechnik in Leipzig immatrikuliert. „Dort erledige ich das mit der Parteimitgliedschaft", versprach er dem Bürgermeister. Der glaubte ihm das.

Die Pollnersche Schlosserei in Niesleben ruhte während Willis Studienzeit. Mutter Pollner hielt derweilen in Niesleben alles zusammen: Haus und Garten, Hühner und Enten und die komplette Einrichtung der Schlosserwerkstatt. Anfangs vermisste Willi sein Niesleben sehr: die bezaubernde geografische Lage seines Heimatdorfes am Elbestrom, die nach seinem Empfinden abenteuerlichen Wanderungen, „in der Gegend herumstromern" nannte er sie, vor und hinter den Elbdeichen, der hohe Bekanntheitsgrad der Pollners im ganzen Dorf. Aber mit der Zeit gewöhnte er sich an Leipzig. In seinem dritten Studienjahr fand er die Großstadt sogar „richtig gut". Dafür gab es drei Gründe. Zum einen kam er gut mit dem Studium zurecht. Zum zweiten erkannte er sich immer besser selbst: Er war ein kontaktfreudiger und vielseitig interessierter Mensch und konnte sich, innerer Veranlagung zufolge und im Streben nach Höherem, gegen Ende seines Studiums nicht mehr vorstellen, bescheiden und in abgegrenztem Umfeld still in seines Vaters Schlosserwerkstatt vor sich hinzuwerkeln. Das Dritte war, dass er auf Grund seines heiteren und umtriebigen Naturells viele menschliche Kontakte zu knüpfen vermochte.

Deren Wichtigste waren die zu seinen Kommilitonen Ursel und Theodor. Mit der gleichaltrigen und ortsansässigen Ursel erkundete er die Leipziger Kulturstätten und Restaurants, allen voran Theater, „Auerbachs Keller" und den Zoo. Er und Ursel liebten einander. Nach dem Abschluss ihres Studiums heirateten sie, standesamtliche Trauung und wahrlich zünftige Hochzeitsfeier mit vielen Gästen in Niesleben, zusätzlich eine kirchliche Trauung im engsten Familienkreis in Leipzig; denn Ursel war in ihrem Elternhaus zu großer Frömmigkeit erzogen worden, und auch Mutter Pollner war sehr daran gelegen, dass auf dem jungen Ehepaar Gottes Segen ruhte.

Über seinen Kommilitonen Theodor wusste Willi anfangs nicht Bescheid. Einer Volksweisheit zufolge ziehen sich Gegensätze an. Man sagt aber auch, Gleich und Gleich gesellt sich gern. Willi erkannte, sein Kommilitone war von gleichem Naturell wie er, und er fand ihn sympathisch. Aber Theodor engagierte sich sehr als FDJ-Propagandist in der Studiengruppe, der er und Willi Pollner angehörten. Das irritierte Willi. Noch mehr verwunderte ihn, dass Theodor über alles Geschehen in der Studiengruppe und an der Ingenieurschule Berichte schrieb. „Theodor, hast du neulich das leise Flöhehusten in der Mensa gehört und darüber einen Bericht abgefasst?", spöttelten die Kommilitonen.

Eines Abends kehrte Willi spät, zu nachtschlafender Zeit, von einem Besuch bei Ursel und ihren Eltern ins Wohnheim zurück. Nur aus einigen Fenstern drang noch Lichtschein, auch aus dem Klubraum im obersten Geschoss. 'Was ist denn da noch los?' dachte Willi und begab sich in den Raum. In dem Zimmer war niemand. Auf einem Tischchen, beleuchtet von einer Schreibtischlampe, lagen Schreibutensilien und mehrere beschriebene Blätter verstreut. Willi warf einen Blick auf das Geschreibsel und staunte: Meinungen von Studenten und Studentinnen zu aktuellen politischen Problemen, Charakterisierung mehrerer Lehrkräfte der Ingenieurschule, allgemeine Versorgungslage in Leipzig ... Willi hatte noch gar nicht alles gelesen, da kam Theodor in den Klubraum. „He, kann man nicht mal pinkeln gehen, ohne dass unsereinem nachgeschnüffelt wird?", fragte er erbost und ramschte die beschriebenen Blätter zusammen, verstaute sie in seiner Kollegtasche, die unter einem Stuhl lag.

„Ich schnüffle nicht", sagte Willi. „Ich wundere mich nur, was du alles zusammenschreibst und für wen du das tust. Arbeitest du für die Firma 'HORCH UND GUCK'?"

„Das musst du Nachtspion gerade mich fragen!"

Willi dachte: 'Dass ich mich dermaßen in dem Mann getäuscht habe ...' und wandte sich ab, wollte seiner Wege gehen. Da sagte der andere: „Du musst einen aufrechten Sozialdemokraten nicht beleidigen. Ich und für 'HORCH UND GUCK' arbeiten, pah!" Er hatte aus vor einiger Zeit geführten Gesprächen mit Willi herausgehört, zu welcher Gesinnung Pollner in seinem Elternhaus erzogen worden war. Wegen des Lapsus, der ihm mit den liegengelassenen Notizzetteln unterlaufen war, hatte er mit seinem Hinweis auf aufrechte Sozialdemokraten alle Zurückhaltung aufgeben müssen. Anstatt sich und die Männer, mit denen er gewissermaßen konspirativ in Verbindung stand, zu gefährden, gewann er Willi in einem langen Gespräch zu nächtlicher Stunde als Mitstreiter für „die sozialdemokratische Sache". So gesellte sich Gleich zu Gleich.

Als den beiden jungen Männern vor Müdigkeit fast die Augen zufielen, gestand Willi: „Das Idol meines Vaters, der Wilhelm hieß, war Wilhelm Liebknecht. Mein Idol ist der Regierende Bürgermeister von West-Berlin, der wie ich den Vornamen Willi trägt."

Theodor sagte: „Du gefällst mir." In einem späteren Gespräch mit Willi verriet er: „In West-Berlin gibt es ein Büro unserer Partei. Dort interessiert man sich für alles, was bei uns im Osten geschieht. Deren Informationsbedürfnis reicht bis zu Truppenbewegungen und Manövern der Sowjet-Armisten in der Nähe deines Heimatdorfes: Mit welcher Technik forcieren die Iwaner die Elbe? Panzer welchen Typs, Geschütze welchen Kalibers sind an den Gefechtsübungen beteiligt? Truppen in welcher Mannschaftsstärke werden bewegt? und so weiter."

„Um so etwas habe ich mich bisher nicht im einzelnen gekümmert", sagte Willi. „Ich habe auch nicht vor, mich wegen des Beschaffens und der Weitergabe derartiger Informationen kaschen und als *Sabogent* einknasten zu lassen."

„Ich auch nicht." Theodor lachte und dachte: 'Nicht so hitzig sein, Theodor! Der gute Willi ist erst mal gewonnen. In unsere Pläne und Aktivitäten werde ich ihn peu à peu einbinden.' Immer noch lachend, sagte er: „Unsere Sache ist nicht die von Sabogenten. Du wirst nicht als Saboteur oder Agent gebraucht. Das Auskundschaften von Rot-Armisten war eine Übertreibung von mir."

Die führende Partei in der DDR, die SED, mahnte in ihrer Agitation und Propaganda ständig, *die kriegstreiberischen Pläne der Imperialisten und Militaristen im Westen* zu durchkreuzen und vor deren Saboteuren und Agenten auf der Hut zu sein. Oberschüler, Studenten und spöttelnde Intellektuelle der DDR prägten hierzu den verballhornenden Slogan: „Seid wachsam vor Impralisten und Sabogenten!"

So sehr Mutter Pollner erfreut und zufrieden war, dass ihr Sohn eine fromme Frau geehelicht hatte, so sehr betrübte sie, dass sich ihre Schwiegertochter als „reiner Stadtmensch" erwies. „Wie soll es mit der Niesleber Schlosserwerkstatt weitergehen?", fragten Mutter und Willi Pollner unisono. Anfangs zuckte Ursel zu dieser Frage mit den Schultern. Als Willi auf eine Entscheidung drängte, fragte sie: „Meinst du ernstlich, wir beide haben ein dreijähriges Ingenieur-Studium absolviert, um uns in Niesleben, diesem Nest, niederzulassen, du womöglich als Mechanisator in der LPG und ich als Wartungsingenieur für die automatische Melkanlage im Dorf?"

Willi protestierte gegen solche abwertende Sicht auf die möglichen beruflichen Perspektiven des frischvermählten Paares in Niesleben. Ursel wiederum unterschrieb in ehefraulichem Alleingang einen Arbeitsvertrag als Teilkonstrukteurin im VEB Getriebewerk Leipzig. Ursels Mutter kommentierte dies, im Beisein ihres Schwiegersohnes, mit den Worten: „Recht so, mein Kind!" Sie, eine alleinstehende Frau, mochte ihre einzige Tochter nicht in Leipzig und erst recht nicht in der Kirchengemeinde ihres Stadtbezirkes missen. In der Gemeinde waren sie, Ursel und neuerdings auch Willi aktive und angesehene Mitglieder.

Den bei solchem Sachverhalt unvermeidlichen Ehekrach zwischen Ursel und Willi verhinderte ihr gemeinsamer Studienfreund Theodor. Das vollbrachte er folgendermaßen: Theodor besuchte, wenn auch unregelmäßig, wie die jungen Pollners die mittwochs stattfindenden kirchlichen Gemeindeabende. Er fand dort bei den Debatten über Gott und die Welt mehrere Gleichgesinnte, vor allem, wenn es bei den weltlichen Themen um die Politik und die Lebensverhältnisse in der DDR und um die Einbindung dieses deutschen Staates in das Warschauer-Pakt-System ging.

„Gut", urteilte er im Zwiegespräch mit Pollner, „dass ihr euch in diesem internen Kreis regelmäßig zusammenfindet und freimütig gedanklich austauscht." Er diskutierte eifrig und konziliant mit den anderen Gemeindemitgliedern, als würde er diesem Personenkreis schon lange angehören.

Willi fiel auf, Notizen fertigte Theodor dabei nicht an, ganz im Gegensatz zu dessen Gewohnheit als FDJ-Propagandist während der gemeinsamen Studienzeit. Willi dachte: 'Er wird im Laufe der Zeit sein Gedächtnis trainiert haben. Nun kann er seine Berichte unbeobachtet im Nachhinein zu Papier bringen.' Als Willi sich, vertraulich und halb im Scherz, mit einer entsprechenden Bemerkung an Theodor wandte, hörte der gar nicht zu und sprach von etwas anderem.

Ein paarmal kam Theodor in Begleitung anderer Personen, mal Männer, mal junger Frauen, zu den Gemeindeabenden. Er stellte sie dem Polte-Ehepaar nur immer mit dem Vornamen vor. Bei einem der Treffen gestand Willi dem Studienfreund, er befände sich in einem ihn sehr belastenden inneren Zwiespalt, weil er, wie Ursel, eine Tätigkeit im VEB Getriebewerk Leipzig aufgenommen hatte, als Technologe, währenddes Mutter Pollner klagte, was denn mit der Pollnerschen Schlosserwerkstatt in Niesleben werden sollte. Dazu äußerte Theodor knapp und in bestimmendem Ton: „Willi, du wirst hier, in Leipzig, gebraucht."

Ohne nach dem „ Wieso?" zu fragen, begriff Willi nach einigem Nachdenken: Zu denjenigen, deretwegen er in Leipzig gebraucht wurde, war Theodor der Verbindungsmann, und er, Willi Pollner, Jung-Ingenieur im VEB Getriebewerk Leipzig, in Kategorien des Getriebebaus denkend, war ein kleines Rädchen in dem Getriebe einer gesellschaftlichen Organisation, einer Partei, geworden, der sich sein Vater und er weltanschaulich zugehörig fühlten. Folgerichtig und ohne den Segen seiner Mutter meldete er die Gewerbezulassung für die Pollnersche Schlosserei in Niesleben ab und verkaufte zu geschickt ausgehandelten günstigen Konditionen die meisten Maschinen, Werkzeuge und Einrichtungsgegenstände der vom Vater übernommenen Schlosserwerkstatt. 1960, zu Zeiten *des sozialistischen Frühlings in der Landwirtschaft der DDR,* war die Gewerbe- und Geschäftsauflösung vollzogen, und Willi Pollner war froh, dass er in die Frühjahrsturbulenzen jener Zeit nicht als Niesleber Handwerker hineingezogen wurde, sondern dass er die Kollektivierung der Landwirtschaft im ganzen Land von der ruhigen und sicheren Warte seiner Leipziger Kirchengemeinde beobachten und bewerten, wie man es bezeichnete: „kritisch begleiten", konnte.

Aber es war eine trügerische Ruhe und Sicherheit für Willi Pollner. Just während des heftigsten Frühlingsrauschens 1960 erschien Theodor nicht mehr zu den Mittwochstreffen der Leipziger Kirchengemeinde. Auch andernorts oder schriftlich gab es keine weiteren Kontakte zwischen ihm und Pollner. An einem Gemeindeabend erschien einer jener Männer, die Theodor Wochen zuvor zu den Treffen mitgebracht hatte, zu einem Kurzbesuch. Er überbrachte Pollner mündlich eine vertrauliche ultimative Botschaft: „Schönen Gruß von Theodor. Bitte so rasch wie möglich aus Leipzig verschwinden, aber nicht nach drüben. Sie soll bleiben. Wenn ihr beide ginget, würde das Verdacht erregen."

Willi fragte nicht nach dem Grund für die ihm übermittelte Aufforderung. Er wusste, was an den vorangegangenen Gemeindeabenden diskutiert und an Protestaktionen gegen staatliche Maßnahmen beschlossen worden war. Was tun? Nach Niesleben, zu seiner Mutter, vermochte er nicht auszuweichen; dort hatte er, wie man so sagt, seine Zelte abgebrochen. *Abzuhauen über West-Berlin in den Westen* kam nach Theodors Geheiß nicht in Frage. So suchte Willi wie vor Jahren den Ausweg in der persönlichen Weiterqualifizierung. Und das gelang! Für die ihn interessierende Fachrichtung Ingenieur-Ökonomie des Maschinenbaus standen zu jenem Zeitpunkt an der TH Dresden noch freie Plätze für ein Direktstudium zur Verfügung. Studienbewerber mit solch einer Vorbildung, wie Pollner sie nachweisen konnte, hatten gute Chancen, sofort immatrikuliert zu werden. Willi bewarb sich und wurde angenommen. Sein erfolgreich abgeschlossenes Studium an der Ingenieurschule in Leipzig wurde ihm vom Prorektorat für Studienangelegenheiten der TH Dresden angerechnet: Statt der planmäßigen 11 brauchte er nur 6 Studiensemester plus Diplomphase zu absolvieren.

Für ein tägliches Pendeln zwischen seinem Wohnort, bei Ursels Mutter in Leipzig, und seinem Studienort Dresden war die Strecke zu weit und das Reisen mit der Deutschen Reichsbahn zu zeitaufwändig. Deshalb ließ sich Willi eine Unterkunft im TH-Studenten-Wohnheim in der Dresdner Schandauer Straße zuweisen. Das Wohnen im Heim ermöglichte ihm zudem, sich in die Gemeinschaft seiner Kommilitonen zwanglos einzugliedern und, wie Theodor sagen würde, geschickt abzutauchen.

Die Studenten der Fachrichtungen Ingenieurökonomie an der TH Dresden, allen voran die Mitglieder der SED, gaben sich nahezu ausnahmslos sehr staatsbewusst, nicht nur in den Seminaren zu den Gesellschaftswissenschaften oder in den Diskussionen der FDJ-Versammlungen, sondern auch durch ihre Verpflichtungen zu freiwilligen ehrenamtlichen Arbeitseinsätzen in der Landwirtschaft oder beim Nationalen Aufbauwerk an Wochenenden oder in den Semesterferien. Willi beteiligte sich an solchen Einsätzen engagiert. Zum geselligen Leben in seiner Studiengruppe trug er aktiv bei, sei es, dass er im Anschluss an die Kampfdemonstration am 1. Mai zu einer Dampferfahrt mit der Dresdner Weißen Flotte in die Sächsische Schweiz aufforderte oder dass er Wanderungen der Gruppe in die wunderschöne Umgebung Dresdens oder gemeinsame Theaterbesuche initiierte. So erlangte er, nicht zuletzt durch Verzicht auf manches gemeinsam mit seiner jungen Ehefrau verlebte Wochenende, den Ruf eines kumpelhaften *fortschrittlichen Parteilosen*.

Seine Kommilitonen verargten ihm nicht, wenn er mittwochs ab und an, ohne wichtige Lehrveranstaltungen zu versäumen, nach Leipzig reiste. „Jung verheiratet, für solchen Mann hat man doch Verständnis", sagten sie. Aber sie wussten nicht, dass Willi und seine Ursel an einem solchen Mittwoch gemeinsam in Leipzig ihren kirchlichen Gemeindeabend verbrachten und den Gedankenaustausch mit politisch Gleichgesinnten pflegten.

Willi Pollner lernte in seiner Dresdner Studienzeit viel Nützliches, aber seines Erachtens auch manches Unnütze.

1964 wurde ihm in einer Feierstunde der Fakultät Ingenieur-Ökonomie die Urkunde als Dipl.-Ing. oec. (Maschinenbau) überreicht. Nun, mit dem Diplom einer der traditionsreichsten und renommiertesten Hohen Technischen Lehranstalten Mitteleuropas, seit 1962 im Status einer Technischen Universität, zählte er zu der in der DDR hochangesehenen technischen Intelligenz. Das änderte jedoch nichts an Pollners Zugehörigkeit zu seiner und Ursels Kirchengemeinde in Leipzig.

Wie in der DDR nach abgeschlossenem Fach- oder Hochschulstudium auf Delegierungsbasis allgemein üblich, kehrte er in seinen Leipziger Betrieb, der ihn an die TH Dresden delegiert hatte, zurück. Er wurde dort als Fertigungsplaner in der Betriebsabteilung Technologie eingesetzt. Von einem Vertrauten aus Theodors Bekanntenkreis wurde ihm alsbald bedeutet, es war immer noch nicht genug Wasser die Leipziger Pleiße entlanggeflossen: „Du musst dich geografisch verändern." Er erfuhr, in Magdeburg war ein Wissenschaftlich-technisches Zentrum für den Getriebe- und Kupplungsbau in der DDR eingerichtet worden. Er und Ursel bewarben sich um einen Arbeitsplatz in dieser Einrichtung. Sie wurden ausbildungsgerecht und im Einvernehmen mit dem Leipziger Betrieb ins Zentrum übernommen. Ihnen wurde in Magdeburg eine Wohnung aus dem staatlichen Wohnungskontingent zugewiesen, kurz bevor Pollners Erstgeborener auf die Welt kam. So war der gebürtige Niesleber seinem Heimatort wieder nahegerückt.

Mutter Pollner war froh darüber. „Nun kann Ursels Mutter erfahren", sagte sie, „wie es ist, wenn die Kinder 120 Kilometer entfernt arbeiten und wohnen und man selbst immer allein sein muss." Sie wollte ihre jungen Leute finanziell unterstützen, damit die sich den längst bestellten PKW Trabant beim IFA-Autohandel in Magdeburg kaufen und dann sie bequem und oft in Niesleben besuchen konnten.

Mitte November 1969 wurde in der Dresdner Außenstelle des WTZ GuK, ansässig nahe der Dresdner Feldschlösschen-Brauerei, eine sogenannte Problemberatung von Kombinats- und WTZ-Mitarbeitern einerseits und von Vertretern tatsächlicher und potenzieller Kooperationspartner des Kombinates GuK andererseits durchgeführt. Die Experten kamen auf Betreiben der Kombinatsleitung zusammen, um sich über technisch-technologische Vorhaben gegenseitig zu informieren, Ansatzpunkte für die wissenschaftlich-technische Zusammenarbeit beider Seiten herauszufinden und dementsprechende vertragliche Vereinbarungen vorzubereiten. Die Industrie-Ministerien der DDR hatten die Direktoren der neugegründeten Kombinate des Landes angewiesen, die Technischen Hochschulen, Universitäten und Ingenieurschulen auf Vertragsbasis in die Bemühungen um die *Durchsetzung des wissenschaftlich-technischen Fortschritts* in ihren Kombinatsbetrieben einzubeziehen. Das WTZ GuK und die zuständige Kombinatsleitung, beide hatten ihren Hauptsitz in Magdeburg, sahen dafür auch die TH „Otto von Guericke" Magdeburg als unumgänglichen Partner an.

Die an den Rektor der TH gerichtete Einladung zu der Beratung wurde zur Erledigung an die Direktoren der Sektionen Technologie der mvl und Maschinenbau weitergereicht. Prof. Kainzow musste unabänderliche Termine in Berlin, im Ministerrat, wahrnehmen. Er übergab die Einladung an seinen Stellvertreter für Forschung, Prof. Weichtel. Der wiederum dachte sich: ‚Wozu haben wir in unserer Sektion Lehr- und Forschungsgruppenleiter eingesetzt, wenn nicht sie an solchen Beratungen sachkundig mitwirken sollten?' Er nutzte Kainzows Abwesenheit, für den Forschungsgruppenleiter seines Wissenschaftsbereiches und für Prof. Kainzows Oberassistenten, Dr.-Ing. Siegbert Täuscher, schriftliche Dienstreiseaufträge zur Teilnahme an der Dresdner Beratung auszustellen. Er veranlasste, dass für diese Reise beider Herren ein Dienst-PKW der GuK zur Verfügung gestellt wurde. Am liebsten hätte er auch dem neuen Lehr- und Forschungsgruppenleiter für Fertigungsprojektierung, Doz. Neuenhof, einen solchen Auftrag erteilt: Neuenhof engagierte sich Weichtels Erachtens zu sehr für das SKET und zu wenig für die GuK. Das wollte Weichtel ändern. Letztlich musste er aus einem banalen Grund von seinem Vorhaben absehen: In dem für die Dresden-Fahrt bereitgestellten PKW waren nur zwei Sitzplätze für TH-Mitarbeiter frei. Von der GuK würde Dipl.-Ing. oec. Willi Pollner mitfahren.

Pollner kannte die beiden TH-Vertreter vom Sehen und vom Hören/Sagen. Er wurde von ihnen gesiezt. Umso mehr kam ihm zupass, während dieser Autofahrt von Magdeburg nach Dresden und zurück, je 3 1/2 Stunden, die Bekanntschaft mit beiden Männern vertiefen und mit ihnen über die Bereitstellung von Forschungskapazitäten der TH verhandeln zu können, selbst wenn sich zunächst nur einige Diplomanden der Sektion Technologie für das von Pollner im WTZ der GuK bearbeitete F/E-Thema gewinnen ließen. Er, Pollner, war, neben noch einigen Kollegen aus dem Kombinat GuK, mit der wissenschaftlich-technischen Betreuung des Rationalisierungsvorhabens „Feinschmieden von Einzelteilen" im Kombinatsbetrieb Brand-Erbisdorf betraut. Die frischen Kräfte am Morgen nutzend, begann er gleich hinter der Stadtgrenze Magdeburgs, für die Mitarbeit an diesem Projekt zu werben.

„Das ist nicht unser Gebiet", sagte der Forschungsgruppenleiter für das Betriebliche Messwesen, ein promovierter und im September 1969 zum Hochschuldozenten berufener Mann.

„Na, vielleicht bisher noch nicht." Pollner gab nicht auf. „Was nicht ist, kann noch werden, nicht wahr? In unserem Kombinat, auch im WTZ, spielt das Vorhaben …"

Der Messtechniker unterbrach und belehrte ihn: „Wir befassen uns mit Verzahnungs-Messtechnik und haben damit für die Zusammenarbeit mit der GuK genügend Anknüpfungspunkte."

„Ja, aber wenn Sie heute mit zu der Beratung nach Dresden fahren, müssen Sie doch darauf eingestellt sein, auch etwas anderes …"

Wieder unterbrach ihn der Forschungsgruppenleiter: „Worauf ich eingestellt bin, will ich Ihnen an diesem frühen Morgen verraten: Wir brauchen für unsere Arbeiten dringend ein Zahnschrägenmessgerät von der Firma MAAG oder ein Steigungsprüfgerät von der gleichen Firma, einer BRD-Firma, verstehen Sie? Die notwendigen D-Mark, also harten Devisen, stellt uns unser Hochschulministerium nicht zur Verfügung. Das Kombinat GuK verfügt aber aus West-Exporten über harte Devisen. Ich will in Dresden verhandeln, dass die GuK eines der gennnten Geräte beschafft und uns zur Verfügung stellt, als zeitweilige oder ständige Leihgabe." – „Aber …" – „Wir erbringen Forschungsleistungen für die GuK, und die GuK verschafft uns Gerätetechnik, an die wir aus besagtem Grund nicht herankommen. So funktioniert sozialistische Forschungskooperation."

„Das geht über meine Kompetenz."

„Sehen Sie …"

„Aber Sie", wandte sich Pollner an Dr. Täuscher, „welche Möglichkeiten sehen Sie?"

Täuscher lachte belustigt. „Mein Chef", er meinte Prof. Dr. Kainzow, „ hat kürzlich mit uns Spanenden Formern den jahrelang bearbeiteten Forschungsauftrag 'Thermik im Schneidkopf spanender Werkzeuge' zum Abschluss gebracht." Täuscher lachte immer noch. Pollner verstand nicht, was es bei dieser Information zu lachen gab. „Ob es um diese Problematik in der bevorstehenden Beratung in Dresden gehen wird, bezweifle ich." Täuscher sagte: „Seien Sie unverzagt! Wir beschäftigen uns unter Professor Kainzows Leitung auch mit dem Wälzfräsen und mit dem Zahnflankenschleifen nach dem NILES-Verfahren. In Ihrem Kombinat wird an der Einführung des Schraubwälzschleif-Verfahrens gearbeitet, das ist interessant für uns. Das Schmieden, erst recht das Feinschmieden, gehört in das Ressort unserer Umformtechniker."

„Dann hätte Ihr Sektionsdirektor von der Gruppe der Umformer auch jemanden zu der heutigen Beratung schicken müssen."

„Hätte, hätte …", höhnte Täuscher. „Er konnte das nicht. Er hat den zuständigen Lehr- und Forschungsgruppenleiter im vergangenen Monat für ein halbes Jahr ans

Polytechnische Institut Leningrad zum Zusatzstudium geschickt. Der Mann soll bei uns zum Hochschuldozenten berufen werden. Ohne den Nachweis eines Zusatzstudiums in der SU liegt der Berufungsantrag im Hochschulministerium auf Eis." Und er dachte: 'Mir geht es nicht anders, obwohl sich Kainzow für mich stark gemacht hat.' Er seufzte: 'Diese persönlichen Dinge gehen den kleinen WTZ-Mann da vorn neben dem Fahrer nichts an.'

Auf der Heimfahrt am Abend zog jeder der drei Männer zu den Ergebnissen der Dresdner Beratung eine eigene Bilanz. Der Forschungsgruppenleiter für das Betriebliche Messwesen war wegen seiner Ambitionen hinsichtlich eines neuen Gerätes von der westdeutschen Firma MAAG erst bestaunt und dann belächelt worden. Ob er eine Vorstellung davon habe, war er vom Technischen Direktor des Kombinates GuK gefragt worden, mit wieviel Mühe und Preisrabatten auf dem Weltmarkt harte Devisen zu erlösen seien. 'Also', schlussfolgerte der Hochschuldozent, 'hier muss Volker Weichtel in der Kombinatsleitung vorstellig werden und sein Verhandlungs- und Organisationsgeschick unter Beweis stellen.'

Im WTZ der GuK waren einige Absolventen der Sektion Technologie der TH Magdeburg beruflich tätig. Dr. Täuscher stand mit ihnen in engem fachlichen Kontakt. Von ihnen hatte er erfahren, die GuK wolle das neue Forschungs- und Entwicklungs-(F/E-)Thema „Schraubwälzschleifen im Getriebebau" bearbeiten und suche dafür Kooperationspartner. Täuscher hatte dies seinen Sektionsdirektor wissen lassen. Der hatte spontan entschieden: „Da steigen wir ein, aber nicht zum Nulltarif." Kainzow hatte dabei nicht nur an einzuwerbende Finanzmittel, sondern darüber hinaus an die Einrichtung eines neuen Versuchsstandes im Versuchsfeld der Sektion Technologie gedacht. An diese Order seines Vorgesetzten hatte sich Täuscher mit seinem Diskussionsbeitrag in der GuK-Beratung gehalten. Er hatte angekündigt, die Sektion würde für die F/E-Themen-Bearbeitung sofort einen wissenschaftlichen Assistenten und einen Forschungsstudenten und sukzessiv auch Diplomanden einsetzen, der Sektion müsste allerdings, um themenspezifische Versuche durchführen zu können, eine entsprechende Werkzeugmaschine der Firma REISHAUER, leihweise oder zum Verbleib, zur Verfügung gestellt werden.

Der Technische Direktor des Kombinats hatte die Bereitschaft der TH zur Mitarbeit an dem F/E-Thema begrüßt. Darüber, der Sektion eine Schraubwälz-Schleifmaschine zu Versuchszwecken zu überlassen, wollte er mit maßgebenden Verantwortlichen der Hochschule noch verhandeln. Auf jeden Fall, sagte er, würde keine Maschine der Schweizer Firma REISHAUER bereitgestellt werden können. Das Kombinat Getriebe und Kupplungen sei vom zuständigen Ministerium mit der *Ablösung von West-Importen* und für den speziellen Fall mit der Anschaffung einer äquivalenten, in der Sowjet-Union entwickelten und ab 1970 verfügbaren Maschine beauflagt worden.

Hierzu hatten sich einige Beratungsteilnehmer aus Kombinatsbetrieben skeptisch geäußert. Für ihre Betriebe waren, gemäß Vorgabe der übergeordneten Instanz, Produktions-Drehmaschinen aus der Volksrepublik Bulgarien angeschafft worden. Mit diesen Maschinen hatten sie hinsichtlich Qualität und Produktivität schlechte Erfahrungen gemacht. 'Wenn das die Segnungen der Arbeitsteilung im RGW sind', dachte Siegbert Täuscher, 'dann kann sich der Industriezweig GuK mit Schraubwälz-Schleifmaschinen aus der SU ja auf 'was gefasst machen.' Er hatte dennoch seine zuvor gegebene Zusage bekräftigt und versichert, die Mitarbeiter der TH würden auch aus einer sowjetischen Maschine im Interesse der Sache das Beste herausholen.

Am Ende, auf der Rückfahrt nach Magdeburg, resümierte er für sich selbst, an diesem Tage erfolgreich gewesen zu sein. Anders der Dritte der PKW-Insassen, Dipl.-Ing. oec. Willi Pollner. Auf sein Werben für das Projekt „Feinschmieden" waren die mitreisenden TH-Vertreter nicht eingegangen. Außerdem war in der Beratung ein zu geringes Bearbeitungstempo für dieses Projekt beklagt, und es waren Auswirkungen auf die Jahresend-Prämie der Themen-Bearbeiter angekündigt worden. Darob saß nun Pollner recht nachdenklich und schweigsam neben dem Fahrer des heimwärts rollenden PKW.

Dr. Täuscher und der Forschungsgruppenleiter für das Betriebliche Messwesen wähnten, Willi Pollner würde sich nach des langen Arbeitstages Mühen ein Nickerchen gönnen. Sie unterhielten sich halblaut, aber in einer Weise, als säßen nur sie beide und der Fahrer in dem Auto. Eines ihrer Gesprächsthemen war der vor einigen Wochen an die TH Magdeburg berufene Hochschuldozent für Fertigungsprojektierung. „Wie kommst du mit dem Neuen auf eurer Etage klar?", fragte der Messtechniker. Siegbert Täuscher zuckte mit den Achseln. „Na, eben so. Neuenhof gibt sich kollegial." Diese Antwort genügte dem Forschungsgruppenleiter nicht. Deshalb sagte Täuscher: „Jeder von uns hat sein Fachgebiet. Er vertritt seines, ich das meinige."

„Aber wie ich mich in unserem Laden auskenne und wie manche eurer Leute meinen, gibt's doch zwischen euren Gebieten Überschneidungen."

„Darüber ist noch nicht debattiert worden."

„Auf derartige Diskussionen solltest du dich gefasst machen."

„Kann sein. Aber darüber mache ich mir heute noch keinen schweren Kopf."

Der Messtechniker drängte: „Nehmen wir als Beispiel aus unserer heutigen Beratung das Thema 'Feinschmieden'. Das geht doch, wie erneut klargeworden ist, nicht nur die Umformtechniker in unserem Hause etwas an. Das Feinschmieden krempelt die Fertigungsprozesse für einige Einzelteile des GuK-Sortiments völlig um, daran besteht kein Zweifel. Also werden Kainzow und Weichtel den Neuen über kurz oder lang vertraglich in das Vorhaben einbinden."

Pollner hielt den Kopf nach wie vor gesenkt, als drussele er vor sich hin. Aber er war hellwach und lauschte, was die beiden Männer von der TH wohl noch über sein F/E-Thema „Feinschmieden" zu sagen wüssten. Dazu kam jedoch nichts mehr.

Der Forschungsgruppenleiter warnte: „Wenn du mit der ganzen Kainzowschen Truppe das Vorhaben 'Schraubwälzschleifen' angeschoben haben wirst und in unserem Versuchsfeld die neue passende Maschine installiert sein wird, dann drängelt sich der Neuenhof auch in das Thema 'Schraubwälzschleifen' hinein. Du hast die Vorarbeit geleistet, und er ist, neben dir, gleichberechtigter Nutznießer."

„Das glaube ich nicht."

„Sei nicht naiv Neuenhof hat seinen ganzen Stall voll Forschungsstudenten. Für sie alle braucht er Arbeitsgebiete, auf denen sie promovieren können."

Täuscher sagte lachend: „Das Ei mit den vielen Forschungsstudenten hat ihm Kainzow ins Nest gelegt. Ich möchte nicht in Neuenhofs Haut stecken."

„Lass den nur machen! Pass du auf dich auf!"

Auf das weitere Gerede der beiden achtete Willi Pollner nicht. Er dachte: 'Neuenhof, Dozent für Fertigungsprojektierung, das werde ich mir merken. Ich werde den Kontakt zu ihm herstellen, werde ihn am besten aufsuchen. Vielleicht kann ich ihn für mein F/E-Thema gewinnen, möglicherweise vertraglich binden.' Unbeeindruckt von dem Geplauder der TH-Männer im Wagenfond und ungerührt von dem stoisch geradeaus gerichteten Blick des Fahrers auf die Fahrbahn, ließ Pollner seine Gedanken und Erwägungen in das gleichförmige Motorengeräusch des Wolga hineingaloppieren. 'Wie wäre es, wenn ich mitsamt meinem Thema vom WTZ an die TH wechseln würde? Dann können sich die Schlaumeier in der Leitung des WTZ und des Kombinates einen anderen Themenverantwortlichen für das Feinschmieden ausgucken, jemanden, der für das Thema, wie gewünscht, einen rascheren Bearbeitungsfortschritt erreicht.'

Nicht minder wichtig war ihm eine andere Sache. Vor einiger Zeit war im WTZ, wie in anderen Betrieben und Einrichtungen auch, ein Verantwortlicher für Zivilverteidigung eingesetzt worden. Der Mann schulte die Belegschaftsmitglieder zu den verschiedensten Themen des Selbstschutzes für den Fall einer kriegerischen *Auseinandersetzung mit den aggressiven westlichen Imperialisten und Militaristen*, die unweigerlich ein Atomkrieg sein würde. Er behandelte die Themen im Duktus eines strammen SEDisten. Das war nach Willi Pollners Empfinden schon nervend genug. Mehr noch als das fühlte sich Willi von dem Mann beobachtet. Dass er sich dabei nicht nur etwas einbildete oder einredete, schlussfolgerte er aus solchen Bemerkungen des Beauftragten wie: „Wir sehen und wissen alles!" oder: „Es gibt Leute, die treffen sich in Kirchenkreisen nicht bloß, um gemeinsam zu beten." und Ähnliches. Willi vermutete, der Mann war ein Mitarbeiter der Firma HORCH & GUCK, und vertraute sich seinen Freunden an. Sie vermochten seine Annahme weder zu bestätigen noch zu entkräften. Sie rieten ihm jedoch, vorsichtig zu sein und an dem einen oder anderen Treff der Kirchengruppe nicht teilzunehmen. 'Wenn ich zur TH wechseln würde', dachte Pollner, 'könnte mir der Mann gestohlen bleiben', und er glaubte, damit einer Überwachung oder Bespitzelung entgehen zu können.

An der Abfahrt Dessau-Süd verließ das Fahrzeug die Autobahn A 9. Der Fahrer wählte für den Rest der Strecke nach Magdeburg die Landstraße über Dessau, Zerbst und Gommern. Zu jener Zeit gab es von der A 9 bis Magdeburg weder ab Halle/Saale noch ab Dessau eine Autobahn-Verbindung. „Die Zeit des Berufsverkehrs ist vorüber", murmelte der Fahrer vor sich hin. „Mal probieren, ob ich es schaffe, in weniger als einer Stunde in Magdeburg zu sein."

Willi Pollner war egal, ob der Fahrer das schaffte oder nicht. Er grübelte und entwarf einen Plan für sein Treffen und Gespräch mit Neuenhof, dem Fertigungsprojektierer an der TH. Und als die ersten abendlichen Lichter von Magdeburg am Horizont aufschimmerten, stand Pollners Entschluss fest: Er würde wissenschaftlicher Assistent bei Neuenhof werden wollen. Bei dem Gedanken, dass er dann wohl zum Doktor-Ingenieur promovieren müsse, schmunzelte er. 'Warum nicht?' dachte er. 'Die Regierung der DDR fordert, jeder Werktätige habe sich für den Aufbau des Sozialismus ständig weiterzuqualifizieren.' Dieser staatsbürgerlichen Pflicht würde er gern noch einmal nachkommen

11

„So habe ich mir unser Familienleben nach unserem Umzug von Dresden nach Magdeburg nicht vorgestellt", sagte Karin Neuenhof zu ihrem Ehemann. „Ich war, als wir in Dresden wohnten und wechselweise sonnabends arbeiten mussten, einiges von dir gewöhnt. Selbst an den für dich arbeitsfreien Sonnabenden bist du in deinen Betrieb gefahren. Du hast behauptet, ohne dich könnte dort nicht in Sonderschichten gearbeitet werden. Ich hatte an solchen Samstagen Dienst in der Apotheke und glaubte, das passte gut, du könntest dich um die Kinder kümmern. Aber du wusstest ohne dein Elektrodyn mit dem freien Tag nichts anzufangen, und ..."

„Ich habe mich um unsere Kinder gekümmert", unterbrach er sie.

„Gekümmert, pah! Im Betrieb herumgeschleift hast du sie, die armen Jungs!"

„Wohin hätte ich sie bringen sollen? Annedore konnte sie nicht zu sich nehmen, sie gab in Großsedlitz Unterricht. Im übrigen: Gerald hat sich sehr für die spanenden Werkzeugmaschinen und für die bei der Arbeit anfallenden Späne interessiert. Eine lange Stahlwendel von der Bohrbearbeitung hat er sogar mit nach Hause gebracht. Und Martin hielt ich immer an der Hand. Es ist keinem der Jungen etwas passiert."

„Dein Glück! Das alles ist mittlerweile Vergangenheit ..."

„Eben! Wozu dann jetzt die ollen Kamellen?"

„Weil ich deinen Eifer damals für übertrieben hielt und sehr strapaziös für unsere Familie, das habe ich dir mehrmals gesagt. Aber das ist ja eine Lappalie im Vergleich zu dem, was du in den letzten Wochen hier in Magdeburg veranstaltet hast. Zum Abendessen kommst du unpünktlich nach Hause, als ob nicht auch dir daran gelegen sein müsste, dass die Kinder zur gewohnten Zeit essen und ins Bett gehen können, weil ich sie am nächsten Morgen früh aus den Federn holen und Gerald in die Schule bringen muss. Und in letzter Zeit hast du an jedem Sonntag für die EDV gebüffelt und Programmablaufpläne entworfen. 'Karin', hast du gesagt, 'ich bin kein x-beliebiger Teilnehmer an dem EDV-Lehrgang der TH, sondern Hochschuldozent. Ich darf mich vor den Lehrkräften und Lehrgangsteilnehmern nicht blamieren ...'"

„Stimmt ja auch. Und wenn es sonntagnachmittags hieß, wir wollen in den Zoo oder hierhin oder dorthin gehen, dann habe ich mich nicht ausgeschlossen, egal, wie weit ich mit meiner Arbeit gekommen war."

„Etwas anderes wäre wohl ein starkes Stück gewesen. Aber jedesmal musste ich es von dir fordern, wieder und wieder, wie eine Bittstellerin, manchmal auch energisch. Du hast keine Idee für ein Sonntagnachmittagsprogramm der Familie entwickelt."

„Was willst du, ich bin mitgegangen ..."

Karin winkte ab. „Dann deine Reise nach Karl-MarxStadt, um dir Material für deine Vorlesung zu besorgen, hast du nun für die Vorlesung schon etwas ausgearbeitet?" Er schüttelte den Kopf und dachte: 'Nun stochert sie auch noch in dieser offenen Wunde herum!' – „Siehst du. Soll ich noch mehr aufzählen?"

„Lieber nicht." Heinz fragte: „Musst du so unzufrieden mit mir sein?"

„Was familiäre Dinge anbetrifft: ja."

Er versuchte, sie in die Arme zu nehmen und zu beschwichtigen. Sie wehrte ihn ab. „Jetzt keine Schmusereien!"

'Kratzbürste', dachte er und fragte provokatorisch: „Sondern?"

„Wir müssen einiges bereden, selbst wenn es für dich nicht so interessant zu sein scheint wie Programmablaufpläne und all das andere EDV-Zeugs."

„Und das wäre?", fragte er gereizt. Sie sagte unbeirrt: „Wir sind mitten im November, haben aber nur ein paar Henkeleimer voll Kohlen im Keller. Ich laufe an jedem Tag zum Kohlenhändler in unserer Nachbarschaft, vis-a-vis von unserem Wohnblock. 'Gute Frau', sagt er, 'ich würde Ihnen gern Briketts verkaufen, aber meine Lagerboxen sind leer. Der zentrale Kohlehandel der Stadt kann mir derzeit kein Brennmaterial liefern.'"

„Das kann nicht sein Hast du ihm nicht erklärt, wir sind frisch hergezogen und haben kein Stück im Keller?" – „Das hab' ich." – „Hast du nicht auf unsere Nachbarschaft gepocht?"

„'Dafür bekommt er nichts geliefert', hat er gesagt. Vielleicht solltest du mal zu ihm gehen und Druck machen. Ich weiß jedenfalls nicht, womit ich demnächst die Öfen im Wohn- und im Kinderzimmer beheizen soll."

„Hast du bei anderen Kohlenhändlern nachgefragt?"

„Sie haben auch nichts. Außerdem habe ich uns gleich nach unserem Umzug bei dem Händler in unserer Nähe angemeldet; ich dachte, das wäre zweckmäßig und bequem. Da nimmt kein anderer in der Stadt Bestellungen von uns an."

Heinz dachte: 'Sie redet, als würden wir in Verhältnissen wie 1945 oder 1946 leben.' Er verdächtigte sie, sie würde sich nicht energisch genug für eine Kohlenlieferung einsetzen. „Ich kümmere mich um die Sache. Man wird doch wohl in Magdeburg Kohlen zu kaufen kriegen."

Karin hörte den Verdacht aus seinen Worten heraus, und der kränkte sie. Aber sie wollte nicht weiter mit ihm streiten. „Versuch dein Heil! Vielleicht hast du mehr Glück als ich." Sie brauchte eine Weile, ehe sie in sachlichem Tonfall weiterreden konnte. „Ich habe noch ein anderes Anliegen. Übermorgenabend findet für Geralds Schulklasse eine Elternversammlung statt. Ich möchte, dass diesmal du dorthin gehst."

Er schüttelte den Kopf. „Wieso? Solche Termine hast bisher du wahrgenommen. Du bist mit der Sache vertraut. Warum diesmal anders?"

„Weil ich an dem Tag große Wäsche habe und weil ich die bis zum Abend schrankfertig bekommen möchte."

„Na ja. Aber am Abend musst du dich doch damit nicht noch beschäftigen."

„Wir sind vier Personen in der Familie. Was denkst du, wieviel da zusammenkommt?" – „Zugegeben ..." – „Vielleicht bin ich an dem Abend, nach meiner anstrengenden Arbeit am Tag, kaputt? Vielleicht möchte ich mich bloß mal eine Stunde still hinsetzen können, hätte ich das nicht verdient?"

Er wurde verlegen. „Musst du ausgerechnet übermorgen großen Waschtag halten?"

„Verlange ich von dir etwas so Außergewöhnliches?"

Er schlug vor: „Wir gehen beide zur Versammlung, unternehmen wie ein verliebtes Pärchen einen Abendspaziergang."

„Und die Kinder?"

„Sie sind groß."

„Willst du sie unbeaufsichtigt zu Hause lassen?"

Er nickte. „Wir geben Frau Arndt unseren Korridorschlüssel." Frau Arndt war die Flurnachbarin, eine Dame über die siebzig. „Sie kann hin und wieder nach den Jungs gucken."

„Niemals," Karin war die Frau nicht sympathisch.

„Was hast du gegen sie?"

„Wir mögen uns nicht. Sie behandelt mich, als sei ich ein junges Ding, dem man erst mal ein bisschen Hauswirtschaft beibringen muss. Bei jeder passenden und unpassenden Gelegenheit trägt sie mir vor, was für eine patente, fleißige und ordentliche Frau die Vormieterin unserer Wohnung gewesen sei. Neulich war ich dran mit der Hausordnung. Ich habe den Hausflur geschrubbert und gewischt. Beim Wischen habe ich das Scheuertuch um den Schrubber gewickelt. Ein paarmal habe ich mit dem Wischeimer geklappert. Prompt ging die Korridortür vis-a-vis auf, und Frau Arndt belehrte mich, die Vormieterin habe stets von Hand, nicht mit dem Schrubber nachgewischt, so käme man besser in die Ecken der Treppenstufen hinein. Was sagst du dazu? Ist dir noch nicht aufgefallen, dass du einen Dreckpussel geheiratet hast?"

Heinz lachte leise und nahm seine „dreckpusselige Frau" in die Arme. Diesmal ließ es sich Karin gefallen. Er sagte: „Wir werden die Nachbarin nicht bemühen. Wir gehen dennoch beide zur Versammlung. Unsere Jungen lassen wir allein zu Hause. Wir sagen ihnen, das sei eine Auszeichnung für sie, sie seien schon groß, und wir hätten volles Vertrauen zu ihnen, dass sie während unserer Abwesenheit keine Dummheiten machen würden. Wir werden die Korridortür nicht abschließen. Im Not- oder Gefahrenfall können Gerald und Martin aus der Wohnung retirieren."

Die Rede ging noch hin und her. Am Ende willigte Karin in seine Vorschläge ein, und sie gingen zu Bett und taten einander gut.

„C'est la vie", sagen die Franzosen, und Karin Neuenhof sagte, ihr Ehemann interessiere sich nicht für die familiären Dinge des Alltags. 'Haben sie recht, die Franzosen und Karin?', grübelte Heinz Neuenhof nach der abendlichen ehelichen Debatte. Er strebte an der Technischen Hochschule nach Bewältigung seiner neuen Aufgaben und nach Anerkennung seiner Leistungen, aber zu Hause hatte er nicht so viel Kohlen im Keller, dass seine Familie zur Winterzeit in der nunmehr bewohnten ofenbeheizten 3 1/2 Zimmer-AWG-Wohnung nicht zu frieren brauchte, und der Winter stand, wie man zu sagen pflegt, vor der Tür.

Als der Neu-Magdeburger Dozent am frühen Abend des nächsten Tages nach Hause kam und noch nicht mal seinen Mantel auf einen Bügel und an die Flurgarderobe gehängt hatte, kam ihm Karin entgegengelaufen und wedelte aufgeregt mit einem DIN A5-formatigen Briefumschlag. „Ich könnte heulen", sagte sie zur Begrüßung. Sie zog zwei eng beschriebene Papierbögen aus dem Umschlag und hielt sie

Heinz vor die Nase. „Na, na, was soll das? Sei nicht so aufgeregt!" Er umarmte sie. Dann las er: VEB IFA-Vertrieb Dresden Autohaus Start Ernst-Thälmann-Straße 25–29, adressiert an Karin Neuenhof in Magdeburg:

> Sehr verehrter Kunde, Auf der Grundlage der seit Mai 1966 innerhalb der DDR einheitlichen Verkaufsrichtlinien übersenden wir Ihnen als Anlage den vorbereiteten Kaufvertrag Nr. 69/2558, Serien-Nr. nach Kfz-Typen TL/7094, vierfach. Die Neugestaltung beinhaltet, dass Sie sich bereiterklären, einen Teil der Kaufsumme bei Abschluss des Vertrages anzuzahlen. Die Anzahlungsrate beträgt für den von Ihnen bestellten PKW 6.400,- Mark. Wir bitten Sie, die Anzahlungsrate auf das Sammelkonto bei der Industrie- und Handelsbank Dresden bis spätestens 5.12.69 einzuzahlen bzw. zu überweisen."

„Lass uns ins Wohnzimmer gehen", sagte Neuenhof mit heiserer Stimme. „Ich muss mich erst mal hinsetzen."

„Geht's dir wie mir heute vormittag, als ich den Brief mit zitternden Händen geöffnet habe und vor Aufregung gleich zweimal lesen musste, hm?", fragte Karin teilnahmsvoll.

Der Kaufvertrag betraf einen Personenkraftwagen Trabant 601 Limousine in Sonderausführung S, Farbe weiß, hergestellt im VEB Automobilwerk „Sachsenring" Zwickau, der vormaligen Automobilfirma Horch. Der Kaufpreis war mit 8.050 Mark plus 150 Mark für diverses Zubehör festgesetzt. Auf Betreiben ihres Ehemanns hatte Karin Neuenhof solch ein Fahrzeug sechs Jahre zuvor im Dresdner Autohaus Start unter der Registrier-Nummer 1293/63 bestellt. Für DDR-Bürger ohne Amt, Funktion oder Lobby war ein fabrikneuer PKW im ersten deutschen Arbeiter-und-Bauern-Staat nur auf Voranmeldung zu haben. Dass Karin die Bestellung auf ihren Namen vorgenommen hatte, war der Absicht geschuldet gewesen, für Neuenhofs die Wartezeit bis zur Auslieferung eines Autos zu verkürzen. Heinz hatte sich, eher als Karin und im Überschwang jugendlichen Begehrens, für einen Wartburg aus dem VEB Automobilwerk Eisenach, einem bis Kriegsende BMW zugehörigen Betrieb, angemeldet. Es war seinerzeit üblich gewesen, jedes Familienmitglied, das älter als achtzehn Jahre war, bestellte, zeitlich gestaffelt, das von der Familie gewünschte Fahrzeug. Denn die Nachfrage der DDR-Bürger nach PKW war größer als der Produktionsausstoß der DDR-Automobilwerke zuzüglich des PKW-Imports aus sozialistischen Ländern. In manchen Großfamilien meldeten sich sogar die Omas und Opas beim volkseigenen PKW-Handel für ein Auto an, meistens für einen Trabi, wie der PKW Trabant gemeinhin genannt wurde, damit die Enkelkinder oder gar die Urenkel, wenn sie achtzehn geworden waren, „ihr Auto" fahren können.

In den 1950er Jahren, den sogenannten goldenen Jahren der Bundesrepublik Deutschland, war ein privater PKW zu des Deutschen liebstem Kind mutiert. Das war dank Rundfunk, Presse und Briefverkehr nicht ohne Auswirkung auf die Deutschen in der DDR geblieben; es hatten sich hüben wie drüben gleiche Begehrlichkeiten entwickelt. Was dem einen sein VW-Käfer oder ein Rekord von Opel bedeutete, waren dem anderen sein „Trabi" oder ein Wartburg aus Eisenach. Heinz und Karin Neuenhof waren bodenständige Mitteldeutsche, seit dem 7. Oktober 1949 DDR-Bürger, und entsprechend den Gepflogenheiten und Möglichkeiten im Staate hatten sie eine Doppelbestellung vorgenommen, sie, als Mindestes, für einen Trabi, er, gehobenen Ansprüchen genügend, für einen Wartburg.

Der Wartburg war ein gefragtes Auto im Inland und für den Export. Es gab Phasen im Außenhandel der DDR, in denen die Ungarische Volksrepublik das für die Aluminium-Produktion der DDR benötigte Bauxit nur gegen Wartburg-PKW und entsprechendes Zubehör und Ersatzteile lieferte. Da konnte sich der Verkauf eines Autos dieses Typs an Privat-Kunden der DDR um Jahre hinauszögern. Darin lag die zeitliche Staffelung der Neuenhofschen Auto-Bestellung begründet. PKW-Bedürftige und Auto-Liebhaber, die nicht acht oder zehn Jahre oder noch länger auf die Kaufmöglichkeit „ihres Autos" warten wollten, und nicht nur sie, alle in der DDR wussten, dass bei Auto-Bestellungen so, wie die Neuenhofs es praktizierten, verfahren wurde, und allen war bewusst, dass dies kein Zeichen der Überlegenheit des Sozialismus über das Wirtschaftssystem in den westlichen Industrieländern sein konnte.

Mitglieder des Politbüros der SED und Verantwortliche für die Automobil-Industrie und den PKW-Handel in den Staats- und Wirtschaftsorganen, von den Ministerien bis hin zu den Räten der Kreise, unterstellten vielen Familien Doppel- und Dreifachbestellungen oder Zahlungsunfähigkeit; sie erachteten den PKW-Bedarf in der DDR als künstlich überhöht. Sie strebten einen Ausgleich zwischen Angebot und Nachfrage auf überwiegend handelsorganisatorischem Wege an. Dementsprechend waren die Verkaufsrichtlinien vom Mai 1966 erlassen worden, auf die in dem Schreiben des Autohauses an Karin Neuenhof Bezug genommen wurde. Die handelsorganisatorischen Maßnahmen fruchteten jedoch wenig, die Wartezeiten auf ein Auto verkürzten sich kaum, die meisten PKW-Besteller hatten das Geld für „ihr Auto" beisammen. Bei Karin und Heinz Neuenhof war die finanzielle Sachlage anders, obgleich sie, im Vertrauen auf Unterstützung in irgendeiner Form, Karins Eltern und Heinz' Mutter über ihr Vorhaben und Vorgehen lange zuvor informiert hatten.

„Ihr übernehmt euch", hatte Charlotte Enders frühzeitig gewarnt. „Ihr habt mit Mühe und Not die finanziellen Genossenschafts-Anteile für eure AWG-Wohnung aufgebracht, einrichten musstet und müsst ihr euer Heim auch, Möbel sind nicht billig, Kinder wollt ihr euch anschaffen" – Gerald war, wie man so sagt, „schon unterwegs" gewesen –, „wie denkt ihr euch das alles? Für ein Auto habt ihr jetzt und in absehbarer Zeit kein Geld. Von uns könnt ihr keines kriegen." Und Mutter

Paula, die gütige Invalidenrentnerin, hatte, als sie in die Pläne der jungen Leute eingeweiht worden war, zu weinen angefangen und geklagt: „Dass ich arme Kirchenmaus euch nicht, wenigstens ein bisschen, unterstützen kann, macht mich ganz krank." Ihre spärliche Invalidenrente hatte für ihren Lebensunterhalt, „für das Nötigste gerade so", pflegte sie zu sagen, und für nicht mehr gereicht.

Die Bedenken der Alten hatten Karin damals nachdenklich gestimmt. „Sollten wir es nicht bei einer einzigen Auto-Bestellung belassen? Den teuren WARTBURG für fast 13.000 Mark sollten wir vernünftigerweise abmelden." Dem hatte Heinz widersprochen. Er hatte vorgeschlagen: „Wir lassen alles so laufen, wie wir es eingefädelt haben. Im ungünstigsten Fall wird uns ein Kaufangebot unterbreitet, wenn wir das notwendige Geld noch nicht zusammengespart haben. Dann gehen wir auf das Angebot notgedrungen nicht ein, und es passiert uns gar nichts. Im Gegenteil: Die Leute im IFA-Vertrieb werden sich freuen, wenn sie einen Kaufinteressenten weniger auf ihrer langen Warteliste zu stehen haben. Im günstigen Fall haben wir nach so vielen Jahren, die wir auf ein Auto warten müssen, doch ein bisschen Geld gespart, und zu sparen haben wir weiß Gott gelernt in unseren jungen Jahren. Also hab' Mut! Und vergiss nicht: Mit unserer 'Schnellen' verfügen wir, wenn wir sie zu günstigen Konditionen verkaufen, über einen soliden finanziellen Grundstock."

So hatte sich Heinz Neuenhof das kurz nach der Hochzeit mit seiner Karin gedacht, und er hatte das in so überzeugendem Tonfall vorgetragen, dass ihm seine junge Ehefrau geglaubt und zugestimmt hatte, beide Auto-Bestellungen aufrechtzuerhalten. Zudem war es schon immer so in der Welt gewesen, junge Leute wollen schlauer sein als die Alten und schlagen manchen gutgemeinten Rat in den Wind.

Dem kleinen Exkurs zum Kraftfahrzeug-Handel in der DDR sei hinzugefügt

DIE GESCHICHTE VON DER NEUENHOFSCHEN „SCHNELLEN"

„Die Schnelle", das war des jungen Diplom-Ingenieurs Neuenhof Motorrad vom Typ AWO/Simson 425 S aus dem VEB Fahrzeug- und Jagdwaffenwerk Suhl gewesen, die DDR-bekannte sogenannte AWO-Sport. Mit einem solchen Motorrad hatte Neuenhofs Fahrzeug-Erwerb, einem Ratschlag des Volksmundes folgend, klein angefangen, knappe zwei Jahre nach dem Abschluss seines Hochschulstudiums an der TH Dresden und noch vor der Verlobung mit Karin Enders. Paula Neuenhof war von dem Motorrad-Kauf nicht angetan gewesen. „Du hast für ein Motorrad noch nicht sparen können. Kauf dir erst mal einen schicken Anzug, meinethalben auch zwei, und ein paar ordentliche Oberhemden! Du kannst nicht als wissenschaftlicher Assistent bei Professor Wichtler mit dem Skianzug und dem karierten Hemd im Institut erscheinen, in denen du im Winter in Dresden in die Vorlesungen und Seminare gegangen bist." Paula hatte es immer gut gemeint mit ihrem Sohn, und sie hatte immer viel Verständnis für ihn und für sein Handeln aufgebracht. 'Nach dem langen Studium ist nun die Motorisierung fällig', dachte sie. 'Das ist Erbgut von seinem Vater.' Sie hatte dennoch geraten: „Bis du dir ein eigenes Motorrad leisten kannst, kommst du mit der Deutschen Reichsbahn für wenig Geld überall hin." Es war ihr letzter Versuch gewesen zu verhindern, dass er sich, wie sie es ausdrückte, „wegen der Karre kasteite".

Heinz hatte sich daraufhin von seiner Tante Alma Knarr in Burkitz 600 Mark geliehen und dafür, bei Begutachtung durch seine Mutter, im Burkitzer Konsum-Textilkaufhaus zwei Anzüge gekauft. Den von der Tante gewährten Kredit hatte er später in zwei Raten zu je 300 Mark getilgt. Das war zugleich der Test dafür gewesen, was er sich als junger Diplom-Ingenieur leisten konnte, wenn er eisern sparen, also sehr sparsam leben würde. Sein monatliches Netto-Einkommen als wissenschaftlicher Assistent an der TH Dresden hatte damals 584 Mark betragen. Aber er war unverheiratet und begeisterungsfähig gewesen, und so hatte er sich zu dem Kauf eines Motorrades auf Teilzahlung entschlossen.

Das einzige Krad, das zu jener Zeit in der DDR auf Teilzahlungsbasis gehandelt wurde, war die AWO/Simson 425 S, die AWO-Sport, gewesen. Er hatte mit der Stadtsparkasse in seinem Heimatwohnsitz Burkitz einen „Zweckspar- und Darlehensvertrag (Teilzahlungskredit)" über 2.400 Mark abgeschlossen. Finanziell derart gewappnet, hatte er beim IFA-Vertrieb in Burkitz das Objekt seiner Begierde erwerben wollen. Von den Verkäufern war er mitleidsvoll belächelt worden. „Wir können Ihren Namen auf unsere lange Warteliste setzen, als Voranmeldung für eine AWO-Sport. In anderthalb oder zwei Jahren können Sie mal nachfragen."

'Tja, mein Lieber', hatte Heinz Neuenhof gedacht, 'jetzt kannst du beweisen, was du drauf hast.'

In der DDR war allgemein bekannt, Berlin, die Hauptstadt des Landes, wurde mit nahezu allen Dingen besser versorgt als die übrigen Gebiete der DDR. Dessen eingedenk, war Neuenhof, zuvor eingeholten Informationen vertrauend, mit dem Nachtzug von Burkitz nach Berlin gefahren. Er hatte sich kurz nach drei Uhr morgens am Alexanderplatz vor dem HO-Warenhaus/Abteilung Fahrzeuge in die Gruppe bereits wartender Motorrad-Enthusiasten eingereiht, als Neunter in der Warteschlange. Gegen 14 Uhr, als er endlich an der Reihe war, hatte er eines der elf angelieferten Motorräder des gewünschten Typs für 3.200.-Mark gekauft. Bis zur Verlobung mit Karin Enders hatte er den bei der Burkitzer Stadtsparkasse aufgenommenen Kredit getilgt. Seine Schulfreunde, insbesondere diejenigen, die eine spritzige Jawa oder 250er MZ fuhren, beides Zweitakter-Maschinen, hatten ihm gratuliert. „Nun wirst du erleben: mit 'Benzinhäschen'", damit war Karin gemeint gewesen, „wird das Motorradfahren für dich doppelt so schön wie zuvor." Sie hatten ihm Ratschläge erteilt, wie er seine Verlobte trainieren müsse. „Hat deine 'Schnelle' eine Sitzbank? Ja? Dann achte darauf, deine 'Biene' muss auf der Sitzbank dicht an dich heranrücken, sie muss die Arme um deinen Leib schlingen, sie muss ihren Kopf innig an deine Schulterblätter pressen und muss während der Fahrt Druckzeichen mit den Händen in deine Magengegend geben, ob du schneller oder langsamer fahren oder für ein Päuschen mal anhalten sollst ..."

Heinz, von gemeinsamen Fahrten in die schönsten Ferienregionen der DDR träumend, hatte die Ratschläge prompt an Karin weitergegeben. Aber die 22-jährige Apotheken-Facharbeiterin aus Gorzeck hatte in jeder Phase einer Motorradfahrt mit eigenen Augen sehen wollen, wohin die Reise unter welchen Straßenverhältnissen und Verkehrsbedingungen ging, sie hatte den Kopf mal hinter seiner rechten, mal hinter seiner linken Schulter hervorgestreckt und dabei, wenngleich sie es nicht beabsichtigt hatte, ihr Körpergewicht auf die jeweilige Seite verlagert. Das hatte die Straßenlage des Motorrades beeinträchtigt, insbesondere beim Durchfahren von Kurven. Heinz hatte sie darob kritisiert, und sie hatte Besserung gelobt, ergebnislos. Sie war eben vom Naturell her kein für Fahrten auf der Motorrad-Sitzbank geeignetes Benzinhäschen.

„Ich lasse einen Beiwagen anbauen", hatte Heinz vorgeschlagen.

„Was soll das nutzen, wenn unser Kind da ist?" Karin war mit Gerald schwanger gewesen.

„Du nimmst es bei unseren Ausflugsfahrten in die Sächsische Schweiz oder an die Ostsee oder irgendwohin ins Grüne auf deinen Schoß."

„Das Baby? Im Motorrad-Beiwagen statt im Kinderwagen?"

„Na ja ..." Sehr geeignet war ihm ein solcher Kleinstkinder-Transport auch nicht erschienen. So war der Kauf eines Beiwagens unterblieben, und Karin war in den letzten Monaten vor ihrer Niederkunft nicht mehr auf dem Motorrad mitgefahren. Die schöne neue 250ccm-AWO-Sport hatte dann meistens ungenutzt vor dem Hauseingang zu Neuenhofs Wohnung in Dresden gestanden, und Heinz hatte Wehmut erfüllt bei dem Gedanken, mit welchen Anstrengungen und Entbehrungen er das Fahrzeug angeschafft hatte. „Verkauft die Karre," hatte Charlotte Enders in einem ihrer Briefe an Neuenhofs geraten. „Dann habt ihr wenigstens ein bisschen Kleingeld in der Familienkasse und könnt für eueren Nachwuchs, den ihr erwartet, einen schicken Kinderwagen und genug Baby-Wäsche kaufen."

„Verkaufen?" Dazu hatte sich Heinz nicht entschließen können.

Letztlich hatte sich Mutter Paula ihres Sohnes erbarmt. „Ich verwahre meine Gartengeräte und Gießkannen in einem Bretterverschlag am Haus. Ich bringe sie euch zuliebe im Hauskeller unter. Der ist zwar feucht. Aber mein Kram wird nicht gleich verrosten. In dem Verschlag kannst du, Heinz, dein Motorrad unterstellen.

Dann steht es nicht bei Wind und Wetter vor eurer Haustür." Das war zwar praktische Hilfe gewesen, aber das Fahrzeug hatte fortan, kaum genutzt, in Paulas kleinem Geräteschuppen herumgestanden.

Das Ende des Motorradvergnügens war für Heinz Neuenhof anders gekommen, als es wegen Karins Fahrgewohnheiten oder der weit entfernten Unterbringung des Krades hätte vermutet werden können. Der Klapperstorch, mit Namen Karin Neuenhof, hatte dem zweieinvierteljährigen Gerald 1964 ein Brüderchen gebracht. Andreas Martin, in der Familie kurz „Martin" gerufen, war als Baby die reine Freude seiner Eltern, aber selber zu bequem gewesen, die nahrhafte Muttermilch aus Karins prallen Brüsten zu saugen. Die Milch hatte abgepumpt werden müssen; Martin hatte sie dennoch nicht gemocht. Karin hatte daraufhin die Baby-Nahrung aus Milchpulver zubereitet. Die Trockenmilch hatte das Kleinkind nicht vertragen; es war von einem heftig juckenden Hautausschlag geplagt worden. Karin hatte eine Hautärztin konsultieren müssen. Die hatte geraten: „Füttern Sie den kleinen Kerl nicht mit Trockenmilch. Geben Sie ihm frische Kuhmilch. Dann wird der Junge den Hautausschlag los." Also hatte Karin jeden Tag, kaum dass das HO-Geschäft für Molkereiprodukte in unmittelbarer Nähe ihres Wohnblocks die Eingangstür geöffnet hatte, Frischmilch für Martins Tagesrationen eingekauft. Aber an den Hochsommertagen des Jahres 1964 war die Milch schon mittags sauer gewesen. Die Küche der Neuenhofschen Neubauwohnung war nach Südosten gelegen gewesen, und der Wandschrank zur Bevorratung mit Lebensmitteln hatte sich unter der Fensterfront befunden. Selbst im Hauskeller war es wegen der dort installierten Fernheizungsrohre nicht kühl genug für die Frischmilch-Aufbewahrung gewesen. „Wir brauchen einen Kühlschrank." Leider hatten sich Neuenhofs bei der HO-Industriewaren für den Kauf eines solchen Gerätes nicht angemeldet, und sofort konnte man zu jener Zeit in der DDR mit einem Kühlschrank, für runde 900 Mark, ohnehin nicht beliefert werden. „Aber 'ne Anmeldung für einen Wartburg haben wir", hatte Karin bärbeißig kommentiert.

Letztlich hatte sie einen Ausweg aus der Kalamität der Familie gefunden. Karin hatte sich ihrer gleichaltrigen und kontaktfreudigen Flurnachbarin anvertraut. Deren Ehemann, ein gelernter Werkzeugschlosser, tätig im VEB Elektromotorenwerk Dresden, war der talentierte, sangesfreudige Solo-Gitarrist der Dresdner Theo-Schumann-Combo gewesen. Wenn die in Dresden bekannte Combo an den Wochenenden im Carola-Schlösschen oder im Schillergarten oder gar im noblen HO-Hotel-Restaurant ASTORIA zum Tanz aufgespielt hatte, war Neuenhofs Flurnachbar *mit richtig viel Geld* nach Hause gekommen, an einem Wochenende mit einem Mehrfachen von dem, was ihm sein Betrieb als Wochenlohn für anstrengende Schlosserarbeit zu zahlen pflegte. Hinzu kam: Die Combo-Mitglieder hatten „Beziehungen" gehabt, zu HO-Bekleidungsgeschäften, zu HO-Industriewaren, zu

Südfrüchten nicht nur, wie in der DDR üblich, zu Ostern und zur Weihnachtszeit, „Beziehungen" zu allem, was in der DDR knapp oder nur nach langzeitiger Anmeldung zu kaufen gewesen war. Theo Schumann und seine Männer hatten sich auf die Verhältnisse in der DDR und auf den DDR-üblichen Slogan gut einzustellen gewusst: „Beziehungen sind etwas für den Sozialismus Untypisches. Aber auch im Sozialismus schaden sie nur demjenigen, der keine hat."

Besagter Solo-Gitarrist hatte seine Beziehungen spielen lassen und den hilflosen Neuenhofs binnen weniger Tage den Abhol-Bescheid für einen nagelneuen Kühlschrank der Firma VEB DKK Scharfenstein besorgt. Diesen Bescheid in Händen, hatten Heinz Neuenhof und seiner Frau die 900 Mark für den Kauf des begehrten Gerätes gefehlt. Karin hatte in Briefen an die nächsten Verwandten das Weh der jungen Familie beklagt. Daraufhin war Mutti Paula in Burkitz aktiv geworden. Sie hatte im HO-Lebensmittelgeschäft in der Blumenthaler Straße, beim Eisblock-Kauf für ihre altmodische Kühlkommode und im Bekanntenkreis herumgehorcht, wer auf der Stelle ein nur 8.200 Kilometer gefahrenes Motorrad, Typ AWO-Sport, kaufen würde. Die Invalidenrentnerin hatte einen Kaufinteressierten in ihrer Nachbarschaft gefunden. Für 2.000.- Mark auf die Hand hatte sie das Motorrad für immer aus dem Bretterverschlag neben ihrem Hauseingang schieben lassen. Per Postanweisungen hatte sie das Geld an die jungen Neuenhofs in Dresden überwiesen. Die hatten spornstreichs den neuen Kühlschrank anliefern lassen und bezahlen können.

Noch viele Tage später hatte Heinz Neuenhof seiner „Schnellen" nachgetrauert. „Das Motorrad war tadellos in Schuss, die Maschine gerade gut eingefahren. Beim Verkauf hätten gut und gerne 3.000 herausspringen können", hatte er gegreint.

Karin hatte ihn getröstet: „Sei froh, dass uns deine Mutter so rasch aus der Patsche geholfen hat!" Fortan hatten alle Mahlzeiten für Martin aus frischer, im Kühlschrank gekühlter Kuhmilch zubereitet werden können. Tatsächlich war der Hautausschlag des Kleinen binnen weniger Tage abgeheilt. Heinz und Karin hatten sich am Ende der Motorrad-Geschichte klüger und gereift gefühlt. „Wichtig ist, dass Martins ekliger Hautausschlag abheilt", hatte er resümiert. Sie hatte ergänzt: „Dass nach dem Kühlschrank-Kauf noch 1.100.- Mark vom Motorradgeld übrig geblieben sind, stärkt unsere Haushaltskasse."

Und beides, hatten sie gemeint, wäre eine Feier wert. Feiern? Wegen anderer, nunmehr auf Nutz und Frommen aller Familienmitglieder orientierter Wertmaßstäbe, also wegen einer neuen Etappe in ihrem Leben, in ihrer Ehe? Feiern an einem gewöhnlichen Abend mitten in der Woche? Sie hatte die Kinder zu Bett gebracht. Als es im Kinderzimmer still geworden war, waren sie aus der Wohnung geschlichen. Sie hatten die HO-Selbstbedienungs-Gaststätte am Postplatz aufgesucht. Die hatte bis 22 Uhr geöffnet. Sie hatten dort jeder eine Bockwurst mit

Brötchen für 85 Pfennige verzehrt und dazu ein Glas Malzbier für ein paar Groschen getrunken. Dann waren sie nach Hause geeilt. Sie hatten die Kinder nicht länger unbeaufsichtigt in der Wohnung lassen wollen. Martin schlief so unruhig … Das ist das Ende der Geschichte von der Neuenhofschen „Schnellen".

„UND NUN EINEN 'TRABI'!"

Am Abend eines nasskalten, aber noch schneefreien Novembertages 1969 saßen Heinz und Karin im Wohnzimmer ihrer Magdeburger Wohnung auf einer neuangeschafften Sitzcouch mit herunterklappbarer Lehne. Auf dem rechteckigen naturholzfarbenen flachen Tisch vor ihnen lag das Verkaufsangebot des Autohauses in Dresden für einen Personenkraftwagen, Typ Trabant 601 S, genannt „Trabi", wie achtlos hingeblättert. „Tja", sagte sie, „da habe ich mich zu einer Zeit für ein Auto angemeldet, als unser Martin noch nicht auf der Welt war, nun kommt der Junge im nächsten Jahr in die Schule, und wir sind nach all den vielen Jahren finanziell nicht weitergekommen als damals bei der Anmeldung." Die „Schnelle" war dahin, das Restgeld vom Verkauf des Motorrades war längst ausgegeben, und Neuenhofs „finanzieller Grundstock" für einen Autokauf war geringer als bescheiden. „Ich könnte heulen."

„Nun fehlt nur", sagte Heinz, seine Frau umarmend, weil er sie trösten wollte, „wir würden in der nächsten Woche benachrichtigt, uns könnte in Kürze der bestellte Wartburg geliefert werden."

„Unke nicht! Mir genügt unser jetziges Dilemma vollauf. Es ist wie damals, als wir dringend einen Kühlschrank brauchten."

„Du meinst, es bleiben uns nur für jeden eine HO-Bockwurst und ein Glas Malzbier in einer Selbstbedienungs-Gaststätte?" Sie nickte schluchzend. „Aus der Traum vom eigenen Trabi …" Und dann marterte sie sich mit Selbstvorwürfen. „Ich habe dir dein Motorrad vermasselt, nun auch das Auto. Das hast du davon, dass du eine Frau wie mich geheiratet hast. Meine Mutter hatte recht, als sie mich vor Martins Geburt kritisierte: 'Müsst ihr euch nach Gerald gleich noch ein Kind anschaffen? Konntet ihr nicht ein bisschen aufpassen?'"

„Nein, nein", er wischte ihr die Tränen aus dem Gesicht. „Unseren Andreas Martin haben wir uns beide gewünscht. Das lassen wir uns von niemandem ausreden." Aber den Wunsch nach einem Auto wollte er auch nicht aufgeben, nun, wo der vorbereitete Kaufvertrag TL/7094 für einen Trabi vor ihnen auf dem Tisch lag. „Lass uns überlegen: Wer könnte uns mit einigen Tausendern aushelfen – und sei es auf Pump? Deine Eltern?"

„Niemals." Karin war überzeugt: „Sie haben das Geld nicht, und hätten sie's, würden sie es uns nicht geben, bei der Einstellung meiner Mutter zu unseren Anschaffungen."

„Nicht geben, borgen."

„Auch das nicht." Nach einer Weile fragte sie: „ Wieviel fehlt uns eigentlich für die Anzahlungsrate?" Sie machten, wie es im Volksmund genannt wird, 'Kassensturz'. „Es fehlen noch 5000 Mark."

„Die gibt uns niemand", sagte sie resignierend.

„Nicht gleich kapitulieren! Wer hätte nach deiner Meinung so viel Geld? Meine Mutter hat es nicht. Zu meiner Verwandtschaft in Küssow können wir nicht gehen, die Blamage! Und Tante Alma in Burkitz schien mir für meinen Anzug-Kauf vor Jahren am Limit des Zuträglichen angelangt zu sein. Bleibt deine Verwandtschaft: Wer wäre liquid?"

Karin sann eine Weile nach. „Tante Lieschen und Onkel Gustav. Die beiden, erzählte mir Mutti in anderem Zusammenhang, haben einigen Gorzeckern finanziell ausgeholfen, auch für einen Auto-Kauf. Mutti hat sich in dem Gespräch mit mir darüber echauffiert, dass zu den Geldausleihern sogar mein ehemaliger Klassenlehrer aus der Gorzecker Grundschule gehörte."

„Siehe da! Dann ist klar, was wir zu tun haben."

„Du meinst …?"

Er ließ sie nicht ausreden. „Wann gedenkst du, nach Gorzeck zu fahren?"

„Ich? Nach Gorzeck, um Geld zu borgen?"

„Von Tante Lieschen und Onkel Gustav." Sie schüttelte den Kopf. „Wieso ich?"

„Die beiden sind deine Verwandtschaft, deine Tante und dein Onkel."

„Großtante und Großonkel … Nein, ich fahre nicht."

„Glaubst du, ich komme hier nicht allein zurecht mit den Jungen und ihrer Versorgung? Ich würde einen Tag Urlaub nehmen."

Sie kniff die Lippen zusammen und sah ihn an.

„Traust du dich nicht allein nach Gorzeck?", fragte er.

„Du stellst Fragen … Von Gorzeck nach Burkitz und zurück bin ich schon als Schulmädchen an jedem Wochenende allein gefahren." Heinz' Tante, Alma Knarr in Burkitz, hatte Karin bis zu deren Abitur 1956 in Pension genommen. „Die Tour von Magdeburg nach Gorzeck würde ich, falls erforderlich, im Schlaf bewältigen."

„Was ist es dann?"

Ihre Miene drückte Enttäuschung aus. „Verstehst du mich so wenig?"

„Du willst nicht borgen gehen?"

„Und schon gar nicht bei Lieschen und Gustav. Wenn meine Mutter das erführe, sie würde es auf jeden Fall erfahren, sicherlich müssten wir meine Eltern informieren; Mutti würde mich zur Schnecke machen." Dass sie sich vor ihren Eltern und ihren Verwandten schämte, sagte sie Heinz nicht. Bei Auseinandersetzungen mit der Mutter hatte ihr Charlotte manchmal vorgeworfen: 'Musste es ein Diplom-Ingenieur sein, den du geheiratet hast, einen Mann ohne Geld? Hätte dir ein lebenstüchtiger Handwerksmeister mit einem erklecklichen Sparkassenkonto nicht genügen können?' Nun war „ihr Diplom-Ingenieur" sogar promoviert und Hochschuldozent, aber Geld für ein kleines 26-PS-Auto mit Plaste-Karosserie hatten er und seine Familie immer noch nicht beisammen.

Er sagte: „Du bist ganz schön stolz."

„Nenne es, wie du willst. Aber ehe ich mich zu solch einer Bettel-Tour nach Gorzeck überreden lasse, verzichte ich lieber auf ein eigenes Auto und lasse den Kaufvertrag aus Dresden in der Versenkung verschwinden. Dann warten wir den Bescheid auf deine Wartburg-Bestellung ab. Vielleicht bleibt noch genügend Zeit, um für den Wartburg zu sparen."

So fest entschlossen und hartnäckig hatte Heinz Neuenhof seine Frau in seinem bisherigen Eheleben selten erlebt. 'Sie ist eben ein anderer Typ als ich', dachte er. Seine Frau war bescheiden, hilfsbereit und bemüht, an sie gerichtete Erwartungen in möglichst hohem Maße zu erfüllen, aber sie war nicht bereit, Grenzen, die durch Konventionen gesetzt waren, zu überschreiten oder niederzureißen. Er hingegen hatte es sich zu eigen gemacht, ein Vorhaben selbst dann noch zu verfolgen oder ein Problem zu lösen, wenn dafür lediglich ein Fünkchen Aussicht auf Erfolg bestand. Anders hätte er an der Hochschule und bei Elektrodyn die an ihn gerichteten Erwartungen nicht zu erfüllen vermocht. Ein kleines Fünkchen Hoffnung, eine klitzekleine Möglichkeit für den Trabi-Kauf sah er in einer Reise zu Karins Verwandten in Gorzeck. Er wandelte ein gängiges deutsches Sprichwort ab: „Wer sich des Bettelns und Geldpumpens nicht schämt, fährt binnen kurzer Zeit ein eigenes Auto."

Sie nickte. „Dann nimm den Urlaubstag, den du für die Betreuung unserer Söhne eingeplant hast für den Fall, ich würde nach Gorzeck fahren, und reise du dorthin. Ich werde vom Anfang bis zum Ende dieser Betteltour in Gedanken bei dir sein und fest beide Daumen drücken." Ihr war durch das heutige Gespräch noch klarer als zuvor geworden, wie sehr er sich das Auto wünschte. Insgeheim dachte sie: 'Soll er's versuchen! Aber Geld werden sie ihm nicht leihen.'

„Wünschst du dir das Auto nicht?"

„Doch. Aber ich kann und will es erst haben, wenn wir es aus eigener Kraft bezahlen können. Solch einen Gang zu Tante Lieschen und Onkel Gustav, wie du ihn von mir forderst, bewältige ich nicht."

„Fordern, fordern ... Welche andere Möglichkeit, zu Geld zu kommen, siehst denn du?" Sie zuckte mit den Schultern. „Abwarten."

„Nein." Vor einigen Wochen, als er mit seiner Familie den Gorzeckern einen Besuch abstattete, hatte er im Stillen geschworen: Wenn nicht etwas Außergewöhnliches geschähe, würden ihn in allernächster Zeit „keine zehn Pferde" nach

Gorzeck bringen. Nun, am Abend dieses grauen Novembertages 1969, war das Außergewöhnliche per Post aus Dresden eingetreten, und die „allernächste Zeit" war vorüber. Es bedurfte für Heinz Neuenhofs Vorhaben keiner zehn Pferde und keiner Kutsche, sondern lediglich einer gültigen Fahrkarte der Deutschen Reichsbahn und des hoffentlich pünktlichen Eisenbahnverkehrs von Magdeburg in Richtung Berlin und von Güskau über Ziesel nach Gorzeck.

So erfuhr Heinz Neuenhof, was er in einer für ihn und seine Familie wichtigen Angelegenheit von seiner Ehefrau erwarten durfte und wo es für sie unverrückbare Grenzen gab. Zudem nahm er sich vor, sich künftig mit solchen Entschlüssen zurückzuhalten wie dem vor einigen Wochen gefassten, er würde so bald nicht wieder nach Gorzeck reisen. Ganz sollte Karin Neuenhof aber nicht um die ihr unangenehme Sache herumkommen. „Ich werde vor dem bevorstehenden Wochenende, ich denke übermorgen, einen Urlaubstag nehmen für die Gorzeck-Fahrt. Bis dahin besorge ich die von Onkel Gustav gewünschten Violin-Saiten, und du nimmst Kontakt auf zu deinen Bekannten in Cracau wegen der Reparatur von Onkel Gustav zweiter Geige. Erinnere dich: Bei unserem Familienbesuch in Gorzeck haben wir ihm versprochen, uns darum zu kümmern."

„Ich erinnere mich", sagte sie in schnippischem Ton. Sie ärgerte sich über ihren Mann. 'Immer, wenn er etwas erledigen soll, verteilt er auch Aufträge an andere.' – „Und wie soll ich das bis übermorgen schaffen? Einen Telefon-Anschluss haben wir noch nicht, obwohl wir ihn gleich nach unserem Umzug bei der Deutschen Post beantragt haben, und …"

„Du fährst eben mit der Straßenbahn nach Cracau, nimmst die Jungen mit."

„Morgen geht's nicht."

„Dann unternehmt ihr drei den Ausflug übermorgen."

„Übermorgen … Habe ich mich verhört? Du willst doch schon übermorgen nach Gorzeck aufbrechen."

„Richtig. Und wenn ich übermorgenabends zurückkomme, bringe ich Onkel Gustavs defekte Geige auf Verdacht mit."

„Aber dann weißt du doch noch gar nicht, ob die Reparatur …"

„Sieh nicht immer bloß Schwierigkeiten! Kläre die Sache mit deinen Bekannten! Dann sehen wir weiter …"

„… nach meinem Ausflug mit den Kindern." Karin betonte das Wort „ Ausflug".

„Na ja. Zeig doch unseren Jungs die Gegend, in der du während deiner Lehrzeit in Magdeburger Apotheken gelebt hast Es wird sie interessieren …"

„… und ihnen viel Spaß bereiten bei dem schönen November-Wetter."

'Jetzt ironisiert sie', dachte Heinz. 'Vorhin war sie noch zu Tode betrübt. Jetzt schlagen wieder die Gene, das Erbgut von Schwiegermutter Charlotte durch.'

Prompt forderte Karin: „Wenn du wegen der Geigen-Saiten unterwegs bist, kümmere dich um eine Kohlen-Lieferung für uns! Du hast versichert, die Sache in die Hand zu nehmen." Und nach seinem Kopfnicken: „Erzähle bei Tante Lieschen und Onkel Willi keine langen Geschichten! Du musst den Abend-Triebwagen ab Gorzeck erreichen; das ist die letzte Bahnverbindung nach Ziesel und Güskau. Vor deiner Abfahrt geh' zu meinen Eltern, und sei es lediglich zu einem Kurzbesuch!"

Zwei Tage später langte Neuenhof am späten Nachmittag in Gorzeck an. Vom Bahnhof lief er schnurstracks zum Frisier-Salon von Lieschen und Gustav. Er wurde freudig empfangen. Lieschen hatte gerade eine Kundin nach vollzogener Kopfwäsche unter eine altertümliche Trockenhaube gesetzt. „Ich koche uns gleich einen schönen Kaffee, echte Bohne", sagte sie zu Heinz. „Setz' dich derweilen ins Wohnzimmer." Während sie in der Küche hantierte, verabschiedete Gustav seinen letzten Kunden dieses Tages. „War bloß 'ne Nassrasur", sagte er und setzte sich zu Heinz.

„Trinkst du 'ne Tasse mit?" fragte Lieschen aus der Küche.

„Immer doch." Gustav erkundigte sich nach dem Befinden von Karin und den Neuenhof-Söhnen. Rasch kam er zur Sache: seine Geigen. Lieschen brachte Tassen, Kaffeekanne und Zuckerdose. „Gießt euch selber etwas ein! Ich muss noch mal in den Salon." Und im Hinausgehen zu ihrem Mann: „Hol' 'ne Flasche aus deinem Versteck. Der Überraschungsbesuch aus Magdeburg ist uns ein Gläschen wert."

Gustav murrte, aber er tat, wie ihm geheißen. Er stellte eine große Flasche Kirsch-Likör neben die Kaffeekanne und servierte Kaffee, aber keinen Likör. „Damit warten wir, bis Lieschen wiederkommt." Bis zum Wiederkommen verging eine Weile, Zeit genug für Gustavs Anliegen und Wünsche. Er hatte seine Kaffeetasse noch gar nicht leergetrunken, da holte er seine beiden Geigen, einen Notenständer und Noten herbei. Heinz übergab dem Großonkel die mitgebrachten Saiten. „Die sind für mein Instrument für den Tagesgebrauch", sagte der Friseur und zog zwei fehlende Saiten ein. „Aber die hier", er hielt das andere Instrument hoch, „ist ein altes, kostbares Stück. Guck mal." Heinz durfte einen Blick durch die Schallöffnungen des Instruments auf den Geigenboden werfen, auf dem ein kleiner Zettel geklebt war. „ 1729", las er. Mehr war nicht zu entziffern. Die Geige sah ramponiert aus: das Griffbrett war eingedrückt, es fehlten zwei Wirbel, und zwei zerrissene Saiten schaukelten bei jeder Bewegung des Instruments im Kaffeedunst.

„Die hat zwei heilende Hände nötig", sagte Heinz. „Die muss ich mitnehmen nach Magdeburg."

„Das dachte ich mir", sagte Gustav und verstaute das Instrument in einem abgeschabten Geigenkasten.

„Der hat auch sein Alter", meinte Heinz lakonisch.

„Schon wahr. Aber auf die Geige kommt es an, nicht auf den Kasten. Hier." Er überreichte Heinz den Kasten mit einer Gebärde, als sei alles erledigt, und der Besucher aus Magdeburg könne gehen. Er nahm ein Notenheft zur Hand, blätterte darin und setzte es auf den Notenständer. Beim Stimmen der „Geige für den Tagesgebrauch" fiel ihm ein, dass er die von Heinz mitgebrachten neuen Saiten noch nicht bezahlt hatte. „Das erledigt Lieschen, wenn sie im Salon Kassenschluss gemacht hat."

Lieschen war ins Zimmer getreten und hatte die Bemerkung ihres Mannes gehört. „Ja, ja, deine Frau erledigt das." Sie goss Kaffee in eine Tasse und trank. „Ist zwar nicht mehr heiß, aber's geht noch. Ich hab' den Salon geschlossen. Kasse mache ich nachher." Gustav fidelte ein Potpourri aus Carl Millöckers Operette „Gasparone". Bei dem Walzerlied „Dunkelrote Rosen schenk' ich, schöne Frau …" sagte Lieschen: „Lass die roten Rosen sein, Gustav, schenk' uns lieber Kirsch- Likör ein. Der ist auch dunkelrot."

Heinz belustigte Lieschens Wortwahl: Kaffee wurde eingegossen, Likör wurde eingeschenkt. Der geigende Friseur unterbrach sein Spiel und war folgsam. „Prost!" Die drei ließen die Gläser klingen. Lieschen vermisste Karin. „Ach so, du bist allein nach Gorzeck gekommen. Hat dich denn deine Schwiegermutter zu uns gehen lassen?" Heinz blickte verdattert drein. „Charlotte unternimmt einen Feldzug gegen mich: ich sei alkoholabhängig."

Gustav mischte sich ein, ohne Umschweife und wie mit einer Axt im Walde: „Im Ort reden sie über dich, du seiest eine alte Schnapsdrossel." Lieschen verzog empört die Miene. „Wenn du mit 'ner Schnapsdrossel verheiratet bist, kannst du uns gleich noch einen einschenken."

Heinz sagte: „Ich gehe erst nach dem Besuch bei euch zu den Schwiegereltern. Die Sache mit Onkel Gustav Geige wollte ich heute unbedingt erledigt haben, ehe ich mich bei ihnen verplaudere."

Lieschen nickte. „Ihr habt den ganzen Abend Zeit zum Erzählen."

„Nein, nein, ich fahre mit dem letzten Zug nach Magdeburg zurück."

„Da wird Charlotte aber schniefen, verlass dich drauf. Soll sie! – Wie geht's euch denn? Habt ihr euch in Magdeburg eingelebt? Alles im Griff?"

Heinz berichtete: von seinem Bemühen an der Technischen Hochschule, von Karins Tagewerk mit Gerald und Martin beim Einkaufen und Mittagbrotkochen und Wohnungeinrichten, vom Kauf neuer Möbel, weil sie in der Magdeburger Wohnung ein Zimmer mehr zur Verfügung hatten als in Dresden, sein Arbeitszimmer, das er sich immer gewünscht hatte, und alles, sagte er, kostete Geld, und von dem Umzug in die Magdeburger Wohnung hätten sie sich „ finanziell noch nicht erholt", und nun sei auch noch der Kaufvertrag für einen „Trabi" ins Haus geflattert, ausgerechnet jetzt, wo von der „Schnellen" kein Pfennig übriggeblieben sei …

Lieschen zwinkerte ihm zu und rieb den Daumen am Zeige- und Mittelfinger ihrer rechten Hand. „Da seid ihr jetzt wohl ein bisschen klamm, hm?" Heinz nickte und machte viele Worte, wie gut es wäre, wenn sie den „ Trabi" kaufen könnten. „Allein die Bahnfahrerei nach Gorzeck mit dem mehrmaligen Umsteigen, und das mit den Kindern, hat sich als recht umständlich erwiesen. Wie soll das bei Schnee und Eisglätte angehen, wenn wir euch und die Schwiegereltern zu Weihnachten und Silvester besuchen wollen?"

„Was meinst du, Gustav", rief Lieschen ihrem Manne zu, just als der den Geigenbogen ansetzte, um das „Gasparone"-Potpourri noch einmal zu intonieren, diesmal aber ohne Unterbrechungen. „Sollten wir unseren Magdeburgern nicht helfen?" Gustav behielt seine Geige unters Kinn geklemmt. „Die neuen Saiten müssen wir ihnen bezahlen." Dann fidelte er los. Lieschen winkte ab. Sie neigte den Kopf an Heinz' Ohr. „Manchmal ist mein Mann ein bisschen begriffsstutzig. Wieviel braucht ihr denn?"

„Fünftausend."

Sie sahen sich an. Dann nickte Lieschen.

„Wir würden euch die Summe in fünf Raten bis zum Sommer nächsten Jahres zurückzahlen."

„Wegen der Rückzahlung überschlagt euch nicht! Ihr müsst euch in Magdeburg einrichten und habt genug anderes als den Auto-Kauf um die Ohren, und alles kostet, wie du schon sagtest, Geld. Also vereinbaren wir: Rückzahlung ohne Zinsen bis August 1971." Sie holte einen Zettel und einen Bleistift herbei. „ Schreib' mir eure Kontonummer auf! Morgen früh gehe ich zur Sparkasse und überweise euch die Summe." – Sie hielt Wort.

Schon wenige Tage später konnten Karin und Heinz Neunhof die vom VEB IFA-Vertrieb Dresden geforderte Anzahlungsrate nach Dresden überweisen, mehrere Wochen vor Ablauf der den Neuenhofs gesetzten Frist am 5. Dezember 1969.

Es war erstaunlich: Es hatte eines Zeitraums von sechseinhalb Jahren bedurft, dass Karin Neuenhof nach der Bestellung eines PKW Trabant der Kaufvertrag Nr. 69/2558 unterbreitet worden war, und nun konnten die Finanzmittel-Beschaffung, die Kaufvertrag-Unterzeichnung und die Fahrzeug-Abholung binnen weniger Tage vollzogen werden. Karin, die Bestellerin des Trabi, teilte dem Autohaus in Dresden schriftlich mit, sie wolle alle Rechte und Pflichten, die sich aus ihrer Auto-Bestellung vom Juli 1963 ergäben, auf ihren Ehemann übertragen. Solch eine „Abtretung", wurde ihr geantwortet, sei erst am Tag des Fahrzeugkaufs möglich, und jener Tag wurde auf den 20. November festgesetzt. Folglich mussten Heinz und Karin gemeinsam nach Dresden reisen, um den Kauf zu tätigen.

„Und wo bleiben unsere Kinder am zwanzigsten? Wer kümmert sich um sie und versorgt sie?" Heinz' Schwester war in Dresden wohnhaft geblieben, Mutti Paula lag auf dem Küssower Friedhof zur ewigen Ruhe gebettet, und Charlotte Enders aus Gorzeck erklärte sich per Ansichtskarte für unabkömmlich, und beide Jungen für einen oder für zwei Tage zu sich zu nehmen, würde sie überfordern. „Einen? Ja", schrieb sie, „aber nicht beide."

Zum Glück waren sich die Eheleute einig: beide wollten das Auto haben. So fuhren sie, die ganze Familie, auf Vorschlag der zurückhaltenden, manchmal übervorsichtigen Karin mit der Straßenbahn nach Magdeburg-Cracau. „Wir statten Feuerherdts einen Antrittsbesuch ab. Der ist ohnehin fällig." Gertrud Feuerherdt war eine Jugendfreundin von Charlotte Enders. Als Ruftante hatte sie für Karin, als die nach ihrem Abitur eine zweijährige Lehre als Apothekenhelferin in Magdeburg durchlief, im gleichen Hauseingang ein möbliertes Zimmer vermittelt, in der Wohnung über Feuerherdts. Der Mann des Vermieterehepaares war als Angestellter in einer Chemiefabrik in Magdeburg-Westerhüsen tätig. Sein Hobby, dem er nach dem „Dienst in der Chemiebude" nachging, waren das Geigenspiel und die Instandsetzung defekter Geigen. „Ich mache dich mit dem Mann bekannt, und du vereinbarst mit ihm die Reparatur von Onkel Gustav altem Instrument von 1729", sagte Karin zu Heinz; ihr war sehr recht, dass nicht sie entsprechende Vereinbarungen treffen musste. „Ich rede derweilen mit Tante Gertrud, dass sie Gerald und Martin am Tag unserer Dresden-Fahrt betreut." Beide, Karin und Heinz, waren erfolgreich. Gertrud Feuerherdt wollte die Neuenhof-Jungen allerdings nicht zu sich gebracht haben, „das wird für Onkel Karl zu aufregend", erklärte sie, „er braucht nach seinem Herzinfarkt im vergangenen Jahr seine Ruhe." Sie wollte am frühen Morgen des 20. November zu Neuenhofs in die Wohnung kommen und dort bis zur Rückkehr von Karin und Heinz aus Dresden verweilen. „Was Onkel Karl braucht, bereite ich am Vortag vor." Karl Feuerherdt bestätigte, er würde, aus alter Freundschaft zu Enders, durchaus einen Tag ohne seine Frau zurechtkommen.

Die Sorge um die Kinder-Betreuung am 20. waren Karin und Heinz also los. „Es wird den Jungen gutgehen", war Karin überzeugt. „Ich habe in meiner Lehrzeit bei Tante Gertrud kochen und backen gelernt. Sonntagmorgens durfte ich nicht lange in den Federn liegen bleiben, sondern musste bei Feuerherdts in der Küche antreten. Woher sollte ich es jetzt können, wenn ich es damals nicht gelernt hätte? Am anstrengendsten waren die Küchen-Einsätze vor der Weihnachtszeit. Onkel Karl besorgte zu den Feiertagen prinzipiell Karpfen, lebende. Die schwammen in Feuerherdts Badezimmer in der Wanne herum. Vor der Zubereitung haben Tante Gertrud und ich die glitschigen Tiere gefangen und geschlachtet; das war eine elende Viecherei, kann ich dir sagen …"

Heinz trieb noch eine andere Sorge um. „Ich will unseren neuen PKW selber von Dresden nach Hause chauffieren. Meine Fahrerlaubnis" – später „Führerschein" genannt, aber mit dem „Führer" hatte man in der DDR nichts im Sinn – „für Motorrad und PKW habe ich 1961 erworben. In den seitdem verflossenen Jahren habe ich nicht ein einziges Mal hinter einem PKW-Lenkrad gesessen; mir fehlt Fahrpraxis."

Karin zuckte mit den Achseln. „Da weiß ich keinen Ausweg. Kann dir nicht jemand aus der Hochschule helfen, vielleicht ein Kollege aus deiner Sektion?" Heinz umarmte seine Frau. „Du hast immer eine gute Idee." Er führte am nächsten Tag eine Unterredung, ein sogenanntes Abstimmungsgespräch, mit Siegbert Täuscher, dem Oberassistenten von Prof. Kainzow, um die Themengebiete „NILES-Zahnflankenschleifen" und „Wälzfräsen von Stirnrädern" für zwei Forschungsstudenten zu präzisieren. Täuscher gab sich entgegenkommend und kooperativ. Insgeheim wollte er herausfinden, woran er bei „dem Neuen aus Dresden" war: Würde Neuenhof das Arbeitsfeld wissenschaftlicher Assistenten der von ihm, Täuscher, geleiteten Lehr- und Forschungsgruppe Spanende Formung durchkreuzen? Wieviel Kapazität der ihm, Täuscher, zugeordneten Werkzeugmaschinen und Ausrüstungen im K-Versuchsfeld gedachte Neuenhof, in Anspruch zu nehmen? Wie weit ging dessen Protektion seitens des Sektionsdirektors Kainzow, der sich, wie im K-Bereich der Sektion bekannt war, für die Berufung des Ex-Dresdners nach Magdeburg sehr engagiert hatte und der folglich von seinem Oberassistenten eine faire, kollegiale Zusammenarbeit mit dem „Neuen" erwartete? Was war Neuenhof, der SEDist, für ein Menschentyp, wie würde er, Täuscher, als parteiloser, gläubiger Christ mit ihm zurechtkommen können?

Neuenhof, der den anderen seit seinem Dienstantritt duzte, suchte, wie bei Elektrodyn Dresden in ähnlichen Gesprächen erprobt, den ungekünstelten persönlichen Kontakt. „Ich kriege in den nächsten Tagen meinen vor Jahren bestellten 'Trabi', muss ihn aus Dresden abholen, habe aber noch nie einen 'Trabi' gefahren. Kannst du mich in deinem Auto ein paar Runden auf dem Hochschul-Gelände drehen lassen?"

Täuscher lachte. „Mein Trabi muss, ohne Pflege, für alles herhalten und ist eine abgedroschene Chaise."

„Er ist doch aber ein 601er?"

„Das schon. Aber, wie gesagt …"

Am nächsten Tag, zur Feierabendzeit, hatte Neuenhof bei Täuscher eine Lehrstunde fürs Trabi-Fahren. Er stellte sich nicht ungeschickt an. „Na denn: gute Fuhre," wünschte Täuscher.

Am 20. November erschien Gertrud Feuerherdt vor Tau und Tag in Neuenhofs Wohnung. „Ihr könnt euch auf mich verlassen", versprach die 49-Jährige. „Seht ihr nur zu, dass ihr mit eurer neuen Errungenschaft heil nach Magdeburg kommt!" Und so vorbereitet und halbwegs beruhigt, aber doch mit innerer Spannung, reisten Karin und Heinz mit dem Frühzug nach Dresden. Dort kamen sie mittags an. Sie verzichteten darauf, ein Restaurant aufzusuchen und ordentlich zu Mittag zu essen. Karin hatte am Abend zuvor ein großes Stullenpaket vorbereitet. An dessen Inhalt hatten sie sich während der Schnellzug-Fahrt gelabt. Sie fuhren mit der Straßenbahn schnurstracks vom Hauptbahnhof zum Autohaus Start in der Ernst-Thälmann-Straße. Dort vollzogen sie den Kauf ihres Autos, komplikationslos, aber zeitaufwändig. Das Fahrzeug wurde für sie im Auslieferungslager des VEB IFA-Vertrieb Dresden in der Lübecker Straße bereitgestellt. Wiederum Straßenbahn-Fahrt, zusätzlich Fußmarsch über ein gehöriges Stück Wegs, im Auslieferungslager weitere Formalitäten und Anbringung der vorläufigen, rot beschrifteten polizeilichen Kennzeichen am Auto, schließlich Ergattern einer halben Tankfüllung. Kurz nach 15 Uhr rollte Neuenhofs „Trabi" mit dessen stolzen Besitzern in Richtung Magdeburg.

Der kürzeste Weg dorthin wären ein Stück Autobahn über Leipzig und ansonsten Landstraßen gewesen. Diese Route verwarf Heinz wegen mangelnder Fahrpraxis und lückenhafter Kenntnis aller Möglichkeiten der Fahrzeug-Bedienung. „Wir wollen ohne Karambolage und heil nach Hause kommen", erklärte er seiner Frau. Er benutzte die Autobahn Dresden/Berlin bis zum Schönefelder Kreuz. Als er in den Berliner Ring einbog, dunkelte es draußen. „Nimm mal die Bedien-Anleitung zur Hand", sagte er zu seiner Beifahrerin, „und guck nach, wo ich am Armaturenbrett den Schalter für das Scheinwerferlicht finde!"

Karin blätterte angestrengt in der Broschüre. „Es ist zu dunkel, ich kann in der Anleitung nichts mehr entziffern."

„Du sollst ja auch nicht lesen, sondern nur auf ein Bild oder eine schematische Darstellung gucken!"

„Das kann ich auch nicht mehr." Er knurrte verärgert. Karin verteidigte sich. „Du hättest, bevor wir in Dresden losgefahren sind, in die Bedien-Anleitung einsehen müssen. Dann brauchtest du mich jetzt nicht zu drangsalieren."

„ Ach! Ich wollte so weit wie möglich im Hellen vorankommen." Er lenkte den „Trabi" in die Raststätte Rangsdorf an eine Tanksäule, betankte das Auto voll und fand im Licht der Tankstellenlampen den gesuchten Lichtschalter.

Ab Michendorf befuhren sie die Transit-Strecke West-Berlin/Magdeburg/Hannover, mit Höchsttempo 75, wie ihnen im Dresdner Auslieferungslager angeraten worden war. „Der Motor muss gefühlvoll eingefahren werden!" Auf der Überholspur der Autobahn rauschten an ihnen die „West-Autos" vorüber, aus der BRD und den Niederlanden, aus Belgien und Italien. Sogar von den Schwerlastzügen wurden sie überholt. „Die fahren sogar an den Steigungen mehr als 90", sagte Heinz und sah staunend, wie an der Hügelkette nahe der Autobahn-Abfahrt Brandenburg an der Havel die Tachometernadel am Armaturenbrett seines neuen PKW zwischen 70 und 65 km/h pendelte; dabei röhrte und schepperte es unter der Motorhaube wie unter höchster Kraftanstrengung. Das Motorengeräusch der den „Trabi" überholenden fünfachsigen Lastzüge aus dem Ausland war nicht lauter.

Als sie den Autobahn-Rasthof Ziesar passierten, gähnte Karin herzerweichend.

„So kaputt?", fragte Heinz.

„Nach solch einem langen und aufregenden Tag …"

„Wollen wir noch mal eine Pause einlegen?"

„Nun nicht mehr. Wir sind ja fast zu Hause."

„Ein Stündchen dauert's aber noch, bei unserem Tempo …"

Karin räkelte sich auf ihrem Sitz, als wollte sie es sich bequemer machen, und erzählte: „Vor elf Jahren war ich zu Besuch bei Onkel Ernst und seiner Familie in Mönchengladbach. Er ist ein Bruder von Onkel Gustav und meinem Großvater, auch ein ganz Musikalischer, Solo-Flötist im Städtischen Orchester, Kammer-Virtuose. Sein Sohn ist Zahnarzt, führt eine gutgehende Praxis. Sie wohnen alle in einer großen Eigentums-Villa: die jungen Leute mit Zahnarzt-Praxis in der unteren Etage, die Alten oben. Eines frühen Vormittags eröffneten sie mir: 'Wir bekommen gegen elf unser neues Auto.' Eine halbe Stunde vorher zogen sie per Automatik das Garagentor hoch und gingen dann wieder, als würde nichts Sonderliches geschehen, ihren Beschäftigungen nach: Onkel Ernst übte auf der Flöte für ein Konzert, Tante Hedwig und ich, wir wirtschafteten in der Küche, der Zahnarzt plombierte und zog Zähne, und seine Frau assistierte ihm als Sprechstunden-Hilfe. Gegen 11 Uhr hupte an der Grundstücks-Einfahrt ein großer 'Mercedes'. Der Zahnarzt ging hinaus, sah zu, wie sein neues Auto in die Garage manövriert wurde, er nahm dem Chauffeur den Zündschlüssel ab, verabschiedete den Mann, ließ das Garagentor herunter und ging ins Haus, um weitere Patienten zu behandeln. Das war die ganze Auto-Auslieferung. Wenn ich dagegen …"

„Fang' zum Ende unserer ersten gemeinsamen Fahrt im eigenen neuen Auto nicht an, Lobeshymnen auf den goldenen Westen zu singen!"

„Und du", sagte sie verärgert, „reagiere nicht gleich wie auf einer deiner Parteiversammlungen!" Nach einer Weile, in versöhnlichem Ton: „Ich habe mir vergegenwärtigt, wie du vor Jahren zu deiner 'Schnellen' gekommen bist und was wir in letzter Zeit alles unternehmen mussten für unseren Trabi. Der Vergleich mit den Mönchengladbachern und ihrem neuen Mercedes sollte keine Lobeshymne auf den Westen sein. Er scheint mir aber symptomatisch dafür, dass wir DDR'ler für alles, was wir erreichen wollen, viel mehr Ideen entwickeln und Kraft aufwenden müssen als die West-Deutschen."

'Da hat sie allerdings recht', dachte Neuenhof, langte zu Karin hinüber und streichelte ihre Hand.

Gegen 20 Uhr stand der nagelneue TrabantT 601 S, vorschriftsmäßig geparkt, vor dem Hauseingang zu Neuenhofs Wohnung. Gertrud Feuerherdt hatte Heinz' und Karins Ankunft durchs Küchenfenster beobachtet. Sie öffnete, noch ehe die Ankömmlinge die Wohnungsklingel betätigten oder mit dem Schlüsselbund klapperten, die Korridor- und die Haustür. „Gott sei Dank, dass ihr wohlbehalten da seid." Sie ging voraus, in die Küche. „Ich schlage euch ein paar Eier in die Pfanne. Zum Mittag hatte ich den Jungs und mir eine Mohrrübensuppe gekocht. Davon ist ein Rest übriggeblieben. Ich habe ihn für euch warmgemacht. Setzt euch ins Wohnzimmer!" Dort hatte Gertrud für zwei Personen eingedeckt. „Ihr habt doch heute nichts Ordentliches in den Magen gekriegt." Neben jedem Teller lag ein Zettel, aus einem DIN A 6-formatigen Merkheft herausgetrennt:

LIEBER PAPI 20.11.1969
LIEBE MAMI
ICH FRAGE EUCH: HAT DIE FAHRT GEKLAPPT?

Über dem Wort „geklappt" hing das zweite P ein bisschen in der Luft. „Das habe ich hinzugefügt", sagte Gertrud. Den Text hat Gerald" – seit September Schüler der 2. Klasse – „entworfen. Martin wollte seinem großen Bruder nicht nachstehen und hat Geralds Text übernommen, in etwas krakeliger Schrift, na, wie auch anders? Der Junge kommt ja erst nächstes Jahr in die Schule."

Unter den Schriftzug hatte jeder der Jungen ein Schema des neuen Familien-Autos gezeichnet: ein kleines Rechteck, auf ein größeres Rechteck gesetzt, darunter zwei kleine Kreise als Andeutung der Räder.

Karin und Heinz waren gerührt.

„Bist du denn mit ihnen klargekommen?", fragte Karin.

Gertrud nickte. „Ein paar liebe Kerle. Überhaupt ..." Sie war des Lobes voll. „Bloß heute abend, als ich sie um sieben ins Bett schickte, wollten sie nicht recht. Sie wollten auf euch warten und das neue Auto bestaunen. Ich denke, sie schlafen auch jetzt noch nicht." Wie auf Verabredung rief Martin aus dem Kinderzimmer leise: „Papi?" Und kurz danach lauter, fordernd: „Mami! Papi!"

Die Erwachsenen schlichen durch den Korridor, Gertrud voran, sie öffnete behutsam die Kinderzimmertür. „Ihr sollt doch schlafen, es ist spät." Martin, hellwach: „Gerald sagt, Mami und Papi sind gekommen, ich soll mal rufen."

„Das ist mir ja 'was", sagte Gertrud tadelnd, „der Große stiftet den Kleinen an."

Karin und Heinz herzten ihre Kinder. Gerald fragte in einem Tonfall, als beträfe Gertruds Rüge nicht ihn: „Na, Papi, hat's geklappt?"

„Hm. Das Auto steht vor unserem Hauseingang. Morgen früh gucken wir alle, ob daran in der Nacht nichts passiert ist."

„Nun ist Nachtruhe," bestimmte Karin, die Kinderzimmertür schließend.

„Und ich muss los." Gertrud griff nach ihrem an der Flurgarderobe hängenden Mantel. „Onkel Karl wird schon lange auf mich warten."

„Ich fahre dich nach Hause."

Gertrud lehnte ab. „Ich nehme die Straßenbahn, und du bleibst, wo du bist, und isst mit deiner Frau Mohrrübensuppe und Rühreier, ehe alles kalt wird!" In Heinz , und Karins Dankesbezeigungen hinein sagte sie: „Zu Weihnachten und Neujahr fahrt ihr sicherlich nach Gorzeck. Aber im Januar, zu Martins Geburtstag, besuchen wir euch, Onkel Karl und ich. Dann können wir uns ausgiebig 'was erzählen."

Drei Tage später sanken große weiße Schneeflocken, wie von Frau Holle aus allen Wolken geschüttelt, sacht vom Himmel herab. Anfangs zerschmolzen sie auf den Fahrbahnen und Bürgersteigen der Straßen, am Abend jedoch, als die Außentemperatur unter den Gefrierpunkt zu sinken begann, bedeckten sie die Häuserdächer und Vorgärten und die an den Straßenrändern geparkten Autos mit einem weißen flauschigen Schneeschleier. Es schneite die ganze Nacht hindurch. Am nächsten Morgen glich Neuenhofs Trabi einem aus Schnee grob modellierten PKW-Schema, wie es Gerald und Martin auf den Begrüßungszetteln für ihre Eltern aufgezeichnet hatten. Neuenhof, noch ohne Frühstück, fegte mit Karins Handfeger aus dem Küchen-Besenschrank den Schnee vom Auto. Wenn er das Dach und die Kofferraumklappe beräumt hatte, war die Motorhaube schon wieder weiß eingepudert – und umgekehrt. Karin beobachtete das Treiben ihres Mannes durchs Küchenfenster. Nach einer Weile rief sie hinaus: „Du musst 'reinkommen, bist sonst viel zu spät in der Hochschule. Ich muss Gerald zur Schule bringen, bei solch einem Wetter."

Nach Dienstschluss kaufte Neuenhof für die Winter-Ausrüstung seines Autos ein: Schlossöl-Spray, Schnee- und Eisschaber, Scheibenenteiser, Frostschutzmittel für die Frontscheiben-Waschanlage, einen Handfeger, weil Karin den ihrigen für die Wohnungssäuberung reklamierte, eine kleine Schippe, weil er zur Winterzeit einen Beutel mit Streusand an Bord haben wollte, eine Decke … Und es schneite weiter, am Tage, abends, die ganze Nacht hindurch.

Das Schlafzimmer der Neuenhofschen Erdgeschoss-Wohnung war zur Straßenseite hin gelegen. Das Ehepaar wurde morgens sehr früh geweckt von lautem Scheppern und Motorengebrumm. „Das ist ein Schneepflug", sagte Heinz, „ und das zu dieser Stunde? bei uns, in einer Nebenstraße?" Er eilte zum Fenster, schob den Vorhang beiseite. „Komm mal und guck: Unser Auto ist weg!" Draußen würgte sich ein LKW, vor der Stoßstange mit einem fahrbahnbreiten, schräggestellten Schneeschieber bestückt, durch die vor ihm ausgebreitete kniehohe Schneedecke. Er türmte die zuvor weiße Pracht zu einem von Streusand und Straßenschmutz durchsetzten Wall am Straßenrand und auf den geparkten Autos auf.

„Ich muss hinaus." Heinz kleidete sich rasch an. „Wenn das nächste Räumfahrzeug durch unsere Straße dröhnt, wird unser Trabi gleich mit weggeschoben."

Karin sagte nichts dazu.'Er lässt sich ohnehin nicht abhalten.' Sie forderte: „Schalte zuvor die Gastherme im Badezimmer ein!" Der Bimetallstreifen der Therme hatte seine Mucken. „Ich mache derweilen Feuer an." Neuenhofs beheizten wegen Kohlemangels nur den niedrigen Kachelofen im Kinderzimmer, der über Nacht keine Glut hielt. „Erst wenn das Feuer brennt, gibt's Frühstück."

„Ruf mich, wenn es so weit ist Ich fange inzwischen mit dem Schneefegen an."

Es erwies sich, Neuenhof war als Autofahrer ein Anfänger. Alle Utensilien, die er am Vortage für den Winterbetrieb des Fahrzeuges gekauft hatte, waren von ihm sorgsam im „Trabi" verstaut worden. Um in das Innere des Autos gelangen zu könneen, musste er zunächst Martins Kinderschaufel aus dem Keller und Karins Handfeger aus dem Besenschrank benutzen. Auf der gegenüberliegenden Straßenseite befand sich in einer Bebauungslücke der Häuserzeile ein Garagenhof: zwölf massiv gebaute und in zwei Zeilen angeordnete Unterstellmöglichkeiten für PKW. Die Anlage wurde durch einen mannshohen Stahlzaun geschützt, in dem ein metallenes zweiflügeliges Tor eingelassen war. Die Torflügel hingen wohl schief in den Angeln, beim Öffnen quietschten sie entsetzlich, und beim Schließen wurden sie zugeknallt. Die meisten Garagenbenutzer, auch jene, die morgens sehr früh per PKW zu ihrer Arbeitsstelle fuhren, brachten den kaltgestarteten Motor ihres Autos in über Gebühr langem Leerlauf auf Betriebstemperatur. Für Karin und Heinz Neuenhof war der Garagenhof, vor allem seitdem es draußen spätherbstlich und nun winterlich kalt geworden war, ein misslicher frühmorgendlicher Ruhestörer.

Als „Trabi"-Besitzer und in Sorge um eine schadensfreie Überwinterung seines Autos, wandelte sich Neuenhofs Sicht auf das Objekt. Als vis-á-vis die Torflügel quietschten und jemand begann, vor seiner Garage Schnee zu schieben und zu fegen, ging er hinüber, begrüßte den Mann wie einen alten Bekannten und stellte sich ihm vor. „Wir sind vor einigen Wochen von Dresden hierhergezogen," er wies, Karins Handfeger in der Hand, auf die andere Straßenseite, „haben noch keinen Bekanntenkreis, aber ein neues Auto, das ich unter der Laterne geparkt habe und das der Winterdienst vorhin beinahe fortgeschoben hätte. Meine Frage: Wissen Sie jemanden, der seine Garage auf diesem Komplex vermieten würde?"

Der andere unterbrach sein Schneefegen, stützte sich auf seinem Besen ab, lachte belustigt und sagte nur: „Nö."

„Wer weiß über den Garagenhof Bescheid?"

„Der Vorsitzende. Wir sind eine private Garagenbau-Gemeinschaft."

„Sagen Sie mir seine Adresse?"

„Brauch' ich nicht. Sie haben heute morgen doppeltes Glück: einmal, dass Ihr Auto drüben unter der Laterne stehengeblieben ist, und zum andern, dass Sie mich hier angetroffen haben, ich bin der Vorsitzende."

„Sind denn alle Garagen belegt?"

„Alle, und daran wird sich in absehbarer Zeit nichts ändern. Können Sie sich vorstellen, was wir veranstaltet haben, als die Wohnblocks hinter uns, in der Morgenstraße, errichtet wurden?"

„Nicht konkret und nicht im einzelnen."

„Erst ewige Diskussionen mit den Sesselfurzern in der Bauverwaltung beim Rat der Stadt und ungezählte Begehungen, bis wir endlich die Bebauungslücke für unser Vorhaben zugesprochen bekommen haben. Dann die Materialbeschaffung: jede beschädigte Betonplatte, die für die Montage der Wohnblocks verworfen wurde und zum Zerschreddern abtransportiert werden sollte, haben wir einzeln hierher gekarrt; wenn 'ne Ecke fehlte oder zwei, haben wir gedacht, schmieren wir die mit Mörtel zu; Zement haben wir, Sack für Sack, einzeln, im Kofferraum unserer Autos, in ganz Magdeburg und in der Umgebung zusammengehamstert. Wir hatten eine Baubude errichtet, mit mehreren Vorhängeschlössern an der Tür. Darin haben wir alles verwahrt. Nachts haben wir abwechselnd Kontrollgänge unternommen, damit uns nichts geklaut wurde. Von der Arbeit, die wir für unser Objekt geleistet haben, will ich gar nicht reden."

„Ich bin AWG-Mitglied", sagte Heinz. „Ich habe alle Arbeitsstunden auf AWG-Baustellen ableisten müssen. Mir wurde verweigert, Überstunden im Betrieb abzuleisten und für das zu erbringende Soll an AWG-Stunden angerechnet zu bekommen."

„Na bitte. Dann brauche ich Ihnen nicht mehr zu erzählen. Dann ist Ihnen klar, wieso der Kaufpreis für eine Garage unseres Typs bei 4.000 bis 6.000 Mark liegt."

'Du liebe Güte', dachte Heinz, 'das sind Preise.' Er war froh, nicht verraten zu müssen, dass er den überwiegenden Teil der Anzahlungsrate für seinen Trabi, der in gleicher Höhe fällig gewesen war, hatte borgen müssen.

„Wie lange haben Sie denn auf Ihr Auto warten müssen?"

„Sechseinhalb Jahre."

„Da hatten Sie doch genügend Zeit, sich um eine Garage oder zumindest um einen Garagenplatz zu kümmern."

'So kann man die Sache auch sehen', dachte Neuenhof. 'Wenn der Mann wüsste, was mir vor sechseinhalb Jahren, ja sogar noch vor sechseinhalb Wochen alles durch den Kopf ging, ob ich unseren Trabi überhaupt bezahlen und abholen kann.'

Der Mann fegte sein Garagentor frei und sprach vor sich hin: „Ich muss weitermachen, muss in den Betrieb. Dort erwarten sie von mir, dass ich etwas tue für den Aufbau des Sozialismus. In Magdeburg gibt es Dutzende von Garagenbau-Gemeinschaften. Horchen Sie herum! Vielleicht haben Sie woanders Glück."

Solches Glück war dem Hochschuldozenten, der sich auch bei mehreren Kollegen und Mitarbeitern der Technischen Hochschule befragte, nicht hold. Die Schneeräum-Fahrzeuge der Stadt wurden der Schneemassen auf den Hauptverkehrsstraßen im Stadtgebiet kaum noch Herr. Die Nebenstraßen verwandelten sich in Winterlandschaftsmotive für Ansichtskarten. Nur die Gehwege wurden auf Kinderwagenbreite von den Hausgemeinschaften der Anlieger beräumt.

„Am Wochenende dreht sich draußen kein Rad mehr", mutmaßte Heinz Neuenhof. „Was hältst du davon, Karin: Am Sonnabend fahre ich mit unserem Auto nach Burkitz, zu Tante Alma. Sie hat doch an ihrer Villa eine Tiefgarage."

„Mach' das! Ich weiß keine bessere Lösung für unser Problem. Die Hauptsache ist, du gelangst noch nach Burkitz, bei so viel Schnee ..."

„Ich benutze die Autobahn. Die Transit-Strecke nach West-Berlin wird gewiss befahrbar gehalten."

„... und du kommst in Tante Almas Garage hinein. Wie ich mich erinnern kann, ist die Garagenzufahrt sehr steil, das haben Mietinteressenten schon vor Jahr und Tag beklagt."

„Egal. Wenn sie nur groß genug ist."

„Ich denke, ein Trabant wird hineinpassen."

Alma Knarr empfing ihren Neffen freudig, bewirtete ihn mit Bohnenkaffee und selbstgebackenem Rührkuchen und ließ sich viel erzählen: wie sich Neuenhofs in Magdeburg eingerichtet hätten, wie Karin mit den Hausarbeiten und der Betreuung der Kinder zurechtkäme, ob Gerald den Schulwechsel von Dresden nach Magdeburg ohne Schwierigkeiten vollzogen habe und ob er, Heinz, an der Technischen Hochschule kollegial aufgenommen worden sei und schon erste Vorlesungen gehalten habe. Nachdem Heinz über Neuenhofs Auto-Kauf berichtet und die Tante einen Blick durchs Wohnzimmerfenster auf den vor der Knarrschen Gartentür geparkten neuen „Trabi" geworfen hatte, bat Neuenhof, das Auto bei ausgesprochen winterlicher Witterung in Almas Garage abstellen zu dürfen.

Alma blickte traurig drein und schüttelte den Kopf. „Ich habe die Garage an einen Bekannten vermietet, der ein paar Häuser weiter, in der gleichen Straße wie ich, wohnt und dort keine Unterstellmöglichkeit für sein Auto hat. Er hat mir die Garagenmiete für ein paar Monate im voraus gezahlt. Ich, mit meiner kleinen Rente, brauche das Geld." Außerdem schob und fegte der Mann ihr den Schnee vom Haustritt und vom Bürgersteig vor dem Haus, aus reiner Gefälligkeit, wie der Mann betont hatte, und „reine Gefälligkeit" bedeutete für die 68-jährige Mindestrenten-Bezieherin „kostenlos"; das war ihr wichtig, der Winter begann ja gerade erst und konnte lange andauern.

„Ich würde dir die Garagenmiete zahlen", versprach Heinz. „Sag' mir den Betrag. Dann lege ich noch einen Schein drauf."

Alma kniff die Lippen zusammen. Dann entschied sie: „Ich kann den Mann mit seinem Auto, noch dazu bei der derzeitigen Witterung, nicht kurzerhand 'raussetzen und ihn verprellen." Sie überlegte: 'Ich muss an später denken: Im Frühjahr wird Heinz sein Auto nach Magdeburg holen und es dort belassen. Dann stehe ich ohne Mieter, ohne Mieteinnahme und ohne Schneefeger und ohne Bürgersteigkehrer da.'

Heinz erzählte der Tante von seinen erfolglosen Bemühungen um eine Garage in Magdeburg. „Du warst Karins und meine letzte Hoffnung", gestand er ihr bekümmert. „Nun bin ich völlig ratlos."

Alma Knarr mochte ihren Neffen gut leiden. Sie war stolz auf ihn, den Hochschuldozenten, dass er es beruflich so weit gebracht hatte. 'Das müsste mein Hans erleben', wünschte sie sich und gedachte dabei ihres Ehemannes, der 1946 nahe Smolensk in einem Internierungslager für Nazi- und Kriegsverbrecher ums Leben gekommen war. Und dass Heinz Neuenhof, auch auf ihren Rat hin, Karin Enders geehelicht hatte, die, wie Alma bei Verwandten und Bekannten ein ums anderemal betonte, durch ihre Schule und Erziehung gegangen war, rechnete sie ihm hoch an. Sie dachte: 'Ich kann die beiden nicht enttäuschen, ich muss ihnen helfen.' Nach einigem Grübeln kam sie auf folgende Idee: „Nicht weit von hier, am Schützenplatz, bewohnen Bekannte von mir ein größeres Anwesen: Wohnhaus, fast eine Villa, Stallgebäude, Scheune. Meine Bekannte hat das geerbt. Ihre Eltern, seit Jahren verstorben, waren Ackerbürger. Aber jetzt ruht die bäuerliche Wirtschaft, die Leute gehen anderen Beschäftigungen nach. Vielleicht findet sich in ihrer Scheune ein Plätzchen für dein Auto. Wie dringlich ist denn die Sache?"

„Guck aus dem Fenster, wie's draußen aussieht."

„Also sofort. Dann los."

Almas Bekannte waren von dem Ansinnen nicht begeistert: Platz genug für das Auto gäbe es in der Scheune, aber das Abholen und Wiederbringen des PKW brächte Ungelegenheiten, sie hätten berufliche und gesellschaftliche Verpflichtungen und könnten für Heinz nicht immer nach Wunsch erreichbar sein.

Alma verwies auf das langjährige gute Verhältnis zwischen den Knarrs und dem verstorbenen Ackerbürger-Ehepaar und sagte mit beeindruckender Ernsthaftigkeit: „Sie würden mir persönlich einen großen Gefallen erweisen."

Heinz versicherte: „Ich werde Sie nicht täglich mehrmals behelligen. Ich beabsichtige sogar, die Batterie aus meinem Auto auszubauen und bei meiner Tante unterzustellen. Für Ihr Entgegenkommen werde ich mich erkenntlich zeigen."

Sie wurden handelseinig. Eine Stunde später fuhr Heinz Neuenhof sein Auto in die Scheune mit dem defekten Dach. Mit einem Personenzug reiste er von Burkitz nach Magdeburg zurück. Während einer Bahnfahrt las er gern. Vor der Autofahrt zu seiner Tante hatte er es verabsäumt, Lektüre in seine Manteltasche zu stecken. Die Landschaft und die Orte, die am Waggonfenster vorbeihuschten, kannte er allesamt, sie boten ihm keine Abwechslung. So kam er ins Grübeln. 'Ich habe mit Fahrzeugen offenbar nicht viel Glück. Die 'Schnelle' endete, kaum dass sie richtig eingefahren war, in Muttis Geräteschuppen in Burkitz. Nun ist auch der nagelneue 'Trabi' in Burkitz abgestellt, in einer halb baufälligen Scheune, fünfundzwanzig Kilometer von meiner Wohnung entfernt. Erleidet er schon bald ein ähnliches Ende wie 'die Schnelle'?' Er bemühte sich, defätistische Gedanken zu verdrängen, aber die Erfahrung von Schlaumeiern fand er bestätigt: Wer sich ein Auto anschafft, hat mindestens eine Sorge mehr als zuvor.

Zu Hause empfing ihn Karin tränenüberströmt. „Ich habe, nachdem du weg warst, den vorletzten Eimer voll Kohlen aus dem Keller geholt. Wir können morgen noch einmal den Ofen im Kinderzimmer beheizen. Dann ist Schluss, dann ist es bei uns in der ganzen Wohnung kalt. Du kümmerst dich fürsorglich ums Auto, das ist dir wichtig. Kohlen hast du, entgegen deinem Versprechen, nicht besorgt."

Neuenhof schämte sich vor seiner Frau. „Zieh' den Jungs die Winter-Kombination an. Mummele sie fest in Schals ein. Ich unternehme mit ihnen eine Schlitten-Tour."

„Jetzt noch? So kurz vor dem Dunkelwerden? Solch ein Unsinn."

Die Jungen freuten sich. Ihr Vater holte den Rodelschlitten und zwei Kartoffelsäcke aus dem Keller. Die Säcke breitete er auf dem Schlitten aus. Gerald und Martin setzten sich darauf. Dann umrundeten Vater Heinz und seine Söhne dreimal das Karree der Neubau-Wohnblöcke in ihrer Straße. Vor dem Wohnhaus des Kohlenhändlers in Neuenhofs Nachbarschaft endete die Schlittenfahrt. Heinz klingelte an der Haustür, mehrmals. Eine kleine Tür im Torweg, durch den man auf den Hof und zu den Kohlenboxen des Händlers gelangte, wurde geöffnet. „Was gibt's denn, sonnabends am frühen Abend?", fragte der Kohlenhändler unwirsch.

„Ich hoffe, es gibt ein paar Kohlen. Meine beiden Söhne, steigt ab und gebt dem Onkel die Hand, meine Frau und ich sind in unsrer Wohnung am Erfrieren." Heinz stellte sich dem Mann vor und erinnerte ihn an die vielen vergeblichen Bemühungen seiner Frau um eine Belieferung mit Heizmaterial.

„Ich habe noch immer nichts angeliefert bekommen."

Heinz redete ununterbrochen auf den Mann ein. Am Ende bestand er darauf, zu den Kohlenboxen geführt zu werden. Da Martin vor Kälte anfing zu quängeln, ließ sich der Händler auf Neuenhofs Wunsch ein. In den besenrein gesäuberten Boxen waren nur ein paar Kohlebruchstücke zu finden. „Die kaufe ich Ihnen ab." Der Kohlenhändler, fassungslos, nickte. Gerald und sein Vater klaubten Kohlengrus in einen der mitgebrachten Kartoffelsäcke.

Der Händler nahm den bibbernden Martin an die Hand und verschwand mit ihm. Nach einer Weile kehrten die beiden zurück, Martin mit einem Lutscher im Mund und einem zweiten für Gerald in der Hand und der Händler mit zwei Eimern voll normgerecht geformter Briketts. „Die Kohlen sind aus meinem privaten Vorrat. Geben Sie mir sechs Mark und gehen Sie schnell nach Hause. Kommen Sie erst wieder, wenn ich eine Lieferung für Privatkunden erhalten habe."

Drei Tage später, es war eine Woche vor Weihnachten, holte Heinz den Neuenhofschen „Trabi" von Burkitz nach Magdeburg. Karin packte in der Zwischenzeit Kleidung und Wäsche für sich und die Kinder in Koffer und verstaute weitere Utensilien, wie sie für eine mehrwöchige Abwesenheit von Zuhause benötigt wurden, in Reisetaschen. Jeder der Jungen durfte einen Campingbeutel voll Spielsachen mit auf die Reise nehmen. Neuenhof brachte seine Familie per PKW zu den Schwiegereltern nach Gorzeck. Das Weihnachtsfest bei Enders' zu verleben und über den Jahreswechsel in Gorzeck zu bleiben, war ohnehin von Karin und Heinz geplant und mit Karins Eltern brieflich verabredet worden. Weil für die Magdeburger Wohnung kein Heizmaterial mehr vorhanden war, wurde die Gorzeck-Reise terminlich vorgezogen.

Die Autobahn Magdeburg/Berlin war, dem Transit-Verkehr nach West-Berlin Rechnung tragend, gut geräumt. Der Winterdienst von Ziesel nach Gorzeck ließ allerdings sehr zu wünschen übrig. Neuenhof – kaum Fahrpraxis unter winterlichen Bedingungen – chauffierte mit höchster Konzentration, und Karin zitterte und seufzte ängstlich auf der ganzen Wegstrecke von Ziesel nach Gorzeck. Wenn das Auto in Fahrspuren oder wegen Schneeglätte ins Schlingern geriet, raunte der hinter dem Fahrer sitzende Gerald: „Na, Papi ..." Dann beruhigte Neuenhof seine Familie mit dem Hinweis: „Unser 'Trabi' hat Vorderrad-Antrieb und zieht sich immer wieder von allein in die richtige Spur."

In Gorzeck hielt sich Heinz nicht länger auf, als das Ausladen des Gepäcks der

Familie und das Beladen des Autos mit Brennholz und Briketts, sorgsam in dem kleinen Kofferraum und vor dem Beifahrersitz geschichtet, in Anspruch nahm. Er musste noch am gleichen Tag nach Magdeburg zurückfahren, um am nächsten Morgen pünktlich an seinem Arbeitsplatz erscheinen zu können. Die restlichen Urlaubstage, die ihm anteilig von seinem Dienstantritt in Magdeburg bis Silvester 1969 zustanden, wollte er für die Zeit zwischen Weihnachten und Neujahr in Anspruch nehmen.

„Komm bloß heil nach Hause und am Heiligen Abend nicht so spät zu uns nach Gorzeck," wünschte sich Karin, ehe er ins Auto stieg und der heizmaterialbeladene

„Trabi" vom Hof des Endersschen Grundstückes knatterte.

Unterwegs grübelte Neuenhof: 'Was waren das für ereignisreiche Wochen seit unserem Umzug nach Magdeburg Und wie sehr haben uns die Alten unterstützt, das Friseur-Ehepaar Lieschen und Gustav, Gertrud Feuerherdt und Tante Alma, nun auch noch die Schwiegereltern mit Heizmaterial.' Er nahm sich vor, sich künftig mit Urteilen über persönliche Eigenheiten, um nicht zu sagen: Marotten, und über nicht immer willkommene Ratschläge der Altvorderen zurückzuhalten. „ Weiß der Teufel, warum", murmelte er vor sich hin, „man braucht die Alten doch, und letztlich ist man froh, wenn sie noch da sind."

12

Der 1969 noch nicht lange in seinem hohen Amt tätige Minister für das Hoch- und Fachschulwesen hatte bis zur Dezember-Tagung des Ministerrates der DDR, dem er angehörte, geglaubt, er brächte für seine Funktion alle erforderlichen Voraussetzungen mit. Er hatte ein Universitätsstudium absolviert, er galt in der führenden Partei des Landes als lebens- und parteierfahrener Genosse, er war ein aufrichtiger, strebsamer Mensch und hatte in verantwortlichen Parteifunktionen Leiterqualitäten nachgewiesen: Hartnäckigkeit, Ausdauer, Konsequenz, Entscheidungsfreudigkeit und Respekt vor der Meinung und den Hinweisen progressiv denkender und handelnder Kollektive. Er hatte begriffen, wie in einem sozialistischen Gesellschaftssystem das Zusammenspiel der Parteiführung mit den Funktionsträgern der Staatsmacht und umgekehrt vonstatten ging und welche Rolle dabei der sogenannte subjektive Faktor spielte und immer wieder spielen konnte. Er kannte Beispiele dafür, dass subjektiv befähigte und von hohen Idealen beseelte Genossen gescheitert waren, weil sie das besagte Zusammenspiel und den Einfluss des subjektiven Faktors missachtet hatten oder, in einem Anflug von persönlicher Überheblichkeit, nicht hatten wahrhaben wollen. Und dabei brauchte das Scheitern solcher Genossen durchaus nicht wie bei Dr. Erich Apel mit dem Selbstmord durch Gebrauch der Schusswaffe zu enden.

Und ihm, dem Minister für das Hoch- und Fachschulwesen, widerfuhr, dass ihm in der 1969er Dezember-Tagung des Ministerrates einige Minister-Kollegen und Genossen des Zentralkomitees der SED, allen voran das Politbüromitglied Dr. Günther Mittag, Konzeptionslosigkeit und ungenügende Förderung des wissenschaftlich-technischen Fortschritts durch die Lehre und Forschung an den Universitäten und Hochschulen des Landes, insbesondere auf den volkswirtschaftlich relevanten Gebieten Maschinen- und Gerätebau, Elektrotechnik/Elektronik und Elektronische Datenverarbeitung/Informatik, vorwarfen. Diese Kritik traf ihn hart und unvorbereitet: Vor der Ministerratstagung hatte er nicht den kleinsten Wink von der Abteilung Wissenschaften des SED-Zentralkomitees bekommen. Allein diese Tatsache machte ihn um eine wichtige Erfahrung in seinem Berufsleben reicher: Je höher der Posten war, den man bekleidete, desto hellhöriger musste man auf alle Stimmen im eigenen Umfeld und auf die Wirkungen des sogenannten subjektiven Faktors achten.

Zunächst vermochte er sich nicht zu erklären, wie es zu solchen gravierenden Vorwürfen gegen seine Amtsführung und gegen die inhaltliche Ausrichtung wichtiger Gebiete des Hochschulwesens hatte kommen können. Er selbst hatte in einflussreichen Positionen und mit der ganzen Kraft seiner Persönlichkeit an der Erarbeitung und Durchsetzung von Konzepten für die III. Hochsschulreform in der DDR mitgewirkt. Noch konsequenter als sein Vorgänger im Amt, hatte er, um es bildhaft auszudrücken, alte akademische Zöpfe abgeschnitten, verkrustete Organisations- und Leitungsstrukturen an den Universitäten und Hochschulen aufgebrochen. Erst nach und nach begriff er, „sein Haus", das Ministerium, hatte nicht energisch genug auch auf inhaltliche Erneuerungen in der Lehre und Forschung gedrängt. Nach dieser Erkenntnis hätte er nicht er sein müssen, um nicht zu wissen, was er nun „durchzustellen" hatte.

Der Minister berief eine Sondersitzung seines Leitungskollektivs ein. An seine Stellvertreter und die Leiter eigenständiger Abteilungen „seines Hauses" gab er die am Hochschulwesen geübte Kritik des Ministerrates ungeschönt und in höchster Erregung weiter. Besonders bedachte er dabei seinen Stellvertreter für Technische Wissenschaften, Dipl.-Ing. Harry Petras. Petras, erfahren im Geschäftsgebaren des Staatsapparates, verteidigte sich: „Genosse Minister, ich nehme Ihre Kritik und die des Ministerrates an. Ich erlaube mir jedoch, darauf zu verweisen, dass ich nicht länger in meinem Amt als stellvertretender Minister tätig bin als Sie in dem Ihren."

Der Minister lief rot an im Gesicht. „Keine Ausflüchte, Genosse Petras. Der Mnisterrat hat unser Ministerium beauflagt, bis zum 31. August 1970 eine Konzeption zur qualitativ verbesserten und auf die Schwerpunkte der gesellschaftlichen Entwicklung der DDR ausgerichteten Führung der Lehr-, Lern- und Forschungsprozesse an den technischen Sektionen der Universitäten und Hochschulen vorzulegen, also eine Führungskonzeption für das Maschineningenieurwesen, abgekürzt: eine FüKo MIW. Ich beauftrage Sie und Ihren Stellvertreter-Bereich hiermit in aller Form, die Erarbeitung solcher FüKos für den Maschinen- und Gerätebau, für die Elektrotechnik/Elektronik und für die Elektronische Datenverarbeitung/Informatik zu dem vom Ministerrat gesetzten Termin in die Wege zu leiten." Er legte fest, zu welchen Terminen Petras Zwischenberichte vor dem MHF-Leitungskollektiv zu erstatten hatte. Er forderte von Petras zum 15. Januar 1970 die Vorlage eines Plans, nach dem die FüKos erarbeitet werden sollten. Er versprach, die Umsetzung dieses

Plans „im Rahmen meiner Möglichkeiten" zu unterstützen.

Petras Nachbar raunte vor sich hin: „Na, Harry, da hast du ja ein schönes, heißes Ding gefangen."

Der Parteisekretär „des Hauses" hörte das und grinste. Er erbat das Wort und sagte: „Genossen, die FüKo oder FüKos sind ein Schwerpunkt in der Arbeit der Abteilung Wissenschaften im kommenden Jahr. Genosse Professor Kurt Hager als der für uns zuständige Sekretär im Polit-Büro unserer Partei interessiert sich persönlich dafür. Er soll sich sinngemäß so geäußert haben: Überall in unserem Lande, in Betrieben, Verwaltungen, Parteien und gesellschaftlichen Organisationen, sind Wissenschaftler unserer Universitäten und Hochschulen beratend, oftmals federführend konzeptionell oder sogar leitend tätig. Da wird es dem MHF ein Leichtes sein, Experten des Hochschulwesens zusammenzunehmen und die geforderten FüKos erarbeiten zu lassen."

'Ein Leichtes', dachte Harry Petras mit Ingrimm, weil ihm bewusst war, in den nächsten Wochen und Monaten würden ihn seine Ehefrau und seine vier Kinder bestenfalls beim morgendlichen Kaffeetrinken und abendlichen Schlafengehen zu sehen bekommen. 'Die führenden Genossen', sinnierte er weiter, 'halten das, was sie nicht selber zu tun brauchen, oftmals für ein Leichtes.'

Der Parteisekretär sagte: „Auf Grund der Bedeutung der FüKos für die weitere Arbeit unseres Ministeriums und auf Grund des großen Interesses der Parteiführung an den FüKos nimmt die Parteiorganisation 'unseres Hauses' die FüKo-Erarbeitung unter Partei-Kontrolle."

'Mehr geht nicht', dachte Petras.

In der Sitzungspause zugunsten der Raucher unter den Leitungsmitgliedern standen Petras und der Minister debattierend beieinander. Der Parteisekretär gesellte sich zu ihnen. Wie beiläufig und halblaut nuschelnd informierte er: „Das Neueste vom Werderschen Markt", er meinte das am Werderschen Markt gelegene Gebäude des Zentralkomitees der SED, „unser heutiges Thema betreffend: Der Leiter der Zentralen Prognosegruppe beim Ministerrat wird in Kürze von seiner Funktion entbunden. Er wird durch einen Professor von der TH Magdeburg ersetzt. Ihr könnt mich erschlagen, ich habe dessen Namen vergessen."

Harry Petras zuckte mit den Augenbrauen. „Kann es sein, du sprichst vom Genossen Prof. Kainzow aus Magdeburg?"

„Sag' das noch mal." Petras wiederholte, und der Parteisekretär nickte.

Petras hielt seinen ehemaligen Kommilitonen aus der gemeinsamen Studienzeit an der TH Dresden schon immer für einen fähigen Wissenschaftler und Wissenschaftsorganisator. Er gestand sich ein, er hatte damit gerechnet, dass Kainzow zu höheren Aufgaben als zur Leitung einer TH-Sektion herangezogen werden würde.

„Kainzow ist einer unserer profiliertesten Sektionsdirektoren", sagte der Minister und fragte Petras: „Wer wird denn in Magdeburg sein Nachfolger?"

Petras zuckte mit den Achseln. „Ich bin soeben überrascht worden. Mir scheint, ich muss mit einigen meiner Partner unsere gemeinsamen Spielregeln präzisieren." Er schloss in diesen Vorsatz auch den für seinen Stellvertreter-Bereich zuständigen Sektorenleiter in der Abteilung Wissenschaften des SED-Zentralkomitees ein. Aber das sagte er nicht. Das Zusammenwirken von Staatsfunktionären und Mitarbeitern des ZK war eine interne, persönlich geprägte und von gegenseitigem Vertrauen getragene Angelegenheit.

Der Minister nickte. „Die Spielregeln aktuell zu gestalten und dann auch einzuhalten, ist für unsere Arbeit unabdingbar." Er meinte dies nicht nur allgemein oder auf Petras, sondern auch auf seine Person und seine Partner bezogen. Auch er erfuhr erst in der Pause dieser Sitzung, mit welcher Aufgabe ein Mann aus seinem Verantwortungsbereich, eben dieser Magdeburger Prof. Kainzow, kurzfristig betraut werden sollte. So etwas wollte er sich nicht gefallen lassen.

Noch ehe Harry Petras in Sachen FüKo oder FüKos und Leitung der Zentralen Prognosegruppe beim Ministerrat weitere Maßnahmen „durchstellen" konnte, erbat Prof. Wolfgang Kainzow telefonisch ein Vier-Augen-Gespräch mit dem stellvertretenden Minister binnen kürzestmöglicher Frist. Die Männer trafen sich am Tag nach der Sondersitzung des MHF-Leitungskollektivs in Petras' Dienstzimmer am frühen Abend, nach Dienstschluss im MHF.

Winterlich frühe Abenddämmerung hatte das Land überzogen, als Kainzow in Magdeburg mit seinem Privat-WARTBURG losgefahren war, ohne einen vom Rektor, seinem Dienstvorgesetzten, erteilten dienstlichen Auftrag. Hilde Müller und Dr. Bürgel, die sein Sekretariat führten, hatte er erklärt, er müsse mit seiner Ehefrau dringend eine Klinik aufsuchen. Diese Auskunft sollten die beiden erteilen, wenn „wichtige Leute" nach ihm fragen würden. Autofahrten im Dunkeln, er selbst am Lenkrad, unternahm der Professor wegen seines sich sukzessiv verschlimmernden Augenleidens nur ungern. Auch hielten ihn winterliche Straßenverhältnisse wie in diesen Tagen von Privatfahrten, wohin auch immer, ab, dabei wurde die Autobahn Hannover/Berlin wegen des Transit-Verkehrs nach und von West-Berlin vorbildlich von Schnee und Eis geräumt. Und nicht genug damit: Kainzow hatte, um sich mit Petras treffen zu können, seine für den Nachmittag angesetzte Spezial-Vorlesung „Werkzeuge der spanenden Formung" von seinem Oberassistenten, Dr. Siegbert Täuscher, halten lassen müssen, und Täuscher hatte, wie üblich, unwillig geschnieft, als ihn sein „Chef", wie schon öfter, mit dem erneuten „Feuerwehr-Einsatz" betraut hatte.

„Nimmst du 'nen Kaffee?", fragte Petras seinen mit bleichem Gesicht vor ihm sitzenden Gast, der sich die überanstrengten Augen rieb. Kainzow nickte. „Und wenn es Kuhdreck geschneit hätte, ich musste heute zu dir kommen, ich hatte keine Ruhe."

„Plagt dich dein schlechtes Gewissen?"

„Schlechtes Gewissen?" Kainzow sah den stellvertretenden Minister verwundert an. „Wieso sollte ich ...?"

Petras, ein starker Raucher, zündete sich eine Zigarette an, ohne zu fragen, ob das dem anderen recht wäre. „Gestern hat mir mein Minister ein bärenmäßiges Ding angehängt: die Erarbeitung von Führungskonzeptionen für die tragenden Gebiete deiner Prognosegruppe. Ganz hoch angebunden die Sache: Ministerratsbeschluss." Und dann in zynisschem Tonfall: „Musst du dir auf diese Weise Zuarbeiten für deine Gruppe verschaffen?"

„Nee, Harry." Kainzow lachte. „Wir erarbeiten unseren Kram selber. Versagt die Gruppe, setze ich mich eine Nacht lang hin und schreibe nieder, was verlangt wird. Darin bin ich seit unserem gemeinsamen Studium firm, wie du wissen solltest."

Petras paffte. „Sollte ein kleiner Scherz sein." Er sah den Professor lauernd an und erweckte damit nicht den Eindruck, zum Scherzen aufgelegt zu sein. „Na, dann schieß mal los, warum du deinen heutigen Feierabend mit mir verbringen willst."

Kainzow war von all seinen wichtigen Gesprächspartnern in dieser Woche, sofern es um die Zentrale Prognosegruppe beim Ministerrat ging, zu äußerstem Stillschweigen gegenüber anderen verpflichtet worden. „Dir gegenüber, Harry, fühle ich mich verpflichtet, mein Stillschweigen zu brechen. Ohne Umschweife, klipp und klar: Ich habe mit Parteiauftrag die Leitung der Zentralen Prognosegruppe übertragen bekommen, ab 1. Februar, hauptamtlich. Ich sollte sofort in der Klosterstraße anfangen. Darauf konnte ich mich nicht einlassen. Ich hatte langfristig zugesagt, den Vorsitz für einige Promotionsverfahren an der TH im Januar zu übernehmen. Die Diplom-Verteidigungen für die Matrikel 1965 stehen an. Es genügt, denke ich, wenn ich meine Vorlesungen von meinem Oberassistenten halten lassen muss."

„Stimmt. Seine Vorlesungen selber zu halten, sollte einem Professor im sozialistischen Sinne heilig sein."

„Die Bestätigung meines Nachfolgers in der Funktion des Sektionsdirektors steht noch aus. Ich muss zeitlich einplanen, meine Amtsgeschäfte ordentlich zu übergeben und ihn nach Möglichkeit eine Zeitlang einzuarbeiten. Unsere Sektion ist groß und im Gesamt-Ensemble der Hochschule nicht unbedeutend. Da muss ..."

„Halt, halt. Etwas langsamer und schön der Reihe nach. Wer weiß um deine Versetzung nach Berlin?"

„Nach meinem Kenntnisstand ist bisher alles über die Partei-Ebenen gelaufen:

ZK-Abteilung Wissenschaften, Sekretäre der Bezirksleitung und unser HPL-Sekretär. Ich vermute, unser Minister wurde informiert. Ob er dich eingeweiht hat, weiß ich nicht. Um sicherzugehen, bin ich heute zu dir gekommen."

„Hält dein HPL-Sekretär dicht?"

Schulterzucken. „Wenn er plaudert, dann höchstens mit unserem Rektor."

Petras zündete sich wieder eine Zigarette an. „Morgen früh werde ich dem Minister empfehlen, deinen Rektor unverzüglich zu uns zu beordern und nach Übereinkunft mit ihm alles Notwendige in dieser Sache durchzustellen. Dafür, mein Lieber, wenn du nun mal gekommen bist, was ich sehr in Ordnung finde, lass uns Linie machen. Noch 'nen Kaffee?"

„Keinen Kaffee. Ich bin schon aufgeregt genug. Lieber ein Wasser oder einen Saft."

Die Männer gelangten übereinstimmend zu folgenden Auffassungen: Prof. Dr.-Ing. Wolfgang Kainzow würde ab 1. Februar 1970 von seinen dienstlichen Verpflichtungen an der TH Magdeburg freigestellt werden. Seine Rechte als Professor dieser TH würden gewahrt bleiben. Sein Gehalt würde er über das Büro des Ministerrates beziehen. Nachfolger im Amt des Direktors der Sektion Technologie an der TH Magdeburg sollte nach Petras' und Kainzows Ermessen Richard Kleber werden, ein 36-jähriger, zum 1. September 1969 berufener Professor für Schweißtechnik, der zuvor auf seinem Berufungsgebiet zunächst als Oberassistent und dann als Hochschuldozent gearbeitet hatte. Professor Weichtel käme als Sektionsdirektor nicht in Frage: Er würde, etwas übertrieben ausgedrückt, die gesamte Sektion zu einer Forschungsabteilung des Kombinates GuK umprofilieren wegen seiner recht einseitigen fachlichen Ausrichtung auf Verzahnungsfertigung und -messtechnik. Professor Wusel habe, so die Meinung vieler Sektionsmitarbeiter, nicht die erforderlichen Leiterqualitäten.

„Wusel polarisiert", sagte Kainzow zu Petras. „ Als Sektionsdirektor müsste er aber integrieren, er müsste Leute zusammenführen. So etwas vermag Kleber in seiner ruhigen, bedächtigen Art."

Petras erwiderte: „Ein junger Mann an der Spitze, das gefällt mir immer." Klebers Einsetzung ins Amt sollte nicht durch das Mandat einer Sektions-Vollversammlung, sondern ausnahmsweise und kurzfristig durch Leitungsbeschluss erfolgen. Die volle Verantwortung für die Kainzowsche Lehr- und Forschungsgruppe würde Dr.-Ing. Siegbert Täuscher übertragen werden. Dessen sofortige Berufung zum Hochschullehrer wurde nicht in Erwägung gezogen. „Er hat noch nie als Ingenieur in der betrieblichen Praxis gearbeitet."

„Hat er wenigstens ein Zusatz-Studium im sozialistischen Ausland absolviert?"

Das musste Kainzow verneinen.

Um die ausgewogene Besetzung der klassischen fertigungstechnischen Gebiete zu gewährleisten, wie sie im K-Bereich der Hochschule konzentriert vertreten wurden, sollte Hochschuldozent Heinz Neuenhof zum 1. September 1970 zum Professor für das komplexe Fachgebiet „Fertigungsgestaltung" berufen werden. Eine solche Berufung würde die Position des neuen Sektionsdirektors, der ein Spezialist auf einem engen Fachgebiet war, stärken

„Nun haben wir uns verständigt, wie dein Weggang aus Magdeburg an eurer Hochschule kompensiert werden kann", sagte Petras. Und fast wehmütig: „Dabei habe ich nach der gestrigen Sitzung beim Minister gedacht: 'Um die FüKo für das Maschineningenieurwesen und den Gerätebau, Petras, braucht dir nicht bange zu sein, du kannst ja auf solche Leute wie die Professoren Kainzow aus Magdeburg und Thümmel aus Karl-Marx-Stadt und ähnliche Spezialisten setzen.' Nun stehe ich heute schon ohne dich da. Was sagst du dazu?"

„Ich bin nicht aus der Welt. Im Gegenteil: Hier, in Berlin, sind unsere Wege zueinander noch kürzer."

„Akzeptiert. Ich nehme dich beim Wort." Petras entwickelte folgenden Plan: Er wollte für jedes der Hauptgebiete, für die der Minister für das Hoch- und Fachschulwesen Führungs-Konzeptionen (FüKos) im Ministerrat einzubringen hatte, ein gesondertes Dokument erarbeiten lassen. Dafür wollte er kompetente Experten aller Universitäten und Hochschulen in einer mehrtägigen Klausur heranziehen.

„Du musst aber aufpassen", riet Kainzow, „dass diese Klausur nicht zu einer Quasselbude hochkarätiger Universitäts- und Hochschul-Experten mutiert, die sich freuen, auf Staatskosten zusammenkommen und sich frei von Tagesgeschäften und ohne jegliche Störung von außen mal richtig auslabern zu können, und du stehst am Ende ohne ein Papier für den Ministerrat da."

Harry Petras lachte und rauchte. „Du kennst dich aus in deinen Kreisen, merke ich. Vielen Dank für deinen Ratschlag. Ich passe auf, lasse mir etwas einfallen. Eines garantiere ich dir: Den Fehler, der mir 1961/62 mit den „Thesen..." unterlief, mache ich nicht noch einmal."

1961/62 hatte Harry Petras, damals Sektorenleiter im seinerzeitigen Staatssekretariat für das Hoch- und Fachschulwesen der DDR, mit ausgewählten Mitarbeitern seines Sektors, nur in einer kleinen Gruppe, „Thesen zur Neugestaltung des Studiums in den Fachrichtungen der Ingenieurwissenschaften" erarbeitet und in der Zentralstelle für Lehr- und Organisationsmittel des Staatssekretariats in Zwickau drucken lassen. Die daraus entstandene Broschüre mit 44 Seiten Text und drei Grafiken war 1962 im Hochschulwesen in Umlauf gebracht worden und hatte heftige Diskussionen unter den Ingenieurwissenschaftlern, zugleich aber auch Kritik an der Arbeitsweise des Staatssekretariats ausgelöst. Die Kritiker hatten das Staatssekretariat nicht nur als Herausgeber, sondern gleichsam als Verfasser der „Thesen …" gedeutet. Sie hatten sich von deren Erarbeitung, trotz zahlreicher zuvor geführter Konferenzen und Problemdiskussionen, ausgeschlossen und sich in ihrer Berufsehre verletzt gefühlt, und einige hatten Harry Petras und anderen leitenden Mitarbeitern des Staatssekretariats und späteren Ministeriums ins Gesicht gesagt: „ Wir sind sehr eingenommen für Thesen. Doktor Martin Luther hat mit seinen an der Wittenberger Schlosskirche angeschlagenen Thesen in die Weltgeschichte eingegriffen. Solcher Ruhm wird den 'Thesen …' des Staatssekretariats nicht im mindesten zuteil werden."

Die Kritiker hatten sich geirrt. Die Grundgedanken der „Thesen …" hatten sechs Jahre später in der III. Hochschulreform der DDR ihren Niederschlag gefunden. Aber bis dahin war eine immense konzeptionelle, organisatorische und agitatorische Arbeit zu leisten gewesen.

„Die FüKos", versicherte Petras, „lasse ich von gelehrten Herren Professoren und Hochschuldozenten verfassen. Gibt es an deren Ausarbeitungen Kritisches auszusetzen, mögen sich die Wissenschaftler und Hochschullehrer untereinander in die Haare kriegen und raufen. Ich sitze dann hier in Berlin wie auf dem Berge und spiele bei den Händeln den Schiedsrichter."

Als sich die beiden Männer voneinander verabschiedeten, sagte Harry Petras: „Es war jedenfalls gut, dass du heute zu mir gekommen bist. Wir haben über eine Menge wichtiger Dinge ungestört reden und uns verständigen können."

Kainzow nickte. „Wenn Informationen über fremde Kanäle laufen, weiß man oftmals nicht, was unterwegs mit ihnen geschieht. Mir war und ist wichtig, dass du das, was man mit mir vorhat, unverzüglich und von mir persönlich erfahren hast."

Petras grinste. Kainzow kannte den anderen lange genug, um dessen Grinsen zu deuten. „Ich bin nicht dein erster Informant, wie?" Petras, immer noch grinsend, legte dem Professor wie einem guten Freund eine Hand auf die Schulter. „Wolfgang, ich wäre eine schlechte Staatsmacht, wenn ich über uns und das Hoch- und Fachschulwesen nicht immer sofort, manchmal noch eher als der Betroffene selbst, Bescheid wüsste."

Gudrun Kainzow hatte noch die 22-Uhr-Nachrichten der „Aktuellen Kamera" im Fernsehen angeschaut. Dann war sie mit Straßenbesen und Schneeschieber hinaus auf die Straße gegangen. Es hatte am Abend nochmals geschneit. Die verkehrsberuhigte Straße in Magdeburg-Reform, in der Kainzows ein Familiendomizil in einem Reihenhaus bewohnten, war mit einem weißflockigen Tuch aus Schnee bedeckt gewesen. Die Frau hatte den Hauseingang und die Zufahrt zur unweit gelegenen Garage freigefegt. Ihr Ehemann war von der spätmittäglichen Fahrt nach Berlin noch nicht zurückgekehrt gewesen. Mit ihrem Winterdienst hatte sie ihm zeigen wollen, sie hatte auf ihn gewartet und hatte Männern zustehende Hausmannsdienste wahrgenommen. Endlich, kurz vor Mitternacht, hörte sie auf der Straße das erwartete und vor dem Kainzowschen Hauseingang verebbende Wartburg-Motorgeräusch. Sie lief hinaus. Ihr Ehemann kurbelte die Scheibe nahe dem Fahrersitz herunter. „Bist du heil zurück?", fragte sie und reichte ihm das Lederetui mit dem Garagenschlüssel. „Ich habe mir Sorgen gemacht, habe dich vor meinem geistigen Auge in einem Straßengraben liegen oder in einer Schneewehe stecken sehen ..."

„Ach was. Dramatisiere nicht immer."

„Ich brauche nicht zu dramatisieren. Um deine Augen ist es wahrlich schlimm genug bestellt."

Professor Kainzow hatte sich vor einigen Monaten in permanente Behandlung seiner Augen durch den Direktor der Augenklinik der Medizinischen Akademie Magdeburg begeben müssen. Der Arzt befürchtete eine Netzhautablösung an beiden Augen seines Patienten. Kainzow sagte zu seiner Frau: „Ich habe unterwegs an schneeberäumten Autobahn-Rastplätzen angehalten, habe mir die verordneten Tropfen in die Augen geträufelt und bin erst weitergefahren, als ich wieder richtig gucken konnte. Es ist alles gut gegangen, wie du siehst." Er ließ den Motor an und brachte das Auto in die Garage.

Sie erwartete ihn im Hausflur. Sie nahm ihm seinen Mantel und Schal ab.

„Vorsicht. Da ist mir Schnee draufgestäubt."

„Ich mach' das schon." Während er sein Jackett auszog, fragte sie: „Musstest du in Berlin wieder so lange debattieren? Ich habe seit den ersten Abend-Nachrichten in tausend Ängsten geschwebt."

„Die Unterredung heute war sehr wichtig. Ich habe auch für uns, für unsere Familie, ein paar Pflöcke einschlagen können: Ich behalte meine Professur hier, in Magdeburg."

Sie legte beide Hände auf seine Schultern und sah ihn kopfschüttelnd an. „Was nutzt das? Wozu erzählst du mir so etwas?"

„Zu deiner Sicherheit ... oder für deinen Seelenfrieden, ganz wie du willst. Oder würdest du etwa nicht lieber in Magdeburg bleiben?"

Sie seufzte. „Als ob das, was ich möchte, bei uns eine große Rolle spielt ..." Er wollte etwas darauf erwidern, aber sie ließ ihn nicht zu Wort kommen. „Heute nachmittag, du warst gerade losgefahren, rief jemand aus Berlin, vom Ministerrat, an. Ich kann dir jetzt nicht sagen, wie der Mann heißt. Du möchtest ihn morgen anrufen. Ich habe seinen Namen und seine Telefonnummer aufgeschrieben. Der Zettel liegt auf deinem Schreibtisch. Der Mann teilte mit, sie haben etwas für dich, für uns, gefunden: ein Häuschen im Grünen, in einer stillen Gegend nahe Berlin, in Neuenhagen."

„Siehst du: Es bewegt sich etwas in der Sache. Wir gucken uns das Häuschen an und fragen nach den Bedingungen, und dann entscheiden wir."

„Ich mache mir Sorgen wegen unserer Kinder. Werden sie die Umschulung verkraften?"

„Die Kinder schaffen das. Wir alle werden es schaffen."

„Das sagst du immer."

„Was bleibt mir anderes übrig? – So, und nun schlag' mir ein paar Eier in die Pfanne. Ich habe einen Mordshunger."

„Mitten in der Nacht?"

„Ich habe seit Mittag nichts gegessen. Beim stellvertretenden Minister gab es nur schwarzen Kaffee, Wasser und viel Zigarettenqualm."

13

Ohnehin wurde in der DDR vom ersten Werktag eines Jahres an tüchtig gewerkelt und agitiert und darauf hingearbeitet, dass die für das ganze Kalenderjahr vorbereiteten Pläne möglichst schon im Spätsommer oder Herbst des Planjahres als erfüllt abgerechnet und die dann noch verbleibenden Wochen bis zum Jahresende für Plan-Übererfüllungen zugunsten des beschleunigten Aufbaus des Sozialismus genutzt werden konnten. Dieses Bestreben gab es im ganzen Lande, in den Industrie- und Landwirtschaftsbetrieben, in den zentralen und kommunalen Behörden, Verwaltungen und Dienstleistungsunternehmen und, nicht zuletzt, in den Bildungseinrichtungen aller Art. Der Unterrichtsbeginn im neuen Kalenderjahr wurde im Volksbildungsbereich nicht später als auf den 3. Januar oder den unmittelbar darauffolgenden Werktag festgelegt. Der 3. Januar war der Geburtstag des ersten Präsidenten der Deutschen Demokratischen Republik, des Arbeiter-Präsidenten Wilhelm Pieck. Dies wurde allenthalben im Lande gewürdigt.

Anfang Januar 1970 schienen die Sozialismus-Erbauer der TH Magdeburg den Eifer und die Einsatzbereitschaft ihrer Landsleute in der Stadt und im ganzen Bezirk Magdeburg noch überbieten zu wollen. Piecks Geburtstag fiel auf einen Samstag. Der Lehr- und Forschungsbetrieb und die Verwaltungstätigkeit an der TH begannen am 5. Januar. An diesem ersten Arbeitstag im neuen Jahr, einem Montag, ragten die Gebäude der TH, schneehaubenbedeckt, aus einer unberührten Winterwüste; die weiße Pracht deckte die Zufahrts- und Versorgungsstraßen und die Wege im Hochschulgelände wie für einen langen Schlaf bis zum Frühling völlig zu. Die Mitarbeiter des dem Direktorat für Planung und Ökonomie zugeordneten Bereiches Betriebstechnik vermochten, bedingt durch geringen Bestand an Personal und Schneeräumtechnik, die Schneemassen und das Eis nicht kurzfristig zu räumen oder mit Fahrzeugen in Richtung Elbe abzutransportieren. Der Direktor für Planung und Ökonomie hatte am Sonntag den Rektor über die kritische Lage informiert. Beide hatten den Sektionsdirektoren telefonisch den Sonntagnachmittagskaffee versüßt mit der Weisung, am nächsten Morgen alles verfügbare Personal ihrer Sektion für den Winterdienst einzusetzen. Die meisten Sektionsdirektoren entledigten sich dieses Auftrages durch einen Telefonanruf bei ihrem Technischen Leiter oder Leiter des Versuchsfeldes.

Anders Prof. Wolfgang Kainzow. Viele seiner Mitarbeiter, wie andere Hochschul-Angehörige auch, hatten sich für die Zeit vom 29. Dezember bis Silvester ein paar Urlaubstage aufgespart. Deshalb wollte Kainzow vor Ort sein, an seinem Arbeitsplatz in der Hochschule, und von dort den Sondereinsatz seiner Sektionsangehörigen am Montagmorgen organisieren.

Kaum hatte der Rektor den Telefonhörer aufgelegt, stürmte Kainzow aus dem Arbeitszimmer in seiner Wohnung und vergewisserte sich, dass sich in den vollgestopften Taschen seines im Hausflur hängenden Dienstanzuges die Fahrzeugpapiere und der Zündschlüssel für seinen Wartburg befanden. Er zog hastig Jackett und Mantel an. „Ich muss los." Noch ehe Gudrun, seine Frau, fragen konnte, wann er nach Hause zurückkehren würde, eilte er davon. Nach wenigen Minuten klingelte er Sturm an der Haustür. „Gudrun, du musst mir helfen. Vor unserer Garage ist kein Schnee gefegt." Dabei hatte er nach dem Mittagessen, als der Schneefall nachgelassen hatte, verfügt, Sohn Georg, der 16-jährige, solle vor dem Haus bis zur Garage Schnee räumen. Der Sohn hatte den vom Vater erteilten Auftrag wörtlich genommen und den Schnee bis an die Garage heran, aber nicht vor dem Garagentor beiseite geschoben. „Ging es dem Stenz wieder mal nicht schnell genug, um heute nachmittag zu seiner Ische zu kommen?", schimpfte Kainzow.

„Reg' dich nicht auf. Er wollte mit seinem Mädel ins Kino gehen." Frau Gudrun machte sich mit Schneeschieber und Besen zu schaffen. Ihr Ehemann stand dabei, in einer Hand seine Aktentasche und das Schlüsselbund mit dem Garagenschlüssel, mit der anderen stützte er einen unter den Oberarm geklemmten Aktenstapel ab. „Feg' erst mal vor einem Torflügel richtig sauber, damit ich in die Garage 'reinkomme."

„Anordnen kannst du gut", schniefte Gudrun.

„Und du kannst zu unserem Schorschl gut die Verständnisvolle und Nachsichtige spielen. Dabei täte der Bursche gut daran, sich auch sonntagnachmittags mit seinen Schulbüchern zu beschäftigen, bei dem miesen Halbjahreszeugnis, das wir demnächst von ihm zu erwarten haben." Mit diesen kaum fröhlich stimmenden Worten stieg er ins Auto, ließ den Motor an, Gudrun öffnete rasch den zweiten Garagentorflügel, und er fuhr, eine dicke blaue Abgasfahne hinter sich herziehend, in die Hochschule. Dort, dessen war sich Gudrun Kainzow sicher, würde er nicht nur den Winterdienst für den nächsten Tag organisieren, sondern sich auch auf die an den nächsten Tagen anstehenden Vorlesungen und Beratungen vorbereiten. So lief das Eheleben der Kainzos ab, seitdem er zum Hochschullehrer berufen worden war, nur die Begründungen für seine Abwesenheit änderten sich.

Am Folgetag kontrollierte Sektionsdirektor Professor Kainzow ab 6 Uhr 30, zwischen den beiden Vordereingängen des K-Gebäudes wie ein Irrwisch hin- und herpendelnd, die Verteilung von Schippen, Besen und Schneeschiebern an die zum Arbeitsbeginn um 7 Uhr eintreffenden wissenschaftlichen Mitarbeiter, Werkstattarbeiter und Studenten. „Eure Kollegtaschen, Campingbeutel und was ihr sonst noch mit euch herumschleppt, könnt ihr gleich hier, im Erdgeschoss-Foyer, abstellen", ordnete er an und gestattete selbst Hochschullehrern nicht, nach ihrer Ankunft zunächst ihr Arbeitszimmer aufzusuchen.

Um 7 Uhr eröffnete er wie an jedem Montag die Sitzung der Sektionsleitung. Nach einem knapp formulierten Glückwunsch zum neuen Jahr informierte er sein Leitungskollektiv in 25 Minuten über die gravierende Neuigkeit in der Sektion Technologie: „Ich gebe zum ersten Februar dieses Jahres die Leitung unserer Sektion ab. Zum gleichen Datum übernehme ich hauptamtlich die Leitung der Zentralen Prognosegruppe beim Ministerrat. Den getroffenen Vereinbarungen entsprechend, ist diese Tätigkeit unbefristet, sie kann aber jederzeit in gegenseitigem Einvernehmen beendet werden. Das und ein eventueller Umzug meiner Familie nach Berlin hängen davon ab, wie ich mit meiner Arbeit beim Ministerrat zurechtkomme und wie lange eine eigenständige Prognosegruppe bestehen bleiben wird. Zunächst behalte ich meinen Wohnsitz in Magdeburg und meine Professur an der THM bei. Die Professur ruht für die Dauer meiner Tätigkeit in Berlin. Vorgeklärt ist in der Hochschulpartei-, in der SED-Bezirksleitung und mit dem Ministerium für das Hoch- und Fachschulwesen, dass unser Genosse Richard Kleber mein Nachfolger in der Funktion des Sektionsdirektors sein wird. Für die Leitung meiner Lehr- und Forschungsgruppe hier im Hause schlage ich euch meinen Oberassistenten Siegbert Täuscher vor. Er ist für seine neue Aufgabe fachlich und wissenschaftsorganisatorisch befähigt, und wegen der Repräsentation nach außen sollte Täuscher kurzfristig zum Hochschuldozenten berufen werden. Ob das zu dem planmäßigen Berufungstermin am 1. Februar noch möglich oder erst zum 1. September zu realisieren ist, muss der Kaderdirektor mit dem Ministerium klären. Zeitgleich zu unserer Leitungssitzung berät die Kaderkommission unserer Hochschule beim Rektor. Ich werde zu den eben genannten und zu weiteren Kaderfragen, die unsere Sektion betreffen, hinzugezogen, auf Abruf. In meiner Abwesenheit leitet Horst Graßhauer die heutige Leitungssitzung und, falls sich das zeitlich so ergibt, die ab 9 Uhr vorgesehene Beratung mit den Lehr- und Forschungsgruppenleitern der Sektion. Ich bemühe mich …"

„Entschuldige bitte die Unterbrechung, Wolfgang: ich erhebe Einspruch." Graßhauer verwies darauf, er sollte, gemäß Auftrag von Kainzow, eine Diskussionsgrundlage für den Tagesordnungspunkt „Erarbeitung der Studienpläne für das neu zu konzipierende 4 ½-jährige Ingenieurstudium in den an der Sektion Technologie der mvl vertretenen Fachrichtungen" vorbereiten. Die heutigen Sitzungen auch zu leiten, sei nicht verabredet worden.

„Horst, mach's nicht so spannend." sagte Kainzow in versöhnlichem Ton. „Du setzt dich während meiner Abwesenheit in diesen Sessel hinter meinen Schreibtisch. Dann kannst du nicht nur eine Diskussionsgrundlage schaffen, sondern auch die Sitzung leiten."

„Dein Sessel ist meiner Person nicht angemessen."

„Dann wickelst du deine Sache von dem Stuhl aus ab, auf dem du jetzt sitzt. Dein Stuhl oder mein Sessel, das ist für mich kein Glaubensbekenntnis."

'Für mich ist es eines', dachte Graßhauer. Er war auf Kainzows Sessel nicht ambitioniert. Er strebte danach, in Gremien der wahren, oder wie die gelahrten Herren der Naturwissenschaften es ausdrückten: der reinen Wissenschaftler aufzusteigen. Profan ausgedrückt: Er wollte gern Mitglied, zumindest Korrespondierendes Mitglied der Akademie der Wissenschaften werden. Von Prof. Wolfgang Kainzow, der ab 1. Februar näher an die Schalthebel der Macht rücken würde und wirkungsvollen Einfluss nehmen konnte, erhoffte er sich Unterstützung. Kainzow hatte ihn in einem vertraulichen Gespräch wissen lassen, es würde eine Gruppe Technik bei der Akademie konstituiert werden, um die Phalanx der allwissenden Physiker und Chemiker zu durchbrechen. In der Gruppe Technik würde er, Graßhauer, gern als Experte für Werkstoffkunde und Werkstoffprüfung mitwirken, und er hatte für diesen Wissensbereich schon eine Akademie-gerechte Benennung erdacht: Werkstoffwissenschaft. Er rechnete sich für sein Anliegen nicht nur Kainzows wegen reale Chancen aus: Für die Volkswirtschaft der rohstoffarmen DDR gewann die Materialökonomie eine immer größere Bedeutung, und ohne neueste Forschungsergebnisse der Werkstoffwissenschaft und ihrer raschen Verwertung in der Volkswirtschaft wäre Materialökonomie eine bloße Worthülse. – Von solchen hehren Zielen getragen, nickte Graßhauer seinem Sektionsdirektor lächelnd zu. „Geh du, wenn der Ruf ertönt, zur Sitzung der Kaderkommission. Ich erledige während deiner Abwesenheit die dann noch offenen Tagesordnungspunkte unserer Beratung." Für ständig wollte er solche Arbeiten nicht ausführen müssen, nicht mal in der Funktion des einflussreichen Sektionsdirektors. Deshalb sagte er: „Ich bin mit dem Nachfolgekandidaten Richard Kleber einverstanden und werde ihn in seinem Amt nach Kräften unterstützen."

Dr. Bürgel neigte den Kopf zu Graßhauer, wies auf eine prall gefüllte Unterschriftenmappe auf Kainzows Schreibtisch und raunte: „Darin findest du alles, sorgfältig von mir vorbereitet."

Professor Weichtel hatte während des Wortwechsels zwischen dem Sektionsdirektor und dessen Stellvertreter Graßhauer hämisch gegrinst. Eine solche Bemerkung wie die von Graßhauer: „Dein Sessel ist meiner Person nicht angemessen" würde nie über seine Lippen kommen. Sie wäre seines Dafürhaltens nicht nur ein Zugeständnis, sondern das Eingeständnis, für die Funktion des Sektionsdirektors nicht befähigt zu sein. Er, Volker Weichtel, knapp 38 Jahre alt, konnte sich sehr gut vorstellen, wie er von Kainzows Sessel aus die große Sektion Technologie der mvl in allen Belangen und über alle Personen gebietend regieren würde. Aber zunächst wollte er sich in Bescheidenheit üben. Die Vollmachten, über die er als stellvertretender Sektionsdirektor für Forschung verfügte, genügten ihm, um die Forschungsarbeiten in den Lehr- und Forschungsgruppen der Sektion, insbesondere in den im K-Gebäude untergebrachten, auf die von ihm definierten Schwerpunkte und Haupt-Partner der sozialistischen Praxis auszurichten: auf die Verzahnungsfertigung und -messtechnik und auf die Betriebe des Kombinates Getriebe und Kupplungen. Er glaubte, über genügend Entscheidungsgewalt zu verfügen, um beispielsweise der Kopflastigkeit angebahnter Forschungsvereinbarungen zu AUTEVO und zum SKET zu begegnen, wie er sie bei Professor Wusel und dem Neuen aus Dresden, Dr. Neuenhof, festzustellen vermeinte. Bis Richard Kleber die Sektion Technologie in allen Belangen beherrschen würde, wollte er, Weichtel, sein Konzept durchgesetzt haben. 'Ginge das vielleicht rascher und mit mehr Verbindlichkeit vom Sessel des Sektionsdirektors aus?' fragte er sich und kam zu dem Ergebnis: 'Ja, aber so geht's auch. Irgendwann tragen sie mir die Funktion doch an, wem sonst? – mag bis zu jenem Zeitpunkt so viel Elbwasser bis Hamburg fließen, wie da wolle.' Er sagte: „Richard Kleber soll es machen. Horst Graßhauer und ich, wir sind gestandene Stellvertreter. Wir fangen den neuen Sektionsdirektor sicher auf, wenn er bei den ersten Stolpersteinen seiner Amtstätigkeit die Balance zu verlieren droht."

Ein drittes Mitglied des Leitungskollektivs der Sektion, das als Nachfolger für Kainzows Amt denkbar gewesen wäre, war Prof. Herbert Wilberg, ein Mann im gleichen Alter wie der scheidende Sektionsdirektor und Kommilitone von Kainzow in der gleichen Studiengruppe an der TH Dresden, nur dass der eine die Vertiefungsrichtung Fertigungstechnik und der andere, Wilberg, Werkzeugmaschinen- und Vorrichtungskonstruktion gewählt hatte. Tatsächlich hatte Wilberg auf die Einsetzung als neuer Sektionsdirektor reflektiert. Dass man Kleber vorgezogen hatte, kränkte ihn. Nicht umsonst hatte er angekündigt, bei den im März stattfindenden Gewerkschaftswahlen für den Vorsitz der Sektionsgewerkschaftsleitung Technologie nicht wieder kandidieren zu wollen. In dieser Funktion war er Mitglied der Sektionsleitung; ohne sie und ohne Direktorenamt würde er einer der Hochschullehrer inmitten des „Fußvolkes der Sektion", ein Nemo sein. Kainzow hatte ihm in der Vergangenheit mehrmals mangelnde Eloquenz und unzureichende „Pflege der Verbindungen zu den oberen Etagen" vorgeworfen. Volker Weichtel hatte es drastischer formuliert: „Fordert ein schulpflichtiger Junge von seinem Vater: 'Papa, erkläre mir mal die Rolle von Staatsmacht, Partei und Gewerkschaft in unserem Lande.' Antwortet der Vater: 'Mein Sohn, ich erkläre dir das am Beispiel der Sektion, in der ich arbeite: Die Staatsmacht wird verkörpert vom Sektionsdirektor, er ist wie der Vater in einer Familie, er ist deren Oberhaupt. Der Vater erwägt alles, was in der Familie geschehen soll, sorgsam, dann ordnet er es an. Er organisiert und packt selber mit zu, er kontrolliert die Erfüllung seiner Vorgaben und lobt oder tadelt am Ende die Familienmitglieder. – Die Partei – wenn wir bei unserem Beispiel bleiben wollen: die SED-Parteiorganisation der Sektion – ist wie die gütige Mutter in einer Familie, sie gebiert immer Neues und blickt weit in die Zukunft, ohne dabei zu vernachlässigen, was das Heute von ihr und von der Familie erfordert. Sie ist auf das Wohl und die Eintracht aller Familienmitglieder und darauf bedacht, dass alle, die Strebsamen und Gutwilligen ebenso wie die Bequemen und Meckerer, die Vorwärtsdrängenden ebenso wie die Zauderer, auf dem Weg zu einem schöneren, friedvollen Leben mitgenommen und sicher geleitet werden. – Die Gewerkschaft, in unserem Beispiel der Gewerkschaftsvorsitzende und seine Leitung, … tja, mein Junge, mit der kann ich's kurz machen: sie ist wie unsere Oma."

Der von ihm angestellte Vergleich hatte Weichtel so gut gefallen, dass er ihn auch am Mittagstisch in der Professoren-Mensa, quasi in der Hochschul-Offentlichkeit, wiedergab, und dabei hatte ihn der Schalk geritten, und er hatte den Vater zu seinem Sohne am Ende sagen lassen: „Genau genommen, ähnelt die Gewerkschaft in meiner Sektion weniger unserer Oma als vielmehr einem Opa."

Obwohl Prof. Wilberg zu Mittag daheim zu speisen pflegte, waren ihm Weichtels Äußerungen rasch zu Ohren gekommen. Er hatte den Vergleich mit einem Opa auf sich, den Vorsitzenden der Sektions-Gewerkschaftsorganisation, bezogen. Es hatte in der Sektion Technologie, in der Hochschul-Gewerkschaftsleitung und im Rektorat einen Riesen-Knatsch gegeben. In der Hochschul-Öffentlichkeit, insbesondere in der Sektion Maschinenbau, dem ärgsten Konkurrenten der Technologen, hatte man sich
vor Lachen die Bäuche gehalten. Sektionsdirektor Kainzow war vom Rektor aufgefordert worden, die Angelegenheit unter Genossen parteimäßig zu bereinigen. In einem Sechs-Augen-Gespräch zwischen Kainzow, Weichtel und Wilberg hatte Kainzow geschimpft: „Ihr benehmt euch wie kleine Kinder." Und Weichtel hatte mit unschuldsvollem Blick auf Wilberg und in reumütigem Tonfall erklärt: „Wie kannst du, lieber Herbert, von mir denken, ich habe dich lächerlich machen wollen? Was ich sagte, sollte ein Seitenhieb dahingehend sein, dass sämtliche Leitungsgremien an der

Hochschule überdimensional männerbetont besetzt sind." Auf eine solche Argumentation wäre der biedere Herbert Wilberg nie gekommen, und in Erkenntnis und zur Bestätigung dessen hatte er verwundert genickt. Dieses Nicken hatte Kainzow als Zeichen dafür gedeutet, dass ein Burgfrieden zwischen Wilberg und Weichtel geschlossen sei, und er hatte die beiden zu ihrem Tagewerk entlassen. Für sich selber hatte er aus der Begebenheit geschlussfolgert: 'Weder jetzt noch demnächst kann von den beiden einer mein Nachfolger als Sektionsdirektor werden.'

In der Sektionsleitungssitzung am winterlichen 5. Januar nahm Professor Herbert Wilberg all seinen Mut zusammen und fragte, seinen Ingrimm über die Zurücksetzung seiner Person nur mit Mühe unterdrückend: „Warum wurde nicht im Kreis aller Hochschullehrer unserer Sektion über die Direktor-Nachfolge freimütig debattiert und demokratisch entschieden? Warum wurde nicht ein lebens- und hochschulerfahrener Hochschullehrer in Erwägung gezogen wie beispielsweise Professor Günter Wusel?"

Alle, die an Kainzows Beratungstisch saßen, dachten bei dieser Frage das Gleiche: 'Wilberg will nicht für Wusel eine Lanze brechen, er spricht für seine eigene Person.'

Weichtel raunte, für alle hörbar: „Das fehlte uns noch, dass an der Spitze unserer Sektion künftig einer alles durcheinander wuselt."

Kainzow sah Weichtel missbilligend an und sagte in betont sachlich-amtlichem Ton: „Genosse Wusel ist für die nächste Wahl des Senats der Hochschule als Kandidat unserer Sektion vorgesehen."

Wieder konnte Weichtel nicht an sich halten. „Das ist ein guter Vorschlag. Im Senat kann er, wie ein Hecht im Karpfenteich, für viel Bewegung sorgen."

Ehe Wolfgang Kainzow dazu etwas erwidern konnte, öffnete Hilde Müller die Tür spaltweit, steckte den Kopf herein und rief ihrem Chef halblaut zu: „Herr Professor, Magnifizenz erwartet Sie."

Als Kainzow schniefend die Treppe zur ersten Etage des Rektoratsgebäudes hinangestiegen war, saß vor der Tür ins Rektorvorzimmer bereits Professor Richard Kleber in einem der für wartende Gäste aufgestellten Sessel. „Hier finde ich dich", staunte Kainzow. „Wir haben soeben in der Sektionsleitung über deine neue Funktion ab 1. Februar beraten. Warum hast du nicht teilgenommen?"

„Ich gehöre noch nicht zur Sektionsleitung. Außerdem war ich nicht eingeladen."

„Wie? Ich persönlich hatte dich informiert ..."

„Du hast mir nur per Telefon gesagt, dass du zum heutigen Montag um sieben die Sektionsleitung zusammennimmst, die Sitzung hätte ja auch zu einem anderen Termin anberaumt werden können. Das war nach meinem Verständnis keine Einladung."

„Haarspalterei." Kainzow ärgerte sich und grummelte: „Der liebe Gott oder Karl

Marx mögen dir in den nächsten Jahren deine Korrektheit erhalten."

Im Dienstzimmer des Rektors saßen der neugewählte 1. Sekretär der SED-Hochschulparteiorganisation, Dr. Helmut Krüger, der 2. Vorsitzende der FDGB-Hochschulgewerkschaftsleitung, Günter Pohlmann, der 1. Sekretär der Hochschulgruppenleitung der FDJ, der neu ins Amt berufene Fachbereichsdirektor für Kader und Qualifizierung, kurz genannt: der Kaderdirektor, Harri Meister, und der Rektor, Prof. Dr. rer. nat. Hans-Eberhard Weindorf, am großen Beratungstisch beisammen. Die Gruppe dieser Herren nannte sich, auf Vorschlag und vehementes Betreiben von Harri Meister, „Kaderkommission der Hochschule".

Meister war im Dezember des Vorjahres, letztlich mit seinem Einverständnis, von seiner Funktion des 1. Sekretärs der SED-Grundorganisation entbunden worden. Das hatte für ihn den Abschluss einer vieljährigen leitenden Funktionärstätigkeit an der Hochschule, erst in der FDJ, dann in der Partei, bedeutet. Dass die Parteiführung in Berlin und die SED-Bezirksleitung Magdeburg das Bestreben des neuen Ministers für das Hoch- und Fachschulwesen unterstützten, an die Spitze der SED-Hochschulorganisationen fachlich hochqualifizierte Genossen zu berufen und lange Mitgliedschaft, genannt: hohes Parteialter, und vieljährige Leitungserfahrung in der Partei als nicht ausreichend für die Funktion des 1. Parteisekretärs an einer Hochschuleinrichtung der DDR zu bewerten, hatte ihn zunächst frustriert. Dann war ihm an der Medizinischen Akademie Magdeburg, in der turnusmäßigen Dispensairebetreuung für leitende Kader, angeraten worden, wegen akuter Herz-Kreislauf-Probleme „beruflich etwas kürzer zu treten." 'Ich bin auf dem Weg dorthin', hatte er sich gesagt, 'habe als Parteisoldat immer an vorderster Front im Klassenkampf gestanden ...' Nun ging er auf die 50 zu. Als ihm die Funktion des Fachbereichsdirektors für Kader und Qualifizierung an der TH Magdeburg übertragen worden war, quasi als vorzeitiges Geschenk zum Weihnachtsfest 1969, war er mit seiner Partei wieder ausgesöhnt gewesen. Nun hatte er zwar nicht mehr so allumfassende und maßgebende Einflussmöglichkeiten auf das Geschehen an der Hochschule wie zuvor, aber er hatte in vielen Schulungen der Partei die nach dem Kriegsende bis in die 1950er Jahre hinein im Dietz Verlag Berlin erschienenen Schriften der Klassiker des Marxismus-Leninismus gründlich studiert, wie damals unabdingbar auch die von J.W. Stalin, und aus einer von dessen Publikationen hatte er gelernt: „Kaderfragen sind Machtfragen." Dementsprechend wollte er sein Amt als Kaderdirektor ausüben: Entscheidungen am Rektortisch durch gründliches Aktenstudium, durch vorklärende Gespräche mit betroffenen Personen und anderen Entscheidungsträgern und ohne Zeitdruck vorbereiten und bei alledem die führende Rolle seiner Partei, der SED, durchsetzen.

Das hatte er sich vorgenommen, so verstand er als „alter Parteihase" sozialistische Demokratie in Kaderfragen.

Als die Professoren Kainzow und Kleber das Rektor-Zimmer betraten, sagte der Rektor halblaut zu Meister: „Ich vermisse auf dem von dir vorbereiteten Zettel mit den heutigen Beratungspunkten, dass wir das Schreiben des Ministers bezüglich ‘Führungskonzeption Maschineningenieurwesen’ erörtern."

Der Kaderdirektor blickte auf die vor ihm liegenden Papiere. „Entschuldige, Hans-Eberhard", in solch einem internen Kreis wie der Kaderkommission duzte Meister den Rektor und nannte ihn beim Vornamen, wie er es bis vor kurzem als Hochschul-Parteisekretär gewöhnt war, „ich bin noch nicht dazu gekommen, die Sache vorzubereiten."

„Ich habe das Minister-Schreiben vor den Weihnachtsfeiertagen an euer Direktorat geschickt." Der Rektor war ungehalten. Er wollte als neu ins Amt bestellte Magnifizenz nicht gleich durch Saumseligkeit im Ministerium auffallen.

Meister blätterte in seinen Unterlagen. „Ich habe den Brief mitgebracht, aber … wie gesagt …" Er machte einige Kopfbewegungen zu Kainzow und Kleber hin. „Sollten wir nicht erst mal mit den beiden …?"

Die beiden Professoren der Sektion Technologie durften am äußersten Ende des Beratungstisches Platz nehmen. Es entstand eine Lücke zu den übrigen Anwesenden. Die Lücke war beabsichtigt: In der Nähe des Rektors saßen die Mitglieder der Kaderkommission, an der anderen Seite die zeitweiligen Gäste.

Der Rektor eröffnete die Debatte zum Tagesordnungspunkt „Kaderfragen im Zusammenhang mit dem Führungswechsel in der Sektion Technologie der mvl" mit einigen allgemeinen Bemerkungen und erteilte sodann Prof. Kainzow das Wort.

Kainzow begründete die konzeptionellen und personellen Vorstellungen und Vorhaben seiner Sektionsleitung mit dem Beschluss des Staatsrates der DDR vom 3. April 1969 „Die Weiterführung der 3. Hochschulreform und die Entwicklung des Hochschulwesens bis 1975" und mit dem dazu vom Politbüro-Mitglied Prof. Kurt Hager gegebenen Bericht vor dem Staatsrat: die materiellen und personellen Kapazitäten des Hochschulwesens der DDR seien vorrangig für die Erweiterung und Modernisierung solcher Universitäts- und Hochschul-Sektionen einzusetzen wie, unter anderem, der Technologie einschließlich der Automatisierungstechnik sowie für die Herausbildung der sozialistischen Großforschung. „Die signifikanten Teilgebiete der Technologie der metallverarbeitenden Industrie als Wissenschaftsdisziplin und als relevante Struktureinheit unserer Hochschule", behauptete Kainzow, „sind die Fertigungsgestaltung, die Betriebsgestaltung und die Arbeitsgestaltung. Zu den beiden letztgenannten Disziplinen sind wir an unserer Hochschule kadermäßig gut besetzt. Das Teilgebiet Fertigungsgestaltung umfasst die Fertigungsverfahrenstechnik, die Fertigungsprozessgestaltung, die Fertigungsmesstechnik und Qualitätssicherung sowie die Werkzeugmaschinen- und Vorrichtungskonstruktion. Der Kaderbesatz für das Teilgebiet Fertigungsgestaltung genügt nach meinem Weggang nicht den Erfordernissen, die sich aus dem Staatsratsbeschluss ergeben. Die Fertigungsverfahrenstechnik, soweit sie im K-Gebäude unserer Sektion angesiedelt ist, also die Spanende Formung, die Abtragtechnik, die Umform- und Zerteiltechnik, müssen nach meinem Weggang nach Berlin notgedrungen von wissenschaftlichen Oberassistenten und Assistenten wahrgenommen werden. Wir haben dafür zwar promovierte Fachleute verfügbar, aber keiner von denen weist den Status eines Hochschullehrers, wenigstens den eines Dozenten, auf. Mein Oberassistent Siegbert Täuscher muss folglich kurzfristig berufen werden, ebenso der von uns favorisierte Experte für die Umform- und Zerteiltechnik, der derzeit seinen Industrie-Einsatz im Thälmann-Kombinat absolviert ..."

„Langsam, langsam," unterbrach der Kaderdirektor Kainzows Redefluss. „Ehe wir die beiden dem Minister zur Berufung vorschlagen können, müssen sie einen halbjährigen Studienaufenthalt im sozialistischen Ausland, am besten in der Sowjetunion, nachweisen können."

„Das ist bekannt. Also müssen wir sie nicht irgendwann, sondern rasch zu solch einem Studienaufenthalt delegieren. In der Zeit, in der wir auf ihr Wirken an unserer Hochschule zu verzichten haben, muss es für die Fertigungsverfahrenstechnik und Fertigungsprozessgestaltung im K-Bereich der Sektion einen Ordinarius geben. Dafür schlagen wir den Genossen Dr. Neuenhof vor. Er hat auf dem Gebiet der Spanenden Formung promoviert, er war mehrere Jahre als Produktionsleiter in einem volkseigenen Industriebetrieb tätig und verfügt über Praxis- und Leitererfahrungen. Wir beantragen, ihn, gewissermaßen als fachlich versierte leitungsmäßige Klammer für Fertigungsverfahrens- und Fertigungsprozesstechnik, zum 1. September dieses Jahres zum ordentlichen Professor zu berufen. – Diese Vorschläge zur fertigungstechnischen Profilierung der Sektion und zu den daraus sich ergebenden kadermäßigen Folgerungen wurden in der Sektionsleitung und mit Genossen Richard Kleber beraten und von den Genannten gebilligt. In den dazu geführten Diskussionen habe ich beim Genossen Kleber das größte Verständnis und Interesse für unsere Konzeption und die größte Bereitschaft, sie praktisch umzusetzen, festgestellt. Sowohl ich als auch Fachkollegen an der Hochschule und in der betrieblichen Praxis schätzen Richards ruhige, konziliante Art, seine Zielstrebigkeit in der Zusammenarbeit und die Integrität seiner Persönlichkeit. Deshalb beantrage ich namens der Leitung der Sektion Technologie, ihn zu meinem Nachfolger in der Funktion des Sektionsdirektors zu berufen. Meine derzeitigen beiden Stellvertreter unterstützen diesen Antrag ausdrücklich."

„Phh", machte Hans-Eberhard Weindorf, „du präsentierst uns hier gewichtige und weitreichende Vorschläge aus dem Kaderentwicklungsprogramm eurer Sektion, sie füllen die Tagesordnung einer gesonderten Sitzung der Kaderkommission. Eigentlich gehören sie in eine schriftliche Vorlage, an Hand deren am Rektortisch debattiert und entschieden werden kann. Sei's drum: Fangen wir mit dem Dringlichsten an, der Nachfolge für Professor Kainzow in der Funktion des Sektionsdirektors. Die Diskussion ist eröffnet."

Prof. Kleber bekräftigte Kainzows Ausführungen in allen Punkten. Er erklärte seine prinzipielle Bereitschaft, Kainzows Funktion zu übernehmen und die fertigungstechnische Profilierung der Sektion entsprechend den von Kainzow vorgetragenen Erläuterungen weiterzuführen.

Dann wurde debattiert.

Kleber sei ein Experte auf einem engen Gebiet der Schweißtechnik. Die Sektion sei aber fachwissenschaftlich, allein schon für die Fertigungsgestaltung, wesentlich breiter konzipiert. Wäre da nicht ein Hochschullehrer mit breiter angelegtem wissenschaftlichen Profil der geeignetere Nachfolger? oder ein Mitglied der derzeitigen Sektionsleitung, das über mehr Leitungserfahrungen verfüge als Kleber? Kainzow erwiderte: „Mein Stellvertreter für Ausbildung und Erziehung Horst Graßhauer leistet in seiner Funktion eine gute Arbeit, er ist korrekt und zuverlässig, aber lieber würde er sich ausschließlich seiner Wissenschaft widmen. In diesem internen Kreis darf ich sagen, Graßhauer erstrebt die Mitgliedschaft in der Akademie der Wissenschaften. Ich finde das sehr gut, ich werde ihn in diesem Bestreben auch von Berlin aus unterstützen. Die Hochschulleitung und HPL sollten dies auch tun. Es ist nun mal so: Es gibt in den Reihen der Hochschullehrer wissenschaftsbereichernde und es gibt wissenschaftsleitende Persönlichkeiten. Aus der Wissenschaftsgeschichte sind nicht viele Gelehrte bekannt, die wissenschaftsbereichernd und zugleich wissenschaftsleitend Hervorragendes geleistet haben. Wir beide beispielsweise, Genosse Rektor, zählen, zumindest momentan, zur Gruppe der wissenschaftsleitenden Persönlichkeiten. Wenn also ..."

„Aha." Weindorf lachte gezwungen auf, es sollte belustigt klingen. „Nun weiß ich, wie ich wissenschaftsgeschichtlich einzuordnen bin. Aber für derartige Betrachtungen haben wir heute keine Zeit. Was willst du uns in der Sache, um die es geht, sagen?"

Prof. Kainzow setzte unbeirrt fort: „Wenn Genosse Graßhauer sich der erstgenannten Gruppe zurechnet, ist das meines Erachtens legitim und berechtigt. Schlussfolgerung: Wir tun ihm einen Gefallen, wenn wir ihm die Funktion des Sektionsdirektors nicht übertragen."

Einverständnis.

„Mein Stellvertreter für Forschung ist ein anerkannter, parteiverbundener Fachmann, aber er ist in seinen Auffassungen und Äußerungen mitunter unausgewogen."

„Das ist sehr gelinde ausgedrückt", mischte sich Günter Pohlmann, der stellvertretende HGL-Vorsitzende, ein. „ Was er sich eurem Sektionsgewerkschaftsvorsitzenden gegenüber herausgenommen hat, ist ein dicker Hund."

„Das ist seinem Charakter und seiner bisherigen Laufbahn an unserer Hochschule zuzuschreiben", erläuterte Kainzow. „Volker Weichtel möchte kein Null-acht-fünfzehn-Typ sein. Er ist belesen und begeistert sich für die Musik von Mozart. Bei Weichtel wirken die Mentalität und Neigungen des Gründungsdirektors des vormaligen Instituts für Fertigungstechnk nach. Jener Mann hatte sämtliche Werke von Balzac, Stendhal und Maupassant gelesen und zitierte an den unangebrachtesten Stellen, in großen Versammlungen, bei Behörden, in Sitzungen des Fakultätsrates und des Senats, Aphorismen von Lichtenberg. Weichtel war davon beeindruckt, er war als junger Assistent durch die Schule dieses Mannes gegangen, hat bei ihm promoviert ..."

„... und ist bis auf den heutigen Tag davon geprägt, verstehe", ergänzte Helmut Krüger, „er ist, gewissermaßen, ein sozialistischer Snob."

Kainzow schluckte. „Und von seinen Auffassungen her würde Weichtel aus unserer Sektion im Verbund mit fachlich tangierenden Bereichen anderer Sektionen am liebsten ein Forschungszentrum für das Kombinat Getriebe und Kupplungen gestalten. Das geht natürlich nicht."

„Also können wir ihn für höhere Funktionen im Hochschulbereich bestenfalls auf die Liste für Kadernachwuchs-Entwicklung setzen", entschied der Rektor. Harri Meister nickte und machte Notizen in seinem himmelblauen DIN A4-formatigen Diarium.

„Ich möchte noch mal auf den Sektionsgewerkschaftsvorsitzenden zu sprechen kommen", sagte Pohlmann.

„... auf den Sektions-Opa", ergänzte Krüger und lachte.

Pohlmann wurde ärgerlich. „Der Genosse Prof. Wilberg leistet eine anerkennenswerte Gewerkschaftsarbeit. Er spielt in unserer HGL, in der wir bekanntlich mit vielen Parteilosen zusammenzuarbeiten haben, eine positive Rolle. Kürzlich teilte er uns mit, er will seine Funktion abgeben. Offensichtlich ..."

Kainzow unterbrach ihn. „Die Bemerkung 'Sektions-Opa' ist eine neuerliche Dummheit von Weichtel."

„Aber die Titulierung kursiert an der Hochschule", rügte Krüger mit ernster Miene.

Kainzow winkte ab.

Pohlmann sagte: „Offensichtlich hat sich Professor Wilberg bei der Neubesetzung des Sektionsdirektor-Postens etwas ausgerechnet."

„Das mag sein", entgegnete Kainzow, „aber Herbert Wilberg ist von seiner Mentalität und seinem Charisma her ein typischer Gewerkschafter, kein Sektionsdirektor. Wir sollten uns gemeinsam bemühen, dass er seine Rücktrittsabsichten als Gewerkschaftsfunktionär aufgibt, das wäre für ihn und uns alle das Beste."

„Ist das seine ganze Perspektive?", fragte Meister argwöhnisch.

„Wenn Volker Weichtel, aus welchem Grunde auch immer, von seiner Funktion als stellvertretender Sektionsdirektor für Forschung zurücktritt, könnte Wilberg auf diesen Posten nachrücken", empfahl Kainzow, und der Kaderdirektor notierte auch diese Empfehlung in seinem himmelblauen Diarium.

„Dann bestätige ich hiermit, auch namens der Kaderkommission, Genossen Prof. Richard Kleber als Direktor der Sektion Technologie der mvI ab 1. Februar dieses Jahres", entschied der Rektor. „Kommen wir zum nächsten Punkt der Tagesordnung. Ist dafür die Anwesenheit ..."

„Moment bitte." Kainzow bat nochmals darum, den Berufungsantrag für Heinz Neuenhof zu debattieren und von der Kaderkommisson sanktionieren zu lassen. Harri Meister hielt, wie man so sagt, große Stücke auf Wolfgang Kainzow, der ihm in zurückliegender Zeit für Konzeptionen und Berichterstattungen vor übergeordneten Parteigremien prompte und treffsichere Zuarbeiten geliefert hatte. Er war auch heute wieder davon beeindruckt gewesen, wie Kainzow, gestützt auf einen aktuellen Staatsratsbeschluss und auf Ausführungen des Sekretärs des Polit-Büros, Kurt Hager, seinen Nachfolgekandidaten in der Kaderkommission der Hochschule präsentiert und „durchgeboxt" hatte. Aber bei Kainzows Beharren auf Neuenhofs Berufung zum ordentlichen Professor zum kommenden 1. September verzog er missmutig das Gesicht. „Der Genosse ist noch etwas jung ..."

Der Rektor blickte zu Kleber. „Ich bin nicht gemeint", sagte der, „aber wenn es um jung oder alt geht: Ich werde im Mai dieses Jahres 36. Genosse Neuenhof ist bloß ein Jahr jünger als ich."

„Ein nachahmenswertes Gespann", lobte Dr. Krüger, „es belegt, wie dynamisch unsere Hochschule wichtige Positionen besetzt und welche erstrebenswerten Perspektiven sich jungen, engagierten Wissenschaftlern bei uns bieten."

„Ich meine nicht das Lebensalter, sondern die Dauer der Zugehörigkeit zu unserer TH", sagte Meister belehrend.

Prof. Kainzow musste zugeben: Dr. Neuenhof war erst vier Monate zuvor zum Hochschuldozenten berufen worden, eine ehrenvolle berufliche Entwicklung. Und schon ein Jahr später sollte der Mann ordentlicher Professor werden? wo er bis zu diesem winterlichen Januartag noch nicht mal eine Vorlesung vor Magdeburger Studenten gehalten hatte? 'Wenn ich dazu in der heutigen Beratung der Kaderkommission eine positive Entscheidung erreichen will', Kainzow dachte an das baldige Ende seiner Amtszeit als Sektionsdirektor, 'dann muss ich jetzt tüchtig nachlegen.'

So lobte er „den Neuen", der habe sich bei der Aktualisierung der Wissenschaftskonzeption der Sektion, bei der Neukonzipierung des Plans für ein 4 1/2jähriges Technologie-Studium und bei der Gewinnung von Studenten für ein neues Jugendobjekt THM/SKET besonders hervorgetan.

Richard Kleber nickte zustimmend. Er versicherte, Neuenhof als Ordinarius würde ihn zweifelsohne wirkungsvoll und auf Dauer sowohl im Amt als Sektionsdirektor als auch bei persönlichen Vorhaben unterstützen können. Er, Kleber, habe sich beispielsweise fest vorgenommen, die Grundlagen-Vorlesung „Einführung in die Fertigungstechnik" neu auszuarbeiten und sie persönlich vor Studierenden der ersten Studiensemester zu halten. Bisher war damit ein wissenschaftlicher Assistent betraut.

„Das ist ein löbliches Vorhaben", sagte Krüger. „Die Abteilung Wissenschaften hat mehrfach kritisiert, dass sich manche Professoren, mitunter die verdienstvollsten Experten des Hochschulwesens, aus der Grundlagen-Ausbildung unserer Studenten, aus dem sogenannten Massen-Betrieb, heraushalten und ihr Wissen vornehmlich vor kleinem Auditorium in der Spezial-Ausbildung vermitteln. Deshalb begrüße ich dein Vorhaben, Genosse Kleber, und wenn dich Genosse Neuenhof dabei und bei ähnlichen Arbeiten besonders unterstützen und die durch Wolfgang Kainzows Weggang gerissene Lücke bei der wissenschaftlichen Betreuung von Forschungsstudenten und Doktoranden schließen helfen kann, dann befürworte ich seine Berufung zum Professor per 1. September dieses Jahres."

Pohlmann und der FDJ-Sekretär schlossen sich Krügers Empfehlung an.

Der Rektor erinnerte sich der freundschaftlichen Begegnung von Neuenhof und dem MHF-Mitarbeiter Gerbach im Vestibül der Stadthalle, am Ende der Immatrikulationsfeier für den neuen Studienjahrgang. Gerbach hatte bei dieser Begegnung die Koryphäen und Majoritäten der TH Magdeburg einfach stehengelassen. Weindorf sagte, in Gedanken verloren: „Ich glaube, im MHF stehen die Chancen für Neuenhofs Berufung zum Professor nicht schlecht."

Wolfgang Kainzow räusperte sich. Keiner der Anwesenden wusste besser als er, wer das für die Berufung wichtige Gespräch mit dem stellvertretenden Minister Harry Petras geführt hatte. Der Rektor resümierte: „Wir sind uns einig." An den Kaderdirektor gewandt: „Harri, veranlasse ..."

Harri Meister wedelte mit einer Hand: Einspruch. „Wir sollten in dieser Sache noch etwas klären." Wie ein Blitz aus heiterem Himmel war ihm der Gedanke gekommen, Neuenhofs Eignung für den seines Erachtens großen Karriereschritt nochmals zu überprüfen. Er fingerte aus seiner Aktenmappe den Brief des Ministers heraus, dessentwegen ihn der Rektor zuvor ermahnt hatte. Solche Ermahnungen, die nach seinem Empfinden einer Kritik an seiner Arbeit gleichkamen, konnte Meister überhaupt nicht leiden. „Euere anerkennenden Worte über Genossen Neuenhofs Fähigkeiten und Leistungen bei der konzeptionellen Arbeit veranlassen mich, euch vorzuschlagen, diesen Genossen kurzfristig und befristet als Vertreter unserer Hochschule für die Erarbeitung der 'Führungskonzeption Maschineningenieurwesen' ins Ministerium für das Hoch- und Fachschulwesen abzukommandieren. Wenn er sich bei diesem Einsatz bewährt, steigen seine und unsere Chancen für seine Berufung zum 1. September." Meister hatte das Ministerschreiben in seinen Unterlagen gefunden und schob es über den Tisch dem Rektor zu.

Die Professoren am Beratungstisch, selbst der HPL-Sekretär und der 2. Vorsitzende der HGL, waren verblüfft, das war ihnen anzusehen. Harri Meister grinste zufrieden; 'Kaderfragen sind Machtfragen', dachte er. Der 1. Sekretär der FDJ-Hochschulgruppenleitung lächelte und fragte mit der Unbekümmertheit der Jugend: „Warum nicht?"

„Neuenhof abkommandieren ...", stammelte Prof. Kainzow, „ich habe ihm sieben Forschungsstudenten zugewiesen, die jungen Männer sind da, Neuenhof hat zwei wissenschaftliche Assistenten, ihn dazugerechnet ist das eine Zehn-Mann-Gruppe. Größer sind die meisten Lehr- und Forschungsgruppen der Sektion nicht. Und dann den Leiter abkommandieren nach Berlin? Neun Mann ohne Führung? Ab Februar soll Neuenhof seine neukonzipierte Vorlesung 'Fertigungsprojektierung' halten, vor den Studierenden der oberen Semester aller an unserer Sektion vertretenen Fachrichtungen. Außerdem muss er die Forschungszusammenarbeit mit dem GFZ in Karl-Marx-Stadt zu dem Großforschungsthema 'AUTOTECH' organisieren. Ob das alles in Einklang gebracht werden kann und gut geht, vermag ich nicht vorherzusagen. Dein Vorschlag, Harri, kommt sehr überraschend."

Meister sagte: „Der neue Sektionsdirektor und Neuenhof, so wurde von euch behauptet, werden im Interesse der Sache eng zusammenarbeiten. Es wird ein gegenseitiges Geben und Nehmen werden müssen." Und er zitierte wieder einen Klassiker des Marxismus-Leninismus: „Wenn die Linie klar ist, entscheidet die Organisation alles."

Helmut Krüger schüttelte missbilligend den Kopf. „Der von dir zitierte Leitspruch, Harri, ist mir zu global-konkret. Ich fordere, dass Genosse Neuenhof in der Zeit seiner Abkommandierung am Parteileben seiner Grundorganisation, hier: an der TH, teilnehmen kann. Alle Parteiveranstaltungen finden montags statt ..."

„... und auch die Beratungen des Sektionsdirektors mit den Lehr- und Forschungsgruppenleitern und deren Auswertung in den Gruppen", sagte Kainzow.

„Na also", sagte Meister, „wir teilen dem Minister mit, unser Mann für die FüKo-Erarbeitung steht ihm vom Dienstag bis Freitag jeder Woche zur Verfügung."

„Und seine Vorlesung?"

„Die kann er sonnabendvormitags halten. Der Sektionsdirektor soll das mit dem

Fachbereichsdirektor für Ausbildung und Erziehung und mit der zentralen Stundenplanstelle aushandeln. Fairerweise sollte Neuenhof nicht schon sonnabendfrüh 7 Uhr 15 ans Katheder müssen."

Prof. Hans-Eberhard Weindorf, der Rektor, saß eine Weile in sich gekehrt da. 'Mein Gott, sind das Zeiten heutzutage', dachte er, und er erinnerte sich seines Dienstantritts an der TH Magdeburg vor einigen Jahren. Er, ein studierter Elektrotechniker, Absolvent der TH Dresden, war zuvor im Zentral-Institut für Schweißtechnik (ZIS) Halle an der Saale tätig gewesen. Er hatte es bei dem DDR-bekannten Prof. Werner Gilde, dem Direktor des ZIS, bis zum Abteilungsleiter gebracht und als sogenannter Praxiskader an der Martin-Luther-Universität (MLU) Halle-Wittenberg zum Dr. rer. nat. promoviert. Er hatte eine attraktive Frau aus gutsituierten Hallenser Kreisen geheiratet und mit ihr und zwei Kindern eine komfortable Wohnung in bester Lage mieten können, ehe er, was seinerzeit als sehr relevant erachtet wurde, *aus der Praxis heraus zum ordentlichen Professor* an der TH „Otto von Guericke" Magdeburg *berufen* wurde. Das war damals eine Aufregung in der Familie und in der Verwandtschaft gewesen. Seine Frau hatte Halle mit den verschiedensten, teilweise lapidarsten Begründungen nicht verlassen wollen. Anfangs war Weindorf zwischen Magdeburg und seinem Wohnort täglich gependelt, meistens per D-Zug, für jede Tour eine dreiviertel Stunde Eisenbahnfahrt, die er für Vorlesungsvorbereitungen und Korrekturen von Diplom- und Doktorarbeiten genutzt hatte.

Er war in Magdeburg schon nach kurzer Zeit sehr erfolgreich: Von stattlichem Wuchs, eine gepflegte Aussprache mit norddeutschem Akzent, er stammte aus Bad Doberan, ein Fachmann nach Gildeschem Vorbild, die Studierenden, allen voran Studentinnen, besuchten seine Vorlesungen, ohne dass Anwesenheitskontrollen durchgeführt werden mussten. Die in den wissenschaftlichen Gremien wirkenden Hochschullehrer der TH hatten ihn alsbald in den Kreis der Ihren gewählt. In der Phase der Gründung von Sektionen an der Hochschule war er vom Minister für das Hoch- und Fachschulwesen zum 1. Prorektor der TH Magdeburg berufen worden. Nun fungierte er als Rektor dieser Hochschule.

Seine Familienmitglieder und Verwandten, seine Freunde und wohlgesinnten wie auch neidischen Bekannten redeten von ihm oder tuschelten: „Eine traumhafte, eine Bilderbuch-Karriere ..." Auf dergleichen reagierte er mit leichtem Achselzucken: „Man muss sich eben in seinem Leben anstrengen und ein bisschen Glück haben."

Was auf den ihm noch nicht näher bekannten Dr. Neuenhof in den nächsten Monaten zukommen würde, folgte man Harri Meisters Vorschlag, und was von dem Mann dienstlich und privat erwartet wurde, war ihm, Hans-Eberhard Weindorf, als Bedingung oder als Voraussetzung für eine Berufung zum Professor erspart geblieben; er war als Experte aus der mit mehreren hohen staatlichen Auszeichnungen dekorierten Mannschaft des Nationalpreisträgers Prof. Werner Gilde, gewissermaßen aus gehobener beruflicher Position, zu professoralen Ehren gekommen. – Neuenhof hingegen hatte sich bei seinem Dienstantritt an der TH mit einer Dozentur begnügt, und nun sollte er sich in einer Tippel-Tappel-Tour seine Meriten verdienen.

'Na gut', dachte Weindorf, 'jeder muss selbst entscheiden, wie teuer er sich verkauft.' Als Pragmatiker, der er war und der er sein musste, wollte er als Rektor der TH Magdeburg erfolgreich sein, besann er sich auf einen der Leitsätze seines vormaligen Vorgesetzten Werner Gilde: Der Leiter einer Institution oder eines Unternehmens ist gut beraten, stets einen heißen Draht zum zuständigen Ministerium zu haben. Ihm schien, zwischen Dr. Neuenhof und dem MHF-Gerbach gab es solch einen heißen Draht. 'Soll doch Neuenhof diesen Draht während seiner Abkommandierung weiter festigen', dachte Weindorf und sagte: „Dein Vorschlag, Harri, kommt nicht nur für Wolfgang Kainzow, sondern auch für mich überraschend. Aber wenn es in unserer Kommission keine Einwände gibt, stimme ich der befristeten Abkommandierung des Genossen Neuenhof zu."

Als er, auf seine Nachfrage, vom grinsenden Kaderdirektor erfuhr, Neuenhof war als Produktionsleiter in einem Betrieb des Elektromaschinenbaus tätig gewesen, erfasste ihn, den studierten Elektrotechniker, ein jähes Gefühl berufsgenossenschaftlicher Solidarität, und er verkündete spontan: „Wenn Dr. Neuenhof alles bewältigt, was wir heute, ihn betreffend, gehört und beraten haben, mache ich ihn, selbst als dienstjüngsten Professor unserer Hochschule, zu meinem Ersten Stellvertreter."

„Moment, Hans-Eberhard", dem Kaderdirektor verging das Grinsen, „dein Erster Stellvertreter, das ist der Erste Prorektor der TH."

„Ich weiß."

„Dafür haben wir Genossen Günter Wisterow ins Auge gefasst."

Weindorf dachte: 'Denkste. Ich habe niemandem ins Auge gefasst.' Er sagte: „Trotzdem ..."

„In der HPL haben wir ...", stotterte Meister.

Für Helmut Krüger kam Weindorfs Vorschlag unerwartet. „Auf der HPL-Liste der Kandidaten für das Prorektoren-Amt ist Genosse Neuenhof nicht erfasst." Beim Amtsübergabe-Gespräch zwischen ihm und Harri Meister war aber auch Wisterow nicht als TOP-Kandidat für das Prorektoren-Amt bezeichnet worden. Erst kürzlich hatte Krüger über den „Buschfunk" erfahren, die Familien Meister und Wisterow pflegten enge Kontakte, und die beiden Männer, die zu den sogenannten grauen Eminenzen der Hochschule gezählt wurden, verband eine langjährige berufsbedingte Freundschaft.

„Dein Vorschlag, Hans-Eberhard, muss erst noch gründlich und allumfassend ventiliert werden", sagte Meister.

„Ich könnte mich mit dem Rektor-Vorschlag anfreunden", sagte der 2. HGL-Vorsitzende. „Der neuen Hochschulleitung würden, dem Charakter unserer Bildungseinrichtung als technischer Hochschule Rechnung tragend, zwei Techniker an der Spitze, ein Mathematiker als Prorektor für Wissenschaften und ein Gesellschaftswissenschaftler als Prorektor für Gesellschaftswissenschaften und dazu unser HPL-Sekretär als promovierter Ökonom angehören. Die dafür vorgesehenen Kandidaten sind allesamt junge Fachleute. Das gefällt mir. Es entspricht auch der Leitlinie des Zentralvorstandes unserer Gewerkschaft."

Prof. Kainzow erinnerte sich seines vor einiger Zeit im Ministerium für das Hoch- und Fachschulwesen geführten Gesprächs mit Harry Petras. Weindorfs Vorschlag lag, wie man das zu bezeichnen pflegte, genau auf der Linie des zuständigen Ministeriums. Als er Weindorfs Blick auf sich gerichtet fühlte, sagte er: „Ich halte Heinz Neuenhof für geeignet. Er würde die Sache packen, sowohl von seinen Erfahrungen im Hochschulwesen und in der betrieblichen Praxis als auch von seinem Intellekt und seiner Arbeitsfähigkeit her." Außerdem würde er, Kainzow, demnächst Wahl-Berliner, in dem künftig an einflussreicher Position tätigen Heinz Neuenhof einen zuverlässigen Gewährsmann für seine Interessen und Ambitionen an der TH Magdeburg inthronisiert wissen, auch von Berlin aus.

„Mich als dienstjungen Sektionsdirektor könnte Dr. Neuenhof als Erster Prorektor wirkungsvoller als ohnehin unterstützen", ergänzte Prof. Kleber.

Harri Meister wiegte mit griesgrämiger Miene den Kopf hin und her und funkelte durch seine dicken Brillengläser den Rektor vorwurfsvoll an. „ Was soll die jetzige Diskussion in diesem Gremium, mit welcher Person wir die Position des Ersten Prorektors unserer Hochschule besetzen? Die Frage haben wir vor Monaten in allen zuständigen Gremien, auch in der HPL, gründlich beraten, und wir haben uns dafür ausgesprochen, unser Kandidat für den Posten könnte Günter Wisterow sein."

Weindorf konterte: „ Wir erörtern die Frage unter neuerlich relevanten Aspekten, und wir hier, an diesem Tisch, sind die von dir kreierte und als kompetent erachtete Kaderkommission der TH."

„Wir haben Genossen Wisterow auf Grund unseres seinerzeitigen Beschlusses getrieben, dass er sein Promotionsverfahren an der Pädagogischen Hochschule Magdeburg rasch zum Abschluss bringt. Wir haben beim Ministerium für das Hoch- und Fachschulwesen beantragt, dass er kurzfristig, zum 1. Februar dieses Jahres, zum Hochschuldozenten für Hochschulpädagogik an unsere Hochschule berufen wird. Denn uns war klar, der Erste Prorektor", der zweite Mann in der Leitungshierarchie, „muss ein berufener Hochschullehrer sein. Alle ihm erteilten Auflagen hat Genosse Wisterow mit großer Kraftanstrengung und Disziplin und unter Hintenanstellung persönlicher und familiärer Belange erfüllt."

„Das ist uns bekannt, Harri. Wir schätzen hoch ein, was Günter Wisterow bisher geleistet hat. Aber er ist ein Pädagoge, bedenke das, und wir sind eine technische Hochschule. Die TH, das wirst du zugeben, kann national und international besser durch Technik-Wissenschaftler als durch Pädagogen repräsentiert werden, oder?"

Harri Meister gab sich noch nicht zufrieden. „Das ist die Sicht von Technokraten. Aber sei's drum. Wir sollten auch den rein menschlichen Aspekt der Angelegenheit beachten. Günter Wisterow ist sowohl innerlich als auch durch die kürzliche Entbindung von der Funktion des Direktors für Ausbildung und Erziehung darauf eingestellt, dass er in allernächster Zeit zum Ersten Prorektor der TH Magdeburg berufen wird. Mit Dr. Neuenhof würde ihm ein anderer, in der Hochschulöffentlichkeit weitgehend unbekannter Kandidat quasi vor die Nase gesetzt. Wer soll ihm das erklären?"

Weindorf lachte kurz auf. „Du."

Meister entgegnete: „Ich nicht."

„Doch: du, Harri", beharrte Weindorf, „du bist der Kaderdirektor der TH."

„Die Wichtigkeit und Brisanz der Angelegenheit erfordert, dass der Rektor das klärende Gespräch mit Günter Wisterow führt."

„Das werde ich nicht tun. Ich habe dem Genossen keine Versprechungen gemacht, weder zu meiner Prorektoren-Zeit noch als Rektor. Da müssen andere nicht ganz still geschwiegen haben."

Durch diese Bemerkung fühlte sich Meister angegriffen und gekränkt. „Selbstverständlich wurde Günter Wisterow in einem Kadergespräch gefragt, ob er bereit sei, die für ihn neue Leitungsfunktion zu übernehmen."

Weindorf sagte: „Was die rein menschliche Seite anbetrifft, Harri: Die hat bei deinem Vorschlag, Dr. Neuenhof ab sofort ins Ministerium nach Berlin abzukommandieren, keine Rolle gespielt."

Meister dachte: 'Günter Wisterow und diesen Neuenhof kann man wohl nicht auf eine Stufe stellen und miteinander vergleichen.' Da kam ihm noch ein Argument ein. „Uns alle sollte die maximal mögliche kaderpolitische Stärke der in diesem Jahr einzusetzenden neuen Hochschulleitung angelegen sein. Günter Wisterow ist langjähriges HPL-Mitglied. Du, Hans-Eberhard, kandidierst bei den nächsten Parteiwahlen für die Bezirksleitung unserer Partei. Wer, außer mir, repräsentiert künftig die Hochschulleitung in der HPL?"

„Der neue Erste Prorektor, wer es nach Bestätigung durch den Minister auch sei."

Meister schüttelte den Kopf. Der Rektor wandte sich an Dr. Krüger. „Du müsstest beim Parteisekretär der Sektion Technologie durchstellen, dass Dr. Neuenhof bei den nächsten Parteiwahlen als Kandidat für die HPL aufgestellt wird."

„Kein Problem."

Harri Meister hätte noch hundert andere Argumente für eine Amtsübertragung an Günter Wisterow vorbringen können, er hätte Magnifizenz Hans-Eberhard Weindorf von dessen Idee nicht abgebracht. Wenn Meister das Recht zu haben glaubte, einen THM-Kandidaten für die FüKo-Erarbeitung, einer spontanen Eingebung folgend, vorzuschlagen, dann stand ihm, dem Rektor, das Recht, spontan Vorschläge zu unterbreiten, allemal zu. Hinzu kam noch etwas anderes, und davor, das offen darzulegen, hütete sich der praxiserfahrene Weindorf: Er wollte Wisterow nicht als 1. Prorektor an seiner Seite wissen aus rein subjektiven Beweggründen.

Zu Weindorfs Prorektoren-Zeit hatte Günter Wisterow als Fachbereichsdirektor für Ausbildung und Erziehung fungiert. Beide Männer kannten einander sehr gut, persönlich wie arbeitsmäßig. Weindorf missfiel Wisterows Art, auf Leute, einschließlich Mitarbeiter, zuzugehen und mit ihnen umzugehen; ihm missfiel auch Wisterows hervorgekehrte Arbeitsamkeit und Betriebsamkeit, seine von ihm selbst betonte Einsatz- und Opferbereitschaft zum Wohle der Hochschule und der großen Sache, des Sozialismus. Für den Sozialismus und dessen Aufbau in der DDR war auch Weindorf eingenommen, vom Intellekt her, aber nicht so wie Wisterow, der an der TH als der Inbegriff des stets einsatzbereiten Genossen galt.

Harri Meister und Günter Wisterow zählten zu den Männern der ersten Stunde der 1953 gegründeten Hochschule. Wenn Meister in früheren Jahren als FDJ-Hochschulsekretär die Posaune zum Sammeln geblasen hatte, hatte Wisterow als seinerzeitiger Leiter des zentralen Praktikantenamtes der Hochschule die blaue Fahne mit dem FDJ-Emblem darauf entrollt und war, FDJ-Lieder singend, an der Spitze von FDJ-Studenten in die Wische gezogen, um deren Feuchtgebiete trockenzulegen, oder in die Dörfer der Altmark, um in freiwilligen Arbeitseinsätzen die Ernte von den Feldern republikflüchtiger Großbauern zu bergen. Wisterow war auch sommers, auf Empfehlung der HPL, ins GST-Lager der TH nach Bertingen gefahren, um dort mit Studenten über die Notwendigkeit und Qualität ihrer vormilitärischen Ausbildung zu debattieren; er war sogar über Nacht geblieben, hatte wie die Studenten in einem Zelt auf einer Luftmatratze geschlafen. Wisterow war immer eifrig; die staatliche Leitung und die HPL der Hochschule konnten ihn überall hinschicken, und er kam jedem ihm erteilten Auftrag nach. So stellte sich Hans-Eberhard Weindorf den Sozialismus und das Verhalten seiner Erbauer nicht vor. Dabei war auch er zur Arbeit bereit und strebte nach hehren Zielen. Wie auch anders, wenn er nicht vom Arbeiter- und Bauern-Paradies DDR in das andere deutsche Paradies bürgerlicher Freiheit und Demokratie wechseln wollte?

Weindorf, die Männer mit Einfluss und Engagement um ihn herum, Meister, Krüger, Kainzow, Wisterow und noch andere, waren allesamt in etwa des gleichen

Geburtsjahrganges, sie waren Männer in den Vierzigern. Sie wollten beweisen, was noch in ihnen steckte, ehe sie eventuell der Senilität ihrer sechziger oder gar endfünfziger Lebensjahre anheimfielen. Weindorf empfand, unter den Entscheidungsträgern und Majoritäten der Hochschule mangelte es an einer sinnvollen generationsmäßigen Durchmischung. Da wollte er mit Neuenhofs Nominierung ein Zeichen setzen, wohl wissend, dass er dabei ein Risiko einging. Denn Neuenhof war an der TH ein sogenanntes unbeschriebenes Blatt. Aber gerade darauf reflektierte Weindorf: Er wollte sich seinen Ersten Stellvertreter heranziehen und nicht vor einem im Hochschul-Filz verfangenen Altgedienten ständig auf der Hut sein müssen.

Der Rektor befragte jedes Mitglied der Kaderkommission, ob es der Kandidatur von Heinz Neuenhof für die Funktion des 1. Prorektors zustimme. Das Votum lautete: ja. Nur Meister wollte sich der Stimme enthalten. Weindorf sagte in energischem Ton: „Stimmenthaltung gibt's in diesem Beratungsgremium nicht, Harri, und von dir, dem Kaderdirektor, schon gar nicht. Aber …"

Meister schluckte ein paarmal. Dann nickte er. „ Unter drei Bedingungen: Erstens: Neuenhof leistet für die FüKo eine vom Minister positiv bewertete Arbeit. Zweitens: Neuenhof wird zwar zum 1. September dieses Jahres zum Professor berufen, aber das MHF stellt uns zu unserer Planauflage die erforderliche Professoren-Planstelle zusätzlich zur Verfügung. Drittens: Für Genossen Dr. Wisterow wird, wenn er nicht zum Ersten Prorektor berufen wird, ein seiner Qualifikation und seinen Verdiensten entsprechendes Arbeitsfeld an unserer Hochschule eingerichtet."

Zu der dritten Bedingung herrschte unter den Beratungsteilnehmern betretenes Stillschweigen.

Prof. Wolfgang Kainzow sagte nach einer Weile: „Gestattet, dass ich folgendes vorschlage: Verfahrt doch so, wie es mit den Berufungskandidaten für eine Hochschuldozentur in allen Sektionen der TH üblich ist, delegiert Genossen Wisterow für ein halbes Jahr zu einem Zusatzstudium in die SU oder in ein anderes sozialistisches Land. In diesem halben Jahr könnte er in Ruhe seine Vorlesung und die dazugehörigen Lehrmaterialien ausarbeiten, und die Hochschulleitung könnte ohne Hektik und Improvisation das künftige Arbeitsfeld des Genossen bis zu dessen Rückkehr aus dem Zusatzstudium fixieren."

Kainzows Vorschlag wurde von der Kaderkommission akzeptiert und zum Beschluss erhoben. Kainzows und Klebers Gastrolle in der Kommission war damit beendet. Nachdem sich beide Männer von den Kommissionsmitgliedern verabschiedet hatten, nahm Harri Meister den Rektor beiseite und sagte: „So, mit derart spontanen Entscheidungen, habe ich mir die Beratungen der Kaderkommission nicht vorgestellt."

„Ich auch nicht. Aber, Harri, gib zu: Wir haben für drei nicht ganz einfache Kaderprobleme schlüssige und akzeptable Lösungen gefunden."

Meister machte nur „Hm". Er erinnerte sich an seine Studien des Marxismus-Leninismus: Kaderfragen sind Machtfragen. An diesem Tage hatte er deutlich zu spüren bekommen, er war nicht mehr der mächtige HPL-Sekretär von einst, er war ein dem Rektor unterstellter Fachbereichsdirektor. Wenn er künftig seine Ideen und Vorschläge realisiert haben wollte, musste er dies über die Person des Rektors einleiten bzw. durchsetzen. Er sagte: „Ich werde die Tagesordnungspunkte für die Beratungen der Kaderkommission künftig sorgfältiger vorbereiten und mit dir in einem Vorgespräch abklären."

Der Rektor legte eine Hand auf Meisters Schulter. „Das ist ganz in meinem Sinne, Harri."

Auf Kainzows und Klebers Weg ins K-Gebäude sagte Kleber: „Ich habe soeben, gemeinsam mit dir, Wolfgang, eine interessante Lehrstunde absolviert."

„Hoffentlich hast du gut aufgepasst, wie Kaderpolitik an einer sozialistischen Hochschule betrieben wird", entgegnete Kainzow. „Als mein Nachfolger ab 1. Februar musst du dieses Metier beherrschen."

14

Es war ein nicht übliches Familienleben, das die Neuenhofs in den kalten Januartagen des Jahres 1970 führten.

Heinz ging seinen Pflichten an der TH Magdeburg nach. Er verließ morgens, 6 Uhr 30, die wegen Kohlemangels unbeheizte Wohnung in der Neuen Neustadt. Abends, zwischen 21 und 22 Uhr, kehrte er heim, machte nur notdürftig Toilette und ging gleich zu Bett. Karin weilte mit Gerald und Martin seit den Weihnachtsfeiertagen bei ihren Eltern in Gorzeck – zum Dauerbesuch. Enders' lagerten – aus privatem Waldbesitz – reichlich Brennholz im Schuppen auf dem Hof, und im Sommer hatten sie, wie üblich, einen Wintervorrat an Braunkohlebriketts eingekellert. So konnten sie die Kachelöfen in allen von ihnen im Erdgeschoss bewohnten Räumen des Hauses beheizen. Sie hatten für sich und ihre Besucher aus Magdeburg, vor allem für die Neuenhof-Knaben, genügend Platz. Charlotte Enders hatte ihren Enkeln das einstmalige Jung-Mädchen-Zimmer von Karin zugewiesen. Auf der dort aufgestellten Zweischläfer-Couch vermochten die Jungen bequem zu übernachten. Tagsüber hielten sie sich meistens im Wohnzimmer auf. Dort war in der Ecke neben der Zimmertür Enders' Fernsehgerät aufgestellt. „Der Fernseher" begeisterte Gerald und Martin; zu Hause, in Magdeburg, gab es solch ein Gerät noch nicht, weil Heinz und Karin das Geld für eine derartige Anschaffung fehlte. Die Knaben durften, wenn sie nicht draußen auf dem Hof im Schnee herumtollten oder mit ihrer Mutter und Großmutter zum Einkaufen ins HO-Lebensmittelgeschäft oder zum Fleischer gingen, im Wohnzimmer „flimmern" – öfter und länger als bloß bis zum „Abendgruß" des Sandmännchens kurz vor 19 Uhr. Wollte Karin die Flimmerei zeitlich einschränken, haderte Opa Willi mit seiner Tochter: „Nun gönne doch den Kindern das bißchen Fernsehen."

Gerald gefiel das alles viel besser, als in Magdeburg, in der Nachtweidenstraße, zur Schule zu gehen. „Papi" Heinz hatte für seinen Sohn eine fingierte schriftliche Krankmeldung, die Enders' Hausarzt aus Gefälligkeit ausgestellt hatte, beim zuständigen Klassenlehrer eingereicht. Er hatte dabei erfahren: Gerald war nicht der einzige Schüler der Klasse, der witterungsbedingt dem Unterricht fernblieb – wie immer man dies deuten wollte.

Am Freitag der ersten Januar-Woche telefonierten Heinz und Karin miteinander. Enders besaßen keinen Telefonanschluss, wohl aber Enders' Nachbarsleute. „Zu denen kannst du nicht gehen. Die sind zu neugierig", urteilte Charlotte. „Alles, was du dir mit deinem Mann erzählst, verkünden sie am nächsten Tag im ganzen Ort." Also suchte die folgsame Tochter das Gorzecker Postamt auf, kurz vor dem Ende der Öffnungszeit um 18 Uhr. Dort nutzte sie den öffentlichen Fernsprechapparat. Sie erreichte ihren Ehemann telefonisch in dessen gut beheiztem Dienstzimmer im K-Gebäude der TH. „Wie geht's?"

„Ich bin nur zum Schlafen und zum Zurechtmachen eines großen Stullenpakets in unserer Wohnung. Dort ist es kalt. Im Bad, an der Wand zum Hausflur, glitzern Eiskristalle. Aber das Wasser in den Leitungen ist noch nicht eingefroren."

„Wir sitzen hier im Warmen, sind versorgt. Aber hier zu fünft zurechtzukommen, ist oftmals schwierig."

„Tyrannisiert euch deine Mutter?"

„Unseren Gerald nicht, er ist ihr Liebling, aber Martin und ich … Reden wir am Telefon nicht weiter darüber. Kommst du morgen?"

„Morgen nicht, Sonntagvormittag, vor dem Mittagessen."

„Komm nicht so spät. Du kennst Mutti. Pünktlich um zwölf tischt sie auf. Wer zu dieser Zeit nicht am Mittagstisch sitzt, erregt ihren Unmut, und dann gnatzt sie am ganzen Rest des Tages. – Hat es immer noch keine Kohlen gegeben?"

„Für kommende Woche sind welche angekündigt."

„Dann nimm uns am Sonntag mit nach Hause!"

Er vermeinte, sich verhört zu haben, und wollte sie befragen. Aber es knackte in der Telefonleitung, und eine fremde Frauenstimme am anderen Ende sagte undeutlich: „Sie müssen zu Ende kommen. Es ist 18 Uhr. Ich muss das Postamt schließen – Sicherheitsbestimmungen, Sie verstehen …"

Karin sagte: „Tschüss!", in der Leitung machte es „Klick!", und Heinz konnte ungestört über Karins Andeutungen grübeln.

Kurz nach 21 Uhr klapperte der betriebliche Wachdienst – an diesem Abend war es eine korpulente Rentnerin nahe den Siebzigern – mit vielen Schlüsseln, die an einem großen Stahlring hingen, durch die Gänge des K-Gebäudes. Die alte Dame hatte in Neuenhofs Zimmer Lampenlicht gesehen. Schlürfenden Schrittes kam sie daher, öffnete die Zimmertür. „Ach, Doktor, Sie sind's wieder, sitzen hier so lange herum. Machen Sie Schluss! Fahren Sie nach Hause und gehen Sie zu Bett!"

Er hatte sich an Abenden zuvor leutselig mit der Frau unterhalten: dass er seine Familie zu den Schwiegereltern hatte bringen müssen wegen der kalten Wohnung in Magdeburg, woraufhin ihm die Pförtnerin ihre Familiengeschichte erzählt und sie ihm geraten hatte: „Wenn das noch lange so geht, dass Ihnen niemand Heizmaterial liefert, dann besorgen Sie sich doch auf Dauer einen Schlüssel für die Eingangstür zum K-Gebäude. Sie müssen einen Antrag beim Leiter der Betriebswache stellen. Den Antrag muss Ihr Sektionsdirektor genehmigen. Wissen Sie, einige meiner Kolleginnen und Kollegen sind älter als ich und nicht mehr so aufmerksam wie ich. Sie übersehen womöglich bei ihrem Kontrollgang, dass Licht in Ihrem Zimmer brennt, und schließen Sie hier die Nacht lang ein."

Am Sonntag fuhr Heinz Neuenhof vormittags mit dem neuen Trabi vor Enders' Haus vor. Er hatte den Motor noch nicht abgestellt, da erschien Karin auf dem Haustritt und schwenkte ein Schlüsselbund. Sie lief zum Torweg, öffnete ihn. Er kurbelte die Scheibe am Beifahrersitz herunter und rief ihr einen Gruß zu. Sie antwortete: „Du musst im Rückwärtsgang auf den Hof fahren. Du kannst auf dem Hof wegen des vielen Schnees nicht wenden." Sie hatte am Morgen nach dem Frühstück mit Gerald und Martin den Schnee auf der Hofauffahrt bis zu Enders' Holzschuppen beiseite geräumt. Der Trabant passte zwischen den Schneewällen zur Rechten und Linken zwar hindurch, aber für das Ein- und Aussteigen ließen sich die Autotüren nur spaltweit öffnen.

Heinz rangierte das Fahrzeug so dicht wie möglich an den Holzschuppen heran. Er beabsichtigte, den Kofferraum des Autos mit Brennholz für Zuhause zu beladen. „Gut gemacht!", lobte er beim Aussteigen.

Karin stapfte durch tiefen Schnee zu ihm. Sie umarmte ihn – ungestüm, wie jemand, der verlangend auf den anderen gewartet hat. Sie, fast um Haupteslänge kleiner als er, presste ihren Kopf an seine Brust. Sie zitterte, schluchzte. „Bloß gut, dass du da bist."

„So schlimm?", fragte er.

„Ach, 'schlimm' ist gar kein Ausdruck."

Gerald und Martin stürmten herbei – ohne Mütze, Schal und Jacke. „Papi! Papi!"

„Ihr werdet euch erkälten.“ Er umarmte beide und herzte sie.

Karin wisperte: „Wegen der beiden gibt's drinnen großes Theater. Aber komm erst mal 'rein. Lass dir nichts anmerken!“

Vom Hof aus gelangte man bei Enders' durch die sogenannte „Laube“ ins Haus. Die „Laube“ – das war der geflieste, mit einem schrägen Glasdach abgedeckte und durch eine Bretterwand mit Tür und Fenstern geschützte Freiraum zwischen Wohnhaus und Stallgebäude des Endersschen Anwesens. Karins Großvater, der Dentist, hatte die „Laube“ beim Umbau des Hauses 1926 herrichten und mit einem großen Tisch, mit einer Sitzbank und mit drei hölzernen Klappsesseln, mit Kommoden und kleinen Hängeregalen an den Wänden ausstatten lassen. Von der „Laube“ aus konnte man den Hof und den obstbaumbestandenen Garten überblicken. Im Frühjahr, Sommer und Herbst war die „Laube“ ein beliebter Aufenthaltsort für die Großfamilie: hier wurde gefrühstückt und der Nachmittagskaffee eingenommen, hier saß man mit Verwandten und Bekannten und plauderte oder vergnügte sich bei Gesellschaftsspielen; Zeitungen, Zeitschriften und Romane wurden gelesen – oftmals bis zum späten Abend –, und das änderte sich erst, als in den 1960er Jahren auch bei Enders' die Fernsehguckerei zur feierabendausfüllenden Beschäftigung avancierte.

Die „Laube“ musste man passieren, wenn man wegen eines großen oder kleinen menschlichen Bedürfnisses das Plumps-Klosett am Ende des Hofes aufsuchen wollte. In umgekehrter Richtung wählten Hausbewohner und Besucher den Weg vom Hof ins straßenseitig gelegene Wohnzimmer nicht durch den langgestreckten, im Winter eiskalten Hausflur, sondern durch die „Laube“ und die sich daran anschließende Küche und ein kleines Durchgangszimmer.

Heinz Neuenhof und seine Jungen stapften, vom Hof kommend, den Schnee von ihren Schuhen. „Da seid ihr aber lieb gewesen, der Mami heute morgen beim Schneeschieben zu helfen“, sagte er und öffnete, um ins Wohnzimmer zu gelangen, die Küchentür.

„Hier könnt ihr nicht durch!“, herrschte ihn seine Schwiegermutter an. „Du siehst doch, was wir zu tun haben.“ Charlotte und Willi standen vor dem Handwaschbecken in einer Küchenecke, nahe der Tür zum Durchgangszimmer. Willi, im Unterhemd, aber schon in der Hose vom Sonntagsanzug, wurde von seiner Ehefrau naß rasiert. Er hüpfte wie Rumpelstilzchen von einem Bein aufs andere und zeterte: „Du passt nicht auf, läßt dich ablenken. Nun hast du mich geschnitten.“ Tatsächlich hing an seinem Kinn ein Blutstropfen. Offensichtlich hatte ihm Charlotte mit dem Rasierapparat einen Pickel abgeschabt. „Macht die Tür zu!“, rief er dem verdattert dreinschauenden Heinz und seinen Jungen zu. „Ich will mich nicht erkälten, stehe doch hier noch halbnackt herum.“

„Heute erscheint unser Schwiegersohn ja auch ausgesprochen früh“, geiferte

Charlotte. „Geh mal mit deinen Rüpeln durch den Hausflur ins Wohnzimmer!"
„Wieso 'Rüpel'?", fragte Heinz.
„Das lass dir von ihnen erzählen! – So, und nun macht schon!"
‚Das ist ja heute ein freudiger Empfang', dachte Neuenhof.
Im Wohnzimmer saß Karin in dem Sessel am Ofen, der Charlottes Stammplatz beim Fernsehen war. Karin hatte rotgeweinte Augen. „Ich habe alles mit angehört. Was sie sich dir gegenüber 'rausnehmen ..." Sie schüttelte den Kopf und wandte sich an die Jungen. „Zeigt dem Papi, was ihr angerichtet habt!"
Zu viert gingen sie in Karins Jung-Mädchen-Stube. Dort lagen auf dem runden Ausziehtisch ein Ölgemälde – eine ebene Landschaft mit einigen Büschen am linken und rechten Bildrand und mit viel blühendem Heidekraut – und der dazugehörende ebenholzfarbene, nun in seine Einzelteile zerlegte Bilderrahmen.
„Das Bild hing seit Jahr und Tag über der Zweischläfer-Couch", sagte Karin. „Nun ist es Opfer der morgendlichen Kissen-Schlacht unserer Söhne geworden."
Gerald sagte: „Martin hat, um mich zu treffen, mit seinem Kopfkissen zu weit ausgeholt und das Bild heruntergerissen."
Martin verteidigte sich. „Mami hatte schon zweimal gerufen, wir sollten aufstehen und ihr beim Schneeschippen helfen, weil Papi mit dem Auto kommt. Aber du hast dich herumgedreht und wolltest weiterschlafen. Da habe ich dich an der Schulter gerüttelt, und du hast mir dein Kopfkissen ins Gesicht geschmissen."
„Das Bild hast du heruntergerissen, nicht ich."
„Aber du hast angefangen. 'Jetzt gibt's 'ne Kissenschlacht' hast du gesagt."
Charlotte war, alle Zwischentüren hinter sich offenstehen lassend, aus der Küche herbeigeeilt. „Das Bild hat Tante Auguste aus Wannsee meinem Vater zu seinem sechzigsten Geburtstag geschenkt." Das war 26 Jahre her. „Und nun kommst du kleiner Rüpel" – sie meinte ihren knapp sechsjährigen Enkel Martin – „zu uns zu Besuch und machst die Erinnerungsstücke unserer Familie kaputt."
„Ist denn noch mehr als das Bild entzwei gegangen?", fragte Heinz verdutzt.
„Noch mehr? Das da auf dem Tisch genügt doch wohl."
„Gerald hat angefangen ...", wiederholte Martin.
„... mit der Kissenschlacht, meinetwegen. Aber du hast das Bild auf dem Gewissen." Martin schmiegte sich an seine Mutter, barg das Gesicht an ihrem Rock. Am Zucken seiner schmalen Schultern war zu erkennen, er weinte. Karin hörte ihn wispern: „Ich will nach Hause." Sie strich ihm übers Haar und dachte: 'Ich will auch.'
„Ich repariere das", versprach Heinz. „Bei unserem nächsten Besuch bringe ich Werkzeug und Holzleim mit ..."
„Das lass sein! Du bist kein Fachmann. Guck!" Charlotte wies auf ein Stück des furnierten Bilderrahmens, dessen Enden zersplittert waren. „Ich horche im Ort

herum, wer das Bild wieder in Ordnung bringen kann."

„Charlotte! Charlotte!", rief Willi Enders aus der Küche. „Du musst mir meinen Schlips umbinden."

„Das kannst du alleine. Der Schlipsknoten ist fertig gebunden."

„Aber wie soll ich den Schlips unter den Kragen kriegen?"

„Es ist ein Jammer", brasselte Charlotte vor sich hin. „Je älter Männer werden, desto mehr benehmen sie sich wie kleine Kinder." Und laut zu Willi: „Ich komme." Und an Karin gewandt, in rügendem Ton: „Du hast hier noch kein Feuer angemacht. Sollen deine Kinder frieren? Ich muss mich jetzt ums Mittagessen kümmern. Ihr wollt doch etwas zu essen haben."

Karin antwortete ihr nicht. 'In diesem Zimmer Feuer anzumachen, überlege ich mir noch', dachte sie und strich ihrem schluchzenden Jüngsten, der seinen Kopf noch immer an ihrem Rock barg, übers Haar. „Ich will auch nach Hause", sagte sie so leise, dass nur Martin sie verstehen konnte. Da hörte der Junge auf zu weinen.

Beim Mittagessen saßen die Knaben, jeder auf einem hohen Kissenstapel, auf dem Sofa, das in der Zeit seit Weihnachten Karins Liegestatt für die Nachtruhe gewesen war. Martins Kissenstapel verrutschte bei jeder Bewegung des Jungen.

Charlotte zeterte: „Zapple beim Essen nicht herum!"

„Ich sitze zu niedrig."

Vater Willi, der Herr des Hauses, fragte in tadelndem Ton: „Wieviel Kissen brauchst du noch, um ordentlich essen zu können?"

Heinz Neuenhof sagte zu Martin: „Komm, wir tauschen die Plätze. Setz dich auf meinen Stuhl!"

„Die Jungs bleiben, wo sie sind!", bestimmte Charlotte. „Wir sind beim Mittagessen und spielen hier nicht 'Dreh dich nicht um – der Plumpsack geht 'rum'."

Karin hob den Deckel von der Kartoffelschüssel, die war noch nicht leer. Sie stand dennoch auf, nahm die Schüssel, ging in die Küche, um Kartoffeln aus dem Kochtopf nachzufüllen. Der jungen Frau rannen Tränen über die Wangen. 'Sie kommandiert alle', dachte sie und hoffte, ihr Mann würde nicht in Streit mit seiner

Schwiegermutter geraten. Ins Wohnzimmer zurückgekehrt, sah sie, Martin hatte sein Besteck beiseitegelegt und weinte. Ohne zu erfragen, was während ihres Ganges in die Küche am Mittagstisch vorgefallen war, sagte sie: „Iss dein Mittagbrot auf, Martin. Nach dem Essen fahren wir alle nach Hause." Als habe er auf diese Botschaft gewartet, beruhigte sich der Junge und gehorchte.

„Nach Hause? In euer kaltes Quartier?", wunderte sich Charlotte.

Heinz, dem seine Frau einige Male unauffällig zugeblinkert hatte, sagte: „Wir machen es uns zu Hause warm – dank eurer Unterstützung. Ihr habt sicherlich noch ein paar Kohlen und etwas Brennholz für uns übrig."

'Ach, so stellt er sich das vor', dachte Charlotte. Sie sagte: „Holz könnt ihr noch mal kriegen. Aber unsere Kohlen lass uns in unserem Keller. Wir haben sie im Sommer für teures Geld kaufen müssen."

„Viel kriege ich in den kleinen Kofferraum unseres Autos nicht 'rein." Er scherzte: „Wenn euch das finanziell sehr trifft, bezahlen wir euch das."

„Nun werde nicht noch komisch!" Charlotte ärgerte sich. Sie legte ihr Besteck geräuschvoll auf dem Essteller ab. „Holz ja, Briketts nein!"

„Wir verzichten auf beides", sagte Karin beleidigt. „Wir wollen zu viert im Auto sitzen können. Den Platz im Kofferraum brauchen wir für unseren Koffer und die Taschen mit Zeug und Spielsachen."

„Na, du nun erst!", höhnte Charlotte. Sie servierte das Kompott: schwach gesüßte, unausgesteinte Sauerkirschen aus eigener Ernte. Die waren nicht nach Geralds und Martins Geschmack. Als die Jungen gar Kirschkerne auf das weiße Damasttischtuch schnipsten, wurde die Mittagstafel aufgehoben. „Für euch Kleinkinder hätte ich besser eine alte Wachstuchdecke aufgelegt", kommentierte Charlotte.

Um zu beweisen, wie artig sie waren, halfen die Knaben ihrem Opa beim Abräumen des Esstisches.

Karin packte in ihrem Jung-Mädchen-Zimmer Neuenhofs Sachen in Koffer und Taschen. Sie hatte, rein zufällig, die Zimmertür nur angelehnt. Sie hörte, wie ihr Vater zur Mutter sagte: „Das war recht, dass du nicht noch unsere Kohlen hast aus dem Keller schleppen lassen." Er öffnete die Küchentür einen Spalt weit, um zu überwachen, daß der Schwiegersohn nicht in den Hauskeller zu den eingelagerten Kohlen hinabstieg.

Heinz belud jedes freie Plätzchen im Trabi mit Brennholz. Noch vor dem Kaffeetrinken fuhren die vier Neuenhofs zurück nach Magdeburg. „Dann sind wir noch im Hellen zu Hause."

„Wenigstens ein kluger Gedanke", murmelte Charlotte Enders. Sie dachte: 'Es ist mit Besuchern wie mit frisch aus dem Wasser gezogenen und dann frei daliegenden Fischen: Nach dem dritten Tag fangen sie an zu stinken.'

15

Es war gut und nötig gewesen, dass Heinz Neuenhof seine Familie Mitte Januar 1970 von Gorzeck nach Magdeburg zurückgeholt hatte. Gut – weil sie, alle vier, wieder in ihrem gewohnten Umfeld leben konnten und Gerald nicht noch länger den Schulunterricht versäumte und weil der Kohlenhändler in der Nachbarschaft wenige Tage nach der Rückkehr aus Gorzeck Briketts anlieferte, so dass Karin alle Zimmer ihrer Wohnung zu beheizen vermochte. Nötig – weil dem fünf Monate zuvor berufenen Hochschuldozenten Neuenhof die zeitweilige Abkommandierung ins Ministerium für das Hoch- und Fachschulwesen ab Anfang Februar 1970 verkündet worden war und er die daraus erwachsenden Aufgaben zusätzlich zu seinen Verpflichtungen als Lehr- und Forschungsgruppenleiter an der Sektion Technologie der TH Magdeburg zu meistern hatte. Alles bewältigen zu können, war ihm – das war abzusehen – nur dank des Verständnisses und der uneingeschränkten Unterstützung seitens seiner Ehefrau möglich.

Anfangs zeigte sich Karin nicht begeistert von dem, was ihr Mann sich und seiner Familie in nächster Zeit zumutete. „Konntest du nicht 'NEIN' sagen?"

Er zuckte mit den Schultern.

„An der TH Dresden warst du wissenschaftlicher Assistent. Das war eine Sache. Gut: Du hast während deiner Assistentenzeit an deiner Dissertation gearbeitet. Bei Elektrodyn warst du Produktionsleiter. Das war auch nur eine Sache. Hier in Magdeburg lässt du dir gleich zweierlei aufbürden. Schaffst du das überhaupt?"

„Ich muss."

„Du musst … du musst gar nicht. Hast noch nicht mal deine Vorlesung gehalten. Vorlesungen halten, deine Forschungsstudenten und Assistenten wissenschaftlich betreuen – das musst du."

„Hast ja recht. Aber der Sektionsdirektor hat in seinem Gespräch mit mir einiges angedeutet: Mein Einsatz in Berlin sei am Tisch des Rektors, in der Kaderkommission der Hochschule, festgelegt und von den übergeordneten Instanzen bestätigt worden, und dahinter würde mehr stecken."

„Was denn?"

„Das hat er nicht näher erklärt. Er äußerte bloß, von künftigen Professoren würde unter den heutigen gesellschaftlichen Erfordernissen sehr viel verlangt werden."

„Hast du ihn nicht aufgefordert, konkret zu werden?"

„Doch. Er sagte, nach den ersten Wochen meiner Tätigkeit in Berlin würde es – womöglich am Rektor-Tisch – eine Aussprache mit mir geben."

Karin seufzte. „Und wir? Unsere Familie?"

„Die Hauptlast liegt ab Februar in deinen Händen. Ich werde von freitagabends, vielleicht auch erst sonnabendmorgens, bis Dienstagfrüh zu Hause sein."

„Also doch Wochenend-Ehe. Um eine arbeitsbedingte Pendelei von einem Ort zum anderen zu vermeiden, haben wir unsere komfortable, fernbeheizte Wohnung im Dresdner Stadtzentrum – dir zuliebe – gegen unsere jetzige Erdgeschoss-Wohnung in nicht sehr attraktiver Lage eingetauscht. Weshalb, wenn du nun doch pendeln musst?"

„Ich sagte dir doch: Für mich steckt hinter allem vielleicht mehr als bloß zusätzliche Arbeit. Außerdem ist der Berlin-Einsatz zeitlich befristet – das sagte ich bereits."

„Und ich?"

„Du führst unseren Haushalt, betreust die Kinder, versorgst uns vier mit allem, was wir brauchen."

„Und bemühe mich auch noch um eine Arbeit in einer Apotheke?"

„Das geht wohl nicht an, das kannst du nicht schaffen."

„Gut, dass du das einsiehst."

„Du hältst uns drei Männern die Leiter, und wir steigen in die Höhe."

‚Das habe ich davon, dass ich mit dem Umzug von Dresden nach Magdeburg einverstanden gewesen bin', dachte sie. Aber am Ende stimmte sie seinen Plänen zu und versprach: „Ich werde mein Bestes versuchen." Sie fügte hinzu: "Aber kritisiere mich nicht, wenn mir dieses oder jenes nicht so gelingt, wie es dir vorschwebt! Und vergiss bei all deiner vielen Arbeit nicht, dass du eine Familie hast, für die du auch etwas Zeit aufbringen musst!"

In der zweiten Januar-Hälfte ging Dr. Neuenhof werktags, auch sonnabends, um halb sieben am Morgen aus dem Haus und kehrte zur Abendbrotzeit heim – spätestens 19 Uhr, so hatte es sich Karin der Kinder wegen ausbedungen. Er wollte alles aufarbeiten, was er seit seinem Dienstantritt an der TH Magdeburg nicht geschafft hatte. Zugleich wollte er arbeitsmäßig Vorlauf schaffen für den Zeitraum seiner Abkommandierung nach Berlin.

Er führte mit jedem seiner Mitarbeiter und Forschungsstudenten ausgiebige Konsultationen durch. Die Forschungsthematik und das daraus sich ergebende Dissertationsthema eines jeden wurden präzisiert. Beides sollte eng an gesellschaftliche und territoriale Auftraggeber gebunden sein. Dafür waren Abstimmungsgespräche insbesondere mit kompetenten Technologen in Magdeburger Betrieben des Schwermaschinen- und Anlagenbaus zu führen und die Forschungskooperation mit dem Forschungszentrum des Werkzeugmaschinenbaus (FZW) in Karl-Marx-Stadt anzubahnen und vertraglich zu vereinbaren. Nach den in den Wochen zuvor gesammelten Erfahrungen bei seinen Betriebsbesuchen mit Forschungsstudenten und Diplomanden erwirkte Neuenhof, dass als seine Verhandlungspartner Fachleute mindestens im Range eines Dipl.-Ing. Helmut Sabisch im VEB SKET Magdeburg fungierten und dass für jeden seiner Leute ein betrieblicher Mitarbeiter mit analogem Arbeitsfeld als ständiger Konsulent benannt wurde.

Die angestrebte Forschungskooperation mit dem FZW erwies sich anfangs als besonders aufwändig und schwierig. Dies lag einerseits in den ungünstigen Verkehrsverbindungen zwischen Magdeburg und Karl-Marx-Stadt begründet – bei PKW- und Eisenbahnbenutzung gleichermaßen. Andererseits gab es Kompetenzstreitigkeiten zwischen dem FZW und dem VEB Carl Zeiss Jena – der „Wiege" des Systems AUTEVO und AUTOTECH in der DDR. Dessen ungeachtet forderte Prof. Wusel in den Beratungen der Lehr- und Forschungsgruppenleiter der Magdeburger Sektion Technologie vehement, sich hinsichtlich AUTEVO und seiner Teilprojekte mit möglichst großer Forschungskapazität an das FZW Karl-Marx-Stadt zu binden.

„Das FZW ist ein großes, aus dem ehemaligen ITO hervorgegangenes Institut mit Hunderten von Mitarbeitern. Bei Zeiss Jena wird das bedeutsame Vorhaben in einer Abteilung von ein paar Enthusiasten bearbeitet", argumentierte Wusel. „Schon unter diesem Aspekt ist klar, wer das Rennen macht." Er sollte recht behalten. „Also: Wie im Großen, so auch in unserer Sektion", forderte er, „klotzen statt kleckern – nicht bloß ein paar FZW-Themchen für Diplomarbeiten bearbeiten!" Dabei sah er Neuenhof, der den Großteil der Forschungskapazität seiner Gruppe an den VEB SKET Magdeburg gebunden hatte, herausfordernd an. „Wir" – damit meinte er die von ihm geleitete Lehr- und Forschungsgruppe Betriebsprojektierung – „werfen den Hauptteil unserer Kapazität auf das vom FZW bearbeitete und koordinierte Teilprojekt AUTOPROJEKT. Das ist unser Beitrag dazu, dass unsere Sektion und die ganze TH nicht in Provinzialismus erstarren."

In den von Neuenhof durchgeführten Konsultationen wurde jedem seiner Mitarbeiter auferlegt, bis zum Juni 1970 eine Veröffentlichung für die Wissenschaftliche Zeitschrift der TH Magdeburg zu erarbeiten. Zum Herbst desselben Jahres hatte die Sektion Technologie ein ganzes Heft dieser Zeitschrift zu gestalten. Der Sektionsdirektor hatte festgelegt, auch Neuenhofs Gruppe habe dafür mehrere Beiträge zu erbringen. Bei der Vergabe entsprechender Aufträge stieß Neuenhof bei seinen Forschungsstudenten auf heftigen Widerstand. „Wir haben in unserem bisherigen Leben nichts anderes verfasst als Schulaufsätze und einen Ingenieur-Beleg. Und nun sollen wir …?", argumentierten sie. Neuenhof versprach, ihnen zu helfen. Er vertraute darauf, bisher mit dem Abfassen von Texten keine Schwierigkeiten gehabt zu haben. „Aber Sie sind doch demnächst gar nicht da, sind in Berlin …" Er hielt dagegen; „An den Wochenenden bin ich in Magdeburg. Wir können uns sonnabends zusammensetzen, erforderlichenfalls auch sonntagvormittags."

Damit nicht genug: Der neu ins Amt eingeführte Sektionsdirektor, Prof. Richard Kleber, hielt sich streng an die von seinem Vorgänger entwickelte und von der Hochschulleitung bestätigte Konzeption für die Rationalisierung der Lehr- und Lernprozesse in allen an der Sektion vertretenen Fachrichtungen. Dieser Konzeption entsprechend, hatte die von Neuenhof geleitete Lehr- und Forschungsgruppe FP schwerpunktmäßig Dia-Ton-Vorträge für Ausbildungsschwerpunkte der Fertigungsprozessgestaltung zu erarbeiten. Das betraf solche Themen wie beispielsweise die Bestimmung technologischer Basen und der technologisch begründeten Arbeitsvorgangsfolge beim Bearbeiten maschinenbautypischer Einzelteile u.ä. Hierfür hatten Neuenhofs Mitarbeiter Texte zu konzipieren, die auf Tonbänder gesprochen, und technische Skizzen zu entwerfen, die auf Dia-Positiven gespeichert werden sollten.

Auf Betreiben von Prof. Kainzow war im Gebäude S der Hochschule ein sektionszentrales audio-visuelles Lehrkabinett eingerichtet worden. Es stand unter der Obhut eines hauptamtlich eingesetzten wissenschaftlichen Mitarbeiters der Lehr- und Forschungsgruppe Ingenieur-Pädagogik. Bestandteil des Kabinetts waren zehn Arbeitsplätze für Mitarbeiter und Studenten. Jeder Arbeitsplatz war mit einem Dia-Projektor und einem Tonband-Gerät – beide miteinander gekoppelt – sowie einer Projektionsleinwand zur vergrößerten Wiedergabe der Dia-Positive und einer kleinen Schreibplatte für das Anfertigen von Notizen ausgestattet. Die Herstellung der Dia-Ton-Einheiten für die verschiedenen Themen oblag der zentralen Film- und Bildstelle der Hochschule. Der Leiter der Bildstelle forderte von den Autoren der Dia-Ton-Vorträge mit Schreibmaschine geschriebene Textvorlagen und mit Tusche auf Transparentpapier gezeichnete Skizzen für die Dia-Positive.

Für die im K-Gebäude untergebrachten Lehr- und Forschungsgruppen stand eine betagte Schreibkraft zur Verfügung, Lilo Kornick. Sie hatte ihren Arbeitsplatz in einer Ecke des Zimmers, in dem der wissenschaftliche Sekretär des Sektionsdirektors fungierte. Die ältelnde Dame stöhnte und zeterte bei jedem Schreibauftrag, der ihr übertragen wurde. Die Aufträge erledigte sie in unangefochtener Selbstherrlichkeit entsprechend dem akademischen Grad und dem Dienstalter des Auftraggebers. Für sie waren die Forschungsstudenten der Neuenhofschen Gruppe FP – wie die zu sagen pflegten – Schützen im letzten Glied. Deren handschriftliche Textvorlagen für Dia-Ton-Vorträge ordnete sie unbesehen und mit wehleidigem Kommentar ganz zuunterst in den Stapel anderer von ihr abzuschreibender Manuskripte ein. Stolzeck und Klembach beklagten sich darüber bei Neuenhof. Der ärgerte sich und stellte Lilo Kornick zur Rede. Die Frau hörte ihn an, ohne eine Miene zu verziehen. Am Ende sagte sie: „Erst kommt die Post dran. Wenn dann noch Zeit verbleibt, schreibe ich die Aufsätze Ihrer jungen Männer.“ Draußen, auf dem Flur, kam Dr. Bürgel hinter Neuenhof hergelaufen. „Sei vorsichtig!“, riet er. „Wir haben für das ganze K-Gebäude nur diese eine Schreibkraft. Sie darf uns nicht ausfallen oder gar weglaufen. Wegen der ungünstigen Gehaltstarife im Hochschulwesen bekämen wir keinen Ersatz. Die Kombinate und Betriebe in der Stadt bezahlen solche Fachkräfte besser.“

In der nächsten Beratung des Sektionsdirektors mit den Lehr- und Forschungsgruppenleitern berichtete der Obmann des audio-visuellen Kabinetts, ausstattungsmäßig und nach nunmehr abgeschlossenen Handwerkerarbeiten sei das Kabinett einsatzbereit, und die Lehrkräfte sollten in ihren Lehrveranstaltungen bekanntgeben, dass sich die Studierenden für die Nutzung anmelden könnten; dafür lägen im Obergeschoß des S-Gebäudes entsprechende Listen aus. „Ein Schwerpunkt ist“, monierte der Obmann, „für die einsatzbereite Gerätetechnik fehlen Programme, die gemäß Einsatzplan der Sektionsleitung längst zur Verfügung stehen müssten. Bis auf den heutigen Tag ist beispielsweise nicht ein einziger Dia-Ton-Vortrag fertiggestellt.“

Neuenhof wurde vom Sektionsdirektor gerügt. Er wehrte sich, verwies auf die zu geringe Schreibkapazität im Sekretariat. Prof. Weichtel lachte und sagte zu Neuenhof: „Geh du mal los und gewinne für uns eine versierte zusätzliche Sekretärin. Eine freie Planstelle hätten wir wohl für sie, oder?“

Der Sektionsdirektor nickte. Zu Neuenhof sagte er: „Du musst, scheint mir, einige deiner Leute aus ihrem Wolkenkuckucksheim holen. Sie sollten sich nicht zu schade dafür sein, mal selber ein paar Textseiten auf der Schreibmaschine zu tippen.“

Der Leiter der Lehr- und Forschungsgruppe Arbeitsgestaltung ergänzte: „Bei uns schreiben alle, vom Professor bis zum dienstjüngsten Forschungsstudenten, ihre Texte selber auf der Schreibmaschine. Das ist ein Teil ihrer Qualifikation.“

‘Soll das effektives Arbeiten sein?’, sinnierte Neuenhof und schwieg. Nach der Sitzung beorderte er seine Leute in sein Dienstzimmer und wies sie an, gemäß den Forderungen des Sektionsdirektors tätig zu werden. Murren und Proteste der Betroffenen. Jäcki Meber spielte sich als Retter der Situation auf. „Morgen bringe

ich meine alte Mercedes mit. Wenn ihr mir versprecht, mit eurem Zwei-Finger-Suchsystem nicht sämtliche Typenhebel und die Schreibwalze zu zerhacken, könnt ihr euch auf meinem betagten Maschinchen versuchen – wenn unser Lehr- und Forschungsgruppenleiter nichts Besseres für uns hat herausschlagen können beim Sektionsdirektor.“

‘Solch ein Angeber’, dachte Neuenhof. Er wollte die Bemerkung seines Forschungsstudenten nicht überbewerten und legte sie nicht als Stimmungsmache gegen sich aus. Deshalb verbat er sich für die Zukunft solche Anzüglichkeiten nicht.

Der sich den anderen Forschungsstudenten überlegen fühlende Jäcki Meber wurde dennoch in die Schranken gewiesen – durch die technische Zeichnerin des K-Bereiches, Fräulein Claudius. Diese Frau, nicht mehr ganz jung an Jahren, unverheiratet, ohne jedweden Familien- oder Verwandtenanhang in Magdeburg, war in der Gehaltsstufe für Teilkonstrukteure tätig. Eine solche Gehaltseinstufung wäre ihr in Magdeburger Betrieben nicht geboten worden. Deshalb verblieb sie an der Hochschule und genoss, ähnlich wie die Schreibkraft Lilo Kornick, ihre Monopolstellung im K-Bereich der Sektion Technologie. Ihre Freude am adretten Aussehen und an der Redegewandtheit des Forschungsstudenten Meber verleitete sie nicht dazu, für den jungen Mann Skizzen mit Tusche auf Transparentpapier zu zeichnen. „Solche Kleinigkeiten können Sie zwischen Sandmännchen und Abendbrotessen – oder umgekehrt – selber erledigen“, sagte sie zu Jäcki, und in einer der täglichen Kaffeepausen der Mitarbeiterinnen des K-Bereiches mokierte sie sich: „Kommt Meber, dieser Dandy – den langen roten Wollschal mehrmals um den Hals gewickelt und ein Schalende bis in die Kniekehlen baumelnd wie ein Kunstmaler – mit Kinkerlitzchen zu mir und will seinen Kram sofort erledigt haben.“

„Die wollen alles immer gleich gemacht haben“, pflichtete die Schreibkraft Lilo bei.

„Ich habe dem Kunstmaler gezeigt, wo bei mir der Zeichenstift und die Tuschepatrone zu finden sind.“

Seit dieser Kaffeerunde – dafür sorgte Lilo Kornick – war „Jäcki“ Meber für alle im K-Bereich und in der Sektion – „der Kunstmaler“.

Meber begab sich nach der Schlappe bei Fräulein Claudius auf kürzestem Wege in die Hochschul-Film- und Bildstelle. Deren Leiter legte er seine Bleistift-Skizzen für einen Dia-Ton-Vortrag vor. Die Audienz dauerte nur zwei Minuten. „Wiedervorlage mit Tusche auf Transparentpapier gezeichnet und nicht anders“, sagte der Leiter und bat Meber, ihn nicht länger von dringlichen Arbeiten abzuhalten. Nach diesem Rausschmiss forderte „Jäcki“ in einer Besprechung der Lehr- und Forschungsgruppe FP, deren Leiter Heinz Neuenhof müsste sich der Sache annehmen und „ein prinzipielles klärendes Gespräch“ mit der Schreibkraft und mit Fräulein Claudius führen. Er verwies dabei auf „Forderungen von Partei und Regierung“ in der sozialistischen Presse, die Arbeitsproduktivität und die Effektivität der Arbeit in allen Bereichen der Gesellschaft zu erhöhen. Nicht umsonst war Meber Mitglied der führenden Partei im Lande und aktiv in der Sport-Kommission der Hochschul-Gewerkschaftsleitung (HGL) tätig, die ihn als HGL-Kandidaten bei den nächsten Gewerkschaftswahlen nominiert hatte. Auf politisch drapierte Argumente und Diskussionen wie mit Neuenhof verstand er sich also.

Neuenhof dachte zwar: 'Nun höre sich einer diesen jungen Spunt an!' Aber er vertraute Meber und versprach, dessen Empfehlung nachzukommen.

Werner Kästner gab dazu folgenden Rat: „Fräulein Claudius ist am ehesten für eine Sache zu gewinnen, wenn man über ihre Interessen und Neigungen Bescheid weiß und teilnahmsvoll redet. Sie ist eine leidenschaftliche Cello-Spielerin und tritt gemeinsam mit Musikern des Städtischen Orchesters zu Sonntags-Musiken, in Konzerten zur Weihnachtszeit und dergleichen auf."

„Jäcki" Meber lachte höhnisch. „Werner, was nutzt dein Ratschlag unserem Lehrgruppenleiter, wenn er, wie zu vermuten ist, vom Cello-Spiel keine Ahnung hat?"

„Abwarten!", entgegnete Neuenhof und dachte: 'Der Naseweis soll sich wundern!' Er hatte in den letzten beiden Jahren seines Oberschul-Besuches in Burkitz Unterricht im Violoncello-Spiel erteilt bekommen. Sein Musiklehrer, Leiter des Burkitzer Kreis-Kulturorchesters, hatte für ihn die kostenlose Ausbildung an der Kreis-Volkshochschule erwirkt und die zeitlich begrenzte Ausleihe eines Instruments aus den Beständen des Orchesters veranlasst. Bis zum Welt-Star unter den Instrumental-Solisten hatte es Neuenhof zwar nicht gebracht, aber die Berceuse von Benjamin Godard hatte er – mit Klavier-Begleitung – am pflichtgemäßen öffentlichen Vortragsabend in der Aula der Oberschule vorzutragen vermocht. Sein Wissen und seine Erfahrungen als Musikant wollte er jetzt nutzen.

Zuversichtlich stieg er nach Beendigung der Lehrgruppen-Besprechung in das erste Obergeschoss des K-Gebäudes hinab. Dort befand sich das Zeichenbüro – was heißt Büro: In einem Zimmer, wie es Neuenhof ein Stockwerk höher als Arbeitsraum zugewiesen worden war, einem sogenannten Ein-Achser, waren zwei übermannshohe Zeichenmaschinen mit Zeichenbrettern im Format DIN A 0, ein Tischchen, zwei Brettstühle und ein Schrank aufgestellt worden. Für mehr Mobiliar reichte der Platz nicht. Das Tischchen war mit Transparentpapier-Rollen, losen Blättern und Schnellheftern überhäuft. Am Hibiskus-Bäumchen auf dem Fensterbrett prangten glutrote Blüten mit weit herauskragenden Blütenstempeln; unter dem Fensterbrett verströmte der Heizkörper wohlige Wärme, da blieb der Winter draußen.

An einer der Zeichenmaschinen arbeitete Fräulein Claudius an einer DIN A 1-formatigen technischen Zeichnung. Aus einem Kofferradio hinter dem großen Hibiskus-Blumentopf ertönte klassische Musik. Die Zeichnerin fragte in bärbeißi-

gem Ton, ohne aufzublicken: „Na, schicken Sie Ihre Forschungsstudenten, allen voran Kunstmaler Meber, zu mir?"

„Ich komme von selber", entgegnete Neuenhof. Er war unkonzentriert – wegen der Musik aus dem Kofferradio. 'Sie spielen den Schlusssatz aus einer Symphonie von Antonín Dvořák. Aber aus welcher?', sinnierte er. Für ihn war es Denksport, Gedächtnistraining, beim Hören klassischer Musikstücke nach wenigen Takten den Titel und den Namen des Komponisten erkennen und in den meisten Fällen die Tonart und die Opus-Nummer benennen zu können.

Neuenhofs Redepause machte die Zeichnerin stutzig. „Bringen Sie mir Sachen zum Zeichnen? Dann legen Sie sie aufs Tischchen hinter mir, zu dem übrigen Kram! Oder sind Sie gekommen, um Musik zu hören?"

„Es ist von Dvořák", sagte Neuenhof – wie verzückt, „aber ich weiß nicht, was. Sein h-moll-Violoncello-Konzert würde ich sofort erkennen."

Fräulein Claudius unterbrach ihre Arbeit noch immer nicht. Sie hatte, kurz bevor Neuenhof das Zeichenbüro betreten hatte, Ausziehtusche in eine Zirkelspitze gefüllt und zeichnete die Kreisbögen einer Maschinenteil-Darstellung. Die Tusche in der Zirkelspitze wäre ihr eingetrocknet, hätte sie ihre Arbeit Neuenhofs wegen unterbrochen. „Sagen Sie bloß, Sie verstehen etwas von Dvořák und seinem Cello-Konzert ..."

„Es ist wunderbar. Leider habe ich als junger Bursche, vor meinem Studium, zu spät mit dem Cello-Spiel angefangen. Für Dvořáks Konzert – wenigstens für einige Passagen daraus – hat meine Perfektion nicht ausgereicht. Während meines Maschinenbau-Studiums hatte ich kein Instrument zur Verfügung. Nach dem Studium war das praktische Musizieren passé – Arbeit im Betrieb, Heirat, dann zwei Kinder ..."

„Man muss sich ja nicht gleich den Dvořák vornehmen." Ihre Stimme klang anders als zuvor, versöhnlich. „Ich bin seit meinen Jung-Mädchen-Jahren in Übung, und jetzt – nur mal so für mich allein – traue ich mich an den zweiten Satz von Haydns C-Dur-Konzert 'ran. Kennen Sie das?"

„'Kennen' wäre übertrieben ausgedrückt. Ich habe es schon gehört."

Fräulein Claudius hatte die Tusche in der Zirkelspitze aufgebraucht. Sie wischte das Zeichengerät mit einem nicht fusselnden Tuch sauber und legte beides beiseite. Sie ging auf Neuenhof zu und reichte ihm die Hand. „Angenehm, dass es noch einen Violoncello-Enthusiasten in diesem Hause gibt. Bloß: Damit" – sie wies auf die Skizzenblätter, die er, wie verschämt, in der Hand hielt – „kann ich Ihnen in den nächsten Tagen oder gar Wochen partout nicht dienen. Schauen Sie sich um, wie es hier aussieht! Auf dem Brett habe ich eine Zeichnung für den neunzehnhundertneunundsechziger Forschungsbericht der Lehrgruppe Fertigungsmittel. Den Schinken schiebe ich seit Mitte Dezember vor mir her. Der Bericht war zum Jahresende fällig. Nun soll ich für den eingetretenen Terminverzug verantwortlich gemacht werden. Der Lehrgruppenleiter hat sich beim Sektionsdirektor über mich beschwert. In der dazu geführten Aussprache habe ich den Sektionsdirektor gebeten, er solle festlegen, welche Zeichenarbeiten ich zuerst ausführen soll. Da sind die Herren gehörig ins Stammeln gekommen, kann ich Ihnen sagen."

Das Musikstück aus dem Kofferradio war zu Ende: Dvořáks 8. Symphonie, op. 88. Kleine Pause, dann sagte der Sprecher die Uhrzeit an und „Hier ist der Norddeutsche Rundfunk. Wir bringen Nachrichten ..."

„Ach, du lieber Gott!“ Fräulein Claudius eilte zum Fensterbrett und schaltete das Radio aus. „Ich will nicht, daß Sie in die nächste Versammlung Ihres Partei-Vereins mit Gewissensbissen gehen.“

‘Warum redet sie so daher?’, fragte er sich und sagte: „Geraten Sie in Gewissenskonflikte, wenn Sie gute Musik hören? Ich nicht.“

„Ich darf ja, aber Sie nicht. West-Sender hören – da werden Sie doch von Ihren Genossen geläutert.“

„Mit Sorgen solcher Art werde ich fertig.“ Er dachte: ‘Partei-Verein … Die SED ist kein Verein; sie als Verein zu bezeichnen, klingt abfällig. Fühlt sich dieses cellospielende Fräulein über SED-Mitglieder so erhaben?’

Die Zeichnerin wollte ihren Besucher nicht provozieren. „West-Sender hören ist ja nicht unser heutiges Thema.“

„Eben.“ Neuenhof hob die Skizzenblätter für Dia-Ton-Vorträge in die Höhe. „Hierzu bitte Ihr Angebot – definitiv!“

„Ich sagte bereits, voraussichtlich komme ich erst in Tagen oder Wochen dazu, die Dinge für Sie zu zeichnen. Wenn wir Pech haben, kommt zwischenzeitlich noch etwas Dringlicheres dazwischen. Deshalb – in aller Güte und in voller Solidarität mit einem ehemaligen Cello-Spieler – geben Sie die Skizzenblätter an Ihre Leute zurück! Die sollen ihre Sachen selber tuschen! Berufen Sie sich auf die Weisungen des Sektionsdirektors! Drohen Sie erforderlichenfalls mit dem Zorn des Chefs!“ Sie verbschiedete ihren Gast mit dem Angebot, er könne mit persönlichen Anliegen gern zu ihr kommen – nur eben nicht heute oder morgen oder an den nächsten Tagen.

In seiner Lehrgruppe musste Neuenhof – wohl oder übel – bekennen, daß sein Besuch bei der Zeichnerin nicht den von allen erhofften Erfolg gezeitigt hatte. Einige schüttelten konsterniert den Kopf, andere seufzten. Allein Meber – im Kraftgefühl des dienstältesten Forschungsstudenten der Gruppe FP – ereiferte sich: „Ich sehe nicht ein, dass ich als Forschungsstudent Zeichenarbeiten in Tusche für die Lehr- und Forschungsgruppe ausführen muss. Ich werde mich beim Sektionsdirektor beschweren.“

„Lieber nicht!“, riet Neuenhof. „Er hat die entsprechende Weisung erteilt und schmeißt solche Beschwerdeführer wie Sie achtkantig aus seinem Dienstzimmer.“

„Dann trage ich das Problem in einer der regelmäßig stattfindenden Beratungen des Direktors für Ausbildung und Erziehung mit ausgewählten Forschungsstudenten vor.“

„Ich werde den Direktor zuvor über Ihr Vorhaben informieren.“

Meber sagte scharf pointiert: „Und alles deshalb, weil sich mein Lehrgruppenleiter und nomineller Forschungsstudiumsbetreuer nicht mal bei einer technischen Zeichnerin in diesem Hause durchzusetzen vermag.“

„Und ich werde – ganz im Sinne eines von Ihnen kürzlich geforderten prinzipiellen, klärenden Gesprächs – an zuständiger Stelle darüber berichten müssen, dass sich ein Forschungsstudent der Lehrgruppe FP aus egoistischen Beweggründen der Erfüllung ihm übertragener Aufgaben verweigert.“

Noch ehe Meber etwas zu erwidern vermochte, sagte der besonnene parteilose Assistent Manfred Berghausen in ruhigem Ton: „Jetzt gefällt mir der Stil unserer Debatte nicht. Die Sektionsleitung hat das Programm zur Rationalisierung der Lehr- und Lernprozesse beschlossen und alle Lehrgruppen beauflagt, anteilig an der Realisierung dieses Programms mitzuwirken. Das gilt auch für uns als Kollektiv FP, und das gilt auch für dich, Jäcki. Ich erwarte von dir so viel Fairness, dass du dich nicht außerhalb unseres Kollektivs stellst. Andernfalls wäre ich maßlos enttäuscht von dir.“

Werner Kästner nickte Berghausen zustimmend zu. Er beabsichtigte: ‘Vor der nächsten Parteigruppenversammlung knöpfe ich mir Jäcki vor. Solch eine Debatte wie soeben braucht nicht als Stunk in der Gruppe FP ausgeweitet zu werden.’

Zum Mittagessen ging Heinz Neuenhof nicht, wie die meisten Professoren und Dozenten, in die Mensa-Gaststätte für Hochschullehrer, sondern in die sogenannte Angestellten-Mensa, gemeinsam mit seinen Assistenten Kästner und Berghausen und einigen Forschungsstudenten der FP-Gruppe. Eine Woche zuvor hatten sie sich – so war das Reglement – in der Vorverkaufsstelle Essenbons gekauft. Jeden Bon zum Spottpreis unter 2 Mark je Stück konnten sie für eine Vorsuppe zuzüglich Hauptgericht und Nachspeise einlösen. Oftmals standen sie in einer langen Reihe Wartender vor der breitfenstrigen Essen-Ausgabestelle. Das Anstehen und Warten bot Neuenhof, dem „noch nicht so Eingeweihten aus Dresden“, vielfältige Möglichkeiten: Er erfuhr Neuigkeiten über die Hochschule und über Hochschulangehörige, über die in Dienstbesprechungen in größerem Rahmen nicht informiert oder debattiert wurde; er wurde mit Dozenten und Mitarbeitern anderer Sektionen bekannt gemacht; ihm wurden „Hintergrund“-Informationen über Personen und Geschehnisse in anderen Lehr- und Forschungsgruppen der Sektion vermittelt, manchmal waren es sogar „Hintergrund“-Informationen über Neuenhofs eigene FP-Gruppe, die ihm, säße er nur an seinem Schreibtisch oder in der Mensa-Gaststätte für Hochhschullehrer, nicht zugetragen worden wären.

Gemeinsam mit Berghausen und Kästner in der Warteschlange vor dem Essen-Ausgabetisch stehend, sagte Neuenhof: „Seit dem ersten Januar dieses Jahres ist Karl-Ernst Elmhorst strukturmäßig unsrer Lehrgruppe fest zugeordnet. Ich hoffe, er und Dietmar Stolzeck vertragen sich gut.“ Die Genannten waren in einem sogenannten Verschlag im ersten Obergeschoss des K-Gebäudes untergebracht. Einige

Forschungsstudenten der FP-Gruppe mussten in solchen „Verschlägen“ sogar mit Sektionsangehörigen verschiedener Lehrgruppen ihrer Arbeit nachgehen und – trotz unterschiedlicher Interessenlage – gut mit denen auskommen. Die verstreute Unterbringung seiner Leute machte es Heinz Neuenhof nicht leicht, das Zusammenwirken seiner Gruppenmitglieder zu koordinieren und zu effektivieren.

„Elmhorst und Stolzeck verstehen sich und kommen miteinander zurecht.“, sagte Kästner.

Berghausen, passionierter Nichtraucher, ergänzte: „Beide rauchen wie die Schlote, und beide trinken gern eine Flasche Bier ...“ Er unterließ wissentlich, hinzuzufügen: ‘... auch während der regulären Arbeitszeit.’

Kästner meinte: „Für Elmhorst ist es gut, dass sein Einzelkämpfer-Dasein in Diensten von Professor Kainzow ein Ende hat – nun, wo der Professor in Berlin angelandet ist. Wir werden ihn für die Betreuung unserer Studenten beim Erarbeiten von Fertigungsplänen gut gebrauchen können.“ Elmhorst hatte im SKET, vor seinem Dienstantritt an der TH, als versierter, tüchtiger Technologe gegolten.

Berghausen sagte: „Bei dem Stichwort ‘Fertigungspläne’, schon beim bloßen Gedanken an diese Belegaufgaben für Direkt- und Fernstudenten an unserer Sektion, frage ich mich: Wieso beschäftigen sich im K-Bereich mehrere Lehrgruppen mit dem Aufstellen solcher Pläne, wo dies doch das Hauptarbeitsfeld unserer Lehr- und Forschungsgruppe Fertigungsprojektierung ist, oder besser gesagt: sein müsste?“

Neuenhof verstand nicht gleich, was Berghausen meinte. Der erklärte: „Seitens der Lehrgruppe Spanende Formung beispielsweise wird in den studentischen Übungen zum Fertigungsverfahren DREHEN das Festlegen von Arbeitsvorgängen und Arbeitsvorgangsfolgen gelehrt. Wieso? Das ist doch Anliegen der Fertigungsprojektierung, also Lehrstoff von uns.“

„Dazu müsste es Abstimmungsgespräche mit Doktor Täuscher geben.“, pflichtete Werner Kästner bei.

„Für nicht weniger bedenkenswert“, sagte Berghausen, „halte ich folgendes: Im Erdgeschoss des K-Gebäudes, im Zimmer gegenüber dem Eingang ins Versuchsfeld, sitzt gemeinsam mit zwei Mitarbeitern der Lehrgruppe Spanende Formung ein gewisser Doktor Horst Lilienhain. Der Mann ist mit nichts anderem beschäftigt als mit der Aufgabenfindung für Fertigungspläne, mit der fachlichen Betreuung von Direkt- und Fernstudenten beim Erarbeiten solcher Pläne und letztlich mit der Durchsicht und Benotung dieser studentischen Belegaufgaben.“ Berghausen sah Neuenhof abschätzend an und forderte: „Was Lilienhain betreibt, ist im Grunde genommen unsere Sache. Sprechen Sie mal mit ihm, ob er nicht zu FP wechseln will!“

Kästner hob beschwichtigend eine Hand. „Sachte. Solch ein Wechsel muss mit dem Sektionsdirektor vereinbart werden.“

„Sicherlich. Aber zuvor müssten sich unser Chef und Horst Lilienhain einig geworden sein. Übrigens: Da drüben, ein paar Tische entfernt von hier, sitzt der Doktor beim Essen."

„Ich kenne ihn – vom Sehen ..."

„... und aus unseren Parteigruppen-Versammlungen im K-Bereich", sagte Kästner.

Die drei Männer langten am Essen-Ausgabetisch an. Jeder von ihnen nahm sich ein Tablett und löste seinen Essen-Bon ein. An einem gerade freigewordenen Vierer-Tisch im Essensaal fanden sie Sitzplätze. Beim Suppe-Löffeln und Beefsteak-Kauen erzählte Kästner seinem Lehrgruppenleiter einiges aus der Lilienhainschen Biografie: „Er hat in einem der ersten studentischen Jahrgänge an unserer Hochschule Fertigungstechnik studiert. Leute wie er und Doktor Täuscher und Doktor Bürgel – sie gehörten alle zu einer Matrikel. Nach dem Studium arbeitete Lilienhain mehrere Jahre in einem Nagema-Betrieb als Technologe. Professor Wilberg hat ihn an die Hochschule zurückgeholt. Bei ihm hat Lilienhain promoviert. Mit der III. Hochschulreform wurden Wilberg einige Planstellen für Mitarbeiter gestrichen, und er musste Lilienhain freisetzen. Professor Kainzow übernahm den Mann in seine Lehrgruppe Spanende Formung. Kainzow – als Leiter der Fachrichtung Fertigungstechnik – hatte zuvor das Aufstellen von Fertigungsplänen als für die Studenten verbindliche Belegaufgabe eingeführt. Zu deren fachlicher Betreuung sahen sich die Mitarbeiter seiner Lehrgruppe fachlich nicht gut genug gerüstet. Da kam ihnen Horst Lilienhain gerade recht, und dem huckte Kainzow die gesamte Betreuung der neukreierten Belegaufgabe auf. 'Genosse Lilienhain, auf Grund deines beruflichen Werdeganges kannst du das, also mach das!' Bei solchen Entscheidungen wurde zu Professor Kainzows Zeiten nicht viel herumdiskutiert. Lilienhain wollte sich arbeitsstellenmäßig nicht schon wieder verändern. Also sagte er Ja. – Eines müssen wir, wenn wir Lilienhain in die FP holen, bedenken: Mit Horst Lilienhain übernehmen wir dann auch den ganzen Packen Arbeit, mit dem sich der Mann bis dato allein abbuckelt."

„Darin sehe ich kein Problem.", sagte Berghausen. „Karl-Ernst Elmhorst ist ja nun unserer Gruppe fest zugeordnet. Sein Sonder-Auftrag von Professor Kainzow ist abgeschlossen. Da kann er Horst Lilienhain gut und gerne einen halben Packen Belegaufgaben abnehmen und hätte damit für ständig und planbar ein fest umrissenes Arbeitsfeld in unserem Kollektiv."

Heinz Neuenhof begriff: Den Vorschlägen seiner beiden Assistenten nachzukommen, würde auch das Arbeitsfeld der Lehr- und Forschungsgruppe FP nachhaltiger als bisher umreißen und das von ihm geleitete Kollektiv personell stärken. „Heute hat es mir in der Mensa besonders gut geschmeckt – in doppeltem Sinne", sagte er zu Kästner und Berghausen, die seine Bemerkung als Lob für ihre Ratschläge werteten.

Dann ging in der Personalie Lilienhain alles ganz schnell vonstatten.

Am Tag nach dem Mensa-Gespräch mit seinen Assistenten traf sich Heinz Neuenhof mit Dr. Lilienhain am nördlichen Eingangstor der TH zu einem Spaziergang durch den nahe gelegenen, derzeit schneematschigen Nordpark.

Lilienhain war zu diesem Treff sofort bereit gewesen – als habe er auf ein Gespräch mit dem FP-Leiter gewartet. Er sagte: „Es sind fabelhafte Kollegen, mit denen ich im Erdgeschoss zusammensitze. Aber auf Grund meiner speziellen Arbeitsaufgaben bin ich für sie ein personeller Fremdkörper. Über einen Wechsel zur Gruppe FP habe ich bereits nachgedacht. Ich wäre dazu sofort bereit – aus persönlichen Gründen und weil der Beleg 'Fertigungsplan' von der Sache her Ihrer Lehrgruppe zuzuordnen ist." Über die „persönlichen Gründe" äußerte er sich nicht; Neuenhof sollte bei diesem Kontaktgespräch nicht den Eindruck gewinnen, er – Lilienhain – sei ein „Postenjäger". Freilich hatte er, ein promovierter Fertigungstechniker mit Erfahrungen aus der Betriebspraxis, auf den Posten eines Oberassistenten für Spanende Formung reflektiert. Dr. Täuscher als neuer Lehrgruppenleiter würde kurzfristig zum Hochschuldozenten berufen werden – das war gar nicht anders zu erwarten –, und die von ihm besetzte Oberassistenten-Stelle würde frei werden. Täuscher hatte sich jedoch für einen dienstjüngeren parteilosen Mitarbeiter ohne Betriebspraxis entschieden, und der Sektionsdirektor hatte Täuschers Antrag stattgegeben.

Es war wie eine Gedankenübertragung. Neuenhof sagte: „Einige Zeit vor unserer heutigen Unterredung habe ich darum gebeten, einen Oberassistenten für meine Lehr- und Forschungsgruppe einzusetzen. Zu FP gehören zehn Mann, Sie wären der elfte. Professor Kleber machte mir Hoffnungen, '… aber wir reden im neuen Jahr nochmals darüber', sagte er mir im Dezember. Nun ist das neue Jahr fast einen Monat alt, da kann er sein Versprechen einlösen. Ich melde uns für ein Kadergespräch bei ihm an. Wir beide sind uns einig?"

Die Männer besiegelten ihr Einvernehmen per Handschlag.

Lilienhain empfahl: „Wir sollten vor unserem Treff mit dem Sektionsdirektor seinen wissenschaftlichen Sekretär über unsere Übereinkunft informieren. Horst Bürgel und ich haben uns in unserer Studienzeit gut verstanden. Ich glaube, er wird bei seinem Chef ein gutes Wort für uns und unsere Absichten einlegen."

So geschah es.

Lilienhain hatte sich in seinem ehemaligen Kommilitonen nicht getäuscht. Bürgel hatte Prof. Kleber geraten, Lilienhain sofort von den Spanenden Formern zu den Fertigungsprojektierern umzusetzen und ihm zum 1. Februar die Planstelle eines Oberassistenten zuzumessen. Er argumentierte: „Der Minister für das Hoch- und Fachschulwesen beruft Professoren nur am 1. September eines Kalenderjahres,

Hochschuldozenten dagegen am 1. September und am 1. Februar. Sowohl in der Leitung der TH als auch im Ministerium wird eingesehen, dass wir für Professor Kainzow kurzfristig einen Ersatz benötigen – das für die Sektion Technologie wichtige Lehr- und Forschungsgebiet Spanende Formung kann ohne einen Hochschullehrer nicht anforderungsgerecht bearbeitet werden. Also wird Doktor Täuscher zum ersten Februar berufen werden. Noch etwas ist von uns zu bedenken: Der Sonder-Einsatz von Neuenhof im Ministerium schwächt zweifellos die im Aufbau befindliche Lehr- und Forschungsgruppe FP. Ein Fachmann wie Horst Lilienhain als Oberassistent bei FP gibt der FP-Gruppe und der Sektionsleitung die Gewähr für eine ordentliche Arbeit auch an Tagen der Abwesenheit des FP-Leiters."

Sektionsdirektor Richard Kleber überzeugten Bürgels Argumente, und er erteilte – nach Bestätigung des FP-Antrages durch die Sektionsleitung – kurzfristig die notwendigen Anweisungen.

An einem zweiten Schreibtisch in Dr. Neuenhofs Dienstzimmer fand Horst Lilienhain in den letzten Januartagen seinen neuen Arbeitsplatz. Als er in der Gruppe FP als elftes Mitglied und künftiger Oberassistent vorgestellt wurde, begrüßten ihn alle mit „Hallo" und großen Erwartungen. Nach dem Zeremoniell, unter vier Augen, sagte der Assistent Manfred Berghausen zu Neuenhof: „Doktor Lilienhain für FP gewonnen zu haben, ist, wie man im Boxsport sagen würde, der wirkungsvollste Treffer, den Sie in ihrer bisherigen Tätigkeit an der TH gelandet haben."

Harri Meister, der Direktor für Kader und Qualifizierung, bereitete die nächste Beratung der Kaderkommission vor. Das war für ihn so etwas wie die Einstimmung eines Pfarrers auf den sonntäglichen Gottesdienst. Meister zelebrierte und genoss diese Arbeit. Er wollte dabei nicht gestört werden. Seine Mitarbeiterin im Vorzimmer hatte er strikt angewiesen, niemanden zu ihm vorzulassen und Telefonanrufe „nur vom HPL-Sekretär und Rektor an aufwärts" auf seinen Apparat durchzustellen. Einzig Dr. Günter Wisterow, der um „ein dringendes Gespräch" bei Meister nachgesucht hatte, sollte den Kaderdirektor bei seiner Berufsabläufe beeinflussenden Arbeit stören dürfen; denn der wusste, dass der Kampfgefährte und Freund dringend psychologischer und administrativ-kaderpolitischer Unterstützung bedurfte.

Wisterow hatte seine Funktion als Direktor für Ausbildung und Erziehung Ende 1969 aufgegeben und war – pro forma – in der von ihm als Fachbereichsdirektor eingesetzten Arbeitsgruppe Lehr- und Lernmittel (LLM) tätig geworden. Er hatte sich auf diese Weise für ein knappes dreiviertel Jahr – bis zum September 1970, dem Beginn des neuen Studienjahres – zeitliche Freiräume schaffen wollen, um sich gewissenhaft auf das Amt des 1. Prorektors und ständigen Stellvertreters des Rektors vorbereiten zu können – ohne Termindruck, ohne den tagtäglichen Stress eines Fachbereichsdirektors und möglichst ohne Sonderaufträge von der Hochschul-, der Stadt- oder der Bezirks-Parteileitung der SED. Und dann die unerwartete Rektor-Festlegung in der Sitzung der Kaderkommission, nicht er, Günter Wisterow, sondern ein Nemo aus der Sektion Technologie solle das Prorektorenamt übernehmen! Der Kaderdirektor hatte Wisterow gleich nach der Kommissionssitzung, unter dem Siegel strengster Verschwiegenheit, darüber informiert und ihn in einen Schockzustand versetzt.

Im Jahr zuvor war für Wisterows beruflichen Aufstieg alles denkbar Erforderliche vorbereitet und in die Wege geleitet worden. Nach der Einreichung der Dissertation bei der Pädagogischen Hochschule Magdeburg (PHM) im Frühsommer 1969 waren die Gutachter der wissenschaftlichen Arbeit und die Promotionskommission der PHM gedrängt worden, das Promotionsverfahren für Günter Wisterow raschestmöglich durchzuführen und abzuschließen. Harri Meister, damals noch HPL-Sekretär der TH, hatte den Parteisekretär der PHM gebeten, das Anliegen der TH mit der Autorität der Parteiorganisation zu unterstützen. „Es geht um eine wichtige kaderpolitische Maßnahme der TH", hatte er erklärt, „und nicht um ein Promotionsverfahren schlechthin." Denn das Reglement, an das sich der Minister für das Hoch- und Fachschulwesen konsequent hielt, sah vor: Ohne Promotion keine Berufung zum Hochschullehrer – egal, ob Hochschuldozent oder Professor –, und ohne den Status eines Hochschullehrers keine Einsetzung in das Amt eines 1. Prorektors. Wegen beider Prämissen und des Zieltermins September 1970 hatte Wisterows Berufung zum Hochschullehrer zum 1. Februar gesichert werden müssen, damit den Ambitionen des Kandidaten, des Kaderdirektors und anderer Genossen entsprochen werden konnte. Die Leitung der TH hatte für Günter Wisterow eine Dozentur für Hochschulpädagogik vorgesehen. „Die Dozentur kann später, zu einem geeigneten Zeitpunkt, in eine Professur umgewandelt werden", hatte Meister seinem Kampfgefährten versichert. „Jetzt müssen wir erstmal das Nahziel erreichen."

Die Kadersachbearbeiterin aus dem Vorzimmer geleitete Dr. Wisterow in Meisters Dienstraum. Der Gast war sehr erregt. „Immer hieß es: Was die Besetzung der Prorektor-Funktion anbetrifft, habe die Hochschulleitung absolutes Stillschweigen

in der Hochschulöffentlichkeit angeordnet. Und was erfahre ich heute? Der Buschfunk der Hochschule verbreitet: 'Wisterow wird es nicht; der wurde in die Gruppe LLM abgeschoben.' In der Mensa sollen einige beim Zuckereinrühren in die Kaffeetasse sogar gefragt haben: 'LLM – was is'n das?' Harri, ich bin nicht nur blamiert, ich bin am Boden zerstört."

„Na, na." So hatte Meister den Freund noch nie erlebt. Er schwenkte ein Schreiben mit dem Briefkopf des Ministeriums ein paarmal hin und her. „Heute kommt scheinbar alles zusammen. Der Kaderdirektor des Ministeriums teilt mit, deine

Berufung zum Dozenten per 1. Februar geht in Ordnung. Aber Dr. Täuscher aus der Sektion Technologie kann zu diesem Termin nicht berufen werden. Er erfüllt einige Kriterien nicht. Für die Zwangslage, in die die Sektionsleitung durch den raschen Weggang von Professor Kainzow geraten ist, habe man Verständnis. Aber darauf, dass Täuscher ein halbjähriges Zusatzstudium im sozialistischen Ausland – am besten in der Sowjetunion – absolviert, könne nicht verzichtet werden."

Wisterow winkte ab. „Was scheren mich Doktor Täuscher und die Sorgen der Sektionsleitung Technologie?"

„Wart's ab! Es steht alles im Zusammenhang." Meister legte eine Hand auf eine vor ihm liegende Unterschriftenmappe. „Hierin befindet sich der vom Sektionsdirektor Technologie gestellte Antrag, Doktor Lilienhain als Oberassistenten für die Lehrgruppe Fertigungsprojektierung einzusetzen und dafür die Planstelle zu nutzen, die durch die Berufung von Siegbert Täuscher zum Hochschuldozenten frei wird. Täuscher wird aber jetzt nicht berufen. Also wird auch seine Planstelle nicht frei. Das weiß Kleber, der neue Sektionsdirektor, allerdings noch nicht. Das mir vorliegende Ministeriumsschreiben ist taufrisch."

„Harri", – Wisterow wurde ungeduldig –, „ich bin nicht zu dir gekommen, um …"

Meister unterbrach ihn. „Ich ahne und verstehe gut, weshalb du zu mir gekommen bist. Aber komm' jetzt mal zur Ruhe und behalte den Überblick! Lehrgruppe Fertigungsprojektierung in der Sektion Technologie – was sagt dir das? Wer wurde dafür kürzlich als Leiter eingesetzt?"

Wisterow, nach kurzem Überlegen: „Neuenhof?"

Kopfnicken. „Das Bruderchen mausert sich. Weil wir ihn für einige Zeit nach Berlin abkommandieren werden, stellt er Forderungen, will einen Oberassistenten haben."

„Ehrlich, Harri: Das hätte ich an seiner Stelle auch gewollt. Wenn ich mir nur selber Rat wüsste …"

Die beiden Männer redeten dies und das, erwogen Möglichkeiten für einen Ausweg aus Günter Wisterows Dilemma.

„Ich bin mir zu schade dafür, an der Hochschule Spießruten zu laufen."

Das konnte Harri Meister nachempfinden. „Wir müssen dich hier für einige Zeit aus dem Verkehr ziehen." Er drückte auf den Summer des Telefons. Die Vorzimmerdame, eine Genossin der SED, steckte ihren Kopf durch den Türspalt. „Koch' uns 'was Ordentliches zu trinken – aber schön stark."

„Für mich Tee", erbat Wisterow.

Meister wünschte sich Kaffee – tiefschwarz und stark gesüßt, gegen alle ärztlichen Empfehlungen der regelmäßigen Dispensairebetreuung für leitende Kader.

Am Ende resümierte der Kaderdirektor: „Der Hinweis des Ministeriums ist eindeutig: Zusatzstudium in der Sowjetunion …"

„... für Doktor Täuscher ..."

„... auch für dich, am besten beim Freundschaftsvertragspartner unserer Hochschule in Charkow."

„Oder in Moskau. Moskau wäre mir lieber."

„Verständlich. Aber nach Moskau wirst du nicht delegiert werden können. Das Ministerium orientiert darauf, Zusatzstudien der Hochschullehrer und des wissenschaftlichen Nachwuchses sollen an sowjetischen Partner-Universitäten und -Hochschulen absolviert werden. Unser sowjetischer Freundschaftsvertragspartner in Moskau ist die altehrwürdige MWTU, die Bauman-Hochschule. Bedenke, diese TU ist fest verankert in der Kosmos-Forschung der SU und damit für dich und andere deines Fachgebietes so gut wie nicht zugänglich. Also bleibt die Variante Charkow. Ich werde mit unserem Direktor für Internationale Beziehungen besprechen, dass dort für dich bestmögliche Aufenthalts- und Studienbedingungen geschaffen werden. Mit dem Direktor des Instituts für Fremdsprachen vereinbare ich deine kurzfristige Eingliederung in einen Russisch-Intensivsprachkurs. Wenn das beides in Sack und Tüten ist, melde ich uns für ein Gespräch beim Rektor an. Er soll zu deiner Perspektive Farbe bekennen und entscheiden."

Wisterow zögerte noch. „Charkow ... Ich weiß nicht ..."

„Ich werde auch für Siegbert Täuscher einen Aufenthalt am PI Charkow empfehlen. Mann, Günter, dann seid ihr zu zweit, könnt eure Meinungen und Erfahrungen austauschen, könnt sowohl zu Studienzwecken als auch in eurer Freizeit gemeinsam etwas unternehmen. Täuscher soll dem Vernehmen nach ein ganz passabler Zeitgenosse sein, einer unserer progressiven Parteilosen." Nach einer weiteren Tasse Tee willigte Wisterow ein. Meister geriet in Eifer. „Wenn wir dann schon mal beim Rektor sind, werde ich mit ihm ein ernstes Wörtchen reden, dass es in der Kaderkommission der TH keine wasserundichten Stellen geben darf – will sagen: Die Kommissionsmitglieder haben verschwiegen zu sein und dürfen sich mit dem Ausplaudern von Interna in der Hochschulöffentlichkeit nicht wichtig machen wollen. Denn was dir jetzt widerfährt, ist nach meinem Dafürhalten ein Skandal."

„Anders kann man es wohl nicht bezeichnen. Aber so etwas passiert eben, wenn

vor Nichtmitgliedern der Kaderkommission interne Sachverhalte beraten und dazu dann grundlegende, für die ganze Hochschule bedeutungsvolle Entscheidungen getroffen werden."

„Spielst du auf die Teilnahme von Kainzow und Kleber an der Sitzung an?"

„Beispielsweise – ja."

„Die beiden halten dicht, dafür verbürge ich mich."

‚Das müsste überprüft werden.', dachte Wisterow. Er wusste in diesem Moment nur nicht, wie das geschickt anzustellen sei.

„Eher ist mir unsere gewerkschaftliche Quasseltasche verdächtig." Der Kaderdirektor meinte Günter Pohlmann, den 2. Vorsitzenden der HGL. „Das Brüderchen faselt mir in letzter Zeit zu viel darüber, dass wir für Führungspositionen in allen Leitungsebenen mehr Vertrauen in junge, progressive Wissenschaftler und Nachwuchswissenschaftler setzen sollten."

„Davon fühle ich mich als Mann Mitte vierzig nicht ausgegrenzt.", sagte Wisterow und verabschiedete sich von seinem Freund. – Draußen, vor dem TH-KONSUM-Geschäft an der Ecke des F-Gebäudes, lief er dem vom S-Gebäude herbeieilenden Prof. Horst Graßhauer geradewegs – wie man zu sagen pflegt – in die Arme.

„Na, Günter, wie geht's und steht's?", fragte der Professor leutselig.

„Danke der Nachfrage, es geht voran", log Wisterow. „Und selbst?"

„Zu Jahresanfang ist es immer schlimm – die vielen Sitzungen. Man atmet zu Studienjahresbeginn auf, wenn der Immatrikulationsrummel vorüber und der Studienbetrieb planmäßig angelaufen ist. Aber dann, zu Beginn eines Kalenderjahres, wirbeln wir an der Hochschule wieder alle durcheinander. Die Planjahre in unserem Staat beginnen eben im Januar und nicht im September; danach müssen sich die meisten Bereiche unserer Hochschule verständlicherweise richten – wohl oder übel. Was red' ich? Du kennst das zur Genüge aus eigener Erfahrung. Jetzt, ohne deinen Direktorposten, hast du allerdings mehr Zeit für hochschulpädagogisch wissenschaftliche Dinge. Oder?"

Wisterow hörte aus der Frage des Professors dessen Neugier heraus: 'Was treibt ein ehemaliger Fachbereichsdirektor und aus dem Rennen um ein Prorektorenamt Geworfener beruflich, arbeitsmäßig?' Er und Graßhauer kannten einander gut aus Problemdiskussionen und Arbeitsberatungen – sogenannten Anleitungen – der stellvertretenden Sektionsdirektoren für Ausbildung und Erziehung am Tisch des ehemaligen Fachbereichsdirektors Wisterow. Graßhauer hatte sich stets als interessierter und engagierter Partner erwiesen, der seine Sektion und die Hochschule, an der er auch studiert hatte, gut kannte und der stets, um es bildlich auszudrücken, sowohl an die amtlichen als auch an die unterschwelligen Informationskanäle angeschlossen war. 'Frag' nicht so scheinheilig!', dachte Wisterow. 'Über meine Pleite mit der Prorektorfunktion debattiere ich mit dir nicht.' Er sagte: „Ich baue mir ohne Hetze und mit der notwendigen Gründlichkeit mein Fachgebiet, die Hochschulpädagogik, auf. Kurzfristig werde ich zu diesem Zweck einen mehrmonatigen Studienaufenthalt in der Sowjetunion wahrnehmen. Ich stecke bis über beide Ohren in den Vorbereitungsarbeiten."

Von Wisterows Studienaufenthalt hatte Graßhauer noch nichts gewusst. Das konnte er auch nicht. Die Idee war ja erst eine knappe Stunde zuvor vom Kaderdirektor geboren worden. Der Professor war jedenfalls zufrieden, die Neuigkeit aus dem Munde des Betroffenen erfahren zu haben. Er schaute auf seine Armbanduhr. „Ich muss weiter. Mein bisheriger Sektionsdirektor wird von Magnifizenz nach Berlin verabschiedet."

„Im Rektorzimmer?"

„Das weiß ich nicht. Bei der Einladung sagte der wissenschaftliche Sekretär des Rektors auf seine bekannt schnoddrige Art: 'Kein großer Bahnhof. Treff vor dem Sekretariat des Rektors.'"

„Dann lass dich überraschen!"

Die beiden Männer verabschiedeten sich. Prof. Graßhauer strebte dem Rektoratsgebäude zu.

Da war sie erneut, die Erregtheit bei Günter Wisterow – wie vor dem Gespräch mit dem Kaderdirektor: 'Wieder eine Sache, bei der ich abgehalftert worden bin.' Wisterow war davon überzeugt, noch vor gut einem halben Jahr wäre undenkbar gewesen, ihn, den Fachbereichsdirektor für Ausbildung und Erziehung und somit Mitglied der Hochschulleitung, von einer solchen Amtshandlung wie der Verabschiedung von Prof. Wolfgang Kainzow in den zentralen Staatsapparat auszuschließen. Er, Wisterow, war zu Zeiten des vormaligen Rektors den sogenannten grauen Eminenzen der THM zugerechnet gewesen – er und der seinerzeitige HPL-Sekretär Harri Meister, Prof. Wolfgang Kainzow von den Fertigungstechnikern und der Prorektor für Gesellschaftswissenschaften und – allen voran – der vormalige Rektor. Als graue Eminenz und bedeutungsvolle Hochschulpersönlichkeit fühlte sich seit seinem Dienstantritt in den 1950er Jahren auch Prof. Dr. rer. oec. Günter Wusel, Sektion Technologie. Aber Wusel – unberechenbarer und rechthaberischer Großsprecher, oftmals aufbrausend wie ein junger Wirrkopf und Möchtegern – war von den anderen Eminenzen nie in deren internen Kreis involviert worden. Der zum Zynismus neigende Professor Volker Weichtel beurteilte seinen Fachkollegen so: „Günter Wusel weist die typischen Charaktermerkmale eines kleinwüchsigen, von maßlosem Geltungsbedürfnis getriebenen Menschen auf." Wisterow mochte die manchmal beleidigende Art von Weichtel nicht, aber im Falle des Günter Wusel pflichtete er dem Zyniker bei. Wusel und andere THM-Hochschullehrer seines Schlages würden nach Wisterows Erachten nie die Lücken zu schließen vermögen, die derzeit in die Reihe der „alten Garde" geschlagen wurden. ‚Ich werde für mindestens ein halbes Jahr abgeschoben zum großen Freund – nach Charkow, Harri Meister ist entthront als einflussreicher und erfahrener HPL-Sekretär, der vormalige Rektor wurde auf eigenen Wunsch ein halbes Jahr freigestellt – er hatte während seiner Amtszeit so viel wie gar nicht an seinem neuen Lehrbuch arbeiten können –, Professor Kainzow ist aufgestiegen in den Staatsapparat in Berlin, verbleibt von 'den Alten' der Prorektor für Gewi. Der gute Genosse hat jedoch Hudeleien mit einigen jungen Wilden in der Sektion ‚Marxismus-Leninismus' – mit kritischen Sozialisten in der Assistentenschaft –, und hat mit deren Bändigung mehr zu tun als mit der großen Politik an der Hochschule.' Die jüngsten Personalentscheidungen von Magnifizenz Weindorf deuteten darauf hin, die Zeiten der einstigen grauen Eminenzen waren wohl vorüber; zumindest schienen sie zu Ende zu gehen.

'Oder', fragte sich Wisterow, ‚werden nur die Karten neu gemischt?' Er wollte Gewissheit erlangen. So entschloss er sich spontan, den an seiner Statt als Prorektor vorgesehenen Hochschuldozenten Dr. Neuenhof aufzusuchen. Dabei wollte er zugleich testen, ob Neuenhof von den Professoren Kainzow und Kleber über seine Kandidatur als Prorektor unterrichtet worden war und ob die beiden Letzteren nicht doch entgegen Harri Meisters Auffassung „die wasserundichte Stelle" in der Sitzung der Kaderkommission gewesen waren.

Wisterow traf Neuenhof allein in dessen Dienstzimmer im K-Gebäude an. Auf dessen Schreibtisch lagen Umdruckblätter der TH Karl-Marx-Stadt und Neuenhofsche Umdruckblatt-Entwürfe, Prospekte von Werkzeugmaschinen und Werkzeugen, studentische Seminar-Ausarbeitungen zu aktuellen Themen der Fertigungsprojektierung, Lochstreifen zur Steuerung numerisch gesteuerter Werkzeugmaschinen (NCM) und halb beschriebene Notizzettel wüst durcheinander. Neuenhof sagte zu seinem Gast: „Ich bin eigentlich ein ordnungsliebender Mensch, aber heute bin ich auf Besucher nicht eingestellt. Trotzdem: Willkommen!" Er vermeinte, sich rechtfertigen zu müssen. „Ab kommenden Montag bin ich für einige Zeit ins Ministerium für das Hoch- und Fachschulwesen abkommandiert – zur Mitarbeit an einer 'Führungskonzeption für das Maschineningenieurwesen', Kurzbezeichnung: 'FüKo MIW'."

„Ich habe davon gehört."

Neuenhof bekannte in aller Offenheit: „Parallel zu meinen Aufgaben in Berlin muss ich noch einiges für meine ab Februar zu haltende neue Vorlesung 'Fertigungsprojektierung' ausarbeiten. Dafür suche ich mir, wie zu sehen ist, Materialien zusammen. Ich weiß nicht, wo die Zeit geblieben ist. Seit Anfang Januar jagt eine Sache die andere, und für mein Vorlesungsmanuskript konnte ich zu wenig tun. Deshalb nehme ich nächste Woche eine Aktentasche voll Papier mit nach Berlin."

„Da komme ich zum rechten Zeitpunkt." Wisterow begrüßte Neuenhof wie einen alten Bekannten. Dabei hatten beide weder dienstlich noch privat jemals etwas miteinander zu tun gehabt. Aber Wisterow empfand den Respekt, den der andere ihm zollte, und dessen vertrauensvolle Offenherzigkeit vom Genossen zum Genossen als wohltuend und ihm schmeichelnd. Außerdem war er klug und erfahren genug, einzukalkulieren, dass Neuenhof das Prorektorenamt übertragen werden würde. Deshalb redete und verhandelte er bei seinem Überraschungsbesuch wie mit einem gleichrangigen Fachkollegen und Genossen. Er bot seine Unterstützung an. „Ich und meine Gruppe LLM erarbeiten derzeit Anleitungen für Hochschullehrer: Was ist und wie gestalte ich als Hochschullehrer eine Vorlesung? Ein Seminar? Eine studentische Übung? Ein Praktikum? – alles nach hochschulpädagogischen Gesichtspunkten und Kriterien. Wir bringen dazu Broschüren heraus, die in unserer Hochschul-Druckerei hergestellt werden. Die Broschüre zur Thematik 'Vorlesung' ist fertig. Ich leite dir, Genosse Neuenhof, gern ein Exemplar zu."

Dr. Neuenhof dachte: ‚Ich war bei Professor Wichtler an der TH Dresden als vorlesungsbetreuender wissenschaftlicher Assistent tätig und habe meinem Professor an Hand seines Vorlesungsmanuskripts die von ihm vorgesehenen Umdruck-Blätter verfertigt und an die Studenten verteilt, und ich habe seine Dia-Positive zusammengestellt und in der Vorlesung durch den Projektor geschoben. Ich habe eigenständig Übungen, Seminare und Praktika durchgeführt. Welchen Nutzen sollen da Wisterows Broschüren für mich haben?' Aber er wollte nicht überheblich sein. Er bedankte sich: „Ich würde das Angebot gern annehmen."

Günter Wisterow lenkte das Gespräch auf Vorhaben und Probleme in der Sektion Technologie und in der gesamten Magdeburger TH. Über die Sektion, urteilte er, wusste Neuenhof ganz gut Bescheid, über die Hochschule jedoch erstaunlich wenig. 'Er kennt nicht mal alle maßgebenden Leute und die hochschulbekannten Querulanten in den Sektionen und in der Hochschulverwaltung', dachte er und mutmaßte, Neuenhof wusste nichts über die unterschwelligen Informationskanäle, über die beispielsweise Prof. Horst Graßhauer Neuigkeiten und Hochschul-Interna bezog, geschweige dass er diese Kanäle für sich zu nutzen schien. 'Und der Mann soll Erster Prorektor werden? Soll bei Abwesenheit des Rektors die Hochschule leiten?' Wisterow kam sich Neuenhof, ohne es sich anmerken zu lassen, sehr überlegen vor. Im Verlaufe des Gesprächs gelangte er zu der Gewissheit, Neuenhof war über die Festlegungen des Rektors in der Sitzung der Kaderkommission nicht im mindesten informiert. Das hatte er in Erfahrung bringen wollen. Er wusste nun: nicht der Naivling Neuenhof buhlte um den Prorektorposten, sondern Weindorf, der Rektor, wollte ihn, Günter Wisterow – den hochschulerfahrenen „alten Hasen" –, nicht als ständigen ersten Stellvertreter an seiner Seite haben. Weindorf gab Neuenhof, diesem „unbeschriebenen Blatt", in dem Glauben den Vorzug, er könne den dienstjüngeren, von auswärts an die Hochschule berufenen Hochschullehrer besser dirigieren und ihm seinen Willen aufzwingen als einem Günter Wisterow. Bei dieser Erkenntnis kam bei Letzterem, zu dessen eigenem Erstaunen, ein Gefühl des Mitleids mit dem Lehrgruppenleiter FP auf: 'Entweder meistert der seine Aufgaben als Hochschullehrer und Prorektor rein arbeitsmäßig nicht, oder er übernimmt sich kräftemäßig und treibt Raubbau an seiner Gesundheit. In beiden Fällen wird ihm keine lange Amtszeit als Prorektor beschieden sein.'

Als sich Günter Wisterow von Neuenhof verabschiedete, verriet er nichts von seinen Bedenken und geheimen Gedanken. Die teilte er in einem abendlichen Telefongespräch seinem langjährigen Kampfgefährten, dem Kaderdirektor, mit. Er resümierte: „Weindorfs Kandidat ist ein einfacher, biederer Mensch. Mir gegenüber war er offen wie ein Scheunentor. Er weiß nicht, für welch eine hohe Funktion an unserer Hochschule er vorgesehen ist. Sein ehemaliger Sektionsdirektor und dessen Nachfolger halten, wie du vermutetest, tatsächlich dicht. Von der gesamten Hochschule und dem personellen Zusammenspiel der Kräfte hat der junge Genosse kaum eine Ahnung. Sollte er die Prorektorfunktion annehmen, kann er einem leid tun: entweder wird er zum willfährigen Lakaien des Rektors gemacht, oder er wird verheizt."

Meister, am anderen Ende der Leitung, atmete ein paarmal tief ein und aus. „Nun, Brüderchen, keine philanthropischen Anwandlungen!", knurrte er. „Bei uns wird niemand verheizt – wo leben wir denn? Wir werden in der HPL alles gebührend beobachten und beurteilen, und wir werden erforderlichenfalls rechtzeitig einschreiten. In nächster Zeit wollen wir erst mal sehen, wie sich unser Kandidat bei seinem Sonder-Einsatz in Berlin schlägt. Sieh du nur zu, dass du so rasch wie möglich das realisierst, was wir in unserem heutigen Gespräch vereinbart haben. Du musst bereitstehen, musst alle Vorgaben erfüllen, wenn die Funktion vakant wird." Und im Tonfall des einstigen HPL-Sekretärs: „Daran halte dich! Streng' dich an! Kläre die Sache sauber mit deiner Familie! Bekümmere dich jetzt mal nicht um Probleme und Sorgen, die andere Leute haben könnten! Mach's gut!"

Am späten Freitagvormittag, kurz bevor sich die Männer der Lehrgruppe Fertigungsprojektierung zu ihrem üblichen Gang in die Mensa vor Kästners und Berghausens Dienstzimmer versammelten, kam – im Mantel und mit Pelzmütze – Prof. Kleber daher. Er sagte zu Dr. Neuenhof: „Wir beide sollen unverzüglich zu Magnifizenz kommen."

Prof. Weindorf hatte Heinz Neuenhof vor ein paar Monaten im Auftrag des Ministers die Berufungsurkunde zum Hochschuldozenten überreicht. Ein „Herzlicher Glückwunsch" und ein Händedruck waren nicht mehr als Routine gewesen. Nun wollte die Magnifizenz dem ab bevorstehenden Montag Abkommandierten ein paar Ratschläge erteilen und ihn näher kennenlernen. In der Audienz betonte er die Notwendigkeit und Wichtigkeit des Neuenhofschen Berlin-Einsatzes und das große Vertrauen, das in ihn, Neuenhof, gesetzt werde. Er sicherte jedwede Unterstützung seitens der Hochschul- und – mit Blick auf Richard Kleber – der Sektionsleitung Technologie zu. „Ich habe auch in Beratungen mit den Dekanen und den Fachbereichsdirektoren alles Erforderliche durchgestellt", sagte er. „Ständiger Ansprechpartner für alle Fragen des Einsatzes ist Professor Kleber. Er wird mir in regelmäßigen Abständen Bericht erstatten. Er wird dafür Sorge tragen, dass in Ihrer Lehr-

und Forschungsgruppe während Ihrer Abwesenheit alles seinen sozialistischen Gang geht.“

Kleber nickte. „Zu dem letztgenannten Punkt gibt es ein Problem. Wir haben gemäß Beschluss unserer Sektionsleitung einen versierten und promovierten wissenschaftlichen Mitarbeiter als Oberassistenten in Genossen Neuenhofs Lehrgruppe umgesetzt. Er soll die Assistenten und Forschungsstudenten der Gruppe während der Abwesenheit des Lehrgruppenleiters anleiten und kontrollieren. Wir haben die Oberassistententätigkeit als ständige Maßnahme geplant; die zahlenmäßige Größe der Neuenhofschen Lehr- und Forschungsgruppe rechtfertigt dies. Vorhin teilte mir der Kaderdirektor mit, die dafür von uns vorgesehene Planstelle wird erst zu einem späteren Zeitpunkt verfügbar, und im Stellenplan der Sektion ist keine Planstelle für einen Oberassistenten frei. Wir bitten, uns aus dem Fonds der Hochschule leihweise, will sagen: befristet, aber ab sofort die benötigte Planstelle zur Verfügung zu stellen.“

„Um wen geht es? Name!“

„Doktor Horst Lilienhain.“

„Ich regle das nachher mit Harri Meister.“ Der Rektor schrieb etwas auf einen kleinen Notizzettel. Dann wandte er sich Heinz Neuenhof zu. Er sagte, Neuenhof könne mit seiner Tätigkeit im Ministerium und mit seinen in die FüKo eingebrachten Vorschlägen viel für das Ansehen und die weitere Entwicklung der TH Magdeburg und letztlich auch viel für sein persönliches Image tun.

‘… für mein persönliches Image’, dachte Neuenhof und begriff, was von ihm erwartet wurde. Mit seiner Erwiderung auf diese Andeutungen überzeugte er den Rektor davon, dass er der richtige Mann für den Sonder-Einsatz und für die in der Kaderkommission spontan vorgeschlagenen Berufungen sein könnte. „Mir bleibt nur noch“, sagte Prof. Weindorf, „Ihnen, Genosse Neuenhof, bei der Erfüllung Ihrer Aufgaben in den nächsten Monaten viel Erfolg zu wünschen.“

Er stand auf und gab Kleber und Neuenhof die Hand. Die Audienz war beendet.

Die Sekretärin des Rektors öffnete leise die Tür und blickte, mehrmals nickend, zum Fenster des Rektorzimmers. Das war für Magnifizenz das verabredete Zeichen: Unten, vor dem Rektoratsgebäude, stand der Tatra 603, der personengebundene Dienstwagen des Rektors, abfahrbereit. Prof. Weindorf hatte eingeführt, pünktlich 12 Uhr zum Mittagessen nach Hause gefahren zu werden. Nach dem Mittagsmahl geruhte der 43-jährige, eine dreiviertel Stunde zu ruhen. Danach brachte ihn der Tatra 603 zur zweiten Hälfte des rektorlichen Tagewerkes in die Hochschule zurück. Deshalb begannen alle nachmittäglichen zentralen Veranstaltungen – zumindest die, an denen die Magnifizenz anwesend zu sein hatte – 13 Uhr 30. Von dieser Regel wegen der Besucher aus der Sektion Technologie abzuweichen, hielt Hans-Eberhard Weindorf nicht für nötig.

Im Vorzimmer stand der wissenschaftliche Sekretär des Rektors mit Weindorfs schwarzem Wollmantel und farblich dazu passendem Hut bereit. Während er dem Rektor in die Garderobe half, sagte Magnifizenz: „Genosse Neuenhof, nach meinen Informationen waren Sie in Dresden im Elektromaschinenbau tätig."

„Als Produktionsleiter im VEB Elektrodyn."

„Kannten Sie sich unter den Fachkollegen aus?"

„Ich denke: ja."

„Während meines Elektrotechnik-Studiums an der TH Dresden gab es in meiner Seminargruppe einen gewissen Rudolf Bockhardt. Ist Ihnen der Mann zufällig mal über den Weg gelaufen? Sagt Ihnen der Name etwas?"

Heinz Neuenhof zuckte zusammen. 'Und ob mir der Name etwas sagt', dachte er in Erinnerung an „den Rudi" vom EDD. „Genosse Bockhardt war mehr als sechs Jahre lang als Werkdirektor mein Vorgesetzter."

„Ist das möglich?", staunte Weindorf. „Bockhardts wegen müssen wir später noch mal ins Gespräch kommen." Er nickte der Sekretärin zu, setzte seinen Hut auf und verließ mit seinen Besuchern das Rektorat. Am TATRA 603 blieb er stehen und legte Kleber eine Hand auf die Schulter. „Da erlebst du erneut, Richard, wie klein die Welt ist: gewissen Leuten begegnet man direkt oder indirekt immer wieder." Dann stieg er ins Auto und ließ sich zu dem von ihm und seiner Familie bewohnten Einfamilienhaus fahren, das er auch nach zwanzigminütigem Fußmarsch hätte erreichen können.

Prof. Kleber und Doz. Neuenhof gingen in das Mensa-Restaurant für Hochschullehrer zu Tisch. Neuenhof – kurz entschlossen – ließ an diesem Tag seinen Essenbon für die Angestellten-Mensa verfallen. An einem Tischchen, an dem Prof. Horst Graßhauer saß, waren noch zwei Sitzplätze frei. Neuenhof hoffte, Näheres über die Oberassistenten-Planstelle für Dr. Lilienhain zu erfahren. Aber Kleber wiegelte ab: „Ich spreche erst dann mit dem Kaderdirektor über die Sache, wenn er vom Rektor die vorhin versprochene Instruktion erhalten hat."

Am Nachmittag desselben Tages weihte Neuenhof seinen künftigen Oberassistenten Lilienhain in das Geschäftsgebaren und die Akten der Lehr- und Forschungsgruppe Fertigungsprojektierung ein. Eine Stunde vor dem offiziellen Feierabend sagte Lilienhain: „Ich habe, Ihr Einverständnis voraussetzend, ein Treffen mit dem Leiter des audio-visuellen Kabinetts vereinbart. Er erwartet uns in einer Viertelstunde. Es sei denn, Sie wollen den Termin absagen. Dann müssten wir ihn jetzt anrufen. Ich hielte das aber für unklug. Von ihm bekommt unsere Lehrgruppe ein Polylux-Gerät mit zugehörigem Folienkasten zur Verfügung gestellt. Ich erbat von ihm drei Folienkästen: einen für Sie, einen für mich und den dritten für die allgemeine Nutzung durch alle Mitglieder unserer Gruppe. Dazu, drei Stück an mich zu übergeben, war er nicht bereit. Darüber zu sprechen, sollten Sie bei ihm vorstellig werden."

„Na, dann auf ins S-Gebäude, ins Kabinett!", entschied Neuenhof mißmutig.

Horst Lilienhain besänftigte ihn. „Unsere Papiere laufen uns nicht davon. Die können wir beide allein weitersortieren – auch wenn es draußen dunkel geworden ist."

Neuenhof agitierte geschickt. Der Leiter des Kabinetts händigte ihm drei Folienkästen aus; er verlangte dafür, dass ihm binnen einer Woche der erste der von FP zu liefernden Dia-Ton-Vorträge anwendungsbereit übergeben werde.

Lilienhain gab, mehrmals nickend, ein Zeichen: „Wir schaffen das; ich kümmere mich persönlich darum. Und nun noch, bitte, einen Posten Fettstifte", um die Folien beschriften zu können, „für meinen Chef und mich."

„Stifte gelten als Büromaterial. Das bekommen Sie von der Sekretärin des Sektionsdirektors."

'Nichts geht einfach', dachte Neuenhof. Auf dem Rückweg in sein und nun auch Lilienhains Dienstzimmer – er die Folienkästen unter seinen Armen und Lilienhain das Polylux-Gerät wie ein Tablett mit köstlichen Speisen vor sich hertragend – erbettelte er von Hilde Müller eine Handvoll Fettstifte. „Weil Sie ein Neuer sind und demnächst unsere Interessen im Ministerium vertreten", sagte die Sekretärin. Sie übergab Neuenhof mit den Stiften auch den schriftlichen Dienstreise-Auftrag für seine Berlin-Fahrt am bevorstehenden Montag und den Computer-Ausdruck – gewissermaßen den Stundenplan – für alle von der Lehrgruppe FP durchzuführenden Lehrveranstaltungen im Frühjahrssemester 1970. Heinz Neuenhof konnte nicht umhin: Er musste sofort einen Blick auf den Plan werfen. Da stand geschrieben: samstags, 14tägig, 11.15 Uhr bis 12.45 Uhr, Hörsaal V, Vorlesung „Fertigungsprojektierung", beginnend am 7.2.70. 'An jenem Samstag werde ich an der Magdeburger TH mein Debüt am Katheder geben. Bis dahin muss ich mein Vorlesungsmanuskript ausgearbeitet haben …'

„Wenn ich Ihnen damit helfen kann, komme ich sonnabends für eine oder für ein paar Stündchen in die Hochschule – zwecks Absprachen zwischen uns", erbot sich Lilienhain.

„Das wäre nicht schlecht", sagte Neuenhof und dachte: 'Wir könnten uns über Geschäftliches und Fachliches in unserer Gruppe austauschen, und ich könnte als Leiter von FP notwendige Entscheidungen treffen, die Lilienhain in der folgenden Woche umsetzen müsste.'

„Abgemacht: jeden Sonnabend um 8 in unserem Dienstzimmer."

„Um meine Vorlesung kümmere ich mich selber", sagte Neuenhof.

„Soll Ihnen keiner von unseren Leuten helfen?"

Kopfschütteln.

'Self-made-man', dachte Lilienhain. „Ich sorge auf jeden Fall dafür, dass sich unser neuerworbenes Polylux-Gerät sonnabends in unserem Dienstzimmer befindet. Sie müssen es dann selber in den Hörsaal im M-Gebäude tragen. Dort ist kein solches Gerät ständig deponiert."

Die beiden Männer tauschten die Nummern ihrer Privat-Telefone aus. Sie kamen überein, sich zu duzen und mit dem Vornamen anzureden. Lilienhain verabschiedete sich in seinen Feierabend: „Mach's gut! Und lass dich in Berlin nicht ausmergeln! Du wirst künftig vor allem hier, in Magdeburg, gebraucht."

16

Als Fünfzehnjähriger, ZWISCHEN DEN ZEITEN, hatte Heinz Neuenhof in der Einzimmer-Wohnung bei Bruno Tiows in Küssow seine erste Novelle geschrieben: „Eine Bombennacht" – sonnabendabends, wenn er vom Schulbesuch in Burkitz zu seiner Mutter und seiner Schwester übers Wochenende heimgekehrt, wenn Mutter Paula zu einem Tanzvergnügen im Küssower Gasthof „Zum goldenen Stern" oder woandershin ausgegangen und wenn die achtjährige Annedore, sich im Bett der Mutter räkelnd, eingeschlafen war. Dann hatte er in der Stube ordentlich aufgeräumt, sich an den Schreibtisch gesetzt, den Paula 1945 bei ihrer Flucht aus der Havelstadt hatte retten können, den Schein der Schreibtischlampe mit einem Bogen Papier halb abgedeckt, damit Annedore beim Einschlafen nicht vom Lampenlicht geblendet worden war, und dann war er, durch nichts und von niemandem gestört, in seine Welt der Phantasie und des Geschichtenerzählens eingetaucht. Wenn die Mutter früher als von ihm erwartet zurückgekehrt war, hatte er seine Manuskriptblätter zusammengerafft und hastig in einem Schreibtischfach verstaut – sodass ein anderer sie nur nach langem Suchen hätte entdecken können.

Damals war in ihm der Wunsch erwacht, irgendwann in seinem Leben über ein Zimmer zu verfügen, in dem nur er, er allein, seinen Intentionen, welche es auch sein mochten, würde ungestört nachgehen können.

Als jungem Diplomingenieur und späterem Produktionsleiter in Dresden war sein geheimer Wunsch aus Jünglingsjahren unerfüllt geblieben: Das dritte Zimmer der Neuenhofschen AWG-Wohnung in der Grünen Straße war als Kinderzimmer für Gerald und Andreas Martin genutzt worden. Dabei hatte Paula Neuenhof noch kurz vor ihrem Tode fast mahnend zu Karin und Heinz gesagt: „Ihr seid einander gut. Eure Kinder sind gesund. Eure fernbeheizte Wohnung mit Parkett im Wohnzimmer, mitten in einer solchen Stadt wie Dresden, ist wunderschön. Es ist Frieden in Deutschland. Was wollt ihr mehr? Ihr lebt wie im Paradies."

Aber das Paradies in Dresden hatte kein Zimmer nur für Heinz Neuenhof allein gehabt. Solch ein Zimmer, neun Quadratmeter Grundfläche, bot nun die Neuenhofsche Genossenschaftswohnung in Magdeburg. Die musste zwar durch Öfen in jedem der vier Zimmer beheizt werden, und im Erdgeschoss war sie auch gelegen, was nicht jedermann als günstige Wohnlage bewertete, aber das Neuenhofsche Familienoberhaupt empfand sie als neues Paradies ... von einem Paradies ins andere.

So prägend für Gefühle und Urteile können Erlebnisse und Wünsche aus des Menschen Kindheit oder Jugend sein.

Am Sonntag vor seiner Abreise zum Ministeriums-Einsatz in Berlin heizte Neuenhof frühmorgens den brusthohen Holz-Kohle-Ofen, einen sogenannten transportablen Alles-Brenner, in seinem Zimmer an. Als das Feuer bullerte und die Kacheln des Ofens Wärme zu verströmen begannen, zog er sich in sein Neun-Quadratmeter-Paradies zurück. Seine Söhne tollten im Nachbarzimmer in ihren Betten herum. Karin war mit Arbeiten in der unbeheizbaren Küche beschäftigt, bereitete das Frühstück und das Mittagessen vor. Das schienen Neuenhof günstige Bedingungen dafür zu sein, am Manuskript für seine Premieren-Vorlesung „Fertigungsprojektierung" (FP) am kommenden Sonnabend konzentriert arbeiten zu können – durch nichts und von niemandem gestört, wie weiland bei der Niederschrift seiner ersten Novelle erträumt.

Karin hatte am Vortage vorgeschlagen, die Familie sollte am Sonntag den nahegelegenen Magdeburger Zoo besuchen. Gänzlich wollte sich Neuenhof aus dem sonntäglichen Familienleben nicht ausschließen, er würde mitgehen. Er meinte, an einem halben Tag könnte er eine ganze Menge schaffen.

'Frisch ans Werk!', spornte er sich an. Er nahm einen DIN A4-Bogen zur Hand und schrieb darauf in großen Zeichen „FP I". Das sollte das Titelblatt seines Vorlesungsmanuskripts sein. Die römische „I" vergab er in der Überzeugung, es würden der am kommenden Sonnabend beginnenden Grund-Vorlesung FP im Laufe seiner weiteren Tätigkeit als Hochschullehrer an der TH Magdeburg weitere Vorlesungen – zu speziellen Problemen seines Fachgebietes – folgen müssen: so etwa FP II zum Themenkomplex „Einsatzplanung und Programmierung programmgesteuerter Werkzeugmaschinen", FP III zur „Rationalisierung der technologischen Fertigungsvorbereitung in Maschinenbau-Betrieben" und eventuell noch weitere Vorhaben.

'Jetzt nicht träumen!', ermahnte er sich. 'Erst muss ich am nächsten Sonnabend gut über die Runden kommen!'

Er hatte an den zurückliegenden Tagen Umdruck-Blätter mit der Gliederung der Lehrveranstaltung FP I und mit einschlägigen Literatur-Hinweisen erarbeitet und in der Hausdruckerei der Technischen Hochschule vervielfältigen lassen. Diese Blätter würde er zu Beginn der ersten Vorlesung an die Studenten verteilen. Die Originale dieser Blätter und das vielversprechende Deckblatt „FP I“ heftete er in einer Klemmmappe ab, die er beim Schreibwarenhändler am Nicolaiplatz für 2,70 Mark gekauft hatte und die am Ende das gesamte Manuskript „FP I“ aufnehmen sollte. Er drehte die Mappe in seinen Händen hin und her. ‘Das ist jetzt alles mehr Pappdeckel denn Manuskript’, dachte er, ‘aber immerhin: Der Anfang ist gemacht.’

Und tatsächlich: An diesem Sonntagmorgen fand er für das Ausformulieren des Vorlesungstextes den roten Faden. Er begann mit der Niederschrift, als habe jemand den Text vorformuliert und als habe er – Heinz Neuenhof – ihn auswendig gelernt, so dass er ihn jetzt nur noch in lockerer Manier aufs Papier zu bringen brauchte. Auf die vielen zuvor beschriebenen kleinen Notizzettel warf er bloß ab und an einen Blick. Karins Geschimpfe mit den Jungen, die sich in dem unzureichend beheizbaren Badezimmer nicht gründlich waschen und die Zähne putzen wollten, lenkte ihn nicht ab. Karins Klappern mit den Ofentüren im Wohn- und im Kinderzimmer brachte ihn nicht dazu, auch in dem transportablen Alles-Brenner in seinem Zimmer das Feuer zu schüren. Als Karin aus dem Wohnzimmer rief, es gäbe Frühstück, antwortete er: „Noch einen Moment, bitte!“ Ihren zweiten Ruf überhörte er. Nach einer Weile ging er zu den Seinen. Sie waren fast fertig mit dem Essen.

„Dass du doch noch kommst“, sagte Karin ärgerlich. „Wenn du jetzt so fleißig sein musst, frage ich dich: Was hast du an all den zurückliegenden Tagen und Wochen in der Hochschule gemacht?“

„Tja ... Die Frage ist berechtigt.“ Mehr wollte er jetzt, im Beisein der Kinder, dazu nicht äußern. Er bestrich eine Brotscheibe mit Butter und Marmelade, biss hinein und fragte Karin: „Bist du mit Frühstücken fertig? Kannst du in meinem Zimmer etwas aufs Feuer legen?“ Mit einem Blick zum Fenster gewahrte er, draußen ging ein Schneeregen hernieder. Zu seinen Söhnen sagte er: „Mit dem Besuch des Zoos heute vormittag wird es bei dem Mistmaden-Wetter wohl nichts.“

„Macht nichts, Papi“, sagte Gerald, „dann spielen wir Männer mit der Eisenbahn.“

„Ihr spielt alleine“, entschied Neuenhof. „Ich habe noch zu tun.“

Das hörte Karin, die nach dem Feuerschüren ins Wohnzimmer zurückgekehrt war. „Stimmt. Papi muss seine Reisetasche für die Berlin-Fahrt packen – und das nicht erst eine Viertelstunde vor dem Schlafengehen heute abend, am besten noch vor dem Mittagessen. Vielleicht lässt es das Wetter zu, dass wir am Nachmittag einen Spaziergang machen.“

‘Damit ist mein Sonntagsprogramm festgelegt’, dachte Neuenhof. Er sah zu dieser Stunde nicht voraus, dass noch ein Programmpunkt hinzukäme: eine halbe Nachtschicht, um genügend Text für zwei Vorlesungs-Stunden am Sonnabend vorzubereiten, wobei er einkalkulierte: ‘Ergänzungen und Korrekturen am Manuskript kann ich in Berlin nach Feierabend vornehmen.’

Bevor Karin in der Küche die Töpfe mit Kartoffeln, Fleisch und Gemüse aufs Feuer setzte, suchten sie und ihr Mann Kleidung und Wäsche für ihn aus und packten seine Reisetasche. Dabei sagte sie nachdenklich: „Du quälst dich auch sonntags, auf Kosten deiner Familie, mit dem Hochschul-Kram ab. Lohnt sich das noch? Steigst du nicht morgen in die große Politik ein?"

Er war verblüfft. „Mädchen, mein Einsatz in Berlin – der ist doch nur für eine begrenzte Zeit."

„So sagt man es dir."

„Zweifelst du daran?"

Sie schwieg ein Weilchen. „Ehrlich: Ich habe, als ich unserem Umzug nach Magdeburg zustimmte, nicht gedacht, dass du so etwas wie in Berlin machen musst." Sie erinnerte sich an eine Auseinandersetzung ihrer Eltern. Anfang der 1950er Jahre war das gewesen. Sie war unfreiwillig Ohrenzeuge geworden. Ihr Vater war als junger Bankangestellter in die SPD eingetreten. 1946, bei der Vereinigung von KPD und SPD in der Sowjetischen Besatzungszone, war er in die SED übernommen worden. Nicht genug damit: Als ihm die Leitung der Gorzecker Sparkassen-Filiale angetragen worden war, hatte er sich in die Leitung der Orts-Parteiorganisation der SED wählen lassen. „Das erhöht meine Reputation im Ort und in der Umgebung und erleichtert meine Arbeit", hatte er seine Entscheidung begründet. Charlotte, seine Frau, hatte dazu ihr Missfallen geäußert: „Und wenn es politisch mal anders kommt – was dann?" – Karin hatte in letzter Zeit darüber gegrübelt, ob die Äußerung ihrer Mutter – „... und wenn es politisch mal anders kommt ..." – auch für sie und ihre Familie bedenkenswert wäre. Sie war sich nicht schlüssig geworden.

Heinz sagte: „Was druckst du herum? Sprich dich aus!"

Da erzählte sie ihm die Begebenheit von damals. „Es war wie eine Vorahnung meiner Mutter gewesen. Nicht lange nach ihrer Auseinandersetzung mit meinem Vater kam der 17. Juni. Ich kann mich gut daran erinnern, wie Vati an jenen Juni-Tagen herumlavierte."

„Wenn du das meinst", sagte Heinz, „kann ich dich beruhigen. So etwas wie im Juni 1953 passiert bei uns nicht wieder; unsere Parteiführung fürchtet solchen oder einen ähnlichen Klamauk. Und dass es 'politisch mal anders' kommt, kannst du vergessen. Die Sowjetunion steht fest in der Weltgeschichte. Sie lässt die DDR – ihren westlichsten Vorposten in Europa – niemals fallen – es sei denn, alles auf der Erde versinkt in der Asche eines Atomkrieges."

Karin wollte nicht, dass er dachte, sie, seine Frau, würde Zweifel hegen an der Richtigkeit seiner Meinung. Leichthin, nicht sehr bedacht bei ihrer Wortwahl, sagte sie: „Ist ja gut, dass du das glaubst."

„Was heißt hier 'glauben'? Es geht um meine Überzeugung. So wie ich denken alle diejenigen, die Verantwortung tragen und sich für die Sache einsetzen, von deren Richtigkeit und Notwendigkeit sie überzeugt sind." Und da wurde Heinz Neuenhof bewusst, dass die im NEUEN DEUTSCHLAND, im Rundfunk und im Fernsehen der DDR propagierte Losung „Plane mit. Arbeite mit. Regiere mit!", vom nächsten Tag an, in Berlin, eine weitreichendere Bedeutung, als bisher gedacht, für ihn haben würde.

„Mach' jetzt keine Polit-Schulung mit mir!", sagte Karin beschwichtigend. „Was ich meine, ist, lass dich nicht für ständig ins Ministerium einfangen. Ich kenne dich gut: Du wirst in Berlin – wie überall, wo man dich hinsteckt – dein Bestes geben. Man wird dich und deine stete Einsatzbereitschaft loben. Vielleicht wirst du sogar als Aktivist der sozialistischen Arbeit mit einer Ehrennadel ausgezeichnet. Im gleichen Atemzuge wird dir ein neuer Arbeitsvertrag vorgelegt, den du spornstreichs unterschreiben sollst. Und wie mein Heinz so ist: Er kann nicht Nein!, sagen …"

„Das wird nicht geschehen."

Karin sagte kategorisch: „Meinetwegen können wir nochmals umziehen. Ich folge dir überall hin – aber nicht nach Berlin." Das war deutlich.

„Ich werde meinen beruflichen Weg an der TH Magdeburg gehen. Versprochen!"

17

Um den morgendlichen Schnellzug von Magdeburg nach Berlin erreichen zu können, hatte Heinz Neuenhof nicht sonderlich früh aufstehen müssen. Zur Frühstückszeit kam der Zug, der halb um Berlin herumgefahren war, in Oberschöneweide – die Berliner sagten „Oberschweineöde" – an; er endete dort. Für die Fahrt ins Stadtzentrum nutzte Neuenhof die S-Bahn. An der Station Alexanderplatz stieg er aus. Er wollte erste Eindrücke gewinnen, wie der Alexanderplatz und der anschließende Bereich zwischen der Rathaus- und der Liebknechtstraße städtebaulich neu gestaltet wurde. Deshalb entschied er sich für einen Fußmarsch vom S-Bahnhof bis zu dem schlichten modernen Neubau für das Außen- und das Hoch- und Fachschul-Ministerium am Ende des Marx-Engels-Platzes. Pünktlich zum Dienstbeginn im Hoch- und Fachschul-Ministerium, in dem er erwartet wurde, würde er wegen des Reichsbahn-Fahrplans ohnehin nicht erscheinen können.

Bevor er am „Alex" ausgestiegen war, hatte er sich an seine Reise hierher vor Jahr und Tag erinnert: an den Kauf seines Motorrades vom Typ AWO-Sport, seiner „Schnellen", von der er sich wegen eines Kühlschrankkaufs hatte trennen müssen, und an das Stadtbild, das sich ihm beim Verlassen des S-Bahnhofs und beim Aufsuchen des IFA-Zweiradfahrzeug-Geschäfts geboten hatte. Nun staunte er über das Baugeschehen rings um ihn her, über die schon fertiggestellten Gebäude, bei denen erstmalig vorgefertigte Wohnhochhäuser mit vielartigen gesellschaftlichen Einrichtungen – im Sinne einer Funktionsüberlagerung für ein sinnfälliges komfortables Wohnen – verbunden wurden. Und er staunte, wie nicht anders zu erwarten, über den baulichen Höhepunkt dieses innerstädtischen Bereiches: den 360 Meter hohen Fernseh- und UKW-Turm. 'Kein Vergleich zu damals, beim Motorrad-Kauf', resümierte er, und mit einem Blick auf die begonnene Umbauung des Turms: 'Es tut sich noch mehr.' Was er beobachtete, stimmte ihn zuversichtlich. 'Hier entsteht etwas Handfestes, Vorzeigbares', und das gefiel ihm wesentlich besser als die vielen Veranstaltungen mit langen Reden anläßlich des XX. Jahrestages der Republik im Herbst des Vorjahres.

Leicht ins Schwitzen geraten vom Transport seiner prallgefüllten Reise- und Kollegtasche, aber erwartungsvoll betrat er den dem Hoch- und Fachschul-Ministerium zugeordneten Eingang des Neubaus, der sich vom Prinzen-Palais Unter den Linden bis zum Werderschen Markt erstreckte. 'Nun geht es ans Mitregieren', dachte er und meldete bei einem livrierten Pförtner sein Kommen an. Der Mann im Rentenalter befragte ihn genauestens nach dem Namen, dem Woher und Wohin, dann telefonierte er und sagte: „Genosse, Sie werden abgeholt. Ihr Gepäck geben Sie her. Das verwahre ich im Nebenraum."

„Nur die Reisetasche", sagte Heinz.

„Und das da?" Fingerzeig auf die Kollegmappe.

„Die behalte ich am Mann. Darin sind meine Arbeitsunterlagen."

Schneller, als der Pförtner Neuenhofs Reisetasche weggetragen hatte und einen Passierschein auszustellen begann, war Hans Lindner zur Stelle. Er begrüßte den Magdeburger Dozenten wie einen langjährigen Bekannten. „Schön, dass du da bist. Der stellvertretende Minister und sein Abteilungsleiter Gerbach sitzen in einer Beratung. Der Montag ist bei uns immer Beratungstag. Das geht, die Parteiversammlungen mitgerechnet, bis weit in den Abend hinein so. Genosse Harry Petras hat dich eher erwartet. Ich habe ihn aufgeklärt. Als ehemaliger Magdeburger, der

drei Jahre zwischen Magdeburg und Berlin gependelt ist, weiß ich über die Bahnverbindungen auf dieser Strecke gut Bescheid. 'Wenn Genosse Neuenhof keinen PKW benutzt – dienstlich oder privat –', habe ich gesagt, 'kann er nicht vor zehn Uhr in unserem Hause sein.' Daraufhin wurde die für heute vorgesehene FüKo-Beratung zu vierzehn Uhr angesetzt."

Hans Lindner arbeitete seit vier Jahren im Ministerium. Zuvor war er als wissenschaftlicher Assistent im Institut für Technische Mechanik und Festigkeitslehre der TH Magdeburg tätig gewesen. Vor einem halben Jahr war ihm auf Betreiben des stellvertretenden Ministers Petras die Zuzugsgenehmigung für Berlin erteilt und eine Neubauwohnung in der Nähe des Strausberger Platzes zugewiesen worden – „ganz in der Nähe von Gerbachs. Das hat sich zufällig so ergeben. Ich hatte familiäre Probleme bekommen, wollte zurück nach Magdeburg. Harry Petras machte mir klar, dass ich hier, im Ministerium, gebraucht werde. Nun hänge ich hier fest. Aber gut: Privat ist jetzt bei mir alles wieder in Ordnung. – So, das mal nebenbei. Über Magdeburg reden wir anschließend in meinem Dienstzimmer ausführlich. Neuigkeiten von der TH interessieren mich nach wie vor sehr. Ich pflege noch Kontakte zu Magdeburger Genossen und Kollegen. Aber wenn man erst mal 'raus ist aus dem Institut, aus der Sektion, bekommt man nicht mehr alles im einzelnen mit ..."

Dass Heinz Neuenhof auf einen ehemaligen Mitarbeiter der TH treffen würde, hatte ihn an der Hochschule niemand wissen lassen. Das empfand er als einen Mangel in der Vorbereitung seiner Person auf den Ministeriums-Einsatz. 'Ein Glück für mich', dachte er, 'dass Hans Lindner so gesprächig ist und mich für vertrauenswürdig erachtet.'

„Du wirst arbeitsmäßig bei mir im Zimmer untergebracht. Wir arbeiten dann dort zu dritt. Du wirst erleben, Kurt Kubitz ist ein prima Genosse. Wir drei werden gut miteinander auskommen, hoffe ich."

Der Pförtner fragte ungeniert laut, trotz weiterer hinzugekommener Besucher: „Soll ich auf dem Passierschein wirklich den Genossen Minister angeben oder wen?"

Hans Lindner sagte: „Irgendjemanden."

„Irgendjemanden gibt's bei uns nicht." Der Pförtner war beleidigt. „Ein bisschen mehr Respekt für meine Arbeit, bitte!"

„Der Genosse aus Magdeburg bekommt in spätestens einer Stunde einen Dienstausweis für unser Haus."

„Den kann er mir jetzt aber nicht vorlegen; jetzt muss ich ihm einen Passierschein ausstellen mit genauer Angabe der zu besuchenden Person."

Neuenhof und Lindner hörten, wie jemand hinter ihnen zu einem anderen Wartenden halblaut sagte: „Schnell geht das hier nicht."

Heinz tuschelte Lindner ins Ohr: „Bis heute glaubte ich, älteres und umständlicher arbeitendes Wachpersonal als an der TH Magdeburg gibt es in der ganzen DDR nicht. Ich muss gestehen, ich habe mich geirrt."

Lindner tuschelte zurück: „Die versierten Kräfte sind in Berliner Großbetrieben beschäftigt. Dort werden sie besser bezahlt." Er reichte dem Pförtner seinen Dienstausweis und nannte die Kurzbezeichnung für den Stellvertreter-Bereich von Harry Petras.

Dann fuhren der Neu- und der Ex-Magdeburger mit dem Fahrstuhl in das vierte Geschoss. Dort suchten sie Petras' Sekretariat auf. Die brünette Chef-Sekretärin, eine Frau in den Dreißigern, lächelte Heinz Neuenhof freundlich an: „Herzlich willkommen! Und viel Erfolg bei uns.“ Sie war parteilos. Deshalb siezte sie Lindner. „Genosse Petras wird vor der Beratung um vierzehn Uhr kaum abkömmlich sein. Er wird unseren Gast erst dann begrüßen. Er hat mir aufgetragen, Sie sollen sich derweilen um Doktor Neuenhof kümmern.“

„Das heißt ...“, stammelte Lindner.

„Genau. Sie begleiten den Doktor bei der notwendigen Tippel-Tappel-Tour durch unser Haus, damit er nicht lange herumsuchen muss.“

Lindner schluckte ein paarmal. „Mit dem größten Vergnügen!“, würgte er heraus. „Na dann – mal los!“ Er war ein fairer Zeitgenosse. Auf dem Weg in sein Dienstzimmer sagte er: „Damit du keinen falschen Eindruck bekommst: Ich tu's gern für dich; wir Magdeburger müssen zusammenhalten.“ Dann betraten beide den niedrigen, in Braun gehaltenen klimatisierten Raum, in dem auch Heinz Neuenhof in den nächsten Wochen und Monaten seinen Dienstpflichten nachgehen sollte.

„Da ist ja die Verstärkung unserer Truppe!“, rief Kurt Kubitz und streckte Neuenhof zur Begrüßung beide Hände entgegen. „Prima, dass du uns unterstützt! Hans-Georg“ – er meinte den Abteilungsleiter Gerbach – „hat uns einiges über dich und eure gemeinsame Studienzeit in Dresden erzählt, was ihr für tolle Hechte wart. Du bist also für uns kein Unbekannter. Da kannst du, wie alle anderen, Kurt zu mir sagen.“

Neuenhof nannte seinen Vornamen. Handschlag mit Kubitz.

„Ich bin der Dritte im Bunde.“, sagte Lindner. „Zur Unterscheidung von Hans-Georg Gerbach – Kurz: Hans – ruft man mich hier Hansi. Das ist mir nicht ganz recht. Hansi klingt ein bißchen nach Kindergarten. Aber mach' einer 'was dagegen: den Hansi habe ich weg.“

Die Schreibtische von Lindner und Kubitz waren gegeneinander gestellt. An die Stirnseiten war ein Beistelltisch geschoben mit einem Drehsessel dahinter.

Das war Neuenhofs Arbeitsplatz.

Hans Lindner war der ministerielle Betreuer aller konstruktionstechnisch orientierten Sektionen des Maschineningenieurwesens an den Universitäten und Technischen Hochschulen der DDR. Kurt Kubitz betreute technisch orientierte Sektionen an Hochschuleinrichtungen und Ingenieurschulen in Berlin und Umgebung. Neuenhof sollte sich, auf die FüKo für das Maschineningenieurwesen zugeschnitten, um die Technologie-orientierten Sektionen des DDR-Hochschulwesens kümmern. So hatte der stellvertretende Minister Harry Petras das Betrachtungs- und Untersuchungsfeld für Lindner, Kubitz und Neuenhof umrissen. „Dazu wird er in der vierzehn-Uhr-Beratung Näheres erläutern“, sagte Lindner zu Neuenhof. „Jetzt verrate du uns noch einiges Persönliches über dich und deine Familie. Danach revanchiert sich Kurt. Über mich habe ich bereits unten beim Pförtner berichtet.“

'Also sind sie mit dem, was sie von Hans-Georg Gerbach über mich wissen, noch nicht zufrieden', dachte Neuenhof und entbot mündlich seine Kurz-Biografie.

„Das wird nachher, vierzehn Uhr, für dich noch einmal fällig", sagte Kubitz. „Dann musst du das jedoch konzentrierter vortragen. Mach' dir dafür ein paar Stichpunkte! Herumlabern liebt Harry Petras nicht."

„Und du, Kurt, konzentriere und verknappe deinen jetzigen Bericht nicht zu sehr!", mahnte Lindner. „Erzähl' Heinz etwas von deiner vorjährigen Urlaubsreise in die Sowjetunion – die ganze Familie Kubitz, vier Mann hoch, mit dem Kubitzschen Trabi von Berlin ans Kap Pizunda."

Da schien es, als verwandle sich der rationale Kubitz. „Weißt du, wo das liegt?" Kurt zog einen Schreibtischkasten auf und entnahm ihm einen Auto-Atlas. Er schlug den Atlas an einer durch ein Lesezeichen gekennzeichneten Stelle auf. „Hier!"

„Im Trabi?", staunte Neuenhof. „Vier Personen?"

Kubitz nickte. „Das Schlimmste war das Tanken. An den Tankstellen unterwegs konnte ich nur reines Benzin zapfen. Ich brauchte aber für meinen Zwei-Takter Gemisch, 1:33 1/3." Er lehnte sich zufrieden in seinem Drehsessel zurück. „Haben wir alles gemeistert – auch den Mix."

Noch ehe Kubitz in solcher Ausführlichkeit hätte über seine Familie und sich selbst berichten können, sagte Lindner plötzlich: „Heinz und ich müssen los: Anmeldungen, Kader-Abteilung, APO-Sekretär, Allgemeine Verwaltung wegen Übernachtung, Imbiss-Stube im Erdgeschoss und Getränkeautomaten in den Etagen unseres Hauses ..."

„Gut, gut!" Kubitz winkte ab. „Ich verstehe. Ab mit euch! Und lasst den gesprächigen Kaderdirektor wegen der prinzipiellen Rolle der Bedeutung als Grundlage für die Basis nicht zu viele Eulen nach Athen tragen. Denkt daran: Vierzehn Uhr beginnt die Beratung bei Harry Petras!"

Nach den Ergebnissen des Rundganges zu werten, war jener Montag für Lindner und Neuenhof kein Glückstag.

Der zeitlich begrenzte Dienstausweis für den Magdeburger würde erst am nächsten Vormittag ausgestellt sein. Neuenhof hätte vor seinem Dienstantritt ein Passbild ans Ministerium schicken und nicht erst beim Gespräch mit dem Kaderdirektor beibringen sollen. Er war froh, am Abend vor seiner Berlin-Fahrt einfach so, auf Verdacht, ein Passbild eingesteckt zu haben.

Trotz Kurts Hinweis vermochte Hans Lindner den Kaderdirektor nicht daran zu hindern, Eulen nach Athen zu tragen. Im Brustton tiefster Überzeugung und mehrere Male verwies der Direktor darauf, welche hohe Ehre dem jungen Hochschullehrer aus Magdeburg zuteil werde, dass er an einem solch wichtigen Dokument für den Ministerrat wie der MHF-Führungskonzeption für das Maschineningenieurwesen mitarbeiten durfte. Neuenhofs Nominierung für diese Sonderaufgabe beweise zugleich, sagte er, welch großes Vertrauen ihm sowohl die Hochschulleitung der TH Magdeburg als auch „die verantwortlichen Genossen im Ministerium und in den Parteileitungen aller Ebenen“ entgegenbrächten. Entsprechend groß sei allerdings deren Erwartungshaltung an Neuenhof und seine Leistungen. Wenn ihm Lindner ins Wort fallen wollte, winkte der Direktor ab. „Lass mal! Ein paar prinzipielle Dinge müssen völlig klargestellt sein.“

So sehr sich Heinz Neuenhof wünschte, Lindners Bemühen um Abkürzung der Audienz hätte Erfolg gehabt, weil er Hunger hatte und gern mit Hansi die Imbiss-Stube im Erdgeschoss aufgesucht hätte – denn es war inzwischen Mittagszeit –, so nachdrücklich verdeutlichte des Direktors Ansprache, er – Hochschuldozent Dr.-Ing. Heinz Neuenhof – war nicht zeitweise als Aushilfs-Mitarbeiter für irgendeinen MHF-Bereich, sondern als Fachexperte ins Ministerium beordert worden. Und was er nicht, wohl aber der Kaderdirektor auf Grund mehrerer Abstimmungsgespräche mit der Hochschulleitung in Magdeburg wusste: Die streng vertrauliche kadermäßige Überprüfung der Person Heinz Neuenhof auf Tauglichkeit für eine Professur und Prorektoren-Funktion war in vollem Gange und schien pro Neuenhof auszufallen. Da nutzte der MHF-Kaderdirektor gern die Gelegenheit, sich – im Dienst-Jargon ausgedrückt – persönlich ein Bild von dem Kandidaten zu machen. Dafür nahm er sich die der Sache gebührende Zeit.

„Das war nicht anders zu machen“, sagte Lindner hinterher zu Neuenhof, als sie im Fahrstuhl in die nächste Etage fuhren. Dort suchten sie den für den Petras-Bereich zuständigen APO-Sekretär auf – „noch ehe die montags üblichen nachmittäglichen Beratungen stattfinden“, erläuterte Lindner.

Der APO-Sekretär, ein Agrar-Wissenschaftler, hatte an der Agr.-Fak. der Uni Halle studiert, eine Aspirantur in der Sowjetunion erfolgreich absolviert und arbeitete – neben seiner Tätigkeit als Abteilungsleiter im MHF – an seiner Habilitation. Neuenhofs Vorstellungsgespräch bei ihm verlief sehr rationell. „Heute nimmst du an der Parteigruppenversammlung eures Bereiches teil. Nächsten Montag stelle ich dich in unserer APO-Versammlung vor. Am dritten Montag im Monat findet, wie in allen Parteiorganisationen der Republik, das Parteilehrjahr statt. Ich informiere den Zirkelleiter unserer APO. Genosse Doktor Lindner wird dich mit ihm bekanntmachen. Parteibeitrag bezahlst du ...“

Neuenhof unterbrach ihn. „Mit der HPL meiner TH ist ausgemacht, ich nehme in der Zeit meiner Abkommandierung am Parteileben der Magdeburger Hochschulparteiorganisation teil. Ich möchte und soll den Kontakt zu den Magdeburger Genossen nicht verlieren. Das ist wichtig für mich, weil ich von den Aufgaben und Verpflichtungen des Lehr- und Forschungsgruppenleiters Fertigungsprojektierung nicht entbunden wurde.“

„Das ist mir nicht bekannt. Das würde ja bedeuten, du bist montags gar nicht in unserem Hause." Der APO-Sekretär sah Hans Lindner fragend an. Der zuckte mit den Schultern. „Sei's drum – oder auch nicht. Ich kläre das mit Genossen Petras und dem Sekretär unserer zentralen Parteileitung. – Das wär's fürs erste."

Die Imbiss-Stube im Erdgeschoß hielt – Lindner sagte: „normalerweise" – bis 14 Uhr Mittagsgerichte im Angebot. Die Speisen wurden in einer Zentral-Küche zubereitet und in Thermophoren angeliefert. An diesem Montag hatte es Brühnudeln gegeben. Als Lindner und Neuenhof die Imbiss-Stube gegen 13 Uhr aufsuchten und Suppe begehrten, schnodderte die stark geschminkte Mitte-Fünfzigerin hinter dem Ladentisch: „Nudeln sind aus."

Lindner sagte: „Dann nehmen wir zweimal Bockwurst mit Weißbrot."

Die Verkäuferin: „Bockwurst is aus."

‚... sind aus, ... is aus ...' Wehmütig dachte Neuenhof an das Speisenangebot in der Magdeburger TH-Mensa. „Wie Maden im Speck lebt ihr hier, im Ministerium, nicht", sagte er leise zu Lindner.

„Ick hawe noch for jeden von Ihnen 'ne Bolette parat."

„Nehmen wir", entschied Lindner.

„Mit oder ohne?"

„Mit." Lindner kannte sich aus. 'Mit' bedeutete: mit einer halben Scheibe Mischbrot und einem Klecks Mostrich. „Besser das als gar nichts", flüsterte er Neuenhof zu. „Die Beratung bei Harry Petras kann lange dauern."

Auf dem Weg zur Abteilung „Allgemeine Verwaltung" das Sekretariat von Petras aufzusuchen – gewissermaßen als Zwischen-Stopp –, kam einer genialen Eingebung Hansi Lindners gleich. Petras' freundliche Sekretärin war ganz aufgeregt. „Ich telefoniere die ganze Zeit hinter Ihnen her. Die Allgemeine Verwaltung hat bei mir angerufen. Sie brauchen da jetzt nicht hinzugehen. Mit dem möblierten Zimmer in der Prenzlauer Allee wird es erst nach dem Zehnten dieses Monats etwas. Die Vermieterin tritt zuvor eine Besuchsreise zu Verwandten an."

„Und eine Unterkunft in einem Hotel oder in einer Pension?"

„Preiswerte Möglichkeiten sind erschöpft. Nur noch Suiten für hohe Staatsgäste oder für Gäste, die in harter Währung zahlen. Kommen also nicht in Frage."

Lindner schüttelte ratlos den Kopf. Die Sekretärin verharrte ein Weilchen, wie unschlüssig. Dann ging sie und öffnete behutsam die Tür zu Petras' Dienstzimmer, winkte Hans-Georg Gerbach heraus. „Ich weiß, der Chef mag das nicht, aber im Katastrophenfall ..."

„Wo brennt's denn?", fragte Gerbach. Er ging auf Neuenhof zu, umarmte ihn. „Ich grüße dich, Genosse Kämpfer, an unserer gemeinsamen Front. Vierzehn Uhr beginnt unsere Attacke."

„Wir haben für Heinz Neuenhof keine Unterkunft“, sagte Lindner kleinlaut.

„Hat die Allgemeine Vergewaltigung das Problem nicht gelöst? Mach’ Druck, Mann!“

Die Sekretärin sagte: „Die Kolleginnen dort bleiben an der Sache dran. Wir hören von ihnen.“

„Wann? Nächste Woche? Verbinden Sie mich mit dem Abteilungsleiter!“ Gerbach war ungehalten und schimpfte in die Telefonmuschel hinein. „… selbstverständlich haben wir unseren Bedarf rechtzeitig angemeldet … Es muss nicht die für Genossen Breshnew reservierte Suite sein … Damit du klar siehst: Wir werden den Genossen aus Magdeburg nicht jeden Abend mit dem Zug nach Hause schicken … Warum ich mich aufrege? Ich rege mich nicht auf. Ich möchte nur, dass wir unsere Arbeit richtig machen können. Dafür ist erforderlich, dass ihr eure Arbeit auch ordentlich erledigt … Wie? … Schönen Dank für deinen Vorschlag – ja, ich werde den Genossen aus Magdeburg heute abend mit zu mir nach Hause nehmen. Ich empfehle, du und ich, wir wechseln uns ab: Morgen nach Feierabend nimmst du ihn mit zu dir. Du kannst ja deine Ehefrau schon heute auf euren morgigen Schlafgast einstimmen. Sie wird sich sicherlich freuen. Wie?“ Gerbach hielt den Telefonhörer, eine Armlänge von sich entfernt, in die Höhe. „Hat einfach aufgelegt, die Pfeife.“

„Vielleicht finden die Kolleginnen doch noch ‘was", sagte die Sekretärin beschwichtigend.

„Escha!“ Gerbach, der gebürtige Sachse, ordnete an: „Bis halb vier warten wir. Wenn bis dahin für Doktor Neuenhof nichts gefunden wurde, bitte meine Frau anrufen. Ihr Bescheid sagen, wir werden heute abend lieben Besuch haben, er wird bei uns übernachten.“

Die Sekretärin nickte. Gerbach sagte zu Neuenhof: „Wir haben dann ausreichend Gelegenheit, miteinander zu papeln“, und verschwand in Petras’ Dienstzimmer.

Zu der Beratung um 14 Uhr hatte der stellvertretende Minister Harry Petras sechs Männer – Dr. Neuenhof eingerechnet – und zwei Sachbearbeiterinnen beordert. Mit Gerbach, Lindner und Kubitz war Neuenhof bekannt. Die anderen Personen stellte Petras vor, ehe er in freundlichem, leicht spöttelnden Ton den Magdeburger Dozenten als „Technurgen“ in dem Experten-Team willkommen hieß und zu einigen Bemerkungen über seine Person aufforderte. Neuenhof hielt sich an die von Kurt Kubitz gegebene Empfehlung, nicht viele Worte zu machen: Er sei ein Fertigungstechniker, also ein Technologe, – sagte er – und kenne sich, dieses Fachgebiet betreffend, im Hochschulwesen gut aus. So, hoffe er, könne er für die Erarbeitung der FüKo des Maschineningenieurwesens nützlich sein – bis hin zu terminologischen Klarstellungen.

Petras verstand sofort, worauf Neuenhof anspielte. Wie ein Schelm fragte er: „Ist Technurge nicht richtig? Man sagt doch auch Metallurge …“

Neuenhof schüttelte den Kopf. „Zweifelsohne wird ein Fachmann der Metallurgie Metallurge genannt, aber wer die Wissenschaft Technologie – siehe Karl Marx 'Kapital' – vertritt oder anwendet, ist ein Technologe.“

Um es vorwegzunehmen: Während der gesamten Zeit seiner Abkommandierung ins Ministerium wurde Neuenhof von Harry Petras Technurge genannt.

Gerbach warnte: „Lass das nicht Genossen Hager hören!“ Prof. Kurt Hager hatte eine Broschüre herausgebracht – „Wissenschaft und Technologie im Sozialismus“ – und damit einen jahrelangen, fast sophistischen Streit unter DDR-Wissenschaftlern beendet.

„Gut, Genosse Neuenhof“, entgegnete der stellvertretende Minister Harry Petras, „dann relativiere ich: Wenn ich den Magdeburger Fertigungstechniker in unserem internen Kreis Technurge nenne“ – er blinkerte Heinz Neuenhof lächelnd zu –, „dann ist das ein Zeichen für meine hohe Erwartung an seine Arbeit und für meine Bereitschaft, einige Passagen in Marx' Hauptwerk nochmals gründlich zu studieren.“ Zu den anderen sagte er: „Das war der erheiternde Auftakt unserer Zusammenkunft, und dabei haben wir alle etwas für unser weiteres Studium der Werke der Klassiker des Marxismus-Leninismus dazugelernt.

Nun zur Sache! Als Erstes der Maßnahme- und Zeitplan für unser Vorhaben 'Führungskonzeption MIW' für den Zeitraum von heute bis zum September dieses Jahres! Er dient unserer Arbeitsgruppe als Arbeitsplan. Kollegin Schmieder, Sie stenographieren meine Ausführungen dann mit, wenn ich Ihnen dafür einen Fingerzeig gebe. Aus dem Stenogramm verfertigen Sie bitte in der Form, wie Sie schon mehrere Maßnahmenpläne für unser Haus in der von Ihnen gewohnten Qualität maschinegeschrieben haben, den in unserer heutigen Beratung entstehenden Entwurf des Plans. Genosse Gerbach wird Sie dabei unterstützen. Diesen Entwurf legen Sie mir morgen vor. Ich nehme an ihm notwendige Änderungen und Ergänzungen vor. Danach schreiben Sie alles fein säuberlich und vervielfältigen das Ganze. Fürs Erste reichen 20 Exemplare. Jedes Mitglied unserer Arbeitsgruppe erhält ein Exemplar – wie gesagt: als Arbeitsplan, als Richtschnur für unsere Vorgehensweise bei der FüKo-Erarbeitung. Für die endgültige Fassung, die ich in die Leitungsberatung beim Genossen Minister einbringen werde, können bei mir bis zum Ende dieser Woche noch für notwendig befundene Abänderungs- oder Ergänzungsvorschläge eingebracht werden. Fünf Exemplare des heutigen Entwurfs bringst du, Hans“ – Kopfbewegung zu Gerbach – „Ende dieser Woche zu Conny Dörfling in die Abteilung." Er meinte die Abteilung Wissenschaften beim ZK der SED. „Mit Conny stimmst du diesen ersten Entwurf ab.“

Gerbach machte sich Notizen in seinem Diarium. Er wollte, dass keiner der Nebenaufträge, die Petras ihm und anderen Arbeitsgruppenmitgliedern erteilte und die die Sachbearbeiterin Schmieder nicht mitstenographieren würde, unbeachtet blieb oder in Vergessenheit geriet. Ihm und anderen Beratungsteilnehmern entging nicht, dass Petras für das Diktat nicht mehr Schriftliches vorbereitet zu haben schien als einige Stichwörter auf einer Zigarettenschachtel der von ihm bevorzugten Marke JUWEL. Und dennoch: Bei seinem Diktat stammelte der Mann nicht; er verwarf in seinen Ausführungen kaum mal dieses oder korrigierte jenes, alles wirkte wie langzeitig und sorgsam bedacht und bereits vorformuliert. „Wenn ihr mit irgendetwas nicht einverstanden seid oder etwas ergänzen wollt, unterbrecht mich!“, forderte er von den Mitgliedern der Arbeitsgruppe.

Neuenhof verblüffte der Arbeitsstil des Minister-Stellvertreters. „Da staunst du, wie?“, flüsterte Gerbach dem neben ihm sitzenden Magdeburger zu. „Ich erkläre dir nach der Beratung das Phänomen.“ Als Petras' langjährig Vertrauter wusste er: Ähnlich wie für andere Konzeptionen des Ministeriums hatte Petras an den vorangegangenen Tagen in nahezu jeder freien Minute und auch in schlaflosen Phasen des Nachts gegrübelt und sich gedanklich Formulierungen zurechtgelegt und eingeprägt. Die brauchte er jetzt nur noch laut, als Diktat für die Sachbearbeiterin, aufzusagen. Und in gleicher Weise würde verfahren werden – dessen war sich Gerbach sicher –, wenn in der kleinen Arbeitsgruppe unter Harry Petras' Leitung das Grund-Konzept für die FüKo MIW erarbeitet werden würde.

Die von Petras vorgeschlagenen und der Sachbearbeiterin diktierten Maßnahmen und Zieltermine wurden im Ergebnis der anschließenden Diskussion nur geringfügig ergänzt und verändert. Der Vertreter des MHF-Bereichs Ausbildung und Erziehung redete über die Notwendigkeit und Bedeutung der FüKo für die sozialistische Erziehung des wissenschaftlichen Nachwuchses im allgemeinen und über die Richtigkeit und Wichtigkeit der von Petras angesagten Maßnahmen im besonderen.

Mitten in seinen Ausführungen unterbrach ihn Petras: „Bitte, Genossen, jetzt keine Kommentare! Die anwesenden Mitarbeiterinnen sollen pünktlich Feierabend machen können, und für uns Genossen beginnen 17 Uhr 15 die Parteigruppenversammlungen. Deshalb wollen wir zügig weiterarbeiten. Meines Dafürhaltens ergeben sich ab sofort folgende Detail-Aufgaben ...“

Jedes Mitglied der zeitweiligen Arbeitsgruppe sollte für den von ihm betreuten Hoch- und/oder Fachschulbereich Wissenschaftler und Spezialisten benennen, die auf Grund ihres Wissens, ihrer Erfahrungen und ihrer Reputation geeignet wären, in der für den Sommer 1970 geplanten mehrtägigen Klausur-Beratung die dem MHF abverlangte Führungskonzeption für das Maschineningenieurwesen – ablieferungsfähig für den Ministerrat – zu erarbeiten. Die Namensliste sollte Gerbach zusammenstellen und Petras vorlegen. Der wollte die Vorschläge prüfen, erforderlichenfalls ändern oder ergänzen und letztendlich bestätigen. „Mit jedem der auf der Liste Verzeichneten führen wir ein persönliches Gespräch. Wir legen dem Betreffenden unser Anliegen dar, diskutieren mit ihm und entscheiden am Ende, ob wir ihn in die Expertengruppe aufnehmen oder nicht. Unser Entscheid hängt davon ab, ob der Betreffende nur brav und bieder seinen Verpflichtungen in der Lehre und Hochschul-Verwaltung nachkommt, oder ob er darüber hinaus hochschul- und forschungsstrategische Überlegungen anzustellen und entsprechende Ziele zu formulieren vermag – falls wir das nicht sowieso, schon jetzt, von ihm wissen. Schwafelköpfe nutzen uns in der Experten-Runde nichts. Einen Reiseplan für jeden von uns stellst du auf, Hans. Auch alles damit verbundene Organisatorische liegt in deiner Hand. Dazu ermächtige ich dich hiermit; du verstehst dich auf die Lösung solcher Aufgaben. Für Gespräche mit gewichtigen Kandidaten für unsere Sommer-Klausur bitte ich, auch mich vorzusehen. Wenn es mir geraten erscheint oder wenn es von mir gewünscht wird, mache ich mich für solche Gespräche zeitlich frei. Den Reiseplan möchte ich an diesem Wochenende auf meinem Schreibtisch zu liegen haben. In der nächsten Woche sollen die ersten Informations- und Inspektionsreisen durchgeführt werden. – Hast du alles notiert, Hans?"

Gerbach, ohne von seinem Diarium aufzublicken, nickte.

„Gut. – Du, Hansi, bereitest für jeden von uns sowie für die Leitung unseres Hauses und für die von uns zu gewinnenden Experten eine Handmappe vor. Darin sollen folgende Dokumente enthalten sein: die Thesen unseres Staatssekretariats 'Zur Entwicklung der Ingenieurausbildung …' aus dem Jahre 1962, des weiteren die danach von uns in gedruckter Form veröffentlichten 'Prinzipien für die Neugestaltung des Ingenieurstudiums an den Universitäten, Hoch- und Fachschulen der DDR' und – auf jeden Fall – die Materialien der 16. Sitzung des Staatsrates vom 3. April 1969 zur 'Weiterführung der 3. Hochschulreform und die Entwicklung des Hochschulwesens bis 1975'. In den nächsten Tagen erarbeiten wir ein Informationsblatt zum Anliegen, zur Zielstellung und zu den inhaltlichen Schwerpunkten der FüKo MIW. Dieses Informationsblatt legen wir der Handmappe bei. Erforderlichenfalls, Hansi, lass das eine oder andere Dokument nachdrucken und besorge vom Staatsverlag genügend Exemplare aus der Schriftenreihe des Staatsrates." Petras reflektierte auf das im Staatsverlag der DDR herausgebrachte Heft 8/1969 aus der 3. Wahlperiode des DDR-Staatsrates. „Sorge für eine angemessene Reserve an Handmappen! Wir wollen auch Exemplare für Teilnehmer an der Klausurtagung im Sommer dieses Jahres verfügbar haben. – Für dich, Kurti" – Kubitz hatte schon gedacht, er würde keinen Sonder-Auftrag erteilt bekommen –, „für dich ist es auf Grund deiner ausgezeichneten Beziehungen zu unseren Berliner höheren Bildungseinrichtungen ein Leichtes, schon für die allernächste Zeit – sagen wir: kurz nach der diesjährigen Leipziger Frühjahrsmesse – eine Wochenend-Klausur unserer Arbeitsgruppe in der schönen Umgebung Berlins zu organisieren. Mir könnte beispielsweise Bad Saarow gut gefallen."

„Wollen wir wieder ein 'Dokument' erarbeiten – diesmal ein 'Bad Saarower Dokument'?" Kubitz spielte auf eine vor der 3. Hochschulreform durchgeführte Klausur-Beratung des Petrasschen Bereiches in Warnemünde – in einem Wohnheim der dortigen Ingenieurhochschule für Seefahrt – an. Seinerzeit waren Thesen und Vorschläge für die Weiterentwicklung der Lehre und Forschung in ingenieurwissenschaftlichen Disziplinen und für eine effektive Leitungstätigkeit an den Universitäten, Hoch- und Fachschulen der DDR erarbeitet worden.

Harry Petras hatte seine Mitarbeiter damals aufgefordert, freimütig über Entwicklungstendenzen, über den Ist-Zustand und über Mängel an den von ihnen betreuten Einrichtungen des Hoch- und Fachschulwesens zu diskutieren und daraus Schlussfolgerungen für Verbesserungen und Weiterentwicklungen herzuleiten. Sie hatten dabei nur objektiven Erfordernissen folgen und so tun sollen, als gäbe es in finanzieller und materiell-technischer Hinsicht für das Hochschulwesen keinerlei Beschränkungen. Hatte Petras das, was von diesem oder jenem Beratungsteilnehmer dargelegt oder vorgeschlagen worden war, für gut befunden, hatte der Betreffende seine Gedanken im Alleingang, ungestört in einem Einzelzimmer des Wohnheims, zu Papier bringen und anschließend in der Gruppe vorlesen, verteidigen, kritisieren lassen und in eine End-Fassung bringen müssen. Hatte die letztere den Petrasschen Qualitätsanforderungen entsprochen, war sie in eine nach Themenkomplexen untergliederte Sammelmappe eingefügt worden. Der auf solche Weise prall gefüllte Leitz-Ordner wurde von allen Beteiligten „Warnemünder Dokument" genannt.

Gerbach, immer noch über sein Diarium gebeugt, flüsterte Neuenhof zu: „Den Ordner verwahrt er" – er meinte Harry Petras – „im Stahlschrank in seinem Dienstzimmer. Er leiht ihn nur an Abteilungs- und Sektorleiter unseres Stellvertreter-Bereiches aus. Mitarbeiter …"

Petras unterbrach seinen Abteilungsleiter. „Habt ihr einen anderen Vorschlag, oder was gibt es zwischen euch zu flüstern?"

Gerbach antwortete: „Der Genosse aus Magdeburg kann unserer Debatte nicht folgen. Er hat noch nie etwas von einem 'Warnemünder Dokument' gehört."

„Dann erklär' ihm das nachher!" An Kubitz gewandt, sagte Petras: „So etwas wie in Warnemünde können und werden wir – wenn es sich einrichten lässt: in Bad Saarow – nicht erarbeiten. Dafür fehlt uns die Zeit. Aber worüber wir uns Gedanken machen und etwas aufschreiben müssen, ist ein Konzept: Über welche Themenkomplexe und welche speziellen Fragen und Probleme wollen wir in der geplanten Sommer-Klausur debattieren lassen? Was wollen wir von den Gelehrten des Hochschulwesens wissen? Wie binden wir in die Vorhaben und die Entwicklung des Hoch- und Fachschulwesens Experten aus der sozialistischen Praxis ein? Welche Vorstellungen und welche Möglichkeiten gibt es für eine koordinierte Zusammenarbeit des Hochschulwesens mit der Akademie der Wissenschaften? Auf welchen wissenschaftlichen und volkswirtschaftlichen Gebieten sollten, nein: müssen wir auf Grund der begrenzten Ressourcen unseres Landes nach Spitzenleistungen streben? – Zu solchen und weiteren signifikanten Fragen und Problemen sollen die Gelehrten und Experten in mehreren kleinen, parallel arbeitenden Gruppen debattieren und sich letztlich schriftlich äußern. Eine zentrale Arbeitsgruppe der Sommer-Klausur fasst die Ausarbeitungen der kleinen Gruppen zu der ministerratstauglichen FüKo MIW zusammen. Wir stehen der zentralen Arbeitsgruppe beratend zur Seite. Diese Aufgaben- und Terminstellung geben wir den Gelehrten und Experten schriftlich vor. Das entsprechende Papier wollen wir nach der Leipziger Frühjahrsmesse vorbereiten. Nennt es meinetwegen 'Bad Saarower Aufgabenstellung für die FüKo-Erarbeitung'. Ist alles klar?"

Brummeln und Grummeln der Anwesenden, das man so oder so auslegen konnte.

Petras sagte: „Uns steht bis zur Vorlage der FüKo im Ministerrat nicht viel Zeit zur Verfügung. Deshalb schlage ich vor: Wir fahren an einem Freitagmittag zu unserem Klausurort. Am darauffolgenden Montag wollen wir wieder pünktlich an unseren Arbeitsplätzen im Ministerium sein. Jeder von uns möge sich und seine Familie rechtzeitig auf diesen Zeitplan einstellen."

'Bei mir ist nicht nur meine Familie, sondern auch meine Lehrgruppe darauf einzustellen', dachte Heinz Neuenhof. Petras sah ihm an, der „Technurge" hatte irgendwelche Sorgen. Neuenhof sagte: „Das Wochenende, an dem ich sonnabends meine neue Vorlesung zu halten habe, wäre ein ungünstiger Termin."

Petras zündete sich eine Zigarette an und paffte. „Gib Kurt Kubitz einen Zettel mit deinen Vorlesungsterminen. Wenn es sich einrichten lässt, wird er bei der Objektwahl und Terminfestlegung deine Verpflichtungen in Magdeburg berücksichtigen. Wenn das wegen anderer Restriktionen nicht zu machen geht, musst du ausnahmsweise deinen Oberassistenten ans Katheder schicken. Das ist dann wegen übergeordneter Gesichtspunkte nicht zu umgehen."

Neuenhof wagte nicht, gegen Petras' Sichtweise etwas einzuwenden – nicht bloß aus Respekt vor dem Amt des stellvertretenden Ministers, sondern auch aus Zweifel, dass sich Petras' Vorschlag beim derzeitigen Erarbeitungsstand des Neuenhofschen Vorlesungsmanuskripts realisieren ließe. Neuenhof dachte: 'Ich kann zu Horst Lilienhain nicht einfach sagen: „Nimm eine Folien-Rolle für den Polylux und Fettstifte, geh in den Hörsaal 5 und halte am Sonnabend dem Soundsovielten die Vorlesung Fertigungsprojektierung I!" Er hatte noch nicht mal das Manuskript für die Vorlesung am bevorstehenden Sonnabend fertiggestellt. 'Das habe ich in den jüngst zurückliegenden Wochen vertrödelt', warf er sich vor. Er hatte eine sofortige mehrwöchige Abkommandierung nach Berlin nicht erahnen können.

„Für unsere Mitarbeiterinnen hier am Tisch wird es eine Sonderregelung geben. Wir werden sie an dem Klausur-Wochenende demnächst nur im allernötigsten Fall in Anspruch nehmen." Petras wandte sich an die zweite der beiden Sachbearbeiterinnen: „Sie unterstützen, bitte, die Genossen Lindner und Kubitz bei deren Organisationsarbeiten in den nächsten Tagen." Und zu beiden: „Wenn Sie jetzt keine Fragen oder nicht irgendetwas vorzuschlagen haben, dann wäre das für Sie heute alles."

Die Frauen verließen Petras' verqualmten Arbeitsraum. Petras' Sekretärin huschte herein und steckte Gerbach einen kleinen Zettel mit einer Notiz zu. Hans-Georg las und schniefte. „Ist was?", fragte der stellvertretende Minister. Gerbach lachte. „Ist nichts – zumindest von der Allgemeinen Verwaltung unseres Hauses nicht."

„Die Unterbringung unseres Magdeburger Gastes betreffend?"

„Wie nicht anders zu erwarten: ja. Aber das Problem ist gelöst. Genosse Neuenhof wird bis auf weiteres bei mir zu Hause übernachten. Wir haben uns viel zu erzählen."

Petras blickte auffällig auf den kleinen Notizzettel, der auf Gerbachs Diarium lag.

Gerbach, mit beschwichtigender Handbewegung: „Keine Sorge! Deine Sekretärin hat meiner Frau Bescheid gesagt, dass ich heute einen Schlafgast mitbringe."

Die Parteigruppen-Versammlung, an der Heinz Neuenhof als Gast teilnahm, dauerte zweieinhalb Stunden. Erst nach 20 Uhr langten er und Hans-Georg in der Gerbachschen Wohnung an. Isolde wartete schon geraume Zeit auf die beiden. Sie hatte ein warmes Abendessen vorbereitet. Hans-Georg aß hastig und redete dabei, berichtete seiner Frau, was in Sachen FüKo MIW zu veranlassen und zu machen war „Ehe ihr, du und Heinz, euch inbrünstig mit diesem Thema weiterbeschäftigt, wollen wir hören, wie es bei den Neuenhofs in Magdeburg steht."

Heinz gab einen ausführlichen Bericht. Damit andererseits er zu Hause Neuigkeiten verkünden konnte, informierte ihn Isolde über ihre Ernennung zu einer Abteilungsleiterin im Ministerium für Post- und Fernmeldewesen, über ihre zunehmenden Hüftbeschwerden und eine unumgängliche Operation an der linken Hüfte, und nach dem Abendessen zeigte Gerbachs Einziger, der ein Jahr älter war als Gerald Neuenhof, sein Kinderzimmer — ein kleines Reich für sich, da konnte sich Neuenhof für seine Söhne einiges abgucken: großes Bücherregal, Klappbett, kleiner Schreibtisch mit Drehstuhl davor, in einem Bord des Bücherregals ein Aquarium mit vielen bunten Fischen und Pflanzenbewuchs, in der Zimmerecke am Fenster ein Notenständer mit einem aufgeklappten Notenheft darauf. „… Sven ist kein Sportlertyp. Er lernt Klarinettespielen. Er macht seine Sache schon ganz gut", erläuterte Isolde.

Zur üblichen Schlafengehzeit zogen sich Sohn und Isolde Gerbach zurück. „Macht nicht mehr so lange!", riet die Frau des Hauses. „Ihr haltet sonst morgen die Augen nicht offen genug."

Es wurde trotzdem sehr spät, ehe sich die Männer zur Ruhe begaben.

Zunächst ließ sich Heinz Neuenhof die Entstehungsgeschichte des „Warnemünder Dokuments" erzählen. „Und worüber wolltest du mich heute Nachmittag informieren, ehe Petras unserer Flüsterei ein Ende gesetzt hat?"

Gerbach winkte, leise lachend, ab. „Petras sitzt auf dem 'Warnemünder Dokument' wie eine Glucke auf dem Ei. Mitarbeiter unseres Stellvertreter-Bereiches kommen – rein dienstlich, verstehst du? – nur über ihren Abteilungs- oder Sektorleiter an das Dokument heran. Über eine Einsichtnahme Bereichs-Fremder oder gar über eine Ausleihe des Dokuments entscheidet allein Harry Petras."

„In der Beziehung ist dein Chef ein bißchen putzig, wie?"

„Mitnichten, mein Lieber! Er hat in einem ähnlichen Fall schlechte Erfahrungen gemacht mit seiner Offenherzigkeit und Hilfsbereitschaft. Vor Jahren, noch zu Staatssekretariatszeiten, war das. Er hat für eine ihm abverlangte Konzeption seinen Kopf angestrengt und sein gesamtes Mitarbeiter-Kollektiv eingespannt – auch über die offizielle Feierabendzeit hinaus. Mit der fertigen Konzeption ist dann aber sein damaliger Vorgesetzter, ein Abteilungsleiter, hausieren gegangen, und der hat sich für seine Kreativität vom Staatssekretär belobigen lassen, Petras dagegen durfte sich am Ende bloß die Nase putzen."

„Das ist doch aber eine alte Geschichte …"

„… könnte man meinen. Solche Wilddiebe wie damals gibt es auch heutzutage in unserem Ministerium. Sie kommen meistens aus den neuerlich eingeführten sogenannten Querschnitts-Bereichen. Betrachten wir als Beispiel den Bereich Ausbildung und Erziehung. Die Genossen dort beschäftigen sich zu selten vor Ort mit unseren auszubildenden und zu erziehenden Studenten und im Direktkontakt, im Hörsaal oder im Seminarraum, zu selten mit dem Lehrpersonal. Vielmehr theoretisieren sie über den Lehr- und Lernprozess und den Erziehungsprozess an sich, sie fabulieren über den Prozess der Umwandlung zielgerichteter Förderung von Arbeiter- und Bauernkindern in eine nach ihrer Meinung höhere Qualifizierungsform, wie sie die SMG erfordert. Vor lauter Prozesstheorie …"

„SMG?" Neuenhof dachte an schwere Maschinengewehre. „Geht es ums Militär? Um die vormilitärische Ausbildung von Studenten?"

„Quatsch! Walter Ulbricht hat über die Entwicklung der sozialistischen Menschengemeinschaft in der DDR referiert. Nun vermeinen manche Experten unseres Hauses ..."

Neuenhof amüsierte sich. „‚SMG' ist gut."

„Lass mich das so zu Ende bringen: Sie kennen sich vor lauter Querschnitts- und Prozessdenken nicht mehr genügend mit solchen ihres Erachtens lapidaren Dingen an den Hochschul-Einrichtungen aus wie: Welche Leute – Gelehrte wie Nachwuchswissenschaftler – sind dort tätig? Welche Themen bearbeiten sie? Welche Schwierigkeiten haben sie dabei? Welche Vorhaben, welche Sektionen, welche kompletten Einrichtungen müsste unser Ministerium schwerpunktmäßig fördern? und so weiter. Wir in Harry Petras' Bereich, Petras selbst, vertreten die Auffassung, sich solchen Fragen und damit zusammenhängenden Problemen leitungsmäßig zuzuwenden, in entsprechend strukturierten Ministeriumsbereichen – für Maschinenbau, Bergbau und Hüttenwesen, Elektrotechnik/Elektronik, Bauwesen und so fort –, in einer Hand liegend."

Neuenhof wunderte sich. „Ihr habt Sorgen", sagte er lakonisch.

„Wir nicht. Die anderen haben welche. Uns jagt Petras an die Basis. Und zu solchen Ausarbeitungen von uns wie dem 'Warnemünder Dokument' meint er, sie seien Produkte der Denkfabrik unseres Stellvertreter-Bereiches. 'Ehe andere kommen und sich mit unseren Federn schmücken wollen, sollen sie erst mal ihren eigenen Geist bemühen.' In dieser Meinung bestärken wir Mitarbeiter ihn und finden ihn generell wegen solcher Denk- und Arbeitsweise gar nicht putzig."

„Und wenn nun solche Wilddiebe – wie du sie nennst – zum Minister laufen: 'Herr Lehrer, ich weiß 'was: die Genossen vom Stellvertreter-Bereich Technische Wissenschaften stänkern, sie halten ihre Arbeitsergebnisse vor uns zurück und torpedieren damit die von uns angestrebte sozialistische Gemeinschaftsarbeit' – wie reagiert dann euer und mein oberster Brötchengeber?"

Gerbach lachte. „Bisher hat er in solchen Fällen – und die gab es, du mutmaßt richtig – nicht die Keule der Kritik oder der kommentarlosen Dienst-Anweisung gegen uns geschwungen. 'Legt dem Genossen Petras etwas Konkretes und Eigenes auf den Tisch! Dann habt ihr keine Probleme mit ihm', sagte er den Kritikübenden. Er weiß nur zu gut, die tragenden Gedanken in Hagers Referat auf der 16. Staatsratssitzung im vorigen Jahr entstammen der von unserem Stellvertreter-Bereich geleisteten Zuarbeit für die Abteilung Wissenschaften, und wir wiederum haben aus den Produkten unserer Denkfabrik, beispielsweise aus dem 'Warnemünder Dokument' geschöpft – versteht sich."

Nachdenklich sagte Neuenhof: „Mir ist nach alledem, was ich heute erfahren habe, nicht ganz klar, was soll denn die FüKo nun noch Neues oder Anderes erbringen?"

Hans-Georg, sonst um eine Antwort oder einen Sach-Beitrag nie verlegen, schwieg eine Weile. Dann sagte er: „Du und ich – wir kennen uns seit unserem gemeinsamen Maschinenbau-Studium an der TH Dresden, wo wir manchmal am ZWEIFELN UND AUFERSTEHEN waren. Wir haben letztlich mehrere Semester lang mit zwei koreanischen Studenten in einem Zimmer des TH-Studentenwohnheims in der Reichsstraße 18 gelebt. Deshalb sage ich dir etwas im Vertrauen, etwas, das du für dich behalten möchtest, bitte: Die FüKo ist quasi eine Retour-Kutsche von Günter Mittag", Mitglied des Politbüros und Sekretär des ZK der SED, „gegen Professor Kurt Hager", in gleichen SED-Funktionen wie Dr. Mittag. „Wir, will sagen: Das Hoch- und Fachschulwesen, für das in der Parteiführung Hager zuständig ist, sind in der 16. Sitzung des Staatsrates im April vorigen Jahres gut 'rausgekommen. Hager persönlich hat vor dem Staatsrat zu dem Thema 3. Hochschulreform und Entwicklung des Hochschulwesens bis 1975 ausführlich referiert. Der Staatsratsvorsitzende, Walter Ulbricht, hat in seinen Schlußbemerkungen von einer neuen Etappe der Hochschulentwicklung in der DDR gesprochen. Im Nachgang zu dieser Sitzung gab es in der Volkskammer und im Ministerrat kritische Debatten zur materiell-technischen Ausstattung an den Universitäten und Hochschulen – insbesondere mit EDV-Anlagen. Hager kritisierte, dass uns einige Industrie-Kombinate noch nicht entsprechend ihren Möglichkeiten unterstützten. Damit brach er in die Domäne von Günter Mittag ein. Mittag kann vieles vertragen, aber keine Kritik an seiner Arbeit und an seinem Zuständigkeitsbereich. Folgerichtig schlug er zurück. 'Haust du meinen Affen, schlag' ich deinen Affen' – oder in der Formulierung von Günter Mittag: 'Die Genossen und Experten im Hoch- und Fachschulwesen sollen erst mal ihre Schularbeiten machen und der Industrie bei der Planerfüllung helfen, ehe sie Forderungen an Betriebe und Kombinate richten.' Also müssen wir FüKos erarbeiten und in den Ministerrat einbringen; mit dem Maschineningenieurwesen fangen wir an."

Neuenhof schüttelte den Kopf. „Hat es damit wirklich solch eine simple Bewandnis: Mittag und Hager messen ihre Kräfte? Ich kann das nicht glauben."

„Glaube, was du willst! Ich wollte dir nur einige Hintergrund-Informationen geben."

Neuenhof zweifelte noch immer. „Ich kenne Heckmeck von meinem Betrieb in Dresden. Bei Elektrodyn spielte mitunter eine Rolle, wer wen nicht leiden konnte und deshalb nicht mit ihm kramen wollte."

„Denkst du, das ist in höheren Instanzen anders als in deinem Werkskollektiv?"

„Eigentlich: ja."

„Und uneigentlich muss ich dir sagen, du bist ein Phantast. Hier wie da arbeiten Menschen, und unter denen findest du immer solche der einen wie der anderen Kategorie."

„Es wird doch wohl Unterschiede geben – je nach dem Betrachtungsfeld: volkseigener Betrieb, LPG, Hochschule, die gesamte Volkswirtschaft der DDR, und je nach der Ebene in der Leitungshierarchie, dachte ich bislang, desto weniger spielen rein persönliche Faktoren – um nicht zu sagen: Querelen – eine Rolle. Jeder Normal-Bürger denkt so, meine ich."

Gerbach schüttelte den Kopf. „Je höher ein Berg oder ein Gebirge ist, desto dünner wird die Luft, wenn du hinaufsteigst. Dünnere Luft bedeutet aber nicht, dass rein menschliche Eigenheiten und Verhaltensweisen eine immer geringere Bedeutung erlangen, je höher man steigt. Dünnere Luft symbolisiert bei meinem Vergleich, dass der Handlungs- und Ermessensspielraum für den Aufsteigenden immer geringer wird. Das beruht darauf, dass Entscheide des einzelnen in hoher und höchster Hierarchieebene immer weitgehendere Folgen nach sich ziehen. Das gilt sowohl für das Betrachtungsfeld – Erfolg oder Misserfolg – als auch für den, der Entscheidungen trifft – Ruhm oder Persönlichkeits-Absturz. Du kannst an deiner Hochschule nachprüfen, ob ich recht habe mit meiner Auffassung: in deiner Lehrgruppe, bei der Übernahme höherer Ämter an der Magdeburger Hochschule ..." Jäh unterbrach er seine Rede. 'Ich darf mich nicht verplappern' schalt er sich. 'Ich habe Stillschweigen gelobt betreffs dessen, was man mit Heinz Neuenhof in Magdeburg demnächst vorhat' – Stillschweigen auch von Studienfreund zu Studienfreund. 'Harry Petras will Heinz bei der FüKo-Aktion testen' vermutete Gerbach. Dafür war am besten, wenn Neuenhof nicht durch ohnehin untersagte Vorinformation seine Unbefangenheit genommen würde.

Der Magdeburger fragte: „Wenn deine Darlegungen stimmen, Hans-Georg, möchte ich wissen, ob und wie alles in den verschiedenen, vor allem in den höchsten Hierarchieebenen unseres Staates funktionieren kann." Die unumwundene Antwort: „Durch sozialistische Demokratie und sozialistische Leitungstätigkeit."

Nach Mitternacht holte Hans-Georg einen Schreibstift und -block und sein Diarium herbei. „Genug philosophiert!", sagte er. „Wir wollen noch etwas tun für unser Monatsgehalt." Er entwarf mit wenigen Strichen ein Tableau. „Das wird der Plan für die in den nächsten Wochen zu absolvierenden Informations- und Konsul-tationsreisen für die FüKo. Womit fangen wir an?" Aber Heinz Neuenhof wollte nicht mehr; er verweigerte dem Studienfreund von einst und nunmehrigen Abteilungsleiter im MHF die Gefolgschaft. „Ich brauche jetzt 'ne Pause, möchte mich, wenn du gestattest, schlafen legen. Der heutige Tag war lang genug für mich. Ich bin über vieles informiert worden, habe an diesem einen Tag eine Menge dazugelernt. Das muß sich alles erst mal setzen."

Gerbach, um Verständnis ringend, sah seinen Gast erstaunt an. Dann wurde ihm bewusst, während er am Morgen noch im Bett gelegen und geschlummert hatte, war Heinz schon mit dem Schnellzug von Magdeburg nach Berlin unterwegs gewesen. Er legte Stift und Block beiseite. „Wir machen in ein paar Stunden in meinem Dienstraum weiter."

Ehe Isolde schlafen gegangen war, hatte sie die Sitzcouch in Gerbachs Wohnzimmer als Nachtlager für Heinz vorbereitet. Der todmüde Hochschuldozent legte sich nieder, ohne zuvor abendliche Toilette zu machen. Hans-Georgs Redefluss war immer noch nicht versiegt. „In zwei Wochen wird uns unser Privat-WARTBURG 353 ausgeliefert. Isolde und ich konnten beim Berliner IFA-Vertrieb eine schriftliche Befürwortung seitens unserer Ministerien für eine bevorzugte Belieferung beibringen."

Heinz revanchierte sich mit der Geschichte von Neuenhofs neuem „TRABI". Beim Erzählen wälzte er sich auf Gerbachs Sitzcouch hin und her. Sie war für seine Körpergröße zu klein, um sich ausstrecken zu können.

Gerbach bemerkte die Nöte seines Gastes. „Du musst dich auf die Seite drehen und beide Beine anwinkeln. Dann kommst du besser zurecht." Gut zurecht kam Heinz auf der Couch nicht. Er fühlte sich am nächsten Morgen wie gerädert.

Noch einmal, am Abend des zweiten Tages seines Berlin-Aufenthalts, nutzte Neuenhof die Übernachtungsmöglichkeit bei Gerbachs. Für die folgenden beiden Nächte hatte die Allgemeine Verwaltung des MHF in einer Pension in der Oranienburger Straße ein Zimmer für ihn mieten können.

„Komm zum Abendbrot wieder zu uns!", schlug Gerbach vor.

Heinz lehnte ab. Er wollte an den verbleibenden Abenden bis zum Wochenende am Manuskript für seine Samstag-Vorlesung „FP I" arbeiten. Am Tage, im Ministerium, kam er – entgegen seiner Hoffnung – nicht dazu. Es war, wie man zu sagen pflegt, „zeitlich der letzte Drücker"; da musste er egoistisch sein.

Samstagvormittag trafen sich Neuenhof und Horst Lilienhain nur zu einem kurzen Informationsaustausch in der Hochschule. Neuenhof bekannte, ihm sei noch einiges eingefallen, das er im Vorlesungs-Manuskript nachtragen wollte.

„Soll ich dich bei den Vorbereitungsarbeiten im Hörsaal unterstützen?", bot Lilienhain an.

Neuenhof lehnte ab. „Ich werde zeitig genug ins M-Gebäude hinübergehen. Den Schlüssel für den Vorbereitungsraum zum Hörsaal habe ich mir vom zentralen Schlüsseldienst schon besorgt."

Und dann stand er an jenem winterlichen Februar-Vormittag, 11 Uhr 15, neben dem Katheder vor der großen Wandtafel im Hörsaal 5, dem größten an der TH Magdeburg. Auf dem Katheder lagen die für diesen Tag vorbereiteten Manuskriptblätter für die neue Vorlesung „Fertigungsprojektierung I" (FP I). Auf einem Beistelltischchen, im Griffbereich vom Katheder, hatte Neuenhof den Polylux installiert und die Fettstifte für das Schreiben auf der Polylux-Folie bereitgelegt. Der steil ansteigende Hörsaal war mit Studierenden der Matrikel 1967 aller in der Sektion Technologie der mvl vertretenen Fachrichtungen gut gefüllt. Studentischen Gepflogenheiten entsprechend, waren die obersten Stuhlreihen voll besetzt. Nur ganz unten, in der Nähe des Dozenten, waren einige Plätze frei geblieben.

Dr. Neuenhof hatte in seiner Studienzeit an der TH Dresden, was ihm besonders in der Erinnerung haften geblieben war, für das Fach „Projektionslehre und Kinematik“ exzellente und auf das sorgsamste vorbereitete Vorlesungen gehört. Der Ordinarius für Getriebelehre war pünktlich auf die Minute um viertel aus dem Vorbereitungsraum für den Hörsaal 222 im Zeunerbau der TH getreten, hatte sich kurz und etwas linkisch verbeugt und hatte dann, 90 Minuten non-Stop in freier Rede und dabei mit Zirkel, Holzdreieck und Kreide an der Wandtafel geübt hantierend, den Lehrstoff einer Vorlesungs-Doppelstunde dargeboten. Nach exakt 90 Minuten hatte er geendigt, hatte sich kurz und linkisch wie zu Anfang verbeugt und war unter Beifallsklopfen der Studenten im Vorbereitungsraum entschwunden. In Studentenkreisen war dieser Professor eine Legende gewesen. Sie hatten ihm nicht verargt, dass er sich zu Nazi-Zeiten im Nationalsozialistischen Hochschullehrer-Bund besonders engagiert hatte. Sie fühlten sich im Gleichklang mit der Regierung der DDR, die diesem Fachmann trotz seiner „Nazi-Vergangenheit“ den Ehrentitel „Verdienter Hochschullehrer des Volkes“ verliehen hatte.

Den Stil des Dresdner Professors, seine Vorlesungen zu zelebrieren, wollte Heinz Neuenhof nicht in allem nachahmen. Er stand, schon als die Studenten den Hörsaal betraten, wartend, seine Zuhörer beobachtend und für sie vor dem Beginn der Vorlesung ansprechbereit, neben dem Katheder. Pünktlich um viertel trat er einige Schritte vor. Er verbeugte sich – selbstverständlich, das gehörte sich so. Er stellte sich vor: mit Namen, mit Auskünften über seinen bisherigen beruflichen Werdegang und mit Erläuterungen zu seiner Lehrveranstaltung FP I. Dann stellte er sich hinter das Katheder. Das war an diesem Vormittag – und bei seinen weiteren Vorlesungen – das Zeichen für den Beginn des Fachvortrages.

Er hatte als Hilfsassistent und später als wissenschaftlicher Assistent bei Prof. Alfred Wichtler an der TH Dresden Erfahrungen sammeln können, wie – also in welchem Duktus, in welcher Lautstärke und Sprechgeschwindigkeit, in welchem Wechsel von Redephasen und Diapositiv-Vorführungen – Lehrveranstaltungen attraktiv für Studenten durchzuführen seien. Es waren seinerzeit Übungen und Seminare gewesen. Sein Auftritt heute – in dem großen Hörsaal, vor mehreren hundert Studierenden: jungen Männern und Frauen – war etwas anderes als in seinen Assistenzzeiten. Ein Gefühl der Benommenheit zu Beginn seines Vortrages verdrängte er rasch. 'Ich habe circa zwei Drittel meines Textes wörtlich ausgearbeitet', sagte er sich. 'Sollten mich meine guten Geister verlassen, lese ich kurzerhand alles wörtlich ab.' Aber seine guten Geister verließen ihn nicht. Selbst das letzte Drittel des für diese Vorlesung geplanten Lehrstoffes, das er wegen Zeitmangels lediglich in Stichwörtern und einigen Thesen konzipiert hatte, trug er wie die gesamte Vorlesung in freier Rede vor. Die seines Erachtens besonders wichtigen Textpassagen und Fachtermini hatte er in seinem Manuskript rot unterstrichen. Sie übertrug er auf die Polylux-Folie, auf dass die Studenten sie in ihre Vorlesungsmitschrift übernähmen.

Sieben Minuten vor dreiviertel eins, dem planmäßigen Ende der Vorlesung, erwies sich, Neuenhof gebrach es an Routine beim mündlichen Ausschmücken des nur stichpunktartig abgefaßten letzten Teils seines Manuskripts: Er war sieben Minuten zu früh mit dem geplanten Lehrstoff am Ende. ‚Was soll ich tun?', fragte er sich. 'Breche ich die Vorlesung ab, freuen sich die Studenten im Hörsaal, dass ich sie vorzeitig ins Wochenende entlasse. Von der Sektionsleitung, vom Direktor für Ausbildung und Erziehung und wer weiß, von wem noch, werde ich kritisiert oder gemaßregelt werden, dass ich nicht mal meine Anfangs-Vorlesung durchzustehen vermocht habe.' Er entschied sich so: Er trat hinter dem Katheder hervor, fast bis an die vorderste Hörsaal-Klappsitzreihe heran. Er hatte zuvor, in seinem Vortrag, die in der DDR für Maschinenbau-Ingenieure gültige „Grundsatzordnung Technologie" besprochen. Daran knüpfte er an, indem er über die Notwendigkeit des kollegialen und von gleichen Interessen getragenen Zusammenwirkens von Konstrukteuren und Technologen sprach. Gestützt auf Erfahrungen aus seiner Tätigkeit in einem Maschinenbau-Betrieb, dem VEB Elektrodyn Dresden, belegte er mit Beispielen, zu welchen Missverständnissen, Meinungsverschiedenheiten und persönlichen Aversionen es in der täglichen Ingenieurstätigkeit beim Streben nach kollegialer Zusammenarbeit der Fachleute kommen konnte. Neuenhof geriet dabei sehr in Eifer. Er flocht in seine Darlegungen solche unakademischen Sentenzen ein wie

„Ein Technologe ist zu nichts zu gebrauchen, aber zu allem fähig – denken manche Konstrukteure" und „Kein Mensch ist so dumm oder so untalentiert, dass er nicht zu irgendetwas nutze wäre." Paula Neuenhof, die Mutter des jungen Dozenten, geprägt von ihres Vaters Stolz auf das eigene Pferdegespann der Tiowschen bäuerlichen Wirtschaft in Küssow, würde zu solchen Formulierungen ihres Sohnes sagen: „Jetzt gehen sie mit ihm durch."

Die Studenten allerdings waren amüsiert und klopften zwischenzeitlich mehrmals Beifall.

Ein Zuhörer in der vordersten Reihe streckte Neuenhof einen Arm hin und tippte auf seine Armbanduhr. Da wusste Neuenhof, es war dreiviertel eins, die sieben Minuten, die für ihn hätten kritisch werden können, waren vorüber. Er verneigte sich. „So viel für heute. Ich wünsche Ihnen ein schönes Wochenende." Prasselndes

Beifallklopfen, das jäh endete: Die Studenten hatten es nun, am Samstagmittag, sehr eilig.

Neuenhof, neben dem Katheder, packte seine Sachen zusammen. Eine kleine Gruppe lief an ihm vorüber. Einer sagte lachend: „Am besten hat mir der Schluss gefallen." Ein anderer, ebenfalls lachend, antwortete: „Seinen Leitsatz über die zu nichts zu gebrauchenden Technologen habe ich mir aufgeschrieben. Wer weiß, wann und wofür man das mal anwenden kann."

Am Nachmittag nach seiner Vorlesungs-Premiere sagte Heinz Neuenhof zu seiner Frau: „Zieh' die Jungen schön warm an! Ich gehe mit ihnen noch ein Stück 'raus."

„Was wollt ihr denn machen – jetzt noch, wo es bald dunkel wird?"

„Rodeln."

Karin schüttelte den Kopf. „Dann nehmt euch 'ne Tüte Schnee mit für unterwegs. Auf den Bürgersteigen in unserer Gegend ist Schnee gefegt und Sand gestreut worden. Wie wollt ihr da rodeln?"

„Wir versuchen es auf dem Sportplatz am Ende unserer Straße. In der Nähe des Platzes gibt es ein paar Hügelchen und Bodensenken. Dort haben wir vielleicht Glück."

Eigentlich gefiel es Karin, dass sich ihr Mann, der die ganze Woche in Berlin verbracht hatte, wenigstens am Wochenende der Kinder annahm und dass er sich nicht gleich wieder in sein Arbeitszimmer zurückzog, um am Manuskript für die nächste Vorlesung zu arbeiten. Außerdem hatte sie noch in der Küche zu tun: sie wollte das Fleisch für das sonntägliche Mittagessen anbraten und dabei von keinem „ihrer drei Männer" gestört oder unterbrochen werden. Also gab sie der Rodelpartie ihren Segen. „Dann seht mal zu!"

Mit dem Rodeln wurde es tatsächlich nicht viel. Aber Heinz und die Kinder hatten an der ausgewählten Stelle im „Rest-Schnee" herumgetollt; sie waren an der frischen Luft gewesen, und die Jungen schliefen am Abend – nach der vom Vater vorgelesenen Gute-Nacht-Geschichte – rascher ein als sonst.

Nun hatten Karin und Heinz Zeit füreinander. Sie ließ sich von ihm ausführlich über den Ablauf seiner am Vormittag gehaltenen Vorlesung und über seine erste Arbeitswoche im Ministerium berichten.

„Die Vorlesung ist gut verlaufen.", meinte er.

„Bist du also zufrieden, als Dozent tätig zu sein?"

Kopfnicken.

„Gefällt es dir besser als bei Elektrodyn?"

„Auf jeden Fall."

„Auch auf lange Sicht? Und in diesem Frühjahr gleichzeitig mit deinem Ministeriums-Einsatz?"

„Ich werde es schaffen."

‚Geb's Gott!' Karin befürchtete, trotz des ihr gegebenen Versprechens ihres Mannes könnte er sich auf eine langfristige Tätigkeit im Hoch- und Fachschulministerium einlassen, wenn ihm dafür irgendeine Chance für sein berufliches Weiterkommen geboten würde. Über die familiären Konsequenzen einer solchen Entscheidung mochte sie gar nicht nachdenken. Sie war also besonders interessiert an seinem Bericht über Berlin. „Hast du tüchtig Politik gemacht?"

„Eigentlich nicht. Und ich sowieso nicht; ich war Zuhörer, habe Informationen aufgenommen und war kein Macher. Politik im Sinne von Kommentaren in der Presse und im Rundfunk wurde sowieso nicht gemacht." Er erklärte seiner Frau, was die FüKo MIW beinhalten, wie sie erarbeitet werden sollte und welche Aufgaben dabei auf ihn zukämen. „Wenn ich's gründlich bedenke, ist mein Einsatz weniger eine unwillkommene Last als vielmehr ein Kenntnis- und Erkenntnisgewinn – auch für meine Tätigkeit an der hiesigen Hochschule. Ich lerne einflussreiche und patente Leute in Berlin und – dank der geplanten Informations- und Konsultationsreisen – auch an anderen Hochschulen kennen. Die Ministeriumsmitarbeiter, mit denen ich in einem Raum sitze, haben mich aufgenommen und behandeln mich wie Ihresgleichen. Die ein bisschen verschüttete Freundschaft zu Hans-Georg und Isolde Gerbach ist wieder aufgefrischt. Von den beiden soll ich dich herzlich grüßen. Ich habe sie zu einem Besuch bei uns eingeladen – zur Sommerzeit, dann können sie uns ihren neuen Wartburg vorstellen, den sie demnächst geliefert bekommen."

„Also alles rosig und wunderbar?"

„Das nun gerade nicht. Die MHF-Abteilung Allgemeine Verwaltung hatte für diese Woche nicht mal eine passable Unterkunft für mich organisiert. Zwei Nächte habe ich auf dem viel zu kurzen Sitzsofa in Gerbachs Wohnzimmer zubringen müssen. Die Versorgung mit Mittagessen in der kleinen MHF-Imbiss-Stube ist unter aller Kanone. Da kann ich nur ein Loblied auf die TH-Mensa singen – auf deine Kochkünste, meine Liebe, sowieso."

„Gab es etwas Besonderes, das dich betrifft?"

Ihre Frage verwunderte ihn. „Was sollte es Besonderes geben?"

„Weiß ich nicht. Ich frag' ja nur."

Er erriet, was sie innerlich bewegte. „Nach den ersten Wochen meiner Abkommandierung wird es mit mir vereinbarungsgemäß ein Gespräch bei unserem Rektor geben. Da soll ich über meine Tätigkeit in Berlin berichten; wer weiß – vielleicht werden mir noch Hinweise gegeben. Ich werde mich bemühen, in dem Gespräch etwas Konkretes zu meinem beruflichen Fortkommen an der Hochschule zu erfahren. Aber bis zu jenem Zeitpunkt, liebe Karin, müssen wir uns gedulden. Zu Berlin und dem Ministerium lasse ich mich jedenfalls auf nichts Kadermäßiges ein. Das habe ich dir versprochen, und das Versprechen halte ich."

„Das musst du auch." Karin setzte eine gewichtige Miene auf. „Ich bin nämlich dieser Tage in die höheren illusteren Kreise deiner Hochschule aufgenommen worden.“ Gisela Kainzow hatte Karin zu sich zu einem „Kaffee-Nachmittag“ eingeladen. Die Frauen waren seit der Dresdner Assistentenzeit ihrer Ehemänner miteinander bekannt, fast befreundet. Ihre Freundschaft hatte sich nach Andreas Martins Geburt gefestigt. Sowohl die eine als auch die andere Oma des Neugeborenen wohnten selbst für kurzzeitige Hilfeleistungen zu weit entfernt von Dresden. Annedore Neuenhof war zu jener Zeit vom Rat des Kreises Pirna, Abteilung Volksbildung, mit einer Sonder-Aufgabe betraut worden. Die berufstätigen Ehemänner waren wie selbstverständlich ihrer täglichen Arbeit nachgegangen. Da hatte die nichtberufstätige Gisela Kainzow die junge Neuenhof-Muttl unterstützt. „Ich mach's gerne“, hatte sie gesagt; sie fand den kleinen Martin „zu niedlich“, hatte sich in das Baby verguckt. – Nun also eine Kaffee-Runde bei Kainzows. „Wir beide werden nicht allein sein“, hatte Gisela bei der Einladung angekündigt. So war es dann auch gewesen.

„Eine der Damen hieß Meister.“, berichtete Karin. „Als ich mit ihr ein paar Worte wechselte, informierte sie mich sogleich, ihr Ehemann sei jetzt als Direktor an der Hochschule tätig.“

„Als Kaderdirektor“, murmelte Neuenhof.

„Den Zunamen einer anderen Kaffee-Tante habe ich bei der namentlichen Vorstellung nicht deutlich verstanden: Wüstenow – oder so ähnlich.“

„Etwa Wisterow?“

„Kann sein. Alle Damen in der Runde kannten einander schon lange und redeten sich mit Vornamen an. Die Wüstenow …“

„Wisterow …“

„Na ja, eben die. Sie gab sich an jenem Nachmittag wie die Oberin eines Klosters. Sie hat, solange ich dort war, nicht ein einziges Mal gelacht oder wenigstens gelächelt. Sie hat nur von ihrem Ehemann erzählt. Er muss bei euch ein besonderer Gelehrter sein: Er habe kürzlich seinen Doktortitel auf einem Fachgebiet erworben, das es an eurer Hochschule noch gar nicht gibt. Aber er wird es bei euch einrichten. Vorher geht er noch für ein halbes Jahr zu einem Spezialisten-Aufenthalt in die Sowjet-Union.“

„Und bevor das passiert“, ergänzte Heinz, „kam er neulich – völlig unerwartet – zu mir in mein Arbeitszimmer. Zu meiner Unterstützung bot er mir eine von ihm oder unter seiner Leitung erarbeitete Broschüre an: 'Was ist eine Vorlesung? Wie hält man eine Vorlesung?'“

„Sieh einer an! Hast du die Broschüre schon erhalten und sie studiert?“

Neuenhof grinste.

“Deine Miene sagt mir alles. – Die Frau von deinem neuen Sektionsdirektor habe ich auch kennengelernt – eine nette Frau, sie war freundlich zu mir, bloß …“

‘Eine wichtige Bekanntschaft’, resümierte Heinz insgeheim. „Was ist ‘bloß’ …?“, fragte er, weil Karin zögerte, weiterzusprechen.

„Ach … Die Frau zählte alles auf, was sie und ihr Mann sich in jüngster Zeit zur Unterhaltung und zur Erleichterung ihrer hauswirtschaftlichen Arbeiten angeschafft haben: Auto – natürlich nicht bloß einen Trabi –, Fernsehgerät, Musiktruhe, Waschmaschine, Wäscheschleuder, Staubsauger mit Teppichklopfer und mit Zusatzteilen fürs Fensterputzen und Sesselbürsten, und für die Küche Toaster, Mixer und irgendein Universalgerät – alles mechanisiert oder automatisiert, alles, was sich eine moderne Hausfrau nur denken und wünschen kann. Ihr Mann, sagte sie, ermuntere sie dazu und unterstützt sie, weil er einen Sinn für Hausfrauen-Arbeit habe und weil sie berufstätig ist in einem Kindergarten. – ‘Das traut man ihrem Gatten gar nicht zu’, kommentierte Frau Meister, ‘wo er doch immer wie aus dem Ei gepellt daherkommt – egal, wann und wo man ihm begegnet.’ – ‘Ja’, entgegnete Frau Sektionsdirektor, ‘das ist eine Sache, auf die er großen Wert legt. Er hält dem Schneidermeister in seinem Heimatort die Treue und trägt nur maßgeschneiderte Anzüge …’“ Karin war bei ihrem Bericht völlig außer Atem geraten.

Heinz umarmte seine Frau. „Mir genügen Anzüge, die ich im Konsum-Kaufhaus von der Stange kaufen kann, wenn sie mir passen.“

„Du hast ja dafür die geeignete Figur.“

Er sagte dummerweise: „Solch eine Statur und Figur wie ich hat mein Sektionsdirektor auch. Sie machen den Unterschied nicht aus.“

Da wurde Karin nachdenklich. „Ist denn der Unterschied zwischen dem Gehalt eines Professors und dem eines Hochschuldozenten so groß?“

„Ungefähr 900 Mark. Ein paar hundert Mark Aufwandsentschädigung für das Amt des Sektionsdirektors kommen hinzu.“

„Und die Frau arbeitet, aber dein Apotheken-Mäuschen lungert faul zu Hause herum.“

Karin schluchzte. Heinz tröstete sie: Sie hätten doch alles abgesprochen, was sie tun und lassen wollten und was sie sich, wenn es das Glück gut mit ihnen meinte, in der Zukunft vielleicht anschaffen würden. „Wir sind biedere Leute“, sagte er und umarmte sie. „Wenn du dich um die Jungen kümmerst, dafür sorgst, dass sie in der Schule gut zurechtkommen, Martin insbesondere, der im Herbst dieses Jahres eingeschult wird, wenn du unsere nunmehr größere, aber wegen der Ofenheizung weniger komfortable Wohnung in Ordnung hältst und wenn du mich von Einkaufstouren, Behördengängen und derlei Dingen entlastest, damit ich in der Hochschule voll einsatzfähig und erfolgreich sein kann, dann ist das – ohne fremde Hilfe – wahrlich genug Arbeit für dich; da brauchst du dich nicht noch in irgendeiner Apotheke für ein paar 50-Mark-Scheine abzujagen und kaputt zu machen.“

Sie hörte auf zu schluchzen und sah ihn hoffnungsvoll an. „Und solche Damen-Runden wie bei Gisela Kainzow bleiben mir erspart? Gisela sagte, damit, solche Treffs zu organisieren, komme jeder mal dran, das geht reihum. In eine solche Zwangslage möchte ich nicht geraten. Was soll ich den Frauen bieten? Einen Bericht über meine Beschäftigungen, die du eben aufgezählt hast? Darüber fühlen die sich doch erhaben und lächeln über mich … und dich."

„Na ja, eigentlich … Aber wenn du den Treffs nichts abgewinnen kannst, dann bleib' zu Hause!" So entschieden sich die Eheleute an diesem Abend. Sie wussten allerdings beide nicht, sie ahnten nicht mal, welche Verpflichtungen solcher Art ihnen in der nächsten Zeit auferlegt werden würden.

„Übrigens", sagte Karin, „Kainzows ziehen demnächst nach Berlin oder in die Nähe von Berlin um. Gisela hat uns beide und die Kinder zum Abschieds-Besuch eingeladen – schon bald, an einem Sonntag, wenn auch Wolfgang zu Hause ist. Wolfgang möchte einiges mit dir besprechen – hier, nicht in Berlin, wo die Wände vielleicht Ohren haben. Ihr könntet euch in Wolfgangs Arbeitszimmer zurückziehen. Dort stören euch unsere und Kainzows Kinder nicht."

„Hm. Dann vereinbare einen Termin!"

Der von Hans-Georg Gerbach entworfene und von Petras bestätigte Plan für Inspektionen und Konsultationen zur Vorbereitung der Führungskonzeption für das Maschineningenieurwesen sah vor, entsprechende Reisen an Hochschuleinrichtungen der DDR – bis auf wenige Ausnahmen – von Mitarbeitern des Ministeriums durchführen zu lassen. Zwei Ausnahmen betrafen Dr. Heinz Neuenhof.

Dr. „Hansi" Lindner und Neuenhof besuchten gemeinsam die TH Karl-Marx-Stadt. Der Magdeburger vertiefte dabei seine Kenntnisse über die Sektion Fertigungsprozess und -mittel und seine Bekanntschaft mit Dr. Schmidt, der hilfreich vermittelte, und mit dem Direktor dieser Sektion, Prof. Dr. Thümmel.

Zu Beginn der Unterredung mit dem Professor stellte „Hansi" Lindner den Magdeburger Dozenten als „Experten für technologische Fachrichtungen und Forschungsgebiete" vor. Da machte Thümmel große runde Augen und sagte: „Aha, so sieht man sich wieder."

Heinz Neuenhof konnte sich aussuchen, wie diese Äußerung zu deuten war: als Erstaunen und Verblüfftheit darüber, dass der ihm heute als „Experte" vorgestellte Mann wenige Wochen zuvor bei ihm als Hilfebedürftiger erschienen war und um Unterstützung für seine Vorlesung gebeten hatte, oder als Anerkennung und insgeheimes Achtgeben, dass dieser Dozent offensichtlich ein an Einfluss im Ministerium gewinnender Mann war oder dort „für irgendetwas Höheres in Magdeburg aufgebaut" wurde.

Im Ergebnis der Dienstreise ließ Lindner den Sektionsdirektor Thümmel und zwei weitere Wissenschaftler der TH Karl-Marx-Stadt auf die Liste der Kandidaten setzen, die im Sommer 1970 die Führungskonzeption ausarbeiten sollten.

Die zweite Ausnahme im Gerbachschen Plan war, Neuenhof am Besuch der Technischen Hochschule Ilmenau (THI) zu beteiligen. In einer Beratung der Arbeitsgruppe gestand Neuenhof freimütig: „Ich kenne die THI überhaupt nicht, ich war noch nie dort. Die für technologische Disziplinen berufenen Hochschullehrer sind mir nur aus der Fachliteratur und vom Hören und Sagen bekannt."

Harry Petras entschied: „Technurge, das müssen wir ändern." Er legte fest, Hans-Georg Gerbach sollte sich auf der für den 12. März 1970 angesetzten Dienstreise nach Ilmenau von Heinz Neuenhof begleiten lassen. Das war den beiden recht. Sie hatten einander immer viel zu erzählen.

Hans-Georg beantragte bei der Fahrbereitschaft des MHF, dass ihm und Neuenhof für die Ilmenau-Reise ein Dienst-PKW zur Verfügung gestellt werde. Sein Antrag wurde abgelehnt. „Für den 12. März liegen uns bereits mehr Anträge von Abteilungsleitern vor, als wir Fahrzeuge zur Verfügung haben", sagte der Fahrdienstleiter. „Die anderen Abteilungsleiter lasten die Fahrzeuge voll aus. Auch unter diesem Gesichtspunkt möchte ich bei keinem einen Rückzieher zu deinen und deines Praktikanten Gunsten machen."

„He, he", Gerbach empörte sich, „was heißt hier 'Praktikant'? Der Genosse, der mit mir fährt, ist ein Experte und unterstützt uns bei der Bearbeitung eines Sonder-Auftrages unseres Hauses."

„Das mag sein. Ich habe trotzdem keinen PKW für euch frei. Benutzt öffentliche Verkehrsmittel"

„Dann schaffen wir wegen des hohen Zeitaufwandes für die Hin- und Rückfahrt unser Arbeitspensum in Ilmenau nicht an einem Tag."

„Dann müsst ihr für die Reise zwei oder was-weiß-ich-wieviel Tage einplanen."

„Ist das dein letztes Wort?"

„Mein Letztes."

„Darüber werde ich den Genossen Minister informieren."

„Tu' das! Vielleicht überlässt er euch für einen Tag seinen personengebundenen Wagen."

'Armleuchter!', dachte Hans-Georg. Ihm war klar, den Minister-PKW würden er und Neuenhof nicht zur Verfügung gestellt bekommen.

Als Hans-Georg seinem Vorgesetzten den Dienstreise-Auftrag für zwei Tage Ilmenau-Fahrt zur Unterschrift vorlegte, schniefte Harry Petras. „Ihr beide wollt wohl den Kickelhahn unsicher machen?" Er unterschrieb, spitzbübisch lächelnd. So kam es zu Gerbachs und Neuenhofs dienstlicher Eisenbahnfahrt ins Thüringische.

Bei der Hinfahrt wollte der Magdeburger von seinem einstigen Studienfreund wissen, was es mit Petras' Anspielung auf den Kickelhahn auf sich habe. Hans-Georg tat geheimnisvoll, aber er schmunzelte dabei. „Beim Kickelhahn geht es um etwas, worauf alle Ilmenauer sehr stolz sind, du bist es höchstwahrscheinlich auch."

„Mach's nicht so spannend!"

Gerbach machte es spannend. „Erinnere dich an deine Pennezeit, an den Deutsch-Unterricht! Hauptthema in der elften und zwölften Klasse – bei uns und sicherlich auch bei euch?"

Neuenhof schwieg.

„Natürlich: Goethe."

Neuenhof konnte sich nicht erinnern, was Goethe in Ilmenau zu schaffen gehabt haben könnte, dass die Bewohner dieses thüringischen Städtchens noch heute sehr stolz auf den deutschen Dichterfürsten waren. Der Schnellzug bremste. Heinz ärgerte sich, seinen Begleiter nicht eher um eine Erklärung gebeten zu haben.

„Wir sind gleich da." Hans-Georg rüstete sich zum Aussteigen, Harry Petras' Spöttelei brachte ihn auf eine nicht ganz dienstliche Idee. „Später mehr zu diesem Thema. Lass dich überraschen!"

Der Zug hielt. In Erfurt mussten die beiden in einen Personenzug umsteigen. Bis zur Abfahrt des Anschlusszuges verblieb ihnen eine knappe Stunde Zeit. „Wir gucken uns ein bißchen die Stadt an", empfahl Hans-Georg.

In der Bahnunterführung staunten sie über die vielen Leute, die in der gleichen Richtung wie sie, aber auch in der Gegenrichtung unterwegs waren.

„Uns nicht hinauszulassen, ist ein dicker Hund!", schimpfte einer der Entgegenkommenden. „Reine Willkür!"

„Das ist Terror!", bekräftigte ein anderer laut.

Der Passantenstrom geriet ins Stocken.

„Willy Stoph können wir an jedem Tag im Fernsehen sehen.", murrte einer.

„Den anderen Willy auch", versuchte ihn sein Nebenmann zu beschwichtigen.

„Ach nee … Du guckst wohl West-Fernsehen? Lass dich nicht erwischen!"

Ein Volkspolizist kam, sich mit rudernden Armbewegungen durch die Menschenschlange drängend, herzu. „Bleiben Sie nicht stehen! Gehen Sie weiter! Und Sie", rief er Gerbachs und Neuenhofs Vordermännern zu, „kehren bitte um!"

„Wir wollen in die Stadt!", protestierten einige.

„Das geht jetzt nicht. Die Ausgänge aus dem Bahnhof sind momentan gesperrt. Kehren Sie um!" Der Polizist wurde beiseite gedrängt. Niemand kehrte um. Gerbach und Neuenhof wurden in die Haupthalle des Bahnhofs geschoben.

„Wie im Krimi", raunte Gerbach dem Magdeburger ins Ohr. „Widerstand ist zwecklos. – Bleib' mir immer dicht auf den Fersen!"

An den Flügeltüren der Bahnhofshalle waren drinnen wie draußen Volkspolizisten postiert. Sie ließen nur die Passanten auf den Bahnhofsvorplatz hinaus, die zuvor die Zustimmung des polizeilichen Einsatzleiters eingeholt hatten. Der Einsatzleiter patrouillierte von einer Flügeltür zur anderen – hin und her.

Zu ihm bahnte sich Gerbach einen Weg durch die aufgeregt rufende, gestikulierende, vor den Türen sich stauende Menschenansammlung. „Guten Morgen, Genosse, was ist denn hier los?" Der Einsatzleiter beachtete ihn nicht. Gerbach, dicht gefolgt von Neuenhof, heftete sich an seine Fersen. Er schob dem Mann den MHF-Dienst-Ausweis und den Dienstreise-Auftrag für die Ilmenau-Fahrt von hinten über die Schulter. „Wir müssen …"

Der Uniformierte, weiterlaufend, unterbrach ihn. „Es müsste auch in den Ministerien bekannt sein, dass sich heute Ministerpräsident Willy Stoph und Willy Brandt in Erfurt treffen. Brandt residiert im Hotel 'Erfurter Hof'."

„Aber warum wird dafür der Stadtausgang aus dem Bahnhof abgesperrt?"

Der Uniformierte blieb stehen und blickte Gerbach kopfschüttelnd an. „Ist das 'ne blöde Frage! Der 'Erfurter Hof' befindet sich gegenüber dem Bahnhofsgebäude, und der Vorplatz ist rammelvoll von Menschen."

Gerbach sagte: „Mein Genosse" – Kopfbewegung zu Heinz Neuenhof hin – „und ich kennen uns in Erfurt nicht aus. Wir wollen nach Ilmenau. Im Rektorat der dortigen Technischen Hochschule werden wir zu dritt erwartet. Unser dritter Mann hatte schon gestern dienstlich in Erfurt zu tun. Jetzt, vor unserer Weiterfahrt, soll er sich uns anschließen. Er wartet vereinbarungsgemäß vor dem Bahnhofsgebäude auf uns. 'Das ist ein günstiger Treffpunkt', hat er gemeint, 'da können wir uns nicht verfehlen.'" Hans-Georg wurde nicht mal rot bei seiner Notlüge. Er redete ununterbrochen auf den Einsatzleiter ein: Führungskonzeption Maschineningenieurwesen, Vorlage für den Ministerrat der DDR, TH Ilmenau muss in die Erarbeitung einbezogen werden …

Nach anfänglichem Zögern ließ der Einsatzleiter die beiden Dienstreisenden durch eine der Flügeltüren passieren.

Auf dem Bahnhofsvorplatz hatten sich mehr als tausend Menschen versammelt. Sie standen dicht gedrängt. Sie hatten den Blick auf die Vorderfront des Hotels 'Erfurter Hof' gerichtet. Ihre Gesichter drückten freudige Erwartung aus. Einige riefen laut: „Willy, zeig' dich!", „Willy, wir grüßen dich!" Andere ergänzten in gleicher Lautstärke: „Wir heißen dich willkommen." Ein kleiner Chor mischte sich ein: „Willy … Brandt! Willy … Brandt!" Willkommensgrüße galten allein dem Bundeskanzler der BRD, nicht dem anderen Willy, der als Ministerpräsident der DDR der Gastgeber für das offizielle Treffen der beiden deutschen Regierungschefs war.

Es wurden Transparente und Spruchbänder hoch gehalten: „DDR & BRD = einiges Deutschland!", „Frieden und Freiheit für alle Deutschen!", „Willy, komm immer wieder!“ Vereinzelt wurden kleine schwarz-rot-goldene Stofffahnen entrollt. Auf denen fehlte das kreisrunde Symbol HAMMER/ZIRKEL/ÄHRENKRANZ.

Volkspolizisten bahnten sich mit ungebändigter Manneskraft eine schmale Gasse zu den Trägern der Transparente, Spruchbänder und Fahnen und konfiszierten deren Agitationselemente. Umstehende protestierten. Einer der Polizisten, von der Statur her ein Rausschmeißertyp, erklärte lautstark: „Hier findet keine Versammlung oder Kundgebung statt. Sie stehen hier als Passanten oder Reisende. Als solche benötigen Sie keine Demonstrationsobjekte.“ – „Buuh!“, war die Antwort. – Um die Missfallensäußerungen scherten sich die Polizisten nicht. Sie wendeten und brachten ihre Beute ins Bahnhofsgebäude.

Gerbach sagte leise zu Neuenhof: „Unser Stadtgang durch Erfurt fällt aus. Wer weiß, was außer dem Tohuwabohu auf diesem Platz in der Innenstadt los ist. Wir bleiben noch ein Weilchen hier stehen und arbeiten uns dann rechtzeitig zum Bahnsteig für unsere Weiterfahrt durch.“ Neuenhof war einverstanden.

Wie zur Belohnung all der Wartenden auf dem Platz wurde die Tür zu einem Balkon im ersten Obergeschoss des Hotels ‘Erfurter Hof’ geöffnet. Willy Brandt trat heraus. Er beugte sich über die Balkonbrüstung und winkte den Versammelten zu. Ein unbeschreiblicher Jubel brandete auf. „Hoch!“-Rufe wurden ausgebracht. Willkommensgrüße wurden zum Balkon hinauf gerufen. Viele, mit strahlenden Gesichtern, klatschten in die Hände. „Willy … Brandt! Willy … Brandt!“, rief der Chor der Sympathisanten, der zuvor, in Erwartung dieses Augenblicks, geprobt hatte. Willy Brandt hielt keine Ansprache. Aber mit einer seiner Hände ergriff er die andere. Er bewegte die verschränkten Hände auf und nieder. Das war seine bejubelte Dankesbezeigung.

„Lass uns gehen!“, sagte Gerbach. „Es wird Zeit für uns.“

Neuenhof war wie benommen. „Die Leute gebärden sich, als sei der Nachfolger des Heilands JESU CHRISTI nach Erfurt gekommen.“

Im Davongehen entgegnete Gerbach: „Nicht der Heiland JESUS CHRISTUS oder sein Nachfolger, sondern Adam ohne Eva, Adam unter dem Pseudonym ‘Willy aus dem bundesrepublikanischen Wirtschaftswunder-Paradies’.“

Als sie in dem dahinrumpelnden Personenzug saßen, sagte Heinz Neuenhof: „Ich staune, wieviel Erfurter sich auf dem Platz eingefunden und offensichtlich Illusionen haben.“

„Das waren dort nicht bloß Erfurter“, meinte Hans-Georg. „Im Westen wurde in Presse, Funk und Fernsehen vorhergesagt, dass dem Bundeskanzler ein gebührender Empfang bereitet werden würde. Das haben manche Leute bei uns, aus verschiedenen Gegenden, als verbrämte Aufforderung verstanden.“

Neuenhof lächelte spöttisch. „Jetzt betreibst du mit mir Agitation und Propaganda a la ‘NEUES DEUTSCHLAND’ oder Karl-Eduard von Schnitzler.“

„Na, was denkst du? Wenn sie recht haben, haben sie recht. Gewisse Gruppen, die in unserem Lande tätig sind: die Plus-Null-Truppe, die Freunde von der Warmbehandlung von Metallen, die Schwerter in Pflugschare umgeschmiedet haben möchten, und andere Zeitgenossen solcher Denkart – sie haben ohne Zweifel ihre Deputierten zum 'Erfurter Hof' entsandt."

„Aber dass so viele zusammengekommen sind ... Wenn solche Massen an einem Tag, gleichzeitig, in allen größeren Städten der DDR demonstrieren, dann kann einem himmelangst werden."

„Sei unbesorgt! Ich sehe das Ganze positiv. Für mich ist es die Bestätigung für eine Information, die hinter vorgehaltener Hand vom Werderschen Markt in unser Ministerium herübergeschwappt ist: Es wird bei uns wie auch drüben intensiv daran gearbeitet, tiefgreifende und für die DDR positive Veränderungen in den deutsch-deutschen Beziehungen einzuleiten. Wenn also Willy Brandt heute in Erfurt weilt, geht es um mehr, als dass er sich von tausend Claqeuren beklatschen und bejubeln läßt. Die 1970er Jahre, mein Lieber, werden für uns und alle Deutschen in politischer Hinsicht eine interessante Zeit."

„Spielen unsere Partei und Regierung bei solchen Veranstaltungen wie der vor dem Erfurter Hotel nicht mit dem Feuer – bloß einiger Verbesserungen in den deutsch-deutschen Beziehungen zuliebe?"

„Ach was! Unsere Sicherheitsorgane haben solche Sachen im Griff. Hast es doch selber erlebt. Und dessen sei gewiß: Einen 17. Juni wie im Jahre 1953 wird es in der DDR nicht noch einmal geben."

Gleich nach ihrer Ankunft in Ilmenau logierten sich Gerbach und Neuenhof im Hotel-Restaurant „Zum Löwen" in der Lindenstraße ein. Telefonisch meldete Gerbach dem wissenschaftlichen Sekretär des Rektors der Technischen Hochschule ihr Kommen und orderte einen TH-PKW, der die beiden vom „Löwen" zum Rektorat fahren würde. „Wir sind ja schließlich wer", erklärte Hans-Georg dem staunenden Neuenhof. Tatsächlich wurden sie in dem personengebundenen Wagen des Rektors kutschiert.

Der Rektor, ein Mann Mitte vierzig, empfing die Gäste aus Berlin wohl zuvorkommend, aber er hatte nach der telefonischen Vorankündigung eines ministeriellen Besuchs den stellvertretenden Minister Harry Petras und irgendeinen von dessen Gefolgsleuten erwartet. Nun erschienen bei ihm ein subordinierter Abteilungsleiter des MHF und ein jüngst berufener Hochschuldozent aus Magdeburg. Da hatte es Magnifizenz sehr eilig und beließ es bei einer zehnminütigen Begrüßung. „Es ist alles organisiert. Wendet euch an meinen wissenschaftlichen Sekretär! In fünf Minuten kommt der Prorektor für Wissenschaftsentwicklung. Er wird über die Leitlinien und Vorhaben unserer Forschung informieren und kann als Mitglied der Hochschulleitung auch zu anderen Fragen Auskunft geben." Dann verabschiedete er sich: Er sei unvorhergesehen zu einer dringlichen Rücksprache bei der SED-Bezirksleitung in Suhl einbestellt worden.

Der Prorektor berichtete über Forschungsthemen der TH und zählte die Industriepartner auf, in deren Auftrag die Themen bearbeitet und von denen die Forschung finanziert und zu einem beträchtlichen Teil materiell-technisch abgesichert wurden. Vieles, was er vortrug, hätte vom Direktor für Forschung der TH als statistische Übersicht ans Ministerium gemeldet werden können, und das Wenigste passte inhaltlich in eine Führungskonzeption für das Maschineningenieurwesen. Als Gerbach, behutsam formulierend, zu verstehen gab, eine FüKo für Elektrotechnik/Elektronik würde erst in einer späteren Phase der konzeptionellen Arbeiten des MHF zur Debatte stehen, beendete der Prorektor nach dreißig Minuten seine Berichterstattung.

Es war später Mittag. Der wissenschaftliche Sekretär des Rektors bedauerte, dass nun im Besuchsablauf der Berliner Gäste einige Umstellungen und zeitliche Lücken unumgänglich geworden seien. Von den beiden Professoren, die an der TH Ilmenau das Wissenschaftsgebiet Technologie vertraten und für Gespräche mit Gerbach und Neuenhof vorgesehen waren, sei der eine bis 16 Uhr mit Vorlesungen belegt und der andere in einer Forschungsberatung bei seinem Vertragspartner VEB Funkwerk Kölleda involviert. So würde der eine an diesem Tage erst gegen 16 Uhr 30 und der andere am Vormittag des nächsten Tages zur Verfügung stehen. Das könne aber angehen, meinte der wissenschaftliche Sekretär, weil die angereisten Gäste ohnehin in Ilmenau zu übernachten gedächten. „Auf ein persönliches Gespräch mit jedem einzelnen legen beide Professoren besonderen Wert", ergänzte der Sekretär, „unser Rektor auch."

„Wieso?", fragte Gerbach.

Der Sekretär rang um eine diplomatische Antwort. Schließlich: „Beide Herren vertreten in Lehre und Forschung unterschiedliche Standpunkte, ohne dazu miteinander zu kommunizieren. In der Hochschulöffentlichkeit ist bekannt, beide Genossen sind vor Jahr und Tag in einen Streit geraten, in dem der eine wie der andere sehr persönlich geworden waren. Seitdem sprechen beide nicht mehr miteinander ..." Nach einer kleinen Pause: „Genossen, verschafft euch selber einen Eindruck!"

Hans-Georg bedankte sich für die vertrauliche Information. „Wir sind aber nicht nach Ilmenau gekommen, um als Schiedsrichter bei Streitereien eurer Professoren zu fungieren", sagte er. Das Anerbieten des Sekretärs, Bons für ein Gäste-Mittagessen in der Mensa zu reservieren, lehnte er – zu des hungrigen Heinz Neuenhofs Erstaunen ab. Gerbach besann sich nämlich auf die nicht ganz dienstliche Idee, die ihm auf der Bahnfahrt kurz vor Erfurt eingekommen war. „Wir haben noch einen anderen Termin“, sagte er, „wir finden uns 16 Uhr30 wieder hier ein.“

Sie verließen das Rektoratsgebäude. In gebührender Entfernung ließ sich Hans-Georg von einem Straßenpassanten den Weg zum Kickelhahn beschreiben. Sie nutzten den gutmarkierten Wanderweg „Auf Goethes Spuren“ bis zum Kickelhahn, einem 801 Meter hohen Berg südwestlich von Ilmenau; den Besuch der Orte Manebach und Stützerbach ließen sie aus. Der Aufstieg zum Goethehäuschen und dem Aussichtsturm auf dem Kickelhahn war beschwerlich. Der Schnee auf dem schlecht beräumten Weg war verharrscht, und dort, wo ihn die Märzsonne zu tauen vermocht hatte, war der Pfad mit Schmelzwasser oder spiegelblankem Eis bedeckt.

Neuenhof schniefte. „Ab Mai bis September, kann ich mir vorstellen, ist das hier eine wunderschöne Wandertour. Aber jetzt …“

„Jetzt“, entgegnete Gerbach, „erstürmen wir, ehe wir dumm sterben, die Höhen deutscher Kultur.“

Das Goethehäuschen war geschlossen, die Besteigung des Aussichtsturms nicht möglich. Aber der Text auf einer überdachten großen Holztafel war gut leserlich. Die wenigen Zeilen eines der bedeutendsten in deutscher Sprache verfassten Gedichts waren in die Holztafel eingeritzt und nachgebeizt:

„Über allen Gipfeln ist Ruh' …“

Johann Wolfgang von Goethe hatte es im September 1780 auf dem Kickelhahn niedergeschrieben.

„Im Zeitraum Mai bis September dieses Jahres wirst du wegen der Führungskonzeption kaum hierher kommen“, sagte Gerbach versonnen, „aber vielleicht unternimmst du später mit deiner Familie eine Urlaubsreise durch Thüringen. Dabei könnten doch Ilmenau und seine Umgebung ein lohnendes Ziel sein. – So, und nun auf zur heutigen Debatte mit einem der Ilmenauer Technologie-Streithähne“:

Diese Debatte fand ab 16 Uhr 30 im Rektorat im Dienstzimmer des wissenschaftlichen Sekretärs statt.

Der Sekretär beschäftigte sich derweilen mit Posteingängen und Aktenkram im Vorzimmer des Rektors, der immer noch nicht aus Suhl zurückgekehrt war. Gegen 18 Uhr lugte der Sekretär durch einen Türspalt in sein Arbeitszimmer. „Es tut mir leid, euch zu stören, Genossen. Aber in einer halben Stunde beginnt die Elternaktivsitzung der Schulklasse meines Sohnes, und ich bin der Vorsitzende dieses Aktivs. Ohne mich …“

Die drei Debattierer verstanden, der Sekretär wollte gehen. Sie einigten sich, ihr Gespräch im „Löwen“ fortzusetzen. Der Professor brachte die Gäste aus Berlin mit seinem Privat-PKW ins Hotel-Restaurant. Dort labten sich Gerbach und Neuenhof an einem schmackhaften Abendessen, währenddes der Professor nach Hause fuhr und seine Frau informierte, dass die für seine berufliche Tätigkeit wichtige „Beratung mit Genossen vom Ministerium“ im „Löwen“ fortgesetzt werden würde. Tatsächlich kehrte er, wie zugesagt, ins Hotel zurück, als die anderen beiden noch beim Essen waren. Er bestellte für sich einen kleinen Imbiss und für alle drei eine Flasche Weißwein. „Der Wein geht auf meine Rechnung.“, sagte er. „Mehr spendiere ich nicht. Das sähe sonst wie Bestechung aus.“

Sie saßen bis kurz vor 23 Uhr beieinander.

Der Professor war vor seiner Berufung an die TH Ilmenau als Direktor des Instituts für Technologie und Organisation des Maschinenbaus, dem Vorläufer des Forschungszentrums des Werkzeugmaschinenbau, in Karl-Marx-Stadt tätig gewesen. Er hatte als einer der führenden Experten in der „Kammer der Technik“, dem Ingenieurverband in der DDR, maßgebend an der „Grundsatzordnung Technologie“ mitgearbeitet. Er hatte dabei fundierte Kenntnisse und Ingenieur-Erfahrungen in mehreren Fachdisziplinen der Technikwissenschaften, insbesondere des Maschinen- und Gerätebaus, nachgewiesen.

„Sowohl damals als auch in meiner Lehr- und Forschungstätigkeit in Ilmenau“, sagte er, „bin ich von der klassischen Begründung der Wissenschaft Technologie durch den Göttinger Universitäts-Professor Johann Beckmann und sein 1777 erschienenes Hauptwerk ‘Anleitung zur Technologie, oder zur Kenntnis der Handwerke, Fabriken und Manufakturen ...’ ausgegangen. Es war derselbe Beckmann, der alle Vertreter der Technologie ‘Technologen’ genannt hat. Neuerdings fragen mich hiesige Kollegen anderer Fachgebiete, ob ich mich allen Ernstes auf solch ein altes Buch berufe. Ihnen antworte ich: Jawohl, aber nicht allein auf dieses Buch. Die Entwicklung ist ja weitergegangen. Andererseits: In der Physik beispielsweise werden jahrhundertealte Erkenntnisse von Galileo Galilei und Isaac Newton und anderen anerkannt und bereits an Schulkinder vermittelt, und niemand nimmt Anstoß daran. Übler dran bin ich mit denen, die im Hintergrund tuscheln und spötteln und hecheln. Von wem das ausgeht, weiß ich. Vielleicht ist es euch, Genossen, heute zugetragen worden. Dazu möchte ich mich heute Abend aber nicht auslassen.“

Diese Zurückhaltung ihres Gesprächspartners empfanden Gerbach und Neuenhof als angenehm. Hans-Georg dachte an das Programm für den Vormittag des nächsten Tages. Deshalb fragte er: „Welche konzeptionelle Richtung, Genosse Professor, verfolgt denn dein hiesiger Antipode?“

„Er kreiert und propagiert eine prozesstheoretisch fundierte Technologie der Elektrotechnik/Elektronik. Er erfreut sich dabei der Protektion seitens unseres Rektors. Magnifizenz ist – sozusagen – reiner Elektrotechniker. Magnifizenz gefällt, dass aus den Wurzeln der ehemaligen Hochschule für Elektrotechnik Ilmenau womöglich ein neuer – wie gesagt wird: ein moderner – Wissenschaftszweig ‘Elektrotechnologie' ersprießt. Mehr, Genossen, versteht mich recht, möchte ich zu diesem Thema nicht äußern."

Am Vormittag des nächsten Tages führten Gerbach und Neuenhof das vorgesehene Gespräch mit dem rektorbegünstigten Ordinarius für „moderne Elektrotechnologie". Der Mann gab sich ihnen gegenüber sehr selbstsicher. In seinen Darlegungen und mit Fragen an seine Gesprächspartner ließ er erkennen, er fühle sich als der in der Elektroindustrie der DDR und in der KdT bekannte Prozesstheoretiker und sei verwundert, dass nicht er, sondern der Magdeburger in die Arbeitsgruppe FüKo des MHF berufen worden war, wo er doch von dem Genossen Dr. Neuenhof in Fachkreisen noch nie etwas gehört habe. Solch hervorgehobenes Selbstwertgefühl und solch eine kaum verhohlene Geringschätzung eines Gesprächspartners hatten den ministeriellen Abteilungsleiter Dipl.-Ing. Hans-Georg Gerbach seit jeher empört, in Wut versetzt. Mit lächelnder Miene kürzte er das Gespräch mit dem Ilmenauer Prozeß-Experten ab, noch ehe der den Atem seiner neuerlichen wissenschaftlichen Denkweise hatte durch den Raum wehen lassen können.

Nach artiger Danksagung und Verabschiedung bei Magnifizenz traten Gerbach und Neuenhof die Rückreise nach Berlin an. Heinz Neuenhof wäre zwar am liebsten auf kürzestem Wege nach Magdeburg gefahren. Aber treuherzig hatte er vor Antritt der Dienstreise kundgetan, am Sonnabend der laufenden Woche habe er keine Vorlesung in Magdeburg zu halten. Das hatte Gerbach ausgenutzt: „Die Rückreise unternehmen wir gemeinsam – nach Berlin. Unterwegs verfassen wir unseren schriftlichen Reisebericht. Der stellvertretende Minister ist sonnabends immer bis zum Nachmittag im Dienst. Ich arrangiere, dass wir Harry Petras am Sonnabendvormittag vorab mündlich über unsere Reise und ihre Ergebnisse berichten können. Dann kannst du den Mittagszug nach Magdeburg nehmen und bist zum Kaffeetrinken zu Hause. Am Montag kannst du deine Angelegenheiten in eurer Sektion erledigen. Am Dienstag sehen wir uns im MHF wieder."

„Sonnabendvormittag bin ich allwöchentlich mit meinem Intimus Lilienhain verabredet."

„Ihn rufen wir an, euer Treffen werde auf kommenden Montag verschoben."

Die Rückreise und der Sonnabendvormittag liefen ab, wie von Gerbach geplant. Während der Bahnfahrt – selbst in den rumpelnden Waggons der Personenzüge – hatte sich Gerbach sein Diarium mit den harten Papp-Einbanddeckeln auf den Schoß gelegt und schrieb. Sie formulierten abwechselnd. Manchmal genügte die Äußerung eines Gedankens seitens des einen, dass der andere daraus sogleich berichtstaugliche Sätze konstruierte. Als sie den Berliner Zielbahnhof erreichten, war der handschriftliche Bericht fertig.

Am Ende der mündlichen Berichterstattung vor Harry Petras fragte der stellvertretende Minister: „Nun, Genosse Technurge, welche Schlussfolgerungen und Maßnahmen im Hinblick auf die FüKo MIW ergeben sich für das MHF, ganz speziell für mich in meiner Funktion, aus der Ilmenau-Reise?"

Es erwies sich als gut, dass Heinz Neuenhof am Vortage nicht auf kürzestem Wege nach Hause gefahren war, wo ihn seine Frau und Söhne und die familiären Ereignisse der zurückliegenden Tage mit ganz anderen Dingen als mit der FüKo MIW beschäftigt hätten. So hatte er am Abend seiner Rückkehr aus Ilmenau, in seinem Pensionszimmer in der Oranienburger Straße, folgendes seine Sympathie für den einstmaligen Direktor des ITO nicht berücksichtigendes Fazit aus der Dienstreise gezogen:

„Erstens: Der Genosse Minister beauftragt den Rektor der THI, gemeinsam mit dem Direktor für Kader und Qualifizierung und in Abstimmung mit dem 1. Sekretär der Hochschulparteiorganisation eine klärende Aussprache mit den Technologie-Professoren der THI zu führen dahingehend, dass es bis spätestens zum Ende des laufenden Studienjahres eine abgestimmte einheitliche Lehrmeinung und Forschungsstrategie der THI zum Wissenschaftsgebiet Technologie gibt, die von allen Beteiligten rückhaltlos vertreten wird.

Zweitens: Zum erforderlichen Zeitpunkt beauftragt der Genosse Minister den Rektor der THI, eine THI-Gesamtliste all jener Wissenschaftler der TH Ilmenau – einschließlich derer für das Wissenschaftsgebiet Technologie – vorzulegen, die für die Mitarbeit an einer Führungskonzeption (FüKo) Elektrotechnik/Elektronik empfohlen werden.

Drittens: Auf Grund des vorgegebenen Zeitrahmens wird kein Experte der THI in die Arbeitsgruppe FüKo Maschineningenieurwesen berufen."

Der stellvertretende Minister sah seinen Abteilungsleiter Gerbach an. Der nickte. Da grinste Harry Petras und sagte zu Heinz Neuenhof: „Genosse Technurge, du konzeptionierst wie ein weiser Uhu."

Am Sonnabend langte Neuenhof zur Kaffeezeit zu Hause an. Seine Frau empfing ihn aufgeregt: „Woher kommst du denn jetzt erst? Kainzows haben uns zum Nachmittagstee eingeladen. In einer Viertelstunde sollen wir bei ihnen sein. Wie wollen wir das schaffen? Dass du immer etwas hast, dessentwegen du nicht pünktlich sein kannst."

Zur Begrüßung umarmte Heinz seine Familienmitglieder. „Nur keine Hektik, Karin. Hast du für die Visite ein bißchen 'was besorgt?"

„Wenn du einen Blumenstrauß für die Frau des Hauses Kainzow meinst – ja, der steht im Badezimmer. Jetzt, an einem Samstagnachmittag, bekämen wir in der ganzen Stadt nicht einen Blumenstengel zu kaufen. Ist das in Berlin etwa anders?"

Er tat, als überhöre er den Vorwurf in ihrer Frage, und nahm sie nochmals in die Arme. „Bist eben tüchtig", lobte er sie. „So. Nun zieh die Kinder an und dich auch! Wir fahren unverzüglich mit unserem Auto zu Kainzows."

Neuenhofs PKW war vis-á-vis von ihrem Wohnblock-Hauseingang geparkt. Dort, auf der gegenüberliegenden Straßenseite, hatte Heinz unlängst ein gepflastertes, nicht genutztes Geviert zwischen der Garagenhof-Einfriedung und der neben dem Garagenhof angesiedelten Bürsten- und Besenfirma ausgemacht. Dieses Geviert mochte Teil der Zufahrt zu einem Anwesen gewesen sein, das in der Magdeburger Bombennacht vom 16. Januar 1945 zerstört worden war und dessen Grundfläche nunmehr von der Garagen-Gemeinschaft genutzt wurde, die für Neuenhofs Auto keine Unterstellmöglichkeit bot. Neuenhof hatte seinen PKW unbedingt vom „Laternen-Parkplatz am Straßenrand" an einem ihm sicher erscheinenden Standort unterbringen wollen – nicht, dass er eines Morgens, nach reichlichem Schneefall in der Nacht, seinen TRABI als vom Schneepflug wenig pfleglich behandeltes Verschiebeobjekt an der nächsten Straßenecke hätte entdecken müssen. Er hatte probiert: Wenn er sein Fahrzeug bis dicht an die Seitenwand des Firmengebäudes heranfuhr, vermochte er, die Autotür an der Fahrerseite zwei Handbreiten weit zu öffnen und, sich wie ein Schlangenmensch windend, ein- und auszusteigen. Dort stand das Auto, während er die Woche lang in Berlin weilte. Karin konnte es von ihrem Küchenfenster aus beobachten und darauf achten, dass sich niemand in unrechtmäßiger oder zerstörerischer Weise an dem Fahrzeug zu schaffen machte. Darauf, den Trabi nach Burkitz zu fahren und in der desolaten Scheune der Alma Knarrschen Bekanntschaft unterzustellen, verzichtete Neuenhof nunmehr.

Damit nach seiner verspäteten Ankunft zu Hause alles schnell vonstatten ging, wechselte der zeitweilige Experte wegen des Besuchs bei Kainzows gar nicht erst die Garderobe. Rasch steckte er die Autopapiere und den Zündschlüssel in seine Jacketttasche. Er lief mit einem Handfeger und Eiskratzer hinaus, reinigte die Autoscheiben, fuhr den Trabi vor den Hauseingang – Karin hatte derweilen die Kinder und sich angekleidet und die für die Visite gedachten Dinge eingepackt –, und los ging die Fahrt. Sie kamen fünf Minuten später als vereinbart bei Kainzows an.

Nach dem Teetrinken verblieben die Frauen im Wohnzimmer und unterhielten sich – besser gesagt: Sie klagten einander ihr Leid, dass die Ehemänner, beide die Woche lang in Berlin tätig, zu Hause alle Arbeiten und Erledigungen ihren Ehefrauen überließen. Bei Kainzows betraf dies sogar die Vorbereitungen für den Umzug der Familie von Magdeburg an den Stadtrand von Berlin. Kainzows Sohn war von seinem Vater beauftragt worden, seine Modelleisenbahn vom Hausboden zu holen – sie musste wegen des Umzugs ohnehin verpackt werden – und sie den staunenden Gerald und Martin vorzuführen. Der Professor und Heinz zogen sich, wie von den Ehefrauen erwartet, zu einem internen Gespräch in Kainzows halb leergeräumtes Arbeitszimmer zurück.

Prof. Kainzow war darüber informiert, dass sich die Petrassche MHFArbeitsgruppe FüKo MIW noch im Monat März des laufenden Jahres zu einer Klausurberatung in Bad Saarow zusammenfinden würde. „Dort musst du die Magdeburger Vorhaben und ersten Resultate zur Rationalisierung der Lehr- und Lernprozesse geschickt ins Spiel bringen“, empfahl er.

Heinz nickte. „An solch einem Vorhaben bin ich persönlich beteiligt.“

„Das weiß ich. Aber für die FüKo musst du tiefer Atem holen – beispielsweise für die Propagierung solcher progressiven Projekte wie das zum Jahresende vorgesehene Magdeburger Hochschul-Fernsehen und – immer wieder hervorzuheben – die Nutzung der Elektronischen Datenverarbeitung.“ (EDV).

„Magdeburger Hochschul-Fernsehen?“ Von der Direkt-Einspielung fachbezogener Fernseh-Beiträge in Vorlesungen, die im Hörsaal III der TH darzubieten waren, hatte Neuenhof noch nichts gehört.

„Hast du das Fernseh-Studio der Hochschule noch nicht besucht?“

Kopfschütteln.

„Das wirst du schleunigst nachholen müssen. In deiner neuen Funktion ...“ Der Professor ertappte sich dabei, sich zu verplappern. „Hattest du in den letzten Tagen ein Gespräch mit Magnifizenz?“

Wieder Kopfschütteln.

„Kommt noch. – Nun ein paar Hinweise zur Wissenschaftsentwicklung ...“

Dr. Neuenhof sagte lebhaft: „Da ist mir eine interessante Ausarbeitung in die Hände gelangt – von einem gewissen Jürgen Kuczynski. Er will demnächst ein Buch mit dem Titel ‘WISSENSCHAFT HEUTE UND MORGEN’ herausbringen. Darin soll die von mir erwähnte Ausarbeitung einfließen. Schreibt doch der Mann über wissenschaftlich ausgebildete Technologen, also über unser beider berufliches Hauptanliegen, tatsächlich: ‘Ihre Aufgabe ... ist nicht, neue wissenschaftliche Erkenntnisse zu erbringen, als Wissenschaftler schöpferisch tätig zu sein. Ihre Aufgabe ist vielmehr, wissenschaftliche Erkenntnisse in die Praxis zu überführen.’ Gegen diese Auffassung werde ich in Bad Saarow ...“

Wolfgang Kainzow winkte ab. „Das solltest du nicht tun. Erstens: Des Problems ‘Wissenschaft Technologie/Technologen-Ausbildung’ nimmt sich Kurt Hager an. Er hat als Sekretär des ZK und Politbüro-Mitglied mehr Einfluss auf die Klärung solcher Probleme als du und das Ministerium. Außerdem sind Hager und der Star-Ökonomie-Schreiberling Kuczynski dicke Freunde. Zweitens: Du musst dafür sorgen, dass die Ministerratsvorlage, angeregt durch Friedrich Engels’ ‘Anti-Dühring’, kein ‘Anti-Kuczynski’, sondern tatsächlich eine staatliche Führungsleitlinie für die

Forschung und Entwicklung auf dem Gebiet des Maschineningenieurwesens wird: Was muss – bis hinauf zu den höchsten Führungsspitzen – getan werden, um die Forschungs- und Entwicklungskapazitäten der Universitäten, Hoch- und Fachschulen, der Industrie und vor allem der Akademie der Wissenschaften zu bündeln und auf Schwerpunktaufgaben und -vorhaben des MIW auszurichten? Das sollten die im Sommer zusammenzurufenden Experten konzipieren, Mitarbeiter in Ministerien vermögen das nicht – ist ja auch nicht vordergründig ihre Aufgabe; dafür beruft ja die Staatsmacht Professoren, Dozenten und Akademiker."

Gisela Kainzow kam ins Arbeitszimmer. „Sind die anwesenden Gelehrten bereit für einen kleinen Abend-Imbiss? Im Wohnzimmer ist alles angerichtet."

Auf dem Weg ins Erdgeschoss sagte der Professor zu Heinz Neuenhof: „Nutze den morgigen Sonntag, um notwendige Unterlagen für deine Berufung zum Professor herauszusuchen und zusammenzustellen! Wie ich erfahren habe, soll dein Berufungsantrag kurzfristig der Hochschulleitung zur Bestätigung vorgelegt und beim Ministerium eingereicht werden. Du wirst es Montag vom Sektionsdirektor offiziell erfahren."

Neuenhof fand erneut bestätigt: Prof. Wolfgang Kainzow wusste über wichtige Dinge immer mehr und immer früher Bescheid als die „normalen" Hochschulangehörigen.

Tatsächlich wurde Neuenhof Montagfrüh, kurz vor 7 Uhr, zum Sektionsdirektor, Prof. Richard Kleber, gerufen. „Es entspricht den Festlegungen im langfristigen Kader-Entwicklungsplan der Sektion, für das Fachgebiet 'Fertigungsgestaltung' eine Professur einzurichten und kurzfristig zu besetzen. Als Berufungskandidaten für diese Professur haben die Leitung unserer Sektion und die Hochschulleitung dem Minister für das Hoch- und Fachschulwesen dich vorgeschlagen. Die Berufung soll nach unseren Vorstellungen zum 1.9.1970 erfolgen. Das bedeutet: Der Berufungsantrag für dich muss am kommenden Freitag im Ministerium vorliegen, übermorgen muss ich ihn an unseren Kaderdirektor liefern. Darüber, was du für den Antrag beizubringen hast, informiert dich im einzelnen Genosse Horst Bürgel. Er nimmt auch deine Ausarbeitungen entgegen. Termin: morgen. Also weißt du, was du heute zu tun hast."

'Gut', dachte Neuenhof, 'dass mich Professor Kainzow beim Tee-Nachmittag vorgestern vorgewarnt hat.' Heinz hatte den gestrigen Sonntag genutzt, eine aktuelle Fassung seines Lebenslaufs und eine Verpflichtungserklärung für seine künftige Tätigkeit als ordentlicher Professor zu erarbeiten, er hatte Zeugnisse und Urkunden über seinen akademischen Werdegang herausgesucht und feststellen müssen, dass ihm davon diverse Fotokopien für die Antragstellung fehlten – ebenso Passbilder. „Die alten Passbilder aus deinem Aktenordner kannst du nicht verwenden", hatte Karin entschieden, als er sie zu Rate gezogen hatte.

Karin hatte am Sonntag das ganze Familienleben der Neuenhofs gestaltet. Sie hatte den Tag, nur von ihren Küchenarbeiten unterbrochen, mit den Jungen verbracht: hatte ihnen etwas vorgelesen, sich mit ihnen bei Karten- und Würfelspielen vergnügt, war am Nachmittag mit Gerald und Martin in den nahegelegenen Zoo gegangen ... Kurzum: Sie hatte ihrem Mann für dessen Arbeiten „verständnisvoll und geduldig den Rücken freigehalten." Nach Prof. Klebers Eröffnung ging es in der Familie Neuenhof so weiter wie am Vortag.

Die Leitung der Lehr- und Forschungsgruppe Fertigungsprojektierung übertrug Neuenhof an Horst Lilienhain. „Am kommenden Samstag, gleich früh, treffen wir uns in meinem Dienstzimmer. Dann bin ich den inneren Druck wegen der Antragstellung los, und wir können uns in Ruhe mit den Problemen in unserer Gruppe befassen." Lilienhain avancierte zu Neuenhofs Intimus.

Das Foto-Labor am Nikolaiplatz vermochte die von Karin empfohlenen neuen Paßbilder erst am Dienstagnachmittag fertigzustellen. Anderer Erledigungen wegen geriet Neuenhof ebenfalls in Zeitverzug. Er sah sich genötigt, telefonisch beim stellvertretenden Minister Petras um einen weiteren Tag Aufschub für seinen Dienstantritt in Berlin zu bitten. Petras knurrte am Telefon. Als ihm Neuenhof gestand, worum es ging, sagte er: „Also gut: bis Mittwochfrüh."

Heinz Neuenhof lieferte die von ihm geforderten Unterlagen zu seinem Berufungsantrag pünktlich an Sektionsdirektor Kleber.

Mittwochfrüh erschien er hochgestimmt zu einer 3-Tages-Arbeitswoche in Berlin. Seine Hochstimmung währte nicht lange: Wie von ihm befürchtet, wurde die Klausurberatung der Arbeitsgruppe für ein Wochenende angesetzt, an dessen Samstag er seine neue Vorlesung „Fertigungsprojektierung" zu halten hatte. „Es war terminlich nicht anders einzurichten", entschuldigte sich Kubitzke. „Musst dich halt – ausnahmsweise – von deinem Oberassistenten vertreten lassen", ergänzte Hansi Lindner. 'Darum werde ich nicht umhinkommen', dachte Neuenhof. Ihm bereitete Sorgen, dass der Vorlesungstext noch nicht wörtlich ausgearbeitet, sondern lediglich stichpunktartig inhaltlich umrissen war. Er genierte sich, Horst Lilienhain mit einem Zettel voller Stichpunkte ans Katheder im Hörsaal zu schicken. Am Sonnabend traf er sich zur üblichen Zeit in seinem Magdeburger Dienstzimmer mit Lilienhain und klagte ihm seine Not. Lilienhain sagte: „Gib her, was du hast! Ich mache einen Text daraus. Bis zum Vorlesungstermin am kommenden Sonnabend habe ich eine Woche Zeit. Die genügt mir. Bring' du deine Sache in Berlin und speziell in Bad Saarow gut über die Bühne und komm rasch zu uns zurück! Wir brauchen dich hier."

Solch ein Glücksfall war Dr. Horst Lilienhain für den jungen Hochschuldozenten Neuenhof.

Der stellvertretende Minister für das Hoch- und Fachschulwesen Harry Petras führte die Klausurberatung der von ihm geleiteten Arbeitsgruppe am Wochenende vor Ostern 1970 in Bad Saarow bei Berlin durch. Sie lief inhaltlich und organisatorisch so ab, wie es in der Petrasschen Arbeitsbesprechung Anfang Februar diskutiert und beschlossen worden war. „Wir müssen unsere Köpfe anstrengen und zügig arbeiten", sagte Petras einleitend, „wir wollen uns die Ostereier fürs kommende Wochenende redlich verdienen."

Dr. Neuenhof hatte über die Hinweise, die ihm Prof. Kainzow an dem Tee-Nachmittag eine Woche zuvor gegeben hatte, lange nachgedacht. Er hatte auf mehreren Blättern Notizen zur Darstellung und möglichen Lösung der mit Kainzow debattierten Probleme angefertigt. Aus diesen Blättern, die er mit anderen Notizzetteln seiner zeitweiligen Tätigkeit im Ministerium in einer Klemmmappe verwahrte, trug er in einem Diskussionsbeitrag in der Arbeitsgruppe vor. Die meisten Arbeitsgruppenmitglieder sahen ihn dabei erstaunt an. Harry Petras unterbrach Neuenhofs Vortrag. „Genosse Technurge, geh' auf dein Zimmer", in dem während der Klausurberatung auch Hans-Georg Gerbach untergebracht war, „schreib' auf, was du uns soeben vorgetragen hast und uns noch hast vortragen wollen! Ich gebe dir sechzig Minuten Zeit. Dann sehen wir uns hier wieder."

Nach einer Dreiviertelstunde kehrte Neuenhof in den Beratungsraum zurück. Petras diktierte der mitgereisten Sekretärin einen Text. Den hatte Dr. Lindner verfasst. Gerbach flüsterte Neuenhof ins Ohr: „Hansis Formulierungen gefallen ihm" – er meinte Petras – „nicht. Nun rubelt er alles um."

„Das war für Sie heute das Letzte", sagte Petras zu der Sekretärin und zündete sich eine „Juwel" an. „Machen Sie sich einen schönen Feierabend!"

„Ich schreibe den Text gleich auf der Maschine", entgegnete die Sekretärin beflissen.

Petras winkte ab. „Morgen früh, das reicht. Jetzt ist für Sie Schluss." Mit Blick auf die anderen Arbeitsgruppenmitglieder: „Wir hören uns noch den Vortrag des Technurgen an. Dann gehen wir in den Klubraum des Hauses und lassen den Tag bei einer gepflegten Flasche Bier ausklingen."

Heinz Neuenhof wurde bei dieser Ankündigung aufgeregt. Was er in 45 Minuten aufgeschrieben hatte, erschien ihm zwar notwendig und schlüssig, aber andererseits auch lapidar. Zweifel befielen ihn, ob es ihm als Nicht-Ministeriumsmitarbeiter zustand, solche Vorschläge in die Führungskonzeption für das Maschineningenieurwesen einbringen zu wollen wie die folgenden:

Die Akademie der Wissenschaften der DDR – derzeit stark, um nicht zu sagen: einseitig auf die Natur- und Humanwissenschaften ausgerichtet – müsste um eine Gruppe Technik erweitert werden. Der Gruppe Technik der Akademie oblägen die

Pflege, die Popularisierung und die volkswirtschaftliche Nutzbarmachung der in der DDR geleisteten technikwissenschaftlichen Grundlagenforschung.

Die Akademie der Wissenschaften und – mit einem Teil seiner Forschungskapazität – das Hochschulwesen, also Universitäten und Hochschulen, als Erbringer von Leistungen der wissenschaftlichen Grundlagenforschung müssten koordiniert und vermittelst gemeinsamer Programme zusammenarbeiten.

Die Zusammenarbeit der Akademie der Wissenschaften und des Hochschulwesens müsste nach gesamtgesellschaftlichen und volkswirtschaftlichen Plänen von der Leitung der Akademie, vom Ministerium für das Hoch- und Fachschulwesen (MHF) und vom Ministerium für Wissenschaft und Technik (MWT) organisiert, koordiniert und geleitet werden. Dabei sollten sie von wissenschaftlichen Räten unterstützt werden, in die die auf ihrem Fachgebiet leistungsfähigsten und angesehensten Wissenschaftler des Landes zu berufen wären.

Als Neuenhof geendigt hatte, sagte Kurti Kubitz: „Schwere Kost zum Abend …"

„Hast recht", pflichtete ihm Petras bei. „Deshalb diskutieren wir über das eben Gehörte morgen früh, wenn bei allen der Geist frisch und wieder rege ist. Jetzt gehen wir Abendbrot essen. Du, Kurti, bringst mir vorher eine Schreibmaschine auf mein Zimmer."

Seine Abendbrotschnitte verzehrte Harry Petras hastig. Noch kauend, trat er an Neuenhofs Sitzplatz heran, nestelte seine Zigarettenschachtel aus der Hosentasche und sagte halblaut: „Genosse Technurge, komm mit!"

Sie saßen dann zweieinhalb Stunden in Petras' Zimmer beieinander – der stellvertretende Minister vor der Schreibmaschine, die er auf einem in die Zimmermitte gerückten Nachttischchen abgestellt hatte, und der vor einem halben Jahr an die TH Magdeburg berufene Hochschuldozent, seine aufgeklappte A5-formatige Klemmmappe auf dem Schoß, neben Petras, wie ein Schüler, der von seinem Lehrer Nachhilfe-Unterricht erteilt bekommt.

„Leg' deine Notizzettel in die Mitte, damit ich abluchsen kann!", sagte Petras und begann, im sogenannten Zwei-Finger-Suchsystem auf der Maschine herumzutippen. „Was du vorhin vorgetragen hast, entspricht einer langfristigen Konzeption. Das können und werden wir nicht alles in der FüKo unterbringen, das nähmen uns die Gelehrten der Akademie und die führenden Genossen der Staatsmacht zum gegebenen Zeitpunkt nicht ab. Unsere FüKo würde in der Sitzung des Ministerrats durchfallen. Alle klugen Gedanken würden für lange Zeit in irgendeiner Abfalltonne verschwinden. Das wäre schade. Da wir aber bei der Entwicklung des Hochschulwesens nicht nur, aber in besonderem Maße langfristig, auf weite Perspektive ausgerichtet, zu denken haben, schreiben wir jetzt alles auf, was uns zum Themenkomplex 'Wissenschaftliche Grundlagenforschung' in den Sinn kommt." Die Bezeichnung dieses Themenkomplexes hatte Petras als Überschrift auf das in der Schreibmaschine eingespannte Blatt Papier gesetzt. „Den Text, der in die FüKo hineinpassen könnte, rücke ich beim Schreiben etwas ein. So, nun los! Du diktierst, ich tippe." Er legte seine qualmende Zigarette auf den Rand des Nachttischchens. Sie rollte ab, fiel zu Boden. „Herrjeh, avanciere ich heute Abend zum Brandstifter? Gibt's hier keinen Aschenbecher?" In dem Zimmer gab es keinen. Petras logierte in einem Raum für Nichtraucher. „Auch das noch!"

Neuenhof erhob sich, um einen Aschenbecher aus dem Klubraum zu holen.

„Bleib' hier! Der Untersetzer für die Grünpflanze dort, auf dem Fensterbrett, tut's auch." Die Topfpflanze stand auf der Untertasse eines Kaffeeservices aus Steingut. Neuenhof stellte das Tellerchen neben die Schreibmaschine. Petras nickte ihm zu. „Nun fang endlich an zu diktieren!"

Neuenhof verlas seine Notizen aus der DIN A5-Klemmmappe. Einiges formulierte er um, manche Passagen, die er der Arbeitsgruppe vorgetragen hatte, erweiterte er. Er sprach bedächtig; der Mann an der Schreibmaschine sollte seinen Ausführungen folgen können. Aber Petras erwies sich mit seinem Zwei-Finger-Suchsystem nicht nur als recht versierter Beherrscher der Tastatur, er formulierte manches, das ihm Neuenhof diktierte, während des Tippens einfach um. Als Neuenhof, darob erstaunt, innehielt, drängte ihn Petras: „Lass dich nicht aus dem Konzept bringen! Aber wie man Texte für die Partei- und Staatsführung spitzengerecht formulieren muß, weiß ich besser als du."

In solch einem Wechselspiel von Gedankenaustausch, Diktat und Textkorrekturen wurde an jenem Abend in Bad Saarow das Grundkonzept dafür entworfen, die wissenschaftliche Grundlagenforschung auf allen relevanten Wissens- und Fachgebieten in naher oder ferner Perspektive als sogenannte Forschungsprogramme zu planen, koordiniert zu betreiben und gemeinsam durch Wissenschaftler-Gremien und zuständige Ministerien zu leiten.

„Was meinst du, Genosse Technurge, welche ist die Wissenschaft aller Wissenschaften?", fragte Petras.

Neuenhof zögerte nicht. „Die Mathematik."

„Ganz meiner Meinung. Deshalb: Forschungsprogramm I 'Mathematik'. Als zweites schlage ich vor 'Physik'." Petras lehnte sich auf seinem Stuhl weit zurück, vollführte Lockerungsübungen mit seinen Fingern und rauchte, rauchte in der Manier des „rasenden Reporters" Egon Erwin Kisch, dem beim Maschineschreiben seiner Texte immer eine Zigarette an der Unterlippe hing. „Es geht bei unserer heutigen Aktion um eine FüKo für das Maschineningenieurwesen. Sag', Genosse Technurge: Verdient auch die Erforschung grundlegender Erkenntnisse zum MIW, in einem oder gar in mehreren Forschungsprogrammen erfasst zu werden?"

Beide waren sich einig: Zweifellos gab und gibt es eine Konstruktionswissenschaft.

„Und dein eigenes Gebiet?", fragte Petras lauernd. „Aber antworte nicht: 'Technologie'! Bezüglich 'Technologie' sind sich nicht mal die Gelehrten einig, wie ihr – Hans-Georg und du – bei eurer Dienstreise nach Ilmenau erfahren musstet."

Nach einigem Hin und Her einigten sich die beiden: Es sollte auch ein Forschungsprogramm Nr. xy „Wissenschaftliche Grundlagen der Be- und Verarbeitung" geben.

Als Petras den letzten an diesem Abend von ihm beschriebenen A4-Bogen aus der Schreibmaschine zog, erinnerte sich Heinz Neuenhof an den Abschluss seiner und Gerbachs kürzlich durchgeführten Dienstreise: wie beherzt Gerbach während der D-Zug-Fahrt von Erfurt nach Berlin an die Niederschrift des Reiseberichtes gegangen war, wie der Studienfreund von einst ihn – Neuenhof – in die Formulierung des Textes einbezogen hatte und wie zeit- und ergebnisorientiert er vorgegangen war. Bis zum Erreichen des Berliner Zielbahnhofs hatte Gerbach den Bericht fertiggeschrieben haben wollen, und der Bericht war beim Verlassen des Zuges fertig gewesen. Neuenhof begriff: Das war Petrasscher Arbeitsstil. Hans-Georg eiferte seinem großen Meister nach.

Gerbachs großer Meister legte den A4-Bogen zu den übrigen Blättern. Er stauchte die Bögen auf der Nachttischplatte zu einem glatten Päckchen, das er auf der Schreibmaschine ablegte. „Jetzt Kontrolle lesen! Wo Änderungen erforderlich sind, am Rand ein Kreuz setzen! Gegebenenfalls mit Bleistift ein Stichwort! Morgen früh wird gründlich korrigiert. Ich fange an. Du ziehst nach." Wenn er den Text auf einem Blatt durchgelesen und Zeichen gesetzt hatte, legte er den Bogen auf Neuenhofs Schoß. Ohne das Durchlesen zu unterbrechen, fingerte er eine Zigarette aus der „Juwel"-Schachtel, zündete sie an und rauchte.

Natürlich war er mit dem Lesen eher fertig als Neuenhof. Der hatte Mühe, sich auf den Text zu konzentrieren, weil Petras in den Zigarettenqualm hinein meditierte: „Ich glaube, wir haben heute Abend ein schönes Stück Arbeit geleistet. Es ist zwar nicht alles, was wir aufgeschrieben haben, auf unserem Mist gewachsen. Es

wird zu einigen Personen Rückkopplungen geben müssen." Er dachte an seinen ehemaligen Kommilitonen Wolfgang Kainzow, der derzeit die Zentrale Prognosegruppe beim Ministerrat der DDR leitete. „Es wird auch nicht alles, was wir aufgeschrieben haben, in Kürze zu realisieren sein. Weißt du, Technurge, die 'Thesen zur Neugestaltung des Studiums …' sind dank meiner nicht unmaßgeblichen Autorschaft 1962 publiziert worden und haben seinerzeit heftige Debatten PRO und CONTRA ausgelöst. Einige Disputierer scheuten vor persönlichen Beleidigungen nicht zurück. Ein Ordinarius der Textiltechnik an der TU Dresden sagte mir ins

Gesicht, er halte überhaupt nichts von Thesen – bis auf eine Ausnahme: die 95 Thesen, die Doktor Martin Luther 1517 an die Tür der Schlosskirche zu Wittenberg genagelt hat. Wenn ich resümiere, hat es sechs Jahre gedauert, bis wir mit der III. Hochschulreform in der DDR die Gedanken und Vorschläge der 'Thesen ...' aus dem Jahre 1962 umgesetzt haben: das 4-Jahres-Studium plus Diplomphase und inklusive Ingenieurpraktikum im MIW, das dreijährige Forschungsstudium für besonders begabte Studenten zur Heranbildung eines leistungsfähigen wissenschaftlichen Nachwuchses ..." Und nach einer kleinen Pause. „Ich unke nicht: Wenn wir dieses Konzept" – er nahm die Blätter von der Schreibmaschine und schwenkte sie hin und her – „bis zu meinem fünfzigsten Geburtstag" – er war Jahrgang 1929 – „oder später in die Praxis umgesetzt haben werden, dann haben wir echt 'was gekonnt und unser Hochschulwesen ein erkleckliches Stück vorangebracht." Er drückte den Zigarettenstummel auf dem Steingut-Tellerchen neben der Schreibmaschine aus. „Ich sehe dir an, Technurge, jetzt lässt bei dir die Spannkraft nach. Bist noch nicht ausreichend trainiert für eine solche Kür wie heute Abend, wie?" Neuenhof stammelte eine Entschuldigung. Petras grinste. 'Seine Kür war recht gut', dachte er. 'Nach der Kür kommt die Pflicht. Ich werde den Rektor der TH Magdeburg in der April-Dienstbesprechung beim Minister treffen. Ich werde ihm empfehlen, er und der Hochschul-Parteisekretär sollen den Technurgen Neuenhof an ihrer TH richtig in die Pflicht nehmen.'

„Genosse Minister, es tut mir aufrichtig leid, dass ich ..."

„Ende der Ansage!", unterbrach Petras den Magdeburger und legte ihm eine Hand auf die Schulter. „Kannst Harry zu mir sagen."

Obwohl es spät geworden war, gingen sie hinunter in den Klubraum des Ferienheims. Dort hatten einige ausgeharrt. „Ich hätte hier die Nacht durch gewacht, bis ihr gekommen wäret", räsonierte Kurti Kubitz.

„Und ich als Heinz Neuenhofs Zimmerkumpan hätte ihm die für heute Abend versprochene Flasche Bier unter sein Kopfkissen gelegt und hätte notfalls die ganze Nacht darauf gespannt, wann und wie Heinz, im Bett liegend, sein Bier hätte in sich hineinlaufen lassen", ergänzte Hans-Georg Gerbach.

Der stellvertretende Minister sagte: „Ihr seid mir die Richtigen ..."

Prof. Hans-Eberhard Weindorf, Rektor der TH Magdeburg, beorderte nach der April-Dienstbesprechung der Rektoren beim Minister für das Hoch- und Fachschulwesen den Kaderdirektor der TH und den Direktor der Sektion Technologie zu sich. „Der Minister erwartet, dass unsere Hochschule in kürzester Frist ihren Antrag auf Berufung des Ersten Prorektors einbringt. Harri, wie weit ist die Sache gediehen?"

Meister blickte verärgert drein. „Was soll gedeihen, wenn der Rektor unserer TH nicht definitiv entschieden hat, wer unser Kandidat für dieses Amt ist?"

Weindorf sagte: „Jetzt keine Winkelzüge! In der Sitzung der Kaderkommission haben wir uns auf den Genossen Neuenhof geeinigt." Diesen Namen hatte in einem Pausengespräch in Berlin auch der Stellvertretende Minister Harry Petras genannt, als von der Führungskonzeption MIW die Rede gewesen war. 'Nehmt den Genossen Neuenhof in die Pflicht!', hatte Petras unter vier Augen von Weindorf gefordert. Richard Kleber fragte auf seine leise, bedächtige Art: „Hat denn schon jemand Heinz Neuenhof gefragt, ob er das Amt überhaupt annimmt?"

Meister zuckte mit den Achseln. „Ich hatte dazu keinen Auftrag." Und Weindorf erinnerte sich zwar der Szene im Vestibül der Stadthalle, als der MHF-Abteilungsleiter Gerbach am Ende der Immatrikulationsfeier letzten Herbst alle Honoratioren der TH hatte stehen lassen, um besagten Heinz Neuenhof freundschaftlich zu begrüßen. Sein im ZIS Halle geschulter Instinkt hatte ihn auch vermuten lassen, dieser Neuenhof müsse im Ministerium, warum und bei wem auch immer, Protektion genießen. Aber andererseits war er ein Mann mit gehobenem Selbstwertgefühl. Deshalb wollte nicht er, als vor wenigen Monaten ins Rektor-Amt Berufener, den dienstjungen Hochschuldozenten befragen und sich womöglich eine Absage einhandeln. Er bestimmte: „Richard, du als Sektionsdirektor sprichst mit ihm und teilst Harri Meister und mir umgehend Neuenhofs Entscheidung mit."

Der Kaderdirektor hegte keinen Zweifel: 'Der junge Dachs wird sich geschmeichelt fühlen und das Ding machen wollen.' Mit dieser weisen Voraussicht entledigte er sich noch eines anderen ihm erteilten Auftrages: „Wir haben für den im Juni stattfindenden Lehrgang für Führungskader an der Akademie der MLO" – der marxistisch-leninistischen Organisationswissenschaft der DDR – „erst einen Kandidaten nominiert: unseren künftigen, parteilosen Prorektor für Wissenschaftsentwicklung. Wir als TH haben aber zwei Teilnehmer zu benennen. Als unseren zweiten Mann schlage ich Genossen Neuenhof vor."

„Wenn er denn zu dem Prorektoren-Amt zusagt …", gab der Rektor zu bedenken.

„Klar, das sei vorausgesetzt", sagte Meister. „Aber für den Fall seiner Zusage könnte wegen des MLO-Lehrganges schon heute eine Festlegung getroffen werden. Dann brauchen wir in dieser Sache nicht noch einmal zusammenzukommen – kurzfristig."

„Zum Zeitpunkt des Lehrganges ist Neuenhofs Abkommandierung noch nicht beendet", wandte Prof. Kleber ein.

Der Kaderdirektor winkte ab. „Das kläre ich mit dem Ministerium. Neuenhofs Fehlen in der einen Woche, die der Lehrgang dauert, müsste in der Arbeitsgruppe zu verschmerzen sein."

„Wenn du meinst …“ Weindorf stimmte Harri Meisters Vorschlag zu und lachte. „Dann ist mein künftiger Stellvertreter auf seine Aufgaben in der Hochschulleitung bestens eingestellt.“

Meister grinste. „… und mit allen Wassern gewaschen.“

„Harri, du formulierst es volkstümlich.“

Sektionsdirektor Kleber befragte Heinz Neuenhof noch am gleichen Tag und riet ihm, die Funktion des 1. Prorektors zu übernehmen. „Du würdest der zweite Mann an der Spitze der Hochschulleitung sein …“

„… nicht vor, sondern nach dem HPL-Sekretär …“, lachend, „… wegen der führenden Rolle der Partei.“

„Einverstanden. Dann wirst du der dritte Mann. Aber auch als Dritter könntest du in unserer Hochschule einiges verändern – im Sinne von verbessern, ich denke: auch zum Vorteil unserer Sektion …“ und zu seinem eigenen Vorteil. Die Fußstapfen von Prof. Wolfgang Kainzow, in die er – Kleber – nach Kainzows Ausscheiden aus dem Amt des Sektionsdirektors getreten war, waren recht groß. Zudem wusste Kleber selber, er war kein euphorischer, spontan agierender Mensch – wie beispielsweise Prof. Günter Wusel. Ihm war zu Ohren gekommen, wie in der Hochschul-Öffentlichkeit über ihn getuschelt wurde: „Was – Kleber? Dieses stille Wässerchen – nun Direktor der großen, heterogenen Sektion Technologie? Der traut sich 'was!" Kleber sagte zu Neuenhof: „Wir beide wären, wenn du zusagtest, in einer vergleichbaren persönlichen Situation. Ich würde ein waches Auge auf deine Lehr- und Forschungsgruppe haben. Ich würde in deiner funktionsbedingten Abwesenheit Genossen Horst Lilienhain unterstützen.“ Was Neuenhof dafür in der Hochschulleitung als Gegenleistung erbringen sollte, sagte er nicht. Er unterstellte, Neuenhof würde das bei entsprechender Gelegenheit selber herausfinden. „Überleg' es dir! Berate darüber mit deiner Frau! Morgen, spätestens übermorgen muss ich dem Rektor und dem Kaderdirektor mitteilen, wie du dich entschieden hast.“

Am Abend dieses Tages saßen Heinz und Karin lange beieinander.

„Ich kann dir nicht raten, was du tun sollst“, gestand Karin. „Ich weiß nicht, was ein Erster Prorektor an einer Technischen Hochschule zu tun hat – ob sich das nebenbei erledigen läßt, neben deinen eigentlichen Aufgaben als Professor, zu dem du im Herbst, so alles gut geht, berufen werden sollst, oder ob du dir wieder zusätzliche Arbeit aufhalsen läßt.“

„Die Arbeit als Prorektor werde ich nicht nebenbei erledigen können.“

„Also zusätzliche Belastung – für dich und für unsere Familie“, sagte Karin.

„Sie eröffnet mir aber sicherlich auch neue Möglichkeiten.“ Neuenhof zählte auf, wo und wofür er Vereinfachungen bzw. Verbesserungen für erforderlich hielt: Für seine Lehr- und Forschungsgruppe stand keine versierte, leistungsstarke Sekretärin zur Verfügung. Es mangelte an Zeichnerinnen-Kapazität. Sogar um einfaches Büro-Material wie Filzstifte, Polylux-Folienrollen und Ähnliches musste er sich selbst bekümmern. Die Arbeitsplätze seiner Gruppenmitglieder waren über alle Etagen des K-Gebäudes verteilt, manche sogar in Räumen anderer Lehr- und Forschungsgruppen eingerichtet – teilweise behelfsmäßig. Die technische Ausstattung im K-Gebäude entsprach in unzureichendem Maße den Anforderungen, die sich aus dem wissenschaftlichen Profil seiner Lehr- und Forschungsgruppe ergaben. Auf den Wartelisten der Hausdruckerei und der Hochschul-Film- und -Bildstelle der TH war seine Lehr- und Forschungsgruppe, wenn es um die Anfertigung von Lehr- und Lernmaterial wie Umdruckblätter, Diapositive und dergleichen ging, fast immer an hinterster Stelle vermerkt. Die Statistik zur Forschungsorganisation war seines Erachtens zu aufwendig. Viel Zeit beanspruchte, die Mitarbeiter und Forschungsstudenten turnusmäßig zum Gesundheits-, Arbeits- und Brandschutz (GABS) aktenkundig zu belehren – in sogenannten Arbeitsschutz-Belehrungen – und sie in staatliche und hochschulinterne Bestimmungen und Festlegungen zur „Wahrung von Sicherheit und Geheimnisschutz" – ebenfalls aktenkundig – zu unterweisen …

„Und welche neuen Möglichkeiten ergeben sich für unsere Familie?", unterbrach Karin seine Aufzählung.

„Na ja …", stammelte Neuenhof, „ich werde zu meinem Professoren-Gehalt eine monatliche Amtsvergütung bekommen. Das ist schon mal nicht schlecht. Was sich sonst noch ergibt oder machen lässt, wird sich zeigen."

„Erkundige dich danach, warte nicht ab!", Karin atmete ein paarmal tief ein und aus „Wenn du es dir zutraust, übernimm den Posten! Ich werde dich auf meine Weise und mit meinen bescheidenen Kräften unterstützen – hier, zu Hause: was die Kinder und den Haushalt, das Einkaufen und unseren Postverkehr und dergleichen Dinge mehr anbetrifft. Ich stelle dafür nur eine Bedingung: Schere wegen deiner immer mehr werdenden Arbeit an der Hochschule nicht völlig aus unserem Familienleben aus! Alles schaffe ich nämlich nicht alleine."

Er nahm seine Frau in die Arme und küsste sie. „Ich versuch's. Hilf mir auch, rechtzeitig zu erkennen, wenn ich mir zu viel zumute und mich übernehme."

Sie nickte. „Du kannst dich auf mich verlassen."

Heinz Neuenhof informierte seinen Sektionsdirektor, er würde die Funktion des Ersten Prorektors der TH Magdeburg übernehmen. Prof. Kleber beorderte ihn ins Direktorat für Kader und Qualifizierung, er solle dort Formulare abholen und kurzfristig ausfüllen und auf direktem Wege dem Kaderdirektor wieder zuleiten.

Die Formulare wurden ihm im Vorzimmer von Harri Meister ausgehändigt. Die Tür zum Dienstzimmer des Kaderdirektors war nur angelehnt. Wie zufällig trat

Meister, als er seine Sekretärin mit Neuenhof hatte reden hören, aus seinem Zimmer. „Ich habe mit der heutigen Dienstpost noch etwas für dich bekommen", sagte er zu Heinz und überreichte einen Meldebogen und ein Handblatt. „Der Genosse Rektor hat entschieden, wir delegieren dich zu einem im Juni stattfindenden Lehrgang an der Akademie der marxistisch-leninistischen Organisationswissenschaft der DDR – dich und den künftigen Prorektor für Wissenschaftsentwicklung unserer Hochschule. Auf dem Lehrgang könnt ihr beide euch näher beschnuppern. Das wird gut sein für eure künftige Zusammenarbeit im Leitungskollektiv. Der Lehrgang wird im Objekt der Akademie in Berlin-Wuhlheide durchgeführt. Untergebracht werdet ihr in einem zehngeschossigen Neubaublock in Berlin-Hellersdorf … Was rede ich? Hier hast du das Handblatt. Da steht alles drin. Lies es durch! Liefere uns morgen die ausgefüllten Unterlagen! Schon heute: Viel Erfolg! Mach's gut!" Er schüttelte Neuenhof die Hand. „Das war's."

Zu Hause verkündete Neuenhof seiner Frau: „Heute darfst du deinen Feierabend allein genießen." Er wedelte mit den Formblättern herum.

„Wieder mal", sagte Karin sarkastisch, „ganz 'was Neues."

„Muss ich bis morgen ausgefüllt haben und spätestens übermorgen abgeben – mitsamt schriftlicher Begründung, weshalb ich mich für die Prorektor-Funktion für geeignet halte, und mitsamt Programm für meine Tätigkeit als ständiger Rektor-Stellvertreter."

Karin sagte: „Dann setz' dich hin und mach' aus der geforderten Begründung und dem Programm keine zweite Doktor-Arbeit! Verwende doch das, was du mir gestern als notwendige Verbesserungen und Veränderungen aufgezählt hast!" Sie spöttelte: „Nimm notfalls eine Anleihe bei den wortgewaltigsten deutschen Klassikern auf – bei Schiller und Goethe!"

„Die beiden reichen nicht aus." Er gab ihr das ihm von Harri Meister überreichte Handblatt zu lesen.

Akademie der marxistisch-leninistischen Organisationswissenschaft der DDR
Direktor: Prof. Dr. Bernicke
16.–24. Juni 1970
Lehrgang zum Thema „Die Anwendung des ökonomischen Systems des Sozialismus erfordert wissenschaftlich begründete Planung und Leitung auf der Grundlage der Erkenntnisse der marxistisch-leninistischen Organisationswissenschaft und mit Hilfe der elektronischen Datenverarbeitung."

Ihre Einrichtung hat Sie als Führungskader zur Teilnahme am o.g. Lehrgang delegiert. Zu Ihrer Information und Vorbereitung beachten Sie bitte folgendes …

Karin las nicht zu Ende. Sie schüttelte mehrmals den Kopf. „Bloß gut, dass ich mich nicht habe überreden lassen, gleich nach unserem Umzug von Dresden nach

Magdeburg wieder in einer Apotheke tätig zu werden. Was du in jüngster Zeit alles offerierst, wird mich künftig mit häuslichen Arbeiten und familiären Verpflichtungen voll auslasten – wenn das reicht."

'So wird es sein', gestand sich Heinz ein.

Und dann fragte sie: „Verrate mir mal, was du noch alles machen und beibringen musst, bis du endlich zum Professor berufen werden kannst."

„Das vermag ich nicht", gestand er. Und nach einer kleinen Pause: „Ich weiß nur, bisher ist mir, mein Leben und dich ausgenommen, nichts geschenkt worden."

18

Ida Richter hatte für sich, für ihren Liebling – Sohn Alfons – und für dessen Freundin Annedore einen köstlichen sonntäglichen Schweinenacken-Braten und als Nachtisch Vanille-Pudding mit eingeweckten Sauerkirschen zubereitet. Sie hatte sich damit besonders große Mühe gegeben. Das gute Essen hatte die gereizte Stimmung vergessen machen sollen, die zwischen den dreien nach ihrer Debatte am Vorabend aufgekommen war.

Nach den Feierlichkeiten anlässlich des 1. Mai vor drei Wochen war Annedore Neuenhof nur noch ab und an nach Dresden gefahren, um, wie Muttl Ida es ausdrückte, in ihrem möblierten Zimmer in der Grünen Straße nach dem Rechten zu sehen. Annedore war vom Rat des Kreises Pirna 'Abteilung Volksbildung' von der Grundschule in Groß-Sedlitz an die allgemeinbildende polytechnische Oberschule „Dr. Theodor Neubauer" Pirna delegiert worden – dienstlich, als Fachlehrerin für Deutsch und Russisch. Sie hatte sich mit der Delegierung einverstanden erklärt.

Die Delegierung bedeutete für sie einen Wechsel von der halb-dörfischen Beschaulichkeit und dem nahezu familiären Ton und Miteinander im Lehrer-Kollektiv an der Groß-Sedlitzer Schule hin zu einer für die Wismut eingerichteten und von der Wismut geförderten Bildungseinrichtung höheren Ranges und höherer Reputation in der Kreisstadt Pirna, dem Tor in die vielgerühmte Sächsische

Schweiz. In Pirna und Umgebung war bekannt: Im Oberen Elbtal baute die Wismut Uran ab, zur Lieferung an die Sowjetunion. Das galt als Beitrag der DDR zur friedlichen Nutzung der Atom-Energie in den sozialistischen Ländern und zur „Stärkung der Verteidigungsfähigkeit des gesamten sozialistischen Lagers". Die Pirnaer – und nicht nur sie – sagten: „Es gibt in der DDR nichts, was es für die Wismut und für ihre Mitarbeiter nicht gibt oder was für sie nicht zu machen wäre."

Hinzu kam die freundliche, etwas burschikose und zupackende Art von Edgar Daubler, dem Direktor der T.-Neubauer-Schule. Er war schon nach dem ersten

Kontaktgespräch von Annedore eingenommen gewesen. Beim nächsten Zusammentreffen war er, wie Annedore es ihrem Freund beschrieb, „mit offenem Visier und ohne viel Herumrederei“ auf die junge Lehrerin zugegangen. „Weißt du, Genossin, wir haben an unserer Schule gute Bedingungen und erfahren von unserem Industrie-Partner jede nur denkbare Unterstützung. Die kommt aber nicht von selbst. Dafür muss ich als Direktor unentwegt außenpolitisch tätig sein. Das mache ich gern. Aber wenn ich nicht an meinem Schreibtisch sitze, sondern unterwegs bin, bleibt hier, an der Schule, einiges liegen. Das geht nicht an für einen Schulbetrieb, der ordnungsgemäß ablaufen soll. Ich brauche also einen tatkräftigen Innenminister – will sagen: einen einsatzbereiten Stellvertreter an meiner Seite. Kann auch eine junge Frau sein wie du, Genossin Neuenhof. Mir wurde beim Rat des Kreises versichert, du wärst ein entsprechend aufbaufähiger Kader.“

Annedores Gesicht hatte bei Daublers Worten eine tiefe Röte überzogen. „Ihr Vertrauen in mich und Ihre anfängliche Hilfe vorausgesetzt, würde ich mich an dieser Aufgabe versuchen.“

„Das ist doch ein Wort! Aber von vornherein: Wir Genossen an dieser Schule duzen uns.“

„Ich bin nicht in der Partei.“

„Wie bitte? Sag' das noch mal!“ Er hatte schallend gelacht und gedacht: 'Tatsächlich, ein aufzubauender Kader! Umso besser. Ich bin eben an allen Fronten ein sozialistischer Erzieher.' Er hatte ihr jovial zugenickt. „Solch ein Versäumnis, junge Frau, kriegen wir schnell ausgebügelt. Unser Geschichtslehrer ist Parteisekretär und ein guter Agitator. Also bitte nicht verschreckt sein! Manchmal wird mir vorgeworfen, ich ginge ein bisschen zu toll mit den jungen Pferden um. – Noch Wünsche?“

Annedore hatte ihre Hemmungen zurückgedrängt. „Ich brauche kurzfristig eine Wohnung in Pirna. Ich lebe seit Jahr und Tag in einem möblierten Zimmer in Dresden, muss jeden Tag zwischen Dresden und Pirna pendeln, liege winters wie sommers auf der Bahn …“

„Ich will versuchen, dass ich bis zum Beginn des neuen Schuljahres Anfang September etwas durchdrücken kann“, hatte Daubler versprochen.

Darauf hatte Annedore bei der Debatte mit Ida Richter und Alfons am Vorabend gebaut. Sie hatte den Vorschlag von Muttl Ida und Alfons abgelehnt, das möblierte Zimmer in Dresden aufzugeben und zu den beiden überzusiedeln, bis Schuldirektor Daubler sein Annedore gegebenes Versprechen eingelöst haben würde.

„Gefällt dir nicht, mit uns beiden unter einem Dach zu wohnen?“, hatte Ida Richter enttäuscht gefragt.

„Doch, schon.“ Annedore hatte herumgedruckst und aus Rücksicht auf die Gefühle der beiden Richters die wahren Gründe für ihre Entscheidung nicht genannt. Gründe waren: Annedore benötigte Zeit und Ruhe für ihre Unterrichts-vorbereitungen und für das Einarbeiten in verwaltungstechnische Aufgaben, die ihr Daubler sukzessive zumaß. Zeit und Ruhe hatte sie in den letzten Monaten, nach der Übersiedlung ihres Bruders nebst Familie nach Magdeburg, an späten Nachmittagen und abends gefunden. Sie hatte sich daran gewöhnt, ihren Arbeiten für die Schule zu solchen Zeitpunkten nachgehen zu können. Das war bei Richters so nicht möglich.

Wenn Alfons und seine Muttl von ihren Arbeitsstätten nach Hause kamen, wurde erzählt, wie der Tag verlaufen war, worüber man sich gefreut oder geärgert und was man Neues über die Leute und die Welt erfahren hatte. Nach der Abendmahlzeit hörte Alfons gern Radio-Musik: das Neueste von „Radio Luxemburg“. Zwar fragte er Annedore höflich, ob sie das störte. Aber Annedore – als Gast in der Richterschen Wohnung – wollte ihm sein Feierabend-Vergnügen nicht verwehren. Bloß: Zu den Arbeiten, die sie sich vorgenommen hatte, kam sie dabei nicht; sie wollte ja Verständnis für das Hobby ihres Freundes zeigen. Wenn Muttl Ida nach einem langen Tag ihre häuslichen Arbeiten verrichtet hatte, setzte sie sich auf ein paar Runden Kartenspiel zu den jungen Leuten. Wenn Alfons im Betrieb zur Spätschicht eingesetzt worden und die Zeit bis zur Heimkehr des Sohnes zu überbrücken war, spielte seine Mutter gern „Mühle“ oder „Dame“ mit Annedore. Die meisten solcher Spiele verlor die junge Lehrerin. Denn sie war „nicht ganz bei der Sache“.

Annedore imponierte, was und wieviel an der T.-Neubauer-Schule für die außerunterrichtliche Bildung und Erziehung der Schülerinnen und Schüler eingerichtet worden war und organisiert wurde. Als sogenannter „Leuchtturm“ galt in Fachkreisen der Stadt das von Edgar Daubler eingerichtete und für seinen Unterricht intensiv genutzte „Fach-Kabinett Physik“. Mit und in diesem Kabinett hatten die „außenpolitischen“ Bemühungen des Physikunterricht erteilenden Schul-Direktors ihre „innenpolitische“ Entsprechung gefunden. Die außerunterrichtliche Arbeits- und Lerngemeinschaft „Physik“ unter seiner Leitung war die mitgliederstärkste an der Schule. Sie war so beliebt, dass in ihr viele Mädchen mitarbeiteten und wetteiferten, den Physiklehrer nachmittags, in ihrer Freizeit, bei der Unterrichtsvorbereitung im Fach-Kabinett unterstützen zu dürfen – selbst wenn das zu behandelnde Thema beispielsweise der Kundtsche Versuch war. Das erstaunte Annedore Neuenhof. Sie hatte sich beim Besuch der Geschwister-Scholl-Oberschule in Burkitz für den sprachlich orientierten Ausbildungsgang entschieden. Sie war immer froh gewesen, wenn die Physik-Stunden gemäß Ausbildungsplan vorüber gewesen waren und an der Wandtafel oder als sogenannte Zettel-Arbeiten keine eingekleideten Rechenaufgaben zu den verschiedensten Gebieten der Physik gelöst werden mussten.

Annedore sagte zu Ida Richter: „Du hast uns heute wieder mal ein vorzügliches Mittagessen serviert. Ich bin knudel-dicke satt. Ich möchte mit Alfons gern einen

Verdauungsspaziergang unternehmen. Bist du damit einverstanden, dass wir dich am Nachmittag für ein paar Stunden alleinlassen?"

Ida sah ihren Sohn mit fragendem Blick an. Alfons nickte. Da nickte sie auch.

Sie liefen in Richtung Stadtmitte. Alfons empfand, Annedore hatte die Frage seiner Mutter betreffs gemeinsamen Wohnens bei Richters nicht schlüssig beantwortet. Annedore sollte sich wenigstens ihm, wenn schon nicht seiner Mutter, erklären. Sie tat es. Sie sagte ihm, sie sei an der T.-Neubauer-Schule im Vergleich zu ihrer bisherigen Arbeitsstätte in Groß-Sedlitz in ganz andere Verhältnisse mit höheren an sie gerichteten Anforderungen geraten. „Versteh' mich, Alfons: Wenn ich mich an meiner neuen Schule behaupten und wenn ich es dort zu etwas bringen will, muss ich mehr leisten als bisher. Damit meine ich nicht, dass ich mir von meinem Direx mehr Unterrichtsstunden zuweisen lassen soll, nein: Ich möchte mich recht schnell an Leistungen messen lassen können, mit denen auch ich zum guten Ruf unserer Schule in Pirna beitrage." Sie nannte ihm als Beispiel das „Fach-Kabinett Physik". „Ein 'Fach-Kabinett Russisch' gibt es an der Schule noch nicht. Solch ein Kabinett möchte ich einrichten. Ich sinne derzeit über ein Konzept nach. Ich weiß nicht, wer mich unterstützen könnte oder müsste. Ich müsste mich dem Direx anvertrauen. Er könnte mir sagen, wie er beim Physik-Kabinett vorgegangen ist. – So etwas, Alfons, geht mir im Kopf herum. Damit komme ich nicht zurecht, wenn ich abends mit euch 'Dame' oder 'Mühle' oder Karten spiele. Nimm mir meine Offenheit bitte nicht krumm!"

„Ist dein Projekt nicht gleich ein bisschen viel verlangt – auch von dir selber?", fragte Alfons. „Du bist erst wenige Wochen an der Schule tätig, bist neu dort. Du hast Unterricht in vollem Wochenstunden-Umfang übernommen, in zwei so wichtigen Fächern wie Deutsch und Russisch. Reicht es nicht, wenn du dich darin erst mal richtig einarbeitest?" Er fühlte sich durch die Tätigkeit, die er derzeit im VEB Elbtalwerk Heidenau ausübte, voll ausgelastet. Ihm war bislang nicht in den Sinn gekommen, sich ohne „Aufforderung von oben" zum Industrie-Meister zu qualifizieren oder gar ein Studium an einer Ingenieurschule aufzunehmen.

„Du denkst, ich will gleich zu Anfang zu hoch hinaus? Dann sag' ich dir mal 'was: Einige Schüler haben eine Aversion gegen den Russisch-Unterricht entwickelt. Vielleicht stecken ihre Eltern mit ungenügender Erziehung dahinter. Ich will durch Besuche bei den Eltern dahinterkommen. Regen sich auf, die Bengels, dass es im Russischen bei der Deklination der Substantive sechs Fälle gibt. Die sollten Latein lernen müssen! Da gibt's auch nicht bloß vier Fälle wie im Deutschen."

Das vermochte Alfons nicht zu beurteilen. Er, 25 Jahre alt, hatte nach dem achten Schuljahr planmäßig die Grundschule beendet. Bis dahin hatte er sich mit Latein nicht herumzuplagen brauchen. „Gibt's gegen das Desinteresse der Rotzjungs kein einfacheres Mittel als gleich ein spezielles Fachkabinett?"

Annedore blieb stehen. „Mann, Alfons, du bringst mich auf eine Idee." Sie hatte kürzlich für 1 Mark 90 ein Büchlein gekauft, erschienen im Volk und Wissen Verlag Berlin 1968: „Briefe an Freunde". Das Buch könnte sie als Unterrichtsmaterial nutzen und einen Briefwechsel zwischen ihren Schülerinnen und Schülern und solchen in der Sowjetunion initiieren. Das würde sicherlich mehr motivieren als das Pauken von Vokabeln und von Regeln für die Deklination der Substantive und für die Konjugation der Verben – insbesondere, wenn die hiesigen Briefschreiber Antwortpost aus der UdSSR erhielten.

Sie waren ziellos losgelaufen und standen nach langem Marsch auf der Elbbrücke, die vom Pirnaer Zentrum hinüber nach Copitz führte. Unter ihnen, an der Pirnaer Schiffsanlegestelle, warteten dutzende Menschen, ein buntes, reiselustiges Völkchen, dicht an dicht gedrängt, in der strahlenden Maiensonne.

Zwischen den sanft ansteigenden Sandsteinfelsen flussaufwärts, am Fuße des hochgelegenen, lichtüberfluteten Sonnensteins, hallte ein langgezogener Hupton. Mit bedächtig sich drehenden Schaufelrädern, aber dank der Strömung in flotter Fahrt, schob sich ein weiß gestrichener, schlanker Schiffsleib zwischen den Sandsteinfelsen hervor. Der Dampfer der Dresdner „Weißen Flotte" kehrte von seiner Frühtour zurück. Er hatte Hunderte von Ausflüglern aus Dresden in die Sächsische Schweiz befördert – nach Rathen und seiner Bastei, nach Königstein und seiner Festung und nach Bad Schandau und seinem Kirnitzschtal.

Kurz vor der Brücke patschten die Schaufelräder des Dampfers in wildem Wirbel ins Wasser. Das Schiff drehte sich quer zur Strömung und wurde von ihr an den Holzperron der Anlegestelle gedrückt. Die Schaufelräder rotierten noch, als sollten sie das Schiff zur Rückwärtsfahrt treiben, da warfen die Matrosen schon den Landungssteg aus. „Kommen Sie einzeln und manierlich! Wir nehmen alle mit."

Die Menschen schubsten, stießen sich und drängelten dennoch. Sie schwadronierten und lachten, einige schimpften. Livrierte Matrosen halfen Frauen, Kindern und alten Leuten, sicher über den schmalen Laufsteg aufs Schiff zu gelangen.

Die bequemen Sitzbänke entlang der Reling waren von weiterher angereisten Passagieren besetzt. Auf dem Vorder- und Achterschiff stellten in Pirna Zugestiegene Klapphocker auf und setzten sich. Die Hocker waren neben den Schiffsaufbauten zu hohen Stapeln aufgeschichtet. Jeder Passagier konnte sich freizügig bedienen.

In wenigen Minuten – wie üblich zur halben oder vollen Stunde – würde der Dampfer ablegen.

Alfons blickte verstohlen zu Annedore. Er erinnerte sich eines kürzlich mit seiner Mutter geführten Gesprächs. „Junge, ich merke, du hast Annedore gern", hatte sie gesagt. „Lass sie das spüren! Grüble nicht und diskutiere nicht so viel mit ihr darüber, ob ihr zusammen passt, weil sie ein paar Jahre älter ist als du und weil du, mein

Bester, ein einfacher Arbeiter bist, und sie ist eine Studierte. Ihr ist gewiss bewusst, aus welchem Elternhaus sie stammt."

Lautes Dampfertuten. „Beeilung! Wir wollen weiter!"

„Komm!" Alfons packte die junge Lehrerin an der Hand. „Wir machen einen Ausflug mit dem Schiff."

Sie rannten wie Schulkinder zur Anlegestelle hinunter. Annedore sprang auf den Laufsteg. Alfons löste im Vorbeiflitzen zwei Fahrscheine am Kiosk der „Weißen Flotte". An Deck schrillte laut eine Glocke. „Beeilung! Kommen Sie, junges Fräulein!" Die Matrosen wurden ungeduldig. Sie wollten den Laufsteg einholen.

Annedore lief erst weiter, als Alfons an ihrer Seite war. Sie lachte und drückte seine Hand. Ihr gefiel der spontane Entschluss ihres Freundes.

Erneutes, langgezogenes Dampfertuten. Anlegeleinen rasselten und schabberten. Die Strömung drückte den Dampfer von der Anlegestelle. Der Schiffsleib erzitterte. Die Schaufelräder klatschten Berge und Täler in das maiensonnige Elbwasser und baggerten den menschenüberladenen Dampfer zur Flußmitte, unter dem weitgeschwungenen Brückenbogen hindurch.

Alfons und Annedore betraten japsend das Vorderschiff. Sie sagte: „Alles voll." Er nahm zwei Klapphocker von dem Stapel neben der Treppe zum Unterdeck und schob Annedore vor sich her, zur Bugspitze. Dort hatte er zwischen den eng beieinander hockenden Passagieren eine kleine Lücke entdeckt. „Es wird eng werden", raunte er seiner Freundin ins Ohr, „aber wir sind schlank. Für uns wird's reichen."

Die Passagiere an der Bugspitze waren einsichtig und rückten zusammen. In der Lücke, die entstand, konnte ein Klapphocker aufgestellt werden. Auf den setzte sich Alfons. Den zweiten Hocker klemmte er sich zwischen die Beine. Er nahm Annedore auf seinen Schoß und presste sie an sich. „Für uns wird's reichen", wiederholte er. Annedore kicherte und kuschelte ihren Kopf an seine Brust. „Wenn ich dir zu schwer werde, können wir uns abwechseln.", schlug sie vor. „Mal sitzt du, mal sitze ich."

„Escha! Mit dir auf dem Schoß ist die Fahrt am schönsten."

Annedore lachte geschmeichelt und rieb ihren Kopf an dem seinem. Sie kniff ihre Augenlider halb zu. Ihr schien, wenn sie auf den Fluß blinzelte, als glitte das Schiff durch flüssiges Silber, in dem sich das glitzernde Sonnenlicht des hellen Tages brach.

Unter den Schaufeln des Raddampfers quirlte, spritzte und schäumte es in dem Fluss. Am Ufer zogen Wiesen und Felder, Hänge und Gärten, Büsche und Bäume vorüber. Die sattgrünen Wiesen und unbeackerten Hänge waren dicht überzogen mit dem Gelb blühenden Löwenzahns. Bäume und Sträucher streckten zarte Blattspitzen in die laue Luft. Das Sonnenlicht durchschimmerte die Blättchen, dass deren Grün pastelfarben leuchtete wie auf einem Gemälde von Claude Manet. Die Häuser und Schuppen, die Kirchen kleiner Ortschaften schienen hingebaut wie aus einem großen Spielzeug-Baukasten entnommen. Das Getreide auf den Feldern im Hintergrund stand so hoch, dass sich Saatkrähen mühelos darin verstecken konnten.

Ein entgegenkommender Personendampfer gab ein Hupsignal. Es wurde mit drei Signalstößen beantwortet. Beim Vorüberfahren winkten sich – hüben wie drüben – Kinder und Erwachsene mit bunten Tüchern zu.

„Schön“, sagte Annedore leise – und nach einer Weile, ohne Alfons anzusehen: „Es war eine gute Idee, aufs Schiff zu steigen.“

Er schluckte ein paarmal, sagte nichts, drückte sie fester an sich.

Sie stiegen in Pilnitz von Bord.

Unweit der Schiffsanlegestelle befand sich das in chinesischem Stil erbaute Wasserpalais der Schlossanlage. Es sah aus, als hätte es sich zum Schutz vor der strahlenden Sonne einen in der Mode von Fernost geschneiderten Hut mit aufgeworfener Krempe über die ockerfarbene Fassade gezogen. An der dem Fluss zugekehrten Seite führte vom Eingang des Palais eine breite Steintreppe bis ans Wasser hinab.

Annedore hüpfte bis zur letzten Treppenstufe hinunter. Sie strich mit beiden Händen, die Finger weit gespreizt, über das Wasser und rief: „Komm! Komm!“ Sie blinzelte mal in die Sonne, mal – über die Schulter hinweg – zu ihrem Freund.

Alfons zögerte. Als er meinte, sie gäbe auf ihn nicht mehr Acht, stieg er bedächtig Stufe um Stufe hinab. Jäh wandte sie sich um und bespritzte ihn mit Wasser. „Dachtest, ich träume, wie?“ Sie lachte.

Er drehte sich wie ein aufgeblasener Gockel hin und her. „I! I!“ Mit einem Satz sprang er an ihre Seite und umfing sie mit beiden Armen. „Genug gespritzt !“, forderte er. Zuerst wehrte sie sich. Dann ließ sie sich von ihm auf die Wange küssen.

Neben sie trat ein junges Ehepaar mit Hosenmatz. Der wollte unbedingt wie die Tante – er wies auf Annedore – im Wasser pantschen. „Lass!“, sagte Annedore. „Nicht hier!“ Sie schob Alfons von sich und sah, was sie angerichtet hatte. „Jetzt hat dein weißes Oberhemd aber ein schönes Elbwassermuster.“

„Oh! Na warte!“ Sie hastete die Treppenstufen hinan. „Dich kriege ich!“

Sie rannte wie in jungen Jahren, als sie mit ihren Freundinnen „Haschen“ gespielt hatte, über die kieselsteinbestreuten Wege des Schlossparks. Es lief sich schwer,

weil die Steinchen unter den Schuhsohlen wegrollten. Aber Annedore war behend. Geschickt schlängelte sie sich zwischen sonntäglichen Spaziergängern, dreiradfahrenden Kleinkindern und mit ihr schimpfenden alten Damen und Pärchen hindurch.

Alfons verfolgte sie wie ein Gendarm – so entschlossen und hartnäckig, aber auch so schwerfällig und ungeschickt. Sie nahmen Längs- und Querwege, liefen einige Male um das Rondell des hoch aufspritzenden Springbrunnens der Parkanlage, überquerten deren Hauptallee, die zur Endstelle der Straßenbahn-Linie 18 führte. Sie jagten durch eine lang sich hinziehende Pergola, um deren hölzernes Gestell

Kletterpflanzen mit kleinen zartgrünen Blättern rankten. Am Ende der Pergola, die auf eine Buchsbaumhecke mündete, war ein Holzkahn in der Bauweise einer venezianischen Gondel aufgestellt. Derlei Kähne hatte die einstige Dresdner Hofgesellschaft für ihre abendlichen und nächtlichen Verlustierungen auf der Elbe bei Pillnitz benutzt. Annedore retirierte in die Gondel. Erschöpft ließ sie sich auf einen der Holzsitze fallen. Nun war sie Alfons' leichte Beute.

Er sagte gar nichts. Er lachte nur – wie sie. Er schniefte nach dem ungestümen Lauf und japste nach Luft – wie sie. Er beugte sich über sie und küsste sie mitten auf den Mund. Vorhin, an der Wassertreppe, hatte sie sich ihm entzogen. Jetzt legte sie einen Arm um seinen Hals und ließ ihn gewähren. Sie wendete den Kopf ein wenig zur Seite und schloss die Augen halb. So begegnete sie nicht seinem Blick, aber das Rot und Grün und Gelb der Tulpenbeete hinter der Pergola, die Leute, die über die Parkwege spazierten und deren Stimmen herübertönten, nahm sie mit wachen Sinnen wahr. Sie war auch hellwach, als Alfons ihre Brüste erfasste, sie drückte und presste. Sie spürte, wie er die Anstecknadel an ihrem Blusenausschnitt löste und wie seine feuchten Lippen ihren Busenansatz liebkosten. Das ging jetzt, am frühen hellichten Nachmittag, zu weit, fand sie. Sie drängte ihn beiseite und stand auf.

„Lass uns weiterlaufen!"

Sie fassten sich wie artige Geschwister an der Hand, mischten sich unter die Leute, schlenderten am Bergpalais vorüber, bewunderten dessen mit prächtigen Ornamenten verzierte Säulen. Sie gingen den Hangweg entlang, der zum Café Hausberg und von dort zum Keppgrund führte.

Ein schmaler Fußweg wand sich zwischen steilen Felswänden hindurch. Regen und Schmelzwasser hatten in Hunderten und Tausenden von Jahren mehrere Dutzend Meter tiefe Steilabfälle in die Lausitzer Granitplatte genagt. Riesen von Laubbäumen reckten sich vom Grund der Schlucht zu dem Streifen blauen Himmels empor, auf den die Felsen den Blick freigaben. Sie überzogen den Weg mit dicken, knorrigen Wurzeln. Das leise Rauschen der Wipfel und das Wispern der im Sonnenlicht zartgrün schimmernden Blätter wurden verschluckt von dem Sprudeln und Plätschern des Keppbaches. Dessen Wasser quirlte bald dicht neben dem Weg, bald schoss es rauschend von kleinen Felsvorsprüngen herab oder unter freigespülten Baumwurzeln hervor. Am Bachrand wiegten sich Gräser und Frühlingsblüher in der lauen Maienluft. In das Gurgeln, Plätschern und Rauschen des Wassers hinein flöteten Rotschwänzchen, Buchfinken und Amseln ihr Jubilate auf die Schönheit der irdischen Welt. Weiter war kein Getön in der Schlucht, schien es.

Annedore stolperte über einen Wurzelknorren. Alfons fing sie auf, dass sie nicht zu Boden stürzte. Aber ihren rechten Fuß verknaxte sie sich. Sie setzte sich ächzend ins Gras neben dem Weg. Ihr Gesicht war schmerzverzerrt.

„Tut's so weh?" Er zog ihr den Schuh aus, lief zum Bach, tränkte sein Taschentuch in dem klaren, kalten Wasser und umwickelte mit dem Tuch ihren schmerzenden Fuß.

Nach einer Weile erhob sich Annedore. Sie unternahm hinkend einige Gehversuche. „Ich kann wieder", sagte sie, „aber langsam, und stützen musst du mich."

Er umfing ihre Hüfte, sie legte einen Arm um seine Schulter – so gelangten sie an die Wegbiegung, auf die der breite Fachwerkgiebel der Keppmühle durchs Laubdach der Bäume lugte. Einige Schritte weiter – und die Terrasse des Müllerhauses wurde sichtbar.

Die Schlucht war hier breiter als bisher. Der Baumbestand lichtete sich. Eine kleine Waldwiese war wie ein grüner, mit Blütenmustern durchwirkter Teppich vor die Keppmühle hingebreitet. Im Sonnengefunkel zog sich der Bach wie ein Silberfaden durch den Waldwiesenteppich.

In Pirnaer Schulen wurde im Fach Kunstgeschichte vermittelt, im Keppgrund habe Carl Maria von Weber seine Anregungen zur Wolfschluchtszene für den „Freischütz" empfangen, und hier, in der Keppmühle, habe der Meister der romantischen deutschen Oper seine von Hosterwitz aus unternommenen Wanderungen zu beschließen und in froher Geselligkeit mit Nachbarn und Freunden zu kegeln gepflegt.

Unter der Terrasse des Hauses dümpelten noch Überreste des Mühlrades über dem Wasserschacht, in den der Bach hinabstürzte. Die Mühle wurde seit Jahrzehnten nicht mehr betrieben. In den Schlussstein über der Haustür war die Jahreszahl 1781 gemeißelt. Darunter hing eine Holztafel mit der Aufschrift „HOG Keppmühle". Die Gaststätte war geöffnet.

„Wollen wir hineingehen?", fragte Alfons. „Willst du dich ausruhen?"

Noch ehe Annedore antworten konnte, erscholl aus dem Gaststätteninneren nach der Refrainmelodie des „Freischütz"-Jägerchores markiger, bierseliger Gesang:

„Potschappel, Potschappel,
Radebeul, Radebeul, Radebeul, Radebeul,
Hellerau, Wilder Mann,
Bühlau, Weißer Hirsch …"

Annedore hielt sich die Ohren zu. Vor wenigen Minuten noch, in der Felsenschlucht, unter dem Laubdach himmelwärts strebender Baumriesen, hatte sie sich erhaben gefühlt wie beim Durchschreiten eines Doms, und nun dieser Singsang … „Bloß weiter!", sagte sie.

Hinter der Keppmühle führte ein Pfad einen steilen Hang hinan. Alfons hielt Ausschau. Unweit entdeckte er zwischen schiefgewachsenen Bäumen mit tief herabhängenden Ästen eine Buschgruppe. Er schob Annedore in die Richtung.

Sie stiegen über Geröll, näherten sich den Büschen, die ein zweimal-zwei-Meter-Geviert umstanden. Hohes Gras wuchs dort. Ein großer Baumstumpf in der Mitte war mit Moos bewachsen. Blühendes Moos bedeckte auch den Umkreis des Stumpfs.

„Ideal", seufzte Annedore und ließ sich – der Länge lang – ins Gras sinken. Sie verschränkte die Arme hinter dem Nacken und bettete ihren Kopf darauf. „So lässt sich's aushalten."

Er hockte sich neben sie und zog ihr die Schuhe von den Füßen. „Wollen wir noch mal kühlen?"

„Nönö."

„Kaputt?"

„Ein bisschen."

Er legte sich neben sie und betrachtete sie. Ihre rehbraunen Augen waren ganz groß. Er beugte sich über sie und küsste sie auf den Mund – lange. Annedores Lippen waren weich und küssten ihn wieder. Als sie nur so dalagen, regungslos, sagte er: „Ich kaufe nächste Woche, höchstens ein bisschen später, in Dresden Eheringe für uns. Wenn das Trauerjahr für deine Muttl herum ist, möchte ich dich heiraten – in diesem Herbst."

Annedore umarmte ihn, barg den Kopf an seiner Brust und begann zu weinen.

Er strich ihr behutsam übers Haar. „Ich will dir eine Freude bereiten, und du ..."

„Das tust du ja", sagte sie schluchzend, „aber so spontan ..." Sie hatte ihn bisher als einen abwägenden und manche Entscheidung hinausschiebenden Menschentyp kennengelernt „... und nach dem verkorksten Abend gestern ..."

„Der Abend war nicht verkorkst. Er hat mir einiges zu denken gegeben – in positivem Sinne. Dabei hat mir geholfen, was du mir über deine Arbeit erklärt hast und wie du herangehst an die Dinge, an die Bewältigung deiner Aufgaben."

„Und umgekehrt." Sie ließ von ihm ab und wischte sich mit einem Handrücken die Tränen von den Wangen. „Ganz sicher bin ich mir nicht, ob ich mit meinen beruflichen Vorhaben zeitlich und kräftemäßig in der richtigen Spur laufe. Da könntest du mir helfen."

„Dann sind wir uns doch einig."

Sie dachte: ‚Er hat recht. Er gefällt mir. Worauf will ich Lehrerjungfer noch warten?' Sie nickte ihm zu.

Er umarmte sie. „Wir werden miteinander glücklich sein."

Annedore fragte: „Was wird deine Muttl zu unserem Heiratsplan sagen?"

„Sie wird sich freuen. Sie kann dich gut leiden und wird dich als Schwiegertochter akzeptieren. Und dass es gut und richtig ist, noch in diesem Jahr zu heiraten, werde ich ihr klarmachen. Sie wird verstehen, dass man heutzutage als verheiratetes Paar mehr und bessere Möglichkeiten im Leben hat als ein Junggeselle. So ist das nun mal in unserem Staat." Er hatte sich vor einigen Wochen in die betriebliche Warteliste für eine Wohnungszuweisung eintragen lassen wollen. Der Vorsitzende der Wohnraumkommission hatte ihm geraten, erst mal zu heiraten und danach wegen einer Wohnung zu ihm zu kommen. „Als Lediger bist du bestenfalls an der Reihe“, hatte der Vorsitzende gesagt, „wenn du ins Rentenalter eingetreten bist. Ob du dann noch eine Wohnung brauchst, sei dahingestellt.“ Nun, wo er sich mit Annedore einig geworden war, wollte Alfons seinen Antrag im Betrieb erneuern. Er dachte an die Debatte am Vorabend und Annedores Bemerkung, Schul-Direktor Daubler würde sich für Annedores Wohnraumwunsch verwenden. Alfons wollte sichergehen: ‘Es ist besser, zwei Eisen im Feuer zu haben.’

Sie hatten es nicht weit bis zur nächstgelegenen Omnibus-Haltestelle. Von dort fuhren sie per Bus nach Pirna zurück. Muttl Ida wartete schon mit dem Abendessen.

19

„Es bringt nichts ein, wenn du dich übernimmst", sagte Martin Fuchs, der Haupttechnologe des SKET, zu seinem Stellvertreter. „Walzwerke sind und bleiben das Haupterzeugnis des Kombinates. Darauf haben wir uns mit unserer Arbeit einzustellen.“

Im Rat für gegenseitige Wirtschaftshilfe der sozialistischen Länder war festgelegt worden, der Walzwerksbau der DDR habe sich auf die Entwicklung und Lieferung von Warmwalzwerken für Draht, Feinstahl und Mittelstahl zu spezialisieren und vor allem den hohen Bedarf der Sowjetunion an solchen Werken zu 70 % abzudecken. Das in der DDR für den Schwermaschinen- und Anlagenbau zuständige Ministerium beauflagte den VEB SKET Magdeburg mit dieser Aufgabe und forderte für den SU-Export höchste Vertragstreue und qualitativ hochwertige Produkte von neuestem wissenschaftlich-technischen Stand und zu weltmarktfähigen Preisen. „Dafür habt ihr SKET’ler volle Auftragsbücher über Jahre hinaus“, wurde argumentiert.

Fuchs sagte: „Dass du die sozialistische Arbeitsgemeinschaft ‘Effektive Großteilebearbeitung’ auf diese Strategie einstellst, finde ich in Ordnung. Ich unterstütze dich

und die AG nach Kräften. Dass du gleichzeitig das Jugendobjekt, das unser General und der Technologie-Professor von der TH kreiert haben, zu einer großen Sache machen willst, übersteigt jedoch deine Kräfte und die unserer Hauptabteilung.“

„Ich bin für das Jugendobjekt als wissenschaftlicher Betreuer seitens des SKET eingesetzt worden. Der General hat mir keine Wahl gelassen.“

„Manchmal kommt man rascher zu einem Sonderauftrag, als einem lieb ist.“

Fuchs und Helmut Sabisch saßen im Dienstzimmer des Haupttechnologen beieinander – der Chef im Sessel hinter dem großen Schreibtisch und sein Stellvertreter an dem kleinen Beistelltisch für Besucher und für herbeigerufene Mitarbeiter, die von Fuchs zum Platznehmen aufgefordert worden waren. Das große Fenster des Raumes war weit geöffnet. Draußen war Sommer. Die Sonne schien wärmend in den Raum herein. Der unverputzte Altbau, in dem die Hauptabteilung TV untergebracht war, befand sich mitten im Gelände des SKET-Stammwerkes „an der Basis, wo die Technologen hingehören", hatte der Generaldirektor geäußert, als ihm Zeichnungen und Pläne für einen TV-Neubau nahe dem Verwaltungshauptgebäude vorgelegt und von ihm „zunächst zurückgestellt" worden waren. Über die Werksstraße, die an dem TV-Backsteinbau vorüberführte, orgelten Elektrokarren. Auf ihnen wurden der Tragfähigkeit der Fahrzeuge angepasste Einzelteile für SKET-Erzeugnisse in die Bearbeitungsbetriebe oder von dort in die Montagehallen des Stammwerkes transportiert. Zum Fenster herein wehten der typische Geruch von Hammerschlag aus der nahegelegenen Schmiede und der Dunst aus der Gießerei nach einem just vollzogenen Abstich. Aus den hoch aufstrebenden Schloten der Warmbetriebe quoll in dicken Schwaden gelblich-brauner Qualm. Je nach Wetterlage und Windrichtung stieg er wie ein Verdunkelungsrollo in den Himmel empor oder breitete sich über dem Werksgelände und dem dahinter gelegenen Wohngebiet aus. Bei heftigem Wind oder Sturm drang er, hier wie dort, sogar durch die Ritzen geschlossener Fenster und Türen. Die in den Schornstein-Riesen eingebauten Filter waren 1970 noch nicht von höchstem technischen Stand.

„Schließ doch mal das Fenster!", bat Fuchs. „Unsere Kumpel in der Gießerei sind wieder so weit."

Sabisch tat, wie ihm geheißen, und blieb am Fenster stehen. „Ende dieses Monats erwartet der General einen Zwischenbericht von mir, wie die Arbeit am Jugendobjekt angelaufen ist."

„Ich weiß. Wie ist sie angelaufen?"

'Solch eine scheinheilige Frage', dachte Sabisch. 'Er weiß doch bestens Bescheid.' Aber er wahrte Disziplin. „Bis jetzt ist noch nicht mal die Liste aller von der Hochschule Beteiligten vollständig."

„Willst du dem General reinen Wein einschenken?"

Sabisch wiegte den Kopf hin und her. „Zunächst will ich dem Genossen Neuenhof gehörig Dampf machen. Er muss kurzfristig seine Truppe formieren."

„Ich schlage etwas anderes vor – gewissermaßen Soforthilfe für deinen Zwischenbericht: Nimm dir ein Beispiel an der MMM-Bewegung in unserem Stammwerk! Unter der Anleitung von Jung-Ingenieuren aus unseren Betrieben und von erfahrenen Lehrmeistern aus der Lehrwerkstatt basteln Lehrlinge in der Lehrwerkstatt irgendetwas zusammen, das auf der Werksmesse und danach auf der Stadt- und auf der Bezirksmesse in der Hyparschale ausgestellt werden kann. Pfiffige Lehrlinge des letzten Ausbildungsjahres haben auf diese Weise noch immer irgendeinen Preis oder eine MMM-Medaille für das SKET errungen."

Sabisch lachte. „Wie soll das beim Programmieren von NC-Werkzeugmaschinen gehen?"

„Lass dir etwas einfallen!"

Sabisch, nun wieder ernsthaft: „Nein, nein, Martin, dein Vorschlag mag gut gemeint sein, aber im vorliegenden Fall hilft er nicht weiter. Wir tätigen Investitionen für Werkzeugmaschinen, um im Stammwerk den Kapazitätsengpass bei der Bearbeitung mittelgroßer Rota-Teile zu überwinden. Demnächst werden uns von der WMW auch NC-Maschinen geliefert. Wer soll die programmieren? Doch nicht unsere Lehrlinge im letzten Ausbildungsjahr! In späterer Zeit mag das mal möglich sein, aber jetzt?"

„Jetzt setzt du dafür TH-Studenten ein ..., die noch nicht nominiert sind. Na dann: gute Fuhre!"

„Ich kläre das schnellstmöglich. Versprochen! Aber wenn die Maschinen im Hause sind, müssen wir sie rasch zum Einsatz bringen. Das schaffen wir nicht nur mit den Jugendobjektlern von der TH. Wir werden – so hoch, wie die Sache angebunden ist – nicht umhin kommen, Leute aus unserer Hauptabteilung und SKET-Jugendliche aus unseren Betrieben in die Arbeit am Jugendobjekt einzubeziehen."

Fuchs schniefte – wie immer, wenn er sich zu Widerspruch herausgefordert fühlte. „Damit eines klar ist: Von den Technologen in TV stelle ich für das Jugendobjekt, so verlockend dir und natürlich auch mir die NC-Technik erscheinen mag, kurzfristig – wie erforderlich – nicht einen Mann frei. Solch eine Freistellung könnte ich nicht verantworten. Bedenke: Wir haben noch dringliche Arbeiten für das in diesem Jahr an den Iran zu liefernde Mittel-, Feinstahl- und Drahtwalzwerk in Esfahan zu erledigen. Wir stecken mitten in der Arbeit für das Draht- und Feinstahlwalzwerk 250 für die Türkei, das 1972 in Iskenderum in Betrieb gehen soll. Von anderen laufenden wichtigen Aufträgen brauche ich zu dir gar nicht erst zu reden. Wir stehen damit jetzt und auf absehbare Zeit gehörig unter Druck."

„Das ist mir bekannt und sehe ich genauso."

„Mit meinem Vorschlag wollte ich dir einen Tipp geben, wie du kräftemäßig allem gerecht werden kannst: unseren laufenden technologischen Arbeiten, der von dir geleiteten Arbeitsgemeinschaft und dem Jugendobjekt. Und um das klar zu sagen: Für die Einbeziehung von SKET-Arbeiterjugend in die Jugendobjekt-Arbeit bin ich, schon wegen meiner politischen Grundüberzeugung, immer zu haben. Aber für dergleichen fehlt dir und uns momentan die Zeit. Es sei denn, du begnügst dich damit, FDJ-Versammlungen von Studenten und SKET-Jugendlichen zu organisieren – mit Bockwurst-Essen und Tanzbein-Schwingen am Ende jeder Veranstaltung."

„Das erwartest du wohl nicht von mir, oder?“ Sabisch sagte trotzig: „Halbe Sachen mache ich nicht.“

Martin Fuchs wiederholte: „Dann lass dir etwas Gescheites einfallen.“ Er lehnte sich weit in seinem Schreibtischsessel zurück. „Wir werden auch von anderer Seite unter Druck gesetzt.“ Nun erwies sich, der Haupttechnologe Fuchs erfuhr auf Grund seiner langjährigen Zugehörigkeit zum Magdeburger Thälmann-Werk und seines Bekanntheitsgrades in den Leitungsgremien und im Kollegenkreis mehr, als in den Protokollen der Leitungssitzungen vermerkt oder in der betrieblichen Öffentlichkeit bekannt gemacht wurde. „Wir werden im SKET schon bald, spätestens im nächsten Jahr, einen neuen Technischen Direktor haben – einen wissenschaftlich ausgewiesenen Walzwerksspezialisten.“

„Man munkelt so etwas auch in unserem Hause.“

„Wir beide brauchen nicht zu munkeln. Ich weiß es verbindlich. Du kennst den Mann. Er hat an der Magdeburger Hochschule in der Fachrichtung ‘Ausrüstungen der Metallurgie’ studiert und seinen Dr.-Ing. gemacht, und für nächstes Jahr läuft für ihn ein Antrag auf Berufung zum Honorarprofessor an der TH.“

Sabisch pfiff durch die Zähne. „Du brauchst keinen Namen zu nennen. Mir ist alles klar.“

„Vielleicht noch nicht alles. Eine weitere Personalie steht an: Unser ehrenwerter Genosse Chefkonstrukteur ‘Walzwerke’ …“ Fuchs sagte das in ironisierendem Ton. Er war vor kurzem mit dem Leiter der Hauptabteilung ‘Walzwerke’ wegen eines fachlichen Problems in Streit geraten. Der war noch nicht beigelegt. Beide Männer vertrugen sich ohnehin nicht sonderlich gut. „Was ist mit ihm?“

„Er qualifiziert sich weiter – vom Ingenieur zum Diplomingenieur – in einem sogenannten Postgradualstudium.“

An der TH Magdeburg war unter hauptsächlicher Betreuung durch den Wissenschaftsbereich „Ausrüstungen der Schwerindustrie“ ein zweijähriges Postgradualstudium „Fachingenieur für die Projektierung von Metallurgieanlagen“ eingerichtet worden. In drei Studienkursen sollten etwa 25 Konstrukteure und Projektierungsingenieure des SKET und der metallurgischen Industrie der DDR den akademischen Abschluss Diplomingenieur erwerben können.

Fuchs sagte: „Der Genosse ist pfiffig und tut klug daran, seine wissenschaftliche Reputation zu erhöhen, wo doch der neue Technische sogar zu Professoren-Ehren kommen wird.“ Er blickte zum Fenster hinaus und dachte. ‘Am Ende bleibe nur ich alternder Knacker als einfacher Fachschul-Ing. im SKET-Leitungskollektiv übrig.’

Und Sabisch dachte: ‘Weiterqualifizierung kann nie schaden.’ Aber er sprach das nicht aus. Er befürchtete, Fuchs könnte diesen Gedanken auf sich beziehen und beleidigt sein.

Nach wenigen Augenblicken hatte sich der Haupttechnologe wieder in der Gewalt. Seine Aversion gegen den Chefkonstrukteur obsiegte. „Er will neue Leitungsformen für die Erzeugnisgruppe 'Walzwerke' des SKET entwickeln. Diese Erzeugnisgruppe soll im Rahmen einer erneuerten Erzeugnisgruppenarbeit unter seiner Leitung stehen. Noch hat der Generaldirektor dem ihm vorgelegten Konzept nicht zugestimmt. Im Prinzip würde es nach Inkraftsetzen auf folgendes hinauslaufen: Die im SKET-Stammwerk vorherrschende vertikale Leitungsstruktur mit den daraus sich ergebenden disziplinarischen Unterstellungen würde erhalten bleiben; zusätzlich soll der Leiter der Erzeugnisgruppe 'Walzwerke' Einfluss auf die Arbeit all jener Fachabteilungen nehmen dürfen, die am Produkt 'Walzwerke' beteiligt sind. Das bedeutet, mein spezieller Freund kann auch in unsere Hauptabteilung hineinregieren."

„Da setze ich mich erst mal wieder hin", sagte Sabisch. „Und die anderen Erzeugnisse und Erzeugnisgruppen – Schnellverseilmaschinen, metallurgische Krane und so weiter und so fort?"

„Wir müssen sehen, wie wir auch damit und mit den zuständigen Fachabteilungen zu Rande kommen, Walzwerke sind und bleiben jedenfalls das Haupterzeugnis des SKET."

Helmut Sabisch sagte: „Wenn ich so etwas höre, müssen wir SKET-Technologen wohl achtgeben, dass wir nicht abgehängt werden: bezüglich Zusammenarbeit mit der Magdeburger TH und mit anderen Hochschulen, bezüglich Nutzung der EDV für unsere Technologen-Arbeit – also Rationalisierung auf höherem Niveau als durch den Einsatz von Organisations- und Schreibautomaten vom Typ Optima 528 – und bezüglich sukzessiver Erneuerung unseres Werkzeugmaschinenparks für die Teilefertigung, jawohl: auch mit NC-Technik. Für deren maschinelle Programmierung sollten wir das in unserer Republik entwickelte System SYMAP nutzen, nicht EXAPT aus Westdeutschland. Das erspart uns harte Devisen."

„Willst du unsere Technologen zu SYMAP-Lehrgängen schicken?"

„Nur einige wenige. Die sollen als Mentoren wirken – für Praktikanten und für Hoch- und Ingenieurschul-Studenten, die ihre Abschlussarbeiten zu verfertigen

haben oder in unserem Jugendobjekt mitarbeiten. Die Besten von ihnen wählen wir aus, und die Kader-Abteilung soll sie für unsere Hauptabteilung einstellen."

„Aber nicht solche, die neulich mit einem Dozenten der TH durch den Betrieb II geführt wurden und dabei, wie mir berichtet wurde, keinen überzeugenden Eindruck gemacht haben."

„Das ist eine spezielle Geschichte. Die Truppe wollte ich durch den Betrieb führen. Ich war aber an dem Tag wegen der neuerlichen Querelen in unserem Dessauer Kombinats-Betrieb verhindert gewesen. Ich habe das, was mit den TH-Männern schiefgelaufen ist, mit Neuenhof ausgewertet; wir haben uns geeinigt. Wir werden uns in den nächsten Tagen zusammensetzen. Dann mache ich ihm klar, Leute, die er zur praktischen Arbeit oder für eine feste Anstellung zu uns schickt, müssen SYMAP in den Versionen P, S und B" – für punkt-, strecken- und bahngesteuerte NC-Werkzeugmaschinen – „beherrschen, so verstehen wir die Einheit von Theorie und Praxis."

„Hoho!", lachte Fuchs. „Jetzt hebst du ab. Aber ich bin einverstanden mit der Linie, die du verfolgst. Ich werde mich in unserer Kader-Abteilung stark machen. Die neue Sonder-Truppe leitest du."

„Ich will keine Sonder-Truppe formieren. Die jungen Ingenieure sollen Technologenarbeiten verrichten wie alle anderen TV-Mitarbeiter auch. Wenn es jedoch um die Einsatzvorbereitung und Programmierung unserer NC-Werkzeugmaschinen geht, werden vorrangig den jungen Kräften entsprechende Aufgaben übertragen."

„Meinetwegen auch so. Aber wie gesagt: Solche Arbeiten leitest du. Ich möchte nur informiert werden, was da läuft oder nicht läuft.– Und der Dozent Neuenhof ist fachlich und von der Persönlichkeit her solch eine Leuchte an der TH, dass er der geeignete Partner für unser Vorhaben sein könnte?"

Sabisch zuckte mit den Achseln. „So, wie ich ihn von meiner Studienzeit her kenne, ja. Wie er sich seitdem entwickelt hat, wird sich zeigen. Immerhin hat ihn die TH zum Hochschullehrer berufen lassen."

Martin Fuchs resümierte: „Versuch dein Heil! Mein Segen und meine Unterstützung sind dir sicher. Und mit dem Jugendobjekt und mit dem Einsatz von Praktikanten und Diplomanden für Themen, die wir SKET'ler vorgeben, fangen wir an."

Wenige Tage nach diesem Gespräch rief Helmut Sabisch an einem späten Nachmittag bei Dr. Neuenhof an. Über die Neuenhofsche Telefon-Sekretäranlage erreichte er zu der feierabendlichen Stunde nur den FP-Assistenten Manfred Berghausen. Der arbeitete noch am Manuskript für eine Veröffentlichung in der Fachzeitschrift „Fertigungstechnik und Betrieb".

„Was?", staunte Sabisch, als er erfuhr, Dr. Neuenhof sei zur Zeit im Ministerium tätig. „Arbeiten jetzt alle leitenden Kräfte der Sektion in Berlin und nur noch nebenbei in Magdeburg?"

Berghausen wusste um die Treffs von Neuenhof und Lilienhain an Sonnabenden. Für ein Wochenende, an dem Neuenhof keine Vorlesung zu halten brauchte, vereinbarte er mit Sabisch eine „Abstimmungsberatung" im SKET.

Sabisch versprach: „Wenn hilfsbereite TH-Gäste zu uns kommen, werden ihnen auf Kosten des Haupttechnologen und seines Stellvertreters Bohnenkaffee und belegte Brötchen serviert – speziell zum Beratungsgegenstand Einsatzvorbereitung und maschinelle Programmierung von NC-Werkzeugmaschinen im SKET."

Im Spätherbst war in einer Arbeitsbesprechung der Lehr- und Forschungsgruppe FP kontrovers über die Vorgabe des Sektionsdirektors diskutiert worden, FP habe mehrere Beiträge für das Heft 7/1970 der Wissenschaftlichen Zeitschrift der TH Magdeburg zu erbringen. Mit Zweiflern an der Erfüllbarkeit dieser Aufgabe – Dietmar Stolzeck, Reinhard Klembach und Jäcki Meber – hatte Dr. Neuenhof gemeinsam mit ihnen aus ihm vorgelegten Arbeitsmaterial Manuskripte für die geforderten Publikationen erarbeitet. Dabei hatte er die Federführung übernommen. Auf diese Weise wurden diese und andere Arbeiten der Gruppe, die automatisierte Bestimmung technologischer Arbeitswerte und Vorgabezeiten für einzelne Arbeitsvorgänge an schwermaschinenbautypischen Teilen und die EDV-gestützte Auswahl wirtschaftlich auf NC-Werkzeugmaschinen zu bearbeitender SMB-Teile betreffend, publik gemacht.

Zugleich hatte Neuenhof in einer von Berghausen, Kästner und Dr. Lilienhain unterstützten neuen „Forschungskonzeption der Gruppe FP für die 1970er Jahre“ festgelegt: Die algorithmierten und dann in Rechnerprogrammen erfassten fertigungstechnischen Entscheide und Berechnungen für die Fertigung schwermaschinenbautypischer Teile sollten als in sich geschlossene Teillösungen eines künftigen komplexen Programmsystems gestaltet werden – gewissermaßen als Bausteine für einen nach und nach zu füllenden Baukasten – entsprechend dem Baustein-Prinzip für das Rationalisierungsvorhaben AUTOTECH. Begonnen werden sollte mit solchen AUTOTECH-Bausteinen, bei denen massenhaft Daten zu verarbeiten und viele, wenngleich simple technologische Berechnungen auszuführen waren. Beim Planen eines Fertigungsprozesses für Maschinenbau-Teile betraf dies die Arbeitswerte- und Vorgabezeit-Bestimmung. Dementsprechende Rechnerprogramme sollten autonom oder in Kopplung mit Bausteinen für die Werkzeug-Auswahl, die Werkstück-Einspannung, die Festlegung von Arbeitsvorgangsstufen und deren Reihung zu einem Prozeß genutzt werden können. Sie sollten sowohl einzeln als auch im Komplex Rationalisierungseffekte erbringen. Dies entsprach der Ausbaustufen-Strategie für AUTOTECH.

Zu dem von Berghausen und Sabisch verabredeten Sonnabend-Treffen kamen außer den Genannten Dr. Neuenhof und Assistent Kästner zusammen. Tatsächlich hatte Sabisch, wie versprochen, einen Frühstücks-Imbiss servieren lassen.

Neuenhof sagte: „Auf den für unsere Runde vorgesehenen fünften Mann – Doktor Lilienhain – müssen wir leider verzichten. Er und seine Familie verbringen derzeit ihren verdienten Jahresurlaub im sonnigen Bulgarien, in der Heimat von Lilienhains Frau.“

„Schade“, sagte Sabisch. „Aber nehmen wir das Positive dieses Tatbestandes: Ihr könnt seine Portion mitessen. Langt zu!“

In das genüssliche Kauen der kleinen Gruppe hinein interpretierte Neuenhof die für die nächsten Jahre geplanten Forschungsarbeiten seiner Lehr- und Forschungsgruppe. „Was ihr vorhabt, gefällt mir", sagte Sabisch. „Es stimmt nahezu vollständig mit den Interessen des SKET überein. Habt ihr ein Exemplar eurer Konzeption für uns mitgebracht?"

„Die Konzeption liegt nur handschriftlich vor. Wir ..."

„Ei der Daus! Was soll das? Handschriften sind oftmals schlecht oder gar nicht leserlich. Wir reden uns über EDVA-gestützte Fertigungsvorbereitung den Mund fusselig, und ihr könnt eure wichtige Konzeption nicht mal schreibmaschinegeschrieben anbieten?"

„Du bekommst von uns ein ordentliches Exemplar", versprach Heinz Neuenhof.

„Ich bitte darum. Vorab schon mal so viel: Ihr geht meines Dafürhaltens vom Prinzip her und strategisch richtig vor. AUTOTECH-Bausteine für die Arbeitswerte- und Vorgabezeiten-Bestimmung – und dies für die gängigen Fertigungsverfahren zur Bohrungs- und Planflächen-Bearbeitung – brauchen wir dringend. An den von unseren Technologen ermittelten Vorgabezeiten wird von den Werkern in unseren Werkstätten viel herumgekrittelt. Sie verlangen manchmal berechtigt, meistens unberechtigt, wir sollen die Vorgabezeiten erhöhen. Die Debatten darum gehen bis hin zu subjektiv geprägten Querelen. Dem kommen wir nicht durch Gutzureden und nicht durch langes Diskutieren in den Partei- und Gewerkschaftsgruppen bei. Uns werden nur objektiv – nämlich durch EDVA – ermittelte Vorgaben nach aktuellem fertigungstechnischen Stand voranbringen. Wenn Werker und Gewerkschaftsfunktionäre auch solche Zeitvorgaben 'nachgebessert' haben wollen, muss ihnen gesagt werden: fertigungstechnisch begründet sind solche Forderungen nicht. Wenn man ihnen aus politischen Gründen entsprechen will, sollte dies in den technologischen Arbeitspapieren als ein lohnpolitischer Zuschlag ausgewiesen werden. Damit würde kenntlich gemacht werden: der Zuschlag ist ein Geschenk des Arbeiter-und-Bauern-Staates an seine Werktätigen, damit sie mehr Geld in ihre Lohntüten bekommen und im Sozialismus besser leben können als anderswo."

„Da habt ihr euch ja 'was Tolles vorgenommen.", staunte Kästner. „Könnt ihr und wie wollt ihr das im SKET durchsetzen?"

„Es wird schwierig werden mit solcher Art von Theorie und Praxis – wenn du das meinst. Aber wir kämen davon weg, dass die Technologen wegen der Arbeitsnormen die ewigen Prügelknaben in den Werkstätten sind. Also: Rasch her mit den entsprechenden AUTOTECH-Bausteinen!"

„Wir sind dicht dran mit unseren Arbeiten", sagte Berghausen in Gedanken an das fast fertiggestellte Manuskript für die Fachzeitschrift „Fertigungstechnik und Betrieb".

Sabisch fragte: „Trotz eurer schönen Konzeption – wie wird gesichert, dass die ersten implementierten Bausteine in den Baukasten passen und sozusagen nicht irgendwie in der Luft hängen?"

Neuenhof antwortete: „Kollege Berghausen entwickelt in seiner Dissertation das Konzept für ein Programmsystem ATV/SMB-Teile. Das bringt die Lösung zu dieser Frage. Er schließt die Dissertation 1972/73 ab, verteidigt sie spätestens 1973."

Berghausen ergänzte: „Offen ist zur Zeit, mit welchen EDV-Anlagen das von mir erarbeitete Algorithmensystem rechentechnisch umgesetzt werden kann. Der R 300 von Robotron und die an unserer Hochschule verfügbare Minsk 22 sind von ihrer Leistungsfähigkeit zu klein, Importe aus dem westlichen Ausland – von IBM, Hewlett & Packard und anderen – sind wegen des gegen die DDR verhängten Embargos nicht zu realisieren ..."

„Dazu müssen wir im SKET eine generelle Lösung finden.", sagte Sabisch. „Unsere Walzwerkskonstrukteure und ihre Partner von der Bergakademie Freiberg und aus eurer Sektion sechs schlagen sich mit dem gleichen Problem herum. Aber dessen ungeachtet sollten wir konzeptionell und an den Algorithmen für unsere Problemlösungen weiterarbeiten. – Was mir nicht gefällt, ist die Abkürzerei bei dem Vorhaben", er buchstabierte mit missmutiger Miene „ATV/SMB-Teile". Er dachte: 'Was sich dahinter verbirgt, erahnt auf Anhieb kein Mensch, nicht mal ein professioneller Technologe.' Ihm wäre beispielsweise die Bezeichnung „AUTOTECH-SKET" lieber. Aber sie hätte den Anschein erwecken können, SKET leiste die AUTOTECH-Arbeiten alle selber.

Deshalb hielt sich Sabisch an diesem Tage mit einem solchen Vorschlag zurück. Bevor er ihn unterbreiten würde, wollte er einige vorklärende Vier-Augen-Gespräche geführt haben – mit Dr. Neuenhof, mit dem Haupttechnologen Martin Fuchs, mit anderen Leitern aus dem Direktionsbereich Technik des SKET und mit Experten des Fachgebietes Rechentechnik/Datenverarbeitung. So lenkte er die „Abstimmungsberatung" auf ein anderes Thema. „Welche Vorstellungen habt ihr zur Programmierung von NC-Maschinen und zur Arbeit unseres gemeinsamen Jugendobjektes? Wann rücken die SYMAP-geschulten TH-Studenten im SKET an? Wann bringen sie mit einigen unserer Technologen die maschinelle Programmierung im SKET in Gang?"

„Hierfür bin ich als Koordinator und Mentor TH-seitig bestimmt worden", verkündete Werner Kästner. „Ich möchte sagen ..."

„Uns fehlt noch die Liste der TH-Mitglieder des Jugendobjekt-Kollektivs."

Kästner bekam einen roten Kopf. „Die Nominierung von Jugendobjektlern läuft bei uns ein bisschen zögerlich ..."

„Sehr zögerlich – meine ich." Sabisch wurde ungeduldig.

„Bei den kürzlich durchgeführten FDJ-Wahlen an der TH wurde für unsere Fachrichtung ein anderer Erster Sekretär gewählt – ein durchsetzungsfähiger Genosse, Uwe Stoß, ein echter Mecklenburger Blondschopf mit einer Statur wie ein senkrecht gestellter Kleiderschrank." Kästner konnte ein Schmunzeln nicht unterdrücken. „In Studentenkreisen ist bekannt: Wenn Uwe Stoß einen demokratisch gefassten Beschluß durchsetzen will und andere leisten Widerstand, dann streckt er den rechten Arm vor, die Faust geballt, und alle Zauderer und Meckerer, die dagegen anrennen, fallen um."

„Mach' auch du Druck, wenn du ein tüchtiger Koordinator und Mentor sein willst!", forderte Sabisch.

Kästner nickte. „Ich kümmere mich darum. Außerdem" – nun grinste er vielsagend und sah Neuenhof an –, „wenn unser Chef berufen sein und, wie man an der TH munkelt, eine höhere leitende Funktion bekleiden wird, bläst für unser Jugendobjekt höchstwahrscheinlich ein kräftiger Rückenwind."

„Wie denn? Was denn? Bin ich als stellvertretender Haupttechnologe über einen unserer engsten Partner nicht hinreichend informiert?"

„Das kann ja in einem internen Gespräch nach unserer Beratung nachgeholt werden." Werner Kästner, der Fuchs, hatte von Sabischs Kritik an seiner Mentoren-Tätigkeit geschickt abgelenkt. „Jedenfalls werde ich unsere Verbindungen auch zum FZW in Karl-Marx-Stadt intensivieren. Wir wollen für unsere Lehre in FP und für unser Jugendobjekt mit den neusten Versionen von SYMAP arbeiten."

„Richtig. Alte Maschinen und inaktuelles Know-how haben wir in unserem Maschinenbau-Betrieben genug."

Als Neuenhofs Assistenten nach kurzer Verabschiedung und Passierschein-Signierung von Sabisch gegangen waren und Sabisch wie Neuenhof noch einen Rest vom Frühstücks-Kaffee in ihren Tassen hatten, fragte der stellvertretende Haupttechnologe: „Wirst also kurzfristig Professor?"

Kopfnicken.

„Und dann Abteilungsleiter oder stellvertretender Minister in eurem Ministerium? Oder was wollte dein Assistent vorhin andeuten?"

Neuenhof gab Auskunft. „Unter dem Siegel der Verschwiegenheit und weil wir uns so lange kennen: ich verbleibe an der Hochschule und werde Erster Prorektor."

„Und dafür dein Sonder-Einsatz in euerem Ministerium?"

„Schon möglich. Er endet im August mit einer dreitägigen Klausurberatung in Eggersdorf nahe Berlin."

„Und zum MLO-Lehrgang für leitende Kader in der Berliner Wuhlheide wirst du auch noch geschickt?"

Kopfschütteln. „Der ist zwischenzeitlich erledigt. Ich habe ihn Ende voriger Woche abgeschlossen."

„Bringt der Lehrgang 'was?"

„Na ja ... Der Nutzen für einen selbst hängt ab von dem Betrieb oder der Institution, in denen man arbeitet, und von der Funktion, die man dort bekleidet oder bekleiden soll. Viel Stoff wurde durch Vorträge und Schautafeln vermittelt, vom Inhalt her wie ihn die Broschüren 'Schriftenreihe zur sozialistischen Wirtschaftsführung' unter der Leitung von Helmut Koziolek und die ‚Schriftenreihe Datenverarbeitung' des Dresdner Instituts für Datenverarbeitung vermitteln. Dazu gab es viele Fallbeispiele und Planspiele. Interessant waren die Rechnervorführungen. An der Wuhlheider MLO-Akademie verfügen sie über leistungsfähige Technik. Denen dort ergeht es nicht so, wie Manfred Berghausen das vorhin für unsere Verhältnisse beklagt hat. Der Haupttenor des Lehrganges war 'EDV', 'EDV vorbereiten', 'EDV umfassend nutzen'."

„Dahinter steht Doktor Günter Mittag ..."

„... wie hinter der ganzen MLO-Akademie."

„Du kannst aber, wie mir scheint, aus deiner Teilnahme am Lehrgang etwas machen. Mit mir hat die Kombinats-Parteiorganisation etwas anderes vor: einen Besuch der Bezirks-Parteischule."

„Oh, da werden wir quasi Nachbarn. Am Ende der Straße, in der ich in der Neuen Neustadt wohne, wurde ein Neubau-Komplex für die Bezirksleitung errichtet: mit Hörsaal, Seminarräumen, großem Versammlungssaal, Mensa und Wohnblock für Schulungsteilnehmer von außerhalb."

„Mag ja alles sein und gut und schön. Ich habe mich dennoch zeitlich zurückstellen lassen. Was ich gegenwärtig an Arbeiten zu leisten habe, kann ich nicht kurzerhand auf den Haupttechnologen abdrücken. Er sieht selbst ein, dass er mein Pensum als zusätzliche Aufgaben für sich nicht bewältigen kann. Aber immerhin: Aufgeschoben ist nicht aufgehoben. Irgendwann bin ich als sogenannter junger Genosse mit dem Parteischulbesuch an der Reihe"

„Ich sehe zu, dass mir trotz meiner zu erwartenden Prorektor-Funktion genügend Zeit für eine gediegene Lehr- und Forschungstätigkeit an der TH verbleibt."

„Das wünsche ich dir. Viel Glück"

Am darauffolgenden Montagmorgen suchte Sabisch noch vor dem regulären Arbeitsbeginn den Haupttechnologen auf. „Das Treffen mit den TH-Leuten am Sonnabend ist einvernehmlich und mit der Aussicht auf eine für uns ergebnisorientierte Zusammenarbeit verlaufen." Er informierte Martin Fuchs über die Funktionen, die Dr. Heinz Neuenhof in Kürze an der TH übernehmen sollte. Er würde mit Neuenhof wie schon zu Studienzeiten zurechtkommen können.

„Gut, Helmut. Dann setzen wir für unsere Hauptabteilung auf Neuenhof als unseren Mann."

20

Im Frühherbst 1970 hatten Heinz Neuenhof und seine Familie einiges zu feiern. Zuerst, gleich am ersten Tag im September, reiste das Oberhaupt der Familie aus besonderem Anlass dienstlich von Magdeburg nach Berlin zum „Haus der Ministerien“ der DDR. Dort würde der Minister für das Hoch- und Fachschulwesen für die neu an die Universitäten und Hochschulen berufenen Professoren eine Feierstunde abhalten und ihnen ihre Berufungsurkunden überreichen. Zu diesem Festakt war auch der Magdeburger Hochschuldozent Dr. Neuendorf geladen. Er würde an diesem Tage zu einem der jüngsten Ordinarien auf dem Gebiet Maschinenbau/Fertigungstechnik (Fertigungsgestaltung) der TH Magdeburg und ganz Deutschlands avancieren. Seine Berufung war für ihn und die Hochschule gleichermaßen bedeutsam. Deshalb hatte der Direktor für Planung und Ökonomie der TH, dem der Fuhrpark der Hochschule unterstand, im Einvernehmen mit dem Rektor einen Kleintransporter Typ B1000 für die drei diesjährigen Berufungskandidaten der TH bereitstellen lassen. Der von der Hochschule kürzlich angeschaffte Pkw vom Typ Wolga lief als personengebundenes Fahrzeug des Rektors. Auf seine ständige Verfügbarkeit verzichtete Magnifizenz Weindorf auch an diesem 1. September nicht. Weindorf und seinem Planungs- und Ökonomie-Direktor genügte, dass die Betroffenen die Reise nicht per Eisenbahn bewältigen mussten. Der letzte Schnellzug nach Magdeburg fuhr gegen 22 Uhr in Berlin-Oberschöneweide ab. Ein Nacht-Schnellzug verkehrte nicht auf der Strecke. Die Bereitstellung des Fahrzeugs ermöglichte es Neuendorf und den beiden anderen, an einem kleinen Empfang des Ministers für alle Neuberufenen teilzunehmen. „Den sollten sich die drei wegen der misslichen abendlichen Zugverbindung nicht entgehen lassen müssen,“ sagte der Rektor zu seinem Ökonomie- und Planungsdirektor. Er erinnerte sich an das Bankett anlässlich seiner Berufung vor wenigen Jahren. Da waren Spezialitäten mit Leckerhäppchen serviert worden, die DDR-Bürger gemeinhin nicht in HO-Geschäften des Landes zu kaufen bekamen.

Der B1000 der TH war ein bisschen in die Jahre gekommen. Mehr als 85 km pro Stunde auf glatter Autobahn war dem Fahrzeug nicht abzuverlangen. Neuenhofs Privat-Pkw Trabant mit seiner bescheidenen 26-PS-Motorleistung und mit Frau und zwei schulpflichtigen Kindern an Bord entwickelte als Reisegeschwindigkeit sechs Kilometer pro Stunde mehr. Zudem lärmte der konstruktionsbedingt zwischen dem Fahrer- und dem Beifahrersitz angebrachte Zweitakt-Motor des B1000 sehr laut. Neuenhof, der auf dem Beifahrersitz Platz genommen hatte, vermochte sich nur mit äußert angestrengter Stimme mit dem Fahrer zu unterhalten. Was die hinter ihm Sitzenden sprachen, war wegen des Motorenlärms kaum zu verstehen. So konnte der angehende Professor während des Großteils der Fahrt seinen Gedanken nachhängen.

Was war alles nötig gewesen und wer und wie viele, teils unter Verzicht auf eigene Vorteile, hatten ihn unterstützt, damit es für ihn zu einem solchen Ereignis und zu solchem Erfolg wie heute hatte kommen können! Er hatte sich aber auch selber nicht geschont, hatte seine ganze Kraft, all sein Wissen und Können eingesetzt für Anliegen und Aufträge, die ihm angetragen worden waren, und immer hatte er bisher mit seiner Arbeit Ergebnisse erbracht, die Bestand gehabt hatten, die von ihm so allerdings auch erwartet worden waren. Als jüngstes Beispiel dieser Art wertete er seine zeitweilige Abkommandierung von der TH an das Ministerium für Hoch- und Fachschulwesen. Sie war an dem Wochenende vor einigen Tagen offiziell beendet worden. Der stellvertretende Minister Harry Petras hatte ihn mit Händeschütteln und mit den Worten verabschiedet: „Als Dank für deine Einsatzbereitschaft und deine Leistungen auch bei uns wirst du am 1. September ordentlicher Professor." Da hatte es keines Erinnerungsgeschenks und Blumenbuketts bedurft.

In der dreitägigen Klausurtagung der Experten aus Universitäten und Hochschulen war die FüKo, die Führungskonzeption des MHF für das Maschineningenieurswesen, erarbeitet und als sauber geschriebenes ORMIG-Manuskript fertiggestellt worden, von dem zu Abstimmungszwecken für leitende Instanzen Kopien angefertigt werden konnten. Die Experten hatten in themenorientierten Arbeitsgruppen zusammengewirkt. Am späten Nachmittag jedes Tages bis in den Abend hinein hatten sich die Experten aller Arbeitsgruppen im großen Speisesaal des Ferienobjektes Eggersdorf bei Berlin versammelt, um ihre zuvor verfertigten Ausarbeitungen vorzustellen und darüber zu diskutieren. Die notwendigen inhaltlichen Vorgaben und der organisatorische Ablauf hatten dem unter Leitung von Harry Petras erarbeiteten „Bad-Saarower-Dokument" entsprochen.

Noch wenige Tage vor der Klausurberatung hatte das Kollegium des Ministers sich nicht darauf geeinigt, wer – welcher Wissenschaftler – die Klausurberatung der Experten leiten sollte. Harry Petras hatte die Leitung nicht übernehmen wollen. Er hatte befürchtet, seine Ansichten und Kritiken hätten wegen seines Minister-Amtes

als unbedingt zu befolgen ausgelegt werden können. Er war aber bestrebt gewesen, die Meinungen und Vorschläge der Wissenschaftler in der FüKo zu erfassen und die FüKo als strategisches Konzept für künftige wissenschaftliche und strukturelle Entscheide von den Experten gestalten zu lassen. Letztlich hatte der Minister seinen zuständigen Stellvertreter Harry Petras ermächtigt, den Leiter der Klausurtagung eigenverantwortlich zu benennen und einzusetzen.

Um entsprechenden Rat von Harry Petras befragt, hatte Heinz Neuenhof seinen neuen Sektionsdirektor, Prof. Richard Kleber, für diese Aufgabe vorgeschlagen. Neuenhof hatte damit nicht Revanche üben wollen an Kleber, weil der ihn vor der mehrmonatigen Abkommandierung ins Ministerium nicht bewahrt hatte – ihn, den dienstjüngsten Hochschuldozenten an der TH Magdeburg, der mit den meisten seiner Arbeiten und Vorhaben in Lehre, Forschung und Doktorandenbetreuung noch ganz am Anfang stand. Er hatte gewollt, Kleber sollte zeigen, was er konnte und sich beweisen – ähnlich, wie es Neuenhof selbst mit der Abkommandierung ins Ministerium abverlangt worden war.

Den stellvertretenden Minister hatte Neuenhof mit seinem Vorschlag überrascht. Aber Petras hielt viel davon, Nachwuchswissenschaftlern Bewährungschancen einzuräumen und ihnen etwas zuzutrauen – auch in diesem Fall. „Da kann ich testen", hatte er gesagt, „was für einen Mann, von welchem wissenschaftlichen und wissenschaftsorganisatorischen Format mein ehemaliger Kommilitone Wolfgang Kainzow dem Minister und mir als Nachfolge-Sektionsdirektor offeriert hat."

Kleber hatte die ihm in Eggersdorf übertragene Aufgabe bravourös gelöst. In einer Beratungspause, unter sechs Augen, hatte Petras vor Richard Kleber und Heinz Neuenhof den Schlachtgesang Magdeburger Fußball-Anhänger nachgeahmt, wenn deren Mannschaft gesiegt hatte:

„Ha, ha, ha, Machdeburch ist dicke da!"

Dergleichen war Petras' Art gewesen, Lob zu zollen für seines Erachtens gute Leistungen, wie sie die beiden Magdeburger zur Erhöhung des Ansehens „ihrer" Sektion Technologie und der TH insgesamt erbracht hatten.

Der erste Teil der Feier für die neu berufenen Professoren war durch ein einstündiges Referat des Ministers für Hoch- und Fachschulwesen geprägt. Das Referat enthielt gedanklich und teilweise wörtlich Passagen aus der Hochschullehrerberufungsverordnung (HBVO) der DDR, die 1968 im Gesetzblatt Teil II veröffentlich worden war. Heinz Neuenhof erkannte aber auch hochschulpolitische Überlegungen und Orientierungen wieder, die der stellvertretende Minister Harry Petras im Geleitwort zur FüKo formuliert hatte.

Höhepunkt der Feier war für alle Anwesenden die Überreichung der Berufungsurkunden an die neuen Professoren. Jeder Betroffene wurde nach vorn, neben das Katheder, gerufen. Aus den Händen des Ministers erhielt er seine Urkunde. Heinz Neuenhof hatte, dem Anfangsbuchstaben seines Zunamens entsprechend, in einer der hinteren Reihen einen Sitzplatz zugewiesen bekommen. Als er nach Aufruf seines Namens nach vorn schritt, rauschte es in seinen Ohren, und vor seinen Augen begann es einen Moment zu flimmern – so sehr durchtosten ihn Gefühle der Freude und beruflichen Erfüllung, aber auch Erinnerungen – und dies stärker als zuvor bei der Herfahrt im B1000. Als er seine Urkunde empfangen hatte, sagte der Minister: „Herzlichen Glückwunsch, Genosse Professor! Ich wünsche dir für deine Lehr-

und Forschungsarbeit viel Kreativität, stete Leistungsbereitschaft und Erfolg – wie bei deiner Mitarbeit an der Führungskonzeption Maschineningenieurswesen." Diese Gratulation belegte, Heinz Neuenhof hatte im MHF bis zum Minis-ter hinauf – wie man zu sagen pflegt – einen Namen.

Das Bankett für die Neuberufenen war im Foyer des Hauses ausgestaltet – längst nicht so üppig, wie es der Magdeburger Rektor von der Festveranstaltung seines Berufungsjahrganges her in Erinnerung hatte. Heinz Neuenhof ließ sich zudem nach der Eröffnung auf Gespräche mit Harry Petras und mit Kollegen aus anderen Hochschuleinrichtungen ein, und Harry Petras rauchte lieber ein paar Zigaretten und trank dazu tiefschwarzen Kaffee, als dass er etwas aß. Jedenfalls gab es, als sich Neuenhof der Tafel zuwandte, nur noch Bouletten, kleine Halberstädter Würstchen und Canapés mit Käse, Kochschinken und Fisch. Wegen eines solchen lukullischen Angebotes hätte er für die Heimfahrt durchaus den letzten nach Magdeburg abgehenden Schnellzug, 22 Uhr ab Berlin-Oberschöneweide, benutzen können, ohne auf etwas Besonderes auf dem Bankett verzichtet zu haben, und er wäre bequemer gereist als in dem schlecht gefederten laut brummenden TH-Transporter.

An demselben 1. September begann Gerald, Neuenhofs „Großer", sein 3. Schuljahr. Er setzte den Schulbesuch nicht in der Grundschule in der Nachtweide-Straße fort, sondern in der „Juri-Gagarin"-Oberschule, dem ehemaligen Dom-Gymnasium in der Hegelstraße. Zur „Juri-Gagarin"-Oberschule konnten Eltern ihre Kinder nicht einfach nur nach Wunsch zum Unterricht schicken. Auf diese Schule wurden leistungsstarke Schüler ab 3. Schuljahr von ihrer bisherigen Schule delegiert. Ab 3. Schuljahr wurde den Kindern Fremdsprachenunterricht erteilt – in Russisch, dem Ehrennamen dieser Schule entsprechend. In seinem zweiten Schuljahr hatte Gerald sehr gute fachliche Leistungen, vor allem in Mathematik, erbracht und als einer der wenigen von der Nachtweide-Grundschule die erforderliche Delegierung erhalten. Zur Belohnung durfte er sich ein paar teure Fische fürs Aquarium kaufen.

Karin folgte der an Neuenhofs ergangenen Einladung zur feierlichen Aufnahme der neuen Drittklässler in der Aula der Schule. Sie nahm Andreas Martin mit zu der Veranstaltung, auf der alles sehr würdevoll zuging. Von Schülern höherer Klassen wurde ein niveauvolles Kulturprogramm geboten. Karin und die Neuenhof-Söhne berichtetem ihrem „Papi", der wegen seiner Berlin-Reise nicht hatte dabei sein können, am nächsten Tag tief beeindruckt von Geralds feierlichem Schulwechsel, und Andreas Martin versicherte begeistert: „Auf die 'Gagarin'-Schule werde ich, weil ich Kosmonaut werden will, auch gehen."

„Sicherlich", sagte Karin, „aber zuvor musst du zwei Jahre in der Nachtweide-Schule fleißig sein, und am Sonnabend geht es los."

„Wird Papi mitkommen?“

Karin vollführte eine einladende Handbewegung zu ihrem Ehemann. „Das sagt er dir selbst.“

Heinz nickte. „Ich hätte an dem Sonnabend ein Seminar zur Einführung ins neue Studienjahr abhalten sollen, aber das Seminar übernimmt für mich Dr. Lilienhain.“

‘Gott sei Dank’, dachte Karin. Sie war froh, dass nicht sie die prall gefüllte schwere Schultüte, die sie im Keller verwahrte, bis zur Schule zu schleppen brauchte. Noch mehr als der Gedanke an den Transport der schweren Schultüte hatte sie belastet, nach welchem Ablaufplan sie ihre Söhne – zunächst an deren ersten Unterrichtstagen – zur Schule begleiten könnte. Martin müsste, um das Schulgebäude zu erreichen, die verkehrsbelebte Nachtweide-Straße überqueren. Für den Übergang gab es keine Ampel-Regelung. Noch gefährlicher erschien ihr Geralds Schulweg, weil der Junge vom Nikolaiplatz bis zum Breiten Weg die Straßenbahn zu benutzen hatte. An beiden Haltestellen regelten zwar Ampeln den Verkehr. Aber konnte Karin ihrem 10-Jährigen vertrauen, dass er nicht bei „Rot“ über die Straße zur Haltestelleninsel lief, weil „seine“ Straßenbahn heranrollte? Karin entschloss sich, sie würde zuerst Martin in die Nachtweide-Schule bringen und dann – gleich von dort aus – Gerald bis in die „Gagarin“-Schule oder gar bis in Geralds Klassenraum begleiten. Zumindest an den ersten Schultagen der Knaben wollte sie so vorgehen. Sie hatte ja in ähnlicher Sache genügend Erfahrungen in Dresden gesammelt.

Vielleicht war es nach einer gewissen Zeit möglich, mit den Müttern oder Vätern von Mitschülern oder Mitschülerinnen der Neuenhof-Söhne zu kooperieren, sich abzuwechseln.

An den Tagen nach der Berufungsveranstaltung in Berlin bis zu Martins Schuleinführung empfing Prof. Neuenhof in seinem Dienstzimmer im K-Gebäude der TH viele Gratulanten.

Zum Freitagabend lud er alle Mitglieder seiner Lehr- und Forschungsgruppe FP zu einer Feier in das der TH gegenüber gelegene beliebte Hotel-Restaurant „Haus des Handwerks“ ein.

Die Freude seiner Familienmitglieder über seine Berufung zum Professor erhöhte er durch die Ausschöpfung der letzten finanziellen Reserven der Familie: durch den Kauf eines Fernsehgerätes. Nun brauchten sich die Söhne ihre Spielgefährten nicht länger danach trachtend auszusuchen, ob deren Eltern ein Fernsehgerät besaßen und die Neuenhof-Kinder zum Mitschauen von Indianer-Filmen und dem „Rauchenden Colt“ einluden.

Magnifizenz Prof. Weindorf bestellte die neuberufenen Professoren der TH zu einer Tasse Kaffee in sein Dienstzimmer. Er eröffnete Heinz Neuenhof, der würde zum 1. Dezember 1970 zum 1. Prorektor der TH Magdeburg berufen werden. Er, Weindorf, halte allerdings darauf, dass Neuenhof bereits zum 15. November die für den 1. Prorektor vorgesehenen Diensträume im Erdgeschoss des Rektoratsgebäudes bezöge und sich rasch und intensiv in seine neue Funktion einarbeite. Händeschütteln. „Ich hoffe auf gute Zusammenarbeit." Und zu allem gab's einen kleinen Blumenstrauß, finanziert aus dem Rektor-Fonds.

Ein Jahr nach dem Tod von Paula Neuenhof, im August, waren Karin und Heinz nebst Kindern nach Küssow gefahren. Sie hatten der Mutter ein ehrendes Gedenken auf dem Küssower Friedhof erwiesen und ihr mit einem Strauß frischer Sommerblumen einen stillen Gruß gesandt. Nun, nach ihrem Umzug von Dresden nach Magdeburg, hatten die jungen Eheleute die für immer Dahingeschiedene in jedem Jahr im August auf diese Weise zu ehren gelobt.

Die Gräber von Mutter Anna und Vater Tiow und auch der handbreite Erdstreifen vor Paulas Grabplatte zwischen den Gräbern der alten Tiows waren sorgsam gepflegt und mit scharlachrot blühendem Eisgewächs bepflanzt gewesen. Diesen regelmäßigen Dienst an den Toten hatte sich Marta, des jungen Hermann Tiows Frau, trotz ihres immer krummer werdenden Rückens nicht nehmen lassen.

Nach dem Friedhofsbesuch hatten die Neu-Magdeburger Hermann Tiows auf deren Gehöft in der Haselfurt aufgesucht. Sie waren herzlich willkommen geheißen worden. Sie und ihre Gastgeber hatten sich viel zu erzählen gehabt.

1960 war das Dorf, wie man dies seinerzeit ausdrückte, „vollgenossenschaftlich" geworden. Im April jenes Jahres hatte sich der junge Herman Tiow nebst Ehefrau und Tochter und neun weiteren Küssower Bauersfamilien zu der LPG „Einigkeit", einer Genossenschaft vom Typ I, zusammengeschlossen. Damit hatten sie sich viel Selbstständigkeit beim bäuerlichen Wirtschaften bewahrt. Im Laufe der Jahre waren Unstimmigkeiten zwischen den Mitgliedern der LPG aufgetreten. Zunächst waren einige, am Ende der 1960er, alle Mitglieder, auch Hermann Tiows, zur Küssower LPG vom Typ III übergewechselt.

„Der Typ III ist meine Sache nicht," hatte Hermann zugegeben. „Mit solch einer Wirtschafterei müssen Elsbeth und Schwiegersohn Ralf zurechtkommen. Ich und Marta, wir kümmern uns um unsere individuelle Hauswirtschaft – ich um ein gut gefüttertes Schlachteschwein, um ein paar Schafe und um das notwendige Futter dafür und für Martas Federvieh. Frische Hühnereier hat Marta immer im Haus und für den freien Verkauf parat."

Heinz und Karin hatten über ihr Leben und Streben in Magdeburg – und wie es dabei ihren Kindern erging – berichtet. Beiläufig hatte Heinz erwähnt, er habe bei der Gewerkschaftsleitung seiner Sektion einen Antrag für einen Urlaubsplatz vom

FDGB-Feriendienst gestellt gehabt. Der Antrag sei aber von der Sektionsgewerkschaftsleitung abschlägig beschieden worden. Der SGL-Vorsitzende habe ihm bei der Übermittlung dieses Entscheides gesagt: „Im Vertrauen, Genosse Neuenhof: Du als angehender Professor wirst doch wohl nicht allen Ernstes unseren einfachen Werkstattarbeitern, Sekretärinnen und Hilfsangestellten einen preiswerten FDGB-Ferienplatz für dich und deine Familie wegschnappen wollen …?" Da habe er seinen Antrag zurückgezogen. Und nun, bevor am 1. September für Gerald das neue Schuljahr begänne und Martin eingeschult werden würde, säßen er und Karin mit den Kindern im Urlaub zu Hause. Gut, sie hatten Ausflüge in die Magdeburger Umgebung unternommen. Aber an einigen Tagen sei das Wetter sehr mies gewesen. Da habe die ganze Familie die Zeit im Kinderzimmer zugebracht und sich an Bastelarbeiten, Brett- und Kartenspielen ergötzt.

„Allmende so etwas!", Marta hatte vorgeschlagen: „Kommt für ein paar Tage nach Küssow! Wir haben im Haus genügend Platz für euch alle. Die Kinder können spielen und sich austoben. Unser Harald", Martas Enkel gleichen Alters wie Martin Neuenhof, „freut sich, wenn er passende Spielgefährten zum Rumstromern hat."

„Und ich werde den Magdeburgern zeigen, was sich in jüngster Zeit in unserem Dorf verändert hat", hatte Hermann versprochen. Er war nach dem Ableben seines Vaters vor zehn Jahren nicht mehr „der junge Hermann", sondern mit seinen 71 Jahren der Senior auf dem Tiow-Hof und in der LPG nicht mehr aktiv tätig. Er war Altersrentner. Dennoch vermeinte er, über alle und vieles gut Bescheid zu wissen.

„Versprich nicht zu viel!", hatte Marta gemahnt. „Denk' an die herummuckernde Blase!" Tatsächlich hatte Hermann in letzter Zeit öfter über Beschwerden und Schmerzen im Leib geklagt.

„Keine Bange! Wenn ich mich bei unserem Streifzug ausruhen muss, finde ich im Ort vor irgendeinem Gehöft noch eine alte Milchbank oder in der Feldmark einen großen Stein, worauf ich mich setzen kann."

Zu Hause in Magdeburg angelangt, hatten Heinz und Karin über das Angebot der Tiows nicht lange nachdenken und debattieren müssen. Heinz hatte kurzfristig für mehrere Tage Jahresurlaub beantragt und gewährt bekommen. Noch im August hatten Neuenhofs in Küssow „Urlaub auf dem Lande" verlebt. Zwischen Karin, Marta und Elsbeth und zwischen den Männern hatte Einvernehmen geherrscht. Die Kinder waren miteinander bestens zurechtgekommen.

Trotz seiner gesundheitlichen Beschwerden und denselben angepasst, hatte Hermann mit den Magdeburger Besuchern und seinem Enkel Harald mehrere Besichtigungsgänge durchs Dorf und Ausflüge in die Feldmark unternommen. Er hatte ihnen mit unverhohlenem Stolz die neue Fuhrwerkswaage nahe der Gaststätte Brekau, die alten umgebauten und die neuen Schweine- und Rinderställe in Ortslage, vor allem die große Kuhstallanlage am Ortseingang gezeigt. Er lobte, dass aus allem Vorhandenen im Dorf etwas Nützliches gemacht wurde – „... zum Beispiel der Flachbau gegenüber dem Wilslebenschen Gehöft: Er wurde einst als Lager der Raiffeisen-Genossenschaft und später als Hühnerstall der LPG Typ III genutzt. Nun, nach dem kürzlich erfolgten Umbau, sind in ihm das Gemeinde- und LPG-Büro und die Poststelle des Ortes untergebracht. In der großen Kuhstallanlage arbeitet unsere Elsbeth. Sie und Stellmachers Anneliese sind Melkerinnen, leisten schwere Arbeit!, stripp-strapp-strull, den Eimer vull' soll aber bald Vergangenheit sein. Demnächst geht eine moderne automatische Melkanlage in Betrieb. Die müsst ihr euch von Elsbeth erklären lassen. Elsbeth und Anneliese haben dazu einen mehrtätigen Lehrgang absolviert. Vielleicht können euch die beiden bei einem eurer nächsten Besuche alles zeigen."

Bei der Heimfahrt am Ende der Urlaubstage hatten die Neunhof-Söhne bekundet, der Urlaub in Küssow habe ihnen viel besser gefallen, als Ferien zu machen in irgendeinem FDGB-Heim und an jedem Tag irgendwo in der Gegend herumzuwandern oder sich Altertümer anschauen zu müssen. Und ihre Eltern Heinz und Karin hatten einen Tapetenwechsel gehabt, nach dem es einem, wenn man wieder daheim ist, zu Hause gut gefällt.

Heinz war noch im Nachhinein beeindruckt von der Nutztierhaltung in großem Rahmen, wie er sie aufgrund seiner Kindheitserfahrungen in Küssow nicht für möglich gehalten hätte. Er erinnerte sich: Schon vor der LPG-Zeit wurde auf mehreren Bauernhöfen in Küssow mehr Vieh aufgezogen, als die Äcker, Wiesen und Weiden in der Küssower Gemarkung dafür Futter hergaben. Bauern, die über mindestens drei Pferde verfügten, holten ihr Heu für Milchkühe, Jungbullen, Pferde und Kleinvieh sogar aus dem 12 km entfernten Wemthiner Bruch. Dort pachteten sie, je nach Bedarf und Finanzkraft, einen oder mehrere Schläge Wiese. Die wurden in der Vormahd oder als Grummet abgeerntet. Bei günstiger Witterungslage im Spätsommer wuchs bis Mitte September noch einmal Futter nach. Dies hatte bei Anna und Vater Tiow zu der Redensart geführt: „Wenn wir zu Hermanns Geburtstag" (am 24. September) „frühmorgens mit dem Pferdegespann vorm Gummiwagen und mit

dem Grasmäher hinten dran 'rausfahren können ins Wemthiner Bruch und wenn wir nach der Grasmahd und nach mehrmaligem Umheuen entlang dem großen Schlag abends eine Fuhre Heu laden und trocken nach Hause bringen können, dann hat uns das Jahr einen schönen Frühherbst beschert."

Solch einen Frühherbst gab es 1970. Um den 25. herum fiel an mehreren Tagen ein sanfter Regen. Danach wärmte Tags strahlende Septembersonne die Felder, Wiesen und Wälder. Alles, was zu dieser Zeit noch wachsen und reifen sollte, gedieh prächtig – auch Pilze.

Marta Tiow sandte an die Neuenhof-Familie in Magdeburg eine Ansichtskarte von Küssow. Die zeigte auf kleinen Fotos die Dorfkirche, das Schloss und eine Bäuerin mit Fahrrad vor dem Konsum-Geschäft stehend. Die Bäuerin mit dem Fahrrad war Marta Tiows Tochter. Elsbeth auf der neuen Küssower Ansichtskarte! Marta kaufte sogleich ein Dutzend Stück von diesem Kartentyp. Den würde sie in nächster Zeit bei allen postalischen Verpflichtungen gegenüber der Verwandtschaft und Bekanntschaft verwenden. An Neuenhofs schrieb sie: „... unsere Wiesen und Weiden stehen jetzt voller Champignons. Viele Leute von überall her schleppen die Pilze körbeweise davon. Wenn ihr als Pilzfreunde auch welche sammeln wollt, müsst ihr rasch nach Küssow kommen. Ihr seid doch jetzt mobil. Viele Grüße von allen – Marta."

Karin und Heinz Neuenhof waren tatsächlich leidenschaftliche Pilzsammler.

„Eigentlich wäre demnächst ein Besuch bei meinen Eltern in Gorzek fällig." Karin gab zu bedenken: „Mutti hatte dieser Tage Geburtstag."

„Onkel Hermann auch", sagte Heinz. „Damit reden wir uns deiner Mutter gegenüber 'raus. Wir sagen ihr: Nun, wo wir in der Nähe wohnen, war in diesem Jahr Onkel Hermann an der Reihe."

Die Sammelleidenschaft der beiden gab den Ausschlag. Neuenhofs fuhren an dem Sonntag nach Heinz' Berufungsveranstaltung und nach Geralds Um- und Martins Einschulung nach Küssow.

Die Söhne waren mit Begeisterung dabei. Sie freuten sich vor allem auf das Zusammentreffen mit Harald. Der hatte ihres Erachtens immer tolle Ideen, wohin sie in der Feldmark oder in den nahen Wäldern ausschwärmen und was sie dort für die Stadtjungen Ungewohntes unternehmen konnten. Das Pilzesuchen auf Briesows Koppeln gleich hinter dem Tiowschen Anwesen machte ihnen zunächst Spaß. Karin und Heinz hatten für den Pilztransport ein paar kleine Spankörbe mitgebracht. Als die gefüllt waren, erboten sich die Jungen, sie ins Haus zu tragen. Damit war ihr Sammeleifer erloschen. Mit Karin und Heinz zu den Wiesen in der Sacklache und in der Küssower Heide hinausfahren wollten sie nicht. Die Beute dort machten die beiden Erwachsenen allein: drei Kartoffelkörbe voll. Die Körbe hatten sie sich von Tiows ausgeliehen. Als sie auf den Tiowschen Hof zurückkehrten, spendierte Hermann zwei Kartoffelsäcke. Mit denen legte Heinz den Kofferraum des Neuhof-schen Trabant aus. Auf die Säcke schüttete er die Pilze aus den Kartoffelkörben. Die Körbe sollten in Küssow bleiben. Sie wurden für die bevorstehende Kartoffelernte gebraucht.

„Nun kommt mal 'rein – nach vorn, in die gute Stube!", rief Marta vom Haustritt her.

In der guten Stube erwartete die Pilzsucher von der Sacklache eine freudige Überraschung. Dort saßen Harald und zwei seiner Schulfreunde, Gerald und Martin, am großen, mit weißem Tischtuch belegten Esszimmertisch und schmausten. Sie waren vergnügter Dinge. Marta hatte zwei Hefeteig-Blechkuchen gebacken: einen Zucker- und einen Streuselkuchen. Neben Martins Kuchenteller hatte sie eine kleine Schultüte gelegt und in die hinein ein Glasröhrchen mit Liebesperlen gesteckt. Auch die anderen Knaben hatte sie mit solchen Glasröhrchen bedacht. Liebesperlen waren zu jener Zeit eine bei Schulkindern beliebte Nascherei. Zu trinken gab es Kakao. Den hatte Marta zuvor im Hauskeller gekühlt. Alles war hergerichtet wie zu einem Kindergeburtstag. Darauf verstand sich die kinderliebe Seele seit eh und je bestens. „Dieses Mal ist es nicht zum Geburtstag, sondern zum Beginn des Schuljahres und für Martin zur Schuleinführung," sagte Marta.

Mannsleute aus dem Dorf wurden zum Abend erwartet: Bruder Willi vom Fischer-Hof, Fritz Ebel und Emil Schnetzel, die Compagnons aus der ehemaligen LPG „Einigkeit" vom Typ I. Hermann Tiow hatte sich an seinem Geburtstag gesundheitlich nicht sonderlich wohl gefühlt. An diesem Sonntagabend sollte eine kleine Nachfeier stattfinden – bei deftigen Abendbrot-Happen und Flaschenbier. Zudem waren die Gäste aus dem Dorf begierig zu sehen und zu hören, was aus dem 10-/11-jährigen „Großspänner" Heinz Neuenhof, der bei Fahrten auf die Tiowschen Äcker neben seinem Onkel, dem jungen Hermann, in der Schoßkelle des Ackerwagens gesessen hatte, nunmehr für ein Professor geworden war.

„Strebsam muss der Mensch schon sein", sagte Willi Tiow. Er dachte dabei nicht nur an seinen Neffen, sondern auch an sich selbst: an seinen Lebensweg vom einfachen Arbeiter in der Munitionsfabrik nahe Güskau zum geachteten Bauern auf dem Fischer-Hof.

Emil Schnetzel sagte auf zupackende Art: „Ich denke so: Wir müssen erst mal prüfen, ob Marta von ihrer sparsamen Schwiegermutter etwas gelernt hat und zum Abendbrot etwas Kräftiges vom letzten Schlachten aus der Luftkammer holen und uns servieren kann. Den Blechkuchen, den die Kinder vorhin übriggelassen haben, essen wir als Zahnlückenfüller kurz vorm Nachhausegehen."

Heinz Neuenhof wurde aufgefordert zu berichten, ob es fortan bei ihm als berufener Hochschul-Professor und im Leben seiner Familie anders – und hoffentlich besser – verliefe als zuvor. Heinz gab bereitwillig Auskunft. Schon nach kurzer Zeit stieß ihn Karin unter dem Tisch mit einem Schuh gegen ein Schienbein: Er solle sich kürzer fassen, er sei an diesem Abend nicht die Hauptperson.

Just in diesem Augenblick erschien zum Erstaunen aller Dr. Feldmann, der derzeitige LPG-Vorsitzende. „Nur zu einem Kurzbesuch, um einem geschätzten Mitglied unserer Genossenschaft nachträglich zum Geburtstag zu gratulieren," sagte er, „Kurzbesuch." Aber er setzte sich dennoch bequem an den großen Esstisch. Die leckeren Sachen aus Tiows Luftkammer, die Marta inzwischen aufgetischt hatte, regten seinen Appetit an, und er langte zu. „Haben Sie sich im Dorf umgesehen?“, fragte er den Professor. „Haben Sie sich unseren Betrieb zeigen und erklären lassen?“

„Schon bei meinem mehrtätigen Besuch neulich.“

„... so gut ich es wusste und konnte,“,ergänzte Hermann.

„... und unsre Strategie erläutert bekommen?“, fragte der Vorsitzende.

‘Strategie, Strategie‘, dachte Hermann, ‘was will er denn damit?‘

Dr. Feldmann merkte dem Tiow-Bauern dessen Unsicherheit an. Er wandte sich direkt an Neuenhof. „Wir haben vor zwei Jahren einen totalen Umbruch in der Produktion unserer LPG eingeleitet.“

‘Aha‘, dachte Heinz Neuenhof mit einem Anflug von Überheblichkeit. ‘Der Doktor der Agrarwissenschaften setzt wohl die Lehren von Mitschurin und Lyssenko um und hat Scholochows ‘Neuland unterm Pflug’ gelesen.‘ Er schaute dabei skeptisch drein.

Feldmann bemerkte dies. „Ich erkläre Ihnen unsere Strategie. Bisher hatten in den Küssower individuellen Bauernwirtschaften und auch in den ersten Jahren genossenschaftlicher Produktion die Schweinemast und – als Futterbasis dafür – der Anbau von Hackfrüchten, vornehmlich Kartoffeln, Priorität. Das ändern wir: weg von der bisher dominierenden Schweinemast, hin zur Profilierung unserer LPG als Rindermastbetrieb.“

„Warum diese Umstellung?“, fragte Neuenhof erstaunt.

„Aus zwei Gründen. Der erste: Entsprechend den vom Rat des Bezirkes Magdeburg erteilten Auflagen werden in Kalsow und in Galchau je eine moderne Schweinemast-Großanlage eingerichtet, jede projektiert für maximal 24.000 Kopf Vieh.“ Kalsow und Galchau waren Küssows Nachbardörfer, jedes nicht weiter als 5 km von Küssow entfernt. „Mit denen können wir weder in puncto Ausbringung noch hinsichtlich Produktivität mithalten. Der zweite Grund: Wir haben vor zwei Jahren die Produktionsverhältnisse für unseren Betrieb gründlich analysiert: Bodenklasse der Ackerschläge, Steinbesatz der Böden, verfügbare Grünlandflächen, Möglichkeiten und Effektivität des Einsatzes moderner leistungsfähiger Erntetechnik und weitere Faktoren. Den Umfang der Schweinemast zu erweitern hätte erfordert, mehr Hackfrüchte als bisher anzubauen. Die dafür noch verfügbaren Ackerflächen weisen einen hohen Steinbesatz auf. Moderne Bodenbearbeitungsmaschinen hätten einem hohen Verschleiß unterlegen und wegen häufiger Wartungs- und Reparaturarbeiten zu häufig in die Werkstätten unseres Technik-Stützpunktes gemusst. Die dafür anfallenden Kosten hätten die Einnahmen unserer LPG-Mitglieder spürbar geschmälert.“

„Um wirtschaftlich gut zurechtzukommen, müssen Sie doch die Rindermast auch in Groß-Produktion betreiben – ähnlich wie das in Kalsow und Galchau für die Schweinemast vorgesehen ist.“

„Sie haben völlig recht. In zwei bis drei Jahren wollen wir einen Rinderbestand von 1.900 Tieren haben, darunter 180 Milchkühe für die Milchproduktion gemäß staatlicher Vorgabe."

„Wie bitte? 1.900?"

Willi Tiow lachte. „Da staunst du, Professor, wie? Da kommt mehr zusammen, als wenn du vor 20 Jahren montags früh mit einer Weinflasche voll Milch zu deiner Schlummermutti nach Burkitz geradelt bist."

Sein Bruder bezweifelte, solch hochgestecktes Ziel erreichen zu können. Er ironisierte: „Demnächst wird unser Dorf in 'Groß-Küssow' umbenannt."

Heinz Neuenhof erinnerte sich der Schinderei der Tiowschen drei Pferde, die die im Wemthiner Bruch hochbeladenen Heufuhren einzeln den großen Sandberg wenige hundert Meter hinter Galchau emporziehen mussten. Vater Tiow war damals bei jeder Fuhre aufgeregt neben dem Gespann hergelaufen. Er hatte mit seinem Sohn, der das Gespann führte, wie mit einem Schuljungen geschimpft, wenn der die Pferde zu sehr angetrieben hatte. Nach seiner Auffassung waren die Pferde, die er – und nur er – täglich vom ersten Hahnenschrei bis zum späten Abend gepflegt hatte, der Motor der Tiowschen Wirtschaft. Das alles geschah, um fürs ganze Jahr für sieben Kühne, einen Deckbullen, ein paar Kälber, für die Pferde und diverses Kleinvieh Heu herbeizuschaffen. Und wenn zu des ältesten Sohnes Geburtstag noch eine Fuhre Heu vom Wemthiner Bruch hatte eingebracht werden können, war es in dem betreffenden Jahr ein redensartlich schöner Herbst gewesen ... Neuenhof fragte: „Woher bekommen Sie denn das Futter für 1.900 Rinder?"

Dr. Feldmann hatte sich eine Butterstulle geschmiert und sie dick mit hausgeschlachteter Bratwurst belegt. Kauend erklärte er: „Wir gestalten die Pflanzenproduktion unserer LPG um; weg von Hackfrüchten, vor allem weg vom traditionellen Kartoffelanbau, hin zum Anbau überirdisch wachsender Futterpflanzen wie Mais, Kleegrasgemische und anderes. Zu dieser Strategie wurde das Einverständnis aller Mitglieder der Genossenschaft eingeholt."

„Da hörst du's," sagte Hermann zu seinem Neffen, „Wenn du's nächste Mal zum

Pilzesuchen kommst, wirst du die Gegend nicht wiedererkennen."

„Ach was!" Willi lachte, wie vorhin. „Ich arbeite derzeit, auf meine alten Tage, in der Feldbau-Brigade. Ich wollte schon vor Jahrzehnten, im Krieg an der Westfront, mal einer Brigade angehören – so, wie die Amerikaner militärisch organisiert waren – nicht immer bloß als letzter Schütze einer Kompanie, der dann in der Ardennen-Offensive tüchtig den Hintern versohlt bekommen hat!"

Die Debatte ging dem LPG-Vorsitzenden zu weit. „Ich muss wieder los", sagte er. An Neuenhof gewandt: „Besuchen Sie uns im nächsten Jahr unbedingt zur Zeit der

Getreideernte! Da haben wir unseren Mähdrescher-Komplex im Einsatz." Er verabschiedete sich und ging.

„Zu dem Mähdrescher-Komplex gehöre auch ich", sagte Ralf stolz. „Ich bin einer der Getreide-Abfahrer."

„Was bist du?", fragte Hermann empört. „Ein Treckerfahrer!"

„Fangt jetzt nicht wieder an, euch zu streiten!", ermahnte Marta ihren Ehemann. „Immerhin feiern wir heute nachträglich deinen Geburtstag."

„Ein Treckerfahrer!" Hermann beharrte auf seinem Vorwurf. „Als du als Flüchtlingsjunge auf unseren Hof gekommen bist, haben sich unser Vater und ich nach Kräften bemüht, aus dir einen fleißigen sach- und fachkundigen deutschen Landwirt zu machen. Und was muss ich nun auf meine alten Tage erleben?"

Ralf lachte: „Heutzutage geht es nach anderen Maßstäben und Anforderungen."

Willi sagte beschwichtigend zu seinem Bruder: „Du solltest gemeinsam mit Heinz auf den Acker kommen, wenn die Mähdrescher in der Ernte zu Gange sind. Dann könntest du mit eigenen Augen sehen, dass das Getreide-Abfahren mehr ist, als auf einem Trecker zu sitzen und ein bisschen am Lenkrad herumzudrehen. Du würdest rasch erkennen, dein Schwiegersohn ist einer der engagiertesten und gewissenhaftesten Arbeiter im ganzen Ernte-Komplex."

Fritz Ebel sagte: „Hermann, es hat sich einiges verändert im Vergleich zu unseren jungen Jahren. Deshalb sind wir wohl aber Landwirte geblieben. Auch dein Schwiegersohn ist einer."

„Als 'werktätiger' Bauer wird er neuerdings in der Zeitung tituliert."

„Lass doch die Reporter Bezeichnungen ersinnen, wie sie wollen. Wichtig ist, wie sich unsereiner fühlt. Ich fühle mich in der Feldbau-Brigade – zusammen mit Willi und anderen alten Bekannten – gut aufgehoben."

Hermann ironisierte: „Hast 'ne geregelte Arbeitszeit, stehst um halb sieben …"

„… im Sommer um sechs!"

„… vor Freigangs Gasthof auf der Dorfstraße und wartest darauf, dass einer kommt …"

„… nicht irgendeiner, sondern der Feldbau-Brigadier!"

„… dass der Brigadier kommt und Anweisungen erteilt, was du an dem Tag machen sollst …"

„Freilich. Und ich finde das nicht übel. Wenn wir in jungen Jahren, um ein bisschen Geld zu verdienen, zur Herbstzeit aufs Gut in Kalsow gingen, kam morgens der Inspektor und hat angeordnet, wo's an dem Tag langging und was jeder zu leisten hatte. Da ist die heutige Arbeitseinteilung für unsereins nichts Neues. Und man hat heute eine geregelte Arbeitszeit. Du glaubst gar nicht, wie rasch und wie sehr man sich daran gewöhnt."

Hermann murrte: „Arbeiten wie ein Angestellter auf dem Dorfe …"

„Sag das nicht abwertend!", wandte Willi ein. „Man weiß jetzt, wann Feierabend ist. Und je nach Wunsch oder Bedürfnis kann sich anschließend jeder etwas nach seiner Fasson vornehmen. Der eine kümmert sich um seine Tiere, die er für gutes Geld als freie Spitze verkaufen wird. Ein anderer stöhnt, setzt sich in seinen Lehnsessel vor dem Fernseher und lässt sich von der Ehefrau die Füße waschen und massieren."

Fritz Ebel sagte: „Wir, Hermann, sind doch früher des Abends nicht fertig geworden. Immer gab es, wenn es schon dunkelte, etwas zu tun."

„Und trotzdem", mischte sich Marta ein, „blieb Zeit für ein Schäfer-Stündchen mit Fanny Beck." Sie, die kinderliebe Seele, konnte zu verheirateten Männern, die ihre Ehefrau mit einem Liebchen betrogen oder – wie Fritz Ebel – belogen hatten, ausgesprochen giftig werden.

„Ja, Marta, in Küssow hatte so mancher rechtschaffene Bauer seine Fanny."

„Hört auf zu geifern!" Willi Tiow schüttelte unwillig den Kopf. „Was sollen der Professor und seine Karin denken, was wir für Probleme haben?"

Fritz Ebel lehnte sich auf seinem Stuhl weit zurück. „Jedenfalls glaube ich daran, dass unser Kollektiv – so, wie in der LPG alles läuft – im nächsten Jahr, wie geplant, einen Gewerkschafts-Ausflug in den Spreewald unternimmt. Da werde ich mit meiner Frau mitfahren. Ich wollte den Spreewald schon immer mal kennenlernen – bequem im Kahn sitzen und mich entlang den Fließen durch die besondere Landschaft staken lassen …" Angeregt durch das Wort „Fließen" nahm er sich die volle 0,5-Liter-Bierflasche, entfernte umständlich den Kronenverschluss und ließ dann, ohne zu schlucken und die Flasche zwischendurch abzusetzen, den Flascheninhalt in sich hineinfließen.

Um halb zehn traktierte Karin abermals unterm Tisch die Schienbeine ihres Ehemanns. „Wir müssen nach Hause", raunte sie. Heinz nickte ihr zu. Die Jungen mussten am nächsten Morgen in die Schule. Es würde an diesem Abend ohnehin spät. Er selbst hatte sich für den folgenden Tag die Durchsicht der Doktor-Dissertation eines Abteilungsleiters des FZW Karl-Marx-Stadt vorgenommen. Der Promovend war einer der Forschungs-Auftraggeber für Neuenhofs Gruppe FP. Da hatte er die Anfertigung eines Gutachtens und die Mitwirkung in der Promotions-Kommission der TH Karl-Marx-Stadt gern übernommen. Es war das erste Mal, dass er als berufener Professor in solch einer Kommission an einer anderen Hochschule als der TH Magdeburg mitwirken würde.

Unterwegs sagte Neuenhof zu seiner neben ihm auf dem Beifahrer-Sitz sitzenden Frau: „Was ich während unseres Champignon-Besuchs an Veränderungen und Neuerungen in Küssow erfahren habe, hätte ich, wenn mir das jemand vor einigen

Jahren offeriert hätte, nicht für möglich gehalten. Ich habe geglaubt, in Küssow ändert sich bis in alle Ewigkeit nichts, und das bliebe auch bei Sozialismussens so. Dabei: Elsbeth, die sich in der heutigen Debatte sehr zurückgehalten hat ..."

„... wahrscheinlich aus Rücksicht auf ihren Vater ..."

„... und ihr Ehemann Ralf sind ein neuer Schlag von Landarbeitern."

„Sie wollen und werden mit den geänderten Umständen und Bedingungen zurechtkommen," sagte Karin, „darauf kannst du Gift nehmen."

Heinz glaubte es ihr ohne Gifteinnahme.

Die dritte frühherbstliche Feier für die Neuenhofs fand Anfang Oktober 1970 im Sächsischen statt, in Pirna. Annedore Neuenhof und Alfons Richter gingen den Bund der Ehe ein. Sie feierten kein rauschendes Fest. Das hatte Annedore so gewollt. Der Tod ihrer Mutter, die sie noch immer sehr vermisste, hatte sich im August gerade gejährt. Alfons zeigte für Annedores Gefühle und Begehr viel Verständnis. Er war selber nicht der Mann, der bei feierlichen Anlässen viele Leute um sich haben mochte. So waren dann auf Wunsch des jungen Pares außer Mutter Ida nur die drei Fehses aus Dresden, ein Onkel von Dirk Fehse aus dem Thüringischen und alle vier Neuenhofs aus Magdeburg bei der standesamtlichen Eheschließung und beim feierlichen Mittagsmahl im ersten HO-Gasthaus am Pirnaschen Marktplatz versammelt. Nach dem gemeinsamen Kaffeetrinken in der gleichen Gaststätte war der offizielle Teil der Hochzeitsfeier beendet. Ein ergänzender Teil fand für die kleine Gesellschaft in Ida Richters Wohnung statt. „Platz für alle ist in der kleinsten Hütte", kommentierte Dirk Fehse.

Annedore errötete vor Verlegenheit. „Bei uns können wir uns leider noch nicht zusammensetzen. Kisten und Kästen stehen unausgepackt herum. Es kam in den letzten Tages alles zu überraschend für uns. Nur der Termin fürs Standesamt stand schon seit langem fest. Ihn wollten wir nicht verschieben. Wer weiß, wann wir an der Reihe gewesen wären, hätten wir das versucht."

Alfons und Annedore waren vor einigen Tagen in eine eigene Pirnaer Wohnung „Am Borsbergblick" gezogen. Die war ihnen vom zuständigen Wohnungsamt beim Rat der Stadt zugewiesen worden: zwei Zimmer, Küche und Bad-Mitbenutzung seitens einer anderen Mieterpartei. Annedores Schulleiter Edgar Daubler hatte Wort gehalten. Er hatte seine „Beziehungen spielen lassen" und die Zuweisung an seine „entwicklungsfähige, aber noch aufzubauende Stellvertreterin" erwirkt.

„... mein Hochzeitsgeschenk," hatte er dazu erklärt.

Annedore hatte Daubler gegenüber und auch auf dem Wohnungsamt deutlich gemacht, diese Unterkunft sei für sie und ihre in absehbarer Zeit größer werdende Familie keine „Endlösung ihres Wohnungsproblems". Dementsprechend ließen sie und Alfons ihre Anträge auf Zuweisung einer größeren und komfortableren Wohnung weiterlaufen. Sie gingen davon aus, in Pirna florierte der Wohnungsneubau – insbesondere für Arbeiter und Angestellte der WISMUT-AG und deren Dienstleister, und als Dienstleisterin für die WISMUT fühlte sich Annedore an ihrer nunmehrigen Wirkungsstätte, der „Dr.-Theodor-Neubauer"-Schule.

Die freundliche, hilfsbereite Ida Richter, die nunmehr zwei Töchter hatte, gewährte den Hochzeitsgästen aus Magdeburg für eine Nacht Unterkunft. „Ich habe doch nun ausreichend Platz für euch." Neuenhofs nahmen dieses Anerbieten dankend an. Sie hatten für die Reise nach Pirna zwei Tage eingeplant. Je vier Stunden Gesamtfahrzeit benötigte der TRABI-Fahrer Neuenhof für die Strecke Magdeburg – Pirna. Die Zeit für eine kurze Rast unterwegs war hinzuzurechnen. Da verblieb bei einer Reisedauer von zwei Tagen gerade noch Zeit für einen Kurzbesuch auf der Festung Königstein. Auf den hatten Gerald und Andreas Martin allerdings vehement bestanden. Diesen Wunsch wollten Karin und Heinz ihren Söhnen unbedingt erfüllen. Nach ihrem Ermessen sollte es für die beiden Knaben der Höhepunkt ihrer bevorstehenden Herbstferien werden.

Karin berichtete über den Höhepunkt der Neuenhofschen Sommerferien: das Pilzesuchen in Küssow.

„Au ja!", frohlockte Annedore. „Da hätte ich dabei sein mögen."

Alfons schüttelte missbilligend den Kopf. „Du hast es ja wegen deiner neuen Schule nicht mal geschafft, unsere Wohnung fertig einzurichten. Was träumst du da vom Pilzesuchen in Küssow?"

Zu dem Thema „Feriengestaltung" gab Heinz zum Besten, wie es ihm an der Hochschule mit einem Antrag auf einen FDGB-Urlaubsplatz ergangen war. Mutter Ida bot an: „Eine Arbeitskollegin meiner Brigade hat im Bielatal ein Gartengrundstück mit einem wunderschönen Bungalow darauf – einen Bungalow sage ich euch, wie ein Blockhaus in einem Indianerfilm. Wenn ihr wollt, frage ich sie, ob sie ihn euch im Sommer nächsten Jahres für eine Woche oder zwei vermietet. Von Bielatal aus könnt ihr Wanderungen zu den schönsten Orten und Sehenswürdigkeiten der Sächsischen Schweiz unternehmen." Sie schaute Gerald und Martin an. „Wäre das nicht etwas für euch, als junge Trapper eine Zeitlang in einer richtigen Blockhütte zu leben?"

Die Knaben nickten begeistert.

Heinz sagte: „Wenn du das für uns arrangieren könntest, bräuchte ich nicht bei den Gewerkschaftsfritzen der Hochschule herumzubetteln."

Karin malte sich ihre Rolle als Indianer-Squaw aus und nickte auch, gedankenverloren.

Am Abend, als das Fernseh-„Sandmännchen" für die Neuenhof-Knaben längst gesendet worden war, sagte Dirk Fehse zu den Jungvermählten: „Nun zeigt uns mal euer neues Himmelreich am Borsbergblick!"

Annedore und Alfons zierten sich. „Wir sagten doch schon, wir sind noch nicht so weit – auch zum Vorzeigen nicht."

Mutter Ida half nach. „Ihr veranstaltet keine öffentliche Vorführung. Also zieht los! Ich bleibe mit den Jungen hier, spiele mit ihnen ein paar Runden Canasta."

Am Ende der Wohnungsbesichtigung sagte Karin anerkennend und zugleich aufmunternd: „Seht ihr, der Anfang ist gemacht. Zu allem, was noch folgen soll und muss, viel Glück!"

Annedore dachte: 'Karin, du hast gut reden: der Anfang ist gemacht – mit 29!' Ihren 29. Geburtstag würde sie in vier Wochen begehen – wunschgemäß als ‚Frau Richter'. Es waren weder Neid noch Häme noch Gekränktsein in ihrem Denken: 'Du, liebe Karin, warst in meinem Alter schon weiter: hattest einen promovierten Ehemann in leitender Position in einem Betrieb, hattest zwei Söhne, wohntest zu jener Zeit mit deiner Familie in einer geräumigen fernbeheizten AWG-Neubauwohnung im Zentrum der attraktiven Stadt Dresden, also geradezu im Paradies, wie unsere leider verstorbene Mutti Paula zu sagen pflegte. Und wir, Alfons und ich …' Sie umarmte ihre Schwägerin und sagte ihr leise ins Ohr: „Wir geben uns Mühe, euch nachzueifern."

Dritter Teil

Goldene Siebziger

I

1971 begannen bedeutsame Veränderungen sowohl in der großen Welt der „Machtblöcke Ost und West“ als auch in der kleinen Welt der Technischen Hochschule Magdeburg.

Bemühungen – insbesondere der UdSSR – seit den 1950er Jahren, in Europa ein System kollektiver Sicherheit zu schaffen, führten zunächst (1971) zu internen, dann (22.11.1972 bis 8.6.1973) zu offiziellen Vorgesprächen führender Politiker Europas und der USA im Hinblick auf eine „Konferenz über Sicherheit und Zusammenarbeit in Europa“ (KSZE). Diese Konferenz sollte in den ersten 1970er Jahren stattfinden, was dann in Genf und Helsinki geschah und in einer so genannten Schlussakte mündete („Schlussakte von Helsinki“, unterzeichnet am 1.8.1975).

Schon die Vorgespräche, erst recht die internationalen Verhandlungen vom 3.7.1973 bis 21.7.1975 gingen mit politischen Veränderungen für Deutschland und in beiden deutschen Staaten einher. Die BRD und die DDR wurden als anerkannte Mitglieder in die UNO aufgenommen. In der BRD wurde von der Regierung unter Willy Brandt eine neue Deutschland- und Ostpolitik kreiert und praktiziert. In der DDR wurde Walter Ulbricht 1971 seiner Ämter im Staat und seiner dominanten Funktionen in der SED enthoben. Am 3.5.1971 übernahm Erich Honecker die Funktion des Ersten Sekretärs der SED und im Gefolge dessen höchste Staatsämter.

Unter Erich Honecker – auf dem VIII. Parteitag der SED (15. bis 19.6.1971) – wurde in der DDR, verglichen zu den Vorjahren, ein präzisierter politischer Kurs eingeleitet. Die marxistisch-leninistische Durchdringung aller Lebensbereiche der Bevölkerung sollte fortgesetzt und vertieft und alle Bereiche der Gesellschaft modernisiert werden und Spitzenleistungen hervorbringen. Zugleich sollten für die Bürger der DDR die Lebensbedingungen im gesellschaftlichen und privaten Bereich spürbar verbessert werden. Es wurde sinngemäß proklamiert: Der Sozialismus wird in der DDR nicht nur für die Zukunft und die künftigen Generationen, sondern auch für die Gegenwart und für die Menschen im Hier und Heute aufgebaut. Diese Strategie wurde in den Folgejahren als „Einheit von Wirtschafts- und Sozialpolitik“ verfolgt. Sie war von den Zielsetzungen her anspruchsvoller als bisherige Losungen der SED-Politik, wie: „So, wie wir heute arbeiten, werden wir morgen leben“ oder „Die BRD überholen ohne sie einzuholen.“

2

Die SED-Bezirksleitung Magdeburg hatte die 1. Sekretäre der SED-Grundorganisationen der Betriebe und Einrichtungen des Bezirkes über den Führungswechsel an der Spitze der SED und über den präzisierten Kurz dieser Partei ohne Verzögerungen instruiert.

Dr. Helmut Krüger, 1. HPL-Sekretär an der TH Magdeburg, hatte an der Veranstaltung der Bezirksleitung teilgenommen. Er wertete sie noch im Mai in einer außerordentlichen Sitzung der Hochschul-Parteileitung aus. In Vorbereitung dieser Sitzung beriet er sich mit einem internen Kreis von Genossen der TH. Dazu zählten der 2. HPL-Sekretär, sein ehemaliger Vorgänger Harri Meister und der als Partei-Aktivist hochschulbekannte Direktor der Sektion Marxismus-Leninismus (ML), ein für das Lehrgebiet Marxismus-Leninismus berufener Hochschul-Dozent Mitte 30. Diesen Genossen hatte sich bereits der vormalige 1. HPL-Sekretär Harri Meister zu seinem Ratgeber zu politisch-ideologischen Fragen und Problemen und zum Verfasser entsprechender Konzeptionen und Berichte erwählt – ähnlich, wie er sich Prof. Dr. Wolfgang Kainzows Unterstützung zu wissenschaftsstrategischen Ratschlägen und Ausarbeitungen versichert hatte. Und für Helmut Krüger war der Sektionsdirektor ML, der aus bisheriger Zusammenarbeit gut bekannte einstige und vielleicht auch künftige Vorgesetzte. Meinungen, insbesondere Kritiken und Vorschläge dieses Sektionsdirektors hatten folglich für Meister wie für Krüger besonderes Gewicht. Nach Helmut Krügers Intention und mit Zustimmung seiner Berater wurden der Rektor, alle Prorektoren – auch der 1970 ins Amt gesetzte parteilose Prorektor für Wissenschaftsentwicklung – und die sechs Fachbereichsdirektoren der TH, also die so genannte „1. Leitungsebene der Hochschule“, zu der außerordentlichen HPL-Sitzung hinzugezogen. Magnifizenz Prof. Weindorf und sein Stellvertreter, der zum 1. Dezember 1970 vom MHF-Minister ins Amt berufene 1. Prorektor Prof. Dr.-Ing. Heinz Neuenhof, saßen eng beieinander.

Dr. Krüger berichtete über die Veranstaltung bei der SED-Bezirksleitung. Die auf internem Wege erhaltenen Informationen über Erich Honeckers Reise nach Moskau und sein Abstimmungsgespräch mit dem Generalsekretär der KPdSU, Walter Ulbrichts Ablösung betreffend, ließ er aus.

In der Diskussion zu Krügers Bericht versicherten einige über mehrere Wahlperioden hinweg entstandene HPL-Granden der neuformierten Parteiführung und deren Kurs ihre Zustimmung und Unterstützung.

Aufhorchen ließ der Beitrag des Professors für Volkswirtschaftslehre aus der Sektion Sozialistische Betriebswirtschaft. Dieser Mann war als hauptamtlicher Mitarbeiter beim Zentralkomitee der SED tätig gewesen. Er pflegte noch immer gute

Kontakte zu einigen Sektorleitern und zu Mitarbeitern im Hohen Haus der Partei. Er wusste dank seines „heißen Drahtes zum Werderschen Markt in Berlin" einiges mehr als Krüger zu berichten über „völlig neue politische und wirtschaftliche Entwicklungen im Europa der 1970er Jahre": Der Kanzler und die meisten Politiker der Bundesrepublik Deutschland würden das Wörtchen „sogenannte" nicht mehr vor das Kürzel „DDR" zu setzen haben. Der „Alleinvertretungsanspruch" von BRD-Politikern, für ganz Deutschland zu sprechen – also auch für die vom Kanzler Dr. Konrad Adenauer so bezeichnete „Zoffjetzone" – würde erlöschen. Das gegen die DDR verhängte Embargo gemäß der COMECON-Liste würde aufgehoben werden, die diplomatische Anerkennung der DDR durch neutrale Drittländer in der ganzen Welt müsste seitens der DDR nicht durch unlukrative Handelsgeschäfte oder mittels knapper harter Devisen erkauft werden. Im Reiseverkehr zwischen Ost und West, zwischen DDR und BRD einschließlich West-Berlin, würden für Geschäftsreisende, Wissenschaftler, Künstler und Privat-Personen mehr Möglichkeiten und spürbare Erleichterungen geschaffen werden …

Weindorf neigte seinen Kopf zu seinem Stellvertreter, grinste und tuschelte: „Jetzt entrückt er zum vollendeten Sozialismus."

Neuenhof tuschelte zurück: „Menschen hegen immer Hoffnungen und Illusionen."

Harri Meister rügte die beiden mit einem strafenden Blick. Erst dachte er nur: 'Schau' einer die beiden an! Die können miteinander. Säße Günter Wisterow auf dem Prorektorenstuhl, würde Magnifizenz das Grinsen vergehen – auch in dieser Sitzung!' Dann kam Ärger in ihm auf. Er bat ums Wort: „Genossen! Wir müssen unsere Leitungstätigkeit in allen Bereichen der Hochschule auf ein höheres Niveau heben. In der ersten Leitungsebene muss damit begonnen werden. Zwischen einigen Prorektoren und Fachbereichsdirektoren gibt es mehr oder weniger tiefe Gräben. Das Zusammenspiel zwischen den Fachbereichsdirektoren muss besser organisiert und effektiviert werden. Diesbezüglich bleibt der Erste Prorektor meines Erachtens noch unter seinen Möglichkeiten. Viel Wasser im Sack ist auch in der Arbeit und Wirksamkeit der Beratungsgremien, die wir neu gewählt haben. Ich denke insbesondere an den Gesellschaftlichen Rat unserer Hochschule."

Der Rektor konterte: „Der Ratsvorsitzende ist ein sachkundiger gewissenhafter Mann. Von seiner Mentalität her ist er allerdings kein solcher Typ, dass er, die große Glocke schwingend, auf Werbetour für unsere TH durch die Lande zöge."

„Eben." Meister gab nicht auf. Er wandte sich direkt an Weindorf: „Vielleicht solltest du, Genosse Rektor, kühner als der derzeitige Vorsitzende voranschreiten. Möglicherweise bräuchten wir zu deiner Unterstützung jemanden anderen als Ratsvorsitzenden …?"

„Keine Zwiegespräche!", forderte Helmut Krüger. „Klärt das Problem in einer eurer planmäßigen Beratungsrunden!" Er glaubte, die Debatte und damit zugleich die ganze Sitzung beenden zu können.

Da meldete sich der Sektionsdirektor ML zu Wort. Er bekundete sein Vertrauen zum neuen Ersten Sekretär der Partei. Er vermeinte, die vom Genossen Professor aus der Sektion Sozialistische Betriebswirtschaft dargelegten politischen Entwicklungen und Veränderungen erforderten tatsächlich, wie von Harri Meister hervorgehoben, ein höheres Niveau in der Lehre, Forschung und Organisation der Hochschule – nicht nur hinsichtlich der Wirksamkeit des Gesellschaftlichen Rates. „Die für dieses Jahr vorliegende Führungskonzeption der Hochschulleitung genügt den neuen Anforderungen nicht mehr. Ich halte es für unumgänglich, den Rektor hier und heute, durch HPL-Beschluss, mit der Überarbeitung, am besten einer Neuerarbeitung der FüKo zu beauftragen."

Der Rektor zog seine Schultern hoch. „Die Führungskonzeption für dieses Planjahr wurde unter der Regie des Ersten Prorektors erarbeitet."

„Dann soll sie auch jetzt unter seiner Verantwortung überarbeitet oder neu verfasst werden." Und mit hämischem Gesichtsausdruck: „Unser Erster Prorektor ist dank seiner ministeriellen Erfahrung sicherlich der geeignete Mann dafür." Es hatte sich an der Hochschule herumgesprochen, dass Neuenhof am Ende seiner Abkommandierung mit Dank und Anerkennung seitens des Ministers an die Hochschule zurückgekehrt war. Neuenhof empfand, in der Bemerkung des ML-Mannes lag Häme. 'Der weiß doch genau, welche Mühen mir die jetzt vorliegende FüKo bereitet hat! Deren erster Entwurf war in der Parteileitungssitzung Anfang Dezember des Vorjahres verrissen worden. Dazu hatte der Sektionsdirektor ML maßgeblich beigetraten. Die zweite von Heinz Neuenhof im Alleingang erarbeitete Fassung war in der vorweihnachtlichen großen Dienstbesprechung beim Rektor unter dem Vorbehalt bestätigt worden, dass die Ergänzungs- und Änderungsvorschläge mehrerer Sektions- und Fachbereichsdirektoren in das Dokument eingearbeitet werden würden. Für diesen Vorbehalt setzte sich wiederum der Sektionsdirektor ML vehement ein. Da schöpfte Neuenhof den Verdacht, dem ML-Mann ging es nicht bloß um die Qualität der FüKo, sondern auch um die Erhöhung des Ansehens seiner Person. 'Vielleicht ist er sogar neidisch auf mich,' mutmaßte er. ‚Wir sind Gleichaltrige, sind beide promoviert, aber nicht habilitiert. Wir bekleiden beide eine verantwortliche Funktion. Ich bin vor einem dreiviertel Jahr zum ordentlichen Professor berufen worden, er nicht.' Für eine Berufung zum Professor für Gesellschaftswissenschaften verlangte der Minister für das Hoch- und Fachschulwesen – bis auf wenige Ausnahmen – den Nachweis der Habilitation, der „Promotion B", wie es in der neuen Promotionsordnung des MHF hieß.

Harri Meister unterstützte den Antrag des Sektionsdirektors ML.

Krüger entschied: „Beschlossen. Wird ins Protokoll dieser Sitzung aufgenommen. Verantwortlich für die neue FüKo: der Genosse Rektor."

Prof. Weindorf protestierte: „Der Erste Prorektor ..."

Der HPL-Sekretär unterbrach ihn: „Wen du mit der Überarbeitung der FüKo beauftragst, bleibt dir unbenommen. Aber der staatliche Leiter dieser Hochschule bist du, Genosse Weindorf, du trägst die Verantwortung für unsere Einrichtung. Also hält sich die Hochschulparteileitung in der Sache, zu der wir uns soeben verständigt haben, an dich."

Als sich am Ende der Sitzung die Beratungsteilnehmer von ihren Plätzen erhoben und zu gehen anschickten, rief der Rektor seinen drei Prorektoren zu: „Wir treffen uns, bitte gleich, zu einem kurzen Gespräch in meinem Dienstzimmer!". Dort ließ er gar nicht erst für jeden der Herren Kaffee servieren, sondern kam sogleich zur Sache. „Von uns wird eine überarbeitete FüKo gewünscht. Welche Vorschläge gibt es dazu Ihrerseits?"

Der parteilose Prorektor für Naturwissenschaften und Technik sagte: „Ich habe im Herbst vergangenen Jahres gemeinsam mit den Dekanen, mit den stellvertretenden Sektionsdirektoren für Forschung und mit dem Fachbereichsdirektor für Forschung Leitlinien für die Wissenschaftsentwicklung an unserer Hochschule erarbeitet. Aus den Leitlinien wurden für die Sektionen Schwerpunkt-Vorhaben hergeleitet. Der Fachbereichsdirektor für Forschung und Technik, die beiden wissenschaftlichen Sekretäre meines Prorektorats haben all das in der aktualisierten Forschungskonzeption unserer TH schriftlich fixiert. Ich halte es nicht für notwendig, daran inhaltlich etwas zu ändern. Wenn eine anders formulierte Führungskonzeption erarbeitet werden soll, möge dazu bitte schön der Fachbereichsdirektor für Forschung herangezogen werden."

Der Prorektor für Gesellschaftswissenschaften nickte seinem Prorektor-Kollegen zu und bekannte: „Ich habe immer noch nicht begriffen, wieso wir solch ein neues Dokument für unsere Arbeit brauchen. Wir können doch nicht bei jedem Personenwechsel im Politbüro unserer Partei 'ne neue Führungskonzeption erarbeiten. Ich werde meinen Sektionsdirektor unverzüglich befragen, was er in der Sektion Marxismus-Leninismus anders zu machen gedenkt, als wir in der jetzt vorliegenden FüKo festgeschrieben haben."

Der Rektor sagte: „Im HPL-Beschluss bin ich als Verantwortlicher für die Vorlage einer neuen FüKo bestimmt worden. Das bedeutet nicht, dass ich das neue Dokument auszuarbeiten habe. Genosse Doktor Krüger hat vorhin hervorgehoben, ich sei der staatliche Leiter unserer TH. Jawohl: Ich leite die Hochschule. Aber als Rektor habe nicht ich alles zu machen, was an und von der Hochschule zu leisten ist;

dafür stehen mir elfhundert mehr oder minder gut bezahlte Mitarbeiterinnen und Mitarbeiter zur Verfügung. Ich werde diesen meinen prinzipiellen Standpunkt unserem HPL-Sekretär in einem persönlichen vertraulichen Gespräch darlegen und bekräftigen."

Der 1. Prorektor dachte: 'Hier im kleinen Kreis reden die drei Herren Klartext. Oben im HPL-Zimmer hat sich keiner der Prorektoren zu Wort gemeldet.' Was den Rektor anbetraf, verglich er Weindorfs Arbeitsauffassung mit der von Harry Petras: Der Rektor wollte und würde „leiten", der stellvertretende Minister handelte, wie ihn Neuenhof erlebt hatte, nach der Devise „leiten und mitarbeiten". Petras' Arbeitsstil fand Neuenhof wirkungsvoller und nachahmenswert. Und in diesen Neuenhofschen Gedankengang hinein sagte Magnifizenz Weindorf maliziös lächelnd: „Heinz, ich brauche in diesem Kreis meine folgenden Worte nicht als Rektor-Weisung zu deklarieren: Die Regie bei der Präzisierung unserer FüKo übernimmst in bewährter Weise du. Stell dir nach deinem Ermessen eine geeignete Arbeitsgruppe zusammen!"

Heinz Neuenhof fand nicht den Mut, zu diesem Auftrag „NEIN!" zu sagen.

3

Der wissenschaftliche Sekretär des 1. Prorektors Wolfgang Bossling war ein gutmütiger hilfsbereiter Mensch. Mit Heinz Neuenhof fühlte er sich nicht nur dienstlich, sondern auch dadurch verbunden, dass beide im Immatrikulationsjahrgang 1953 Maschinenbau/Fertigungstechnik studiert hatten – Bossling im ersten Studentenjahrgang an der damals neu gegründeten Hochschule für Schwermaschinenbau Magdeburg und Neuenhof als Student Nr. 10.074 an der ihr 125. Gründungsjubiläum feiernden alma mater dresdensis.

Ganz gegen seine Art maulte Bossling über den Rektor-Auftrag. „Schon wieder eine FüKo – diesmal nicht vorweihnachtlich, sondern schon im Wonnemonat Mai!" Neuenhof besänftigte ihn. Bossling rief: „Keine zeitweilige Arbeitsgruppe bilden! Wir lassen uns von den Fachbereichsdirektoren für Ausbildung und Erziehung und für Forschung das Neueste liefern, das sie in der Pfanne haben. Alles Übrige schneiden wir selber um." Neuenhof war einverstanden.

Der Direktor für Ausbildung und Erziehung – Nachfolger von Günter Wisterow, der in der Sowjetunion am Polytechnischen Institut Charkow einen Studienaufenthalt absolvierte – wollte es sich nicht gleich in der Anfangsphase seiner Amtszeit mit dem Rektor und dem 1. Prorektor der TH verderben. Er lieferte die geforderte Zuarbeit prompt.

„Den Direktor für Forschung solltest du aufsuchen und in einem persönlichen Gespräch bitten, uns zu unterstützen,“ empfahl Bossling. „Das kommt bestimmt gut an. Dein Vorgänger hat ihn – wie übrigens alle, von denen er etwas wollte – in seinem Dienstzimmer hier im Hause wie einen Befehlsempfänger antreten lassen. Der Forschungsdirektor lacht zwar viel und auffallend und man denkt: Ist das ein heiteres unkompliziertes Bürschchen! In Wahrheit hat ihn Professor Weindorfs Art empört. Ich könnte dir Beispiele nennen, wo der Professor ihn nur Kraft seines Prorektorenamtes an die Kandare zu nehmen vermocht hat.“

Heinz Neuenhof besann sich auf seine morgendlichen Rundgänge in Betriebsabteilungen des VEB Elektrodyn Dresden. Eines Morgens um 7 Uhr, pünktlich zum Arbeitsbeginn an der TH, erschien er unangemeldet im Arbeitszimmer des Forschungsdirektors. Der staunte: ‘Das hat’s bisher nur einmal gegeben – als Gratulations-Cour zu meinem vierzigsten Geburtstag.‘ Er schickte seine Sekretärin, mit der er Termine abgestimmt hatte, aus dem Zimmer. Lachend: „Wo brennt’s? Womit kann ich dienen?“

„Informationsbesuch.“

„Aha! Da wohnen wir beide seit gut einem Jahr nur eine Nebenstraße voneinander entfernt in der Neuen Neustadt und heute früh nun ein Informationsbesuch bei mir … Potztausend!. Wie hast du dich mit deiner Familie in unserer Wohngegend eingelebt?“

„Ganz gut. Beide Söhne gehen in der Nachtweiden-Straße zu Schule. Wir kommen zurecht. Nur im Winter … Weil du fragst: ‘Wo brennt’s?‘ Im Winter die Kachelöfen in allen Zimmern zu beheizen, ist ein schweres Stück Arbeit für meine Frau. In der vorigen Heizperiode hatten wir nicht mal genug Kohlen im Keller.“

Der Direktor tat, als habe er nicht richtig gehört. „Ofenheizung mit Holz und Kohlen?“ Sein sonst weithin hörbares Lachen unterblieb. Es schien, als dachte er über irgendetwas angestrengt nach.

„Unsere Dresdener Wohnung wurde fernbeheizt. Wir mussten uns gewaltig umstellen. Aber das nur mal so nebenbei.“

„Hast du noch andere Probleme, die dich zu mir führen?“

Neuenhof, kurz entschlossen, bat den Direktor für Forschung, er möge sich mit ihm eine oder zwei Stunden zusammensetzen und den Abschnitt „Forschung und Unterstützung der Industrie“ für die TH-Führungskonzeption 1971 überarbeiten oder neu verfassen.

„Genosse Prorektor, daraus wird nichts.“

„HPL-Beschluss.“

„Ich weiß, ich war ja dabei. Ich weiß auch, wer diese Schularbeit für uns Leiter der ersten Führungsebene angezettelt hat.“ Jetzt lachte er nicht, sondern schimpfte los: „Dieser Ober-Ideologe schwelgt in Konzeptionitis! Er schein zu denken, wir haben nichts Wichtigeres zu tun und die Bindung an neu strukturierte Forschungspartner – wie die Forschungszentren in Karl-Marx-Stadt und anderswo – und die Vorbereitung und der Abschluss von Forschungsverträgen mit Auftraggebern aus der Praxis – vor allem mit den Industriekombinaten – vollzögen sich von selber, wie? Der Mann hat keinen Durchblick!"

Der Direktor war auf den Sektionsdirektor ML nicht gut zu sprechen. Einige Jahre – bis zur III. Hochschulreform 1968 – hatte er als Fakultäts-Parteisekretär fungiert. Als er in der HPL über die Arbeit der Fakultäts-Parteiorganisation hatte berichten müssen und dabei auch Kritisches zur Führungstätigkeit der gesamten Hochschul-Parteiorganisation eingeflochten hatte, war er von dem ML-Mann heftig kritisiert und sein Bericht war zurückgewiesen worden. Er hatte damals doppelte Arbeit gehabt und Rückstellungen seiner Person im Kader-Entwicklungsplan in Kauf nehmen müssen. Harri Meister als damaliger 1. HPL-Sekretär hatte durchgesetzt: „Dem Mann übertragen wir bis auf weiteres keine leitende Parteifunktion. Und den Wettlauf um eine weitere Professur bei den Schweißtechnikern entscheiden wir zugunsten des Genossen Doktor Richard Kleber." Das waren Seelenwunden, die bei manchen Charaktertypen nur sehr langsam – wenn überhaupt – verheilen. Der Gerügte hatte die Hintenansetzung seiner Person nicht hinnehmen wollen. Er hatte protestiert, er habe seine Kräfte für die Parteifunktion eingesetzt, währenddes sein Konkurrent, der stille, bedächtige Richard Kleber, ungestört eine Monografie über Schweiß-Metallurgie hatte verfassen können. Er hatte rebelliert. Der seinerzeitige 1. Prorektor Prof. Dr. Hans-Eberhard Weindorf hatte den kadermäßig in freien Fall Geratenen in einem hochschuluntypischen Handstreich als Direktor für Forschung der TH inthronisiert und ihn, seinem Verständnis von Leitungstätigkeit entsprechend, zugleich als „TH-Beauftragten für Sicherheit und Geheimnisschutz" eingesetzt. „In unserer Lehrtätigkeit sind wir weltoffen", hatte Weindorf argumentiert, „an unserer Hochschule sind Studenten aus aller Herren Länder immatrikuliert. Was wir vor dem Zugriff des Klassenfeindes sichern und schützen müssen, sind unsere Forschungsergebnisse. Dafür ist der Direktor für Forschung der richtige Mann. Ich als Erster Prorektor kontrolliere ihn und seine Arbeit und trage die Verantwortung." Der neue Forschungsdirektor hatte sich in einer Zwangslage gefühlt und zugestimmt. Seither leitete dieser Fachbereichsdirektor an der TH Magdeburg die Stelle für Vertrauliche Dienstsachen im Rektorat an. Er überwachte die laut Arbeitsordnung der TH regelmäßig durchzuführenden VD-Kontrollen. Er unterhielt Kontakte zu dem für die TH eingesetzten Mitarbeiter des „KONSUM". Er bereitete den einmal im Jahr fälligen Tagesordnungspunkt „Sicherheit und Geheimnisschutz" für die große Dienstbesprechung beim Rektor vor. Mit diesen ihm von Weindorf zugeordneten Aufgaben, die er engagiert und gewissenhaft erfüllte, war er in der HPL und bei deren 1. Sekretär rehabilitiert.

Die Leiter bzw. Direktoren aller Struktureinheiten wurden in ihrem Bemühen, gemäß Arbeitsvertrag „Sicherheit und Geheimnisschutz" in ihrem Verantwortungsbereich zu gewährleisten, allesamt von sogenannten VD-Beauftragten unterstützt. In den Sektionen waren das meistens die wissenschaftlichen Sekretäre des Direktors.

Bei Auslandsreisen zu Studienzwecken, zu wissenschaftlichen Seminaren und Workshops konnten DDR-Wissenschaftler, so sie es denn wollten, feststellen, auch in anderen Ländern – sowohl des sozialistischen als auch des nichtsozialistischen Wirtschaftsgebietes – wurden relevante Projekte der Volkswirtschaft, der Raumfahrt, der EDV, der Verteidigungsindustrie u. ä. nach einem ähnlichen Beauftragten-Prinzip wie an der TH Magdeburg oder mittels eines äquivalenten Sicherungssystems vor Missbrauch und Spionage geschützt. Zu Zeiten des „Kalten Krieges" in der zweiten Hälfte des 20. Jahrhunderts war das so!

„Noch mal: Dein definitiver Entscheid?", forderte Neuenhof.

„Für die FüKo nicht wir beide."

Neuenhof zeigte sich enttäuscht.

„Genosse Prorektor, hör zu! Du bist im Range der zweithöchste Mann an der Hochschule. Wenn du dir solch eine Ausarbeitung auf den Tisch ziehst und kollegiale Hilfe benötigst, dann solltest du dafür deine Prorektor-Kollegen heranziehen."

„Sie haben in einem Gespräch beim Rektor abgewinkt."

In ironischem Ton: „Auch der Prorektor, der sich für die Forschung an der Hochschule als der Wichtigste vorkommt?"

Kopfnicken. „Er hat auf die im vergangenen Jahr erarbeiteten Forschungsleitlinien verwiesen. Auf sie wird in der Führungskonzeption Bezug genommen. Sie brauchen wegen der Veränderungen in der Parteiführung nicht korrigiert zu werden."

„Der Schwätzer! In allen Gremien geht er mit den Leitlinien hausieren. Dabei sind sie nicht mal auf seinem Mist gewachsen. Wir hier, in meinem Direktorat, haben sie ihm zugearbeitet."

„Lass uns zum Ende kommen!"

„Eben. Mein Vorschlag: Deinen Wolfgang Bossling, einen der beiden wissenschaftlichen Sekretäre des Leitlinien-Prorektors und einen Mitarbeiter von mir beauftragst du mit der gewünschten Umarbeitung der FüKo. Ich stelle dir meinen besten Mann zur Verfügung. Ihm gestatte ich, auf das aktuellste Material zuzugreifen, das wir in unseren Panzerschränken verwahren. Wenn irgendjemand 'Zupp!' sagt, wendest du dich an Helmut Krüger und lässt ihm den erforderlichen Parteiauftrag erteilen. Wenn du nicht anders kannst oder willst, dann fängst du bei meiner Person damit an." Er lachte laut.

„Ich denke nicht daran."

„Scherz muss sein. – Weiter zu meiner Empfehlung: Du selbst führst Regie, liest das, was dir vorgelegt wird, Kontrolle, lässt das, was dir nicht gefällt, neu verfassen …" Er bemerkte, Neuenhof sah ihn missbilligend an. Er lachte. „Entschuldige, dass ich geschulmeistert habe! Du wirst die Sache machen." Er wollte nicht, dass sein Besucher frustriert von ihm ging. Der 1. Prorektor könnte ihm doch dabei dienlich sein, Professor an der TH Magdeburg zu werden – Professor für Schweißtechnik, Berufung möglichst auf den Lehrstuhl des jetzt noch tätigen, aber gesundheitlich stark angeschlagenen Ordinarius. Neuenhof würde funktionsbedingt in der Kaderkommission der Hochschule mitwirken. Wäre der Rektor verhindert – aus welchen Gründen auch immer –, würde der 1. Prorektor die Kommissionssitzung leiten, und wenn dann die Neubesetzung des Lehrstuhls für Schweißtechnik zur Debatte stünde …

„Ich wollte dir nur einen Tipp geben, wie du Zeit für andere Dinge gewinnen könntest – auch für deinen privaten Bereich, beispielsweise, was die Beheizung deiner Wohnung mit Holz und Kohlen anbetrifft. Ich habe bei mir alle Kachelöfen und Alles-Brenner rausschmeißen und anstatt dessen Nachtspeicheröfen installieren lassen. Eine phantastische Lösung, kann ich dir sagen: bequem, sauber, zeitsparend, kostengünstig. Von 22 bis 6 Uhr werden diese Öfen mit Nachtstrom für vier Pfennige je Kilowattstunde beheizt. Morgens ist die ganze Wohnung warm. Die Wärme hält sich, wenn du nicht dauernd die Fenster sperrangelweit offenstehen lässt, den ganzen Tag. So dein Heizproblem zu lösen, kann ich dir nur empfehlen."

„Schön. Aber …" Neuenhof schaute hilflos drein.

„Es gibt in unserem Wohngebiet, in der Umfassungsstraße, eine PGH Ofenbau. Diese Genossenschaft stellt Nachtspeicheröfen her und installiert sie bei ihren Kunden. Als ich mir Prospekte angeschaut habe, dachte ich: ‘Mein Gott, sind das Ungetüme! Ein solcher Ofen beansprucht fast ein halbes Wohnzimmer!‘ Ich habe dem PGH-Vorsitzenden meine Meinung gesagt, ihm zugleich aber angeboten: ‘Ich rechne die gängigen Typen Ihrer Öfen mal wärmetechnisch durch!‘ Er hat mein Angebot angenommen. Ich habe gerechnet, habe unseren Top-Thermodynamiker Manfred Strümkow aus der Sektion 8 hinzugezogen, und was soll ich dir sagen: Die Öfen der PGH können seitdem mit geringeren Abmessungen und für niedrigen Energieverbrauch hergestellt werden. Die pfiffigen Ofenbauer haben zusätzlich das Aussehen der Geräte verschönert: weiße Kacheln, Abdeckung mit einer mamorähnlichen Platte … ein Erscheinungsbild wie eine Wohnzimmer-Anrichte besonderer Art. Musst du dir mal angucken! Besuch' mich mal bei mir zu Hause! Wenn dich meine Lösung des Heizproblems überzeugt und du Interesse hast, sag ich dem PGH-Vorsitzenden Bescheid. Ich bin so gut angeschrieben bei ihm, dass er den Auftrag bestimmt noch vor der bevorstehenden Heizperiode realisiert."

Tatsächlich erschienen wenige Tage nach Neuenhofs Gespräch mit dem Forschungsdirektor der Vorsitzende, der Meister und ein Monteur der PGH Ofenbau Magdeburg-Neustadt in der Wohnung des 1. Prorektors. Karin rief rasch ihren Ehemann aus der Hochschule herbei. Der kam auch – entgegen sonstiger Gepflogenheiten – sofort.

„Wir möchten gern den Mann nebst Familie kennenlernen, für dessen Anliegen sich unser geschätzter technischer Berater von der Technischen Hochschule so vehement ins Zeug legt," sagte der PHG-Vorsitzende.

Die Männer von der PGH fanden gut, dass Neuenhofs Wohnung im Erdgeschoss gelegen war und sich der zugehörige Hauskeller direkt unter dem Wohnzimmer befand. „Das vereinfacht den E-Anschluss Ihrer Öfen; wir brauchen nur durch den Fußboden Ihrer Zimmer zu bohren, sind auf das Einverständnis von Hausmitbewohnern nicht angewiesen."

Karin und Heinz entschieden sich für die Installation je eines Nachtspeicherofens im Wohn- und im Kinderzimmer. Der Vorsitzende hatte einen Aktenordner mit Prospekten von 1971 lieferbaren Geräten mitgebracht. Das Ehepaar wählte Öfen der neusten Version aus. Bei der Standortbestimmung im Kinderzimmer trafen die Besucher auf Gerald und Andreas Martin beim Schularbeitenmachen. „So fleißige Jungs," lobte der Vorsitzende. Er trat an Gerald heran, der hinter der heruntergelassenen Schreibplatte seines Sekretärschrankes saß. Neben ihm, in einem ausgesparten Fach des Spielzeugschrankes der Kinder, blubberte das Wasser in einem Aquarium. In dem schwänzelten ab und an ein paar Gubbis herum. Der Vorsitzende gab sich lustig. „Die Tierchen müssen wohl im Winter frieren, wenn ihr euer Zimmer nicht schön warm heizen könnt, wie?"

Gerald antwortete: „Wir wärmen sie, wenn nötig. Wir pressen unsere warmen Handflächen an die Aquariumwände."

Von einer derartigen Wärmeversorgung hielt der PGH-Vorsitzende zwar nichts, aber er sagte: „Man muss sich immer zu helfen wissen." Dann wandte er sich Karin und Heinz zu. „Ihre Wohnlage bietet für unser gemeinsames Projekt günstige Bedingungen. Wir liefern und installieren Ihnen die gewünschten beiden Nachtspeicheröfen kurzfristig. Ihre Kachelöfen reißen wir zuvor ab, wir entsorgen sie auch. In den nächsten Tagen erhalten Sie von uns einen Kostenvoranschlag. Sie holen bitte von Ihrer Wohnungsverwaltung oder vom Vorstand der AWG eine schriftliche Einverständniserklärung für unser Projekt ein. Ich werde terminlich so disponieren, dass Sie ab Mitte September dieses Jahres mit unseren Öfen ihre Wohnung beheizen können."

„Das ist ja wie ein vorweihnachtliches Geschenk für uns," sagte Heinz Neuenhof begeistert.

„Tja" – der Vorsitzende wölbte die Brust heraus – „wenn der Staat nicht uns Handwerker hätte …"

Er verabschiedete sich. „Meine Männer nehmen noch ein paar Maße. Mich fahren Sie mit Ihrem Auto in mein Büro zurück."

„Ist aber bloß ein TRABI."

„Macht nichts. Hauptsache, er rollt und wir müssen ihn nicht schieben."

4

Im Vorzimmer des Neuenhofschen Prorektor-Büros arbeitete dessen Sekretärin – eine zierlich gebaute Mittvierzigerin, Mitglied der SED wie Neuenhof und Bossling – an einem kleinen Schreibmaschinentisch. Sie hackte sichtlich missmutig auf ihrer Schreibmaschine herum. Sie schrieb ORMIG-Matrizen, das vervielfältigungsfähige Original der neuen Führungskonzeption für das Jahr 1971.

„Das Manuskript hat mir Wolfgang" – der wissenschaftliche Sekretär – „rausgegeben. Ich bin jetzt auf Seite acht. Wolfgang sagt, voraussichtlich würden es insgesamt 25 bis 30 werden. Ich weiß nicht …"

„Das kann hinkommen."

Sie wandte sich Heinz Neuenhof zu. „Ich weiß nicht, ob Schreibarbeiten solchen Umfangs zu erledigen Sache der Sekretärin des Ersten Prorektors zu sein hat und dann auch noch auf ORMIG. Professor Weindorf hat derartige Arbeiten an Fachbereichsdirektorate oder an Sektionen vergeben." Sie schwärmte ohnehin für den nunmehrigen Rektor – für seine Art, mit Menschen umzugehen, für seine Arbeitsweise, für sein äußeres Erscheinungsbild und Auftreten. Heinz Neuenhof war ihr zu jung. Er unterschied sich ihres Erachtens in allem von Prof. Weindorf. Dementsprechend verhielt sie sich zu ihm immer noch wie zu seinem Amtsantritt, distanziert. Sie redete ihn nie mit seinem Titel, Namen oder Vornamen an. Es war nur, wie unter Genossen der SED üblich, dass sich die beiden duzten. Sie hörte auf zu tippen. Sie streifte sich dünne Gummihandschuhe über die Hände und zog den beschriebenen Matrizenbogen aus der Maschine. „Ich vertrage an meiner Haut das blaue Pausmittel nicht." Sie machte eine Kopfbewegung zur Zimmertür des wissenschaftlichen Sekretärs hin. „Wolfgang hat Besucher für dich empfangen. Sie wollen dich noch heute unbedingt sprechen" – sie blickte auf ihre Armbanduhr –, „eine halbe Stunde vor Feierabend." Sie hob den Hörer vom Telefon auf ihrem Schreibtisch ab, betätigte den Summer und sprach in die Hörermuschel: „Der Prorektor ist jetzt da."

Neuenhof bat die Besucher in sein Dienstzimmer: den Fachbereichsdirektor für Planung und Ökonomie und den Leiter des – immer noch provisorischen – Heizwerkes der TH. Sie kamen mit hochroten Ohren und Wangen. Wolfgang Bossling begleitete sie. Die drei hatten offensichtlich hitzig miteinander debattiert.

Der Rektor hatte sich am Vormittag nicht wohl gefühlt. Er war in die Medizinische Akademie gefahren und krankgeschrieben worden. „Es bedarf trotzdem unverzüglich einer Grundsatz-Entscheidung der Hochschulleitung“, sagte der Fachbereichsdirektor. „Es geht um unser Heizwerk und um die Erfüllung einer hierzu eingegangenen Parteitagsverpflichtung.“

Der Winter 1969/1070 hatte deutlich gemacht, die Kapazität des derzeit betriebenen Heizwerkes der Technischen Hochschule genügte nicht mehr den derzeitigen und schon gar nicht den künftigen Anforderungen. Die Errichtung des vorgesehenen neuen, modernen Heizwerkes war noch nicht planwirksam geworden. Deshalb hatte das Arbeitskollektiv des Heizwerkes einen von der Hochschulleitung anerkannten Verbesserungsvorschlag eingebracht: Anstelle der vorhandenen kohlegefeuerten Kessel sollte ein ölgefeuerter Dampferzeuger mit doppelter Wärmeleistung aufgestellt werden. Dafür sollten, um Kosten zu sparen, ein Teil der Fundamente und andere Nebeneinrichtungen wiederverwendet werden. Die Lieferzeit für das neue Aggregat betrug mehrere Jahre. Deshalb wurde entschieden, einen gebrauchten Dampferzeuger der gewünschten Art von der Deutschen Akademie der Wissenschaften zu Berlin an die TH Magdeburg umzusetzen. Für die damit verbundenen Arbeiten konnten weder der Hersteller des Aggregates noch andere Fachfirmen gewonnen werden; sie wurden letztlich von Mitarbeitern der TH übernommen. Zu Ehren des VIII. Parteitages der SED verpflichteten sich die Heizwerker, den zu Transportzwecken zerlegten Dampferzeuger aus Berlin soweit wieder aufzubauen, dass mit ihm an der TH erstmals im Juni Dampf erzeugt werden könnte.

„Wir können unsere Parteitagsverpflichtung nicht einlösen“, offenbarte der Leiter des Heizwerkes dem 1. Prorektor Neuenhof.

„Es gibt objektive und subjektive Gründe dafür“, ergänzte der Fachbereichsdirektor. „Wir haben rechtzeitig …“

Neuenhof unterbrach ihn. „Keine Erklärungen bitte! Jetzt geht es darum: Was ist zu tun, dass die Kollegen des Heizwerkes ihre Parteitags-Verpflichtung inhaltlich und termingerecht erfüllen können? Welche Möglichkeiten haben wir dafür?“

„Wir brauchen ein paar Leute zusätzlich: handwerklich versierte Männer – am besten geeignet wären Kollegen aus der betriebstechnischen Abteilung unserer Hochschule“, sagte der Leiter des Heizwerkes.

Der Fachbereichsdirektor vollführte abwehrende Handbewegungen. „Das fällt aus. Ich habe mit Genossen Gotzkow schon darüber gesprochen, Leute seiner Abteilung zeitweilig für das Projekt Heizwerk zur Verfügung zu stellen. ‘Geht nicht‘, sagte er mir. ‘Die Urlaubsperiode hat begonnen. Einige Kollegen sind schon nicht mehr verfügbar.

Wir versuchen, mit einer Rumpfbesetzung alle geplanten wichtigen Aufträge abzuarbeiten. Der Einsatz der Kollegen ist zeitlich so gestaltet, dass der ganze Einsatzplan für die Urlaubszeit Makulatur wäre, wenn auch nur ein Mann aus meiner Abteilung abgezogen würde.' Wenn das solch ein stets hilfsbereiter versierter Fachmann und Abteilungsleiter wie Manfred Gotzkow so einschätzt, hat das Hand und Fuß."

Der Leiter des Heizwerkes sagte: „Wir sollten den in unserer Verpflichtung vorgesehenen Termin ‚Juni' auf Ende Juli/Mitte August verschieben. Ich und meine Mitarbeiter, wir sind nicht in der Partei. Wir wollen uns deshalb kein Urteil anmaßen, für wie unumstößlich Angaben in solchen Verpflichtungen wie der unsrigen von der Partei zu bewerten sind. Wir meinen aber, bei der vorgeschlagenen Terminverschiebung geht es ja nicht um die Abkehr von einem Glaubensbekenntnis."

„Das kann man so sehen", sagte Neuenhof. „Andererseits findet der VIII. Parteitag, auf den Sie in Ihrer Verpflichtung Bezug nehmen, in drei Tagen, also im Juni statt und nicht Mitte August. Ich schlage vor, einige Kollegen der betriebstechnischen Abteilung zur sozialistischen Hilfe für eine begrenzte Zeit aus ihrem Jahresurlaub zurück zu holen."

„Das möchte ich nicht", sagte der Heizwerksleiter, „das schafft böses Blut."

„Man muss sich ja nicht an solche Kollegen wenden, die nach mehrmaligem vergeblichen Bemühen einen FDGB-Ferienplatz an der Ostsee zuerkannt bekommen haben", sagte Wolfgang Bossling. „Man sollte zuerst diejenigen heranziehen, die am Barro-See" – zwischen Barleben und Magdeburg-Rothensee gelegen – „emsig ihren privaten Bungalow sanieren."

Der Hinweis auf die Urlauber am Barro-See ärgerte den Fachbereichsdirektor. „Mit solchen Bemerkungen, Wolfgang, wird unsere Debatte missliebig. Du erweckst den Anschein, als ob ..."

„Kein Anschein! Ich habe meine Parzelle in der gleichen Gartensparte nahe dem Barro-See wie einige Kollegen aus der Bebtriebstechnischen Abteilung. Ich verstehe mich mit ihnen gut. Sie sind verständlicherweise mit Werkzeug, Schlag-Bohrmaschine etc. bestens ausgestattet. Sie haben mir damit schon so manches Mal ausgeholfen. Es gibt bei mir ihnen gegenüber keine Neidgefühle. Ich meine: Wenn sie ihren Urlaub unterbrechen und den Heizwerkern für einige Tage helfen würden, könnten sie dennoch ihre privaten Sanierungsarbeiten bis zum Herbst allemal schaffen."

Heinz Neuenhof sagte: „Ende der Debatte!" Er beauftragte den Fachbereichsdirektor, unter Hinzuziehung des Leiters der Betriebstechnischen Abteilung solche Gespräche wie von ihm vorgeschlagen zu führen. „Und Sie", sagte er zum Leiter des Heizwerkes, „sichern ab, dass in der letzten Juni-Woche alle Vorkehrungen für den ersten Probebetrieb des ölgefeuerten Dampferzeugers getroffen sind. Wenn Sie das erreicht haben, informieren Sie mich bitte. Der Rektor oder ich als amtierender Rektor kommen zu Ihnen und überzeugen sich vor Ort von Ihrer hervorragenden Leistung.“

Der Fachbereichsdirektor, immer noch sehr erregt, weil er einen anderen Entscheid des 1. Prorektors erwartet hatte, sprang auf und reichte Neuenhof nur flüchtig die Hand. „Na dann – auf zum Barro-See.“

„Aber nicht im übertragenen Sinne baden gehen!“, forderte Neuenhof. „Und: Den Kollegen, die ihren Urlaub unterbrechen, wird dies angemessen vergolten. Das bitte ich nicht zu vergessen.“

Als Neuenhof die Tür seines Büros öffnete, um seine Besucher hinauszubegleiten, stellten sich der Leiter der Hochschul-Bauverwaltung und einer seiner Mitarbeiter in den Türrahmen: „Die Herren warten schon eine halbe Stunde“, rief die Sekretärin aus dem Vorzimmer. „Ich hoffe, ich werde nicht mehr gebraucht und möchte jetzt Feierabend machen.“ Sie war schon zum Davongehen gekleidet. Neuenhof schüttelte verwundert den Kopf. Geradezu unprofessionell überließ sie ihren Chef und dessen wissenschaftlichen Sekretär sich selbst.

Der Leiter der Bauverwaltung sagte: „Wir hatten uns mit unserem Direktor vor dem Sekretariat des Rektors verabredet. Wir wollten Magnifizenz das als Bild gerahmte neue Übersichtsschema unserer Hochschule überreichen. In ihm sind die im Zeitraum 1971 bis 1980 avisierten Neubauten und Erweiterungen schon vorhandener Objekte verzeichnet. Magnifizenz sei erkrankt, sagte man uns im Rektor-Vorzimmer und schickte uns zu Ihnen.“ Der kleinwüchsige Mitarbeiter, ein Bauingenieur, wollte das Bild in Neuenhofs Dienstzimmer tragen. Der Fachbereichsdirektor versperrte ihm den Zutritt. „Unsere Präsentation heute fällt aus. Der Prorektor ist mit anderen Dingen beschäftigt und in Zeitnot.“

„Wer sagt das?“ Neuenhof schob den Fachbereichsdirektor beiseite und sagte zu dem Bauingenieur: „Herein mit dem Kunstwerk! Suchen Sie einen günstigen Aufstellplatz!“

„Das Bild ist für das Arbeitszimmer des Rektors gedacht“, mahnte der Fachbereichsdirektor.

Neuenhof tat, als überhöre er den Einwand. „Lassen Sie mal sehen!“

Der Bauingenieur stellte das große Bild auf die Armlehnen der Sesselgruppe am Beratungstisch. Er entfernte behutsam die Schutzhülle. Auf tiefschwarz gefärbtem Zeichenkarton war durch weiße Linien, Kreise und Schraffuren ein Übersichtsschema der TH aus der Sicht des Jahres 1980 dargestellt. Schon 1971 Vorhandenes und bis 1980 noch zu Errichtendes oder zu Veränderndes waren durch unterschiedliche Strichstärken kenntlich gemacht. Vom neuen Heizwerk am Ostrand des TH-Geländes über ein neues Hauptgebäude für die Sektion Technische Kybernetik und Elektrotechnik, eine neue Sporthalle und einen Erweiterungsbau der Mensa bis hin zum

Neubau einer Hochschul-Bibliothek waren alle in den 1970er Jahren zu realisierenden Vorhaben erfasst.

'Da ist viel Wunschdenken dabei', dachte Neuenhof, 'aber ohne Visionen wird nichts Bedeutendes erreicht.' Er wies auf das Bild. „Sie haben eine gute Arbeit geleistet. Das Bild wird über dem kleinen Beratungstisch im Rektorzimmer aufgehängt werden. Dort werden für alle, die mit dem Rektor oder mit mir in den Räumen zusammentreffen, die gewichtigen Vorhaben der Hochschule im laufenden Jahrzehnt erkennbar sein. Über das Aushängen des Bildes hinausgehend, werden wir unsere Vorhaben mehr als bisher in der Hochschulöffentlichkeit ins Gespräch bringen – in den Leitungen und Arbeitskollektiven der Struktureinheiten, in der gesamten Partei- und Gewerkschaftsorganisation. Über ein entsprechendes Konzept werden der Rektor und ich uns mit dem HPL-Sekretär und dem HGL-Vorsitzenden abstimmen. Vorinformationen zufolge wird das ganz auf der Linie der in wenigen Tagen zu erwartenden Parteitagsbeschlüsse liegen. Im Hinblick darauf hielte ich ein Begleitheft zu dem Bild für angeraten. In dem Heft sollte jedes Vorhaben inhaltlich und hinsichtlich seines Bearbeitungsstandes und anfallender Kosten beschrieben werden. Unsere Hausdruckerei ..."

Der Leiter der Bauverwaltung zog ein Päckchen beschriebener und zusammengeklammerter Bögen aus seiner Kollegtasche und überreichte es dem 1. Prorektor. „Hierin finden Sie alle Sie interessierenden Beschreibungen und Angaben. In Heftform können wir es von der Hausdruckerei bringen lassen, nachdem Sie dieses Informationsmaterial kritisch durchgesehen haben." Er wandte sich an den Fachbereichsdirektor: „Für Sie habe ich natürlich auch ein Exemplar dabei."

Neuenhof blätterte in dem Material. „Tüchtig!", lobte er.

Der Leiter der Bauverwaltung sagte nicht ohne Stolz: „Wir sind ja schließlich vom Fach und machen so etwas nicht zum ersten Mal."

„Ich bedanke mich. Sie hören in Kürze von mir." Neuenhof verabschiedete die Besucher. Dann sahen er und Bossling die auf ORMIG geschriebenen und die übrigen Manuskriptblätter für die revidierte Führungskonzeption 1971 durch. „Weißt du, Wolfgang, Begleitmaterial zum richtigen Zeitpunkt: wir nehmen notwendige Arbeiten an den TH-Vorhaben in unsere FüKo hinein." Sie suchten gemeinsam nach einer passenden Stelle im Konzept. Sie kamen nicht umhin, einige auf ORMIG geschriebene Seiten zu verwerfen und durch neuen Text zu ersetzen. Sie arbeiteten bis kurz vor 19 Uhr. Da sagte Bossling: „Ich muss nach Hause. Meine Frau hat für heute Abend Gäste eingeladen. Die sollen nicht denken, ich wolle mich drücken."

„Gut, Schluss. Pack alles in eine Postmappe. Die nehme ich mit nach Hause. Dort mach' ich den Rest fertig. Vorher kann ich meinen Söhnen Gute Nacht! sagen. Damit sammle ich bei meiner Frau Pluspunkte ein, selbst wenn ich so spät heimkomme."

5

Am nächsten Morgen erschien die Sekretärin mit bandagierten Unterarmen zum Dienst. Bossling eröffnete ihr, ab Seite vier müssten die ORMIG-Matrizen neu geschrieben werden. Das rührte die Frau zu Tränen. Es waren Tränen der Enttäuschung. „Ich hatte gestern schon …"

„Die Änderungen hält der Prorektor für unumgänglich", sagte der Sekretär.

„Kann er nicht einrichten, dass mir die Reinschrift erst dann abverlangt wird, wenn das handschriftliche Manuskript seinen Wünschen und Vorstellungen entspricht?" Nun waren es Tränen der Entrüstung, die sie vergoss. „Ein bisschen Rücksichtnahme darauf, dass ich das Zeugs an den Blaubögen nicht vertrage, dürfte ich eigentlich erwarten."

Neuenhof, amtierender Rektor, saß derweilen eine Etage höher mit dem wissenschaftlichen Sekretär des Rektors am kleinen Beratungstisch. Sie erledigten, wie im Tagesablauf von Magnifikus üblich, die Rektor-Post. Der Sekretär sagte: „Wir hatten gestern Nachmittag einen Anruf vom Büroleiter des Vorsitzenden des Rates des Bezirkes: eine Vorladung zu einem Gespräch mit Magnifizenz morgen 9 Uhr. Ich habe mich terminlich mit deiner Sekretärin abgestimmt und dein Kommen zugesagt."

„Worum geht's?"

„Ich bin aus dem Gerede des Genossen am Telefon nicht recht schlau geworden. Ungefähr klang es so wie: das Erscheinungsbild unserer Hochschule im Territorium."

„Das ist ein weites Feld. Da kann ich mich auf 'was gefasst machen."

„Noch etwas anderes: In der nächsten Woche – den genauen Termin sage ich deinem Sekretär durch – findet eine Vertrauensleute-Vollversammlung der Gewerkschaft statt. Ich habe gestern mit dem Genossen Rektor gesprochen. Er wird zu dem Zeitpunkt noch nicht wieder im Dienst sein. Für ihn liegt eine schriftliche Einladung vom HGL-Vorsitzenden vor. Du sollst ihn vertreten. Natürlich wird erwartet, dass du ein paar Sätze zu den Vertrauensleuten redest. Damit wirst du keine Probleme haben. Professor Weindorf hat zu seiner Prorektorenzeit auch immer den seinerzeitigen Rektor vertreten müssen – aus Rücksicht auf dessen Rückenleiden. Wolfgang Bossling hat bestimmt ein paar Rede-Manuskripte aus jener Zeit aufgehoben. Aus denen soll er dir mal 'was mixen."

„So einfach wird das nicht gehen", sagte Neuenhof. „Vor der VVV findet der VIII. Parteitag statt. Da erwarten die Gewerkschafter von mir schon eine Auswertung und Schlussfolgerungen für unsere Arbeit an der Hochschule."

„Na klar: ein bisschen Parteitags-Garnierung muss sein. Aber die bekommt Wolfgang hin." Damit, glaubte der Sekretär, habe er die Angelegenheit von seinem Schreibtisch weg – eine Etage tiefer geschoben.

Aber Neuenhof machte sich bei dem Pfiffikus unbeliebt. „Es geht um eine Rede des Rektors. Der wissenschaftliche Sekretär des Rektors bist du. Also liegt die Erarbeitung des Rede-Manuskriptes in deiner Hand. Wenn dich Wolfgang Bossling unterstützen kann oder sollte, dann wende dich an ihn. Ich werde ihn, wenn wir hier fertig sind, sogleich informieren. Einen Tag vor dem Stattfinden der VVV möchte ich das Rede-Manuskript auf meinem Schreibtisch haben."

Als Neuenhof in seinen Arbeitsbereich zurückkehrte, kam Bossling aufgeregt auf ihn zugelaufen. „Ich hatte wegen der FüKo eine Auseinandersetzung mit unserer Sekretärin. Dabei hat sie sich so ereifert, dass sie anschließend zum Hochschul-Arzt gegangen ist." Der praktizierte in mehreren Räumen des Studenten-Wohnheims 8 der TH.

„Und?"

„Da ist sie jetzt. Ich befürchte, sie lässt sich krankschreiben."

Bosslings Befürchtungen waren nicht unbegründet. Er kannte die Sekretärin aus mehrjähriger enger Zusammenarbeit. Die Frau verkündete bei ihrer Rückkehr vom Arzt: „Ich bin bis nächste Woche krankgeschrieben. Der Arzt mutmaßt, außer der Hautentzündung an beiden Unterarmen bahnt sich im rechten Handgelenk eine Sehnenscheidenentzündung an. Ab nächste Woche, meint er, könnte ich leichte Büroarbeiten verrichten. Schreibmaschineschreiben ist für mich nicht nur jetzt, sondern auch dann noch tabu. Ich trage die heute bereits eingegangene Post im Postbuch ein. Dann gehe ich nach Hause."

„Mein Sekretariat unbesetzt zu lassen, geht nicht an", sagte Neuenhof.

Die drei verständigten sich dahingehend, dass eine junge Mitarbeiterin aus dem Hochschul-Archiv befristet, aber sofort als Aushilfskraft beim 1. Prorektor eingesetzt und von der krankgeschriebenen Sekretärin in den Sekretariatsbetrieb eingewiesen werden würde. Das Hochschul-Archiv war, wie die Diensträume des 1. Prorektors, im Erdgeschoss des Rektoratsgebäudes untergebracht und unterstand verwaltungstechnisch und disziplinarisch dem 1. Prorektor.

„Geh du hinüber ins Archiv und rede mit der jungen Frau, vor allem aber mit dem alten Archivar, dem sie beigeordnet ist, über unsere Notlage", riet Wolfgang Bossling dem Prorektor und fast im Flüsterton: „Der Genosse Archivar ist schwerbehinderter Invalidenrentner. Er hat wie Erich Honecker das Zuchthaus für Politische in Brandenburg-Görden überlebt. Er ist ein anerkannter Verfolgter des Naziregimes." An seinem Jackett trug er stets das VVN und ein großes Parteiabzeichen der SED. „Bei ihm musst du die richtigen Worte für unsere Maßnahme finden." Und laut: „Wenn mit dem Genossen Archivar und seiner Mitarbeiterin alles in unserem Sinne geregelt ist, informiere ich sicherheitshalber den Kaderdirektor!"

„Die Kollegin ist aber bloß eine Halbtagskraft", gab die Sekretärin zu bedenken.

„Weißt du auf die Schnelle, mit der du uns überraschst, eine bessere Lösung?“, fragte Bossling gereizt. „Mir ist klar, ab Mittag obliegt mir täglich auch noch der Sekretariatsdienst.“

Die junge Kollegin, Mutter von zwei Kleinkindern, die sie früh vor Dienstantritt in den TH-Kindergarten brachte, war freundlich und bereitwillig und gab sich alle erdenkliche Mühe. Aber sie konnte keinen Berufsabschluss als Sekretärin nachweisen, und die halbstündige Unterweisung seitens der krankgeschriebenen Sekretärin war zeitlich und gemessen an den Erfordernissen sehr dürftig. Beim Maschineschreiben auf ORMIG-Matrizen für die überarbeitet FüKo vertippte sie sich so häufig, dass ihres Erachtens fertiggeschriebene Seiten verworfen werden mussten. Bossling versuchte, ihr Mut zu machen: „Aller Anfang ist schwer.“

6

Am großen Beratungstisch im Arbeitszimmer des Vorsitzenden des Rates des Bezirkes Magdeburg war nur noch ein Stuhl unbesetzt. „Der ist für dich reserviert, Genosse Prorektor“, sagte der Vorsitzende zu Prof. Heinz Neuenhof. „Setz' dich zu uns! Wir haben den Tagesordnungspunkt unserer Beratung, der dich betrifft, vorgezogen. Du sollst nicht warten müssen, bis du an der Reihe bist, sondern rasch an deine Hochschule zurückkehren und lehren und forschen und deiner Leitungstätigkeit nachgehen können. Zur Einstimmung der Genossen hier am Tisch berichte uns, woran arbeitet die Hochschulleitung unter deiner Führung gegenwärtig schwerpunktmäßig? Ich gebe dir für deinen Bericht maximal zehn Minuten.“

Neuenhof nannte wahrheitsgemäß die FüKo, die Erfüllung der Wettbewerbsverpflichtungen zu Ehren des VIII. Parteitages und die Investitions- und Erneuerungsvorhaben der TH in den 1970er Jahren.

„Was den letztgenannten Komplex anbelangt, werden wir in der nächsten Zeit einiges miteinander zu tun haben. Es gibt aber Dinge, die ihr sofort anpacken könnt und müsst. Wir hatten kürzlich eine Delegation hochrangiger sowjetischer Genossen zu Besuch in unserem Bezirk. Wir sind mit ihnen auch durch unsere Stadt gefahren. Wir haben ihnen gezeigt, was wir bis jetzt aus der Trümmerwüste nach der Bombennacht im Januar 1945 gemacht haben. Als wir den Bolesław-Bierut-Platz passierten, deutete ich in Richtung Walter-Rathenau-Straße. Und das ist unsere Technische Hochschule, sagte ich. 'Wo?', fragten die Gäste. Sie erblickten vor sich einen schlecht verputzten Altbau, einen mit schwarzgrauem Schotter bedeckten großen Platz unmittelbar an der Straße und einen Neubau, der aussah wie eine moderne Mietskaserne und an dem ein paar Elemente der Fassadenverkleidung windschief herunterhingen. Ihr seid 1.600 Hochschullehrer und Mitarbeiter. Können sich davon nicht einige etwas einfallen lassen, um auf euch aufmerksam zu machen? Beispielsweise durch einen Schriftzug 'Technische Hochschule Otto-von-Guericke Magdeburg' oder durch eine Nachbildung eines der vom Bürgermeister und Physikus Guericke verwendeten Geräte. Baut doch meinethalben ein großes Thermometer, von dem man die aktuelle Außentemperatur ablesen kann, wenn man mit der Straßenbahn über den Bierut-Platz fährt, und hängt das Ding gut sichtbar an die Gebäudefassade! Das kann euch doch nicht schwerfallen!"

Neuenhof wollte etwas erwidern.

Der Vorsitzende schüttelte den Kopf. „Keine Debatte! Mein Vorschlag soll euch zu etwas anregen. Was ich nun sage, ist quasi ein Auftrag an euch. Kurz und knapp: Wir haben die diesjährige Bezirksmesse der Meister von Morgen besucht. Was wir als herausragendes Exponat der TH zu sehen bekamen, war von Lehrerstudenten und jungen Wissenschaftlern eurer Sektion Mathematik/Physik gestaltet worden. Von den Sektionen des Maschinenbaus und der Elektrotechnik wurde lediglich Kleinkram auf mitunter schlecht gestalteten Schautafeln gezeigt. Ich war schockiert. Seid ihr ein Lehrer-Bildungsinstitut oder eine Technische Hochschule mit starker Ausprägung des Maschinenbaus und der Technischen Kybernetik? Wenn ich leitender Professor für ein technisches Gebiet wäre, würde ich mir die Augen aus dem Kopf schämen. Haben junge Wissenschaftler und Studenten der TH auf technischem Gebiet nichts zu bieten? Oder hat die Leitung der Hochschule nicht die richtige Einstellung zur MMM-Bewegung? Sollte Letzteres zutreffen, müssten wir uns kurzfristig zu einer Grundsatzdebatte wieder treffen."

Während Neuenhof überlegte, was er auf die Vorwürfe erwidern könnte, stand der Vorsitzende auf, reichte dem Prorektor über die Schreibtischplatte hinweg die Hand und sagte: „Diese Dinge wollte ich loswerden, ehe uns die Auswertung der Parteitagsbeschlüsse voll in Anspruch nimmt. Im nächsten Jahr sehe ich mir die Bezirksmesse der Meister von Morgen wieder an. Vielleicht begegnen wir uns dann in der Ausstellungshalle. Schönen Gruß an den Genossen Rektor und gute Besserung!"

Prorektor Neuenhof lief fast traumwandlerisch zur Goethestraße. „Dort finde ich einen Parkplatz", hatte Harry Nachtigall, der Fahrer des personengebundenen
Rektor-Pkw, zu dem Professor gesagt, „und dort warte ich auf dich. Direkt vor dem Gebäudekomplex des Rates des Bezirkes ist das Parken schwierig." Soweit Neuenhof die Goethestraße entlanglief und nach beiden Straßenseiten Ausschau hielt, er sah keinen Rektor-WOLGA und auch den Fahrer Harry Nachtigall nicht. 'Das passt zueinander: vorhin mit einer großen Limousine vorfahren und nun, nach der Abreibung durch den Rats-Vorsitzenden, per Pedes zur lieben Hochschule zurück wandern …' Da quietschten hinter ihm Auto-Bremsen.

„Ich war noch schnell bei Wasserthal." „Wasserthal" war der Blumenhändler an der Ecke Olvenstedter/Ebendorfer Straße. Von ihm bezog die Vorzimmer-Chefin des Rektors – und nur sie! – die großen Blumengestecke und Zierpflanzen-Arrangements für besondere Ehrungen, Geburtstage und Verdienste höhergestellter Persönlichkeiten der Hochschule, zu denen sich Magnifizenz von Amts wegen verpflichtet sah. „Ich habe ein großes Bukett für den Bibliotheks-Direktor abgeholt. Er wird heute 65. Da musst du heute noch hin und gratulieren."

Neuenhof stieg ins Auto.

„Ich dachte nicht, dass der Rats-Vorsitzende so schnell mit dir fertig wird", gestand Nachtigall.

„Für das, was er mir und der Hochschulleitung mit auf den Weg gegeben hat, war die Audienz lang genug."

7

In seinem Büro im Rektoratsgebäude traf Neuenhof nur Wolfgang Bossling an. Der saß am Schreibtisch der Sekretärin. Er beschäftigte sich mit Postmappen. Alle Weile klingelte das Telefon. Bossling erteilte Auskünfte, notierte Termine für Besucher und Besuche des Prorektors, schimpfte mit Termin-Säumigen … „Ich mache hier alles", sagte er zu Neuenhof, als das Telefon mal nicht klingelte. Der Stuhl des Schreibmaschinen-Tisches war nicht besetzt. Auf einen fragenden Blick des Prorektors sagte der wissenschaftliche Sekretär: „Sie ist weg, seit zwei Stunden, unauffindbar. Bringst wenigstens du frohe Botschaften mit?"

Kopfschütteln. „Ich – die ganze Hochschulleitung – wurde am Boden zerstört: Die Beiträge der TH zur Bezirks-MMM wurden als völlig unakzeptabel bewertet. Der Rektor und ich als leitende Professoren auf technischem Gebiet sollten uns die Augen aus dem Kopf schämen, sagte der Ratsvorsitzende."

„Ach, du liebe Güte! Schlimmer hätte es nicht kommen können." Und Bossling dachte: 'Wäre das Professor Weindorf passiert, hätte der sich gleich noch mal für mehrere Wochen krankschreiben lassen.'

„Wolfgang", sagte Neuenhof, „wir plagen uns mit Kleinkram ab, wir meistern ihn nicht, haben nicht mal 'ne Sekretärin, und die großen Dinge schlingern, sie schwimmen uns wie große Fische davon."

„Das ist in der ganzen Republik so – bis jetzt. Deshalb setzen so viele – auch Genossen – auf Erich Honecker und auf die Beschlüsse des VIII. Parteitages. Aber auch ohne Parteitagsbeschlüsse müssen wir in unserem Prorektorat schnell Abhilfe schaffen. Wir schweben mit der FüKo 1971, mit den Bauplänen der 1970er Jahre, mit deinem Referat auf der demnächst stattfindenden VVV in lichten Höhen …"

„… und scheitern am Kleinkram."

„Dabei habe ich mein Bestes versucht – beispielsweise wegen des Tippens des FüKo-ORMIG-Originals. Überall nur Bedauern und Absagen. Eine Ausnahme: Der wissenschaftliche Sekretär der Sektion 9 hat mir zehn Manuskript-Seiten abgenommen, aber nur deswegen, weil wir gute Nachbarschaft in der Gartensparte am Barro-See pflegen." Das Telefon klingelte. Weder Bossling noch Neuenhof hoben den Hörer ab.

Die Sekretariatstür wurde geöffnet, ohne dass angeklopft worden wäre und jemand „Herein!" gerufen hätte. Gitta kam. Gitta war die sogenannte rechte Hand des 1. HPL-Sekretärs. Sie war immer freundlich und hilfsbereit, obwohl es manchmal bei ihr wie in einem Taubenschlag zuging. Sie, Neuenhof und Bossling verstanden sich gut. Gitta hatte den beiden Männern schon manche Schusseligkeit nachgesehen und ausgebügelt. Gitta fragte aufgebracht: „Was ist bei euch los? Meine Schwägerin sitzt oben bei mir." Das HPL-Sekretariat befand sich im obersten Geschoss des Rektoratsgebäudes. „Sie ist völlig verzweifelt und heult sich fast die Augen aus dem Kopf."

Neuenhof begriff nichts.

Bossling rief freudig: „Gott sei Dank! Sie ist vor zwei Stunden, als ich in der Sektion 9 und der Prorektor außer Haus war, spurlos verschwunden. Wir haben uns schon Sorgen um sie gemacht."

Gitta sagte: „Sie kommt mit der Arbeit bei euch nicht zurecht. Sie möchte unverzüglich zurück ins Archiv."

„Und was soll aus uns werden?", frage Bossling.

„Ich habe ein Herz und einen Tipp für euch. Aber verratet niemandem, dass ihr den Tipp von mir habt!"

Das Telefon klingelte. „So geht das immerzu", jammerte Bossling.

„Lass es klingeln", sagte Gitta, „und hört mir mal zu! An unserer Hochschule gibt es außer mir noch drei Top-Sekretärinnen: in den Sektionen 5 und 9 und im Fachbereich Ausbildung und Erziehung. Diese Sekretärin hatte sich Günter Wisterow als Persönliche gesichert. Als er den Direktor-Posten aufgab und zur Arbeitsgruppe Lehr- und Lernmittel wechselte, nahm er die Kollegin mit. Er hatte ja geglaubt, er würde Erster Prorektor. Nun qualifiziert er sich in der SU weiter. Alle, die ein bisschen Einblick haben, fragen sich: Was soll eine perfekte Sekretärin vom Format einer Gisela Ruhberg in dieser Gruppe? – Habe ich mich verständlich gemacht?"

Bossling lachte. „Und ob!" Neuenhof dachte: 'Bei allem Verständnis für die Hautempfindlichkeit der Sekretärin – ich muss die Arbeitsfähigkeit meines Büros gewährleisten.' Und er sagte: „Ich sichere die Übernahme der Kollegin zu uns beim Kaderdirektor ab."

Gitta nickte. „... aber erst, wenn du mit Gisela Ruhberg gesprochen hast und ich Helmut Krüger veranlasst habe, den Kaderdirektor auf die Umsetzung der Kollegin zu euch vorzubereiten."

„Gitta, du bist eine Perle!", lobte Bossling.

Die Sekretariatstür wurde aufgerissen. Der wissenschaftliche Sekretär des Rektors stürmte auf Neuenhof zu. Er wollte ihm das große Bukett überreichen, das Harry Nachtigall am Morgen vom Blumenhändler Wasserthal abgeholt hatte. „Ihr tagt hier als Partei-Komitee, aber keiner von euch geht ans Telefon. Genosse Prorektor, du musst sofort zum Bibliotheksdirektor zum Gratulieren gehen! Man wartet auf dich."

Neuenhof nahm ihm das Bukett nicht ab. „Geh' wieder in dein Arbeitszimmer! Setz das Bukett in eine Vase! Ich hole es mir in einer halben Stunde ab. Jetzt habe ich etwas Dringliches zu erledigen."

„Sie warten in der Bibliothek auf dich."

„Gib ihnen Bescheid, ich komme in einer halben Stunde! – Wolfgang, gib deinem Sekretärs-Kollegen die restlichen Manuskript-Seiten der FüKo mit! Er soll sie kurzfristig auf ORMIG tippen lassen."

Der wissenschaftliche Sekretär des Rektors protestierte. „Meine Kollegin tippt das Manuskript für dein Referat auf der VVV."

„Sehr gut. Und wenn sie damit fertig ist, soll sie sich über die paar FüKo-Manuskriptseiten hermachen. Sollte sie dir Schwierigkeiten bereiten, sag' ihr, es handle sich um einen Auftrag des amtierenden Rektors! Du siehst, wir haben in meinem Prorektorat zurzeit keine Sekretärin. Sag' der Rektor-Sekretärin, sie möchte sozialistische Hilfe leisten! Dafür werden wir uns, falls erforderlich, zu gegebener Zeit revanchieren. – Du, Wolfgang, nimm Kontakt auf zu Doktor Lilienhain! Er soll folgende Männer der FP-Gruppe zu einer außerordentlichen Beratung in meinem Dienstzimmer K 205 zusammenrufen: die Assistenten Kästner und Berghausen und die Forschungsstudenten Klembach und Meber, und er selber soll auch dabei sein. Beratungsbeginn: 15 Uhr. Thema: Stand der Arbeiten des FP-Kollektivs am Jugendobjekt mit dem SKET. Den FDJ-Sekretär Uwe Stoß bittest du in meinem Auftrag, an dieser Beratung teilzunehmen, selbst wenn er dadurch eine Vorlesung oder ein Seminar teilweise oder ganz verpassen muss. – So, Genossen Sekretäre, macht euch an die Arbeit! Ich begleite Gitta ins HPL-Büro. Wir haben dort gemeinsam etwas in Ordnung zu bringen."

Neuenhof, unterstützt von Gitta, beschwichtigte die schluchzende Mitarbeiterin des Archivs. „Gehen sie bitte nach unten in mein Sekretariat. Übernehmen Sie dort den Telefon-Dienst! Erledigen Sie den Postein- und -ausgang! Ich sorge dafür, dass Sie kurzfristig an Ihren angestammten Arbeitsplatz im Archiv zurückkehren können. Gitta, Ihre Schwägerin, kann das bezeugen."

Gitta nickte der jungen Frau aufmunternd zu. Die tat, sich die letzten Tränen aus den Augen wischend, wie ihr geheißen.

„Ich mache mich jetzt auf den Weg zu Gisela Ruhberg", sagte Neuenhof zu der HPL-Sekretärin. „Sollte die Kollegin mit ihrer Umsetzung in mein Sekretariat einverstanden sein, rufe ich dich unverzüglich an, damit ihr, Helmut oder du, den Kaderdirektor auf mein Ansinnen einstimmen könnt. Im Übrigen: Dir, Gitta, vielen Dank!"

Gitta lächelte. „Ich sagte vorhin bereits: Ich habe ein Herz für euch!" Und ein Herz für ihre Schwägerin.

In einem alten Gebäude in der Dänhardtstraße, das die Magdeburger Bombennacht am 16. Januar 1945 überstanden hatte – Gebäude F im Lageplan der TH –, waren die Fachbereichsdirektorate für Ausbildung und Erziehung (A und E), für Kader- und Qualifizierung und für Planung und Ökonomie mit der dem letztgenannten Direktorat zugeordneten Abteilung Arbeit untergebracht. Diese drei Direktorate waren zuständig für die Umsetzung von Gisela Ruhberg, noch Mitarbeiterin der Arbeitsgruppe Lehrmittel des Direktorats A und E; in den Amtsbereich des 1. Prorektors der TH. Prof. Neuenhof erlebte, wie rasch sich im Zusammenwirken dieser drei Direktorate Schwierigkeiten der Art, in die er geraten war, beheben ließen.

Gisela Ruhberg sagte lächelnd und ohne zu zögern zu Neuenhofs Ansinnen: „Ja. Meinetwegen sofort." Der Kaderdirektor, telefonisch eingestimmt vom 1. HPL-Sekretär, wuchs nach Neuenhofs Empfinden über sich hinaus: „Wir machen die Sache zum 15. Juni perfekt. Deine zimperliche bisherige Sekretärin setzen wir nach ihrer Genesung als Mitarbeiterin in der Hochschulbibliothek ein. Deine derzeitige Aushilfskraft versetze unverzüglich ins Archiv zurück!" Der schwerbehinderte Genosse Archivar mit dem großen SED-Abzeichen, anerkannter VVN, hatte sich am Vortage bei Harri Meister beklagt, ihm sei durch den Abzug seiner Mitarbeiterin durch den 1. Prorektor „eine wichtige Basis" für eine anforderungsgerechte Archiv-Arbeit entzogen worden. So viel Partei-Soldat war Meister auch ohne HPL-Sekretärs-Funktion noch immer, dass er begriff, hier war schnelles Handeln vonnöten, selbst wenn es – oberflächlich betrachtet – am Ende zu einer Problemlösung auf Kosten seines Kampfgefährten und Freundes Günter Wisterow führen würde.

In Meisters Gespräch mit Neuenhof erwies sich, der Prorektor hatte in seiner bisherigen Amtszeit tiefere Einblicke in das Funktionieren der Hochschulleitung und in personelle Verflechtungen und Disharmonien bei Hochschulangehörigen aller Beschäftigungskategorien gewonnen. Neuenhof sagte zu Meister: „Bei der Umsetzung von Gisela Ruhberg denken wir beide an Genossen Günter Wisterow – ich aus folgender Position: Wenn der Genosse von seinem Studienaufenthalt in Charkow zurückkehrt und mein Nachfolger als Erster Prorektor werden wird, ist die von ihm bevorzugte Sekretärin in die Geschäfte des Prorektors bereits gut eingearbeitet und steht ihm mit mehr Sicherheit zur Verfügung, als wenn sie jetzt jemand anderer als ich aus ihrer Arbeitsgruppe wegfischen würde."

Meister antwortete: „Ich stelle fest, du hast dich gut eingearbeitet und hast begriffen, wie bei uns der Hase läuft."

8

Im Rektor-Sekretariat holte Neuenhof zur vereinbarten Zeit den Blumenstrauß für den Bibliotheksdirektor ab. Er gratulierte dem Mann vor versammelter Bibliotheks-Belegschaft zu dessen 65. Geburtstag. Er würdigte die Leistungen, die der Direktor – Angehöriger der Hochschule seit deren Gründung 1953 – bei der Ersteinrichtung der Bibliothek und bei der dann folgenden Vervollständigung und Aktualisierung der Buch- und Zeitschriften-Bestände erbracht hatte. Die Hochschulleitung, sagte er, schätze hoch ein, dass der Jubilar und das Kollektiv seiner Mitarbeiterinnen und Mitarbeiter den wachsenden Ansprüchen von Hochschullehrern, Mitarbeitern und Studenten von Jahr zu Jahr immer besser gerecht geworden waren – trotz der räumlichen Beengtheit und ungünstigen Raumverteilung über mehrere Etagen, in einem grundlegend sanierungsbedürftigen Altbau am Krökentor und trotz immer knapper werdender Valutamittel für Buch-Anschaffungen und Zeitschriften-Abonnements aus dem nichtsozialistischen Ausland. In nächster Zeit werde verstärkt an dem Projekt eines Bibliotheks-Neubaus für die TH gearbeitet. Dieser Neubau werde als zentrale natur- und technikwissenschaftliche Bibliothek des gesamten Territoriums Magdeburg gestaltet und ausgestattet. Dafür würden die zu erwartenden Beschlüsse des VIII. Parteitages der SED weitreichendere Möglichkeiten als bisher bieten. Diese Möglichkeiten wolle die Hochschulleitung im Zu-sammenwirken mit den staatlichen Organen der Stadt und des Bezirkes nutzen. Die Bauverwaltung der TH habe einen Investitionsbedarf von 28 Mio. Mark ermittelt. Prorektor Neuenhof wünschte dem Jubilar gute Gesundheit und viel Schaffenskraft auch über sein 65. Lebensjahr hinaus, damit

er mit seinem Wissen und Können und seinen Erfahrungen daran mitwirken könne, den Projektplan für die neue Bibliothek zu verwirklichen.

Er bekam für seine kleine Ansprache viel Beifall und stieß mit dem Jubilar auf dessen Wohl an. 'So werden Lebensleistungen gewürdigt und Arbeitskollektive motiviert', sagte er sich. Nicht für einen Moment kam ihm der Gedanke, mit dem, was er verkündet hatte, Illusionen geweckt oder verbreitet zu haben. Er wollte, dass es in der Hochschule voran und dass die Periode des Bücher- und Zeitschriften-Lesens im Kellergeschoss des Altbaus am Krökentor zu Ende ginge. Deshalb hatte er das Projekt „Bibliotheks-Neubau" auch in die überarbeitete Fassung der Führungskonzeption 1971 aufgenommen.

Diese hatte er demnächst in die große Dienstbesprechung beim Rektor und in die Beratung des Senats einzubringen. Sitzungsbeginn des Senats war immer 13 Uhr 30, also fast zur Mittagszeit. In den Senatssitzungen war der Bibliotheksdirektor dem Prorektor dadurch aufgefallen, dass der verdienstvolle Mann unter der Last seines Alters oftmals bei diversen Tagesordnungspunkten sein Mittags-Nickerchen abhielt. Dessen eingedenk, nahm Neuenhof den Direktor bei passender Gelegenheit beiseite und sagte ihm unter vier Augen: „Wenn in den Beratungen, an denen Sie teilnehmen, über die überarbeitete Führungskonzeption 1971 debattiert wird, erwarte ich von Ihnen einen Diskussionsbeitrag. Bringen Sie zum Ausdruck, wie sehr Sie und Ihr Kollektiv es begrüßen, dass in der überarbeiteten Führungskonzeption der notwendige Bibliotheks-Neubau als eines der dringlichsten und bedeutsamsten Projekte in den nächsten Jahre bewertet wird und dass Sie deshalb der vorliegenden Fassung des Dokuments zustimmen. Sie könnten in Ihrem Beitrag zusätzlich vorschlagen, wie das bis zur Neubau-Fertigstellung zu betreibende Provisorium der Unterbringung und der Betrieb der Hochschul-Bibliothek, verglichen mit dem derzeitigen Stand, zu verbessern sei."

Der Bibliotheksdirektor nickte. Seiner Zustimmung konnte Neuenhof sicher sein.

Ein ähnlich geartetes Gespräch würde der Prorektor auch mit dem Direktor der Sektion Technische Kybernetik und Elektrotechnik wegen eines neuen Zentral-Gebäudes für diese Sektion führen. Dieser Direktor war ein in der Hochschul-Öffentlichkeit hochangesehener Mann. Sein „Ja" zur Neufassung der Führungskonzeption würde einige Permanent-Kritiker in den Beratungsgremien zur Zurückhaltung oder sogar zum Schweigen bringen.

9

Manchmal ist es eine spontane Eingebung, die eine zuvor verfolgte feste Absicht zunichtemacht. So erging es Prof. Neuenhof zu Beginn der von ihm anberaumten nachmittäglichen FP-Beratung in seinem Dienstzimmer K 205. Die dazu geladenen Teilnehmer saßen am großen Beratungstisch – auch der FDJ-Sekretär Uwe Stoß, Student in der von Prof. Neuenhof geleiteten Fachrichtung in der Sektion Technologie. Der Professor posierte hinter seinem Schreibtisch. Anstatt die Beratung um 15 Uhr pünktlich zu beginnen, nahm er den Telefonhörer ans Ohr und wählte die Nummer des stellvertretenden Haupttechnologen des SKET. Helmut Sabisch war immer noch sein Partner für das beim SKET-Generaldirektor ausgehandelte Jugendobjekt THM/SKET. Als ob es so sein sollte, erreichte er Sabisch sofort.

Und Sabisch schimpfte am anderen Ende der Leitung in einer Lautstärke, dass die dem Professor am nächsten Sitzenden die Kanonade deutlich mithören konnten. Sabisch beklagte die geringe Zahl von Studenten, die sich an der Jugendobjekt-Arbeit aktiv beteiligten, und die ungenügende Kenntnis und Beherrschung des in der DDR entwickelten und verfügbaren NCM-Programmiersystems SYMAP. „Zu der jüngsten Arbeitszusammenkunft erschien dein emsiger Forschungsstudent Klembach mit sage und schreibe drei Mann, und die hatten von Tuten und Blasen kaum eine Ahnung. Ich mobilisierte bei uns alle Jung-Ingenieure und ein paar alte Hasen aus der Hauptabteilung Technologie als fachliche Berater, und dann von eurer Seite solch eine schwache Beteiligung! Soll ich zum Generaldirektor gehen und ihm sagen: 'Die Arbeit am gemeinsamen Jugendobjekt 'NCM-Einsatz' ist ab sofort beendet'?"

„Wann ist die nächste Arbeitszusammenkunft?"

„Übermorgen früh ab 7 Uhr."

Neuenhof versprach: „Ich stehe übermorgen um dreiviertel sieben mit einer Studenten-Mannschaft vor der Pförtner-Loge am SKET-Haupteingang."

„Dann brauchen wir jetzt, per Telefon, nicht zu debattieren – auch über den Fall Klembach nicht. Vergiss den Termin nicht: übermorgen früh dreiviertel sieben! Mach's gut!"

Neuenhof sagte zu Reinhard Klembach: „Sie sind der erste Forschungsstudent aus dem FP-Kollektiv, der seine Dr.-Ing.-Dissertation fertiggestellt und bei der Fakultät für technische Wissenschaften unserer Hochschule kürzlich eingereicht hat. Dazu beglückwünsche ich Sie. Der Dekan hat mir per Hauspost mitgeteilt, Ihre Dissertation wurde angenommen und das Promotionsverfahren für Sie eröffnet. Professor Kainzow ist als Zweit-Gutachter und Dipl.-Ing. Sabisch als Gutachter aus der betrieblichen Praxis bestätigt worden." Mindestens drei Gutachter je Promotionsverfahren – zwei Hochschullehrer und einen Praxisvertreter – schrieb die Promotionsordnung der TH Magdeburg vor. Als Erst-Gutachter im Range eines Professors wurde in der Regel der wissenschaftliche Betreuer des Promovenden bestimmt.

 Klembach lächelte und nickte ein paarmal. Er war ein kesser Menschentyp. „Nun wünsche ich mir, die Gutachter mögen keinen ausgiebigen Sommerurlaub machen, sondern zügig ihre Gutachten liefern, damit mein Promotionsverfahren in kürzest möglicher Zeit abgeschlossen werden kann."

Neuenhof sagte: „Das hängt nicht vom Sommerurlaub der Gutachter, sondern von Ihren Leistungen ab. Ich ernenne Sie hiermit für die restliche Zeit Ihres Forschungsstudiums zum Brigadier aller Jugendobjektler von FP."

„Das lohnt sich nicht, Herr Professor."

„Doch. Das Studienjahr endet am 31. August. Bis dahin sind Sie einer meiner Forschungsstudenten."

„Ich möchte noch Urlaub machen und brauche Zeit für die Verteidigung meiner Dissertation."

„Ein mehrwöchiger Urlaub steht Ihnen zu, er wird Ihnen gewährt. Eine Freistellung für die Vorbereitung der öffentlichen Verteidigung Ihrer Dissertation müssen Sie mit Ihrem künftigen Arbeitgeber vereinbaren. Neben Ihren Aufgaben als Brigadier unterstützen Sie, bitte, Kollegen Kästner bei der Ausarbeitung des Manuskripts für die neue Vorlesung ‚Fertigungsprozessgestaltung II' zur Thematik ‚Einsatzvorbereitung und Programmierung programmgesteuerter Fertigungsmittel'. Dafür können Sie eine Menge aus Ihrer Dissertationsschrift verwerten. Einverstanden?"

„Notgedrungen."

„Also ‚Ja'. So. Nun erklären Sie bitte, weshalb sind Sie für das SKET oder speziell für dessen stellvertretenden Haupttechnologen 'ein Fall'?"

„Kollege Sabisch wollte mich als Mitarbeiter für die Hauptabteilung Technologie gewinnen. Ich habe sein Angebot abgelehnt. Mich zieht es zurück nach Schwerin. Dort wartet mein Mädel seit Jahr und Tag voller Ungeduld auf mich. Wir wollen heiraten. Ich finde Arbeit in einem der neuen Betriebe in und um Schwerin, die zwecks Industrialisierung unserer landwirtschaftlich geprägten Gegend neu aufgebaut wurden."

Neuenhof seufzte. „Wir FP'ler hätten mit Ihnen, wenn Sie im SKET tätig geworden wären, einen guten Kooperationspartner gehabt." Er dachte: 'So gehen Sie dahin, die tüchtigen jungen Leute, die man über Jahre ausgebildet hat.'

Uwe Stoß sagte: „Jugendfreund Klembach, diskutiere nicht herum! Übernimm die Funktion des Brigadiers! Leiste eine ordentliche Arbeit! Du erwartest doch, dass unser Professor und die anderen Gutachter auch eine ordentliche Arbeit in deinem Promotionsverfahren erbringen. – Noch etwas Generelles: Im November nächsten Jahres werden in Leipzig die XV. Zentrale MMM und die IV. Zentrale Leistungsschau der Studenten und jungen Wissenschaftler veranstaltet. In unseren Sektionsbereichen Schweißtechnik, Arbeitsgestaltung und Güte- und Qualitätssicherung werden dafür Exponate vorbereitet. Um aber auf den Veranstaltungen in Leipzig gezeigt und bewertet werden zu können, müssen diese Exponate die Hochschul-MMM, die Stadt- und die Bezirksmesse der Meister von Morgen erfolgreich durchlaufen haben. Die MMM an unserer TH wird im Herbst dieses Jahres eröffnet. Bis dahin bleibt nicht viel Zeit. Wenn unsere Fachrichtung sich mit einem Exponat zu beteiligen gedenkt, um im Schrittmaß der fortgeschrittenen Bereiche der Sektion Technologie zu bleiben, müssen wir rasch in die Puschen kommen – am besten noch heute."

Es wurde beschlossen: Die von Prof. Neuenhof geleitete Fachrichtung und die Lehr- und Forschungsgruppe FP würden ein Exponat gestalten, mit dem sie an den Leipziger Veranstaltungen im November 1972 teilnehmen könnten. Mit dieser Zielsetzung soll der vom Assistenten Manfred Berghausen bearbeitete und koordinierte Forschungskomplex „**A**utomatisierte **t**echnologische **V**orbereitung für **s**chwer**m**aschinen**b**au-typische Einzel**teile**“ in das Jugendobjekt THM/SKET integriert werden. Die wissenschaftliche Betreuung dieses komplexen Vorhabens würden Prof. Neuenhof und die Assistenten Kästner und Berghausen übernehmen. Dem erreichten Bearbeitungsstand Rechnung tragend, wurde für das für Leipzig vorgesehene Exponat die Bezeichnung „Ratio ATV/SMB-Teile“ gewählt, „Ratio“ sollte „Rationalisierungsvorhaben“ bedeuten.

Alle der Lehr- und Forschungsgruppe FP zugeordneten Ingenieurpraktikanten, Diplomanden, interessierten Studierenden jüngerer Semester und die am Berghausenschen Forschungskomplex mitarbeitenden Forschungsstudenten der Gruppe FP sollten in die Arbeit am Jugendobjekt THM/SKET einbezogen werden und zu der am übernächsten Tag, 7 Uhr, stattfindenden Arbeitszusammenkunft im SKET erscheinen. Der FP-Mitarbeiter Karl-Ernst Elmhorst, der nach Anweisung von Neuenhof das Personal-, Diplomanden- und Ingenieurpraktikanten-Register der Lehr- und Forschungsgruppe FP führte, sollte entsprechende Listen verfertigen und an die Assistenten und an Klembach, Meber und Stoß verteilen. Die drei Letztgenannten würden die auf den Listen Verzeichneten noch an diesem Tage oder Abend zu dem übermorgigen Treff im SKET persönlich einladen.

„Ich werde übermorgen früh, 5 Uhr 30, einen Kontrollgang durch die Wohnheime 7 und 8 machen“, sagte Uwe Stoß. „Sollten einige der auf den Listen verzeichneten Jugendfreunde noch im Nest liegen, singe ich ihnen – trotz meiner Note Befriedigend im Fach Musik auf allen meinen Schulzeugnissen – ein ermunterndes FDJ-Lied:

„Jugend erwach', erhebe dich jetzt!
Die grausame Nacht hat ein End' ...!“

10

Karin Neuenhof staunte, dass ihr Ehemann am Abend dieses sommerwettrigen Junitages schon 10 vor halb sieben nach Hause kam. „Es ist noch hell draußen, und du hast in der lieben Hochschule Feierabend gemacht?“, fragte sie spöttelnd.

Gerald und Martin saßen am großen Wohnzimmertisch und verzehrten ihre Abendbrotschnitte. „Papi! Papi!“, riefen sie. Beide hofften, nach der Fernseh-Sendung „Das Sandmännchen“ müssten sie nicht unverzüglich, wie von „Mami“ Karin angeordnet, zu Bett gehen.

Heinz Neuenhof dämpfte den Optimismus seiner Lieben. „Wir essen alle vier gemeinsam Abendbrot. 10 vor sieben holt mich Harry Nachtigall mit dem Auto ab und bringt mich ins ‘INTERNATIONAL’“ – ins renommierteste HO-Hotel der Stadt Magdeburg. Und speziell an Karin gewandt: „Dort findet die Abschlussveranstaltung des 23. EDV-Intensivlehrgangs der TH für leitende Wirtschaftskader statt. Jedem Absolventen des Lehrgangs wird eine Urkunde für seine erfolgreiche Teilnahme überreicht. Der Direktor der Sektion Rechentechnik/Datenverarbeitung unserer Hochschule hat mich gebeten, ich als amtierender Rektor möge dem 2000. Absolventen solcher“ – seit 1967 an der TH Magdeburg durchgeführten – „Intensivlehrgänge die Urkunde und ein Glückwunschschreiben überreichen.“

„Und das machst du“, sagte Karin ernüchtert und nicht spöttelnd.

„Natürlich. Der Rektor ist krank. Ich bin sein Erster Stellvertreter. Außerdem bin ich an guten Beziehungen zum Direktor der Sektion Rechentechnik interessiert. Ich komme mit den Forschungsprojekten meiner Lehr- und Forschungsgruppe ohne ständig möglichen Zugang zur Rechentechnik und ohne wohlwollende Unterstützung meiner Mitarbeiter, Forschungsstudenten und Studenten seitens der Rechentechniker nicht voran.“

„Du findest für alles, was du tust, eine Begründung.“ Karin seufzte. „Nimm dein Schlüsselbund mit, damit du uns nicht im Schlaf störst, wenn du zurückkommst!“

Er umarmte seine Frau. „Halb zehn, spätestens um zehn bin ich wieder zu Hause.“ Das bezweifelte Karin, als er 10 vor sieben die Wohnung verließ und in den auf der Straße parkenden „WOLGA“ des Rektors stieg. Sie wartete dennoch den ganzen Abend auf ihn.

Er hielt Wort. Kurz nach halb zehn setzte er sich zu ihr aufs Wohnzimmersofa. Da begann beider Feierabend. Er erzählte ihr ausführlich, was ihm an diesem Tage geschehen war. Am Ende erinnerte er sie an einen Tagesbericht, den er ihr zu seiner ELEKTRODYN-Zeit in Dresden gegeben hatte. „Damals, nach einem Gang zur Lackiererei, nach einem Streit mit dem Versuchsfeldleiter Barthmann und nach der eigenmächtigen Annahme eines Kundenauftrages für den Werkzeugbau, fragtest du mich abends: ‘Na, wie war’s heute bei dir?‘ Und ich antwortete: ‘Ich weiß nicht, wie viele Jahre lang ein normal konstituierter Mensch solche Arbeitstage wie meinen heutigen durchsteht, ohne einen Herzinfarkt oder andere gesundheitliche Beeinträchtigungen zu erleiden …‘ Stelltest du mir heute Abend die gleiche Frage wie damals, würde ich dir dieselbe Antwort wie damals geben. Vielleicht war mein heutiger Arbeitstag sogar …“ Er vollendete den Satz nicht. Er befand sich ja nun in dem Paradies, in das zu gelangen er sich so sehr gewünscht hatte.

Am nächsten Morgen, als Neuenhof gemeinsam mit dem wissenschaftlichen Sekretär die Rektor-Post erledigte, rief die Magnifizenz von ihrem heimischen Domizil den 1. Prorektor an. „Ich hatte fest damit gerechnet, du würdest dich unmittelbar nach deiner Audienz beim Bezirksvorsitzenden bei mir melden. Leider habe ich bis zu dieser Stunde vergeblich darauf gewartet." Prof. Weindorf, das hörte Neuenhof der Stimme des Anrufers an, war ungehalten. 'Drüben in Westdeutschland würde der Bezirksvorsitzende im Range des Ministerpräsidenten eines Bundeslandes amtieren – als solch eine bedeutsame Persönlichkeit würde er gelten', dachte Neuenhof und hatte Verständnis dafür, dass sein Vorgesetzter dermaßen aufgebracht war. Er entschuldigte sich bei Weindorf. Als er dem Rektor jedoch berichtete, welche Vorwürfe ihm und der gesamten Hochschulleitung am Vortage gemacht worden waren, beruhigte sich der Anrufer sehr rasch und war offenbar froh, dass nicht er zu besagter Audienz hatte erscheinen können. „Ich bin immer noch krankgeschrieben", sagte Weindorf. „Die Ärzte sind unzufrieden mit der Funktion meiner Milz. Stell' dir vor, ich soll täglich einen halben Liter frische Kuhmilch trinken. Die in diesem Monat noch fällige große Dienstbesprechung musst also du leiten. Das ist kein Beinbruch. Die hauptsächlichen Tagesordnungspunkte – FüKo und Jahresbericht über Ordnung und Sicherheit an der Hochschule – wären ohnehin auf dich zugekommen. Bereite alles ordentlich vor, damit du bei der Besprechung kein Fiasko erleidest!"

So kam es zu folgendem: Auf der Vertrauensleute-Vollversammlung der Gewerkschaftsorganisation der TH hielt Neuenhof ein einstündiges Referat. Für das, was er über die weitere Entwicklung der Hochschule vortrug, erhielt er von den Vertrauensleuten lebhaften Beifall. Mehrere Diskussionsredner nahmen Bezug auf seine Ausführungen.

In der vom 1. Prorektor geleiteten großen Dienstbesprechung des Rektors wurde die überarbeitete Fassung der Führungskonzeption bestätigt. Dazu trugen insbesondere die Stellungnahmen des Direktors der Sektion Technische Kybernetik und Elektrotechnik sowie der Fachbereichsdirektor für Planung und Ökonomie, für Forschung und für Kader und Qualifizierung bei. Ja, auch Harri Meister gab eine

positive Stellungnahme ab. „,... wenn auch noch einiges Wasser in der FüKo steckt." Dieses Mal münzte er seinen Slogan „,... noch einiges Wasser im Sack" auf die FüKo um. Neuenhof dachte: 'Aha, man erreicht die positive Bewertung einer Sache, wenn man sich zuvor zu bestehenden Freundschaften, wie beispielsweise zu der zwischen Meister und Wisterow, bekennt.' Positiv äußerte sich der Bibliotheksdirektor in einem kleinen Vortrag. In geschickter Manier schlug er vor, bis zur Fertigstellung des Bibliotheks-Neubaus eine verbesserte Zwischenlösung zu schaffen. Nach voller Betriebsfähigkeit der neuen Mensa könne der Speisesaal der alten Mensa als

Haupt-Lesesaal für den zentralen Ausleihdienst und für Verwaltungseinrichtungen der Bibliothek eingerichtet werden. Das würde die Abkehr von unzeitgemäßen Provisorien am Krökentor, aus der Gründerzeit der Hochschule herrührend, ermöglichen. So ausführlich und mit konkreten Vorschlägen aufwartend hatten selbst die alteingesessenen Beratungsteilnehmer den Bibliotheksdirektor schon lange nicht mehr reden hören. Als der 1. Prorektor gar die Glückwünsche zum 65. Geburtstag des Direktors öffentlich wiederholte, wurde dem Jubilar von allen Anwesenden lebhaft Beifall geklopft.

Tags darauf, als Neuenhof mit seiner neuen Sekretärin, Gisela Ruhberg, Termine absprechen wollte, saß die Frau im Vorzimmer am kleinen Schreibmaschinentisch und beschrieb ORMIG-Matrizen. „Wolfgang Bossling hat Änderungs- und Ergänzungsvorschläge, die zur FüKo in der großen Dienstbesprechung unterbreitet wurden, in den Text eingearbeitet. Die ORMIG-Seiten, bei denen das Maß kleiner Korrekturen überschritten wird, muss ich neu schreiben."

„Warum macht das nicht die Rektor-Sekretärin?" Das hätte seiner Anweisung entsprochen, meinte Neuenhof.

Gisela Ruhberg lächelte verlegen: „Das fragen Sie am besten ihren wissenschaftlichen Sekretär. Er kann Sie dann auch über den Besuch informieren, den wir vorhin hatten, als Sie Ihre Vorlesung im M-Gebäude hielten."

Die Tür zu Bosslings Zimmer stand offen. Der Sekretär hatte den im Sekretariat geführten Dialog mitgehört. Er trat hinzu und sagte zu Neuenhof: „Lass uns bitte in dein Zimmer gehen!" Dort berichtete er: Er habe mit Gisela Ruhberg am Tage ihres Arbeitsbeginns im Rektorat einen Rundgang gemacht: zu allen Abteilungen und Arbeitsgruppen, die dem 1. Prorektor dienstlich unterstellt waren, ebenso zu den Sekretariaten der sechs Fachbereichsdirektoren und zu allen im Rektoratsgebäude untergebrachten Instanzen. Hervorhebenswert seien dabei der herzliche Empfang im HPL-Büro und ein Zwiegespräch zwischen der Sekretärin des Rektors und „der Neuen" gewesen. Das Zwiegespräch habe stattgefunden, als er – Bossling – sich für einige Augenblicke im Zimmer des Rektor-Sekretärs aufgehalten habe. „Sie also wollen es im Sekretariat da unten versuchen?", habe die Rektor-Sekretärin gefragt. Gisela habe geantwortet: „Da unten wird dringend jemand gebraucht." – „Das ist wohl wahr", habe die andere gesagt. „Die bisherige Sekretärin, eine versierte, langjährig an der Hochschule tätige Fachkraft, hat sich formal zwar krank gemeldet. Aber in Wahrheit ist sie denen da unten davongelaufen, weil es da unten nicht richtig läuft. Gucken Sie, hier: ein jüngstes Beispiel." Sie habe Gisela Ruhberg wahrscheinlich die Manuskriptblätter für die Führungskonzeption 1971 gezeigt. Jedenfalls habe Gisela die Blätter in den Händen gehalten, als sie und er – Bossling – ins Prorektor-Sekretariat zurückgekehrt waren. „So ein paar Seiten", habe Gisela gesagt, „lassen mich kalt. Die kloppe ich bis zum heutigen Feierabend auf der Maschine durch. Deretwegen braucht es zwischen uns hier unten und denen da oben keinen Knatsch zu geben."

Bossling holte tief Luft. „Vormittags, nach ihrem neuerlichen Arztbesuch, kam unsere bisherige Sekretärin zu uns. Ich mache es kurz: Es war gut, dass du nicht zugegen warst. Sie behandelte Gisela Ruhberg als Aushilfskraft. Sie wollte sich auf den Weg machen zu Doktor Krüger und zum Kaderdirektor, erklärte sie. Bei denen wollte sie einiges parteimäßig und kaderpolitisch wieder ins rechte Lot rücken. Ich habe beide Genossen telefonisch vorgewarnt. Der HPL-Sekretär wusste durch Gitta schon Bescheid. Harri Meister sagte ganz ruhig: 'Soll sie kommen! Aber das Ding ist quasi gegessen. Macht ihr nur eure Arbeit!' Ich habe darauf gedrungen, dass sie ihre persönlichen Sachen in einem meiner Kleiderschrankfächer einlagert, bis sie begriffen hat: ihre Tätigkeit in unserem Sekretariat ist beendet."

11

Am 23. Juni 1971 um 13 Uhr 27 konnte Prorektor Neuenhof im Heizkraftwerk der THM mittels Zündlunte die Feuerung zum Probebetrieb des neu installierten ölgefeuerten Dampferzeugers in Betrieb setzen.

Am 25. Juni 1971 berichtete die „VOLKSSTIMME", das Zentralorgan der SED für den Bezirk Magdeburg, der 1. Prorektor, Prof. Neuenhof, habe drei Tage zuvor einen neuen Betriebskindergarten der TH Magdeburg eröffnet.

Über nahezu alle Aktivitäten, die Neuenhof in den Sommerwochen 1971 in Vertretung des Rektors Weindorf erbrachte, wurde in der Hochschulzeitung der THM in Wort und Bild berichtet. Sowohl der Prorektor als auch sein wissenschaftlicher Sekretär pflegten einen sehr guten Kontakt zum verantwortlichen Redakteur der Zeitung. Der Redakteur schätzte die beiden, weil sie Zusagen für von ihnen zu liefernde Zeitungsbeiträge prompt und zu vereinbarten Terminen einhielten und die Manuskripte Druckreife aufwiesen.

In einer Zusammenkunft des 1. HPL-Sekretärs der SED mit einem kleinen Kreis engster Berater fragte Dr. Helmut Krüger: „Wie versteht ihr das, Genossen, wenn ihr unsere Zeitungen aufschlagt: Haben wir an unserer Hochschule einen Rektor, oder erledigt bei uns alles der Erste Prorektor?" Harri Meister, der erfahrene Partei-Stratege, nickte ein paarmal. „Helmut, du solltest dem Rektor einen Krankenbesuch abstatten und ihm klarmachen, dass er möglichst rasch seinen Platz im Rektorat wieder einnehmen möchte." Krüger folgte der Empfehlung. Nur wenige Tage später amtierte Prof. Weindorf wieder – für eine Woche. Dann trat er seinen Jahresurlaub an. Den verbrachte er in seinem Heimatstädtchen Bad Doberan und am unweit gelegenen Ostsee-Strand.

Große Sympathie und Solidarität bekundeten die meisten Hochschulangehörigen, vor allem Studenten, zwei Völkern, die für ihre Unabhängigkeit und für einen antiimperialistischen Entwicklungsweg der Gesellschaft ihres Landes kämpften: dem vietnamesischen und dem chilenischen Volk. Sie übten ihre Solidarität nicht allein in Sympathieerklärungen und mit materiellen und finanziellen Spenden, sondern im Rahmen des Möglichen auf hochschulgemäße Weise: durch die Ausbildung hochqualifizierter Fachleute für das eine wie das andere Land.

In einer festlichen Veranstaltung am 2. September 1971 aus Anlass des 26. Jahrestages der Gründung der Demokratischen Republik Vietnam überreichte Heinz Neuenhof an zwölf vietnamesische Bürger, die ihr 1966 an der TH Magdeburg begonnenes Studium erfolgreich abgeschlossen hatten, die Diplom-Urkunden und Abschiedsgeschenke für die Heimreise.

Von den chilenischen Studenten an der THM machte vor allem einer aus der Sektion Mathematik und Physik von sich reden: Rodriguez, ein untersetzt und kräftig gebauter junger Mann, der einen Vollbart wie Karl Marx trug. Er hatte sich nach dem Sieg des Parteien-Blockes der Volkseinheit, der chilenischen Unidad Popular, bei den Präsidentschaftswahlen im September 1970 und der Übernahme der Präsidentschaft durch Dr. Salvador Allende Gossens am 3. November 1970 den Namen „Stalingrado" zugelegt. Stalingrado Rodrigues war ein disziplinierter, begabter Student und hochschulbekannt. Er sprach begeisternd in studentischen FDJ-Versammlungen, in Gewerkschaftsgruppen der Hochschullehrer und Mitarbeiter, auf öffentlichen Foren und Kundgebungen über die Veränderungen in seinem Land: über das Regierungsprogramm gegen Arbeitslosigkeit und Inflation, über die Forcierung einer Agrarreform, über neue Gesetzte zur Verstaatlichung der Banken und des Bergbaus, über die Wiederherstellung der Beziehungen zu Kuba, über die am 16. März 1971 aufgenommenen diplomatischen Beziehungen zwischen Chile und der DDR.

Venceremos!

Weder Stalingrado noch diejenigen, die ihm Anfang der 1970er Jahre zuhörten, hielten einen derartigen, blutigen Putsch für möglich, wie ihn das chilenische Militär am 11. September 1973, den Tod des frei und mehrheitlich gewählten Präsidenten Dr. Salvador Allende herbeiführend, verübte und wie er den Traum vom chilenischen Weg zum Sozialismus in eine vieljährige antisozialistische Diktatur unter Augusto Pinochet und Komplizen verwandelte.

Im Frühjahr 1972 äußerten sich die Wohnungssuchenden unter den TH-Mitarbeitern aller Beschäftigten-Kategorien unzufrieden über das Wohnungsangebot, das der Rat der Stadt Magdeburg der Hochschulleitung für das Planungsjahr 1972 unterbreitet hatte. „Nichtsanierte Altbau-Substanz in nicht attraktiven Wohngegenden der Stadt Magdeburg – wie beispielsweise in Buckau oder Alt-Salbke“, lautete die Kritik, „und das nun schon seit Jahren.“ Dabei war zu jener Zeit in Magdeburg-Nord mit dem großzügigen Neubau eines ganzen Wohnblock-Komplexes begonnen worden: Plattenbauweise, vergleichbar mit dem West-Berliner Hansa-Viertel, Zehn-Geschosser, eingestreut wie Orientierungstürme 16-geschossige Punkthäuser, Wohnungen aller Größen, fernbeheizt, mit fließendem warmen und kalten Wasser. „Welchen Personen aus Magdeburg werden solche Wohnungen zuerkannt?“, fragten die Wohnungssuchenden. „Die Hochschulleitung müsste sich, unterstützt von der Gewerkschaft, mal darum kümmern.“

Magnifizenz Prof. Weindorf informierte in einer der regelmäßig von ihm durchgeführten Beratungen mit den Prorektoren darüber, bei ihm seien mehrere schriftliche Beschwerden von Wohnungssuchenden eingegangen.

„Du bist bei den jüngsten Parteiwahlen in die Bezirksleitung unserer Partei gewählt worden“, sagte der Prorektor für Gesellschaftswissenschaften zum Rektor. „Bring’ das Problem dort zur Sprache! Hau’ erforderlichenfalls auf den Tisch!“

Der Vorschlag des Prorektors gefiel dem Rektor nicht. Er widersprach seiner Wesensart vor allem im Hinblick auf Gefälligkeit und Konzilianz. Die Debatte drohte ergebnislos zu enden.

„Ich kümmere mich um die Angelegenheit“, erbot sich Prof. Neuenhof. „Ich werde den Oberbürgermeister aufsuchen und um Unterstützung bitten.“

Der Rektor konnte sich ein hämisches Grinsen nicht verkneifen. „Mit dem Oberbürgermeister ist nicht gut Kirschen essen“, warnte er. „Ich glaube, er hält nicht viel von unserer Hochschule. Die Pädagogische Hochschule unserer Stadt liegt ihm näher.“ Das beurteilten manche TH-Angehörige ebenso und sahen dies darin be-
 gründet, dass als Sekretär für Kultur, Schulen, Hoch- und Fachschulen der SED-Bezirksleitung Magdeburg ein Dozent der PH hauptamtlich fungierte.

„Ich versuch’s dennoch“, sagte Neuenhof. „Das große Geschütz in der Bezirksleitung könne wir abfeuern, wenn ich beim OB erfolglos bin.“

Der Oberbürgermeister gewährte dem 1. Prorektor der TH kurzfristig eine Audienz im Rathaus. Neuenhof überreichte ihm eine in Leinen gefasste, DIN A3-formatige, dicke Mappe in Schachtelform. Deren Deckel zierte in Gold das Emblem der TH „Otto-von-Guericke“ Magdeburg. Die Mappe enthielt Reproduktionen aus Otto von Guerickes Werk „Neue Magdeburger Experimente“: Geräte und Versuchsaufbauten für Guerickes Wirken als Physiker des 17. Jahrhunderts. Die Mappe war als Souvenir für hochgestellte Persönlichkeiten gedacht, die sich um die Entwicklung der TH und um die Erhöhung ihres Ansehens verdient gemacht hatten. „Diese Mappe überreiche ich Ihnen, Genosse Oberbürgermeister, als Zeichen dafür“, sagte Neuenhof, „dass die TH-Angehörigen Ihre Bemühungen um die Entwicklung und Verschönerung der Stadt Magdeburg aufmerksam beobachten und hochschätzen.“

„Und wo steckt der Pferdefuß?“

„Kein Pferdefuß. Wir möchten bei uns ein Forum mit Hochschulangehörigen durchführen, auf dem Sie, Genosse Oberbürgermeister, sprechen ...“

„... und auf dem ich wegen der Wohnungsvergabe an die TH vorgeführt werde?“

„Mitnichten. Sie sprechen bitte über bauliche und gärtnerische Vorhaben in der Stadt in diesem und in den nächsten Jahren, beispielsweise über die weitere Ausgestaltung der Elbufer-Promenade, über das von Ihnen gewünschte Wirken einer Otto-von-Guericke-Gesellschaft der Stadt Magdeburg, über die öffentliche Darbietung des Guerickeschen Versuchs mit den Halbkugeln und über Ihre Erwartungen an die TH-Angehörigen, im Rahmen ihrer Möglichkeiten bei alledem mitzuwirken. Und darein flechten Sie Ihre Vorstellungen zur künftigen Versorgung der TH-Mitarbeiter mit Wohnraum.“

Nach diesem inhaltlichen Konzept wurde das Forum mit dem Magdeburger Oberbürgermeister im Anbau zwischen alter und neuer Mensa der TH am 26. Mai 1972 durchgeführt. Es war erfolgreich für alle Beteiligten. Zu den inhaltlichen Schwerpunkten des Forums wurden Maßnahmen seitens des Rates der Stadt und der THM vereinbart. Die wurden in einem Arbeitsplan erfasst. Der Arbeitsplan würde, so die Übereinkunft, jährlich aktualisiert, und noch im Jahr 1972 würden einige Neubau-Wohnungen in Magdeburg-Nord für TH-Angehörige bereitgestellt werden.

Einer der ersten Kandidaten für eine 4-Raum-Wohnung in einem zügig fertiggestellten 16-geschossigen Punkthaus in Magdeburg-Nord war Dr.-Ing. Siegbert Täuscher aus dem K-Bereich der Sektion Technologie der TH Magdeburg. Täuscher genoss an der Hochschule den Ruf eines sogenannten „fortschrittlichen Parteilosen“, der sich als Oberassistent von Prof. Kainzow Verdienste erworben und der nach der Rückkehr vom Zusatzstudium am Polytechnischen Institut in Charkow/UdSSR die Leitung der Hochschulgruppe der Gesellschaft für deutsch-sowjetische Freundschaft übernommen hatte. Auf diese Weise als fachlich und gesellschaftspolitisch aktiv ausgewiesen, war er im Februar 1972 zum Hochschuldozenten für Spanende Fertigung berufen worden.

13

Als Ferienausflug für die schulpflichtigen beiden Söhne fuhren die vier Neuenhofs an dem Wochenende 22./23. Juli 1972 zu Tiows/Hirschfelds nach Küssow. „Am 24. hat Mama Geburtstag", sagte Elsbeth zu den Besuchern, „da bleibt ihr doch noch bei uns. Mama hat mehrere Frauen aus ihrer Koppel zum Nachmittagskaffee und Abendbrot eingeladen. Die sind regelrecht erpicht darauf, sich mit euch zu unterhalten. Und unser Harald freut sich auf eure Jungs."

Der 24. Juli fiel 1972 auf einen Montag. Montags wurden in der Sektion Technologie und in der ganzen Hochschule üblicherweise Dienstbesprechungen und Partei- und Gewerkschaftsversammlungen durchgeführt. Im Grunde genommen war Heinz Neuenhof am 24. Juli unabkömmlich. Er wusste nicht, wie er das seiner Tante Marta und deren Tochter begreiflich machen könnte.

Und es kam noch etwas hinzu. An diesem Montag beging Prof. Kurt Hager, Sekretär des Zentralkomitees der SED, zuständig für Kultur und Bildung, für das Hoch- und Fachschulwesen, seinen 60. Geburtstag. Vom Sekretariat des Ministers für Hoch- und Fachschulwesen war dem Rektorat der THM mitgeteilt worden, die Gratulationstour der Rektoren und Ersten Sekretäre der SED-Parteiorganisationen der Universitäten, Hoch- und Fachschulen begänne am 24., 11 Uhr 30, im Haus des Zentralkomitees am Berliner Werderschen Markt. Diese Mitteilung kam einer Aufforderung gleich, dass der Rektor und der 1. HPL-Sekretär an der Gratulationstour teilnähmen. Prof. Weindorf und Dr. Krüger weilten jedoch seit einigen Tagen an der Technischen Universität für Schwerindustrie in Miskolc. Vor Jahren war ein Partnerschaftsvertrag zwischen dieser ungarischen TU und der TH Magdeburg abgeschlossen worden. Dessen Laufzeit sollte verlängert und der Vertrag inhaltlich aktualisiert werden. „Kommen Sie!", hatte der Rektor der TU zu Prof. Weindorf am Telefon gesagt. „Im Thermalbad Topolca bei Miskolc können wir wunderbar über alles nachdenken und debattieren." Außerdem sollten die beiden Magdeburger auf einer Festveranstaltung der TU durch die Verleihung einer Anerkennungsmedaille geehrt werden. Mithin amtierte Prorektor Neuenhof an der TH Magdeburg, und der 2. HPL-Sekretär führte zeitweise die Hochschulparteiorganisation der SED. An dem besagten Montag führte er den Genossen Prof. Neuenhof im Rektor-WOLGA nach Berlin, zur Gratulationscour für Prof. Hager. Er und Neuenhof hatten vereinbart, er würde mit Harry Nachtigall und mit einer großen Blumenschale und einer der neuartigen Geschenkmappen der THM im Kofferraum in Magdeburg starten, und Neuenhof würde zu einem verabredeten Zeitpunkt unterwegs, an der Autobahn-A2-Abfahrt Seethen, zusteigen, so könne Neuenhof verwandtschaftlichen Verpflichtungen nachkommen und die Behauptung seiner Ehefrau widerlegen: „Immer, wenn wir mal familiär etwas vorhaben, kommt irgendetwas von der Hochschule dazwischen – selbst an einem Wochenende."

Montagfrüh war es bereits sehr warm, und es würde wie an den Tagen zuvor bei strahlendem Sonnenschein eine brütende Hitze geben. Prof. Neuenhof verstaute seinen schwarzen Anzug, ein weißes Oberhemd und einen Schlips in einem Reise-Lord. Sich bekleidete er mit Shorts, Campinghemd und – nicht ganz passend zur Oberbekleidung – mit schwarzen Halbschuhen. So fuhr er mit dem Neuenhofschen TRABI nach Seethen und parkte sein Auto an der unweit der Autobahn-Abfahrt Seethen betriebenen Hotel-Gaststätte „Haus Birkenbusch". Er nahm seinen Reise-Lord und lief zur Autobahn. Am Fahrbahnrand setzte er sich ins Gras und genoss das Gemisch aus morgendlicher Landluft und Abgasen an ihm vorübersausender PKW und Dieselmotor-getriebener Lastzüge. Er döste ein bisschen vor sich hin und war erschrocken, als ein grün-weiß lackierter WARTBURG der Deutschen Volkspolizei dicht neben ihm hielt. Ein Volkspolizist in Uniform und mit weißer Mütze belehrte ihn: „Wegelagern und Trampen an Transitstrecken wie dieser hier nach Berlin sind verboten. Ist Ihnen das nicht bekannt?" Er musste sich ausweisen. Er sollte erklären, warum er sich am Rand der Autobahn aufhielt. Als er der Wahrheit die Ehre gab und sagte, er sei auf dem Weg zum Politbüro-Mitglied Kurt Hager, fühlte sich der VoPo verklappst. „In Ihrem Aufzug? Nehmen Sie Ihr Gepäckstück und kommen Sie mit zu unserem Fahrzeug!"

Zu Neuenhofs Glück rollte in diesem Augenblick der Rektor-WOLGA der TH heran, hielt hinter dem Polizei-Auto. Der 2. HPL-Sekretär, im schwarzen Anzug, schon einmal durchgeschwitzt an diesem Sommermorgen, sprang heraus. „Genossen", rief er den VoPos zu, „ein Missverständnis offenbar! Er ist unser amtierender Rektor, und ich bin sein Parteisekretär." Er bestätigte dem Polizisten Neuenhofs Aussagten und geriet dabei gleich noch einmal ins Schwitzen. Der im WARTBURG sitzengebliebene Polizist lachte. Neuenhof kam mit einer mündlichen Verwarnung davon. Die Magdeburger durften weiterfahren. Bis zur Autobahn-Abfahrt Ziesel verfolgte sie der grün-weiß lackierte WARTBURG. Als der abbog, sagte Harry Nachtigall lakonisch: „Allzu bequem darf man sich's im Leben auch nicht machen. Das kann mal schiefgehen."

Im Haus des Zentralkomitees musste Neuenhof seinen Reise-Lord an der Garderobe abgeben. In einer Toilette zog er sich um. Harry Nachtigall übernahm die Shorts und das Campinghemd. Er verstaute die Sachen in einem Stoffbeutel, den er sich vorsorglich in eine Hosentasche gesteckt hatte. Den Beutel schleppte er die ganze Zeit, während derer der 1. Prorektor als Gratulant amtierte, mit sich herum; Neuenhof wollte sich vor der Rückfahrt nach Magdeburg wieder leger kleiden.

Pünktlich 11 Uhr 30 wurden die in langer Zweier-Reihe auf einem Gang angetretenen Repräsentanten der Universitäten und Hochschulen der DDR zum Jubilar vorgelassen: Rektor und Parteisekretär der hauptstädtischen Humboldt-Universität vornweg – natürlich! –, gefolgt von denen der Karl-Marx-Universität Leipzig, der Friedrich-Schiller-Universität Jena und von den „Fischköppen“ aus Rostock und Greifswald. Eine Rang- und Reihenfolge war auch für die Hohen Technischen Lehranstalten des Landes angesagt: TU Dresden, die Technischen Hochschulen Karl-Marx-Stadt, Magdeburg, Ilmenau und Leuna-Merseburg und am Ende die neugegründeten Ingenieurhochschulen, deren Vertreter sich beim Warten auf dem Gang darauf geeinigt hatten, Prof. Liebhals, die Magnifizenz der TU Dresden, solle im Namen aller eine kurze Geburtstagsansprache halten. Prof. Liebhals – eitel genug anzunehmen, keinem anderen als ihm komme diese Rolle zu – hatte, vor dem Jubilar stehend, kaum zu sprechen angefangen, da entstand an Hagers Zimmertür ein Tohuwabohu. Ein schon betagter Herr mit grauem Haarschopf und großer Nase ließ sich von den Ordnungsdienstlern an der Tür nicht aufhalten und stürmte mit wehenden Jackettschößen auf Kurt Hager zu, umarmte ihn und bedeckte seine Wangen mit Bruderküssen. „Jürgen!“, rief Hager. „Du reißt mich ja um!“

Prof. Jürgen Kuczynski, der unter DDR-Wissenschaftlern gut bekannte Schreiberling, zerrte aus einer Jacketttasche einen kleinen Packen zusammengerollter Manuskriptblätter hervor. „Ich bringe im nächsten Jahr im Berliner Akademie-Verlag ein Buch mit dem Titel ‘WISSENSCHAFT HEUTE UND MORGEN‘ heraus. Darin behandele ich unter anderem die Thematik ‘Technologie und Aufgabe der Technologen‘. Ich erfuhr, du beschäftigst dich derzeit mit der gleichen Thematik. Hier“ – er überreichte Kurt Hager den Packen Manuskript-Blätter – „habe ich meine Gedanken niedergeschrieben. Vielleicht sind sie anregend für dich.“

Hager nahm die Blätter, bedankte sich und sagte leise zu Kuczynski: „Ich muss weitermachen. Schau, die Rektoren und Parteisekretäre der Universitäten und Hochschulen warten darauf …“

Kuczynski blieb ungerührt: „Mich interessiert sehr deine Meinung zu der von mir aufgestellten These: ‘Die Aufgabe der Technologen ist nicht, neue wissenschaftliche Erkenntnisse zu erbringen, als Wissenschaftler schöpferisch tätig zu sein!‘“ Während er sprach, geleitete ihn Hager zur Tür – es war mehr ein Hinausschieben.

Beim Anhören der Kuczynskischen These drohte dem Rektor der TU Dresden
 der rote Faden für seine unterbrochene Geburtstagsansprache verlorenzugehen.

Der unter der Last der Blumenschale schweißnasse 2. HPL-Sekretär der THM raunte dem neben ihm stehenden Heinz Neuenhof zu: „Hast du’s gehört? Da braucht ihr euch in der Sektion Technologie nicht einzubilden, schöpferische wissenschaftliche Arbeit zu leisten …“

Die Warteschlange rückte ein Stückchen vor. Da standen die beiden Magdeburger vor dem Jubilar. Zwei seiner Helfer nahmen ihnen die Blumenschale á la Wasserthal und die Geschenkmappe ab. Sie deponierten die Mappe auf und die Schale unter einem langen, mit Blumen und Souvenirs überhäuften Abstelltisch. „Das Kollektiv der Technischen Hochschule 'Otto von Guericke' Magdeburg gratuliert herzlich zum Geburtstag“, sagte Prorektor Neuenhof.

„Danke. Die Mappe schaue ich mir später in Ruhe an.“ Hager reichte Neuenhof die Hand. Welche nachhaltige Wirkung würde ein solcher Handschlag haben?

14

Am 7. Oktober 1972 wurde Magnifizenz Prof. Weindorf für seine Verdienste um die Entwicklung der THM mit dem Vaterländischen Verdienstorden in Bronze ausgezeichnet. In der Begründung der Auszeichnung wurde hervorgehoben, Weindorf habe die FDJ-Hochschulgruppe und deren Leitung bei der Vorbereitung der 1973 in Berlin stattfindenden Weltfestspiele der Jugend und Studenten und bei der „Entfaltung eines reichhaltigen kulturellen studentischen Lebens“ an der THM in besonders anzuerkennender Weise unterstützt.

An der TH waren eine FDJ-Singegruppe und das Kabarett PROLÄSTERRAT gegründet und die dem K-Gebäude gegenüberliegende ehemalige Baubaracke zum „FDJ-Studentenklub BARACKE“ ausgestaltet und in die Regie der FDJ-Hochschulgruppe übergeben worden.

Die Singegruppe – wie es ausgedrückt wurde – umrahmte gesellschaftliche und akademische Groß-Veranstaltungen der THM zu besonderen Anlässen kulturell. Die Sängerinnen und Sänger trugen bei ihren Auftritten das Blauhemd der FDJ. Ein Gitarrist begleitete sie. Die Standard-Nummer jedes ihrer Programme war der Song:

> „Sag mir, wo du stehst
> und welchen Weg du gehst! ...“

Das Kabarett verfolgte das Konzept, zu lästern – über Hochschullehrer der THM und ihre Marotten, über Missstände in den Studenten-Wohnheimen der TH, über Mängel beim Waren-Angebot im Betriebs-KONSUM, über unzureichende Möglichkeiten für studentischen Freizeit-Sport, über den baulichen Zustand und die gerätemäßige Ausstattung mancher Hörsäle der TH und dergleichen. Die Gründer des Kabaretts versprachen: die Kritiken und Glossen würden PRO, also FÜR die Weiterentwicklung der Technischen Hochschule im Rahmen realer Möglichkeiten im Territorium und darüber hinaus konzeptioniert und nicht CONTRA den Staat, die Regierung und die Politik der in der DDR führenden Parteien und gesellschaftlichen Organisationen gerichtet sein. Es gab Hochschullehrer und Funktionäre, die den Rektor und die Prorektoren davor warnten, die Kabarett-Programme könnten

„defätistische Passagen zu den sozialistischen Errungenschaften der DDR" und Elemente der „Verherrlichung des Westens" enthalten. So vorsichtig Magnifizenz Weindorf gewöhnlich zu Werke ging, ehe er gewichtige Entscheidungen traf – im Falle der Singegruppe und des Kabaretts hatten er und die Prorektoren volles Vertrauen in die Studentinnen und Studenten und in den das Kabarett-Ensemble betreuenden professionellen Schauspieler von den Städtischen Bühnen „Maxim Gorki" Magdeburg gesetzt.

Dem Ensemble wurden Kellerräume im Gebäude M der THM zur Nutzung zugewiesen: für die Darbietung der Programme, für die Aufbewahrung von Kostümen und anderen Requisiten und für eine karge gastronomische Betreuung der Besucher in den Programm-Pausen. Die Veranstaltungen wurden gut besucht – von Studierenden, von THM-Mitarbeitern und Hochschullehrern, zu Beginn der ersten Saison erschienen unverhofft sogar der Sekretär für Kultur und Bildung der SED-Bezirksleitung Magdeburg und seine Ehefrau. Sie alle hatten Spaß am kecken Spiel der jungen Leute auf der Kabarett-Bühne.

15

Es war für das Jugendobjekt THM/SKET ein Gewinn, seine Thematik „Einsatzvorbereitung und Programmierung von NC-Werkzeugmaschinen" um den Komplex „Rationalisierung der technologischen Fertigungsvorbereitung für schwermaschinenbautypische Teile (SMB-Teile)" zu erweitern. Der zusätzliche Komplex trug Erfordernissen beim Forschungs-Auftraggeber SKET Rechnung. Prof. Neuenhof, Leiter der Lehr- und Forschungsgruppe FP und zugleich Verantwortlicher für das Jugendobjekt, setzte für den zusätzlichen Komplex Dipl.-Ing. Manfred Berghausen als wissenschaftlichen Bearbeiter ein. Berghausen war ein disziplinierter, einfallsreicher und praxisorientierter Wissenschaftsarbeiter. Dank seines Fleißes und Könnens und der zielstrebigen Einbeziehung von Studenten zeitigte das „Ratio(nalisierungsvorhaben) ATV/SMB-Teile" in den Jahren 1971 und 1972 vom SKET positiv bewertete Bearbeitungsfortschritte. Berghausens Eifer und Ehrgeiz wurden durch die Übereinkunft mit seinem „Doktor-Vater", Prof. Neuenhof, beflügelt, die erzielten Forschungsergebnisse und das Konzept für das Projekt „Ratio ATV/SMB-Teile" für Berghausens Doktor-Dissertation zu nutzen und Teile davon als Ergebnis der Arbeit des Jugendobjekt-Kollektivs 1971/1972 auszuweisen. Berghausen verstand es nach Konsultationen bei Neuenhof ausgezeichnet, die Ergebnisse des Projektes anschaulich darzustellen und auf den Messen der Meister von Morgen – an der Sektion Technologie, an der THM insgesamt, in der Stadt Magdeburg und im Bezirk

Magdeburg – als nachahmenswertes Exempel im sozialistischen Studentenwettstreit zu interpretieren. Auf allen Messen errang das Jugendobjekt vordere Plätze im Wettstreit. Dem vom FDJ-Sekretär Uwe Stoß gegebenen Hinweis folgend, beteiligte sich das Jugendobjekt-Kollektiv mit dem Exponat „Ratio ATV/SMB-Teile" im November 1972 an der XV. Zentralen MMM und der IV. Zentralen Leistungsschau der Studenten und jungen Wissenschaftler in Leipzig. Auf beiden Veranstaltungen stellte die Sektion Technologie der THM drei weitere Exponate vor. Zu allen vier Exponaten erhielten Besucher, hochrangige Gäste und Juroren von Forschungsstudenten der Sektion und von Jugendlichen aus den Partnerbetrieben Auskünfte, Informationen inhaltlicher Art und Hinweise für eine effektive Jugendobjekt-Arbeit. Alle Exponate der Sektion Technologie wurden mit hohen Auszeichnungen bedacht.

Am Tag der Auszeichnung fand in einer der Leipziger Messehallen ein öffentliches Forum zu Formen, Ergebnissen und Nutzen der MMM-Bewegung und des Studenten-Wettstreits statt. Daran nahmen Prof. Neuenhof, Prof. Kleber und der stellvertretende Haupttechnologe des VEB SKET Magdeburg, Dipl.-Ing. Sabisch, teil. Ihr Auftritt und die gezeigten Exponate der THM erregten die Aufmerksamkeit des Stellvertreters des Ministers für Hoch- und Fachschulwesen, Günter Behrens, zuständig für Planung und Ökonomie im Hoch- und Fachschulwesen der DDR. Er versprach: „Genossen, ich besuche euch im Frühjahr nächsten Jahres. Den genauen Termin erfahrt ihr rechtzeitig. Ich schaue mir das, was ihr treibt und wie ihr das macht, mal bei euch an der Basis an."

Auf der Rücktour von Dienstreisen pflegte Heinz Neuenhof zu lesen – einen neuerschienenen Roman oder ihn interessierende Artikel in Fachzeitschriften – oder sich auf Vorlesungen am folgenden Tag vorzubereiten. An diesem Novemberabend, auf der Rückfahrt von Leipzig nach Magdeburg und in Begleitung von drei Männern, den Fahrer aus der Fahrbereitschaft der THM mitgerechnet, war es anders. Es wurde erzählt – über einiges Dienstliches, aber auch über Privates. Irgendwie kamen die Männer auf das Thema Urlaub und Urlaubsplätze für die ganze Familie zu sprechen.

Heinz Neuenhof berichtete freimütig über seinen Urlaubsaufenthalt in Bielatal/Sächsische Schweiz im Jahr zuvor. „Die Mutter meines Schwagers hatte einen zehntägigen Aufenthalt in dem Ferien-Bungalow einer Arbeitskollegin vermittelt. Darin war alles ordentlich und akzeptabel. An dem Sonnabend mitten in unserem Ferienaufenthalt tauchte das Ehepaar, dem der Bungalow gehörte, mit Kind und Kegel und mit einer Korona von Bekannten in dem Objekt auf und veranstaltete bis nach Mitternacht einen feucht-fröhlichen Grillabend. Meine Familie wurde dazu eingeladen. Wir machten des Friedens willen mit, bis meinen Söhnen vor Müdigkeit die Augen zufielen, unser Tagesprogramm hatte sie angestrengt. Richtig schlafen konnten sie erst nach Mitternacht – meine Frau und ich auch. Die unverhoffte Visite dauerte bis zur Kaffeezeit am nächsten Tag. Kurzum: Das war kein Ferienaufenthalt nach unserem Geschmack. Danach haben wir freie Tage bei meinen Verwandten auf dem Lande, in Küssow, verlebt. Alles gut und schön. Aber nun wollen meine Kinder mal woanders hin – am liebsten an die Ostsee."

Prof. Kleber sagte: „Das könnt ihr doch haben. Ich fahre mit meiner Frau und meinen beiden Töchtern seit ein paar Jahren im Sommer nach Heiligendamm. Dort führt das REISEBÜRO der DDR zwei Ferienhäuser. Das eine, das Fritz-Reuter-Haus, ist direkt am Strand, an der Strandpromenade gelegen. Da ist es vor allem wegen der Tagesgäste in Heiligendamm ein bisschen unruhig. Meine Familie und ich, wir bevorzugen das andere Haus, das Max-Planck-Haus. Von dort sind es nur 20 Schritte mehr bis zum Strand. Beide Häuser bieten guten Service, akzeptable Unterkunft und Vollverpflegung. Der Heiligendammer Strandbereich und der Ort insgesamt sind sehr gepflegt. Heiligendamm ist Bahnstation für die Schmalspurbahn, den sogenannten 'Molly', von Bad Doberan zum Ostseebad Kühlungsborn. Wenn während des Urlaubs mal kein Strandwetter ist, kann man mit dem 'Molly' bequem, wenngleich ein bisschen nostalgisch, die Gegend erkunden. Meine Irene und meine jungen Damen fahren gern zu der 'weißen Stadt am Meer', wie Heiligendamm wegen seiner weiß getünchten Häuser genannt wird. Nachteilig finden manche Leute den steinigen Strand. Aber an den gewöhnt man sich."

Prof. Neuenhof staunte. „Und solche Urlaubsplätze für die ganze Familie vermitelt das REISEBÜRO?"

Kleber lachte. „Nicht das REISEBÜRO schlechthin. In der Filiale am Hasselbachplatz beispielsweise bieten sie dir solche Ferienplätze nicht an. Aber sag' mal: Hat dir dein Prorektor-Kollege für Wissenschaftsentwicklung nicht verraten, wie er jedes Jahr zu seinen Urlaubsplätzen im Intelligenzler-Ferienheim in Ahrenshoop kommt?"

Kopfschütteln. Neuenhof dachte: 'Besagter Kollege und ich – wir haben zwar, insbesondere an den Tagen des MLO-Lehrganges in Berlin, über alles Mögliche debattiert, aber von Ahrenshoop oder anderen Ferienorten war nie die Rede.'

„Wenn du an REISEBÜRO-Plätzen an der Ostsee interessiert bist, musst du dich schriftlich, formlos, an die Generaldirektion des REISEBÜROs in Berlin wenden, Abteilung Verwaltung der Hotels und Erholungsheime, Gruppe Einweisungen. Die Postanschrift schreibe ich dir auf einen Zettel. Den kannst du in den nächsten Tagen bei Hilde Müller im Sekretariat abholen. Für Plätze im kommenden Jahr müsstest du dich umgehend bewerben. Für einen Urlaubsaufenthalt im Zeitraum Mai bis Oktober muss der formlose Antrag in der Zeit vom 1. September bis 31. Oktober des Vorjahres bei der Generaldirektion vorliegen. Ich weiß das deshalb so genau, weil ich meinen Antrag vor gut einer Woche zur Post gebracht habe. Wichtig: Gib den

Berlinern kein genaues Datum für deinen Urlaubsaufenthalt vor. Ich schreibe immer: 'in der Schulferienzeit 3 Wochen'. Dann können sie freizügig disponieren. Wenige Wochen nach Eingang deines Antrages geben sie dir einen Zwischenbescheid, ob sie dich bei ihrer Planung berücksichtigen oder nicht. Drei bis vier Monate vor deinem Wunschzeitraum schicken sie dir – bei positivem Entscheid – einen 'Reisecheck'. Darauf ist alles dich Interessierende vermerkt: Urlaubsort, Zeitdauer und Datum des Aufenthaltes, Urlaub für wie viele Personen, in welchem Ferienheim und Kosten, die im Voraus zu begleichen sind" – Kleber lachte wieder – „in einer Höhe, zu der du drei FDGB-Ferienaufenthalte finanzieren könntest. Aber na ja: Über uns denken sie in Berlin, dass es keine Armen trifft."

„Ihr habt Sorgen", sagte Helmut Sabisch. „Meine Frau und ich," – Sabischs hatten noch keine Kinder – „wir verleben unseren Urlaub, sommers wie winters, in unserem Heimatort, in Wernigerode, und nähren uns redlich. 'Gut', könnt ihr sagen, 'du hast es leicht. Deine Eltern und Schwiegereltern wohnen dort. Sie werden es an nichts mangeln lassen, wenn ihr sie zweimal im Jahr für ein paar Wochen besucht.' Stimmt. – Dir, Heinz, rate ich dennoch: Wenn du mit deiner Familie genug in der Ostsee gebadet hast oder wenn sie dich und die Deinen an der Ostsee nicht haben wollen, dann melde dich bei mir oder bei Martin Fuchs. SKET betreibt in Wernigerode ein wunderschönes Ferienheim. Unser Generaldirektor kennt dich persönlich. Er würde, wenn du es wünschtest, bestimmt für dich und deine Familie etwas in die Wege leiten. Wernigerode und Umgebung bieten zu jeder Jahreszeit hervorragende Urlaubs-und Erholungsmöglichkeiten. Da braucht ihr nicht ins Sächsische, nach Bielatal, zu reisen, um euch die Platze zu ärgern." Mit diesem Angebot war wieder das SKET ein Gesprächsthema. „Bei aller Ehre, die uns heute widerfuhr", sagte Sabisch, „und bei aller Freude darüber, dass wir so etwas für den Komplex 'ATV/SMB-Teile' unseres gemeinsamen Jugendobjektes erreicht haben – ein bisschen wehmütig stimmt mich, dass wir mit dem anderen Aufgabenkomplex, der NCM-Programmierung, nicht so weit gekommen sind, quasi hinterherhinken."

Neuenhof lobte den Fleiß und die Initiativen des von ihm eingesetzten Themenbearbeiters, Werner Kästner, und die Leistungsbereitschaft der am Jugendobjekt mitwirkenden Studenten. „Aber wir arbeiten noch zu uneffektiv. Wir haben uns für meine Lehr- und Forschungsgruppe und für die gesamte TH die System-Beschreibung und Rechner-Software für alle Teil-Systeme von SYMAP besorgt. Die Nutzer-Vereinbarung zwischen TH und FZW/Karl-Marx-Stadt ist abgeschlossen. Wir haben Kompendien – für jedes SYMAP-Teilsystem eines – in der Hausdruckerei der TH herstellen lassen. Wir verteilen sie an Studierende, die an der von mir neuerarbeiteten Lehrveranstaltung FP II – „Einsatzvorbereitung und Programmierung programmgesteuerter Werkzeugmaschinen" – in Vorlesungen und Übungen teilnehmen. Aber die praktische Erprobung der NC-Programme für Werkstücke aus dem Teile-Sortiment des SKET ist im K-Versuchsfeld unserer Sektion nicht möglich. Uns fehlen die dafür geeigneten NC-Werkzeugmaschinen. Deshalb pendeln Studenten per Straßenbahn zwischen TH und SKET hin und her, wenn sich bei diesem oder jenem von ihnen Fehler in das von ihm erarbeitete NC-Programm eingeschlichen haben. Kurzum: Wir brauchen eine auf die Jugendobjekt-Thematik zugeschnittene NC-Maschine in unserem Versuchsfeld. Mit ihr kämen Kästner und seine Mannen und wir alle schneller zu abrechenbaren Ergebnissen."

'Forderungs-Ideologie!', dachte Prof. Kleber.

Helmut Sabisch fragte scherzhaft: „Habt ihr in eurem K-Versuchsfeld so viel Platz, dass ihr von jedem NCM-Typ im SKET ein Exemplar bei euch installieren könnt, damit FP-Studenten die von ihnen ausgearbeiteten NC-Programme testen können?"

Prof. Neuenhof blieb hartnäckig. Er schlug vor: „Die untersuchte Werkstückpalette wird eingegrenzt auf die Teile, die auf NC-Maschinen rationeller bearbeitet werden können als auf konventionellen Werkzeugmaschinen, wie derzeit im SKET üblich. Ein Beispiel könnte, neueren Untersuchungen zufolge, das Fräsen mantelseitiger Langlöcher in Laufrohren für Schnellverseilmaschinen sein. Dafür müsste eine bahngesteuerte NC-Senkrecht-Fräsmaschine mit Schwenkkopf bereitgestellt werden. Von der Direktion des SKET wäre zu prüfen, ob das SKET solch eine Maschine an die Sektion Technologie der TH ausleihen kann – zur Erprobung ihrer Funktionstüchtigkeit und für das Testen studentischer NC-Programme an Laufrohren, die das SKET anliefert und fertig bearbeitet wieder abholt."

Kleber lachte und schüttelte den Kopf.

Neuenhof verteidigte seinen Vorschlag. „Die Sektion Maschinenbau hat sich leihweise vom SKET ein funktionstüchtiges Kaltwalzwerk in ihrer großen Maschinenhalle aufstellen lassen."

Sabisch schwieg. Kurz vor Erreichen des Stadtrandes von Magdeburg sagte er: „Wir versuchen das, was Heinz vorgeschlagen hat. Der Direktor der Sektion Technologie wende sich mit einem entsprechenden Antrag, den er über den Rektor der TH leitet, an den Generaldirektor des SKET. Der wird vom Technischen Direktor und vom Haupttechnologen eine Stellungnahme abfordern. Den Haupttechnologen bereite ich darauf vor. Mit unserem Technischen, der bekanntlich ein großes Herz für seine einstige Ausbildungsstätte hat, solltest du sprechen, Heinz. Schiebt das, was ihr in dieser Sache machen solltet, nicht auf die lange Bank! Der Weg zu dem von uns angepeilten Ziel birgt 'ne Menge Stolperfallen. Die zu umgehen, kann uns unter Umständen mehr Zeit kosten, als uns lieb ist."

Zum 1. Februar 1973 wurde Dr.-Ing. Horst Lilienhain, Oberassistent in der Lehr- und Forschungsgruppe FP, zum Hochschuldozenten für das Fachgebiet „Fertigungsgestaltung (Fertigungsprozessgestaltung)“ berufen, ohne sich habilitiert, also ohne eine Dissertation B angefertigt und öffentlich verteidigt zu haben, wie es die neue Hochschullehrerberufungsverordnung der DDR erfordert hätte. Die Professoren Richard Kleber und Heinz Neuenhof hatten in der Begründung des Berufungsantrages zweierlei besonders hervorgehoben:

Zum einen stieg die Nachfrage aus anderen Sektionen der TH nach Lehrveranstaltungen zur Fertigungsprozessgestaltung an, die auf die Ausbildungskonzepte für Studierende jener Sektionen zugeschnitten sein sollten. Beispielsweise wurden von der Sektion Technische Kybernetik/Elektrotechnik FP-Lehrveranstaltungen mit inhaltlichen Ergänzungen ihrer eigenen Vorlesungen und Übungen zur „Elektrotechnologie“ gewünscht. Studierende der Sektion Mathematik/Physik sollten in Ergänzung des Lehrkomplexes „Optimierung“ auf die Bestgestaltung komplexer Fertigungsprozesse im Maschinen- und Gerätebau orientiert werden. Die Sektion Sozialistische Betriebswirtschaft wünschte sich für ihre Studenten eine Abkehr von der bisher gebotenen Fertigungsverfahrenskunde hin zur Betrachtung und ökonomisch begründeten Gestaltung komplexer Fertigungsprozesse. Derlei Forderungen war mit den bisher von Neuenhof, Lilienhain und Mitarbeitern ausgearbeiteten und in den praktischen Lehrbetrieb eingeführten Vorlesungen und Übungen für Fertigungstechniker, Fertigungsmesstechniker, Betriebsgestalter, Arbeitsgestalter und Ingenieur-Pädagogen nicht nachzukommen. Dazu bedurfte es eines zusätzlichen Hochschullehrers für FP.

Hinzu kamen zum anderen Belastungen des seinerzeit einzigen Ordinarius für Fertigungstechnik im K-Bereich der Sektion Technologie, Prof. Dr.-Ing. Heinz Neuenhof, durch die Forschungsplanung und -durchführung in der Lehr- und Forschungsgruppe FP, durch die fachliche Betreuung von Forschungsstudenten und Doktoranden, durch die Mitwirkung in Prüfungskommissionen für Promotionsverfahren an der THM und an anderen Hochschul-Einrichtungen der DDR und schließlich, aber nicht zuletzt, durch die vielfältigen und umfangreichen Aufgaben in
seiner Funktion des 1. Prorektors der THM.

Das waren hinreichende objektive Beweggründe dafür gewesen, Dr. Lilienhains wissenschaftliche Befähigung und Leistungen und seine unbestreitbare Eignung als Hochschullehrer besonders hervorzuheben und eine kurzfristige Berufung des Kandidaten – auch ohne bisher vorgelegte Dissertation B – zu beantragen.

Neuenhof und Lilienhain hatten in den wenigen Jahren ihrer unmittelbaren Zusammenarbeit eine von gleicher Denkart geprägte und mit freundschaftlichen

Gefühlen verbundene berufliche Partnerschaft entwickelt. Von allen Tätigkeiten, die sie auszuüben hatten, war ihnen am liebsten, etwas Theoriefördterndes oder Konzeptionelles zu erdenken und aufzuschreiben oder aufzuzeichnen: zur Ganzheit und zu den Gesetzmäßigkeiten der Fertigungstechnik und speziell der Fertigungsprozessgestaltung, zur grafischen Modellierung von Teilfertigungsprozessen und deren variantenreichen Darstellung in Arbeitsfolgegrafen (AFG), auf die „zentrierenden Objekte Zahnrad und Gehäuse" der Forschung im gesamten K-Bereich der Sektion Technologie ausgerichtet, und zu Themen und Problemen der Kooperation mit anderen Lehr- und Forschungsgruppen auf den Gebieten Lehre und Forschung. Wenn bei solchen Arbeiten einem von beiden, wie man so sagt, der gedankliche Faden riss, vermochte der andere sogleich, ihn fortzuführen und als Text oder als Skizze – oder beides – zu Papier zu bringen. Keiner der beiden verlangte vom anderen: „Du kannst das. Mach mal!" Wenn etwas auszuarbeiten war, setzten sie sich meistens zusammen. Um ungestört arbeiten zu können, trafen sie sich nach Dienstschluss oder an Wochenenden oder an Feiertagen in ihren Dienstzimmern oder in der Hochschulbibliothek oder in Neuenhofs Wohnung. Ihre fachliche Zusammenarbeit war die von Gleichgesinnten und Gleichwertigen. Mit Horst Lilienhain vermochte Heinz Neuenhof den Arbeitsstil zu praktizieren, den er bei seiner Abkommandierung nach Berlin von Harry Petras in der Bad Saarower und Eggersdorfer Klausur-Beratung demonstriert bekommen hatte und dem er nachzueifern bestrebt war.

17

Nach mehreren Inspektionsreisen des stellvertretendes Ministers für Hoch- und Fachschulwesen Günter Behrens, auch an die TH Magdeburg, wurden im Frühjahr 1973 die Sektionen der Universitäten und Hochschulen in Eigenregie jeder Hochschuleinrichtung neu strukturiert: Als organisatorische und leitungsmäßige Zwischenebene zwischen einer Sektion als Ganzes und ihren Lehr- und Forschungsgruppen wurde die Hierarchie-Ebene „Wissenschaftsbereich" eingeführt. Ein Wissenschaftsbereich war der Zusammenschluss mehrerer Lehr- und Forschungsgruppen, wie sie während der III. Hochschulreform 1967/1968 konstituiert worden waren, nach fachwissenschaftlichen Gesichtspunkten. In den seitdem verflossenen Jahren hatte sich die ursprünglich beabsichtigte permanente Leitungstätigkeit eines Sektionsdirektors und seiner Stellvertreter in jede einzelne Lehr- und Forschungsgruppe ihrer Sektion hinein als zu aufwändig und organisatorisch nicht beherrschbar erwiesen. Fachlich-sachliche Debatten zur Lehre und Forschung hatten, beispielsweise bei der Größe einer Sektion wie der für Technologie der mvl, in den montäglichen Dienstberatungen des Sektionsdirektors mit den Leitern der Lehr- und Forschungsgruppen im festgelegten Zeitrahmen von zwei Stunden kaum geführt werden können, weil wegen des engen Zeitrahmens und der hohen Zahl von Beratungsteilnehmern nicht mal jeder Lehr- und Forschungsgruppenleiter zu Wort kommen konnte. So drohten die montäglichen Zusammenkünfte zu einer direktoralen Monolog-Runde der Übermittlung von Informationen und Erteilung von Anweisungen und Aufträgen zu entarten.

Das Ministerium für Hoch- und Fachschulwesen der DDR gestattete zwar die Einrichtung von Wissenschaftsbereichen, es erkannte jedoch Wissenschaftsbereiche nicht als Substruktur einer Sektion an. Es hielt daran fest, dass die unterste Hierarchie-Ebene einer Hochschuleinrichtung die Sektion sei. Dementsprechend verblieb die Entscheidungsbefugnis hinsichtlich Personal, materieller Ausstattung und Zuwendung und Verwendung finanzieller Mittel in vollem Umfang beim Sektionsdirektor. Wissenschaftsbereichsleiter waren zu derlei Fragen und Entscheidungen vorschlagsberechtigt. Damit war vor- und festgeschrieben, dass, wie schon für Lehr- und Forschungsgruppenleiter, auch für Wissenschaftsbereichsleiter keine Amtsvergütung gezahlt wurde und dass die gesamte inhaltliche und wissenschaftsorganisatorische Arbeit in den Wissenschaftsbereichen nach dem Prinzip der Freiwilligkeit und bezüglich der Entscheidungsbefugnis des Leiters gegenüber den berufenen Hochschullehrern seines Bereiches auf der Basis des „primus inter pares“ zu leisten war. Mit diesen Regelungen sollte vermieden werden, dass sich Wissenschaftsbereiche zu Instituten entwickeln könnten, wie sie bis 1967/1968 auch an der TH Magdeburg als sogenannte alte akademische Zöpfe – „Mein Institut – mein Königreich!“ – bestanden hatten.

Für die im K-Bereich der Sektion Technologie gepflegten Wissensgebiete der Fertigungstechnik wurden drei Wissenschaftsbereiche (W) etabliert:

Fertigungsgestaltung (WFG), Leiter: Prof. Dr.-Ing. Heinz Neuenhof

Fertigungsmittel (WFM), Leiter Prof. Dr. sc. techn. Herbert Willberg

Fertigungsmesstechnik und Qualitätssicherung (WFQ), Leiter: Prof. Dr.-Ing. Volker Weichtel.

Dem Wissenschaftsbereich Fertigungsgestaltung wurde zugeschrieben, nahezu alle signifikanten Fertigungsverfahren nach DIN 8580 zu erforschen und zu lehren – ausgenommen die Verfahren der Hauptgruppen Fügen- und Stoffeigenschaftsändern, was sich aus der historischen Entwicklung der THM erklärte. Der WFG sollte auf dem Gebiet der Fertigungsprozessgestaltung und Fertigungsplanung inklusive NCM-Programmierung forschen und lehren. Diese Komplexität, vermeinte Neuenhof, bot günstige Möglichkeiten dafür, Fertigungsprozesse für Einzelteile von Maschinen und Geräten ganzheitlich, von der Rohteilbestimmung bis zum fertig bearbeiteten und qualitätsgeprüften Werkstück, in einem Bereich und unter einheitlicher Leitung gestalten und nach neuen wissenschaftlichen Erkenntnissen weiterentwickeln zu können.

Prof. Kleber und sein Leitungskollektiv hatten in der Entwicklungskonzeption der Sektion für den WFG vier Professoren, sechs Hochschuldozenten und 30 wissenschaftliche Mitarbeiter, Forschungsstudenten und Aspiranten vorgesehen. Sie hatten dabei berücksichtigt, dass der WFG Träger der Fachrichtung Fertigungsprozessgestaltung sein würde, die in der vom Ministerium 1973 in Kraft gesetzten Nomenklatur aller Fachrichtungen der Grundstudienrichtung Maschineningenieurwesen verzeichnet war und die inhaltlich der bisherigen Fachrichtung Fertigungstechnik, an manchen Hochschul-Einrichtungen auch „Technologie der metallverarbeitenden Industrie" benannt, entsprach. An der TH Magdeburg wurden ab 1973 pro Immatrikulationsjahrgang 50 deutsche und fünf bis zehn ausländische Studienbewerber aus aller Herren Länder für ein Direktstudium in der Fachrichtung FP immatrikuliert. Sie wurden nach einem DDR-einheitlichen Rahmenplan für ein 4½-jähriges Studium mit dreimonatigem Ingenieurpraktikum zu Diplom-Ingenieuren, also zu Ingenieuren mit dem 1. akademischen Grad, ausgebildet: vier Semester Grundlagen-Studium nach DDR-einheitlichen Rahmenlehrplänen für die Fächer Mathematik, Physik, Informatik, Fertigungstechnik, Konstruktionslehre und Werkstoffkunde/ Werkstoffprüfung, anschließend vier Semester Fach-Studium, fachrichtungs- und hochschulspezifisch ausgelegt, und abschließend die Ausbildungsphase für den Ingenieur-Beleg und die Diplomarbeit. Die Gesamtzahl der je Immatrikulationsjahrgang zu betreuenden Diplomanden der Fachrichtung FP wurde zu gleichen Teilen auf die drei Lehr- und Forschungsgruppen des WFG – Abspan- und Abtragtechnik, Umform- und Zerteiltechnik und Fertigungsprozessgestaltung – aufgeteilt. Einigen Studierenden der Fachrichtung FP wurde auf eigenen Wunsch eingeräumt, ihr Diplom-Semester im Wissenschaftsbereich WFM unter der wissenschaftlichen Betreuung von Prof. Willberg zu absolvieren; WFM war an der TH Magdeburg kein Träger einer eigenständigen Fachrichtung oder Vertiefungsrichtung.

Sektionsdirektor Prof. Kleber sagte zu Heinz Neuenhof: „An unserer Sektion wie
 an der TH insgesamt, wie du als Prorektor weißt, sind die Wissenschaftsbereichsleiter in Personal-Union auch Fachrichtungsleiter. Mein Leitungskollektiv und ich möchten diesbezüglich, was den WFG anbetrifft, keine Ausnahme machen." Und dann lächelte Richard Kleber das für ihn typische Lächeln, das man so deuten konnte: 'Ich weiß in dieser Sache mehr als du. Soll ich es dir verraten?'

Kleber und Neuenhof schätzten einander und arbeiteten, insbesondere seit der FüKo-Klausur des Ministeriums in Eggersdorf, sehr kollegial zusammen. Deshalb lächelte er bei diesem Gespräch nicht nur, sondern bot an: „Du bist im gelben

Haus" – er meinte das Rektorat der THM – „stark eingebunden. Die zusätzlichen Aufgaben als Leiter des WFG und der Fachrichtung FP in Personal-Union könnten dich unter den derzeitigen Bedingungen kräftemäßig überfordern. Wir sollten bis auf weiteres einen geschäftsführenden WFG-Leiter einsetzen, der dich von wissenschaftsorganisatorischen Arbeiten und unvermeidbaren Tagesaufgaben entlastet. Wir sind in der glücklichen Situation, dass zum 1. Februar dieses Jahres sowohl Genosse Doktor Lilienhain als auch Kollege Doktor Täuscher, beides Männer aus deinem Wissenschaftsbereich, zu Hochschuldozenten berufen wurden. Wen von beiden wünschst du dir an deine Seite?"

Neuenhof fand Klebers Vorschlag gut und entschied sich spontan für Horst Lilienhain.

Kleber sagte: „Das deckt sich mit meinen Vorstellungen." Er dachte: 'Für einen Genossen wie Lilienhain erwirke ich leichter die Zustimmung des Kaderdirektors zu solch einer Lösung als für einen noch so fortschrittlichen Parteilosen wie Täuscher.' Er versicherte sich: „Die Grundsatz-Entscheidungen des WFG und der Fachrichtung FP triffst aber selbstverständlich – nach vorheriger Abstimmung mit mir – du."

Einer, der über den sogenannten Buschfunk sehr rasch von dieser Übereinkunft erfuhr, war der frischgebackene Hochschuldozent Siegbert Täuscher. Er stürmte spontan von seinem Dienstzimmer in die erste Etage des K-Gebäudes in den Arbeitsbereich der Messtechniker hinab. In höchster Erregung vor sich hin geifernd, nahm er mehrere Treppenstufen auf einmal. Fast wäre er gestürzt. Er suchte seinen Studienfreund, den Forschungsgruppenleiter der Messtechniker, auf. „Stell' dir vor, was die sich trauen!", keuchte er. Seine Lippen bebten. „Mir nun noch den sanftmütigen Lilienhain vor die Nase zu setzen ...!"

Der Forschungsgruppenleiter lehnte sich, abgeklärt Ruhe demonstrierend, in seinem Schreibtischsessel zurück. Er schmauchte in hastigen Zügen an seiner Tabakspfeife, als wäre es vor Tabaksqualm nicht schon blau genug in dem Raum. „Mach' erst mal die Tür zu! Dann erzähle!"

Täuscher ereiferte sich. Er habe die Berufung von Neuenhof zum Dozenten hingenommen. Dabei sei er es gewesen, der für Kainzow, wenn der kurzfristig nach irgendwo hinbeordert oder abgerufen worden war, die Kastanien aus dem Feuer geholt habe – selbst durch Übernahme von Vorlesungen. Ihm hätten die Studenten wegen seiner exzellenten Vortragsweise mehr Beifall gezollt als dem mitunter stotternden oder stammelnden Kainzow. Letztlich habe er nicht opponiert, weil ihm Neuenhof mit dessen Gebiet „Fertigungsprojektierung" nicht habe gefährlich werden können. Aber nun diese WFG-Bildung und quasi Hintenansetzung seiner Person ...!

Leise war Prof. Volker Weichtel in den Raum getreten, mit qualmender Tabakspfeife im Mund. Aus seiner oberen Jacketttasche lugte ein gefülltes Etui voller

Tabakspfeifen. Weichtel war der Initiator des Pfeiferauchens bei den Messtechnikern. Seine Mitarbeiter ließen fast ausnahmslos ihre Pfeifenköpfe glühen. So wurde im Wissenschaftsbereich Fertigungsmesstechnik nicht nur geistiger Einklang demonstriert. Er erfasste rasch, worum es im Gespräch der beiden anderen ging. „Lilienhain ist ein armes Schwein, das einem leidtun kann“, sagte er. „Er zieht den Karren nicht lange: er ist ein zu weicher Typ, und Neuenhof regiert ihm vom Prorektor-Sessel aus zu sehr in alle Dinge hinein. In absehbarer Zeit, Siegbert, übernimmst du die Deichsel. Wirst sehen!“

Volker Weichtel mochte die persönliche Art und die Arbeitsweise, die mitunter an Verbissenheit grenzende Ernsthaftigkeit von Heinz Neuenhof nicht. Neuerlich schien ihm, als sollten sich alle Hochschulangehörigen an Neuenhofs Arbeitsstil messen lassen. ‘Sei der HERR davor!’, dachte er. ‚Neuenhof soll sich davor hüten, dass ich jemals zumindest in der Sektion sein Vorgesetzter werde.’

Täuscher hatte, als Neuenhof im September 1969 an die Sektion Technologie kam, partnerschaftlich gleichberechtigt mit dem „Neuen aus Dresden“ zusammenarbeiten wollen. Solch eine persönliche Geste wie Neuenhofs Trabi-Fahrt in Täuschers Auto, damit Neuenhof für die Abholung seines Trabant aus Dresden ein bisschen hatte üben können, hatte dies signalisieren sollen. Aber Neuenhof hatte dieses Signal nicht gedeutet. Geradezu enttäuscht war Täuscher darüber gewesen, dass sich Neuenhof – bei all dessen Arbeitsaufgaben als Prorektor und als Lehr- und Forschungsgruppenleiter – nicht einmal für zwei oder drei Stunden mit ihm nach seiner Rückkehr vom halbjährigen Studienaufenthalt in Charkow zusammengesetzt und Schlussfolgerungen für die wissenschaftliche Arbeit in der Sektion Technologie gezogen hatte. Diese Unterlassung, redete sich Täuscher ein, war nicht Zeitnot, sondern Geringschätzung geschuldet. Verprellt fühlte er sich zudem, dass ihm das halbe Jahr Zusatzstudium aufgebürdet worden war, einem Horst Lilienhain dagegen nicht. Dabei hatte es Täuschers Ehefrau mit der Erziehung der rüpeligen, nur aufs Fußballspielen versessenen Söhne wahrlich schwer genug gehabt … So wandelte sich bei Täuscher anfängliche Enttäuschung in Frust auf FP und Neuenhof und in Neid auf seinen ehemaligen Kommilitonen Lilienhain.

Als Werner Kästner von einer Seminar-Veranstaltung zurückkehrte und an der Tür des Messtechnik-Forschungsgruppenleiters vorüberkam, hörte er die Stimmen der heftig und laut Debattierenden. Als Prof. Weichtel aus dem Raum trat, stellte sich Kästner unbemerkt und abwartend hinter einen Schaukasten mit Anschauungsobjekten für den Getriebebau. Er hörte Weichtel sagen: „Komm, Siegbert, auf ein paar ergänzende und klärende Worte in mein Zimmer.“ Täuscher tat, wie ihm geheißen.

Kästner traf Berghausen an: „Wie ich ein paar Satzfetzen entnehmen konnte, hatten sie uns, FP, beim Wickel. Sollten wir unserem Chef etwas stecken?“

Berghausen winkte ab. „Die sind bloß neidisch, dass unser Lehr- und Forschungsgruppenleiter als Prorektor mehr zu sagen hat als sie."

Und eben dieser FP-Leiter und gleichzeitige Erste Prorektor schwebte zu jenem Zeitpunkt, wie man so sagt, „auf einer Wolke sieben." Sein Einvernehmen mit dem Sektionsdirektor Kleber in wichtigen dienstlichen Dingen und die hervorragende Dissertation seines wissenschaftlichen Assistenten Dipl.-Ing. Manfred Berghausen, die in Kürze öffentlich verteidigt werden und die AUTOTECH-Forschung für das SKET Magdeburg um einen merklichen Schritt voranbringen würde, beflügelten ihn. Es gab seines Erachtens zu jenem Zeitpunkt nur noch eine Sache, die seinen beruflichen Vorstellungen und Wünschen als berufener Hochschullehrer nicht entsprach: Mitwirken in der internationalen Fachwelt. Daran wollte er in der nächsten Zeit verstärkt arbeiten.

18

Anfangs hatte die Hauptabteilung FETV des VEB Carl Zeiss Jena die Arbeiten der Forschungsgemeinschaft „Automatisierung und Rationalisierung der technologischen Fertigungsvorbereitung" in der DDR koordiniert und die für die Republik bedeutsamen Projekte AUTOTECH und SYMAP kreiert.

Dies war Dr.-Ing. Horst Nedlich im Hinblick auf sein berufliches Vorankommen an der TU Dresden hinreichende Veranlassung gewesen, seinen Praxis-Einsatz nach erfolgter Promotion in ebendieser Hauptabteilung von ZEISS zu absolvieren. Diese Tätigkeit verschaffte ihm Kontakte zu führenden Wissenschaftlern in den internationalen wissenschaftlichen Föderationen IFIP und IFAC. Das war ihm gelungen, nachdem er sich – sportlicher Typ, der er war – auf imposante, um nicht zu sagen: abenteuerliche Weise Zugang zum Konferenzraum der 1969 in Rom abgehaltenen Ersten Internationalen IFIP-IFAC-Konferenz PROLAMAT erstritten und dort einen außerplanmäßigen Kurzvortrag gehalten hatte. In den Jahren danach gelang es ihm, Mitglied im IFIP-Technik-Komitee 5 zu werden. Er arbeitete darauf hin, eine nationale IFIP-Arbeitsgruppe der DDR zu konstituieren. In dieser Arbeitsgruppe sollte die TH Magdeburg – nach Nedlichs Vorstellungen – durch Prof. Dr.-Ing. Heinz Neuenhof, Nedlichs einstigen Assistentenkollegen an der TU Dresden, vertreten sein. Neuenhof erklärte sich zur Mitarbeit bereit.

Das IFIP-Technik-Komitee 5 bereitete für den Zeitraum 10. bis 13. April 1973 die Zweite Internationale IFIP-IFAC-Konferenz PROLAMAT, die PROLAMAT '73, vor, Tagungsort: Budapest. Dr. Nedlich vermittelte, dass Fachleute aus der DDR Vorschläge für Vorträge auf der Konferenz und vervielfältigungsfähige Manuskripte für die Preprints und den gedruckten Tagungsband der Konferenz unterbreiten konnten. Wissenschaftler der TU Dresden und der Technischen Hochschulen Karl-Marx-Stadt und Magdeburg erhielten vom Programmkomitee Zusagen. Daran wurde die Bedingung geknüpft, die Autoren müssten ihre Beiträge in englischer Sprache auf der Konferenz persönlich vorstellen. Diese Bedingung ließ sich für die DDR-Autoren, zu denen Prof. Heinz Neuenhof zählte, erfüllen. Sie benötigten keine in der DDR begrenzt verfügbaren sogenannten harten Devisen, sondern konnten alle Tagungskosten in ungarischen Forints begleichen. Mehr noch: Karin Neuenhof konnte ihren Mann auf dessen Vortragsreise nach Budapest auf eigene Kosten begleiten. Neuenhof hatte sie zuvor rechtzeitig für das Damenprogramm der Konferenz beim ungarischen Veranstalter angemeldet.

Annedore und Alfons Richter erboten sich, die Neuenhof-Knaben in Pirna zu betreuen, wenn Heinz und Karin sie für die Zeit der Budapest-Reise zu ihnen brächten. Richters hatten eine 3-Zimmer-Neubauwohnung in Pirna-Copitz zugewiesen bekommen. Die bot Platz auch für die beiden Jungen aus Magdeburg. Gerald und Martin freuten sich und jubelten. Aber Annedore, die Fachlehrerin für Deutsch und Russisch, sagte: „Ihr seid bei uns keine Ferienkinder. Ich nehme euch morgens mit in meine Schule zum Unterricht." Sie als stellvertretende Schuldirektorin würde alles Erforderliche organisieren. „In Russisch werde ich prüfen, ob ihr in eurer Juri-Gagarin-Schule gut aufgepasst und etwas gelernt habt."

Auch Horst und Anita Nedlich reisten als Ehepaar. Karin und Anita kannten einander aus Neuenhofs Dresdener Zeit. Also hatte Karin Gesellschaft, während ihr Mann den Kongress-Ablauf verfolgte.

Aus Heinz Neuenhofs Sicht sollte Karins Teilnahme eine Anerkennung sein für ihre große Mühe, die sie sich gab, die Neuenhof-Söhne zu versorgen und sowohl zu Hause als auch im Klassen-Elternaktiv in der Schule zu betreuen, den Haushalt der Familie ordentlich zu führen, alle Einkäufe für die Familie zu tätigen, sämtliche Privat-Post zu erledigen und viel, sehr viel Verständnis für die beruflichen Verpflichtungen ihres Ehemanns aufzubringen.

In Budapest ließ es sich Karin nicht nehmen, den Saal im Gebäude der Ungarischen Akademie der Wissenschaften am Rooswelt-Platz aufzusuchen, in dem die Konferenz PROLAMAT`73 stattfand. Sie hörte ihrem Mann zu und drückte ihm die Daumen, als er seinen Vortrag in englischer Sprache hielt. Sie dachte dabei: 'Manchmal schien mir, er würde es mit seinen Vorbereitungen für Budapest übertreiben. Aber mir ist klargeworden, mit weniger, als er getan hat, hätte er hier und heute nicht bestehen können.'

Sektionsdirektor Prof. Kleber forderte von Heinz Neuenhof, sich international stärker zu engagieren. „Es genügt nicht, wenn aus eurem großen und für die Sektion bedeutsamen Wissenschaftsbereich mal ein Hochschullehrer einen internationalen Kongress in Budapest besucht" – Neuenhof, PROLAMAT '73 – „oder ein anderer ein halbjähriges Zusatzstudium in Charkow absolviert" – der nunmehrige Hochschuldozent Siegbert Täuscher war gemeint. „Von eurem Bereich kann erwartet werden, dass mit einem Institut eines unserer Freundschaftsvertragspartner in Lehre und Forschung zusammengearbeitet wird – am wirksamsten auf der Grundlage einer zwischen beiden Seiten abgeschlossenen Arbeitsvereinbarung in Untersetzung des entsprechenden Freundschaftsvertrages unserer TH."

Neuenhof staunte: Mehr galt sein Vortrag in Budapest dem Sektionsdirektor nicht?

„Ihr könnt euch die Schweißtechniker unserer Sektion zum Vorbild nehmen", empfahl Kleber. „Sie haben einen festen ausländischen Vertragspartner in der Sowjetunion: den Lehrstuhl für Schweißtechnik an der traditionsreichen Bauman-Hochschule in Moskau. Die Partner tauschen nicht nur Lehrmaterial und Doktoranden aus, betreuen nicht nur Gastlehrkräfte hier wie dort, Studenten und Referenten auf Konferenzen, sondern arbeiten auch an gleichen Forschungsthemen hoher Aktualität: Ultraschall-Schweißen und Schweißen biologischen Gewebes, beispielsweise Knochenschweißen."

Was Kleber darlegte, hatte maßgeblich dazu beigetragen, dass die TH Magdeburg in den 1960er Jahren als einzige Hochschule und Forschungseinrichtung der DDR einen „Vertrag über Freundschaft und wissenschaftliche Zusammenarbeit" mit der MWTU abzuschließen vermochte. Dafür waren der Gründungsdirektor des Magdeburger Instituts für Schweißtechnik weitsichtig und der Leiter des gleichartigen MWTU-Lehrstuhls, Schweiß-Spezialist und Rektor der MWTU seit 1964, kompetent genug gewesen.

Kleber sagte: „Was die MWTU anbetrifft, kann uns das kein anderer in der DDR nachmachen, obwohl es einige versucht haben – beispielsweise das ZIF in Karl-
Marx-Stadt."

Ein Kollektiv des ZIF hatte das vom Lehrstuhlleiter AM-3 der MWTU herausgegebene Fachbuch „Grundlagen der Technologie des Maschinenbaus" übersetzt und im VEB VERLAG TECHNIK Berlin 1969 herausgebracht – gewissermaßen als „Türöffner" zum MWTU-Lehrstuhl AM-3 und zu dessen Leiter, einem national wie international anerkannten Experten auf dem Gebiet seines Buchtitels. Aber die Türöffner-Absicht erfüllte sich für das ZIF Karl-Marx-Stadt nicht.

Kleber sagte: „Die MWTU ist quasi zu, geschlossene Einrichtung. Das sowjetische Ministerium für hohe und mittlere Spezialausbildung der RSFSR hat den Abschluss weiterer Verträge der Art, wie unsere Hochschule einen hat, untersagt."

„Begründung?"

„Die MWTU erfüllt Sonder-Aufgaben für die Verteidigungsindustrie der UdSSR und für die Kosmosforschung. – Aber wir, der aus dem Schweißtechnik-Institut hervorgegangene Wissenschaftsbereich Montage- und Fügetechnik, bereiten einen zur Berufung als Hochschuldozent anstehenden Nachwuchswissenschaftler auf ein Zusatzstudium an der MWTU, am Lehrstuhl AM-3, vor. Moskau signalisierte prinzipielles Einverständnis, ihn aufzunehmen. Nur die konkreten Termine sind noch offen."

Was Neuenhof im Hinblick auf eigene internationale Aktivitäten ohnehin bewusst geworden war und er sich vorgenommen hatte – nun war es ihm als Arbeitsauftrag erteilt. Er bedankte sich bei seinem Sektionsdirektor für dessen Anregungen und Offenheit in der Gesprächsführung. Allerdings reizte ihn Klebers Lobhudelei über die tüchtigen Schweißtechniker der Magdeburger Hochschule. 'Na ja', dachte er entschuldigend, ‚letztlich ist auch Richard vom Fach her ein Schweißtechniker. Warum soll er nicht stolz auf gute Ergebnisse und ein geachtetes Renommee seiner Truppe sein?'

Neuenhof holte über das Direktorat für Internationale Beziehungen der TH Informationen über die Bauman-Hochschule in Moskau ein.

„Bauman-Hochschule" war eine etwas untertriebene Bezeichnung für „Moskowskoje Wysscheje Technitscheskoje Utschilischtsche imeni N.E. BAUMANA" (MWTU), gegründet 1830, also nur zwei Jahre später als die altehrwürdige TU Dresden, deren promovierter Absolvent zu sein, Neuenhof mit Stolz erfüllte. „AM" stand als Bezeichnung für die Fakultät „Automatisierung und Mechanisierung". Der von Prof. Kleber erwähnte Lehrstuhl „AM-3" war der dritte in dieser Fakultät: „Technologie der Teilefertigung und Montage". Hinsichtlich seiner personellen und materiell-technischen Ausstattung, seiner Forschungs- und Ausbildungsleistungen glich er einem großen Institut an deutschen Technischen Hochschulen. Neuenhof verwunderte, warum ein Nachwuchswissenschaftler des Magdeburger Wissenschaftsbereiches Montage- und Fügetechnik auf ein Zusatzstudium am MWTU-Lehrstuhl AM-3 und nicht auf ein solches am Lehrstuhl für Schweißtechnik vorbereitet wurde. Aber das zu ergründen, erschien ihm zunächst von zweitrangiger Bedeutung zu sein. Ihm imponierte, welche Staatsmänner, weltbekannten Wissenschaftler und Konstrukteure – N.E. Shukowski, S.P. Koroljow und A.N. Tupoljew – das hohe Ansehen der MWTU „Bauman" geprägt hatten und dass die sowjetischen Flieger-Kosmonauten K.P. Feoktistow, A.S. Jelisejew und O.G. Makarow aus ebendieser Moskauer Technischen Universität hervorgegangen waren. Den Namen

„Nikolai Ernestowitsch Bauman“ trug die mit hohen staatlichen Auszeichnungen bedachte MWTU zu Ehren des gleichnamigen Revolutionärs und Kampfgefährten W. I. Lenins in der russischen Revolution 1905. Die MWTU „Bauman“ war eine Lehr- und Forschungsanstalt mit mehr als 200 Professoren und Doktoren der Wissenschaften, mit etwa 1.200 Hochschuldozenten und ca. 24.000 Studierenden.

Im Mai 1973 ließ sich der Rektor der THM in einer seiner Beratungen mit den Prorektoren über den Stand der Vorbereitungen für die THM-Tagung „Wissenschaft für die industrielle Praxis“ berichten. Die Tagung sollte im September 1973 aus Anlass des 20. Jahrestages der Gründung der Magdeburger Hochschule stattfinden. „Dazu müssen wir die Spitzenleute unserer Freundschaftsvertragspartner nach Magdeburg holen – allen voran, wenn möglich, den Rektor der MWTU 'Bauman', Professor Nikolajew. Ich habe letztens mit ihm telefoniert. Mein Eindruck war, er wäre nicht abgeneigt, nach Magdeburg zu kommen. Allerdings müsste unsererseits noch ein bisschen nachgeholfen werden. Sein Kommen wäre in vielerlei Hinsicht ein großer Gewinn für unsere Hochschule. Die MWTU ist das MIT der Sowjetunion. Wer in die MWTU einen Fuß hineinkriegt, wie das unseren Schweißtechnikern und den Walzwerkstechnikern bei Professor Zelikow gelungen ist, braucht nicht nach Massachusetts zu fliegen.“

Der „fortschrittliche parteilose“ Prorektor für Naturwissenschaften und Technik grinste. Er dachte: 'Ich würde auf einen Flug in die Vereinigten Staaten und auf einen Aufenthalt am MIT in Cambridge nicht verzichten!'

Hans-Eberhard Weindorfs Worte gaben bei Heinz Neuenhof den Ausschlag für einen spontanen Entschluss. Er bot an, noch im Monat Mai nach Moskau zu fliegen und ein persönliches Einladungsschreiben Weindorfs an Prof. Nikolajew zu überbringen. Prof. Weindorf akzeptierte den Vorschlag. Sein Sekretariat würde Neuenhofs Kommen in Moskau avisieren.

Neuenhof sagte abends, in seinem Tagesbericht an die Ehefrau: „Wenn internationale Aktivitäten von mir und meiner Lehr- und Forschungsgruppe erwartet werden, dann mit den bestmöglichen Partnern.“

„Wie lange bleibst du weg?“

„Eine Woche.“

Karin nickte. „Für eine Woche bekomme ich hier zu Hause alles in den Griff.“

Am Moskauer Flughafen Tscheremetjewo wurde Professor Neuenhof vom Pro-Dekan der Fakultät AM empfangen und von dort per Pkw in das Hotel „Universitjetskaja“, unweit des großen Komplexes der Lomonossow-Universität, gebracht. Ihm wurde ein Einzelzimmer zugewiesen. Solche Unterbringung bedeutete für Moskauer Verhältnisse in jener Zeit und auch für Gäste der MWTU etwas Besonderes.

'Aber schließlich bin ich der Erste Prorektor, der erste Stellvertreter des Rektors der TH Magdeburg', dachte Neuenhof in einem Anflug von Überheblichkeit.

„Morgen früh 9 Uhr 30 holt Sie Sascha Kolezow von hier ab. Sie müssen 11 Uhr 30 beim Rektor sein."

Ein langer Maienabend zum Eingewöhnen in das Moskauer Hotel „Universitjetskaja" fast am Rande der Stadt und zum Erkunden der näheren Umgebung des Hotels …

Am nächsten Morgen stand Sascha Kolezow pünktlich vor der Tür des Neuenhofschen Hotelzimmers. „Wir wählen heute die Route, auf der Sie in den nächsten Tagen allein zu uns, in die MWTU, kommen. Dort treffen wir beide uns immer zu einem verabredeten Zeitpunkt beim Pförtner."

Sie fuhren mit einem völlig überfüllten Autobus, der vor dem Hotel hielt, ein paar Stationen bis zum Prospekt Wernadskowo. Dort stiegen sie in die U-Bahn um. Sascha hatte passende 5-Kopeken-Münzen für die Fahrpreis-Entrichtung zur Hand; der Sperrschranke genügten 5 Kopeken je Person. Dann tauchten sie auf der langen Rolltreppe hinab in den reich dekorierten Saal, durch den die U-Bahn-Züge verkehrten. Leninberge, ein Strecken-Abschnitt im Freien, der auf die Moskwa zu blicken gestattete, „Botanitscheskij sad", „sledujuschtschaja stancija: Bibliotjeka imeni Lenina", nach mehreren Umstiegen – Perechody: „Baumanskaja". Dort stiegen sie aus. Sie liefen, am großen Rynok vorüber, zum alten Hauptgebäude der MWTU – vom Aussehen her dem Zeunerbau und Görgesbau der TH Dresden ähnlich. Das MWTU-Gelände war mit einem hohen gusseisernen Zaum umfriedet. An einer Stelle war er von einer unscheinbar wirkenden Pförtneranlage unterbrochen: zwei kleine Häuschen, wie sie in etwa die Deutsche Reichsbahn bis in die 1950er Jahre hinein für die Zugänge zu den Bahnsteigen betrieb, mit einem uniformierten Reichsbahner darin, der die Fahrkarten knipste. Nur wurde hier, am MWTU-Zugang, im Jahre 1973 die Kontrolle ernsthafter und gestrenger zelebriert als etwa 20 Jahre zuvor bei der Deutschen Reichsbahn. Neuenhof musste warten, die zahlreichen Passanten – Studenten, Mitarbeiter, Professoren – an sich vorübereilen, vorüberhetzen lassen, hinein ins Objekt und heraus, und dazu klappte in nicht zu

bestimmendem Rhythmus eine Außentür, sie hatte keine Klinke, kein Schloss, sie wurde einfach nur aufgestoßen, ein Hustender entschwand, und dann klappte sie laut zu. Als Sascha den Passierschein für Neuenhof ausgehändigt bekommen hatte, durften sie passieren. – Dieses Zeremoniell wiederholte sich an jedem der sechs Tage, an denen der Magdeburger im Mai 1973 an der MWTU als Gast weilte.

Das Innere des Gebäudes – von seiner Anlage und Ausstattung, von der ganzen Atmosphäre her – erinnerte Neuenhof sehr an die TH Dresden, speziell an den Zeunerbau, zu Beginn seines Studiums 1953. Besonders beeindruckten ihn die vielen Studentinnen und Studenten, die palavernd durch die Gänge und über die Treppen ins nächste Geschoss des Gebäudes eilten – waren das schon die Spezialisten für die sowjetische Verteidigungsindustrie und Weltraumforschung? Neuenhof würde erst bei Besuchen in späteren Jahren legitimiert werden, in die mehretagigen unterirdischen Laboratorien Einblick zu nehmen und von ihren Spezial-Versuchseinrichtungen Kenntnis zu erlangen. Beeindruckend fand er bei seiner ersten Visite des Weiteren, wie in der „MWTU-Oberwelt" die Leistungen vieler Wissenschaftler und -Absolventen für die Entwicklung der Wissenschaften und der Volkswirtschaft der UdSSR durch Schautafeln und DIN A4-formatige Porträt-Fotos publik gemacht und gewürdigt und wie auf solche Art Stolz der Absolventen auf ihre alma mater und Traditionsbewusstsein gefördert wurden.

Sie langten weit vor der vereinbarten Zeit in dem schmalen Korridor mit den Rektoratszimmern an. Sascha Kolezow sagte: „Unser Rektor liebt Pünktlichkeit – wie die Deutschen", und wich nicht von Neuenhofs Seite: Er hatte den Auftrag, den Magdeburger Prorektor zuverlässig zu dessen Rektor-Audienz zu geleiten. Dieses Auftrages hatte und wollte er sich erst entledigen, wenn der Gast aus der DDR dem MWTU-Rektor gegenüberstand und ihm die Hand reichte.

Sascha war ein relativ „frischer" MWTU-Wypusnik, Mitte zwanzig, ein beinah immerfort fröhlich lächelnder Mensch, jung verheiratet, stolzer Vater eines einjährigen Stammhalters: Alexander. Er war als Forschungsgehilfe am Lehrstuhl AM-3 tätig. Er war für Neuenhofs Begleitung ausgewählt worden, weil der Rektor, Prof. Nikolajew, das von Neuenhof vertretene Wissenschafts- und Berufungsgebiet hatte ermitteln lassen und deshalb entschieden hatte, Neuenhof sei für seine diesmalige Visite vom Lehrstuhl AM-3 zu betreuen. Auf der Rangliste der Dozenten und themenführenden wissenschaftlichen Mitarbeiter, die promoviert waren, stand Kolezows Name weit unten. Also war ihm die geistig wenig anstrengende Aufgabe der Neuenhof-Betreuung übertragen worden. „Ich mache so etwas gern", versicherte er. „Sagen Sie mir Ihre Wünsche: Besichtigungen von Museen und Gedenkstätten, Besuch von Theater-Vorstellungen, Einkäufe von Geschenken oder Mitbringseln und dergleichen. Ich werde mich bemühen, Ihre Wünsche zu erfüllen."

Es war ein kurzes, aber denkwürdiges Gespräch, das Neuenhof und Nikolajew, ohne einen Dolmetscher zu bemühen, führten: Nikolajew redete betont langsam und deutlich in Deutsch, und Neuenhof aktivierte seine russischen Sprachkenntnisse aus der Oberschul- und aus der Studienzeit. Im Ergebnis sagte Nikolajew fest zu – die Bewilligung seitens des zuständigen Ministeriums vorausgesetzt –, nach Magdeburg zu kommen und auf der dort geplanten Tagung einen wissenschaftlichen Vortrag zu halten. Sodann beauftragte er – in Heinz Neuenhofs Beisein – den Leiter des Lehrstuhls AM-3 telefonisch, sich um den Gast aus Magdeburg persönlich zu kümmern. Das war der „Türöffner“, den Neuenhofs Fachkollegen aus dem ZIF Karl-Marx-Stadt einige Zeit zuvor mit der Übersetzung und Herausgabe des vom Lehrstuhlleiter AM-3 verfassten Fachbuchs nicht gefunden hatten.

Der telefonisch erteilte Rektor-Auftrag brachte den Leiter des Lehrstuhls AM-3 in arge Bedrängnis. „Ich muss heute am frühen Abend nach Woronesh fliegen, dienstlich, im ministeriellen Auftrag“, eröffnete er dem Gast aus Magdeburg. „Drei Tage. Der Rektor hat daran nicht gedacht, als wir telefonierten. Sie haben zuwenig Zeit mitgebracht, nur sechs Tage. Dozent Kalugin soll sich während meiner Abwesenheit um sie kümmern. Er ist mein Stellvertreter.“ In des Lehrstuhlleiters kleinem, engen Zimmer standen zwei Schreibtische in Längsrichtung nebeneinander mit einer Lücke, in die mit Mühe ein einfacher Brettstuhl geschoben werden konnte. „Der zweite Schreibtisch ist sein Arbeitsplatz.“

Kalugin kam aus dem Hörsaal gehumpelt. Er hatte dort, ohne sich hinzusetzen, eine doppelstündige Vorlesung gehalten.

„Die Fritzen“, hatte Sascha Kolezow den Magdeburger informiert, als sie wartend vor dem Rektorenzimmer gesessen hatten, „ die Fritzen haben Kalugin noch in den letzten Kriegswochen das rechte Bein oberhalb des Knies weggeschossen. Seine Prothese macht ihm sehr zu schaffen. Aber er ist nicht von Natur aus brummig oder knurrig.“ So war Neuenhof vorgewarnt worden.

Kalugin zwängte sich zwischen den Schreibtischen hindurch, setzte sich, erleichtert pustend. Er atmete ein paarmal laut ein und aus. Nun konnte Neuenhof den Brettstuhl in die Lücke schieben und zwischen den beiden Männern Platz nehmen.

Der Lehrstuhlleiter erläuterte die Sachlage. Er sprach betont sachlich und sehr leise. Neuenhof konnte gar nicht alles verstehen. Aber „Woronesh“ und „tri dnja“ und „prikaz rektora“ vernahm er deutlich.

Während der Lehrstuhlleiter sprach, bekam Kalugin immer größere Kulleraugen. „Da“, „njet“, „...“, „der Deutsche hätte sich vorher bei uns anmelden sollen“, „nje pora“ – solche Einwürfe Kalugins, in zunehmender Lautstärke, häuften sich. Am Ende schlug er mit der flachen Hand auf seinen Schreibtisch. „Ohne mich!“

„Nikolaj Michailowitsch, ja proschu Was!“, sagte der Lehrstuhlleiter begütigend.

Da erhob sich Heinz Neuenhof, schob den Brettstuhl, auf dem er gesessen hatte, mit den Knien nach hinten. Er sah dem Kriegsinvaliden starr in die großen Kulleraugen. „Genosse Kalugin“, sagte er, „ich wurde 1935 geboren. 1945, als Rotarmisten in das kleine Dorf einzogen, in dem ich bei meinen Großeltern lebte, habe ich, zehnjährig, auf keinen Sowjetsoldaten geschossen. Auch meine Großeltern, alle in unserem Dorf, taten dies nicht. Ich und meine Generation, wir sind von der Sowjet-Armee befreit worden. Was Ihnen im Krieg widerfahren ist, tut mit aufrichtig leid. Ich entschuldige mich für die, die Ihnen Ihre Verletzungen zugefügt haben.“

Kalugin stützte den Kopf in beide Hände. Seine kullerigen Augen waren nicht mehr zu sehen. Plötzlich sprang er auf. Dabei wäre sein Stuhl beinahe nach hinten weggekippt. Er reichte Heinz Neuenhof seine Rechte hin. „Nikolaj", bot er an, „Nikolaj Michailowitsch."

Neuenhof packte zu. „Geinz Karlowitsch."

„Saditjes", sagte der Lehrstuhlleiter. „Es ist fast 30 Jahre her. Ihr müsst miteinander zurechtkommen. Und ich muss gehen, sonst komme ich nicht zurecht."

Die beiden anderen brachen auch auf. „Sawtra, odinadcatj tschassow, sdjes'", sagte Kalugin zu Neuenhof.

Der Ring, dessen Anfang im Mai 1945 auf Hermann Tiows Hundehütte in Küssow, Ausguck auf die ins Dorf einrückenden Sowjet-Soldaten, lag und der die schweren Jahre ZWISCHEN DEN ZEITEN überspannte, hatte sich geschlossen.

Sascha Kolezows Angebot, das abendliche Moskau zu erkunden, lehnte Heinz Neuenhof dankend ab. Er brauchte für den Ausklang dieses Tages ein paar Stunden, um seine innere Balance wiederzugewinnen.

Sascha Kolezow erwies sich als ein Tausendsassa. Für Neuenhofs dritten Abend seines Moskau-Aufenthaltes hatte er Theaterkarten besorgt – „mit Beziehungen ergattert", muss man wohl sagen: Bolschoi Theater, Parkett, 7. Reihe Mitte, Aufführung der Oper „Chowanschtschina" von Modest Mussorgski. Das war eine Kulturtat Saschas nach Heinz Neuenhofs Geschmack! Drei Eintrittskarten hatte Kolezow erstanden: die zweite und dritte für sich und seine junge, schmucke Ehefrau Olja, zu der Neuenhof schnell fast freundschaftlichen Kontakt fand. Es war eine prächtige Opern-Aufführung – typisch Bolschoi. Auf der Bühne sangen und agierten nicht nur Figuren des Werkes, es war – von der Dekoration her und durch das technisch perfekt gewandelte Bühnenbild bei Szenenwechsel – auch etwas zu schauen, manchmal ein bisschen naturalistisch, aber besser, als bei sogenanntem modernen Theater die Bühne mit grau angestrahlten Kuben und mit irgendwie von oben herunterhängenden Lappen und Tüchern aufzufüllen. Und die Strelitzen waren glücklicherweise nicht mit neumodischen Hochzeitsanzügen und weißen Oberhemden nebst Fliege angetan gewesen.

Einen Tag vor Prof. Neuenhofs Heimreise kehrte der Lehrstuhlleiter AM-3 von seiner Dienstfahrt nach Woronesh zurück. Ihm wurde der von Kalugin und Neuenhof erarbeitete „Dogowor meshdu AM-3 i WFG/FP" zur Begutachtung vorgelegt. Er nahm einige geringfügige Korrekturen und Ergänzungen vor, sagte „Charascho" und ließ die 2½-seitige, vom Dekan gutgeheißene „Vereinbarung der Zusammenarbeit in der Lehre – mit Austausch von Lehrkräften und Lehrmaterial – und für die Erarbeitung teilweise gemeinsamer wissenschaftlicher Publikationen und deren Austausch“ von der Sekretärin des Lehrstuhls auf einer Schreibmaschine tippen. „Heute Abend in einer kleinen Gaststätte am Majakowskij-Prospekt kleines Bankett zu Ihrer Verabschiedung“, sagte er zu Neuenhof. „Dann unterzeichnen wir mit einem Schluck Wodka den ‘Dogowor’.“

Der erste Reisende in die DDR auf dieser Vertragsgrundlage wollte im Oktober 1973 Dozent Kalugin sein. In die Reisegruppe des Rektors zu der Magdeburger September-Tagung gehörte er, vom Rang her, noch nicht hinein. Also würde er vier Wochen später in Magdeburg anreisen. Kalugin hatte im Frühjahr 1973 seine Doktorskaja, seine zweite Dissertation, erfolgreich verteidigt. Nun stand seine Berufung zum Professor für „Automatisierte Projektierung optimaler Teilefertigungsprozesse im Maschinenbau“ an der MWTU an. Er wollte ein von ihm verfasstes und bei MASCHGIZ Moskwa editiertes Fachbuch gern ins Deutsche übersetzt und vom VEB VERLAG TECHNIK Berlin herausgebracht haben, seinem Lehrstuhlleiter nacheifernd. Geinz Karlowitsch sollte dafür bis zum Oktober 1973 in Magdeburg und beim Verlag in Berlin alles Erforderliche in die Wege leiten. Nach dem patriotischen Händedruck mit Neuenhof wenige Tage zuvor hatte nun der Pragmatiker in ihm wieder obsiegt.

Bei seiner Rückkehr an die TH Magdeburg machte Prof. Neuenhof mit seinem „Dogowor …“ Furore. Er hatte nachgewiesen: Trotz ministerieller Einschränkungen war es auch 1973, zumindest auf der Hierarchie-Ebene Wissenschaftsbereich/ Lehrstuhl (Institut) möglich, Arbeitsvereinbarungen zwischen fachlichen Partnern mit der MWTU abzuschließen. Es bemühten sich in der Folgezeit Nachahmer.

Zu Heinz Neuenhofs Verwunderung hielt sich Sektionsdirektor Kleber mit einer wertenden, vielleicht gar anerkennenden Bemerkung zu dem „Dogowor meshdu AM-3 i WFG/FP“ zurück. In einem Gespräch zwischen beiden Männern erläuterte Neuenhof die Arbeitsvereinbarung und erbat Klebers Zustimmung und die Unterstützung der Sektionsleitung.

Da sagte Kleber: „Richtig froh werden kann ich mit diesem Papier nicht. Ich hatte dir freimütig dargelegt, dass wir einen Mann für ein Zusatzstudium am Lehrstuhl AM-3 vorbereiten. Jetzt fährst du als Prorektor nach Moskau, an die MWTU, und kehrst mit einer solchen Vereinbarung zurück.“ Er tippte auf die vor ihm auf dem Schreibtisch liegenden Blätter. „Was bezweckst du? Sollen wir von unserem Vorhaben Abstand nehmen? Oder sollen wir auch eine Vereinbarung mit AM-3 abschließen? Oder reist unser Mann im Rahmen eurer Vereinbarung? Du bringst alles durcheinander.“

Neuenhof ärgerte sich. ‘Er ist trotz seines Sektionsdirektoren-Amtes ein Schweißmetallurge, ein Krümel-Untersucher geblieben.‘ Er sagte: „Einige der Fragen, die du mir eben gestellt hast, wurden im Wissenschaftsbereich Montage- und Fügetechnik hoffentlich vor der Avisierung des Nachwuchsmannes in Moskau bedacht und geregelt. Ich wurde dazu nicht konsultiert. Wenn du mich neulich nicht informiert hättest, wüsste ich bis auf den heutigen Tag nicht, was der WMF mit dem Lehrstuhl AM-3 vorhat. Als ich gemeinsam mit Dozent Kalugin unsere Arbeitsvereinbarung ausarbeitete, erwähnte er beiläufig, irgendwann würde ein Mann aus der Magdeburger Sektion Technologie zu ihnen kommen. Aber etwas Genaues in der Sache wusste er genausowenig wie ich. Also soll WMF den Mann auf der Basis schicken, die im Wissenschaftsbereich MF ausgekungelt wurde."

Kleber fühlte sich entlarvt, dass er persönlich in der Sache stärker involviert war, als er Neuenhof hatte erkennen lassen wollen. „In Moskau müssen sie denken, in unserer Sektion machen die kleinen Lehrgruppen, was sie wollen. Im Übrigen wird unter meinem Direktorat nicht 'gekungelt'."

'Nun ist er gar beleidigt', dachte Neuenhof. Er sagte betont sachlich: „Der Lehrstuhl AM-3 ist so groß – er entspräche einem Groß-Institut nach alten deutschen Universitäts- und Hochschulstrukturen –, dass sie dort Kleinigkeiten, über die wir beide debattieren, mühelos wegstecken."

„Aber mich stören solche Kleinigkeiten."

„Dagegen hilft nur mehr frühzeitige gegenseitige Information und Abstimmung. Sich abzustimmen ist, meine ich, bei tangierenden Fachgebieten oder Arbeitsthemen besonders empfehlenswert. In dieser Hinsicht haben die Verantwortlichen des WMF bei mir oder Doktor Lilienhain in der eben besprochenen Sache etwas nachzuholen." Neuenhof stand auf, raffte die paar Blätter der Arbeitsvereinbarung zusammen und reichte Kleber die Hand. „Ich muss 'rüber, ins gelbe Haus. Nachdem ich eine Woche in Moskau war, schreien dort alle wieder nach mir."

Er ging. Er suchte aber nicht das gelbe Haus, sondern den Leiter des Wissenschaftsbereiches Montage- und Fügetechnik auf, traf ihn auch an. Zu ihm, einem „Verdienten Hochschullehrer des Volkes", der kurz vor seiner Emeritierung stand, hatte er ein gutes Arbeits-, fast ein Freundschaftsverhältnis. Er legte dem anderen die „Arbeitsvereinbarung ..." vor und informierte ihn, welche Probleme Prof. Richard Kleber in dieser Angelegenheit sah.

„Wir brauchen nicht lange zu debattieren. Wir verfassen – auf der Stelle – eine gemeinsame Aktennotiz. Die bekommen Richard, der zuständige Dekan, der Direktor für Internationale Beziehungen, der Prorektor für Naturwissenschaften und Technik – und fertig ist der Siegellack." Er rief seine Sekretärin in sein Dienstzimmer und begann ohne Umschweife mit dem Diktat, bei dem sich die Männer abwechselten. Sie einigten sich bezüglich der Thematik „Montage von Maschinen, Ausrüstungen und Geräten" auf folgendes:

- Das Arbeitsfeld des WFG/FP sei die Festlegung von Montageverrichtungen, deren Reihung zu Montageprozessen und die Festlegung von Montagezeiten, -Werkzeugen und -Betriebsmitteln, also: Montageprozessgestaltung.

• Das Arbeitsfeld des WMF sei die Entwicklung, Planung, Beschaffung der technischen Mittel, mit deren Hilfe die vom WFG/FP projektierten Montageprozesse werkstatt- oder fabrikmäßig ausgeführt werden, also: Montagetechnik.

• Das Arbeitsfeld des Wissenschaftsbereiches Betriebsgestaltung (WBG) sei die Projektierung von Montagewerkstätten und -betrieben auf der Grundlage der von WFG/FP erarbeiteten Montageprozess-Abläufe und der vom WMF entwickelten Montagetechnik, also: Projektierung von Montagewerkstätten und -betrieben.

Zu dieser Ausdeutung, so vereinbarten es die beiden, würde Prof. Neuenhof mit dem neuen „Dogowor …" arbeiten und der andere Wissenschaftsbereichsleiter Nachwuchswissenschaftler an den Lehrstuhl AM-3 entsenden.

„Im Vertrauen gesagt: Ich verstehe nicht, wie hoch hinaus Richard Kleber mit unserem Wissenschaftsbereich WMF will, dass er mit dir quasi einen Streit anfängt und den Moskauer Lehrstuhl AM-3 offenbar nur für WMF vereinnahmen will. Ich will mich nicht selber loben, aber wir waren vor der III. Hochschulreform als Institut für Schweißtechnik im Lande und international eine anerkannte wissenschaftliche Macht. Im Zuge der Hochschulreform weitete Richard unser Arbeitsgebiet Schweißtechnik zur ganzen Fertigungsverfahrenshauptgruppe Fügetechnik aus, und neuerdings hat er auch noch die Montagetechnik zu uns herangezogen. Für das alles haben wir jetzt und in absehbarer Zeit gar nicht die erforderlichen personellen, finanziellen und materiellen Kapazitäten. Aber ich seh's so: Richard arbeitet perspektivisch, er sorgt vor für die Zeit, in der er die Funktion eines Sektionsdirektors nicht mehr bekleidet und ich emeritiert sein werde."

Einige Tage später traf Prorektor Neuenhof den wissenschaftlichen Sekretär der Sektion Technologie zufällig im Treppenhaus des Rektoratsgebäudes.

„Übrigens …" Dr. Bürgel grinste. „Gestern saßen der Sektionsdirektor und dein spezieller Freund Prof. Günter Wusel beieinander. Der SD hat Wusel deinen ‚Dogowor …' und eure 'Aktennotiz WFG/FP und WMF' zur Kenntnis- und Stellungnahme vorgelegt. Kannst du erahnen, dir ausmalen, was Wusel gesagt hat?"

Kopfschütteln, Neuenhof schwante Übles.

 „'Ist in Ordnung', hat Wusel gesagt, ‚so war es gemeinsam mit Wolfgang Kainzow konzeptionell vorgedacht. Es fehlt bloß der Komplex Arbeitsgestaltung. Aber den kann man ja noch hinzufügen.'" Dr. Bürgel grinste immer noch. „Und aus meiner Sicht als wissenschaftlicher Sekretär habt ihr vergessen, die Wissenschaftsbereiche WBG und WAG auf den Verteiler für eure Aktennotiz zu setzen."

Bürgel und Neuenhof gingen ihrer Wege. Neuenhof dachte: 'Auch einem Richard Kleber sollte ich nicht blind vertrauen – bei aller Sympathie zu dem Kollegen.'

20

Im Juli 1973 verbrachten die vier Neuenhofs ihren dreiwöchigen Urlaub in Heiligendamm an der Ostsee, in der „weißen Stadt am Meer“. Heinz Neuenhof hatte die Empfehlungen Klebers befolgt und den Urlaubsplatz für sich und seine Familie vom REISEBÜRO der DDR für das „Max-Planck-Haus“ in der Prof.-Vogel-Straße in Strandnähe zugewiesen bekommen. Sie logierten zu viert in einem Zimmer im Obergeschoss der alten Villa: drei Betten, eine Aufbettung für Andreas Martin, den Jüngsten der Familie, Schrank, rundes Tischchen, vier Stühle, größeres Handwaschbecken. Die Toilette, für die Urlauber mehrerer Zimmer, befand sich auf dem Gang des Obergeschosses.

Im Erdgeschoss des Hauses wurden in einem Doppelzimmer mit herausgebrochener Zwischenwand das Frühstück, die Mittags- und Abendmahlzeiten eingenommen, Vollverpflegung zu festgelegten Zeiten für die Gäste des Hauses. Daran schlossen sich ein Aufenthaltsraum für alle, das sogenannte Klubzimmer, die Rezeption und das Dienstzimmer der Heimleitung für das „Max-Planck-Haus“ und das nahe gelegene „Fritz-Reuter-Haus“ an. Alles – das Äußere des Hauses, dessen Putz einen neuen Farbanstrich verdient hätte, die Innengestaltung und das Interieur – atmeten den Charme beschaulicher Kleinbürgerlichkeit vergangener Jahre. Auf einem meist mit Unkräutern begrünten Platz vor dem Haupteingang durften die mit Privat-Pkw anreisenden Feriengäste – und nur sie! – ihre Fahrzeuge parken: ihren MOSKVICH 312, zu dem sie „Mossi“ sagten, ihren ŠKODA 1000 MB oder, wie es Bessergestellten geziemte, ihren WARTBURG oder POLSKI FIAT.

Neuenhofs, selig über solch einen Urlaubsplatz, fuhren am Mittag eines sonnigen Tages mit ihrem TRABANT 601 vor. Ihre Limousine parkten sie in der noch freien Lücke zwischen einem „Mossi“ und einem WARTBURG. Aus der Schar staunender und laut auflachender Urlaubsgäste auf der Terrasse des Hauses löste sich ein Herr im besten Alter und mit Glatze und stürmte auf die eben ankommenden Neuenhofs zu. Es war der Stochastik-Professor der TH Magdeburg, den Heinz Neuenhof kannte und freudig begrüßte. Der Professor, aus Angst vor eventuellen Kratzern am Lack seines „Mossi“, bot an: „Kann ich helfen beim Ausladen?“

Tatsächlich hatten Neuenhofs an alles in einem Trabbi Transportierbare für einen erholsamen Sommerurlaub gedacht: Koffer, Taschen, Camping-Beutel, kleines aufblasbares Gummischlauchboot, Luftmatratze, Federballschläger und Federbälle für den Freizeit-Sport, Schwimmflossen, Taucherbrillen, Badelatschen und – zum Erstaunen der Gäste auf der Terrasse – eine handtuchgroße Holzkiste, an zwei Seiten Glasscheiben, für eine handtellergroße Schildkröte, die Martin in einem mit Luftlöchern versehenen Schuhkarton auf seinem Schoß von Magdeburg bis Heiligendamm hatte mitfahren lassen. Die Ehefrau des Stochastik-Professors, Dozentin an der Medizinischen Akademie Magdeburg, schüttelte den Kopf, wies mit ausgestrecktem Arm auf den Parkplatz, auf Neuenhofs, und sagte laut und im abfälligen Ton: „Guck' sich einer das an! Und das ist der Erste Prorektor der TH Magdeburg!"

Richard und Bärbel Kleber nebst beiden Töchtern kamen die breite Freitreppe der Villa herabgestiegen. Sie trugen ihre Badesachen über den Armen, befanden sich auf dem kürzesten Weg zum steinigen Heiligendammer Strand. Ihre letzte Urlaubswoche in Heiligendamm war angebrochen. Sie begrüßten die Neuenhofs herzlich. „Wenn ihr kommt, scheint die Sonne", konstatierte Richard. Bärbel fragte – mit Blick auf Neuenhofs Gepäck: „Wie habt ihr denn das alles in eurem kleinen Auto hergekriegt?"

Karin, wie immer wahrheitsbesessen, antwortete: „Die Kiste hat Heinz, ehe wir losfuhren, vor dem Beifahrersitz deponiert. Dann bin ich rückwärts eingestiegen. Heinz hat meine beiden Beine in die Kiste hineingehoben …"

„Und in dieser unbequemen Stellung hast du die 3½ Stunden Fahrzeit von Magdeburg bis hierher ausgeharrt?"

Karin sagte verschämt: „Wir hatten in Schwerin einen Zwischenstopp eingelegt."

Richard schaute auf seine Armbanduhr und empfahl: „Bringt eure Sachen schnell auf euer Zimmer und packt später alles aus! Jetzt kümmert euch um euer Mittagessen! Bis 13 Uhr 30 gibt's das für Heimgäste. Anschließend ist in unserem Speisesaal für eine Stunde freier Gaststätten-Betrieb für durchreisende Fremde." Tatsächlich stellten sich sogenannte Tages-Touristen aus Privat-Unterkünften, von Zeltplätzen und von sonstwo her in einer Warteschlange auf der Freitreppe zum „Max-Planck-Haus" auf. „Wir sehen uns am Strand. Bis dann!" Klebers gingen.

Heinz Neuenhof staunte, wie vielen Bekannten aus anderen Hochschulen er beim Gepäckausladen und später am Strand begegnete: TU Dresden, Bergakademie Freiberg, Verkehrshochschule „Friedrich List" Dresden, TH Karl-Marx-Stadt u.a. Er und seine Familienmitglieder wurden begrüßt, als hätten sie bereits in vergangenen Jahren ihren Sommerurlaub in Heiligendamm verbracht und als gehörten sie hierher. Neuenhofs bekamen einen Strandkorb unweit der beiden Strandkörbe von

Klebers zugewiesen. Wie Richard zu zwei Körben gekommen war – einen für sich und seine Frau und einen zweiten für die 12- und 14-jährigen Töchter –, verriet er dem TRABANT-Piloten Neuenhof nicht.

An einem trüben Tag wanderten Klebers und Neuenhofs von Heiligendamm nach Kühlungsborn. Sie wählten den Pfad am Hochufer entlang. Auf halbem Wege kamen sie an der Badestelle für FKK-Begeisterte vorüber. Klebers Töchter bestanden darauf, an dieser Stelle eine kurze Wanderpause einzulegen. Auch Gerald Neuenhof fand es recht interessant, vom Hochufer aus die sich am Strand tummelnden splitternackten Frauen und Männer zu beobachten. Nach Heiligendamm zurück ließ sich die kleine Wandergruppe von einem durch die Feldmark und kleinen Waldstücke dampfenden und bimmelnden „Molly“ befördern.

„Attraktionen hat Kühlungsborn nicht geboten“, monierte Klebers Große.

„Kühlungsborn war bis zum Kriegsbeginn einer der attraktivsten Badeorte an der Ostsee“, belehrte sie Vater Richard.

„Aber jetzt ... Wir hätten nach Rostock zur ‘Ostsee-Woche‘ fahren sollen ... Können wir das nicht noch nachholen – als krönenden Abschluss unseres Urlaubs?“

Patrizia, genannt „Ptiza“, kam herbeigeträllert: „Oh, Schmidtchen Schleicher mit den elaschtischen Beinen ...“ – der neuste Schlager mit dem Text, den Richard Kleber so lustig fand. Dermaßen erheitert und von der Großen gebeten, die Vatis Liebling war, nahm Kleber die Rostock-Fahrt ins Ferienprogramm seiner Familie auf.

„Kommt mit!“, forderte er Neuenhofs auf, und die schlossen sich Klebers an.

An heißen Tagen mit Badewetter war in Heiligendamm für alle, die nicht am Strand auf den kleinen Steinen oder im Strandkorb in der Sonne schmorten, das „Schwanen-Café“ in der Prof.-Vogel-Straße die von Jung und Alt hochgeschätzte Attraktion. Ein einheimisches Ehepaar in den Fünfzigern betrieb das Café im Sommer als Eisdiele. Sie produzierten und verabfolgten sehr schmackhaftes Eis und Milchshakes in verschiedenen Geschmacksrichtungen. Alle Kinderwünsche wurden allein von dem Paar, ohne Hilfskräfte, über den Ladentisch hinweg befriedigt. Sie arbeiteten zu manchen Zeiten so schweißtriefend, dass sie hin und wieder die nassen Brillengläser putzen mussten, wie die Berserker. „Und Ihre Kinder – können die nicht helfen?“, wurden sie gefragt. „Die sind im Fisch“ – also in der DDR-Fischfangflotte – „tätig”, antwortete die Chefin, die selbst bei solchen Auskünften die Kasse, im ganzen überfüllten Café gut hörbar, klingeln ließ. Die beiden verdienten in fünf Monaten eines Jahres ihr gesamtes fettes Jahreseinkommen. Ab dritter September-Dekade pflegten sie ihr Café zu schließen und kostspielige Auslandsreisen zu unternehmen. Dafür, dass ihre Reisewünsche von der Zentrale des Deutschen Reisebüros DER in Berlin immer berücksichtigt wurden, hatten sie zuvor in ihrem „Schwanen-Café“ mit einem besonderen Service für DER-Mitarbeiter gesorgt.

Bei heiterem Wetter und wenn der Wind nicht heftig blies, spielte Heinz Neuenhof mit seinen Söhnen Federball. Eine Mannschaft bildeten die Söhne, die andere Mannschaft verkörperte der Vater. Auf einem Volleyballplatz hinter der Strand-Promenade landeinwärts, auf dem das Netz fehlte, spannten sie zwischen zwei Pfosten eine Plaste-Wäscheleine. Diese hatte „Mami“ Karin mitgebracht, um darauf tags hinter dem Strandkorb oder abends auf dem Balkon des „Max-Planck-Hauses“ die Badesachen zu trocknen; insbesondere die Jungen sollten – aus gesundheitlichen Gründen – nicht stundenlang in nassem Badezeug am Strand oder sonstwo herumlaufen.

Gerald und Martin waren kluge Taktiker. Einer von ihnen postierte sich ganz dicht an der Wäscheleine, der andere am hinteren Ende des Spielfeldes. Vom Vater leicht geschlagene Federbälle parierte der an der Leine und lüpfte sie in die Spielfeld-Hälfte des Alten zurück, weit geschlagene Bälle beherrschte der andere am Spielfeld-Ende sicher. Anfangs erreichte Heinz Neuenhof als Spiel-Ergebnis ein Unentschieden. Aber die Jungen lernten rasch, sich für ihr taktisches Vorgehen abzustimmen, und dann verlor der Vater immer. Wenn die Sonne schien, waren die drei alsbald in Schweiß gebadet, selbst wenn vom Meer eine leichte kühlende Brise wehte. Dann knoteten sie rasch die Plaste-Wäscheleine von den Pfosten, liefen, so schnell sie konnten, zum Neuenhofschen Strandkorb, in dem sich „Mami" Karin räkelte, warfen ihre Federball-Schläger neben die Strandkorb-Fußbank und sprangen jauchzend ins Meer. Willkommener und erfrischender konnte ein Bad bei leichtem Wellengang und 20°C Wassertemperatur nicht sein!

An einem solcherart sportlich angereicherten Tag geschah es: Karin hatte sich nicht nur im Strandkorb ausstrecken und sich von der Sonne wärmen lassen dürfen, sondern zugleich die ins Freie ausgesetzte Schildkröte „hüten" müssen. Die Farbgebung des Schildkrötenpanzers unterschied sich fast gar nicht von der der Steinchen am Heiligendammer Strand. Das kleine Tier war nur bei aufmerksamem Hingucken zu bewachen. Aber Karin waren die Augen zugefallen – so wohlig hatte sie sich gefühlt und so beruhigt war sie gewesen wegen ihrer Jungen im Wasser. 'Heinz ist ja dabei und passt auf', hatte sie gedacht. In ihr Drusseln hinein fragte Gerald, der, wie die anderen beiden, leicht bibbernd und wassertriefend vor dem Strandkorb stand: „Wo ist denn die Schildkröte?" Das Tier war nicht zu sehen. Die vier Neuenhofs suchten zunächst in der Nähe ihres Strandkorbes. Dann schwärmten sie aus. Martin rief laut mit fast tränenerstickter Stimme: „Meine Schildkröte ist weg! Meine Schildkröte ist weg!" Er alarmierte damit die Nutzer anderer Strandkörbe. „Beschreib mal das Tier!" Sie suchten mit. Am Strand entlang, vom Rettungsturm bis zum Treppenzugang zum „Fritz-Reuter-Haus", wurde nach Martins Schildkröte gesucht. Martin – als Neunjähriger hätte er sich vielleicht nicht ganz so theatralisch aufzuführen brauchen – tönte wie ein Signalgeber: „Meine Schildkröte ist

weg!" Sie blieb verschwunden. Die Badegäste gingen, bedauernd die Achseln zuckend, zum Mittagstisch ins „Max-Planck-Haus".

„Wir müssen auch gehen", mahnte Karin.

„Meine Schildkröte ..."

Heinz sagte beruhigend: „Sie stirbt nicht gleich. Solch ein Tier ist schlau. Es sucht sich unter Mittag einen Unterschlupf, an dem ihm nichts passiert."

Nachmittags, zur Kaffeezeit, fand Karin die Schildkröte unter einigen Strandgras-Wedeln, nur knappe drei Meter vom Neuenhofschen Strandkorb entfernt. Wegen ihrer tränenumflorten Augen hätte sie das Tier beinahe übersehen. So wurden Neuenhofs schon bei ihrem ersten Heiligendamm-Urlaub im ganzen Reisebüro-Distrikt bekannt. „Neuenhofs? Das sind doch die mit der Schildkröte …" Und wenn sie zugegen war, ergänzte die Ehefrau des Stochastik-Professors der TH Magdeburg lautstark „… und die mit dem TRABI."

Im Frühherbst trafen sich die Ehepaare Kleber und Neuenhof zweimal: einmal bei Neuenhofs in der Neuen Neustadt und bald darauf bei Klebers in der Magdeburger Schilfbreite. Die einen wie die anderen bewohnten Neubau-Wohnungen in einem fünfgeschossigen Wohn-Block.

Nach dem Treffen bei Klebers zeigte sich vor allem Karin stark beeindruckt von der Innen-Ausstattung der Kleberschen Wohnung, von der geschmackvollen Gestaltung einiger Details, von der Aufgeräumtheit und Sauberkeit im Einzelnen wie im Ganzen. Da stand alles richtig bis hin zu den Sofa-Kissen auf der Sitz-Couch. Die Zimmer waren mit modernsten Möbeln aus DDR-Produktion und Küche und Bad mit Geräten ausgestattet, wie Bärbel Kleber sie auf dem Frauen-Nachmittag bei Gisela Kainzow aufgezählt und beschrieben hatte; Bärbel hatte nicht geprotzt, bei Klebers war alles so, wie sie es gesagt hatte.

Karin sagte nach der Zusammenkunft bei Klebers: „Hätten wir uns zuerst bei ihnen getroffen, hätte ich das Treffen bei uns abgesagt." Sie schämte sich. „Bei uns ist alles ein bisschen Null-Acht-Fünfzehn, um nicht zu sagen: primitiv. Zu uns kann man solche Leute nicht einladen." Sie fühlte sich bestärkt in ihrem Vorsatz, keine Gastgeberin solcher Frauen-Treffs wie bei Gisela Kainzow werden zu wollen.

Heinz Neuenhof war nach seinen jüngsten Erfahrungen nicht mehr bedingungslos unvoreingenommen gegenüber Prof. Richard Kleber. Er wollte sich keiner der an der Hochschule existierenden „Kollegen-Gruppen" anschließen. Er würde weiterhin als vorzeitig ergrauter Wolf allein durch das zwischenmenschliche Beziehungsgeflecht von TH-Angehörigen aller Beschäftigten-Kategorien pirschen.

21

In den 1970er Jahren war in der DDR viel von und über Errungenschaften die Rede. Es gab deren unverhohlenermaßen zahlreiche und beachtenswerte auf vielen Gebieten des gesellschaftlichen Lebens. Deshalb wird dieser Zeitabschnitt als „die goldenen Jahre der DDR" bezeichnet. In Geschichtsbüchern, die sich nicht darauf beschränken, ein staatliches Überwachungs- und Bespitzelungssystem bis ins Feinste zu analysieren, die persönlichen Marotten führendgewesener Politiker zu karikieren, die Verkennung der weltpolitischen Lage und Erfordernisse seitens regierender Persönlichkeiten zu geißeln und den Mut staatszersetzender Theologen und reisewütiger Kirchgänger zu glorifizieren, wird über all das, in objektiver Weise dargestellt, nachgelesen werden können.

Prof. Heinz Neuenhof betrafen gegen Ende 1973 zwei Errungenschaften dienstlich und persönlich.

Im Frühherbst ließ die Leitung des Kombinates SKET eine neue produktionserprobte numerisch gesteuerte Senkrecht-Fräsmaschine mit Schwenkkopf 400 im K-Versuchsfeld der TH-Sektion Technologie der mvl installieren und zu Forschungs- und Ausbildungszwecken – insbesondere seitens der Neuenhofschen Lehr- und Forschungsgruppe FP – in Nutzung nehmen. Für eine solche Dauer-Ausleihe hatten sich im SEKT der Haupttechnologe Martin Fuchs und sein Stellvertreter, Dipl.-Ing. Helmut Sabisch, vehement eingesetzt. Kritikern im Kombinat hatten sie entgegengehalten, für die Sektion Maschinenbau der TH habe das SKET den Prototyp einer kompletten Kalt-Walzanlage nebst erforderlicher Halle errichtet. Was Konstrukteuren recht sei, sei Technologen da billig.

Die Fräsmaschine im K-Versuchsfeld – und nicht in einer Betriebshalle des weitläufigen SKET-Geländes – würde die SKET-gebundenen Forschungsarbeiten des Assistenten Werner Kästner und dessen Dissertation zu einem rascheren Abschluss bringen. Kästner litt darunter, dass sein ehemaliger Kommilitone Manfred Berghausen im just vergangenen September seine Promotion mit sehr großem Erfolg abgeschlossen und Kästner zeitlich das Nachsehen gegeben hatte. Der Versuchsfeldleiter übertrug – nach Abstimmung mit Neuenhof – die Entscheidungsbefugnis zu allen Anfragen, Forderungen und Nutzungswünschen an Kästner. Der sollte für alle Belange, einschließlich der eigenen Dissertation, völlig freie Hand haben.

Zu Beginn des Herbstsemesters lag die von Prof. Neuenhof zu verantwortende Lehrveranstaltung „Fertigungsprozessgestaltung II (Einsatzvorbereitung und Programmierung numerisch gesteuerter Fertigungsmittel)", wörtlich für Vorlesungen und Übungen ausgearbeitet, vor. Die Nutzung der Fräsmaschine wurde im aktuellen Übungsplan kurzfristig vorgesehen. Dafür sollte das in der DDR entwickelte

Programmier-Teilsystem SYMAP (B) – „B" für „Bahnsteuerung von NCM" – angewendet werden. An Studierende, die FP II hörten, wurden gedruckte Kompendien in Heft-Format zu den SYMAP-Teilsystemen ausgegeben.

Für ein auf der Werkzeugmaschine zu bearbeitendes Werkstück hatte der Student ein sogenanntes Quellenprogramm zu schreiben, in der Sektion Rechentechnik/Datenverarbeitung auf einer MINSK-22 durchrechnen und dabei den erforderlichen NC-Lochstreifen erzeugen und den letzteren dann auf der NCM im Praxis-Test auf Richtigkeit überprüfen zu lassen. Wenn das Werkzeug auf der Maschine nach eingelegtem Lochstreifen des Studenten die gewollte (Fräs-)Bahn auf dem zu bearbeitenden Werkstück beschrieb, hatte der Student die ihm vorgegebene Programmier-Aufgabe richtig gelöst und bekam eine gute Note. Im anderen Fall musste er die Lösung der Aufgabe wiederholen.

Beim Besuch des SKET-Betriebes, für den die Fräsmaschine zur Produktionssteigerung und Modernisierung des Werkzeugmaschinenparks angeschafft worden war, wurde Werner Kästner von einigen Arbeitern, die ihn kannten, kritisiert. „Da denkt man, jetzt geht's bei uns voran, dann kommt die TH und sahnt ab." Sie zeigten ihm aufgestapelte Laufrohre für Schnellverseilmaschinen aus dem Erzeugnisprogramm des SKET. In jedes Laufrohr war mantelseitig ein Langloch großer Abmessungen einzubringen. „Männer, das ist die FP-II-Programmieraufgabe für unsere Studenten!", rief Kästner spontan. Die Werker wandten sich, höhnisch lachend, ab. Einer vollführte eine abwertende Handbewegung. „Auch so'n TH-Spinner!"

Laufrohre wurden vom SKET ins K-Versuchsfeld transportiert. Kästner, der Praktiker und Tüftler, probte mit Studenten an der FSS, wie Laufrohre auf dem Maschinentisch aufzuspannen waren, ohne dass dadurch im Werkstück unerwünschte Spannungen auftraten. In der Werkstatt des K-Bereichs hatte er eine einfache Vorrichtung bauen lassen, einem Fugenfräser ähnlich mit einer Klemm-Halterung für einen Blei- oder Kopierstift an der Peripherie. Studenten mit einem neuen Lochstreifen mussten dessen Funktionstüchtigkeit mit der Kästnerschen Test-Einrichtung nachweisen. Sie wurde auf einem auf dem Maschinentisch aufgelegten weißen Blatt Papier durch Blei- oder Kopierstift gezeichnete Kreise offenkundig oder auch nicht. Im Erfolgsfall durfte der Student ein Laufrohr und einen Fräser einspannen, seinen Lochstreifen einlegen und „sein Quellenprogramm" abfahren.

Die Studenten waren mit so viel Feuereifer bei der Sache, dass sie der „TH-Schlüsseldienst" gegen 21 Uhr der Versuchsfeldhalle verweisen musste. Nachts wurden alle TH-Gebäude verschlossen.

So begann gegen Jahresende der Pendelverkehr per MULTICAR zwischen SKET und TH: Rohteile hinbringen zur TH, fertig bearbeitete Laufrohre im Montage-Bereich für Schnellverseilmaschinen des SKET abliefern.

So ging es mit Theorie und Praxis.

Eine andere Errungenschaft, ganz persönlicher Prägung, war für Heinz und Karin Neuenhof eine Autofahrt im personengebundenen Pkw des Rektors von Magdeburg nach Wernigerode. In der Wernigeröder Auslieferungsstelle des VEB IFA-Vertrieb Magdeburg stand Neuenhofs neuer WARTBURG 353 de luxe, bordeaux-rot, mit Zierscheiben an den Rädern, eine Stufenheck-Limousine, zur Abholung bereit. Für „nur" vier Jahre Wartezeit waren Prof. Neuenhofs starke Belastungen als Erster Prorektor, als aktiv in der Lehre und Forschung tätiger Hochschullehrer und sein Mitwirken in der Hochschulparteileitung der TH, alles vermerkt auf befürwortenden Stellungnahmen des Rektors und des Sekretärs der HPL zu Neuenhofs Antrag, ausschlaggebend gewesen. Damit rangierte Neuenhof in der gesellschaftlichen Wertigkeit im Range der Erbauer der DRUSHBA-Trasse zur Energieversorgung der UdSSR und der DDR.

„Schön wie ein Gedicht", flüsterte Karin ihrem Ehemann zu.

„Mein Traum-Auto", entgegnete Heinz, „und das drei Tage vor Heiligabend!"

„Alles in Ordnung!", rief Harry Nachtigall, der Rektor-Fahrer, nach einem Blick in den Motorraum des neuen Autos.

In Heinz Neuenhof festigte sich die Überzeugung, wer wie er mit all seinem Wissen und Können und mit ganzer Kraft an der Bewältigung ihm übertragener Aufgaben arbeitete, war berechtigt, individuell an Errungenschaften des Landes zu profitieren.

22

In der ersten Januar-Hälfte 1974 gerieten viele Hochschulangehörige, beim Rektor angefangen und beim TH-Wachpersonal aufgehört, in größte Panik. Zum 24. des Monats hatte sich der Sekretär des ZK der SED, Politbüro-Mitglied Prof. Kurt Hager, zu einem ganztägigen Arbeitsbesuch an der TH Magdeburg angekündigt. Bei seinem Besuch sollte es schwerpunktmäßig um das wissenschaftlich-produktive Studium, um die Überführung neuer, an der TH Magdeburg gewonnener wissenschaftlicher Erkenntnisse in die sozialistische Praxis und um die Unterstützung der Hochschule bei deren Ausstattung mit modernen Maschinen, Geräten und Rechnern seitens Magdeburger und anderer Kombinate gehen.

Es erstaunte Prorektor Neuenhof, was von einigen in der Hochschule nicht ganz unmaßgeblichen Leuten wegen des Hager-Besuches für ein Aufheben veranstaltet wurde; dabei hatte er in seiner mehrjährigen Prorektoren-Tätigkeit schon manch Aufregendes, aber auch sinnlos Übertriebenes erlebt. Der Streit einiger THM-Granden schockierte ihn, ob denn Hagers Besuch als Visite der Hochschulparteileitung oder der staatlichen Leitung der TH zu werten und wem an diesem für die TH bedeutungsvollen Tag die Gesamtverantwortung und Gesamt-Regie des Ablaufs zuzuordnen sei. Als ob dies in jenen Jahren in der DDR bei Ereignissen ähnlichen Ranges von nicht größerer als bloß sophistischer Bedeutung gewesen wäre! Noch mehr schockierte ihn, dass Magnifizenz Weindorf zwei Tage vor Hagers Eintreffen in Magdeburg mitteilen ließ, er sei gesundheitlich unpässlich – seine Milz! – und müsse notgedrungen alle Rektor-Verpflichtungen für diesen Besuch auf seinen Ersten Stellvertreter, auf Prof. Neuenhof, übertragen.

„Da muss der I Prorektor der Parteileitung kurzfristig eine aktualisierte inhaltliche Konzeption für den Besuch vorlegen!“, forderte der Direktor der Sektion Marxismus-Leninismus. Zum Glück für Neuenhof wies HPL-Sekretär Krüger den Eiferer in die Schranken: „Kein neues Papier! Heinz Neuenhof und ich ziehen die Sache so durch, wie alles vorbesprochen ist.“ Und so geschah es.

Der Pkw WOLGA mit Berliner polizeilichem Kennzeichen hielt akkurat vor dem kurzen Zugangsweg zum kleinen, gelb getünchten Rektorats-Gebäude. Kurt Hager stieg aus dem Auto. Er lief auf die zur Begrüßung ausgestreckten Hände von Krüger und Neuenhof zu. „Kurze Vorbesprechung im Dienstzimmer des Rektors“, sagte Neuenhof und entschuldigte Weindorfs Fehlen.

„Krank ist krank“, sagte Hager und fragte beim Treppehochsteigen in die Rektor-Etage: „Sind wir uns schon mal näher begegnet?“

„Der HPL-Sekretär und ich haben Ihnen anlässlich Ihres 60. Geburtstages die Glückwünsche unseres Hochschul-Kollektivs überbracht – in Berlin.“

„Hab' ich doch noch ein gutes Personengedächtnis“, murmelte Hager schmunzelnd. Als der Begrüßungstross, der sich vor dem Rektorat versammelt hatte, im Rektorzimmer Platz nehmen wollte, entschied Hager: „Nicht erst hinsetzen! Ich möchte viel von dieser Hochschule sehen, möchte mit vielen Hochschulangehörigen zusammentreffen und mich mit ihnen unterhalten. Welche Stationen sind vorgesehen?“

Prorektor Neuenhof hatte – mehr für sich – einen Handzettel vorbereitet: Besuch der Sektion Technologie und ihres K-Versuchsfeldes, Vortrag von Prof. Hager im Hörsaal 3 in der Steinernetischstraße, Mittagessen in der Mensa, Besuch der Sektion Maschinenbau und ihrer Walzwerks-Versuchsfeldhalle, Meinungsaustausch und Auswertung des Besuches im Mensa-Zwischenanbau zum Abschluss.

Hager nickte. „Dann wollen wir keine Zeit verlieren.“

Neuenhof und Krüger führten den Gast und seine Begleiter – aus Berlin, von der SED-Bezirks-, SED-Stadtleitung, vom Rat der Stadt und von einigen Magdeburger Kombinaten – über den Material-Lagerplatz der Sektion Technologie an die Rückseite der K-Versuchsfeldhalle heran. Deren großes zweiflügeliges Eingangstor war weit geöffnet. Ein Kleintransporter aus dem Fuhrpark des Kombinates SKET rangierte im Eingangsbereich. Er war mit Rohteilen für die Laufrohre für SKET-Schnellverseilmaschinen beladen. „Wo sollen die Werkstücke hingestapelt werden?“, rief der Fahrer dem herbeieilenden Assistenten Werner Kästner zu.

Kästner organisierte den Austausch der Ladung gegen fertig bearbeitete Laufrohre, die in der K-Halle lagerten. „Moment!“, sagte er zu dem Fahrer. „Stell deinen Motor ab! Wir kriegen in diesem Moment hohen Besuch.“

„Spinner!“, murmelte der Fahrer vor sich hin. „‘s is’n Diesel. Bin froh, wenn ich den morgens zum Anspringen bringe …“ Aber er zeigte sich kulant, regelte den Motor auf tuckernden Leerlauf.

Mehrere Studenten in blauen Arbeitskitteln standen für das Ab- und Aufladen bereit. Zwei andere schraubten an der Festspannung des Werkstücks auf dem Fräsmaschinentisch herum. An sie trat auf einen Husch Uwe Stoß, der neu gewählte FDJ-Sekretär der Fachrichtung FP, heran und ermahnte sie im Flüsterton: „Dass ihr euer Maul aufmacht und redet, wenn sich der Professor aus Berlin der Maschine nähert!“ Er und Werner Kästner hatten die beiden Herumschrauber zuvor eindringlich sachlich-fachlich über das Jugendobjekt NCM instruiert.

Sektionsdirektor Prof. Richard Kleber kam vom Vordereingang des K-Gebäudes, wo er Hager erwartet hatte, herbeigeeilt und begrüßte den Gast und dessen Gefolge. Er zeigte auf die FSS 400 NC und die um sie gescharten Studenten. „Unser Muster-Beispiel für wissenschaftlich-produktives Studium und effektive Jugendobjekt-Arbeit in der Sektion Technologie“, sagte er und gab den Studenten am Maschinentisch ein Zeichen. Einer der beiden erläuterte spornstreichs und lautstark, was der Sektionsdirektor zuvor nur angedeutet hatte: „Unser Professor“ – der Student wies auf Heinz Neuenhof – „hat uns in mehreren Vorlesungen zur Fertigungsprozessgestaltung derzeit in Ost und West verfügbare Programmiersysteme für NC-Werkzeugmaschinen vorgestellt. In den Übungen zu seinen Vorlesungen muss jeder Student für ein ihm vorgegebenes Maschinen-Bauteil ein Quellenprogramm schreiben – mit Hilfe des in der DDR entwickelten Programmiersystems SYMAP. Das Quellenprogramm wird im Rechenzentrum der TH durchgerechnet. Anschließend wird es vom Assistenten Kästner kontrolliert. Ist es fehlerfrei, darf der Student es auf dieser Maschine betriebspraktisch, für ein reales Bauteil, anwenden.“ Er trat dicht an die FSS 400 NC heran und fuhr mit dem Zeigefinger die Kontur des gerade fertig gefrästen Langlochs in einem Laufrohr entlang. „Können Sie sich vorstellen“, fragte er Kurt Hager, „was es für einen Maschinenbaustudenten für ein Gefühl ist, wenn er erlebt, dass aus der richtigen Lösung einer von ihm bearbeiteten FP-II-Übungsaufgabe etwas praktisch Anwendbares und Funktionstüchtiges entsteht?“

„Habt ihr euch bald ausgekäst?“, rief der MULTICAR-Fahrer laut und ließ den Motor seines Fahrzeuges aufheulen. „Ich habe heute Vormittag noch einige Touren zu absolvieren.“

„Hört – die Stimme der vorwärts drängenden Arbeiterklasse!“, sagte ein Student aus dem Grüppchen der Ab- und Auflader und streifte sich ein Paar Handschuhe aus dickem Schweinsleder über die Hände. Hager, ungerührt, fragte die beiden am Maschinentisch: „Macht es Ihnen nichts aus, dass Sie nun, wie Sie in Ihrem ölverschmierten Kittel vor mir stehen, zu Hilfsarbeitern avanciert sind?“

„Herr Professor, das Öl im Kittel stört uns nicht. Unsere Mütter waschen es uns am Wochenende lächelnd heraus, wenn wir ihnen sagen können: Für eure Mühe heute haben wir dieser Tage in einem unserer Hauptfächer eine gute Zensur bekommen." Und der andere Student ergänzte: „Was wir Jugendobjektler hier, an dieser Maschine, tun, ist für uns quasi ingenieurberufliche Erfüllung."

Hager reichte beiden Studenten die Hand. „Bewahren Sie sich für Ihr ganzes Berufsleben eine solche Einstellung!" Dann begab er sich mit seinem Tross zu einem Gespräch in das Dienstzimmer des Sektionsdirektors Prof. Richard Kleber und zu den weiteren Stationen seines TH-Magdeburg-Besuchs. Alles lief nach dem Plan und in der Regie von Helmut Krüger und Heinz Neuenhof ab. Nur im Hörsaal 3, kurz vor Hagers Referat vor Hochschulangehörigen, kam es zu einem Zwischenfall.

Der Fachbereichsdirektor für Planung und Ökonomie hatte bei den Gewerkschaftswahlen im Vorjahr die Funktion des ehrenamtlichen 1. Vorsitzenden der Hochschul-Gewerkschaftsorganisation (HGO) übernommen. Nun stand er am Rednerpult im Hörsaal 3 – als einer der Berichterstatter über TH-Arbeitsergebnisse aller Art, ehe Prof. Kurt Hager seinen Vortrag halten würde. Der ehrgeizige HGL-Vorsitzende, ein Mittdreißiger, hatte den sozialistischen Wettbewerb unter Führung der Hochschul-Gewerkschaftsorganisation zum Thema seiner Ausführungen gewählt. Das war seinerzeit ein eifrig diskutiertes und zugleich heftig umstrittenes Thema der Debatten im gesamten Hoch- und Fachschulwesen gewesen: Welche Tätigkeiten in der universitären Lehre und Forschung ließen sich wettbewerbsmäßig ausführen – zum Beispiel von Professoren gehaltene Vorlesungen? Nach welchen Kriterien sollten Leistungen solcher Art ge- und bewertet werden? Über derlei Dinge hatten Experten und Arbeitsgrüppchen der HGO des Langen und Breiten debattiert und konzipiert und letztlich dem Vorsitzenden ein Vortragsmanuskript formuliert. Als nun die Hörer im Hörsaal 3 gespannt auf die Verkündigungen zum Wettbewerb warteten, sackte der 1 Meter 90 große Referent am Rednerpult ganz sacht in sich zusammen – Kreislauf-Kollaps! Der Kollabierende hatte zuvor in zu vielen Nachtschichten über seinem Redemanuskript gesessen und gegrübelt und gestrichen und ergänzt und wieder verworfen. Zwei in der ersten Reihe platzierte Männer der engen Begleitung von Hager sprangen herzu. Sie fingen den Schwächelnden auf und geleiteten ihn aus dem Hörsaal. Der 2. HGL-Vorsitzende oder eines der professoralen HGL-Mitglieder sprangen für ihren Vorsitzenden nicht in die Bresche. So kam Kurt Hager rascher als geplant dazu, seinen Vortrag vor den Hochschulangehörigen im Hörsaal zu halten. Was er redete, war druckreif für alle Tageszeitungen der DDR.

Zum internen politischen Informations- und Meinungsaustausch kam es in der Zusammenkunft am frühen Abend im Mensa-Zwischenanbau. Hager sprach über die wirtschaftlichen, außen- und sozialpolitischen Erfolge der DDR in den ersten 1970er Jahren. „Wir werden zum 25. Jahrestag der DDR im Oktober eine überwältigend positive Bilanz ziehen können", verhieß er und zählte auf: Wohnungsbauprogramm in den nächsten Jahren – das größte in der Geschichte Deutschlands, weitere bauliche Ausgestaltung des Zentrums der Hauptstadt Berlin – Nicolai-Viertel, Mitwirkung an der DRUSHBA-Trasse – langfristige Energieversorgung unseres Landes, auch durch verstärkte Nutzung der Atom-Energie, deshalb auch Bau des Atom-Kraftwerkes in Arneburg bei Stendal, also im Bezirk Magdeburg, Stärkung und verstärkte volkswirtschaftliche und gesamtgesellschaftliche Nutzung der Wirtschaftskraft der neu gegründeten Kombinate …

„Der Wohnungsmangel hat uns beim Vorankommen in den Kommunen arg belastet", ergänzte Magdeburgs Oberbürgermeister, „auch in den Beziehungen zwischen dem Rat der Stadt und der Leitung unserer Technischen Hochschule. Aber wir haben uns zusammengesetzt, haben uns, wie man so sagt, zusammengerauft. Wir arbeiten auf vertraglicher Grundlage zusammen. Mit den Neubau-Gebieten in Magdeburg-Nord und in Neu-Olvenstedt haben wir das Wohnraum-Problem für die Angehörigen der Technischen Hochschule quasi gelöst, das kann ich an dieser Stelle behaupten."

„Es kommt bei allen Erfolgen auch zu Kuriositäten", sagte Kurt Hager, „Wenn die TRASNIKI nach ihrem Einsatz in der UdSSR in die DDR zurückkehren, haben sie viel Geld verdient. Vor ihrem Einsatz war ihnen wegen der harten Arbeits- und Lebensbedingungen an der DRUSHBA-Trasse versprochen worden: 'Wenn ihr wiederkommt, könnt ihr euch für euer schwer erarbeitetes Geld kaufen, was ihr wollt.'" Hager schmunzelte. „Nun kehren die ersten heim, und fast alle wollen einen WARTBURG kaufen. Ihr Wunsch wird ihnen natürlich erfüllt. Aber im Automobilwerk Eisenach fehlen die Kapazitäten für eine Produktionssteigerung. Im freien Pkw-Handel der DDR werden für Kaufinteressenten aus der Bevölkerung die WARTBURGs knapp. Viele Interessenten müssen auf LADA-Pkw aus der Sowjetunion umorientiert werden."

Heinz Neuenhof dachte: 'Da haben Karin und ich bei unserem Kauf kurz vor Weihnachten vergangenen Jahres großes Glück gehabt.'

„Wir sollten bei dem, was wir hier und heute besprechen, folgendes nicht außer Acht lassen", mahnte Hager: „Trotz erzielter Fortschritte in der Entspannungspolitik zwischen Ost und West – KSZE, internationale diplomatische Anerkennung und UNO-Mitgliedschaft der DDR – hat die DDR einen unverminderten Beitrag zur Verteidigungsfähigkeit der Warschauer-Pakt-Staaten zu leisten. Das betrifft und belastet den Bezirk Magdeburg als das weit westlich gelegene Gebiet des Pakt-Systems in besonderem Maße. An der Westgrenze des Bezirkes Magdeburg, der sogenannten innerdeutschen Grenze, die gar keine 'innerdeutsche' ist, weil sie im

August 1945 in Potsdam von den Siegermächten des Zweiten Weltkrieges gezogen wurde, stehen sich Sozialismus und Kapitalismus, hochgerüstet mit modernsten und schrecklichsten Waffensystemen, direkt gegenüber. Solche Systeme – lassen Sie es mich drastisch ausdrücken – fährt man nicht wie Schausteller-Wagen öffentlich in der Gegend herum. Zu ihrer Installation bedarf es der Kapazität leistungsfähiger Bau- und Montage-Kombinate – beispielsweise solcher, wie Sie sie in der Stadt und im Bezirk Magdeburg verfügbar haben. So wird also das hiesige Spezialbau-Kombinat in der nächsten Zeit keine neue moderne Hochschul-Bibliothek für die TH Magdeburg bauen können."

„Sie wird aber gebraucht – dringend!"

„Unbestritten", gab Hager zu.

Einer der Zuhörer sagte: „Es gibt in der DDR noch andere Spezialbau-Kombinate, nicht bloß das Magdeburger."

Hager entgegnete: „Die müssen wir für Schwerpunkt-Vorhaben einsetzen, von denen ich beispielhaft einige genannt habe – in Berlin, in Arneburg und anderswo. Um es unumwunden zu sagen: wir schieben die Kapazitäten hin und her. Für das Wesentliche kommen wir auf diese Weise zurecht – womit ich nicht ausdrücken will, dass wir Ihre Hochschul-Bibliothek und andere Bauvorhaben im Hochschulwesen der Republik für etwas Unwesentliches halten. Im Gegenteil!" Er machte eine kleine Pause. „Bei aller Begeisterung und allen Ehrungen für die DRUSHBA-Trasse: Eine zweite Auflage mit ökonomischen Belastungen der DDR wie für die erste würde die Republik überfordern, würde an ihre Substanz gehen."

Insgeheim wusste er aufgrund untrüglicher Anzeichen, es würde zu einer Zweitauflage der Belastung der DDR kommen. Aber zu dem Fall mochte er sich in dieser abendlichen Zusammenkunft, die im Hinblick auf den 25. Jahrestag der DDR von Leistungsbereitschaft und Zuversicht geprägt war, nicht äußern.

Am Ende, als Prof. Neuenhof die Hager-Visite an der TH abschloss, waren die Akteure und die meisten Gäste mit dem Ablauf des Tages und mit den erzielten Ergebnissen zufrieden.

Kurt Hager kam auf der Rückfahrt nach Berlin zu einem Entschluss hinsichtlich eines ihm von der Abteilung Wissenschaften zugereichten Antrages des Ministers für Hoch- und Fachschulwesen, die Sektion Technologie der mvl der TH Magdeburg zum 25. Jahrestag der Republik mit dem höchsten Orden der DDR auszuzeichnen. ‚Die Schwester-Sektion der TH Karl-Marx-Stadt ist nicht schlechter', grübelte er. ‘Mit dem Werkzeugmaschinen-Kombinat FRITZ HECKERT hat die Karl-Marx-Städter Sektion hinsichtlich ihres fertigungstechnisch-technologischen Profils, so könnte man meinen, den geeigneteren und erfolgreicheren Praxispartner. Aber wie die Magdeburger an die Dinge herangehen – auch an ihre Praxispartner und mit ihnen gemeinsam -, das ist schon imposant.‘ Im Gespräch mit dem 1. Sekretär der SED-Bezirksleitung hatte der darüber informiert, bei der demnächst anstehenden Neuwahl des Gesellschaftlichen Rates der THM kandidiere der Generaldirektor des SKET Magdeburg als neuer Vorsitzender dieses Rates, und er, 1. Sekretär der Bezirksleitung Magdeburg, werde künftig an allen Beratungen des Gesellschaftlichen Rates teilnehmen.

Als der 1. Bezirks-Sekretär, seine Stellvertreter für Wirtschaft und für Kultur/Schul-/Hochschul- und Fachschulwesen mit Kurt Hager als kleines Gesprächsgrüppchen beieinander standen, wurde der TH-Kaderdirektor unfreiwillig Ohrenzeuge folgender Bemerkung über Heinz Neuenhof: „Das war heute eine runde Sache von dem Mann. Rektor Hans-Eberhard Weindorf hätte sie nicht besser gemacht.“ Harri Meister dachte: ‘Das sehe ich auch so.’ Aus voller Überzeugung würde er Neuenhof in den nächsten Tagen an die vorderste Stelle auf seiner Liste für Nachfolger für Weindorf im Rektor-Amt setzen.

Heinz Neuenhof dachte: ‘Hoffentlich wird in diesem Jahr die fast fertiggestellte Mehrzweck-Sporthalle auf dem TH-Gelände fertiggebaut, ehe alle Magdeburger Baubetriebe nach sonst wohin abgezogen werden.’ Er wollte dem Rektor nach dessen Genesung empfehlen, den perspektivischen Lage- und Bebauungsplan der Hochschule, der, fein gerahmt, über der Sesselecke im Rektor-Zimmer hing, abzunehmen und an die Bauverwaltung zwecks Einlagerung zurückzugeben. Was auf diesem Plan für das Jahr 1980 eingezeichnet war, würde nach Hagers Darlegungen nicht zu realisieren sein.

Knapp zwei Stunden nach dem „Sandmännchen“ langte Neuenhof zu Hause an. Andreas Martin und Gerald erwarteten ihn ungeduldig. Martin war an diesem Tag zehn Jahre alt geworden. Karin hatte am Nachmittag eine Kindergeburtstagsfeier veranstaltet, die den Neuenhof-Söhnen und eingeladenen Freunden viel Spaß bereitet hatte. Darüber wollte Martin seinem „Papi“ authentisch berichten. So kam der 1. Prorektor der THM auch noch zu einem freudigen Familienleben.

23

Einer der Großmeister der italienischen Oper, Gioacchino Antonio Rossini, der „Schwan von Pesaro“, war 37 Jahre alt, als er willentlich sein letztes Bühnenwerk, die Oper „Wilhelm Tell“, herausbrachte. Dabei war er anerkannt, hoch verehrt und gut bezahlt im eigenen Land und darüber hinaus. Zeitgenossen und Musikgeschichtsschreiber, die wähnten, etwas von Musik und von der Musikszene zu verstehen, priesen seine Kunst und stellten ernstliche Vergleiche an zwischen der genialen Größe des Italieners und der Ludwig van Beethovens. Und dieser Rossini stieg nach seinem „Wilhelm Tell“ aus der Musikszene und aus dem Opernbetrieb seiner Zeit kurz entschlossen, bei voller Leistungsfähigkeit, einfach aus – zur großen Verwunderung, aber auch zum Entsetzen vieler seiner Zeitgenossen. Rossini aß gern, oftmals auch gern und viel. Er hatte für sich entdeckt, dass ihm vorzügliches und ausgiebiges Speisen den größten Spaß in seinem Leben bereitete. Dieser Entdeckung eingedenk, setzte er sich mit 44 Jahren in seiner Heimat zur Ruhe und lebte den größten Spaß seines Lebens bis zu seinem Ende im Jahre 1868, da war er 76 Jahre alt – unvergessen damals wie heute.

Der Magdeburger Rossini der Fertigungsprozessgestaltung, mit Namen Heinz Neuenhof, lag Mitte der 1970er Jahre in seiner AWG-Wohnung zur Quarantäne im Bett. Er erholte sich langsam von einer Scharlach-Angina, die ihn seit dem vorangegangenen Jahreswechsel befallen hatte.

Im Herbst, zum 25. Jahrestag der DDR, hatte es begonnen: Halsschmerzen, stark geröteter Rachen, Angina. Neuenhof hatte zwar noch vermocht, auf der ausgiebig begangenen Festveranstaltung allen mit hohen Orden, Ehrentiteln und Ehrenurkunden Ausgezeichneten der Hochschule kräftig und gönnerhaft Beifall zu klatschen – dem Sektionsdirektor, Prof. Richard Kleber, zum Ehrentitel „Verdienter Techniker des Volkes“, dessen Stellvertreter für Ausbildung und Erziehung, Prof. Horst Graßhauer, zur Auszeichnung mit dem Orden „Banner der Arbeit“ und – nicht zuletzt – dem gesamten Leitungskollektiv der Sektion Technologie der mvl, das die Beglückwünschung zur Auszeichnung der Sektion Technologie mit dem höchsten Orden der DDR, dem Karl-Marx-Orden, entgegennahm. Zu dem Karl-Marx-Orden gratulierte sich Neuenhof insgeheim auch selbst; er hatte in seiner Funktion als 1. Prorektor, aber auch als amtierender Rektor mehr als eine Stellungnahme, mündlich wie schriftlich, zu dem Auszeichnungsvorschlag „Karl-Marx-Orden für die Sektion Technologie“ abgegeben, und sein Engagement beim Magdeburg-Besuch von Prof. Kurt Hager im Januar 1974 hatte zweifelsohne den Auszeichnungsantrag positiv befördert. Aber nach dem vielen Beifallklatschen hatte sich sein gesundheitliches Befinden zunehmend verschlechtert. Hausmittel und von Poliklinik-Ärzten verordnete Medikamente hatten ihm nicht mehr geholfen. Er hatte mehrmals Krankschreibungen mit verordneter Bettruhe hinnehmen müssen, und die dadurch bedingten Arbeitsausfälle an der Hochschule in immer kürzeren Zeitintervallen hatten sich gehäuft. Das Schlafzimmer der Neuenhofs wurde zum hygienisch isolierten Raum. Nur Karin und der den Lazarus behandelnden Ärztin wurde der Zutritt erlaubt. Neuenhof konnte in der Hochphase seiner Scharlach-Angina kaum noch schlucken, er vegetierte von Getränken und von ärztlich verabfolgten Injektionen. Und das alles geschah ihm mit knapp 40 Jahren; in seiner Kindheit – mit Windpocken, Ziegenpeter, Masern, Keuchhusten und derlei Krankheiten – war ihm Scharlach erspart geblieben.

Als der Frühling, wie alle Jahre, die Welt verzauberte, konnte Neuenhofs Quarantäne gelockert werden, und der Patient fühlte sich in der Lage, über sich und seine Tätigkeit an der TH Magdeburg in den zurückliegenden sechs Jahren nachzudenken. Fazit: Das Pensum „Leitung der Hochschule als Erster Prorektor plus Lehr- und Forschungstätigkeit und Ausbau der Lehr- und Forschungsgruppe FP und des Wissenschaftsbereiches WFG in der Sektion Technologie" überstieg seine physischen und psychischen Kräfte. Er deutete seine Scharlach-Angina als gesundheitlichen Zusammenbruch, der Änderungen in seinem Arbeitsleben erheischte. Er würde so wie bisher nicht weitermachen können. Es war zwar verlockend und schmeichelhaft, als TOP-Nachfolgekandidat für Prof. Hans-Eberhard-Weindorf im Rektor-Amt hohes Ansehen zu genießen und Einfluss auf die Gestaltung oder den Lauf vieler Dinge ausüben zu können. Aber für wie viele Jahre würden ihm dafür die Kräfte zuwachsen? Für zehn? Dann wäre er fünfzig. Und danach bis zur Emeritierung mit 65? Könnte er dann noch in der Lehr- und Forschungsgruppe FP und im Wissenschaftsbereich WFG wissenschaftsleitend tätig sein? Hätte er dafür noch den wissenschaftlichen Überblick? Würde er den aktuellen Wissensstand auf seinem Fachgebiet und den angrenzenden, im WFG vereinigten Gebieten kennen und zu verwerten verstehen? Oder sollte er sich nach letzter großer Tat wie Rossini einfach zur Ruhe setzen – er ein paar Jahre älter als der italienische Komponist, aber immerhin ...? Die Rossini-Variante verwarf Neuenhof. Wegen eines möglichst frühzeitigen Pensionärdaseins war er nicht vom schönen Elbflorenz in die Magdeburger Neue-Neustadt und an die THM gewechselt – mit all den Mühen und Querelen bei ELEKTRODYN und mit vielen Veränderungen für seine Familie. Er besann sich: Er wollte lehren, forschen, Fach-Artikel und Lehrbücher schreiben – allein oder gemeinsam mit Fachkollegen aus Wissenschaft und Industrie, er wollte Nachwuchskader ausbilden, mit Industrie-Betrieben zusammenarbeiten und bei all seinem Tun die einstige Frage seiner Mutter beherzigen: „Wie hoch hinaus willst du noch?"

Zum August des Jahres der gesundheitlichen Krise von Heinz Neuenhof ent-

pflichtete ihn der Minister für das Hoch- und Fachschulwesen – auf Neuenhofs eigenen, nachdrücklichen Wunsch – von seinen Aufgaben als 1. Prorektor der Technischen Hochschule „Otto von Guericke" Magdeburg per Urkunde und verband damit Dank und Anerkennung für die verantwortungsbewusste und erfolgreiche Leitungstätigkeit an der Hochschule.

Neuenhofs Entpflichtung kam für die Hochschul-Öffentlichkeit, für das zuständige Ministerium in Berlin und für die Führungskräfte der SED in Magdeburg und Berlin unerwartet. Sie brachte viele zur Verwunderung und zum Erstaunen. Andere – vor allem Mitarbeiterinnen und Mitarbeiter in der Hochschulverwaltung – bedauerten sie. Andere wiederum frohlockten mit Hohn und Häme: „Habt ihr schon gehört?“

In Prof. Weichtels verqualmten Dienstzimmer im K-Gebäude fanden sich der Forschungsgruppenleiter, der Messtechniker und Siegbert Täuscher ein. Weichtel proklamierte, Pfeife schmauchend: „Neuenhof kehrt ohne Nebenamt in unseren K-Bereich zurück. Soll er! Spätestens, wenn ich demnächst auf dem Sektionsdirektor-Stuhl sitze und er nicht mehr die Immunität des 1. Prorektors genießt, stutzen wir ihn nach unserer Fasson zurecht.“

24

Dr.-Ing. Horst Lilienhain stand bei seinen Vorgesetzten und Arbeitskollegen in dem Ruf eines kreativen, gewissenhaften und stets kooperativen Wissenschaftsarbeiters. Er wusste das und genoss diesen Ruf. So, hatte er 1973 gemeint, könne er die Leitung des Wissenschaftsbereiches Fertigungsgestaltung durchaus und ruhigen Gewissens kommissarisch übernehmen, bis Prof. Neuenhof für diese Leitungsfunktion – nach seiner Prorektoren-Tätigkeit – wieder voll zur Verfügung stehen würde.

Aber der Hochschuldozent hatte sich getäuscht. Ausgerechnet Dr. Siegbert Täuscher, sein ehemaliger Kommilitone desselben Immatrikulationsjahrganges, mit dem er mehrere Semester lang im Hörsaalgestühl der Magdeburger Hochschule für Schwermaschinenbau einvernehmlich nebeneinander gesessen hatte, hatte seinen Frust auf die Fertigungsprozessgestalter generell und seinen Neid auf Lilienhain im Speziellen immer weniger zu zügeln vermocht. Er hatte Lilienhains Darlegungen in den WFG-Dienstbesprechungen, wie es mitunter schien: aus Prinzip, mehr und mehr widersprochen. Er war sogar so weit gegangen, sich Anweisungen, die ihm der kommissarische Wissenschaftsbereichsleiter im Auftrag des Sektionsdirektors zu erteilen hatte, zu widersetzen, wenn sie ihm nicht genehm gewesen waren.

Zunächst war Lilienhain verblüfft gewesen. Ein solches Verhalten hatte er von seinem ehemaligen Studienkumpel nicht erwartet. Nach einigen Wiederholungsfällen hatte er den Zeitpunkt verpasst, sich die Täuscherschen Attacken zu verbieten. Er war den anderen Beratungsteilnehmern hilflos, wie wehrlos, erschienen. Als Heinz Neuenhof sein Amt als Erster Prorektor der TH Magdeburg aufgegeben hatte, an die Sektion Technologie der mvl zurückgekehrt war und von nun an, wie 1973 vereinbart, den Wissenschaftsbereich Fertigungsgestaltung leitete, hatte Horst Lilienhain zufrieden aufgeatmet und geseufzt: „GOTT sei Dank, dass du wieder da bist!”

Den von Siegbert Täuscher in den Wissenschaftsbereich hineingetragenen Debattierstil und seine Verweigerungstaktik unterband Neuenhof unverzüglich.

In den Jahren seines Mitwirkens in der Hochschulleitung war Heinz Neuenhof bestrebt gewesen, das Fachliche mit seinen Verpflichtungen als Erster Prorektor in Einklang zu bringen. Als einen Schwerpunkt hatte er sich dabei die wissenschaftliche Betreuung ihm zugeordneter Diplomanden und Doktoranden gesetzt. Tatsächlich hatte er die wissenschaftlichen Mitarbeiter und die erkleckliche Zahl von Forschungsstudenten, die ihm Prof. Kainzow gleich an seinem ersten Arbeitstag in Magdeburg zugeführt hatte, zu akademischen Ehren: zur Promotion A gebracht – bis auf einen Kandidaten: Jakob Meber.

Die planmäßigen drei Jahre für ein Forschungsstudium waren verstrichen, ohne dass der belletristisch gut belesene, debattierfreudige und formulierungsgewandte Jäcki eine Dissertationsschrift bei der Fakultät für Technische Wissenschaften eingereicht hätte. Was er seinem wissenschaftlichen Betreuer auf Abforderung vorzulegen vermochte, war bestenfalls ein Grob-Entwurf für eine Dissertation. Da waren einige Textpassagen schlecht, andere widersprüchlich formuliert, zahlreiche Abbildungen waren lediglich mit Bleistift grob skizziert, der Schlussteil der Arbeit mit neugewonnenen wissenschaftlichen Erkenntnissen und mit Hinweisen auf weiterführende Untersuchungen war nur mit einigen Stichpunkten angedeutet. Meber benötigte also weitere Bearbeitungszeit.

Neuenhof plädierte dafür, beim Rektor eine Verlängerung des Forschungsstudiums zu beantragen, obwohl sowohl ihm als auch Meber eine solche Antragstellung missfiel. „Für uns beide ehrenrührig", urteilte Meber. Er erfuhr, Horst Bürgel würde seine Tätigkeit als wissenschaftlicher Sekretär des Direktors der Sektion Technologie kurzfristig beenden und zum Hochschuldozenten für Qualitätssicherung berufen werden. Meber bewarb sich für den Sekretärsposten. Seiner Bewerbung wurde von Prof. Kleber und von der Hochschulleitung entsprochen.

Damit war zwar der Verbleib des Antragstellers an der Hochschule gesichert, aber die Einarbeitung in die Sekretärstätigkeit kostete Meber mehr Kraft und Zeit, als ihm für eine gründliche Aus- und Überarbeitung des Entwurfs seiner Dissertation hätte verfügbar bleiben müssen. Der nächste Text, den er Neuenhof vorlegte, war nicht tiefgründig und nicht mal unter Verwertung aller zum ersten Entwurf

gegebenen Hinweise erarbeitet worden – nach der Devise: „Es wird schon reichen. Neuenhof soll nicht pinnig sein."

Inzwischen hatte Meber an seiner neuen Tätigkeit Geschmack gefunden. Ein paarmal hatte er ausprobiert, er konnte jetzt regieren: „Ich und der Genosse Sektionsdirektor haben beschlossen …" Von ihm, „dem Neuen im Sekretariat", wurde ein anderer Arbeits- und Umgangsstil kreiert und praktiziert, als ihn die Angehörigen der Sektion von Horst Bürgel gewöhnt waren.

Neuenhof, in redlicher Absicht, befand auch Mebers zweiten Entwurf als nicht einreichungstauglich für die Fakultät. Damit hatte Meber nicht gerechnet. Er hatte geglaubt, Neuenhof würde sich die Zurückweisung des Entwurfs wegen Mebers Nähe zur Sektionsleitung nicht getrauen. Jäcki ging zum Zweikampf-Spiel „Wer sitzt am längeren Hebel?" über. Er wandte sich hilfesuchend an den Sektionsdirektor: Neuenhof entwickele gegen ihn als Person Aversionen, Neuenhof mäkele trotz mehrerer Überarbeitungen an Mebers Dissertationsschrift herum, letztlich torpediere er willentlich das Mebersche Promotionsverfahren.

Prof. Richard Kleber bestellte Heinz Neuenhof zu sich und sagte ihm: „Ich weiß, du bist an den Hochschulen unseres Landes ein gefragter Gutachter und Mitwirkender in Promotionsverfahren A und B. Nun riskiere nicht deinen guten Ruf Jakob Mebers wegen! Setz' dich, notfalls einen Sonnabend lang, mit dem Mann zusammen und verhilf ihm zu einer passablen Dissertationsschrift! Es kommt sonst dummes Gerede über dich auf."

Jakob Meber promovierte unter Prof. Neuenhofs wissenschaftlicher Ägide mit „cum laude".

Zum „Tag der Republik", also zum 7. Oktober, des Jahres, in dem Prof. Neuenhof von seinem Amt als Erster Prorektor entpflichtet wurde, widerfuhr ihm große Ehre. Ihm wurde „in Anerkennung hervorragender wissenschaftlich-technischer Leistungen" vom Ministerrat der DDR der Ehrentitel „Verdienter Techniker des Volkes" verliehen.

Neuenhof fühlte sich nicht nur durch die hohe Auszeichnung an sich, sondern auch durch ihre Art sehr geehrt. Ehrungen nach der Auszeichnungs-Skala „Verdienter Aktivist", „Orden Banner der Arbeit", „Held der Arbeit" und „Vaterländischer Verdienstorden" in Gold, Silber oder Bronze konnten jedem Hilfsarbeiter oder hauptamtlichen Partei- oder Gewerkschaftsfunktionär zuteil werden. Aber mit der Zuerkennung eines Ehrentitels, wie ihn Prof. Neuenhof nun tragen durfte, wurde öffentlichkeitswirksam gemacht: Bei dem Ausgezeichneten handelte es sich um einen gut und verantwortungsbewusst arbeitenden Fachexperten.

Unter denen, die Neuenhof zu der hohen Auszeichnung beglückwünschten, zählten Helmut Sabisch und der Technische Direktor des SKET zu den Ersten. Sabisch, der zuvor – zum 25. Jahrestag der DDR – die gleiche Auszeichnung erhalten hatte, sagte beim kräftigen Händeschütteln zu Neuenhof: "Wir im SKET befürchteten schon, die Schweinebacken von deiner Hochschule hätten den Einreichungstermin für den Antrag zu deiner Auszeichnung wieder verschlampt, und unser schönes positive Gutachten würde in einer schwer auffindbaren Versenkung verschwinden."

1978 wurde ein kleinwüchsiger, etwas korpulenter Mann, 40 Jahre alt, achtzehntes Mitglied der Lehr- und Forschungsgruppe Fertigungsprozessgestaltung. Der Mann, wohnhaft in Magdeburg, war vor seinem Wechsel an die TH im Wissenschaftlich-technischen Zentrum (WTZ) des Kombinates Getriebe und Kupplungen (GuK) als wissenschaftlicher Mitarbeiter, zuletzt als Bearbeiter des GuK-Vorhabens „Feinschmieden", tätig gewesen. Dass es ihn an die TH drängte, sagte er, läge an seinem Wunsch, zu promovieren. 'Na', dachten da alteingesessene FP-Hasen wie Karl-Ernst Elmhorst, der gerade zum Abschluss seines Hochschul-Fernstudiums an der TH Magdeburg seine Diplomarbeit anfertigte, 'ich und andere FP'ler werden wohl an Tempo zulegen müssen.'

Die anfängliche Skepsis und Voreingenommenheit gegenüber dem neuen Mann verflog rasch. Der ehemalige GuK-Mann war freundlich, hilfsbereit, kollegial. In die Truppe, die gemeinsam in die Mensa zum Essen und Kaffeetrinken ging, gliederte er sich rasch ein. An außerdienstlichen Aktivitäten der Lehr- und Forschungsgruppe beteiligte er sich ohne Widerspruch, wie selbstverständlich. Oftmals bereicherte er sie mit eigenen Vorschlägen. Sein spezielles Interessen- und Betätigungsfeld, verriet er, war seit eh und je die Gewerkschaftsarbeit, und das würde er nach Möglichkeit auch an der Technischen Hochschule so halten wollen: „Gewerkschaftsarbeit als Sensor für die allgemeine Stimmung der Werktätigen" sei sein Leitspruch.

Derlei Reden des Neuen hörte der geplagte Fernstudium-Diplomand Karl-Ernst Elmhorst gern. Ihm hing derzeit die Funktion des Gewerkschaftsgruppen-Vertrauensmanns FP wie ein Klotz an. Diese Funktion würde er lieber heute als morgen loswerden. Nun – ganz so schnell ging es nicht, aber einige Monate nach Dienstantritt des ehemaligen GuK-Mitarbeiters wurde der tatsächlich zum FP-Vertrauensmann gewählt – strahlende Gesichter bei allen Beteiligten.

Der neue FP-Gewerkschaftsgruppen-Vertrauensmann hieß Wilhelm Pollner.

Beim Entscheid des Deutschen Reisebüros in Berlin über den Ferienreise-Antrag der vierköpfigen Familie Neuenhof aus Magdeburg hatte Fortuna mit am Tisch gesessen. Dem Wunsch der Familie nach einer Wolga-Don-Schiffsreise im Sommer 1978 war entsprochen worden. Die Reise war als besonderes Geschenk für die Neuenhof-Söhne gedacht. Andreas Martin, 14-jährig, hatte im Frühjahr das Fest der Jugendweihe begangen. Der 17 Jahre alte Gerald hatte mit Bravour den Besuch des Juri-Gagarin-Gymnasiums Magdeburg abgeschlossen; er war mit der Lessing-Medaille ausgezeichnet worden. Alle vier Neuenhofs freuten sich auf die Reise in die Sowjetunion, „die diesmal hoffentlich ohne dienstliche Verpflichtungen eures Papi ablaufen wird", versicherte Karin den Kindern mit einem scheelen Seitenblick auf ihren Ehemann.

Sie flogen mit INTERFLUG von Berlin-Schönefeld nach Moskau und von dort mit AEROFLOT nach Kasan. In Kasan besichtigten sie die Stadt und den Kreml, am Abend wurden sie in das in Wismar/DDR gebaute Fluss-Fahrgastschiff „Kosma Minin“ einklariert – je eine Kabine für die Söhne, was denen sehr gut gefiel, und deren Eltern. Die Schiffsfahrt Wolga-abwärts führte sie nach Uljanowsk, Kuibyschew und Stalingrad. Nach der Passage durch den Wolga-Don-Schifffahrtskanal gelangten sie auf dem Don zur Großstadt Rostow na Donu. Von Rostow, der Endstation der Reise, flogen sie nach Moskau und von dort zurück in die Heimat.

Es waren nicht nur Stationen ihrer Reise, die die vier Neuenhofs begeisterten, sondern auch die nachhaltig wirkenden Impressionen, die sie empfingen.

Wem der Glaube an eine schöne, friedliche Welt verloren zu gehen droht, dem sei eine Wolga-Don-Schiffsreise gewünscht, wie sie die vier Neuenhofs im Sommer 1978 erlebten.

Vierter Teil

Krisis und Wende

I

„Das, meine Annedore, war der Gipfel!", schimpfte Alfons Richter mit seiner Ehefrau. „Unser Sohn leidet nicht bloß an einer leichten Erkältung, sondern an einer schweren Grippe. Trotzdem musste ich ihn aus seinem Bett reißen, mit ihm zu Muttl fahren und dort mit ihm übernachten."

So war es tatsächlich gewesen am gestrigen Tage, einem Sonnabend.

Annedore hatte die Schüler des von ihr geleiteten außerunterrichtlichen Russisch-Zirkels der Dr.-Theodor-Neubauer-Schule zu einem Samowar-Nachmittag in ihre Wohnung eingeladen. Was sie selbst für den günstigsten Fall nicht erwartet hatte: die Zirkel-Mitglieder kamen alle – sogar die von Husten oder Schnupfen Geplagten. Die einen wollten gern aus dem Samowar gezapften grusinischen Tee schlürfen und dazu Gebäck knabbern, andere spannten auf die Vorführung von Diapositiven, die zu der sommerlichen Moskau-Reise einer kleinen Gruppe des Zirkels angefertigt worden waren, und noch andere hatten die Einladung angenommen, um bloß mal zu schauen, wie es bei ihrer utschitjelniza zu Hause aussah. Annedore hatte – anfangs mit Alfons' Hilfe – das große Wohnzimmer teilweise aus- und den Rest dann umgeräumt. Als die Samowar-Gesellschaft vollzählig versammelt war, reichte der Platz nicht für alle aus. Deshalb musste Steven, Richters Neunjähriger, sein Krankenbett verlassen und sein kleines Zimmer, das sogenannte Kinderzimmer, wie es war, für den Samowar-Nachmittag zur Verfügung stellen. Eine gewisse Beengtheit war dennoch geblieben. Aber gerade das dichte Beieinandersitzen fanden die jungen Leute überaus gemütlich.

Dafür, auch das Kinderzimmer für das Treffen freimachen zu müssen und auf Stevens Gesundheitszustand keine Rücksicht zu nehmen, hatte Alfons kein Verständnis mehr aufgebracht. Deshalb war er mit dem Jungen zu Muttl Ida retiriert und war abends nicht in seine und Annedores Wohnung zurückgekehrt. Er hatte seine Frau bei der Beschäftigung und Bewirtung der Schüler nicht unterstützt. Ein solches Verhalten ihres Mannes hatte Annedore in ihrer bisherigen Ehezeit noch nicht erlebt. Oftmals hatte sie, mit häuslichen Arbeiten beschäftigt, Alfons aus der Wohnung vertreiben müssen, weil er ihr, wie sie es empfand, im Wege gewesen war. „Nimm dir unseren Jungen und geh' mit ihm an der frischen Luft spazieren oder spielt mit dem Ball!", hatte sie mehr als einmal gefordert. An diesem Sonntag war es mit seinem Unterwegs-Sein mit Steven etwas anderes.

Bei den jungen Richters wurde an Sonntagen sehr pünktlich um Zwölf zu Mittag gegessen. Es sollte für den Nachmittag möglichst viel Zeit verbleiben, um etwas Nichtalltägliches unternehmen zu können: Besuch des Dresdner Zoos oder einer Vorstellung für Kinder auf der Freilicht-Bühne im Dresdner Großen Garten oder zumindest, wenn schon Dresden, eine Rundfahrt mit der Pionier-Eisenbahn, oder aber ein Ausflug zu einem der vielen verlockenden Ziele in der Sächsischen Schweiz oder im Erzgebirge. Richters waren für derartige Unternehmungen nicht mehr auf Alfons' Motorroller BLUE BIRD angewiesen. Sie waren seit 1980 stolze Besitzer einer Limousine TRABANT 601, eines „Trabi".

Am Sonntag nach dem Samowar-Nachmittag, der bis in die Abendstunden ausgedehnt worden war – so gut hatte es allen jungen Gästen gefallen –, war Annedore zur Mittagszeit um Zwölf noch tüchtig mit dem Aufräumen im Wohn- und Kinderzimmer beschäftigt.

Alfons und Sohn kehrten kurz vor Zwölf heim. „Was gibt's bei uns zu Mittag?", fragte Alfons.

Annedore, in Schweiß gebadet, bekannte: „Ich habe gar nicht auf die Uhr geachtet. Ist schon Mittagszeit?"

Alfons entgegnete nichts. Annedore lief in die Küche. Sie hatte am Morgen vorsorglich einen Kochtopf voll Kartoffeln gekocht. Die wollte sie jetzt schnippeln und braten, dann ein paar Eier draufschlagen und das Ganze als Omelett servieren. „Ich mache uns schnell etwas zurecht", rief sie ihrem Manne zu.

„Brauchst du nicht", antwortete Alfons trotzig, der keinen Appetit auf Bratkartoffeln mit Spiegeleiern verspürte. „Zieh' dir deine Jacke an! Wir fahren zu Muttl rüber. Sie hat einen Sonntagsbraten vorbereitet, der würde für uns vier reichen."

„Och nö!" Alfons' Vorschlag stand Annedore nicht an. 'Ich müsste Muttl vom Vortag alles haarklein erzählen', dachte sie, 'und ein paar Ermahnungen von Muttl bekäme ich gratis dazu …' In der dafür aufzuwendenden Zeit würde sie in ihrer Wohnung mit dem Aufräumen fertig werden können, meinte sie. „Nicht jetzt zu Muttl!", entschied Annedore und rührte in einer großen Bratpfanne herum.

„Muttl, Steven und ich bewältigen Muttls Sonntagsbraten auch zu dritt." Alfons klapperte im Korridor mit den Auto- und Wohnungsschlüsseln und sagte zu seinem Sohn: „Komm! Wir wollen heute Mittag etwas Ordentliches essen." Die Korridortür klappte. Danach war nur das Knistern und Prasseln in der Bratpfanne zu hören.

Annedore war perplex. Ihr entging, dass einige Kartoffelscheiben und -stücke in der Pfanne sich schwarz färbten. 'Ein richtiger Ehekrach', wurde ihr nach und nach bewusst. Aber in solcher Weise, wie an diesem Sonntag von Alfons praktiziert, war er in ihrer zehnjährigen Ehe noch nicht vorgekommen. Freilich hatte es zwischen den Eheleuten ab und an Meinungsverschiedenheiten gegeben. Aber die hatten sie in sachlichen Gesprächen mit anschließender Versöhnung ausgeräumt. Das hatten sie ohne schwiegermütterliche Hilfe selber zuwege gebracht. Heute nun schaltete Alfons seine Muttl in das Geschehen ein. Annedore verdächtigte ihre Schwiegermutter, Alfons' ungewohntes Verhalten mit zu steuern. Aber das hätte sie schnell klären können: Alfons hatte ja dazu aufgefordert, mit ihm und Steven zu Muttl Ida zum Mittagessen zu fahren. Selbstredend hatte Muttl ihren Sohn am Abend zuvor ermahnt: „Pass auf deine Frau besser auf! Annedore macht sich für ihre Schule kaputt." Mehr hatte sie gar nicht gesagt oder gefordert.

Nun waren Sohn und Enkelsohn zum Mittagessen zu ihr zurückgekehrt. 'Was soll ich davon halten?', dachte sie. Aus Sorge um den Enkel, aber auch um sich abzulenken, bettete sie Steven auf dem Wohnzimmersofa. Wie einst, in Alfons' Kindheit, geübt, rieb sie Stevens Brust mit PULMOTIN ein.

Alfons schaute zu. „Wir haben nichts dagegen eingewandt, dass Annedore im Sommer mit einem Schülergrüppchen für eine Woche nach Moskau fuhr. Du hattest für die Zeit Urlaub genommen, um Steven zu betreuen; ich konnte arbeiten gehen. Wir haben uns Mühe gegeben. Alles hat bei uns gut geklappt – bei Annedore in Moskau auch: Schwager Heinz' Begleiter von der Moskauer MWTU, Sascha Kolezow, wurde mit eingespannt, und auf diesen Mann hatte sich Annedore verlassen können. Letztlich hatte Annedore ihre Position an der NEUBAUER-Schule und bei den Zuständigen im Rat des Kreises festigen – ich möchte sogar sagen: ausbauen – können. Ich frage dich: Hat das nicht gereicht? Müssen nun auch noch Veranstaltungen in unserer Wohnung stattfinden?"

Unter Großmutters massierenden Händen stöhnte Steven: „Wie dein Einreibezeug stinkt …"

„Aber verlass dich drauf: es hilft." Da war sich Ida Richter sicher. Nicht sicher war sie sich, ob und was sie ihrem Sohn antworten sollte. 'Er will sich zu einer Vertrauensperson aussprechen', dachte sie, und es schmeichelte ihr, dass sie nach Alfons' zehnjähriger Ehe mit Annedore immer noch seine Vertrauensperson zu sein schien. Andererseits musste sie ihm aus Verstandesgründen und auf Grund ihrer Lebenserfahrung raten: „Mein lieber Junge, ich habe dir aufmerksam zugehört. Aber du musst über all das, was dich bedrückt, nicht mit mir, sondern mit Annedore reden." Sie schlug vor: „Lass Steven heute und über Nacht bei mir! Wenn ihr meint, er sei gesundheitlich in der Lage, morgen früh zum Schulunterricht zu gehen, dann bringt mir noch heute – zu irgendeiner Zeit, die euch passt – seine Schulsachen."

„Ich möchte heute nach Hause", sagte Steven leise.

Muttl Ida sagte: „Du bist ein großer, verständiger Junge. Versteh': Deine Eltern brauchen für sich allein ein bisschen Zeit. Womöglich benötigen sie den ganzen Rest dieses Sonntags, bis spät in die Nacht hinein. Bleib' du heute bei mir! Wir kommen miteinander zurecht – wie immer, oder?“ Ihren Sohn schickte sie ohne Verzug in seine und Annedores Wohnung in Pirna-Copitz.

An diesem Wochenende sprachen Annedore und Alfons Richter lange über ihre berufliche Tätigkeit und über diesbezügliche Absichten in der Zukunft.

Alfons genügte, was er im VEB Elbtalwerk Heidenau zu tun hatte; in Langzeitwirkung von Muttl Idas Erziehung und Bildungsanspruch war er bis auf den heutigen Tag zufrieden damit.

Annedore vermeinte, als Lehrerin für die schulischen Hauptfächer Deutsch und Russisch das subjektiv maximal Mögliche leisten und durch selbstlos mitwirkende, zuverlässige Helfer noch überbieten zu müssen.

Sie kamen überein: Alfons sollte überprüfen und entscheiden, ob er sich als junger Mann, der er war, beruflich nicht zu Höherem entwickeln wolle, als bis zum Eintritt in den Rentnerstatus als einfacher, Knochenarbeit leistender Instandhaltungsschlosser tätig zu sein. Annedore sollte ihrem von Alfons akzeptierten Grundanliegen als Lehrerin genüge tun, aber akzeptieren, dass es dafür – auch unter günstigsten Bedingungen – Grenzen gab, und sie sollte dementsprechend handeln. Solch eine Grenze sei mit dem Samowar-Nachmittag in Richters Wohnung überschritten worden; diese Veranstaltung hätte auch in einem Raum in der Schule oder im Kulturhaus der WISMUT, dem Paten der Schule, stattfinden können. Für übertrieben hielt Alfons, dass Annedore den Eltern jeder Schülerin und jedes Schülers, die sie unterrichtete, Hausbesuche abzustatten pflegte. Eltern, deren Kinder ihre Sache in der Schule ordentlich machten, könnte Annedore doch in Elternversammlungen über Leistungen, Verhalten und Besonderheiten ihrer Zöglinge informieren. Das würde ihr diverse Freizeit-Abende pro Monat mehr als jetzt bescheren; Annedore würden die frische Luft und die körperliche Betätigung in der Gartenparzelle, die sie gepachtet hatten, gut tun.

Zu keinem befriedigenden Entschluss gelangten die Eheleute hinsichtlich Annedores Tätigkeit als stellvertretende Schuldirektorin.

In einer ersten seelischen Aufwallung, von plötzlichen Minderwertigkeitskomplexen gepeinigt, sagte sie zu Alfons: „Ich werde den Stellvertreter-Posten abgeben. So wie in den zurückliegenden Jahren bewältige ich nicht mehr alles.“ Sie reagierte wie damals, in ihrer Burkitzer Jungmädchenzeit an der Oberschule: Nach einer leistungsmäßig starken Phase hatten sie nach nicht ausbleibenden Kritiken und Missbilligungen in einer individuell schwachen Phase quälende Selbstzweifel an ihrem Leistungsvermögen und depressive Anschuldigungen gegen sich selbst überkommen. Einer ihrer Lehrer am Burkitzer Gymnasium, der in Neuenhofs Nachbarschaft wohnte, ein Studienrat, urteilte – für sich selbst, aber auch in Lehrer- und Zeugniskonferenzen – so: „Annedore Neuenhof ist, für ihr Alter gewertet, zu labil.“ Diese

Wertung war Annedore sogar aufs Abitur-Zeugnis geschrieben worden. Dies hatte Annedores Mutter sehr empört. Paula hatte in ihrem Zorn mehr als einmal bekundet: „Ich kann das Wort 'labil' nicht mehr hören!"

Alfons reagierte auf Annedores Vorschlag besonnener als Mutter Paula vor Jahren auf das Wörtchen „labil": „Damit, deinen Stellvertreter-Posten abzugeben, kommst du nicht durch. Dein Direktor wird Einwände erheben, und die in der Abteilung Volksbildung beim Rat des Kreises Zuständigen erst recht. Ich meine, du solltest mit Daubler darüber sprechen, dass er dir in den zurückliegenden Jahren zu viele Aufgaben übertragen hat – auch solche, die eigentlich ihm zukämen."

Annedore beherzigte den Ratschlag ihres Ehemanns. Sie nahm einen DIN A4-Bogen und listete auf, was ihr an der Schule mittlerweile alles oblag. Da war manches, das allein Daublers Sache gewesen wäre, und das markierte sie auf ihrer Liste. In ihrem ersten Gespräch mit dem Schuldirektor über ihre Sorgen und Vorschläge fragte Daubler verwundert: „He, Genossin, was ist denn in dich gefahren?"

Wieder erkrankte Steven. Annedore mußte ihn pflegen. Daubler musste für den von Annedore verursachten Unterrichtsausfall Ersatz organisieren. Nach einem Arzt-Besuch mit Steven suchte Annedore ihren Schuldirektor zu einem weiteren Gespräch in eigener Sache auf. Der fiebernde Richter-Knabe war Ohrenzeuge des Gesprächs. Daubler erkannte, seine – wie er immer gemeint hatte: durch nichts und niemanden zu erschütternde – Stellvertreterin steckte in einer familiären Krise und bedurfte seiner Hilfe. „Ich lasse mir etwas einfallen", versprach er. Und wieder hielt er Wort – wie vor Jahren, in Richters Wohnungsangelegenheit.

Vor eineinhalb Jahren hatte Daubler zu seinem Bedauern die von ihm geschätzte Fachlehrerin für Biologie in den Ruhestand versetzen lassen müssen. Ihre Nachfolgerin war eine junge Absolventin der Pädagogischen Hochschule „Wilhelm Wander" Dresden geworden. Diese junge Frau hatte er sich nicht aussuchen können, sie war der NEUBAUER-Schule durch die staatliche Absolventen-Vermittlung zugewiesen worden. Sie, eine echte Sächsin, erschien ihm und einigen aus dem Lehrer-Kollegium – einschließlich Annedore Richter – wie eine Marzipan-Puppe mit Pausbäckchen. Ihr Sprechen war wie das Trällern eines Vögeleins. Am Ende fast jeden

gesprochenen Satzes oder jeder Antwort auf eine ihr gestellte Frage setzte sie die Worte „nicht wahr?" – und das im Dresdner Dialekt: „nä wohr?" Sie war von Anfang an sehr darum bemüht, persönlichen Kontakt zu ihren Kolleginnen und Kollegen herzustellen – vor allen zu der stellvertretenden Schuldirektorin Annedore Richter. Aber der Richter war die Neue nicht sympathisch – nicht nur wegen des nervenden „nä wohr?" –; beider Verhältnis zueinander war sehr förmlich.

Umso mehr fühlte sich die Neue geehrt, als Direktor Daubler sie zu sich bestellte und im Vier-Augen-Gespräch um ihre Bereitschaft befragte, zusätzlich zu ihren

Unterrichts-Pflichtstunden Aufgaben des „Managements der Schul-Direktion“ zu übernehmen: bei der Stundenplanung, wenn es Lehrer-Ausfälle gab, bei der Vorbereitung des monatlich fälligen Informations-Berichtes an den Rat des Kreises, bei Behördengängen, bei der Unterstützung des Hausmeisters, wenn Handwerkerarbeiten in die Wege geleitet werden mussten und Ähnliches mehr. Mit dem Gespür des Routiniers in Kaderangelegenheiten hatte Daubler sich an die richtige Person gewandt: „Känosse Direkter, des kriek'n mir in'n Kriff, nä wohr?“, bekam er zur Antwort. Erst im Nachhinein informierte Daubler seine Stellvertreterin über sein Gespräch und über die Vereinbarung mit der Biologie-Lehrerin – „zu deiner und meiner Entlastung“, betonte er. Annedore Richter dachte dabei: 'Was doch ein Mensch nicht alles unternimmt, um an liebgewordenen Gewohnheiten festhalten zu können.' Sie bereute, Daubler vor einiger Zeit auf dessen Wunsch eine Thermo-Kopie ihrer Liste all ihrer Stellvertreter-Aufgaben ausgehändigt zu haben.

Steven Richter war kein sportlicher Junge. Sein Vater hatte die Statur eines Sportsmanns, aber er war keiner. Mehr als sportliche Betätigung beschäftigte beide, Sohn und Vater, das Projekt einer elektrischen Eisenbahn zum Spielen. Auf beider Wunschzetteln für den Weihnachtsmann, den Osterhasen und den Geburtstags-Gabentisch waren immer die gleichen Objekte notiert: Personen- und Güterwaggons, Schienen, Weichen, Signal-Anlagen, bei besonderen Anlässen oder zu runden Geburtstagen gar eine Lokomotive … So nahm es nicht wunder, dass Tage, an denen Sport – und womöglich Geräteturnen – auf dem Stundenplan vermerkt war, nicht zu den glückhaftesten im jungen Leben des Richter-Filius zählten.

„Hier tut es so weh“, sagte Steven zum Sportlehrer und strich mit der flachen Hand über seine linke Leistengegend. „Bei der Übung am Barren muss es passiert sein.“

„Es hat nicht schon vorher weh getan?“, fragte der Sportlehrer argwöhnisch.

„Vorher war nichts.“

‚Ein Sport-Unfall? Oder simuliert der Knabe?' Sicherheitshalber ließ der Lehrer den Wehklagenden beim Bockspringen pausieren und hieß ihn, sich auf eine Matte fürs Bodenturnen zu setzen. In der Pause informierte er Stevens Mutter. Annedore fuhr mit dem jammernden Jungen ins Krankenhaus.

Leistenbruch. Stationäre Aufnahme. OP. Annedore in heller Aufregung: Wie konnte so etwas unter Aufsicht eines Fach-Lehrers passieren?

Im Krankenhaus kehrte durch das Lüften des Krankenzimmers Stevens nicht ausgeheilt gewesene schwere Grippe zurück – mit Schnupfen und Husten, schlimmer als zuvor. Der Husten verstärkte sich zum Keuchhusten. Die frische Narbe an Stevens linker Leiste brach auf: Doppelter Leistenbruch, zweiwöchiger Krankenhaus-Aufenthalt, danach langwierige Rekonvaleszenz daheim, Dauerpflege des Patienten durch Mutti, langer Unterrichtsausfall für Sohn und Mutter, Schuldirektor Daubler, der das Fehlen seiner Deutsch-/Russisch-Lehrerin zu kompensieren suchte, übte sich, wie einige aus dem Lehrer-Kollegium es ausdrückten, in Kopfständen …

Nach Stevens Genesung fand Annedore Richter in der Schule vieles verändert vor. Das für den Biologie-Unterricht eingestellte pausbäckige Marzipan-Püppchen hatte den von Annedore eingerichteten Stellvertreter-Bereich völlig umgemodelt. Das hatte Annedore nicht erwartet – trotz ihres wochenlangen Ausfalls. „Dachtet ihr – dachtest vor allem du – ich käme nicht wieder?“, fragte sie Edgar Daubler.

Der Direktor antwortete: „Das Leben geht immer weiter. Wir mussten ohne dich zurechtkommen.“ Wie weit er gegangen war, ohne seine bisherige Stellvertreterin – wenigstens telefonisch – mal zu konsultieren, überblickte und erfuhr sie sehr schnell: De facto amtierte die Biologie-Lehrerin, nä wohr, als Stellvertreterin, und Annedore spielte dabei die Rolle einer Statistin.

So war der Richtersche Ehestreit wegen eines privaten Samowar-Nachmittags zu einer beruflichen Krisis der Deutsch-/Russisch-Lehrerin Annedore Richter ausgeufert.

2

Als Martin Fuchs bis zum Ende der 1970er Jahre Haupttechnologe im Stammwerk des VEB SKET Magdeburg gewesen war, hatte es in den Endmontage-Abteilungen mehrerer Kombinats-Betriebe der einen oder anderen Erzeugnisgruppe Planverzug gegeben, weil Einzelteile bestimmten Typs im Kombinat zentral und damit rationell gefertigt, jedoch für den Einbau in das Endprodukt verspätet bereitgestellt worden waren. Dieses Dilemma war besonders häufig bei mittelgroßen rotationssymmetrischen Teilen – bei Deckeln, Flanschen, Ringen, Buchsen u. ä., also bei Teilen mit einem konstruktiv-fertigungstechnisch mittleren Länge/Durchmesser-Verhältnis, aufgetreten. SKET-Leute sprachen vom „Problem mittel-drehen“. Das Dilemma, so die einhellige Meinung der Experten, lag in dem veralteten Maschinenpark für die mechanische Bearbeitung solcher maschinenbau-typischen Einzelteile begründet.

Nachfolger als Haupttechnologe wurde Helmut Sabisch. Er hatte in den endsiebziger Jahren als sogenannter Externer mit „magna cum laude“ zum Dr.-Ing. an der TH Magdeburg promoviert. Prof. Heinz Neuenhof war in dem Promotionsverfahren der Erst-Gutachter gewesen.

Amt, Qualifizierungs-Nachweis – nun fehlte dem neubestallten Haupttechnologen für eine problemlösende Dreieinigkeit nur noch der Zugriff auf Bilanzen und Investitionsmittel für neue, leistungsfähige Werkzeugmaschinen, mit denen sich das

„Problem mittel-drehen" hätte bewältigen lassen. Diese Möglichkeit eröffnete sich Anfang der 1980er Jahre. Maschinenbau-Kombinate, die plangetreu und mit Gewinn produzierten, durften einen gewissen – wenngleich geringen – Prozentsatz des von ihnen im sozialistischen (SW) wie im nichtsozialistischen Wirtschaftsgebiet (NSW) erzielten Gewinns einbehalten und – nicht zentralistisch vorgegeben, sondern nach eigenen Konzepten – für die Stärkung ihrer Wirtschaftskraft einsetzen. In den Kombinaten hub daraufhin ein emsiges Bemühen, oftmals ein Wettstreit von Kombinats-Betrieben, -Bereichen oder -Hauptabteilungen um die Zuweisung solcher Valuta-Mittel – vor allem für das NSW – an. Das Bemühen, der Wettstreit arteten mitunter in Kämpfen der Interessierten aus, die sich dabei aller ihnen verfügbaren Mittel ökonomischer, lobbyistischer und politischer Art bedienten.

Für auf diese Weise möglichen technologischen und betriebswirtschaftlichen Fortschritt im SKET-Stammwerk wirkte sich Dr. Sabischs mehrjährige Tätigkeit als stellvertretender Haupttechnologe an der Seite eines solchen Routiniers wie Martin Fuchs positiv aus. Sabisch war dem Generaldirektor persönlich gut bekannt, wurde von ihm geschätzt. Sabisch kannte sich aus mit den Festpunkten und auch mit den Schwachstellen im Leitungsgefüge des Stammwerkes und mit den maßgebenden Leitern auf den Festpunkten und Schwachstellen. Wie mit denen umzugehen war, um Ziele erreichen und letztlich erfolgreich sein zu können, hatte er – auch dank eigenen Geschicks – gelernt.

Jedenfalls hatte das unter Dr. Sabischs Leitung erarbeitete Konzept für die technologische Erneuerung und betriebsorganisatorische Umgestaltung des SKET-Betriebes 13 die Zustimmung der Kombinatsleitung und die Zuerkennung eines erklecklichen Betrages eigenerwirtschafteter Valuta-Mittel erfahren. Nach einer für DDR-Verhältnisse überraschend kurzen Phase der Rekonstruktion und Ausstattung des Betriebes 13 mit neuer Bearbeitungs-, Handhabe- und Transporttechnik summten, brummten und kreischten alsbald mehrere vom VEB Drehmaschinenwerk „8. Mai" Karl-Marx-Stadt gelieferte und installierte Werkzeugmaschinen in friedlicher Koexistenz mit NC-Drehzentren der BRD-Firma GILDEMEISTER ihren Metallbearbeitungs-Sang zur Lösung des SKET-„Problems mittel-drehen".

Dr. Sabisch hatte verfügt, der in seiner Hauptabteilung tätige Technologe Dipl.-Ing. Fritz Gehrke sollte das Rationalisierungsprojekt „MITTEL-DREHEN" ständig fertigungstechnisch betreuen und den Leiter des Projektes bei der bestmöglichen Nutzung der eingesetzten NC-Technik unterstützen. Sabisch vertraute darauf, Gehrke wäre dieser Aufgabe gewachsen. Gehrke war diplomierter Absolvent der von Prof. Neuenhof geleiteten Fachrichtung Fertigungsprozessgestaltung der TH Magdeburg und verfügte dank seiner mehrjährigen Tätigkeit im SKET über hinreichende Praxis-Erfahrung. Er war zwar, wie Praktiker sich ausdrückten, kein „Durchreißer", aber er war – bis auf wenige Ausnahmefälle – immer einsatzbereit, war fleißig, pünktlich und zuverlässig. Er erreichte damit bei den meisten SKET-Leuten mehr als die „rumschnauz-Typen“, deren es, wie überall in der Industrie und im ganzen Lande, auch im Kombinat SKET einige gab.

Zu der Abschlussverhandlung bei GILDEMEISTER betreffs Lieferung diverser NC-Drehzentren nach Magdeburg hatte Gehrke den Haupttechnologen des SKET begleiten dürfen. Er war damit in den ersten 1980er Jahren, obwohl kein Mitglied der SED, in die Schar privilegierter Dienstreisender der DDR – sogenannter NSW-Reisekader – aufgerückt. In Gehrke hat noch in späteren Jahren emotional und ideologisch nachgewirkt, wie ein livrierter Portier die Eingangstür des GILDEMEISTER-Geschäftsgebäudes aufgerissen hatte, als der WOLGA aus Magdeburg vorgefahren war, wie er seine Kopfbedeckung gelüpft und der Empfangschefin am Tresen zugerufen hatte: „Die Magdeburger“, woraufhin junge hübsche Dämchen mit Tabletts voller Kaffee- und Sahnekännchen, Knabbergebäck und Steingut-Becherchen, aus denen Zuckertütchen wie selbstgedrehte Zigaretten aus der Nachkriegszeit herausragten, durchs Vestibül in das Verhandlungszimmer gehuscht waren, damit die Abschlussverhandlung mit den mit Dollars bezahlenden Ost-Deutschen in einem „im Westen üblichen äußeren Rahmen“ stattfinden konnte.

Trotz des erfolgreichen Abschlusses des Ost-West-Geschäfts zwischen SKET und GILDEMEISTER war das „Problem mittel-drehen“ für Sabisch, Gehrke und überhaupt für das SKET noch nicht dauerhaft und befriedigend gelöst. Ausgerechnet bei den mit West-Valuten beglichenen Drehzentren traten immer wieder Schwierigkeiten und Fehler auf, speziell bei der Programmierung der Maschinen. Sabisch und Gehrke urteilten zunächst: „Anfangsschwierigkeiten.“ Die ließen sich – dank eines entsprechenden Passus in den Lieferverträgen – von einem versierten GILDEMEISTER-Fachmann, der der Mängelbeseitigung wegen eigens nach Magdeburg kam, schnell beheben. Aber ein solcher Service war in den Verträgen nur für einen begrenzten Zeitraum vereinbart. Danach erwies sich: Fritz Gehrke war für die technologische Betreuung des Betriebes 13 zwar ein stets einsatzbereiter, gewissenhaft arbeitender Fachmann, aber die bei den GILDEMEISTER-Drehzentren

wiederholt auftretenden Schwierigkeiten vermochte er nicht zu beseitigen. Er und Dr. Sabisch kamen im gesamten T-Bereich ins Gerede: Die beiden hätten sich beim Kauf der GILDEMEISTER-Maschinen wohl unausgereifte Technik oder Programmier-Software „aufhucken“ lassen und mit der Möglichkeit, „öfter kostenlos in den Westen reisen“ zu können, den größten Nutzen für sich persönlich bei der kostspieligen Investition erzielt.

Der Generaldirektor bestellte Dr. Sabisch zu sich. „Was is'n los bei euch? Und was machst du selber für Sachen?”

Sabisch sagte: „Wir sitzen fest. Wir müssen – und wenn 's das letzte Mal ist – den Service-Experten von GILDEMEISTER noch mal zu uns bestellen."

„Sein nochmaliges Kommen wäre aber eine Service-Leistung über den Vertragsrahmen hinaus, soweit ich informiert bin. Dafür müssten wir in harter Münze teuer bezahlen. Ist dir das klar?"

Kopfnicken. „Ja, schon. Aber ..."

„Papperlapapp – 'aber!' Hast du in deiner Hauptabteilung nicht genug Absolventen der Magdeburger TH und der Ingenieurschule beschäftigt, von denen wenigstens einer inzwischen gelernt haben könnte, wie mit den westdeutschen Böcken umzugehen ist?" Der Generaldirektor wusste Bescheid: In den zehn Jahren, seit Heinz Neuenhof 1973 die Leitung der in der DDR vereinheitlicht benannten Fachrichtung Fertigungsprozessgestaltung an der TH Magdeburg übernommen hatte, waren im SKET-Stammwerk zahlreiche Absolventen dieser Fachrichtung tätig geworden, darunter sogar einige Doktoren.

Einer der Doktoren war Holger Mohn. Er war einer der fachlich befähigsten Forschungsstudenten in der Lehr- und Forschungsgruppe Fertigungsprozessgestaltung (FP) und der gesamten Sektion Technologie der mvl gewesen. Wenn er nicht von Natur aus ein ruhiger, wortkarger, dabei zwar immer lächelnder Mensch gewesen und wenn er im Rigorosum seines Promotionsverfahrens „ein bisschen aus sich heraus" gegangen wäre, hätte er – statt mit „magna cum laude" – sogar mit „summa cum laude" promovieren können. Prof. Neuenhof hatte seine ganze Redekunst und Überzeugungskraft eingesetzt, dass die beiden Doktoren zueinander gefunden hatten und Sabisch den anderen als „wissenschaftlichen Mitarbeiter für besondere Aufgaben" im SKET hatte einstellen lassen, obwohl der Stellenplan seiner Hauptabteilung ausgeschöpft gewesen war. In den nunmehr anderthalb Jahren seiner SKET-Zugehörigkeit hatte sich Dr. Mohn in Dr. Sabischs „Arbeitsgruppe AUTO-TECH-SKET" nicht sonderlich hervorgetan.

Sabisch klagte Neuenhof sein Leid über das Programmieren der NC-Technik im Betrieb 13. Er gab die Kritik seines Generaldirektors an der Qualifikation der im SKET tätigen TH-Absolventen weiter: ...wenigstens einer von denen könnte inzwischen gelernt haben, wie mit den westdeutschen Drehzentren umzugehen sei ...

Neuenhof reagierte spontan: „Setz' Doktor Mohn dafür ein! Wenn der GILDEMEISTER-Spezi noch mal kommt, soll sich Mohn an dessen Fersen heften!"

Sabisch war skeptisch, aber er befolgte Neuenhofs Ratschlag. Und tatsächlich kam Dr. Mohn hinter die Tricks des Westdeutschen. „Wir brauchen jetzt nur noch ein paar Kleinigkeiten von HEWLETT & PACKARD. Dann sind wir für ständig autark."

„Schon mal 'was von der COMECON-Embargo-Liste gegen unsere Republik gehört?"

„Mit Rechentechnik und Software aus DDR-Produktion kriegen wir unser Problem im Betrieb 13 nur nach einer langwierigen Umarbeitung dessen gelöst, was ich mir von dem GILDEMEISTER-Mann habe zeigen und erklären lassen und was ich – im Vertrauen gesagt – heimlich abgeluchst habe." Holger Mohn zog eine Rolle DIN A4-Bögen aus seiner Kitteltasche und hielt sie Dr. Sabisch hin. „Mit der hier notierten Hard- und Software und Vorgehensweise schaffe ich unser Problem in zwei oder drei Tagen aus der Welt" – solch ein Versprechen und dazu Dr. Mohns fast kindhaftes Lächeln!

Helmut Sabisch ließ sich überreden, und er selbst überredete den im Direktionsbereich Ö Zuständigen für West-Importe. Der sagte zu Sabischs Gesuch: „Den Kram kann ich dir nur über die Inanspruchnahme guter Dienste eines unserer österreichischen Geschäftspartner kurzfristig besorgen. Das kostet mich mehr als ein paar Valuta-Mittel. Über eines sei dir im klaren: Wenn ihr damit nicht ans Ziel gelangt, seid ihr – Doktor Mohn und du – Scharlatane, und ich übergebe die Sache an den General, an die zentrale Parteileitung und an die ABI."

Dr. Sabisch und Prof. Neuenhof kamen mit strahlenden Gesichtern von den NC-Drehzentren im Betrieb 13. Dr. Mohn hatte zur Generalprobe für seine Programmierkünste gebeten. Sie war erfolgreich gewesen.

Für den nächsten Tag hatten der Generaldirektor, der ZK-Beauftragte der SED und der T-Direktor ihre Visite angekündigt. „Dass der mild lächelnde Doktor Mohn das Problem bewältigt, habe ich mir zwar gewünscht", sagte Dr. Sabisch, „aber bis heute nicht geglaubt." Sie nahmen ihren Weg in die Revolverdreherei, einen Teilbereich des Betriebes 13. „Die haben gestern die geplanten Produktionsstückzahlen nicht erreicht. Wir Technologen sollen schuld daran sein. Da wollen wir doch den Werkern dort mal auf die Finger schauen", sagte Sabisch.

An drei alten Trommelrevolver-Drehmaschinen von PITTLER, hergestellt in den ersten Nachkriegsjahren, brachen beim Ein- und Abstechen der Werkstücke immer wieder die Schneidplatten der Drehmeißel aus. Zwei der Werkzeugmaschinen standen still. An einer hantierte der Maschineneinrichter der Revolverdreherei.

„Solche Scheiß-Werkzeuge", schimpfte er. „Ich habe den Leuten in der Werkzeugausgabe immer gesagt: ‚Lasst euch keine Drehmeißel aus dem Hartmetallwerk Immelborn aufhucken! Sie taugen nichts. Wir brauchen für unsere Produktion WIDIA-Meißel von KRUPP.' Aber nein: Unser Einkauf beschafft den Plunder aus DDR-Produktion; auf unsereinen wird nicht gehört." Dabei schraubte und hämmerte er und spannte zwei fabrikneue Immelborner Meißel in den Plan- und Abstechschlitten der Maschine ein. „He, Meisterdreher, komm her!", rief er dem Werker zu, der an der dritten Drehmaschine in unmittelbarer Nähe beschäftigt war.

„Ich kann jetzt nicht“, sagte der Mann, schaltete die Maschine aus, schob sich die Schirmmütze ins Genick und lief ein paar Schritte auf Neuenhof zu, dem Professor beide Hände entgegenstreckend. „Mensch, Doktor, arbeitest du etwa auch in diesem Saftladen?" Bogdan Kusnetzky, der vor mehr als zehn Jahren abtrünnig gewordene Lackierer des VEB ELEKTRODYN Dresden, freute sich über das Wiedersehen mit seinem ehemaligen Produktionsleiter.

„Ich arbeite an der hiesigen Technischen Hochschule. Hier, im SKET, bin ich oft als Gast."

„Zu mehr lass es man auch nicht kommen! Es müssen ja nicht noch mehr gutgläubige Menschen so angeschissen werden wie ich."

Neuenhof informierte Sabisch mit ein paar Bemerkungen, was er mit Kusnetzky in Dresden zu tun und zu schaffen gehabt hatte.

„Ein paar Minuten habt ihr“, sagte Sabisch und wandte sich dem Einrichter an der anderen Maschine zu. Der kurbelte an Handrädern, prüfte mit Lineal und Meßschieber Werkstückmaße und schaltete die Maschine zu einem Probelauf ein. Sabisch sah zu.

Neuenhof sagte zu Kusnetzky: „Bei EDD erzählte man sich damals, du würdest hier, in Magdeburg, an einer supermodernen Farbgebungsanlage aus dem Westen arbeiten, in einer eigens dafür erbauten Halle. Nun erlebe ich dich als Künstler der Zerspantechnik an alten Werkzeugmaschinen."

Kusnetzky lief im Gesicht rot an. „Das stimmte ja auch – anfangs. Da bin ich ganz vorsichtig an die Anlage herangegangen. Einigen in den oberen Etagen war ich nicht schnell genug. An der Anlage war ja auch alles ganz schön kompliziert. Ein paarmal habe ich Ausschuss produziert – zugegeben. Passiert jedem Mal. Das Ende als Lackierer kam für mich, als ich, obwohl ich Durchfall hatte, zur Arbeit gegangen bin – wegen der Planerfüllung. Mein Gedärm explodierte. Es ging schon mit Pfiff in die Hose – und ich in dieser Situation allein an der Anlage! 'Verschwindest mal kurz und machst dich notdürftig sauber', sagte ich mir. Auch die modernste Anlage ist ein dummes Ding und nicht mal vor einem Malheur wie dem meinen gefeit. Als ich zurückkam, waren mit einem Mal Leute da – schlaue Leute. Sie wussten alle etwas zu sagen, was ich hätte tun müssen oder lassen sollen. Sogar der Obermops von der Technologie war plötzlich zur Stelle und forderte, mich unverzüglich zu versetzen: ich sei als Bedienungsmann für die kostspielige Anlage nicht geeignet, ich sei zu unqualifiziert."

Helmut Sabisch horchte auf. Er erinnerte sich des Vorfalls mit Kusnetzky. Martin Fuchs, der damalige „Obermops von der Technologie“, hatte ihn eingeweiht: Kusnetzky hatte die Anlage fast zu Schrott gefahren. Fuchs und Sabisch hatten beraten, für welche Werkstattarbeiten Kusnetzky künftig eingesetzt werden könnte. Sie hatten mehrere Vorschläge unterbreiten müssen, weil Kusnetzky seine Demission aus der Lackiererei als Affront gegen ihn als aktiven Genossen der SED hochgespielt hatte. 'Nun, nach mehreren Jahren, lerne ich den durchfallgeplagten Lackierer von einst persönlich als Dreher kennen', dachte Helmut Sabisch und hatte nichts Bösartiges im Sinn. Der Maschineneinrichter dagegen witterte Ärger. „Ich muss noch mal in die Werkzeug-Ausgabe", sagte er laut, und als er an Kusnetzky langsam vorüberschritt, flüsterte er: „Scher' dich an deine Maschine und arbeite! Der Begleiter deines Bekannten aus alten Zeiten ist der neue 'Obermops von der Technologie'. Halte dich mit deiner Wortwahl zurück!"

Auf diesen Hinweis reagierte Kusnetzky überhastet. Er dachte verärgert: 'Warum hat mir der Doktor das nicht gleich gesagt? Er lässt sich meine Geschichte von anno tobac erzählen, und dicht dabei steht … nein, so etwas! Richtig hinterfötzig!' Er schaltete seine Maschine ein. Er fuhr den Querschlitten mit eingespanntem Einstech-Meißel an ein Werkstück heran. Hartmetall kreischte in Baustahl.

Helmut Sabisch, der zuvor einen Blick in den Arbeitsraum der Maschine geworfen hatte, rief noch: „Halt! Das Werkzeug ist meines Dafürhaltens nicht kurz genug eingespannt. Es federt und schwingt. Das hält kein Hartmetall-Plättchen aus – egal, ob es aus Immelborn oder von KRUPP geliefert wurde."

Aber sein Warnruf wurde überhört. Kusnetzky war wütend – wegen alter Geschichten! Es krachte an seiner Maschine – Werkzeugbruch!

Sabisch hatte es kommen sehen. „Schalten Sie nun endlich die Maschine aus!" Er fingerte an den Sachen herum, die Kusnetzky auf dem Werkzeugspind abgelegt hatte. „Wo haben Sie denn die Arbeitspapiere für diesen Auftrag?", fragte er.

„Liegen die nicht auf dem Spind?"

„Da sehe ich keine."

„Dann gucken Sie mal in die Werkstückkiste – neben dem Spind!"

Sabisch zog die Papptasche mit den Papieren aus der Kiste, durchstöberte sie. „Hier ist keine Arbeitsunterweisung drin."

„Brauche ich nicht. Hauptsache: die Lohnscheine fehlen nicht. Verbasseln Sie mir die nicht! Die sind meine Schecks, mein Geld. Dafür placke ich mich in dieser Bude, verstehen Sie?"

„Mit welchen Vorschüben arbeiten Sie denn beim Ein- und Abstechen?"

„Kann ich Ihnen nicht sagen."

„Nun machen Sie mal 'nen Punkt!"

„Regen Sie sich nicht auf! Der Einrichter stellt mir fast alles ein. Den Rest mache ich nach Gefühl."

„Das kann nicht wahr sein!" Sabisch war empört. Er trat dicht an Kusnetzky heran. Der spannte mit vergnatztem Gesichtsausdruck den soeben zu Bruch gegangenen Drehmeißel aus dem Werkzeughalter der Maschine aus. „Was machen Sie denn da schon wieder für Mist?"

„Ich mache in diesem Betrieb anscheinend nur Mist", entgegnete Kusnetzky gereizt, der sich ärgerte, weil ihm der Werkzeug-Bruch im Beisein, vor den Augen, des Haupttechnologen passiert war.

„Ich hatte Ihnen doch zugerufen, dass Ihre Maschine nicht optimal eingerichtet war. Ich will den Einrichter nochmal herbitten und ihm die Leviten lesen. Nun spannen Sie, wie von der Tarantel gestochen den kaputten Meißel aus, und ich kann dem Mann nichts beweisen."

„Quatsch mich nicht voll!", murmelte Kusnetzky vor sich hin. Er schnappte sich den Werkzeug-Bruch und lief, immer etwas vor sich her murmelnd, davon.

„Was sagst du dazu?", fragte Sabisch den verdutzt dastehenden Heinz Neuenhof, der sich aus seiner ELEKTRODYN-Zeit mehrerer ähnlicher Moritaten von Bogdan Kusnetzky erinnerte.

„Kommen Sie zurück!", rief Sabisch. „Ich rede mit Ihnen."

Aber daran dachte Kusnetzky nicht. Er wollte mit dem Maschineneinrichter der Revolverdreherei ein paar Sätze Klartext reden, und er war sich sicher, er würde ihn in einer der hintersten Ecken der Werkzeug-Ausgabe finden. Nur hinsichtlich der Hartnäckigkeit des Haupttechnologen verkalkulierte er sich.

Sabisch ließ es nicht damit bewendet sein, dem flüchtigen Revolverdreher etwas hinterherzurufen und dann seiner Wege zu gehen. Vielmehr rannte er wütend durch die Betriebshalle, bis er Kusnetzky, den Maschineneinrichter und den Werkzeugausgeber in dessen Lager aufgespürt hatte. „Damit ein für allemal klar ist, verehrte Kollegen, was ich mir von Ihnen kein zweites Mal bieten lassen werde", schimpfte er: „Wenn ich mit einem von Ihnen an einer Maschine stehe, an der es mit der Arbeit nicht klappt, und wenn zwischen uns noch nicht alles besprochen und geregelt ist, dann haben Sie nicht davonzulaufen wie satte Schweine vom Troge. Dafür, dass an unseren Trommelrevolver-Drehmaschinen alles nach Plan funktioniert, sind Sie alle drei verantwortlich. Merken Sie sich das! Von Ihnen dreien erwarte ich ab sofort und ohne unberechtigte Schuldzuweisung an meine Hauptabteilung Planerfüllung." Er wendete sich zum Gehen.

„Moment, Genosse!", sagte Kusnetzky, trotz höchster Erregung um einen parteigemäßen Tonfall ringend. „Uns als satte Schweine am Troge zu beschimpfen, wird ein Nachspiel haben."

Der Maschineneinrichter und der Werkzeugausgeber nickten zustimmend. Sie waren wie Kusnetzky Mitglieder der SED. Die drei gehörten einer und derselben Abteilungsparteiorganisation (APO) an. Bogdan Kusnetzky war sogar in die Leitung dieser APO gewählt worden. 'Ich als APL-Mitglied lasse mich nicht aus der Lackiererei rausschmeißen und später auch noch beleidigen – und immer von den gleichen Fatzken. Ich lasse den Arschlöchern in der Technologie von der Parteiorganisation einen Einlauf machen, an den sie ihren Lebtag lang denken werden.'

Dr. Sabisch sagte: „Ich habe niemanden beschimpft, ich habe eine Redewendung gebraucht. Ein Nachspiel zu dem, was ich hier und heute zu sehen gekriegt und erlebt habe, wird es auf jeden Fall geben. Darin sind wir uns einig, denke ich.“ Er wollte in seiner Hauptabteilung einige die Revolverdreherei betreffende Anweisungen erteilen und deren Befolgung persönlich vor Ort überprüfen.

Kusnetzky dagegen wollte es im späten Nachhinein „denen oben“ für seine Versetzung aus der Lackiererei „heimzahlen“.

Nach knapp zwei Wochen an einem frühen Abend rief Dr. Sabisch bei Heinz Neuenhof an. „Kannst du dich noch an unser Erlebnis in der Revolverdreherei im Betrieb 13 erinnern? Ja? Du, die drei Männer, allen voran dieser Kusnetzky, haben meinen vielleicht etwas derben Vergleich mit satten Schweinen am Troge parteimäßig hochgezogen. Mit ihrem Parteisekretär, einem nebenamtlichen, hatte ich mal 'ne fachliche Kontroverse. Die hat er offenbar nicht verwunden. Aus der Beschwerde der drei Genossen hat er sich einen kleinen Parteitag bereitet. Ich musste mich vor der APL, in der Kusnetzky mitmischt, verantworten und mich anschließend in einer APO-Versammlung für die Beleidigung der drei Genossen entschuldigen. Natürlich wurde die Geschichte an die übergeordnete Leitung weitergemeldet: es gebe Klagen über den rüden Ton des Haupttechnologen zu den Genossen im Werkstattbereich und Anzeichen für ein gestörtes Verhältnis dieses Genossen zur Arbeiterklasse. Schlussfolgerung: Zur Behebung derartiger Defizite bei mir darf ich kurzfristig in der Bezirksparteischule antreten.“ Sabisch sagte eine Weile nichts. Es war nur ein Knacken in der Leitung zu hören. „Bist du noch dran?“, fragte Neuenhof. Ein zögerliches „Hm“. Dann: „Bist in Dresden Produktionsleiter gewesen. Wirst richtig deuten, was ich dir jetzt sage: Manchmal ist die Leitung der Produktion in einem Maschinenbau-Betrieb wie Kriegskunst. Wer, wenn er in ein Gefecht zieht, nur die zahlenmäßige Stärke des Kontrahenten und nicht auch gewisse Randbedingungen ins Kalkül zieht, kann eine böse Schlappe erleiden – so wie ich mit den drei Dösbassels in der Revolverdreherei. 'Von deren Sorte nehme ich es mit fünf oder zehn auf', dachte ich und ließ die sieghafte Rolle der Arbeiterklasse und ihrer führenden Partei im Lande außer Acht. Da muss ich doch rasch Nachhilfe-Unterricht kriegen, was?"

„So etwas passiert nicht nur bei der Leitung der Produktion in einem Maschinenbau-Betrieb."

„Wie … Kannst du auch solch ein Liedlein singen? Treffen wir uns etwa demnächst zum gemeinsamen Unterricht in der Bezirksparteischule?“

3

In den End-1970er Jahren war Prof. Dr. Hans-Eberhard Weindorf aus dem Amt des Rektors der TH „Otto von Guericke“ Magdeburg auf eigenen Wunsch und geehrt als „Held der Arbeit“ ausgeschieden. Sein Nachfolger war, zum Erstaunen mancher Professoren und Amtsträger, der besonnene, ruhig abwägende, fleißig und diszipliniert arbeitende Prof. Dr. Richard Kleber geworden. Klebers bis dato ausgeübte Funktion des Direktors der Sektion Technologie der metallverarbeitenden Industrie (mvl) hatte Prof. Dr.-Ing. Volker Weichtel übernommen. Er war schon Jahre zuvor davon überzeugt und innerlich bereit gewesen, dass ihm dieses Amt dermaleinst zukäme. Beide – Kleber und Weichtel – waren in ihrer Amtstätigkeit auf Grund ihrer Profession bestrebt, die Fachgebiete der Produktionstechnik besonders zu pflegen und zu fördern. Dafür hatte seit der Amtsperiode der Professoren Weindorf und Neuenhof der mit der III. Hochschulreform der DDR kreierte Gesellschaftliche Rat der Technischen Hochschule zunehmende Aufmerksamkeit und Bedeutung erlangt. Das war vor allem ein Verdienst des Vorsitzenden dieses Rates, als den Weindorf und Neuenhof den Generaldirektor (GD) des VEB SKET Magdeburg gewonnen hatten. Selbst bei GD-Wechsel im SKET aus Altersgründen verblieb der Vorsitz beim Generaldirektor dieses Kombinates.

Ein diszipliniert alle Sitzungen des Rates besuchendes Mitglied war der 1. Sekretär der SED-Bezirksleitung Magdeburg. „Ich will hier nicht kommandieren, sondern vor allem zuhören“, hatte er in der ersten Sitzung erklärt. „Mich interessiert, was die in diesem Kreis versammelten maßgeblichen Direktoren Magdeburger Kombinate dank der Unterstützung durch die Technische Hochschule für Lösungen finden und was sie vereinbaren, um ihre Planauflagen pünktlich, in allen Positionen und qualitätsgerecht zu erfüllen. Ich betone dies, weil ich in diesem Beratungskreis unumwunden klargestellt haben möchte: Die Bezirksleitung ist keine Planerfüllungs-Feuerwehr, die mittels unplanmäßiger Schweine- und Rinderexporte ins NSW Planverstöße mal des einen, mal des anderen Magdeburger Kombinates auszugleichen hat.“

Ein solcher Ausgleich war zwecks Erfüllung des NSW-Exportplans mehrmals herbeigeführt worden. Die im Schweinemast-Betrieb Kalsow beschäftigten Bekannten der Neuenhofschen Verwandtschaft in Küssow hatten nach solchen Aktionen ganz aufgeregt berichtet: „Heute war bei uns wieder toll 'was los: Lauter fünfachsige Lastzüge, die in der abgewinkelten Kalsower Dorfstraße kaum um die Kurve kamen, alle aus West-Deutschland. Sie holten Schweine ab. Die hatten nicht mal alle das geplante Gewicht.“ Und in Magdeburg und anderen Städten des Bezirkes war es genau zu diesem Zeitpunkt zu Engpässen bei der Versorgung der Bevölkerung mit Rind- und Schweinefleisch gekommen.

Trotz des Versprechens des Bezirkssekretärs, in den Ratssitzungen nicht kommandieren zu wollen – allein seine Teilnahme bewirkte, dass einige Kombinatsdirektoren zu den Sitzungen nicht, wie anfangs, irgendwelche nicht kompetenten Mitarbeiter entsandten, sondern daran höchstpersönlich teilnahmen und die Möglichkeiten für einen internen Erfahrungsaustausch und in gebotenen Fällen für gegenseitige Hilfe nutzten. Wozu es jedoch in zunehmendem Maße immer weniger kam – trotz salbungsvoller Versprechen in den Sitzungen –, war die Bereitstellung neuartiger, leistungsfähiger Laborgeräte, Werkzeugmaschinen (bis hin zu Fertigungszellen) und Rechentechnik für die Technische Hochschule. Diesbezüglich vollbrachte auch der 1. Bezirkssekretär der SED keine Wunder. Und dabei gingen die meisten Mitglieder des SED-Politbüros davon aus, dass die ökonomisch potenten Kombinate den Universitäten und Hochschulen benötigte Geräte und Ausrüstungen für die Forschung beschaffen oder zumindest leihweise überlassen würden – gewissermaßen als Gegenleistung für erbrachte Forschungsergebnisse und für hochschulmäßig gut ausgebildete Fachkader, die in der Industrie und in der gesamten Volkswirtschaft gebraucht wurden.

„Über so etwas können wir nicht mal in Ruhe nachdenken", maulte der Direktor des MAW halblaut. Er war kürzlich in der Bezirksleitung und im zuständigen Ministerium für Schwermaschinen- und Anlagenbau wegen Planschulden bei der Betriebsplan-Position „Bevölkerungsbedarf" heftig kritisiert worden. „Sollen wir neuerdings weniger Armaturen für Kernkraftwerke entwickeln und bauen?" – schwerpunktmäßig als einziger Groß-Hersteller im RGW.

„Hör' auf mit solcher Fragerei!", unterbrach ihn der Ratsvorsitzende. „Du weißt so gut wie wir alle in dieser Runde: Produktion für den Bevölkerungsbedarf ist zusätzlich zu erbringen."

Der Bezirkssekretär sagte zu dem MAW-Direktor: „Die Thälmannwerker entwickeln und produzieren gemäß Planauflage Gasherde. Denk' mal über folgende Kombinationen nach: Walzwerke, metallurgische Ausrüstungen für Kunden in aller Welt und ... Gasherde, oder: Schnellverseil- und Ölmaschinen und ... Gasherde. Denkst du, die im SKET halten das für ideal? Aber wenn das große Wohnungsbauprogramm der DDR bewältigt werden soll, werden für die neuerbauten Wohnungen letztlich auch Herde in den Küchen benötigt. Also bitte: Jetzt keine Fehler-Diskussion!"

Keine Fehler-Diskussion ... Der Generaldirektor des SKET und gleichzeitige Vorsitzende des Gesellschaftlichen Rates der TH bekam vor Verlegenheit einen roten Kopf und schluckte ein paarmal. „Wir in den Kombinaten können alles."

Mitarbeiter des Sektors Informations- und Öffentlichkeitsarbeit des Ministeriums für Hoch- und Fachschulwesen hatten nach der Auswertung mehrerer monatlich fälliger Informationsberichte der TH Magdeburg dem Abteilungsleiter Hans-Georg Gerbach empfohlen: „Kümmert euch mal um die Magdeburger! Die stellen in puncto

'Arbeit des Gesellschaftlichen Rates' etwas Mustergültiges auf die Beine." Dergleichen konnte von manch anderen Hochschulen und einigen Universitäten nicht berichtet werden. Von ihnen hieß es: „Gesellschaftlicher Rat? Reine Quasselbude."

Das veranlasste den stellvertretenden Minister Harry Petras zu einem Besuch in Magdeburg. Er wählte eine Sitzung des Gesellschaftlichen Rates der TH aus, die auf Vorschlag des zuständigen Generaldirektors im Stammwerk des VEB Schwermaschinenbau-Kombinat „Karl Liebknecht" (SKL) in Magdeburg-Buckau stattfinden würde. Das SKL war der größte Dieselmotoren-Hersteller der DDR, er und der VEB Dieselmotorenwerk Rostock lieferten die Motoren für den Schiffbau in der Republik.

Harry Petras hatte in jungen Jahren Kraftfahrzeugtechnik an der TH Dresden studiert. Als nunmehr fast Sechzigjähriger schlug sein Herz immer noch heftig für Motoren-Konstruktion und -Fertigung – trotz oftmals ganz anders gearteter jahrelanger Tätigkeiten als stellvertretender Minister für Hoch- und Fachschulwesen. Er reflektierte auf eine interessante Betriebsbesichtigung im Rahmen der im SKL anberaumten Sitzung des Gesellschaftlichen Rates der THM.

Petras' dienstliches, ihn innerlich nicht weniger erregendes Anliegen war, die Elite des Magdeburger Maschinenbaus über die Strategie, Lenkung, Leitung und industrielle Verwertung der Grundlagen-Forschung entsprechend dem neusten Konzept der Staatsführung der DDR, der Akademie der Wissenschaften der DDR und mehrerer anderer nichtstaatlicher wissenschaftlicher Gesellschaften und Beratungsgremien zu informieren. Sie alle für dieses Konzept zusammengeführt zu haben, war das große wissenschaftsorganisatorische Verdienst von Prof. Dr.-Ing. Wolfgang Kainzow. Er war Mitglied der Akademie der Wissenschaften geworden. Mit der Auflösung der Zentralen Prognosegruppe beim Ministerrat der DDR und mit der Übertragung der Aufgaben dieser Gruppe an das Ministerium für Wissenschaft und Technik (MWT) war Kainzow zum Stellvertreter des MWT-Ministers berufen worden – zuständig für die Fachgebiete Maschinenbau und Elektrotechnik/Elektronik. In seiner innegehabten und nunmehrigen Minister-Funktion hatte er die Konstituierung einer Gruppe Technik bei der Akademie der Wissenschaften initiiert.

Nun war Harry Petras als einer der geistigen Väter und als Propagandist des Konzeptes nach Magdeburg gekommen. Er wollte Meinungen zu dem Konzept an sich erfahren und erhoffte sich Angebote der „Industrie-Kapitäne" Magdeburgs zur materiell-technischen Realisierung des Konzeptes.

Als sich Petras und Prof. Neuenhof vor Sitzungsbeginn begrüßten, fragte der stellvertretende Minister: „Kannst du dich an unsere Klausurberatung vor Jahren in Bad Saarow erinnern und an das 'Bad Saarower Dokument'?"

Neuenhof nickte. Seine Abkommandierung ins MHF und die dabei geleistete Arbeit und gesammelten Erfahrungen würde er seinen Lebtag lang nicht vergessen.

„Wir sind jetzt in der Phase der Umsetzung der damals“, vor acht Jahren, „entwickelten Ideen und Vorschläge. Hör’ gut zu, wenn ich nachher in der Sitzung das Wort nehme. Staune, was wir in Bad Saarow schon für schlaue Kerle waren!“

Neuenhof kannte Petras gut genug, um hinter dessen Bemerkung weniger etwas zu vermuten, was ihn, Neuenhof, beträfe, als sich der gemeinsamen Arbeitsphase zu erinnern. Was konnte das sein? Neuenhof war vom Minister für Hoch- und Fachschulwesen bereits zum Mitglied des Wissenschaftlichen Rates der komplexen Forschungsaufgabe „Automatische bedienarme Produktion in der Klein- und Mittelserienfertigung“ berufen worden und vom Minister für Wissenschaft und Technik zum Mitglied des Zentralen Arbeitskreises „Technologie des Maschinenbaus“ des Forschungsrates der DDR. Mehr verriet Petras ihm nicht. Das wollte er an diesem Tage – gewissermaßen als gegenseitige Abstimmung in wichtigen Kaderfragen – lediglich dem Rektor, dem Kaderdirektor und dem Direktor der Sektion Technologie der mvl zur Kenntnis geben.

Harry Petras referierte ausführlich über das neue DDR-Konzept der Grundlagen-Forschung in Trägerschaft seitens der Akademie der Wissenschaften und des Hochschulwesens der DDR. Von den im Konzept erfassten acht Forschungsprogrammen charakterisierte er, dem Teilnehmerkreis der Beratung angepasst, schwerpunktmäßig das Forschungsprogramm 8: „Ingenieurwissenschaftliche Grundlagen der Be- und Verarbeitung“. Er erläuterte, wie dieses Forschungsprogramm in Hauptforschungsrichtungen und Forschungsrichtungen untergliedert worden war und wie es von dementsprechend berufenen Beauftragten geleitet und von wissenschaftlichen Räten koordiniert werden sollte. Ausführlich tat er dies für die Hauptforschungsrichtung 8.1 „Grundlagen der Technologie der metallverarbeitenden Industrie“. Er nannte Namen von bisher Beauftragten und Mitgliedern wissenschaftlicher Räte. Auffallend war, wie zahlreich Wissenschaftler der Technischen Hochschule Karl-Marx-Stadt mit solchen Funktionen betraut worden waren und wie wenige von der TU Dresden. „Die TH Magdeburg liegt diesbezüglich, wie sich in Kürze erweisen wird, nicht schlecht im Rennen“, sagte der Redner. – Die Zeit floss dahin.

Der Technische Direktor (TD) des SKL rutschte auf seinem Platz am Beratungstisch unruhig hin und her. Sein Generaldirektor hatte ihn beauftragt, den Beratungsteilnehmern noch vor dem geplanten Betriebsrundgang darzulegen, welche ungelösten fertigungstechnischen und organisatorischen Probleme es im SKL bei der Produktion der Zylinderköpfe für Schiffsdieselmotoren gab und wie die Kombinatsleitung diese Probleme zu lösen gedachte. Zum Glück für den in zeitliche Bedrängnis geratenden SKL-TD kam zu den Ausführungen des stellvertretenden Ministers Petras zunächst keine Diskussion auf; Petras hatte den Beratungsteilnehmern zu viele Einzelheiten des Konzeptes der Grundlagen-Forschung darzulegen versucht – mehr jedenfalls, als für sie relevant war. So kam der TD noch vor dem Betriebsrundgang zu Wort.

Mit dem vom TD vorgetragenen Vorschlag zur technologischen Stabilisierung und Verbesserung der Zylinderkopf-Fertigung brachte er eine lebhafte Debatte in Gang. Die Kombinatsleitung wollte ein Rationalisierungsvorhaben „Zylinderkopf-Fertigung" auflegen. Es sollte von Experten des SKL und der Technischen Hochschule Magdeburg unter der Leitung von TH-Experten bearbeitet werden.

Harry Petras wandte sich dagegen, die Leitung solch eines Vorhabens Hochschulvertretern zu übertragen. „Es zu tun, widerspräche der Strategie, die ich in meinen Ausführungen deutlich zu machen versucht habe. Seit dem VI. Parteitag unserer Partei-Genossen, das ist rund zwanzig Jahre her – unterscheiden wir bei den wissenschaftlichen Leistungen unserer Universitäten und Hochschule in

Grundlagen-Forschung, Anwendungs-, auch: angewandte Forschung,
Industrie-Unterstützung."

An den SKL-TD gewandt: „Euer Vorhaben, Genosse, – so scheint mir – erreicht das Anspruchsniveau der Kategorie zwei nicht. Für die Kategorie drei ist es für eine hochschulmäßig mögliche Bearbeitung, Einführung in die Praxis und laufende Betreuung im Betrieb zu groß. Deshalb sollte euer Vorhaben – so wie gleichgeartete Vorhaben auch anderswo – planungs-, bearbeitungs- und realisierungsseitig fest in betrieblicher Hand liegen. Hochschulen oder Universitäten wirken mit, mehr können und sollten sie nicht."

„Einspruch!" Prof. Volker Weichtel sagte: „An meiner Sektion hat einer meiner kreativsten Jungen Professoren", er nannte den Namen Siegbert Täuscher nicht, „das Konzept für den DDR-Schnittwertspeicher – exakt bezeichnet: DDR-Informationszentrum für die spanende Teilefertigung – entwickelt. Er hat darin eigene Forschungsergebnisse und solche anderer Hochschulen, vornehmlich der TU Dresden, verwertet. Er hat die Zusammenarbeit mit Fachkollegen anderer Einrichtungen und die objektbezogene interdisziplinäre Kooperation – vor allem mit Rechentechnikern – organisiert. Er hat auf wissenschaftlichen Fachtagungen und in Kolloquien, in Fachzeitschriften und in Beratungen mit Interessenten und Anwendern den Schnittwertspeicher erläutert und dessen Möglichkeiten zur Einsparung von Fertigungszeiten in den Betrieben propagiert." Weichtel hätte noch weitere Einzelheiten zu Prof. Dr. Siegbert Täuschers Leistungen vortragen und alles Genannte mit Zahlenmaterial, Erfolgsquoten und Nachweisen für Wissenschaftsgewinn belegen können. Er hatte dies alles im Gedächtnis. Denn er hatte am Vormittag ein positives Gutachten zu dem Antrag verfertigt, Täuschers Verdienste um den Schnittwertspeicher anlässlich des 35. Jahrestages der Gründung der DDR mit einer hohen staatlichen Auszeichnung anzuerkennen. Gedacht war an den Orden „Banner der Arbeit".

– Ganz leer ausgehen für sich wollte Volker Weichtel mit seinem Diskussionsbeitrag auch nicht. Deshalb sagte er: „Der junge, von mir sehr geschätzte Kollege hat dies alles nur bewältigt dank der Unterstützung durch die Sektionsleitung und durch die Nutzung der Möglichkeiten, die die von mir geleitete Sektion Technologie nun mal bietet. Ein Groß-Betrieb, ein Kombinat, selbst manches Industrie-Institut oder Wissenschaftlich-technisches Zentrum könnten dies nicht leisten. Ich habe es deshalb von Anfang an für richtig, für unumgänglich gehalten, das Rationalisierungsobjekt ‚Schnittwertspeicher' an der TH Magdeburg zu entwickeln und zu etablieren."

Prof. Heinz Neuenhof dachte: 'Sieh einer an. Der Sektionsdirektor Volker Weichtel bewertet den Schnittwertspeicher nicht als wissenschaftliche und Arbeitsleistung des von mir geleiteten Wissenschaftsbereiches, sondern eher als Ergebnis der beispielgebenden Förderung eines Wissenschaftlers und dessen Vorhabens durch den Sektionsdirektor und die gesamte Sektionsleitung.' Neuenhof wusste nun noch besser zu deuten als bisher, was sich dahinter verbarg, wenn er oder FP-Mitarbeiter zufällig Ohrenzeugen der Weichtelschen Aufforderung wurden: „Siegbert", gemeint war Täuscher, „komm doch mal auf ein Wort 'rein zu mir!" – Neuenhof sagte: „Ich pflichte dem Genossen Minister bei, die Zuständigkeit für Ratio-Projekte, die betriebsspezifische Probleme lösen sollen, bei dem jeweiligen Betrieb oder Kombinat zu belassen." Er dachte dabei an das Projekt „MITTEL-DREHEN" im VEB SKET und ähnliche Vorhaben. „Der Schnittwertspeicher als republikweit nutzungsfähige Ratio-Lösung stellt meines Dafürhaltens einen Ausnahmefall dar."

'Klugscheißer!' Volker Weichtel ärgerte sich. 'Muss er, wenn ich mich als Sektionsdirektor in diesem Gremium äußere, seinen Sermon, von meiner Meinung abweichend, dazutun?'

Der Vorsitzende des Rates resümierte: „Den Genossen Direktoren des SKL empfehlen wir, das Konzept für die Rationalisierung der Zylinderkopf-Fertigung und für die einzusetzenden Experten entsprechend den heute gegebenen Hinweisen zu überdenken und zu überarbeiten."

Kurze Zeit nach der Sitzung des Gesellschaftlichen Rates der THM im VEB SKL wurde Heinz Neuenhof zum Rektor gebeten. Magnifizenz Prof. Dr. Richard Kleber überreichte dem Wissenschaftsbereichsleiter WFG eine vom Minister für Hoch- und Fachschulwesen und vom Präsidenten der Akademie der Wissenschaften der DDR unterzeichnete Urkunde. Prof. Dr. sc. techn. Heinz Neuenhof wurde damit zum Stellvertreter des Vorsitzenden des Wissenschaftlichen Rates des Forschungsprogramms „Ingenieurwissenschaftliche Grundlagen der Be- und Verarbeitung" und zum Stellvertreter des Beauftragten für dieses Forschungsprogramm berufen.

Der Beauftragte für dieses Forschungsprogramm war der Heinz Neuenhof wohlbekannte Rektor der Technischen Hochschule Karl-Marx-Stadt.

Es war Heinz Neuenhofs berufliches Anliegen seit Jahr und Tag, junge Leute für die industrielle Fertigung im Maschinenbau zu interessieren, sie zu begeistern und sie zu lehren, in der Maschinenbau-Produktion fertigungstechnische und -organisatorische Aufgaben lösen und Verantwortung für die Leitung von Arbeitskollektiven und für den Gesundheits-, Arbeits- und Brandschutz (GABS) übernehmen zu können.

Für die Gestaltung von Fertigungsprozessen hatte Neuenhof drei Vorlesungsreihen (FP I, FP II und FP III) mit zugehörigen Übungen und Seminaren entwickelt. Die Vorlesungen hielt er, trotz vielfältiger anderer Verpflichtungen als berufener sogenannter ordentlicher Professor, selber – aus innerer Verpflichtung heraus und nicht bloß, weil Magnifizenz Kleber dies erwartete und weil des stellvertretenden Ministers Harry Petras' Maxime lautete, seine Vorlesungen selbst zu halten habe einem Hochschullehrer der DDR „im sozialistischen Sinne heilig" zu sein. Neuenhofs Auditorium waren Studierende im Fachstudium aller in der Sektion Technologie der mvl eingerichteten Fachrichtungen der Grundstudienrichtungen Maschineningenieurwesen und Erziehungswissenschaften.

Als ehrenamtlicher Leiter der Fachrichtung Fertigungsprozessgestaltung mit jährlich cirka 250 Studierenden gestaltete Prof. Neuenhof die meist öffentlichen Diplom-Kolloquien, in denen die Diplomanden der Fachrichtung ihre Studienabschluss-Arbeiten verteidigten, und die feierliche Übergabe der Diplom-Urkunden und Abschlusszeugnisse zu Höhepunkten für die angehenden Diplom-Ingenieure, fur die Diplomanden betreuenden Mitarbeiter und für sich selbst.

Mit Eifer und Geschick hatte er – schon als Hochschuldozent, später, nach seiner Berufung zum Professor, federführend – mit Fachkollegen an entwicklungsbedingten Versionen des Studienplans für „seine" Fachrichtung Fertigungsprozessgestaltung – bis hin zu der in der DDR verbindlichen Fassung – mitgearbeitet. Er hatte sich im Magdeburger wie im DDR-weiten Kollegenkreis als sachkundiger und geschickter Studienplaner erwiesen.

Bis Mitte der 1980er Jahre, nach fünfzehn Jahren Hochschullehrer-Tätigkeit, hatte er 30 von ihm wissenschaftlich betreute Forschungsstudenten, Hochschul-Mitarbeiter und Fachexperten aus der Industrie zu akademischen Ehren, zum Titel „Doktor-Ingenieur", geführt – unter ihnen den Gewerkschaftsgruppen-Vertrauensmann FP Willi Pollner.

Er wirkte in Promotionsverfahren für Promovenden der TH Magdeburg und anderer Hochschuleinrichtungen der DDR, insgesamt fünfzigmal als Vorsitzender, als Gutachter oder als Mitglied der jeweiligen Promotionskommission mit.

Zu einem niveauvollen und erfolgreichen Studienprozess gehören gedrucktes Lehr- und Studienmaterial. Neuenhof ließ zu den von ihm zu verantwortenden Lehrveranstaltungen ergänzende und kostenlos an die Studierende zu verteilende Übungs- und Seminaranleitungen und Umdruckblätter erarbeiten und in der Hausdruckerei der TH drucken. Prof. Täuscher gab für seine Lehrveranstaltung „Abspantechnik" sogar programmiertes Lehrmaterial an die Studierenden aus.

Für das in mehreren Auflagen erschienene Lehr- und Standard-Fachbuch für das Fachgebiet „Fertigungsprozessgestaltung" engagierte sich Neuenhof als Mitherausgeber und Mitautor.

Prof. Weichtel und sein aus der Amtszeit von Prof. Kleber übernommener wissenschaftlicher Sekretär, Dr. Jakob Meber, genannt Jäcki, saßen im Dienstzimmer des Sektionsdirektors beisammen. Weichtel war vom Rektor beauftragt worden, für die Hochschullehrer der Sektion Technologie schriftlich Leistungseinschätzungen vorzunehmen. Dabei ließ er sich – aus Weichtels Sicht selbstverständlich – von seinem Sekretär unterstützen. Sie begannen mit den Professoren des für die Sektion signifikanten Wissenschaftsbereiches Fertigungsgestaltung (WFG) und dabei, an vorderster Stelle, mit dem ehrenamtlichen Leiter des WFG, Prof. Dr. Heinz Neuenhof.

„Für die Lehre und Ausbildung generell ist dein Doktor-Vater Heinzi ganz schön aktiv", sagte Weichtel. In internen Gesprächen, mit Vertrauten, nannte er den WFG-Leiter immer beim Vornamen – mit hinten angehängtem „i". Während Meber in einem von ihm mitgebrachten Stapel Notizzettel blätterte und offensichtlich etwas suchte, überlegte der Sektionsdirektor, ob er Neuenhof in Sachen Lehre und Ausbildung nicht zu viel freie Hand ließ. Bisher hatte er sich diesbezüglich keine Sorgen gemacht. Es hieß unter manchen Hochschullehrern: Für die mit der Ausbildung verknüpfte Erziehung kästenweise Bier saufender, in den Studentenwohnheimen randalierender und dummes politisches Zeug quatschender Studenten erntete man Kritik und Ermahnungen; Orden, Prämien und Ehrungen bekam man als Hochschullehrer für allgemein als gut anerkannte Forschungsleistungen und Ergebnisse in der Zusammenarbeit mit der Industrie. 'Mag sich Heinzi für Ausbildung und Erziehung abstrampeln!', dachte Weichtel. 'Von mir bekommt er dafür keine Meriten zuerkannt.'

Und wie um dieses Urteil seines Sektionsdirektors zu bekräftigen, sagte Meber, den immerzu gesuchten Notizzettel schwenkend: „Der WFG steht dieses Jahr bei einem Punkt im Sektionswettbewerb der Fachrichtungen schlecht da: bei den ROA-Verpflichtungen der Acht-Semestler."

Nach der Schelte, die Weichtler wegen zu weniger ROA-Verpflichtungen im Studienjahr zuvor in der Dienstbesprechung beim Rektor hatte über sich ergehen lassen müssen, hatte er den Fachrichtungsleitern „seiner" Sektion die ROA-Werbung als einen Schwerpunkt im diesjährigen Sektionswettbewerb vorgegeben. Es sollten möglichst viele, am besten alle Studenten der Matrikel eine Bereitschafts-Erklärung unterzeichnen, nach dem Ende ihres Studiums die Anwartschaft für eine Ausbildung zum Reserve-Offizier der Nationalen Volksarmee (NVA) der DDR einzugehen: eine ROA-Verpflichtung auf der Basis der Freiwilligkeit.

Meber las von seinem Notizzettel ab: „Die Betriebsgestalter und die Fügetechniker erreichten satte 87 beziehungsweise 85 %, die Fertigungsprozeßgestalter, also der WFG, nur etwas mehr als 60 %."

Aus seiner Sicht der Dinge und auf Grund eigener Lebenserfahrungen hatte Jäcki Meber für das schlechte Ergebnis des WFG kein Verständnis. Er war Hauptmann der Reserve. Er hatte einige Jahre zuvor auch, wie die diesjährigen Studenten des 8. Semesters, sich einiges überlegen und zu gravierenden Entschlüssen kommen müssen. Seine Eltern waren in den 1950er und 1960er Jahren in der heimatlichen Kommune nahe Haldensleben als sogenannte „einfache Angestellte" beschäftigt gewesen; sie hatten kaufmännische Berufe erlernt. Also war ihr Sohn, was zu jener Zeit bedeutungsvoll gewesen wäre, kein im Bildungssystem der DDR zu förderndes Arbeiter- und Bauernkind gewesen. Dank guter Zensuren beim Abschluss der Grundschule und dank seiner Pfiffigkeit hatte Jakob die Oberschule in Haldensleben besuchen dürfen. Aber in der 12. Klasse hatte er sich mehr in der Sparte MOTORSPORT der GST mit Bowdenzügen und Vergasern an Motorrädern beschäftigt als zu Hause zu sitzen und sich mit den Konjugations- und Deklinationsregeln der russischen Sprache oder mit Übungsaufgaben zu den Teilgebieten der Physik abzuplagen. Erst kurze Zeit vor den Abitur-Klausuren und -Prüfungen hatte er zahlreiche Wissenslücken in mehreren Fächern zu schließen versucht. Ein brillierendes Gesamt-Prädikat fürs Abitur hatte er auf diese Weise allerdings nicht erreichen können. Um seine Chancen zu vergrößern, für die Fachrichtung Dieselmotoren/Pumpen/Verdichter an der TH „Otto von Guericke" Magdeburg immatrikuliert zu werden, war er mit 18, während des Abiturs, als Kandidat der SED beigetreten und nach einhalbjähriger Kandidatenzeit als Mitglied in diese Partei aufgenommen worden. Diese Mitgliedschaft hatte jedoch die Abiturnote „3" – befriedigend – in den Fächern Mathematik und Physik nach der Auffassung der Immatrikulationskommission der TH nicht veredelt: seine Studienbewerbung war zunächst abschlägig beschieden worden. Da hatte Jäcki – einen Trick abgelehnter Studienbewerber jener Zeit anwendend – dem Werben für einen mehrjährigen „Ehrendienst im Kleid der NVA" nachgegeben und nach dessen Ablauf einen Studienplatz in der Fachrichtung Fertigungstechnik erhalten – alternativlos: „Fertigungstechnik" oder keinen.

Verständlich: Der nunmehr promovierte und als wissenschaftlicher Sekretär des Sektionsdirektors Weichtel tätige Hauptmann der Reserve Meber widmete dem

Punkt „ROA-Werbung“ im Wettbewerbsprogramm seine besondere Aufmerksamkeit. Neulich, als er vom Mittagessen in der Mensa ins K-Gebäude zurückgekehrt war, hatte er, interessehalber, mehrere Arbeitszimmer wissenschaftlicher Mitarbeiter aufgesucht, in denen ROA-Gespräche geführt wurden – er hatte „auf eigenen Wunsch mal hospitiert“. Im Zimmer von Werner Kästner war er Ohrenzeuge eines erregten Disputs des Assistenten mit einem studentischen „Plus-Null“-Aktivisten geworden. Der Student hatte das Abzeichen der „Jungen Gemeinde” – ein Kreis und darauf gesetzt ein Kreuz – ungeniert am Revers seiner Jacke getragen. In Mebers Gegenwart hatte er auf Kästners Drängen, die ROA-Verpflichtungs-Erklärung zu unterschreiben, stereotyp mit der Losung geantwortet: „Schwerter umschmieden in Pflugschare!“ Dann würden keine Reserve-Offiziere und Reserveoffiziers-Anwärter vonnöten sein, fügte er hinzu. In dieser Matrikel der Fachrichtung FP studierten weitere Mitglieder der „Jungen Gemeinde“. Auch sie gingen wegen ihrer engen kirchlichen Bindung die gewünschte ROA-Verpflichtung nicht ein, da konnte sich Kästner den Mund fusselig reden. Meber dachte: ‘Und solche Leute dürfen studieren!’ Welchen mühseligen Weg hatte er bis zur Immatrikulation an der TH Magdeburg zurücklegen müssen! ‘Kästner diskutiert zu weich’, meinte er. ‘Ich an seiner Stelle würde einen anderen Ton anschlagen.’

„Wieviel Prozent der FP-Studenten, sagst du, haben eine Verpflichtungs-Erklärung unterschrieben?“, schniefte Prof. Weichtel, „60 Prozent? Da kann ich mir ja der nächsten harschen Kritik in der Rektor-Dienstbesprechung sicher sein. Bei solch einem miesen Ergebnis hat Fachrichtungsleiter Heinzi wohl alle zehn Finger gerade sein lassen, was?“ Er schmauchte aufgebracht an seiner Tabakspfeife. „Das ergibt für Heinzi und FP nicht nur Minuspunkte bei der Wettbewerbs-Abrechnung, ich werde mir den Fachrichtungs- und WFG-Leiter offenbar mal persönlich vornehmen müssen. Ich bin zwar kein großer Freund der ROA-Aktion in jedem Jahr, aber: Wie stehen wir mit solch einem Verpflichtungs-Ergebnis im Sektionswettbewerb der ganzen Hochschule da?“ Der sich oftmals lässig gebende Volker Weichtel war ein ehrgeiziger Sektionsdirektor – egal, um was es ging.

Jakob Meber hätte dem Direktor von Werner Kästners Bemühen berichten, er hätte ihn über die kollektive Verweigerung der „Plus-Null“-Studenten in der Fachrichtung FP informieren können. Aber er tat es nicht. Sollte der Sektionsdirektor den Fachrichtungsleiter FP – als den für die FP-Studenten Verantwortlichen – doch zu sich beordern und sich von ihm die 60%-Verpflichtungsquote erläutern lassen! ‘Ich würde gern dabei sein’, wünschte er sich, ‘und ich möchte erleben, wie Neuenhof in Erklärungsnot gerät: der Professor in Bedrängnis wegen ROA so, wie er mich mit seinen Nörgeleien an meiner Dissertation mehrmals in Bedrängnis gebracht hat.’ In seiner Seele saß Groll, sein Selbstwertgefühl war über alle Maße strapaziert worden, weil Neuenhof solche halb unbedarften jungen FP-Spunte wie Dietmar Stolzeck und Detlef Grundmann hatte vor ihm zu Doktor-Ehren kommen lassen. 'Ja', gestand er sich ein, 'da bin ich nachtragend.'

Politisch-ideologische Eiferer im Ministerium für Hoch- und Fachschulwesen, in SED-Partei- und FDGB-Gewerkschaftsleitungen und im TH-Direktorat für Ausbildung und Erziehung hatten vorgegeben, nicht nur die ML-Ausbildung, sondern auch alle anderen Lehrveranstaltungen – auch die zu technischen Fachgebieten – müssten marxistisch-leninistisch durchdrungen werden. Das würde sehr wirksam dazu beitragen, die Studenten der TH nicht schlechthin zu guten Fachleuten auszubilden, sondern sie zugleich zu sozialistischen Ingenieuren, Betriebswirtschaftlern oder Berufsschullehrern zu erziehen.

„Was schreibt uns Heinzi denn zu diesem Wettbewerbspunkt?", fragte Prof. Weichtel seinen wissenschaftlichen Sekretär.

Meber hielt den handgeschriebenen Bericht schon bereit. „In der Grundlagenvorlesung 'Fertigungsprozessgestaltung I' wird auf die Darlegungen zur Wissenschaft Technologie eingegangen, die Karl Marx im Band I seines Hauptwerkes 'Das Kapital' publiziert hat."

'Ob die FP-Absolventen ihre Aufgaben im Betrieb oder Kombinat schneller und besser lösen können, wenn sie Marx' Darlegungen eingehend studiert haben?', fragte sich Weichtel insgeheim. Er traute Neuenhof zu, dass der sich bei der Niederschrift der Hausmitteilung an seinen Sektionsdirektor dasselbe gefragt haben könnte.

„Als ein zweites Beispiel für marxistisch-leninistische Durchdringung führt Professor Neuenhof seine Vorlesungen 'FP II' an: Einsatzvorbereitung und Programmierung von NC-Fertigungsmitteln. Er unterrichtet die Studenten über alle Programmiersysteme, also auch über das westdeutsche System EXAPT, aber ausführlich wird das in der DDR entwickelte System SYMAP behandelt und für Übungen – auch in unserem K-Versuchsfeld – angewendet. Das entspricht der technischen Politik der DDR, Importlösungen, die harte Devisen kosten – wie beispielsweise EXAPT – zu umgehen."

Weichtel sagte: „Das ist doch aber eher ein Beispiel für den technisch-ökonomischen Wettstreit zwischen Ost und West. Unsere Experten in der Sektion ML würden die Austragung des Wettstreits zwischen SYMAP und EXAPT nicht als marxistisch-leninistische Durchdringung im philosophischen Sinne deuten, meine ich."

„Ansichtssache. Aber Marxismus-Leninismus ist beim Entscheid über SYMAP oder EXAPT auf jeden Fall dabei."

Prof. Weichtel grinste. 'Primitiv', dachte er. Er stopfte seine Tabakspfeife von neuem und zündete sie an, paffte. „Im Zweifelsfall wird zugunsten des Delinquenten entschieden. Also, das wär's erst mal."

Meber ordnete seine Notizzettel.

„Was hast du da für handgeschriebenen Kram? Arbeitest du vor unseren Kontaktgesprächen alles schriftlich aus?"

Nun grinste Meber. „Das Handschriftliche sind die Zuarbeiten des Genossen Professor Neuenhof. Alles, was wir von ihm abfordern, liefert er uns handschriftlich. Er will damit demonstrieren, dass er für den heterogenen WFG und die große Fachrichtung FP eine Sekretärin benötigt, aber von uns keine bekommt."

„Er hat doch Lilo Kornick."

„Sie sitzt bei mir im Zimmer. Sie schreibt nur Postsachen, die nach außerhalb gehen, und Gutachten und Beurteilungen." Meber grinste wiederum. „Außerdem kennen wir, du wie ich, Lilo Kornicks Arbeitstempo."

„Als Heinzi aus dem Rektorat ausschied, hätte er Gisela Ruhberg in unsere Sektion mitbringen sollen. Ich hörte, sie sei eine gute Sekretärin. Eine offene Planstelle hätten wir für sie gehabt, wir haben sie heute noch."

„Der Dampfer ist abgefahren. Die Ruhberg hat sich im Rektorat gut etabliert."

'Neuenhof ist ein Dussel', dachte Weichtel. Er reichte Meber die Hand – es war längst Feierabend. „Kannst du denn Heinzis Geschreibsel entziffern?"

„Er hat eine ordentliche Handschrift. Außerdem boten mir seine handschriftlichen Hinweise zu meinen Dissertations-Entwürfen hinlängliche Möglichkeiten, mit dem Problem zurechtzukommen." Meber ging.

Weichtel blieb an seinem Schreibtisch sitzen. Er wollte die an den Rektor adressierte Leistungseinschätzung für Prof. Heinz Neuenhof allein, ohne Meber, zu Ende formulieren. In die Stoßwellen von Qualm aus seiner Tabakspfeife hinein urteilte er: „N. hat sich von einigen Allüren eines Ersten Prorektors und von ihm eingeräumten Möglichkeiten unter dem Rektorat Weindorf noch nicht freigemacht. Er benötigt noch einige Zeit, um mit kadermäßigen und wissenschaftsorganisatorischen Belangen seines Wissenschaftsbereiches WFG zurechtzukommen. Während dieser Zeit sollte man ihn Studenten lehren, Diplom- und Doktor-Ingenieure heranbilden, forschen und wissenschaftsbezogen publizieren lassen, wie er selbst es sich beim Ausscheiden aus dem Prorektorenamt gewünscht hat. In dieser Zeit sollte aus Belas-tungsgründen davon abgesehen werden, ihn mit dem Amt des Stellvertretenden Sektionsdirektors für Ausbildung und Erziehung oder für Forschung zu betrauen, ohne seinen Einsatz als Mitglied des Sektionsrates Technologie, der Fakultät für Technische Wissenschaften, des Senats des Wissenschaftlichen Rates und zeitweise des Gesellschaftlichen Rates der TH zu schmälern." Neuenhof als Stellvertreter ihm zur Seite wäre Weichtel kein willkommener Partner gewesen.

Prof. Dr.-Ing. Volker Weichtel amtierte zwölf Jahre als Sektionsdirektor. In all diesen Jahren – als „noch einige Zeit" hatte er sie interpretiert – vermochte er, der

Hochschulleitung, vor allem Prof. Richard Kleber, glaubhaft zu machen, dass Neuenhof die Eignung für eine leitende Tätigkeit an der Spitze der Sektion Technologie fehle.

In den Forschungseinrichtungen und -verbänden, an den Universitäten und Hochschulen der Industrieländer, in großen Kombinaten und Konzernen waren die 1980er Jahre von Beginn an geprägt durch Forschungsarbeiten und aus ihnen hervorgegangene Pilotlösungen und industrielle Erstanwendungen zu CAD, CAM und CIM. Dafür war in der DDR seit den 1960er Jahren mit dem Rationalisierungsvorhaben AUTEVO und seinen Teilsystemen, vor allem AUTOPROJEKT und AUTOTECH, Forschungs- und Wissensvorlauf bis hin zu Industrieerprobungen geschaffen worden. Da lagen also Dr. Sabisch und Prof. Neuenhof mit ihren Arbeiten für das Magdeburger Vorhaben AUTOTECH-SKET voll im Trend. Das fand auch der wissenschaftliche Sekretär der Sektion Technologie Dr. Meber durch sein Studium nationaler und internationaler Fachzeitschriften bestätigt. Dank seiner Ausbildung bei den Professoren Kainzow und Neuenhof hatte er so viel Fachverständnis für die Produktionstechnik und ihre Rationalisierung durch Elektronische Datenverarbeitung erworben, dass er des Sektionsdirektors Weichtel persönliches Bemühen um die Förderung dieser Techniken an der Magdeburger Sektion Technologie der mvl mittlerweile als unzureichend, weil veralteten Vor- und Zielstellungen verhaftet, beurteilte.

Weichtels fachlich-strategischer Horizont reichte Mebers Dafürhaltens bis zur Beschaffung messtechnischer Geräte und Ausrüstungen aus westlichen Industrieländern und bis zum DDR-Schnittwertspeicher für die Teilefertigung in Maschinenbau-Betrieben. Meber hatte recht.

Es war eine Eigenheit von Volker Weichtel, eine Sache, eine Leistung oder eine Tat als gut oder schlecht zu beurteilen – in Abhängigkeit davon, ob ihm deren Erbringer sympathisch oder unsympathisch war, ob der einen Hauch von Genialität verströmte oder nicht, ob der Betreffende Weichtels kulturellen Neigungen (Literatur und klassische Musik, vor allem von Mozart) folgte oder nicht – und so weiter. Computer Integrated Manufacturing erachtete er in dessen Anfangsphase als eine Philosophie von Phantasten oder Spinnern auf dem Wissensgebiet Produktionstechnik. Eine ähnliche Meinung vertrat Weichtel für längere Zeit auch zu dem auf Maschinenbau-Betriebe und -Kombinate zugeschnittenen Konzept „Flexibel automatisiert und rechnerunterstützt arbeitender Betrieb des Jahres 2000“ (FARB 2000). Für dieses Konzept und daraus abzuleitende Arbeiten an der TH Magdeburg hatte Magnifizenz Kleber eine Expertise unter der Federführung von Prof. Heinz Neuenhof – in Weichtels Denkwelt von „Heinzi” – erarbeiten lassen. Wegen seiner persönlichen Einstellung zu „Heinzi" vermochte Volker Weichtel nicht, das Konzept FARB 2000 beispielsweise auf das SKL-Problem „Zylinderkopf-Fertigung für Dieselmotoren" zu adaptieren, obwohl er an der zu diesem Problem geführten Beratung des Gesellschaftlichen Rates der TH im VEB SKL Magdeburg teilgenommen hatte und sogar mit einem Diskussionsbeitrag aufgetreten war. So berieten Prof. Neuenhof und Dozent Lilienhain den Haupttechnologen und den Technischen Direktor des Kombinates SKL bei der Suche nach einer Lösung für das genannte Problem in fertigungstechnischer Hinsicht.

Darauf aufbauend, konzipierten und realisierten Ingenieure des SKL in den 1980er Jahren – in Eigen-Regie – eine automatisiert arbeitende Fertigungsstraße aus miteinander gekoppelten Fertigungszellen aus dem Export-Angebot der Werkzeugmaschinen-Firma WERNER/Berlin-Marienfelde. Die Fertigungsstraße war zu Beginn des Planjahres 1989 produktionswirksam – ein persönliches und betriebliches Husarenstück des Haupttechnologen Lothar Niederwald. Der war vom Fach her gar kein Maschinenbauer, sondern ein promovierter Physiker, der an der TH Magdeburg mehrere Jahre als Oberassistent tätig gewesen war. Außenstehende hatten ihn zu Anfang belächelt: „Er hat als Physiker keine Ahnung, worauf er sich mit dem Projekt 'Automatisierte Fertigungsstraße für Dieselmotor-Zylinderköpfe' eingelassen hat." Am Ende, im Frühjahr 1989, sagte Niederwald – voller Stolz, aber in aller Bescheidenheit: „Es soll später niemand behaupten können, alle Fertigungseinrichtungen in unserem Kombinat seien veraltet oder marode." Wie er und die Direktoren des Kombinates SKL die COMECON-Embargoliste zu umgehen vermocht hatten, verriet Niederwald seinen getreuen Beratern von der TH Magdeburg allerdings nicht. In den dem Kombinat SKL übergeordneten Instanzen wurde die Fertigungsstraße zu einem der „Leuchttürme im Maschinenbau der DDR" erklärt – ähnlich wie 16 Jahre zuvor das Fertigungssystem PRISMA II im VEB Werkzeugmaschinenbau-Kombinat FRITZ HECKERT in Karl-Marx-Stadt, zu dem Fachexperten aus aller Welt gewallfahrt waren.

Dr. Meber informierte sich eingehend über das Vorhaben „Zylinderkopf-Fertigung im SKL" und über die Unterstützungsleistungen von Neuenhof und Lilienhain. „FARB 2000-Projekte sollten über den Tisch des Sektionsdirektors gehen", drängte er Volker Weichtel. Er initiierte einige Problemberatungen mit Projekt-Bearbeitern und Industrievertretern. Nach einiger Zeit setzte Weichtel einen promovierten Mitarbeiter der Sektion als FARB 2000-Koordinator ein. „Detail-Arbeiten zu FARB und CIM sind nicht meine Aufgabe als Sektionsdirektor", meinte er. „Außerdem laufen an meiner Sektion Projekte wie der Schnittwertspeicher, Forschungen zur Bruchmechanik, zum Schweißen biologischen Gewebes und so weiter. Wo sollte ich da anfangen und wo aufhören?"

Dr. Meber und der FARB 2000-Koordinator spielten in der Hochschul-Sportgemeinschaft Fußball. An einem Trainingsabend beklagte sich der Koordinator bei Jäcki: „Der Sektionsdirektor zieht sich zu sehr aus FARB 2000 zurück. So, wie das seit einiger Zeit läuft, habe ich mir die Zusammenarbeit zwischen ihm und mir nicht vorgestellt. So war sie auch nicht vereinbart. Bei einigen Entscheidungen fehlt mir einfach die Kompetenz, die er als Sektionsdirektor besitzt."

„Bist noch nicht lange genug im Rennen", wiegelte Meber ab. „Du kommst schon noch auf den Trichter. Wart's ab!"

Prof. Horst Graßhauer wurde, wie er es sich seit langem gewünscht hatte, zum korrespondierenden Mitglied der Akademie der Wissenschaften der DDR berufen. Er wollte einer arbeitsmäßigen Überforderung seiner Person durch die neuerlichen Aufgaben entgehen. Deshalb ließ er sich von seinem Amt als stellvertretender Sektionsdirektor entbinden. In diesem Amt, schlug er vor, sollte ihm ein dienstjunger Hochschuldozent aus seinem Wissenschaftsbereich „Werkstoffkunde und Werkstoffprüfung" (WWW) nachfolgen. Der war ein Spezialist auf dem Gebiet der Bruchmechanik, aber mit CAD/CAM-Technik und CIM hatte er sich in seinem beruflichen Werdegang nur zur Kenntnis nehmend, dass es dergleichen gab, befasst. Graßhauer wollte gewährleistet sehen, dass sein ortsmäßig am Rande der Sektion liegender Wissenschaftsbereich auch künftig bei Beratungen und Beschlüssen der Sektionsleitung durch eine Person mit Mitspracherecht und Entscheidungsbefugnis vertreten sein würde. Prof. Weichtel hatte bislang gute Kontakte zu Prof. Graßhauer gepflegt und akzeptierte den Vorschlag des geschätzten WWW-Kollegen. Er glaubte, von einem solchen Nachfolger Graßhauers in der Sektionsleitung wie dem Vorgeschlagenen kaum Widerspruch zu seinen Plänen und Anweisungen erwarten zu müssen. Und das war ihm wichtig.

Jäcki Meber meinte, Nachfolger für Graßhauer in der Stellvertreter-Position müsste eine Persönlichkeit werden, die sich auf CAD, CAM und CIM verstand und die dem FARB 2000-Koordinator einen leitungsgemäßen Rückhalt bieten könnte. In diesem Sinne diskutierte er mit Prof. Weichtel mehrmals und mit zunehmender Heftigkeit – ohne Erfolg. Als ihn Weichtel fragte, wen er, Meber, denn als Nachfolge-Kandidaten zu nennen wüßte, wuchs Meber über sich hinaus: Er kämpfte allen Groll gegen seinen Doktor-Vater nieder und schlug Prof. Heinz Neuenhof vor. Da sagte Prof. Weichtel gar nichts mehr. Er schmauchte seine Tabakspfeife und nickte Meber zu, er könne gehen.

Meber, der Sport-Beauftragte der Hochschulgewerkschaftsleitung (HGL), suchte den 1. Vorsitzenden der HGL auf. Als solcher fungierte nebenamtlich der Direktor für Planung und Ökonomie der Hochschule. Die Männer sprachen über das Programm und die Finanzierung des diesjährigen Hochschul-Sportfestes. Für das Fest sollte auch die in den siebziger Jahren doch noch fertiggestellte Mehrzweck-Sporthalle der TH genutzt werden. Im Verlaufe des Gesprächs auch über andere Themen unterrichtete „Jäcki" den Vorsitzenden über die seines Erachtens kritikwürdige Leitung des Projektes FARB 2000 und über die beabsichtigte Neubesetzung der SD-Stellvertreter-Funktion, die bislang Prof. Graßhauer innegehabt hatte. Er tat dies im Vertrauen auf die langjährige einvernehmliche Partnerschaft mit dem HGL-Vorsitzenden und im Vertrauen auf dessen Verschwiegenheit – also nicht vorsätzlich oder nach der Devise „Herr Lehrer, ich weiß' was". Aber der HGL-Vorsitzende hatte zu einer anderen Angelegenheit keine Konformität mit dem Rektor erzielen können. Da kamen ihm Dr. Mebers Informationen sehr gelegen. Die verwertete er bei einer kurzfristig anberaumten Rücksprache bei Magnifizenz. Der Rektor vertrat die Positionen der Professoren Graßhauer und Weichtel. Er konnte dem Vorschlag des HGL-Vorsitzenden nicht entsprechen, alles nochmals zu bedenken, da er seine Entscheidung bereits getroffen und Weichtel und Graßhauer mitgeteilt hatte. Er beorderte Prof. Weichtel wegen der Meinungsverschiedenheit unverzüglich zu sich. Die drei Männer stritten miteinander. Der Hochschul-Buschfunk vermeldete schon kurze Zeit später, es gäbe an der Hochschule „Knatsch zwischen der 1. Leitungsebene und der Gewerkschaft". Den weitete Prof. Weichtel zu einem „Riesen-Knatsch" aus, indem er nach der Rückkehr von der missliebigen Audienz beim Rektor seinen wissenschaftlichen Sekretär in sein Dienstzimmer bestellte und ihm verkündete: „Genosse Doktor Meber, ich entpflichte dich hiermit und mit sofortiger Wirkung von allen Aufgaben, Pflichten und Rechten des wissenschaftlichen Sekretärs der Sektionsleitung Technologie. Bitte räume deinen Arbeitsplatz im Sektionssekretariat! Der Platz wird sehr kurzfristig von einem anderen Genossen eingenommen werden. Ihm übergibst du deine bisherigen Geschäfte. Bis dahin gewähre ich dir einige Tage Jahresurlaub. Für die Zeit ab Ersten des kommenden Monats such' dir ein anderes Betätigungsfeld! Mit mir gibt es deinerseits nichts weiter zu besprechen."

Nach diesem Rausschmiss wandte sich Meber beschwerdeführend an den Rektor. Er pochte auf seine Rechte gemäß „Gesetzbuch der Arbeit" der DDR, und er

dachte: 'Ich habe ihm als wissenschaftlicher Sekretär treulich gedient, als er der Direktor der Sektion Technologie war. Dafür soll er sich jetzt, als Rektor, zu meinen Gunsten revanchieren.'

„Wir wollen aus dem Missverständnis zwischen dem Sektionsdirektor Technologie und seinem Sekretär keine Hochschul-Affäre machen", sagte Prof. Kleber. „Wenn sich Professor Weichtel an seiner Seite einen anderen Mann als dich wünscht, ist das sein gutes Recht. Bleibt die Frage: Wo möchtest du weiterarbeiten – an unserer Hochschule oder in einem volkseigenen Betrieb?"

Dr. Jakob Meber überlegte nicht lange. Er entschied sich für einen Verbleib an der Technischen Hochschule und wollte zu gleichen finanziellen Konditionen wie als Sekretär auf seinem engeren Fachgebiet arbeiten – ab sofort, ohne Zwangsurlaub.

„Also Fertigungsprozessgestaltung – bei Professor Neuenhof, als Oberassistent. Und ihr vertragt euch?"

Kopfnicken.

Der Direktor für Kader und Qualifizierung, Harri Meister, regelte im Auftrag des Rektors „die Angelegenheit in personaltechnischer Hinsicht" mit dem Direktor für Planung und Ökonomie und mit den Professoren Weichtel und Neuenhof. Letzterer hätte die seiner Lehr- und Forschungsgruppe FP zugewiesene Oberassistenten-Planstelle gern mit einer anderen Person als mit Jäcki Meber besetzt. Aber Harri Meister sagte in einem Tonfall wie in alten Zeiten als HPL-Sekretär: „Du bekommst die Oberassistenten-Planstelle nur dann, wenn sie aus hochschulpolitischen Gründen mit Doktor Jakob Meber besetzt wird. Und wenn du dem zustimmst, entscheidet die Hochschulleitung zusätzlich positiv über den auf Eis liegenden Antrag von FP, Doktor Kästner auf eine Planstelle als Lektor zu setzen."

Einer solchen Regelung konnte der FP- und WFG-Leiter Prof. Neuenhof nicht widerstehen.

Es gibt Menschen, die lassen sich ohne Gegenwehr, im Interesse des Großen und Ganzen, eine für sie gefährliche Natter an die Brust setzen. Zu solchen Menschen zählte Heinz Neuenhof.

5

Vor Jahren schien es so: Magnifizenz Prof. Kleber hätte es lieber gehabt, dass allein der Wissenschaftsbereich Montage- und Fügetechnik (WMF) der Sektion Technologie der Freundschaftsvertrags-Partner des Lehrstuhls AM-3 der MWTU „N. E. Bauman" Moskau geworden wäre und dass die Lehr- und Forschungsgruppe FP des WFG bestenfalls hin und wieder an Freundschaftsvertrags-Aktivitäten des WMF hätte partizipieren können. Durch Prof. Neuenhofs Initiative und Bemühungen noch zu dessen Prorektorenzeit und durch das fulminante Mitwirken des Hochschuldozenten Dr. Horst Lilienhain bei der Gestaltung und Realisierung der partnerschaftlichen Arbeitspläne FP/AM-3 war es gerade andersherum gekommen, als von Kleber gedacht. Die wechselseitigen Studien- und Vortragsreisen von Hochschullehrern und wissenschaftlichen Mitarbeitern der Kollektive FP und AM-3 waren in deren Jahres-Arbeitsplänen fest vereinbarte Vorhaben. Der Dogowor FP/AM-3 führte zu persönlichen Freundschaften. Er hatte bei allen bestehenden und noch zu knüpfenden Beziehungen zu Partnern in anderen Ländern immer das Primat. So entsprach Auslandsarbeit in Arbeitskollektiven der DDR den Vorstellungen der Parteiführung der SED und der Parteileitungen aller Hierarchieebenen. Das war „die Linie der Partei". So sollten Beiträge erbracht werden, den „Bruderbund DDR/UdSSR" immer fester zu knüpfen.

Das hatten die Hochschullehrer und die meisten wissenschaftlichen Mitarbeiter der Lehr- und Forschungsgruppe FP begriffen und zu einer der „Leitlinien ihres Handelns" gemacht. „Zuerst die Sowjetunion, dann die anderen!" Anders wurde man als normal Sterblicher in der DDR kein NSW-Reisekader.

Dass auch Siegbert Täuscher diese „Leitlinie" begriffen hatte, bezweifelten die meisten SED-Genossen des WFG. Auf jeden Fall hatte er sie sich zueigen gemacht. Den Anstoß dazu hatte sein Gönner, Prof. Volker Weichtel, noch vor Einreichung des Berufungsantrages für Täuscher beim MHF gegeben: „Siegbert, du bist ein halbes Jahr in Charkow, in der siegreichen Sowjetunion, gewesen. Mach' was daraus für deine Zukunft und blicke dabei nach Osten und nach Westen!"

Täuscher wollte und sollte Professor für Abspantechnik werden – ohne Praxis-Einsatz als leitender Ingenieur in einem Betrieb. Um sich gesellschaftspolitisch zu profilieren, übernahm er als „fortschrittlicher Parteiloser" den Vorsitz der Hochschulgruppe für deutsch-sowjetische Freundschaft (DSF).

1976, zur 3. PROLAMAT-Konferenz in Stirling/Schottland, hatte Prof. Neuenhof diese „Leitlinie" noch nicht tief genug verinnerlicht. Das Ministerium für Hoch- und Fachschulwesen verwehrte ihm die Teilnahme an der Konferenz mit der Begründung, er sei als Erster Prorektor Geheimnisträger (VVS, GVS) und solle nicht der Gefahr der „Geheimnis-Abschöpfung durch den Klassenfeind" ausgesetzt werden. Es erging ihm also zunächst nicht besser als Prof. Bökemeyer von der TH-Sektion 8. Ihm hatte Neuenhof als amtierender Rektor die Ablehnung eines Tagungsbesuches im NSW erläutern müssen. Anstatt daraus die von Neuenhof angeratenen Schlussfolgerungen zu ziehen, hatte sich Bökemeyer empört und aufgeregt – über die Hochschulleitung der TH und über das MHF, also letztlich über die Reisepolitik der DDR-Regierung generell. Der unflexible Prof. Bökemeyer schmollte bis in die 1990er Jahre hinein.

Prof. Neuenhof bemühte sich, der gewünschten „Leitlinie" zu entsprechen. Auf diese Weise konnte er, wie 1973 in Budapest/VR Ungarn begonnen, als Vortragender ab der Nummer 4 (1979: Ann Arbor, Michigan/USA) an allen weiteren PROLAMAT-Konferenzen der IFIP und IFAC teilnehmen (1982: Leningrad/UdSSR, 1985: Paris/Frankreich, 1988: Dresden/DDR) – auch oder erst recht nach der Abgabe seiner Prorektor-Funktion. Heinz Neuenhof wurde ermöglicht, Anfang der 1980er Jahre das Institut für Werkzeugmaschinen und Fertigungstechnik (IWF) der Technischen

Universität Berlin-West zu besuchen, seinerzeit in der Fasanenstraße in Charlottenburg etabliert, und sich mit dessen Direktor, Prof. Dr.-Ing. Drs. h.c. Günter Rups, persönlich bekanntzumachen. Das war, wie manche Zeitgenossen es ausgedrückt hätten „ein Treffen zweier versierter Produktionstechniker auf Augenhöhe". Jeder der beiden wusste über den anderen Bescheid. Prof. Rups sagte seinem Gast aus Magdeburg: „Jedesmal, wenn ich auf der Autobahn A2 an der neuen Silhouette von Magdeburg vorüberfahre in Richtung VW oder zu den noch weiter entfernten Autobauern der BRD, wünsche ich mir, wir – das neue Produktionstechnische Zentrum Berlin, kurz: das PTZ – und Ihre Technische Hochschule könnten mit großen Magdeburger Betrieben und Kombinaten des Maschinenbaus gemeinsam kooperieren, moderne Fertigungstechnik installieren. Dafür würde ich mir gern manche zeitaufwändige Autofahrt nach Baden-Württemberg oder Bayern ersparen."

Die beiden Professoren tauschten von ihnen herausgebrachte Fachbücher aus. Prof. Rups lud den Magdeburger zum Produktionstechnischen Kolloquium 1983 (PTK '83) ein. „Wenn Sie kämen, würden Sie einer meiner Ehrengäste sein. Ich lade auch den Rektor der TH Karl-Marx-Stadt und Prof. Nedlich von der TU Dresden ein. Ihnen allen möchte ich einen Einblick in unseren PTZ-Neubau-Komplex am Berliner Spreebogen gewähren."

Für die Teilnahme am PTK '83, für Tagungsgebühren, brauchten die drei DDR-Wissenschaftler bei ihrem zuständigen Ministerium keine sogenannten harten Devisen zu beantragen. Sie verursachten für die Fahrt von Berlin-Friedrichstraße bis S-Bahn-Station Westkreuz, hin und zurück pro Person lediglich Kosten für je ein S-Bahn-Ticket, das in Berlin-Friedrichstraße in DDR-Währung gelöst werden konnte; die Berliner S-Bahn war Teil des DDR-Großunternehmens DEUTSCHE REICHSBAHN und verkehrte als preisgünstiges Nahverkehrsmittel sowohl in der Hauptstadt der DDR als auch in Berlin-West.

Mit dem PTZ Berlin, der Einheit von Institut für Werkzeugmaschinen und Fertigungstechnik der TU Berlin-West (IWF) und Fraunhofer-Institut für Produktionsanlagen und Konstruktionstechnik (IPK), unter der Leitung von Prof. Rups, war hinsichtlich der personellen Besetzung, der materiell-technischen Ausstattung, der konzeptionellen Anlage und der architektonischen Gestaltung des Ganzen eine leistungsfähige, moderne, in Europa hervorragende Forschungs- und Lehr-Einrichtung der Produktionstechnik von zu erwartender Weltgeltung geschaffen worden. Nach dem von Prof. Rups geführten Rundgang durch das PTZ waren sich der Direktor des Großforschungszentrums des Werkzeugmaschinenbaus (GFZ) Karl-Marx-Stadt, der Rektor der THK und die Professoren Nedlich und Neuenhof einig in der Auffassung, um im internationalen wissenschaftlichen Wettbewerb seitens der DDR mithalten zu können, bedurfte es hinsichtlich dessen, was die Vorzüge des PTZ ausmachte, kurzfristig höchster und koordinierter Anstrengungen des GFZ, der Universitäten und Hochschulen, der Akademie der Wissenschaften der DDR und der Ministerien für Wissenschaft und Technik (MWT) sowie für Hoch- und Fachschulwesen (MHF).

Nachdem Prof. Neuenhof an die TH Magdeburg zurückgekehrt war und in einer Vollversammlung des WFG über das PTK '83 und über das PTZ Berlin-West berichtet hatte, beriet er intern mit Horst Lilienhain und Werner Kästner über eine mögliche Zusammenarbeit der Lehr- und Forschungsgruppe FP oder sogar des WFG mit den West-Berlinern. Die einhellige Meinung der beiden Mitarbeiter: „Professor Rups und sein Produktionstechnisches Zentrum sind sowohl für FP als auch für den WFG mindestens eine Nummer zu groß. Tja, wenn du noch Prorektor wärst, Prorektor für Wissenschaftsentwicklung beispielsweise, aber bei deinen derzeitigen Möglichkeiten ..."

Ihre Bedenken und letztlich ihre Ablehnung akzeptierte Neuenhof. Er beließ es bei persönlichen Kontakten insbesondere zu Prof. Rups und bei gegenseitigen Informationen über wissenschaftliche Arbeiten in Magdeburg und in Berlin.

Beim abendlichen Treffen der Veranstalter des PTK '83 mit Konferenzteilnehmern und anderen Gästen hatte Prof. Neuenhof mit den Ordinarien für Fertigungstechnik der Technischen Hochschulen Aachen und Dortmund und der Universität Hannover an einem Tisch gesessen. Der Hannoveraner, Direktor des Instituts für Fertigungstechnik und Spanende Werkzeugmaschinen (IFW), hatte sich interessiert gezeigt an den wissenschaftlichen Arbeitsfeldern der Magdeburger Sektion Technologie und speziell des WFG und an arbeitsmäßigen Kontakten zwischen den Ordinarien und wissenschaftlichen Mitarbeitern seines Instituts und des WFG der TH Magdeburg. Bei den drei Arbeitsfeldern in der Forschung des IFW, die je einer Abteilung des Instituts zugeordnet waren, sah Prof. Neuenhof Möglichkeiten für die Kooperation des WFG mit dem IFW zu dem Themenkomplex „Einsatz von Rechnern zur Planung und Steuerung in der Fertigung", zu dem eine Arbeitsgruppe des IFW an einem umfangreichen System der automatischen Arbeitsplanung arbeitete – ähnlich wie der Magdeburger WFG/FP an dem Rationalisierungsvorhaben AUTO-TECH-SKET. Eine Informationsreise von Prof. Neuenhof ergab: Hinsichtlich der Zahl wissenschaftlicher Mitarbeiter und des Bestandes an Maschinen und Geräten im Versuchsfeld und in der Instituts-Werkstatt war das IFW dem WFG und K-Bereich der THM leicht, bei der Ausstattung mit Rechnern und peripheren Geräten deutlich überlegen. Wie man das auch werten wollte – Horst Lilienhain warnte: „Wir dürfen uns hinsichtlich Auslandsverpflichtungen nicht übernehmen!" Heinz Neuenhof erwog die Zusammenarbeit mit dem Hannoverschen IFW.

Adolf Bauer, ordentlicher Professor für Umform- und Zerteiltechnik und Leiter der gleichnamigen Lehr- und Forschungsgruppe des WFG (WFG/UZT), mit dem sich Neuenhof gut verstand, sagte ermunternd: „Es wäre gut, wenn ihr FP'ler an der Uni Hannover mitmachtet. Wir kontaktieren bereits mit dem dortigen Institut für Umformtechnik und Umformmaschinen."

„Daraus ließe sich mehr machen, als dass man sich gegenseitig zu wissenschaftlichen Kolloquien im kleinen Teilnehmerkreis besucht. Übrigens habe ich gehört, im Wissenschaftsbereich Betriebsgestaltung unserer Sektion gibt es Bestrebungen zum Institut für Betriebsanlagen der Uni Hannover (IPA)."

„Da wären wir unsererseits zu dritt in Hannover aktiv. Wir drei sollten bei unserem Sektionsdirektor vorstellig werden. Er soll uns für unsere Vorhaben grünes Licht bei der Hochschulleitung und beim MHF verschaffen."

Sektionsdirektor Weichtel reagierte zögerlich. „Habt ihr mit euren Verpflichtungen in der SU und ČSSR, in Polen und Ungarn nicht genug um die Ohren?"

Bauer, Neuenhof und der Betriebsgestalter wandten sich mit ihrem Anliegen an Magnifizenz Kleber. Der wollte sich, ehe er entschied, beim MHF absichern. Er telefonierte mit dem stellvertretenden Minister Harry Petras. Das traf sich günstig. Petras und Prof. Kainzow, nunmehriger Stellvertreter des Ministers für Wissenschaft und Technik, arbeiteten an einer Vorlage ihrer Minister für den Ministerrat der DDR, eine Erweiterung der Wissenschafts-Kooperation zwischen der DDR und der BRD betreffend. Wegen dieser Vorlage hatten die beiden vorklärende Gespräche mit der Abteilung Wissenschaften des ZK der SED geführt. So konnte Petras auf Klebers Anfrage entscheiden: „Lass deine drei Technurgen ihre Sache mit den Hannoveranern machen! Es spielt uns in die Karten, wenn Bundesminister Doktor Riesenhuber von unten, von der Basis her, Dampf im Kessel gemacht kriegt."

Wissenschaftler der Bundesrepublik Deutschland, die auf den Fachgebieten Fertigungstechnik und Werkzeugmaschinenkonstruktion und -einsatz arbeiteten, pflegten ihre Kollegenschaft in der Hochschulgruppe Fertigungstechnik (HGF), einem freiwilligen Zusammenschluss der Fachexperten. In der HGF warb Prof. Rups für Magdeburg: „An der Technischen Hochschule sind junge, leistungsfähige, dynamische Leute auf dem Gebiet der Produktionstechnik am Werke. Wir sollten uns näher mit ihnen und ihrer Wirkungsstätte bekannt machen. – Magdeburg ist das Zentrum des Schwermaschinen- und Anlagenbaus der DDR mit Großbetrieben, sogenannten Kombinaten, im Stadtgebiet und in der näheren Umgebung der Stadt, und die Stadt liegt geographisch, fast mittig, auf der Linie Berlin – Hannover – Autobahnstrecke! Diese Gegebenheiten sollten wir kooperativ für die Verwertung unserer Forschungsergebnisse auch in Magdeburger Betrieben nutzen. – Dem Vernehmen nach strebt die TH mit Aussicht auf Erfolg den Status einer Technischen Universität an. Verbunden mit dem Status-Wechsel soll es eine Rektor-Neuwahl geben. Einer der Kandidaten für die Neubesetzung des Rektor-Amtes soll, wie ich erfuhr, eine uns Berlinern und Hannoveranern gut bekannte Persönlichkeit sein. Fahren wir hin, nach Magdeburg! Machen wir uns ein Bild vor Ort!"

1985 veranstaltete der WFG der Sektion Technologie der TH Magdeburg unter der wissenschaftlichen und organisatorischen Leitung von Prof. Dr. Neuenhof seine 3. Fachtagung „Gestaltung von Fertigungsprozessen im Maschinenbau" mit internationaler Beteiligung. Auf dieser Fachtagung demonstrierten alle Lehr- und Forschungsgruppen des WFG national und international beachtenswerte wissenschaftliche Leistungen sowohl auf ihrem speziellen Arbeitsfeld als auch in der Kooperation mit anderen für die Produktionstechnik relevanten Fachgebieten und Forschungspartnern. Die zweitägige Fachtagung wurde am ersten Tag im Plenum der cirka 500 Tagungsteilnehmer – vornehmlich aus der Industrie – und anschließend in fünf Fachsektionen durchgeführt. Im Plenarteil, vor der beeindruckenden Kulisse des bis auf den letzten Klappsitz besetzten großen Hörsaals 5 der THM, referierten auch die Direktoren des IFW und des IFUM der Universität Hannover und – in Vertretung für Prof. Rups – der Zweit-Professor des PTZ Berlin. Sie folgten also der von Prof. Rups in der HGF gegebenen Empfehlung, sich vor Ort über die TH Magdeburg insgesamt und über den WFG im speziellen zu informieren.

Zum Abend des ersten Konferenztages hatten die Veranstalter und der Rektor der TH Magdeburg die Referenten und Gäste der Fachtagung zu einem zwanglosen geselligen Treffen in das Café des Magdeburger Klosters „Unser lieben Frauen", ganz in der Nähe des altehrwürdigen Doms der Stadt, geladen.

Dem Rektor und dem Tagungsleiter, die beieinander standen, wurden anerkennende Worte allein schon zum gelungenen Plenar-Teil zuteil. Der Direktor des IFW ließ sich von Heinz Neuenhof dem Rektor vorstellen. „Ich freue mich, hier zu sein – nach nur etwas mehr als zwei Stunden Anreisezeit mit dem Privat-PKW von Hannover nach Magdeburg. Wissen Sie, bei uns werden grausige Geschichten über den Grenz-Übertritt in Marienborn erzählt – der reinste Horror. Nichts davon ist mir passiert und meinem Kollegen vom IFUM auch nicht. Aber selbstverständlich sind bei einer Grenz-Überschreitung von einem Staat in einen anderen Formalitäten abzuwickeln. Das ist in Marienborn nun mal so – leider ... unser deutsches

Schicksal." Er verwies darauf – dabei zugleich die Informiertheit und Meinung des Rektors über die begonnene Kooperation der TH Magdeburg mit der Uni Hannover erforschend –, dass eine effektive Zusammenarbeit nicht unwesentlich von gegenseitigen persönlichen Kontakten und Besuchen abhänge.

Prof. Kleber entgegnete: „Wir an unserer Hochschule sowieso, aber wie ich informiert wurde, auch unsere Behörden bemühen sich um vereinfachende und daher bessere Regelungen für den gegenseitigen dienstlichen Reiseverkehr."

Einige Referenten für den Folgetag verabschiedeten sich von Kleber und Neuenhof frühzeitig mit der Begründung, sie hätten, unter dem Eindruck des ersten Konferenztages stehend, am Manuskript ihres Vortrags noch zu „feilen" und „nachzubessern". Der Rektor fragte Neuenhof leise, vertraulich: „Woher kommen sie? Was denken sie, wo sie sind – in Magdeburg: in der Zone? Dachten sie, für uns würden ein paar Schnipsel in einem DIN A5-Briefumschlag, ein paar Ausschnitte aus Fachzeitschriften und anderswo schon gezeigte Polylux-Folien reichen?"

Die Tagungsveranstalter zeigten ihren Gästen alles, was sie für ihre wissenschaftliche Arbeit zur Verfügung hatten. Ihre kärglichen, vom Kombinat SKET geliehenen Kleinrechner nahmen sie davon aus. Sie begründeten dies mit der TH-internen Konzentration leistungsfähiger Rechentechnik in einer eigenständigen Sektion, für die gesonderte Sicherheitsbestimmungen gelten würden. Die ordentlichen Professoren der Universität Hannover und der TU Berlin-West wölbten die Lippen und blinkerten einander zu. Aber sie setzten nach der Tagung die Kooperation mit dem WFG/FP, WFG/UZT und dem WBG verstärkt in Gang.

Am Ende – ab Jahresbeginn 1989 – arbeiteten die Partner WFG/FP und IFW/Uni Hannover auf vertraglicher Basis im Auftrag der VOLKSWAGEN-Stiftung gemeinsam und gleichberechtigt an fertigungstechnischen Grundlagen und rechentechnischen Implementierungen für automatisierte Arbeitsvorgangs- und Arbeitsvorgangsfolge-Ermittlungen zur spanenden Teilefertigung; die Partner WFG/UZT und IFUM/Uni Hannover nutzten gemeinsam, jeder beim andern und die eigenen Ressourcen ergänzend, Maschinen und Labor-Ausrüstungen. Und in dieser Phase wurde Prof. Adolf Bauer in einem Ingenieur-Kollektiv des VEB IFA-Automobilbau Ludwigsfelde für das Explosiv-Umformen von Hinterachs-Brücken des Lastwagens W 50 und des Zugtraktors ZT 300 mit dem Nationalpreis der DDR ausgezeichnet; und dem Partner des WBG, dem Direktor des IPA/Uni Hannover, wurde von der Fakultät für Technische Wissenschaften des Wissenschaftlichen Rates der TU Magdeburg die Ehrendoktor-Würde zuerkannt.

Die DDR-Ministerien MWT und MHF und das Bundesministerium für Wissenschaft und Technologie der BRD hoben in den 1980er Jahren die Wissenschafts-Kooperation auf dem Arbeitsfeld „Produktionstechnik" in einen höheren Rang, als ihn die sporadisch zustandegekommene Zusammenarbeit einzelner Universitäts- und Hochschul-Institute und -Bereiche hüben und drüben zu erreichen vermochte. DDR-seitig wurde dafür das Großforschungszentrum des Werkzeugmaschinenbaus (GFZ) Karl-Marx-Stadt als Träger, Organisator und Koordinator nominiert und beauflagt, Universitäts- und Hochschul-Bereiche, mit denen das GFZ auf vertraglicher Grundlage Forschungsbeziehungen unterhielt, in die gesamt-deutsche Wissenschafts-Kooperation zur Produktionstechnik einzubeziehen. Die TH und spätere

TU Magdeburg, vor allem die Wissenschaftsbereiche Fertigungsgestaltung (WFG) und Betriebsgestaltung (WBG), war, ähnlich wie beispielsweise die TU Dresden und die TH Karl-Marx-Stadt, Forschungsauftragnehmer des GFZ. Also war die THM in die ranghöhere gesamt-deutsche Zusammenarbeit einbegriffen. Zum Beauftragten der THM bestimmte der Rektor der Hochschule in Abstimmung mit dem GFZ Prof. Dr. Neuenhof.

Die Experten aus beiden deutschen Staaten kamen wechselweise hüben oder drüben zusammen: im PTZ Berlin, in Karl-Marx-Stadt, in Hannover. Sie informierten einander über abgeschlossene und begonnene Forschungsarbeiten in ihren Einrichtungen, über dabei entwickelte Vorgehensweisen, aber auch über aufgetretene Hemmnisse und Misserfolge.

Schwerpunktmäßig und heftig wurde darüber debattiert, wie solle der Maschinenbau-Betrieb der nahen Zukunft, etwa im Jahre 2000, produzieren und wie müsse er dementsprechend produktionstechnisch gestaltet werden. Solche Diskussionen und Lösungsvorschläge erbrachten zweifelsohne Anregungen und Erkenntnisgewinn für das Magdeburger Vorhaben FARB 2000. Prof. Neuenhof tat sein Möglichstes, dahingehend im WFG, in der Sektions- und Hochschulleitung, im Wissenschaftlichen Rat, in der Hochschul-/Universitäts-Parteileitung und beim Forschungspartner SKET wirksam zu werden.

Nach 1985 wurden die Zusammenkünfte der Experten aus der DDR und der BRD durch Arbeitstreffen wissenschaftlicher Mitarbeiter und Assistenten beider Seiten ergänzt. Den Abschluss solcher Treffen bildete meistens ein geselliger Teil. Als der WFG ein solches Treffen in einem FDGB-Ferienheim in Möser, nahe Magdeburg, ausrichtete, wurde neben anderen Mitarbeitern auch der inzwischen promovierte Willi Pollner in die Vorbereitung und Betreuung des Treffens einbezogen. Pollner war mit seinem Privat-PKW, einem TRABANT 601, nach Möser gefahren. Dort baten ihn Mitarbeiter des IFW Hannover inständig, er möge sie „einmal im Leben, nur ein kurzes Stück“, mit dem „Volkswagen der DDR“ probeweise fahren lassen. Pollner, der sich als Gewerkschaftsvertrauensmann des FDGB auf derlei „Wünsche von Werktätigen“ verstand, kam der an ihn gerichteten Bitte lachend nach. Er war froh, dass er vor der Fahrt nach Möser sein Fahrzeug vollgetankt hatte.

Sehr zum Bedauern der Betroffenen und ihres Wissenschaftsbereichsleiters Neuenhof wurden Hochschuldozent Horst Lilienhain und Lektor Werner Kästner, beide Genossen der SED, als NSW-Reisekader nicht bestätigt. Damit ergab sich das Kuriosum: Beide, Neuenhofs vertrauenswürdigste Mitarbeiter, durften zwar Gäste und Fachkollegen aus nichtsozialistischen Ländern „betreuen" – wie beim deutsch-deutschen Mitarbeiter-Treffen in Möser –, aber zum Gegenbesuch nach Hannover, nach Ludwigsburg oder anderswohin durften sie nicht mitreisen. Von jedem der beiden lebte Verwandtschaft ersten Grades in West-Deutschland. Bei Lilienhains war das schon vor der Gründung der beiden deutschen Staaten im Jahre 1949 der Fall gewesen. Zu diesen Verwandten pflegten Lilienhains und Kästners postalische und bei DDR-Besuchen der West-Deutschen sogar persönliche Kontakte. Unter solchen Bedingungen sahen die zuständigen Behörden der DDR eine erhöhte Gefahr der „Abwerbung von DDR-Bürgern in den Westen". Also wurde gemäß Reisebestimmungen der DDR die Reisetauglichkeit fürs NSW untersagt.

Sie saßen zu fünft an einem Vierer-Tisch in der Mensa: die Professoren Adolf Bauer und Heinz Neuenhof, ein Dozent aus der Lehr- und Forschungsgruppe WFG/UZT, Horst Lilienhain und Werner Kästner. Sie hatten ihre Mittagsmahlzeit eingenommen. Nun rührten sie friedfertig, wenngleich verständnislos und leicht verärgert, mit Plastelöffeln in ihren Kaffeetassen herum, als solle sich darin viel Zucker auflösen.

„Ich weiß nicht, wer über euch derartige Entscheidungen trifft.", sagte der UZT-Dozent. „Wir hier am Tisch sind alle in der gleichen Partei; nirgends, weder in der Parteigruppe noch in der APO-Versammlung, wurde über euren Antrag diskutiert oder gar abschlägig entschieden."

Bauer winkte ab. „Solche Entscheidungen werden nicht öffentlich getroffen."

„Wenn das so sein soll … Dennoch: Wir haben Werner unser Vertrauen ausgesprochen und ihn zum APO-Sekretär für den K-Bereich unserer Sektion gewählt. Aber andere wollen, wenn es um West-Reisen geht, besser über ihn Bescheid wissen als wir? Das kann doch wohl so nicht in Ordnung sein."

Kästner sagte: „In der Aussprache beim Kaderdirektor wurde mir empfohlen, jegliche Kontakte zu meinem großen Bruder in Essen abzubrechen. Dann könnte ich – als Ausnahmefall – als Reisekader vielleicht anerkannt werden. Aber erahnt ihr, was meine Mutter mit mir anstellt, wenn ich mich von meinem Bruder quasi lossage?"

Horst Lilienhain und Familie wohnten mit dem verwitweten Vater in einem Haus in Magdeburgs Neuer Neustadt zusammen. „Mein Vater schmeißt in einem solchen Fall mich und meine Familie kurzerhand 'raus."

Adolf Bauer schüttelte den Kopf. „Ich verstehe nicht, was ihr habt. Meine Schwiegermutter wohnt seit Jahr und Tag drüben. Weil wir bei uns zu lange auf ein Auto hätten warten müssen, hat sie drüben einen gebrauchten BMW gekauft und uns unter der Bedingung geschenkt, dass wir sie per PKW öfter besuchen. An diese Bedingung halten wir uns. Und zum IFUM in Hannover fahre ich per PKW oder Bahn, wann immer es in dienstlichem Interesse liegt oder erforderlich scheint."

Kästner grinste. „Du als Professor und Nationalpreisträger genießt Sonderrechte. Mit dir kann sich unsereiner nicht vergleichen."

Bauer missfiel Kästners Reaktion auf seine Bemerkung. Er wandte sich Neuenhof zu. „Du bist Mitglied der HPL. Bring' doch das Problem in einer eurer Sitzungen zur Sprache!"

Dieser Aufforderung folgte Heinz Neuenhof bei nächstbester Gelegenheit. Er verabsäumte allerdings, den HPL-Sekretär vor der entsprechenden HPL-Sitzung zu informieren, dass er unter dem Tagesordnungspunkt „Verschiedenes" zu einer „klärenden Diskussion" über Reisefreiheit in der DDR, Erteilung von Ausreisegenehmigungen aus der DDR und Auswahl und Bestätigung von NSW-Reisekadern auffordern würde, weil es hierzu unter vielen Hochschulangehörigen Unkenntnis oder unzutreffende Informationen, aber auch Verärgerung und Forderungen an die Staatsführung gab, derzeitige Regelungen zu verändern – im Sinn einer Anpassung an Veränderungen in der deutsch-deutschen und internationalen Politik, wie sie sich mit dem Auftritt von Michail Gorbatschow auf der politischen Weltbühne und mit seinem Credo „Glasnostj und Perestroika" ergeben hatten.

Anfangs fragte Harri Meister naserümpfend nach der Notwendigkeit und nach dem Sinn und Ziel einer solchen Diskussion: Die Linie der Partei sei klar vorgegeben, und es gäbe an der Hochschule keine Veranlassung, von ihr abzurücken.

Ein Genosse aus der Sektion Maschinenbau verwies auf die Hochschuldozentin Julia Benkert. Jahrelang sei die verheiratete Frau und Mutter über alle Möglichkeiten und Stufen der staatlichen Frauenförderung gehievt worden, habe promoviert und unter Inanspruchnahme mehrerer Freistellungen vom Dienst ihre Dissertation B angefertigt und verteidigt. Sie habe als Musterexemplar in der Riege der „fortschrittlichen Parteilosen" an der Hochschule gegolten und sei ohne Praxis-Einsatz nach dem Studium oder nach ihrer zweimaligen Promotion zur Hochschuldozentin berufen worden. Dann habe man sie als NSW-Reisekader eingestuft. Und schon bei ihrer ersten West-Reise zu einer Fachtagung in Dortmund sei sie nicht in die DDR zurückgekehrt.

Harri Meister winkte ab. „Ein Einzelfall."

Proteste einiger HPL-Mitglieder.

Harri Meister erboste sich. „Leider werden unser Bemühen und unser Vertrauen von manchen Leuten missbraucht."

Der Genosse aus der Sektion Maschinenbau sagte: „Unter uns Genossen der Sektion war bekannt, Jutta Benkerts Ehe war zerrüttet. Sie hat sich vogelfrei gefühlt, als sie nach Dortmund reisen durfte. Warum ..."

Der Direktor der Sektion Marxismus-Leninismus unterbrach den Redner: „Ich verstehe nicht, wieso wir unter dem Tagesordnungspunkt 'Verschiedenes' den 'Fall Julia Benkert' aufrollen."

Harri Meister nickte. „Der Einwand ist berechtigt."

Ehe Helmut Krüger die Debatte abbrechen konnte, sagte Neuenhof: „...weil bei uns bei der Auswahl von NSW-Reisekadern nach unterschiedlichen Maßstäben entschieden wird.“ Er nannte die Namen von Lilienhain und Kästner. „Offensichtlich sind wir gegenüber eigenen Genossen misstrauischer als gegenüber solchen Zeitgenossen wie Julia Benkert.”

Dagegen, misstrauisch zu sein, verwahrten sich Krüger und Meister unisono.

„Wir brauchen es ja nicht 'misstrauisch' zu nennen“, sagte einer aus der Sektion 7, die spaßeshalber,von Studenten und Mitarbeitern gleichermaßen PUV genannt wurde – PUV hinten mit „V“, nicht etwa... – als Abkürzung für „Pumpen und Verdichter“. „Ich meine, wir sollten allesamt wachsamer sein. Wissen wir Genossen beispielsweise über die Ausreisewilligen unter den Hochschullehrern, Mitarbeitern und Studenten unserer TH für eine offensive Parteiarbeit in dieser Frage ausreichend Bescheid?”

„Es ist nicht nötig, dass darüber alle Bescheid wissen. Mit den Ausreisewilligen beschäftigen sich die Genossen vom ‚KONSUM'.”

Wieder Proteste einiger Sitzungsteilnehmer.

Der Genosse aus der Sektion PUV sagte: „Seit mehreren Jahren sitze ich mit einem unserer Versuchsfeld-Techniker in einem Zimmer – mit einem ruhigen, ausgeglichen erscheinenden Kerlchen, verheiratet, keine Kinder. Von ihm habe ich immer angenommen: 'Den Mann kenne ich gut. Der tut keiner Fliege was zuleide.' Neulich hatte er einen schlechten Tag. Am Zeichenbrett, auch am Schreibtisch bei irgendwelchen Berechnungen wollte ihm nichts gelingen. 'Na, war wohl spät geworden gestern Abend, wie?', fragte ich. Er sah mich an, als wolle er prüfen, ob ich etwas Genaueres wüsste. Ich klopfte auf den Busch: 'Wenn man sich donnerstags trifft und ins Gespräch kommt und wenn es dann spät wird, wünscht man sich für den Freitag keine anstrengenden Arbeiten.' Er fragte: 'Hast mich wohl gesehen?' Ich lächelte ihn an, sagte weder JA noch NEIN. 'Ist ja auch nicht schlimm', sagte er. 'Ich bin da zufällig hineingeraten.'“

Im Magdeburger Dom fanden donnerstags seit 1983 Gebete fur Ausreisewillige statt. „Unser Versuchsfeld-Techniker war ganz angetan davon: 'Pfarrer Giselher Quast macht die Zusammenkünfte so ansprechend, dass an den Gebeten immer mehr Leute teilnehmen – nicht nur Ausreisewillige, sondern auch Alkoholiker, Homosexuelle und solche, die mit irgendeinem Problem in ihrem Alltag nicht zurechtkommen. Komm doch mal mit! Hör' dir das an, ehe du dich vor deinem Fernseher bei der AKTUELLEN KAMERA langweilst!' So läuft das mit den frommen Brüdern und Schwestern im Dom: Gebete für Ausreisewillige und Unzufriedene. Und wie, Genossen, läuft es bei uns? Wir agitieren die Betreffenden, sie mögen in der DDR bleiben, bitte, und mit uns gemeinsam für den Sieg des Sozialismus kämpfen.”

„Was sonst?“, fragte Harri Meister gereizt.

Prof. Neuenhof sagte: „Eine Alternative: Wir sollten die Ausreisewilligen gen Westen ziehen lassen. Lieber 14 oder nur 12 Millionen Einwohner in der DDR, die sich zu ihrem Staat bekennen, als 17 Millionen, unter denen sich Zehn- oder Hunderttausende Querulanten, Wunschträumer oder gar Feinde des Sozialismus befinden. Sollen die angehimmelten Brüder und Schwestern im wohlhabenden Westen doch alle diejenigen aus der DDR, die sich nach dem westlichen Paradies sehnen, mit Freuden bei sich aufnehmen und mit ihnen teilen, was sie sich in Zeiten ihres Wirtschaftswunders geschaffen haben! Dann brauchen sie vielleicht weniger ‚Notleidende im Osten' mit Päckchen mit RAMA-Margarine, mit abgetragenen Textilien, mit MAGGI-Suppenwürfeln und zu Tante Emmas Geburtstags-Kaffeekränzchen mit ‚echter Bohne' zu beglücken. Diejenigen, die hier, in unserem Lande bleiben und den Sozialismus haben wollen, ersparen sich fruchtlose Diskussionen mit Unwilligen und manch anderes; sie können alle ihre Kräfte für die neue Gesellschaftsordnung einsetzen. Schauen wir auf das kleine Kuba! Fidel Castro lässt diejenigen, die im sozialistischen Kuba nicht leben wollen und in ungeeigneten Booten und Badewannen illegal nach Florida zu gelangen versuchen, mit hochseetauglichen kubanischen Schiffen offiziell ins gelobte Land, die USA, übersetzen."

Es wurde still im HPL-Sitzungszimmer. Erst nach einer Weile sagte der Direktor der Sektion Marxismus-Leninismus: „Was wir soeben vernommen haben, zeugt meines Dafürhaltens von Unverständnis für die Deutschland-Politik unserer Partei. Ich beantrage, die andiskutierte Problematik als gut vorbereiteten Punkt auf die Tagesordnung unserer nächsten HPL-Sitzung zu setzen."

Helmut Krüger sagte: „Einverstanden."

Nach dieser HPL-Sitzung saßen Krüger, Meister und der ML-Sektionsdirektor, wie üblich, noch ein Weilchen bei je einer Tasse Kaffee im Zimmer des HPL-Sekretärs beieinander.

Harri Meister sagte: „Nach dem Auftritt des Genossen Neuenhof vorhin und auf Grund von Informationen, die uns außerdem über sein Verhalten in jüngster Zeit zugetragen wurden, gehört der Genosse nicht mehr auf die Liste der Nachfolge-

Kandidaten für die 1987 ins Haus stehende Rektor-Wahl. Das müssen wir in der nächsten Beratung der Kaderkommission, beim MHF und in der Bezirksleitung unserer Partei klarstellen. Unser neuer Bezirks-Parteisekretär wird uns dankbar sein, wenn wir in dieser Frage rechtzeitig eine klare Position beziehen und ihm einen von allen Seiten befürworteten Vorschlag unterbreiten."

„Und der Vorschlag wäre?"

„Genosse Richard Kleber bleibt nach dem Status-Wechsel unserer Hochschule im Amt."

„Einfach so?"

„Nein, das geht wohl nicht. Da muss uns oder den Genossen von der Bezirksleitung noch etwas Plausibles einfallen."

Den plausiblen Einfall hatten die Genossen schon bald. Der Rektor, Prof. Dr. Richard Kleber, wurde zum Kandidaten des Zentralkomitees der SED gewählt. Damit stand außer Frage, dass er für die Weiterführung des Rektorenamtes als bestgeeignete Person an der Hochschule anzusehen war – vorausgesetzt, er selbst wäre mit der Weiterführung des Amtes einverstanden.

Und? Kleber war einverstanden.

Auf telefonische Rückfrage beim Kaderdirektor erfuhr Prof. Neuenhof, es blieb bei dem Entscheid, Horst Lilienhain und Werner Kästner als NSW-Reisekader nicht zu bestätigen. Welche weitreichenden Folgen sein Plädoyer für seine Mitarbeiter und die angefügten parteipolitischen Äußerungen für ihn persönlich haben würden, erfuhr Neuenhof nicht. Er hielt negative Folgen für sich selbst für undenkbar. Er wunderte sich nur: Man schrieb das Jahr 1986. In der Hochschulöffentlichkeit war es kein Geheimnis mehr, im Folgejahr würde der TH der Status einer TU zuerkannt werden. Was der „Buschfunk" nicht sicher zu vermelden wusste, war, wer würde der erste Rektor der Technischen Universität Magdeburg sein? Es kursierten die wildesten Gerüchte. Heinz Neuenhof gab sich zu dieser Frage gelassen. Das war gut so. Denn weder Magnifizenz Kleber und der Kaderdirektor noch der HPL-Sekretär Krüger und der Sektionsdirektor Weichtel führten ein offenes kollegiales Gespräch mit ihm.

Manchmal geht es im menschlichen Leben, auch in seiner Arbeitswelt, kurios zu.

Der „neue" FP-Oberassistent, Dr.-Ing. Jakob Meber, war bestätigter und auf der Stelle einsetzbarer NSW-Reisekader. 'Das muss mein Posten als wissenschaftlicher Sekretär, quasi als Laufbursche des Sektionsdirektors, einbringen', hatte sich Meber vor seinem Ausscheiden aus dem Sektions-Sekretariat gesagt. Er war Mitglied der führenden Partei im Lande, Sportfunktionär in der Hochschulgewerkschaftsleitung. Er gab sich devot gegenüber dem WFG- und FP-Leiter Neuenhof und witzig-kollegial zu den Mitarbeitern der Lehr- und Forschungsgruppe FP. Zu den Forschungsstudenten war er oberassistentengemäß streng. Von ihnen forderte er bei der Anfertigung ihrer Dissertation auf Anhieb das, was ihm selbst vor gar nicht langer Zeit so schwer gefallen war. Mit sofortiger Wirkung übernahm er, der Hauptmann der Reserve der NVA, von Werner Kästner die unter Mitarbeitern nicht sehr beliebte Aufgabe, ROA-Gespräche mit den FP-Studenten oberer Semester zu führen. Er tat dies nicht in seinem Dienstzimmer, sondern öffentlich: auf dem langen Gang im ersten Obergeschoss des K-Gebäudes. Mitten im Gang stellte er ein

Tischchen auf, dahinter einen Stuhl für sich auf der einen Seite und einen zweiten Stuhl für den zu gewinnenden studentischen ROA-Kandidaten auf der anderen Seite. Jeder, der wollte, konnte an dem Diskutier-Tischchen vorübergehen oder stehen bleiben und den beiden Diskutierern zuhören oder ihnen Ratschläge geben. „Jäcki" erreichte, dass 96% des Jahrganges der FP-Studenten eine ROA-Verpflichtung eingingen. Da konnte Werner Kästner nur staunen. „Überhaupt", sagte Kästner, „scheint unserem Jäcki der Dienst im Sektions-Sekretariat gut bekommen zu sein. Im Vergleich zu früher, zu seiner Zeit als FP-Forschungsstudent, hat er sich völlig gewandelt."

Prof. Neuenhof vertraute Jakob Meber. Er konnte die Zusammenarbeit mit dem IFW der Universität Hannover nicht allein leisten. Die Hannoverschen Partner drängten auf die Mitarbeit wissenschaftlicher Assistenten, Aspiranten und Forschungsstudenten. So nahm Neuenhof seinen Oberassistenten zu einem Treffen in Hannover mit auf die Reise und führte ihn am IFW als THM-Mitarbeiter des gemeinsamen Forschungsthemas der Kooperateure ein.

Wie weit Prof. Rups vom PTZ Berlin über die aktuellsten kaderpolitischen Erwägungen an der TH Magdeburg nach Heinz Neuenhofs Auftritt in der HPL-Sitzung informiert war, entzog sich Neuenhofs Kenntnis. Auf jeden Fall wurde der Magdeburger wie drei Jahre zuvor als Ehrengast des 1986 stattfindenden Produktionstechnischen Kolloquiums PTK'86 nach West-Berlin eingeladen. Rektor Kleber und der HPL-Sekretär stimmten der Teilnahme von Neuenhof zu. Neuenhof durfte Rups, den zu jener Zeit renommiertesten deutschen Produktionstechniker, über den Status-Wechsel der Magdeburger Hochschule im Jahre 1987 vorinformieren und ihn einladen, als Ehrengast an der geplanten Festveranstaltung in Magdeburg teilzunehmen. Prof. Rups sagte sein Kommen zu.

Rups nutzte auf dem PTK'86 eine größere Pause im Konferenz-Ablauf, um führende deutsche Wissenschaftler und Vertreter der Industrie aus der BRD, aus West-Berlin und aus der DDR, die am PTK'86 teilnahmen, zu einem zwanglosen Informations- und Meinungsaustausch und, soweit erforderlich, zum näheren Sich-Kennenlernen zusammenzurufen. Einer der Gäste fragte: „Deutsch-deutsche Staaten-Konföderation?"

Prof. Rups lachte. „Nicht so voreilig, Herr Kollege! Aber wenn Sie es so wollen: Wenn es dazu kommt und so weit ist, wollen wir Produktionstechniker aus Ost und West nicht erst anfangen, zu buchstabieren und das in Deutschland übliche Alphabet zu lernen."

Der offizielle Staatsbesuch des Staatsratsvorsitzenden der DDR, Erich Honecker, in der Bundesrepublik Deutschland 1987 wetterleuchtete an Europas politischem Horizont.

6

Dr. Werner Dörbusch, Alma Knarrs vis-à-vis wohnender Hausarzt und Freund ihres 1946 in der Sowjetunion ums Leben gekommenen Ehemanns, hatte bei ihr schon in den schweren Nachkriegsjahren diagnostiziert: „Alma, du hast eine ernst zu nehmende Herzinsuffizienz und einen Linksschenkelblock. Nimm das nicht auf die leichte Schulter!" Er hatte ihr Tropfen verordnet. Von denen hatte sie immer, wenn ihr nicht gut gewesen war, einige auf einen ihrer Handrücken geträufelt und von dort in die Nase geschnüffelt.

Das Fläschchen mit den Tropfen hatte sie stets bei sich getragen oder, wenn das nicht zu machen gewesen war, im Griffbereich gehabt – bei den Hausarbeiten in der Kittelschürzentasche, bei Besuchen in Küssow oder beim Kaffeekränzchen bessergestellter Burkitzer Damen in ihrem Nappaleder-Handtäschchen oder bei intimen Angelegenheiten anderswo. Nachts hatte das Fläschchen dicht neben dem Knipser der Nachttischlampe gestanden, und ihr tastender Mittelfinger hatte den Knipser und das Fläschchen ganz sicher auch dann erreicht, wenn sie aus bösen Träumen um ihren in fremder Erde ruhenden Hans aufgeschreckt war.

Ihre Brüder in Küssow, der junge Hermann und Willi Tiow, hatten sich über das Gehabe ihrer Schwester mokiert, einige Bekannte auch. Aber Alma hatten die Dörbuschchen Tropfen über viele Jahre, sogar einige Jahrzehnte hinweg geholfen. Ein viertel Jahr nach ihrem 78. Geburtstag hatte sie es so weit gebracht, dass der letzte fremde Mieter in ihrem Haus – ein verwitweter Umsiedler aus dem Schlesischen – freiwillig ausgezogen war; er hatte beim Einkaufen im KONSUM eine alleinstehende Dame mit 2½ -Zimmer-Wohnung kennengelernt, und mit ihr hatte er sich zusammengetan. Nun hätte für Alma ein Blütentraum wahr werden können. Sie hatte für den Rest ihres Lebens noch einmal ganz allein in ihrem Haus leben wollen – wie während der Kriegsjahre, als Hans, ihr Ehemann, als Oberzahlmeister auf dem Truppen-Übungsplatz in Altenfelde hatte Dienst leisten müssen für das Großdeutsche Reich. Sie hatte ihr Haus noch einmal „richtig genießen" wollen. Das hatte sie sich nach all der Plackerei und Unruhe und Ängste des Hauses wegen verdient, hatte sie gemeint. Aber der letzte fremde Mieter in ihrem Haus hatte noch nicht mal seine Radio- und Fernseh-Antenne auf dem Dachboden abgebaut, um sie in seinem neuen Quartier zu nutzen, da hatte Alma Knarr einen Schlaganfall erlitten. Gute Bekannte aus dem Neubaublock in der Nachbarschaft hatten sie ins Burkitzer Kreiskrankenhaus eingeliefert. Deren Hilfe hatte Almas Nichte und Ziehkind Cordula, die neuerdings mit ihrer Familie in Leipzig lebte, zuvor organisiert – bis hin zur Hinterlegung des Zweit-Schlüsselbundes für Alma Knarrs Haus in Burkitz, Puschkinstraße 12. Für den „Ernstfall" hatte Cordula von den Knarrschen Nachbarn telegrafisch informiert werden und spontan von Leipzig nach Burkitz reisen wollen.

Kurz bevor das Leben der rechtsseitig gelähmten und sprachverlustig gewordenen Alma Knarr an einem regnerischen Oktobertag zu Ende gegangen war, hatten Heinz und Karin Neuenhof die Tante im Burkitzer Krankenhaus besucht. Die Tante hatte einen körperlich sehr geschwächten Eindruck auf die beiden Neuenhofs gemacht. Aber die Augen der Darniederliegenden hatten hellwach gefunkelt wie immer, wenn die Tante ein für sie wichtiges Gespräch zu führen oder eine ihr wichtige Angelegenheit zu regeln gehabt hatte. Am Tag des Besuchs von Heinz und Karin hatte sie mit ihrer linken Hand Zeichen gegeben, die die beiden aber nicht zu deuten vermocht hatten. Zuletzt hatte Heinz allerlei Figuren auf kleine Zettelchen gemalt und sie der Tante gezeigt. Kopfschütteln. Auch bei einer erklecklichen Zahl weiterer Skizzen: Kopfschütteln. Dann hatte er ein kleines Haus skizziert und dazu geschrieben: DEIN HAUS. Da hatte Alma heftig genickt und mit ihrer Linken mehrmals gegen Neuenhofs Brust getippt. Um sicher zu sein, die Tante richtig verstanden zu haben, hatte er gefragt: „Ich soll mich um dein Haus kümmern?"

Alma hatte wieder genickt; sie hatte wie befreit durchgeatmet und mit einem Anflug von Lächeln ihren Kopf ins Kissen sinken lassen. Hatte sie zwei Tage vor ihrer letzten Stunde den beiden Neuenhofs tatsächlich einen solchen Auftrag erteilen wollen?

Karin hatte nach dem Besuch zu ihrem Mann gesagt: „Wir sollten uns nicht den Kopf zerbrechen über Dinge, die zwischen Tante Alma und Cordula bestimmt schon vor Jahr und Tag besprochen und vereinbart worden sind."

Heinz hatte ihr beigepflichtet.

Ein Jahr vor Kriegsausbruch war Cordulas leibliche Mutter bei einer Schwangerschaftsunterbrechung wegen des Unvermögens einer Kurpfuscherin gestorben. Willi Tiow, Cordulas Vater, war 1940 zum Frankreich-Feldzug in die deutsche Wehrmacht eingezogen worden. In edler verwandtschaftlicher Gesinnung hatten Alma und Hans Knarr Willis kleine Tochter zu sich genommen – „...bis der Blitzkrieg zu Ende ist und du für Cordula eine neue Mutti geheiratet hast", war zwischen Schwester, Bruder und Schwager vereinbart gewesen. Daraus waren 16 Jahre geworden. Alma und Hans hatten sich keine eigenen Kinder angeschafft; sie hatten ja Cordula gehabt. Und dann war Cordula nach dem Schul-Abschluss „Mittlere Reife" und einer anschließenden dreijährigen Lehre als Drogistin einfach aus dem Knarrschen Haus, plitz-platz-bauz vermählt mit einem jungen Tischlermeister aus Burkitz, nach Leipzig gegangen. Dort hatte sie die Fachschule für Pharmazie besucht und war nach Burkitz, zu ihrer „Tanti", nicht zurückgekehrt.

Seitdem war das Verhältnis zwischen beiden gespannt gewesen. Alma hatte sich für Cordula einen anderen Ehemann, jemanden aus sogenannten besseren Kreisen, und von Cordula Unterstützung und Pflege für ihre alten Tage gewünscht. Vergeblich. Und Leipzig war ja aus Burkitzer Sicht nicht gleich um die Hausecke gelegen. Trotzdem hatte weder Cordula noch irgendwer aus der Verwandtschaft oder aus dem Bekanntenkreis daran gezweifelt, dass Alma Knarr ein Testament aufgesetzt und darin Cordula als Haupt-Erbin des Ehepaares Knarr bestimmt haben würde. Aber die Lehrerswitwe hatte weder das eine noch das andere getan. Nach zwei Tagen ergebnislosen Sich-Erkundigens und Suchens im Knarrschen Haus hatte Cordula begriffen, es gab kein Testament oder dem gleichkommendes Schriftstück, und sie und Elsbeth Hirschfeld geborene Tiow und die Geschwister Neuenhof würden gemäß rechtlicher Erbfolge gleichberechtigte Erben von „Tanti" Alma sein.

Diese Erben, ausgenommen Elsbeth Hirschfeld, die von ihrer Mutter, Marta Tiow, gut beraten worden war, hatten Illusionen gehabt. Cordula hatte gewähnt, sie nähme auf Grund ihrer Biographie, als Ziehkind des Ehepaares Knarr, eine Vorzugsstellung bei der Aufteilung des Erbgutes ein. Dementsprechend hatte sie sich gewünscht, ihre beiden Cousinen, Elsbeth und Annedore, und ihr Cousin Heinz würden ihr einen solchen Anteil zumessen, wie ihn ihr die Verstorbene testamentarisch nicht zugedacht hatte. Sie war nach ihrem Fachschulabschluss beruflich in einer Leipziger Klinik sehr gut gestellt worden, ihr Ehemann hatte in einer Möbelfabrik eine gute Arbeit gefunden, und ihre beiden Töchter, von denen die ältere auf den Namen Alma getauft worden war, hatten sich mit guter Aussicht auf Immatrikulation für eine akademische Ausbildung an der Karl-Marx-Universität Leipzig beworben. Deshalb hatte Leipzig im Interesse aller der Wohnort der Familie bleiben sollen. Ein älteres Ehepaar, das seinen Lebensabend in einem Altersheim hatte beschließen wollen, hatte der agilen Cordula ein Grundstück mit Einfamilien-Häuschen darauf, in Leipzig gelegen, zum Kauf angeboten. Für den Kauf hatten Cordula zum Zeitpunkt des Ablebens ihrer „Tanti" Alma 20.000 Mark gefehlt. Diese Summe, so war Cordulas Hoffen und Bestreben gewesen, hatte für sie aus dem Knarrschen Erbgut erlöst werden sollen. Almas zu vererbendes Sparguthaben hatte sich auf 6.000 Mark belaufen. Damit war erwiesen gewesen: Den größten Teil des von Cordula erhofften Geldbetrages hätte der Verkauf des Knarrschen Hauses, Puschkinstraße 12, erbringen müssen – ein Verkauf nicht zum offiziellen Taxwert, der wäre zu DDR-Zeiten bekanntermaßen sehr niedrig gewesen, sondern ein „Verkauf unter der Hand".

Dass Elsbeth und ihr Ehemann, Ralf Hirschfeld, das Knarrsche Haus nicht würden kaufen wollen, hatte Cordula von vornherein einkalkuliert. Elsbeth würde das Bauernhaus, die Stallungen und Scheunen, die Äcker, Wiesen und den Wald der Hermann Tiows in Küssow erben. Das war reichlich und genug für ein langes Menschenleben. Aber wer alt genug ist an Jahren, kennt das: Leute, die alles für Menschen Begehrenswerte besitzen, nehmen solche Gelegenheiten wie den Todesfall der Alma Knarr wahr zu prüfen, ob sich im Nachlass der verstorbenen Person nicht noch etwas für sie Nützliches finden ließe. So waren Ralf und Elsbeth mit einem ihrer LPG in Küssow entliehenen Traktor BELARUS nebst Hänger HW 80 in der Burkitzer Puschkinstraße, Nr. 12, vorgefahren und hatten aus dem ehemals Knarrschen Besitz einige Möbel, Wäsche, Einweckkessel und -gläser, Kochtöpfe und anderen Hausrat aufgeladen und nach Küssow transportiert.

Beim ersten Treff der Erben aus der Tiow-Linie hatte Cordula gefragt: „Wollt ihr, Karin und Heinz, Tantis Haus übernehmen?"

Diese Frage hatte Heinz Neuenhof denn doch überrascht. „Nimmst du es nicht, um hier einzuziehen?"

Cordula hatte abwehrend den Kopf geschüttelt. „Niemals. Was denkst du, wieviel Tränen ich dieses Hauses wegen schon vergossen habe … Wir bleiben in Leipzig."

Heinz hatte sich mit Karin beraten wollen.

„Bedenkzeit bis morgen", hatte Cordula gesagt. „Ich muss ja zurück, nach Leipzig, und mal wieder arbeiten gehen."

In der darauffolgenden Nacht hatten Karin und Heinz Neuenhof, um zu einer Entscheidung zu gelangen, kaum geschlafen. Sie hatten sich von niemandem beraten lassen können – auch von Karins Eltern nicht, in einem nächtlichen Telefongespräch vielleicht, aber Enders in Gorzeck besaßen keinen Telefonanschluss. Karin und Heinz war auch keine Zeit eingeräumt worden, vor einer Zusage oder Ablehnung amtliche Informationen einholen zu können. Sie waren finanziell für einen „Haus- und Grundstückskauf unter der Hand", wie von Cordula erwartet, nicht gerüstet gewesen. Sie hatten dennoch am nächsten Tag zu Cordula gesagt: „Wenn unsere Erbengemeinschaft zustimmt, übernehmen wir das Haus." Die anderen Erben hatten zugestimmt. Heinz hatte eine entsprechende schriftliche Erklärung abgefasst. Alle Erben aus der Tiow-Linie hatten sie unterschrieben – auch die verspätet und mit einem großen Grabstrauß angereiste Annedore Richter aus Pirna.

Cordula als vermeintliche Vorzugs-Erbin hatte sich als Erbschafts-Managerin pro-

duziert und jedem Mitglied der Erbengemeinschaft Aufträge erteilt: Hirschfelds hatten sich um Alma Knarrs Beisetzung auf dem Küssower Friedhof zu kümmern. Heinz Neuenhof hatte alles zu erkunden und zu regeln, was mit der Übernahme des Knarrschen Hauses erforderlich gewesen war. Karin Neuenhof, obgleich gar keine amtliche Erbin, hatte Möbel, Geschirr, Bücher, Wäsche, Hausrat und anderes mehr über Zeitungs-Inserate und Mund-zu-Mund-Propaganda in klingende Münze umzuwandeln gehabt. Cordula hatte ihre Rolle als Regisseurin und Obwalterin der in die Erbmasse einfließenden Finanzmittel weiterspielen wollen.

Ein perfekter Plan, und alles hatte sich einvernehmlich vollzogen, hatten die Erben aus der Tiow-Linie geglaubt.

Aber Heinz Neuenhof hatte schon nach der ersten Aktivität in der ihm zugewiesenen Sache Unruhe in diese Erbengemeinschaft gebracht. Beim Rat des Kreises Burkitz war ihm ein Grundbuch-Auszug für das Knarrsche Haus und Grundstück wegen nicht gegebener Zuständigkeit verweigert worden. Die Burkitzer Puschkinstraße 12 war im Grundbuch allein auf den Namen des 1946 verstorbenen Hans Knarr eingetragen und Almas Name nur in dem Zusammenhang erwähnt gewesen, dass sie 1948, kurz vor der damaligen Währungsreform in Deutschland, eine große Hypothek abgelöst hatte, mit der das 1934 erbaute Haus belastet gewesen war. Alma hatte Zeit ihres Lebens die Erbauseinandersetzung mit den Geschwistern ihres Ehemanns aus Geldmangel nicht führen können. So waren zu den Erben aus der Tiow-Linie noch vier Erbberechtigte aus Hans Knarrs Verwandtschaft, zwei davon in der BRD ansässig, hinzugekommen. Erbauseinandersetzungen mit „West-Verwandtschaft" waren in der DDR oftmals eine komplizierte und langwierige Angelegenheit – besonders, wenn wie im Fall Knarr Immobilien zur Erbmasse gehörten. Bürger der BRD hatten Häusern und Grundstücken von jeher eine größere Bedeutung und einen höheren Wert beigemessen als Bürger der DDR.

Es hatte 1½ Jahre gedauert, bis im Staatlichen Notariat zu Burkitz der Erbschafts-Vertrag für die vollständige „Erbengemeinschaft Knarr" in Anwesenheit der meisten Erben verhandelt und dann von ihnen unterzeichnet werden konnte. Damit und durch Eintrag ins Grundbuch waren Heinz und Karin Neuenhof in ehelicher Gemeinschaft Eigentümer und nach Zustimmung der örtlichen Behörden auch Nutzer der Puschkinstraße 12 in Burkitz geworden. Zugleich hatten sich fünf weitere dem Oberbürgermeister der Stadt vorliegende Anträge, das Knarrsche Haus übernehmen zu wollen, erledigt – Anträge unter anderen vom Kreisarzt, von einem Oberstleutnant der NVA aus der Nachbarschaft und von der Obst- und Gemüsefrau am oberen Ende des Breite Weges in Burkitz. Ihr hatte Alma bezüglich des Hauses Versprechungen gemacht, wenn die Händlerin – bei den DDR-üblichen spärlichen Belieferungen mit Südfrüchten – für Alma immer einige Bananen und Apfelsinen „zurücklegen" würde. Almas Devise war gewesen: „Man muss aus dem, was man kann und was man hat, etwas machen."

Trotz ihrer Tüchtigkeit hatte sich Alma den letzten Blütentraum ihres Lebens nicht erfüllen können. Die Blütenträume derer, die bei der Beerbung von Hans und Alma Knarr zu viel Geld zu kommen gehofft hatten, waren, wie zur ausgleichenden Gerechtigkeit, auch nicht wahr geworden. Wieso hätte es ihnen mit Blütenträumen besser ergehen sollen als den Erblassern? Entsprechend den seinerzeitigen gesetzlichen Bestimmungen war die Erbmasse an Immobilien, sofern Bürger der BRD an ihrer Aufteilung partizipieren würden, von einem vom Rat des Bezirkes Magdeburg bestätigten Taxator zu ermitteln und vom Amtsgericht auf die acht Erben aufzuteilen gewesen. Bei den dafür geltenden Regeln und Bewertungsfaktoren hatte ein „Preis unter der Hand“ für das Haus und das Grundstück nicht zur Debatte stehen können – BRD-seitig schon gar nicht. Heinz und Karin hatten die exakt ermittelten Anteile der Erben in Mark der DDR auf deren Konto zu überweisen. Für die Erben aus der BRD waren Konten bei der Burkitzer Filiale der Staatsbank der DDR eingerichtet worden. Bei Besuchen in der DDR hatten die Betroffenen Geldbeträge abheben und dafür in der DDR „West-Produkte“ aus der in den 1980er Jahren in der DDR betriebenen „Gestattungs-Produktion“ preisgünstig kaufen können. In Burkitz mit seinen zahlreichen Schuhfabriken war dies für Schuhe, Stiefel und Stiefeletten aller Art und nach neuester Mode – beispielsweise von SALAMANDER – möglich gewesen.

Cordulas vermeintlicher Vorzugsstellung bei den Erbschaftsauszahlungen hatte Heinz Neuenhof nicht entsprochen. Er hatte dies so begründet: „Wenn ich dir, Cordula, zusätzlich etwas zustecke und das kommt heraus – so etwas kommt meistens heraus und spricht sich ’rum –, dann werden auch die anderen sechs Erben die Hände aufhalten in der nicht unberechtigten Erwartung, dass ich auch ihnen zusätzliches Geld hineinlege. Wir, Karin und ich, haben aber jetzt schon so viel Geld in die Erbschaftssache gesteckt, dass wir, bis auf ein Sparbuch-Guthaben von ein paar hundert Mark, finanziell am Ende sind.“

„Das ist euer Problem“, hatte Cordula entgegnet.

„Ja, eben. Und deshalb überweise ich dir nicht mehr, als mir der amtsgerichtliche Erbschaftsvertrag abverlangt.“

Diese Meinung und Vorgehensweise hatte Cordula ihrem Cousin für lange Zeit übelgenommen.

Tatsächlich hatten die beiden Neuenhofs bei keiner Bank oder Sparkasse der DDR einen Kredit aufnehmen können, um die Diskrepanz mit Cordula zu beseitigen. Für den Erwerb von Immobilien wurden zu DDR-Zeiten keine Kredite ausgereicht. Heinz und Karin hatten ihre AWG-Wohnung in Unerfahrenheit – oder eben auch in Blütenträumen – vorschnell aufgegeben und waren in Zugzwang geraten. Wenn sie von Freunden, Bekannten oder Verwandten gefragt worden waren, wie es denn gehe und ob bei der Erbauseinandersetzung mit der Verwandtschaft alles einvernehmlich und gut ablaufe, hatten sie mit einer Gegenfrage geantwortet: „Habt ihr im Kreis eurer Verwandtschaft schon mal eine Erbschaft aufgeteilt?“

Im April 1980 waren Karin und Heinz Neuenhof nach rund 25 Jahren an den Ort, an dem sie die Geschwister-Scholl-Oberschule besucht und das Abitur gemacht hatten, zurückgekehrt.

Er war seitdem „Berufspendler“ zwischen Burkitz und Magdeburg – wie viele Burkitzer Einwohner auch, die in Magdeburg arbeiteten. Zu den in dichter Folge verkehrenden Frühzügen in Richtung Magdeburg strömten – bis auf Ausnahmen – immer dieselben Leute. Man kannte sich untereinander. Vom Professor wusste man: Wenn die Zugbegleiterin mehrmals aufgeregt, manchmal sogar zornig rief: „Zurückbleiben! Bleiben Sie zurück!“, dann sprang der Mann der Wissenschaft dennoch in den dritten Waggon des Zuges; dort hatten Jochen Lehmann oder Lothar Müller von der üblichen Burkitzer Fahrgemeinschaft einen Sitzplatz für den Verspäteten freigehalten. „Das war mal wieder knapp heute“, pflegte der eine oder der andere zu kommentieren. Neuenhof nickte dann zustimmend. Aber den 6 Uhr 10 in Burkitz abfahrenden Personenzug hat er in zwölf Jahren Pendelei für 3,30 Mark je Wochenkarte nicht ein einziges Mal verpasst. Wenn Neuenhof zu früher Stunde, 7 Uhr 15, im TH-Objekt am Krökentor eine seiner Vorlesungen zu halten und dafür im Hörsaal 1 oder 2 noch einiges vorzubereiten hatte, nutzte er für die Tour von Burkitz nach Magdeburg den Privat-PKW.

Neuenhofs Sohn Gerald absolvierte nach seinem bravourösen Schul-Abschluss an der Magdeburger Juri-Gagarin-Oberschule eine Berufsausbildung mit Abitur im VEB Kombinat SKL Magdeburg. Selten stimmten die Stundenpläne von Vater und Sohn so überein, dass die beiden die Tour nach und von Magdeburg hätten gemeinsam mit Vaters PKW unternehmen können.

Andreas Martin musste für das 11. und 12. Schuljahr von Magdeburg an die Geschwister-Scholl-Oberschule in Burkitz wechseln. Er geriet – nach eigener Einschätzung – an hervorragende Lehrer und in ein ihn begeisterndes Klassenkollektiv, wie er dergleichen in seiner Schulzeit zuvor nicht erlebt hatte.

Karin Neuenhof, die „Mami“ der Familie, registrierte, „ihre Männer“, alle drei, waren flügge geworden. ‘Soll ich mich, als zu Hause Zurückgebliebene, nur noch um meine DREI, um Haus und Garten, um die Wäsche und ums Einkaufen kümmern?’, fragte sie sich. Zu tun gehabt hätte sie damit genug. Aber als Mittvierzigerin stellte sie höhere Ansprüche an sich selbst. Gern hätte sie in ihrem Beruf halbtags in einer Apotheke gearbeitet. Aber zum Zeitpunkt ihrer Bewerbung wurden in Burkitzer Apotheken nur Ganztagsbeschäftigte eingestellt.

Im Burkitzer Kreiskrankenhaus wurde ihr für halbe Tage eine Tätigkeit als Laborhelferin angeboten. Sie nahm das Angebot an. Nach Erwerb ihres zweiten Berufsabschlusses – „Facharbeiterin für Schreibtechnik” – und EDV-Kurs als Gasthörerin an der TH Magdeburg übernahm sie die Leitung des Labor-Sekretariats. „Sie sind meine rechte Hand“, lobte sie der Labor-Leiter. Er und Karin Neuenhof erbrachten im Burkitzer Kreiskrankenhaus Pionierleistungen bei der Einführung und Nutzung der Elektronischen Datenverarbeitung für ihre Arbeitsprozesse.

7

‘Wenn er bloß nicht so viel rauchen würde’, dachte Hans-Georg Gerbach für sich hin. ‘Dieses Gequarze hält auf die Dauer keine menschliche Lunge durch.’ Der Abteilungsleiter des MHF saß am langen Beratungstisch im Zimmer des stellvertretenden Ministers, und Harry Petras paffte vom Sessel hinter seinem Schreibtisch „Juwel“-Wolken in den klimatisierten Raum.

„Konzeptionell haben wir in der Ingenieur-Ausbildung und für die Grundlagenforschung in den mathematisch-naturwissenschaftlichen Disziplinen und in den technischen Wissenschaften Weltniveau. Unsere Konzeptionen für das eine und für das andere könnten unseren Mitstreitern und Freunden in den sozialistischen Ländern als Muster, sogar als Vorlage dienen. Selbst für die Wessis ist interessant, wie wir vom konzeptionellen Ansatz her alles in den Griff zu bekommen trachten. Aber bei der praktischen Umsetzung der Konzeptionen in abrechenbare Pläne und betriebspraktisch verwertbare Ergebnisse haben wir gegenüber den Wessis Defizite.“ Petras blickte griesgrämig drein und paffte.

„Bei der Erarbeitung der Konzeptionen und deren Umsetzung in Pläne sehe ich bei uns keine Defizite“, entgegnete Gerbach. „In West-Deutschland eine einheitliche Linie in der Ingenieur-Ausbildung und in der Grundlagenforschung für technische Wissenschaften auszuprägen und durchzusetzen, ist ein mühseliges Unterfangen. Da sind zum einen die Hoheit und Autarkie der einzelnen Bundesländer zu respektieren, zum anderen sind Interessen und Zielsetzungen von Stiftungen, Gesellschaften und geldgebenden Konzernen und Groß-Betrieben und die Vorgaben des Bundesministeriums für Forschung und Technologie zu beachten – auf vielen Antrags-Formularen und mit umfangreichen Texten, in denen die angestrebten Ergebnisse der Forschungsarbeiten, möglichst mit Nutzeffekts-Angaben, vorhergesagt werden sollen. Meines Dafürhaltens sind wir und Professor Kainzow mit seiner Mannschaft im MWT und seinen Beratern im Forschungsrat unserer Republik in dieser Hinsicht einfach besser. Defizite sehe ich bei uns in der materiell-technischen Absicherung unserer Konzeptionen und Pläne – in der Ingenieur-Ausbildung
680 wie in der Forschung.”

„Wir drücken alles in die Kombinate hinein: weltmarktfähige Erzeugnisse entwickeln und rationell fertigen, Universitäten und Hochschulen materiell-technisch unterstützen, mit eigenen kombinatsfremden Produkten den Bevölkerungsbedarf an Industriegütern decken, den Feriendienst für die Werktätigen sichern helfen durch Ferienhäuser, Bungalows und Zeltlager, Arbeitskräfte abstellen für Aktionen wie ‚SCHÖNER UNSERE STÄDTE UND GEMEINDEN’, soziale Einrichtungen wie Kindergärten und -krippen schaffen und ständig unterhalten, die Arbeiter und

Angestellten des Kombinats in kombinatseigenen Polikliniken medizinisch betreuen und so weiter und so fort. Der Generaldirektor des Magdeburger Kombinats SKET formulierte in einer Sitzung des Gesellschaftlichen Rates der TH Magdeburg, an der ich teilnahm, sarkastisch: ‚Wir von den Kombinaten können alles.' Ich habe gut verstanden, wie das gemeint war. Nun kommt der zentrale Wohnungsbau mit seinen Anforderungen hinzu …"

„… und die Embargo-Politik westlicher Industrieländer und die Unzuverlässigkeit mancher sozialistischer Länder bei der Einhaltung von Festlegungen im RGW …"

„Na na, Freundchen! Nicht die Schuld anderen in die Schuhe schieben wollen!"

„Liegt mir fern. Aber Fakt ist: Die Ungarn sollten Bildschirm-Geräte für Forschung und Industrie entwickeln und alle sozialistischen Länder damit versorgen – NSW-Importablösung. Sie haben gute Geräte auf den Markt gebracht. Die Amerikaner winkten mit Dollar-Scheinen. Flugs haben die Ungarn ihre schönen Geräte in die USA exportiert. – Und in Sachen Embargo gegen die DDR – COMECON-Liste – statuierte Professor Neuenhof, TH Magdeburg, ein Beispiel auf der Industrie-Messe am Killesberg in Stuttgart. Er sollte in unserem Auftrag für seine Hochschule die Lieferung einer WORKSTATION für Lehre und Forschung in die Wege leiten. Alles schien klar zu sein und gut zu gehen. Als er seine Visitenkarte überreichte, kam vom Aussteller das große Bedauern."

„Hast du schon mal erzählt."

Gerbach entschuldigte sich.

Petras zündete sich mit der nur noch mit Fingerspitzen zu haltenden Kippe die nächste Zigarette an. „Wir müssen das ändern. Weißt du, mir hat der neue Rektor der TU Dresden neulich, in der großen Dienstbesprechung bei unserem Minister, mit seinem Vortrag zum Thema 'Maschinenbau-Betrieb der Zukunft und wir' imponiert. Der Mann hat nicht herumgesponnen, er hat auch nicht nur Forderungen an uns gestellt; er hat dargelegt, wie er als Rektor die personellen und materiellen Ressourcen an seiner Einrichtung bündeln und forschungs- und ausbildungsmäßig auf die von uns vorgegebenen Leitlinien ausrichten will." Petras gab sich einen Ruck. „Ich fahre morgen früh nach Dresden, an die TU. Ich rufe gleich mal beim Rektor an, dass ich komme."

Hans-Georg lächelte und blickte demonstrativ auf seine Armbanduhr.

„Such' die Telefon-Nummer heraus und verbinde mich mit ihm! Wenn du ihn im Rektorat nicht mehr erreichst, ruf' bei ihm zu Hause an! So. Für dich ist dann Feierabend. Hüte morgen unseren Bereich! Du weißt über alles Bescheid. Dass ich keine Klagen hören muss, wenn ich zurückkomme."

Harry Petras kehrte nicht ins Ministerium für Hoch- und Fachschulwesen zurück. Er hatte in Dresden stundenlang mit dem Rektor debattiert und mehrere Sektionen besucht. Zur Mittagszeit hatte ihn der Rektor zum Essen eingeladen. „Wir gehen zu Fuß“, hatte Petras gewünscht. „Ein bisschen frische Luft wird uns gut tun.“ Auf dem Weg in die Professoren-Mensa, neben dem Rektor herlaufend, war er unversehens zusammengesackt: Herzversagen. Der Rektor hatte ihn nicht auffangen und ihn nicht reanimieren können. Harry Petras war auf der Stelle tot gewesen – vier Monate nach seinem 60sten Geburtstag.

Gerbach amtierte mehrere Wochen als Leiter des Stellvertreter-Bereiches Technische Wissenschaften im MHF. Die stellvertretenden Minister, die wissenschaftlichen Mitarbeiter und die Angestellten der anderen MHF-Bereiche waren davon überzeugt, Gerbach würde „in ihrem Hause“ der Nachfolger von Harry Petras werden, und Gerbachs Einsetzung in Petras' Funktion wäre nur eine Frage der Zeit: „Gottes Mühlen mahlen langsam.“

Und dann, zu einem frühlingsmorgendlichen Termin 1989, wurde Dipl.-Ing. Hans-Georg Gerbach zu einer Audienz beim Minister für Hoch- und Fachschulwesen der DDR bestellt. Es war ein Wochentag, an dem der Minister keine Dienstbesprechungen durchzuführen pflegte. Gerbach verwunderte dennoch, dass außer ihm niemand im Vorzimmer des Ministers zu warten brauchte. 'Es soll mir recht sein, wenn zu meiner Inthronisation kein großer Bahnhof veranstaltet wird', dachte Hans-Georg. Er hatte sich bei der Auswahl der Garderobe für diesen Morgen dennoch für den grau-schwarzen Anzug entschieden, den er zu gehobenen Anlässen zu tragen pflegte. Isolde, die um ihren Ehemann Besorgte, hatte ihm den Schlips gebunden. Er hatte ihr beim Schlipsbinden schon oft zugeschaut, aber sein Dreiecksknoten saß, wenn er den Schlips selber band, wie ein ungefüger Seidenkloß zwischen den Hemdkragenecken. „Heute musst du chic aussehen“, hatte sie gesagt und dreimal hinter sein linkes Ohr gepustet.

Der Minister empfing seinen Abteilungsleiter Gerbach mit einem jovialen Lächeln. „Ich möchte nicht, dass ihr euch irgendwo in diesem Hause trefft und euch dort miteinander bekannt macht. Genosse Gerbach, ich darf dir meinen neuen Stellvertreter für den Bereich Technische Wissenschaften vorstellen: Genossen Doktor Eberhard Wolter.“ Er wies auf einen jungen Mann, der bei Gerbachs Kom-

men an dem langen Beratungstisch des Ministers gesessen hatte und der sich nun erhob, Gerbach die Hand reichte und murmelte: „Wolter.“

Der Minister sagte: „Genosse Doktor Wolter war bisher als Leiter eines Ingenieur-Betriebes im Bereich des Ministeriums für Schwermaschinen- und Anlagenbau tätig. Heute absolviert er bei uns seinen ersten Arbeitstag. Du, Genosse Gerbach, bleibst in seinem Bereich und unter seiner Leitung Abteilungsleiter. Ich wünsche euch gute Zusammenarbeit, und mir wünsche ich, dass du, Genosse Gerbach, das in unserem Hause sprichwörtliche vertrauensvolle Einvernehmen zwischen dir und unserem leider zu früh dahingeschiedenen Genossen Harry Petras auch zum Genossen Doktor Wolter entwickelst." Der Minister reichte Wolter und Gerbach die Hand und komplimentierte die beiden aus seinem Dienstzimmer.

„Kommst du mit zu mir?", fragte Eberhard Wolter. „Trinken wir zur Feier des Tages jeder eine Tasse Kaffee bei mir?"

Hans-Georg Gerbach, völlig verwirrt, lehnte Wolters Angebot ab. Er wollte so rasch wie möglich allein sein und begreifen, was ihm bei der kurzen Minister-Visite geschehen war.

Abends, während der Berichterstattung an Isolde, schüttelte er immer noch verständnis- und fassungslos den Kopf. So apathisch, ja geradezu demoralisiert wie heute, hatte Isolde ihren Mann in all ihren Ehejahren nicht erlebt. „Dein Leben geht weiter", versuchte sie, ihn zu beschwichtigen. „Wäre Harry Petras nicht kürzlich verstorben, würdest du jetzt und in der nächsten Zeit auch nur treu und zuverlässig als Abteilungsleiter im MHF tätig sein müssen."

Das von seiner Ehefrau gesagt zu bekommen, tröstete Hans-Georg Gerbach nicht und verdrängte auch nicht sein Gefühl tiefer Enttäuschung. Schon in den Jahren seiner Ausbildung, aber noch mehr während seiner beruflichen Tätigkeit war er gelobt worden für seine Arbeitsleistungen und stete Einsatzbereitschaft, wegen seiner persönlichen und politischen Haltung und seiner Vorbildwirkung auf andere. Auch im MHF war das so gewesen. Wenn bei ihm doch in dem einen oder anderen Fall „der Hebel der Kritik angesetzt" worden war, hatte er „positiv parteimäßig" mit der von ihm erwarteten Selbstkritik reagiert. Nun musste er erleben: Weder der Minister oder der Kaderdirektor noch einer der Kampfgefährten vom Werderschen Markt oder vom FDGB hatten offen mit ihm über die Wiederbesetzung der Petrasschen Funktion gesprochen. Sie hatten ihn glauben lassen, er habe seine Sache an der Seite von Harry Petras und zuletzt, während des Interregnums im Bereich Technische Wissenschaften, gut gemacht.

„Mich nicht vorinformiert oder um Rat befragt zu haben, enttäuscht mich am meisten", gestand er Isolde. „Ich dachte immer, bis zum heutigen Tage, ich sei ihnen allen mehr wert als solch ein rasch herbeigeholter promovierter ehemaliger Betriebsleiter aus der Provinz."

8

Der Oberassistent der Lehr- und Forschungsgruppe Abtrenntechnik betrat das Sekretariat des Sektionsdirektors Technologie der mvl. „Ich muss unbedingt und gleich den Chef sprechen."

Hilde Müller, die Leiterin des Sektionssekretariats, sagte: „Das wird heute wohl nichts mehr – und 'gleich' schon gar nicht."

„Dann setze ich mich ins Zimmer des wissenschaftlichen Sekretärs und warte. Irgendwann wird Professor Weichtel sein Dienstzimmer verlassen." Er öffnete die Tür zum Sekretärszimmer. „Guck an! Der Herr ist gar nicht an seinem Arbeitsplatz."

„Er ist drinnen beim Chef."

„In einer ganz wichtigen Sache?"

Hilde Müller tat so, als habe sie die Frage überhört.

Der Oberassistent entnahm dem Regal mit den Postfächern die Postsachen für die Gruppe Abtrenntechnik, setzte sich an den Schreibtisch des wissenschaftlichen Sekretärs und begann, die entnommenen Postsachen durchzusehen.

Nach einer Weile sagte Hilde Müller: „So geht das aber nicht mit Ihnen. Seit gestern Mittag müht sich der Chef mit der Aufteilung der Jahresprämien-Summe auf die Hochschullehrer und wissenschaftlichen Mitarbeiter. Da kann nicht alle Weile jemand kommen und ihn aus dem Konzept bringen. Wie und wann soll er denn da fertig werden?"

Der Oberassistent dachte: 'Hat's der Mann gut!' Er sagte: „Die paar Piepen, die der Sektion insgesamt zur Verfügung stehen, kann doch der wissenschaftliche Sekretär in einer oder in zwei Stunden aufgeschlüsselt haben. Mit einer solchen Arbeit braucht sich ein Sektionsdirektor nicht zwei Tage lang zu beschäftigen."

Hilde Müller sagte: „Das habe ich nicht zu entscheiden."

In diesem Moment kam Prof. Weichtel in Hemdsärmeln und in großer Eile aus seinem Zimmer. Der Oberassistent sprang auf. „Nur ganz kurz …"

„Ich muss dringend auf die Toilette." Weichtel ließ die Sekretariatstür hinter sich offen. Der Oberassistent verfolgte ihn. In das Rauschen des Toiletten-Spülbeckens hinein sagte er: „In unserer Gruppe ist Polen offen. Sie müssen unverzüglich mit Professor Täuscher sprechen. Wir in der Lehrgruppe können ihn nicht mehr beschwichtigen. Es gibt Hudelei mit unserem Wissenschaftsbereichsleiter."

„Wie? Kehrt Heinzi wieder den Prorektor von einst heraus?"

„Schlimmer. Er macht jetzt auf 'gesamt-deutsch' – aber er allein."

 „Ach du meine Güte! Wenn ich hier fertig bin, soll Siegbert kommen."

Für Täuscher, hatte er sich schon bei dessen Berufung zum Professor vorgenommen, wollte und würde er immer Zeit finden.

Täuscher kam in Begleitung seines Oberassistenten. Der sagte: „Ich möchte an eurem Gespräch teilnehmen – als Mitglied der Sektionsgewerkschaftsleitung. In der SGL diskutieren wir derzeit des Langen und Breiten, wie wir die Arbeits- und Lebensbedingungen in allen Bereichen unserer Sektion verbessern können. Unser folgendes Gespräch betrifft dieses Thema, denke ich."

„Setz' dich mit her!", entschied Weichtel. Er hätte zunächst lieber unter vier Augen mit Täuscher gesprochen. Aber er wollte dem Mann der Gewerkschaft gegenüber nicht abweisend erscheinen. Er wollte vorsichtig sein. Seine Witzelei über die Gewerkschaft und ihre Rolle in der sozialistischen Gesellschaft der DDR – Hochschul-Gesprächsstoff vor einiger Zeit – war von den Mitgliedern der SGL Technologie noch nicht vergessen.

Siegbert Täuscher bot dem Sektionsdirektor keine Möglichkeit für ein paar einleitende Sätze zu dem Dreier-Treffen. „Er bezieht mich nicht ein in Vorhaben oder Gelegenheiten, die auch für mich von Bedeutung oder Interesse sind", schimpfte er los und meinte Prof. Heinz Neuenhof. „Anfangs glaubte ich, er sei überlastet, und sich mit mir zu WFG-Problemen zu beraten, rutsche ihm einfach so durch. Aber dass er meinen halbjährigen Studienaufenthalt am PI Charkow nicht gründlich mit mir ausgewertet hat, brachte mich zu der Überzeugung, er will das nicht. Dabei wird ein Gewese gemacht um den Arbeitsvertrag zwischen FP und dem Lehrstuhl AM-3 der MWTU in Moskau, als ob's nur der allein sein könnte. – Noch ein Versuch meinerseits: Der Magdeburger Beitrag zur Konferenz PROLAMAT '82 in Leningrad wurde von ihm und mir partnerschaftlich erarbeitet. Neuenhof ist nach Leningrad gefahren und hat an der Konferenz teilgenommen. Mich hat er nicht mal gefragt, ob ich als Co-Autor mitkommen möchte. – Dann: Seine neuerlichen Kontakte und West-Reisen zu den Fertigungstechnikern an der Uni Hannover und TU Berlin-West … wären die nicht auch für die Abtrenntechniker unseres WFG möglich und sinnvoll, nicht zuletzt auch für meine Person? Schließlich bin ich bestätigter NSW-Reisekader. Wie ich gehört habe, wollte Neuenhof seine Gefolgsleute Lilienhain und Kästner in das West-Geschäft einbeziehen. Aber diese Kollegen kriegt er nicht als NSW-Reisekader bestätigt. Themen für die Zusammenarbeit hat er vereinbart. Zusammenarbeit erfordert heutzutage jedoch, die Themenbearbeiter der Partner treffen sich abwechselnd hüben und drüben zum Ergebnis- und Erfahrungsaustausch. Mit Moskau scheint das zu klappen. Aber wie deichselt Neuenhof die Chose mit Hannover? Wer sind die Magdeburger Themen-Bearbeiter, die sich mit Partnern aus Hannover treffen und Ergebnisse austauschen?"

Prof. Weichtel stopfte eine seiner Tabakspfeifen. Als der Tabak im Pfeifenkopf glühte, fragte er Täuscher: „Hast du mit Heinzi offen über die Probleme gesprochen?"

Täuscher druckste herum. Anstatt seiner antwortete der Oberassistent: „Unsere Lehr- und Forschungsgruppe ist nicht der Lückenbüßer für Herrn Neuenhofs Großmannssucht. Er hat die Kooperation mit Hannover in die Wege geleitet und Versprechungen gemacht. Nun soll er die Suppe auslöffeln, die er eingebrockt hat."

'Dich habe ich nicht gefragt', dachte Weichtel verärgert. Der Gewerkschaftsmann war ihm ein bisschen zu vorlaut.

Täuscher, wie ein bockiges Kind: „Ich laufe Heinz Neuenhof nicht hinterher."

„Er ist immerhin dein Wissenschaftsbereichsleiter."

Täuscher wollte aufbrausen. Weichtel machte beschwichtigende Handbewegungen. „Soll ich ihn jetzt herbestellen?" Ohne eine Antwort abzuwarten, betätigte er den Summer seines Telefons und beauftragte Hilde Müller, den WFG-Leiter zum Sektionsdirektor zu beordern. Die Sekretärin vermeldete nach einem Weilchen: „Professor Neuenhof hält bis über den Feierabend hinaus Vorlesungen. Soll ich ...?"

Siegbert Täuscher winkte ab. „Ich möchte das Problem selber und ohne Neuenhof lösen."

„Hat sich erledigt", sagte Weichtel zur Sekretärin.

„Was Neuenhof und seine FP'ler vermögen, können wir Abtrenntechniker auch. Dazu bedarf es allerdings der Zustimmung des Sektionsdirektors."

Prof. Täuscher hatte vor einiger Zeit an einem wissenschaftlichen Kolloquium teilgenommen, das von der Sektion Fertigungstechnik und Werkzeugmaschinen der TU Dresden zum Thema „Spanungsoptimierung" veranstaltet worden war. Täuscher hatte sich während des Kolloquiums mit dem Direktor des Instituts für Fertigungstechnik der TU Braunschweig bekannt gemacht. Der Braunschweiger hatte an alte Beziehungen zwischen den fertigungstechnischen Instituten der Technischen Hochschulen Braunschweig und Dresden anknüpfen wollen. Einem seiner Vorgänger, Prof. Dr.-Ing. Palitzsch, war 1961 an der TH Dresden die Ehrendoktorwürde zuerkannt worden. Nun, etwa 25 Jahre später, waren die Kontaktbestrebungen der Dresdner auf die Rheinisch-Westfälische TH Aachen gerichtet. Diesen Umstand hatte Prof. Täuscher genutzt, eine Instituts-Partnerschaft Magdeburg-Braunschweig vorzuschlagen. Eine Städte-Partnerschaft Magdeburg-Braunschweig gab es ohnehin schon.

„Ich habe den Braunschweiger Ordinarius und einige ihn begleitende Personen zum nächsten abtrenntechnischen WFG-Kolloquium nach Magdeburg eingeladen", informierte Siegbert Täuscher den Sektionsdirektor. „Der Braunschweiger Kollege hat die Einladung angenommen. Vorbehaltlich deiner Zustimmung zum Ganzen könnten wir, wenn sie hier, bei uns in Magdeburg sind, Nägel mit Köpfen machen und eine Kooperations-Vereinbarung vorbereiten."

„Wir Mitarbeiter der Lehr- und Forschungsgruppe Abtrenntechnik würden das Projekt voll mittragen", versprach der Oberassistent.

„Und Heinzi?", fragte Prof. Weichtel. „Was macht ihr mit ihm?"

Täuscher schluckte – wie man so sagt – eine Antwort hinunter; sie hätte wie Neidhammeligkeit geklungen.

Der Oberassistent sagte: „Volksweisheit: Wie du mir, so ich dir. Unser Wissenschaftsbereichsleiter ist uns Vorbild, dem wir nacheifern."

Volker Weichtel dachte: 'Nach der Einrichtung von INTERSHOP-Läden in unserem Land versuchen fast alle, West-Geld zu erlangen, um es gegen FORUM-Schecks eintauschen und damit familienweise im INTERSHOP einkaufen zu können.' Das erschien DDR-Bürgern seinerzeit attraktiver als „West-Pakete von drüben" geschickt zu bekommen. ‚Warum soll ich den Männern der Abtrenntechnik die Chance, die sich ihnen bietet, vermasseln?' An „zentrierende Forschungsprojekte" der Sektion Technologie oder des Wissenschaftsbereiches Fertigungsgestaltung und an eine sinnvollere Vorgehensweise, als sie Neuenhof mit seinen Alleingängen in den internationalen Beziehungen des WFG praktiziert hatte, dachte der Sektionsdirektor nicht. Er entschied: „Macht die Sache mit Braunschweig! Klärt alles vor mit den zuständigen Fachbereichsdirektoraten – insbesondere mit unserer Direktorin für Internationale Beziehungen! Denkt daran, ihr Ehemann ist hauptamtlich in der SED-Bezirksleitung tätig! Dass mir von der Seite keine Klagen kommen!"

„Und Heinzi?"

„Den ladet ihr zu eurem Kolloquium ein. Ihr sagtet vorhin, es sei eine WFG-Veranstaltung. Wenn ihr pfiffig seid, tragt ihr Heinzi die Leitung des Kolloquiums an. Dann habt ihr ihn mit im Boot, und er kann sich später in keiner Weise herausreden."

Täuscher fragte: „Informierst du ihn über unsere Absichten und das Vorhaben insgesamt?"

Volker Weichtel sog an seiner Tabakspfeife und blies dem Fragesteller eine dichte blaue Wolke ins Gesicht. „Es geht um eure Sache und um die Art und Weise, wie ihr im WFG zusammenarbeitet und miteinander auskommt. Um derlei Dinge kümmert euch gefälligst selbst! Ich schreite ein, wenn einer von euch oder von FP – inclusive Heinzi – dummes Zeug macht."

Prof. Täuscher dachte: 'Und wenn du, Sektionsdirektor Weichtel, uns am Ende nicht für pfiffig halten solltest: Die Sache mit den Fertigungstechnikern der TU Braunschweig ziehen wir Abtrenntechniker des WFG allein durch. Dafür brauchen wir Heinzi Neuenhof nicht.' Er fragte: „Wirst du zu unserem Kolloquium kommen?"

„Wahrscheinlich nicht. Die heute besprochenen Vorleistungen müsst ihr erbringen. Sie sind nicht meine Sache." Er klopfte seine Tabakspfeife in einem Aschenbecher aus. „So. Und nun verschwindet! Ich habe noch einiges zu tun. Und meine Frau will, wenn sie Feierabend hat, pünktlich mit unserem Auto von ihrer Arbeitsstelle abgeholt werden."

Die Ehegattin des Genossen Sektionsdirektors Weichtel war als Verkäuferin in dem großen INTERSHOP-Laden tätig, der in Magdeburg im Erdgeschoss eines langgestreckten Neubaublocks in Elbufer-Nähe eingerichtet worden war.

9

Man sagt: Irgendwann im Leben wird jeder Mensch von seiner Vergangenheit eingeholt. Was das anbelangt, stellte Prof. Heinz Neuenhof keine Ausnahme dar.

An einem Donnerstag im Sommer 1986 holte den Professor seine Vergangenheit nicht ein, sondern sie kam ihm mittags, auf seinem Weg in die Mensa, in der Person von Rudolf Bockhardt entgegen. Dass es echte Freude war, sich wiederzusehen, hätten Neuenhof und Bockhardt nicht beschwören wollen. Aber sie blieben stehen und begrüßten einander mit Handschlag.

„Was führt dich nach Magdeburg?", fragte Neuenhof neugierig.

„Die Pflicht, mein Lieber, die Pflicht an der hiesigen TH, Sektion Technische Kybernetik/Elektrotechnik, seit dem Ersten dieses Monats ..."

„Wie?" Neuenhof blickte den ehemaligen Werkdirektor des VEB ELEKTRODYN Dresden verdutzt an.

„... als a.o. Professor. Sie brauchten an der Sektion einen Spezialisten für elektromotorische Antriebe. Ich sagte auf dem Ehemaligen-Treffen unserer einstigen Dresdner Seminargruppe zu meinem ehemaligen Kommilitonen Hans-Eberhard Weindorf, eurer Ex-Magnifizenz: 'Hans', sagte ich, 'das wäre etwas für mich.' Er sah das genauso. Er setzte sich ein für mich, für eine Berufung. Aber mir fehlte die Promotion. Auf Hans-Eberhards Anraten stellte ich schriftlich zusammen, was ich in meinem bisherigen Leben geleistet und erbracht habe, was nach Wissenschaft riechen könnte – bei EDD, für meine Auszeichnung mit dem Nationalpreis, im Forschungszentrum des Elektromaschinenbaus ... Du verstehst? Ich habe ein Rigorosum an der TU Dresden absolviert ..."

„... und bist nun Professor Doktor-Ingenieur?"

„Du hast es erfasst. Ich ..." Er unterbrach den Bericht über seinen beruflichen Werdegang zum Hochschullehrer. „Wollen wir uns nicht irgendwo hinsetzen und etwas trinken, ehe wir weitererzählen?"

„Gern, aber nicht jetzt. Ich muss schnell etwas essen und dann in die Vorlesung. Ruf' mich an, dass wir uns morgen oder übermorgen bei mir treffen! Du findest die notwendigen Angaben über mich im Personal- und Vorlesungsverzeichnis der TH."

„Morgen oder übermorgen geht 's nicht. Ich fahre heute mit dem Abendzug nach Hause. Wir müssten nächste Woche ..."

„Du bist also ein DIEDO-Professor", unterbrach Neuenhof den andern.

„DIEDO?" Bockhardt schüttelte den Kopf. „Was soll'n das?"

„DIEDO-Professoren arbeiten nur von Dienstag bis Donnerstag am Hochschulort."

„Ach Quatsch! Meine Familie wohnt noch in Dresden, zum WILDEN MANN 'raus. Meine Frau ist Leitende in der 'Weinberg'-Apotheke. Ehe ich in Magdeburg kein ordentliches Häuschen für uns und für meine Frau keine gleichwertige Arbeitsstelle gefunden habe, ziehen wir nicht um, und so lange bin ich ein Pendler zwischen Dresden und Magdeburg. So lange bin ich also keine sieben Tage in der Woche in Magdeburg zu erreichen."

„Hast du noch Kontakte zu Kollegen aus dem EDD?"

„Kaum. Die interessanten Leute sind alt und Rentner geworden. Andere haben sich nach außerhalb verändert und sind schreibfaul wie dein unmittelbarer Nachfolger Werner Müller. Wie das Leben so geht. Aber darüber in der nächsten Woche oder irgendwann mehr, wenn du heute wegen deiner Vorlesung keine Zeit hast."

Sie verabschiedeten sich, wiederum mit Handschlag, voneinander und gingen in unterschiedlichen Richtungen davon.

10

An der Investitur des neuen Rektors der TU Dresden im Jahre 1986 nahm auch Magnifizenz Prof. Richard Kleber aus Magdeburg teil. Der Festvortrag des neu ins Amt Gesetzten, eines Fertigungstechnikers, zum Thema „CAD/CAM und CIM – der Maschinenbau-Betrieb der Zukunft" beeindruckte den Magdeburger Rektor stark. 'CAD, CAM und CIM sind offenbar mehr als nur neumodische Gehirnprodukte einiger Phantasten und Optimisten an meiner Hochschule und in technologischen Abteilungen einiger Großbetriebe und Kombinate', dachte er.

An der TH Magdeburg angekommen, bestellte er Prof. Heinz Neuenhof zu sich. „Unsere TH muss mit den Schrittmachern im Hochschulwesen und in Industrie-Kombinaten mithalten. Deshalb werde ich in unserer TH einen CAD/CAM-Beauftragten einsetzen. Ich meine, die Aufgaben eines solchen Beauftragten könntest du übernehmen. Genosse, wie stehst du dazu?"

Neuenhof fragte: „Welche Aufgaben werden dem CAD/CAM-Beauftragten übertragen? Welche Kompetenzen werden ihm eingeräumt – ihm allein oder über das Weisungsrecht des Rektors? Wem ist er disziplinarisch unterstellt und rechenschaftspflichtig?"

„Auf alle diese Fragen kann ich dir heute keine verbindliche Antwort geben. Die zu erarbeiten und mir zur Entscheidung vorzulegen, wird notwendigerweise die erste Aktivität des CAD/CAM-Beauftragten sein müssen."

„Verstehe ich dich richtig: Ich soll 'Ja' zu deinem Angebot sagen, und erst im Nachhinein wird festgelegt, was ich zu tun habe und wofür ich verantwortlich bin?"

„So krass darfst du das nicht sehen. Aber bei gravierenden Dingen und Angelegenheiten entscheidet immer der Rektor verbindlich."

„Wer leistet, falls ich CAD/CAM-Beauftragter werden würde, die Arbeit des Wissenschaftsbereichsleiters Fertigungsgestaltung?"

„Nach wie vor: du."

„Und beides – WFG-Leiter und CAD/CAM-Beauftragter – ehrenamtlich?"

„Selbstverständlich."

Am nächsten Tag erteilte Heinz Neuenhof dem Rektor eine Absage: Die Aufgaben als Leiter des Wissenschaftsbereiches Fertigungsgestaltung und die ehrenamtliche Mitwirkung in mehreren DDR-weit agierenden Gremien zur Planung und Koordinierung der Forschung nähmen seine Kräfte bereits voll in Anspruch.

Richard Kleber war von Neuenhofs Absage und Argumentation enttäuscht. Er hielt an seinen Vorstellungen, wie CAD, CAM und CIM an der THM zu betreiben seien und wie dies zu koordinieren sei, fest. Er fand in einem a.o. Professor aus dem Wissenschaftsbereich Fertigungsmittel der Sektion Technologie einen willfährigen Kandidaten. Der richtete dank Rektor-Unterstützung eine neue Struktur-Einheit an der TH Magdeburg ein: das „CAD/CAM-Zentrum", besetzt mit zwei wissenschaftlichen Mitarbeitern, einer Sekretärin und dem a.o. Professor als Leiter. Der CAD/CAM-Beauftragte selbst hielt für den Wissenschaftsbereich Fertigungsmittel seine zuvor übernommenen beiden Vorlesungen. Alle anderen Verpflichtungen trat er an den WB-Leiter, Prof. Wilberg, ab. Als vom Rektor bestätigte Aufgaben des CAD/CAM-Zentrums definierte er Propaganda- und Weiterbildungs-Veranstaltungen zu CAD, CAM und CIM für Ingenieure und für Leitungs- und Verwaltungspersonal aus Betrieben und Einrichtungen der Stadt und des Umlandes Magdeburgs. Die materiell-technische Basis des CAD/CAM-Zentrums waren Kleinrechner und zugehörige periphere Geräte aus DDR-Produktion. Sie wurden aus zentralisierten Beständen in der Sektion Rechentechnik und Datenverarbeitung zur Verfügung gestellt, „… damit möglichst viele Ingenieure an der Hochschule ihr Spielzeug haben", kommentierte der Direktor dieser Sektion die ihm erteilte Weisung des Rektors. Für das CAD/CAM-Zentrum wurde ein Honorarfonds bereitgestellt. Über ihn verfügte der CAD/CAM-Beauftragte eigenständig. Er vergütete damit Leistungen, die Hochschullehrer und wissenschaftliche Mitarbeiter der TH sowie Fachexperten aus Betrieben, kommunalen Institutionen und Wissenschaftlich-technischen Zentren auf Honorar-Basis für das CAD/CAM-Zentrum erbrachten: Vorlesungen, Vortrags-Reihen, Seminare, praktische Übungen an verfügbaren Kleinrechnern. Die Höhe des stündlichen Honorars für solche Leistungen war so bemessen, dass dafür ein west-deutscher Facharbeiter im Baugewerbe nicht mal eine Maurerkelle in die Hand genommen hätte.

Im Monatsbericht der Hochschule an das Ministerium für Hoch- und Fachschulwesen in Berlin konnte vermeldet werden: „CAD/CAM mit perspektivischer Orientierung auf CIM läuft an der TH Magdeburg."

In dieser Weise auf neuste wissenschaftlich-technische und ausbildungs- und forschungsseitige Erfordernisse in Gegenwart und Zukunft fixiert und entsprechend den begrenzten Möglichkeiten der DDR gerüstet, beging die TH „Otto von Guericke“ ihren 1987er Festtag aus Anlass der Zuerkennung des Status „Technische Universität“.

Die Festveranstaltung fand in der Stadthalle im Magdeburger Rotehorn-Park statt. Als prominenter Festredner war von der „Partei- und Staatsführung der DDR“ Prof. Kurt Hager, Sekretär des ZK der SED, bestimmt worden. Hager hatte die TH Magdeburg bereits 13 Jahre früher besucht. Nun wollte er sich, ehe er ans Rednerpult der festlichen Versammlung treten und über die in Magdeburg seit jenem Besuch erreichten Fortschritte referieren würde, von der Stichhaltigkeit der ihm gelieferten Zuarbeiten persönlich, vor Ort, überzeugen. Bei seinem ersten Magdeburg-Besuch hatte ihn der als Rektor amtierende 1. Prorektor der TH, Prof. Dr.-Ing. Heinz Neuenhof, durch die Hochschule geführt. Einige Zeit zuvor waren beide miteinander bekannt geworden. An der Berliner Gratulations-Cour zu Hagers 60. Geburtstag hatte Neuenhof – auch zu jenem Anlass als amtierender Rektor – teilgenommen und die kleine Magdeburger Abordnung geleitet. Beim diesmaligen Hager-Besuch spielte Neuenhof keine Rolle. Es kam nicht mal dazu, dass er mit dem hohen Gast direkt zusammentraf und ihn persönlich begrüßen konnte. Er hatte sich vor Hagers Eintreffen in Magdeburg nicht darum bemüht, dass dies geschehe. ‘Man wird mich nicht auslassen’, hatte er geglaubt im Vertrauen darauf, Magnifizenz Kleber, der HPL-Sekretär und weitere noch amtierende Honoratioren der Hochschule würden sich an seine überzeugende Leistung als Gastgeber bei Kurt Hagers erstem Besuch gut erinnern und ihn auch diesmal einbeziehen in den engen Kreis ehrerweisender Leitungskräfte, Hochschullehrer und Funktionäre von Parteien und Massenorganisationen. In diesem Vertrauen wurde er enttäuscht.

Auf die Liste einzuladender west-deutscher Ehrengäste zur Festveranstaltung hatte Prof. Neuenhof den Direktor des Partner-Instituts von der Universität Hannover und Prof. Dr.-Ing. Günter Rups, Leiter des Produktionstechnischen Zentrums (PTZ) Berlin-West, setzen lassen. Der Hannoveraner hatte seine Teilnahme abgesagt: Er gehörte als Fachexperte der Fertigungstechnik einer niedersächsischen Regierungsdelegation an, die zum Zeitpunkt der Festveranstaltung in Magdeburg die Volksrepublik China bereiste. Mithin richtete Neuenhof sein Bemühen verstärkt und mit Erfolg darauf, dass Prof. Rups der an ihn ergangenen Einladung Folge leisten würde. Neuenhof hoffte, die Eminenzen der Hochschule würden ihm dieses Bemühen ideell honorieren – ein trügerisches Hoffen, eine Fehleinschätzung von ihm.

Der auf dem Fachgebiet Produktionstechnik zu jener Zeit führende deutsche Wissenschaftler und Wissenschaftsorganisator Rups fuhr jedenfalls, wie mit ihm vereinbart, am Nord-Eingang des Magdeburger TH-Geländes mit seinem PKW vor. Er wurde von Prof. Neuenhof, dem von Magnifizenz Prof. Kleber eingesetzten „Betreuer“ für den West-Berliner Gast, empfangen und begrüßt, jedoch von keinem Mitglied der Hochschulleitung und auch nicht vom Direktor der Sektion Technologie der mvl, Prof. Volker Weichtel. Die Honoratioren der Magdeburger TH weilten alle schon in der Stadthalle im Rotehorn-Park.

Rups wollte am Abend desselben Tages nach West-Berlin zurückfahren. Neuenhof hatte ein darauf ausgerichtetes Besuchsprogramm vorbereitet. Darin war ein separates Gespräch des Rektors und des Prorektors für Wissenschaftsentwicklung mit dem Berliner vorgesehen. Es fand aber am späten Nachmittag jenes Tages nur ein Gespräch des Prorektors mit dem Gast unter Hinzuziehung von Neuenhof statt – der Prorektor wortreich, wie es seine Art war, aber ohne konkrete Angebote für eine eventuelle partnerschaftliche Zusammenarbeit, obwohl ihm Neuenhof dafür auf einem Handzettel einige Vorschläge unterbreitet hatte. Der Rektor beschränkte sich darauf, den Gast beim Begrüßungs-Defilee im Vestibül der Stadthalle per Handschlag willkommen zu heißen und ihm zu versichern, er werde sich regelmäßig von Prof. Neuenhof über die bemerkenswerten Ergebnisse des PTZ in Lehre und Forschung und über die sich entwickelnden Beziehungen zwischen der Magdeburger TU und dem Berliner PTZ unterrichten lassen. Mehr oder Verbindlicheres sagte er dem West-Berliner Gast an diesem Tage nicht.

Nach der Ankunft von Prof. Hager wich Kleber nicht von dessen Seite; als Kandidat des Zentralkomitees der SED war er von diesem Moment an nur noch Parteiführung im Amte eines TU-, also eines Universitäts-Rektors. Er gab sich sichtliche Mühe, dass andere dies an diesem für die Hochschule wichtigen Tage auch so sahen und dass sie anerkannten, es ging um die Würdigung der Leistungen einer in frühen Jahren des deutschen Arbeiter- und-Bauern-Staates gegründeten Hochschuleinrichtung, die unter sozialistischen gesellschaftlichen Verhältnissen binnen weniger Jahrzehnte universitäres akademisches Format erlangt hatte. Dementsprechend waren auf der Bühne des großen Saals – außer dem Rektor, dem Festredner und einigen mit hohen staatlichen Auszeichnungen geehrten Magdeburger Wissenschaftlern – vornehmlich hochrangige Partei- und Wirtschaftsfunktionäre und Vorsitzende gesellschaftlicher Organisationen platziert worden. Vor der Bühne sorgten die Magdeburgischen Philharmoniker für die kulturelle Umrahmung der Festveranstaltung. Die ersten Sitzreihen im Saal waren für die Mitglieder des Senats und des Gesellschaftlichen Rates, für die Dekane und Prodekane, für die Vertreter von Universitäten und Hochschulen des In- und Auslandes, für Generaldirektoren Magdeburger Kombinate und Direktoren weiterer Betriebe und Institutionen reserviert. Irgendwo zwischen all den Ehrengästen fanden auch die Professoren Rups und Neuenhof einen Sitzplatz.

In der offiziellen Begrüßung der Ehrengäste vom Rednerpult aus nannte der Rektor Rups' Namen, aber als besondere deutsch-deutsche Begegnung deklarierte er die Anwesenheit des West-Berliner Wissenschaftlers nicht. Zu deutsch-deutschen Begegnungen als „etwas Normales“ kam es vor Beginn, in der Pause und nach dem offiziellen Ende der Festveranstaltung ohnehin. Der Rektor der TH Karl-Marx-Stadt und Prof. Rups kannten und schätzten einander. Sie waren Mitglieder der internationalen wissenschaftlichen Gesellschaft C.I.R.P.. Von der hieß es, ihre Mitglieder gingen friedlich und freundlich miteinander um und fühlten sich in der C.I.R.P. wie in einer Familie. In der Art begrüßten sich die beiden. Kollegial und freundlich war das Zusammentreffen Günter Rups' mit dem neuen Rektor der TU Dresden. Diese Herren waren auf der Konferenz PROLAMAT '85 in Paris miteinander bekannt geworden, als Günter Rups den Dresdner und die Professoren Nedlich und Neuenhof – nach deren Vorträgen in der Konferenz – zu einer abendlichen Taxi-Fahrt durch Paris und zu einem gemeinsamen Abendessen eingeladen hatte.

Und so hatte er, Prof. Günter Rups, sie beieinander: den neuen Dresdner Rektor, den Rektor der TH Karl-Marx-Stadt und den Magdeburger Ex-Prorektor, der dem Vernehmen nach an der nunmehrigen TU Magdeburg wieder eine größere Rolle spielen würde. 'Im Moment spielt sich auf der Bühne dieser Festhalle zwar etwas anderes ab', dachte Rups, 'aber wenn man den Magdeburgern etwas Zeit läßt ...' Er, der profunde Kenner der Geschichte deutscher höherer Technischer Lehranstalten, setzte hinsichtlich der weiteren Entwicklung des DDR – und des deutsch-deutschen Hochschulwesens im Bereich Technik auf Wissenschaftler, die aus der Dresdner wissenschaftlichen Schule der Fertigungstechnik hervorgegangen waren. In dieser Sicht verschmerzte er das wenig ergiebige Wortgeklingel des nachmittäglichen Gesprächs mit dem Prorektor.

„Ich bereue nicht, diesen ganzen Tag in Magdeburg verbracht zu haben“, sagte er, als er sich am frühen Abend von Prof. Heinz Neuenhof verabschieden wollte.

„Es freut mich sehr, das von Ihnen zu hören. Einiges ist zwar anders gelaufen, als ich es mir gedacht hatte. Aber das ist wohl dem allgemeinen Trubel heute an der Hochschule zuzuschreiben. – Nun wollen Sie aufbrechen, also nicht noch am abendlichen Empfang des Rektors teilnehmen?"

Rups dachte: 'Der Rektor hat mich dazu nicht persönlich eingeladen. Er tat überhaupt etwas distanziert ...' Er sagte: „Meine Frau freut sich, wenn ich mal etwas früher als kurz vor dem Schlafengehen nach Hause komme."

Neuenhof sagte: „Hungrig möchte ich Sie nicht nach Hause fahren lassen, sonst fragt Sie Ihre Frau womöglich: 'Wo kommst du denn her? Hatten sie dort nicht mal eine Scheibe Brot für dich als Abendessen übrig?' Deshalb lade ich Sie zu einem kleinen Imbiss zu mir nach Hause ein. Wir haben neulich auf dem Gehöft meiner Großeltern ein bescheidenes Schlachtefest gefeiert. Davon ist noch etwas übrig ..."

„Haben Sie ein dickes Schlachtepaket mitbekommen?"

„Mehr noch. Ein Schulkamerad aus der einklassigen Dorfschule, die ich 1945 ein Jahr lang besuchte, hat für mich ein Schwein gefüttert. Das haben wir auf dem großelterlichen Gehöft geschlachtet. Meine Cousine und ihr Mann haben quasi alles Notwendige bereitgestellt und die meiste Arbeit geleistet. Meine beiden Söhne hatten so etwas noch nie zuvor erlebt. Ich sagte mir: ‚Sie sollen nicht dumm sterben.'"

Prof. Rups kniff ein Auge zu und grinste. ‘Nachträgliches Schlachtefest zum Tagesausklang ...' Die Idee gefiel ihm. „Ich wohne in Burkitz, 25 Kilometer entfernt von Magdeburg in Richtung Berlin. In 22 Minuten Fahrt auf der Autobahn – ich hab's getestet – können wir bei mir zu Hause sein. Zeit genug für meine Frau, etwas vorzubereiten. Ich brauche sie nur anzurufen. – Mit einem privaten Kurzbesuch würden Sie meiner Frau und mir eine Freude bereiten. Sie kennt Sie von meinem Erzählen."

Günter Rups überlegte nicht lange. ‘Die Stunde für Neuenhof nehme ich mir.' Er nickte. „Fahren Sie vornweg! Diesmal lasse ich mich ins Schlepptau nehmen."

Karin Neuenhof bereitete mit Vorräten aus der großen Tiefkühltruhe eine ansehnliche Schlachteplatte vor. Gerald und Andreas Martin halfen ihr, den Abendbrottisch für fünf Personen zu decken. Sie holten Getränke aus dem Keller. „Das ist ja nicht viel, was wir anbieten können", monierte Karin. Da lief Martin rasch in die nahegelegene HO-Kaufhalle in der Wilhelm-Külz-Straße und kaufte Bier, VIPA und alkoholfreie Getränke ein.

Es wurde eine unterhaltsame Abendmahlzeit bei Neuenhofs. Prof. Rups befragte Neuenhofs Söhne nach ihren Berufswünschen und -aussichten. Gerald hatte nach dem 10-Klassen-Abschluss am Juri-Gagarin-Gymnasium in Magdeburg eine Ausbildung zum Zerspanungsfacharbeiter mit Abitur absolviert. Nun stand er in der Sektion Technische Kybernetik/Elektrotechnik der TU Magdeburg in der Diplomphase. Andreas Martin hatte an der Geschwister-Scholl-Oberschule in Burkitz sein Abitur abgelegt und studierte an der Karl-Marx-Universität Leipzig Journalistik. Karin Neuenhof war halbtags im Labor des Burkitzer Kreiskrankenhauses tätig.

„Eine fleißige Familie", lobte der Gast aus Berlin. Er informierte seine Gastgeber, er sei mit einer Holländerin verehelicht. In jedem Frühsommer überführe er seinen Jollen-Kreuzer vom Berliner Wannsee an die holländische Zuider-See. Im Herbst hole er das Boot und seine Ehefrau zum Überwintern nach Berlin zurück. Zu den Binnen-Wasserstraßen, die er für diese Fahrten benutze, gehöre auch der Elbe-Havel-Kanal, an dem Burkitz gelegen sei. Immer, wenn er an dem kanalnahen backsteinernen Fabrikgebäude mit der weithin erkennbaren weißen Aufschrift KNÄCKE vorübergefahren sei, habe er gedacht: ‘Aha, von hier kommt das deutsche Knäckebrot in die Läden und Supermärkte.' Von nun an werde er, wenn er mit seinem Boot in die Burkitzer Nähe komme, hinter der Brücke festmachen und bei Neuenhofs anrufen. Vielleicht könne man sich auf dem Jollen-Kreuzer zu einem kleinen Kajüten-Fest treffen. Etwas dafür Geeignetes in Flaschen habe er immer an Bord.

Gerald schoss auf Wunsch des Gastes mit dessen Kamera ein Foto von Rups und dem Ehepaar Neuenhof. Dann stieg der Professor in sein Auto mit dem eingekreisten Stern auf der Motorhaube und fuhr nach Berlin.

In dem zweigeschossigen Wohnhaus mit zwei Eingängen auf der gegenüberliegenden Straßenseite von Neuenhofs wohnte in der großen Erdgeschoss-Wohnung der Vorsitzende des Rates des Kreises Burkitz. Die kleinere Wohnung darüber war dem ehemaligen Dienstwagen-Fahrer des Ratsvorsitzenden und seiner Ehefrau zugewiesen worden – beide im Rentenalter. Solange Prof. Rups' PKW vor Neuenhofs Häuschen in der Puschkinstraße geparkt war, schaute der alte Herr von vis-à-vis aus dem Fenster. Als Heinz Neuenhof seinen Gast zu dessen PKW begleitete, grüßte er den Alten, und als Rups abgefahren war, verschwand dieser vom Fenster und ließ ein Rollo herunter. Karin sagte dazu: „Er wird wohl nicht nur seiner Frau berichten, was er an diesem Abend vor unserem Hauseingang gesehen hat." Sie meinte, der Mann sei auch noch etwas anderes als bloß Kraftfahrer gewesen.

Tatsächlich erschien am nächsten Vormittag in Heinz Neuenhofs Dienstzimmer der Genosse von der Firma HORCH UND GUCK, mit dem Neuenhof zu seiner Prorektorenzeit zu tun gehabt hatte, wenn für die große Dienstbesprechung des Rektors der Tagesordnungspunkt „Sicherheit und Geheimnisschutz an der TH Magdeburg" vorzubereiten gewesen war.

„Na, Genosse", fragte der „KONSUM"-Mann, maliziös lächelnd, „hast du gestern Abend, bei dir zu Hause, noch wichtige Dinge absprechen oder regeln können?"

Neuenhof war verblüfft. Er erinnerte sich der Bemerkung seiner Ehefrau über den ehemaligen Vorsitzenden-Chauffeur. Aber er ließ sich nichts anmerken, schüttelte den Kopf. „Eigentlich nicht. Er hat gemeinsam mit meiner Familie Abendbrot gegessen und dabei erzählt, dass er mit einer Holländerin verheiratet ist und deshalb in jedem Sommer einige Wochen in den Niederlanden verlebt."

„Schreib' das mal auf!"

„Ach was! Ich habe es dir eben brühwarm berichtet. Das kann dir doch genügen. Ist es denn so interessant, dass ich es dir auch noch schriftlich mitteilen muss?"

„Natürlich sind für uns Informationen über Privates von Interesse, sonst hätte ich dich nicht um eine Notiz gebeten. Wen hattest du vorher über den privaten West-Besuch bei dir zu Hause informiert?"

„Wie bitte?", Neuenhof war entrüstet. „Hätte ich zuvor jemanden um Erlaubnis fragen müssen?"

„Davon habe ich eben nichts gesagt. Aber dass es an der Hochschule die Pflicht zu einer schriftlichen Meldung an den Vorgesetzten gibt für denjenigen, der privaten Kontakt zu einer oder mehreren Personen aus dem NSW gehabt hat, ist dir ja wohl bekannt. Also schreib' deinem Sektionsdirektor eine vertrauliche Hausmitteilung!"

„Aber ich schreibe nichts Fachliches auf, was der Prorektor für Wissenschaftsentwicklung im Auftrag des Rektors mit dem West-Berliner Gast verhandelt hat. Das kann der Prorektor selber tun und dem Rektor zuleiten. Oder du interviewst den Prorektor gleich selber!" Das klang ein bisschen überheblich.

Neuenhofs Bemerkungen verstimmten den „KONSUM"-Mann. „Du bist einige Zeit aus dem Prorektorenamt 'raus und hast inzwischen offenbar einiges vergessen – zum Beispiel: Wann wir mit wem worüber sprechen oder ob wir ihm für unsere Akten etwas Schriftliches abverlangen, entscheiden wir."

Im Oktober 1987 telefonierte der Abteilungsleiter im MHF Berlin, Hans-Georg Gerbach, mit Prof. Neuenhof. „Ich erfuhr, der Wissenschaftliche Rat der komplexen Forschungsaufgabe 'Automatische bedienarme Produktion in der Klein- und Mittelserienfertigung' tagt demnächst in unserem Hause." Neuenhof war 1982 vom Minister für Hoch- und Fachschulwesen zum Mitglied dieses wissenschaftlichen Rates berufen worden. Er würde an der von Gerbach erwähnten Ratstagung teilnehmen. Gerbach erbat: „Komm nach Möglichkeit eine Stunde vor Tagungsbeginn in unser Ministerium! Gib mir Bescheid, wenn du da bist! Wir haben einiges miteinander zu besprechen."

Neuenhof kam der Aufforderung nach. Er und Gerbach trafen sich im Foyer des Ministeriumsgebäudes. „Wir laufen ein Stückchen ‚Unter den Linden' entlang", sagte Gerbach. Als sie das Reiterdenkmal Friedrichs des Großen hinter sich gelassen hatten, erklärte er: „Für unser Gespräch brauchen wir keine weiteren Zuhörer."

Prof. Neuenhof erfuhr: Im Ministerium für Hoch- und Fachschulwesen sei „alles durchgestellt" und die Abteilung Wissenschaften des ZK der SED informiert und einverstanden gewesen, dass es mit dem Statuswechsel der TH Magdeburg auch einen neuen Rektor geben würde. Mehrere Kandidaten hatten zur Wahl stehen

sollen. „Aussichtsreichster Kandidat wärest aus Berliner Sicht und entsprechend dem Wunsch vieler Hochschulangehöriger du gewesen", sagte Gerbach. „Weder wir in Berlin noch Leute aus deiner Hochschule haben daran Anstoß genommen, dass du nach deiner Prorektorenzeit nicht gleich weitergemacht hast. 'Er wollte in der Zwischenzeit noch einmal fachlich auftanken', meinten sie verständnisvoll."

„Das habe ich auch getan." Heinz Neuenhof zählte auf: Dissertation B angefertigt und an der TU Dresden verteidigt, 28 eigene Doktoranden betreut und zur Dr.-Ing.-Promotion geführt, wissenschaftliche Publikationen in Fach-Zeitschriften und -Büchern herausgebracht, wissenschaftliche Konferenzen im In- und Ausland besucht und durch eigene Beiträge bereichert, in Fach-Ausschüssen der KdT, der URANIA und des Forschungsrates der DDR aktiv und zeitweise leitend mitgearbeitet …

„Drum eben hat uns gewundert, dass die Rektor-Neuwahl an eurer Hochschule auf euren eigenen Wunsch ins Jahr 1990 verschoben wurde und dass Magnifizenz Kleber bis dahin im Amt bleiben soll, obwohl er es bereits elf Jahre inne hat. Dieser Tage traf übrigens das Antragsschreiben eures Ersten Prorektors bei uns ein, Klebers Amtszeit um drei Jahre zu verlängern."

Neuenhof zuckte mit den Achseln.

Gerbach wertete dieses Achselzucken als Zeichen, dass Neuenhof der Rektor-Wechsel mittlerweile gleichgültig sei. Das ärgerte ihn. „Wenn Harry Petras noch lebte, würde er dir wahrscheinlich den Marsch blasen, weil du um das Rektor-Amt nicht kämpfst."

„Wieso sollte ich? Kleber hat sich parteimäßig so etabliert – Kandidat des ZK, gutes Einvernehmen mit dem neuen Bezirkssekretär unserer Partei –, dass ich als popliges Mitglied der Hochschulparteileitung mit ihm nicht mithalten kann."

„Wenn du es so siehst …, da ist etwas dran, tatsächlich. Es kommt noch etwas anderes hinzu. Es hat eine Polit-Information an die Abteilung Wissenschaften gegeben, du würdest dich seit einiger Zeit zu sehr um deine west-deutschen Partner bemühen, und deine Betreuung des West-Berliner Professors während und nach der Festveranstaltung anlässlich des Status-Wechsels eurer Hochschule habe wie Fraternisation mit diesem Mann gewirkt. Es hat bei führenden Genossen eurer HPL Verwunderung, bei einigen sogar Enttäuschung ausgelöst, dass du als Kandidat für die Rektor-Neuwahl dich nicht bemüht hast, deine alte Bekanntschaft mit Genossen Professor Hager wieder aufzufrischen. Stattdessen hast du …"

Neuenhof unterbrach den Abteilungsleiter. „Ich habe kapiert. Aber ich habe mich nicht meines Vorteils wegen um Professor Rups bemüht. Er ist ein weltweit anerkannter Experte auf einem der Haupt-Fachgebiete unserer Hochschule. Hinsichtlich CAD, CAM und CIM könnten wir manches von ihm und dem von ihm geleiteten PTZ profitieren. Wenn ich vergleiche, wie unser Rektor und mein Sektionsdirektor an diese Dinge herangehen …"

„Das ist der nächste Punkt, bezüglich dessen man sich über dich wundert."

„Na, ich wundere mich auch bloß noch."

„Es heißt, dein Rektor hat für eure Hochschule dich als CAD/CAM-Beauftragten einsetzen wollen, aber du habest diesen Auftrag abgelehnt. Überall habe man dich hinreisen lassen. Nun bist du Wissensträger und hast Verbindungen zu Experten und Instituten hergestellt. Aber wenn du dafür an der eigenen Hochschule etwas leisten sollst, dann kneifst du."

„Nun mach' mal 'nen Punkt! Kennst du mich als einen, der vor irgendeiner Aufgabe kneift?"

„Escha Ich …" Gerbach winkte ab. „Ich habe eben dargelegt, wie deine Entscheidung in der Beratung der Kaderdirektoren in unserem Hause beurteilt wurde."

'Von daher weht der Wind', dachte Neuenhof, 'Harri Meister und Co…' Er sagte: „Wir haben jetzt einen CAD/CAM-Beauftragten an unserer TU. Er hatte zuvor im Magdeburger Stadtverordneten-Ausschuss für Handel und Versorgung mehr zu sagen denn als Professor an unserer Sektion. Aber nun hat er ja ein Institutchen. Darin läßt ihn der Rektor nahezu frei schalten und walten. Den Sektionen und Fachbereichen tut er mit seinem CAD/CAM-Zentrum nicht weh. Von Sektionsmitarbeitern und Hochschullehrern nach dem Prinzip der Freiwilligkeit erbrachte Leistungen – Vorträge zu CAD, CAM und CIM, Übungen an Kleinrechnern – vergütet er mit Mitteln aus einem ihm verfügbaren Honorarfonds. Die einen wie die anderen freuen sich über die auf diese reguläre Weise erzielbaren Nebeneinkünfte."

„Sieh an! Das hättest du auch haben können. Aber du …"

Neuenhof schüttelte sich. „Ne, mein Lieber. CAD, CAM und CIM – das ist nicht bloß ein Weiterbildungsprogramm, das ist eine Strategie, nach der Konstrukteure, Fertigungstechniker, Betriebswirtschaftler und Ökonomen, besser als bisher vernetzt, jetzt und erst recht künftig zu arbeiten haben. Das ist für sie eine in vielerlei Hinsicht neue Arbeitsweise. Die setzt sich nicht von allein durch. Leiter in technischen Bereichen müssen sie wollen und müssen sie erforderlichenfalls mittels nicht diskutabler Weisungen realisieren. An einer Hochschule muss das beim Rektor und seinen Prorektoren beginnen, es muss sich über die Sektionsdirektoren und die Leiter eigenständiger Struktureinheiten fortsetzen und dann erst bei den Wissenschaftsbereichsleitern enden. Eine solche Weisungskette muss – insbesondere unter den gesellschaftlichen Bedingungen in der DDR – durchlaufen werden oder zumindest potenziell durchlaufen werden können, wenn zu CAD, CAM und CIM nicht nur Diskussionen und Weiterbildungslehrgänge durchgeführt, sondern darüber hinaus theoretisch anspruchsvolle und betriebspraktisch verwertbare Resultate erzielt werden sollen. Das zu akzeptieren und als Rektor zu praktizieren, dazu war Magnifizenz Kleber nicht bereit. Auf Grund dessen hätte ich, ein Wissenschaftsbereichsleiter, als CAD/CAM-Beauftragter nicht den Erfordernissen entsprechend wirksam werden können. Da muss man nicht drumherum reden. Ein Wissenschaftsbereichsleiter taucht in der vom MHF definierten Hierarchie von Leitern mit Weisungsbefugnis an Hochschuleinrichtungen gar nicht auf. Ich hätte – allein von mir aus – bei unseren cleveren Sektionsdirektoren nicht mehr erreichen können als mir den Mund fusselig zu reden und von ihnen Forderungen nach mehr Planstellen für wissenschaftliche Mitarbeiter, nach Ausstattung der Arbeitsplätze der Mitarbeiter mit Personal-Computern und peripherer Datenverarbeitungstechnik und dergleichen mehr entgegenzunehmen. Das heißt, mein Versagen als CAD/CAM-Beauftragter wäre vorprogrammiert gewesen. Aus dieser Sicht hat der derzeitige Beauftragte noch das Beste für sich und die Sache gemacht. Ich denke, der neue Rektor der TU Dresden wird CAD/CAM und CIM an seiner Einrichtung unter Nutzung der Kompetenz- und Weisungshierarchie aller Leitungsebenen durchsetzen und damit solchen Hochschuleinrichtungen wie unserer TU ein Beispiel geben, wie man's machen muss."

„Siehst du, deshalb hatten wir darauf gesetzt, dass der Rektor der ersten Amtsperiode an der Technischen Universität Magdeburg Heinz Neuenhof heißen würde. Aber das ist nun vom Tisch. Wir werden gemeinsam verfolgen, ob den Dresdnern, wie du prophezeist, mehr gelingt als euch Magdeburgern. Wir im MHF werden aber auch darauf achten, dass in Dresden nicht das geschieht, was einige Wissenschaftler eurer TU befürchtet haben, wenn du ihr Rektor geworden wärst."

Neuenhof sagte verwundert: „Jetzt sprichst du in Rätseln."

„So? Ist dir das nicht zugetragen worden? Vor allem in nichttechnischen Bereichen eurer Hochschule gibt es Meinungen wie: 'Kleber ist schon fast zu lange im Amt. Ein Wechsel könnte die TU Magdeburg vielleicht rascher voranbringen. Wenn einen Wechsel, dann aber nicht Neuenhof. Der würde auf Geheiß seines Mentors aus West-Berlin die ganze TU Magdeburg in eine CIM-Fabrik umwandeln'."

„Wer setzt denn solche Enten in die Welt?"

„Egal, wer. Lass gut sein! Wir MHF'ler hätten dir vertraut. Wir vertrauen auch dem neuen Rektor der TU Dresden, dass er mit Beschlüssen und Maßnahmen zu CAD, CAM und CIM nicht nur die Grundlagenforschungs-Programme 7 und 8 bedient, sondern dass er die TU Dresden auch die von ihr erwarteten Leistungen für die Programme 1 bis 6 erbringen läßt – unter seiner Führung. Dasselbe gilt für eure TU. Der bisherige und sicherlich weiterhin im Amt verbleibende Rektor Richard Kleber hat sich dazu in unserem Hause und öffentlich bekannt. Über deinen Sektionsdirektor wissen wir, dass er euren Rektor in dieser Linie unterstützt und dass er generell mit Genossen Kleber gut harmoniert."

'Gut harmonieren beide, seitdem ich kein Erster Prorektor mehr bin', dachte Neuenhof. Er sagte: „Eigentlich ist das nicht schlecht. Der subjektive Faktor spielt für das Funktionieren der von mir beschriebenen Weisungskette eine große Rolle. Offen und ehrlich gesagt: Der Wissenschaftsbereichsleiter Neuenhof hätte als CAD/CAM-Beauftragter in die Weisungskette Kleber/Weichtel nicht hineingepasst."

„Du kommst mit manchen Auffassungen und Praktiken deines Sektionsdirektors nicht klar, will mir scheinen."

Neuenhof nickte. „Ein Beispiel aus jüngster Vergangenheit: Meinem Unruhe stiftenden ärgsten Kritiker unter den Hochschullehrern meines Wissenschaftsbereiches hat mein Sektionsdirektor, ohne mich vorher anzuhören, einen eigenen Weg bei Partnerschaften mit west-deutschen Instituten zugestanden: ich für Hannover und West-Berlin – schwerpunktmäßig, Konzentration der Kräfte, wie gefordert – , aber für den Kritikaster ein Alleingang an die TU Braunschweig. – Ein anderes Beispiel: die Festlegung der Jahresprämien für ..."

„Hör' auf! Du hast meine Vermutung leider bestätigt. Ich kann nachfühlen, wie dir zumute ist. Ich habe den Nachfolger von Harry Petras vor die Nase gesetzt bekommen. Der sitzt auf dem Stuhl, von dem ich und viele Genossen im MHF annahmen, dass er meiner sei, wenn Harry ihn nicht mehr besetzen würde oder besetzen könnte. Dieser Nachfolger ist ein ganz anderer Typ als Harry. Er ist forsch in seiner Amtsführung, aber inhaltlich läuft in unserem Stellvertreter-Bereich alles eins zu eins nach den – manchmal nicht bis zu Ende durchdachten – Vorgaben unseres Ministers und des Parteisekretärs unseres Hauses. Ich und du, Heinz, wir sind also in einer vergleichbaren kritischen Lage, was unser Wirksamwerden bei solchen Vorgesetzten anbelangt, wie wir sie haben. Nun könnten wir ja nach der 'Contra-gegen-ihn-Taktik' subjektiv auf eine personelle Veränderung hinarbeiten: Ich könnte meinen Minister-Stellvertreter ein paarmal sich blamieren oder gar ins Messer laufen lassen, und die Genossen würden sagen: ‚Schickt den Genossen in seinen Betrieb zurück! Hans-Georg, übernimm du den Posten!' – Oder bei dir: Dein Sektionsdirektor ..."

„... satte elf Jahre im Amt ..."

„... scheint zu glauben, CAD, CAM und CIM seien eine mit der Zeit vergängliche Mode wie vor knapp zwanzig Jahren elektro-mechanische Lehr- und Lernmaschinen oder Dia-Ton-Vorträge oder sonst 'was noch. Also: den Mann zurückschicken in seinen Wissenschaftsbereich, auf dass er dort seine Vorlesungsmanuskripte überarbeiten, dass er sie auf den neuesten Stand bringen könnte. Du, mein Lieber, übernähmst dann die Leitung eurer hochdekorierten Sektion Technologie der mvl, Trägerin des Karl-Marx-Ordens. Und von der Warte aus könntest du mit eurem Rektor – egal, wie er heißt – kooperieren, ähnlich wie beispielsweise Professor Rups mit dem Rektor der TU Berlin-West zusammenarbeitet."

„Wunschträume!"

„Sag' das nicht! Wir beide müssten allerdings beweisen, dass wir inzwischen die Klaviatur sozialistischer Kaderpolitik zu beherrschen gelernt haben. – Aber nein: Uns würde nicht nur subjektiver Widerstand geleistet werden. Und damit komme ich auf etwas zu sprechen, für das mein Dienstzimmer vielleicht zu viele Ohren zum Mithören haben könnte: Unsere Partei, angefangen bei der Parteiführung –

beim Polit-Büro –, ist derzeit gespalten: in eine Gruppe 'Kontinuität' und eine neuere Gruppe 'Konföderation'.

'Kontinuität' interpretiert die eine Gruppe als konsequente Fortsetzung des politischen und wirtschaftlichen Kurses unserer Partei beim Aufbau des Sozialismus in der DDR nach der Devise 'Im Bruderbund mit der Sowjetunion auf ewig verbunden – vorwärts zum Sieg!' und in der Realität möglichst nach der BRESHNEW-Doktrin, wenn's sein muss vermischt mit einem bisschen GORBATSCHOW-Glasnostj und -Perestroika. Diesen Kurs der 'Kontinuität' verfolgen vor allem ältere Genossen und solche Mitglieder des Polit-Büros, die diesem Führungsgremium der Partei schon lange angehören und die über viel Parteierfahrung verfügen – nicht wenige von ihnen hochgeachtet. 'Kontinuität' vertreten sie auch in personeller Hinsicht: Sie möchten auf lange Zeit Politbüro-Mitglieder sein und bleiben, und an der Spitze, als Generalsekretär, soll weiterhin Genosse Erich Honecker stehen.

Die zur Zeit noch kleine Gruppe 'Konföderation' hält für erforderlich, ähnlich wie von der KPdSU und der Staatsmacht der UdSSR in der Weltpolitik und für 'ein gemeinsames Haus Europa' eingeleitet, die Deutschland-Politik unserer Partei an heutige Gegebenheiten und Möglichkeiten der Auseinandersetzung zwischen Sozialismus und Kapitalismus anzupassen. Es sollen Nahziele und Etappen bis zum Sieg des Sozialismus in Deutschland neu definiert und ein engeres, verbindliches staatliches Zusammengehen beider deutscher Staaten – zunächst in ausgewählten gesellschaftlichen Bereichen wie Wirtschaft, Wissenschaften, Kultur und Sport – verhandelt und schrittweise realisiert werden. Dies soll erreicht werden durch eine Konföderation der DDR und der BRD. Eine solche deutsche Konföderation wäre ein national und international außerordentlicher Beitrag zur Entspannungspolitik in Europa und zwischen den Machtblöcken im Weltmaßstab, sagt man. Der führende Verfechter einer dahingehenden Politik ist Hans Modrow. Er wird von der anderen Gruppe heftig attackiert. Sein Vorschlag würde dem bundesdeutschen Bestreben Vorschub leisten, 'die DDR in der Umarmung zu liquidieren'. Modrow hält – unter Protest von Erich Honecker und seinen Getreuen – den derzeitigen Kurs der 'Kontinuität' für überholt, er verweist auf Gorbatschow, und seines Erachtens ist die Strategie der Einheit von Wirtschafts- und Sozialpolitik auf Grund der ökonomischen Lage, in die die DDR geraten ist, nicht weiter durchsetzbar. Er beruft sich auf Analysen und Erfahrungen aus seiner Tätigkeit als Erster Sekretär der Bezirksleitung Dresden unserer Partei. Fazit: Wir müssten, damit die Konföderation zustande kommt, hinsichtlich einiger bisher verfolgter politischer Ziele Abstriche machen. Dafür könnten wir Zugriff erlangen auf mancherlei Dinge und Beziehungen im In- und Ausland, bei denen die BRD uns und den anderen sozialistischen Ländern voraus ist. Anders, so die Auffassung der 'Konföderierer', kommen wir kaum noch voran. – Puh! Entschuldige meinen langen Vortrag!"

Heinz Neuenhof klopfte Gerbach auf die Schulter. „Da gibt's nichts zu entschuldigen. Im Sozialismus bekommt jeder das, was er nötig hat. Du hast eben gemeint, ich habe deine Lektion nötig gehabt. Um ehrlich zu sein: Du hattest recht. Bis zu unserem heutigen Gespräch glaubte ich, ich allein mache zu viel falsch oder nicht genug in dieser oder jener Sache, und ich sei, grob gesagt, der Versager. Nun ist mir klar geworden, wir stecken allesamt in einer Krise. Jeder muss bei der Frage 'Wie weiter?' für sich entscheiden: 'Kontinuität' oder 'Konföderation'? Und diesem Entscheid entsprechend muss er neu bestimmen: Wer sind dafür seine Kampfgefährten? Vielleicht verliert er Genossen oder Freunde, weil sie es ihm in der kommenden Zeit gar nicht mehr sind …" Neuenhof dachte spontan an Prof. Richard Kleber.

Kurz vor der Kreuzung Unter den Linden/Friedrichstraße schaute Gerbach auf seine Armbanduhr. „Wir gehen nicht weiter, sonst würde der Rückweg zu lang werden, und du kämst zu spät zu deiner Beratung – muss ja nicht sein. Ich habe auch noch einen Termin in unserem Haus."

„Kommst heute also nicht zu uns in die Gruppe?"

Kopfschütteln. „Der Stellvertreter schaut vielleicht zu euch 'rein. Er will kurze Zeit hospitieren, will sich einen Eindruck verschaffen, wie ihr eure Thematik angeht. Also! Legen wir ein Schrittchen zu!"

Gerbach war ein großgewachsener, langbeiniger Kerl. Er brachte den Magdeburger Professor tüchtig ins Schniefen. „Übrigens, bist du bei euch in Magdeburg an das interne Informationssystem unserer Partei angeschlossen?"

„Was meinst'n?"

„Genosse Erich Honecker fährt im kommenden Monat offiziell, zum Staatsbesuch, in die BRD."

„Ich hörte davon."

„Bundeskanzler Helmut Kohl wird ihn empfangen. Eine Visite ins Saarland, Erichs Heimat, ist vorgesehen. Oskar Lafontaine hat im Vorfeld verkündet, er und alle Saarländer fühlen sich durch den Besuch geehrt."

Heinz Neuenhof fragte: „Was bedeutet Erichs Reise im Hinblick auf die beiden Lager im Polit-Büro?"

„Wir sind in der gegenwärtigen politischen Lage vor keinen Überraschungen gefeit. Aber wie ich mitbekommen habe, deutet Erich Honecker selbst seinen Besuch als staatliche Anerkennung der DDR seitens der BRD und als Bestätigung der Richtigkeit des Politbüro-Kurses 'Kontinuität'. Im Werderschen Markt wird hinter vorgehaltener Hand erzählt, Erich soll gesagt haben, wenn bei seinem Besuch in Bonn alles gut geht, fehle ihm, um die staatliche Anerkennung der DDR zu vollenden, nur noch, dass er zum Staatsbesuch in die USA eingeladen wird. 'Auf solch einen Besuch müssen wir hinarbeiten, Genossen', soll er ernstlich gefordert haben."

Von diesem Ansinnen Honeckers musste Ex-Kanzler Helmut Schmidt etwas gewußt haben, als er einige Zeit später dem Generalsekretär der SED und Staatsratsvorsitzenden der DDR in einem persönlichen Gespräch riet: „Herr Honecker, treten Sie zurück!"

11

„Komm doch bitte mit!", bat Ursel Pollner ihren Ehemann. „Ich habe Giselher Quast zugesagt, wir werden kommen. Lass mich nicht alleine gehen!" Allein – das wäre ihr zu gefährlich gewesen. Ihm auch.

Seit 1983 waren donnerstagabends im Magdeburger Dom Gebete für ausreisewillige Bürger der DDR abgehalten worden. Seit Mai 1989 hatte sie der evangelische Pfarrer Quast als Friedensgebete deklakriert.

Das Friedensgebet am 29. Juni 1989 würde die Pastorin Zachhuber leiten. Quast war der renommiertere Pfarrer; darauf, mit ihm und nicht mit irgendjemand Beigeordnetem zusammenzutreffen, legte Willi Pollner großen Wert. Deshalb warb Ursel: „Das Thema des Zachhuberschen Gebets wird die Niederschlagung der Studentenproteste in China sein. Es ist wie auf dich als Hochschulmann zugeschnitten. Giselher Quast sagte mir, er wird anwesend sein, vielleicht auch Hans-Jochen Tschiche. Ich denke, die beiden würden gern von dir erfahren, was die Aussprachen wegen deines Briefes an die Redaktion der 'VOLKSSTIMME' erbracht haben."

Im Frühjahr 1989, vor den Kommunalwahlen am 7. Mai, hatte die Magdeburger Presse in einer Gemeinschaftsaktion zu einem Leser-Forum „Was uns heute gefällt und morgen besser sein kann" aufgerufen. Dieser Aufruf hatte Dr. Wilhelm Pollner veranlasst, seine „Gedanken zu einigen Aspekten der Entwicklung und des Lebens in der Stadt" Magdeburg auf vier engzeilig mit Schreibmaschine beschriebenen Seiten zu Papier zu bringen und diese dann per 2. April 1989 an die Redaktion der Magdeburger „VOLKSSTIMME" zu senden. Freilich hatte ihr Verfasser damit in der breiten Öffentlichkeit hervortreten wollen. Das war ihm legitim und auch unverdächtig gegenüber der Staatssicherheit (STASI) der DDR erschienen, weil die Bürger der DDR seit Jahren mit der überall propagierten Losung „Arbeite mit! Plane mit! Regiere mit!" zu außerordentlichen Arbeitsleistungen und zu hohem gesellschaftlichen Engagement angespornt wurden. Hinzu war gekommen: Die Arbeitsergebnisse der Werktätigen sollten Weltniveau aufweisen.

Aus dieser Sicht, hieß es in Pollners Pamphlet, würden in der Vorbereitung der Volkswahlen 1989 „die große strategische Linie, gleichsam der große Entwurf für die Entwicklung des Magdeburger Gemeinwesens an der Schwelle zum 21. Jahrhundert" nicht erkennbar sein. Deshalb waren in den fünf Abschnitten der Pollnerschen Presse-Zuschrift grundsätzliche Fragen zur Stadtentwicklung Magdeburgs gestellt und Vorschläge zu Perspektiven der wirtschaftlichen Entwicklung, zur Infrastruktur und Kommunikation, zur Profilierung der Stadt als ein Kultur- und Bildungszentrum und zur Stadtökologie unterbreitet worden.

Die Redakteure der „VOLKSSTIMME" hatten schnell erkannt, der an sie gerichtete Brief hatte nach Inhalt und Duktus ein gewichtigeres Format, als dass da jemand ein paar Vorschläge zu der DDR-Aktion „Schöner unsere Städte und Gemeinden" in der Heimatzeitung abgedruckt sehen wollte. Stutzig gemacht hatten sie vor allem drei Aussagen: Für Magdeburg dürfe nicht als Fixpunkt der wirtschaftlichen Entwicklung gesetzt werden, Stadt des Schwermaschinen- und Anlagenbaus zu bleiben – trotz der in der Mitte des 19. Jahrhunderts von Hermann August Gruson begründeten Tradition. – Soweit der Verfasser an Veranstaltungen zur Vorbereitung der 1989er Wahlen in der DDR teilgenommen hatte, habe ihn deren Verlauf nicht befriedigt. – „Eine Weiterentwicklung von Strukturen zur breiteren Mitwirkung unserer Bürger" erschien dem Verfasser unerlässlich.

Die „VOLKSSTIMME" war zu DDR-Zeiten das Bezirksorgan Magdeburg der SED. Folgerichtig wurde Pollners Brief der Bezirksleitung Magdeburg der SED zur Kenntnisnahme und Auswertung zugeleitet. Den fälligen politisch-ideologischen Gerichtstag über das Schriftstück und seinen Verfasser hielt aber nicht die SED-Bezirksleitung ab. Sie überantwortete „die Klärung der Angelegenheit" dem Rektor und weiteren leitenden Hochschullehrern der TU Magdeburg, die zuständig für Pollners Arbeitsbereich waren.

Pollner war an der TU Magdeburg als wissenschaftlicher Mitarbeiter in der Lehr- und Forschungsgruppe Fertigungsprozessgestaltung des WFG angestellt. Deren Leiter, Prof. Neuenhof, setzte ihn vor allem in der Lehre ein für Seminare und Übungen zur Grundlagen-Vorlesung „Fertigungsprozessgestaltung" (FP I), zur „Einsatzplanung und Programmierung programmgesteuerter Werkzeugmaschinen" (FP II) und als Übungsleiter für das fachrichtungsübergreifende Komplexpraktikum der Sektion Technologie. Hierfür leistete Pollner eine fachlich gute und pädagogisch geschickte, von den Studenten und Hospitanten aus der Lehr- und Forschungsgruppe Berufspädagogik anerkannte Arbeit. Sehr zustatten kamen ihm dabei seine Kenntnisse und Erfahrungen aus bisherigen beruflichen Tätigkeiten und sein hervorragendes Personengedächtnis. Er gedachte, im Anschluss an seine Promotion forschungsmäßig in dem von Dr. Kästner bearbeiteten Themenkomplex mitzuarbeiten. Aber das machte ihm Dr. Meber nach dessen Rückkehr aus dem Sektionssekretariat in die Lehrgruppe FP streitig. Der Lehrgruppenleiter Neuenhof forderte beide auf, kameradschaftlich zusammenzuarbeiten. Er erreichte nur so viel, dass Pollner Zugriff zu den

Bedien- und Programmier-Anleitungen für die Maschinen im K-Versuchsfeld erhielt, an denen er in studentischen Übungen und Praktika tätig zu sein hatte. Alles darüber Hinausgehende beanspruchte Meber als sein fachliches Arbeitsfeld und sein persönliches Arbeitsmaterial.

In der offiziellen gesellschaftlichen Tätigkeit galt Willi Pollner als einer der engagiertesten und politisch aufgeschlossensten Gewerkschaftsgruppen-Vertrauensleute der gesamten Universitäts-Gewerkschaftsorganisation: immer freundlich, einsatz- und hilfsbereit, aufgeschlossen für alle persönlichen und dienstlichen Nöte und Sorgen „seiner" Gruppenmitglieder des Wissenschaftsbereiches WFG und anderer Rat oder Hilfe Suchender. Mit allen im WFG – einschließlich Wissenschaftsbereichsleiter Professor Heinz Neuenhof und dessen Ehefrau – war er, der Willi, „per du".

Zu der von der SED-Bezirksleitung geforderten „Klärung der Angelegenheit Pollner-Brief" hatte Magnifizenz Prof. Kleber den Direktor, den SED-Parteisekretär und den FDGB-Vorsitzenden der Sektion Technologie und den für Willi Pollner zuständigen Wissenschaftsbereichs- und Lehrgruppenleiter FP zu sich gerufen.

Als Direktor der Sektion Technologie hatte an Stelle von Prof. Dr.-Ing. Weichtel ein im September 1988 ins Amt gesetzter Professor aus dem Wissenschaftsbereich Betriebsgestaltung an der Zusammenkunft teilgenommen. Er hatte sich vor der vom Rektor angesetzten Aussprache von seinem Vorgänger beraten lassen wollen.

Prof. Weichtel – froh, seinen Posten nach zwölf Jahren losgeworden und um die „Klärung der Angelegenheit Pollner-Brief" herumgekommen zu sein – hatte gelacht und gefragt: „Wodurch ist dir Pollner vor oder seit deinem Amtsantritt bekannt?"

„Durch seine Gewerkschaftsarbeit", hatte der Neue geantwortet, „er soll einer der besten Gewerkschaftsgruppen-Vertrauensleute an der TU sein."

„Und das ist er", hatte Weichtel gesagt, „mehr ist nicht." Dabei hatte er gedacht: ‚Soll er doch seinen Verbindungsmann zum 'KONSUM' befragen. Vielleicht weiß der mehr und sagt es ihm …'

Nicht anders oder umfassender war, Willi Pollner betreffend, der Kenntnisstand des Sektions-Parteisekretärs und -Gewerkschaftsvorsitzenden gewesen.

Der Wissenschaftsbereichs- und Lehrgruppenleiter hatte Pollners Arbeitsleistungen und stete Einsatzbereitschaft gelobt. Er war darin vom Rektor quasi bestätigt worden: „Wenn ich morgens um dreiviertel sieben an meiner Arbeitsstelle ankomme" – und daran hielt sich Prof. Richard Kleber, wenn er nicht auswärts weilte: pünktlich dreiviertel sieben Uhr entstieg er dem personengebundenen Rektor-PKW vor dem pastellgelb gestrichenen Rektoratsgebäude, „dann fällt mir ein bereits erleuchtetes Fenster an der Stirnseite des K-Gebäudes auf. Ich habe mich erkundigt. Es ist das Fenster im Arbeitszimmer des Kollegen Pollner." So etwas imponierte Richard

Kleber. Der Wissenschaftsbereichs- und Lehrgruppenleiter hatte dabei gedacht: 'Ob er auch weiß, dass Willi zwar früh erscheint und das Licht seiner Schreibtischlampe anknipst, daß er dann aber spornstreichs für eine Stunde, manchmal noch länger, zu einer nicht privaten, aber auch nicht dienstlichen Sache verschwindet?'

Dem Rektor, Kandidat des Zentralkomitees der SED, hatte der Schlusssatz im Pollner-Brief nicht gefallen: Welche „Strukturen zur breiteren Mitwirkung unserer Bürger" wollte der Brief-Schreiber weiterentwickelt haben? Ging es ihm tatsächlich um „Strukturen" oder insgeheim um „Machtverhältnisse"? Der Wissenschaftsbereichs- und Lehrgruppenleiter hatte beteuert, Pollner sei ein aufrechter Demokrat und Gewerkschafter und verfolge mit seinen Vorschlägen keine staatsgefährdenden Absichten. „Dann soll der Kollege seine Probleme und Vorschläge erst mal mit den Gewerkschaftern unserer TU diskutieren! Was dann in der Presse publiziert wird, entscheiden wir später. Pollners Pamphlet vom 2.4.1989 jedenfalls ist für eine Veröffentlichung in der 'VOLKSSTIMME' nicht geeignet."

Auf diese Weise und ohne Debatten über Pollners „grundsätzliche Fragen" und Probleme im einzelnen hatte die TU-Leitung „die Angelegenheit Pollner-Brief geklärt". Im Schlussteil des Briefes hatte es ohnehin geheißen, dem Briefschreiber ginge es nicht darum, zu den einzelnen Fragen eine Stellungnahme zu erhalten.

Willi Pollner wagte ein doppeltes Spiel.

Einen zunehmenden Anteil seines 24-Stunden-Tages machten – vor allem nach der Fertigstellung und Verteidigung seiner Dr.-Ing.-Dissertation im Jahre 1984 – Aktivitäten und Verpflichtungen zu gesellschaftlichen Veränderungen in der DDR aus. Angefangen hatte es in einer der in den 1970er Jahren entstandenen Basisgruppen im kirchlichen Umfeld Magdeburgs. Aktiv wurde er in einem der so genannten Friedensarbeitskreise der Evangelischen Akademie der Kirchenprovinz Sachsen, der der Pfarrer Hans-Jochen Tschiche vorstand. Über die kirchliche Friedensbewegung in der DDR war Pollner mit dem Pfarrer Markus Meckel bekannt geworden.

Meckel hatte sich von 1982 bis 1988 aller 14 Tage im Pfarrhaus des mecklenburgischen Ortes Vipperow mit Gleichgesinnten in einem von ihm begründeten Friedenskreis getroffen. Er und der Friedenskreis hatten weit über Vipperow hinaus von sich reden gemacht. Anfang 1989 war ihm und dem ihm gleichgesinnten Martin Gutzeit eingekommen, es genüge nicht, ein Diskussionsforum für unzufriedene oder ausreisewillige DDR-Bürger und für sich benachteiligt fühlende Christen und andere geschaffen zu haben und zu unterhalten – ein Forum, auf dem freimütig debattiert werden konnte über Unzulänglichkeiten und Mängel bei der Bereitstellung hochwertiger Industriewaren – wie Kühlschränke, Fernsehgräte und Kraftfahrzeuge – und zu importierender Nahrungs- und Genußmittel und über Einschränkungen bei Privatreisen ins nichtsozialistische Wirtschaftsgebiet. Den Kirchenmännern Meckel und Gutzeit ging es um mehr. Sie wirkten daraufhin, in der DDR eine für alle Bürger wählbare neue demokratische Partei zu gründen, die eine politische Alternative zum gesellschaftlichen Konzept der DDR und zu der in der DDR führenden Partei, der SED, bieten sollte. Diese neue Partei wollten sie „Sozialdemokratische Partei (SDP)" nennen. Als Datum für den Gründungsakt wählten sie demonstrativ den 7. Oktober 1989, den 40. Jahrestag der Gründung der Deutschen Demokratischen Republik. Dieser Jahrestag sollte aber auf Betreiben der SED als nationales und internationales Ereignis im Sinne der Heimkehr der Lehren und Visionen von Karl Marx und Friedrich Engels in deren Heimatland begangen werden.

Dank Ursel Pollners Bitten und Drängen nahm auch ihr Ehemann an dem Friedensgebet am 29. Juni 1989 im Magdeburger Dom teil. Insgesamt hatten sich zu dieser Veranstaltung ungefähr 90 Personen, in der Mehrzahl Ausreisewillige, eingefunden. Die Pastorin Waltraut Zachhuber sprach, wie angekündigt, über Studentenrevolten in China. Sie erklärte desweiteren, weder sie noch Domprediger Quast und überhaupt alle Kirchen-Instanzen Magdeburgs und der Kirchenprovinz Sachsen würden sich in innere Angelegenheiten des Staates einmischen. Sie alle verstünden die Kirche nicht als „Oppositionslokal der DDR-Gesellschaft".

Ursel Pollner nickte mehrmals zustimmend und stieß ihren Ehemann dabei heftig in die Seite.

Willi war an diesem Abend auf ehelichen Frieden eingestellt. Deshalb nahm er die Rippenstöße gelassen hin und raunte seiner Ursel ins Ohr: „Tatsächlich – sie macht ihre Sache gut. Mit ihr haben Quast und Tschiche für die neuerlich geplanten Montagsgebete ‚für eine gesellschaftliche Erneuerung in der DDR' eine engagierte und überzeugende Mitstreiterin an ihrer Seite." Aber Pollner mutmaßte zu Recht, bis zum ersten Magdeburger Gebet für gesellschaftliche Erneuerung würden noch mehrere Wochen vergehen. Derzeit wurde heftig über das „Ob" und „Wie" und „Unter wessen Leitung" debattiert und gestritten. Deshalb beteuerte Waltraut Zachhuber im Friedensgebet an diesem Juni-Abend immer noch, die Kirche würde sich nicht in Staatsangelegenheiten einmischen. 'Aber anders, als sich einzumischen, wird keine gesellschaftliche Erneuerung zu erreichen sein', war Pollner überzeugt. 'So notwendig und mobilisierend die Debatten nach den Gebetsveranstaltungen im Dom und die Aufrufe des Neuen Forums, der Gruppe DEMOKRATIE JETZT! und anderer sein mögen – ein politisches Programm für eine gesellschaftliche Erneuerung der DDR liefern sie allesamt nicht.' Willi Pollner gewann die Einsicht, ein solches Programm müsste eine Partei erarbeiten und danach agieren – eine Partei, die es im Parteien-Spektrum der DDR noch nicht gab, und ein Programm, mit dem gewissermaßen die Axt an der Wurzel angesetzt wurde. 'Meckel und Gutzeit, die

die Gründung einer SDP betreiben, haben das offenbar begriffen.' Er, Willi Pollner, begriff es auch. Und deshalb entschloss er sich, für die neue Partei SDP aktiv zu werden. Er wollte rasch mit Meckel und Gutzeit zusammentreffen. Sie sollten wissen, er, Wilhelm Pollner, würde sich im Bezirk Magdeburg als Initiator für die Partei-Gründung zur Verfügung stellen. Da wurde in ihm der Geist der traditionsreichen deutschen Sozialdemokratie rege – väterliches Erbgut vom alten Pollner aus Niersleben.

Martin Gutzeit und Pfarrer Markus Meckel sorgten sich, ihnen könnten, zeitlich gesehen, andere Personen bei der Gründung einer neuen sozialdemokratischen Partei zuvorkommen. Mehrere Parteien vom Profil und von der Zielstellung der Gutzeit/Meckelschen SDP hätten zu einer Zersplitterung der noch unorganisierten auf Erneuerung bedachten Kräfte in der DDR geführt. Deshalb mühten sie sich, gleichgesinnte Personen für ihre Unternehmung um sich zu scharen: Ibrahim Böhme, Arndt Noack, später – aber 1989 – Konrad Elmer, Angelika Barbe und Steffen Reiche. Und dann Willi Pollner. Ihm war daran gelegen, dass der Personenkreis der SDP-Gründer und SDP-Führungskräfte der ersten Stunde nicht zu kirchenlastig wurde. Deshalb hielt er, der Ingenieur und Ingenieur-Ökonom, sein Bekenntnis zu der neuen Partei und sein Engagement für die SDP – so als künftiger Vorstands-Vorsitzender des SDP-Regionalverbandes Sachsen-Anhalt – für sehr bedeutungsvoll.

„Liebäugelst du tatsächlich mit einer Parteifunktion?", fragte Ehefrau Ursel skeptisch und mit geheimen Befürchtungen, dass weitere Angelegenheiten und Arbeiten für die Familie und für Pollners kürzlich übernommenes Einfamilien-Haus zusätzlich ihr aufgebürdet werden würden.

Willi entgegnete: „Die SDP als politische Alternative zum herrschenden System in der DDR soll eine demokratische Partei werden, die für alle Bürger wählbar und keine Pfaffen-Partei ist. Also muss ich mich da einbringen."

Der Heimweg des Ehepaares Pollner vom Zachhuberschen Friedensgebet war ein bißchen abenteuerlich.

Schon im Dom wurden Pollners auf Merkwürdigkeiten aufmerksam. Direkt hinter sich vernahmen sie während des Vortrages der Pastorin halblautes Geraune zweier Männerstimmen. An der Stelle des Vortrages, die Kirche betreibe keine politische Einmischung in innere Angelegenheiten des Staates, brummelte die eine Stimme in vernehmbarer Lautstärke für die im Umkreis Sitzenden: „Lügnerin! Ihr Kirchen-Zicken seid doch in eueren Basisgruppen die ärgsten Meckerer am Staat." Die andere Stimme ergänzte: „Kirchengemeinden stellen Räumlichkeiten und Infrastruktur für Aktivitäten von Basisgruppen zur Verfügung." Es war, als wollten die beiden Ruhestörer die Aussagen der Pastorin mit Argumenten und Gegenbeispielen widerlegen.

Willi wollte sich ihnen zuwenden und sie zurechtweisen. Ursel hielt ihn zurück. „STASI", flüsterte sie ihm ins Ohr. Er wollte das nicht glauben.

Noch während der Debatte zu Waltraut Zachhubers Gebet zwängten sich zwei Gestalten aus der Sitzreihe hinter Pollners und schlichen zum Ausgang. Dort verharrten sie. Im Schein einer Kerze konnte man die vornübergebeugte Körperhaltung zweier Männer mit Baskenmütze, aber nicht deren Gesichter erkennen. Etwas später begaben sich Pollners zu den Pfarrern Quast und Tschiche und zu der Pastorin Zachhuber. Mit denen tauschten sie Eindrücke und Meinungen aus, ehe sie sich von ihnen verabschiedeten. Dabei schien es Pollner, als würden er und seine Frau von den beiden Baskenmützenträgern insgeheim beobachtet. Als er und Ursel das Gotteshaus verließen, waren die beiden mit den meisten Teilnehmern am Gebet verschwunden.

Pollners wählten den kürzesten Weg, über den Domplatz, zu ihrem hinter dem Kloster „Unser lieben Frauen" geparkten TRABI. Als sie nahezu allein dahinschritten, vernahmen sie hinter sich rasche Schritte. „Warten Sie!", rief eine Männerstimme halblaut. „Auf ein Wort!", forderte eine zweite.

‚Sind das die beiden, die im Dom hinter uns saßen?', fragte sich Pollner. Er verfiel in einen Dauerlauf, zerrte Ursel hinter sich her, änderte die Laufrichtung, zum Breiten Weg hin. Sie mischten sich unter Straßenpassanten.

„Warten Sie!", die gleiche Männerstimme wie unweit des Klosters.

„STASI!", keuchte Ursel. „Ich habe Angst."

In den Haltestellen-Bereich nahe der Staatsbank fuhr eine Straßenbahn in Richtung Hasselbach-Platz ein. Pollners hatten den letzten Wagen noch nicht ganz erreicht, da klingelte das Abfahrtssignal. Ursel gelangte in den Waggon. Willi, der nach ihr aufs Trittbrett des Wagens sprang, wurde von der sich automatisch schließenden Waggontür eingequetscht. Die Bahn fuhr schon, als er sich zu befreien vermochte. Vom Fenster der hinteren Plattform des letzten Wagens beobachteten sie zwei Gestalten – ähnlich denen im Dom –, die den rasch davonfahrenden Straßenbahnzug nicht mehr erreichten.

Ursel zitterte. „Wir fahren in die falsche Richtung."

Willi nahm seine Frau in die Arme. „Unsere Richtung ist richtig. Irgendwann steigen wir um. Unseren TRABI hole ich uns morgen früh wieder."

12

Alfons Richter arbeitete seit 1. Januar 1989 als festangestellter Montage- und Betriebsschlosser in der kleinen Privat-Firma seines Schwagers in Dresden-Pillnitz – nicht auf verwandtschaftlichen Zuruf und auch nicht dann und wann als Aushilfskraft am Wochenende, sondern auf der Grundlage eines rechtsgültigen Arbeitsvertrages mit darin vereinbarten Arbeits- und Urlaubszeiten und garantiertem Stunden- und Monats-Mindestlohn. Das hatte Annedore für ihren Ehemann von Dirk Fehse ausbedungen, ehe Alfons' Arbeitsverhältnis mit dem VEB Elbtalwerk Heidenau im gegenseitigen Einvernehmen und auf Alfons' eigenen Wunsch aufgehoben worden war. Annedore hielt Dirk Fehse für gewieft genug, dass er mündlich gegebene Zusagen nach einer gewissen Zeit völlig zu vergessen und dann in Abrede zu stellen vermochte. Überhaupt wäre es ihr lieber gewesen, Alfons hätte den Firmen-Wechsel nicht vollzogen. Aber ihr Mann konnte bei Dirk Fehse mehr Geld pro Monat verdienen. „Außerdem", hatte Alfons gesagt, „ist auch meine Schwester bei Dirk in Diensten. Sie wirkt bestimmt als Korrektiv, wenn kapitalistische Unternehmer-Allüren mit Dirk durchzugehen drohen." Annedore vertraute auf das herzliche geschwisterliche Einvernehmen zwischen Alfons und Rosel. Sie hatte in ihrem bisherigen Leben stets und in allen Dingen zu ihrem Bruder Heinz gestanden. Es sprach für die Richters, dass es sich bei Rosel und Alfons ebenso verhielt.

Annedore hatte die subjektive Krise in ihrer Tätigkeit als Deutsch-Russisch-Lehrerin und im Amt gewesene stellvertretende Direktorin der Dr. THEODOR-NEUBAUER-Schule Pirna überwunden. Sie hatte ein Gleichmaß in ihrer persönlichen Belastung durch Schule, privaten Haushalt und mütterliche Betreuung ihres und Alfons' Sohnes gefunden.

Fast zeitgleich zum Arbeitsplatz-Wechsel ihres Ehemanns vom Elbtalwerk zur Firma Fehse hatte die Abteilung Volksbildung beim Rat der Stadt Pirna sie von der NEUBAUER-Schule ans HERDER-Gymnasium Pirna versetzen wollen. Die Versetzung entsprach Annedores beruflichen Ambitionen. Den Zeitpunkt des Wechsels bat sie jedoch bis zum Ende des laufenden Schuljahres, also bis zum Sommer, hinauszuschieben. „Ich bin als Klassenleiterin eingesetzt worden", argumentierte sie, „und meine Klasse kann ich nicht mitten im Schuljahr im Stich lassen."

Anndores Pflichtgefühl und Entscheidung fand der Direktor der Dr. THEODOR-NEUBAUER-Schule, Edgar Daubler, sehr honorig. Mit sichtlicher Genugtuung überreichte er deshalb „der Genossin Richter" einen Briefumschlag. Der enthielt eine Einladung zur Festveranstaltung des Rates des Kreises Pirna anlässlich des Tages des Lehrers 1989.

„Muss ausgerechnet ich da hingehen?", fragte Annedore ein bißchen maulig.

Daubler zwinkerte mit den Augen. „Ja, ausgerechnet du." Er schätzte Annedore Richter sehr. 'Ihrer Auszeichnung wegen habe ich mir fast ein Bein ausreißen müssen.' Dabei war er doch im Schulwesen der Stadt und des Kreises Pirna ein hochangesehener, einflussreicher Mann.

Annedore hatte wegen ihres Wechsels ans HERDER-Gymnasium wiederholt biografische Angaben und persönliche Stellungnahmen an den Rat der Stadt und – zu ihrer Verwunderung – auch an die Abteilung Volksbildung beim Rat des Kreises

Pirna liefern müssen. Etwas anderes, als dass es um ihren Schulwechsel ging, hatte sie nicht geglaubt, obwohl es im Lehrerkollegium ein Gemunkel gegeben hatte. Und nun das: Auf der Festveranstaltung zum Tag des Lehrers wurden ihr auf offener Szene ein großer Blumenstrauß und die Urkunde für die Verleihung des Titels „Studienrätin“ überreicht. Als sie vor allen Versammelten einige Dankesworte sagen wollte, kämpfte sie mehr mit Tränen, die ihr in die Augen traten, denn mit Formulierungsschwierigkeiten. 'Paula', dachte sie, und sie konnte die Erinnerung an die verstorbene Mutter nicht zurückdrängen, 'könntest du von nun an das vom Burkitzer Penne-Pauker strapazierte Wort labil hören, ohne dich aufzuregen?'

13

Ganz schnell – schon kurze Zeit nach Dr. Mebers dienstlichem Wechsel in die Lehr- und Forschungsgruppe Fertigungsprozessgestaltung (FP) – war Dr.-Ing. Werner Kästner in das Beschäftigungsverhältnis „Lektor“ befördert worden. Dass dies geschehe, hatte Kaderdirektor Harri Meister dem für Kästner zuständigen Lehrgruppen- und Wissenschaftsbereichsleiter, Prof. Dr. Neuenhof, zugesichert, wenn der sich einsichtig zeigen und daran beteiligen würde, wie die TU-Leitung die Kontroverse zwischen Prof. Weichtel und Dr. Meber beizulegen gedachte. Neuenhof – um es bildlich auszudrücken – hatte die Kröte Meber geschluckt, und Meister hatte Wort gehalten. Da waren dann einige promovierte Sektions-Mitarbeiter in der unteren Gehaltsstufe neidisch auf Kästner geworden. Ausgerechnet „Jäcki“ Meber hatte, höhnend, von ihnen gefordert: „Greint nicht! Ihr seid eben keine APO-Sekretäre.“ Als ob Kästner wegen seiner Tätigkeit als APO-Sekretär für den Sektionsbereich K-Gebäude Lektor geworden wäre …

Hochschuldozent Dr. Lilienhain und Dr. Kästner waren in Zwei-Personen-Besetzung in einem der begehrtesten Arbeitsräume untergebracht, die der Lehrgruppe FP im K-Gebäude zur Verfügung standen. „Das sollten wir so beibehalten“, meinte Prof. Neuenhof, „ein Hochschuldozent und ein Lektor passen gut zueinander.“

Ein gemeinsames Arbeitszimmer erbrachte beiden Vor- und Nachteile. Kästner erfuhr von seinem Vis-á-vis das Neueste aus Zusammenkünften und Gesprächen der Hochschullehrer. Im Gegenzug war Lilienhain – dank Kästners Gesprächigkeit – als einer der Ersten über Vorhaben, Schwerpunktsetzungen und Personalia der Hochschul-Parteiorganisation der SED informiert. Das waren tatsächlich Vorteile.

Ihre Gespräche mit Dritten – Studenten, Aspiranten, Gästen aus Betrieben, Einrichtungen und anderen Hochschulen –, lange Telefonate und wissenschafts- und parteiorganisatorische Aktivitäten mussten sie, was mitunter schwierig war, zeitlich und räumlich so aufeinander abstimmen, dass keiner der beiden den anderen in seiner Arbeit störte. Daraus ergaben sich Beschränkungen. Die waren nachteilig.

„Mit etwas gutem Willen und bei gegenseitigem Respekt voreinander funktioniert das aber bei uns", behaupteten Lilienhain und Kästner gleichermaßen.

Andere Hochschullehrer und APO-Sekretäre verwiesen darauf, ihnen stünden funktionsbedingt Einzelzimmer zu, und sie hätten ihr Recht auf eine solche Unterbringung erfolgreich eingefordert. Das sollten Lilienhain und Kästner auch tun. Aber beide hatten bislang in verblüffender Einmütigkeit entgegnet: „Die in Einzelzimmern Untergebrachten arbeiten schon im vollendeten Sozialismus. Wir arbeiten noch unter den Bedingungen des real existierenden Sozialismus." Solch eine Bemerkung hatte zu dem Werturteil geführt: „Die beiden sind ein paar Dussels."

Einige bedauerten Lilienhain, dass er der ständigen Beobachtung und Kontrolle durch einen SED-Funktionär ausgesetzt sei. Andere warfen Kästner vor, er würde Interna der Partei – schon durch Lilienhains Anwesenheit und Mithören – öffentlich machen. Die einen wie die anderen vermochten offenbar nicht, sich vorzustellen, dass sich zwischen zwei seit Jahren eng zusammenarbeitenden Genossen ein Verhältnis gegenseitigen Verständnisses und Vertrauens hatte entwickeln können, in das sogar manche Interna des Privatlebens einbegriffen waren, was bei Lilienhain und Kästner der Fall war. Zum Glück! Anders wäre eine schwierige Situation, in die Lilienhain, Kästner und Prof. Neuenhof 1989 gerieten, nicht zu bewältigen gewesen.

Horst Lilienhain, ein freundlicher, unaufdringlicher Mensch, dabei ein kreativer, gewissenhafter Wissenschafts-Arbeiter und geduldiger Hochschullehrer, hatte 1988 eine positiv bewertete Dissertation B an der TU Magdeburg verteidigt und sich damit für das Fachgebiet Fertigungsprozessgestaltung habilitiert. Der neue Direktor der Sektion Technologie, Ordinarius für Betriebsgestaltung nach der Emeritierung von Prof. Dr. Günter Wusel, hatte an der Verteidigung teilgenommen und sich als kompetenter Fachmann lobend über das Auftreten und die Leistungen des Kandidaten Lilienhain und über die von ihm vorgelegte Dissertation B ausgesprochen. Damit war die subjektive Verzögerungstaktik seines Vorgängers überwunden, die Prof. Volker Weichtel stereotyp mit den einleitenden Worten betrieben hatte: „Du weißt, Horst, wie sehr ich dich schätze, aber …" Nach diesem „aber …" war Lilienhain 17 Jahre lang geblieben, wozu er als 36-Jähriger berufen worden war: Hochschuldozent. Auf Betreiben von Heinz Neuenhof und mit Unterstützung seitens des neuen Sektionsdirektors wurde für die Lehr- und Forschungsgruppe FP eine weitere Professur ausgelobt – eine Titular-Professur für Fertigungsprozesssgestaltung, zugeschnitten auf die Person Dr. sc. techn. Horst Lilienhain. Der Trend zum flexibel automatisierten, rechnergestützt arbeitenden Maschinenbau-Betrieb mit Klein- und Mittelserienfertigung im 21. Jahrhundert und die dazu aufgenommenen

Forschungsarbeiten und neuen Inhalte der akademischen Lehre auch an der TU „Otto von Guericke" Magdeburg rechtfertigten dieses Berufungsvorhaben. Alles Erforderliche dafür, dass Lilienhains persönliche berufliche Entwicklung mit der Berufung zum Professor am 1. September 1989 gekrönt werden würde, war geplant, beantragt, debattiert, begutachtet und letztlich vom Minister für das Hoch- und Fachschulwesen der DDR bestätigt worden. Lilienhain und seine umtriebige Ehefrau trafen mit dem Direktor des nahe dem TU-Komplex gelegenen Hotel-Restaurants „Haus des Handwerks" bereits Vorabsprachen zur großen Feier anläßlich der professoralen Berufung. Da drohte „die große Politik" alles Bisherige und Sicher-Geglaubte zu einem Debakel werden zu lassen.

Ab Mai 1989 war auf Beschluss der ungarischen Regierung die Grenze des „sozialistischen Bruderlandes" zur Republik Österreich geöffnet worden. Außenminister Gyula Horn persönlich zerschnitt mit einer großen Drahtschere den Grenzzaun zwischen Sozialismus und Kapitalismus. Die Meldungen hierüber in Presse, Funk und Fernsehen gingen um die Welt. Tausende DDR-Bürger, die ihren Urlaub zu dieser Zeit in Ungarn verbrachten, nutzten die Lücke im so genannten „Eisernen Vorhang", um zu Fuß oder im Privat-PKW oder wie auch immer vom Paradies des heimatlichen Arbeiter-und-Bauern-Staates ins Paradies westlicher Freiheit, scheinbar unbegrenzter Reisemöglichkeiten und ungebremsten Konsums überzuwechseln. In der „Aktuellen Kamera" des DDR-Fernsehens und in regierungsoffiziellen Verlautbarungen wurde ein solches Reisen auf der Route Ungarn-Österreich-BRD als „Republikflucht" bezeichnet.

In der Sektion Technologie der TU Magdeburg, insbesondere im Bereich K, und in der SED-Parteiorganisation wisperte man sich zu: „Hast du schon gehört? Der Sohn von Horst Lilienhain ist über die ungarisch-österreichische Grenze nach drüben abgehauen."

Lilienhains Junge, 24 Jahre alt, ein die Tragweite seiner Entscheidungen ermessender Volljähriger – sollte man meinen –, war als Tourist mit einer Dresdner Studentengruppe in der Volksrepublik Ungarn unterwegs gewesen. Einige seiner Begleiter hatten vom ungarischen Betreuer von der Grenzöffnung erfahren. Sie hatten vorgeschlagen: „Los! Wir gucken mal, was an der Grenze Sache ist!" Die jungen Männer hatten ihren Betreuer verabschiedet und waren bis in Grenznähe getrampt. Dort hatten sie sich in den Strom Tausender Grenzgänger gemischt. Sie hatten sich stoßen und schubsen und treiben lassen, bis der Menschenstrom zertrieselte. Da hatten sie mit staubigen Gesichtern und müden Beinen innegehalten. Sie hatten mit getrübtem Blick in die Sommersonne geblinzelt, und einer hatte gesagt: „Nun sind wir in Österreich. So einfach geht das." Lilienhain Junior hatte sich insgeheim gefragt: „Was hat einfach gehen sollen? Was will ich hier eigentlich?"

Die Frage, was der Junior in Österreich und in der BRD wolle, stellte sich der Vater in Magdeburg auch, und andere, die sich dazu dienstlich verpflichtet und befugt fühlten, richteten die gleiche Frage an den Senior. Der beteuerte in der Parteigruppe und in der APO-Versammlung, vor dem Sektions-Parteisekretär und vor dem Rektor, von den Plänen des Sohnes nichts, nicht mal von der Absicht, auszureisen, etwas gewusst zu haben.

Heinz Neuenhof, Mitglied der Universitätsparteileitung (UPL), und APO-Sekretär Werner Kästner verbürgten sich für Horst Lilienhain. Beide erhielten den Parteiauftrag, auf der nächsten Versammlung ihrer APO eine „persönliche Stellungnahme zu dem Fall" abzugeben und vor allen Genossen zu erklären, welchen Beitrag sie als langjährige Parteimitglieder zur „Erhöhung der revolutionären Wachsamkeit in politisch bewegten Zeiten" künftig zu leisten gedächten.

Der neue Sektionsdirektor bestellte den Berufungs-Kandidaten zu sich und sagte ihm unumwunden: „Genosse Lilienhain, wenn ihr – dein Sohn und du – mir und den Genossen der Parteiorganisation einen Streich spielt, wenn dein Sohn nun vorbereitet, dass du dich ebenfalls nach drüben absetzen kannst, und wenn du ihm tatsächlich nachfolgst, dann sei dir gewiss: Bei meiner nächsten Dienstreise nach West-Deutschland werde ich erst dich und dann deinen neuen Chef aufsuchen, und ich werde euch beiden sagen, dass du ein Scheißkerl bist, und deinem neuen Chef werde ich raten, dich bei nächstbester Gelegenheit 'rauszuschmeißen."

Lilienhain entgegnete, und ihm bebten die Lippen dabei: „Die Mühe kannst du dir sparen. Ihr habt nicht so viel Vertrauen zu mir, dass ihr mich als NSW-Reisekader bestätigt hättet. Für mich gibt es keine West-Reisen. Und heimlich – über Ungarn und Österreich – nach West-Deutschland abzuhauen, ist mir zu umständlich; aus dem Alter für wagehalsige Abenteuer bin ich heraus."

„Soll ich dir einen Dienstreise-Auftrag für eine Fahrt in die BRD erteilen? Das läge nach Abstimmung mit dem UPL-Sekretär in meiner Befugnis – will sagen: ich würde es mich trauen. Du könntest deinen Sohn zurückholen, nach Hause."

„Nein, danke. Ich habe mich hier um meine Familie zu kümmern. Mein Sohn kann und wird, wenn er mich braucht, von alleine kommen."

„Weil du von gegenseitigem Vertrauen sprachst: Unser aller Vertrauen genießt du. Am 1. September wird es dir bewiesen werden. Eine Bestätigung als NSW-Reisekader ist eine ganz andere Sache." Der neue Sektionsdirektor verabschiedete Lilienhain per Handschlag. – Der Rest seines Arbeitstages war mit kaderpolitischen und hochschulorganisatorischen Aktivitäten für Lilienhain ausgefüllt. Das hatte er zuvor nicht für nötig und möglich gehalten. Denn Lilienhain würde nach der Zuerkennung des Titels „Professor" buchhalterisch weiterhin auf einer Planstelle für Hochschuldozenten geführt und als Hochschuldozent besoldet werden – wie in der Hochschullehrer-Berufungsverordnung der DDR festgeschrieben war und von jedem Interessierten im Gesetzblatt/Teil II der DDR nachgelesen werden konnte. Der Sektionsdirektor beantragte bei der Leitung der TU, Lilienhains Monatsgehalt ab 1. September aus gegebenem Anlass außerplanmäßig um einen Steigerungssatz zu erhöhen. Dabei ging es um einen Betrag von 50 Mark pro Monat.

Prof. Heinz Neuenhof bemühte sich, dass die Titel-Zuerkennung durch das MHF überhaupt vorgenommen wurde. Er mobilisierte den MHF-Abteilungsleiter Hans-Georg Gerbach. Der reagierte – wie man zu sagen pflegt – positiv. „Ich will nicht weniger mutig sein als ihr. Einem Mann, dessen erwachsener Sohn gerade republikflüchtig geworden ist, den Professoren-Titel anzuhängen, wäre noch vor einem Jahr undenkbar gewesen. Diesmal trage ich euer Vorhaben meinem stellvertretenden Minister vor. Zu unserem Vorteil könnte sein, dass mein Chef aus eurer Region stammt und dass er sich ein Herz für die Provinz bewahrt hat. Eines kann ich dir aber gleich sagen: Sollte uns euer Mann hinters Licht führen, würde es für diejenigen, die auf ihn hereingefallen sind, ohne ein Parteiverfahren nicht abgehen, und du, mein Freund und Genosse, würdest dich in deiner weiteren beruflichen Tätigkeit, anstatt an der TU zu lehren und zu forschen, in der betrieblichen Praxis von neuem bewähren müssen."

Hochschuldozent Dr. sc. techn. Horst Lilienhain wurde zum 1. September 1989 vom Minister für Hoch- und Fachschulwesen der DDR der Titel „Professor" für Fertigungsprozessgestaltung an der Technischen Universität „Otto von Guericke" Magdeburg zuerkannt. Diese Würdigung bisheriger Leistungen des Geehrten und die damit verbundene Gehaltserhöhung um 50 Mark pro Monat waren de facto mehr eine Sache der Ehre und der Steigerung des persönlichen Zufriedenheitsgefühls denn des pekuniären Reichwerdens. Nichtsdestotrotz tat der neu gekürte Professor in seinem bisherigen Magdeburger Arbeitszimmer im K-Gebäude der TU – wie von ihm gewohnt: zuverlässig, kreativ und in Partnerschaft mit dem Lektor Dr.-Ing. Werner Kästner – seine Pflicht in Lehre und Forschung.

Am Morgen des 3. Oktober 1989, noch vor Beginn des von ihm ab 9 Uhr zu bestreitenden FP-Seminars, berichtete Werner Kästner dem ihm gegenüber sitzenden Prof. Lilienhain von seinem Abenteuer am Vorabend – nach der APO-Versammlung, die er zum bevorstehenden 40. Jahrestag der DDR hatte leiten müssen wegen der Berichte der drei Wissenschaftsbereichsleiter Weichtel, Neuenhof und Wilberg, ob und wie die Wettbewerbs-Verpflichtungen zu Ehren des DDR-Jubiläums erfüllt worden waren.

„Ich war nach der Versammlung regelrecht knülle", gestand Kästner. „Wie ich mit fast weichen Knien zur Straßenbahn-Haltestelle am Bierut-Platz schlenderte, holte mich Pattstein aus der Sektion Maschinenbau ein. 'Na', fragte er leutselig, 'auch noch so spät unterwegs?'" Dipl.-Ing. Pattstein war als wissenschaftlicher Assistent im Wissenschaftsbereich Konstruktionstechnik seiner Sektion tätig. Als Kästner und Lilienhain mit ihm einige Fachfragen zum Kapitel „Fertigungsgerechtes Gestalten" der Neuenhofschen FP-Vorlesung zu klären versucht hatten, hatte sich Pattstein als nicht sonderlich versierter Konstrukteur für Einzelteile des Maschinenbaus erwiesen. „'ne Pflaume", hatte Kästner daraufhin geurteilt, und Neuenhof und Lilienhain hatten die Fachfragen in einem Gespräch mit Pattsteins Wissenschaftsbereichsleiter, Prof. Rugenholz, debattieren müssen, um mit ihrem Manuskript weiterzukommen.

Kästner berichtete weiter: „Pattstein hatte mir bei meinem Heimweg gestern Abend gerade noch gefehlt. 'Auch zum Domplatz?', fragte er mich. Was sollte ich auf dem Domplatz? Ich wollte schleunigst nach Hause. Die erstbeste Straßenbahn, die heranorgelte, war proppevoll. Ich zwängte mich mit Mühe in einen Wagen. Pattstein blieb dicht hinter mir. An der Haltestelle Staatsbank stiegen die meisten Fahrgäste aus, Pattstein und ich auch. 'Wir sollten gemeinsam gehen', riet Pattstein. Ich weiß nicht, welcher Hauch Gottes über mich gekommen war – das Abfahrtsignal des nun fast leeren Straßenbahnzuges ertönte, die Waggontüren schlossen sich automatisch, der Zug fuhr ohne mich davon. Menschen über Menschen strömten zum Dom und nahmen mich mit sich dorthin. Gegen 19 Uhr begann im Dom das seit einiger Zeit übliche Montagsgebet."

„Von der APO-Versammlung ins Montagsgebet", sagte Lilienhain lakonisch, „da muss wirklich der Heilige Geist über dich gekommen sein."

Kästner schüttelte abwehrend den Kopf. „Spotte nicht! – Weißt du, wer an diesem Gebet auch teilgenommen hat? Unser Willi." Er meinte den FP-Gewerkschaftsgruppen-Vertrauensmann Wilhelm Pollner. „Wir begrüßten uns. 'Heute sind ungefähr 1.900 Leute zum Gebet gekommen', sagte er, 'ungefähr zwei Drittel sind nicht religiös gebunden. Darum wundere ich mich nicht, dich hier zu treffen.' Dann verschwand er, gesellte sich zu den Veranstaltern. Er stand lange bei einem gewissen Konrad Elmer aus Berlin. Nach den Ansprachen der Pastorin Zachhuber und des Dompredigers Quast traten Pfarrer Hans-Jochen Tschiche vom 'Neuen Forum' und der eben genannte Konrad Elmer auf. Elmer – wurde angesagt – sei Mitglied der Initiativgruppe zur Bildung einer Sozialdemokratischen Partei der DDR, einer SDP. Er stellte die Hauptziele dieser SDP vor: Demokratisierung der DDR, Durchführung von Reformen zu einer ökologisch orientierten Gesellschaft und Konföderation der beiden deutschen Staaten. Nach ihm sprach Pfarrer Tschiche. 'Wir vom Neuen Forum' sagte er, ,streben im Gegensatz zur SDP keine deutsche Wiedervereinigung an, wir erkennen die Existenz zweier deutscher Staaten an. Wir vom Neuen Forum wollen aber eine reformierte DDR.'"

Prof. Neuenhof betrat aufgeregt das Zimmer. „Werner, wir sollen unverzüglich in die UPL kommen."

Kästner schaute demonstrativ auf seine Armbanduhr. „Daraus wird nichts. Ich muss um 9 ins Seminar."

„Wo?"

„Im F-Gebäude."

„Daran kommen wir vorbei."

„Aber wenn es in der UPL länger dauert ...?"

„Ich springe als Vertreter ein", erbot sich Lilienhain. „Gib mir dein Seminar-Manuskript, und dann haut beide ab! Der Ärger, den es womöglich gibt, muss durch Saumseligkeit eurerseits nicht größer werden. Lös' mich ab, Werner, wenn ihr in der UPL fertig seid!"

Außer Atem langten Neuenhof und Kästner im gelben Haus – Rektoratsgebäude und Sitz des hauptamtlichen UPL-Sekretärs – an. Auf dem untersten Treppenabsatz kamen ihnen Dr. Meber und der „HORCH UND GUCK"-Mann entgegen, den Neuenhof aus seiner Prorektorenzeit kannte.

„He, Jäcki!", Kästner fragte naiv: „Wo kommt ihr denn her?"

Meber lachte höhnisch. „Das möchtest du gern wissen, wie?"

„Revolutionäre Wachsamkeit, mein Lieber! Ich bin immerhin dein APO-Sekretär."

„Wie lange noch?" Meber und sein Begleiter stiegen, ohne zu verweilen, die Treppe hinab. Unten fiel laut die Haustür ins Schloss.

Der UPL-Sekretär empfing die beiden FP-Männer missmutig. „In eure Gruppe ist wohl der Deibel gefahren, he?"

„Folgende Polit-Information", begann Kästner ganz sachlich. Er wiederholte den zuvor Horst Lilienhain gegebenen Bericht über sein „Abenteuer am Vorabend".

„Und was hattest du dort zu suchen?"

Ohne zu zögern antwortete Kästner: „Unseren Gewerkschaftsgruppen-Vertrauensmann. Ich glaube, er will zusammen mit einigen Aktivisten des Gebetskreises eine neue Partei gründen, eine SDP."

„Redest du von Wilhelm Pollner?"

Kopfnicken.

„Kümmert euch mehr um ihn – vor allem du als WB-Leiter!" Das war ein Auftrag an Neuenhof. „Du lässt ihm offensichtlich zu viel zeitlichen Freiraum. Erteile ihm fachliche Aufträge, dass ihm die Schwarte knackt! Kontrolliere gewissenhaft und mit Nachdruck die Erfüllung deiner Aufträge!" Zu Kästner: „Wir haben Genossen, die das Gerangel um eine SDP kennen und beobachten. Vermassele du nicht deren Ermittlungen! Kümmere dich um die Erfüllung der Verpflichtungen deines APO-Bereiches zum 40. Jahrestag! Was ihr darüber hinausgehend machen könntet: Verpflichtet Pollner zu einer Gewerkschaftsversammlung eurer Gruppe, meinetwegen sogar des ganzen Wissenschaftsbereiches! Auf ihr soll er sich erklären und seine weiteren Vorhaben offenlegen. Die große Linie unserer Parteiorganisation ist folgende, und an die habt ihr euch zu halten: Der Sonnabend dieser Woche, also der 7. Oktober, ist unser Feiertag. An diesem Tag demonstrieren wir auf den Straßen und Plätzen unserer Stadt und des ganzen Landes unser Bekenntnis zu Frieden, Sozialismus und zur DDR. Unsere Sicherheitsorgane werden an diesem Tag keine Umzüge von Ausreisewilligen, Betschwestern und -brüdern dulden. Die Singegruppe unserer TU wird in Berlin präsent sein. Unsere aktivsten FDJ-Studenten haben wir für den zentralen Fahnenblock nominiert, der an der Ehrentribüne vor Genossen Erich Honecker und prominenten Ehrengästen vorüberdefilieren wird. Wir zeichnen auf der Festveranstaltung unserer TU die Besten des Wettbewerbs zu Ehren des 40. Jahrestages der DDR aus. Darunter befinden sich auch FDJ-Gruppen aus euerer Sektion, sogar aus der von dir, Heinz, vertretenen Fachrichtung – Studenten, die um den Ehrentitel 'Sozialistisches Studentenkollektiv' erfolgreich gerungen haben. Genossen, um diese Linie durchzusetzen, bedarf es des vollen Einsatzes eines jeden von uns" – mit Blick auf Dr. Kästner –, „erst recht jedes APO-Sekretärs. Ich denke, du, Werner, wirst in den kommenden Tagen und Wochen keine Zeit haben für den Besuch weiterer Veranstaltungen im Magdeburger Dom. Ich hoffe, wir müssen dir das nicht durch parteierzieherische Maßnahmen begreiflich machen – wenige Tage vor dem Ehrentag unserer Republik."

– An der Ausrichtung dieses Ehrentages war die TU Magdeburg in der Weise beteiligt, wie sie der UPL-Sekretär dargelegt hatte.

Die Welt schaute direkt oder im Fernsehen zu, wie sich Erich Honecker und Michail Gorbatschow auf der Ehrentribüne in Berlin umarmten und den Bruderkuss tauschten und wie im Blauhemd der FDJ gekleidete Jugendliche in imposanten, geordneten Marschblöcken bei Fackelschein und mit wehenden Fahnen an der Ehrentribüne vorübermarschierten – dem nahenden Ende der DDR entgegen.

14

1989 und schon einige Jahre zuvor hatten viele Deutsche in der an der Pleiße gelegenen Großstadt Leipzig wieder einen Führer. Dieser Führer stammte nicht aus Braunau in Österreich, sondern aus dem eben genannten Leipzig in Mitteldeutschland. Er trug kein Schnauzbärtchen, sondern meistens eine Jeanshose und eine Weste. Er war nicht deutscher Reichskanzler, sondern Pfarrer in der Nikolaikirche zu Leipzig. Er hieß mit Namen Führer, Christian Führer, und versammelte im Sommer und Herbst 1989 jeweils montags in seiner Kirche viele Christen und Nichtchristen zu Friedensgebeten und freimütigen Diskussionen über Fehler und Mängel im Staate DDR. Ab September 1989 entsandte er die Betschwestern und -brüder im Anschluss an das jeweils zelebrierte Friedensgebet auf Leipzigs abendliche Straßen, um sie für die Behebung der Fehler und Mängel im Staate DDR friedlich demonstrieren zu lassen. Am 9. Oktober 1989 beteiligten sich zirka 70.000 Leipziger und aus der ganzen Republik zugereiste DDR-Bürger an der Montags-Demonstration. Sie skandierten „Wir sind das Volk" – eine Behauptung, zu der sich die restlichen 15.930.000 DDR-Bürger, die am Abend dieses Tages nicht durch Leipzigs Innenstadt defilierten, großmütig und zu der sich die in Bereitschaft stehenden Sicherheitskräfte des Staates und – wie sie hießen – die Kampfgruppen der siegreichen Arbeiterklasse friedfertig verhielten.

„Keine Gewalt!"

Dennoch wurde geknüppelt – vereinzelt, in Leipzig und in Dresden mehr: in Leipzig als dem ersten Ort, in dem in der DDR Montagsdemonstrationen mit Tausenden und Zehntausenden Oppositionellen und Mitläufern stattfanden; in Dresden im Oktober im Bereich des städtischen Hauptbahnhofs, als in drei Sonderzügen DDR-Übersiedler aus der Prager Botschaft der BRD über Dresden in die Bundesrepublik Deutschland übergeführt wurden, nachdem sich zuvor in und vor der BRD-Botschaft dramatische Szenen abgespielt und unhaltbare Zustände ergeben hatten.

Das war in der DDR der Beginn der „friedlichen Revolution 1989", und so wurde Leipzig 1989 – völlig anders als beispielsweise die an der Newa im großen Rußland gelegene Stadt Leningrad während ihrer 900-tägigen Blockade im Zweiten Weltkrieg – eine „Heldenstadt".

In Magdeburg nahmen am Abend des 9. Oktober 1989 zirka 4.500 Menschen am Montagsgebet im und vor dem Dom teil. Das Gebet stand unter dem Motto „Bleibet hier und wachet mit mir!" Im Anschluss an das Gebet stellte sich Pfarrer Markus Meckel als Initiator und Sprecher der SDP vor und rief die Versammelten und ihre Organisatoren dazu auf, Angebote staatlicher Organe für einen Dialog mit ihnen zu nutzen. Tatsächlich unterschrieben an jenem Abend ungefähr 2.000 Personen eine Petition an den Rat der Stadt Magdeburg, sich auf dem Domplatz einem öffentlichen Dialog mit Oppositionellen zu stellen.

Pfarrer Hans-Jochen Tschiche warb nach dem Gebet Mitglieder für das „Neue Forum" und forderte von den Vertretern der Staatsmacht der DDR, das „Neue Forum" und andere Oppositionsgruppen als Partner für den Dialog anzuerkennen und heranzuziehen.

Pastorin Zachhuber wertete den 9. Oktober 1989 als den entscheidenden Tag der „friedlichen Revolution in Magdeburg". Seine nachhaltige Wirkung zeigte sich nach dem Montagsgebet am 23. Oktober 1989. Ein machtvoller Demonstrationszug von mehr als 10.000 Magdeburgern und Zugereisten bewegte sich durch die Stadt – vom Domplatz über die Karl-Marx-Straße, die Wilhelm-Pieck-Allee, die Otto-von-Guericke-Straße und die Danzstraße zurück zum Dom. Es war ein gewaltiger Schweigemarsch, bei dem Transparente mit nicht-staatsfeindlichen Parolen und brennende Kerzen mitgeführt wurden. Mit den Aktionen am 23. Oktober war die Opposition in Magdeburg aus dem Schatten der Kirche herausgetreten.

Am 17. Oktober 1989 wurde Erich Honecker in einer Sitzung des Politbüros der SED von seinen Funktionen als Generalsekretär des Zentralkomitees dieser Partei und als Vorsitzender des Staatsrates und des Nationalen Verteidigungsrates der Deutschen Demokratischen Republik entbunden. Am 18. Oktober 1989 übernahm Egon Krenz die Parteifunktion. Am 24. Oktober 1989 wählte ihn die Volkskammer der DDR zum Vorsitzenden des Staatsrates und des Nationalen Verteidigungsrates. Von diesen beiden Ämtern trat Krenz am 6. Dezember 1989 zurück. Danach amtierte Prof. Manfred Gerlach (DBD) als Vorsitzender des Staatsrates der DDR.

Im Zeitraum Oktober bis Dezember 1989 löste sich das Politbüro des ZK der SED sukzessiv selbst auf.

Am 30. Oktober 1989 trafen sich Pfarrer Hans-Jochen Tschiche, Leiter der Evangelischen Akademie in Magdeburg, und Werner Eberlein, 1. Sekretär der Bezirksleitung Magdeburg der SED. Sie debattierten heftig über die vom „Neuen Forum" und von anderen oppositionellen Gruppen erhobenen Forderungen nach demokratischer Erneuerung des gesellschaftlichen Lebens in Magdeburg und in der gesamten DDR:

Freie Meinung für freie Bürger
Schluss mit der Politbüro-Demokratie
Demokratie statt Diktatur
„Neues Forum" jetzt und hier u.a.

Am gleichen Tage debattierte Magdeburgs Oberbürgermeister mit 30 Pfarrern der evangelischen Kirche in Magdeburg.

In beiden Treffen wurde vereinbart, die Demonstrationen der Oppositionellen sollten friedlich verlaufen. Aber zu inhaltlichen Fragen wurde kein Konsens erzielt.

Am 4. November 1989 fand auf dem Alexanderplatz in Berlin eine Groß-Kundgebung mit zirka 500.000 Teilnehmern statt. Prominente aus staatlichen Stellen, Parteien und Bürgerbewegungen hielten Ansprachen. Sie forderten einen erneuerten Sozialismus in der DDR, mehr Freiheit und mehr demokratisches Mitspracherecht für die Bürger der DDR. Sie knüpften an die GORBATSCHOWschen Reform-Bemühungen Glasnostj und Perestroika in der UdSSR an.

In Magdeburg versammelten sich am 4. November ungefähr 50.000 Menschen auf dem Domplatz. Dort war eine Rednertribüne errichtet worden. Von ihr aus sprachen Prominente der Stadt und des Bezirkes Magdeburg zu den Versammelten. Funktionsträger der Behörden und der SED wurden gnadenlos ausgepfiffen, angebrüllt und beschimpft. Das war kein demokratischer Dialog, wie von den Führern der Opposition gefordert. Die Demonstranten wollten nicht die sozialistischen Errungenschaften Magdeburgs aufgezählt bekommen; sie erwarteten Aussagen zur Reisefreiheit, zur Versammlungs- und Pressefreiheit, zur kundenwunschgerechten Versorgung mit Lebensmitteln, Obst und Gemüse und vor allem mit Autos – wie in der BRD.

Es wurden Losungen skandiert und auf Transparenten gezeigt:

Visafrei bis Hawai

„Neues Forum" statt alte Polit-Herren

Stell' dir vor, es ist Sozialismus, und keiner geht weg

Wir fordern Reise- und Pressefreiheit

Pfarrer Tschiche wertete die Ereignisse des 4. November 1989 als den Höhepunkt in der oppositionellen Bewegung in der DDR.

In diese oppositionelle Bewegung waren auch Studenten, Mitarbeiter und einige Hochschullehrer der TU Magdeburg einbezogen – zufällig oder als Mitläufer die einen, aus Neugier oder aus Überzeugung die anderen: „Mal sehen, was neuerdings in der DDR möglich ist!" Die Betreffenden waren ihren zuständigen staatlichen Leitern oder auch solchen engagierten SED-Sekretären wie Werner Kästner durchaus bekannt, aber sie wurden neuerdings meistens nicht als „Polit-Information nach oben" gemeldet. Solche Ermahnungen, wie sie der UPL-Sekretär seinen Genossen Dr. Kästner und Prof. Neuenhof noch Anfang Oktober erteilt hatte, schienen Relikte aus einer nun vergangenen Zeit zu sein.

Am 7. November 1989 trat DDR-Ministerpräsident Willi Stoph mit seiner Regierung von seinem Amt zurück. Entsprechend der Verfassung der DDR blieb er jedoch geschäftsführend im Amt, bis eine neue Regierung der DDR gebildet worden war.

Am Abend des 9. November 1989 verkündete Günter Schabowski, Mitglied des Politbüros des ZK der SED, auf einer Pressekonferenz in Berlin die völlige Reisefreiheit für DDR-Bürger. Daraufhin wurden in den Abend- und Nachtstunden vom 9. zum 10. November die Grenzstellen der DDR zu West-Berlin und zur BRD – letztlich auf Drängen Tausender herbeigeeilter DDR-Bürger – geöffnet. Das Grenz-Regime der DDR in der Weise und zu dem Zeitpunkt zu ändern, wie von Schabowski ausgelöst, erfolgte ohne Beschluss der Regierung und der Volkskammer der DDR und ohne vorbereitende Verhandlungen mit der Regierung der BRD und dem Senat von West-Berlin über ökonomische, finanzielle und rechtliche Fragen, die sich aus der Grenzöffnung ergaben. Selbst die Regierung der UdSSR war von dem, was

Schabowski verkündete, völlig überrascht. Aber seine Mitteilung löste bei den meisten Deutschen in Ost und West Jubel aus. In Berlin erstürmten Tausende und Abertausende aus allen Bezirken der Stadt, Begeisterte von hüben und drüben und spontan angereiste Bürger aus Bezirken der DDR die Grenzsicherungsanlagen, die sogenannte Berliner Mauer, und das Brandenburger Tor. Spontan erprobten sie den Wahrheitsgehalt der Schabowskischen Mitteilungen und wie das nunmehr vonstatten ging mit dem „Schutz der Grenzen der DDR vor den aggressiven Imperialisten aus dem Westen". Die Menschen tanzten auf der Mauer. Verwandte, Freunde, Bekannte und einander völlig Fremde umarmten sich, herzten und küssten sich.

So viel ungebremste Begeisterung und tiefe Freude!

So viele lange gehegte Hoffnungen und Wünsche!

So viel naives Vertrauen!

So viele Möglichkeiten für Geschäfte und eigennützige Geschäftstätigkeiten!

So viele Illusionen!

Die Mitteilungen Günter Schabowskis auf der Berliner Pressekonferenz am 9. November 1989 und die damit ausgelösten Begebenheiten an den am 13. August 1961 errichteten und danach perfektionierten Grenzsicherungsanlagen der DDR zu West-Berlin wurden für die deutsche und internationale Öffentlichkeit und für die Geschichtsschreibung als „Fall der Berliner Mauer" bezeichnet. Für die Geschichtsschreibung über Deutschland gilt der Mauerfall als das erfreulichste Ereignis an dem geschichtsträchtigen Datum „9. November", wenn man Vergleiche zu den Jahren 1923 und 1938 zieht.

Vier Tage nach dem freudentaumeligen Tag für die Deutschen, am 13. November 1989, wählte die Volkskammer der DDR einstimmig Hans Modrow zum Ministerpräsidenten der Republik. Damit war für die meisten DDR-Bürger, darunter viele Mitglieder der SED, aber auch für Politiker und Medienvertreter der BRD ein „Hoffnungsträger" in das hohe Regierungsamt gelangt – ein Hoffnungsträger für die demokratische Erneuerung des politischen und gesellschaftlichen Lebens in der DDR.

Auf der anderen Seite hatte sich die SDP, wie von 48 Initiatoren um Markus Meckel vorgesehen, demonstrativ am 40. Jahrestag der DDR formiert.

Der SDP-Regionalverband Magdeburg wurde am 18. November 1989 von 31 Personen gegründet. Der Vertrauensmann der FDGB-Gewerkschaftsgruppe FP der TU Magdeburg, Dr.-Ing. Willi Pollner, hielt die Gründungsrede. Getreu seiner Überzeugung und seinem Vorsatz, dass die neue Organisation keine „Pastoren-Partei" sein sollte, engagierte er sich sehr für die Arbeitsfähigkeit und die gesellschaftliche Ausstrahlung und Anerkennung der SDP in Magdeburg und darüber hinaus in beiden deutschen Staaten. Das ging bis dahin, dass er Freizeiträume im Kellergeschoss seines privaten Wohnhauses am Stadtrand Magdeburgs zur Verfügung stellte, damit der Vorstand des Magdeburger Regionalverbandes ungestört und sicher vor dem Zugriff seitens der „DDR-Staatssicherheitsorgane“, der gefürchteten STASI, debattieren, sich abstimmen, Programme entwerfen und alles planen und formulieren konnte, was von einem übergeordneten Parteiorgan einer neugegründeten Partei zu leisten war. Willi Pollner in der Führungsrolle der SDP in Magdeburg erlebte sehr bald, Kirchenleute – egal, ob maskulin oder feminin – waren und sind sehr eloquente Zeitgenossen. Ihre nicht uninteressanten und psychologisch verständlichen Tiraden kosteten das oberste Gremium der SDP in seinen Beratungen viel Zeit. Anfangs, wenn eine Vorstandssitzung nach Mitternacht beendet worden war, hatte Willi Pollner nicht viel Schriftliches in die Hände bekommen. Dafür, am nächsten Morgen die Beratungsergebnisse im Nachhinein, teils aus dem Gedächtnis, nachzuprotokollieren, verblieb ihm wenig Zeit: Er musste ja an seinem Arbeitsplatz in der TU präsent sein und dort ebenfalls Leistungen erbringen. Außerdem erwiesen sich seine Mitschriften als unzureichend, als lückenhaft – besonders die für die „heißen Phasen der Debatten“ am Vorabend. Mit Kopfschütteln über sich selbst besann er sich in der Folgezeit auf Neuenhofsche Praktiken der Versammlungsführung und Ergebnisprotokollierung im Wissenschaftsbereich Fertigungsgestaltung und in der Lehr- und Forschungsgruppe FP. „Warum soll ich daraus nichts lernen, wenn es unserer Sache nutzt?“, fragte er sich. Den anderen Vorstandsmitgliedern sagte er von seiner Rückbesinnung nichts. Einige von ihnen reagierten sowieso geradezu allergisch auf Hinweise und Vorschläge, Positives aus der langjährigen Parteiarbeit und den dabei gesammelten Erfahrungen der SED für die SDP zu nutzen. „Keine Infiltration der SED in unsere neue Partei“, forderten sie. Was sie zuvor in Jahres-Hauptversammlungen der Gesellschaft für deutsch-sowjetische Freundschaft vermittelt bekommen hatten – „Von der Sowjetunion lernen, heißt, siegen lernen“ –, übertrugen sie nun auf Förderer der SDP aus westlicher Himmelsrichtung: Unter der Leitung von Dr. Willi Pollner reisten Vertreter des SDP-Regionalverbandes Magdeburg nach Hannover, um sich mit den Fraktionsvorsitzenden der SPD und der Grünen im niedersächsischen Landtag bekanntzumachen und mit ihnen in Form eines Erfahrungsaustausches über die Tätigkeit des Magdeburger SDP-Regionalverbandes zu beraten. Bei den Gesprächsthemen, die sowohl das Land Niedersachsen als auch Mitteldeutschland betrafen, wurde auch über die Schnellbahn-Verbindung zwischen Berlin und Hannover debattiert. Geplant war bisher die Streckenführung über Stendal. Pollner wollte, dass die Verbindung unbedingt über Magdeburg geleitet würde. Das hatte er bereits in seiner Leserzuschrift vom 2.4.1989 an die Redaktion der „VOLKSSTIMME“ gefordert. Nun erreichte er bei seinem Besuch in Hannover, dass sich eine Arbeitsgruppe beider Länder damit befassen würde, die Streckenführung, wenn noch möglich, im Pollnerschen Sinne zu ändern.

Im November 1989 hatte die SED-Parteileitung der TU Magdeburg keine APO-Versammlungen durchführen lassen und das monatlich fällige Parteilehrjahr ausgesetzt. Stattdessen hatten sich alle Genossen im großen Hörsaal 5 im M-Gebäude versammeln sollen. Der Hörsaal war voll besetzt gewesen. Die Parteimitglieder hatten zu und nach den Ereignissen am 9. November nähere Informationen darüber erwartet, was in der DDR und in der SED vor sich ging und wie es weitergehen sollte. Vor allem wollten sie wegen der politischen und gesellschaftlichen Ereignisse in Magdeburg und insgesamt in der DDR erfahren, welche Aktivitäten von ihnen erwartet würden. Der UPL-Sekretär hatte dazu gesagt: „Wir verfolgen nach wie vor und konsequent die in den ZK- und Politbüro-Beschlüssen festgelegte politische Linie unserer Partei." Das war alles gewesen, und einige Versammlungsteilnehmer hatten sich darüber enttäuscht geäußert.

Am 11. Dezember 1989 fand, wieder im Hörsaal 5, die letzte Gesamt-Mitgliederversammlung der SED-Grundorganisation der TUM in der Regie der bisherigen UPL statt. Im Hörsaal blieben diverse Klappsitze, anders als im Monat zuvor, unbesetzt. Von dem Tag an, an dem Egon Krenz von seinen Funktionen zurückgetreten war, also nach dem 6. Dezember 1989, hatten viele Mitglieder der SED ihren Austritt aus dieser Partei erklärt. Sie hatten in ihr keine Perspektive mehr für sich und für den Aufbau des Sozialismus in der DDR und schon gar nicht in Gesamt-Deutschland gesehen. Für die gesamte DDR betrachtet, verlor die SED im Zeitraum Herbst bis Jahresende 1989 zirka 1 Million Mitglieder. Im K-Bereich der Sektion Technologie der TUM wurde in dieser Zeit der Austritt aus der SED denkbar einfach und ohne Diskussion oder Schererei vollzogen. Es genügte, dass Mitglieder und Kandidaten der Partei ihren APO-Sekretär Dr. Kästner in dessen Dienstzimmer aufsuchten, ihm erforderlichenfalls ihren Vor- und Zunamen nannten und dann ihr bisher sorgsam gehütetes Parteidokument in einem aus Weidenruten geflochtenen Waschkorb aus Großmutters Zeiten entsorgten, den Kästner unter dem Handwaschbecken in seinem und Prof. Lilienhains gemeinsamen Arbeitszimmer vorsorglich bereitgestellt hatte.

„Wirf einfach in den Korb hinein!", sagte Kästner dazu lakonisch und zog an der

zutreffenden Stelle einen Strich in seiner Mitliegliederliste. „An einem der nächsten Tage bringe ich den Waschkorb zur Stadtbezirksleitung in der Hohepfortestraße. Tja, mal sehen, wer mir beim Wegtragen hilft. Was die dort mit unseren Dokumenten machen, wissen Gott oder Karl Marx." – Wie die SED gerieten auch die anderen Parteien des demokratischen Blocks, die so genannten Blockparteien, in eine Krise. Die machte sich auch bei ihnen in einem deutlichen Mitgliederschwund bemerkbar. Hinzu kamen personelle – um es unverklausuliert zu sagen: finanzielle Probleme mit dem Vorsitzenden der LDPD, Prof. Homann, und mit dem der CDU, Gerald Götting.

In der Gesamt-Mitgliederversammlung am 11. Dezember wurde mitgeteilt, dass der 41-jährige Rechtsanwalt Gregor Gysi am 9. Dezember zum neuen Vorsitzenden der SED gewählt worden war. Des weiteren wurde im einzelnen über die Ziele und über die Tätigkeit des neuen Ministerpräsidenten, Hans Modrow, und der von ihm geleiteten Regierung informiert: dass nun eine Politik der großen Koalition und der echten Gleichberechtigung aller Parteien – des demokratischen Blocks und der neu hinzugekommenen – betrieben und dass auf die zuvor strikt eingehaltene Rolle der marxistisch-leninistischen SED als führende Kraft im Lande verzichtet werden würde; dass die Regierung eng mit dem DDR-zentralen „Runden Tisch“ zusammenzuarbeiten begonnen hatte; dass die von Frauen und Männern der Kirche, speziell der evangelischen Kirche, initiierte, moderierte und geistig geförderte Erneuerung des gesellschaftlichen Lebens in der DDR einer Revolution gleichkäme, einer „Friedlichen Revolution“, bei der „Gewaltlosigkeit als Handlungsmaxime aus den Kirchen herausdrang“, wie Pfarrer Führer sie in Leipzig durchzusetzen anriet; dass selbst der neue Ministerpräsident, Hans Modrow, sich Rat holte bei einem Mann der Kirche: bei Kirchenkonsistorialrat Manfred Stolpe, dem ersten Ministerpräsidenten des künftigen deutschen Bundeslandes Brandenburg; dass sich die Beziehungen zwischen den sozialistischen Ländern, auch die zwischen der UdSSR und der DDR, grundlegend ändern würden.

Zu diesen Mitteilungen wurden viele Anfragen und Meinungsäußerungen vorgebracht. Die Antworten und Kommentare dazu gaben die Polit-Experten, die in der ersten Reihe des steil abfallenden Hörsaals 5 Platz genommen hatten: der UPL-Sekretär, der Prorektor für Gesellschaftswissenschaften der TU, der Sekretär für Bildung, Schulen und Kultur der SED-Bezirksleitung Magdeburg und Professoren, Dozenten und wissenschaftliche Mitarbeiter der Sektion Marxismus-Leninismus der Universität.

„Haben wir Mitglieder der SED den anderen Parteien und den gesellschaftlichen Organisationen in der DDR Unrecht getan, dass wir die führende Rolle im Staat beansprucht und auch jahrzehntelang wahrgenommen haben?“

„Ist es neuerdings keine grundsätzliche Prämisse des Marxismus-Leninismus mehr, dass die Arbeiterklasse für ihren revolutionären Befreiungskampf eines revolutionären und gesellschaftswissenschaftlich geschulten Vortrupps – eben einer marxistisch-leninistischen Kampfpartei als einer Partei neuen Typus – bedarf?!“

„Ist auf Grund des Entwicklungsstandes der gesellschaftlichen Produktivkräfte die Arbeiterklasse zahlenmäßig, von ihrem Bildungsstand und von ihrer revolutionären Bereitschaft her noch die treibende Kraft für den Fortschritt in der menschlichen Gesellschaft?“

Die Philosophen in der ersten Hörsaalreihe wurden gefragt: „Sind die gegenwärtigen Vorgänge in der DDR-Gesellschaft eine Revolution in der klassisch-philosophischen Definition dieses Begriffs?“

Die Antwort: „Solange die DDR existiert und sozialistische Produktionsverhältnisse im Lande nicht abgeschafft werden, sollte der Terminus 'Revolution' für diese Vorgänge nicht verwendet werden."

Dem Antwortgeber wurde widersprochen. Der UPL-Sekretär empfahl: „Mit der philosophischen Deutung und geschichtswissenschaftlichen Einordnung der gegenwärtigen gesellschaftspolitischen Vorgänge sollen sich erst mal unsere professionellen Gesellschaftswissenschaftler befassen. Mit Debatten heute und hier kommen wir zu keinem befriedigenden Ergebnis."

„Das gilt für andere politische Fragen und Probleme auch", sagte der Dekan der Fakultät für Technische Wissenschaften, der Thermodynamiker Prof. Dr.-Ing. Manfred Strümkow. „Dennoch möchte ich in diesem Kreis ehrlich bekennen: Was unsere Partei- und Regierungsspitze derzeit an Zusammenarbeit mit der Kirche praktizieren und welche neue Rolle sie ihr in der DDR-Gesellschaft zumessen – nach vierzig Jahren DDR –, schockiert, ja: irritiert mich. Als ich mich als Kandidat für unsere Partei bewarb, wurde ich in der APO-Versammlung, also öffentlich, befragt: ‚Und wie stehst du zur Kirche?' Mit dieser Frage wurde überprüft, ob ich aus der Kirche ausgetreten war oder ob ich beauftragt werden musste, dies unverzüglich zu tun. Diese Frage wurde auch jedem Kandidaten gestellt, wenn er den Wechsel vom Kandidaten- in den Mitglieds-Status beantragt hatte. Wenn bei einer Kandidaten- oder Mitglieds-Aufnahme nichts zu erfragen schien – die Frage nach der Mitgliedschaft in der Kirche kam immer. So. Und nun ist ein Kirchenkonsistorialrat der persönliche Berater unseres Genossen Ministerpräsidenten?"

Der Ordinarius für Philosophie aus der Sektion Marxismus-Leninismus ging, um seinen Diskussionsbeitrag zu halten, nach vorn, ans Rednerpult. Er legte dar, zu welchen philosophischen Problemen der Technikwissenschaften bislang an seinem Lehrstuhl geforscht wurde, dass aber ihm und seinen Genossen die heutige Gesamt-Mitgliederversammlung deutlich gemacht habe, sich den philosophischen Problemen der aktuellen Ereignisse im Lande mit allen verfügbaren Kräften zuwenden zu müssen. Dabei wollen er und seine Genossen Mitarbeiter vor bisher „heiligen Kühen" nicht ausweichen. Mit einer solchen neuen Denk- und Vorgehensweise sehe er sich in einer Linie mit Genossen Hans Modrow und dessen Konzept und Regierung. Er endigte: „... Die Bemühungen der Modrow-Regierung sind, in unserem Sinne gesprochen, ein letzter Versuch. Wenn er scheitert, verfallen wir und alle Bürger der DDR dem puren Kapitalismus."

Einer aus dem Auditorium sagte von seinem Platz aus. „Als ich am 4. November von unserer Parteiveranstaltung an der TU nach Hause ging, plagte mich das schlechte Gewissen. Wir Genossen saßen in geheizten Seminarräumen oder kleinen Hörsälen und agitierten uns selber an über Gott und die Welt. Draußen, auf dem Domplatz, stellten sich derweilen unser Erster Bezirkssekretär, der Oberbürgermeister und andere führende Genossen den pöbelnden Massen und ließen sich quasi pfundweise auseinandernehmen. Warum wurden wir nicht zum Domplatz geführt, um die Genossen zu unterstützen, indem wir den Schreihälsen und Demonstrationswütigen Einhalt geboten hätten?"

Ein anderer ergänzte: „Das Gleiche kannst du zu unsrer heutigen Versammlung fragen. Draußen demonstrieren Tausende gegen unsere Staatsmacht, und wir diskutieren, ob deren Opposition eine Revolution ist oder nicht und ob die friedlich ist oder nicht."

„Ihr könnt eure Kampfeslust zügeln!", rief ihnen jemand von der gegenüberliegenden Hörsaalseite zu. „Der Genosse Bezirkssekretär hat, wie ich erfahren habe, erklärt, er ist zu solch einem Auftritt wie am 4. November nicht wieder bereit."

„Er ist wohl kein Volkstribun, kann man da nur sagen", meinte sein Nebenmann.

Der Sekretär der Bezirksleitung mischte sich ein. „Unser Erster Sekretär hatte sich mit einer sehr persönlichen Sache an die vor ihm Versammelten gewandt. Er hat – bis hin nach Moskau – Nachforschungen über das Schicksal seines Vaters angestellt. Sein Vater, ein Kommunist aus dem Thälmannschen Zentralkomitee, hat in Komintern-Beratungen der 1920er Jahre neben Lenin im Präsidium gesessen. Bei den von Stalin und Berija 1937 angeordneten „Säuberungsaktionen" wurde er abgeführt und kam ums Leben. Trotzdem, sagte unser Bezirkssekretär, sei er Kommunist und glaube an den Sieg des Sozialismus. Dazu gab es Pfiffe und Buh-Rufe."

„Die Leute auf dem Platz wollten etwas anderes von ihm hören: wo es, zeitig genug vor Weihnachten, Südfrüchte zu kaufen gibt oder wann endlich die Reisebeschränkungen für DDR-Bürger aufgehoben werden – einige Mitteilungen ähnlich Hans-Dietrich Genschers Verkündung vom Balkon der BRD-Botschaft in Prag oder irgendetwas anderes aus der Wunschkiste der DDR-Bürger."

Der Sekretär der Bezirksleitung sagte: „Einmal Schabowski reicht. Aber unser Bezirkssekretär empfängt jeden gern in seinem Dienstzimmer, der offen und ehrlich über Probleme mit ihm diskutiert und Lösungsvorschläge unterbreitet."

Einige Versammlungsteilnehmer lachten ungehemmt laut. Einer sagte: „Sein Dienstzimmer ist doch viel zu klein für die Vielen, die da womöglich zu ihm kämen.
Die passten nicht mal alle in Pastor Quasts Dom hinein."

Prof. Strümkow, ein Wissenschaftler Anfang fünfzig, wie man sagt: für seinen Beruf im besten Alter und, wie er das selbst zu charakterisieren pflegte, im DDR-Jugendverband FDJ und in der SED, der Partei der Arbeiterklasse, politisch erzogen, hatte nach den Vorgaben des Staatssekretariats und späteren Ministeriums für Hoch- und Fachschulwesen vor seiner Berufung zum Professor ein Zusatzstudium am Polytechnischen Institut (TU) Leningrad zu absolvieren gehabt. Das hatte er stets als

Bereicherung seines Wissens und seiner ganzen Persönlichkeit gewertet. Dazu hatten Freundschaften beigetragen, die er mit sowjetischen Bürgern hatte schließen können. Deshalb fragte er in der Versammlung am 11. Dezember: „Wie ist die Information zu deuten, dass sich die Beziehungen zwischen der UdSSR und der DDR 'womöglich grundlegend' ändern?"

Der Sekretär der Bezirksleitung druckste eine Weile herum. Dann: „Wir haben aus Berlin noch keine Einzelheiten mitgeteilt bekommen. Definitiv ist aus Moskau zu erfahren gewesen: Genosse Gorbatschow hat beim gegenwärtigen Stand der Dinge die weitere Existenz der DDR als gesichert erklärt."

„Steht die weitere Existenz der DDR in Frage?" Strümkow hoffte, das würde nie der Fall sein. 'Das Ende der DDR wäre auch mein Ende', dachte er.

Auf seine Frage bekamen er und das Auditorium keine Antwort.

Am nächsten Tag hatte er, in seiner Funktion als Dekan, einen Disput mit Prof. Bökemeyer wegen dessen neuerlichen Antrags, ihm eine dienstliche Vortragsreise ins NSW zu befürworten. Bökemeyer erhoffte sich von dem Dekan – als einem Fachkollegen aus derselben Sektion – Protektion. Aber Strümkow sagte zu dem Ansinnen, er sehe sich zu der gewünschten Befürwortung nicht in der Lage. Als die Männer auseinandergingen, resümierte Bökemeyer: „Sie, Herr Kollege, scheinen selbst durch die Friedliche Revolution im Lande nicht klug zu werden."

Am Mittagstisch in der Professoren-Mensa meditierte Strümkow vor den mit ihm am Tisch sitzenden Kollegen über das Thema „Wann haben Menschen miteinander Frieden? Die einen sagen: Frieden auf der Welt wird sein, wenn der Starke den Schwachen besiegt hat, wenn er ihm vorschreiben kann, was er zu tun und zu lassen hat, und wenn er ihn für sich dienen und zahlen lässt.

Pfarrer Christian Führer aus Leipzig glaubt, 'Frieden erwächst aus der Handlungsmaxime der Gewaltlosigkeit', wie sie den Menschen durch die Bergpredigt von Jesus Christus vermittelt wird.

Ich meine: Der Friede, der ewige, den jeder Einzelne finden kann, ist der irdische Heimgang, der natürliche – wer es so glaubt: der von Gott gegebene – oder der von einem selbst herbeigeführte."

Am Abend kehrte der Professor nicht nach Hause zurück. Kurz nach Mitternacht gab seine Ehefrau die erste Such-Anzeige auf. In den Morgenstunden wurde ihr Ehemann im Fach-Labor für Thermodynamik der TU Magdeburg gefunden. Er hatte sich mit einer dickadrigen Verlängerungsschnur erhängt.

15

„Ursel, meine liebe Ursel, das wird der Höhepunkt in meinem bisherigen gesellschaftspolitischen Streben", sagte Willi Pollner überschwänglich zu seiner Frau.

„Das mag sein. Aber übertreib' es nicht!" Sie verglich seinen in den jüngst vergangenen Tagen betriebenen Arbeits- und Organisationsaufwand mit dem für ähnlich bedeutungsvolle Ereignisse in früheren Jahren. Wenn er eine Rede hatte halten müssen, hatte ihm ein Zettel – im Höchstfall im Format DIN A 4 – mit Stichworten und einigen Kernsätzen darauf genügt. Das war sein Redemanuskript gewesen. Diesmal lagen in seinem Arbeitszimmer überall zerknüllte Schreibblock-Blätter mit verworfenen handschriftlichen Textpassagen herum. „Arbeitest du alles wörtlich aus? Willst du das den Gästen vorlesen?"

„Eigentlich nicht. Aber wenn die alle zu uns nach Magdeburg kommen am 19. Dezember – Willy Brandt, Gerhard Schröder, Rudolf Scharping ..."

Und sie kamen. Die SPD hatte ihren Bundes-Parteitag kurzfristig nach Berlin verlegt. Auf dem Rückweg von dort machten Willy Brandt und der engere Kreis seiner Begleiter in Magdeburg Station. Willi Pollner begrüßte sie namens des Magdeburger SDP-Regionalverbandes zu einem Meinungsaustausch im Roncallihaus und einer anschließenden Kundgebung auf dem Domplatz. Die führenden Genossen der bundesdeutschen SPD verschafften sich an diesem vorweihnachtlichen 19. Dezember 1989 einen persönlichen Eindruck von der politischen Orientiertheit, vom Organisationsgrad und vom Rückhalt des Magdeburger SDP-Regionalverbandes in der Bevölkerung. Sie befanden, der SDP-Regionalverband sei würdig, mit der BRD-SPD vereinigt zu werden – irgendwann im Jahre 1990.

So euphorisch sich Willi Pollner im Vorstand des Regionalverbandes nach dem Besuch der SPD-Gäste äußerlich gab – in seinem Inneren befielen ihn Ungewissheit und Unsicherheit. Mit seinem ausgeprägten Gespür für künftige Entwicklungen und für Zusammenhänge zwischen unterschiedlichen Begebenheiten und Dingen wurde er sich bewusst, die SDP würde sich wohl schon in naher Zukunft mit der SPD zu vereinigen haben. Vorstands- und einfache Mitglieder der SDP drängten ihn zwar, den Vorsitz für die SDP zu übernehmen. Aber Pollner grübelte: 'Hauptamtlicher Parteivorsitzender – auf Abruf, infolge der Parteien-Vereinigung – als Tätigkeitsperspektive für mich? Und was mache ich nach dem Abruf?' Seine Anstellung als wissenschaftlicher Mitarbeiter der TU Magdeburg erschien ihm sicher – trotz aller gesellschaftlichen Wandlungen in der DDR. Was ihn jedoch bei dieser Tätigkeit am Weiterkommen hinderte, war die fachliche Konkurrenz von Dr. Jakob Meber und dessen Verweigerung einer kollegialen Zusammenarbeit auf einem und demselben engen Teilgebiet der Fertigungsprozessgestaltung, wie sie Prof. Neuenhof für die beiden vorgesehen hatte. Den Gedanken, er könne im Zuge gesellschaftlicher Veränderungen im Lande zum Hochschullehrer berufen werden, verwarf er als zu gewagt; es fehlte die dafür notwendige Stelle im Stellenplan der Sektion und Hochschule und seine Promotion B.'Es sei denn', folgerte er,'ein zur Zeit Berufener oder gar mehrere würden 'abgewickelt', also abberufen, freigesetzt, ',rausgeschmissen.' Diese Variante misshagte ihm. 'Es müssßte sich etwas ergeben, das mir zusagt', wünschte er sich, 'und das, wenn ich's übernähme, mein Gewissen nicht belastet. Aber was könnte das sein? Wie käme ich dazu?'

Nach der Gesamt-Mitgliederversammlung der SED-Parteiorganisation der TU Magdeburg am 11. Dezember 1989 und angetrieben von den aktuellen politischen Geschehnissen in Magdeburg und in ganz Deutschland zog Prof. Heinz Neuenhof eine persönliche Bilanz seiner fachlichen und gesellschaftspolitischen Tätigkeit in den zurückliegenden 20 Jahren.

Er konstatierte, der von ihm gegründete und 16 Jahre lang ehrenamtlich geleitete Wissenschaftsbereich Fertigungsgestaltung (WFG) ließ sich in seiner derzeitigen Größe und Vielfalt der Fachgebiete und wegen der immer sparsameren Bereitstellung von Forschungshaupt- und -hilfspersonal und von Forschungsgeräten auf bisherige Weise nicht weiterführen. Er beantragte, den WFG noch im laufenden Jahr zwischen ihm und Prof. Dr. Siegbert Täuscher in die zwei Bereiche Fertigungsprozessgestaltung (WFP) und Umform-, zerteil- und abtrenntechnische Fertigungsverfahren (WUZAF) zu teilen.

Der neue Direktor der Sektion Technologie zögerte: „Zum jetzigen Zeitpunkt möchte ich in unserer Sektion nichts umstrukturieren. Auch im Hoch- und Fachschulwesen ist zu viel in Bewegung. Da kommt in nächster Zeit einiges auf uns zu. Wenn es so weit ist, können wir uns über deinen Antrag noch mal unterhalten."

Prof. Neuenhof beharrte auf der sofortigen Teilung des Wissenschaftsbereiches Fertigungsgestaltung.

Der Sektionsdirektor konsultierte die inzwischen vom Rektor-Amt suspendierte Magnifizenz Prof. Richard Kleber; er wollte Klebers Erfahrungen als vormaliger Direktor der Sektion Technologie nutzen.

„Was soll ich dir zu dem Antrag sagen?", fragte Kleber. „Du weißt, welche Wissenschaftsbereiche wir im Nachgang zur dritten Hochschulreform in unserer Sektion gegründet haben. Unser Konzept und unsere Entscheidungen finde ich heute noch gut." Beim Mittagessen in der Mensa sprach er Prof. Neuenhof an. „Na, willst du auf Klein-Klein machen? Wollt ihr im WFG in graue Vorzeiten, in Verhältnisse wie im ehemaligen Institut für Fertigungstechnik und 'betrübliches' Meßwesen zurückfallen?"

Neuenhof sagte: „Das will im WFG niemand."

Kleber lächelte über Neuenhofs Uninformiertheit und Naivität. Ihm hatte Prof. Volker Weichtel neulich beiläufig etwas anderes erzählt.

„So wie bisher lassen sich der WFG und die Fachrichtung FP schon jetzt und erst recht wegen zu erwartender anderer Verhältnisse und Vorgaben nicht mehr leiten", argumentierte Neuenhof.

„In unserem Wissenschaftsbereich" Montage- und Fügetechnik (WMF), in den Prof. Kleber nach seiner Suspendierung „abgetaucht" war, „wird das jedoch versucht."

'Aber nicht von dir!', warf Neuenhof dem Ex-Rektor insgeheim vor. Denn Kleber verhielt sich unauffällig; er arbeitete an einer Neuauflage seines Fachbuchs „Schweiß-Metallurgie". Als Wissenschaftsbereichsleiter WMF mühte sich ein anderer.

Als Rektor amtierte bis zur Wahl eines Amtsnachfolgers für Prof. Kleber der Prorektor für Wissenschaftsentwicklung. Er überließ dem Direktor der Sektion Technologie die Entscheidung über Neuenhofs Antrag: „Ihr seid die Fachleute." Daraufhin wurde die Zweiteilung des WFG, wie beantragt, noch 1989 vollzogen. Prof. Neuenhof verblieb im Amt des Leiters eines eigenständigen, wenngleich personell wesentlich kleineren und fachlich einfacher strukturierten Wissenschaftsbereiches. Das machte ihn selbstsicher. Wer ihm nun fachlich etwas anhaben wollte, stellte die Notwendigkeit des Fachgebietes Fertigungsprozessgestaltung (FP) in Frage. Dass es dazu kommen könnte, hielt er für unwahrscheinlich: FP hatte sich seit den 1960er Jahren an Hoch- und Fachschulen der DDR zu einem autarken Fachgebiet entwickelt, und der dafür berufene Lehrkörper hatte sich fachwissenschaftlich profiliert. Weder das Fachgebiet noch dafür tätige Wissenschaftler ließen sich nach Neuenhofs Überzeugung „abwickeln", ohne dass, wo dies geschah, die wissenschaftliche Arbeit auf dem Gebiet des Maschinenbaus Schaden nehmen würde.

Prof. Siegbert Täuscher fand die Teilung des WFG sachlich-fachlich nicht begründet. Er ärgerte sich und schimpfte, dass Prof. Neuenhof sie trotz aller Täuscherschen prinzipiellen Einwände und trotz der Vorbehalte des ehemaligen Sektionsdirektors und späteren Rektors, Prof. Kleber, doch durchgesetzt hatte. „Wenn entschieden worden wäre, ich solle den ungeteilten WFG leiten, hätte sich Neuenhof mir unterordnen müssen. Das wollte er wohl nicht. Vielleicht hätte er es nicht gekonnt – aus subjektiven Gründen, trotz beiläufiger Bemerkungen von ihm, sechzehn Jahre ehrenamtliche Leitung des WFG seien ihm genug." Täuscher betonte: „Ich hätte ihn doch als Lehr- und Forschungsgruppenleiter FP respektiert. Etwas anderes hätte er nicht zu befürchten brauchen. Aber so …"

Täuscher traf Prof. Volker Weichtel auf der Etage, in der sich die Diensträume der Messtechniker befanden. Er sagte nicht „Guten Tag" oder „Hallo!", sondern: „WUZAF grüßt den ehemaligen Sektionsdirektor!"

Weichtel nahm die obligate Tabakspfeife aus dem Mund und lachte. „Ich grüße dich auch, stelle fest, du nimmst die Umstrukturierung eures Wissenschaftsbereiches gelassen und heiter."

„Im Gegenteil!" Und schon schimpfte Täuscher wieder los. „WUZAF... Schon die Kurzbezeichnung hört sich an, als liefen alle in diesem Wissenschaftsbereich auf Krücken. Mann, wie genial, einheitlich mit drei Buchstaben, definierte Horst Bürgel als dein ehemaliger wissenschaftlicher Sekretär die Kürzel für die einzelnen Wissenschaftsbereiche: Betriebsgestaltung – WBG, Montage- und Fügetechnik – WMF, Fertigungsgestaltung (und darunter waren fast alle aus dem K-Bereich vereint) – WFG ... Daran hat nicht mal der schlaumeierliche Jäcki Meber etwas geändert."

„Hör' auf! Komm mit 'rein!" Weichtel öffnete die Tür zu seinem Dienstzimmer, allgmein bekannt als „Räucherkammer des K-Gebäudes" wegen des dort gestauten Tabakqualms. Weichtel kochte und servierte Tee. Er riet seinem Besucher, sich nicht überall und jedem gegenüber aufzuregen. „Im nächsten Jahr wird alles anders. Da wird es keine Sektion Technologie mehr geben und keine Wissenschaftsbereiche jetziger Struktur und inhaltlicher Prägung, das prophezeie ich dir. Dann ist auch dein WUZAF passé."

„Aber zunächst muss doch erst mal ..."

„Papperlapapp! Lass uns kühlen Kopf bewahren und überlegen! Was kommt nach der Sektion? Nach WFP und WUZAF und WFG?" Weichtel hatte über diese Frage seit Wochen, seit dem Leipziger 9. Oktober, nachgedacht. Er empfahl, schon bald alle im K-Gebäude etablierten Wissenschaftsbereiche, Lehr- und Forschungsgruppen, das Versuchsfeld und die Werkstatt, die Labore und die Verwaltung zu einem Institut für Fertigungstechnik und Qualitätssicherung (IFQ) zusammenzufassen.

„Also Rückkehr zum alten Institut für Fertigungstechnik und betriebliches Messwesen?", wollte sich Täuscher vergewissern.

„Keine Rückkehr! Auch nicht den alten Institutsnamen! Sondern mehr als zu deiner Assistenten- und meiner Oberassistententätigkeit vor einigen Jahrzehnten: diesmal das ganze K-Gebäude, nicht bloß das halbe, diesmal nicht bloß Spanende Formung, Umformtechnik und Meßtechnik, sondern zusätzlich Urformtechnik, Abtragtechnik und Fertigungsprozessgestaltung."

„Und wie willst du das hinkriegen?"

„Ich? Nicht ich – du! Du sollst der Gründer des Instituts für Fertigungstechnik sein!"

Weichtels Konzept und personelle Vorstellungen überraschten Täuscher. Weil Täuscher Bescheidenheit demonstrieren wollte, zierte er sich. 'Einem Mann wie Weichtel, meinem Förderer, gegenüber gehört sich das so', dachte er.

Weichtel stopfte bedächtig seine Pfeife, zündete sie an, paffte. „Reden wir offen miteinander! Du bist wissenschaftlich qualifiziert und ausgewiesen. Du gehörst keiner Partei an, bist nicht mal 'ne Blockflöte. Du bist durch schwerwiegende gesellschaftspolitische Aktionen, Sonder-Aufträge und Pöstchen nicht belastet. Du bist im K-Bereich, in der TU und an anderen Hochschul-Einrichtungen bekannt und wirst geschätzt. Du erfüllst alle Voraussetzungen für die Funktion des Institutsdirektors, möglicherweise für noch mehr."

Täuscher machte abwehrende Handbewegungen. Aber er fühlte sich geschmeichelt. 'Ja, ich. Wer denn sonst?'

„Stell' dich innerlich und in deinem Verhalten auf die Instituts-Neugründung und -Leitung ein! Quatsch' nicht 'rum! Verschaff' dir Verbündete und zuverlässige Informanten! Und mich lass bis auf deine und Horst Bürgels persönliche Beratung aus dem Spiel! Was die Fertigungsmesstechnik und Qualitätssicherung als Wissensgebiet und hinsichtlich studentischer Ausbildung anbetrifft, halte dich an Horst Bürgel! Er ist unter meiner Ägide Professor geworden. Nun muss er 'ran! Ich werde ihn aus dem Hintergrund unterstützen."

„Und Neuenhof?"

„Der beschäftigt sich mit FP und den paar Leuten, die du ihm für FP belassen solltest."

„Man erzählt in der Uni, Neuenhof sei einer der Kandidaten für die Rektor-Nachfolge."

Weichtel nahm die Pfeife aus dem Mund und schüttelte den Kopf. „Ich glaube nicht, dass er auf der Kandidaten-Liste verbleibt. Welche Partei soll ihn stützen? Die SED nicht, ihr laufen die Mitglieder davon. Die Nachfolge-Partei, die PDS?" Schulterzucken. „Und die Figur des parteilosen Unparteiischen nehmen ihm diejenigen, die ihn kennen oder etwas über seine politische Vergangenheit wissen, nicht ab."

„Ich bin dir dankbar für deine heutigen und künftigen Ratschläge", sagte Täuscher und reichte dem anderen die Hand. „Wenn es in nächster Zeit darauf ankommen sollte, werde ich mich zu revanchieren wissen."

'Auf die Idee, mir Verbündete und zuverlässige Informanten zu verschaffen, wie von Weichtel empfohlen, war ich schon selber gekommen', dachte Prof. Täuscher. Trotzdem war er über das Gespräch mit dem ehemaligen Sektionsdirektor froh wegen seiner Ergebnisse: Zum einen durfte er Volker Weichtel zu seinen Sympathisanten zählen;
das hatte Weichtel bekräftigt. Zum zweiten war spürbar geworden, mit der Rückversicherung bisheriger und der Suche neuer Verbündeter sollte er – Täuscher – nicht mehr lange warten, und dieser Empfehlung folgte er noch am gleichen Tage. Er lud seinen Oberassistenten zu einem nachmittäglichen Gespräch in sein bekanntermaßen unaufgeräumtes Dienstzimmer ein. Thema: ihrer beider künftige Zusammenarbeit.

Prof. Täuscher wiederholte nicht den vollen Inhalt und alle Resultate seiner Konsultation bei Volker Weichtel, aber über die Neugründung eines Instituts für Fertigungstechnik und Qualitätssicherung nach dem mit Weichtel besprochenen Konzept unterrichtete er seinen Oberassistenten. Er verhehlte nicht, dass er auf dessen weitere vertrauensvolle Mitarbeit, dann allerdings in dessen Range eines Hochschullehrers – mindestens eines Hochschuldozenten –, großen Wert lege. Er wolle dies nicht bloß als Anspruch verstanden wissen, sondern versprach, sich dafür mit seiner ganzen Persönlichkeit einzusetzen. „Ich rechne uns für die nächste Zeit gute Chancen aus“, sagte er. „Die Ära der alles bestimmenden Partei im Lande geht, wie wir beobachten können, zu Ende, und mit ihr geht die Ära derer zu Ende, die auf diese Partei geschworen hatten und die dafür nach oben gehoben wurden.“ Täuscher war psychologisch gebildet genug, um sicher sein zu können, daß er mit seinem Versprechen Balsam auf die verwundete Seele seines Gesprächspartners gestrichen hatte.

Der Oberassistent war einer der dienstältesten Mitarbeiter im K-Bereich der Sektion Technologie. Im unmittelbaren Anschluss an sein Studium an der TH Dresden war er an der Hochschule für Schwermaschinenbau Magdeburg als wissenschaftlicher Assistent am Institut für Fertigungstechnik und betriebliches Meßwesen angestellt worden. Er hatte den Gründungsdirektor des Instituts in Unehren ausscheiden und hatte bisher drei Direktoren der Sektion Technologie der mvl kommen und gehen sehen. Er war schon als alteingesessener Assistenz-Hase tätig gewesen, als Dr. Heinz Neuenhof aus Dresden herbeigeholt und binnen eines Jahres zum Hochschuldozenten und ordentlichen Professor berufen worden war. Sechzehn lange Jahre war Neuenhof als Leiter des WFG sein Vorgesetzter gewesen, und so lange wartete er bereits auf seine Berufung, die Neuenhof aber nicht beantragte mit der Begründung, „du hast niemals in der betrieblichen Praxis als Ingenieur gearbeitet, und eine Habilitation – eine Promotion B – hast du nicht zustande gebracht.“ Mitglied der SED oder einer Blockpartei war er auch nicht. Er war immer nur als kleiner Gewerkschaftsfunktionär gesellschaftspolitisch aktiv gewesen. „Tut mir leid“, hatte Prof. Neuenhof erklärt, „wir haben für dich mit Mühe und Not eine Oberassistenten-Stelle in der Kaderkommission beim Rektor durchgekriegt, mehr geht nicht, das liegt an dir.“

„Für das neue Institut für Fertigungstechnik kannst du auf mich rechnen“, ver-

sprach er Siegbert Täuscher. „Ich stelle keine Vorbedingungen. Ich wünsche mir aus heutiger Sicht nur, dass wir in dem neuen Institut ohne einen Herrn Neuenhof auskommen.“

‘Das wünsche ich mir selber’, dachte Siegbert Täuscher. Er nickte. Der Oberassistent stand auf. „Weil das so ist, hab’ ich ‘was für dich. Einen Moment, ich bin gleich wieder hier.“ Er eilte aus des Professors Zimmer. Er holte einen DIN A3-formatigen Plan herbei. Darauf war ein kurzes rotationssymmetrisches Maschinen-Bauteil mit Innenbohrung, ein Flansch, gezeichnet, an dem unterschiedliche Formelemente – Außenzylinder, Innenzylinder, Fasen, Einstiche u.a. – durch das Fertigungsverfahren DREHEN zu erzeugen waren. Der Plan zeigte schematisch, welche Werkzeuge dafür einzusetzen sind und wie – in welcher Einspannung und in welchen Positionen – sie am Werkstück zum Eingriff gelangen. „Den Plan gebe ich den Studenten in einer unserer Übungen zum Fach 'Abtrenntechnik', Thema 'Werkzeug-Auswahl beim DREHEN', als Hilfsmittel an die Hand. Mit dergleichen beschäftigen sich eigentlich Neuenhofs Leute in FP. Die lassen so etwas von Studenten in Programmablaufpläne und kleine Rechner-Programme umsetzen. Das verkaufen sie dann als AUTOTECH-Lösungen an die Betriebe und Kombinate. Ich frage dich: Können wir das nicht auch? Sollten wir das in unseren Lehrveranstaltungen nicht gleich miterledigen? Dafür brauchen wir keinen gesonderten Wissenschaftsbereich Fertigungsprozessgestaltung."

Prof. Täuscher sah seinen Oberassistenten starr an. Dann kniff er ein Auge zu und sagte: „Du willst Neuenhof und seinen Männern sachlich-fachlich die Beine wegziehen …?"

Der Oberassistent grinste. „Du formulierst das aber nicht fein. Ich würde das so benennen: Jeder tut das, was er kann."

Der Professor erhob sich hinter seinem Schreibtisch und gab dem andern, nun auch grinsend, einen Klaps auf die Schulter. „Weitermachen!", sagte er. „Wir haben uns verstanden." – 'Und mir', dachte er, als der andere das Zimmer verlassen hatte, 'muss es gelingen, Neuenhofs personelle Phalanx aufzubrechen. Lilienhain, Meber, Kästner – einer von ihnen muss zu meinen Gunsten umkippen, am besten alle drei.'

16

Am 19. Dezember 1989 trafen sich der Bundeskanzler der BRD, Dr. Helmut Kohl, und der DDR-Ministerpräsident, Hans Modrow, in Dresden. Sie berieten, wie die Beziehungen zwischen beiden deutschen Staaten im Rahmen einer Vertragsgemeinschaft DDR/BRD neu zu gestalten wären. Experten beider Seiten begannen, über Einzelheiten einer solchen Vertragsgemeinschaft zu verhandeln. In etwa zwei Jahren sollte sich aus der Vertragsgemeinschaft eine Konföderation beider deutscher Staaten entwickelt haben können.

Am Abend dieses Tages, nach dem offiziellen Besuchsprogramm für ihn, trat der hohe Gast aus Bonn auf eigenen Wunsch auf einer Kundgebung an der Ruine der Dresdner Frauenkirche auf. Dort hatten sich Zehntausende Dresdner und DDR-Bürger aus Sachsen versammelt. Sie begrüßten Helmut Kohl begeistert und jubelnd. Sie bedachten beinahe jeden Satz seiner devoten Ansprache mit frenetischem Beifall. Schwarz-rot-goldene Fahnen ohne das DDR-Emblem Hammer/Sichel/Ährenkranz wurden geschwenkt.

„Deutschland! Deutschland!"-Rufe unterbrachen den Redner immer wieder. Die ursprüngliche Losung der Leipziger Demonstranten „Wir sind das Volk" wurde nun auch in Dresden gewandelt in „Wir sind ein Volk!". Der Adressat für die in der Losung enthaltene politische Forderung war der zu den Massen sprechende Bundeskanzler der BRD: „Helmut! Helmut!", wurde skandiert. Es war dies eine beeindruckende, den Bundeskanzler geradezu überwältigende Kundgebung, die im Deutschen Fernsehen live übertragen wurde. Dieses Dresdner und weitere Treffen Helmut Kohls mit DDR-Bürgern andernorts, die die gleichen Forderungen wie die Dresdner erhoben, schmälerten das Interesse der BRD-Regierung an weiteren Verhandlungen über eine Vertragsgemeinschaft DDR/BRD im Januar 1990 außerordentlich; es wurde nach einer anderen und rascher wirksam werdenden Lösung der deutschen Frage als der zwischen Modrow und Kohl in Dresden verhandelten gesucht. Dafür gab es in beiden deutschen Staaten kein ausgereiftes fertiges aktuelles Konzept. In den Jahren zuvor war zwar Vorsorge getroffen worden für den Notstand in Deutschland bis hin zum Verteidigungsfall, aber nicht für den Fall der Berliner Mauer und für die vom DDR-Volk erzwungene Öffnung der innerdeutsche Grenze. Das „Zeitfenster der Geschichte" würde aber – nach Helmut Kohls Auffassung – nicht lange Zeit geöffnet sein. Die meisten Deutschen stimmten dem Bundeskanzler zu. Unter diesem Zwang bewertet, kamen die Bemühungen von Hans Modrow, von seiner Regierung und von einigen Bürger-Bewegungen in der DDR zu spät.

Am 9. und 10. Januar 1990 tagte in Sofia der Rat für Gegenseitige Wirtschaftshilfe (RGW) der sozialistischen Länder. Von den Vertretern der UdSSR wurde zu Recht eine Reformierung des RGW gefordert. Als deren Kernstück sollte der Markt der sozialistischen Länder auf Dollar-Basis umgestellt werden. Mit dieser sowjetischen Politik und mit den Aktionen der oppositionellen Bevölkerungsmassen in der DDR hatte eine eigenständige Deutsche Demokratische Republik sozialistischer Prägung keine Perspektive mehr; das Ziel für die Tätigkeit der Modrow-Regierung konnte nicht mehr die demokratische Umgestaltung einer sozialistischen DDR sein. Letztlich war durch Übereinkünfte führender Politiker der UdSSR und der USA am 9. Februar 1990 in Moskau die Wiedervereinigung der beiden deutschen Staaten unabdingbar geworden. Es begannen die 2plus4-Verhandlungen über Deutschland in Ottawa/Canada. Ministerpräsident Hans Modrow und seine Regierung der Nationalen Verantwortung verloren ihre Kompetenz für die geforderte und sich anbahnende nationale und internationale Regelung der deutschen Frage; sie kamen am 15. März 1990 zu ihrer letzten Beratung zusammen und besiegelten das Ende der 150tägigen MODROW-Regierung überhaupt.

Die am 18. März 1990 durchgeführten Wahlen zur Volkskammer der DDR erbrachten für das Wahlbündnis aus CDU, „Demokratischer Aufbruch“ und „Deutsche Soziale Union“ 48% der Wählerstimmen. Der CDU-Politiker Lothar de Maizière wurde am 12. April 1990 zum Ministerpräsidenten der DDR gewählt. Er und seine Regierung leiteten in der DDR, Helmut Kohl und die Bundesregierung in Deutschland und in der internationalen Arena den Übergang der DDR in die BRD. Dieser Übergang wurde als „Beitritt“ der DDR gemäß § 23 des Grundgesetzes der BRD vom Mai 1949 vorbereitet und am 23. August 1990 von der Volkskammer mit Zieltermin 3. Oktober 1990 beschlossen. Am 31. August 1990 wurde der deutsch-deutsche Einigungsvertrag in der Hauptstadt der DDR, Berlin, und am 12. September 1990 der 2plus4-Vertrag von den Außenministern beider deutscher Staaten und der vier Sieger-Großmächte des Zweiten Weltkrieges in Moskau unterzeichnet.

Mit dem „Beitritt der DDR zur BRD“ erhielt das vereinte Deutschland seine volle Souveränität zurück, nachdem sich die Siegermächte des Zweiten Weltkrieges nicht in der Lage gesehen hatten, in 45 Jahren nach Beendigung des Krieges sich zu verständigen und, wie in der jahrtausendelangen Menschheitsgeschichte nach einem Krieg üblich, mit Deutschland einen Friedensvertrag abzuschließen.

17

Seit dem Dienstantritt von Heinz Neuenhof an der TH Magdeburg, seit 20 Jahren also, war es in der von ihm geleiteten Lehr- und Forschungsgruppe FP Sitte: Wenn eines der Gruppenmitglieder Geburtstag hatte, gratulierten ihm die übrigen Mitglieder – Mitarbeiter, Forschungsstudenten, Aspiranten und Hochschullehrer – in geschlossener Formation. Als Dank lud der Beglückwünschte die Gratulanten zu einem für alle akzeptablen Termin zu einem „FP-Frühstück” ein.

Im späten Frühjahr 1990 war Dr.-Ing. Jakob Meber der Jubilar. Die FP-Gruppe traf sich an Mebers Ehrentag zur Frühstückszeit im Großraum-Büro K 201, dem Dienstzimmer von Meber, zwei dienstjungen wissenschaftlichen Assistenten, einem Forschungsstudenten und Tayeb, einem algerischen planmäßigen Aspiranten in der wissenschaftlichen Betreuung von Prof. Neuenhof. Es hatte sich eingebürgert, der Jubilar spendierte für alle Gratulanten etwas zu essen – meistens Brötchen und Hackepeter – und zu trinken – Kaffee, Tee und alkoholfreie Getränke.

Jäcki beschränkte seine Spende auf Kaffee schwarz und Mineralwasser „Harzer Brunnen”. Darauf waren einige nicht eingestellt. Sie hätten sich sonst ein Pausenbrot von zu Hause mitgebracht oder wären in die Mensa gegangen und hätten sich an dem dort täglich eingerichteten Frühstücks-Buffett bedient. „Ist das jetzt neu bei uns – wegen der politischen Wende?", fragten sie enttäuscht.

„Das und einiges andere auch", belehrte sie Jäcki mit gewichtiger Miene.

Tayeb, der Algerier, erhob sich, nickte dem Forschungsstudenten ein paarmal zu und verließ das Zimmer. Der Forschungsstudent folgte ihm. Die anderen blickten den beiden verdutzt nach. „Was soll das bedeuten?"

„Peinlich", flüsterte Werner Kästner dem neben ihm sitzenden Prof. Lilienhain zu. Um abzulenken, fragte er Dr. Pollner: „Über dich, Willi, munkelt man in der TU-Öffentlichkeit so einiges. Was ist denn da dran?"

Pollner lachte. „Was willst du hören?"

„Na, deine Parteigeschichte nicht. Ich und einige hier am Tisch haben ihre Parteigeschichte gerade hinter sich gebracht. Keinem verlangt nach einer Neuauflage."

„Du bist deinen Waschkorb voller Parteidokumente der SED – Gott sei Dank! – los, wie?"

„Fragt mich nicht so 'was! Lasst Willi zu Wort kommen! – Willi, man sagt, du habest bei den Wahlen im März für die Volkskammer kandidiert …?"

Jäcki konnte nicht widerstehen zu demonstrieren, dass er nicht nur Oberassistent bei FP, sondern über allgemein interessierende Neuigkeiten an der TU bestens, zumindest so gut wie Kästner und wahrscheinlich auch Prof. Neuenhof, informiert war. „Willi, sag' doch frank und frei, welches gewichtige Amt du in Kürze bekleiden wirst!"

'Ausgerechnet Meber soll nicht der Geheimnis-Entlocker sein', dachte Pollner, 'auch wenn er heute Geburtstag hat, soll er nicht!' Er sagte: „Ich werde demnächst der Oberbürgermeister der Stadt Magdeburg sein."

Großes „Hallo!" In dieses Hallo hinein schütteten Tayeb und der Forschungsstudent, die unbeachtet zurückgekehrt waren, Brötchen und einen Packen Hackepeter auf den Tisch. „Das spendiere ich", sagte Tayeb, „weil Professor Neuenhof den Entwurf meiner Dissertation durchgesehen hat und ich nun meine Dissertation fertigmachen kann zum Einreichen bei der Fakultät."

Die Hungrigen stürzten sich auf das Essen.

Horst Lilienhain fragte Tayeb: „Wann willst du einreichen?"

„Im Sommer, spätestens im September. Ich möchte die Dissertation noch in diesem Jahr verteidigen. Im Dezember werde ich heiraten."

„Oh!", rief Karl-Ernst Elmhorst und schmatzte mit einem Bissen Hackepeter-Brötchen. „Noch eine FP-Doppelfeier zum Jahresausklang?"

„Die kleine Ungarin, mit der du neulich in der Mensa warst?" Tayeb nickte.

„Hoffentlich hat sich dann die Lage bei uns im Lande normalisiert", sagte der Forschungsstudent. „Eben, als wir zum HO-Fleischer gingen, war die Karl-Marx-Straße schon voller Menschen. Hat man durch die Schaufenster in die Geschäfte 'reingeguckt, alle voller Leute: im Schuhgeschäft, im Spezialladen 'Alles für den Haushalt', im DELIKAT-Geschäft. Eine Frau kam mit einem Einkaufsnetz voller Büchsen mit Champignons aus dem DELIKAT, traf vor dem Eingang eine Bekannte. 'Bist auch auf der Pirsch, Gertrud, ja? Wollt ihr euch an Champignons mal richtig sattessen?' – 'Weiß der Himmel', war die Antwort, 'was am ersten Juli mit unserem DDR-Geld wird, ich meine den Wechsel-Kurs, und was wir uns dann noch leisten können ...'"

Die beiden Frauen hatten auf den Tausch DDR-Mark in D-Mark Bezug genommen. Dieser Tausch sollte laut offiziellen Verlautbarungen mit der Wirtschafts-, Währungs- und Sozialunion zwischen der BRD und der DDR zum 1. Juli 1990 vollzogen werden. Aber im späten Frühjahr 1990 kursierten in der DDR-Bevölkerung die wildesten Mutmaßungen zum Wechselkurs. Im privaten, inoffiziellen Geld-Tausch wurden DDR-Bürgern für eine DM bis zu zehn und mehr Mark der DDR abverlangt. Angstkäufe auf der Basis von DDR-Mark waren die Folge: „Was wir haben, das haben wir. Was nutzen uns DDR-Geldscheine und 'Aluminium-Chips' zu Hause, im Schrank oder in der Sparkasse?" Sparguthaben wurden geplündert, von manchen Leuten sogar auf den Stand „Null" gebracht.

Einer der jungen Assistenten sagte kauend: „Gestern wurde ich unfreiwillig Ohrenzeuge, als sich meine Garagennachbarn unterhielten. Einer, das weiß ich, ist Spänekärrner im Bereich Mechanische Teilefertigung im MAW. Der sagte: 'Ich war mit meiner Frau im ADRETT-Oberbekleidung. Sie hat sich dort allerlei Zeug gekauft. Sie drängte mich, mir mal einen guten Anzug zuzulegen. 'Wozu brauche ich einen neuen Anzug?', fragte ich sie. Da war sie beleidigt. 'Kannst dir ja deine DDR-Pinke-Pinke einpökeln.' Mensch, können Frauen garstig sein! Jedenfalls besitze ich jetzt zwei nagelneue schwarze Anzüge aus feinstem Wollstoff. Wenn du mal für einen Trauerfall in der Verwandtschaft 'nen schwarzen Anzug brauchst – ich habe immer einen in der Reserve und kann ihn dir leihen.' – Aber die Frage ist natürlich", meinte der junge Assistent, „wie bereitet man sich als einfacher DDR-Bürger auf die Währungsunion am günstigsten vor?"

Werner Kästner sagte: „Das Beste wird sein, die Währungsunion kommt so schnell wie möglich, sonst läuft hier, bei uns im Land, einiges aus dem Ruder."

Prof. Neuenhof sagte: „Wieso? Der völkerrechtlich anerkannte Staat DDR, Mitglied der UNO, wurde im März von der Mehrheit seiner Bevölkerung 'abgewickelt' und nun abgewandelt in ein 'Beitrittsgebiet' unter der Hoheit der Bundesrepublik Deutschland. So haben es die meisten im Vertrauen auf die Versprechungen des deutschen Bundeskanzlers und anderer Politiker der BRD gewollt."

„Was willst du damit, auf uns bezogen, sagen?", fragte Jäcki. „Sollen wir auf irgendein Wunder warten, das die DDR rettet? Und wenn nicht: Was wird sich bei uns im K-Gebäude ändern, ja: ändern müssen? Welche Vorstellungen haben die Professoren und Dozenten hierzu und zur weiteren beruflichen Tätigkeit von uns Mitarbeitern – an der TU oder anderswo?"

„Es wird einen deutsch-deutschen Einigungsvertrag geben. Ihn deutet die für uns zuständige Landesregierung aus. Nach den daraus sich ergebenden Vorgaben haben wir uns künftig zu richten. Was wir auf Grund eigener Überlegungen, Erkenntnisse und Erfahrungen vorhersehen und unter den sich ändernden gesellschaftlichen und Arbeitsbedingungen verwirklichen können, werden wir in unserer täglichen Arbeit berücksichtigen. Wie Studenten durch Vorlesungen, Übungen, Seminare und Praktika zu Diplom-Ingenieuren auszubilden sind, wissen und können wir. In diesem Sinne werden wir an der TU weiterhin unsere Pflicht tun."

„Also: Weiter so, wie gehabt?"

„'... so, wie gehabt' habe ich nicht gesagt, aber 'Weiter!' Natürlich machen wir weiter. Die Universität wird doch nach meiner Überzeugung nicht geschlossen werden – 'abgewickelt' wie das jetzt genannt wird."

Meber winkelte den linken Arm an und blickte auf seine Armbanduhr. Indem er sich von seinem Stuhl erhob, trank er seine Kaffeetasse leer. „Ich muss los. Ich habe einen wichtigen Termin bei Professor Täuscher." Sprach' s und verschwand eilig aus dem Zimmer.

Willi Pollner sagte: „'s tut mir leid. Ich kann auch nicht länger bleiben." Er bedankte sich artig bei Tayeb für das Frühstück. Bei Neuenhof entschuldigte er sich. „Ich hab' am Nachmittag von drei bis fünf ein FP-Seminar zu halten. Damit hole ich die jetzt versäumte Arbeitszeit wieder 'rein." Er verließ das Zimmer.

Die übrigen FP-Leute am Tisch wurden unruhig.

Tayeb bekam einen starren Gesichtsausdruck. „Ist es nicht so wichtig und haben alle keine Zeit, wenn ein arabischer Aspirant etwas zum Frühstücken spendiert?"

Prof. Neuenhof schüttelte den Kopf. „Das ist jetzt nicht die Frage. Wir bleiben noch ein bisschen hier, genießen deine Gastfreundschaft und unterhalten uns – am besten über deine für Dezember geplante Hochzeit, Tayeb, und darüber, was wir FP'ler zu deren Gelingen beitragen können."

Das Konviewchen, das als Geburtstagsrunde begonnen hatte, löste sich nicht lange nach Mebers und Pollners Weggang auf. Dr. Meber war immer noch nicht ins K 201-Büro zurückgekehrt. Werner Kästner suchte Neuenhofs Nähe. Er raunte ihm zu: „Ich an deiner Stelle würde ohne Zögern zu Professor Täuscher gehen und mich informieren, was er und Jäcki so lange zu besprechen haben."

„Ich befrage Jäcki, wenn er zurück ist."

„Wie du willst. Aber ich rate dir, geh' mal hin!"

'Vielleicht ist es ein guter Ratschlag', dachte Neuenhof.

Er lief den Gang im zweiten Geschoss des K-Gebäudes entlang, bis an Prof. Täuschers verglaste Dienstzimmertür. Die öffnete er leise, ohne anzuklopfen. Im Zimmer klingelte das Telefon. „Grüß dich, Wolfgang! Wie geht's in der schönen Schweiz?", hörte er Täuschers Stimme.

Der Beratungstisch mitten im Zimmer war vollgestapelt mit studentischen Abschlussarbeiten und jahrgangsweise gebundenen Zeitschriften, mit Folienkästen für einen POLYLUX-Projektor und mit Dia-Kästen, Papierstapeln und aufgetürmten Aktenordnern. Dahinter war der telefonierende Experte der Abtrenntechnik von der Tür her gar nicht zu sehen. Jäcki Meber saß vor dem Schreibtisch, mit Blick auf Täuscher und das Zimmerfenster.

„Wie's mir geht?", sprach Täuscher in die Telefonmuschel. „Ganz gut und peu-à-peu immer besser. Und wie's mit der Wende an der TU Magdeburg vorangeht? Tja, wie soll ich's sagen? Solange ich unseren Ex-Rektor und Herrn Neuenhof noch täglich zum Mittagstisch in die Mensa stolzieren sehe, ist die Wende nach meinem Dafürhalten nicht weit fortgeschritten. Aber wir arbeiten an dem Problem. – Warte mal, ich habe bei mir einen Gast zu sitzen. Den verabschiede ich jetzt. Moment!" Und dann in anderem Tonfall: „Wir sind uns einig, Jäcki. Du lieferst mir kurzfristig die von dir versprochenen Informationen, und ich versichere dir ..." In diesem Augenblick gewahrte er Neuenhof. Zu ihm sagte Täuscher: „Du kannst deinen Oberassistenten mitnehmen. Mein Gespräch mit ihm war ohnehin beendet. Jetzt entschuldigt mich – Fernruf aus Zürich." In die Telefonmuschel hinein: „Wolfgang, ich bin's wieder. Wir können weiter."

Auf dem Weg zu Neuenhofs Dienstzimmer K 205 sagte der Professor zu seinem Oberassistenten: „Ich habe, dein Einverständnis vorausgesetzt, das FP-Frühstück zu deinen Ehren beendet. Die Nachbereitung, das Aufräumen in K 201, überlasse ich dir, für später. Eigentlich wollten wir beide uns im unmittelbaren Anschluss an das Frühstück zusammensetzen und unsere Fahrt nach Hannover Anfang nächster Woche vorbereiten. Du weißt, wir haben noch Schularbeiten zu machen."

„Fang' du damit alleine an! Ich habe Professor Täuscher kurzfristig etwas zu liefern – für meine Dissertation B", log Meber.

„Und dafür war kein andrer Termin bei Täuscher zu bekommen? Ein Termin zu dritt – also du, Professor Täuscher und ich – wäre deines Dafürhaltens nicht zweckmäßig gewesen?"

Meber zuckte mit den Achseln. „Es ergab sich so, als ich und der Professor uns neulich in der Mensa trafen." Er dachte: ‚Ich werde mich hüten, ihm zu verraten, welche interne Personal-Informationen Täuscher von mir geliefert bekommen möchte.'

Heinz Neuenhof dachte sich seinen Teil. Über Mebers Verhalten ärgerte er sich: 'Und den Mann habe ich zum verantwortlichen Themenbearbeiter für das Gemeinschaftsprojekt FP/Uni Hannover bestimmt?' Er begann, an der Richtigkeit seiner Entscheidung zu zweifeln.

„Ohne Vorwarnung – du rufst mich ja nicht an, obwohl du es mir versprochen hattest. Nun komme ich einfach mal so und schaue mir dein Paradies an, dessetwegen du uns im Betrieb schmählich hast sitzen lassen." Prof. Rudolf Bockhardt, „der Rudi" aus Dresden, stand mitten in Heinz Neuenhofs Dienstzimmer. Er sah sich auffällig um. „Nicht schlecht deine Einbau-Schrankwand. Und was verbirgt sich hinter diesen Türen?" Waschbecken und Garderobe. „Hier lässt sich's aushalten. Im Vergleich dazu bin ich ein fahrender Geselle." Er rückte einen Stuhl zurecht und setzte sich, machte es sich bequem.

„Pendelst du immer noch zwischen Dresden und Magdeburg? Hast du wohnungsmäßig noch nichts Passendes in Magdeburg gefunden?"

Bockhardt schüttelte den Kopf. „Unter uns, im Vertrauen gesagt: Ich gebe mir derzeit bei der Suche keine große Mühe. Will erst mal sehen, was sich bei der sich ändernden politischen Großwetterlage tätigkeitsmäßig für mich tut – hier, in Magdeburg. Wir Hochschullehrer werden alle von einer Kommission evaluiert. Nach deren Empfehlung wird das zuständige Ministerium der künftigen Landesregierung diejenigen auswählen, die als Hochschullehrer neuen Rechts weiterhin an den Universitäten und Hochschulen des Landes tätig sein dürfen. Zu 17 Prozent – wird hinter vorgehaltener Hand gemunkelt – können das sogar ehemalige SED-Mitglieder oder Leute mit kleinen Funktionen im Hochschulwesen oder in gesellschaftlichen Organisationen sein. Leider habe ich immer noch nicht herausgekriegt, ob ich als ehemaliger Werkdirektor und Nationalpreisträger überhaupt eine Chance habe, für die TU Magdeburg als einer dieser 17-Prozent-Hochschullehrer anerkannt zu werden. Ehe das nicht entschieden ist, ziehe ich mit meiner Familie nicht von Dresden nach Magdeburg um. Weißt du, was diesen Evaluierungs-Zirkus anbetrifft, schon etwas Neues?"

Neuenhof verneinte. „Ich habe nur durch Zufall, hinten herum, erfahren, unser zuletzt im Amt gewesener Sektionsdirektor hat sich einen Rechtsanwalt genommen und wird, wenn er vor die Evaluierungs-Kommission geladen worden ist, mit ihm in die entsprechende Beratung gehen."

„Wird ihm das gestattet werden?"

Achselzucken. „Er will's versuchen."

„Na, gute Fuhre! Am sichersten scheint mir zu sein, man trifft selber maximale Vorsorge für sich selbst. Hast du schon in der Kader-Abteilung Einsicht in deine Kader-Akte genommen?"

„Noch nicht. 'Es geht nach dem Alphabet', sagte mir eine Kader-Mieze. Bis zum Anfangs-Buchstaben meines Zunamens ist man mit der Aktion noch nicht gelangt."

„Ich komme geradewegs von dorther. Da war mein heutiger Besuch bei dir im wahrsten Sinne des Wortes naheliegend."

„Und? Erzähl' mal!"

Bockhardt zögerte, als fiele es ihm nicht leicht, Neuenhofs Aufforderung nachzukommen. Dann sagte er: „Mach' dir auf das, was ich dir jetzt berichte, selber einen Vers! – Ich durfte meine Kader-Akte im Dienstzimmer zweier Mitarbeiterinnen der Kader-Abteilung einsehen. Die Damen saßen an ihren gegeneinander gestellten Schreibtischen. Eine von ihnen war die amtierende Personal-Chefin. Der Genosse Kader-Direktor ist, wie du sicherlich weißt, vom Dienst suspendiert. Ich durfte an einem Beistelltischchen an den Schreibtischstirnseiten Platz nehmen und in meiner Akte blättern. Ich war noch nicht weit gekommen damit – war noch beim Lesen meines Hurra!-patriotischen, den Sieg des Sozialismus beschwörenden Lebenslaufs –, da kippte mir der mit Kaffee gefüllte Becher meiner Thermosflasche um. Ich habe immer solchen Durst und immer eine Thermosflasche voll Kaffee am Mann, verstehst du?" Bockhardt blinkerte mit den Augen und lachte dabei wie ein Schalk. „Der Kaffee aus dem Thermosflaschen-Becher schwappte genau auf meinen Lebenslauf. Ich riss die betreffenden Blätter, damit kein größerer Schaden entstand, rasch aus der Akte, zerknüllte und zerfetzte sie und ersetzte sie in Windeseile durch ein wissenschaftsfreundlicher abgefasstes Duplikat, das ich – welch ein Zufall – mitgebracht und mir vor der Lektüre der Akte zurechtgelegt hatte." Wieder Bockhardts Augenblinkern und schalkhaftes Lachen. „Die Kader-Miezen kreischten auf. Aber ehe sie etwas unternehmen konnten, hatte ich die aus der Akte entfernten, kaffeegetränkten Original-Blätter in lauter kleine Schnipsel zerrissen und diese in meinen Hosentaschen verstaut. 'Das muss ich zu Protokoll nehmen', ereiferte sich die amtierende Personal-Chefin. 'Übertreiben Sie nicht – solch ein kleines Malheur!', sagte ich. ‚Besorgen Sie mir lieber schnell einen Lappen oder ein Geschirrtuch, damit ich die Kaffeelache auf dem Tischchen wegtitschen kann, ehe mit meiner Kader-Akte noch Schlimmeres passiert.'"

„Befürchtest du kein Nachspiel?"

„Das drohte die amtierende Personal-Chefin an. Ich sagte ihr: 'Wenn Sie das Echo vertragen, nicht ordnungsgemäß aufgepasst zu haben, – bitte sehr! Sollten Sie mir allerdings in Ihrem Protokoll irgendetwas unterstellen, kriegen Sie es mit meinem Rechtsanwalt zu tun, und der ist ein Profi aus dem Westen."

Als die Akademie der Wissenschaften der DDR „abgewickelt" wurde, bekam Prof. Heinz Neuenhof im Frühsommer 1990 überraschenden Besuch aus Potsdam. Das Akademie-Institut, in dem Dr. rer. nat. Rainer Grunhold nach seinem Biologie-Studium an der Humboldt-Universität Berlin 29 Jahre erst als wissenschaftlicher

Mitarbeiter, dann als Bereichsleiter tätig gewesen war, wurde zum 31. August 1990 aufgelöst. Den Mitarbeitern des Instituts wurde angeraten, sich kurzfristig selbst um einen anderen Arbeitsplatz – erforderlichenfalls mit gewandeltem Betätigungsfeld – an einer Universität, einer Hochschule oder an einem nicht „abgewickelten" Industrie-Forschungsinstitut zu bemühen. So schwärmten 1990 Tausende hochqualifizierter, gutbezahlter Akademiker und Nachwuchswissenschaftler auf der Suche nach einer anderen Arbeitsstelle in der DDR und in der BRD aus mit dem bisher von ihnen nicht geübten Wahlspruch: „Können Sie so einen wie mich gebrauchen?"

Rainer Grunhold und Heinz Neuenhof hatten nahezu zeitgleich die Geschwister-Scholl-Oberschule in Burkitz besucht. Sie hatten dort die Reifeprüfung abgelegt – Grunhold einen Abitur-Jahrgang später als Neuenhof. Grunhold hatte nicht zu Neuenhofs Sympathisantenkreis gezählt.

Grunhold hatte in seiner Schulklasse, sogar in der ganzen „Penne", als fachliches Ass gegolten. Ab der elften Klasse hatte er sich selber dafür gehalten und sich im Umgang mit Lehrern und Mitschülern ein hämisches Grinsen der Überlegenheit angewöhnt. Nur in einem Unterrichtsfach hatten ihm andere etwas vorgemacht: beim Sport, insbesondere beim Geräteturnen in der mickrigen Sporthalle der Oberschule. Das Hochreck hatte er nur dank der Unterstützung durch einen zur Hilfestellung bestimmten Mitschüler zu erklimmen vermocht. Vom Sportlehrer aufgefordert, eine Kniewelle vorzuturnen, hatte er sorgenvoll zu fragen gepflegt: „Und wie komme ich hernach wieder 'runter?" Der Sportlehrer hatte beruhigend geantwortet: „Keine Sorge, 'runter kommen Sie immer. Die Frage ist nur: wie?" Grunhold hatte am Ende, auf dem Abitur-Zeugnis, für das Fach „Sport" die Note „2" erhalten. Bei einer schlechteren Note hätte er das Abitur nicht mit der Gesamtnote „1", „Sehr gut", bestehen können. Das wollte der Sportlehrer, „Kuller" Möhrling, Grunholds Mutter, die als Grundschullehrerin in Burkitz tätig war und die er verehrte, nicht antun. Über diese Benotung hatte damals die gesamte Schülerschaft der Oberschule gelacht. „Hängt am Hochreck wie eine halbfaule Pflaume am Obstbaum und kriegt dafür eine Zwei!" Solch ein Glück hätten sich einige Spötter für
 die Fächer Mathematik, Latein oder Gegenwartskunde gewünscht.

Nun saß der promovierte Biologe auf Geheiß seiner Mutter bei Prof. Neuenhof im Dienstzimmer. Frau Grunhold hatte in der „VOLKSSTIMME" einen Artikel über den Professor und seine Zusammenarbeit mit dem Kombinat SKET gelesen. Sie hatte gemeint: „Ihr seid doch Schulkameraden gewesen. Wenn der Neuenhof an der TU Magdeburg etwas zu sagen hat, kann er dir für deine weitere Tätigkeit vielleicht etwas vermitteln." Heinz Neuenhof wollte Mutter Grunhold und Sohn nicht enttäuschen. Er verwies den ehemaligen Schulkameraden an den noch amtierenden

Direktor der Sektion Technische Kybernetik/Elektrotechnik. Ihm empfahl er Grunhold für den an der Sektion einzurichtenden Bereich Bio-Technologie.

Das von Neuenhof erbetene Gespräch kam zustande. Dr. Rainer Grunhold wollte noch im laufenden Jahr mindestens zum Hochschuldozenten mit einem hohen Anfangs-Gehaltssteigerungssatz berufen werden. Der Sektionsdirektor musste Grunhold sagen: „So, dass von uns Ihre hochgesteckten Wünsche erfüllt werden könnten, sind die Zeiten heutzutage nicht."

Dr. Grunhold wurde weder Mitarbeiter noch Hochschullehrer an der TU „Otto von Guericke" Magdeburg.

Von den Tausenden „abgewickelter" Wissenschaftsarbeiter der Akademie der Wissenschaften der DDR fanden nur die wenigsten eine ihrer Qualifikation und ihren Intentionen entsprechende Wiedereinstellung an einer Universität, einer Hochschule oder einer anders gearteten Forschungseinrichtung. Dergleichen hatte es in der Deutschen Demokratischen Republik noch nicht gegeben.

Anfang Juni 1990 kutschierte Prof. Adolf Bauer seine Professoren-Kollegen Täuscher und Neuenhof im Privat-PKW, aber dienstlich nach Hannover, zur dortigen Universität. In einem wissenschaftlichen Kolloquium im kleinen Teilnehmerkreis wurde über den Stand der Wissenschaftskooperation zwischen den Universitäten Hannover und Magdeburg auf dem Gebiet der Produktionstechnik berichtet und über die Fortführung der Arbeiten beraten. Die Magdeburger nutzten die Gelegenheit, über die Umwandlung des K-Bereiches der bisherigen Sektion Technologie der mvl in ein Institut für Fertigungstechnik und Qualitätssicherung zu informieren und Prof. Täuscher als den designierten Leiter des neuen Instituts vorzustellen. Die Fachkollegen der Uni Hannover zeigten sich interessiert an den Neuerungen bei ihren Magdeburger Partnern und sicherten zu, sie zu unterstützen, ohne sich in Magdeburger Interna einzumischen. Die Partner kamen überein, weiterhin planmäßig und zielstrebig zusammenzuarbeiten.

Zeitgleich organisierten die Oberassistenten der Lehr- und Forschungsgruppen Abtrenntechnik und FP der TU Magdeburg eine nachmittägliche Zusammenkunft aller wissenschaftlichen und nichtwissenschaftlichen Mitarbeiter des K-Bereiches.
Hauptredner auf der Zusammenkunft im kleinen Hörsaal K 129 war Dr. Jakob Meber. Er begrüßte die Auflösung der Sektion Technologie der mvl und ihrer im K-Gebäude eingerichteten Wissenschaftsbereiche und forderte folgerichtig die Neubildung eines Instituts für Fertigungstechnik und Qualitätssicherung. Der Leiter des Instituts würde in Kürze in einer demokratischen Wahl aus dem Kreis aller im K-Bereich tätigen Hochschullehrer zu bestimmen sein, sagte Dr. Meber. Er empfahl, aus fachlichen und politischen Gründen Prof. Dr. Siegbert Täuscher zu wählen. Ihn

an die Spitze des neuen Instituts zu setzen und nicht einen anderen, durch DDR- und SED-Vergangenheit belasteten Hochschullehrer, läge im Interesse jeder Mitarbeiterin und jedes Mitarbeiters im Hinblick darauf, den eigenen Arbeitsplatz – trotz aller zu erwartenden gesellschaftlichen Veränderungen – zu sichern.

In das aufgeregte Gemurmel der Versammlungsteilnehmer über Mebers Rede hinein erschienen die drei Dienstreisenden von ihrer Hannover-Fahrt. Sie hatten unterwegs über das Anliegen der Mitarbeiter-Versammlung debattiert. Sie hatten Übereinstimmung in ihren Ansichten erzielt und Prof. Neuenhof aufgefordert, dies in der Zusammenkunft in K 129 mitzuteilen. Als dies geschah, verließ der Oberassistent der Abtrenntechnik wutschnaubend den kleinen Hörsaal. Er und Meber hatten auf eine „Kampf-Abstimmung" gegen die alten Wissenschaftsbereichsleiter reflektiert. Da diese nicht vonnöten war, beendete Jäcki Meber ohne Diskussion zu Neuenhofs Darlegungen die Versammlung.

Eine Woche später wurde in K 129 der Leiter des neuen Instituts gewählt. Die Mehrzahl der Mitarbeiter und Hochschullehrer stimmte für Siegbert Täuscher, nur mickrige fünf für Heinz Neuenhof. Der auf den WFG und seine Leistungen so stolz gewesene Neuenhof war damit demokratisch abgewählt.

Anschließend saßen Täuscher und sein Oberassistent in des Professors Zimmer beieinander. „Die Sache ist gut für uns gelaufen", sagte Täuscher pustend. „Du hättest neulich nicht in kindischer Manier davonzurennen brauchen."

„Ach", der Oberassistent winkte ab, „ich sehe manchmal die Dinge zu schwarz. Ich befürchtete, als der Neuenhof auftrat, er wolle sich als Leiter des neuen Instituts ins Spiel bringen und sich positionieren. Davor seien Gott oder der Deibel."

Täuscher grinste überlegen. „Hältst du mich für solch einen Schwächling, dass ich stundenlang mit Neuenhof in der Gegend herumfahre und ihm nicht beibringe, wer künftig im K-Bereich regieren wird und wer nicht?"

„Entschuldige bitte! Für einen Schwächling halte ich dich natürlich nicht. Aber manchmal – so sagt man – kotzen die strammsten Pferde vor der Apotheke. – Apropos 'regieren': Ich traf neulich Ingolf Kugler. Der Name sagt dir wahrscheinlich nichts. Ingolf und ich haben an der TH Dresden in einer und derselben Seminargruppe studiert. Wir sind gut miteinander zurechtgekommen. Wir hatten vor allem zu dem, was uns in den ML-Seminaren gepredigt wurde, eine übereinstimmende Meinung. Ingolf ist kurze Zeit nach seinem Diplom-Kolloquium nach drüben abgehauen. Nun lief er mir neulich über den Weg, und wir fragten uns gegenseitig aus. Er hat sich drüben gemausert, wohl in der CDU – wie auch immer. Er ist zum Buschdienst bei uns, in Magdeburg, in Sachsen-Anhalt verdonnert worden – will sagen: er ist im Vorbereitungsteam für das künftige Ministerium für Wissenschaft und Forschung in Sachsen-Anhalt tätig und beschäftigt sich speziell mit den Hochschul-Einrichtungen in Magdeburg. Ich habe ihn – auf seinen ausdrücklichen Wunsch – über unsere Bemühungen informiert. Unser neues Institut und seine Struktur werden wohl erst zu Beginn des Kalenderjahres 1991 ministeriell bestätigt werden. Im letzten Jahresdrittel 1990 sollen dafür und für weitere Regelungen die notwendigen hochschulpolitischen Voraussetzungen geschaffen werden. Wenn der scheidende Sektionsdirektor und die Leitung unserer Uni zustimmen, können wir unter deinem kommissarischen Direktorat probeweise den K-Bereich als Institut für Fertigungstechnik und Qualitätssicherung wirksam werden lassen. Sehr interessiert war Ingolf Kugler an einer Liste der derzeit bei uns tätigen Hochschullehrer. Die Liste sollte für jeden der darin Genannten einen kurzgefassten kaderpolitischen Hinweis enthalten und 'besonders rote Socken' gut erkennbar werden lassen."

„Solch eine Liste hat die amtierende Personal-Chefin von mir abgefordert. Ich habe die Liste noch nicht ganz fertig. Zu manchen Personen fehlen mir Angaben zu ihren Parteifunktionen. Du und ich – wir wissen als Nicht-SED-Mitglieder zu wenig Bescheid, welche Rolle die Kollegen in der Partei gespielt haben. Sie persönlich zu befragen, ist mir zu aufwändig und … zu blöd."

„Zieh' dazu Jäcki Meber heran!"

„Du meinst …?"

„Klar! Jäcki macht das. Bei der Vorbereitung der Mitarbeiter-Versammlung und Wahl-Veranstaltung habe ich gemerkt, Jäcki hat seinen Chef quasi abgeschrieben und steht auf unserer Seite."

„Er will im neuen Institut etwas werden …"

„… womöglich will er Neuenhof beerben. – Gib mir von der Liste, wenn du sie fertig hast, eine Kopie. Ich leite sie Ingolf Kugler auf direktem Wege zu." Und er nahm sich vor: 'Sollte Siegbert mit seinen kaderpolitischen Hinweisen zu zimperlich sein, werde ich Ingolf Kugler am Beispiel der Hintenansetzung meiner Person deutlich machen, was für eine 'rote Socke' dieser Heinz Neuenhof ist.'

Am 9. November 1989 hatten unzufriedene und Wunschträumen nachhängende DDR-Bürger die Pforte, die vom Paradies deutscher Arbeiter und Bauern im Sozialismus in das Paradies bürgerlicher Freiheit und kapitalistischer sozialer Marktwirtschaft führte, geöffnet und die begehrenswerten Güter des „goldenen Westens" bestaunt.

Mit der am 1. Juli 1990 in Kraft gesetzten Wirtschafts-, Währungs- und Sozialunion zwischen der BRD und der DDR wurde das Tor, in dem sich die zuvor geöffnete Pforte VON EINEM PARADIES INS ANDERE befand, weit aufgestoßen. Das gelang dadurch, dass die DDR-Bürger allesamt in den Besitz bundesdeutscher D-Mark gelangten. Die D-Mark – so war ihr Ruf damals und schon Jahre zuvor – war eine stabile Währung und vermochte alles. Noch vor Jahresfrist wurden im inoffiziellen Geldhandel für eine D-Mark zehn und mehr Mark der Notenbank der DDR gefordert. Die Währungsunion bescherte den DDR-Bürgern die D-Mark zum Umtauschkurs 1:2. Den hatten viele nicht erwartet – vor allen diejenigen nicht, die ihre Geld-Bestände und -Guthaben durch Angst-Käufe von Waren und Leistungen in der DDR vor dem 1. Juli drastisch reduziert hatten. Und dazu dann noch von bundesdeutscher Seite der Stimulus „Begrüßungsgeld": Jeder DDR-Bürger, der nach dem 1. Juli 1990 in die BRD – beispielsweise in Helmstedt, Wolfsburg oder Braunschweig – einreiste, wurde mit 100 D-Mark in bar beschenkt, gewissermaßen in der BRD begrüßt. Wer dieses Geschenk, „Begrüßungsgeld" genannt, annehmen wollte, brauchte sich bloß vor extra eingerichteten Auszahlstellen in eine lange Menschenschlange einzureihen und vor der Geld-Inempfangnahme seinen Personalausweis oder Reisepass der DDR vorzulegen. Bei solchen Segnungen begaben sich Abertausende DDR-Bürger auf die Wallfahrt sondergleichen von Ost nach West, um „im goldenen Westen" reichlich vorhandene begehrenswerte Güter nicht nur zu bestaunen, sondern sie, je nach Wunsch, für eigenes „West-Geld" auch käuflich zu erwerben.

Und was bekamen sie allein schon für 100 D-Mark „Begrüßungsgeld" bei ALDI oder LIDL alles zu kaufen: Kaffee, Kakao, Schokolade, Zigaretten, Südfrüchte, nobles Rasierzeug, Industriewaren … In den ALDI- und LIDL-Verkaufsstellen drängten sich kaufwütige DDR-Bürger dicht an dicht. „Da konnte zwischen den Leuten kein Blatt zu Boden fallen, so voll war es", berichteten sie den Ihren zu Hause, „aber ich habe mich an alles, was ich haben wollte, herangekämpft." Ihr Verlangen, „für richtiges Geld richtig einkaufen" zu können – noch dazu „im Westen" – hatte sich in den Jahren und Jahrzehnten der Existenz der DDR angestaut und wurde ab 1. Juli 1990 hemmungslos befriedigt. Dem trug sogar die wegen Zug-Verspätungen, ungenügenden Reisekomforts und anderer Unzulänglichkeiten vielgescholtene Deutsche Reichsbahn Rechnung. Sie setzte, um den planmäßigen Reise- und Güterverkehr beispielsweise nach und ab Magdeburg gewährleisten zu können, ab früher Morgenstunde fahrpreisgünstige Sonderzüge ab Biederitz–Magdeburg nach Helmstedt–Braunschweig ein. Die Sonderzüge waren voll besetzt.

Abends, mehrere Stunden nach üblicher Feierabendzeit, kehrten Einkäufer mit Koffern, Kartons, Musiktruhen, Staubsaugern oder anderen sperrigen Dingen von ihrer „Reise in den Westen" zurück. Wenn Heinz Neuenhof aus dienstlichen Gründen den Abendzug nach Burkitz-Brandenburg, 19 Uhr 10 ab Magdeburg-Neustadt, zu benutzen trachtete, konnte er oftmals nur mit Mühe in den vollgestellten Zu- und Ausstiegsperron des Doppelstock-Waggons gelangen. Einen gesonderten Gepäckwagen, wie ihn Neuenhof aus seinen Kindheitsjahren kannte, führte der Personenzug nicht.

Andere, die einen PKW besaßen, trauten sich die Fahrt gen Westen auf der überfüllten Autobahn und im dichten Straßenverkehr bundesdeutscher Städte zu. Sie brachten die von ihnen erworbenen Güter mit weniger Buckelei nach Hause als die Bahnreisenden.

Ein Ehepaar aus Neuenhofs Nachbarschaft rühmte sein besonderes Glück in einer Braunschweiger Nebenstraße. Dort wurde einer Braunschweiger Familie ein neuer Kühlschrank angeliefert. Der Spediteur verweigerte die Entsorgung des drei Jahre alten bisher genutzten Kühlschranks. Die pfiffigen Burkitzer wurden Ohrenzeugen der Debatte. Sie erboten sich, die Entsorgung des Haushaltgerätes zu übernehmen. Sie bekamen das Gerät geschenkt. Es passte gerade so in den Laderaum des TRABANT 601-Kombi hinein.

Auffällig war in Neuenhofs Nachbarschaft die Wandlung des Besitzers eines TRABANT P 500, Baujahr 1960. Vor 1990 hatte der Mann an jedem Wochenende, bei Wind und Wetter, an seinem Fahrzeug herumgebastelt und sich dafür in der ganzen DDR Ersatzteile beschafft, teilweise erhamstert. Er fuhr eines Nachmittags hinter seinem Wohnblock mit einem VW GOLF I vor, und sein TRABI 500 ward nie wieder gesehen. Mitbewohner schauten aus den Fenstern. Einer rief: „Walfried, dein GOLF I knattert ganz schön. Ist wohl nicht das neueste Modell, hä?"

Walfried antwortete: „Aber ich fahre jetzt ein West-Auto."

Die Wallfahrten vieler DDR-Bürger von Ost nach West unmittelbar nach der Währungsunion standen in ihrer Dimension den geschichtsträchtigen Herbst-'89-Demonstrationen in der DDR in nichts nach.

Seit Spätherbst 1989 fanden auch 1990 montagabends auf dem Platz des Friedens in Burkitz Kundgebungen statt. Oppositionelle und Vertreter oppositioneller Gruppen forderten eine Wende in der Politik der DDR. Ihre Losungen waren die gleichen wie in Magdeburg, Leipzig und in anderen Städten. Besonders aktiv waren in Burkitz die Mitglieder des „Neuen Forums". Wenn Neuenhof montags, nach Feierabend in der TU, per Bahn nach Burkitz heimkehrte, hörte er nach dem Verlassen des Bahnhofsgebäudes schon beim Durchqueren des Goethe-Parks vom Platz des Friedens herüber die Stimme einer Wende-Aktivistin, die die Tochter eines seiner Schulkameraden aus den 1940er Jahren war: „Wir vom 'Neuen Forum' ..."

Auf kürzestem Wege gelangte er normalerweise vom Goethe-Park über den Platz des Friedens in die Puschkinstraße, zu sich nach Hause. In der ersten Jahreshälfte 1990 war montags auf dem Platz wegen Hunderter dicht gedrängter Menschen kaum ein Durchkommen gewesen. Die Leute hatten den von einer provisorischen Tribüne herab agitierenden Rednern aufmerksam zugehört. Sie hatten mal Beifall geklatscht, mal durch Buh- oder andere Zwischenrufe ihr Missfallen geäußert. Sie waren sozusagen „aktive Kundgebungs-Teilnehmer" gewesen. Auf den

Gehwegen rund um den Platz hatten aus der Sicht derer vom „Neuen Forum" passive Burkitzer Bürger gestanden. Sie hatten „eigentlich gar nicht" an der Kundgebung teilnehmen wollen, waren aber doch hingegangen, „bloß um mal zu hören, was neuerdings alles gepredigt wurde". Die meisten von ihnen hatten einander aus der Nachbarschaft oder von den beliebten einstigen Wohnbezirksfesten „Rund um den Wohnbezirk 3" mehr oder minder gut gekannt.

Nach dem 1. Juli 1990 wurde die Zahl der montags auf dem Platz Versammelten immer kleiner, aber die sogenannten passiven Bürger auf den Gehwegen trafen sich weiterhin zur Beobachtung der Szenerie und zu einem auswertenden Plausch über die Veranstaltung.

An einem Montagabend im August stieg mit Heinz Neuenhof auf dem Burkitzer Bahnhof ein Mann mit vielen Gepäckstücken – Taschen, Einkaufsbeuteln und -netzen, Plastetüten – aus dem Personenzug. Neuenhof war ihm beim Aussteigen behilflich. Sie nahmen denselben Weg: durch den Goethe-Park, über den Platz des Friedens – während der Montags-Kundgebung – bis zur Einmündung der Puschkinstraße. Dort wurde der Mann von „passiven" Bürgern freudig begrüßt. „Na, Alfred, warst wohl drüben, wie? Veranstaltest ja mit deinem Einkaufsnetz voller Bananen und Apfelsinen ein regelrechtes Schaulaufen."

„Ach was, Schaulaufen!", war die Antwort. „Meine Frau und die Kinder haben sich gewünscht, sich an Südfrüchten richtig sattessen zu können. Keine Häppchen-Zuteilung bloß zu Weihnachten wie in Erichs Arbeiter-und-Bauern-Republik."

„Recht so, Alfred! Wenn uns Gorbatschow dreist an West-Deutschland verhökert – für 12 Milliarden D-Mark und den Neubau einiger Wohnblocks für heimkehrende Sowjet-Offiziere der Roten Armee, wie man in der Zeitung lesen kann – , dann wollen wir Verhökerten wenigstens genug Bananen und Apfelsinen zu essen haben."

„Übrigens, Alfred", mischte sich ein anderer ein, „hast du schon gesehen? Walfried aus unserer Nachbarschaft fährt jetzt ein West-Auto – einen alten, nicht doch!, einen altbewährten VW GOLF 1. Vielleicht nimmt er dich bei deiner nächsten Fahrt nach drüben mit. Dann brauchst du dich mit so viel West-Gepäck wie heute nicht auf der Bahn 'rumzubuckeln."

750 Durch den Lautsprecher auf dem Platz des Friedens tönte die Stimme der Wende-Aktivistin: „… und wir vom 'Neuen Forum', die wir mutig, zum Zeichen unseres Widerstandes, brennende Kerzen auf die Fensterbretter unseres Schlaf- und unseres Wohnzimmers gestellt haben – wir fordern …"

Die Männer an der Einmündung der Puschkinstraße zum Platz des Friedens winkten ab. „Was will denn die noch? Am 3. Oktober ist Deutschland wieder eines. Dann arbeiten und regieren in Deutschland wir Bürger demokratisch, wie bisher versprochen, und dann leben wir alle in blühenden Landschaften, wie im Westen."

18

Im Frühsommer 1990 wurde Dr.-Ing. Wilhelm genannt Willi Pollner zum Oberbürgermeister der Stadt Magdeburg gewählt. Bei seinem Dienstantritt trafen er und sein Stellvertreter unverabredet am Eingang zum Rathaus zusammen. Sie begrüßten sich freundlich. Mit einer Kopfbewegung zum Rathausgebäude hin fragte Pollner seinen Stellvertreter: „Haben Sie so etwas oder etwas Ähnliches wie unsere künftige Amtsführung schon mal gemacht?" Kopfschütteln als Antwort.

„Dann passen wir ja zueinander."

Dr. Pollner amtierte als oberster Kommunalherr Magdeburgs hochgeehrt elf Jahre.

Mit dem „Tag der deutschen Einheit" am 3. Oktober 1990 galt das Ministerium für Hoch- und Fachschulwesen (MHF) der DDR als aufgelöst. Über diesen Tatbestand wurde der MHF-Abteilungsleiter Diplom-Ingenieur Hans-Georg Gerbach in einem kurzgefassten Schreiben informiert. Personenspezifische Regelungen wurden für einen späteren Zeitpunkt angekündigt. Somit hatte sich Gerbach selber und sofort um eine andere Arbeitsstelle auf dem freien Arbeitsmarkt zu bemühen.

Er besann sich darauf, dass er sein Studium an der TH Dresden in den 1950er Jahren in der Fachrichtung Kraftfahrzeugtechnik absolviert hatte und anschließend in einem Berliner mittelständischen Zulieferbetrieb für den IFA-Kraftfahrzeugbau der DDR tätig gewesen war – bis hin zur Funktion des Werkleiters dieses Betriebes. Nun, im Herbst 1990, nachdem ihm, einem gereiften Manne in den Fünfzigern, die Übernahme in das einschlägige Ministerium der Bundesrepublik Deutschland versagt worden war, verfasste und versandte er Bewerbungsschreiben an Firmen der Kraftfahrzeug-Industrie in West-Berlin und in der BRD. Er erhielt in freundlichen Worten abgefasste Antwortbriefe: Man werde seine Bewerbung gewissenhaft prüfen, und das erfordere eine gewisse Zeit; er möge sich gedulden.

Gerbach benötigte aber nicht nur irgendwann, sondern ab sofort und laufend ein Gehalt. Deshalb verdingte er sich als einschlägig diplomierter Kundenberater in einem renommierten „Auto-Salon" in West-Berlin.

In einer persönlichen Bilanz zum Jahreswechsel 1991/1992 gestand sich Prof. Dr.-Ing. habil. Heinz Neuenhof folgendes ein: Die geringe Stimmenzahl für ihn bei der Wahl des Leiters des neuen Instituts für Fertigungstechnik und Qualitätssicherung der TU Magdeburg ein Jahr zuvor hatte ihn seelisch verletzt. Er hatte auf Grund seiner Leistungen als 16 Jahre ehrenamtlich tätig gewesener Wissenschaftsbereichsleiter mit mehr Zuspruch gerechnet. Derart verunsichert, hatte er seine Kandidatur für die Neuwahl eines Rektors der TU Ende 1990 zurückgezogen.

Die „Abwicklung” der großen, national und international renommierten Kombinate und Betriebe des Magdeburger Schwermaschinen- und Anlagenbaus hatte ihm für sein fachliches Wirken in Lehre und Forschung eine relevante und rationell nutzbare, für ihn ausschlaggebende Kooperationsbasis entzogen.

Die fachwissenschaftliche Führung der Wissenschaftskooperation mit den Produktionstechnikern der Universität Hannover hatte er zu bereitwillig dem Leiter des Institutes überantwortet und damit seine Weisungsrechte gegenüber dem Magdeburger Organisationsbeauftragten für diese Kooperation, also gegenüber seinem eigenen Oberassistenten, sukzessiv selbst eingeschränkt.

Nicht nur in politischer Hinsicht, sondern auch im Hinblick auf die internationale Kooperation in Lehre und Forschung führte die Selbstauflösung der Sowjetunion am Jahresende 1991 zu einem Bruch und letztlich zum Ende der Beziehungen zu den Partnern der MWTU „N. E. Bauman” Moskau.

Auch in anderer Hinsicht hatte sich Neuenhof Illusionen hingegeben und sich in einigen Mitarbeitern des von ihm geleiteten Wissenschaftsbereiches getäuscht, sich aber auch täuschen lassen. Er hatte sich Emporkömmlingen nicht energisch entgegengestellt. Tayeb aus Algerien verteidigte im November 1990 als 35. und letzter von Prof. Neuenhof wissenschaftlich betreuter Doktorand erfolgreich seine Dissertation – ein nochmaliger wissenschaftlicher Höhepunkt der Lehr- und Forschungsgruppe FP. Aber dienstjüngere Assistenten und der Leiter des FP-Rechner-Kabinetts schieden, zweifelnd an der Sicherheit ihrer Arbeitsplätze bei FP, aus der TU aus.

In Vorbereitungsaktivitäten, die drei Magdeburger Hochschulen Technische Universität, Pädagogische Hochschule und Medizinische Akademie per 1. Januar 1993 zur Otto-von-Guericke-Universität Magdeburg zu fusionieren, wurde Prof. Neuenhof nicht einbezogen. Nach einem vertraulichen Gespräch mit dem neugewählten Rektor und seinem Prorektor Prof. Dr. Horst Bürgel schied er im April 1992 per Aufhebungsvertrag, also im gegenseitigen Einvernehmen, aus der TU Otto von Guericke Magdeburg aus. Danach dozierte er als freier Mitarbeiter an der Akademie für Weiterbildung in Magdeburg-Buckau zum Themenkomplex „Rechnerunterstützte Fertigungsplanung/Fertigungsprozessgestaltung”.

Am 10. Juli 1990 wurde das Kombinat SKET aufgelöst und in die SKET Maschinen- und Anlagenbau AG mit Sitz in Magdeburg und mit 11.750 Beschäftigten umgebildet. Nach mehreren marktwirtschaftlichen Verkäufen und Umstrukturierungen in den Folgejahren wurden am 8. November 1996 sechs neue Gesellschaften ins Handelsregister eingetragen, die als SKET-Nachfolger Ende November 1996 425 Personen beschäftigten. Damit galt die SKET-Aufteilung als abgeschlossen.

Der vor der Wende in der DDR als Haupttechnologe des SKET tätig gewesene Dr.-Ing. Helmut Sabisch ging 1996, altersmäßig vorzeitig, in Rente.

EPILOG

Das Telefon in der Diele des Hauses klingelte. Der Professor, aus seinem Arbeitszimmer kommend, hob den Hörer ab und vernahm: „Hier spricht der evaluierte und für untauglich befundene ehemalige Haupttechnologe des nicht mehr existierenden größten Schwermaschinenbau-Betriebes der Stadt Magdeburg. Frage: Wie geht's? Sind in der Familie alle wohlauf? Schlägt das Herz des Familienoberhauptes noch für die progressive Produktionstechnik?"

Der Haupttechnologe war vom Geschäftsführer eines der mittelständischen SKET-Nachfolgebetriebe in Magdeburg zu einer Betriebsbesichtigung eingeladen worden. Eigentlich fraß noch immer Groll in seiner Seele darüber, wie frustrierend er kurze Zeit nach der politischen Wende in der DDR aus seiner Funktion und letztlich aus dem SKET-Stammwerk gedrängt worden war. „Die sehen mich im Werk nie wieder", hatte er damals gelobt. Und nun diese Einladung vom Geschäftsführer persönlich! Sie schmeichelte ihm: Man hatte ihn nach rund 15 Jahren nicht vergessen. Und: Sie kam von einem der ehemaligen Abteilungsleiter in der von ihm geleiteten Hauptabteilung Technologie des SKET-Stammwerkes – von einem Manne, den er wegen seiner fachlichen Kompetenz und seiner Persönlichkeitshaltung geschätzt hatte. Auch etwas anderes dämpfte seinen Groll: Die zu besuchende Firma war in einer zu DDR-Zeiten neuerbauten Halle für den SKET-Walzwerkbau etabliert. Dort hatte der Haupttechnologe als junger Diplom-Ingenieur seine Tätigkeit im SKET begonnen. In den Folgejahren hatte er sein ganzes Wissen und Organisationstalent dafür eingesetzt, dass die in alle Welt exportierten Walzwerkausrüstungen des SKET Magdeburg auf höchstem produktionstechnischen Niveau und in bestmöglicher Qualität gefertigt worden waren. Da interessierte ihn sehr, was aus der Halle und den Fertigungseinrichtungen seit seinem Weggang geworden war. Aber allein mochte er der Einladung nicht nachkommen. Im Rückblick auf seine vielen Berufsjahre im SKET erinnerte er sich des Professors von der Sektion Technologie der TH – wie der mit seinen Diplomanden, Forschungsstudenten und wissenschaftlichen Assistenten die SKET-Projekte zu Arbeitszeit- und Kosteneinsparungen, zur Einführung und Programmierung numerisch gesteuerter Werkzeugmaschinen (NC-Technik) und zur rechnerunterstützten technologischen Fertigungsvorbereitung (AUTOTECH) unterstützt hatte.

Das Telefonat des Haupttechnologen mit dem Professor endete so: „Komm mit in den Betrieb! Ich melde uns beide an. Die sind in das Projekt 'Erneuerbare Energien' eingestiegen. Sie fertigen Komponenten für Windkraftanlagen. Ist bestimmt interessant für dich. Du holst mich mit deinem Auto von meinem Zuhause ab, musst ohnehin von Burkitz nach Magdeburg dein Auto benutzen. Dann fahren wir gemeinsam in deinem Auto raus nach Buckau. Was sagst du zu meinem Vorschlag?"

Der Professor sagte: „TOP, die Verabredung gilt!"

Sie wurden vom Geschäftsführer freundlich empfangen: „Mann, Haupttechnologe, dich nach vielen Jahren gesund und munter wiederzusehen ... Und den Professor hast du auch mitgebracht. Ihr beide – wie in alten Zeiten, hm?"

Der Haupttechnologe wehrte ab. „Wir sind inzwischen älter geworden."

„Älter werden wir alle. – Guckt euch alles gründlich an! Mein Chef-Arbeitsvorbereiter wird euch begleiten. Ich kann es nicht, ich habe noch ein paar kurzfristig 'reingedrückte Termine wahrzunehmen ...

„Klar." So etwas kannten die Gäste aus ihrer eigenen beruflichen Praxis.

Beim Rundgang durch die Werkhalle wurde der Haupttechnologe von Maschinen-Arbeitsplatz zu Maschinen-Arbeitsplatz immer freudiger gestimmt. „Ich erkenne fast alles wieder. Das habt ihr schlau gemacht, dass ihr die Großteile-Bearbeitungsmaschinen nicht verschrottet oder zu Schleuderpreisen an sich gönnerhaft aufspielende Firmenbosse aus alten Bundesländern verscherbelt habt!", rief er begeistert aus, und vor einer großen Waagerecht-Bohr- und Fräsmaschine aus der ehemaligen ČSSR stehenbleibend, erzählte er die Geschichte, wie er die Valuten für den Import dieser Maschine „lockergemacht" und die Lieferbedingungen mit den tschechischen Partnern ausgehandelt hatte. An einer Karussell-Drehmaschine angekommen, bemängelte er schon nach wenigen kritischen Blicken, dass der Drehmeißel nicht kurz genug eingespannt war. „So erreicht man keine vibrationsfreie Spanabnahme!" An einem weiteren Maschinen-Arbeitsplatz wurde die Bohr-Bearbeitung an einem großen ständerförmigen Bauteil mit einem einzelnen Werkzeug – Bohrung für Bohrung nacheinander – ausgeführt. „Warum setzt ihr hierfür keinen Mehrspindel-Bohrkopf ein?", fragte er den Werker und den die Gäste begleitenden Arbeitsvorbereiter.

Nach dem Rundgang durch die Werkhalle nahm sich der Geschäftsführer Zeit für ein abschließendes Gespräch mit den Gästen. Er kam damit zugleich einem Wunsche des ehemaligen Direktors für Forschung und Technik des SKET nach. Der hatte gebeten: „Deine Sekretärin soll mich anrufen, wenn die beiden wieder bei dir eingetroffen sind. Ich stoße dann wie zufällig zu euch. Ich habe ein Anliegen."

 Der ehemalige „Technische", auch ein Professor, war – wie man zu sagen pflegt: mit Leib und Seele – ein Walzwerksbauer. Er hatte an der TH Magdeburg Walzwerkstechnik studiert und auf diesem Gebiet auch promoviert. Als ihn die Sekretärin in das Dienstzimmer des Geschäftsführers einließ, plauderte er nach kurzem Begrüßungszeremoniell gleich los: „Das trifft sich gut. Wir wollen in einem kleinen Magdeburger Verlag ein großformatiges Buch herausbringen: '150 Jahre Walzwerksbau in Magdeburg im Wandel der Zeit'."

„Wer seid ihr denn – ',wir'?"

„Wir sind ein Autorenkollektiv – alles gestandene Männer aus dem Ernst-Thälmann-Werk und späteren Kombinat SKET. Für den technologischen Teil unseres Buchvorhabens fehlt uns noch ein kompetenter Mitautor."

Der Haupttechnologe machte eine Kopfbewegung zu dem neben ihm sitzenden Professor hin. „Er versteht sich aufs Bücherschreiben."

Der ehemalige „Technische" schürzte die Lippen. „Ich weiß um eure gute und ergebnisorientierte Zusammenarbeit vor Jahren, aber ..."

„Aber?"

„Wir haben fürs Autorenkollektiv nur Leute ausgewählt, die als Ingenieure im ETW beziehungsweise SKET beschäftigt gewesen sind. Wir dachten mehr an dich als ehemaligen Haupttechnologen." Er neigte sich dem Professor zu. „Nichts für ungut, Herr Kollege!"

Der Professor sagte: „Ehemaliger Angestellter des Werkes oder Kombinates war ich nie." Er überlegte nicht lange. „Mach du das!", riet er dem Haupttechnologen. „Du weißt über technologische Projekte und Lösungen im Magdeburger Walzwerksbau am besten Bescheid. Wenn du fair bist, schreibst du über unsere Zusammenarbeit ein paar Zeilen. Wenn du Quellenangaben zur einschlägigen Fachliteratur oder andere Informationen benötigst, helfe ich dir gern."

– Das vom ehemaligen Technischen Direktor offerierte Fachbuch konnte nur herausgebracht werden, wenn an den Verlag ein Druckkosten-Zuschuss geleistet werden würde. Die Mitglieder des Autorenkollektivs warben Sponsorengelder ein. Das Interesse an einer fundierten Chronik des Magdeburger Walzwerkbaus war groß. Das Buch – der Haupttechnologe als Mitautor – erschien im Jahre 2010 in erster Auflage.

Das hatte sich der ehemalige Abteilungsleiter im Ministerium für das Hoch- und Fachschulwesen der DDR zu seinem 75-sten Geburtstag gewünscht: eine Zusammenkunft der ganzen Familie mit Freunden und Nachbarn, mit deutschen und ausländischen Kommilitonen aus seiner Dresdner Studienzeit, mit ehemaligen Arbeitskolleginnen und -kollegen aus seinem ersten Einsatzbetrieb nach Studienabschluss und aus dem Ministerium. Die nicht zur Familie oder Verwandtschaft Gehörenden sollten Leute sein, mit denen er in der 1990 untergegangenen deutschen Republik „etwas bewegt", etwas geleistet zu haben glaubte. Seine Ehefrau verstand ihn und seinen Wunsch: Er wollte in der Gemeinschaft Gleichgesinnter von der Vergangenheit feierlich Abschied nehmen.

Er verfertigte eine Einladungsliste. Seine schwerbehinderte Ehefrau – eine studierte Post-Ökonomin, die sinnvollerweise die Haushaltskasse führte – prüfte die Liste und nahm, ehe sie sie bestätigte, Korrekturen vor. Die Korrekturen beinhalteten, wie bei Ökonomen meist üblich, Streichungen: Nur auf einen engen Personenkreis begrenzt, sollten auch die Ehepartner der Eingeladenen an der Feier teilnehmen können. Es waren dennoch mehr als 50 Personen auf der Liste verzeichnet.

„Noch zu viel“, sagte die Ehefrau.

„Lass nur!“, bat der Abteilungsleiter. „Es ist nicht gewiss, dass alle kommen oder kommen können. Außerdem wird es – egal, wie alt ich noch werde – meine letzte Geburtstagsfeier im großen Personenkreis sein.“

An der Liste wurde nicht mehr „herumkorrigiert“.

Die Rückmeldung auf die schriftliche Einladung der Gäste erbrachte, alle würden kommen – auch die von weither Anreisenden wie der befreundete Professor von der TU Magdeburg nebst Gattin. Das hatte die Ehefrau des Abteilungsleiters befürchtet. Er hielt dagegen: „Wir gönnen uns ja sonst nichts – weder Österreich oder die Schweizer Alpen noch Ballermann auf Mallorca oder Teneriffa.“ Für dieses Argument erhielt er ihren finanziellen Segen.

Für die Feier an seinem Ehrentag mieteten sie für die Zeit von 10 bis 16 Uhr eine Gaststätte in ihrem Wohnbezirk in Berlin-Pankow. Zur Begrüßung der Gäste sollte ein Glas Sekt gereicht und nach ersten Glückwunsch-Ansprachen ein gemeinsames einheitliches Mittagessen eingenommen werden, und mit einem Kaffee oder Mokka oder Cappuccino – je nach Wunsch eines jeden – würde die Feier zwischen 15 und 16 Uhr zu Ende gehen.

Einige ehemalige Arbeitskollegen und Mitarbeiter hatte der Jubilar aus subjektiven Gründen, meistens ihres Verhaltens und ihrer Wertungen in den Wendejahren wegen, nicht eingeladen. Die Betreffenden hatten wohl aber mit einer Einladung gerechnet. Aus Frust geiferten sie: „Das Geld für sein geburtstägliches Nostalgie-Treffen hätte er lieber seinem Sohn und dessen Familie zustecken sollen. Vielleicht hätten die jungen Leute dann die Kreditraten für ihr neuerbautes Haus irgendwo in Meck-Pom, zwischen Schwerin und Wismar, immer pünktlich aufbringen können und das Haus kürzlich nicht zu verkaufen brauchen.“

Dem Abteilungsleiter war bewusst: Kinder – egal, welchen Alters – brauchen

immer Geld. Dennoch focht ihn das Gerede der Nichteingeladenen ein wenig an. Seine Ehefrau beschwichtigte ihn. „Unser Sohn und unsere Schwiegertochter haben uns nicht gefragt, ob es bei den heutigen Unwägbarkeiten der Arbeitsplatzsicherung sinnvoll ist, in einer solchen Gegend wie Meck-Pom ein neues Haus zu bauen. Es ist ihnen auch nicht in den Sinn gekommen, uns vorzuschlagen, wir könnten uns finanziell am Hausbau beteiligen und uns, unter einem Dach mit ihnen, in dem Haus aufs Altenteil setzen. Denn was wird mit uns Alten in den nächsten Jahren, wir in Berlin, sie fernab in Mecklenburg-Vorpommern? Wer betreut, wer pflegt uns dermaleinst? Also, mein Lieber, hab' keine Skrupel! Immer warst du für andere da, hast ihnen geholfen, so gut du es konntest. Nun kann es mal um dich und um die Erfüllung eines deiner Wünsche gehen."

Sie hatten Tischkarten vorbereitet und aufgestellt. Von der Sitzordnung her sollten die Gäste auf Grund ihres Bekanntheitsgrades, ihrer Interessen und ihrer Berufs- und Lebenserfahrungen zueinander passen.

Der Abteilungsleiter stand in einem freigelassenen Geviert mitten in der Gaststätte. Das Defilee der Gratulanten zog an ihm vorüber. Unweit von ihm, im Rollstuhl sitzend und huldvoll lächelnd, ließ sich auch seine schwerbehinderte Ehefrau beglückwünschen: Ohne sie hätte er die 75 nicht erreicht, sagten ihr einige Schmeichler, und sie nickte ihnen zu, sie teilte deren Meinung. Sie ließ sich aber nicht ablenken, die Kellnerin aufmerksam zu beobachten, die die Blumengebinde, die Pflanzenschalen und die Geschenke und Aufmerksamkeiten für den Jubilar auf einem großen Tisch in einer Ecke des Restaurants dekorativ unterzubringen hatte.

Als alle Gäste und die Gastgeber an der u-förmig angeordneten und festlich geschmückten Tafel Platz genommen hatten, eröffnete der Abteilungsleiter die Zusammenkunft und hieß alle Erschienenen willkommen. „Fasse dich kurz!", hatte ihm seine Frau zuvor geraten. „Rede nicht über deine Beweggründe für die Feier! Erkläre nicht, warum du die Anwesenden eingeladen hast und andere Leute nicht! Lass deine Gäste reden!" Er hielt sich an ihren Ratschlag. Sich so knapp zu äußern wie an diesem Tag, widersprach seinem Naturell und löste Verwunderung aus. Er setzte sich.

Plötzliche Stille im Raum. Eine nicht vorgesehene Pause.

Die Kellnerin eilte herbei. Sie glaubte, Getränkewünsche entgegennehmen zu müssen.

Die Gäste erwarteten vom Sohn des Jubilars eine Geburtstagsrede. Der saß, ein wenig verdeckt, neben einer Stützsäule, deren es mehrere in dem Gastraum gab. Seine Mutter seufzte und rückte ihren Rollstuhl von der Tafel ab. Sie gab dem Sohn, mit beiden Händen aufgeregt gestikulierend, Zeichen. Da erhob der sich und sagte dem Vater – aus dem Stegreif – einige ehrende Sätze. Dabei verhaspelte er sich ein paarmal.

'Der Bursche hat nichts vorbereitet', dachte der Abteilungsleiter. 'Von mir hat er so etwas nicht gelernt.' Er schüttelte den Kopf. ',Die jungen Leute heutzutage …'

Und der Sohn dachte: 'So viele redegewandte Leute, darunter viele Prominente, im Saal! Die wollen vermutlich alle reden. Was verlangt Mutter da von mir?'

Die Anwesenden klatschten – nicht Beifall für den Redner, sondern aus Sympathie zum Jubilar.

Die Alten ergriffen das Wort – als Erster der ehemalige Werkleiter eines inzwischen „abgewickelten" Berliner mittelständischen Zulieferbetriebes für den IFA-

Kraftfahrzeugbau der DDR. In diesem Betrieb hatte vor Jahrzehnten die berufliche Laufbahn des Jubilars nach Abschluss seines Studiums an der TH Dresden, Fachrichtung Kraftfahrzeugtechnik, begonnen, und im Laufe der Jahre hatte er es dort bis zum Werkleiter gebracht. Aus dieser Funktion heraus hatte ihn Harry Petras dank dessen außerordentlicher Argumentations- und Überzeugungskunst für eine Tätigkeit im Staatssekretariat und späteren Ministerium für das Hoch- und Fachschulwesen der DDR geworben. Sein Nachfolger in der Funktion des Werkleiters – der erste Gäste-Sprecher in der Geburtstagsrunde – versicherte, es sei ein einvernehmlicher und kein durch Neid oder Intrigen herbeigeführter Wechsel in der Besetzung des Werkleiterpostens gewesen. „Was mir damals ungemein imponiert hat, war: Der scheidende Werkleiter, also unser heutiger Jubilar, übergab mir zwölf DIN A4-Blätter mit handschriftlich abgefassten Hinweisen und Empfehlungen für meine künftige Tätigkeit – Schwerpunkte und Schwachpunkte im betrieblichen Ablauf, in Personal- und Finanzfragen sowie laufende und künftige Forschungs- und Entwicklungsvorhaben betreffend und und und. Alles übersichtlich, mit Einrückungen und Kommandostrichen und mit unterschiedlichen Farbstiften notiert. Ich habe das Schriftstück in Ehren gehalten, bis auf den heutigen Tag. Ich habe es mit meinem bescheidenen Talent um Fakten und Ergebnisse aus der Zeit bis zur Abwicklung des Betriebes ergänzt. Ein Exemplar der Gesamtdarstellung möchte ich dem Jubilar zu seinem heutigen Ehrentag überreichen."

Er ging die paar Schritte bis zum Platz des Abteilungsleiters und übergab ihm eine prachtvoll gestaltete Mappe und – „von mir persönlich hinzugefügt mit besten Wünschen" – ein Päckchen. Kräftiges Händeschütteln.

Der ehemalige stellvertretende Stadtbaudirektor der Hauptstadt der DDR, Berlin, hielt folgende Ansprache: „Über unseren Jubilar läßt sich viel sagen, und es wird an seinem heutigen Ehrentag noch manches kundgetan und kommentiert werden. Mein Vorredner hat über die Fähigkeit des Jubilars gesprochen, gut durchdachte Organisationsrichtlinien und Handlungsvorschriften abzufassen. Ich möchte ergänzend sein großes Talent und seine stete Einsatzbereitschaft für praktische Organisationsarbeit hervorheben; er lässt nichts aus, wo und wie etwas zu organisieren ist. Dafür ein Beispiel mit internationaler Szenerie: Mit ihm und mir hatten unsere Dienststellen etwas Höheres vor. Deshalb wurden wir zur Weiterqualifizierung an die Moskauer WePeSCHa delegiert: Vorlesungen, Seminare, Selbststudium – alles auf russisch. Der heutige Jubilar mühte sich mehr mit der russischen Sprache als mit philosophischen Grundfragen und Politischer Ökonomie unserer Zeit ..."

Der Abteilungsleiter unterbrach den Redner: „Mit Russisch hatte ich schon zu meiner Oberschulzeit Probleme. Deshalb hatte ich mich für die mathematischnaturwissenschaftliche Ausbildungsrichtung und später für ein Technik-Studium an der TH Dresden entschieden."

„Aber fürs Organisieren hieltest du dich auch *beim großen Freund* für perfekt. – Aber weiter in der Geschichte, die ich erzählen möchte: Des Sonntags war an der WePeSCHa studienfrei. An solchen Tagen unternahmen wir etwas – einzeln oder in kleinen Gruppen.

Wir *erstürmten die Höhen der russischen und sowjetischen Kultur* – will sagen: wir gingen ins Theater, besuchten Museen und Ausstellungen, und wenn uns das Wetter dafür geeignet schien, erkundeten wir die Umgebung Moskaus. Wir taten also etwas für unsere Bildung. An einem sonnigen Sonntag im Oktober fuhren wir zu dritt mit einem Autobus nach Archangelskoje.

Der Dritte im Bunde war der mir heute gegenüber sitzende Professor von der TU Magdeburg. Er weilte zu einem zweiwöchigen Gastlehrkraft-Aufenthalt an der Moskauer Partner-TU seiner Hochschule und nutzte die Gelegenheit, seinen langjährigen Freund – unseren Jubilar – zu treffen und mit ihm gemeinsam etwas zu unternehmen. Wir hatten eine angenehme Fahrt, saßen dicht beieinander, plauderten, der Bus war zu der frühen Stunde, zu der wir aufgebrochen waren, nicht so überfüllt, wie wir es sonst von den Moskauer öffentlichen Verkehrsmitteln gewöhnt waren. Schon kurz vor zehn waren wir am Ziel, dem großfürstlichen Landsitz mit dem Jussupowschen Schloss. An der Eingangstür des jetzigen Museums ein Schild: Sakryto, geöffnet 12 bis 18 Uhr.

Wir einigten uns, die verbleibende Zeit für einen kleinen Rundgang und für ein frühes sonntägliches Mittagessen zu nutzen. Wir fanden ein Restaurant, das in einem typisch russischen Bauernhaus untergebracht war. Vor dem Haus parkte eine große CITROEN-Limousine mit einem ovalen Schild „F" neben dem polizeilichen Kennzeichen. Der Fahrer oder Besitzer des Wagens stand an der Eingangstür des Restaurants und begehrte, kräftig pochend, Einlass. Auch hier 'Sakryto'. Wir unterstützten den Franzosen und pochten zu viert. Nach einer Weile wurde die Tür von innen geöffnet, ein Mann im Dress und mit der Statur eines Rausschmeißers erschien. 'Nu schto?', herrschte er uns an. ‚Odjinnadzatj tschassow, ponimajetje?'

Der Franzose, erwies sich, sprach weder russisch noch deutsch oder englisch. Er gestikulierte und wollte sich an dem Kellner vorbeizwängen. Der zog blitzschnell die Tür zu einem Spalt zu: ‚Nitschewo!' Den Einlass regelte er und nicht der Franzose. Er wiederholte mit einem abschätzigen Blick auf den parkenden CITROEN: ‚Odjinnadzatj tschassow!' und wollte die Tür schließen.

Da schlug die Stunde unseres Jubilars. 'Minututschku!' Er drängte den Franzosen beiseite und erklärte dem Kellner auf russisch, wir drei wären eine kleine Delegation deutscher Wirtschaftsexperten, würden nicht zu dem Franzosen gehören und wären sehr in Eile. Der Kellner straffte den Körper, als er das Wort 'delegazija' vernahm, und fragte: 'Njemzy – otkuda? Fä-eR-Ge ili Gä-De-eR?'

'GDR.'

'Gä-De-eR choroscho.' Der Kellner gab den Türspalt frei. 'Prochoditje, poshaluista!'

Wir betraten das für Gäste vorbereitete Restaurant. Wir hörten, wie dem Franzosen der Zutritt verwehrt und dann die Eingangstür verriegelt wurde. Kurz darauf war das aufheulende Motorgeräusch des davonfahrenden CITROEN zu hören.

Der Professor und ich durften uns setzen. Unseren dritten Mann nahm der Kellner – ‚Dawai, poschli!' – mit an den Tresen. ‚Irina, idi sjuda!' Die Mamsell kam aus der Küche. Unser Mittags-Menü wurde ausgehandelt.

'Spezialitäten des Hauses', sagte der Jubilar, als er zu uns an den Tisch zurückgekehrt war. 'Das Menü wird ein bisschen der frühen Stunde angepasst sein.' Es war ja noch nicht 11 Uhr – Beginn der Öffnungszeit des Restaurants.

Nach 20 Minuten wurde die Vorsuppe serviert: kalte Gurkensuppe in tiefbraunen Steingut-Schüsselchen. Die Gurkenstücke waren nicht gekocht, aber aus einer frischen Gurke waren sie auch nicht, sie schwammen in kaltem Gurkenwasser herum. Der Professor und ich vermochten unser Schälchen nicht leerzulöffeln. Der Organisator des Menüs vertröstete uns auf das Hauptgericht: 'Kuriza tabaka.' Er gestand uns allerdings, Kuriza tabaka noch nie gegessen zu haben, und war genauso neugierig wie wir zu erfahren, wie Huhn und Tabak als Mittagsmahl zusammenpassen könnten. Für die Hinnahme dessen, was dann kam, half uns unsere positive Einstellung zum Zweck unseres Moskau-Aufenthaltes: studieren, Erfahrungen beim Aufbau des Sozialismus austauschen – 'Von der Sowjetunion lernen, heißt, siegen lernen'. Und so lernten wir an jenem Oktobersonntag, Kuriza tabaka war ein leicht angebräteltes und dann platt wie ein Tabakblatt geklopftes, noch sehr junges Hühnchen, zu dem Schwarzbrot gereicht wurde. Nach der Größe der Fleisch-Portion auf unseren Mittagbrottellern geurteilt, konnten die uns servierten Hühnchen nicht allzu viel größer als Hühnerküken gewesen sein. Der Verzehr dieses Hauptgerichts, das Trennen der Pelle und der wenigen Fleischfetzen von den übermäßig vielen

Knöchelchen und Knochensplittern des Hühnchens, glich einem unvergesslichen, weil mühevollen und zeitraubenden Arbeitseinsatz."

Der Jubilar lachte.

Der Redner blinzelte ihm zu. „Im Interesse aller Anwesenden hoffe ich, dass das für die heutige Feier arrangierte Menü von seiner lieben Ehefrau ausgewählt wurde." Damit seine Geschichte nicht missverstanden oder übelgenommen wurde, fügte er hinzu: „Gerade durch solche und andere Erlebnisse in Moskau sind wir Freunde geworden, und es war große Klasse, mit dir, mein Lieber, in jener für unsere Familien schwierigen Zeit zusammengewesen zu sein." Der Redner überreichte dem nun 75-jährigen einen großformatigen Bildband: „Bauwerke und neugestaltete Stadtteile in Berlin, an deren Sanierung und bautechnischen Realisierung ich zu DDR-Zeiten mitgewirkt habe."

Er rückte seinen Stuhl zurecht und setzte sich.

Ein Gast am entgegengesetzten Ende der Geburtstagstafel wollte mehr erfahren. „Gurkensuppe hin und Tabakhühnchen her – was meint der gewesene stellvertretende Stadtbaudirektor von Berlin: Warum wurde in unserer Hauptstadt der Palast der Republik abgerissen?"

Der Gefragte erhob sich langsam von seinem Stuhl. „In der Öffentlichkeit würde ich antworten: Ich bin seit der Wende nicht mehr im Amt und für Fragen dieser Art nicht zuständig. – Als Experte sage ich: Der Abriss des Palastes erfolgte – wie im Jahre 1953 die Sprengung des Berliner Stadtschlosses der preußischen Könige und Kaiser – aus politisch-ideologischen Gründen. Derzeit werden Pläne entwickelt, das Berliner Stadtschloss wieder aufzubauen. In absehbarer Zeit werden Historiker und Doktoranden kopfschüttelnd die Chronik des Palastes der Republik niederschreiben, und wer weiß, was sie dabei schlussfolgern und empfehlen werden. Denn weder durch die Sprengung zerbombter Schlossruinen noch durch den Abriss funktionstüchtiger moderner Paläste lassen sich die Spuren der Geschichte auslöschen. – Als Gast dieser Geburtstagsfeier empfehle ich: Heute sollten wir nicht politisieren, sondern unseren Gastgeber ehren – auch mit unseren Reden und Trinksprüchen. Auf sein Wohl!" Er und alle anderen prosteten dem Jubilar zu und leerten ihr Glas.

Der Professor der TH Magdeburg folgte der Empfehlung des ehemaligen stellvertretenden Stadtbaudirektors. Er lobte die stete Hilfs- und Einsatzbereitschaft des Jubilars. Er belegte dies mit einem Beispiel aus ihrer gemeinsamen Assistentenzeit an der TH (ab 1962: TU) Dresden. Er war damals verlobt, sein Freund verheiratet gewesen. Er hatte erst dann den Bund der Ehe eingehen wollen, wenn ihm eine Wohnung für seine neuzugründende Familie zugewiesen worden wäre.

Die Wohnungsnot war in Dresden in den 1950er und 1960er Jahren nach der Zerstörung der Stadt am 13. Februar 1945 sehr groß gewesen. Der Professor, seinerzeit wissenschaftlicher Assistent an der TH, und seine damals in Magdeburg lebende Verlobte waren mutlos gewesen und hatten mit der Wohnungspolitik im Lande gehadert. Der Jubilar hatte ihn gescholten: „Es gibt eine Perspektive für euch. Macht es wie wir! Wir sind Mitglieder der AWG 'Glück auf Süd' Dresden geworden. Wir zahlen Genossenschaftsanteile ein und müssen für die von uns angestrebte 3-Zimmer-Wohnung 700 Arbeitsstunden auf Baustellen der AWG leisten – Aufbaustunden, richtige körperliche Arbeit. Dann werden wir in drei bis fünf Jahren eine Neubau-Wohnung beziehen können. Komm mal an einem Wochenende mit mir zu unserer Baustelle in der Schweizer Straße, in der Nähe des Hauptbahnhofs! Mach dir ein Bild!"

An einem Sonntag, pünktlich 7 Uhr, war der Professor in Arbeitsbekleidung am verabredeten Ort erschienen, um dort mitzuarbeiten. Die von ihm geleisteten Arbeitsstunden – so die Verabredung – sollten dem Konto des befreundeten Ehepaares gutgeschrieben werden.

„Wir arbeiten heute bis 19 Uhr durch", hatte die junge, hochschwangere Ehefrau des Jubilars gesagt, „das erbringt elf Arbeitsstunden auf dem Konto – die Maximalzahl, die man laut AWG-Statut an einem Einsatztag erreichen kann."

„Wieso nicht zwölf?"

„Eine Stunde für arbeitsbedingte Ruhe- und Erholungspausen wird abgezogen."

Dann hatte der Professor an jenem Sonntagmorgen erlebt, wie die hochschwangere Ehefrau seines Freundes um das Anrecht auf eine Neubau-Mietwohnung kämpfte. Die Bürger der DDR haben zum Wohle aller immer für etwas gekämpft. Der Kampf der jungen Frau auf der AWG-Baustelle nahe dem Dresdner Hauptbahnhof war folgendermaßen ausgetragen worden:

Der Baustellenleiter hatte die Frau nicht arbeiten lassen wollen. „Sie mit ihrem dicken Bauch kommen mir hier womöglich in die Wehen. Wofür soll ich Sie denn auf dieser Baustelle einsetzen?"

Die schlagfertige Antwort: „Zum Tapezieren …"

„Unsere Wohnungen werden nicht tapeziert."

„Zum Fensterputzen …"

„Das erledigen die Mieter als restliche Feinputz-Arbeiten kurz vor der Wohnungsübergabe selber."

„Oder zum Malern … Ich kann gut mit Pinsel und Farbe umgehen."

„Und wenn Sie dabei auf eine Leiter steigen müssen, fallen Sie herunter, und ich habe zwei Krüppel auf dem Gewissen." Er hatte dabei mit bedenklicher Miene auf ihren vorgewölbten Leib geblickt.

„Da kennen Sie mich schlecht."

Letztendlich hatte der Mann sie auf dem Objekt belassen und für leichte Arbeiten eingesetzt: Rasen säen und das Saatgut einharken auf frisch mit Muttererde verfüllten, planierten Wäscheplätzen hinter nahezu bezugsfertigen Wohnblocks und Schreibarbeiten in der Baustellen-Bude, an deren Rückwand ein Transparent angebracht worden war mit der Aufforderung: „Vorwärts im Kampf um die rasche Erfüllung unseres Wohnungsbau-Programms!" Zur Mittagszeit hatte er die Frau aufgefordert: „Gehen Sie jetzt nach Hause! Ruhen Sie sich ein bißchen aus! Dann bereiten Sie Ihrem Mann ein kräftigendes Abendessen zu! Also los!"

Ihr Ehemann war herzugekommen und hatte heftig protestiert.

Der Baustellen-Leiter, zu keinem weiteren Kompromiss bereit, hatte der Frau zuvor zugeflüstert: „Ich schreibe Ihnen elf Stunden gut, aber kommen Sie am nächsten Wochenende nicht wieder!"

Der Professor erzählte: „Abends um sieben waren mein Freund und ich zu dem Domizil des jungen Ehepaares geschlurft und gewankt – fix und fertig waren wir von der ungewohnten Arbeit gewesen. Die damalige Unterkunft der beiden war ein mit einigen Anbau-Möbeln von HELLERAU geschmackvoll ausgestattetes sogenanntes Leerzimmer in einem Mehrfamilienhaus in der Nöthnitzer Straße gewesen. Die werdende Mutti hat uns mit einem sonntäglichen Abendessen beköstigt, es ging uns nach und nach wieder richtig gut. Dennoch beurteilte ich den Arbeitstag und die sich aus ihm ergebenden Konsequenzen so: '700 Stunden solche Arbeiten wie heute? Dazu noch finanzielle Genossenschafts-Anteile einzahlen? Ich – niemals! Andere DDR-Bürger kommen auf einfachere Weise zu einer Wohnung.' Darauf antwortete mir der junge Ehemann, unser heutiger Jubilar: „Interessant für mich, dass du dich mit sogenannten anderen DDR-Bürgern auf eine Stufe stellst – mit solchen Leuten, die Forderungen stellen, aber aus Bequemlichkeit nichts Praktisches für deren Erfüllung tun und stattdessen lieber auf die Regierung schimpfen ...'"

Der Professor hob sein Glas. „Es gibt bei jeder Sache Menschen, die andere motivieren – sie, wenn nötig, vorantreiben – und die unter Einsatz all ihrer Kräfte beispielgebend voranschreiten. Solch ein Mensch war und ist unser Jubilar. Dafür sei dir heute besondere Anerkennung gezollt, lieber Freund. Auf dein Wohl!" Der Professor stieß mit dem Jubilar an.

Die Gläser der Geburtstagsgäste waren zwischenzeitlich wieder gefüllt worden, und in deren Erklingen hinein fragte jemand: „Worin liegt denn die Pointe der Geschichte?"

Der Professor lachte. „Vier Wochen nach jenem sonntäglichen Arbeitseinsatz in der Schweizer Straße bin auch ich Mitglied der AWG 'Glück auf Süd' Dresden geworden. Nach drei Jahren Wartezeit habe ich sieben Jahre in einer fernbeheizten AWG-3-Zimmer-Neubauwohnung im Dresdner Stadtzentrum mit meiner Frau und zwei kleinen Söhnen gelebt."

Der Familie des Jubilars und den Gästen der Geburtstagsfeier wurde die Vorsuppe des Mittags-Menüs serviert. Das Klappern der Löffel am Geschirr verriet, auch das Anhören lobesvoller Ansprachen kann appetitanregend sein.

Mitten in das Löffelklappern hinein betrat ein hochgewachsener, korpulenter Mann den Saal. Sein Gesicht wurde zunächst von einem großen Blumen-Bukett verdeckt. Aber der Jubilar erkannte den Eintretenden sofort an dessen watscheligem

Gang. „Mein Minister", raunte er seiner Ehefrau zu. Mit dessen Kommen hatte er nicht gerechnet. Ihn hatte er nicht mal auf der Liste der einzuladenden Gäste verzeichnet. „Was will er auf meiner Geburtstagsfeier?"

„Das wird sich zeigen", erwiderte die Frau leise. „Bei allem Frust, den du gegen ihn hast – verliere jetzt nicht die Contenance!"

Der Jubilar erhob sich, ging dem Ankömmling entgegen und begrüßte ihn höflich. „Mein letzter Chef in meinem Berufsleben", sagte er laut, an die anderen Gäste gewandt.

Der ehemalige Minister nickte in die Runde und brabbelte zu seinem ehemaligen Abteilungsleiter: „Mach kein Aufhebens um mein Kommen: Ich will dir in aller Kürze persönlich zu deinem besonderen Geburtstag gratulieren." Er überreichte das große Bukett und sagte zu den Anwesenden: „Lassen Sie sich nicht stören! Ich wünsche Ihnen guten Appetit."

Der Sohn des Jubilars war aufgesprungen und davongeeilt. Er organisierte, dass die in der Nähe seines Vaters platzierten Gäste ein wenig zusammenrückten und ein Stuhl für den Neuankömmling eingeschoben werden konnte. Der Minister zierte sich. „Nein, nein! Nicht erst hinsetzen!"

So viel Zurückhaltung war der Jubilar von seinem ehemaligen Vorgesetzten gar nicht gewohnt. „Hier, mitten im Restaurant, können wir nicht stehenbleiben."

Der neue Gast lenkte ein. „Aber nichts zu essen für mich. Meine Frau wartet auf mich." Er hatte vom Leiter der Abteilung Ausland seines ehemaligen Ministeriums von der heutigen Geburtstagsfeier erfahren. „Der Mann betreibt seit der Wende eine private Buchhandlung in Marzahn. Da läuft allerlei zusammen", erklärte er. Mit seinem Kommen wollte er, den Jubilar betreffend, „einiges klarstellen", sagte er. Er habe „damals", unmittelbar nach dem unerwarteten Tod seines Stellvertreters für Technische Wissenschaften im Sommer 1989, eine schwere, ihm selbst unangenehme Entscheidung treffen müssen, nachdem er zuvor „die Sache ein wenig aus der Hand gegeben" hatte – anderer dienstlicher Dinge wegen. Der „Kaderleiter des Hauses" habe „die Sache" verfolgen sollen, und der habe sich in der Abteilung Kader des ZK „einwickeln" lassen. „Dort", erklärte er, „hat die entscheidende Rolle gespielt, dass

sich dein Vater zu den 1989 durchgeführten Volkswahlen in aller Öffentlichkeit unparteimäßig geäußert und in der kritischen Debatte in seiner Parteiorganisation eine politisch indifferente Haltung an den Tag gelegt hat. Daraufhin ..."

Der Jubilar schüttelte verständnislos den Kopf. „Das war in einer öffentlichen Wahlversammlung auf Stadtbezirksebene in meiner Heimatstadt. Die Sache hat meinem Vater eine parteierzieherische Maßnahme eingebracht. Aber ich begreife immer noch nicht, wieso dessen politischer Ausrutscher die entscheidende Rolle für die Ablehnung meiner Berufung zu deinem Stellvertreter gespielt haben soll."

„Daraufhin“, setzte der Minister unbeirrt fort, „kam die Kadermühle in Gang. Deine soziale Herkunft wurde beleuchtet.“

„Meine Eltern waren beide Lehrer.“

„Eben. Du kamst nicht aus der Arbeiterklasse.“

„Meine Eltern waren beide Mitglieder unserer Partei.“

„Dein Vater wurde 1946 aus der SPD in die Sozialistische Einheitspartei Deutschlands übernommen.“

„1946 …“ Der Jubilar war fassungslos. „Habt ihr mich etwa deswegen …? Nach Jahrzehnten DDR?“

„Die Biografie und Kaderakte des letztlich zu meinem Stellvertreter Berufenen waren astrein. Der Genosse hatte promoviert, du nicht – ein für das Hochschulministerium nicht unwesentlicher Fakt.“

Die Frau des Jubilars stieß ihren Mann in die Seite: Er sollte schweigen. Aber der gab sich nicht zufrieden. „Und du?“, fragte er den Minister. „Nach unserer jahrelangen Zusammenarbeit?“

„Ich hing in der Kadermühle drin. Als ich in deiner Sache losstrampeln wollte, war schon alles entschieden.“

Das glaubte ihm der Jubilar nicht. ‘Als Minister war er nicht irgendwer.’

Die Ehefrau trat ihrem Mann so sehr auf die Füße, dass es ihn schmerzte. Da sagte der ehemalige Abteilungsleiter nichts mehr.

Zwischenzeitlich hatte einer aus der Gästeschar, ein Studienfreund des Jubilars, den Saal verlassen – unbeachtet von den anderen. Nun kehrte er, laut vor sich hinbrabbelnd und so die Aufmerksamkeit aller auf sich ziehend, zurück. Er trug die Schirmmütze und die Uniformjacke eines Wachtmeisters der Deutschen Volkspolizei (VoPo). Schnurstracks ging er auf den Minister zu, der sich unverstanden fühlte und zum Gehen anschickte. „Gestatten: Deutsche Volkspolizei, Wachtmeister Formsiedel. Personenkontrolle. Darf ich mal Ihren DPA sehen?“

Der Minister, verblüfft, aber um einen leutseligen Abgang bemüht, ging auf das Spiel ein. „Ich besitze keinen DPA mehr. Ich kann Ihnen aber …“

„Wie?“, unterbrach ihn der Scherz-Wachtmeister. „Sie brechen hier, stark verspätet, in diese Veranstaltung ein und besitzen nicht mal einen Personal-Ausweis der Deutschen Demokratischen Republik?“

Kopfnicken als Antwort. „Ich kann Ihnen aber mein Personal-Dokument der Bundesrepublik Deutschland vorweisen.“ Und flüsternd: „Machen Sie’s kurz! Ich muss gehen.“

Der Scherz-Wachtmeister schob sich seine Mütze ins Genick. „Die Sache wird immer verzwickter. Gestatten: Ich muss Sie bitten, mir aufs Revier zu folgen. Kommen Sie freiwillig mit, oder muss ich Ihnen Handschellen anlegen?“

„Freiwillig.“ Der Minister verabschiedete sich flüchtig von seinem ehemaligen Abteilungsleiter und dessen Frau. Dann verließen er und der Scherz-Wachtmeister – unter Beifallklatschen und lautem Gelächter der übrigen Gäste – den Saal.

Der Jubilar eilte den beiden hinterdrein. 'Ich muss diplomatische Verwicklungen verhindern', dachte er. „„Der Dicke“ war mehrere Jahre lang mein Chef, und mein Freund trieb es schon zu unserer Studienzeit mitunter zu arg.' Er traf die beiden am Tresen des Gastraums, unweit der Eingangstür. Sie lachten und schüttelten sich die Hände. „So etwas wie eben ist mir noch nie passiert“, sagte der ehemalige Minister schniefend, „aber ich bin ja nicht humorlos und – den heutigen Verhältnissen Rechnung tragend – durchaus lernfähig.“

„Mein Studienfreund hat hoffentlich …“

Der Minister unterbrach den Jubilar. „Mit ihm bin ich einig. Was dich und mich anbetrifft, wollte ich die Sache von einst ins Reine bringen. Mir scheint, das ist mir nicht ganz gelungen.“

Dieses Gefühl seines Gastes kommentierte der Jubilar nicht. Er gab dem Minister die Hand. „Vielen Dank für deine Glückwünsche“, mehr sagte er nicht. Er öffnete dem anderen – mit betont höflicher Verbeugung – die Tür. Als die hinter dem Gast ins Schloss gefallen war, sagte er zu seinem Freund: „Du machst Sachen …“ und schüttelte den Kopf.

„Er hat‘s verkraftet.“

Noch später als der ehemalige Minister erschien ein hochgewachsener Koreaner im Saal – ein Mann mit schlohweißem, wallenden Kopfhaar, nahezu in des Jubilars Alter.

Der Abteilungsleiter erkannte ihn sofort. „Seinen Namen habe ich zwar vergessen“, wisperte er vor sich hin, „aber ich entsinne mich: In meiner Matrikel der Maschinenbau-Studenten an der TH Dresden war er Vorsitzender des Komitees der koreanischen Landsmannschaft gewesen. Wieso kommt er hierher?“ Er hatte nicht diesen Mann, sondern seinen Studienfreund O Dsin-Pyong zu der Feier eingeladen – hatte es einfach probiert, hatte sein Einladungsschreiben über die Bot-

schaft der Koreanischen Volksdemokratischen Republik (KVDR) an die Technische Hochschule in Hitschon gesandt. Dem Vernehmen nach sollte O Dsin-Pyong der Rektor dieser koreanischen Hochschule geworden sein. Etwas Genaues wusste der Jubilar nicht. Der Briefkontakt zu seinem Studienfreund, mit dem er in den 1950er Jahren das Wohnheimzimmer in Dresden geteilt hatte, war seit einigen Jahren unterbrochen.

Der Ankömmling überreichte dem Jubilar einen großen Blumenstrauß und als Geburtstagsgeschenk ein sechsteiliges Kaffeeservice koreanischer Fabrikation und den zweiten Band des im Verlag für fremdsprachige Literatur Pyöngjang erschienenen Buches „KIM DSCHONG IL – Führer des Volkes“ von Tsö In Su, abgefasst in deutscher Sprache. Das Geschenk hatte der koreanische Begleiter des Gratulanten eilfertig in den Saal getragen und seinem Landsmann, als der den Blumenstrauß übergeben hatte, zugereicht. Nach einer kurzen Verbeugung zum Jubilar hin war der Begleiter wie ein stummer Diener in den Gaststätten-Vorraum zurückgeeilt. Der Jubilar gab seinem Sohn ein Zeichen, ihn in den Saal zurückzuholen, damit auch er an der Geburtstagstafel Platz nähme. Der Sohn kehrte unverrichteter Dinge zurück und raunte seinem Vater zu. „Er habe seinen Auftrag erfüllt, gab er mir zu verstehen. Alles Weitere erledige sein Genosse.“

Der Mann mit dem schlohweißen Haarschopf nahm auf dem Stuhl Platz, auf dem zuvor der ehemalige Minister für das Hoch- und Fachschulwesen gesessen hatte. Er steckte dem Jubilar – wie beiläufig – einen Brief zu. „Ein persönlicher Geburtstagsgruß vom Genossen O Dsin-Pyong. Genosse O ist dienstlich verhindert, in diesem Jahr nach Europa zu reisen. Ich werde in den nächsten Tagen an einer Konferenz in Frankreich teilnehmen. Da lag Berlin auf dem Weg. Heute Abend nehmen mein Begleiter und ich den Nachtzug nach Paris.“

‘Da hat er seine Reise meinetwegen in Berlin unterbrochen’, staunte der Jubilar gerührt. Er erhob sich, und mit lauter Stimme stellte er den koreanischen Gast, so gut er das aus der Erinnerung heraus vermochte, vor. „Er und ich haben zu unserer Dresdner Studienzeit im zentralen Wohnheimkomitee zusammengearbeitet – er als Beauftragter der koreanischen Landsmannschaft und ich als Vertreter der im Wohnheim Reichsstraße untergebrachten deutschen Betreuer-Studenten. Meine Freude, ihn hier und heute wiederzusehen, ist riesengroß.“ Er zog den Koreaner vom Stuhl empor und umarmte ihn.

Die Anwesenden, obzwar sich einige wunderten, klatschten Beifall.

Der Koreaner löste sich aus der Umarmung, verneigte sich und sagte: „Ich überbringe die Grüße vieler meiner Freunde und Genossen, die sich gern und in Dankbarkeit an die Jahre ihres Studiums in der Deutschen Demokratischen Republik erinnern. Wir Koreaner haben in der DDR eine gute fachliche Ausbildung erfahren, die uns beim Wiederaufbau unseres vom Krieg zerschundenen Landes sehr genutzt hat, und wir haben viele Deutsche als echte Freunde gewonnen und schätzen gelernt – wie ihn.“ Er machte eine Handbewegung zum Jubilar hin. „Wir haben uns sowohl damals als auch in jüngster Zeit mit unseren deutschen Freunden eng verbunden gefühlt. Wir hatten schon damals im Persönlichen wie hinsichtlich der politischen und wirtschaftlichen Lage in unseren Ländern die gleichen Probleme: Deutschland war geteilt, bekam nach verlorenem Krieg keinen Friedensvertrag von den Siegermächten, Korea war und ist immer noch geteilt und hat bis auf den heutigen Tag keinen Friedensvertrag bekommen. Mit großem Interesse haben wir die Wiedervereinigung Deutschlands verfolgt. Nun kämpfen wir mit aller Kraft dafür, dass die USA – mehr als 50 Jahre nach Kriegsende 1953 – einen Friedensvertrag mit Korea abschließen, auf dessen Grundlage wir Koreaner im Norden und Süden unseres Landes souverän über den künftigen Entwicklungsweg Koreas entscheiden können."

In eine Atempause des Redners hinein sagte jemand im Hintergrund des Saals vernehmlich: „Schurkenstaat".

Der Einwurf klang nicht aggressiv oder bösartig. Vermutlich hatten sich nebeneinander sitzende Gäste zur aktuellen Propaganda in deutschen Medien verständigen wollen. Der Koreaner, noch aus seiner Studienzeit der deutschen Sprache gut mächtig, reagierte reflexartig: „Die Menschen in der Koreanischen Volksdemokratischen Republik haben die Deutschen niemals mit beleidigenden Bezeichnungen belegt; das tun wir – bei all unserer Skepsis nach der deutschen Wiedervereinigung – auch heute und zukünftig nicht. So ist es unter Freunden üblich."

Wiederum Beifall im Saal.

Der Jubilar reichte dem Gast aus Fernost die Hand und sagte in das Beifallklatschen hinein: „Hier, auf meiner Geburtstagsfeier, gibt es niemanden, der unsere Freunde und Genossen in Korea als Schurken bezeichnen würde. Solche Diffamierungen überlassen wir den Amerikanern." Er umarmte seinen Gast unter anhaltendem Applaus freundschaftlich.

Da hielt Tim, der 16-jährige Enkel des Jubilars, den Zeitpunkt für seinen Auftritt für gekommen. Er schritt in die Mitte des Saals und kündigte eine Bilderschau über das Leben und Wirken seines Großvaters an: Leichtathletik-Wettkämpfe in der Oberschulzeit in Großenhain, freiwillige mehrwöchige Arbeits- und Agitationseinsätze im sächsischen „Dorf der Jugend", Studiums-Vorpraktikum im VEB Stahl- und Walzwerk Riesa und im VEB Motorenwerk Cunewalde, Bilder eines Galans in der Tanzstunde und später auf FDJ-Semester-Bällen an der TH Dresden, viele Fotoaufnahmen von Kommilitonen, allesamt Maschinenbau-Studenten an der TH Dresden, unter ihnen der zuvor aktiv gewesene Scherz-Wachtmeister und zahlreiche koreanische Studenten – ab Mitte der 1950er Jahre, nach dem Korea-Krieg, die größte ausländische Landsmannschaft an der TH Dresden –; als Clou eine Aufnahme vom Wohnheimkomitee Reichsstraße, auf der sich der Jubilar und sein weißschöpfiger Geburtstagsgast aus Korea als jugendliche Revolutionäre gegenübersaßen; aus den vielen Foto-Alben des Jubilars hatten Enkel Tim und sein Vater nur eine Auswahl treffen können – Bilder aus dem kraftfahrzeugtechnischen Zulieferbetrieb, aus dem Staatssekretariat und späteren Ministerium für das Hoch- und Fachschulwesen der

DDR und als Glanzpunkte der Sammlung – Fotos vom mehrmaligen Kuba-Aufenthalt des Jubilars an der Universidad Central in Santa Clara, für die die DDR sozialistische Hilfe bei der Neustrukturierung der Wissenschaftsbereiche, Lehrkonzepte und Verwaltungsorgane geleistet hatte.

Tim bot seinem Großvater und dessen Gästen eine beeindruckende Schau einstiger Moritaten aus der Zeit einer nicht mehr existierenden deutschen Republik, und wo seine Kommentare wegen fehlenden Hintergrundwissens knapp, mitunter gar dürftig ausfielen, sprachen die gezeigten Bilder für sich. Tims Vater, im Hintergrund, bediente die modernen Wiedergabe-Geräte und brauchte nicht zu soufflieren – so engagiert würdigte Tim die Leistungen seines Altvorderen.

Der Jubilar, selig lächelnd, lehnte sich auf seinem Stuhl zurück und streckte die Beine weit von sich. Manchmal wollte er aufspringen und das eine oder andere Bild kommentieren. Aber seine Ehefrau war auf der Hut und drückte ihn auf seinen Sitz zurück. „Lass sie! Jetzt sind die Jungen an der Reihe.“

Er empfand, sie hatte recht, und sagte ihr: „Nach der Stammelei zu Anfang der Feier dachte ich, die beiden haben sich wie zwei faule Säcke auf den heutigen Tag nicht gründlich vorbereitet.“

Nahezu zwanzig Jahre hatte der Professor die fertigungstechnisch orientierte Fachrichtung FP an der Technischen Hochschule „Otto von Guericke“ Magdeburg geleitet. Sie war mit jährlich 50 deutschen zuzüglich mehreren ausländischen neuimmatrikulierten Studierenden pro Jahr eine der zahlenmäßig größten Fachrichtungen an der Hochschule gewesen: Acht Semester plus dreimonatige Diplomphase als Regelstudienzeit seit 1973 – ohne sogenannte Langzeitstudenten –, wie vom Ministerium für das Hoch- und Fachschulwesen gefordert und deshalb im ganzen Land üblich. Unter seiner Ägide waren Hunderte junger Frauen und Männer zum Diplom-Ingenieur graduiert worden. Einem jeden von ihnen hatte er persönlich in einer würdigen Feierstunde im Senatssitzungszimmer der Hochschule die Diplom-Urkunde und das Abschluss-Zeugnis überreicht und hatte ihnen allen für die berufliche Laufbahn als Ingenieure in einem volkseigenen oder halbstaatlichen Betrieb, in einem Institut oder in einer Institution des Landes Glück und Erfolg gewünscht. Solche Tage der Diplom-Übergabe zählten zu den beglückendsten seiner beruflichen Laufbahn.

Der Professor hatte seinen 70. Geburtstag bereits einige Jahre hinter sich, als er eines schönen Sommertages einen Brief von Absolventen der ehemaligen Seminargruppe 05 FP1/74 erhielt. Im Namen eines Dreier-Komitees, dem der Absolvent Siegfried B. angehörte, wurden er und seine Ehefrau zu einem dreitägigen Wiedersehens-Treffen der Gruppe im Thüringer Land eingeladen. Org.-Siggi, wie B. wegen seines Organisationstalents in der Seminargruppe und in der ganzen Matrikel genannt worden war, hatte dem offiziellen Einladungsschreiben des Dreier-Komitees einen in sehr persönlichen Worten gehaltenen Brief beigefügt. Darin brachte er seine hohe Wertschätzung für seinen Hochschullehrer von einst zum Ausdruck und versicherte, alle ehemaligen Mitglieder der 05 FP1/74 würden über die Teilnahme des Professors und dessen Frau an dem Treffen überaus erfreut sein.

Das schmeichelte dem Professor. Er konnte sich an die meisten Gruppenmitglieder – unter ihnen drei Ausländer – gut erinnern. Die 05 FP1/74 war an der Sektion Technologie die sogenannte *Vorzeige-Gruppe der Fachrichtung FP* gewesen. Einige ihrer Mitglieder – wie der wegen seiner konstant erbrachten herausragenden fachlichen Leistungen mehrfach ausgezeichnete *Beststudent* S. und eben auch Org.-Siggi – waren sektions- und hochschulbekannt.

„Lies mal bitte!", sagte der Professor zu seiner Frau. In ihre Lektüre hinein redete er laut vor sich hin, so dass sie sich auf den ihr vorgelegten Text gar nicht voll konzentrieren konnte: „Die Gruppe hat im *sozialistischen Studenten-Wettstreit*, der zu ihrer Studienzeit an der Hochschule geführt wurde, sämtliche Auszeichnungen und Ehrentitel, die vergeben wurden, abgeräumt. Als Fachrichtungsleiter tat mir das einerseits gut: Wenn ein übereifriger FDJ'nik oder SEDist mich belehren wollte, wie meine Mitarbeiter und ich in der Fachrichtung FP '*die sozialistische Erziehung vorantreiben'* müssten, lud ich ihn zu einer Gruppenversammlung der 05 FP1/74 ein, und wenn er die erlebt hatte, nickte er nur noch zustimmend. Andererseits war mir manchmal Angst und Bange: die Gruppenmitglieder würden sich doch nicht etwa in der sogenannten *gesellschaftlichen Arbeit* verschleißen? Und waren sie wirklich ein echtes Kollektiv, 'ein echtes Team' würde man heute sagen, in dem jeder durch dick und dünn ging und einer für den anderen einstand? Und nun", staunte er, „an uns gerichtet, diese Einladung!"

Die Frau des Professors seufzte. „Aufmerksam lesen konnte ich die Schreiben wegen deines dauernden Dazwischenredens nicht. Aber so viel habe ich mitbekommen: Das Programm des Treffens ist anspruchsvoll, und die Einladung an uns ist ernst gemeint."

„Daran zweifele ich nicht. Die Frage ist: Soll ich an dem Treffen teilnehmen oder nicht?"

Sie wunderte sich über ihren Ehemann. 'Er ist in den Jahren nach der Wende etwas linkisch geworden', dachte sie, 'er hat von seiner einstigen Entschlusskraft einiges eingebüßt.' Sie sagte, wie sie es bisher in ihrer Ehe fast immer gehalten hatte: „Du musst entscheiden, ob wir fahren oder nicht."

Er las das Einladungsschreiben und den Begleitbrief von Org.-Siggi nochmals aufmerksam durch und geriet ins Grübeln. Er hatte die Funktion des Fachrichtungsleiters gern bekleidet; in der Sektion Technologie der TH und in zentralen Arbeitsgruppen des Ministeriums für das Hoch- und Fachschulwesen hatte er engagiert an der Präzisierung der Studienpläne und Studieninhalte für die Grundstudienrichtung Maschineningenieurwesen mitgewirkt. Solche Seminargruppen wie die 05 FP1/74 – und deren gab es in der Fachrichtung FP während seiner zwei Dutzend Dienstjahre als Hochschullehrer einige – waren ihm bestgeeignete Erprober und konstruktiv-kritische Berater für neuerarbeitete Ausbildungskonzepte gewesen. „Ich würde gern erfahren, was aus meinen Absolventinnen und Absolventen geworden ist, einige Jahrzehnte nach ihrem erfolgreichen Hochschulabschluss, und wie sie über die Wende 1989/90 gekommen sind – gerade sie, die Stars meiner Fachrichtung, von denen einige echte Originale waren."

„Dann fahr' doch hin!"

Er lachte leise. „Wenn ich nur an den Briefschreiber, an Org.-Siggi, denke … Meine Güte, war der aufgeregt, als ich ihn mit noch zwei Prüflingen in der abschließenden Hauptprüfung vor mir zu sitzen hatte! So kannte ich den Mann gar nicht. Immer war er, wenn es irgendetwas zu organisieren galt, dabei und mit dem Mundwerk vornweg. In der Prüfung bei mir legte er in seinem Stil auch gleich los: Kaum hatte ich eine Prüfungsfrage zu Ende formuliert, begann er, wie aus der Pistole geschossen zu reden, ohne gründlich nachgedacht zu haben; er schwafelte mehrmals an der richtigen Antwort wortreich vorbei. Ich half ihm damals. 'Passen Sie auf', sagte ich, ',ich stelle Ihnen eine neue Aufgabe. Danach sind wir alle hier im Raum' – der Prüfungsbeisitzer, die anderen beiden zu prüfenden Studenten und ich – 'ganz still, ein paar Minuten lang. In dieser Zeit denken Sie über die Lösung der Aufgabe nach, erforderlichenfalls notieren Sie ein paar Stichpunkte oder fertigen zu Ihrer Antwort eine Skizze an' – ich schob Org.-Siggi ein Blatt Papier und einen Schreibstift zu – 'und auf mein Handzeichen hin dürfen Sie reden. Was Sie dann äußern, bewerte ich.' Was soll ich mehr erzählen? Am Ende hat Org.-Siggi die Hauptprüfung bei mir mit 'Gut' bestanden."

„Ich wiederhole: Wenn es interessant ist für dich und du dir nicht selber eine Enttäuschung organisierst, dann fahr'!"

„Gemeinsam mit dir!?"

„Dass es wieder mal so kommt wie immer bei uns in solchen Situationen", maulte sie, „hab' ich fast befürchtet."

„Zu dem Treffen sind auch die Partnerinnen der Absolventen eingeladen. Du wirst nicht die einzige weibliche Teilnehmerin sein. Also bitte …"

Im Spätherbst, zum vereinbarten Zeitpunkt des Gruppen-Treffens, fuhren der Professor und seine Frau mit ihrem Privat-PKW nach Freyburg an der Unstrut. Vor dem Eingang des „Berghotels zum Edelacker", der Tagungsstätte, wurden sie – wie alle Ankömmlinge – von dem einladenden Dreier-Komitee herzlich begrüßt. Org.-Siggi umarmte seinen ehemaligen Fachrichtungsleiter. „Dass Sie gekommen sind, Professor, freut mich ganz besonders." Nicht minder herzlich, wie langjährige Bekannte, begrüßten sich die Ehefrauen der beiden Männer.

Als weiterer Hochschullehrer der ehemaligen Sektion Technologie war der Ordinarius für Umform- und Zerteiltechnik nebst Ehefrau eingeladen worden. Er und der Professor hatten im Wissenschaftsbereich Fertigungsgestaltung kooperativ und freundschaftlich zusammengearbeitet. Dieser Ordinarius und seine Ehefrau fuhren fast zeitgleich mit dem Professor am Hoteleingang vor. Die Herren begrüßten einander gut gelaunt, „wie in alten Zeiten". Jeder der beiden dachte: ‚Gut, dass das Dreier-Komitee nicht noch andere Hochschullehrer der Sektion eingeladen hat.' Jeder der beiden hatte dabei bestimmte Namen im Kopf.

„Pünktlich 17 Uhr beginnt unser Programm", mahnte Org.-Siggi. Seine Gäste sollten sich mit der Belegung ihrer Hotel-Zimmer beeilen.

Der spätnachmittägliche Spaziergang führte vom Hotel am Weinberg in die Stadt Freyburg hinunter. Dort wurde zunächst die Sektkellerei „Rotkäppchen" besichtigt, das große Weinfaß bestaunt, und nach traditionellem „Säbelköpfen" mehrerer Sektflaschen wurden diverse Produkte der national und international renommierten Firma degustiert. Das gesellige abendliche Beisammensein fand dann im Hause der Winzervereinigung Freyburg/Unstrut statt. An einer großen Tafel, an der alle Teilnehmer des Treffens Platz fanden, wurde gespeist, Wein verkostet, gesungen, geschunkelt – es war wie auf einer von allen gewünschten Zusammenkunft einer in Eintracht lebenden Großfamilie.

Am darauffolgenden Tag weilte die Gesellschaft in Naumburg. Am Treffpunkt Vogelwiese begann die Stadtführung, die im Naumburger Dom mit der berühmten Uta endete. Zum Höhepunkt des Ehemaligen-Treffens geriet am Abend das Ritteressen in Schloss Neuenburg. Die Speisen wurden in vier Gängen serviert; von Landgrafensuppe vom Hirsch im Brotlaib über Rinderrolle im Teigmantel und deftiger Schweinshaxe mit Sauerkohl reichte der Gaumenschnaus bis zu Bratäpfeln, gefüllt mit Mandeln und Rosinen, und zur herzhaften Hühnerpastete im Salatbett. Damit die angereisten Schlemmer das Menü im stilechten Outfit einnehmen konnten, waren sie vor ihrem Fußmarsch zur Neuenburg ritterlich kostümiert worden: als Abt, als Benediktiner und Zisterzienser, als Gaukler, Bauern und Stadtwächter die Herren und als Edel- und Ratsdamen, als Marketenderin und Nonne die Damen. Hierfür hatte das Dreier-Komitee einen Ankleideplan erarbeitet und professionelle Gewandmeisterinnen engagiert, die in einem kleinen Gesellschaftsraum des Hotels beim Anprobieren und beim späteren Überziehen der Kostüme behilflich waren.

Als die Bäuche gefüllt waren und ehe die letzten Stunden dieses Tages enteilten, berichtete jedes ehemalige Seminargruppenmitglied von seinem Tun und Leben in den jüngst zurückliegenden Jahren. Sie alle standen in Arbeit und Gehalt. Vom Geschäftsführer eines mittelständischen Maschinenbau-Betriebes und vom Außenhandelsvertreter einer westdeutschen Firma bis zum Übersetzer von Fachliteratur ins Japanische und zum Sachgebietsleiter in der Verwaltung eines mitteldeutschen Landkreises reichte die Palette ihrer derzeitigen Tätigkeiten. Einige gaben zu, mit der von ihnen geforderten Wandlungsfähigkeit, verglichen mit ihrem Ausbildungsprofil an der Technischen Hochschule, rechte Mühe gehabt zu haben.

Der Gaukler förderte am Ende seines Tätigkeitsberichtes unter „Hallo!" das Gruppenbuch der 05 FP1/74 zutage und las daraus einige Einträge und Artikel vor: über den gemeinsamen Besuch kultureller Veranstaltungen, über kleine Feiern zur Faschingszeit und zu erfolgreich absolvierten Prüfungsperioden, über freiwillige Arbeitseinsätze in der Industrie und Landwirtschaft und über Aktivitäten der Gruppe zur Erringung von Ehrentiteln und Auszeichnungen.

Er blätterte in dem Buch, hielt inne, hob das Buch, den an der Tafel Sitzenden zugekehrt, empor. „Urkunde. Für hervorragende Leistungen wird der FDJ-Seminargruppe 05 FP1/74 der Name DEUTSCH-SOWJETISCHE FREUNDSCHAFT verliehen" – Stempel, Unterschriften, Magdeburg, 8.1.1976, am linken Rand der Schriftzug: „Mit der Sowjetunion verbündet zu sein, heißt, zu den Siegern der Geschichte zu gehören!"

Einer der Zisterzienser, der dem Gaukler am nächsten saß, lachte – unvermittelt lauthals. „Wisst ihr", prustete er, „wenn ich heute diesen Urkunden-Text höre, erscheint vor meinem geistigen Auge der halbbesoffene oder gar volltrunkene Boris Jelzyn, wie er als russischer Präsident bei seinem Deutschland-Besuch vor dem Roten Rathaus in Berlin eine deutsche Blaskapelle dirigierte und dabei beinahe zwischen die Trommeln und Posaunen gestürzt wäre ..."

Der Gaukler blätterte in dem Gruppenbuch schnell weiter. Nächste Urkunde: „Internationaler Studentensommer 1975 – proletarischer Internationalismus in Aktion". Der Text der Urkunde: „Dank und Anerkennung für hervorragende Leistungen und Initiativen am Zentralen Jugendobjekt 'Magistrale der Freundschaft' den Jugendfreunden ...", es waren 12 Namen aus der Brigade 1 aufgelistet, der Studentinnen und Studenten der Gruppe 05 FP1/74 angehört hatten. Als „Magistrale der Freundschaft" war die Eisenbahnlinie Magdeburg–Berlin–Moskau deklariert worden, und für Wartungsarbeiten am Gleisbett waren Studierende der TH Magdeburg und ihrer Partner-Hochschule MWTU Moskau eingesetzt gewesen. Die Urkunde war vom Präsidenten der Reichsbahndirektion Magdeburg und vom 1. Sekretär der FDJ-Bezirksleitung Magdeburg unterzeichnet worden.

„Ehe jetzt wieder irgendjemand einen Lachkrampf bekommt“, sagte Org.-Siggi, „möchte ich euch an folgendes erinnern: An einem Sonnabend war unsere Brigade zu einem ‘Einsatz der höchsten Arbeitsleistungen’ aufgerufen: Gleisbett-Arbeiten am Streckenabschnitt von Güsen bis Stellwerk Parchau, Arbeitsbeginn: 6 Uhr. Einige aus der Brigade meinten: ‘Diesen Einsatz müsste unser Fachrichtungsleiter – so er für seine Studenten etwas übrig hat – live miterleben. Man müsste ihn einladen und mal sehen, ob er sonnabends zeitig genug aus dem Kahn kommt.’“ Mit leicht bebender Stimme sagte Org.-Siggi: „Ein Anruf zur Hochschule hat genügt, und der Professor kam an die Reichsbahnstrecke, Samstag, 6 Uhr … Einfach Wahnsinn! Wir von der 05 FP1/74 waren begeistert.“

Einige sahen den Professor an. Sie erinnerten sich und klatschten Beifall.

Der Gaukler hatte zwischenzeitlich weitergeblättert, hielt das Gruppenbuch wieder hoch. „Urkunde. Das Kollektiv der FDJ-Gruppe 05 FP1/74 wird für seine hervorragenden gesellschaftlichen und fachlichen Leistungen mit dem Titel ‘Sozialistisches Studentenkollektiv’ ausgezeichnet. Dem Kollektiv gehören folgende FDJ-Studenten an …“ Die Namen waren aufgelistet. Bis auf zwei deutsche und die ausländischen Gruppenmitglieder saßen alle ehrend Genannten an diesem Abend an der Tafel beim Ritteressen auf dem Schloss Neuenburg. „Sozialistisch arbeiten, sozialistisch lernen, sozialistisch leben“ – ihre studentische Vergangenheit hatte sie eingeholt. Es war ein Weilchen mucksmäuschen still.

Ehe jemand Wertungen dieser oder jener Art vorzunehmen vermochte, erhob sich der Professor und hielt eine kleine Rede: Dank von ihm und seiner Frau für die Einladung, beide fühlten sich geehrt, sehr gutes Programm für das Treffen, er hätte etwas verpasst, hätte er die Einladung nicht angenommen. Dann referierte er etwa eine Viertelstunde – „in Kurzfassung“, wie er hervorhob, über das Ingenieurwesen und die Ingenieur-Ausbildung in Deutschland seit Ende des 19. Jahrhunderts. „Die Ingenieurs-Künste hatten sich, den Erfordernissen der Industrialisierung entsprechend, zu Ingenieur-Wissenschaften entwickelt. Ingenieure wurden nicht mehr nur an Höheren Technischen Lehranstalten, sondern an Ingenieurschulen für die verschiedensten Wirtschaftszweige und zunehmend in universitären Studiengängen

an Hochschulen ausgebildet. Auf technischem Gebiet wurden Forschungs- und Entwicklungsleistungen erbracht, deren wissenschaftliches Niveau über das von Ingenieurschul-Abschlussarbeiten und von Diplom-Arbeiten hinausging: Dissertationen. Die an den Universitäten dominanten gelehrten Herren Dr. rer. nat., Dr. phil., Dr. med., Dr. paed. und Dr. rer. sonstnochwas befürchteten, Ingenieure – sogar Fertigungs- und Produktionstechniker – würden in die von ihnen geheiligte Phalanx ihrer lateinisierten Titel einbrechen. ‘Spänemacher und Blechklempner wollen sich mit Doktorhüten schmücken!’, klagten sie empört und ablehnend. Es waren daraufhin solche deutschen Technischen Hochschulen wie die in Karlsruhe, Berlin-Charlottenburg, Dresden und Aachen, die Ingenieuren die Promotion zum neu kreierten akademischen Grad 'Doktor-Ingenieur' ermöglichten.

In den folgenden Jahren und Jahrzehnten erstrebten alle deutschen TH das Promotionsrecht zum Doktor-Ing.. Noch heute fühlen sich die Hochschullehrer und ihre Mitarbeiter in ihrer Tätigkeit gewürdigt und geehrt, wenn ihrer TH dieses Promotionsrecht zuerkannt wird. 'Ingenieur' ist die Bezeichnung für einen in Deutschland anerkannten und weltweit geachteten Beruf, und die Graduierungsstufung Ingenieur / Diplom-Ingenieur / Doktor-Ingenieur hat in Deutschland mittlerweile eine mehr als hundertjährige Tradition, die es zu bewahren und zu pflegen gilt. Daran hatte sich sogar die Regierung der 1990 untergegangenen deutschen Republik gehalten. Neuerdings werden – auch für die Fachrichtungen des Maschineningenieurwesens – im sogenannten Bologna-Prozess die Abschlüsse 'Bachelor' und 'Master' einzuführen versucht. Dazu, ob und inwieweit das Sie betrifft, habe ich etwas vorbereitet."

Der Professor knotete das Hanfseil auf, das ihm gemäß Kostümordnung als Gürtel gedient hatte, und hängte es über seine Stuhllehne. Er zog seine Mönchskutte aus und legte sie seiner Frau auf den Schoß. Nun stand er da in Oberhemd und Weste, die Hemdsärmel hochgekrempelt, die Mönchskappe immer noch auf dem Kopf tragend. Er klappte eine Mappe auf, die vor ihm auf dem langen Tisch lag. „Ergänzend zu den Urkunden in Ihrem Gruppenbuch von einst habe ich für jede Absolventin und für jeden Absolventen der 05 FP1/74 eine auf Ihren Namen lautende individuelle Urkunde, eine AESTIMATIO, auf Kopfbogen der ehemaligen Sektion Technologie – mit Emblem des an die Sektion verlieihenen Karl-Marx-Ordens – vorbereitet und mitgebracht. Deren Text lautet:

‚Hiermit wird beurkundet, daß Frau/Herr ... auf Grund des 19... an der Sektion Technologie der metallverarbeitenden Industrie in der Fachrichtung FP erfolgreich abgeschlossenen Diplomverfahrens und zuerkannten akademischen Grades

Diplom-Ingenieur (Dipl. –Ing.)

zugleich die Qualifikation für die in einigen Jahrzehnten in Deutschland einzuführenden akademischen Studienabschlüsse

Bachelor (B.S.)

und

Master of Science in Manufacturing Engineering (M.S.M.E.)

erworben und in Prüfungen und Abschlussarbeiten gemäß Studienplan und Prüfungsordnung der oben genannten Sektion und Fachrichtung nachgewiesen hat.'

Magdeburg, Datum Ihres Diplom-Abschlusses 1978, meine Unterschrift als Ihr damaliger Fachrichtungsleiter. – Ich bitte nunmehr jede von mir namentlich aufgerufene Person, zu mir zu kommen und die AESTIMATIO entgegenzunehmen."

Der Professor machte eine Redepause und blickte in die Runde. Einen Moment war es ganz still in dem Saal, so überrascht waren die Anwesenden. Als der Professor aber den ersten Namen verlas, löste sich die Spannung, ein Tohuwabohu brach aus. „Das gibt's nicht!", rief einer der Ehemaligen ungläubig.

Eine der Absolventen-Ehefrauen strich ihrem Mann zärtlich übers Kopfhaar und sagte laut: „Siehst du, Bernd, jetzt brauchst du dir von unserer studierenden Tochter nicht länger vorwerfen zu lassen, du würdest das Neue am Studium heutzutage nicht begreifen. Du kannst ihr deine Urkunde zeigen und sagen: 'Töchterchen, rede hochachtungsvoll mit deinem Vater! Ich hab' fundierte Kenntnisse für die Abschlüsse 'Bachelor' und ',Master' schon vor Jahrzehnten nachgewiesen.'"

Die Absolventinnen und Absolventen von einst, nun gereifte Damen und Herren in mittelalterlichen Kostümen, nahmen diszipliniert, einige kopfschüttelnd vor Verwunderung, ihre AESTIMATIO in Empfang.

Org.-Siggi konstatierte: „Das ist eine echte Steigerung: Vor Jahrzehnten traten wir im dunklen Anzug, mit Schlips und Kragen in Senatssitzungszimmer der TH zum Urkunden-Empfang an, heute im Rittersaal des Schlosses Neuenburg ..."

Jemand am äußersten Ende der Tafel murmelte vor sich hin: „Ich weiß nicht ... Wir hier in unseren altertümlichen Kostümen beim Ritteressen ... Ist der Bologna-Prozess nicht 'was Modernes? Etwas Neues?"

Sein Nachbar antwortete nach einer Weile: „Oftmals ist etwas sich modern gebendes Neues zwar anders, aber nicht besser als das Alte."

Am Ende fand der Professor bestätigt: Es ist gut, wenn die Alten die Jungen lehren, wenn sie ihnen vorbehaltlos und geduldig ihr Wissen und ihre Erfahrungen vermitteln unter welchen Rahmenbedingungen auch immer. Und es ist nicht minder gut, wenn die Jungen zu einem späteren Zeitpunkt die Alten in ihre Mitte nehmen und sie teilhaben lassen an ihrem von andersartigen Rahmenbedingungen geprägten Arbeitsleben und menschlichen Miteinander.

Auf ihrem Lebensweg

vom Paradies der Arbeiter und Bauern im Sozialismus

ins Paradies der bürgerlichen Freiheit in der kapitalistischen sozialen Marktwirtschaft erfuhren der Haupttechnologe, der Abteilungsleiter und der Professor:

Menschen,

die rechtschaffen und engagiert in nationaler Gemeinschaft gelebt haben,

die nach bestem Wissen und mit all ihrem Können zu Nutz und Frommen für sich selbst und für andere die humanistische Gesellschaft erstrebt haben,

die an die Kraft und Kreativität der menschlichen Gemeinschaft geglaubt und beides – selbst unter Hintenanstellung eigener Neigungen und subjektiver Vorhaben – gefördert haben,

die sich in ihrer Arbeit und in ihrem Wirken insgesamt nicht geschont haben und immer ein positives Vorbild für andere haben sein wollen,

die das Schöne im menschlichen Leben – die Natur ebenso wie die von Menschen erbrachten Leistungen und Werte – zu schätzen, zu erhalten und zu mehren gewusst haben,

die vor allem den Jugendlichen Wege für ein erfülltes Leben in Gegenwart und Zukunft gewiesen und sie dahingehend – im Rahmen des gesellschaftlich Möglichen – ausgebildet haben,

die mitunter irrten und Fehler begangen haben, denn es gab und gibt keine Übermenschen,

bleiben unvergessen.

Den dreien war bewusst, nunmehr hatten sie – als Zugehörige zur einstigen Elite – sich verabschiedet von all denen, die, verglichen mit ihnen, anderen Zielen zustrebten.

Und das Leben ging weiter, immer weiter – für sie alle.

Erläuterung der Abkürzungen

ABI Arbeiter- und Bauern-Inspektion (gesellschaftliches Kontrollgremium in der DDR)
ASMW Amt für Standardisierung, Meßwesen und Warenprufung (Organ des Ministerrates der DDR)
ATV Automatisierung der technischen Vorbereitung der Produktion im Schwermaschinen- und Anlagenbau
ATV/SMB-Teile ATV für schwermaschinenbautypische Einzelteile
AUTEVO Automatisierung der technischen Vorbereitung der Produktion
AUTOPROJEKT Automatisierte Projektierung von Werkstätten und Betrieben
AUTOTECH Automatisierte Herstellung technologischer Fertigungsunterlagen
BHG Bäuerliche Handelsgenossenschaft (in der DDR)
BPL Betriebs-Parteileitung
BPO Betriebs-Parteiorganisation
BRD Bundesrepublik Deutschland
CAD Computer Aided Design
CAM Computer Aided Manufacturing
CIM Computer Integrated Manufacturing
DDR Deutsche Demokratische Republik
EDD VEB ELEKTRODYN Dresden
F Bereich Fertigung
K Bereich Konstruktion
Ö Bereich Ökonomie und Materialwirtschaft
FV Abteilung Fertigungsvorbereitung
EDV Elektronische Datenverarbeitung
FDGB Freier Deutscher Gewerkschaftsbund (Gewerkschaft in der DDR)
FDJ Freie Deutsche Jugend (Jugendverband in der DDR)
FP Fertigungsprozessgestaltung auch: Fertigungsprojektierung (Bezeichnung einer Vorlesungsreihe und einer Struktureinheit an der TH Magdeburg)
FZ Forschungszentrum

GABS Gesundheits-, Arbeits- und Brandschutz
GFZ Großforschungszentrum
GuK Getriebe und Kupplungen (Industriezweig und VE-Kombinat in der DDR)
GVS Geheime Verschlusssache
HGL Hochschul-Gewerkschaftsleitung
HPL Hochschul-Parteileitung der SED
HO Handelsorganisation; staatlicher Einzelhandel und staatliche Dienstleistungseinrichtungen in der DDR, in denen Produkte zu anderen Preisen gehandelt wurden, als sie

auf der Basis von in der DDR bis 1958 eingeführten Lebensmittelkarten u.ä. abverlangt wurden

IFAC International Federation of Automatie Control

IFIP International Federation for Information Processing

Karl-Marx-Stadt Bezirksstadt in der DDR (das frühere Chemnitz, das diesen Namen nach dem Beitritt der DDR zur BRD durch einen Einwohner-Entscheid zurückerhielt)

MHF Ministerium für das Hoch- und Fachschulwesen der DDR

MMM Messe der Meister von Morgen („Jugend forscht" in der DDR)

MTA medizinisch-technische(r) Assistent(in) im Gesundheitswesen

MWT Ministerium für Wissenschaft und Technik der DDR

MWTU Technische Universität Moskau, genannt „Bauman-Hochschule" (Moskowskoje Wysscheje Technitscheskoje Utschilischtsche imeni N. E. BAUMANA)

MWTU-Wypusnik Absolvent der MWTU

NAW Nationales Aufbau-Werk (Wiederaufbau-Programm der DDR)

NSW Nichtsozialistisches Wirtschaftsgebiet

PROLAMAT Programming Research and Operations Logistics in Advanced Manufacturing Technology

RGW Rat für gegenseitige Wirtschaftshilfe sozialistischer Länder (COMECON)

ROTA-Teile Rotationssymmetrische Maschinen-Bauteile

SKET VEB Schwermaschinenbau-Kombinat „Ernst Thälmann" Magdeburg

SKL VEB Schwermaschinenbau-Kombinat „Karl Liebknecht" Magdeburg

SU Sowjetunion

SW Sozialistisches Wirtschaftsgebiet

TH Technische Hochschule

THI TH Ilmenau

THK TH Karl-Marx-Stadt (Chemnitz)

THM TH „Otto von Guericke" Magdeburg

TU Technische Universität

TV Technische Vorbereitung (der Produktion)

UdSSR Union der sozialistischen Sowjet-Republiken (Sowjetunion)

UPL Universitäts-Parteileitung der SED

VBE Vollbeschäftigten-Einheit

VD Vertrauliche Dienstsache

VEB Volkseigener Betrieb

VIPA eine Weißwein-Schorle

VVB Vereinigung volkseigener Betriebe

VVN Verfolgter vom Nazi-Regime

VVS Vertrauliche Verschlusssache

VVV Vertrauensleute-Vollversammlung der Gewerkschaft (FDGB der DDR)

WMW Industriezweig WerkzeugMaschinen und Werkzeuge in der DDR

„die weißen Mäuse" Verkehrspolizisten in der Deutschen Volkspolizei (VoPo) der DDR – so genannt wegen der weißen Schirmmützen, die sie trugen

„Sie arbeiten wie Marschall Shukow" – Marschall und vierfacher „Held der Sowjetunion" Georgi Konstantinowitsch Shukow war im Großen Vaterländischen Krieg der Sowjetunion (1941–1945) führender Militärstratege und Feldherr entscheidender Schlachten (Moskau 1941, Stalingrad 1942/1943, Kursk 1943, Berlin 1945). Sein Prinzip: Lage gründlich erkunden und realistisch bewerten, Schwerpunkte erkennen, genügend Einsatzkräfte für einen erkannten Schwerpunkt formieren und mit Überraschungseffekt einsetzen.

Personenverzeichnis

Orte der Handlung

Dresden, Pirna, Magdeburg, Berlin, Moskau und Gorzeck, Burkitz und Küssow im ostelbischen Gebiet Mitteldeutschlands

Zeit der Handlung

1969 bis 1992

Personen der Handlung

Familie Neuenhof	
Heinz Neuenhof	Produktionsleiter, genannt „der Doktor", im VEB Elektrodyn Dresden, später: Hochschuldozent und Professor für Fertigungsgestaltung an der Technischen Hochschule/Universität „Otto von Guericke" Magdeburg, Dr.-Ing., Prof. Dr. sc. techn., „Verdienter Techniker des Volkes"
Karin geb. Enders	seine Ehefrau
Gerald	sein Sohn
Andreas Martin	sein Sohn
Paula geb. Tiow	seine Mutter, Invalidenrentnerin
Annedore Neuenhof	verehel. Richter, seine Schwester, Lehrerin für Deutsch und Russisch
Karl	sein Vater

Personen aus Burkitz	
Alma Knarr geb. Tiow	Schwester Paula Neuenhofs, Lehrer- und Oberzahlmeister-Witwe
Franz Klotzek	Land- und Hilfsarbeiter, stammt aus Danzig-Westpreußen, Paula Neuenhofs Lebensabschnitts-Partner
Edgar	sein Bruder, Schuhmachermeister
Birgit	Edgar Klotzeks Tochter

Personen aus Gorzeck

Willy Enders	Bankkaufmann, Leiter der Sparkasse in Gorzeck, Karin Neuenhofs Vater
Charlotte	seine Ehefrau, Karin Neuenhofs Mutter
Onkel Gustav	Betreiber des Friseur-Salons in Gorzeck, Onkel und Tante von
Tante Lieschen	Charlotte Enders

Personen aus Küssow

Hermann Tiow	Landwirt, Paula Neuenhofs älterer Bruder
Marta	seine Ehefrau, Bäuerin
Elsbeth Tiow	verehel. Hirschfeld, Hermann und Marta Tiows Tochter
Ralf Hirschfeld	ihr Ehemann, Landarbeiter
Harald	Ralf und Elsbeth Hirschfelds Sohn
Willi Tiow	Landwirt, Paula Neuenhofs jüngerer Bruder
Anna verw. Fischer	seine Ehefrau, Bäuerin
Cordula	Willi Tiows Tochter aus erster Ehe, Ziehkind von Alma Knarr
Feldmann	LPG-Vorsitzender, Dr. agr.
Fritz Ebel	Landwirt
Emil Schnetzel	Landwirt
Erich Faber	Postbote

Personen im VEB Elektrodyn Dresden (EDD)

Rudolf Bockhardt	genannt „der Rudi", Werkleiter, Nationalpreisträger, Dipl.-Ing., später: Prof. Dr.-Ing. an der Technischen Hochschule/Universität "Otto von Guericke" Magdeburg
Erich Wendland	Meister, Leiter des Fertigungsbereiches Motorenbau (FM)
Bückert	Meister, Leiter des Fertigungsbereiches Teilefertigung und Werkzeugbau (FTW)
Palmbach	Meister, Leiter des Fertigungsbereiches Bevölkerungsbedarf (FBB)
Werner Müller	Meister, Fertigungslenker (FL)
Ralf Haustein	Ing., Leiter der Abteilung Fertigungsvorbereitung (FV)
Hubert Kraeglich	Sicherheitsinspektor, Leiter des Fertigungsbereiches Instandhaltung
Alice Neuwohner	genannt „Alitze", Montiererin in FBB
Bogdan Kusnetzky	Lackierer in FM
Egon Handke	Werkzeugschlosser in FTW
Barthmann	Leiter des EDD-Versuchsfeldes, Dipl.-Phys.
Erika Spessart	Sekretärin des EDD-Produktionsleiters
Kraushaar	Leiter der Abteilung Betriebsmittelkonstruktion
Grünberg	Leiter der Abteilung Konstruktion elektr. Maschinen
Drohlich	Kaderleiter

Personen in der Technischen Universität Dresden

Liebhals	Rektor, Prof. Dr. sc. oec.
Herbert Liedel	Professor für Fertigungsprozeßgestaltung und -automatisierung, Prof. Dr.-Ing.
Alfred Wichtler	Professor für Fertigungstechnik, Prof. Dr.-Ing. habil., „Verdienter Techniker des Volkes"

Horst Nedlich	Oberassistent bei Prof. Liedel, später: Professor für Technologische Programmierung, Prof. Dr. sc. techn.

Personen in der Technischen Hochschule Karl-Marx-Stadt

Thümmel	Direktor der Sektion Fertigungsprozess und -mittel, Prof. Dr. sc. techn.
Hans Schmidt	sein Oberassistent, Dr. sc. techn.

Personen in der MWTU „N.E. Bauman" („Bauman-Hochschule") Moskau

Nikolajew	Rektor, Träger mehrerer hoher staatlicher Auszeichnungen, Prof. Dr. der techn. Wiss.
Nikolaj Michailowitsch Kalugin	Dozent, später: Prof. Dr. der techn. Wiss. am Lehrstuhl AM-3, Stellv. Leiter des Lehrstuhls AM-3
Sascha Kolezow	Foschungsgehilfe am Lehrstuhl AM-3

Personen in der Technischen Hochschule/Universität „Otto von Guericke" Magdeburg

Hans-Eberhard Weindorf	Rektor, Prof. Dr. rer. nat., Träger mehrerer hoher staatlicher Auszeichnungen
Harry Nachtigall	sein Fahrer
Harri Meister	genannt „der HPL-Sekretär", 1. Sekretär der Grundorganisation und der Hochschul-Parteileitung (HPL) der SED, später: Direktor für Kader und Qualifizierung, Dipl. rer. pol.
Günter Pohlmann	genannt „der 2. HGL-Vorsitzende", 2. Vorsitzender der Gewerkschaftsorganisation und der Hochschulgewerkschaftsleitung (HGL) des FDGB, Dipl. rer. pol.
Helmut Krüger	Nachfolger von Harri Meister im Amt des HPL-Sekretärs (1. Sekretär der Grundorganisation und der Universitäts-Parteileitung(UPL) der SED, Prof. Dr. oec.
Gitta	seine Sekretärin
Günter Wisterow	ehemaliger Direktor für Ausbildung und Erziehung, Dozent für Hochschulpädagogik, Dipl.-Ing., Dr. paed.
Wolfgang Bossling	wissenschaftlicher Sekretär des 1. Prorektors
Gisela Ruhberg	Sekretärin des 1. Prorektors
Wolfgang Kainzow	Ordinarius für Fertigungstechnik (Spanende Formung), Direktor der Sektion Technologie der metallverarbeitenden Industrie (mvl), später Stellv. Minister für Wissenschaft und Technik, Prof. Dr.-Ing.
Richard Kleber	Ordinarius für Schweißtechnik (Schweißmetallurgie), Nachfolger von Wolfgang Kainzow im Amt des Direktors der Sektion Technologie, später Nachfolger von Hans-Eberhard Weindorf im Amt des Rektors, Prof. Dr. sc. techn., „Verdienter Techniker des Volkes"
Volker Weichtel	Ordinarius für Messtechnik, Stellv. Direktor (der Sektion Technologie) für Forschung, Wissenschaftsbereichsleiter, Prof. Dr.-Ing.
Horst Graßhauer	Ordinarius für Werkstofftechnik, Stellv. Direktor (der Sektion Technologie) für Ausbildung und Erziehung, Wissenschaftsbereichsleiter, Korrespondierendes Mitglied der Akademie der Wissenschaften der DDR, Prof. Dr. sc. techn., Träger mehrerer hoher staatlicher Auszeichnungen

Manfred Strümkow	Ordinarius für Thermodynamik, Dekan der Fakultät für Technische Wissenschaften, Prof. Dr.-Ing.
Herbert Wilberg	Ordinarius für Werkzeugmaschinen- und Vorrichtungskonstruktion, Wissenschaftsbereichsleiter, Vorsitzender der Sektions-Gewerkschaftsleitung (SGL) Technologie des FDGB, Prof. Dr. sc. techn.
Horst Bürgel	wissenschaftlicher Sekretär des Direktors der Sektion Technologie, Dr.-Ing., später: Hochschuldozent und Professor für Qualitätssicherung in der Fertigung, Prorektor, Prof. Dr. sc. techn.
Hilde Müller	Leiterin des Sekretariats des Direktors der Sektion Technologie
Adolf Bauer	Ordinarius für Umform- und Zerteiltechnik im Wissenschaftsbereich Fertigungsgestaltung, Prof. Dr. sc. techn., Nationalpreisträger
Siegbert Täuscher	Ordinarius für Spanende Formung im Wissenschaftsbereich Fertigungsgestaltung, ehemaliger Oberassistent bei Prof. Wolfgang Kainzow, Prof. Dr. sc. techn., Träger akademischer und staatlicher Auszeichnungen
Horst Lilienhain	Titular-Professor für Fertigungsprozessgestaltung, Prof. Dr.sc.techn.
Werner Kästner	wissenschaftlicher Assistent
Manfred Berghausen	wissenschaftlicher Assistent
Willi Pollner	wissenschaftlicher Assistent
Karl-Erns Elmhorst	wissenschaftlicher Assistent
Reinhard Klembach	Forschungsstudent
Dietmar Stolzeck	Forschungsstudent
Detlef Grundmann	Forschungsstudent
Jakob (genannt „Jäcki“) Meber	Forschungsstudent
Lilo Kornick	Schreibkraft für den Wissenschaftsbereich Fertigungsgestaltung
Fräulein Claudius	technische Zeichnerin (Teilkonstrukteurin)

Personen im VEB Schwermaschinenbau-Kombinat „Ernst Thälmann“ (SKET)Magdeburg

Martin Fuchs	Haupttechnologe im Stammwerk Magdeburg des VEB SKET, (Fachschul-)Ing.
Helmut Sabisch	Dipl.-Ing. im Walzwerksbau, später Stellv. Haupttechnologe, dann Haupttechnologe, Dr.-Ing., „Verdienter Techniker des Volkes"

Personen im Ministerium für Hoch- und Fachschulwesen (MHF) Berlin

Harry Petras	Abteilungsleiter, später: Stellv. Minister für den MHF-Bereich Technische Wissenschaften, Dipl.-Ing.
Günter Behrens	Stellv. Minister für den MHF-Bereich Planung und Ökonomie
Hans-Georg Gerbach	Hauptreferent, Gruppenleiter, später: Abteilungsleiter, Dipl.-Ing. im MHF-Bereich Technische Wissenschaften
Hans Lindner	genannt „Hansi", Dr.-Ing., wissenschaftlicher Mitarbeiter
Kurt Kubitz	(Fachschul-)Ing., wissenschaftlicher Mitarbeiter
Isolde Gerbach	Ehefrau von Hans-Georg Gerbach
Sven	Hans-Georg und Isolde Gerbachs Sohn

Personen aus Pirna

Ida Richter	Angestellte im Kurzwaren-Großhandel der KONSUM-Genossenschaft in Pirna
Alfons	ihr Sohn, Instandhaltungsschlosser im VEB Elbtalwerk Heidenau und später bei seinem Schwager Dirk Fehse
Rosel	verehelichte Fehse, ihre Tochter, Ökonomie-Sachbearbeiterin im VEB Kunstfaserwerk „Siegfried Rädel" Pirna und später bei ihrem Ehemann
Dirk Fehse	Rosel Richters Ehemann, Schlosser, selbstständiger Gewerbetreibender
Rolf	Rosel und Dirk Fehses Sohn
Günter Rups	Ordinarius für Fertigungstechnik und Werkzeugmaschinen an der Technischen Universität Berlin (West), Leiter des Produktionstechnischen Zentrums (PTZ) Berlin (West), Prof. Dr.-Ing. habil. Dr. h. c. mult., Träger mehrerer nationaler und internationaler Auszeichnungen